北京顺义年鉴

BEIJING SHUNYI NIANJIAN

2010

北京市顺义区党史区志办公室　编

中　华　书　局

图书在版编目（CIP）数据

北京顺义年鉴. 2010/北京市顺义区党史区志办公室编.
—北京：中华书局，2011.6
ISBN 978—7—101—07964—7

Ⅰ. 北…　Ⅱ. 北…　Ⅲ. 顺义区—2010—年鉴
Ⅳ. Z521.3

中国版本图书馆CIP数据核字（2011）第065292号

责任编辑：朱　慧

北京顺义年鉴2010
北京市顺义区党史区志办公室编
*
中华书局出版
（北京市丰台区太平桥西里38号　100073）
http://www.zhbc.com.cn
E-mail:zhbc@zhbc.com.cn
廊坊市金虹宇印务有限公司
*
787×1092　1/16　38.125印张　64插页　952千字
2011年6月第1版　2011年6月第1次印刷
印数：2500册　定价：140.00元

ISBN 978—7—101—07964—7

《顺义年鉴》编纂委员会

主　任

张延昆

副主任

燕　瑛

委　员

王守明　贾崇民

《顺义年鉴》编纂委员会编辑部

主　　编　王守明
副 主 编　贾崇民
编　　辑　刘秀娟　高树林　张　然
李长青

编 辑 说 明

一、《顺义年鉴》(以下简称“年鉴”)是一部综合性、资料性工具书和文史资料。在中共顺义区委和区人民政府领导下,由区地方志编纂委员会主持编纂,区党史区志办公室负责实施编纂。

二、本年鉴以马列主义、毛泽东思想、邓小平理论、“三个代表”重要思想为指导,以“与时俱进、内容客观、资料翔实、服务大众”为宗旨,坚持科学发展观及实事求是的原则,提供最新的数字、情况和信息。

三、本年鉴全面记述上一年顺义经济和社会发展各方面的基本情况和重大事件,对区域内中央、市属等其它单位亦进行记述,以反映顺义的全貌。2010年年鉴记述时限为2009年1月1日至2009年12月31日。凡在本书中直书月、日的,均指2009年的日期,文中“本年”、“年内”一律指2009年。

四、本年鉴采用分类编纂体例,用文章和条目两种形式,以条目为主,用规范的语体文、记述体直陈其事,文字力求言简意赅。全书设类目、分目、子目、条目四个层次。条目的标题统一用黑体外加【】标明。类目、分目、子目的标题分别用不同字号的字体加以区别。

五、本年鉴的文字内容,设有特载、专记、大事记、中国共产党北京市顺义区委员会、顺义区人民代表大会及其常务委员会、顺义区人民政府、顺义区政协、纪检·监察、民主党派、群众团体、政法·军事、奥运筹备工作、综合经济管理、经济开发区、大型国有企业和上市公司、商业·物流·旅游、农业、地方企业·乡镇企业·非公经济、金融·保险、城乡建设及管理、科技·教育、文化·卫生·体育、社会生活、街道·镇、人物、统计表、附录共27个类目,21个分目,196个子目,2142个条目。全书除文字外,还配以地图、照片、表格,力求具体、形象、生动地反映顺义区的面貌。

六、本年鉴设有彩页186张照片。彩页设置分花博会、政治经济社会发展状况、街道·镇等方面内容。

七、本年鉴收录顺义区党、政、军、团体、街道、镇和部分企业负责人及顺义区域内有关单位负责人名录,以2009年任职为限,其中有任免情况的分别予以注明。收录2009年市级以上(含市级)各类先进人物、先进集体名单,以各单位提供的材料为准。

八、选入本年鉴的文章和条目,除部分资料由年鉴编辑人员直接收集外,其它均由各部门、各单位确定的专人撰写或提供,并经部门、单位主管领导审核。区属组织机构等部门、区域内有关单位负责人名单由区委组织部、区编制办提供。统计资料由区统计局提供，照片由各有关单位提供。

九、本年鉴的编辑工作得到各撰稿单位及各方面的热情关怀和大力支持，在此深表谢意。由于水平有限，对本书的疏漏之处及不足，恳请各界批评指正。

花博会全景

花博会主场馆

花博会主场馆

金秋菊韵

花海人潮

花博之冠

北京顺义欢迎您

和谐盛会

位于鲜花港南门入口处重达70吨的镇园石，石上刻有鲜花港的标识以及中文名称

国际鲜花港园区坐落于北京市顺义区杨镇，是第七届中国花卉博览会第二功能组团，总体规划4平方公里，一期开发1.8平方公里

北京国际鲜花港百花田占地50000平方米，各种花木种植在曲线型花垄内构成一块巨型生态花毯

北京国际鲜花港原生态银杏树阵，辅助装饰采用盛开的花朵造型，犹如花神的“裙摆”栩栩如生

北京国际鲜花港花神广场位于北京国际鲜花港南侧，占地面积50179平方米，在花坛四周地块里种植了不同品种的名优花

北京国际鲜花港幻花湖水面面积为43088平方米，湖心的音乐喷泉可伴随着音乐旋律喷射，主喷最高达60米

5月18日，北京市市委书记刘淇（左一）、市长郭金龙（中）检查第七届中国花卉博览会（北京展区）筹备工作情况

中国花协会长江泽慧（前排右四）、北京市市委常委牛有成（前排右三）等领导出席首批赞助企业签约仪式

顺义区区长张延昆与潍坊市市长许立全签署友好城市协议书

2008年3月11日，举行第七届中国花卉博览会主展馆建设奠基仪式

中国花协和各省市花协领导在顺义绿色度假村饭店前合影留念

中国花协、北京市领导等在”绿港花博号“前合影留念

第七届中国花卉博览会（北京展区）现代汽车赞助车辆交车仪式

第七届中国花卉博览会倒计时100天誓师大会

第七届中国花卉博览会北京展区赞助企业签约仪式

七博会北京市室外展园景观

七博会天津市室外展园景观

七博会上海市室外展园景观

七博会重庆市室外展园景观

七博会河北省室外展园景观

七博会山西省室外展园景观

七博会山东省室外展园景观

七博会黑龙江省室外展园景观

七博会吉林省室外展园景观

七博会辽宁省室外展园景观

七博会浙江省室外展园景观

七博会江苏省室外展园景观

七博会安徽省室外展园景观

七博会福建省室外展园景观

七博会江西省室外展园景观

七博会湖南省室外展园景观

七博会湖北省室外展园景观

七博会河南省室外展园景观

七博会陕西省室外展园景观

七博会广西室外展园景观

七博会广东省室外展园

七博会海南省室外展园景观

七博会四川省室外展园景观

七博会贵州省室外展园景观

七博会云南省室外展园景观

七博会内蒙古室外展园景观

七博会宁夏室外展园景观

七博会甘肃省室外展园

七博会新疆室外展园景观

七博会青海省室外展园景观

七博会西藏室外展园景观

七博会北京市海淀区组培园室外景观

七博会深圳市室外展区景观

七博会花仙子园室外景观

七博会台湾室外展园景观

七博会澳门室外展园景观

七博会香港室外展园景观

在国庆60周年大典中，由顺义区3341名干部群众组成的“改革开放”群众游行方阵，雄赳赳气昂昂地通过天安门广场

在国庆60周年大典中，预备役方队队员手持八一式冲锋枪，以雄壮之势走过天安门城楼，接受阅兵检阅。该方队十分之一的队员来自顺义区

在国庆60周年大典中，北京汽车集团提供的20辆阅兵车、65辆礼炮牵引车和41辆彩车同时接受检阅

国庆前夕，来自顺义一中、牛栏山一中实验学校、杨镇一中等14所学校的合唱团和老教师合唱团参加《歌唱祖国》专场演唱会。当天参加人员超过2000人

国庆的喜悦，国际港的美丽，张张笑脸与绚烂礼花相映成趣，表达顺义人民对祖国的祝福

胜利街道办事处建新北区第一社区的居民在各楼门悬挂国旗，表达对祖国60华诞的祝福

目　　录

地方志工作

政协北京市顺义区委员会

北京天竺综合保税区管理委员会

纪检·监察

审判工作

司法工作

地方税务

审　　计

统　　计

质量技术监督

投资服务中心

经济开发区

北京天竺空港经济开发区

北京林河经济开发区

北京临空国际经济技术开发中心

大型国有企业和上市公司

科普工作

知识产权

教 育

综 述

幼儿教育

中小学教育

特殊教育

牛栏山第一中学

顺义区第一中学

文化·卫生·体育

文　　化

综　　述

广播电视

文化创意产业

卫　　生

卫生监督

疾病预防控制

妇幼保健

爱国卫生工作

顺义区医院

社会生活

天竺镇

后沙峪镇

高丽营镇

杨　镇

赵全营镇

牛栏山镇

北务镇

人　　物

组织机构负责人名单

全国(含部)先进单位及先进个人

北京市(含系统)先进单位及先进个人

统 计 表

附　　录

顺 义 概 况

顺义区是北京市区县之一，位于北京东北郊，城区距市区30公里。北邻北京市怀柔区、密云县；东界北京市平谷区，南与河北省三河市、北京市通州接壤，西南、西与北京市朝阳区、昌平区隔温榆河为界。地理位置北纬40°00′～40°18′，东经116°28′～116°58′，境域东西长45公里，南北宽30公里，总面积1020平方公里。地势北高南低，东北边界屏障燕山，境内平原为河流洪水携带沉积物质造成，表面堆积物主要是砂、亚砂土，面积占95.7%。北部山地最高点海拔为637米，境内最低点海拔为24米，平均海拔35米。潮白河等河流分流其间，均呈南北走向，地下水源丰富，年均可开采量4亿立方米，部分地区蕴藏有地热资源。全境属温带大陆型半湿润季风气候，四季分明。年平均气温11.5℃，年日照时数2746小时，年均相对湿度58%，无霜期195天左右，年均降雨量610毫米。境内建有首都机场，大秦电气化铁路穿越北境，京承铁路、京承高速公路穿越西境，国道、市道、区道公路纵横交错，形成便捷交通网络。

顺义历史悠久，新石器时代，潮白河沿岸已有人类活动，秦以前属冀、属幽、属燕。汉高祖十二年（公元前195年）在今顺义区后沙峪镇古城村北置安乐县、顺义区北小营镇北府村南狐奴山下置狐奴县。唐乾元元年（758年）在今顺义境设顺州。明洪武元年（1368年）改顺州为顺义县。新中国建立后，成立顺义县，归河北省通州专区所辖。1958年4月顺义县划归北京市设为顺义区，1960年1月设为北京市顺义县，1998年3月设为北京市顺义区。2009年，顺义区辖19个镇、6个街道办事处、426个行政村。常驻人口84.8万人。户籍人口57.8万人；农业人口30.5万人，非农业人口27.3万人；外来人口27万人。

特　　　载

在区委三届十次全会上的讲话

区委书记　张延昆

（2009年12月28日）

同志们：

刚才，全会审议通过了《关于进一步加强和改进全区党的建设的意见》等五个文件。这次全会的主要目的是：全面贯彻落实党的十七届四中全会和市委十届七次全会精神，进一步加强全区党的建设，为区域经济社会发展提供更加有力的思想、政治和组织保障。为贯彻落实好以上几个文件，切实提高党建工作科学化水平，做好明年的工作，下面我讲五点意见。

一、认真总结全区党建工作的基本经验

近年来，我们始终坚持“围绕发展抓党建、抓好党建促发展”，各项工作都取得了显著成效。总结全区的党建工作，主要有五方面成功经验：

一是始终注重加强党的思想建设，以先进的思想凝聚人心、引领发展。思想先进是行为先进、工作先进的前提。近年来，我们通过理想信念教育，切实将远大理想和共同理想具体化、阶段化，“同心全面建小康、打造绿色国际港”成为全区上下共同的奋斗目标。通过强化宗旨意识，着力推进就业、转非等各项利民惠民工作，确保群众在全区工业化、城市化进程中真正受益。通过区委理论中心组、理论研讨会、工作务虚会、调查研究等重要平台，形成了一整套科学的发展思路。比如：区域发展坚持“空港国际化、全区空港化、发展融合化”，赢得了首都临空经济区的定位，临空经济区占到全区经济总量的70%、财政收入的85%；产业发展坚持“五化”战略，赢得了北京现代制造业基地的定位、现代汽车的落户，预计今年工业总产值达到1400亿元；城乡统筹发展坚持“以新城引领新农村建设”，促进了群众“工作在园区，居住在社区，生活在城区”。

二是始终注重加强党的组织建设，以党组织功能的强化促进执政能力的提升。围绕提高执政能力，加强各级领导班子建设。健全区委全委会、常委会、联席会等一系列议事规则，以及重大事项征求意见、决策咨询、聘请经济顾问等制度，不断提升区级领导班子统揽全局、驾驭发展、科学决策的水平。统筹考虑年龄、素质、性别等因素，全方位优化处级领导班子结构。根据发展需要，组建机构，配置班子，将有限的职数资源用在发展最急需的地方。围绕体现先进性，扎实推进基层党建工作创新。不断创新和完善基层干部培养、选拔、考核等机制，村级书记主任“一人兼”比例达到80.9%、“两委”成员交叉任职比例达到71.7%，在规模以上非公企业中的党组织覆盖率达到91.7%，基层党组织分级分类管理初步形成体系。

三是始终注重加强党的作风建设，以优良作风凝炼执政文化。全面加强党的作风建设，经过长时间的积淀，形成了独特的顺义执政文化。坚持实事求是的决策观，在推进人口资源环境协调发展等工作中，创造性地贯彻上级精神，做出符合顺义实际的科学决策。坚持打基础、利长远的政绩观，全力抓好影响全局的航空制造业、综保区等重点产业、重大项目建设，提升区域核心竞争力。坚持以人为本的群众观，在发展经济的同时注重改善民生，按照“既要见物、更要见人”的理念推进城乡一体化，让群众共享改革发展成果。

四是始终注重加强党员干部队伍建设，以一支过硬的党员干部队伍支撑区域发展。区委区政府的决策、部署，最终要靠广大党员干部去执行、去落实。近年来，我们围绕加强党员干部队伍建设，坚持开放式干部教育培训体系，通过党校培训、高校培训、出国培训等多种形式，满足干部履职和成长的个性化、差异化需求；坚持实践锻炼机制，把一批优秀后备干部放到信访办、开发区等一线岗位、关键岗位、艰苦岗位去锻炼，积累工作经验，提升实践能力，有的已经走上了处级领导岗位。特别是坚持把办奥运、办花博、建新城、打造临空经济区等关系全局的大事作为锤炼党员干部的大考场、大舞台，广大党员干部经受了洗礼，接受了检验，形成了抢抓机遇、志在必成、以我为主、攻坚克难的独特品质。

五是始终注重加强党风廉政建设，以清正廉洁的党政形象带动区域发展环境的整体提升。经过多年的实践，全区党员干部形成了这样的共识：只要不出现重大决策失误，不出现有重大影响的腐败案件和群体性事件，顺义区就能够保持跨越式、高速度、可持续的发展态势。近年来，面对重大项目多、重点工程多、经营性资金投入多的现实，通过加强廉政教育、强化“一岗双责”和“一把手”廉政风险防范、开展“六无”区创建、实施“阳光工程”等，筑牢惩防体系，进一步优化了区域政务环境，为经济社会发展提供了坚强保障。

在总结经验的同时，我们也要看到：有的党员意识淡化，先锋模范作用不明显；有的党员忽视理论学习、学用脱节，跟不上时代发展，不符合岗位要求；有的党员领导干部工作热情不高、激情不够，存在得过且过的思想；有的领导班子整体作用发挥不够，推动科学发展、处理复杂问题能力不强；有的基层党组织凝聚力、战斗力不强，新兴领域还需扩大党组织覆盖面。这些问题的存在，直接影响党和政府的公信力，影响党员干部的整体形象，需要大家引起重视，切实抓紧解决。

二、深刻认识当前面临的发展形势

今年以来，面对严峻复杂的国内外经济形势，我们按照“盘活存量保增长、扩大增量促发展、增加总量上水平”的工作思路，着力办好一件大事（中国第七届花卉博览会）、抓好两项工作（天竺综保区一期建设、国庆60周年庆祝活动）、完成三项任务（保增长、保民生、保稳定），实现了区域经济平稳较快发展，预计全年各项主要经济指标都能够超额完成市委、市政府下达的目标任务。全年预计完成地区生产总值535亿元，同比增长11%，三次产业比重调整为3.9∶47.5∶48.6。属地财税收入预计完成218亿元，同比增长15%；地方财政一般预算收入预计完成48亿元，同比增长16.3%。全社会固定资产投资预计完成330亿元，同比增长29.4%。实际利用外资预计完成3.96亿美元，同比增长3.7%。城镇居民人均可支配收入预计实现23200元，农村居民人均纯收入预计实现11600元，同比分别增长8%和11.5%。

尤其是重大项目和城乡一体化建设取得突破性进展。M15号线7个站点全部进场施工，航空产业园成功奠基，现代三工厂确址顺义，汽车研究总院、民生银行总部基地、金蝶软件总部基地等一大批重大项目已经开工，中航信、中国人保、中国出版集团、北京银行等相继落户；金融工作取得突破性进展；新城商业中心、文化中心、体育中心、医疗中心、职教中心等建设进展顺利；完成土地储备总投资151.59亿元，投资总量全市排名第二；整建制拆迁了14个村，还有6个村正在拆迁；转非12602人，农村劳动力转移就业13635人，城乡劳动力二三产业就业率达到91%。从而为2010年的工作和区域长远发展打下了坚实的基础。

在肯定成绩的同时，我们也要清醒地认识和把握当前面临的发展形势。

从国际国内的经济环境看，总体向好，挑战犹在。今年以来，世界经济出现了许多积极信号，部分国家和地区呈现回暖迹象；我国有效遏制了经济增长明显下滑态势，率先实现经济形势总体回升向好。但世界经济复苏基础并不稳固，国际金融危机影响依然存在，全球性挑战压力增大；国内经济回升的内在动力不足、结构性矛盾仍很突出，外需不足将长期存在，扩大内需仍是重大课题。面对这种形势，我们要坚持以中央经济工作会精神为指导，千方百计加大招商引资力度和固定资产投资力度，保持较快的发展速度，不断扩大经济总量。下大力气调整优化产业结构，提升高端服务业发展水平和规模，进一步巩固多点支撑的经济格局。全力以赴发展汽车产业、航空制造业等符合国家扶持政策的战略性产业，抢占经济发展的制高点。

从首都发展的战略全局看，机遇难得，大有可为。刘淇书记在市委市政府工作务虚会上提出了北京要建设“大国首都”和“世界城市”的目标，市委十届七次全会围绕这一目标又作出了具体部署。“世界城市”是国际城市的高端形态，是具有世界影响力的城市，对经济总量、城市形态和国际地位的要求更高。“世界城市”一个很重要的标志和基础条件就是国际交通枢纽特别是航空港、海港。首都国际机场坐落在顺义区，天竺综保区为临空经济发展搭建了政策平台，因此，顺义作为重点新城在北京建设“世界城市”中大有可为。要置身北京建设“世界城市”的大局中，定位顺义、发展顺义，顺势而为，乘势而上，确立、巩固、提升顺义在首都发展大局中的战略地位。目前，市委、市政府正在研究和推进重点产业功能区的发展布局调整，必将激发市场要素的巨大活力，也必将带来市级层面的政策导向、资金投向、产业布局、各种市场要素的重新调整和匹配。我们要紧紧抓住全市发展布局调整的重大契机，争取更多的发展资源，抢抓更多的发展机遇，赢得更多的话语权，为顺义区持续发展抢占先机，在全市新一轮经济社会大发展中保持优势、聚集优势、叠加优势、再造优势。做到“三个必须坚定不移”：必须坚定不移地坚持“全区空港化、空港国际化、发展融合化”的发展思路，继续深入研究临空经济区规模、产业、体制和机制问题，依托天竺综保区政策平台优势，加快临空经济区发展，全面增强临空经济区的品牌影响力、产业承载能力、核心竞争力、延伸辐射力，不断增加临空经济区的经济总量，提升对全市经济的贡献率，使临空经济区在首都经济、环渤海地区乃至东北亚地区的发展中发挥更大作用；必须坚定不移地抓好重点产业的发展，坚持“五化”发展方向，强化顺义区现代制造业基地的战略地位，发挥现代制造业的产业优势，使其做强做大。同时，大力发展高端服务业，在调整优化产业结构、转变发展方式上取得新突破；必须坚定不移地推进城乡一体化，加快新城马坡组团建设进程，使顺义重点新城尽快出形象，加快高丽营等四个重点镇建设，带动一般镇和新农村建设，大力提升顺义重点新城的综合功能和承载能力，成为首都建设“世界城市”的重要组成部分。

三、深入推进新形势下党建工作

实现在全区新起点上的新跨越，关键在

加强和改进党的领导。全区各级党组织要切实担负起“党要管党、从严治党”的政治责任,把推进党的建设同推进全区科学发展紧密结合起来,紧紧围绕改革发展稳定的大局抓党建,不断增强各级党组织的建设活力,进一步巩固党在全区各项工作中的领导核心地位。

一要把理想信念教育贯穿党的建设始终。必须坚持不懈地加强全区党员干部的思想政治教育,用共同的理想、坚定的信念凝聚人心、保障发展。要增强“四种意识”:增强政治意识。深入学习中国特色社会主义理论,在真学、真懂、真信、真用上下工夫;教育广大党员干部无论面对什么情况,都不能动摇马克思主义信仰和共产主义理想,自觉坚持党性原则,保持政治上的坚定性。增强宗旨意识。带着感情工作有办法,带着热情工作有效率,用心工作方能见成效。这次全会通过的《关于进一步密切干群关系的若干措施》,从强化认识、创新机制、拓宽渠道、改进作风、加强监督等几个方面,明确了密切党群干群关系的具体要求。各级党组织和广大党员干部要认真学习,深入贯彻落实《措施》提出的各项要求,牢固树立立党为公、执政为民的意识,始终保持昂扬向上的精神状态,增强联系群众的自觉性和主动性。增强执政意识。多干“打基础、利长远”的事,多干“谋全局、促发展”的事,集中精力抓好影响发展全局的重点工作,创造出真正经得起历史和群众检验的政绩。增强党的意识。教育引导广大党员干部时刻牢记自己是共产党员,处处按照共产党员的标准严格要求自己。党员就是要做到政治觉悟高、综合素质高、工作能力强,发挥先锋模范作用,以自身的率先垂范影响他人、推动工作,促进各项事业科学发展。对于不同职务、不同岗位党员干部的教育应有所侧重,在各方面体现党的先进性,真正树立起共产党员的良好形象。

二要把建设高素质干部队伍作为服务发展的有力保障。打造一支适应发展需要的高素质干部队伍,始终是党建工作的重点。要坚持“德才兼备,以德为先”的正确用人导向,不断优化干部队伍结构。根据品行、能力、专长将发展最亟需的干部选配到最能发挥作用的岗位,大力选拔使用年轻干部、女干部和少数民族干部,将年轻干部选配到重点岗位、艰苦岗位锻炼。建立健全干部选拔任用提名制度,着力完善差额选拔干部办法,特别是扩大公开选拔和竞争上岗的范围并形成常态,坚持每年面向社会公选一批干部,每年选派不少于50名后备干部到基层、一线交流。要提高干部培训的层次和质量,为未来发展储备人才。以提高干部综合素质、增强干部实际能力为目标,建立开放的干部教育培训体系,根据不同层次、不同岗位干部的不同特点,制定有针对性的培训内容和方式,适应干部履职和成长的个性化、差异化要求。前不久,我们通过公开考试,选出21名处科级年轻干部,将赴澳大利亚进行为期3个月的集中培训,就是很好的做法。明年,区委党校将异地重建,要打造成为现代化、高水准的干部培训基地。要适应时代发展要求,努力构建学习型党组织。学习理论是坚定信仰、学习知识是开阔视野、学习政策和向实践学习是提高执行力。这次全会通过的《关于加强学习型党组织建设的意见》,从学习内容、学习形式等方面对构建学习型党组织提出了具体要求。强调要树立终身学习、创新学习的理念,在各级党组织和广大党员中营造乐学、勤学、善学、比学的良好风尚和浓厚氛围,全面提高广大党员特别是党员领导干部学习、实践、创新的能力。大家要按照《关于加强学习型党组织建设的意见》的要求,抓好落实。

三要把提高领导水平和执政能力作为各级领导班子建设的核心内容。全区要抢抓新的机遇,实现新的发展,必须抓好各级领导班子建设。要进一步优化班子结构,发挥整体功能。在调配班子的过程中,要统筹考虑班子成员年龄、学历、经历、性别等因素,坚持老、中、青相结合,充分发挥年纪稍大的干部经验丰富、稳重成熟的优势,充分发挥年轻干部学历层次高、有热情、有闯劲的优势,确保领导班子充满活力。要健全民主决策机制,提高科学决策水平。建立健全干部选拔任用制度,坚持“集体领导、民主集中、个别酝酿、会议决定”的原则;建立健全重大事项征求意见制度,凡是涉及改革发展稳定的重大事项,都要充分征求党代表、人大代表、政协委员、基层单位以及离退休老干部的意见;建立健全决策咨询制度,做好重大问题前瞻性、对策性研究,广泛听取各方面意见,借助经济及各界领军人物组成的政府专家顾问团,汇集众智、共谋发展。

四要把分级分类管理作为推进基层党建创新的重要抓手。科学把握不同类别、不同层次基层党组织建设的特点,探索建立基层党建工作分级分类管理的新格局。切实将分级分类管理落到实处。区委组织部要根据《关于推进基层党组织分类管理的意见》,制定出台农村、社区、机关、国有企业、“两新”组织等领域党建工作的指导办法,进一步明确各类基层党组织的职责任务、组织设置、活动方式和发挥作用载体,提高指导的针对性和实效性。重点抓好村“两委”换届选举工作,确保书记、主任“一人兼”比例达到85%,“两委”成员交叉任职比例达到75%,这两项指标是农村基层党建工作的刚性目标,是检验我们执政能力、评价基层组织建设的重要标志,必须确保完成。

五要把党风廉政建设作为必须始终抓好的重大政治任务。经济社会越是快速发展,党风廉政建设面临的风险也就越大。顺义区正处在体制转轨、社会转型的大变革中,行政行为、企业行为和市场行为还没有完全以法制形式加以规范,各种腐败行为容易滋生蔓延。特别面对重大项目多、重点工程多、经营性资金投入多的工作环境,客观上增加了腐败的诱因和抵制腐败的难度。全区各级党员领导干部要从维护党和政府良好形象、珍惜全区良好发展局面的政治高度,为了顺义的荣誉,带头讲政治纪律,带头讲组织纪律,带头讲廉政纪律,切实做到严以律己、廉政勤政;要以深入开展党员作风建设年活动为契机,用优良的党风促政风、带民风;要重点推进“一把手”廉政风险防范,将廉政风险防范工作由处级班子逐步向基层延伸;要加大查办案件工作力度,违法违纪案件一经发现,严肃查办。这次区委制定出台了《顺义区严格领导干部公务用车管理的若干规定(试行)》和《顺义区严禁领导干部利用婚丧喜庆事宜大操大办、借机敛财的若干规定》,就是针对当前顺义区在干部作风方面存在的苗头性问题,从制度层面完善惩防腐败体系。

六要把建立科学的领导干部考评体系作为干部管理的重要内容。如何用科学发展观的要求考核评价干部,是当前干部政绩考核的一个重点和难点。必须树立注重品行、科学发展、崇尚实干、重视基层、鼓励创新、群众公认的用人导向,调动各方面的积极性,让想干事的人有机会、能干事的人有平台、干成事的人有地位。在领导干部考核评价上,应当突出“四性”:一要突出政治性,以坚定的理想信念和正确的是非观念作为评价干部的首要标准;二要突出客观性,对领导干部的思想理论水平、经历阅历、性格特点、生活作风等进行全方位考核;三要突出实践性,把基层工作实绩作为考核评价的重要方面;四要突出群众性,把干部在群众中的口碑作为评价使用干部的重要参考。

四、全面推进区域科学发展再上新水平

2010年必将是不平凡的一年。主要体现在以下四个方面:一是社会处于转型时期,没有重大活动为引领,各种隐性的困难和矛盾可能暴露的更充分,发展的难度更大,对复杂环境要有清醒的认识,时刻保持清醒的头脑;二是重点新城、重点镇建设处在整体推进期,产业发展处在上规模关键期,城乡一体化处在转折期，工作任务更加繁重；三是2010年是承上启下的一年，我们要为“十一五”规划收好关，还要科学编制“十二五”规划；四是2010年是走出国际金融危机影响最关键的一年，是实现城乡一体化、完成新起点上新跨越最重要的一年。

按照中央经济工作会和市委十届七次全会精神，区委2010年工作的总体思路是：深入贯彻落实科学发展观，以落实“人文北京、科技北京、绿色北京”的战略任务为核心，以建设世界城市为引领，围绕城乡发展一体化、经济发展多元化、社会管理精细化、党的建设科学化的目标，坚持“优化存量保增长，扩大增量上水平”，全力推动“八个发展”，努力走在全市城乡一体化发展的前列，使顺义新城成为建设“三个北京”的典范。

2010年全区主要经济指标：预计完成地区生产总值600亿元，同比增长12%。预计完成工业总产值1540亿元，同比增长10%。预计实际利用外资4亿美元，同比持平。预计完成属地财税收入240亿元，增长10%；地方财政收入(一般预算收入)53.76亿元，增长12%。预计完成社会消费品零售额180亿元，增长15.4%。预计完成城镇居民人均可支配收入25000元，增长8%；农村居民人均纯收入12800元，增长10%。预计完成全社会固定资产投资382亿元，增长16%。

第一，坚持“一个核心”。

就是坚持以落实“人文北京、科技北京、绿色北京”的战略任务为核心，把以人为本、科技创新、生态文明摆在重中之重的位置，在城市建设、产业发展、民生工程等各方面工作中充分体现人文、科技和绿色的理念。

第二，实现“四化”目标。

一是城乡发展一体化。坚持发展“见物见人”的工作取向，以就业和社会保障一体化为重点，以促进非农就业和农民转非为阶段性工作抓手，逐步构建城乡空间布局一体化、产业发展一体化、基础设施建设一体化、就业和社会保障一体化、公共服务一体化、生态环境一体化的新格局。

二是经济发展多元化。坚持“优化存量调结构，扩大增量上水平”，解放思想，瞄准产业高端，激发市场活力，牢牢把握首都经济发展趋势，积极发挥市场配置资源的基础作用，用我们的优势汇集优质资源。着力引进大型中央企业、大型外资企业，以大项目、大企业、大投资带动产业的大发展；着力提高区属国有企业经济运行质量、市场占有率、整体竞争力，促进国有资产保值增值；着力提升现有民营经济发展水平、发展规模、发展质量，扩大民营经济在全区经济中所占比重。总之，要吸引那些有实力、产业高端、就业吸附能力强和辐射带动能力强的产业投资顺义，构建市场要素汇集、市场主体多元的经济发展格局。

三是社会管理精细化。加强和改进社会管理是经济发展、维护稳定的基础性工作，是重点新城建设中亟待解决的重大课题。必须强化领导责任、部门责任和属地责任，强化以我为主、主动出击，强化部门协同、联合作战，严格社会管理，遏制违法建设、违法占地、违法经营，形成“五好”秩序(治安秩序、市容环境秩序、交通秩序、市场经营秩序、旅游秩序)。坚持以社会效益为核心，切实满足人民群众多元化需求，为市民提供更加全面的公共服务，使群众享受安全、舒适、方便的生活。特别是要着力打造“数字顺义”，整合现有的政务信息、流动人口、交通治安等信息平台，提升水平和档次，实现对城市的精准管理。

四是党的建设科学化。着力深化对新形势下党的建设新情况新问题的研究，坚持以科学理论指导党建、以科学制度保障党建、以科学方法推进党建；着力推进干部人事制度改革，加强领导班子能力建设，从严管理和重点管理干部；着力推进基层党组织分级分类管理，力求有所突破。

第三，阶段性工作任务和要求。

围绕“四化”目标，2010年具体工作是要认真编制好区域发展“十二五”规划，明确2011年—2015年区域经济社会发展目标、任务和思路，同时在以下四个方面狠下功夫、取得实效：

一是环境建设上水平。以“建设绿色国际港、创建国家生态区”为载体，城乡环境要保持或超过奥运会、花博会期间水平，使顺义重点新城成为展示“绿色北京”的重要窗口。

二是产业发展上规模。坚持高端、高效、高辐射的产业发展方向。一产要着力发展农产品加工业，打造花卉产业大区；二产要依托现代三工厂建设，壮大现代制造业规模，加快顺义航空产业园和天竺综保区建设，提升临空产业水平；三产要大力发展生产性服务业、航空服务业、商务服务业和总部经济，增强区域核心竞争力。

三是新城建设出形象。按照均衡布局、分级配置、平等共享的原则，不断完善城市形态。加快轻轨M15号线建设，确保2011年10月顺义段全线贯通。加快商业中心、文化中心、体育中心、医疗中心、职教中心、潮白河森林公园和定向安置房建设，完善城市功能。加快马坡组团的民生银行、金蝶软件等总部基地建设和北京银行、中信银行、中国人保等项目落地，打造金融产业、总部经济的核心区。加快国展产业园等新兴产业基地建设，增强辐射带动能力。加快重点镇建设，抓紧编制重点镇中心区城市设计和建设实施方案，整体提高基础设施水平，力争“三年打基础、五年现雏形、十年上水平”。

四是城乡一体化出实效。全面推进城乡“六个一体化”建设。加大拆迁力度，明年计划整建制拆迁30个村，并要加快保障性住房建设。推进就业、转非、社会保障等民生工程，重点是稳步提高就业率和就业水平，全面加快占地转非、整建制拆迁转非和在二三产业稳定就业的农村劳动力转非，着力推进转非进城保工作，不断提高保险、保障标准和社会救助水平，让群众坐上全区改革发展的快车。加强人口宏观调控，进一步细化流动人口管理、控制方案，坚决把低端人口涌入控制住，2010年全区常住人口控制在75万人，其中户籍人口控制在58万人，居住半年以上流动人口控制在17万人左右。

第四，推动“八个发展”。

一是做强做大航空服务业、航空制造业和航空物流业，大力推动临空经济发展。抓住天竺综保区的政策平台机遇、顺义中航工业园建设的产业平台机遇和国内航空业大发展的机遇，壮大临空经济规模，促进航空产业集聚发展。

二是以实现年产汽车100万辆为目标，大力推动汽车产业发展。抓住国家扶持汽车产业发展和北京市建设国内一流汽车制造业城市的机遇，着力打造完整的汽车产业链，把顺义建设成为汽车城。

三是坚持自主创新，大力推动高新技术产业发展。充分发挥首都市场、资源、人才、技术优势，借助中关村政策、品牌和科技优势，积极推进临空国际、航空产业园、空港软件信息产业园等申报纳入中关村国家自主创新示范区工作，加快建立顺义区与海淀区区域联动、互利双赢的合作机制，推动“研发在中关村、转化和生产在顺义”跨区域产业链的形成。大力培育和扶持支撑未来经济增长的航空产业、新能源汽车、信息产业等新兴产业，促进区域可持续发展。

四是坚持高端、高效、高附加值，大力推动都市型现代农业发展。巩固已经形成的都市型农业发展优势，大力发展农产品精细加工、农产品配送和花卉产业，提高顺义区农产品在首都市场占有率和控制力。

五是突出区域生态特色，提升重点镇功能，大力推动顺义重点新城的绿色发展。深入践行“绿色北京”理念，坚持生态文明的基础性、引领性作用，突出顺义新城生态特色，不断提高生态建设水平，彰显“滨水、生态、国际、活力、宜居”的城市特征。

六是加快文化中心、体育中心建设,大力推动文化事业发展。通过加强公共文化服务基础设施建设,强化城市的文化功能,提升区域文化软实力。

七是实现好农民的根本利益,大力推动民生发展。切实抓好农民转非、劳动力二三产业就业、社会保障等各项工作,让农民在城市化进程中提高生活质量。

八是强化基层党建分级分类管理,大力推动党建工作科学发展。进一步推进基层党建分级分类管理,创新社会领域党建工作管理体制,扩大党的工作覆盖面,全面提高基层党组织建设科学化水平。

第五,全力以赴保重点、抓项目。

在发展中,有战略还要有战术,有思路还要有出路,有规划关键还要有项目。2010年的工作,尤其要以项目建设为抓手,提升区域经济综合实力和核心竞争力。2009年安排的151项市、区两级重大项目,截止到目前,已有145个项目取得批复并开工建设,完成投资183.6亿元,为拉动顺义区发展做出了重要贡献。当前我们共储备了218个项目,涉及总投资1317.5亿元。

要全力抓好重大项目的推进和落实。加快推进北京航空产业园建设和汽车产业重点项目建设,进一步做好中航信数据中心及总部、中国出版集团、中核二三建设公司总部、江河幕墙二期、宝德阳、金蝶软件、数码视讯等重点项目的建设协调服务工作。

要继续抓好产业发展平台建设。做好园区规划工作。依托北京天竺综合保税区和临空高端产业功能区的辐射带动作用,进一步明确各重点功能区功能定位,建立国家、市、区"三级"产业园区发展体系,引导项目科学布局,实现各功能区协同发展。抓好园区扩容提升。积极推进重点园区规划范围内村庄拆迁,为大项目和优质项目的招商创造良好条件。积极推进重点功能区与镇级二三产业基地建立帮扶机制,把基础条件较好的镇级二三产业基地作为重点经济功能区重大项目的合作配套区。

要继续加大招商引资力度。坚持招大引强。牢牢抓住国家政策重心将向调结构转移、国内产业布局调整、国家出台的十个产业振兴规划等机遇,以大项目的大突破促进重点产业园区的大发展。加强产业链招商。突出抓好汽车和航空两大战略产业,壮大核心企业,延伸产业链条,努力打造两个千亿元产值的产业集群。

五、牢牢抓住维稳工作主动权

稳定是硬任务,是第一责任。要认真贯彻全国政法工作会议精神,固化传承平安奥运、平安花博成果,始终保持清醒头脑和高度警觉,切实做到思想上绷紧弦、对策上准备细、工作上力度强,全力维护社会稳定。切实强化基层维稳责任,抓住影响社会和谐稳定的源头性、根本性、基础性问题,严格落实定期接访、基层走访、事后回访等工作制度,确保小事不出村、社区,大事不出镇、街道,坚决遏制越级访、集体访和群体性事件。进一步完善社会治安防控体系,不断提高社会管理防控的精细化、社会化、信息化水平,有效降低发案率,切实提高破案率,加大打击刑事犯罪和经济领域违法犯罪的力度,确保社会治安总体平稳。深化安全生产分级分类管理,加强隐患排查和整改治理,加大安全生产管理制度落实情况的检查,确保不出现重特大安全事故;切实加强食品药品生产、流通、销售全过程的安全监管,严格安全报告制度,提高应急处置能力。当前仍然要高度重视抓好甲流防控工作。下大力气加强流动人口控制与管理,加大城中村拆迁改造力度是明年全市一项重要工作,仅朝阳区就计划拆掉6个乡,与之相伴将有大量流动人口涌入到周边区县,我们必须引起高度重视,提早准备,主动工作,妥善施策,不断强化各镇、各村的属地责任和相关部门的监管责任,坚决防止流动人口无序、盲目流入。注重维护好城市化进程中的群众利益，全方位解决好群众最关心的拆迁补偿、就业安置、社会保障、就医、就学等现实问题，从源头上减少矛盾。岁末年初，确保元旦和春节期间的政治稳定和社会安定是我们义不容辞的重大政治责任。全区各单位、各部门要围绕“大事不能出，小事也不能出”的工作目标，扎实做好节日期间社会维稳、节日供应、安全生产、值班带班等各项工作，确保万无一失，营造喜庆热烈、欢乐祥和的节日氛围。

同志们，明年的工作任务繁重而艰巨。让我们以倍加振奋的精神、倍加昂扬的斗志、倍加扎实的作风，深入践行科学发展观，全面贯彻党的十七届四中全会和市委十届七次全会精神，认真落实“人文北京、科技北京、绿色北京”发展战略，加快推进城乡一体化，为使顺义重点新城成为首都建设“世界城市”的重要功能区，成为建设“三个北京”的典范而努力奋斗！

顺义区人民代表大会常务委员会 2009年工作报告

——2010年1月12日在顺义区第三届人民代表大会第五次会议上

顺义区人大常委会主任　马庚良

各位代表、同志们：

我受顺义区第三届人民代表大会常务委员会的委托，向大会报告工作，请予审议。

2009年的主要工作回顾

2009年，是建国60周年大庆之年，也是第七届中国花卉博览会成功举办之年。我区大事多，喜事多。一年来，区人大常委会在区委的正确领导下，坚持以邓小平理论和“三个代表”重要思想为指导，深入贯彻落实科学发展观，坚持党的领导、人民当家作主和依法治国的有机统一，依法履职，扎实工作，为坚持和完善人民代表大会制度，推进全区经济、政治、文化、社会与生态文明建设做出了积极贡献。

一、着力加强法律监督，推进民主法制建设

对“一府两院”实施监督，是宪法和法律赋予人大及其常委会的一项重要职权。为创造良好法制环境，保证法律法规在全区的贯彻实施，维护和实现人民利益，加快经济社会全面、协调、可持续发展，常委会重点围绕三个方面加强了法律监督工作。

（一）围绕促进依法行政，认真进行执法检查

常委会围绕“平安花博”，积极推动相关法律法规的贯彻实施，推动政府依法行政，先后组织代表对《中华人民共和国安全生产法》、《北京市安全生产条例》、《中华人民共和国农产品质量安全法》等12部法律法规的贯彻执行情况进行了执法检查，提出了20余条意见和建议。区政府结合代表建议的办理，逐一落实整改责任，开展综合执法，有效治理了安全隐患，拆除了各类违法建设，市容环境及农产品质量得到明显改善，为举办一届“高水平、有特点”的花卉博览会打下坚实基础。

在监督法律法规贯彻执行的过程中，常委会高度重视水污染防治法等法律法规的实施，关注可持续发展，连续三年对本区水系环保状况进行了视察和执法检查，并先后在第十、十三、二十六次常委会上讨论了区域内水污染防治工作。2009年，又进行了执法检查，提出了坚决关停高耗能、高污染项目；要定期、不定期抽查已治理项目；加大水污染治理投资和农村水源地的治理，尽早实现镇村污水的统一处理等建议。

全国人大、市人大到顺义检查农产品质量安全和食品安全方面的法律法规落实情况时，充分肯定了顺义区在农产品质量安全监管、食品安全方面取得的成绩，认为顺义区对食品安全工作高度重视，对法律理解到位，宣传广泛，尤其对食品安全工作投入大，管理成效显著，为全国做出了榜样。

(二)围绕司法监督工作的改进，提高司法效率、维护司法权威、促进公正司法

为加强对“两院”的监督，常委会重点审议了区法院关于行政审判工作情况的报告、区检察院关于贯彻市人大常委会“关于加强检察院对诉讼活动的法律监督工作的决议”的报告。此外，常委会还采取座谈、组织代表参加庭审和检察院出庭公诉等方式，加大了监督力度，促进了司法水平和司法效率的提高。

(三)围绕提高全民法律素质，认真做好普法工作监督

法制宣传教育是提高全民素质，推进依法治区的基础性工作。常委会持续关注“五五”普法规划的实施，定期听取政府部门的“五五”普法情况介绍。区政府加大法制宣传力度，开展了“法律六进”、法制宣传日、基层司法所长集体“充电”工程、突发事件应对法培训等一系列活动，有力推进了普法工作的深入开展。

二、着力强化工作监督，促进全区科学发展

常委会坚持围绕中心，突出重点，注重实效，不断探索改进监督方式，积极解决关系全区改革发展稳定大局的重大问题和关系民生的突出问题，有力推动了“一府两院”的各项工作。去年，共召开常委会会议12次、主任会议18次，听取和审议“一府两院”工作报告10项，提出审议意见40余条，任免“一府两院”工作人员117人次。

(一)围绕科学发展观的贯彻落实，促进全区持续、快速发展

为鼓舞全区人民斗志，更好应对金融危机，常委会在7月份专门组织召开了三届四次人代会，专题审议了政府的上半年经济工作报告，以总结全区应对危机的成果，为下半年的工作指明方向。会议期间，代表们认真审议了政府上半年经济工作报告，对我区经济指标由负转正再到增速加快感到振奋，对我区应对危机的措施得力感到满意，对重大项目接连落户顺义感到欣喜，对顺义未来的发展信心倍增。代表们还对全区下半年的工作提出了建议。

常委会重点听取审议了区政府关于新城建设情况的报告和顺义区生态示范区、生态区建设总体规划；组织代表视察了重点工程建设、经济开发区建设、科技发展、轻轨M15号线建设等经济发展情况，提出了突出开发区建设在全区经济发展中的地位；围绕优势产业发展，研究落实全区产业功能定位；加大科技成果的转化力度，推动技术创新，提高企业产品的技术含量等建议，并专题听取了建议办理情况报告，进行了跟踪检查，对全区经济的发展起到了促进作用。主任会议还听取了关于经营性国有资产经营现状分析及监管情况汇报。

为确保财政预算及国民经济和社会发展计划的执行，增加财政收入，增强我区抵御金融危机能力，实现“保增长，保民生，保稳定”，常委会听取审议了区政府2009年上半年财政预算执行情况、上半年国民经济和社会发展计划执行情况、2008年财政审计工作、决

算草案等专项报告,依法审查批准了2008年区级财政决算。就预算工作,常委会提出,要加强预算管理和投资的统筹规划,提高财政资金的实际使用效率,确保财政资金向民生工程倾斜、向基础设施倾斜、向经济建设倾斜;要加大对中小企业在资金和政策方面的扶持力度,增强其抗风险能力,并在资金投向上注重招大引强,保证投资质量,确保财政收入稳定增长。就计划工作,常委会建议区政府结合新的经济形势,研究对策,采取措施,确保全年任务指标的完成,并做好"十二五"规划编制的各项前期准备工作,确定好下一年的民生工程。

(二)围绕社会主义新农村建设,推动都市型现代农业发展,促进农民就业,繁荣农村经济

为进一步加快新农村建设进程,常委会在连续两年组织代表视察镇村二三产业基地的基础上,提出了促进城乡统筹发展,努力发展现代农业,扶持农村发展二三产业,促进农民增收等建议。区政府制定相关政策,采取有力措施,加强农村基础设施建设,提高农民就业率,增加农民收入,新农村建设取得了明显成效。

常委会还就花卉产业发展和第七届花博会准备工作情况进行了视察,建议做好花博会展后利用,用花卉产业带动全区农业结构调整,促进都市型农业发展及组织引导本地农民开拓花卉产业市场,确保农民增收致富。

(三)围绕民生工程的推进,促进社会各项事业发展

常委会始终关注民生,把民生工程的推进作为促进经济社会发展的出发点和落脚点,作为建设和谐顺义的重要抓手,作为常委会工作的重点。

针对代表反映的社区便民市场建设问题,2009年,常委会责成相关委室深入调研,并召开主任会议进行研究,还打破主任会议常规,请主管副区长及区商务委、市场中心、市政市容委、规划分局等单位参与调研。在政府就社区便民市场建设召开协调会后,常委会组织代表进行了工作视察,专题听取审议了区政府关于全区社区便民市场建设情况的专项工作报告。在常委会的持续关注下,政府部门创新工作思路、简化审批手续,加快社区便民市场建设步伐,年内建成中心镇市场9个,村级市场25个,升级改造社区市场14个,同时,解决了部分代表关注的五里仓小区、东兴小区便民市场的选址、建设问题,使顺义区的社区便民市场建设走在了全市前列。

教育问题关系千家万户。常委会针对近年来我区城乡教育发展不够均衡,即将开展第三次教育发展布局调整的问题,进行了《中华人民共和国义务教育法》执法检查,提出了提高教师相关待遇,优化教师队伍结构,关注偏远地区学校发展,加强政府各职能部门协作等建议。区政府认真研究,积极探索城乡教育学区化发展,推进初中建设工程和小学规范化建设工程,建设寄宿制学校,并引进市级名校在顺义区开办5所分校,促进城乡学校向标准化、均衡化、特色化方向迈进,让百姓享受优质教育资源;还逐年加大力度,提高教师待遇,并争取市级资金4100余万元,改造了农村学校教师的办公室、午休室、洗浴室等。

老龄人口的增多,对我区老龄工作提出挑战。常委会在视察养老机构设施及服务管理情况时,建议政府加大投入,建立养老事业发展专项基金,制定养老机构的设施标准、服务标准及管理标准;要在养老设施建设上做到标准高,设施全,成规模,防止小、散、低,并使机构养老做大、做强、做成品牌。

北京市出台《关于促进首都中医药事业发展的意见》后,常委会主任会议结合三届人大三次会议代表提出的"关于大力发展顺义区中医药事业"建议的办理,对本区中医药事业发展情况进行了调研,摸清了中医药工作

存在的问题,在制定规划、做好布局、政策资金扶持、培养人才等方面提出意见。政府部门已于年初全面启动中医药事业发展规划编制工作,并实施中医“名院、名科、名医”“三名”战略。经过努力,现已建立了两个市级名老中医工作室,同时深入全区的学校、农村等基层单位,开展以“普及中医中药知识,弘扬中医文化”为目的的中医药文化宣传活动。

主任会议还听取了关于公路建设、公交运营;社区自治;经济适用房、廉租房、限价商品房建设管理等情况汇报。

常委会把人大信访工作与监督工作紧密结合,为常委会决策服务。去年,常委会深入实际,密切联系群众,倾听群众诉求,认真做好信访工作,98件群众来信来访件已依法全部办复。对于重要来信来访件,常委会领导及时作出批示,责成有关委室协同相关部门处理,较好地解决了群众反映的实际问题,维护了社会的和谐稳定。

三、着力改进代表工作,发挥代表主体作用

常委会进一步完善工作机制,努力提高服务水平,支持和保证人大代表依法履行职责,代表工作取得新进展。

(一)完善代表工作机制,提高服务代表的水平

一是加强代表培训,提高素质。通过举办培训班、研讨交流、视察、执法检查等方式,提高代表履职能力。二是切实保证代表的知情权。采取多种形式,及时向代表提供区情、政情、社情,通报全区重点工作情况,为代表履职创造条件。三是规范代表小组活动方式,拓宽代表闭会期间发挥作用的途径。四是继续开展代表向选民述职活动,探索代表联系选民、为选民服务的途径和方法。全年有37名代表进行了述职。五是大力宣传先进典型代表,推动代表履职水平提升。常委会利用地方人大常委会建立30周年的机会,宣传代表典型,《北京人大》就登载了四名连任三届以上代表的事迹,还通过人大网站、常委会《工作通讯》、新闻媒体等宣传代表事迹。

(二)加强代表与选民的联系,代表作用进一步发挥

常委会不断改进完善代表联系选民的工作机制,完善了代表服务岗、代表接待日制度。在定期、不定期接待选民的基础上,代表通过深入选区密切联系群众,倾听群众诉求,反映群众突出问题,履职责任感进一步增强,作用得到更好地发挥。

加强市人大代表联络服务工作。圆满完成了市十三届人大二次会议顺义团的服务工作和市人大代表培训工作,建立了市、区人大代表之间的联系沟通机制,并邀请市人大代表参加区人大代表活动,列席区人大常委会会议等。一年来,常委会围绕市、区工作大局统筹安排,组织市人大代表集体活动7次,各镇、街道也组织了市、区人大代表的联络交流活动。代表们就推动顺义发展,提出了许多建设性的意见和建议。

(三)加大建议督办力度,代表建议办理实效显著增强

常委会改进建议督办工作,把提高代表建议办理实效作为保障代表依法履职的重要环节。今年,采取由各委室牵头督办重点建议件的形式,加大督办力度;及时召开交办会,提出要求;加强办中督查,认真听取“一府两院”对代表建议办理情况的报告;针对难点建议的办理,深入调研,搞好综合协调,加快办理进度;加强办后复查,对重点建议的办理情况进行专题审议并开展跟踪检查,组织代表对办理情况进行座谈反馈,建议办理质量和实效不断提高。在各有关部门的共同努力下,代表提出的135件建议,已按法定时限全部办复。一批人民群众最关心、最直接、最现实的问题得到有效解决,促进了全区经济社会的和谐发展。

(四)圆满完成区人大代表补选工作

补选区人大代表是基层民主政治建设中

的一件大事，也是保障代表依法履职、维护选民利益的重要举措。针对换届以来的区人大代表因故出缺情况，常委会依法进行了补选。这次补选工作涉及7镇1街道和驻顺部队共11个选区。9至10月，常委会周密部署，加强联系指导；各镇、街道高度重视，精心组织，充分发扬民主，严格依法办事，使区人大代表补选工作圆满完成。11个选区共登记选民46790人，投票日当天参加投票选民46241人，参选率为98.8%。

四、着力提高镇人大、人大街工委工作水平，推动基层民主政治建设

常委会进一步加强对乡镇人大工作的指导，有效推动了基层人大工作的开展，促进了基层民主政治建设。一是通过以会代训、调研考察等形式，不断加强对乡镇人大干部的培训；二是继续坚持情况通报制度，镇人大主席、人大街工委主任联席片会和列席常委会会议等制度；三是做好区镇两级人大上下联动的视察、执法检查和代表向选民述职工作；四是结合常委会工作安排，及时对各镇人大和人大街工委年度工作提出指导性意见，重点抓好代表补选、代表进社区、代表小组活动、代表联系选民、代表向选民述职等工作，不断提高基层人大工作的整体水平。

五、着力加强常委会自身建设，提高依法履职能力

常委会把加强自身建设，提高整体素质作为履行好职责的重要保证，从学习培训、转变作风、规范制度入手，不断提高依法履职的能力和水平。

（一）加强科学发展观的学习实践，努力提高自身素质

按照区委学习实践科学发展观活动及作风建设年的工作安排，常委会积极开展各项活动。全体党员紧密联系人大工作实际，认真学习有关文件精神，按照科学发展观的要求，认真分析检查，积极进行整改。通过学习、实践，进一步明确了责任，增强了贯彻落实科学发展观的自觉性和坚定性，有力推动了人大各项工作的开展。注重学习型机关建设。坚持完善各项学习制度，进行了常委会组成人员和机关工作人员政治理论、法律法规和人大业务知识的学习培训，使整体工作水平和工作效率得到进一步提高。部分常委会领导及委室主任还参与了学习实践科学发展观活动督察组、“平安北京”和“国庆平安行动”督查、国庆六十周年群众游行方队的训练督导等活动。

（二）加强制度建设，规范工作程序

在深入学习监督法及科学发展观的基础上，进一步规范和完善了常委会会议、主任会议及视察、执法检查等工作程序，为常委会依法履行职责，推进决策的民主化和科学化提供了保障。

（三）加强调查研究，切实改进工作作风

常委会把加强调查研究作为履行职能、开展工作的基础，结合审议议题深入基层进行调研，审议质量明显提高。常委会围绕全区重点工作和社会普遍关注的热点难点问题，找准人大工作在经济、政治、文化、社会建设中的结合点和着力点，就社区市场建设、养老机构建设、中医药事业发展、物业管理等开展专题调研，完成了12项调研报告。协同市人大开展了垃圾处理工作的调研，就生活垃圾处理等问题提出了建议。

（四）加强信息工作，积极宣传人大制度

认真做好人大信息宣传工作。一年来，常委会主办的《工作通讯》出刊4期，在市人大网站登载信息70余篇，在区级媒体播发信息200余条，在《人民代表报》、《北京人大》发表多篇文章；加强网站建设，不断丰富栏目，及时进行更新，较好宣传了人民代表大会制度和人大工作。

各位代表：过去的一年，常委会工作取得的进展和成绩，是区委正确领导，是常委会全体组成人员和人大代表尽职尽责、充分发挥作用的结果，是社会各方面和广大人民群众

关心、支持、帮助的结果。在此,我代表顺义区第三届人大常委会,向各位代表和所有关心、支持人大工作的同志们、朋友们,表示崇高的敬意和衷心的感谢!

在肯定成绩和总结经验的同时,我们也清醒地认识到,常委会工作同党和人民的要求与期望还有一定的差距,主要是:监督领域的拓展,监督链条的延伸,监督实效的增强还有待积极实践;调研工作的力度还需加强、深度和广度还需进一步扩展;代表工作和代表建议办理工作还需完善、创新、提高。这些问题我们要在新的一年里认真研究,切实加以改进。也真诚欢迎各位代表对常委会的工作提出宝贵意见。

2010年的主要任务

2010年,是实施“十一五”规划的最后一年。区人大常委会要在区委的领导下,以科学发展观为统领,认真贯彻落实党的十七大和十七届三中、四中全会精神和市委第三次人大工作会议精神,本着“议大事、抓重点、求实效”的原则,紧紧围绕区委中心工作,围绕法律法规的贯彻实施,围绕人民群众普遍关心的热点、难点问题,认真履行宪法和法律赋予的职责,充分发挥人大及其常委会的作用,为加快推进城乡一体化进程,建设经济发展、社会进步的现代文明和谐新顺义,做出新的贡献。

一、加强和改进监督工作,切实提高监督实效

在新的一年里,常委会将按照“该做、能做、有用、有效”的工作原则,加强和改进监督工作,促进区域经济社会科学发展、协调发展。

(一)继续坚持以经济建设为中心,实施有效的工作监督

经济建设是区委的中心工作。常委会要紧紧围绕这个中心,积极开展各项监督工作。一是要重点对临空经济区建设和招商引资工作进行监督检查。组织代表认真开展工作视察;主任会议就招商引资的进度和各项政策的落实,要进行广泛、深入的调研。在此基础上,常委会将听取审议政府的专项工作报告。今年是“十一五”规划的最后一年,常委会还将专题听取审议政府关于“十一五”规划执行情况报告。二是对高丽营、赵全营、李遂、杨镇四个重点镇的规划、基础设施建设、招商引资工作和项目落地的进展情况进行监督检查,积极推进城乡一体化进程。三是对重大、重点经济项目的进展情况进行监督检查。常委会将在组织代表视察新城(马坡组团)建设情况的基础上,听取审议政府关于“十一五”新城规划、建设落实评估情况的专项工作报告。主任会议还将围绕发挥金融服务平台作用;推动北京汽车生产基地、临空国际高新技术产业基地基础设施建设等方面深入开展调研,促进区域经济社会协调发展。为提高中小企业活力,常委会将检查《中华人民共和国中小企业促进法》的贯彻执行情况。四是对财政预决算和国民经济社会发展计划的实施情况进行监督检查。根据监督法的规定,常委会将专题听取审议区政府2009年财政审计工作报告和财政决算报告,审查批准2009年区级财政决算;按照本次大会批准的财政预算和国民经济社会发展计划,听取审议政府2010年上半年财政预算执行情况、上半年国民经济和社会发展计划执行情况等专项报告,确保人民代表大会决议的贯彻落实。

(二)继续坚持以民生工程为重点,实施有效的工作监督

常委会始终将促进社会事业发展、推进民生工程、维护社会稳定、建设和谐新顺义作为工作的重点。在新的一年里,常委会将以“保增长、保民生、保稳定”为重点,一是对我区经济适用房、廉租房、限价商品房三项工作的进展和政策落实情况进行监督检查。二是随着老龄化社会的加快,重点对养老设施规

划、建设进展情况进行监督检查,同时还将跟踪检查老年人权益保障情况。三是对《中华人民共和国水污染防治法》、《中华人民共和国农产品质量安全法》、《全民健身条例》等法律法规的贯彻执行情况进行大规模的执法检查;并组织代表视察社区矫正、农村医疗卫生、代表建议重点件办理等项工作情况。四是听取审议政府关于代表建议办理情况、法院关于劳动争议案件审理情况和检察院关于加强刑事审判法律监督工作情况等专项报告。主任会议将围绕全区的社会保障、人口素质、绿化和垃圾处理等项工作深入开展调研。

二、加强和改进代表工作,充分发挥代表作用

一是继续坚持代表自愿选择视察、执法检查项目的方式,组织好各项视察和执法检查,扩大代表对常委会工作的有序参与,充分发挥代表在监督工作中的作用;二是进一步拓宽代表知情知政渠道,改进和完善代表联系选民机制,丰富代表小组活动形式,做好代表述职、代表联系选民、代表进社区接待群众及代表联谊等活动,不断提高代表履职水平;三是进一步加强代表撰写议案、建议的培训,改进代表议案、建议督办机制。四是加大代表建议督办力度,努力提高办理质量;五是做好市人大代表的服务工作。

三、加强联系和指导,提高镇人大、人大街工委工作水平

镇人大和人大街工委工作是全区人大工作的重要组成部分。今年,要在继续坚持以往的好经验、好做法的基础上,继续抓好代表小组活动、代表联系选民、代表向选民述职等工作;要定期召开人大街工委主任、镇人大主席工作会,通报工作计划和进度,交流工作经验,相互学习沟通,共同提高;常委会有关部门要经常深入各镇及街道调研,参加有关会议和活动,提出具体指导意见,及时了解和反映镇人大、人大街工委的愿望和要求,促进镇人大和人大街工委工作开展;举办人大业务知识专题培训班,提升各镇及街道的人大工作水平。

四、加强常委会自身建设,提高履职能力和工作水平

坚持不懈地加强常委会及其机关的思想、组织和作风建设,牢固树立党的观念、法制观念、大局观念、群众观念,进一步增强做好人大工作的责任感和使命感。一是加强学习。认真学习党的十七大和十七届三中、四中全会精神,全面深入贯彻落实科学发展观,努力提高常委会的履职能力。二是完善常委会工作机制。加强研究,健全常委会审议意见督办制度和落实反馈制度,提高工作实效。三是切实转变工作作风。搞好调查研究,关注民生,体察民情,密切联系群众。四是大力加强机关建设。按照政治坚定、业务精通、务实高效、团结协作、勤政廉洁的要求,不断加强队伍建设,增强凝聚力和战斗力,努力提高工作水平。五是落实市委第三次人大工作会议精神,推动地方人大事业进一步发展。

各位代表,深入贯彻落实科学发展观,促进全区科学发展,建设现代文明和谐新顺义,是我区的重大任务。新的一年,任务艰巨,责任重大,让我们在区委的正确领导下,坚定信心、同心协力、求真务实、开拓创新,为推进全区社会主义民主法制建设,实现经济社会更好更快发展而努力奋斗!

政府工作报告

——2010年1月11日在顺义区第三届人民代表大会第五次会议上

顺义区人民政府区长 刘 剑

各位代表:

现在,我代表顺义区人民政府,向大会报告工作,请予审议,并请政协委员提出意见。

一、2009年的主要工作

刚刚过去的2009年,是我们经受严峻考验、实现快速发展的一年。在市委、市政府和区委的坚强领导下,在区人大和区政协的监督支持下,全区上下深入学习实践科学发展观,全面贯彻落实"保增长、保民生、保稳定"的各项决策部署,出色的完成了区三届人大三次、四次会议确定的目标任务,实现了区域经济社会平稳、快速、健康发展。

(一)区域经济平稳快速发展

紧紧抓住扩内需、保增长的重要机遇,坚持以临空经济区为引领,全力以赴扩投资、拓空间、强产业、扶企业,深入推进产业结构调整和战略转型,全年预计完成地区生产总值535亿元,同比增长11%,三次产业比重为3.9:47.5:48.6。属地财税收入完成218.8亿元,同比增长15.4%;地方财政收入完成85.2亿元,同比增长13.9%;其中一般预算收入48.1亿元,同比增长16.6%。预计完成固定资产投资330亿元,同比增长29.4%。预计完成出口交货额315亿元,实现社会消费品零售额156亿元。预计城镇居民人均可支配收入达到23200元,农村居民人均纯收入达到11600元,同比分别增长8%和12%。

高端产业持续壮大。汽车产业引领现代制造业发展,北京现代年销量突破57万辆,同比增长90%。北京汽车研究总院、国家汽车质量监督检验中心全面开工,北京现代第三工厂、北汽自主品牌越野车基地建设加速推进。航空产业集聚效应凸显,新引进中航工业发动机、系统、复合材料三大核心板块,中航发动机正式开工,国航大学即将竣工。金融产业快速发展,民生银行总部开工建设,北京银行后台处理中心正式签约,新增光大银行、杭州银行等9家金融机构入区发展。文化创意产业不断提升,国展产业园集聚效应不断增强,中国出版集团文化创意产业基地启动建设,国际体育用品博览会等15个大型展会成功举办。

重大项目加快集聚。招商引资成效显著,新引进项目协议投资420亿元,新引进10亿元以上重大项目5个,实际利用外资预计完成3.96亿美元,中核二三建设公司、首都机场资产管理公司等一批总部项目迅速入驻。绿色通道项目进展顺利,总投资894亿元的151个绿色通道项目全面推进,完成投资183.6亿元。新兴产业培育取得积极进展,数码视讯数字电视产业园、宝德阳触控产品生产研发基地、金蝶软件园等高端信息软件产业项目相继开工,清华同方LED、中兆培基非晶变压器等节能产业项目加速推进。

重点经济功能区加速提升。林河经济开发区和汽车生产基地通过村庄拆迁,新增产业发展用地3635亩。重点经济功能区和二三产业基地基础设施建设扎实推进,全年累计投入 17.4 亿元。北京航空产业园正式启动,与市科委共建北京非晶科技产业园。重点经济功能区与二三产业基地结对帮扶机制日趋完善,空港 C 区开发建设进一步加快。

帮扶企业成效明显。出台 6 个方面 24 条配套帮扶企业措施,统筹解决企业运行中的突出问题,落实各级扶持资金 1.1 亿元。组建总部企业高管人员服务中心,出台跨国公司设立总部奖励办法。严格落实出口退税政策,区内进出口贸易企业海关业务实现本地办理。新认定高新技术企业 37 家,新发展国家级企业技术中心 2 家、市级企业技术中心 1 家、市级研发机构 3 家,11 家企业 21 项产品纳入市级自主创新产业目录。

(二)城乡一体化进程明显加快

重点新城建设扎实推进。城市规划不断完善,在全市率先实现新城街区和各镇中心区控规全覆盖,新完成 133 个村庄规划。城市功能不断提升,M15 号线启动建设,7 个站点建设全面启动,7 公里高架段铺轨工程如期完工。六大中心建设加快推进,文化中心得到批复,区医院急诊病房综合楼进入外装修阶段,金街区域土地招拍挂顺利完成。白马路二期等一批重点工程全面完成,全年新改建道路 124 公里、新增市政管线 178 公里。保障性住房加快建设,现代花园等 4 处保障性住房开工建设,港馨家园东区顺利交付使用,2960 位拆迁居民顺利回迁。土地管理更加规范,出台查处违法建设工作意见,健全部门联动机制,拆除违法建设 21.6 万平方米。完成 33 宗、4006 亩土地入市交易,切实保障了重点工程和重大项目用地需求。重点镇建设实现突破,高丽营核心区市政基础设施建设率先启动,于庄村拆迁顺利完成。

新农村建设不断深化。镇村二三产业总收入预计完成 883 亿元,同比增长 28.5%。新农村"五项基础设施"和"三起来"工程完成投资 6.7 亿元,6.5 万亩农业基础建设及综合开发成效明显。农业结构调整深入推进,花卉苗木面积达到 1.6 万亩,新增设施农业面积 1 万亩、土地流转面积 1.2 万亩,新完成 47 个村集体经济产权制度改革。

生态建设一体化推进。潮白河森林公园、龙道河生态治理和引温济潮二期工程全面启动。"百村万户" 绿化美化二期工程顺利完成,151 个村、3.7 万户农民从中受益。深入推进车辆"退黄进绿" 工程,淘汰黄标车 1.1 万辆,绿标车辆超过营运货车总量的 50%。深入开展第十五阶段大气污染控制工作,空气质量二级和二级以上天数达到 271 天。国家环境保护模范城市创建工作进展顺利,新淘汰"三高"企业 14 家,削减 COD 排放 1703 吨和二氧化硫排放 1204 吨。

(三)事关发展大局的重点任务顺利完成

重大活动精彩纷呈。花博会取得巨大成功,规划建设融汇经典,展会运行高效顺畅,十天展会接待观众 180 万人次,成为首都国庆庆祝活动的一大亮点,打造了区域产业发展新平台。国庆游行精益求精,3345 人的"改革开放"方阵充分展示了顺义人民的良好精神风貌。国庆服务保障坚强有力,17 处国庆游园公园安全有序,燕京啤酒节、国际航线论坛精彩成功。

天竺综保区顺利封关运营。如期通过国家十部委联合验收,成为我国建设周期最短、验收通过最早的空港型综保区。天竺综保区管理办法列入市政府立法计划扎实推进,信息化服务平台不断完善。新引进东航北京基地等 13 家企业入区经营,新增通用电气、强生等 10 家国内外知名企业开展保税业务。

土地战略储备成效显著。已完成 18 个村庄整建制拆迁,正在拆迁的 2 个村庄进展顺利,储备土地 1.8 万亩,完成土地储备开发投资 151.6 亿元,投资规模位居全市第二,区域发展空间不断拓展,2.6 万农村居民通过村庄拆迁全面融入城市。

金融服务平台大幅提升。组建国有资本经营管理中心,一期 25 亿元企业债券即将发行。创新运作全国首只中小企业集合票据,为区内7家重点企业融资2.65亿元。深入推进银企对接,引入股权质押、商标权质押、动产抵押等多元融资方式,为企业提供融资担保29.8亿元,减免担保费9400万元。

(四)以改善民生为重点的社会建设不断加强

公共服务水平持续提升。率先启动牛栏山一中、张镇小学校舍安全工程。稳步实施岗位设置和教师绩效工资改革,深入推进"名师、名校、名校长"工程,着力提高教育教学质量,高考升学率达91%,本科录取率同比提高2.4个百分点,考取清华北大64人。区妇幼老年保健院与北京儿童医院启动全面合作,投入1955万元开展农民、儿童免费体检和妇女"两癌"筛查,社区卫生服务机构销售零差率药品累计让利于民2100万元。大力实施文化惠民工程,文化资源共享等七项文化推广工程实现全覆盖。第六届全民体育健身节等体育健身活动深入开展,顺义运动健儿全运会夺得2金1银。

社会建设扎实有序推进。13个社区纳入全市规范化建设试点,通过新建、改扩建和锅炉房改造实现17个小区社区用房达标,社区工作者工资标准大幅提高。坚持培育发展与监督管理并重,各类社会组织不断壮大。慈善事业蓬勃发展,全年募集善款1500万元。老年人免费乘公交等惠民措施全面落实,扶残助老、关爱互助的社会氛围日益浓厚。人口低生育水平持续稳定,人口调控力度不断加大。深入开展"迎国庆、讲文明、树新风"活动,城市文明程度和市民综合素质不断提高。广播电视事业快速发展,人事人才和档案工作不断加强,民族、宗教、侨务、台港澳事务成效明显,审计、统计、外事等工作有了新的发展,妇女、儿童、残疾人等事业取得了新的成绩。

城市运行保障不断提升。深入推进老旧小区改造和城市家具更新工程,维修改造42类11万件城市家具,完成42个小区、4.8万户信报箱补建更新工作。大力发展公共交通,完成南彩公交首末站建设和29组公交港湾改造,新开公交线路7条、延长公交线路8条。不断深化城乡环境整治,完成216项台帐任务、18项折子工程以及168项帐外任务,对全区91条街路和便民市场、停车场进行综合整治,群众满意度创历史新高。

城乡就业形势保持稳定。大幅提升就业补助标准,率先将高校毕业生和在职职工培训纳入政策扶持范围,就业困难群体认定标准下调至"3545"人员,全年投入1.46亿元扶持劳动力就业,新安排城乡劳动力就业23084人,城镇登记失业率控制在1.25%,回区大中专毕业生就业率达到97.6%。

社会保障体系更加健全。城镇无业人员、一老一小大病医疗保险深入推进,养老金月人均领取水平达到1680元,劳动年龄内大龄城镇无业居民和超过劳动年龄的城乡女性居民纳入城乡居民养老保险。新型农村合作医疗保障水平进一步提高,全年支付报销资金1.45亿元,同比增长53%。农村低保标准提高到每人每年2530元,超转人员生活补助提高到每人每月900元,城乡低保对象住院医疗最高救助额度提高到3万元,大病救助标准提高到5万元,社救、优抚对象建房补助标准分别提高到4.5万元和5.4万元。

民主法制建设不断加强。自觉依法接受区人大的法律监督和区政协的民主监督,认真听取各民主党派、工商联和人民团体的意见,积极支持民主党派、人民团体开展工作。135件人大代表建议和151件政协委员提案全部办复完毕,办理质量进一步提高。"五五普法"工作深入推进。基层政权建设不断加强,第七届社区居委会换届选举圆满完成。政府自身建设不断加强,机构改革顺利完成,依法决策制度不断完善。

社会秩序保持安全稳定。严格落实防控措施,构建与首都机场的无缝隙对接机制,取得了甲型流感防控的阶段性成果。加强安全风险评估和隐患治理,应急处理能力进一步提高。食品药品安全专项整治扎实有序,安全生产分类分级管理不断深化。“平安顺义”建设深入推进,成功创建“全国平安区县”。狠抓矛盾隐患排查和历史积案化解,信访形势持续稳定。

各位代表,回顾过去一年的工作,我们深感挑战前所未有,成绩来之不易。三届人大三次、四次会议承诺的重点工程、重要实事和重大任务得到全面落实,花博会交出精彩答卷,国庆庆祝活动和天竺综保区建设赢得广泛赞誉,“保增长、保民生、保稳定”的各项任务顺利完成,区域经济实力在有效应对危机中不断增强,临空经济区在快速发展中不断提升,重点新城建设在抢抓机遇中加快推进,城乡一体化在科学统筹中取得突破,社会管理在创新探索中持续加强,人民群众在加快发展中得到更多实惠。这些成绩的取得,得益于市委、市政府和区委的正确领导,得益于区人大、区政协监督支持,离不开历届四套班子打下的坚实基础,更凝聚着全区人民的心血和汗水。在此,我代表区政府,向全区人民,向积极支持我们工作的人大代表、政协委员,向各民主党派、人民团体以及社会各界,向中央和市属单位、驻顺部队以及入区企业,表示崇高的敬意和衷心的感谢!

过去一年的成绩令人鼓舞,但我们也清醒地看到,当前经济社会发展还面临一些困难和问题:调结构、上水平的任务依然繁重,区域发展步伐需要进一步加快;城市功能需要进一步完善,区域国际化水平需要进一步提升;各种资源要素刚性约束增强,节能减排和生态环境保护需要付出更大的努力;农村发展任务艰巨,区域发展还不够平衡;社会建设存在一些薄弱环节,安全稳定工作长效机制还需不断完善;政府自身建设需要进一步加强,公共服务能力有待进一步提高。我们将以求真务实的态度,采取更加扎实有力的措施,在今后的工作中认真加以解决。

二、2010 年主要工作安排

今年是“十一五”规划的最后一年,也是谋划“十二五”规划的关键一年。面对国际金融危机带来世界格局的新变化,面对建设“人文北京、科技北京、绿色北京”的高标准,面对北京建设世界城市的新要求,我们要站在新的战略高度,牢牢把握未来发展趋势,切实增强发展的责任感和紧迫感,拓展国际视野,提升创新思维,强化务实作风,坚定不移的走科学发展之路。

今年政府工作的总体要求是:深入贯彻中央、北京市的决策部署,全面落实区委三届十次全会精神,坚持以科学发展观统揽全局,认真落实“人文北京、科技北京、绿色北京”发展战略,突出抓好临空经济功能区和重点新城建设,全力推进“城乡发展一体化、经济发展多元化、社会管理精细化”,全力以赴“稳增长、上水平、保和谐”,为全面实现“十一五”发展目标、推动区域经济社会新的更大的发展而努力奋斗。

今年全区经济社会发展的主要预期目标是:实现地区生产总值 600 亿元,同比增长 12%;属地财税收入 240.68 亿元,同比增长 10 %;地方财政收入 93.76 亿元,同比增长 10%;一般预算收入 53.76 亿元,同比增长 12%;固定资产投资 383 亿元,同比增长 16%;社会消费品零售总额 181 亿元,同比增长 16%;出口交货额 350 亿元,同比增长 11.1%;城镇居民人均可支配收入 25000 元,同比增长 8%;农村居民人均纯收入 12800 元,同比增长 10%。不断提高城市化率,努力将全区户籍人口中非农业人口所占比重提高到 51%。

(一)全力以赴稳增长,巩固平稳快速发展的良好态势

坚持“稳增长、调结构、促消费”,强化“投资拉动、需求推动、项目带动、创新驱动、政策促进”,保持区域经济平稳快速增长。

强化投资拉动,保持投资持续增长。坚持基础设施和产业项目并举,政府投资和社会投入结合,用足用好重大项目绿色通道,突出抓好一批重点工程建设。强化政府主导的土地拆迁储备机制,有序推进轨道交通周边、城乡结合部和重点镇村庄拆迁,扎实做好回迁房选址和建设。落实鼓励社会投资的政策措施,鼓励企业加大技改和增资扩股力度,吸引社会资本参与市政公用设施和公共服务设施建设,进一步提高产业投资和社会投资比重。

强化需求推动,全力开拓多元市场。落实扶持措施,提高通关服务效率,支持重点企业扩大国际市场份额。发挥天竺综保区的政策功能优势,积极培育新的出口增长点。启动新世界等重点商业项目,加强社区菜市场建设,完善农村、社区便民服务体系,增强消费市场活力。继续抓好家电下乡、家电以旧换新、汽车下乡等政策措施,激发消费潜力。

强化项目带动,培育新的经济增长点。全力推进招商项目落地,加快中航产业园、北京现代第三工厂、金蝶软件园、中航信总部基地等一批重大产业项目建设。强化功能招商,加快民航科技研究院等功能性设施引进。强化要素市场引进,积极吸引高端要素市场。强化源头招商,加强与核心审批部门、重点驻外机构的联系,加快重大项目入驻。强化产业链招商,牢牢把握区域主导产业链上的重大项目,不断做强做大主导产业。

强化创新驱动,增强区域核心竞争力。深化与清华、北航等知名高校的合作,积极参加重大科技专项,在更大范围、更深层次聚集重大科技创新资源。积极承接中关村国家自主创新示范区的辐射带动,吸引重大科技创新成果入区转化。充分发挥企业在自主创新中的主体作用,积极创建国家和市级企业技术中心,大力推动产学研联合和技术攻关,利用3年时间培育和吸引百家创新型企业。不断完善科技支撑和服务体系,继续抓好高新技术企业认定。深入推进品牌建设,加强地理标志注册保护,支持创新型企业发展。

强化政策促进,支持企业快速发展。不断完善入区企业和高管人员服务机制,在资源要素供给、审批环节上提供全方位服务,在生活配套和人才引进上提供个性化服务。不断完善产业扶持和支持体系,加大企业上市的培育扶持力度,提升区属融资平台的融资能力和服务水平,综合运用贷款贴息、专项补助等多种方式支持重点产业发展。不断完善民营企业和中小企业服务支持体系,积极引进进京发展的企业总部,不断培育壮大区内民营企业,支持中小企业技术革新和结构升级,增强区域发展活力。

(二)不断壮大临空经济,引领区域经济高端、高效、高标准发展

充分发挥首都机场和天竺综保区的政策功能优势,加快高端要素集聚,强化高端功能配套,着力推动产业优化升级。

深化发展规划,完善运行机制。举办临空经济国际论坛,深入探讨国际枢纽空港建设和临空经济发展,不断提升临空经济区的国际影响力和社会受知度。深入研究临空经济发展规律,完善临空经济区规划,促进临空经济区统筹发展。创新港区联动机制,强化与首都机场以及国航等大型航空公司的服务对接,促进协调联动和共同发展。

提升政策平台,加快要素集聚。加强天竺综保区软硬件建设,完成特殊物品保税监管库等公共设施建设,完善天竺综保区物流公共信息平台。落实天竺综保区管理办法,优化行政审批流程,强化24小时通关服务,不断提升通关运营效率。完成与首都机场口岸货运资源的高效整合,吸引行业领军企业入驻,争取要素市场中涉及外贸结算中心的高端项目入区发展,不断增加要素资源总量,提升枢纽空港的影响力。

抓好重点组团,提升承载能力。继续加快重点经济功能区规划范围内村庄拆迁。积

极推进林河、临空国际、板桥创意天承等重点功能区纳入中关村国家自主创新示范区，全面承接产业辐射和技术外溢。主动对接市级发展战略，推进市级专业产业园建设，提升重点经济功能区和镇级二三产业基地的政策层级。深化重点经济功能区与镇级二三产业基地的合作共建，推进基础条件较好的镇级二三产业基地成为重点经济功能区重大项目合作配套区，加快功能提升和项目集聚。

壮大核心产业，延伸产业链条。突出抓好汽车和航空两大战略产业，形成集研发、生产、物流、商贸、金融于一体的高端产业链，努力打造两个千亿产值的核心产业集群。发挥天竺综保区政策功能优势，发展高附加值国际贸易、保税物流、保税加工、保税研发、保税展览，探索发展特色金融，启动航空租赁业务。加快新国展二三期和中国出版集团文化创意产业基地建设，打造以会展、设计、出版印刷为核心的特色文化创意产业。大力引进银行、证券、基金、信托、保险等各类金融机构，加速推动现有金融分支机构提升为区域总部和结算中心，不断做强做大区域金融产业。加强大型国际化高端会议设施和休闲购物设施建设，完善综合服务功能，发展休闲旅游产业。把握绿色经济发展潮流，大力发展新能源、节能环保产业。紧跟新一代移动通信、物联网、软件信息等重点领域，着力引进一批拥有核心技术的高新技术企业。深入推进国家级数控机床产业基地建设，培育和壮大数控机床产业链。围绕非晶科技产业园建设，集聚核心产业和关键项目，打造具有较强竞争力的新材料基地。

（三）推进关键领域改革，不断扩大对内对外开放

扎实推进重要领域和关键环节的改革，全面提高对内对外开放水平，加快区域国际化进程，进一步激发区域发展活力。

推进体制机制创新。巩固政府机构改革成果，研究推进事业单位分类改革。加快推进医药卫生体制改革，加强基本医疗保障制度和基层医疗卫生服务体系建设。推进国有企业公司制改造，健全完善现代企业制度，落实国有资本经营预算和收益收缴制度。深化预算管理改革，加强财政资金事前评审、事中监察和竣工决算，拓宽政府采购范围，不断提高财政资金使用效率。深化农村各项改革，完成20个村集体经济产权制度改革，实施2个整建制拆迁村集体资产处置试点，完成龙湾屯镇和北务镇集体林权制度改革试点。

不断扩大对外开放。优化招商引资结构，主动承接国际先进制造业和现代服务业转移，吸引世界500强及国内大型知名企业入区发展总部实体经济，不断提升区域国际化水平。深化与港、澳、台的交流合作，开展多种形式的经贸文化交流。广泛参与环渤海区域合作，在服务环渤海大局中实现更大的发展。

（四）创新举办重大活动，充分释放奥运会、花博会后续效应

认真总结承办重大活动的成功经验，深入挖掘奥运会、花博会的后续效应，创新谋划和积极承办新的重大活动，依托典型事件带动区域发展的系统提升。

深入挖掘奥运会宝贵财富。抓好奥林匹克水上公园赛后利用，积极承办赛艇国际名校对抗赛等知名体育赛事，打造具有较强国际影响力的水上运动基地。开发特色水上休闲项目，积极承办大型活动，促进场馆的全方位利用。加快推进场馆周边15平方公里综合开发，积极引进大型文化休闲项目，打造国际化时尚休闲目的地。

全力打造永不落幕的花博会。积极争取全国和国际性的花卉展览，多渠道承办专业农业展览，办好春季郁金香展和秋季菊花展，全力打造农业会展中心。依托主场馆建设现代化花卉物流枢纽，探索建立市区配送枢纽和销售终端，推动名特优新花卉的聚集和分销，全力打造现代花卉交易中心。加强花卉

新品种研发,促进传统优势品种改良升级,吸引国际知名花卉企业建设籽种繁育基地,全力打造花卉研发中心。探索规模化园区带动、龙头企业带动等多种发展模式,推进高端花卉标准化生产,新增花卉苗木面积2000亩,全力打造高端花卉培育中心。

谋划举办新的重大活动。积极申办国际性、全国性重大博览会,全力吸引大型国际展会,推介城市品牌,提升国际形象。全力抓好第十一届北京国际汽车展等大型展会活动,提升燕京啤酒节的国际化水平,创新举办第七届农博会,不断提升重大活动承办能力。

(五)统筹三个梯次建设,深入推进城乡一体化

坚持工业化、城市化带动,统筹重点新城、重点镇和新农村三个梯次,充分发挥重点新城的引领作用、重点镇的枢纽作用和新农村的基础支撑作用,不断提高全区城市化率,努力在全市率先构建城乡一体化新格局。

加快推进重点新城建设。编制完成M15号线沿线城市设计、潮白河河道水系治理和景观提升规划、潮白河沿岸城市设计、浅山区发展规划和新城绿道系统规划,科学引导城市建设发展。扎实推进交通轴线建设,确保M15号线一期年内投入试运行。抓好职教中心、文化中心、医疗中心、体育中心、行政中心、商业中心、劳动力实训基地、潮白河森林公园、定向安置房建设和殡仪馆搬迁等十大工程,不断提升城市综合服务功能。启动东风商场以北区域改造和前进、太平村址建设,不断提升老城区发展活力。马坡组团要加快推进重点产业项目建设,打造以金融产业为重点、以总部经济为特色的经济核心区。空港组团要抓好轨道交通站点周边开发,推进城乡结合部拆迁改造,不断增强辐射带动能力。

全面启动重点镇建设。加快城镇功能提升,推进城市骨干市政管线向重点镇延伸,加快区域路网、集中供热、污水处理等配套设施建设,提高市政源头保障能力。加快特色产业发展,抓好重点项目建设,吸引重大项目向产业基地集聚,引导区属国有企业参与重点镇建设。健全重点镇环境建设长效机制,促进环境面貌持续改善。加快农村人口转移,促进农村人口向城镇集中、农民就业向园区转移、农业户籍向非农户籍过渡,通过“变身份、入职保、稳就业”,让广大群众充分享受工业化、城市化的成果。

不断深化新农村建设。推进浅山区建设,优先完善浅山区水、电、路等基础设施,打造独具特色的沟域休闲旅游产业。抓好北郎中、东府和石家营引导示范型村庄建设,实施135个整体推进村“五项基础设施”建设,完成300万平方米街坊路硬化和67个村的自来水管网改造。按照“设施是条件、品种是重点、市场是关键、富民是核心”的总体要求,深入推进农业结构调整,大力发展绿色有机农业、设施农业和籽种产业,积极打造覆盖全产业链的大型龙头企业,继续推进京承高速都市型现代农业走廊、木燕路设施农业带和“龙塘路—中干渠”设施农业产业带建设。

(六)不断提升城市管理,着力打造生态宜居新城

强化精细管理理念,探索长效管理机制,提高运行保障能力,不断提升城市形象,努力打造生态宜居城市示范区。

强化城市运行管理。加强街道、社区和镇村在城市服务管理中的基础作用,整合基层管理力量,提高综合管理水平。构建城市运行管理信息平台,运用信息化技术提升精细化管理水平。加快顺白路、顺安路等重点市政基础设施建设,不断提升城市基础设施运行保障水平。加快城区微循环道路建设,实施西单、金街地下通道工程,启动后沙峪交通枢纽以及3座公交首末站建设,优化公交运行线路和运力配置,完善交通标志和安防设施,强化大型货车入境疏导,继续加大治超力度,努力营造平安顺畅的交通环境。

加强生态环境建设。加快推进潮白河森林公园建设，实施空港新城龙道河生态治理和小中河、方氏渠、苏峪沟综合治理工程。深入推进城乡绿化美化，完成“百村万户”三年计划，提升城乡生态景观。实施第十六阶段大气污染控制措施，加强可吸入颗粒物治理，加大黄标车淘汰力度，强化施工扬尘污染治理，确保二级和二级以上天数达到73%。深入推进国家生态区创建工作，落实工程减排、结构减排和监管减排三大任务，加强境内河流排污口治理，全力消减污染物排放总量。

深化城乡环境整治。持续巩固奥运和花博会环境建设成果，完善长效管理机制，确保城乡环境水平处于全市前列。继续加强市容环境整治，深入治理非法小广告、机动车非法营运等影响城市环境秩序的突出问题。深化农村环境整治，加强镇村环境卫生设施建设，强化镇村公路建设和路灯更新改造，不断提升农村整体环境水平。

（七）不断加强公共服务，着力推进社会事业均衡化、优质化

坚持统筹经济与社会发展，推进基本公共服务均等化，提升高端公共服务供给能力。

提升教育事业发展水平。统筹推进第三次教育布局调整，加快实施中小学校舍安全工程。全力推进素质教育，深入实施名师、名校、名校长工程，加强与市区名校的战略合作，不断扩充优质教育资源。全面落实惠教政策，加强教师绩效考核，开展新一轮教师轮训。积极探索学前教育多种办学模式，继续加强成人教育、社区教育和特殊教育，不断提高职业教育发展水平。

完善医疗卫生服务体系。深入推进区级医疗机构与知名医学院校、医疗机构的合作，加大高层次人才引进力度。健全社区卫生运行管理机制，完善双向转诊机制，探索形成有激励、有约束、有活力的社区卫生服务模式。严格落实基本医疗制度，不断规范医药费用管理，进一步降低群众就医和用药负担。加强卫生信息化建设，促进医疗信息和健康信息共享，进一步方便群众就医。全面落实健康北京人计划，普及科学健身知识，提高市民健康素质。

不断壮大文化体育事业。引导发展健康向上、丰富多彩的群众文化，办好二月新春等品牌文化活动。繁荣文艺创作，加强特色文化的保护、包装与推广。加强城乡文化基础设施建设，深入推进文化资源和文化服务重心下移，促进文化事业和文化产业协调发展。积极推进体育生活化社区创建工作，继续做好社区健身器材更新改造，深入开展形式多样的全民健身活动。重视发展广电事业，加快档案信息化建设，做好第二轮地方志编纂工作。

（八）继续加强社会建设，全力维护和促进社会和谐

始终坚持以人为本，自觉践行“既要见物、又要见人”的工作导向，努力让改革发展的成果更好的惠及全区人民。

推进和谐社区建设。深入推进西辛南北区等老旧小区公共服务设施改造，提升老旧小区服务保障能力。加强社区规范化建设，完善社区公共服务设施，积极探索社区管理新模式。加强社区专业人才队伍建设，完善社区志愿者长效工作机制，提升社区服务水平。加快东兴市场等4个社区菜市场建设，实施高丽营等6处集贸市场改造，不断完善便民服务体系。加强“枢纽型”社会组织建设，完善社会组织监督管理和培育发展机制，支持社会组织健康发展。围绕建设社会主义核心价值体系，大力弘扬顺义精神，加强社会公德、职业道德、家庭美德和社会诚信建设，不断提升市民文明素质和社会文明程度。

全力稳定扩大就业。落实积极就业政策，多渠道推进岗位资源开发，突出抓好就业困难群体和农村劳动力转移就业。加大财政购买公益性就业岗位和就业援助力度，完善零就业家庭动态清零长效机制。高度重视大

中专毕业生就业,推进毕业生实习基地建设,强化困难家庭毕业生就业帮扶,确保大中专毕业生充分就业。

提升社会保障水平。深入推进城乡社会保障一体化,加大社会保险扩面征缴力度,积极推进二三产业稳定就业的农村劳动力转非纳入城市社会保障体系,落实定点医疗机构“持卡就医、实时结算”。提高新型农村合作医疗筹资标准和报销比例,参保人员人均政府补助标准提高到460元,住院报销封顶线提高到18万元。逐步完善“定向安置房、限价商品房、经济适用房、廉租房”配套建设的住房保障体系,年内新启动340万平方米保障性住房建设。

加大社会救助力度。统筹城乡社会救助,提高城乡低保标准、农村五保供养标准和困难家庭子女助学标准,农村低保标准提高到每人每年3360元,大病医疗补助力度提高到8万元,完成335户农村优抚和社救对象危旧房翻修工程。无保障老年人养老保障标准在全市每人每月200元的基础上,区级增加补助每人每月60元。提高城乡退役士兵安置补助标准,加大优抚工作力度,继续争创全国双拥模范城。大力发展慈善事业,动员社会力量参与扶贫济困。

(九)强化资源要素保障,促进人口、资源、环境协调发展

立足区域长远发展,提高资源保障能力,强化资源集约节约和循环利用,促进区域经济社会可持续发展。

提高要素保障能力。实施西马220KV变电站和出口加工区、顺义新城、梁庄、董各庄等4座110KV变电站工程,启动马坡220KV变电站和西府、俸伯2座110KV变电站建设,提高电力保障能力。完成引温济潮二期工程,新增调水能力3000万立方米。加强水源地生态恢复和涵养,充分保护和利用好水资源。启动新城马坡组团、牛栏山组团再生水厂建设,推进污水资源化和再生水利用。严格保护土地资源,加大土地复垦力度,完成5000亩土地复垦工作。

强化资源节约集约。严格项目准入,严控土地供应标准,切实提高项目亩均投入和产出。加强能耗、水耗指标考核,鼓励使用清洁能源,推广节能环保新技术,促进节能降耗。启动生活垃圾焚烧场二期工程,深入推进垃圾分类收集、分类处理,提高垃圾处理无害化、减量化、资源化水平。积极倡导绿色环保的生产方式、消费模式和生活习惯,推进节约型机关、节约型社区建设。

深化人口调控管理。加强计划生育利益导向,强化计划生育优质服务和综合治理,持续稳定低生育水平,提高出生人口素质,加快新生儿入非步伐。严格落实“以产引人、以证控人、以房管人”措施,加强基层基础建设,强化流动人口服务和管理,有效调控流动人口总量和结构,引导流动人口有序流动。不断优化人才发展环境,继续加强高层次人才引进,强化区内人才培养,深化人才战略储备。

(十)加强平安顺义建设,不断增强人民群众的安全感

深入推进社会治安综合治理,妥善处理人民内部矛盾,全力消除安全隐患,加快构建平安顺义。

切实加强法治建设。依法严格加强社会管理,推进制度创新和长效机制建设,强化属地监管和部门协同,坚决遏制违法建设、违法占地和违法经营,着力营造良好的治安、市容、交通、市场经营和旅游秩序。扎实推进“五五”普法工作,不断增强法制宣传教育的实效性和针对性。提高法律援助质量和水平,提供优质、高效的法律服务。

深化平安创建工作。深入推进基层平安创建,整合社会面防控力量,不断完善社会面防控体系。加大科技创安力度,强化日常巡逻防控,提高快速反应和应急处置能力。始终保持对违法犯罪行为的高压态势,落实针对性的精确打击,确保公共安全形势持续好

转。

全力维护安全稳定。健全风险预警机制和应急处理机制,深入推进安全生产分级分类管理,完善安全生产经营单位安全隐患排查治理机制,深化安全生产专项整治,坚决遏制重特大事故发生。健全食品药品监管长效机制,保障群众饮食、用药安全。不断完善公共卫生体系,抓好甲型流感防控。健全人民调解、行政调解和司法调解联动机制,深化领导包案制和领导大接访,着力解决信访积案,及时化解群众反映强烈的突出问题,全力维护社会和谐稳定。

(十一)坚决贯彻社会主义民主政治制度,扎实推进基层民主建设

自觉依法接受人大及人大常委会的法律监督和工作监督、接受政协的民主监督,定期向人大报告工作、向政协通报情况,认真执行人大及人大常委会的决议、决定,积极配合人大常委会开展执法检查,认真做好政府规章、规范性文件备案工作。认真办理人大代表建议和政协委员提案,不断提高办理水平。完善民主决策、依法决策、科学决策机制,充分发挥民主党派、工商联、无党派人士、政府顾问的参政议政作用,不断深化专家咨询、社会公示制度。认真听取工会、共青团、妇联等人民团体的意见,充分发挥各人民团体的桥梁纽带作用。

依法保障人民群众的民主权利,健全政务公开、行政复议、投诉申诉等制度,深入推进村务公开、厂务公开,加强民意反馈和社会评议,充分保障人民群众的知情权、参与权、表达权和监督权。扎实推进基层民主自治,切实做好第八届村委会选举工作。自觉接受舆论监督和群众监督,畅通群众利益诉求表达渠道,着力解决好事关群众利益的现实问题。

各位代表!经过奥运会和花博会的洗礼,区域发展已经站在了一个新的起点,对政府工作提出了更新更高的要求。我们将按照"依法履职、专业履职、用心履职"的要求,继续加强政府自身建设,不断提高行政效能、提升服务水平。一是坚持依法履职。深入落实行政执法责任制,严格按照法定权限和程序行使权力、履行职责,不断提高依法行政的能力。不断加强廉政建设,认真落实党风廉政建设责任制,加强廉政风险防范,强化重点工程、重点领域和重点环节的监管,努力从源头上防治腐败。牢固树立长期艰苦奋斗的思想,始终坚持勤俭办一切事情,严格控制支出,反对铺张浪费。二是坚持专业履职。固化奥运会、花博会成功经验,进一步理顺条块关系,完善协调联动机制。深化重大问题的战略性研究,强化发展规律的前瞻性把握,牢牢抓住影响发展的源头性、根本性、基础性问题,推进制度化安排、长效化推进、系统化解决。认真做好"十二五"规划编制工作,科学谋划未来长远发展。继续加强公务员队伍的教育、管理和监督,努力建设一支廉洁、勤政、务实、高效的公务员队伍。三是坚持用心履职。始终坚持全心全意为人民服务的根本宗旨,完善领导干部联系和服务群众的工作机制,继续加强和改进入区企业服务工作,全力办好一批重要实事。加强机关效能和作风建设,完善重大项目绿色通道,进一步简化审批程序,缩短审批时限,提高行政效能。深入推进政务信息化建设,深化全程办事代理,不断提高服务水平。

各位代表!新的一年,我们的任务繁重而艰巨,使命重大而光荣,前景光明而美好。让我们在市委、市政府和区委的坚强领导下,深入学习实践科学发展观,紧紧依靠和团结全区人民,进一步解放思想,攻坚克难,全力推动区域经济社会更好更快发展,努力向全区人民交出一份满意的答卷!

中国人民政治协商会议北京市顺义区第三届委员会常务委员会工作报告

(2010年1月10日在政协北京市顺义区第三届委员会第四次会议上)

政协北京市顺义区副主席 王玉奇

各位委员：

我受区政协常务委员会委托，向大会报告工作，请审议。

一、2009年工作回顾

2009年，区政协在中共顺义区委的正确领导和市政协指导下，坚持以邓小平理论和“三个代表”重要思想为指导，深入贯彻落实科学发展观，秉持“维护核心、围绕中心、凝聚民心”，以及“深入民众、体察民情、反映民意、关注民生、集中民智”的工作理念，紧紧围绕应对国际金融危机冲击和保增长、保民生、保稳定的全区工作大局，认真开展履行职能各项工作，较好地发挥了协调关系、汇聚力量、建言献策、服务大局的重要作用，为促进我区各项事业发展作出了积极贡献。

(一)坚持不懈加强学习，不断提高委员素质

一年来，我们继承和发扬人民政协重视学习的优良传统，通过开展多种形式的学习活动，既帮助委员提高了自身素质，又为委员知情议政创造了条件。一是坚持向委员赠阅《人民政协报》、《中国政协》、《北京观察》、《政协研究》、《学习》、《顺义时讯》等报刊。二是坚持向委员印发《学习资料摘编》，全年共12期，内容主要涉及：胡锦涛总书记在纪念党的十一届三中全会召开30周年大会上的讲话和在庆祝中国人民政治协商会议成立60周年大会上的讲话；中共中央、国务院关于2009年促进农业稳定发展农民持续增收的若干意见和关于深化医疗体制改革的意见；区委书记张延昆同志在区人大三届四次代表大会上的重要讲话；区委副书记、区长刘剑同志在区人大三届四次代表大会上所作的2009年半年经济工作报告。三是采取半年经济形势通报会、常委会、专题座谈会和报告会、参观视察等多种形式，组织委员听取各方面情况通报，使委员能够知情明政。四是及时更新和充实顺义政协网学习园地栏目内容，为委员在线学习提供了便利。

(二)围绕中心认真履职，全力服务科学发展

一年来，我们自觉地把促进发展作为履行职能的第一要务，充分发挥人民政协包容各界、联系广泛、人才聚集的独特优势，扎实有效地履行各项职能。

1. 积极开展政治协商。一是充分利用政协全体会议这一政治协商的最高形式。在区政协三届三次会议期间，认真组织委员听取和讨论区政府工作报告和其它有关报告，精心安排区委、区政府领导及有关部门负责人与部分委员座谈会。委员围绕应对国际金融危机冲击、加强临空经济区建设、加快金融业发展、推进城乡一体化、以举办花博会为契机推进产业结构调整等问题，积极建言献策，受到区领导及有关部门重视，一些重要建议被采纳。二是抓住重点搞好常委会专题协

商。先后召开4次常委会，分别就食品安全工作、花博会筹备工作、重点经济功能区建设、党风廉政建设等重点工作开展协商，累计向区委、区政府及有关部门提交协商意见21条，促进了相关工作。三是开展专委会对口协商。着眼于促进我区文化事业发展和维护国庆60周年以及举办花博会期间的社会安全稳定，先后于5月和6月，分别组织相关界别委员，就文化工作和保安全、保稳定工作与区文委、区公安分局进行协商，在听取有关情况通报和进行视察的基础上，提出了一些有参考价值的意见和建议，得到相关部门的重视和采纳。四是利用召开顺义区纪念人民政协成立60周年座谈会的有利契机，组织部分委员向区委、区政府领导及有关部门建言献策。委员在发言中提出大量有参考价值的意见和建议，内容涉及：发展壮大汽车产业；提升区域发展的“软实力”；发展有特色、高水平的区域产业金融；依托花博会促进农业结构调整和农民增收致富；调整和完善农村合作医疗制度；加强和改进新农村建设工作；完善区域产业发展战略；加强和改进干部选拔任用及交流工作，引起与会领导的高度重视。

这里还要特别提到的是：2009年3月，区政协创办了《协商意见》，使政协全体会议、常务委员会会议、主席会议、协商座谈会、各专门委员会会议形成的协商意见，有了正式的书面载体，为委员开辟了一条向区委、区政府及有关部门建言献策的新途径，标志着我区政治协商的制度化、规范化、程序化建设又迈进了一步，对于规范协商工作、提高协商质量、增强协商实效，起到了促进作用。

2. 切实加强民主监督。一是坚持寓监督于委员视察、大会发言、委员提案、反映社情民意等各项履职工作中，立足于调查研究，认真负责地提出批评和建议。二是着力配合有关部门做好特约监督工作，共有32位委员应邀担任区司法机关和政府部门的特约监督员、监察员，分别参加了对全区各单位党风廉政建设工作的检查和评议。三是积极配合区委、区政府及有关部门做好干部考察、价格听证工作，严格按要求选派委员参加，较好地发挥了政协民主监督作用。

3. 精心组织参政议政。一是高度重视提案工作在履行政协参政议政职能、推动全区各项事业发展中的重要地位和作用，切实加强对这项工作的领导，以提高质量为核心，认真把握提案的提出、办理、服务等关键环节，做到征集前提供要点、办理中跟踪督促、办结后宣传表彰，并坚持领导督办重点提案、选择重点单位召开提案办理座谈会等推动工作的有效做法。自区政协三届三次会议以来，共收到委员提案152件，内容涉及政治、经济、文化、社会生活诸多方面。在区委、区政府的高度重视和有关部门的大力支持、配合下，提案办复率为100%。有13位获评优秀提案的政协委员在本次会议的预备会上受到表彰。二是切实抓好反映社情民意这项具有政协特色的重要工作，采取召开专题工作会、加强信息员培训、定期通报工作情况、对优秀信息员进行表彰、进一步规范工作程序等项措施，推动了工作的开展。充分发挥《社情民意反映》的“直通车”作用，全年共向区委、区政府及有关部门报送13期，其内容既有关系百姓日常生产生活的具体利益诉求，也有着眼全区经济社会发展的宏观政策建议。先后共有4位区委、区政府领导就委员所反映的问题以及提出的意见建议作出6条批示，促成了相关问题的解决和意见建议的落实。

4. 全力服务区域发展。一是动员和组织经济界委员招商引资、促进区域经济发展。4月份，举办了以天竺综合保税区、北京国门商务区为重点的招商引资项目推介会，区政府主管领导、有关部门和单位主要负责人应邀出席会议、通报情况，并与委员进行了座谈交流。二是通过多种方式大力倡导经济界委员、特别是其中的民营企业家，在应对国际金融危机冲击中更多地承担起社会责任,积极为保增长、保民生、保稳定贡献力量。这些委员及其所属企业关键时刻顾全大局,千方百计克服困难、增加生产,自觉稳定职工队伍,做到不裁员、不减薪。三是坚持评优表彰制度,在本次会议的预备会上,对13位在保增长、保民生、保稳定方面贡献突出的优秀政协委员进行了表彰。

(三)切实突出两大主题,积极促进社会和谐

一年来,我们切实突出团结和民主两大主题,充分发挥人民政协作为大团结、大联合组织的作用,努力为构建和谐顺义多作贡献。一是广泛开展多种形式的联谊和慰问活动,促进各界人士紧密团结在中共顺义区委的周围。春节期间会同区委统战部举办了各界人士联谊会;"三八"国际劳动妇女节时举办了有女政协委员和统战系统女干部参加的金融知识讲座;"五一"国际劳动节时,会同区总工会召开了以"劳模走进北京国际鲜花港"为主题的座谈会;9月8日,与区人大联合召开了庆祝第25个教师节座谈会;9月21日穆斯林开斋节时,会同有关部门先后到回民营等四所清真寺慰问了穆斯林群众;区政协主席、各位副主席按照区委统一安排,在国庆、新年、教师节等重要节日期间,看望并慰问了部分老党员、老干部、学校师生和生活上有困难的基层群众。二是积极组织为民办实事活动,把党和政府以及社会的关爱与温暖送到基层群众心窝里。"六一"国际儿童节时,我们组织23位民营经济界委员来到顺义区特殊教育学校,为这里的孩子们送上祝福并捐助善款;10月16日,我们组织14位医务界委员和民主党派医疗专家到张镇为300多名群众进行了义诊。三是积极开展对外交流,认真做好花博会以及日常接待工作。一年来,陆续接待了全国政协,北京市政协,重庆、天津等外省市政协,以及本市各区县政协参观考察团,既交流了政协工作经验,又宣传了顺义美好形象。

(四)牢牢把握有利契机,大力推进相关工作

一年来,我们紧紧抓住参加全区第一批深入学习实践科学发展观活动,以及纪念人民政协成立60周年这两大重要契机,大力推进政协自身建设以及人民政协理论与实践研究和政协宣传工作,努力提升做好政协工作、服务科学发展的能力和水平。

1. 以深入学习实践科学发展观活动为契机,着力加强区政协自身建设。自3月份以来,我们认真贯彻落实区委关于学习实践活动的部署和要求,加强领导,精心组织,采取切实有力措施狠抓深化学习、深入调研、分析检查、整改落实各阶段工作,取得了明显成效。区政协领导班子在进一步深入理解和准确把握科学发展观精神实质的基础上,认真总结了近年来区政协按照科学发展观要求推进工作的主要做法和经验体会,着重对照科学发展观的要求,从思想意识和精神状态、履职能力和工作方法、制度建设和机制建设三个方面查找出了存在的差距和不足,有针对性地制定了加强和改进工作的一系列对策措施,着重完善了加强委员队伍建设和强化机关管理的制度,并认真加以落实,使区政协在思想、组织、制度、纪律、作风建设上得到一次全面的促进和提升,使创建学习型、服务型、创新型、和谐型机关工作得到新的加强。

2. 以纪念人民政协成立60周年为契机,积极推动人民政协理论与实践研究及政协宣传工作。着眼于推进我区人民政协事业发展,为区政协开展履行职能各项工作营造良好的社会舆论环境,我们抓住纪念人民政协成立60周年的重要契机,在区委、区政府及有关部门和单位的大力支持下,精心组织了一系列的纪念活动。一是对顺义区人民政协事业发展史进行专题研究,系统回顾和总结我区人民政协事业的发展历程、人民政协在促进全区各项事业发展中作出的主要贡献

以及新时期我区人民政协事业发展的基本经验。二是在顺义电视台、顺义人民广播电台、《顺义时讯》报、顺义网城等区内主要媒体统一开设“走近顺义政协－－－纪念人民政协成立60周年”专题栏目，多形式、多角度、全方位地宣传政协工作成就、介绍政协基本知识、展示政协委员风采。三是在全体委员中开展纪念人民政协成立60周年征文活动，并将优秀征文编印成书。四是在全体委员中开展艺术作品征集活动，并将优秀作品印制成册。五是组织区政协机关人员参加了人民政协基本知识答题和展示活动。六是利用顺义政协网、《政协简讯》加强宣传工作。七是按照区委的部署和要求，于9月份精心筹备和成功召开了“顺义区纪念人民政协成立60周年座谈会”，区委、区人大、区政府主要领导出席会议，区委书记张延昆同志在会议上作了重要讲话，与委员进行了座谈和交流，把系列纪念活动推向高潮。通过上述活动，在全区范围内进一步普及了人民政协有关知识，提高了社会各界对人民政协的认识，为区政协顺利开展工作营造了更加有利的环境。

各位委员，区政协一年来取得的工作成绩，与区委的正确领导和市政协的指导，与区人大、区政府及各职能部门的大力支持和帮助，与全体委员和各民主党派、工商联、各人民团体和各族各界人士的共同努力密不可分。借此机会，我代表区政协第三届委员会常务委员会，对一贯关心、支持政协工作的各级领导、各界人士，表示衷心的感谢！

回顾区政协一年来的工作，也还存在一定的差距和不足，主要是：政协工作服务科学发展的总体水平仍需不断提高；一些工作的实效性有待增强；政协自身建设还应继续加强。对此，我们要在今后的工作中认真加以改进。

二、2010年工作思路

各位委员：

2010年是全区人民深入学习贯彻中共十七大和十七届四中全会精神，朝着“同心全面建小康，打造绿色国际港，建设现代文明和谐新顺义”目标继续开拓奋进的一年，是由“十一五”规划期向“十二五”规划期过渡的关键性历史节点，同时也是区政协深入学习贯彻胡锦涛总书记在庆祝中国人民政治协商会议成立60周年大会上的重要讲话精神，围绕中心、服务大局，创新履职、多作贡献的重要一年。在新的一年里，我们要坚持以邓小平理论和“三个代表”重要思想为指导，深入贯彻落实科学发展观，秉持“维护核心、围绕中心、凝聚民心”，以及“深入民众、体察民情、反映民意、关注民生、集中民智”的工作理念，在中共顺义区委的正确领导和市政协指导下，充分发挥自身优势，认真履行各项职能，有效发挥协调关系、汇聚力量、建言献策、服务大局的重要作用，努力为促进全区各项事业发展作出新贡献。

（一）深入学习贯彻十七届四中全会和胡锦涛总书记重要讲话精神，努力开创我区人民政协工作新局面

不久前召开的中共十七届四中全会，对于全面贯彻党的十七大精神，以邓小平理论和“三个代表”重要思想为指导，深入贯彻落实科学发展观，有效应对国际金融危机冲击、保持经济平稳较快发展，夺取全面建设小康社会新胜利、开创中国特色社会主义事业新局面具有重大而深远的意义。胡锦涛总书记在庆祝中国人民政治协商会议成立60周年大会上发表的重要讲话，全面回顾了人民政协60年来与祖国和人民共同发展进步的光辉历程，高度评价了人民政协在我国社会主义革命和建设、社会主义改革进程中作出的重大贡献，科学总结了人民政协事业发展的宝贵经验，深刻阐述了人民政协在党和国家事业发展大局中的重要地位和作用，明确提出了新形势下开展人民政协工作的方针原则和工作要求，对于我们在新形势下充分发挥人民政协优势，把各方面智慧和力量凝聚到

党和国家事业中来,在中国特色社会主义道路上继续把人民政协事业推向前进具有十分重要的指导意义。中共北京市委书记刘淇同志在庆祝市政协成立60周年大会上的讲话中强调,“全市各级党委、政府,各级政协组织都要认真学习、深刻领会、全面贯彻总书记的重要讲话精神。”

顺义区政协自1957年3月成立以来,同样走过了50多年不平凡的历程,站在新的历史起点上,我们肩负的任务重大而光荣。我们要把学习贯彻中共十七届四中全会精神与学习贯彻胡锦涛总书记在庆祝人民政协成立60周年大会上的重要讲话精神结合起来,与学习贯彻刘淇同志在庆祝市政协成立60周年大会上的重要讲话精神结合起来,与学习贯彻区委三届十次全会精神结合起来,与区政协履行职能的实践结合起来,切实把思想和行动统一到中央、市委、区委关于推进党的建设新的伟大工程和推进人民政协事业发展的新部署新要求上来,统一到区委关于2010年全区总体工作的新部署新要求上来,坚持正确的政治方向,坚定不移走中国特色社会主义政治发展道路;坚持把推动科学发展作为履行职能的第一要务,为促进经济社会平稳较快发展献计出力;坚持把促进政党关系、民族关系、宗教关系、阶层关系、海内外同胞关系的和谐作为重要职责,切实维护社会和谐稳定大局;坚持以改革创新精神推进人民政协事业,努力开创我区人民政协工作新局面。

(二)紧紧围绕建设现代文明和谐新顺义的奋斗目标,扎实推进区政协履行职能各方面工作

1.服务大局推动科学发展。要始终坚定不移地把推动科学发展作为履行职能的第一要务,充分发挥人民政协人才荟萃、智力密集的优势,努力为推动我区科学发展提供强大智力支持、奠定坚实群众基础。要深入学习领会科学发展观的科学内涵、精神实质、根本要求,切实把政协各参加单位和广大政协委员的思想和行动统一到中央、市委、区委的决策部署上来,把积极性、主动性、创造性引导到推动科学发展上来,共同为转变发展方式、破解发展难题献计出力,形成推动科学发展的强大合力。要牢牢扭住经济建设这个中心不动摇,坚持聚精会神搞建设,一心一意谋发展,注重研究国内外经济环境变化和区域经济运行新情况新问题,注意选择具有综合性、全局性、前瞻性的重大课题开展专题调研和协商议政活动,多想科学发展大事,多谋科学发展大计,努力为实现以人为本、全面协调可持续的科学发展建睿智之言、献务实之策。要充分发挥经济界委员的作用,鼓励他们搞好企业经营、扩大招商引资、严格依法纳税、创造社会财富、积极吸纳就业、服务全区发展,继续为保增长、保民生、保稳定多作贡献。

2.把握主题促进社会和谐。要牢牢把握团结和民主这两大主题,充分发挥人民政协作为大团结、大联合组织的作用,继续通过多种形式促进社会各界人士紧密团结在中共顺义区委周围,努力为构建和谐顺义贡献力量。要坚持把发扬民主、增进团结、协调关系、化解矛盾、维护稳定、促进发展作为履行职能的重要着力点,积极促进政党关系、民族关系、宗教关系、阶层关系、海内外同胞关系的和谐。要坚持民主协商、平等议事、求同存异、体谅包容的原则,搞好中国共产党同各民主党派和无党派人士在人民政协的合作共事,支持各民主党派和无党派人士参与国家和本地区重大方针政策讨论协商及履行职责各项活动,维护和促进民主团结、生动活泼的政党关系。要依法认真贯彻党的民族政策和宗教政策,充分发挥民族、宗教界代表人士在人民政协中的作用,协助区委、区政府做好民族工作和宗教工作,促进民族团结、社会稳定。要关注不同阶层利益诉求,协助区委、区政府妥善处理好各方面利益关系,团结和鼓励各阶层人士共同致力于同心全面建小康,

打造绿色国际港，建设现代文明和谐新顺义的伟大实践。要坚持以人为本，倾听群众呼声，关心群众疾苦，围绕群众普遍关心的民生问题开展调查研究，反映社情民意，积极建言献策，促进实现全体人民学有所教、劳有所得、病有所医、老有所养、住有所居，推动形成社会和谐人人有责、和谐社会人人共享的生动局面。要高举爱国主义旗帜，广泛团结港澳台同胞、归侨侨眷和海外侨胞，密切同留学人员的联系，支持他们关心和参与我区现代化建设和祖国和平统一大业。

3. 抓住重点搞好政治协商。要精心组织好政协全体会议期间的区委、区政府领导与部分委员座谈会，以及常务委员会和各专门委员会与有关部门间的专题协商座谈会。要围绕关系全区改革发展稳定大局的重要工作、重大问题，例如：我区“十一五”规划的落实情况，以及做好“十二五”规划编制工作；加大农转非工作力度，加快城乡一体化步伐；进一步科学整合和有效开发利用区域旅游资源，切实加快我区旅游业发展；深入贯彻落实中共十七届四中全会精神，不断加强党风廉政建设等，开展政治协商。要进一步办好《协商意见》，在继续做好整理和报送工作的同时，还要加强与有关部门的协调和沟通，强化意见采纳情况的跟踪和反馈工作，以提高协商实效。

4. 强化责任推进民主监督。要进一步提高对政协民主监督在监督体系中重要地位和作用的认识，切实增强履行政协民主监督职能的责任感。要坚持寓监督于协商、议政、视察、提案、调研等各项履职活动之中，重点围绕“十一五”规划落实情况、重要法律法规和重大方针政策的执行情况、政府部门及其工作人员的履职情况、党风廉政建设责任制落实情况等内容，认真进行民主监督，促进科学执政、民主执政、依法执政。要着力做好特约监督工作，认真落实相关制度，切实加强与有关部门的协调配合，不断强化特约人员的责任意识，努力提高监督实效。要认真总结实践经验，积极探索履行民主监督职能的新方法、新途径。

5. 围绕中心开展参政议政。要坚持围绕中心、服务大局的工作原则，针对我区政治、经济、文化和社会生活中的重要问题以及人民群众普遍关心的问题，例如：地铁 M15 号线开通对我区经济社会发展的影响及对策；花博会展区及展馆的展后开发利用等，开展调查研究，反映社情民意，进行协商讨论，通过会议发言、调研报告、提案、信息等多种形式向区委、区政府及有关部门提出意见和建议。

6. 注重质量做好提案工作。要高度重视提案工作在履行职能中的重要地位和作用，进一步完善措施，加大力度，推进提案工作整体水平的提高。要把促进区域经济社会平稳较快发展和解决人民群众最关心、最直接、最现实的利益问题作为提案工作的出发点和落脚点。要以提高质量为中心，加强与提案工作相关的业务学习和培训。要通过区情通报、专题视察、走访、调研等多种形式，扩大委员知情面，为委员撰写高质量提案创造条件。要严把审查立案关，把提案质量作为评价提案的首要条件，准确把握立案标准，严格执行立案程序。要狠抓提案办理，协助区委、区政府开好提案分办会；坚持政协领导督办重点提案制度；选择重点单位开好提案办理座谈会；进一步完善提案追踪机制，抓好提案办理情况反馈；切实做好提案办理的协调服务工作。要进一步加大提案工作宣传力度，继续开展优秀提案表彰工作。

7. 发挥优势反映社情民意。要充分发挥人民政协包容各界、联系广泛、人才聚集的独特优势，深入实际，深入基层，深入群众，察民情，听民声，解民意，积极负责、及时准确地反映不同阶层、不同群体的愿望和要求，多做理顺情绪、化解矛盾、维护稳定、促进发展的工作，努力当好党和政府联系人民群众的桥梁和纽带。要十分珍视和切实用好区政协向区委、区政府领导及有关部门报送《社情民意反映》这一信息渠道,充分发挥其在建言献策中的"直通车"作用。要坚持和完善已有的各种工作方法及具体措施,进一步提高信息质量和工作水平。

(三)继续做好人民政协理论与实践研究和政协宣传工作,积极推动顺义区人民政协事业发展

人民政协理论与实践研究和政协宣传工作是政协工作的重要组成部分,在指导和推动政协工作实践、形成有利于人民政协事业发展的良好氛围方面具有十分重要的作用。我们要认真贯彻落实胡锦涛总书记在庆祝人民政协成立60周年大会上,以及刘淇同志在庆祝市政协成立60周年大会上提出的有关要求,高度重视和切实抓好人民政协理论与实践研究和政协宣传工作。要立足区情和基层政协工作实际,着重开展实践层面的研究,科学总结推进基层政协工作的实践经验,积极探索新形势下有效履行政协职能的新形式新办法。要主动加强与区委宣传部、区内各主要媒体的沟通和协作,创新形式、丰富内容、加大力度、形成合力,进一步提升政协宣传工作水平。

(四)不断巩固和扩大学习实践活动成果,进一步加强政协自身建设

深入学习实践科学发展观是一项长期任务,必须持之以恒地抓下去。我们要采取切实有效措施,不断巩固和扩大参加全区第一批学习实践活动中取得的成果,全面加强自身建设,进一步提升工作水平。要坚持解放思想、实事求是、与时俱进,弘扬求真务实精神,大兴求真务实之风,主动适应新形势新任务的要求,按照宪法和政协章程的规定,不断加强和改进自身建设。要注重发挥人民政协界别优势,扩大人民政协团结面和包容性,切实发挥政协界别作为扩大社会各界有序政治参与的重要渠道作用,积极探索开展界别活动的新方法新途径,充分调动各界别参政议政积极性。要注重加强委员队伍建设,强化委员学习培训、提高委员整体素质,尊重委员首创精神、维护委员民主权利,鼓励和引导广大委员深入实际、走向基层、贴近群众,在报效国家、服务人民中施展才华、建功立业。全体政协委员要切实发挥在本职工作中的带头作用、政协工作中的主体作用、界别群众中的代表作用,自觉树立和展示政协委员良好形象。要切实发挥区政协各专门委员会的基础作用,提高各专门委员会组成人员政治和业务素质,本着工作求新、求深、求实的精神,积极探索专门委员会工作新思路新方式,切实增强工作活力和成效。要切实加强区政协机关建设,坚持以创建学习型、服务型、创新型、和谐型机关活动为总的抓手,着力提高全局观念、服务意识,增强政务性服务能力和统筹协调能力,为人民政协有效履行职能、顺利开展工作提供更有力的保障。

各位委员,新时期、新阶段的新形势、新任务催人奋进。让我们认真贯彻落实中共十七大和十七届四中全会精神、胡锦涛总书记在庆祝人民政协成立60周年大会上的重要讲话精神、刘淇同志在庆祝市政协成立60周年大会上的重要讲话精神、区委三届十次全会精神,高举中国特色社会主义伟大旗帜,在邓小平理论、"三个代表"重要思想和科学发展观的指引下,一如既往地坚持"维护核心、围绕中心、凝聚民心"以及"深入民众、体察民情、反映民意、关注民生、集中民智"的工作理念,围绕中心、服务大局,同心同德、群策群力,为实现"同心全面建小康,打造绿色国际港,建设现代文明和谐新顺义"的宏伟目标,为促进城乡一体化发展、使顺义新城成为建设"三个北京"的典范,为不断推进顺义区人民政协事业发展而努力奋斗!

扎实推进党风廉政建设 为顺义区科学发展提供有力保障

——在2010年顺义区党风廉政建设工作会议上的报告

区委常委、纪委书记 肖韵竹

（2010年3月9日）

同志们：

这次会议的主要任务是：以党的十七大和十七届三中、四中全会精神为指导，深入贯彻落实科学发展观，认真学习贯彻胡锦涛总书记在中央纪委十七届五次全会和刘淇书记在市纪委十届六次全会上的重要讲话，按照市纪委十届六次全会和区委三届十次全会的部署，回顾总结2009年全区党风廉政建设和反腐败工作，研究部署2010年主要任务，为建设现代、文明、和谐新顺义提供政治和纪律保证。市纪委和区委对这次会议十分重视，一会儿，海平副书记、延昆书记还要作重要讲话，我们要认真学习领会，坚决贯彻落实。

2009年工作回顾

2009年，是我区经济社会快速发展，反腐倡廉建设深入推进的一年。在市纪委和区委、区政府的正确领导下，全区各级党委、政府和纪检监察机关紧紧上反腐倡廉工作取得明显成效。

——重大决策监督检查坚决有力。各级党委和纪检监察机关把严肃政治纪律、确保政令畅通作为重要职责，围绕六十周年国庆、举办花博会和“三保”等中心工作加强监督检查。成立监察审计机构和5个督察组，对花博会“九部一室”进行跟踪检查，确保任务措施落实到位、财政资金安全透明、新增投资项目尽快启动。配合相关部门完善绿色审批通道，实行联合审批，保证151个重大项目依法合规、高效建设、安全运行。加强对地铁M15号线土地储备、防控H1N1流感病毒、旧村拆迁改造、拆除违法建设等工作的专项监察，拆除违法建设173宗、23.6万平方米。

——反腐倡廉教育取得新的成效。以处级领导干部为重点，举办党纪条规知识竞赛，邀请中纪委、市纪委领导和区纪委常委开展反腐倡廉大讲堂活动，增强领导干部廉洁从政意识。组织170名新提拔和新调整岗位的处级领导干部，参观警示教育基地，进行集中廉政谈话。制定《顺义区严禁领导干部利用婚丧喜庆事宜大操大办、借机敛财的若干规定》和《顺义区严格领导干部公务用车管理的若干规定》，规范领导干部廉洁从政行为。开展厉行节约和治理“小金库”工作，对36家单位进行了重点检查，及时发现和解决问题隐患。

——廉政风险防范管理深入推进。抓住“一把手”这个重点对象，进一步完善了“三重一大”、廉政承诺、廉政谈话、述职述廉、经济责任审计、纪委监督、行政问责等七项制度。各单位党政“一把手”认真查找风险点，堵塞了一批漏洞,制定了一批防范措施。坚持典型引路,推出顺义供电公司等典型,召开现场会推广经验,全区逐步构建了“一把手”廉政风险防范管理的长效机制。

——国企和农村党风廉政建设有序开展。以创建“四好”企业为载体,深入推进国有企业反腐倡廉建设,出台《国有企业重大投资管理暂行办法》等制度,加大对企业资产处置、产权转让和领导人员廉洁从业的监督力度。第三批创建“廉政模范村”活动深入开展,实行动态管理机制,39个申报村被评为“廉政模范村”,农村基层党风廉政建设逐步走向规范化、制度化。

——人民群众利益得到切实维护。大力推进政务、村务、厂务、校务公开,实现公开目录、行政许可等5个100%公开。积极开展创建便民服务室活动,《北京日报》进行了报道,拍成纪录片向全市推广经验。加强政风行风评议工作,深入到95家评议单位开展明察暗访。行政投诉和政风行风热线共受理1225件,全部办结。制定《关于严肃征地拆迁纪律的规定》,严格规范基层党组织和党员干部行为,确保了20个村拆迁工作的顺利实施,人民群众的合法利益得到保障。

——案件查处和信访举报工作持续深入。初核案件12件,立案9件,全部办结。处分党员9人,其中开除党籍处分7人,撤销党内职务处分1人,党内严重警告处分1人。共受理群众信访举报530件次,畅通了信访举报渠道,群众关注的热点难点问题得到解决。

——纪检监察自身建设不断加强。全区108家单位配齐专兼职纪检监察干部,邀请专家学者对300多名纪检监察干部进行了培训。深入开展学习实践科学发展观活动,大力加强纪检监察干部队伍的思想、组织、作风、纪律、能力和制度建设,为顺利完成反腐倡廉任务提供了组织保障和人才支持。

总之,刚刚过去的一年,全区反腐倡廉建设取得了新的成效,特别是“一把手”廉政风险防范管理、农村基层党风廉政建设等工作,得到了市纪委等上级部门的充分肯定,区委张延昆书记先后两次在全市大会上作典型发言、交流经验。肯定成绩的同时,我们也必须清醒认识到,反腐倡廉建设形势依然严峻、任务仍然艰巨。个别单位对党风廉政建设重要性的认识不足,一些反腐倡廉制度和措施还没有得到很好落实;部门和行业的不正之风依然存在,损害群众利益问题仍未根本解决;少数领导干部思想作风不正,形式主义、弄虚作假等行为还不同程度存在,党员干部违反廉洁自律规定的问题仍时有发生;纪检监察工作还需要进一步加强和改进。

2010年工作意见

2010年是全面贯彻落实党的十七届四中全会精神、加强和改进新形势下党的建设的重要一年,是加快转变经济发展方式、全面完成“十一五”规划的最后一年,也是谋划好“十二五”规划的关键一年。新形势对党风廉政建设和反腐败工作提出了更高要求。落实党要管党、从严治党要求,加强反腐倡廉建设的任务,比以往更加紧迫和艰巨。全区各级党委、政府和纪检监察机关一定要居安思危,知难而进,按照市纪委十届六次全会和区委三届十次全会工作部署,以改革创新精神扎实推进反腐倡廉建设,为推动顺义经济社会更好更快发展提供有力的政治保证。

(一)认真学习贯彻《廉政准则》,切实提高领导干部廉洁从政水平

中央纪委最近颁布的《中国共产党党员领导干部廉洁从政若干准则》(简称《廉政准则》),是新形势下坚持党要管党、从严治党,加强对党员领导干部教育、管理、监督的现实需要,是加强反腐倡廉制度建设、完善惩治和预防腐败体系的重要举措,各单位要高度重视,切实抓好学习宣传和贯彻执行。要在全

区范围掀起学习宣传的高潮。将《廉政准则》纳入各级领导班子中心组学习,组织领导干部集中学习原文,将执行《廉政准则》情况,列入民主生活会,对照检查自纠。通过举办培训班、党校学习、党纪条规测试等形式,积极组织各基层单位开展主题教育活动。要加强领导干部廉洁自律教育。坚持以处级领导干部、关键岗位科级干部、农村"两委"班子成员为重点,运用正反典型开展示范教育、警示教育。继续办好"反腐倡廉大讲堂",通过区领导讲、专家讲、区纪委常委讲、"一把手"讲等多种形式,强化党员领导干部的党员意识、组织意识和纪律意识,自觉做到在是非面前有辨别能力、在诱惑面前有自控能力、在警示面前有自省能力。要积极推进廉政文化建设。扎实开展"十廉"活动,把廉政文化与顺义丰厚的文化底蕴结合起来,与"二月新春"等群众性精神文明创建活动结合起来,与构建和谐社区、村镇结合起来,形成浓厚的廉荣腐耻社会氛围。要加强廉洁自律制度建设。严格执行《顺义区严禁领导干部利用婚丧喜庆事宜大操大办、借机敛财的若干规定》和《顺义区严格领导干部公务用车管理的若干规定》,"一把手"购买、更换车辆,要向区纪委作书面报告。结合顺义实际,继续创新廉洁自律制度,清理相关制度文件,形成制度链,进一步加大制度的执行力和保障力。要严肃纪律,有法必依,有规必行,有错必纠。对于违反规定的党员领导干部,按照组织处理或纪律处分的规定,给予严肃处理。

(二)加强廉政风险防范科学化、精细化管理,推进反腐倡廉制度创新

实施廉政风险防范科学化、精细化管理,是将现代管理学的"风险管理"方法,特别是量化指标、质量管理、风险防控方法,运用于反腐倡廉工作实践的有益尝试,也是纪检监察工作理念和方法的创新,各单位要按照今天会议下发的工作意见的要求,紧密结合实际,认真加以落实。要突出防范重点。以各级党政"一把手"为重点,抓好"一把手"廉政风险防范管理七项制度的落实,严格执行"三重一大"制度,强化权力制衡制约;以拥有行政许可、行政处罚以及人、财、物等业务处置权的部门和岗位为重点,研究制定行之有效的监督措施;以风险易发多发的关键环节为重点,从梳理管理事项和工作流程等方面入手,努力堵塞管理和流程上的漏洞,把构建防控机制融入业务工作的全过程。要促进工作延伸。推进廉政风险防范管理工作向局级领导延伸,向处级领导班子和领导干部决策环节延伸,向农村、国企、学校、医院、社区等基层重要岗位延伸。要实行动态监管。结合形势的发展、岗位职责、工作内容的变化,随时查找新的廉政风险点,完善防范措施,形成动态的监管模式,固化工作、形成常态。要创新机制提高制度执行力。认真研究建立廉政风险防范管理工作的防控机制、预警机制和考评机制。进一步建立健全制度保障、程序运行、技术监控等配套体系,切实提高制度执行力。要逐步实现防控手段科学化。研发廉政风险防范管理信息系统,运用现代科技手段,针对重点人、重点部门、重点岗位、重点环节和不同类型的廉政风险,形成风险库,分类进行监控,积极开展项目化管理,实现廉政风险防范管理工作信息化、网络化。

(三)认真总结推广"廉洁奥运"、"廉洁花博"的经验,紧紧围绕区委中心工作开展监督检查

坚持"廉洁奥运"、"廉洁花博"是我区成功举办奥运赛事和花博会的宝贵经验,必须认真加以总结和传承。要紧紧围绕区委三届十次全会确定的"城乡发展一体化、经济发展多元化、社会管理精细化、党的建设科学化"战略部署,全力以赴开展监督检查,切实把"廉洁奥运"、"廉洁花博"的经验,运用到全区中心工作、重大活动和大型工程建设监督工作中去,确保重大活动、重点工程、重要工作公开、透明、廉洁、高效。加强对重点工程项

目建设情况的监督检查。纪检监察机关要强化督查职能,配合有关部门继续坚持和完善绿色审批通道机制,加快项目审批和落地。切实做好地铁M15号线、现代第三工厂、中小学校校舍安全工程等重大项目建设的督查工作,针对问题易发多发的重点部位和关键环节,加强对项目建设程序、招标投标活动、工程质量等重点环节的监管,保证实现"阳光工程"。加强对改善民生各项工程的监督检查。围绕推进城乡一体化建设,加强对区政府"为民办实事工程"落实情况的检查,保证农民转非、保障性住房等重点工作落实到位,保证新农村建设各项强农惠民措施执行到位。

(四)坚持纠建并举,切实维护人民群众的切身利益

各单位要把维护人民群众的根本利益,作为密切党同人民群众的血肉联系,加强反腐倡廉工作的重要出发点和落脚点。切实纠正损害群众利益的问题。重点解决群众反映强烈的征地拆迁、食品药品安全、环境保护、安全生产等方面的突出问题。积极稳妥地推进教育系统教师绩效工资改革,加强对学校办学和收费行为的监管。深入推进网上药品集中采购工作,加强对药品集中采购的全程监督,坚决纠正医药购销和医疗服务中的不正之风。规范行业协会、市场中介组织、公共服务行业的服务和收费行为。扎实推进农村党风廉政建设。要紧紧围绕新农村建设这个中心,从推进城乡一体化的大局出发,制定符合地区特色的反腐倡廉实施方案。抓住村级财务管理使用,农村集体资金、资产、资源处置,土地承包征占,合同签订,村级干部廉洁自律等问题,健全村务公开、村账镇管、述职述廉、经济审计、工程项目招投标等制度,规范村级干部行为,密切党群干群关系。继续深化国有企业反腐倡廉工作。以创建"四好"企业活动为载体,加强对科学决策、资产管理、投资管理等制度执行情况的监督,积极开展资产评估、资产处置、产权流转、资本运营等方面的效能监察和内部审计。继续抓好中央《国有企业领导人员廉洁从业若干规定》的落实,确保企业人员廉洁从业和国有资产保值增值。扎实推进街道和公用事业单位党风廉政建设,健全民主决策、民主监督制度。积极探索非公有制经济组织和新社会组织反腐倡廉建设的有效途径和方法。

(五)着力打造政务服务品牌,进一步优化区域发展环境

开展"创建政务服务品牌"活动,是我区实施品牌战略的拓展和创新,是加强效能建设、优化区域发展环境推出的重要举措。各单位要按照《关于深入开展"创建政务服务品牌"活动的实施意见》(顺纪发〔2009〕27号)的要求,围绕"八个一"目标,重点抓好政务品牌的发掘、凝练、打造和培育工作,形成鲜明的服务品牌理念和规范的机制制度,切实提升服务水平,打造顺义政务服务的良好形象,优化区域发展环境。要坚持统筹安排、分类指导。政府部门以政务公开和效能建设为重点,规范公开程序、拓展公开形式、完善公开内容,畅通群众监督渠道,提高行政权力运行的透明度。推进政府体制、机制改革,加大对行政不作为、乱作为行为的追究力度,促进履职能力和办事效率提高。镇、街道以完善服务职能、提升服务水平为重点,加强综合行政服务中心建设,积极推进村、社区便民服务室建设,着力在提升服务质量、提高工作效率等软环境建设上下功夫,为群众提供方便、快捷、优质的服务。教育、医药、建筑、水、电、气、热等行业,坚持以纠正行业不正之风为重点,着力解决一批群众密切关注的热点难点问题。要不断创新思路、务求实效。积极营造声势,通过电视、广播、网络、报纸等媒介,加大对政务服务品牌的宣传力度。要力求突出重点,着力培育一批有特色的品牌典型,切实发挥示范带头作用。要注重实际效果,加大政风行风评议力度,畅通群众诉求渠道,发

挥行政投诉直查快办优势，加强对阻碍优化环境问题的监察，努力使品牌创建工作出精品、出特色、出成效、出经验。

（六）严厉惩治腐败，坚决查处违法违纪案件

查处违法违纪案件是贯彻从严治党方针的重要体现，也是区委惩治腐败、端正党风政风的一贯态度。面对全区重点工程多、重大项目多、资金投入多的新情况，滋生腐败问题的土壤依然存在，案件查办工作不能有丝毫的放松。各级党委、纪委要牢固树立查办案件是尽职、查处不力是失职、有案不查是渎职的观念，对违法违纪案件做到发现一起、查处一起，决不姑息迁就。坚持有案必查、违纪必纠。严肃查办发生在领导机关和领导干部中滥用职权、贪污贿赂、腐化堕落、失职渎职案件和医药购销、政府采购等方面的商业贿赂案件，深挖群体性事件、重大责任事故、企业重大亏损背后的腐败案件。认真落实中央和北京市关于开展工程建设领域突出问题专项治理工作的有关精神，严肃查处工程建设领域违纪违法案件。重点查办国家工作人员特别是领导干部利用职权插手干预招标投标、土地审批和出让以谋取私利案件。严厉查处违法违规审批立项，规避和虚假招标，非法批地，低价出让土地的违纪违法案件。坚决查处在工程项目规划、立项审批中，因违反决策程序或决策失误，而造成重大损失或恶劣影响的案件。依法查处生产安全责任事故，严肃追究有关领导人的责任。强化惩处也是教育的理念，通过惩治极少数腐败分子，达到教育大多数干部的目的。在办案过程中，既要坚决惩处腐败，又要注意保护党员干部改革创新的积极性；既要严肃执行纪律，又要保障党员干部的合法权益；既要严厉查处违法违纪行为，又要切实强化查办案件的政治、经济和社会效果，充分发挥治本方面的作用。着力抓好信访举报工作。深入开展信访监督工作，健全信访监督工作机制。充分发挥信访举报案件线索主渠道作用，紧紧围绕村“两委”班子换届、重大工程建设等重点工作，加强对基层信访矛盾隐患的排查，从源头上预防和化解矛盾。

主动适应形势，不断加强和改进纪检监察工作

各级纪检监察机关和纪检监察干部，要主动适应新形势、新任务需要，善于研究新问题、把握新规律、创造新思路，提高工作的预见性、科学性和创造性。要自觉用科学发展观统领纪检监察工作。把反腐倡廉建设寓于科学发展之中，把科学发展观的要求，落实到反腐倡廉建设的各个方面，坚持用科学发展观来谋划反腐倡廉工作、制定反腐倡廉政策、出台反腐倡廉举措。制定《纪检监察任务分工和工作台帐》，明确目标任务，责任落实到人，不断提高纪检监察工作服务科学发展、保障科学发展和促进科学发展的水平。进一步增强纪检监察干部整体素质。积极开展以争创“学习型、效能型、和谐型、服务型”机关为主题的政务服务品牌活动，着力提高纪检监察干部的政治鉴别能力、执纪办案能力、调查研究能力和工作创新能力，争做刻苦学习的表率、勤奋工作的表率、秉公执纪的表率、维护团结的表率和廉洁自律的表率，自觉树立纪检监察干部“可亲、可信、可敬”的良好形象。

同志们，科学推进以完善惩治和预防腐败体系为重点的反腐倡廉建设，任务光荣，责任重大。让我们在市纪委和区委、区政府的坚强领导下，进一步坚定信心、振奋精神、团结一致、扎实工作，努力取得党风廉政建设和反腐败工作的新成效，为推动顺义更好更快发展做出新的更大贡献。

关于顺义区2009年国民经济和社会发展计划执行情况与2010年计划草案的报告(书面)

——2010年1月11日在顺义区第三届人民代表大会第五次会议上

顺义区发展和改革委员会主任 田建国

各位代表：

我受区政府委托，向大会提交顺义区2009年国民经济和社会发展计划执行情况与2010年计划草案的报告，请予审议，并请政协委员提出意见。

一、2009年国民经济和社会发展计划执行情况

2009年是新世纪以来我区经济发展最为困难的一年，面对严峻复杂的发展形势，区委、区政府主动出击、从容应对，带领全区人民坚定信心、共克时艰，坚决贯彻“保增长、保民生、保稳定”决策部署，努力化挑战为机遇，有效遏止了经济下滑态势，出色的完成了年初确定的目标任务，保持了区域经济社会平稳快速发展。

(一)扩内需保增长成效显著，区域经济企稳向好

经济平稳快速发展。面对年初全区经济主要发展指标急速下滑局面，区委、区政府积极应对，抢抓扩内需、保增长重要机遇，在一季度工业总产值、属地财税收入指标相继由负转正后，二季度全社会固定资产投资、地方财政一般预算收入指标也陆续由负转正，区域经济企稳回升的领域和范围不断扩大，有力促进了经济平稳快速发展。全年预计完成地区生产总值535亿元，同比增长11%，三次产业比重为3.9∶47.5∶48.6。财政实力不断增强，属地财税收入完成218.8亿元，同比增长15.4%；地方财政收入完成85.2亿元，同比增长13.9%；一般预算收入完成48.1亿元，同比增长16.6%。社会消费品零售额预计完成156亿元，同比增长17.3%。全社会固定资产投资预计完成330亿元，同比增长29.4%。外贸出口交货额预计完成315亿元，同比下降10%；实际利用外资额预计完成3.96亿美元，同比增长3.7%。城乡居民收入同步提高，城镇居民人均可支配收入预计完成23200元，农村居民人均纯收入预计完成11600元，同比分别增长8%和12%。

创新能力持续增强。新增注册商标1012件，中国驰名商标1件、北京市著名商标2件。新认定高新技术企业37家，新发展国家级技术中心2家、市级技术中心1家，积极鼓励企业建立研发机构，新发展市级研发机构3家，11家企业21项产品纳入北京市自主创新产业目录。企业帮扶力度加大，制定出台了6方面24条帮扶措施，落实各级扶持资金1.1亿元。组建总部企业高管人员服务中心，出台跨国公司在本区设立总部奖励办法。严格落实出口退税政策，区内进出口企业实现海关业务本地办理。

(二)投资拉动作用明显，绿色审批通道

发挥功效

创新思路，促投资工作机制逐步完善。制定出台了《北京市顺义区扩大内需重大建设项目绿色审批通道实施办法》，确定了“一季度抓项目审批、二季度抓项目开工、三季度抓项目建设、四季度抓项目验收”的总体思路，成立了专门管理机构，将项目层层分解，明确责任分工，完善审批流程，从制度上保证了重点项目的顺利推进。按照“突出重点、提早运作”原则，在全区206个储备项目中遴选151个重点项目，并纳入了市、区两级绿色审批通道。

上下联动，绿色审批通道深入推进。逐步完善市区联动的绿色审批通道，加快项目审批进程。在151项绿色审批通道项目中，145个项目已取得批复并开工建设，已完成投资183.6亿元，占全社会固定资产投资总量的55.6%；正在办理手续项目6个，总投资19.9亿元。

(三)花博盛会圆满成功，城市形象大幅提升

展前精心准备，全区上下齐心协力，仅用一年半时间完成了主展馆、室外展区和国际鲜花港、和谐广场等三大功能组团以及各项配套基础设施建设，打造了标志性建筑景观，建设规模、档次均创历届花博会之最。展会运行精彩纷呈，市区两级63家“一对一”服务单位、850名展会志愿者和1万名城市志愿者，为各代表团筹展、布展及撤展提供全程跟踪服务。展会汇聚了31.4万件国内花卉精品及6万件境外特色展品，参展花卉新品种3299个，共接待观众180万人次。新闻宣传成效显著，先后接待境内外媒体130余家、记者700余名，在市级以上媒体刊播花博会新闻3300余篇，广泛传递了花博会的独特魅力，大大提升了新城的整体形象。提前谋划“后花博”发展，坚持“以会兴业、以花富民”，着力释放花博会拉动效应，推进展馆资源后续利用，挖掘花博会品牌效应，延伸花卉产业链条，招商引资、会后经营等各项工作有序进行。

(四)临空经济区建设力度加大，发展后劲持续增强

综合保税区封关运营。顺利通过国家十部委验收，起草了《北京天竺综合保税区管理办法》，编制了《北京天竺综合保税区政策汇编》，研究制订了《北京天竺综合保税区发展规划(2010－2015)》，明确了现代物流、保税加工、特色金融等七大主导发展产业。成功引进美国GE、强生、通用电气等10家国内外知名企业入区开展报税业务，吸引了东航北京基地等13家企业入区经营。

园区建设稳步推进。空港经济开发区成为第二批市级生态工业园，空港C区开发建设进一步加快。林河经济开发区、汽车生产基地发展空间进一步拓展，新增产业发展用地3635亩。物流基地、国门商务区土地一级开发工作进展顺利。新国展举办展会15个，接待观众超过75万人。印刷基地、临空国际、板桥创意天承产业基地等产业功能区基础设施建设加快推进。成功举办燕京啤酒节、世界航线发展论坛、京港洽谈会等十余次招商推介会，引进了中航工业、中国出版集团和中瑞汇丰国际融资租赁、首都机场资产管理等一批重大项目，为区域经济发展注入了强劲新动力。目前，中航工业建设论证、立项和规划等前期准备工作全面启动，基础设施建设有序进行。北京汽车研究总院、国家汽车质量监督检验中心、金蝶软件、民生银行等重点项目相继开工建设。北京航空产业园正式启动与市科委共建北京非晶科技产业园。

(五)城乡建设加快推进，发展环境明显改善

城市建设不断加快。新完成村庄规划133个，在全市率先实现了新城街区和各镇中心区控规全覆盖。轨道交通M15号线建设进展顺利，高架段铺轨工程如期完工；白马路二期、顺通辅路与京承铁路平改立、顺于路

至京承高速连接线等道路建设已经完工;南法信110kV输变电工程完工,用电需求进一步保障。公共服务环境不断改善,六大中心建设加快推进,文化中心得到批复,区医院急诊病房综合楼进入外装修阶段。以金融产业为重点、以总部经济为特色的新城马坡组团规划建设取得积极进展,市政基础设施建设全面展开,招商引资成效显著,北京银行后台处理中心正式签约,新增杭州银行、光大银行等9家金融机构入区发展。

土地储备成效显著。制定了《顺义区房屋拆迁工作办法(试行)》及《顺义区公有住房拆迁补偿意见》,严格规范拆迁秩序及补偿标准。18个村庄整建制拆迁任务完成,2个纳入拆迁计划的村庄正在加快推进,储备土地1.8万亩、土地储备开发投资151.6亿元,位居全市第二位。土地入市交易成效显著,2311亩经营性用地和1695亩工业用地挂牌出让,有力保障了区域发展用地需求。

新农村和重点镇建设稳步推进。新农村"五项基础设施"和"三起来"工程加快推进,完成投资6.7亿元。重点镇项目建设取得实质进展,包装上报项目23个,总投资45亿元。高丽营镇核心区市政基础设施建设率先启动,于庄村拆迁顺利完成。围绕"四个中心"建设,农业结构调整深入推进,6.5万亩农业基础建设及综合开发成效显著,花卉苗木面积达到1.6万亩,新增设施面积1万亩。全年农村经济营业收入和营业利润预计分别达到585亿元和35亿元,同比分别增长12.8%和7%。

环境建设日臻完善。潮白河森林公园、引温入潮二期、龙道河生态治理等重点工程全面开工,生态环境不断优化。对花博会展馆、首都机场周边道路和城区街道进行综合整治,区镇两级公路沿线基本实现"六无三美"。绿化美化深入推进,全区林木覆盖率达到36.2%,城区人均公共绿地面积为24.61平方米;大气污染控制成效显著,圆满完成了市政府下达的空气质量任务,二级和好于二级天数保证率达到了74.2%;城市污水处理率为96.8%。垃圾规范化管理扎实推进,分类收集试点效果良好,全区生活垃圾物无害化处理率达到92%。

(六)节能减排工作扎实推进,循环经济深入发展

深入推进工业、建筑和政府机构重点节能工程,城北供热中心主厂房、白马路东延长线、东干渠天然气管线、集中供热老旧管网改造等工程顺利完成;进一步加快"高污染、高耗能、高耗水"企业退出,新淘汰"三高"企业14家。切实加强了镇级污水处理设施建设和河流排污口整治,地表水环境得到有效改善。积极开展节能监测考核,对15家重点用能单位进行了节能专项检查,对16家签订节能目标责任书的企业进行年度节能目标考核;创新节能机制,继续积极推广合同制能源管理和电力需求侧管理;不断提高能源预警、应急以及协调能力,建立煤炭、天然气应急储备库;大力推广使用新能源,新建村级太阳能公共浴室51座,安装太阳能路灯990盏,推广节能灯131万只;投资2.6亿元的国际鲜花港地源热泵与地热梯级利用综合供暖项目顺利完工。

(七)积极探索创新机制,深化各项改革

投融资体制改革取得实效。积极拓宽投融资渠道,成功发行全国首只中小企业集合票据产品,融资2.65亿元;深入开展银政、银企合作,积极履行与工行、农行、建行等7家银行签署的680亿元授信额的合作协议;新型金融体系建设不断推进,小额贷款公司、创投基金等新型金融机构建设取得初步进展。国有资产监管水平不断提高。研究拟定了《顺义区国有企业重大投资管理暂行办法》,严格确定重大投资范围,加强了对企业投融资、担保、合同管理监督。成功组建国有资本经营管理中心,一期25亿元企业债券即将发行。财政体制改革进一步深化。区镇财政管

理体制改革、国库集中支付改革、行政事业单位工资统发改革等各项工作不断完善，财政资金使用效率稳步提升。农村改革不断强化。新完成47个村集体经济产权制度改革，新增土地流转面积1.2万亩。

（八）社会建设力度不断加大，发展成果共享水平切实提高

社会事业全面发展。教育教学质量不断提高，普通高考升学率和高中阶段教育普及率分别为91%和99.82%，职业学校学生就业率达到100%，杨镇一中新疆班首次参加高考，本科录取率达到87.36%。启动了牛栏山一中、张镇小学校舍安全工程。医疗卫生服务水平不断提高，针对甲型H1N1流感采取“外堵输入，内防扩散”的防控措施，监测和应急防控工作取得良好成效，甲乙类传染病发病率控制在345/10万以下。新型社区卫生服务体系初步建立，社区卫生服务机构累计销售零差率药品6000万元，让利百姓达2100万元。公共文化服务体系不断完善，农村数字电影放映厅、文化资源共享等七项文化惠民工程实现了全覆盖。全民健身活动广泛开展，第六届全民健身体育节成功举办；社区和农村健身工程普及率达到100%。竞技体育水平不断提高，全运会夺得2金1银。信息化建设不断加快，人事人才工作进一步加强，审计、统计、档案、外事、广播电视、妇女儿童和残疾人等事业取得了新成绩。

就业和社会保障水平不断提高。城乡劳动力统筹就业深入推进，城镇新增就业人员15186人，城镇登记失业率为1.25%，农村劳动力二三产业就业率达88%；五项社会保险参保人数和基金收缴同步提高，“一老一小”大病医疗保险深入推进。新农合保障作用进一步凸显，共计报销1.45亿元，同比增长53%。养老设施建设力度不断加大，每百名老人拥有床位数达到3.2张。城乡最低生活保障和救助水平进一步提高，城市和农村低保标准分别提高到月人均410元和年人均2530元，住院医疗和大病救助标准分别提高到3万元和5万元。

市场监管和社会管理力度加大。加大市场监管力度，市场秩序得到有效维护。加强食品安全管理，严格药品认证和准入制度，食品、药品抽检合格率预计分别达到96.7%和98.7%。安全生产、社会治安状况总体良好。积极推进社区规范化建设，13个社区纳入全市规范化建设试点。不断改善社区居委会办公和居民活动用房条件，和谐社区达标创建成绩显著，新增达标社区17个。人口和计划生育管理工作不断加强，人口自然增长率为1.64‰；常住流动人口规模控制在16万人以内。

各位代表，过去的一年成绩斐然，令人振奋，但我们也清醒地认识到，当前发展仍面临一些困难和矛盾，主要体现在：一是经济综合实力和产业承载能力需不断增强，城市化、国际化水平需快速提升，区域快速发展的基础仍需进一步巩固。二是城市与农村、河西与河东发展还不够平衡，统筹区域协调发展困难较大。三是资源需求与环境保护矛盾较为突出，高端发展需求迫切，转变经济发展方式需切实加快。四是社会建设仍存在薄弱环节，民生改善与公共产品、公共服务有效供给之间的矛盾仍较突出，城乡一体化进程需进一步加快。我们必须切实增强责任意识，高度重视并采取有力措施加以解决。

二、2010年国民经济和社会发展计划安排与主要措施

2010年是实施“十一五”规划的收官之年，也是编制完成“十二五”规划之年。从外部环境看，全球产业正在孕育新的增长引擎，我国经济进入了以投资扩内需为主向投资、消费共同拉动为基本立足点的新阶段；从全市及自身看，首都将坚持高端发展，以“世界城市”为目标，进入“人文北京、科技北京、绿色北京”建设的新时期。面对金融危机影响，顺义发展内在动力依然强劲，三次产业已具

备良好的基础和快速发展的条件，仍将处在现代化、城市化不断加快的发展阶段。

2010年顺义区国民经济和社会发展的基本思路是：以科学发展观为指导，全面贯彻党的十七届四中全会精神，更加注重结构调整、自主创新、民生改善和协调发展。以临空产业扩规模、新城建设出形象、民生改善上水平为重点，继续推进实施一批重大项目建设，全力促进区域经济社会又好又快发展，努力为建设“人文北京、科技北京、绿色北京”做出新贡献。

主要指标安排：根据目前的发展环境和条件以及对发展形势的基本判断，结合“十一五”规划提出的目标任务，2010年发展计划主要指标初步安排如下：

预期指标：

——地区生产总值600亿元，增长12%。

——属地财税收入240.68亿元，增长10%；地方财政收入93.76亿元，增长10%；一般预算收入53.76亿元，增长12%。

——全社会固定资产投资383亿元，增长16%。

——社会消费品零售额181亿元，增长16%。

——实际利用外资4亿美元；外贸出口交货额350亿元，增长11.1%。

——城镇居民人均可支配收入25000元，增长8%；农村居民人均纯收入12800元，增长10%。

调控目标：

——城镇登记失业率控制在2.2%；城镇新增就业人员13500人；农村劳动力二、三产业就业率达到88.5%。

——食品抽检合格率达到98%；药品抽检合格率达到98.7%。

——人口自然增长率控制在2‰；常住流动人口控制在17万人。

——普通高考升学率达到91%；高中阶段教育普及率达到99.82%；职业学校学生就业率达到100%。

——甲乙类传染病发病率控制在380/10万。

——城市污水处理率达到97.2%；全区生活垃圾物无害化处理率达到95%。

——空气质量二级和好于二级天数保证率达到73%。

——全区林木覆盖率提高到36.4%；城区人均公共绿地面积达到24.81平方米。

为顺利完成2010年国民经济和社会发展计划任务，进一步巩固和提升区域发展水平，重点要做好以下工作：

(一)进一步强化以园区经济为重点的产业格局，注重结构调整和发展方式转变，切实增强区域整体发展实力

统筹园区建设与发展。以临空经济区为中心，镇村二三产业基地为支撑，进一步强化和完善以园区经济为重点的产业格局。一是高起点做好园区规划。充分体现产业发展集群化、高端化、生态化、差异化要求，进一步明确园区产业定位，制定准入标准，引导项目合理布局，实现产业梯度化布局、互补型发展。天竺综合保税区要完善公共服务设施和物流公共信息平台建设，优化行政审批流程，不断提升通关运营效率。完成与首都机场口岸货运资源的高效整合，吸引行业领军企业入区设立航空货运处理中心、国际物流分拨中心，争取要素市场中涉及外贸结算中心的高端项目入区，不断增加要素资源总量，提升枢纽空港的影响力。空港经济开发区、汽车生产基地要立足高新技术产业、汽车制造业和航空产业发展。林河经济开发区、临空国际、板桥创意天承等要积极推进纳入中关村自主创新示范区，强化高新技术产业辐射和技术外溢承接，吸引高科技创新型企业入驻。空港物流基地和国门商务区要立足航空物流业和金融业、商务服务业发展，加快发展与建设，大力引进企业及总部入驻。切实加强村镇二三产业基地规划建设，深入研究京平、京承高速

等交通资源优势，重点推进高丽营、杨镇、牛栏山、马坡、大孙各庄等基础条件较好的二三产业基地建设。二是抓好园区扩容提升。借助北京市土地利用总体规划修编契机，合理调整各园区建设用地指标。全面监管大块优质工业用地的开发、保护和利用，对百亩以上工业用地，建立储备库，保障优质重大项目的入驻。进一步完善临空经济区内园区与镇村二三产业基地之间的帮扶带机制，积极推进汽车生产基地与杨镇汽车零部件产业基地、林河经济开发区与大孙各庄镇二三产业基地的合作共建，加速其成为临空经济区重大项目配套区。三是完善园区配套设施建设。以城市化理念指导园区开发建设，进一步完善园区基础设施建设和多种生活配套设施。积极争取上级政策和资金支持，加速推进临空经济区周边公寓、学校、医院和娱乐等服务设施建设。搭建园区公共服务平台，建立国际化、专业化的服务体系，为园区产业科技创新、技术转让、融资担保、知识产权保护、国际交流提供信息和服务支撑。

大力推进产业结构调整优化。一是高起点发展支柱产业和培育新兴产业。加快推进现代三工厂、数码视讯、宝德阳、清华同方、民生银行等重大产业项目建设，支撑汽车制造、电子通讯、都市工业、物流、金融、房地产、旅游等支柱产业发展，注重产业链完善，加强新项目引进和产业龙头企业服务，使其进一步做大做强。加强“花博会”场馆利用和花卉企业引进，加快推进航空产业园、北京非晶科技产业园、金蝶软件园、中航信总部基地、国展产业园和中国出版集团文化创意产业基地建设，充分借助国家十大产业振兴规划和北京市六大产业振兴实施方案，把握医疗卫生体制改革机遇，针对新一代移动通信、物联网、软件信息等重点领域，积极引进和培育产业龙头、核心配套企业，着力培育花卉、航空产业、新能源、新材料、新医药、信息产业、文化创意等新兴产业发展。二是高标准推动自主创新。加大政府科技创新投入力度，大力培育创新型企业，以创建国家级和市级企业技术中心为抓手，鼓励和支持企业设立独立研发中心。紧密对接国家和北京市重大科技专项，筛选并确定一批基础好、有竞争力、符合我区产业定位的研发项目申报各级各类科技项目。不断完善科技支撑和服务体系，继续抓好高新技术企业认定。深入推进品牌建设和实施知识产权战略，着力提升知识产权保护和管理能力。继续加大高端人才引进和培育，为区域发展提供智力保障。

加快建设资源节约型城市。严格执行能耗标准和推进产业集约化发展，建立健全落后产能退出机制和配套政策。进一步完善能耗指标考核体系，鼓励发展以低碳排放为特征的工业、建筑、交通体系。继续推进“三高”企业退出，健全节能环保产品推广激励机制，支持企业采用节能新工艺、新材料、新技术，提高清洁能源使用比例。强化集约高效利用土地，严格项目准入标准，切实提高单位土地投资强度、产出效益。

（二）进一步扩大投资规模和提高消费需求，巩固区域经济平稳较快发展的良好局面

保持投资平稳较快增长。一是继续推进一批重大项目建设。2010 年，全区在储项目 218 个，涉及总投资 1317.5 亿元。按照“消化存量、优化增量”原则，重点推进 122 个结转存量项目建设；对于 96 个增量项目，在确保存量续建项目资金前提下，依据投资规模和经济效益优先实施。继续坚持和完善绿色审批通道机制，加快项目审批和落地，力争结转存量项目和符合城市规划、通过土地预审、建设资金到位的增量项目全部进入绿色审批通道。二是进一步优化投资结构，激活民间投资。积极运用贷款贴息、专项补贴和资本金注入等方式，支持符合顺义产业定位的重点项目建设，鼓励企业加大技改投资，进一步提高产业投资比重。制定出台促进重点领域社会投资的政策措施，鼓励民间资本进入，大力

发展民营企业。三是深化土地储备和供应。强化政府主导的土地拆迁储备机制,有序推进轨道交通周边、城乡结合部和重点镇村庄拆迁。合理把握土地入市交易节奏,保障重大项目用地及时有序供应。同时加大对明年项目的前期储备力度,切实增强区域投资增长的持续性、协调性。

着力扩大城乡居民消费。把提高城乡居民消费能力与优化消费环境结合起来,积极释放消费需求。一是提高城乡居民收入。增加政府支出用于改善民生、促进消费的比重,扩大农业补贴范围和提高城乡低保补助标准,健全劳动者工资正常增长机制和支付保障机制,增强城乡居民特别是低收入群体消费能力。二是提升商业服务水平。进一步完善农产品流通、便民餐饮服务和农资销售网络,搭建社区便民服务网络,构建"四网合一"的社区和农村便民商业体系。大力发展轨道交通周边商业,继续推动中心区商业项目建设,尽快完成顺鑫商务楼招商和东风商场区域建设方案,实现业态、品牌的互动发展。启动香港新世界等重点商业项目,满足消费者更高层次需求。继续加大"家电下乡"和家电以旧换新实施力度,规范销售和回收企业网点建设,在更广范围内释放家庭消费需求和潜能。三是培育新的消费热点和消费方式。促进高端赛事、文艺资源聚集,扩大文体和旅游消费。

大力营造良好市场环境。加强物价监测,做好煤电油气运的运行保障和重要农副产品供给,保持市场稳定。积极稳妥疏导价格矛盾,维护市场价格秩序。毫不松懈的抓好食品、药品安全监管工作,加大监测抽查力度,完善流通环节食品安全自检和实施基本药品全品种检验,及时发布风险预警信息,建立健全市场退出机制。建立覆盖城乡的消费者权益保障服务体系,加强市场监管和治理整顿,坚决打击假冒伪劣等违法活动,维护公平公正的竞争秩序和交易环境。

(三)统筹区域建设和发展,以重点新城、重点镇、新农村为重点,全力推进城乡一体化进程

统筹新城、重点镇、新农村三个梯次,实现新城带动重点镇,重点镇带动新农村建设和发展。

高标准推进顺义重点新城建设。以"滨水、生态、国际、活力、宜居"新城为目标,努力建设"城市品质国际化、城市功能高端化、城市环境低碳化、城乡发展融合化"的现代新城。加快推进交通轴线建设,确保M15号线一期年内投入试运行。加快外部交通和内部路网建设,集中力量建设一批水电气热和垃圾、污水处理等配套设施。加快推进职教中心、文化中心、医疗中心、体育中心、行政中心、商业中心和劳动力实训基地、潮白河森林公园、定向安置房、殡仪馆搬迁等十大工程建设。老城区抓紧东风商场以北区域改造,启动前进、太平村址建设;马坡组团要以金融产业为重点、以总部经济为特色,加快推进重点产业项目建设;空港区要围绕M15号线站点周边土地开发,推进城乡结合部拆迁改造。

加速推进重点镇建设。加快推进各镇城市化进程,进一步提高全区城市化率,将城市化率指标纳入各镇主要经济发展指标与社会调控目标考核体系。积极探索消除城乡二元结构、缩小城乡差距的新途径和新模式,充分贯彻"人口转移是核心"理念,通过"变身份、入职保、稳就业",促进农村人口向城镇集中、农民就业向园区转移、农业户籍向非农户籍过渡。按照"三年打基础、五年现雏形"要求,加快推进高丽营、杨镇、赵全营和李遂四个重点镇建设。坚持规划、设施、产业、环境先行,推进城市骨干市政管线向重点镇延伸,加快区域路网、集中供热、污水处理等配套设施建设,切实提高市政基础设施源头保障能力;引导区域大型企业和市级以上园区产业链向重点镇延伸,加快吸引符合镇域定位的企业集聚;健全重点镇环境建设长效机制,促进环境

面貌持续改善。

深入开展新农村建设。实施135个整体推进村“五项基础设施”建设，完成300万平方米街坊路硬化、67个村自来水管网改造。继续推进“三起来”工程，完成600盏太阳能路灯安装、50户节能抗震民居建设、600户农宅节能保温改造和50处太阳能公共浴室建设。选择北郎中、东府和石家营村为试点，从产业发展、基础设施、居住环境等方面进行整体改造，建设符合首都特点、顺义实际的引导示范型村庄。推进农业结构调整，大力发展农产品精深加工及物流、花卉彩色苗木、农业休闲、设施农业和籽种农业，打造三次产业融合的都市型现代农业。

提升生态环境质量。以创建“国家生态区”为目标，充分发挥“山、水、田、林、路”优势，构筑以潮白河、温榆河为主轴，区域循环联通的城市水系，打造城乡一体推进、产业生态并举的绿地生态系统，创建健康优美的生态环境。加大减排工作力度，切实提高减量化、资源化、无害化水平。深入落实第十六阶段控制大气污染措施，重点加强可吸入颗粒物治理、黄标车淘汰、燃煤锅炉治理和施工扬尘治理工作，力争大气环境质量有进一步改善。

（四）更加注重民生改善，着力加强社会建设，确保和谐顺义繁荣稳定

全力促进就业稳定，健全社会保障体系。继续完善和落实积极的就业政策，深入推进城乡统筹就业。研究制定《顺义区城乡劳动力就业失业管理办法》，建立城乡一体化就业失业管理制度，统筹做好城乡劳动力、新生劳动力、城乡就业困难群体就业工作。深入实施劳动力素质就业工程，密切关注企业用工行为，有针对性的加强职业教育和培训，提高就业质量和稳定性。进一步推进劳动合同和集体合同制度，加强劳动关系基础工作管理，提高双方自主调节能力，健全解决农民工工资拖欠问题的长效机制，确保无工资拖欠。加强城乡社保一体化政策研究，提升社会保险政策执行力，不断扩大社会保险覆盖面。继续强化“亲民、为民、利民”理念，着力完善社会救助、社区建设、社会福利和社会组织平台。农村低保标准继续提高，对因医疗费影响基本生活的贫困对象，给予1000元至8万元补助；对低保和低保边缘家庭学生考取高等院校给予一次性学费补贴。加大福利企业扶持，维护残疾人职工合法权益。切实加强公益性养老机构服务设施建设，新增养老床位1200张。继续实施安居工程，确保农村社救优抚对象无危房。进一步提高新型农村合作医疗筹资标准和报销比例，人均政府补助标准提高到460元，住院报销封顶线提高到18万元，参合率保持在98%以上。逐步完善定向安置房、限价商品房、经济适用房、廉租房配套建设的住房保障体系，满足城乡居民多层次住房需求。

进一步提高基本公共服务共享度。巩固和深化教育现代化创建成果，继续深化名师、名校、名校长工程和中小学课程、教育教学方法改革，保障教育教学质量稳步提高。坚持第三次教育布局调整与中小学校舍安全工程统筹推进，整合教育资源，促进城乡学校在办学条件、资源配置等方面均等化。继续加强成人教育、社区教育和特殊教育，进一步提高职业教育发展水平。加快推进医药卫生体制改革和基本医疗保障制度、基层医疗卫生服务体系建设，积极稳妥推进国家基本药物制度，促进基本公共卫生服务均等化。深入开展“健康北京人”行动，进一步提升市民健康素质。继续实施名院引进工程，建设卫生信息化工程，强化中医院、妇幼老年保健院专科特色，进一步满足群众就医需求。加快120急救体系建设，高度关注甲型H1N1流感疫情，增强突发公共卫生事件应急处置能力。大力发展文体事业，进一步加强公共文化服务体系建设，健全村镇、社区文化服务设施，保障人民群众基本文化权益。加快体育产业功能区建设，逐步形成以水上运动娱乐、冰

雪、潮白河森林体育生态、马术和大众健身游泳等五大中心为核心的体育产业发展格局。

促进人口与区域协调发展。控制人口总量、优化人口结构,切实加强人口服务和管理。继续稳定低生育水平,加强出生缺陷干预,提高出生人口素质。强化“以产引人、以房管人、以证控人”措施,合理控制外来人口流入。进一步完善人口信息共享系统,加强人口监测与管理。引导人口合理分布,实现人口与经济、社会、资源、环境协调发展。

大力推进平安顺义建设。深入推进安全生产分类分级管理,严防重大安全事故发生。进一步深化和完善应急预案体系,切实增强区域突发事件应对能力。强化信访工作责任制,完善矛盾纠纷排查调处制度,确保无重大影响的群体性事件发生和敏感时期无重大重复上访、越级访、集体访发生。加快推进和谐社区建设,继续完善社区居委会办公和居民活动用房条件,完成12个社区达标工作。

(五)深入推进改革与对外开放,进一步增强区域发展活力

深化各项改革。一是继续深化投融资体制改革。进一步完善区属投融资服务平台,充分利用银行贷款授信,创新资金运作模式,以协助企业发行企业债券、中期票据、短期融资券等融资、筹资方式,降低融资成本。充分发挥金融控股公司职能,进一步提高区属融资担保公司授信额度。推进小额贷款公司筹建,支持三农融资需求。加快筹建创投公司,为中小企业以及上市资源企业提供融资服务。二是推进财政体制改革。严格预算管理,打造“精细财政”。加强财政监督,建立健全对资金的“事前审核、事中监控、事后检查”的全过程动态监管机制。深化国库集中支付改革,扩大直接支付范围。完善政府采购管理制度,大力推进政府采购分级管理体系,简化采购管理流程。三是加强国有资产监管。充分发挥国有资本经营管理中心作用,畅通融资渠道,降低中长期融资成本,有效规避债务风险,补充区域发展资金需要。四是扎实推进农村改革。深化农村集体经济产权制度改革,完善收益分配机制,完成20个村集体经济产权制度改革。加快整建制拆迁村庄集体资产处置进程,实施2个整建制拆迁村集体资产处置试点。深化集体林权制度改革,明晰属权、落实主体、放活经营,确保龙湾屯镇和北务镇改革试点工作顺利实施。五是加大企业上市力度。着重加大上市资源企业培育力度,积极推动嘉寓门窗、星箭长空、朗姿服装、江河幕墙等企业上市,努力打造资本市场“顺义板块”。

提升城市国际化水平。以推动资本、技术、人才国际化为措施,积极推进生产要素国际化。全力抓好临空经济国际论坛、国际汽车展和燕京啤酒节,积极参加国际金融博览会、京港洽谈会等重大活动,搭建国际交流平台,扩大影响力和增强知名度。依托天竺综合保税区优势,巩固加工贸易出口份额,重点围绕手机等机电产品继续做好出口大户服务,有针对性挖潜企业出口潜力,培育新的出口增长点,促进全区出口主体和出口产品多元化。

(六)认真做好“十一五”规划收官和“十二五”规划编制工作

按照科学发展观的要求,从完善规划体系、创新规划内容、调整规划功能入手,进行规划体制改革。一是做好“十一五”规划执行情况评估,重点对规划《纲要》实施情况进行综合评估,全面总结成功经验,找准存在的问题和不足,为“十二五”规划编制提供依据。二是全面启动“十二五”规划前期研究,准确把握区域经济社会发展新阶段、新特点,抓住事关长远发展的重大问题和关键环节,在吸收消化研究成果的基础上,编制完成“十二五”规划纲要及专项规划。三是通过座谈会、研讨会、评审会等多种形式,广泛吸引社会各界力量参与规划编制和完善工作,增强规划的科学性、民主性和可操作性,切实谋划好我

区中长期发展。

各位代表，新的一年，让我们在市委、市政府和区委的领导下，在区人大和政协的监督支持下，紧紧依靠和团结全区人民，解放思想、开拓创新、扎实工作，确保2010年各项任务圆满完成和"十一五"规划确定的目标顺利实现，为建设经济繁荣、社会和谐、城乡协调、充满活力的美好家园努力奋斗！

顺义区2009年财政预算执行情况和2010年财政预算(草案)报告(书面)

——2010年1月11日在顺义区第三届人民代表大会第五次会议上

顺义区财政局局长　马万林

各位代表：

受顺义区人民政府委托，现将顺义区2009年财政预算执行情况和2010年财政预算(草案)的报告提请区第三届人民代表大会第五次会议审议，并请政协委员提出意见。

2009年财政预算执行情况

2009年，财税部门在区委的正确领导下，全面落实科学发展观，认真执行区人大三届三次会议通过的各项决议，充分发挥财政职能作用，坚持"科学生财、科学聚财、科学理财、科学用财"，积极应对全球经济危机，狠抓增收节支工作，切实提高财政管理绩效，确保了"保增长，保民生，保稳定"各项政策措施的有效落实，保证了花博会的成功举办，全年预算执行情况良好，促进了区域经济社会平稳较快发展。

一、2009年预算执行情况

2009年，全区属地财税收入完成218.8亿元，同比增长15.4%。实现地方财政收入85.2亿元，同比增长13.9%。地方财政收入中：一般预算收入完成48.1亿元，同比增长16.6%。基金预算收入完成37.1亿元，同比增长10.5%。其中，国有土地使用权出让金收入完成35.9亿元，同比增长9.6%。

从分级情况看：区本级一般预算收入预计完成30.3亿元，同比增长16%；镇级一般预算收入预计完成17.8亿元，同比增长17.7%。

2009年，全区财政支出完成123.9亿元(含市追加专项资金15.6亿元)，同比增长30.7%。其中：一般预算支出完成81.8亿元，同比增长28%。基金预算支出完成42.1亿元，同比增长36.2%。其中，国有土地使用权出让金支出完成37.1亿元，同比增长24.2%。

从分级情况看：区本级一般预算支出完成60.9亿元，同比增长34.3%；镇级一般预算支出完成20.9亿元，同比增长12.5%。(通过区级主管部门支持资金未列入镇级支出)

需要说明的是，以上数字是根据预算的执行和预计完成情况初步汇总的，待财政决算完成后，还将有一些变化。

二、2009年财政预算执行主要特点

(一)一般预算收入超额完成全年任务，

增幅同比有所回落

2009年全区一般预算收入增幅达到16.6%,超额完成了全年增长10%的指标任务。但受国际金融危机、国家结构性减税政策等因素影响,年初全区一般预算收入一度出现负增长,通过加大组织收入力度,增幅自6月份开始转正回升,但全年仍较上年回落了4.9个百分点。

(二)主体税种保持平稳,固定税和非税收入拉动增长有力

增值税完成6.71亿元,同比增长54.8%。营业税完成18.12亿元,同比增长7%。企业所得税完成7.75亿元,同比下降10.8%,降幅较1月份收窄了52.8个百分点。三大税种共完成32.58亿元,同比增长8.8%,拉动全区一般预算收入增长6.4个百分点。固定税和非税收入共完成11.54亿元,同比增长70.4%,拉动全区一般预算收入增长11.6个百分点。

(三)二产再现"现代速度",三产受金融危机影响同比基本持平

从重点产业情况看(不含市管涉外税收和非税收入):第二产业预计完成一般预算收入13.5亿元,同比增长44.6%,拉动全区一般预算收入增长10.1个百分点。其中,工业在汽车制造业带动下,收入增幅超过50%。第三产业预计完成一般预算收入28.4亿元,同比基本持平。其中,金融业增幅预计在15%左右;房地产业、交通运输业收入预计同比下降13%和8%,但降幅分别较1月份收窄64个和11个百分点。

(四)财政支出统筹兼顾,确保了各项重点支出的需要

牢固树立"过紧日子"的思想,厉行节约压一般,集中财力保重点。通过各种方式筹措资金,保证了花博会筹办等重点工作和政府投资项目的资金需求,有效发挥了投资对经济的拉动作用。将区政府为民办实事项目全部纳入部门预算,全年共安排资金3.3亿元,切实改善了民生。及时筹集资金4017万元,支援了地震灾区对口地区灾后重建工作。

三、2009年财政的主要工作

(一)"保增长、促发展"措施得力,科学聚财虑长远

1.加强了收入组织工作,上下合力确保了增长目标的实现

2009年年初,面对严峻的财政收入形势,我区迅速成立了协税护税工作办公室,财政、税务、工商、发改委等相关部门全力配合,加强税收和非税收入组织工作。建立健全了全区19个镇、6个街道办事处的协税护税组织,积极巩固税源存量,鼓励挖掘税源增量,强化部门联动机制,落实各项组织收入措施,圆满完成了全年收入任务。

2.发挥财政资金撬动作用,推进了融资平台建设

发挥财政资金的杠杆作用,引导和扩大社会投资。一是支持组建了北京市顺义区国有资本经营管理中心,将通过发行企业债券为区属重点项目募集资金。二是投入资金5000万元,注册成立了北京顺义金融控股有限责任公司。整合现有区属国有金融资源,开展投融资、担保、创业投资引导基金、小额贷款等业务,支持区域经济建设和结构调整。为鑫顺担保公司增加注册资本金1.2亿元,进一步增强了投融资平台综合实力。全年通过政银合作方式共向银行融资52亿元,支持了全区民生工程、重点工程等基础设施建设。三是出资2500万元,参与了北京市农业担保有限责任公司的组建,为农业经济提供融资支持。

3.强化企业服务工作,积极帮扶企业应对金融危机

一是帮扶重点税源企业和中小企业渡过金融危机。提前兑现了财政贡献突出企业奖励扶持资金,加大了对中小企业的扶持力度,缓解企业现金流压力,确保了重点税源稳定。积极搭建银企对接平台,通过鑫顺、光彩担保

公司为中小企业提供了贷款担保,有效缓解了中小企业融资难问题。二是加强资金调度。通过财政间歇资金,为区属国有重点骨干企业提供了流动资金借款支持。

(二)“扩内需、调结构”助推发展,科学生财拓空间

1. 以花博会筹办为中心,加快了新城基础设施建设

全年投入花博会筹办相关资金 7.25 亿元,为举办一届“高水平、有特点”的花博会提供了财力保障。将筹办花博会与顺义新城建设有机结合起来,紧紧抓住国家及北京市扩大内需的机遇,加大固定资产投资保障力度,投入城市建设和环境建设资金 30 亿元,加快城乡一体化进程。确保了 20 个村庄拆迁工作的顺利进行,及时做好土地储备资金保障工作。推进了 M15 号线顺义段、回迁房、小城镇、温榆河水资源利用二期等重点项目建设,启动了潮白河滨河森林公园工程。继续完善全区路网、供热、供电等市政基础设施,加强大气等环境治理工作,着力打造设施完善、生态宜居的新城形象,夯实了经济发展的基础。

2. 以下乡政策为依托,拓展了农村消费市场

2009 年,区财政共兑现“家电下乡”、“汽车下乡”、“家电以旧换新”、“汽车以旧换新”以及“黄标车更新淘汰”等项补贴资金 6081 万元。在“下乡”政策等积极因素带动下,全区商业税收实现较快增长。同时,区财政安排预算资金,支持农贸市场升级改造、农资连锁等重点项目建设,进一步完善农村商业服务网络,拓展了农村消费市场。

3. 以经济功能区建设为重点,促进了重大项目开工建设

一是加大了对重点经济功能区的投入。紧抓国家和北京市支持汽车产业和航空制造业发展的战略性机遇,累计投入资金 9.56 亿元,支持了汽车生产基地、空港经济开发区、空港物流基地、林河经济开发区、新城管委会等重点经济功能区建设和重点企业发展。促进了航空产业园等重大项目的入驻,加快推进金碟软件等总部基地项目的建设,为区域经济发展注入了持久动力。加大了功能区考核奖励扶持力度,调动其发展的积极性。二是支持了天竺综合保税区建设。投入资金 2.69 亿元,保证了综保区一期围网封关运营和各项工作的顺利开展。三是推动产业结构升级和发展方式转变。促进了工业设计与现代制造业融合发展,壮大航空产业,加大了对总部企业的支持力度,落实了上市培育、创品牌及出口奖励等项扶持政策,支持企业节能减排,提升了区域经济核心竞争力。

(三)“保民生、保稳定”加大力度,科学用财建和谐

1. 加大了“三农”投入力度,落实了强农惠农政策

共投入支农相关资金 13.63 亿元。一是科学推进社会主义新农村建设。累计支出 8.23 亿元,用于新农村建设村庄规划编制、新农村“五项基础设施”和“三起来”工程、危旧桥改造等重点项目,保证了农村生活垃圾日常运行经费,对村镇集中供水费用给予了补贴,加强了农村生态建设,支持了“百村万户”、“乡镇万亩绿地”等绿化工程,落实了生态林占地补偿及养护资金。二是支持发展“高端、高效、高辐射力”的都市型现代农业。投入资金 1.37 亿元,加大了设施农业和农机具购置补贴力度,提高了农业综合生产能力。拨付 1.92 亿元用于农业结构调整和产业化经营等项目,围绕“以花兴业”促进了精品特色农业的发展。投入政策性农业保险补贴资金 2636 万元,降低农业生产风险。三是着力增加农民收入。及时发放了粮食直补资金,提高了生态林管护员补助标准,增发了平原森林消防队员工资,落实了村级防疫员、农村管水员等项补助。支持农民田间学校建设,提高农民知识技能水平。加大了农村劳动力

培训补助力度,引导农民向二三产业转移就业,拓宽了农民增收渠道。四是拨付村级公益事业补助资金5732万元,提升了农村综合服务水平。

2. 加大了社会保障和就业投入力度,增加了城乡居民收入

社会保障和就业支出8.99亿元,同比增长42.7%。一是积极落实社会救助一揽子政策。提前至2009年初将城市低保标准由每人每月390元调整至410元,将农村低保标准由每人每年2160元调整至2530元,拨付城乡低保补助资金2309万元。发放了重残无业人员生活补助,进一步提高优抚社救对象、征地超转人员等项补贴标准,增加了独生子女伤亡家庭生活补助。从2009年开始,对具有我区户籍、且未享受丧葬补助费待遇的城乡居民,给予5000元/人基本丧葬费定额补贴。二是围绕"住有宜居",改善困难群众住房条件,投入1914万元为全区499户农村优抚社救对象翻建维修了危旧房。三是围绕"老有颐养",促进了养老事业发展。发放城乡居民养老保险基础养老金和无保障老年人养老保障补贴资金2.11亿元,对低保对象、农村五保供养对象和重残无业人员参加城乡居民养老保险给予了资助。继续推进五保供养、居家养老等项工作,发放了高龄津贴,对老年人免费乘坐公交车等项政策给予了补贴。四是围绕"劳有多得",提高了就业政策支持力度。安排拨付就业补助资金6357万元,将市级就业困难群体范畴中的"4050"人员扩大到"3545"人员,扩大了城乡就业困难人员范围,提高了岗位补贴、社会保险补贴、职业技能和创业培训补贴等补助标准,支持城乡劳动者自主创业。对超比例安排残疾人就业给予了奖励,加大了残疾人就业扶持力度。

3. 加大了教科文卫等领域投入力度,提高了公共服务水平

一是围绕"学有优教",推进了教育布局优化调整。教育支出10.15亿元,同比增长13.9%。保证了教育经费依法增长。落实了义务教育阶段学生教科书、作业本、校服款等减免政策和助学补助资金。实施了教师绩效工资方案。对部分学校的教学楼进行了翻建和加固,支持了中小学办校条件达标、农村学校教师集体宿舍改造、中小学塑胶操场改造、教学设备购置、教师培训等工作,提高了教育教学质量。科学技术支出0.41亿元,加大了科普宣传力度,支持了社区科普益民和科普惠农兴村计划的实施。

二是围绕文化公益性,加大了文化投入向农村和基层倾斜的力度。文化体育与传媒支出1.63亿元,同比增长1.4倍。支持了有线广播网铺设、镇级文化中心和村级文化大院建设、农村数字电影放映、非物质文化遗产保护等重点工作,保障了焦庄户地道战遗址纪念馆和图书馆向社会免费开放运行经费,补贴更新了部分全民健身器材,支持了各项公益文体活动的开展,丰富了城乡居民文体生活。

三是围绕"病有良医",提高了公共卫生服务水平。医疗卫生支出6.19亿元,同比增长35%。投入资金1.1亿元,用于实施社区卫生服务、妇女两癌筛查等公共卫生服务项目。拨付了区医院急诊综合楼建设资金和妇幼保健院等工程尾款1.4亿元。累计支出新型农村合作医疗补助资金1.15亿元,提高了报销比例和封顶线,为低保人员缴纳了个人负担比例的出资。继续推进"一老一小"、城镇劳动年龄内无业居民大病医疗保险制度,放开了"一老"及灵活就业人员门诊报销。启动了公费医疗体制改革。

四是围绕为民办实事,提高了居民生活质量。提升社区公共服务水平,支持社区办公和活动用房达标建设,提高了社区工作者待遇。完成了小区信报箱改造、部分老旧小区步道砖更新等便民工程。累计拨付公交票价折扣补贴和公交客运石油价格补贴资金

7951万元，确保了公交惠民政策的落实。继续对居民供热企业给予补贴，满足了居民采暖需求。

4.加大了社会防控体系投入力度，促进了社会和谐稳定

一是强化公共安全管理。公共安全支出3.55亿元，同比增长9.6%。提高了公检法专业设备水平，健全了司法救助体系，提升了公检法部门快速反应能力。二是强化社会管理。保证了花博会、国庆期间群众游行队伍组织、流动人口管理、社会治安综合治理、安全生产和食品药品安全管理等重点工作所需经费。三是强化公共财政应急机制建设。拨付专项资金1239万元，积极做好甲型H1N1流感防控保障工作。增加了应急救灾物资储备，满足抗灾避险的必要需求，提高了政府应对重大灾害和公共突发事件的能力。

（四）财政管理精细化，科学理财增绩效

1.按照市与区县分税制财政管理体制完善方案，认真落实了新旧体制对接工作

体制完善后共下划我区资金13.35亿元。财政部门严格按照市级相关要求安排了下划资金，并向区人大专题汇报了体制完善后预算调整情况。体制下划资金主要用于落实市委、市政府和区委、区政府的重点工程、实事工程，以及增进民生福祉。财政部门加强了对下划资金监管，确保专款专用，提高了资金使用效率。

2.统筹各项财政改革，提高了财政管理水平

一是部门预算编制改革稳步推进。坚持保证重点支出需要，严格控制一般性支出，从严从紧编制各项支出预算。加强对镇级预算管理的指导和培训，规范镇级财政管理，强化聚财、理财能力，逐步提高镇级预算编制水平。二是项目支出绩效考评工作有序开展。研究制定了我区2009年绩效考评工作实施方案，对2008年已完成的5个重点项目进行了绩效考评。三是行政事业性收费改革有效落实。根据中央关于取消和停收100项行政事业性收费项目的要求，取消了全区6个单位的15个收费项目。四是国库集中收付制度改革不断深化。区本级预算单位全部纳入集中支付范围，全年直接支付各类财政性资金占财政支出的31%，同比增长16.6%。五是政府投资项目管理力度加强。转变评审方式，理顺评审流程，建立健全了事前评审、事中拨付与监管、事后决算评审的全过程监督管理体系。全年共完成财政投资评审项目220项，审核金额32.51亿元，审定金额25.42亿元，平均审减率为21.8%。六是政府采购范围和规模扩大。全年共完成政府采购367项次，采购金额2.5亿元，资金节约率为14.8%。七是行政事业单位国有资产动态管理体系进一步完善。

3.加强财政监督管理，确保了资金使用的规范性和安全性

一是加强财政监督和专项资金管理。按照《预算法》、《北京市预算监督条例》的要求，进一步完善事前审核、事中监控、事后检查的多层次、全方位的财政监督机制。对重点专项资金使用情况进行了跟踪检查，资金拨付和使用程序更加规范。二是完善了财政内部控制制度和会计人员岗位责任制，保证了财政资金的安全性。三是开展“小金库”专项治理工作。全区300家行政事业单位开展了自查，对49家单位进行了重点检查。四是将财政预决算信息向社会公开，接受社会监督，打造透明财政。五是加强会计监管工作。认真宣传贯彻《会计法》，加强对会计从业人员的教育培训和会计信息质量检查，维护了财经秩序。

各位代表和各位委员，2009年我区财政工作取得了一定的成绩，但也存在一些矛盾和问题：一是财政收支矛盾突出；二是基础工作有待加强；三是理财水平和效益还需进一步提升。针对以上存在的问题，我们将积极采取有效措施，认真研究解决。

2010年财政预算草案

根据《国务院关于编制2010年中央和地方预算的通知》,结合"十一五"规划和2010年全区国民经济和社会发展计划,2010年,财政预算工作的指导思想是:坚持以科学发展观为统领,继续深化"聚财、理财、用财"三大理念,更加注重经济结构调整和增长方式转变,更加注重城乡一体化建设和区域协调发展,更加注重城市功能和公共服务提升,更加注重社会建设和民生改善,更加注重财政资金配置效率和使用效益,着力构建有利于科学发展的公共财政体系,促进区域经济社会更好更快发展。

一、2010年预算安排情况

2010年,全区属地财税收入计划安排240.68亿元,同比增长10%。地方财政收入计划安排93.76亿元,同比增长10%。地方财政收入中:一般预算收入计划安排53.76亿元,同比增长12%;基金预算收入计划安排40亿元,同比增长8%。

(一)一般预算财力及支出计划

区本级一般预算收入计划安排32.46亿元,同比增长10%;镇级一般预算收入计划安排21.3亿元,同比增长15%。

根据市对区县财政体制计算,2010年市对我区体制补助、转移支付和体制完善市级划转资金计划安排23亿元。上解1.22亿元。2010年,我区一般预算财力预计可达到75.54亿元。

2010年,一般预算支出计划安排75.54亿元,按可比口径增长14%。

其中:区本级一般预算支出计划安排52.04亿元,按可比口径增长12%;镇级一般预算支出计划安排23.5亿元,同比增长21%。

(二)基金预算财力及支出计划

2010年,基金预算财力预计可达到40亿元。其中,国有土地使用权出让金收入安排38.97亿元。

2010年,基金预算支出计划安排40亿元。其中,国有土地使用权出让金支出安排38.97亿元。

(三)2010年区级预算安排考虑的主要因素

1.财政收入增长仍面临诸多考验

一是国际金融危机影响仍未消除,经济回升基础尚不牢固。当前国际经济形势复杂多变,国际贸易摩擦等不确定、不稳定性因素仍在增加,我区航空运输、外贸出口等重点领域税收增长仍面临压力。二是国家结构性减税政策继续实施,政策性减收因素仍有影响。企业所得税法总分机构预缴方式调整、增值税转型改革等一系列减税政策,将影响我区主体税种收入形势。三是2009年财税部门加大清理欠税、稽查补税力度,实现一次性收入较高。2010年这些因素相对减少,全区一般预算收入增幅将受到一定影响。

2.财政收支矛盾更为突出

一方面,财政收入保持较快增长难度加大;另一方面,要继续落实积极的财政政策,加大固定资产投资力度,实现社会保障城乡统筹,推进事业人员绩效工资改革等一系列重点工作和重点改革,需要投入大量资金。财政收支矛盾更为突出,增收节支任务艰巨。因此,必须牢记"两个务必",压缩一切不必要的开支,集中财力办好和人民利益密切相关的大事实事,促进全区经济社会协调健康发展。

二、2010年财政工作主要任务

按照"保基本、保民生、保增长、调结构、促发展"的原则统筹安排各项支出,强化"勤俭节约、过紧日子"的意识,努力降低行政运行成本,在保证行政事业单位和新增机构运行以及各项增资政策和重点改革所需经费的基础上,将财政资金进一步向基础设施和重点项目、农村和基层、社会保障和就业以及社会公共事业发展薄弱环节倾斜。

（一）立足可持续发展，全力确保财政收入稳步增长

一是健全收入组织长效机制。狠抓组收工作，加强宏观经济运行的分析与监测，密切关注各项宏观调控措施和税收政策对地方财政收入的影响，积极研究相关措施，确保财政收入持续较快增长。二是完善财政奖扶政策。适时出台《顺义区镇级基础设施项目贷款财政贴息资金管理办法》，安排财政贴息资金1亿元，对符合农村和区域发展政策以及顺义新城规划的镇级基础设施项目贷款给予贴息支持。进一步完善总部企业和重点税源企业奖励扶持办法，培植稳固的后续税源。三是支持重点产业项目发展。提高以汽车产业为核心的现代制造业水平，做大做强航空产业，为现代三厂、中航发动机等重点项目提供政策、资金支持，培育新的经济增长点。四是配合区相关主管部门做好重大项目的包装、申报和落实工作，尽快释放投资增量，增强区域发展后劲。

（二）立足城乡一体，进一步推进公共基础设施建设

一是加快推进顺义新城建设。安排基础设施建设资金及偿债资金23.68亿元，用于村庄拆迁、土地储备等重点工作，潮白河森林公园、文化中心、体育中心、劳动大厦等工程建设，以及市政工程贷款还本付息等项目。继续通过银行授信贷款、国有资本经营管理中心发行企业债等多种方式筹集资金，支持重点工程、实事工程等基础设施建设，提升城市承载能力和城市吸引力。二是加大重点镇建设补助力度。安排杨镇、高丽营、李遂、赵全营4个重点镇建设补助资金2亿元，用于完善镇级基础设施，发挥重点镇的辐射带动作用，加快农村地区发展。三是促进浅山区经济发展。对张镇、龙湾屯等5个镇发展浅山区经济给予政策和资金支持，打造统一规划、形式多样、产业融合、集约经营、规模适度、特色鲜明的产业经济带，促进山区经济发展与农民增收致富。

（三）立足调整结构，进一步提高经济发展质量和效益

一是积极推进天竺综合保税区建设。安排资金用于保障天竺综合保税区日常运行和基础设施建设等项目，促进综保区政策集成和辐射带动效应早日见效。二是进一步加强财源建设。安排经济发展项目资金7.71亿元，继续落实全区各项经济发展扶持政策，支持重点经济功能区发展，培育会展等新兴产业，对企业技术改造和自主创新、上市培育、品牌经营、节能减排等重点项目给予资金支持，引导和带动企业投资和社会投资，提高投资质量，推动经济发展方式转变和经济结构调整。进一步加大对中小企业的扶持力度，帮扶企业度过后危机时期，支持企业健康发展。三是继续做好家电下乡、汽车下乡、汽车家电以旧换新等政策兑现工作，积极促进消费。

（四）立足和谐稳定，进一步加大民生和社会公共事业保障力度

坚持以人为本，继续调整和优化财政支出结构，着力解决事关群众切身利益的现实问题，优先安排资金落实2010年区政府为民办实事项目。

1．进一步夯实新农村建设基础

安排新农村建设专项资金9.11亿元，继续实施新农村“五项基础设施”及相关项目建设，保障农村生活垃圾管理体系日常运行，进一步改善农民生活条件。安排专项资金9460万元，继续加大设施农业项目和农机具补贴力度。安排政策性农业保险补贴资金3000万元，农业结构调整资金1500万元，保障和促进农业增产增效。继续支持农业技术推广、农民田间学校建设等项工作，完善为农服务体系。安排专项资金7000万元，用于“五河十路”和第二道绿化隔离带养护、平原治沙、播草盖沙、重点林木绿地养护等项工

程,以及森林防火、生态林管护等项工作。安排资金4620万元,支持全区水务体系建设。

2.继续完善城乡统筹的社会保障体系

社会保障和就业支出安排8.85亿元。一是支持城乡社会保险、社会救助和社会福利体系建设。先期安排二三产业稳定就业农村劳动力转非进职保政府补贴资金1亿元。加大社会救助力度,安排农村低保提标资金2147万元,继续增加困难群众大病、医疗、住房等救助项目补助资金。安排城乡居民养老保险基础养老金和无保障老年人养老保障补贴资金3.23亿元,在全市统一标准的基础上将两项政策补助标准每人每月均提高60元,继续对低保对象等特殊群体参加城乡居民养老保险给予补助。提高农村五保供养标准,完善城乡为老服务设施网络,落实各项老年人优待政策。进一步关注残疾人事业,支持残疾人温馨家园建设和残疾人康复工作。继续落实计划生育奖励扶助政策。安排专项资金1000万元,用于经济适用房等保障性住房建设。二是加大就业补助力度。全面落实《顺义区人民政府关于进一步加强就业再就业工作的意见》等项政策。安排就业补助资金2339万元,支持农村劳动力转移就业,继续做好"纯农就业家庭"劳动力就业帮扶工作,加强劳动力技能培训。安排就业困难人员社会保险补贴和岗位补贴资金3800万元,自谋、灵活就业社保补贴2320万元,公益性就业组织专项经费2294万元,用人单位招用劳动力一次性奖励金1500万元,用人单位工资性补贴1000万元,进一步促进就业,提高城乡居民收入水平。

3.继续提高公共服务保障水平

一是保障教育优先发展。安排教育增资经费近2亿元,用于落实教师绩效工资改革。先期安排资金5亿元,实施部分校舍安全工程。安排教育专项资金6003万元,继续落实义务教育减免及各项助学补助政策,支持教育布局调整、教师培训、改善办学条件等项工作。加大教育投入向农村地区义务教育、特殊教育、职业教育和成人教育等薄弱环节的倾斜力度,促进全区各类教育资源均衡发展。

二是支持公共文体事业发展。文化体育与传媒支出安排0.78亿元。继续安排有线广播网铺设、农村数字电影放映、非物质文化遗产保护、焦庄户地道战遗址纪念馆和图书馆免费开放、更新全民健身器材等项目所需资金,支持开展农村文艺演出"星火工程"、大型特色品牌等文化活动以及各项体育赛事。

三是加快医疗体制改革。医疗卫生支出安排6.3亿元。其中:安排医疗改革补贴资金3000万元。区医院急诊综合楼建设资金安排4604万元。公共卫生专项经费安排3745万元,继续支持妇女保健与生殖健康、慢病防治、全民体检、预防接种等医疗服务项目。保障社区卫生服务中心(站)"收支两条线"管理和常用药品零差价销售等工作所需资金。促进中医特色服务项目和中医药事业发展。安排新型农村合作医疗补助资金1.17亿元,"一老一小"和城镇劳动年龄内无业居民大病医疗保险所需资金1345万元,提高"一老"门诊报销标准,启动"一小"门诊报销。保障乡村医生待遇,提升农村医疗服务水平。

四是继续落实各项公益性政策。按照市级相关要求,安排地震灾区灾后援建资金4900万元。针对全区公交车辆增加,安排公交票价折扣补贴资金9547万元。安排居民供热企业补贴区级配套资金3146万元,确保居民温暖过冬。

五是保障社会安全稳定。公共安全支出安排3.3亿元,支持科技强警、科技创安,维护社会公共安全。进一步加大安全生产和卫生监督工作经费保障力度。安排专项资金400万元,用于甲流防控工作。安排成品油、煤炭应急储备贴息资金500万元,提高应急保障能力。

(五)立足科学理财,进一步提升预算管

理水平和财政管理绩效

一是不断完善投融资平台。更好地发挥财政资金的引导放大作用，支持区域经济建设。二是深化经营财政理念。科学合理利用财政间歇资金，引导区内金融机构为我区重大引进项目和重点扶持企业提供资金支持。三是进一步加强预算管理和投资的统筹规划。加大财政投资评审、部门预算、国库集中收付、政府采购、绩效考评等财政改革之间的统筹协调力度，强化政府投资项目管理，实行财政预算全过程监督，保证财政资金管理和使用的规范、安全和高效，提高财政管理绩效和财政资金使用效率，确保各项重点支出落到实处。四是建立顺义区国有资本经营预算制度，规范国有资本管理。研究制定适合我区实际的国有资本收益收取、预算资金分配制度体系和运作程序，提高国有资本管理效益。五是继续加强行政事业单位国有资产管理，强化国有资产监管，提高财政资源配置水平和效率。

各位代表，2010 年是“十一五”最后一年，实现全区“十一五”规划目标，承接“十二五”良好开局，需要继续努力。我们将按照科学发展观的要求，在区委的正确领导下，在区人大、区政协的监督支持下，攻坚克难、扎实工作、开拓创新，不断增强财政抵御风险、克服困难的能力，推进全区经济社会更好更快发展，确保全年财政收支任务圆满完成！

北京市顺义区人民法院工作报告

——2010 年 1 月 12 日在顺义区第三届人民代表大会第五次会议上

顺义区人民法院院长　郭铁相

各位代表：

现在，我代表顺义区人民法院向大会报告工作，请予审议。

2009 年，我院在区委的正确领导、区人大及其常委会的有效监督和上级法院的悉心指导下，在区政府、区政协和全区人民的大力支持下，以党的十七大精神为指导，深入贯彻落实科学发展观，坚持“党的事业至上、人民利益至上、宪法法律至上”的工作指导思想，充分发挥审判职能，全面落实司法为民，积极推动平安建设，切实加强队伍建设，努力保障当事人在顺义法院打一个公正、明白、便捷、受尊重的官司，为建设现代、文明、和谐新顺义做出了积极贡献。

围绕“服务大局”，充分发挥审判职能

一年来，我院紧紧围绕“保增长、保民生、保稳定”工作大局，充分发挥审判职能作用，积极化解国际金融危机对顺义发展的消极影响，全力维护社会和谐稳定。全年共受理各类案件 18665 件，结案 18314 件，解决争议标的额 12.05 亿元，同比分别上升 26.57%、24.19%和 26.44%。全年无超审限案件。

(一)打击刑事犯罪，营造安全稳定社会环境

新中国成立 60 周年之际，又恰逢我区迎来第七届中国花卉博览会，维护稳定的压力加大。面对压力，我院积极总结深化奥运维稳经验，有效打击各类犯罪活动，深入落实宽严相济的刑事政策，营造了安全稳定的社会环境。全年新收刑事案件 912 件，审结 916

件(含旧存)。

该严则严。坚持严打方针不动摇,严惩放火、聚众斗殴等严重危害公共安全、扰乱社会秩序的犯罪,增强了人民群众的安全感;重点打击严重暴力犯罪、多发性侵财犯罪,审结了安则友故意杀人、陈艳军等7人利用中奖海报诈骗39万余元等一批重大案件,推动了社会治安形势的持续好转;严惩非法经营、合同诈骗等破坏社会主义市场经济秩序的犯罪,审结了王明成、石峰向31个省市销售伪劣种子、张家平等3人发展4000余人参与非法传销等一系列影响较大的案件,促进了市场经济秩序的规范有序。全年共判处罪犯1363人,其中判处五年以上有期徒刑146人。

当宽则宽。对于主观恶性不深、社会危害不大的罪犯,加大非监禁刑适用力度,减少社会对抗。全年共宣告缓刑480人,单处罚金5人,免予刑事处罚35人。注重对未成年人的教育、感化、挽救,全年共判处未成年罪犯163人,其中判处缓刑82人,单处罚金2人,免予刑事处罚11人。进一步完善非监禁刑审访体系,在非监禁刑的判处和后期回访教育中,实现了全区范围内法院与各司法所的联动。该体系实施一年来,在我区接受矫正的缓刑人员在考验期内无一重新犯罪,有效维护了社会稳定。《人民法院报》、《法制日报》等多家媒体先后对该体系进行了跟踪报道。

(二)应对金融危机,保障经济平稳较快发展

我院按照中央、市委和区委的决策部署,立足我区"保增长、促发展、加快推进城乡一体化"的发展大局,及时调整审判思路,积极采取措施应对金融危机,保障经济平稳较快发展。全年新收民商事案件12421件,审结12108件,解决争议标的额7.3亿元。

调整思路,化解纠纷促发展。一是组织辖区6家银行召开防范金融风险座谈会,探讨和提出有效应对措施,最大限度降低金融危机对我区经济的不利影响。二是在审理劳动争议案件时,从偏重保护劳动者利益转变为劳动者与用人单位利益保护并重。全年共审结企业拖欠职工工资、解除劳动合同等劳动争议案件944件,同比增长44.12%。三是妥善审理与奥运会有关的案件,审结了因奥运会逾期交房,178名业主诉北京某房地产开发有限公司商品房预售合同纠纷案件,避免了矛盾激化,确保了辖区稳定。四是从审查、担保等方面规范财产保全,避免因保全不当导致企业运行困难。五是灵活处理涉企纠纷,特别是大标的经济纠纷,尽可能促使当事人达成分期还款协议,使企业通过正常经营逐步还债,实现"放水养鱼、鱼水双赢"的效果。全年共审结借款、买卖、保险、担保、房地产开发经营等与市场经济密切相关的案件2136件,同比增长36.84%。

服务三农,推进城乡一体化。通过参加涉农纠纷联席会议、学习相关文件、与基层组织座谈等多种形式,认真调研新农村建设中出现的新情况、新问题,把握农村改革政策,加大对农民的司法保护力度。妥善审结了51件农业承包合同纠纷案件,保障了农村改革措施的落实,促进了农村社会稳定和城乡一体化发展。对于涉农纠纷优先立案,并通过快审、快结、快执,为农村发展提供便捷服务。坚持巡回审判、下乡办案,深入田间地头,走进农民家中,就地勘验、就地开庭、就地调解,及时、妥善化解涉农纠纷。

与此同时,我院还妥善审结了婚姻家庭纠纷案件1560件、相邻关系纠纷案件408件、物业服务合同纠纷案件1661件,促进了家庭和睦、邻里和谐、社区稳定。审结了交通事故、医疗事故、工伤事故等人身损害赔偿纠纷案件1525件,切实保障了弱势群体的合法权益。

(三)化解行政争议,努力构建和谐官民关系

在行政审判工作中,注重化解行政机关

与行政管理相对人之间的矛盾，保护行政管理相对人的合法权益，支持、监督行政机关依法行政。全年新收行政案件46件，审结46件。其中，判决维持行政机关决定、裁定驳回起诉和撤诉45件，判决撤销行政机关决定1件。全年审查非诉执行案件12件，裁定准予强制执行11件。

对于房屋拆迁、土地征收、劳动保障等关系人民群众切身利益、涉及人员众多、容易激化矛盾的案件，着力加强协调，和谐化解官民矛盾。对于涉及重点工程的非诉执行案件，坚持“快立、快审、快结”的方针，经审查确定合法后，及时做出准予强制执行裁定，确保重点工程的顺利进行。

(四)强化案件执行，积极实现当事人合法权益

一年来，我院继续加大执行工作力度，总结执行工作经验，探索执行工作方法，完善执行工作机制，推进执行机构改革，按照中央政法委的部署，集中力量开展清理执行积案活动，积极实现当事人的合法权益。全年新收执行案件5277件，执结5233件，同比分别增长25.28%和22.81%，执结标的总金额4.7亿元。其中，集中清理执行积案1447件，执结标的额2.85亿元，完成了预定目标。在现案执行中，妥善执结了涉及地铁15号线周边拆迁、天竺综合保税区拆迁用地等重大案件，为区域发展提供了有力保障。

多措并举提高执行成效。一是加强领导，研究执行策略，制定相关预案，周密安排部署，定期督促检查。二是重点案件领导包案，确保清积活动目标顺利实现。三是增设机构，将原有执行庭划分为执行一庭、执行二庭和执行办公室，使执行实施权和裁决权分离，增强内部监督，激发执行活力。四是加强保障，在人员配备、警力配合、车辆使用等方面向执行工作倾斜，为执行工作顺利开展提供人力、物力保障。五是依靠党委领导，争取政府支持，及时主动汇报相关案件执行情况。在区委政法委的协调下，顺利执结了涉及村、镇的近60件积案，执结标的额500万余元。六是建立完善执行联动机制，加强与公安、工商、税务等部门之间的协作配合，动员全社会力量共同解决执行难问题。

灵活处理促进和谐执行。讲究执行艺术和方式方法，促进和谐执行。完善执行和解机制，通过多做双方当事人协调工作，既维护申请执行人的合法权益，又保障被执行人的正常生产生活。全年通过和解方式顺利执结案件227件。通过引入经营良好企业接管濒临倒闭企业，积极盘活资产，妥善执结了维特驾校拖欠职工工资案，既维护了60余名驾校教练的合法权益，又维持了驾校生存，1800名学员也得到了妥善安置。在执行被申请人为某外商独资企业的案件时，经过多次协调，历时半年，终于促使涉案双方达成金额高达940万元的执行和解，取得了良好的社会效果。

围绕“司法为民”，努力满足群众期待

我院以便民利民为突破，以提高审判质量为核心，以强化调解为基础，以加强民意沟通为支撑，努力实现“确保当事人打一个公正、明白、便捷、受尊重的官司”的工作目标。

落实便民措施。按照最高人民法院《关于进一步加强司法便民工作的若干意见》要求，结合我区实际，采取了一系列便民利民举措。一是继续推行巡回审判、“农时法庭”、“假日法庭”等做法，确保出行不便、农时繁忙、请假困难的当事人打上便捷的官司。二是对符合立案条件而经济确有困难的当事人，提供司法救助，全年批准缓、减、免交诉讼费用58.5万余元。三是成立审判事务管理办公室，修建诉讼服务大厅，专人负责诉讼引导、案件查询、材料收转等工作，确保当事人到法院有人接待、咨询问题有人回答、提交证据有人接收、诉讼活动有人引导。全年已接待来院人员约1.83万人次。四是设立法律文书展示台，展示诉讼文书格式和常用表格，

进行立案提示,方便群众诉讼。五是建立交通事故诉前财产保全告知制度,保障事故受害者合法权益的实现。六是开通"12368"司法信息公益服务系统与顺义法院互联网站,方便群众获得诉讼信息,增强司法透明度。七是注重刑事涉案款物发放的及时性、就地性,使147名被害人及时获得赔偿款606.5万元。这些工作,践行了"人民法官为人民"主题实践活动要求,赢得了人民群众的好评。

提高审判质量。通过加强管理,把好"三关",实现公正高效司法。一是把好流程管理关。提高简易程序适用比例,严格延审报批程序,全年适用简易程序案件数占审结案件总数的80.53%。制定《刑事审判审限监督规范》,建立超期羁押预警机制,杜绝超期羁押现象的发生。二是把好文书校核关。成立裁判文书校核室,对民商事裁判文书统一进行校对,提高了裁判文书质量。三是把好评查考核关。做好对各类案件特别是重大案件的评查工作,将评查结果纳入考核考评范围,以评查促整改,以整改促提高。全年评查案件1870件,对评查发现的问题及时进行了整改。

加大调解力度。在2009年特殊的经济和社会环境下,我院坚持"调解优先、调判结合"的原则,加强全程、全员调解,努力实现服判息诉、案结事了。一是通过村、镇、法庭"三级联动"和"平民调解"机制的有效推行,促进了非诉调解与诉讼调解的有效衔接,成功在诉前化解纠纷750余件,努力做到"小事不出村、大事不出镇"。二是发挥"三点一线"劳动纠纷防化机制作用,加强与劳动社会保障部门和工会组织的联络沟通,深入了解纠纷成因,准确把握当事人心态,提高调解成功率。全年民商事案件以调撤方式结案6678件,调撤率为55.15%。三是强化刑事附带民事调解工作,引入第三人保证制度,将及时履行调解协议作为对被告人从轻处罚的酌定情节。全年刑事附带民事案件调撤率达到90.4%,同比提高了7.72个百分点。

加强民意沟通。一是通过专题汇报、组织座谈、多方走访、邀请旁听、寄送院刊等多种形式,广泛征求人大代表、政协委员和廉政监督员的意见建议,真诚接受监督,认真整改建议事项,促进了我院各项工作的有效开展。二是通过新选任的60名人民陪审员,广泛了解社情民意,普及法律知识,实现案件审理的法律效果和社会效果有机统一。三是通过裁判文书上网、庭审直播、媒体报道等形式,扩大司法公开,接受公众监督。全年共开展网络图文直播66次、视频直播3次,位居全市前列。四是制定《网络舆情通报及应对工作的规定》,设专人监测跟踪网络舆情,做到第一时间发现、及时分析研判、妥善应对处理。通过舆情监控与积极应对,沟通网络民意,加强和改进法院工作。

围绕"平安建设",积极维护和谐稳定

提升信访效能维护社会稳定。我院高度重视涉诉信访工作,为确保国庆节和"花博会"期间的安全稳定,将信访排查、化解和稳控工作作为重中之重,制定并启动了应急处置工作预案,全力为信访化解工作提供人员、车辆等各项保障,以非比寻常的重视程度、非比寻常的工作力度和非比寻常的维稳举措,确保了辖区未发生一起影响国庆庆典和"花博会"举办的涉诉信访事件。

加强与地方党委、政府及相关部门的联动稳控。国庆节前夕,与区信访办和高丽营镇政府一起,妥善化解了涉及286人的群体访重大隐患。坚持院、庭领导接待制度,全年院、庭领导共接待来访583人次,有效减少了上访事件的发生。认真办理了市高级法院交办的30批109件次"政法民声热线"案件,做到"事事有回音、件件有着落"。主动协调相关部门,多方法、多渠道、多手段,为涉诉信访当事人解决实际困难,化解了35件上级机关挂账督办的涉诉信访案件。根据中央22号文件精神,积极推进信访听证制度的实施。

针对中央挂账的张某某上访案，首次举行了由人大代表、政协委员、廉政监督员、专家代表、律师代表等参加的信访听证会，为破解信访难题进行了有益探索。

延伸审判职能参与综合治理。通过普法进校园、送法进社区、释法进企业、组织旁听案件、指导模拟法庭、发表宣传稿件、制作电视节目等多种形式，深入开展法制宣传教育。与区妇联建立了“旁听代训”机制，组织妇联干部分批次、分主题地参加案件旁听，提高他们的法律素质和工作能力。协助培训大学生村官，提高他们调处农村纠纷和服务新农村建设的能力。深入农村开展晾晒粮食安全普法教育，预防因晾晒粮食引发的交通事故。针对案件审理中发现的问题，及时向有关部门发出司法建议56件，帮助被建议单位堵塞漏洞，防微杜渐，取得了良好的社会效果。我院向中国保险监督管理委员会提出的完善机动车交强险制度的司法建议，受到高度重视，保监会认为该建议“很有参考价值和借鉴意义”，并表示将积极向国务院有关部门反映此建议。

围绕“公正廉洁”，全面加强队伍建设

一年来，我院紧紧围绕司法公正廉洁，切实加强领导班子建设，提高队伍整体素质，实现自身科学发展。

加强廉政建设，确保司法公正。狠抓党风廉政建设，将“五个严禁”明确写入责任书，构筑廉政高压线。深入开展警示教育活动，通过领导干部讲党课、观看警示教育专题片、参观警示教育基地、撰写心得体会等多种形式，敲响自重、自省、自励的警钟。加强风险防范管理，聘任了24名廉政监察员，分布于15个业务部门，着力防范风险点。这些工作，有效提高了司法公信力，全年举报投诉率同比下降了20个百分点，收到当事人赠送的锦旗130余面，寄送的表扬信30余封，出现了原、被告共同赠送一面锦旗的和谐场面。

加强主题教育，振奋队伍精神。通过组织专家讲座、召开座谈会、下发征求意见表等多种形式，扎实开展学习实践科学发展观、“人民法官为人民”主题实践活动和“听呼声、走百家、送服务”等主题教育活动。注重巡回审判到乡间地头、走访调查到乡镇企业、联动调解到当事人家中。通过各项主题教育活动，振奋了队伍精神，增强了干警司法为民的自觉性和主动性，提高了审判质量和效率。其中，“听呼声、走百家、送服务”为民实践活动受到了市委政法委督导组的肯定。

加强党建工作，带动队伍建设。目前，我院党员占全院干警总数的82%。充分发挥党组织、党员的作用，对队伍建设至关重要。为此，我院确定了“以党建带队建、以队建促审判”的工作思路。一是抓学习，提高党员的政治素质，坚定党员的理想信念。二是抓教育，保持党员先进性，提高党员与时俱进、为大局服务的思想水平。三是抓管理，增强党组织的战斗力，激发党组织和党员的生机与活力。通过上述措施，有效带动了队伍建设，促进了审判执行工作的开展。

加强班子建设，提高管理水平。坚持党组中心组理论学习制度，通过集中学习、理论研讨、召开民主生活会、参加先进事迹报告会等多种形式，不断提高领导班子科学决策、民主决策和贯彻科学发展观的能力。组织处置突发事件能力培训，强化院、庭两级领导干部的大局意识、责任意识和应急处置能力。七一前夕，组织中层以上干部参观辖区重点企业，增强领导干部为辖区经济发展保驾护航的责任感和使命感。加强中层调配，进一步激发中层干部活力。加强对竞争上岗人员的培养、考察，抓好中层后备干部的储备、培养，对德才兼备、业绩突出、群众认可的同志委以重任。不断提高中层干部落实决策、管理团队、践行科学发展观的能力。

加强各项培训，提升司法能力。坚持服务审判、服务法官的原则，根据部门、岗位和专业需求，系统组织干警分批次参加各类审判业务培训。悉心安排预备法官进行集中培训和技能实习,培养知悉国情、了解民意、明确理念、强化责任的新生法官力量。精心部署新录用大学生的业务培训、社会实践和岗位实习,实行优秀法官带教培养制度,由优秀法官对新录用大学生从思想上引导、工作上指点、作风上培养,使他们尽快成长。扎实开展人民陪审员培训,注重思想政治培训和业务培训相结合,座谈研讨、案例教学和庭审观摩相结合,切实提高陪审员的参审能力。

2009年,面对日益繁重的审判执行工作任务,我院的各项工作取得了新的进展。这些成绩的取得,与区委、区人大、上级法院、区政府、区政协及有关部门的正确领导、有效监督、悉心指导和大力支持是分不开的。人大代表对法院工作的关心、理解和帮助,也给了我们前进的动力。在此,我代表区法院,对各位代表和有关部门表示衷心的感谢!

在肯定成绩的同时,我们也清醒地认识到,工作中还存在一些问题和困难:一是个别干警司法为民的意识有待提高,作风建设有待加强。二是审判管理、队伍管理的力度仍需加大。三是审判任务日益繁重与审判力量相对不足之间的矛盾仍然没有得到根本解决,干警长期处在加班加点工作状态中,身体健康状况令人担忧。上述问题,我们将认真研究,采取有效措施加以解决。

2010年,是实施"十一五"规划的最后一年,也是夺取应对国际金融危机冲击全面胜利的关键之年。我院将认真贯彻党的十七大、十七届三中、四中全会精神,始终坚持"三个至上"工作指导思想,深入学习实践科学发展观,深化"人民法官为人民"主题实践活动,紧紧围绕社会矛盾化解、社会管理创新、公正廉洁执法三项重点工作,以四个更加注重为着力点,努力实现法院工作的新发展。一是更加注重发挥职能,努力服务经济发展。加大对经济领域犯罪的预防和打击力度,高度重视国际金融危机形势的发展变化,依法妥善审理各类案件,为辖区经济平稳较快发展提供司法保障。二是更加注重和谐司法,努力维护社会稳定。贯彻和谐司法理念,平衡各方利益关系,积极探索建立健全多元化纠纷解决机制,有效促进社会矛盾化解。三是更加注重保障民生,努力践行司法为民。把群众诉求作为加强和改进工作的重点,把群众满意作为衡量和评判工作的标准,使法院工作更加体现民情、反映民意、服务民生。四是更加注重队伍建设,努力提高队伍素质。始终把队伍建设作为法院工作的重中之重,全面加强和改进党的建设,不断提高队伍的政治素质和业务素质,狠抓廉政建设,确保司法廉洁公正。

各位代表,新的历史发展和新的形势变化,对法院工作提出了更高的要求,我们深感责任重大,使命光荣。我们将在区委的领导、区人大及其常委会和上级法院的监督指导下,求真务实,开拓进取,以更加积极的态度、更加扎实的作风、更加有效的工作,为实现"人文北京、科技北京、绿色北京"的战略构想,为确保区域经济平稳较快发展、城乡一体化顺利推进提供强有力的司法保障!

北京市顺义区人民检察院工作报告

——2010年1月12日在顺义区第三届人民代表大会第五次会议上

顺义区人民检察院代理检察长 张守良

各位代表：

现在，我代表区人民检察院向大会报告工作，请予审议。

2009年，在区委和市检察院的领导下，在区人大及其常委会的监督下，以党的十七大、十七届四中全会精神为指导，高举中国特色社会主义旗帜，深入贯彻落实科学发展观，紧紧围绕“保增长、保民生、保稳定”大局，深入实践“强化法律监督，维护公平正义”的检察工作主题，全面稳步推进检察工作，努力维护社会和谐稳定，为建设“人文北京、科技北京、绿色北京”和现代、文明、和谐新顺义做出了积极贡献。

一、依法履行检察职能，创造良好法治环境

全面履行检察职能，不断加大工作力度，努力提高执法水平和办案质量，维护社会公平正义，促进社会和谐稳定。

（一）依法打击各种刑事犯罪，维护社会平安和谐

切实履行批捕、起诉职责，不断加大惩治刑事犯罪力度。全年共受理提请和移送批准逮捕602件828人，经审查，批准和决定逮捕564件759人；受理移送审查起诉1016件1538人，经审查，提起公诉958件1453人。突出打击重点，依法严厉打击恶势力犯罪、严重暴力犯罪和抢劫、抢夺、盗窃等多发性侵财犯罪，共办理该类重点案件451件603人。依法办理了宁某某等8人煽动村民围堵施工现场、聚众滋事涉恶案，刘某某等10人非法采矿案，魏某等5人寻衅滋事、敲诈勒索案等一批具有较大社会影响的案件，切实增强了人民群众的安全感。注重提升办案质量和效率，严格遵循办案流程，严守办案时限，严把案件事实关、证据关、定性关，批捕案件无错漏现象，公诉案件均作了有罪判决。加强轻微刑事案件快速办理工作，发出《快速移送审查起诉建议书》164份，适用轻刑快审机制提起公诉290件，有效提高了办案效率。坚持贯彻宽严相济刑事政策，严格掌握逮捕和起诉条件，对不符合法定逮捕、起诉条件的，依法决定不批准逮捕40件67人，不起诉15件20人，建议公安机关撤回18件55人，积极促进了社会和谐。

（二）依法查办和预防职务犯罪，推动反腐倡廉建设

切实履行查办贪污贿赂、渎职侵权等职务犯罪职责，依法查办重点领域、重点行业以及人民群众反映强烈的职务犯罪案件。受理初查各类职务犯罪案件线索29件32人，立案查办职务犯罪案件8件8人，其中贪污贿赂犯罪4件4人，渎职犯罪4件4人。立案查办了税务机关工作人员致使国家税收损失数千万元的玩忽职守案2件2人、公安民警非法办理多个进京户口的滥用职权案2件2人。深入开展预防职务犯罪工作。在全市试点开展侦防一体化机制建设，结合案件查办情况，有针对性地提出完善有关制度和监督制约机制的预防建议。扎实推进行业预防，在区教育系统和医疗卫生系统分别开展了查

找职务犯罪风险点活动和新型农村合作医疗专项预防调查。坚持重大工程项目建设与职务犯罪预防同步推进,积极开展了第七届花卉博览会工程建设专项预防,列席参加了工程建设部门会议和工程检查验收等活动,提供了400余册法律资料,提出了加强对施工人员和建筑材料管理的预防建议。强化预防服务效果,先后在天竺、李桥、后沙峪等首都机场周边镇和首钢冷轧、北京现代等重点临空企业开展预防教育活动25次,受教育人数达3000余人次,为临空经济发展和新农村建设提供了扎实的法律服务。

(三)强化诉讼活动法律监督,切实维护司法公正

坚持打击犯罪与保障人权并重、实体监督与程序监督并重、监督制约与沟通协调并重,不断提升法律监督实效,全面维护司法公正。加大立案监督和侦查监督力度,受理立案监督案件9件12人,成功立案监督一起申诉六年未果的盗伐林木案,经立案监督的1件交通肇事案获法院判决;对应当逮捕、起诉而侦查机关未提请逮捕和移送审查起诉的,依法追加逮捕33人、追加起诉18人;对定性不准、遗漏罪名和犯罪事实的,依法改变侦查机关定性39件、追加起诉罪名21个、追加犯罪事实55起,均得到法院判决支持,确保了法律统一、正确实施。加强和改进审判监督工作,认真开展了刑事审判监督专项活动,查找和解决在审判监督工作中存在的主要问题和薄弱环节;加大刑事审判监督力度,对认为确有错误的刑事判决依法提出抗诉2件,均获上级院支持,现1件改判,1件发回重审;加大民事审判和行政诉讼监督力度,对认为确有错误的一审民事判决提请上级院抗诉1件。加大刑罚执行和监管活动监督力度,认真开展了监外执行专项检察、案件羁押期限专项检察和交付执行专项检察,针对存在的问题,及时督促有关单位进行了整改,强化了对监管活动的监督。

二、强化司法保障作用,积极服务"保增长、保民生、保稳定"大局

坚持把检察工作与服务大局和经济社会发展相结合,努力实现法律效果、社会效果和政治效果的有机统一。

(一)以服务"保增长"为目标,为经济平稳较快发展提供强有力的司法保障

充分发挥打击、预防、监督、保护的职能作用,积极主动地做好服务经济建设的各项工作。一是进一步找准服务经济社会发展的最佳结合点和落脚点。在原有的《顺义区人民检察院服务发展的意见》基础上,修订出台了《关于进一步提升为经济社会科学发展服务水平的意见》,不断提高服务水平、增强服务实效、拓宽服务领域。二是加大打击经济犯罪的力度。共办理破坏社会主义市场经济秩序犯罪案件17件23人,依法办理了李某某等4人故意销毁会计凭证案、陈某以首都机场招工为名的诈骗案、姚某某伪造金融票证案等新型经济犯罪,有效地打击了危害经济秩序的犯罪活动。三是注重改进办案方式方法。充分认识当前形势下保持经济发展的重要性,慎重选择办案时机,慎重使用查封、扣押、冻结、拘留、逮捕等措施,切实维护发案单位正常秩序。同时,结合办案,加强对经济领域犯罪原因的研究分析,先后向区地税局、区工商分局、北京益麒麟家居建材广场等单位分别提出加强货物运输业税收管理、规范中介机构经营行为、加强市场管理的建议,督促有关单位整章建制,堵塞漏洞,促进经济秩序稳定,取得了较好效果。

(二)以服务"保民生"为目标,为农村改革发展提供强有力的司法保障

深入开展服务农村改革和发展专项工作,全面保障城乡一体化建设。一是提高服务农村改革发展的自觉性和主动性。坚持检察长联系镇、村工作制度,结合检察工作实际,制定了《关于建立办理涉农案件"绿色通道"服务农村改革发展的工作意见》和《关于

进一步深化预防农村基层组织工作人员职务犯罪工作的意见》,进一步明确了服务农村改革发展的目标、任务,强化了责任意识。二是加大涉农案件打击力度。建立了办理涉农案件"绿色通道",依法打击影响农村和谐稳定、破坏农业生产发展、侵害农民合法权益的各类犯罪。共办理涉农刑事案件658件,依法批准逮捕了以买断工龄为由骗取300余名农村务农人员近千万钱财的王某某、海某某等6人诈骗案;受理初查各类涉农职务犯罪案件线索8件10人,立案侦查3件3人,以查办案件的实际效果维护农村稳定。三是切实增强服务效果。结合办案,主动协调当事人所在镇村组织和相关单位,充分运用和解方式解决农村民事纠纷,共同化解矛盾;积极开展农村专项预防调查,针对粮食补偿款使用、村务公开等方面提出6条整改建议,促使有关镇村进行了整改,推进了农村改革发展。

(三)以服务"保稳定"为目标,为社会和谐稳定提供强有力的司法保障

妥善化解各类涉检信访矛盾纠纷,积极参与社会治安综合治理,为保持首都和本地区社会治安总体平稳做出积极贡献。一是加大对群众来信来访的办理力度。共受理来信来访424件,成功化解集体访10件57人和告急访8件8人。同时,加强涉检信访长效机制建设,在坚持检察长接待、"双首办"、"心理疏导"等制度的基础上,建立涉检信访评估预警机制,对重要案件可能面临的信访、稳定等方面风险进行评估、预警,从源头上防止因决策不当而引发不稳定因素。在办理一起被害农户达22409人次的销售伪劣种子、非法经营案时,及时启动个案预警,积极做好稳控工作,避免了大规模群体上访的发生。二是结合办案及时提出有针对性的检察建议。针对办案中发现的重点地区、重点人员、重点单位在治安防范上存在的问题,提出堵塞漏洞、整章建制、预防犯罪、加强治安防范的检察建议42份,积极跟踪落实,协助相关机构督办整改。如针对某服装厂存在使用童工现象,及时发出检察建议,促使区有关部门加大了劳动监察执法力度,在全区组织开展了以使用童工为主要内容的专项执法大检查活动,抽查36家企业,涉及职工5200人,有效的宣传了劳动用工法律法规,创建了良好的用工环境。三是积极参与社会治安综合治理。充分发挥检察官法制宣讲团的品牌作用,积极开展进社区、进镇村、进学校、进机关、进企业、进重大工程项目等"六进"活动,共开展法制讲座40余次,受教育人数达11000余人次;同时,注重采取灵活多样的普法宣传方式,探索并采用了更加适合未成年人特点,容易被接受的"法律小品"进校园活动,结合办案对在校生进行预防犯罪的法制教育,积极促进未成年人的健康成长。

三、深化检察改革创新,推动检察工作科学发展

高度重视检察改革创新,不断完善执法办案、诉讼监督和检务保障工作机制建设,努力推进检察工作创新创优发展。

(一)加强执法办案工作机制建设,确保严格依法文明办案

创新无逮捕必要案件的审查与说理机制,在全市率先制定了《关于办理无逮捕必要案件审查与说理的意见》,规范了"无逮捕必要"的适用原则和条件,制作《不捕说理文书》40份,对所有不捕案件进行了说理,增强了工作透明度,有效维护了当事人的知情权、参与权和监督权。创新职务犯罪侦查机制,严格执行职务犯罪案件审查逮捕决定上提一级的改革措施,进一步深化律师会见制度,在全市率先推出《安排会见在押犯罪嫌疑人通知书》,先后4次安排5名律师会见了相应的在押职务犯罪嫌疑人,切实保障了犯罪嫌疑人的诉讼权利和律师的会见权利,该做法被市检察院推广。

(二)加强诉讼监督机制建设,维护社会主义法制权威

认真贯彻落实市人大常委会《关于加强人民检察院对诉讼活动的法律监督工作的决议》,进一步完善诉讼监督机制建设,规范监督程序,增强监督实效。创新实行立案监督案件定期梳理制度,及时向侦查机关发出催办《工作函》,强化立案监督案件的跟踪监督;积极推进行政执法与刑事司法衔接工作机制建设,与区烟草专卖局签署《会议纪要》,在全市率先实现行刑衔接信息网络共享;完善量刑建议工作制度,对401件案件提出了相对量刑建议,已判决的344件案件中283件案件的量刑建议得到采纳,采纳率为82.26%;完善对刑罚执行和监管活动的监督机制建设,在全市创新推行检察官约见制度,全年约见在押人员谈话67人次,提供咨询,接受申诉和控告,切实维护在押人员的合法权益。

(三)加强检务保障机制建设,确保各项检察工作顺利开展

加大对科技装备的投入,进一步加强检察信息化建设。积极推进检察司法鉴定工作,探索进行电子物证的取证工作,进一步完善规范取证流程;加强网络基础平台的升级改造,完成全院网络架构重设工作,保证了办公、办案系统的顺利运行;建立警备车辆导航信息管理制度,规范车辆管理,保持安全行车无事故;加强检察装备和检察公用经费的管理使用,为检察工作的顺利开展提供了有力保障。

四、全面加强检察队伍建设,不断提高整体素质和执法水平

坚持把队伍建设摆到突出位置来抓,注重思想政治教育,改进执法作风,强化内部管理,提高法律监督能力,努力打造忠诚、公正、清廉、文明的检察队伍。

(一)围绕学习实践科学发展观活动,不断加强思想政治建设

深入开展学习实践科学发展观活动,紧密结合实际,注重活动成效,引导全体干警加深对科学发展观的理解,进一步统一了执法思想。积极开展"听呼声、走百家、送服务"为民实践和"弘扬北京奥运精神、加强领导干部作风建设年"等活动,进一步推动干部队伍的作风建设。开展弘扬先进典型系列活动,调整更新了院群星榜,培养和树立15名先进典型;开展向全国"十佳"基层检察院和全国模范检察官学习活动,掀起争先创优新高潮,不断提升检察机关的执法公信力和人民群众的满意度。

(二)围绕提高法律监督能力,加强专业化人才建设

以提升监督能力为重心,加大专业人才选拔培养力度,制定了《2009-2012年大规模推进检察教育培训工作的实施办法》,积极探索"业务导师"培养新模式,大力加强对青年检察人员尤其是新招录人员的培养;采取开设"博约论坛"、建立检学共建教育基地、参加市院重点调研课题研究等方式,不断更新知识,开阔视野,提高检察队伍的综合素质。坚持以赛带训,以考促训,开展以评选"优秀公诉人、优秀书记员、优秀初查报告、优秀卷宗、精品案件、演讲能手"为内容的第六届"六个三"技能竞赛活动;开办了为期两个月的心理咨询培训班,中层以上干部26人参加并通过了国家三级心理咨询师考试;组织参加了市检察院主诉官考试、检察官遴选、业务专家评审等活动,8名干警取得了主诉官资格,2名干警经遴选考入市检察院,2名干警分获北京市检察机关第二届检察业务专家称号和提名奖,涌现出一批"通理论、精实务、善研究"的检察人员,队伍的业务水平和执法能力得到进一步提升。

(三)围绕提升检察职业形象,加强监督制约机制建设

坚持党的领导和人大监督,采取主动走访、报送工作情况、邀请视察工作等形式,自觉把检察工作置于社会各界和人民群众的有效监督之下。认真开展厉行节约、"小金库"专项治理、直接立案侦查案件扣押冻结款物专项检

查等工作，在全市首次对监管执法专项检查活动进行检务督察，增强了对检察人员的内部监督，确保了廉洁执法。全面推行廉政风险防范管理，总结概括了“六步法”流程式经验，重新修订了防控措施，与检务督察、量化考核、“三位一体”管理机制有机结合起来，发挥监督的综合效应，保证队伍健康发展。

各位代表，2009年，我院的工作取得了新的进展，荣立集体一等功一次，并先后获得首都先进检察院、首都精神文明单位标兵等集体荣誉12项，个人荣誉105项。这是区委和上级院的正确领导，区人大、区政府、区政协的监督、支持和社会各界的关心、帮助的结果。在此，我代表区人民检察院表示诚挚的感谢！

一年来，我院的检察工作虽然取得了一定的成绩，但是对照科学发展观的要求，仍存在着一些不足：一是队伍专业化程度还不能完全适应新形势、新任务的要求，二是法律监督水平与人民群众的要求还存在一定的差距，三是信息化建设还不能完全适应检察工作的实际需要。对这些问题，我们将高度重视，采取有效措施，认真加以解决。

各位代表，2010年，我院将以党的十七大及十七届四中全会精神和全国政法工作会议精神为指导，继续深入贯彻落实科学发展观，以深入推进社会矛盾化解、社会管理创新、公正廉洁执法为载体，不断强化法律监督，强化自身监督，强化高素质检察队伍建设，努力把检察工作提高到新水平，为我区经济又好又快发展提供更加有力的司法保障。

一是依法打击各类刑事犯罪。依法严惩黑恶势力犯罪、严重暴力犯罪、多发性侵财犯罪、涉众型经济犯罪，维护我区社会稳定。加大打击骗税、制售伪劣商品等经济犯罪，维护市场经济秩序和群众切身利益。依法推进量刑建议、刑事和解、轻微刑事案件快速办理等工作，探索附条件不起诉等办案方式，落实依法从宽政策，促进社会和谐稳定。

二是加强查办和预防职务犯罪工作，促进反腐倡廉建设。严肃查办领导干部中的滥用职权、贪污贿赂、失职渎职案件，严肃查办商业贿赂犯罪案件和严重侵害群众利益案件，严肃查办群体性事件和重大责任事故背后的职务犯罪案件。认真总结查办涉农职务犯罪工作经验，为农村经济发展服务。深入推进治理商业贿赂工作，积极参与工程建筑领域突出问题专项治理，加强犯罪分析、对策研究、预防建议、警示教育和预防调查、宣传、咨询等工作。进一步推进侦防一体化机制建设和预防工作规范化建设。

三是全面加强对诉讼活动的法律监督，促进公正廉洁执法。要把人民群众的关注点作为诉讼监督工作的着力点，坚持经常性监督与专项监督相结合，切实加强对司法不公不廉的监督。进一步加强刑事诉讼监督，健全长效机制，促进监督水平不断提高。进一步加强民事审判和行政诉讼监督，切实加大提出抗诉、再审检察建议的力度，积极探索会同有关部门贯彻调解优先原则的机制和方式，做好服判息诉工作。进一步加强刑罚执行和监管活动监督，积极开展监外执行专项检察、超期羁押专项检察和交付执行专项检察，促进刑罚执行和监管活动依法进行。

四是加强高素质检察队伍建设，切实提高公正廉洁执法水平。坚持把思想政治建设放在首位，认真总结深入学习实践科学发展观活动经验，形成长效机制，推动学习实践活动向深度和广度发展。加强检察职业道德建设，深入学习实践《检察官职业道德基本准则》，强化职业道德约束。强化检察教育培训，积极开展专项业务、专门技能训练，不断提高执法能力、执法水平，真正做到严格、公正、文明、廉洁执法，切实维护社会公平正义。

在新的一年里，我们将在区委和市检察院的坚强领导下，在区人大及其常委会的监督下，在区政府、区政协和社会各界的关心支持下，团结一心，开拓进取，为构建社会主义和谐社会首善之区做出新的更大的贡献。

专 记

中共北京市顺义区委
北京市顺义区人民政府
表彰决定

2009年,全区上下在市委、市政府的坚强领导下,经受严峻考验,克服重重困难,紧紧围绕“同心全面建小康、打造绿色国际港”的战略目标,深入学习实践科学发展观,全面贯彻落实“保增长、保民生、保稳定”的各项决策部署,社会建设更加和谐稳定,区域综合实力不断增强,实现了高起点上的新跨越,为构建和谐顺义奠定了坚实基础。在经济建设中,涌现出了一批对区域经济发展做出突出贡献的先进单位和企业。为表彰先进,宣传典型,经研究决定,对在2009年经济工作中做出突出贡献的先进单位和企业给予表彰。

一、授予北京现代汽车有限公司、北京首都国际机场股份有限公司等109家企业“顺义区区域经济百强企业”称号;

二、授予北京燕京啤酒股份有限公司、北京顺鑫农业股份有限公司等15家企业“顺义区财政贡献突出企业”称号;

三、授予北京现代汽车有限公司、北京首钢冷轧薄板有限公司等12家企业“顺义区保增长先进企业”称号;

四、授予北京天竺空港经济开发区管理委员、北京市顺义区仁和镇人民政府等12个单位“顺义区招商引资先进单位”称号;

五、授予仁和镇、南法信镇、牛栏山镇等12个镇“顺义区二三产业先进镇”称号;

六、授予天竺镇天竺村、南彩镇前俸伯村、南法信镇南卷村等37个村“顺义区文明富裕村”称号。

希望受到表彰的单位戒骄戒躁,再接再厉,为全区经济发展再立新功。全区各部门、各单位要向受表彰的单位学习,对照先进找差距,开拓创新,扎实工作,为构建现代文明和谐新顺义作出新的贡献。

2009年区域经济百强企业

企业名称	法人代表
(工业企业31家)	
北京燕京啤酒股份有限公司	李福成
北京现代汽车有限公司	徐和谊
北京现代摩比斯汽车零部件有限公司	金泰东
北京顺鑫农业股份有限公司	李维昌
北京牛栏山鑫鑫贸易有限公司	宋克伟
伟世通汽车空调(北京)有限公司	申泳住
北京市公路桥梁建设集团有限公司	陈　贺
北京北一数控机床有限责任公司	崔志成
北京现代摩比斯汽车配件有限公司	曹凤铉
北京首钢冷轧薄板有限公司	钱　凯
北京顺力成电力设备安装维修有限公司	李志刚
北京韩美药品有限公司	林钟润
北京江河幕墙股份有限公司	刘载望
北京索爱普天移动通信有限公司	邢　炜
北京首都机场动力能源有限公司	吕　涛
北京江森汽车部件有限公司	赵跃华
北京燕京啤酒股份有限公司一分公司	王启林
约翰内斯·海德汉博士(中国)有限公司	托马斯·塞瑟斯曼
北京韩一汽车饰件有限公司	柳阳硕
北京现代海斯克钢材有限公司	权宁男
北京航空食品有限公司	孙玉德
金刚化工(北京)有限公司	申世均
北京李尔岱摩斯汽车系统有限公司	金壮植
北京汇源食品饮料有限公司	张育鲲
北京路桥瑞通养护中心	勘立军
宝德强科技(北京)有限公司	江朝瑞
罗森伯格亚太电子有限公司	罗　汉
西铁城(中国)钟表有限公司	中井淳
北京合百意生态能源科技开发有限公司	王宝恒
北京曲美家具集团有限公司	赵瑞海
北京东方雨虹防水技术股份有限公司	李卫国
(航空物流企业21家)	
北京首都国际机场股份有限公司	董志毅
中国国际航空股份有限公司	孔　栋
首都机场集团公司	张志忠
中国新华航空有限责任公司	刘嘉旭
中国航空油料集团公司	孙　立
金鹿航空有限公司	胡明波
中国航空油料有限责任公司北京分公司	张知诚
北京飞机维修工程有限公司	蔡剑江
联邦快递(中国)有限公司	陈嘉良
中国航空油料有限责任公司	周如成
中国南方航空股份有限公司北京分公司	程　勇
中国国际货运航空有限公司	李虎晓
北京首都机场航空安保有限公司	张　兵
北京顺丰速运有限公司	崔峻岗
北京空港航空地面服务有限公司	秦家芳
中国民航机场建设集团公司	姚亚波
北京长久物流有限公司	薄世久
北京博维航空设施管理有限公司	高利佳
首都空港贵宾服务管理有限公司	王　铎
天地国际运输代理(中国)有限公司	Michael John Drake
中国东方航空股份有限公司北京分公司	唐　兵

企业名称	法人代表
(金融商业及其他服务业企业 28 家)	
中国民生银行股份有限公司信用卡中心	杨　科
华夏基金管理有限公司	凌新源
中航鑫港担保有限公司	郑建青
国航进出口有限公司	郑保安
中国工商银行股份有限公司北京顺义支行	王耀红
北京市国泰中百商业有限公司	刘树忠
北京中展投资发展有限公司	顾　超
北京林河工业开发总公司	刘进奎
中国农业银行北京市顺义区支行	李长杰
北京空港科技园区股份有限公司	杭金亮
北京首都机场广告有限公司	张木生
北京市顺义区地方工业工司	刘继民
北京银行股份有限公司顺义支行	刘学娥
首都机场集团财务有限公司	赵　璐
北京顺义西单商场	张福海
中国建设银行股份有限公司北京顺义支行	付小平
北京市顺义烟草公司	孙立勇
北京首都机场商贸有限公司	张坤兰
北京首都机场餐饮发展有限公司	董志毅
北京市顺义区供销合作联合社	方建华
北京春晖园文化娱乐有限责任公司	叶　晖
北京农村商业银行股份有限公司顺义支行	乔　瑞
北京首都机场物业管理有限公司	陈加强
交通银行股份有限公司北京顺义支行	申泽栋
中航材国际招标有限公司	曾德刚
日上免税行(中国)有限公司	江世乾
中国人民财产保险股份有限公司北京市顺义支公司	郭云峰
中国航空传媒广告公司	许德仓

企业名称	法人代表
(房地产企业 29 家)	
北京市顺义大龙城乡建设开发总公司	赵　川
北京英才房地产开发有限公司	杨　英
北京东方太阳城房地产开发有限责任公司	王晓岩
北京龙湖置业有限公司	吴亚军
北京顺义新城建设开发有限公司	钟安刚
北京金汉房地产开发有限公司	田　汉
北京东君房地产开发有限公司	张　雷
北京碧水源房地产开发有限公司	张俊杰
北京仁和日升房地产有限公司	李树峰
北京万科四季花城房地产开发有限公司	毛大庆
北京乔波冰雪家园置业有限公司	石忠林
北京丽高房地产开发有限公司	陈子荣
北京京辰房地产开发有限公司	杨　秋
北京建升房地产开发有限公司	龚振亮
北京宏顺兴房地产开发有限公司	王　良
北京恒宇建筑工程有限公司	董建华
北京新程愿景房地产开发有限公司	甄建强
北京市裕鑫房地产开发有限公司	朱泽洪
北京顺鑫佳宇房地产开发有限公司	王晓东
北京市天竺房地产开发公司	王　奎
北京天地嘉禾房地产开发有限公司	牛生原
中北华宇建筑工程公司	王金良
北京甄氏房地产开发集团有限公司	甄　飞
北京市顺义建筑工程公司	李瑞福
北京鑫大禹水利建筑工程有限公司	吕海江
北京龙湖庆华置业有限公司	曹筱玲
北京汉唐建设发展有限公司	苏德刚
北京万科企业有限公司	刘小冰
北京空港天瑞置业投资有限公司	曹广山

保增长先进企业

北京现代汽车有限公司
北京现代摩比斯汽车零部件有限公司
北京首钢冷轧薄板有限公司
伟世通汽车空调(北京)有限公司
北京顺鑫农业股份有限公司
北京北一数控机床有限责任公司
北京世钟汽车配件有限公司
宝德强科技(北京)有限公司
北京韩美药品有限公司
北京曲美家具集团有限公司
北京康贝尔食品有限责任公司
北京顺鑫牵手果蔬饮品股份有限公司

招商引资先进单位

北京汽车生产基地管理委员会
北京空港物流基地开发中心
北京天竺空港经济开发区管理委员会
北京临空国际经济技术开发中心
北京市顺义区仁和镇人民政府
北京市顺义区李桥镇人民政府
北京市顺义区南法信镇人民政府
北京市顺义区牛栏山镇人民政府
北京市顺义区高丽营镇人民政府
北京市顺义区北小营镇人民政府
北京市顺义区赵全营镇人民政府
北京市顺义区北务镇人民政府

财政贡献突出企业

北京燕京啤酒股份有限公司
北京现代汽车有限公司
北京首都国际机场股份有限公司
中国国际航空股份有限公司
华夏基金管理有限公司
首都机场集团公司
北京现代摩比斯汽车零部件有限公司
中国民生银行股份有限公司信用卡中心
中国新华航空有限责任公司
北京顺鑫农业股份有限公司
北京顺义新城建设开发有限公司
中国航空油料集团公司
金鹿航空有限公司
中国航空油料有限责任公司北京分公司
中航鑫港担保有限公司

二三产业先进镇、文明富裕村

二三产业先进镇：

仁和镇	南法信镇	后沙峪镇	牛栏山镇
南彩镇	高丽营镇	马坡镇	天竺镇
李桥镇	赵全营镇	北小营镇	杨镇

文明富裕村:

天竺镇天竺村
天竺镇杨二营村
南彩镇前俸伯村
南彩镇后俸伯村
南法信镇南卷村
南法信镇东海洪村
牛栏山镇龙王头村
牛栏山镇禾丰村
后沙峪镇泗上村
后沙峪镇罗各庄村
李桥镇沿河村
李桥镇后桥村
马坡镇西丰乐村
马坡镇史家营村
高丽营镇南朗中村
高丽营镇西马各庄村
北小营镇北小营村
北小营镇榆林村
仁和镇沙坨村
大孙各庄镇小段村
大孙各庄镇吴雄寺村
张镇良山村
张镇张各庄村
北石槽镇良善庄村
北石槽镇寺上村
赵全营镇北郎中村
赵全营镇小官庄村
木林镇木林村
木林镇东沿头村
龙湾屯镇山里辛庄村
龙湾屯镇焦庄户村
杨镇二街村
杨镇沙子营村
李遂镇葛代子村
李遂镇沟北村
北务镇陈辛庄村
北务镇仓上村

花博会,北京顺义准备好了

毕竟绿港六月中,风光不与四时同。

随着有绿色国际港之称的顺义区枯柳树环岛西侧第七届中国花卉博览会主场馆渐渐撩开面纱,人们在惊艳这座红白色相间现代建筑的同时,发现周边一条条新开的道路宽阔笔直,路边新栽的树木已绽嫩绿;透过北边围挡的缝隙,可以看到里面的山形水系初显风采,水面"小荷才露尖尖角,早有蜻蜓立上头"。

金秋时节,这里将是色彩的世界,芬芳的海洋。

被誉为中国花卉界"奥林匹克"的第七届中国花卉博览会,是新中国60周年华诞庆典的重要活动之一,在其进入百天倒计时之际,读者禁不住关切的询问:准备得怎么样了?

花博会运行准备好了——上下联动的指挥班子

第七届中国花卉博览会由国家林业局、中国花协和北京市人民政府主办,市园林绿化局、北京花协和顺义区人民政府承办。市委市政府成立了花博会筹委会。市筹备指挥部5次全体会议,解决了56个关键性重大问题。

市筹备指挥部35家成员单位,深入现场,在项目审批、工程建设、服务保障、活动策划和环境整治等方面现场办公,特事特办。

一个特别能打硬仗的工作班子建立起来。

顺义区委、区政府成立了顺义区第七届中国花卉博览会组委会,区委书记张延昆担任主任,代区长刘剑担任第一副主任。

各位区委常委、副区长分兵把口,领导着监察审计部、财务部、志愿者与人力资源部、展会宣传部、招展部、会务接待部、工程建设、场馆运营及外围保障部、大型活动部和综合办公室这"九部一室"。

"九部一室"使第七届中国花卉博览会由市筹委会状态进入到组委会状态。

"九部一室"每半月召开一次联席会议,组委会主任、第一部主任和各部室主任全部参加,商讨解决重大问题;各部主任多为顺义区主管相关行业的副区长担任,不定时召开专项会议,解决相关问题。"九部一室"每周召开全体人员例会,汇报一周工作进展,部署下阶段任务。

综合办公室行政秘书李秀芹负责会议记录,2007年底到现在,她参加了200次会议,会议记录本用完了7个。

在综合办公室总体方案组办公室的墙上,一张目前工作存在问题明细表非常醒目,来自"九部一室"在工作中遇到的各种问题都在这里汇总,上面详细列出了相关部门、存在问题、解决建议、需要配合单位和最后解决期限等内容,并有专人负责督查。解决一个,划掉一个,出现新问题,马上补充。

交通便捷是人们讨论的焦点。市交通委甚至特意为花博会成立了交通领导小组,主任亲任组长,主管此项工作的副主任和顺义区主管此项工作的副区长任副主任。

……

顺义区把去年奥运水上赛事的运行模式完美地复制到第七届中国花卉博览会组织工作中。

组委会执行副主任、顺义区副区长李友生说,花博会运行模式是奥运会运行模式的延续,延续的又不仅仅是运行模式,还有一种敢闯敢干、精益求精的精神和勇气。

上下联动,到处是理解和支持,花博会筹备一路绿灯。

一流场馆准备好了——三大组团撩开面纱

一片红白相间的巨大建筑群,让京顺路枯柳树环岛成为人们的关注点。

建筑群由4座造型相同的长方形建筑构成,上面"1、2、3、4"4个大字分外耀眼。在建筑的顶端,36个巨大的伞状钢结构宛如36朵鲜花,傲然绽放,开向天际。在建筑群的东南广场上,1个中国单跨最大的叶脉式钢管覆膜结构俯瞰着其下的屋顶剧场和周边的公共空间,动感十足。

这片建筑就是第七届中国花卉博览会的主场馆——北京国际花卉物流港。

作为第七届中国花卉博览会的第一功能组团,北京国际花卉物流港占地面积138216平方米,总建筑面积16.7万平方米,由展馆、物流中心、交易中心组成,地上6层,地下1层。这是国内迄今为止最大的集花卉展览、物流、研发、交易于一体的专业性场所,2009年9月26日,第七届中国花卉博览会将在这里拉开帷幕。会后,这里将汇聚全世界顶级的花卉,成为北方乃至全国最大的花卉物流交易中心,成为北京花卉产业的龙头。

北京国际花卉物流港以美闻名于世。它美在造型别致——36把"花伞"仿照植物生长形态;美在设计新颖——绿色节能实用性强,美在材料超前——膜结构可媲美著名的水立方。

北京国际花卉物流港,让人们记住的不仅是它优美的外形和先进的设计理念,它施工中的"五节"给人印象深刻。

节地:主展馆在设计时打破常规,采取了层高叠加的方式,将展馆和商务办公区融为一体,从而节省了大约8公顷的建设用地。

节时:由于采用了建筑模块批量生产的建筑技术,使得整个施工时间缩短了13个月。

节水:36个张开的花伞犹如36个巨大的海碗,在雨天可以最大限度地收集雨水。每年可集聚雨水3.4万吨,相当于320户城市居民一年用水所需,约占北京国际花卉物流港全年用水的14%。

节材:由于先进工艺和环保材料的运用,主展馆建筑节材20%以上。

节能:主展馆采用了特殊的"中庭"构造,可最大限度收集热能。据设计师介绍,按照北京地区冬季的日照情况,该设施可节约15%的采暖用能。

目前,北京国际花卉物流港正在进行设备安装调试,预计月底可交付使用。

花博会第二功能组团北京国际鲜花港位

于杨镇红寺村,总体规划4平方公里,一期开发1.8平方公里。园区分为设施生产区、展示区、研发配套服务区和都市农业观光区。按照顺义区的设想,这里将逐步发展成为北京市乃至我国北方地区的花卉产业集聚中心。目前,北京国际鲜花港一期工程已接近尾声,月底即可竣工。

一座座高科技智能温室成排连片,首批入住的近百万株世界顶级蝴蝶兰在"五星级"温室里悄悄成长。

花博会期间,鲜花港将开辟占地1200亩的露地花卉展示区,搭建世界顶级花卉的展示平台。会后,这里每年举办春、秋两届主题花展,将极大地拉动顺义区乃至北京市的鲜花产业。

作为第七届中国花卉博览会开幕式和焰火燃放地的和谐广场是花博会第三功能组团,如今,这里在原有的规模上又增设了亭台楼榭。

漂亮展区准备好了——参展单位夸一对一服务

花博会主展馆室外展区自3月21日开始布展施工以来,顺义区63家单位与进场施工的35家单位对口帮扶,为他们解决住宿、施工等问题。

新疆维吾尔自治区于3月26日进场布展施工。笔者在展区现场看到了著名硅化木和"或者一千年不死,死了一千年不倒,倒了一千年不腐"的枯胡杨,活胡杨和白桦树作为点缀,独具大漠风情。

牛栏山镇和新疆展区是"一对一"帮扶单位,新疆维吾尔自治区布展的工作全部委托牛栏山镇政府完成。进场施工后,副镇长赵鸿博每天到现场查看。"我们不仅要保证工程按时保质完成,还要对不合适的地方进行重新设计。"赵鸿博说。

新疆展区原有的一个展示枯胡杨是直接竖在地面上,完工以后,才发现景观效果不突出。于是赵鸿博决定建设一个底座,将该枯胡杨提高一米。虽然多花了两万元,但是赵鸿博却认为很值。

区农机中心、交通局和四川省是帮扶单位。农机中心多次陪同他们到河北省和平谷区选石材,施工工具和装备也免费提供。在施工现场,总能看到区农机中心副主任高士文的身影。高士文建议将铺在池中的山石改为河光石,将挡土墙上方石板加用草皮修饰,这些建议均被施工方采纳。

四川省花卉协会郑康庆秘书长感激地说,这真是两地的事变成了一家事。在顺义就像在自己家一样。

本月底,室外展区布展将完工。这里将成为以植物景观塑造为中心的现代化永久性城市公园。花博会开幕时,具有各省市地域特色的园林景观将展示在世人面前。

场馆外围准备好了——周边环境整洁靓丽

来到后沙峪镇花博会主展馆周边的配套道路之一——规划五路,你会看见平整的柏油路面、宽阔的行车道,细心的你也许还以为自己来到了白马路。这就是一条按照奥运标准修建的花博会配套市政道路。

笔者从顺义区市政管委获悉,第七届中国花卉博览会顺义主场馆周边的11条市政道路本月底将基本完工。这11条配套道路总长约54公里,涉及全区7个镇43个村的拆迁。

北京国际花卉物流港作为市重点工程,拆迁工作得到了市民的充分支持和配合。

刘连海是后沙峪镇玉马汽车教练场的副场长,今年2月,由于花博会配套道路规划7路的修建需要挪移该教练场的8根电线杆和部分房屋。当工程指挥部的工作人员找到刘连海时,他二话没说,第二天就协调场内的6家驾校,在最短的时间内完成迁移。刘连海说:"我们区费了这么大的力把花博会引进了顺义，我们支持这项工程责无旁贷！”

顺义人的深明大义彰显无遗。

按照与花博会主场馆风格一致的原则，顺义区有关部门在道路绿化、夜景照明上设计出新。

笔者从顺义区园林绿化中心了解到，花博会期间，从首都机场方向前往花博会主场馆的客人可以一路欣赏到“欢乐的谱曲”，因为花博会场馆周边的重要道路——机场北线南段的绿化主题是《欢迎进行曲》，该路段种植的油松、合欢、国槐、银杏等植物将按照五线谱的样式进行栽种。而在另一条道路——四纬路上，各种植物将按照《拉德茨基进行曲》的谱曲样式进行栽种，让来参展的客人一下飞机就能感受到首都的热情。

每条道路绿化，都有不同的主题。机场北线至火寺路节点的主题是《菩萨蛮·大柏地》，此路段多种植银杏、紫薇。枯柳树环岛的绿化主题是《芳经云堤》，共有三种花毯样式的绿化图案，主要种植鸡冠花、奥运小菊等。

花博会三个场馆周边道路的行道树种也有区别。其中，花博会主场馆周边道路行道树设计以银杏为主，国际鲜花港周边道路行道树则为国槐、白蜡为主，而和谐广场北侧道路行道树设计则为玉兰。

快捷交通准备好了——12万人来得了散得开

展会期间预计客流量将达到120万人次，日均12万人次的客流怎么能达到安全、顺畅地来得了又散得开呢？

公安管理做足了充分准备。由顺义区公安分局牵头，区武装部、应急办、信访办、司法局、安监局、综治办、武警十支队等部门参与的区花博会组委会安全保卫部已于3月18日正式启动，按照奥运标准，由民警、武警、消防、保安、安检员、民兵六类人组成安保力量，防止发生重大案事件、重大责任事故、重大交通事故和突发刑事、治安案事件等。

为了保证工作任务万无一失，公安分局内部成立花博会安全保卫指挥部，在分局花博会安全保卫指挥部的领导下，成立主展馆、鲜花港、住地、大型活动和交通保障五个分指挥部，由治安支队和交通支队相关领导分别任现场指挥，属地派出所所长任副指挥，负责具体区域的日常指挥工作。

细节决定成败。

主展馆西侧增加了一个入口，室外展区增加了3个应急出口。花博会组委会安保部和公安分局花博会安保指挥部对出入口、人员流向进行调整，保证日均12万人次的客流，快速、安全地进出主展区。

9个常用停车场能同时停车1.15万辆，3个备用停车场地能容纳各种车辆1.4万辆，花博会组委会安保部和公安分局花博会安保指挥部对停车场和售票厅的位置、人车流线进行了科学设定。。

新增引导标识266余面，15条主要道路引导方案、引出路线的CAD图制定出来，顺义区公安分局交通支队与北京武交工程设计院商讨研究的交通方案，正在顺义区市政管委审查。

枯柳树环岛人行横道线将在近期绘出。

香花畦路三个大路口将确定交通标志标线。

为体现公交优先原则，顺义区公安分局与区交通局湿地踏察，研讨公交专线、旅游车、摆渡车交通流线和停车问题，实现与私家车的停车换乘。

加密公交车车次、增设专线车等建议，已经报到了花博会交通领导小组。

出租车按照奥运会标准备勤的方案，正在协调、调度中。

精细服务准备好了——全面展示新顺义形象

北京奥运会期间志愿者被称为“北京最美的名片”。花博会尚未召开，“最美的名片”提前发出了绚丽的光彩。3月5日,顺义团区委招募花博会志愿者正式启动,计划招收展会志愿者850人、城市志愿者1万人、社会志愿者2万人。截至6月初,志愿者部共接受市、区花博会志愿者报名29128人,三类志愿者报名人数分别达到4374、11408、13346人。

就读于北京现代职业技术学院大二的于珊,因为在北京奥运会城市志愿服务中表现突出,2008年被北京市奥组委评为"北京奥运会、残奥会先进个人"。听说花博会即将招募志愿者的消息,志愿者招募当天,她第一时间赶到现场报名,填下了担任观众服务展会志愿者的意愿。"作为一名观众服务展会志愿者,能用自己真诚的微笑迎接来自五湖四海的朋友,能为他们提供急需的帮助化解燃眉之急,我真切地感受到自豪。"于珊说。

报名积极踊跃,方便了顺义团区委干部与各高校的对接。

3月初,第七届中组委会志愿者与人力资源部和现代职业技术学院、美国语言学院、北京工业大学耿丹学院就志愿者工作进行对接。

4月初,志愿者与人力资源部根据各学院的课程安排情况,开展了高校定向招募报名工作,经过各学院的初步筛选和志愿者部的综合考评,确定初选参加面试人员1600人。

5月中旬,志愿者面试录用工作在三所学院内陆续开展,采取中文与英文相结合、通用与专业相结合的考评模式,重点测试了报名者的志愿服务动机、服务意识和团队协作等综合素质,以及专业技能的掌握和解决问题的能力,最终确定包含语言服务、媒体接待、行政助理、场馆运行和观众服务志愿者4种类型的850名在校生为花博会展会志愿者。

早在5月初,花博会首批城市志愿者已经开始实操演练,在商场门口、交通枢纽、摆渡车站等重要位置开展信息咨询、文明引导、语言翻译、应急救护等志愿服务。

社会志愿者们则整合了全区136个社会公益实践服务项目,并确定以"为老服务"、"花博宣传"、"环境保护"为重点开展项目;展时还将围绕"迎花博,我志愿,我奉献"的主题,以项目为载体,在社区、村镇、企业、学校广泛开展治安巡逻、交通秩序维护、花博知识宣传类志愿服务项目。

顺义区商务局与相关部门采用招标方式遴选酒店和餐饮企业。

参照奥运模式,对10余家中标企业进行培训、环境布置、规范管理、应急演练,在各酒店成立专门的机构、派驻专人进行信息沟通、数据统计以及巡查等工作,发现问题及时解决,做到小问题及时清、大问题不过夜。

餐饮方面将重点遴选参加过奥运演练、资质过关、加工地点在本地、符合卫生部门送餐资质标准的餐饮服务企业、采取冷链、热链兼容供应的快餐供应模式。

主展馆餐饮区域计划在主展馆的一号和三号馆三层、二层平台、西侧临时餐饮大棚、生态餐厅五处设置总面积达到10000多平方米的用餐区域,菜品种类中包含中西餐,清真餐、女士餐等,可满足每日4万人用餐需求。

主展馆外建设6000平方米的室外临时用餐区,加上4000平方米的生态餐厅和展馆内多处水吧,可满足每天4万余人用餐需求。

北京国际鲜花港餐饮区域则计划在展区人工湖西南侧搭建一处2000平方米的临时餐饮大棚,同时在展区内设置7处餐饮售卖点,在展期内可满足每天2万人次用餐需求。届时,顺义区卫生局相关部门将派专人负责食物的全程检测和抽检工作。

……

没有大张旗鼓,一切按部就班,一切有条不紊。

第七届中国花卉博览会,北京顺义准备好了。

（韩毅然　张蕾　赵文娟　牛金香）

第七届中国花卉博览会闭幕

10月5日，为期10天的第七届中国花卉博览会圆满结束，共接待海内外游客180万人次，创历届花博会新高。

本届花博会，可谓亮点纷呈、精彩无限。在展品数量、展品质量、参展单位数量均属历届之最，是人气最旺、民族团结特色最突出、展台设计最新颖的一届花博会。呈现出场馆设计现代时尚、国际名优花卉聚集、嘉宾接待安全有序、交通保障运行顺畅、游客文明观展、人性化服务周到的特点，成功实现了“高水平、有特点”的办会目标。花博会期间，新闻媒体关于花博会相关报道达到3300篇次。

本届花博会展会运行模式上 。在展会机制上，借鉴奥运模式，场馆内部成立专业化运行团队，场馆外部成立相关部门参与的外围保障团队，内外有效衔接，无缝对接，全力服务展会。在展会运作上，北京展区引入了社会参与的市场化模式，建立合作伙伴、赞助商、供应商三个层次的赞助体系，积极吸引大型企业参与展会市场开发，31家大型企业先后成为花博会北京展区的赞助合作伙伴，合作领域覆盖航空、金融、保险、地产、通讯等，为展会提供了有力的资金支持和物资保障，实现互惠双赢。

在展会服务上，北京站区首次推行“一对一”全程服务，以顺义区63家单位为主体组建36个“一对一”工作组，为各参展单位布展提供全程精细的服务保障。在场馆建设上，北京展区采取了政府与社会、企业合作的模式，有效破解了历届花博会场馆展后利用的难题。

展会期间正值国庆长假，花博会也成为游客继天安门广场、鸟巢水立方之后又一休闲度假的必选之处。为满足北京市民赏花的需求，花博会开通了市区旅游专线车和常规公交5万余班次，运送游客68万人次。据统计，截止到10月5日，全区实现旅游综合收入超亿元。

花博会大幕虽已落下，单位配合国庆游园活动延期3天的室外展区依旧热度不减，3天游客数量达到6万人次。

10月6日上午，花博会主展馆1号入口，从四面八方赶来的游客正有序通过安检通道。花博会广场上，通往室内展区的道路已经被临时封闭，大批志愿者正指引游客前往室外展区。

室外展区内，大型音乐喷泉不断变换造型，吸引了大批游客，据悉，从10月6日至8日，音乐喷泉持续开放。在各省展园，兴致盎然的游客们忙着拍照留念。

（韩毅然）

祖国，请接受顺义人民的礼赞

——欢庆新中国60华诞3341名潮白儿女接受国庆检阅

10月1日，雨过天晴的北京城，碧空万里，祥云朵朵。首都各界庆祝中华人民共和国成立60周年大会10时在天安门广场隆重举行，20万军民以盛大的阅兵仪式和群众游行欢庆新中国60华诞。群众游行队伍中，来自顺义的3341名干部群众组成“改革开放”群众游行方阵，高举“坚持邓小平理论”和“推行改革开放和社会主义现代化事业”的标语牌,身着七彩服装,手持七彩把穗,以饱满的热情、昂扬的姿态、雄赳赳气昂昂地通过天安门广场,代表56万顺义人民祝福中国、向祖国母亲献礼。

11时35分,我区的“改革开放”群众游行方阵在乐曲《没有共产党就没有新中国》奏响后的第10秒,准时通过天安门东侧出发线;随着乐曲《春天的故事》的奏响和小平同志的讲话原音中阔步向前,向党和国家领导人、向全国人民展示顺义人民的风采。

9月29日,我区召开国庆群众游行活动顺义“改革开放”方阵总结表彰暨国庆游行誓师大会,重点表彰了在该活动中表现突出的先进集体和先进个人。区领导张延昆、马庚良、陶宝金、胡尚云、雷显武、王国增、周颖博、贾春林、燕瑛出席会议。

(牛金香)

顺义区第三届十大杰出青年

(按姓氏笔画排序)

尤大可	顺义区杨镇安乐庄村党支部书记
王金良	中北华宇建筑工程公司总经理
孙丽梅	顺义区医院北京急救中心顺义分中心主任
孙胜臣	中铁十六局集团第一工程有限公司总经理
肖　亮	首都国际机场股份有限公司飞行管理部经理兼党总支书记
陈唯军	北京华大基因科技服务有限公司副总经理
单靖雅	北京东方宾利经济公司模特
陈　静	顺义区广电中心广告部主任
侯亚军	顺义区特殊教育学校校长兼党支部书记
赵晓东	燕京啤酒集团公司副总经理兼党委副书记

顺义区第三届十大杰出青年提名奖

(按姓氏笔画排序)

马文征	顺义区石园小学教师
王　骏	顺义区建新北区第一居委会党支部书记
孙贵锁	北京首钢冷轧薄板有限公司副总经理
李存海	北京市顺义区法院刑事审判庭庭长
张　涛	中国移动集团北京有限公司顺义分公司总经理
张海涛	顺义区作家协会理事
范国兵	北京信得威特科技有限公司总经理
许翠霞	顺义区林业局高级工程师
黄玉宝	北京潮白环保设备安装工程有限公司总经理
郭妨军	顺鑫石门农产品批发市场有限责任公司总经理

大 事 记

1 月

8日 区政协三届十二次常委会召开，审议通过了《政协北京市顺义区三届委员会常务委员会2009年工作要点》。

9日 区第三届人民代表大会第三次会议召开。

10日 北京银行郊区管理部在顺义揭牌。

13日 北京海关与顺义区人民政府签署共同促进临空经济区发展合作备忘录。

14日 北京市政府研究室领导到顺义调研出口企业发展情况，探讨金融危机下出口企业的发展对策。

2 月

10日 友利银行（中国）有限公司北京顺义支行正式对外营业。

11日 区召开2009年经济工作会，分析当前形势，研究部署2009年经济工作。

16日 召开2009年区二三产业发展暨劳动力就业大会。

17日 国家人口计生委流动人口服务管理司领导到顺义区考察流动人口管理工作。

△ 区政协在顺义宾馆召开专门委员会联席会议。

19日 北京汽车产业研发基地、国家汽车质量检验中心奠基。

△ 全国人大常委会委员农业与农村委员会一行到顺义区调研农村社会保障体系建设情况。

是月 燕京无醇啤酒生产工艺获得由国家知识产权局颁发的“改善无醇啤酒口感方法”的发明专利证书。

3 月

2日 北京市政府与中国航空工业集团公司签署战略合作框架协议。作为飞机核心组成部分的发动机、机载系统和复合材料等板块项目将入驻位于顺义北京汽车生产基地。

10日 区举行银政、银企合作签约仪式，

16日 举行区2009年市政重点工程开工仪式。

20日 举行区政府与清华科技园战略合作签约仪式。

22日 区政府与清华科技园共建的“启迪（顺义）科技园”项目正式签约。科技园落户中关村临空国际高新技术产业基地，将建设包括启迪中俄科技园、启迪产业园和启迪配套服务区在内的“两园一区”，总占地约250亩。

24日 区政协三届十三次常委会召开。

4 月

4日 举行区万人义务植树启动仪式。市委常委、市教育工委书记赵凤桐，市人大副主任赵凤山等领导出席。

11日　举行轨道交通M15号线顺义段建设工程开工仪式。

12日　连接顺义新城和北京市区的地铁M15号线顺义段开工建设。

15日　举行第七届中国花卉博览会(北京展区)室外展区展园布展施工启动仪式暨室外展区展园开工动员大会。

23日　国家安全监管总局局长骆琳、北京市副市长苟仲文等领导一同到顺义进行调研。

30日　北京天竺综合保税区管委会揭牌暨企业签约仪式举行。。

是月　区启动都市型现代农业基础建设工程,围绕永久基本农田和重点都市型农业走廊集中实施农田培肥、水利改善、田园清洁循环、沟路林渠配套四项基础建设工程,共涉及12个镇45个村216个地块,面积6.532万亩。

是月　区2009年乡村公路建设开工。

5　月

1日　农业部部长孙政才、副部长陈晓华,北京市市委常委、统战部部长牛有成,副市长夏占义等到顺义就生猪生产及动物防疫等工作进行调研。

7日　北京市副市长陈刚率市国土资源局、市规划局、市建委等相关部门领导到顺义调研。

18日　顺义区被中央组织部、中央综治委、人力资源和社会保障部授予"全国平安建设先进区县"荣誉称号。

25日　举行中国民生银行总部基地奠基仪式。

26日　北京市人大常委会主任杜德印、副主任刘晓晨与部分人大代表到顺义调研生活垃圾综合处理运行情况。

27日　中共北京市顺义区第三届委员会第九次全体会议召开。

是月　国家工商总局在网上公布了新认定的一批中国驰名商标,顺义区重点企业之——北京美驰建筑材料有限责任公司的"美驰"商标被认定为中国驰名商标。全区中国驰名商标已达10个。

是月　首钢冷轧钢厂外部道路工程拆迁工作全部完成。工程包括任李路、平沿路改建工程两条道路,道路全长2.87公里;平沿路改建工程北起任李路、南至京平高速,道路长0.66公里。道路拆迁涉及李桥镇李家桥、沿河2个村,涉及被拆迁人31户。

是月　2009年荒山彩色树种造林和山区困难地造林工程完工。荒山彩色树种完成造林面积500亩、山区困难地完成造林面积1400亩,共栽植侧柏、黄栌、元宝枫等苗木12.7万株。

6　月

2日　花卉博览会北京主会场主体工程竣工。

6日—9日　举办第十八届燕京啤酒节,

共签订项目17个,协议投资总额达107亿元人民币,主要涉及总部结算、文化创意、高新技术、汽车生产制造食品饮料等行业。

8日　举行2009年顺义品牌经济论坛开幕式。

19日　北京市房屋拆迁工作会在顺义召开。

23日　北京市人大常委会副主任赵凤山带队视察顺义区都市型现代农业建设情况。

25日　北京郊区环境百日综合整治活动部署大会在顺义召开。夏占义及市政市容委、环保局、爱卫办等单位领导,各郊区县主管领导出席大会并参观了马坡镇马卷村和牛栏山镇范各庄村环境建设情况。

29日—30日　中国花协会长江泽慧,夏占义,全国各省、自治区、直辖市、深圳市花协领导在顺义参加第七届中国花卉博览会筹备工作会。

是月　地铁M15号线(顺义段)拆迁及林木伐移工作全面结束。共拆迁房屋28000

平方米，伐移树木12037株。

是月 “北京市顺义区国有资本经营管理中心”正式成立。该企业由区国资委出资组建，注册资金97亿元，用于向社会发行企业债券进行融资、从事产业股权和市政基础建设投资。

7 月

6日 北京海关关长甘荣坤一行到天竺综合保税区调研一期封关验收工作。

8日 举行顺义区政银企战略协作系统启动仪式。

△ 举行中国东方航空北京运行基地项目落户顺义区签约仪式。

10日 国家计生委主任李斌到顺义区调研人口计生工作。

20日 北京市委常委、常务副市长吉林到顺义调研天竺综合保税区建设情况和花博会筹备情况。

26日 顺义区第三届人民代表大会第四次会议召开，听取2009年上半年经济工作报告。

29日 北京天竺综合保税区举行揭牌仪式，综合保税区封关运行。

△ 牛有成、夏占义到顺义调研园林绿化情况。

是月 区“亮起来”工程开始实放，将安装太阳能路灯1100盏，安装在木林、龙湾屯、张镇、大孙各庄等8个镇25个村。

8 月

14日 江西省省委常委、副省长陈达恒一行到顺义区考察花博会室外展区绿化情况。

18日，全国政协社会和法治委员会主任张福森到顺义区视察牛栏山一中校园改扩建工程。

21日 举行中国核工业第二三建设公司入驻北京林河经济开发区签约仪式。

26日 顺义区政协三届十六次常委会召开。

是月 北京市板桥创意天承投资发展中心与河北乾坤世纪投资发展有限公司就“乾坤国际财经中心”项目签约。

是月 全区共有7053名学生参加高考。64人被清华、北大两所名校录取。6391人被专科以上院校录取，4262人被本科院校录取，高考成绩连续24年居远郊区县之首。

9 月

17日 区召开纪念人民政协成立60周年座谈会。

18日 市政协委员到顺义区考察花博会筹备情况。

22日 中央党校第27期中青一班32人到顺义区参观考察。

26日 第七届中国花卉博览会在顺义花博会主场馆开幕。本届花博会有1300多家海内外知名企业携20余万件展品参展，为历届花博会之最。中共中央政治局委员、国务院副总理、全国绿化委员会主任回良玉，中共中央政治局委员、北京市委书记刘淇等国家、北京市、顺义区领导、各参展单位花协领导及群众代表出席了开幕式。

△ 顺义区七彩蝶园正式迎客。七彩蝶园共有50多万只蝴蝶，是亚洲最大的蝴蝶园，总投资5000万元，占地65万平方米。

29日 区召开国庆群众游行活动顺义“改革开放”方阵总结表彰暨国庆游行誓师大会，表彰了在方阵训练中表现突出的先进集体和先进个人。

30日 港澳台侨工作顾问和海外客人一行60人到顺义参观花博会。

是月 全球最大的乳品工业用菌和酶的供应商——丹麦科汉森有限公司入驻空港物流基地。科汉森（北京）贸易有限公司投资500万元，从事食用菌和酶的国际贸易及进口分销业务。

是月 顺义区顺利通过创建国家卫生区复验。创建国家卫生区专家组来到顺义区，对区人民政府招待所、北京金百万餐饮娱乐有限责任公司等6家餐饮服务单位进行了检查,专家对检查结果表示满意。

10 月

1日 首都各界庆祝中华人民共和国成立60周年大会10时在天安门广场隆重举行。11时35分,顺义区的“改革开放”群众游行方阵在乐曲《没有共产党就没有新中国》奏响的第10秒,准时通过天安门东侧出发线,随着乐曲《春天的故事》的奏响和小平同志的讲话原音中阔步向前,向党和国家领导人、向全国人民展示顺义人民的风采。

5日 为期10天的第七届中国花卉博览会结束,共接待海内外游客180万人次,创历届花博会新高。展会期间正值国庆长假,花博会成为游客继天安门广场、鸟巢水立方之后又一休闲度假的必选之处。为满足北京市民赏花的需求,花博会开通了市区旅游专线车和常规公交5万余班次,运送游客68万人次。截止到10月5日,全区实现旅游综合收入超亿元。

6日—8日 花博会闭幕后配合国庆游园活动延期3天的室外展区依旧热度不减,3天游客6万人次。

21日 副市长苟仲文到顺义区调研工业经济运行和帮扶企业情况。

23日 全市最大的滨河森林公园——顺义新城滨河森林公园动工兴建。顺义新城滨河森林公园建在潮白河顺义段,长12.8公里。公园分为滨河文化、水岸风情、度假、湿地展示、游憩、趣味运动六个功能区,占地面积1.8万多亩,总投资6.1亿元。

是月 北京燕京啤酒集团公司总经理李福成荣膺改革开放30年中国酒界领袖人物。出席了在全国政协礼堂举行的“改革开放30年中国酒界领军人物”颁奖典礼暨《当代中国酒界人物志》首发式。

是月 “中国核工业第二三建设公司”迁至顺义林河工业区,该企业注册资本3亿元,隶属于中国核工业建设集团公司。承担国内大部分核军工、核电站核岛及核科研安装工程,是我国规模最大的核工程综合安装企业。

是月 区社会救助实现.城乡低保对象、住房救助、医疗救助、大病救助、精神病人救助全覆盖。

11 月

6日 市人大代表一行10余人到顺义区视察城乡医疗卫生工作。

15日—18日 全国家庭教育工作“十一五”规划实施经验交流会在杭州召开。会上,全国妇联、教育部等部门命名了31个全国家庭教育示范县(市、区),北京市仅有顺义区获此殊荣。

26日 由台北市副市长李永萍带队的文化参访团抵达顺义,参观了花博会主场馆,并就花博会筹办工作进行座谈。

28日 区政府与北京航空航天大学签署战略合作框架协议。

是月 顺沙路昌金路道路大修工程全部完工。顺沙路大修工程起点为京沈路口西侧,终点为昌平区界,全长10.76公里。昌金路大修工程起点为杜龙路路口,终点为平谷区界,道路全长5.58公里。

是月 区农村公路危桥改造工程全部完工,共改造危桥7座,总面积1319.7平方米,涉及南彩等6个镇,投资387万元。

是月 《顺义教育志》编纂完成。《顺义教育志》全书210余万字,5000张照片,共21卷。

12 月

6日 “中国文物保护基金会酒基会 北京红曲黄酒研发基地”授牌仪式,在马坡镇北京红儿红酒业有限公司举行。

10日 澳大利亚国际商会考察团到顺义考察经济社会发展情况,了解顺义投资环境。

15日 召开《顺义县志》发行既二轮修志工作会。介绍了一轮修志情况和二轮修志安排,宣读了《顺义区二轮修志编纂方案》。

区各修志单位主管领导参加会议。

16日 副市长苟仲文到顺义调研工业发展情况。

22日 政协北京市顺义区第三届委员会常务委员会第十七次会议召开。

24日 由顺义电视台、电台、时讯报社、顺广传媒网等单位联合承办的第二届“顺义的骄傲”评选活动正式启动。

29日 区召开“清华大学—临空国际”项目对接座谈会，旨在依托清华科技园，加快启迪(顺义)科技园建设步伐，促进清华大学科技成果到临空国际转化、产业化项目向临空国际转移。

30日 区老中医传承工作室揭牌暨拜师仪式在区中医医院举行。

是月 杨镇汽车零部件基地——英瑞杰汽车系统制造(北京)有限公司开业。该公司总投资3亿元人民币，是法国英瑞杰汽车系统公司在北京投资的一家外商独资企业。

是月 “中国品牌百强榜”暨第四届“人民社会责任奖”颁奖盛典在人民大会堂隆重举行。燕京啤酒入选“中国经济百强榜共和国60年最具影响力品牌60强”。

是月 通过国家科技部组织的专家评审，北京燕京啤酒股份有限公司获得国家级高新技术企业证书。至此，全区通过科技部国家级高新技术企业认定的企业达到37家。

是月 汉石桥湿地水质改善工程竣工并投入试运行。该工程采用曝气塘工艺，每天可处理污水2000吨，主要处理杨镇地区产生的生产生活废水，达标后再流入湿地。

中国共产党北京市顺义区委员会

综　　述

2009年,区委坚持以邓小平理论和“三个代表”重要思想为指导,以学习实践科学发展观活动为引领,围绕“保增长、保民生、保稳定”中心任务,全面落实中央和市委各项决策部署,统一思想,创新实干,攻坚克难,为举办一届空前成功的花博会,圆满完成全年各项目标任务,推动区域经济社会科学发展提供了坚强的思想、政治和组织保障。

一是提振信心保增长,服务发展的推动功能进一步增强。面对国际金融危机的深刻影响团结带领全区干部群众凝心聚力、共谋发展。统筹区域发展,深化科学发展思路。坚持“空港国际化、全区空港化、发展融合化”的发展理念,明确“盘活存量保增长、扩大增量促发展、增加总量上水平”的发展思路,强化“打基础、利长远”的发展定位,超前谋划,抢抓机遇,着力办好了一件大事(中国第七届花卉博览会)、抓好了两项工作(天竺综保区一期建设、国庆60周年庆祝活动)、完成了三项任务(保增长、保民生、保稳定)。狠抓理论建设,凝聚科学发展共识。各级理论中心组紧紧围绕中航工业园建设、综保区建设、轻轨M15号线建设、重点新城建设、城乡一体化发展、改善民生等全区发展重大问题组织集体学习、研究讨论,并注重学以致用,切实把学习成果转化为推进工作的动力和解决实际问题的能力。区级领导和处级单位共撰写理论文章300余篇,掀起了理论指导实践的新高潮。制定出台了《区委关于加强党校工作的意见》,努力将党校打造成为深化理论建设的前沿阵地、培养干部的生动课堂、党员受教育强素质的主要载体。深入开展调查研究,破解科学发展难题。着眼事关全区全局性、战略性和前瞻性的重大问题深入调研,形成了《关于在天竺综保区发展离岸金融市场的研究》、《北京顺鑫石门农产品批发市场功能拓展研究》等有价值的调研报告350余篇,为科学指导实践提供理论支撑和决策依据。

二是立足营造氛围办花博,区域文明的引领功能进一步提升。着眼花博会和国庆60周年庆祝活动,营造良好的人文环境和浓厚的社会氛围。宣传思想工作注重把握导向。立足“服务花博”精心组织各项活动,统筹媒体资源进行全方位宣传,营造了“人人知花博,人人爱花博”的良好社会氛围;全面宣传全区上下抢抓机遇、应对挑战、加快发展的良好形势,集中报道了天竺综合保税区管委会揭牌、中航发动机奠基等关系全区发展的重点项目、重点工程，发挥了主流舆论积极向上的引导作用。精神文明建设注重倡导风尚。以庆祝建国60周年为契机，深入开展群众性爱国主义教育活动和“迎接国庆、服务社会、构建和谐、促进发展”系列活动，激发了干部群众树立国家意识、首都意识、顺义意识，增强了爱党爱国、建设家乡的责任感和使命感。继续深入开展文明创建活动，共创建国家级文明单位4个、全国环境优美镇4个、市级文明镇和京郊环境优美镇19个、首都文明村和京郊文明生态村100个，市民整体素质和区域文明程度得到明显提升。文化建设注重展示亮点。在组织好“二月新春”、“五月鲜花”、“十月金秋”系列活动的基础上，精心组织了“迎花博、爱祖国、唱顺义”歌曲征集、“花漫顺义”摄影大赛等文化活动，群众文娱活动主题鲜明、生动活泼；区文化中心顺利开工建设，将打造成为全区文化交流和休闲中心；文化信息资源共享工程村级服务点建设率先在全国实现全覆盖，农村文化信息资源整合工程得到广泛利用。

三是立足凝心聚力创和谐，思想政治工作的凝聚功能进一步加强。努力维护民主团结、安定和谐的政治局面，为改革发展稳定减少阻力、增加助力、形成合力。人大政协在区委的领导下，充分发挥职能，人大代表共提出建议、批评和意见104件，政协委员提案152件，办复率均为100%。统战部门组织各民主党派、工商联、民族宗教界代表、无党派人士积极围绕办花博、保增长、建新城等重点工作献计献策。工会、共青团、妇联等群团组织积极发挥职能，全力确保国庆群众游行活动万无一失；三万余名社会志愿者倾情投身花博会志愿服务，为花博会顺利举办贡献力量；着力推进服务型工会建设，保护职工合法权益；深入开展“绿色家庭、和谐家庭”创建活动，提升了群众生活质量和幸福指数。政法综治部门围绕“平安顺义”、“平安花博”要求，加强信访工作力度，成立社会矛盾排查督导中心，深化矛盾纠纷排查调处机制；充分调动群防群治力量，提高社会管理防控精细化水平，社会治安综合治理成效明显，群众安全感、满意度名列全市前茅。2009年5月，被中央组织部等国家三部委评为“全国平安建设先进区县”。“一助一”工作全年累计投入帮扶资金6283万元，帮扶单位发展到504家，已经成为新农村建设的重要力量。研究制定了《顺义区加强社会建设的意见》，成立社会建设领导小组，全面加强社会公共服务、社区管理、社会组织等体系建设。

四是立足提高执政能力强党建，科学发展的保障功能进一步强化。坚持“围绕发展抓党建，抓好党建促发展”，制定出台了党建工作“1+4”文件，对新形势下加强和改进党的建设进行了全面部署。学习实践活动成效显著。切实把深入学习实践科学发展观活动与应对危机保增长结合起来，与领导干部作风建设年活动结合起来，与办花博、迎国庆等重大任务结合起来，明确“保增长、促发展、加快推进城乡一体化”主题，突出“思想解放、实践特色、作风建设、群众路线”四个重点，在解决实际问题上下功夫，在保增长促发展上见实效。学习实践活动群众测评满意度达到100%，实现了党员干部受教育、科学发展上水平、人民群众得实惠的活动目标。干部队伍建设不断加强。扎实推进政府机构改革工作，形成了“32+2”的区政府机构设置格局，并对91家单位、288名干部进行调配，进一步优化了干部队伍结构；加大干部培训力度，举办了北京大学公共管理高级研修班、处级领导干部理论进修班、青年干部培训班等，共培训干部1965人；启动了全区首批战略后备人才境外培训工作，22名处科级干部赴境外培训。基层党组织建设扎实推进。研究制定了《基层党建分类推进工作意见》，科学把握不同类别、不同层次基层组织建设的特点，分级分类实施精细化管理，为更好的发挥基层党组织的基础作用奠定了基础。党风廉政建设深入开展。深入开展示范教育、警示教育和岗位廉政教育，切实提高了党员干部拒腐防变的意识。制定出台《“一把手”廉政风险防范管理实施意见》，以及关于严格禁止利用婚丧喜庆之机敛财、规范领导干部公务用车等多项规定，进一步规范了领导干部廉洁从政行为。着力推进“阳光工程”、“阳光拆迁”、“廉洁花博”，着力加大重点项目、重大工程的监督检查力度。全面开展“小金库”专项治理工作，完善财务监管约束制度。

单位名称：中国共产党北京市顺义区委员会
地址：顺义区府前中街1号
电话：(010)69444113
邮编：101300
网址：http://qw.bjshy.gov.cn

（马　征　于子洋）

【刘淇、郭金龙到顺义调研】　2月9日，市委书记刘淇和市委副书记、市长郭金龙来到顺义，以“扩内需、保增长、促发展”为主题进行专题调研。市领导李士祥、赵凤桐、苟仲文、夏占义，顺义区领导张延昆、王海臣、杨宝华、林向阳等陪同。刘淇同志察看了北京恩布拉科雪花压缩机有限公司、北京第一机床厂、北京首钢冷轧薄板有限公司和北京索爱普天移动通讯有限公司的生产情况。刘淇要求，要进一步整合北京地区资源，搭建平台，加强研发，强化技术攻关，通过纳入重大专项和政府采购等方式，努力在拥有自主知识产权的核心技术上实现新的突破；要坚定信心，充分利用已经形成的品牌优势，奋力开拓市场，加强研发，抓好产品更新换代，特别要抓住扩大内需的机遇，努力开拓国内市场，扩大产能产值，保持企业平稳发展。

（马　征　于子洋）

【2009年经济工作会】　2月11日，顺义区召开2009年经济工作会。区委、区人大、区政府、区政协领导出席会议。会上，区建委、工业局、杨镇等五家单位分别就建筑业和房地产业发展、现代制造业发展、新城马坡组团开发建设、汽车零部件基地建设等做了典型发言。区委常委、常务副区长王海臣作了题为《迎难而上，真抓实干，千方百计确保全区经济平稳快速发展》的工作报告。区长张延昆要求：要统一思想，坚定信心；要认真贯彻，狠抓落实；要加强调度，强化督查，确保全年各项目标任务圆满完成。夏占义强调：要正视困难、攻坚克难，抢抓机遇，确保发展。全区各部门要充分分析各自职能，提高工作效率，深入企业排忧解难，为区域经济发展创造良好环境；企业要保持自身持久发展，为社会贡献财富，创造更多更好更稳定的就业岗位；党员干部要在危机中发挥自身模范带头作用，要迎难而上，为实现区域经济又好又快发展做出自身应有的贡献。

（马　征　于子洋）

【中航工业三大项目落户顺义】　3月2日，北京市政府与中国航空工业集团公司（简称中航工业）正式签署战略合作框架协议，双方决定共同出资组建中航航空发动机有限责任公司、中航航空系统有限责任公司、中航工业复合材料工程技术中心等中航工业在京项目。其中，作为飞机核心组成部分的发动机、机载系统和复合材料等板块项目将入驻位于顺义城南的北京汽车生产基地，累计投资达到165亿元，3年内完成一期建设。

（马　征　于子洋）

【轨道交通M15号线顺义段开工】　4月11日，连接顺义新城和北京市区的轨道交通M15号线顺义段正式开工建设。M15号线预计总投资180亿元，全长45.4公里，主要分布在海淀、朝阳、顺义三个区。起点位于西苑，经颐和园、清华大学、望京、新国展、后沙峪等地区，最后到达顺义河东地区，共设车站21座。按照规划，望京西至后沙峪段将于2010年底先期开通，顺义段计划于2011年12月建成通车，一期工程全线计划于2013年建成开通，届时顺义到北京市区的时间将缩短至半小时。

（马　征　于子洋）

【中国民生银行总部基地奠基】 5月25日，中国民生银行总部基地奠基仪式在顺义新城马坡组团项目所在地隆重举行。北京市副市长夏占义，中国民生银行董事长董文标以及顺义区领导张延昆、刘剑、马庚良、王海臣、杨宝华、李友生、林向阳出席。中国民生银行总部基地项目总占地面积约200亩，规划建筑面积13.3万平方米，总投资8.2亿元，计划于2010年底竣工。中国民生银行总部基地建成后，将成为中国民生银行的总部办公中心、结算中心、数据中心、信用卡中心、研发中心和客服中心。中国民生银行总部基地的开工建设，对于塑造顺义新城城市形象，提升新城影响力、竞争力和现代服务业水平，具有十分重要的意义。

（马　征　于子洋）

【区委三届九次全会】 5月27日，中共北京市顺义区第三届委员会第九次全体会议召开。会议审议并通过了《深入学习实践科学发展观、以保增长保民生保稳定的实际成果迎接新中国成立60周年》的报告和《2009年1－4月份全区经济形势分析》。全会要求，全区上下要围绕“保增长、保民生、保稳定”中心任务，坚持“盘活存量保增长、扩大增量促发展、增加总量上水平”的工作思路，扎实做好今年各项重点工作：坚持扶持重点产业，提高现代制造业水平；坚持发展国家战略性产业，提升区域核心竞争力；坚持投资拉动、项目带动，增加区域经济总量；坚持政策集成、辐射周边，大力推进综保区建设；坚持加快推进城乡一体化，全面落实新城功能定位；坚持营造和谐发展环境，迎接新中国成立60周年；坚持以深入学习实践科学发展观活动和领导干部作风建设年活动为主线，全面加强党的建设，为“保增长、保民生、保稳定”提供坚强的政治思想和组织保障。

（马　征　于子洋）

【纪念建党88周年暨全区基层组织建设大会】 6月29日，顺义区召开纪念建党88周年暨全区基层组织建设大会。会议由区委副书记胡尚云主持，区领导张延昆、刘剑、陶宝金、闫立刚、王敬东、雷显武、林兆波、王海臣、杨宝华、周颖博出席。会上，区委常委、组织部部长雷显武作了题为《分类管理，推进创新，全面提高基层组织建设整体水平》的基层组织建设工作报告；仁和镇等四家单位就基层党建作了典型发言。区委书记张延昆在会上指出：全区广大党员要切实增强历史责任感和执政使命感，增强政治意识、责任意识、宗旨意识、自律意识以及示范意识；各级党组织要认清形势，正视不足，充分认识加强基层党组织建设的重要性和紧迫性；要按照分级分类、精细管理的原则，切实增强基层党组织建设的针对性和实效性；全区上下要振奋精神、务实创新，全面完成“保增长、保民生、保稳定”的工作任务。

（马　征　于子洋）

【北京天竺综合保税区封关运行】 7月29日，北京天竺综合保税区举行揭牌仪式，正式封关运行。市委书记刘淇出席揭牌仪式，海关总署署长盛光祖为北京天竺综合保税区揭牌，市委副书记、市长郭金龙和盛光祖分别致辞，海关总署和北京市领导李克农、李士祥、赵凤桐、孙松璞、鲁陪军、苟仲文、程红等参加活动。揭牌仪式后，郭金龙等市领导一行来到顺义区实地察看了北京天竺综合保税区。郭金龙指出，要在严格监管的基础上，充分发挥保税区的功能优势，为中央党政军机关和中央在京企事业单位服好务，为北京市六大功能区特别是高新技术产业服好务，为首都乃至全国的经济社会发展服好务，实现保税区可持续发展。北京天竺综合保税区是我国首家空港型综合保税区，地处首都临空经济核心区范围内，规划面积5.944平方公里，集口岸通关、出口加工、保税物流等功能于一体，享有“免证、免税、保税”政策。天竺综保区正式封关运行为顺义临空经济的发展注入了强大动力。

（马　征　于子洋）

【北京金蝶软件园在顺义新城奠基】　9月9日，北京金蝶软件园奠基仪式在顺义新城举行。国家工业和信息化部副部长娄勤俭，国家财政部副部长王军，北京市委常委、教工委书记赵凤桐，北京市经信委主任朱炎和顺义区领导张延昆、马庚良、王海臣、李友生、林向阳、王玉奇出席。北京金蝶软件园位于顺义新城马坡组团，占地230亩，规划面积15万平方米，建成后将主要进行企业管理软件产品的规划、研发、生产与销售，为全球大中型企业提供信息化系统整合管理服务。这也是北京金蝶软件园继上海、深圳之后建设的第三个且规模最大的软件园。

（马　征　于子洋）

【第七届中国花卉博览会隆重开幕】　9月26日，第七届中国花卉博览会开幕式在顺义花博会主场馆隆重举行。中共中央政治局委员、国务院副总理、全国绿化委员会主任回良玉，中共中央政治局委员、北京市委书记刘淇，全国政协副主席罗富和，全国人大常委会原副委员长何鲁丽，国家质量监督检验检疫局长王勇，海关总署署长盛光祖，全国政协常委孙有福，中国花卉博览会组委会主任、中国花卉协会会长江泽慧和北京市领导郭金龙、杜德印、阳安江及顺义区领导张延昆、刘剑、马庚良、陶宝金等出席了开幕式。中国花卉博览会始办于1987年，是中国目前规模最大、档次最高、影响最广的国家级花事盛会。第七届中国花卉博览会由国家林业局、中国花协、北京市人民政府和山东省人民政府联合主办，北京展区由顺义区承办，是献礼国庆60周年重要活动之一。全国31个省、自治区、直辖市，深圳市，香港、澳门、台湾地区以及30个国家1300多家知名花卉企业踊跃参展，是历届花博会中参与范围最广、企业品质最优、花卉品种最新、科技含量最高、展示领域最宽、影响最为深远的一次国际性花事盛会。

（马　征　于子洋）

【2010年工作务虚会】　12月5日，顺义区2010年工作务虚会召开。区领导张延昆、刘剑、马庚良、陶宝金等出席，相关委办局领导参加。对于当前形势和今后工作，张延昆强调要了四点意见：一是抢抓机遇，超前谋划，全年工作取得重大成就；二是要面对形势抢抓机遇，调整产业结构，提高企业核心竞争力和市场占有率，加速新城建设；三是要加快推进城乡发展一体化、经济发展多元化、社会管理精细化、党建工作科学化，使全区工作走在全市前列；四是党的建设是我们一切工作的政治保障和组织保障，加强干部队伍建设和管理，加强领导班子建设。

（马　征　于子洋）

【区委三届十次全会】　12月28日，中共北京市顺义区第三届委员会第十次全体会议召开。全会审议通过了《关于进一步加强和改进全区党的建设的意见》等五个文件。区委书记张延昆同志作了重要讲话，全面总结了全区党建工作的基本经验，深刻分析了当前面临的发展形势，并就深入推进新形势下党建工作强调了六点意见：一要把理想信念教育贯穿党的建设始终；二要把建设高素质干部队伍作为服务发展的有力保障；三要把提高领导水平和执政能力作为各级领导班子建设的核心内容；四要把分级分类管理作为推进基层党建创新的重要抓手；五要把党风廉政建设作为必须始终抓好的重大政治任务；六要把建立科学的领导干部考评体系作为干部管理的重要内容。对于2010年工作，张延昆强调：要深入贯彻落实科学发展观，以落实“人文北京、科技北京、绿色北京”的战略任务为核心，以建设世界城市为引领，围绕城乡发展一体化、经济发展多元化、社会管理精细化、党的建设科学化的目标，坚持“优化存量保增长，扩大增量上水平”，全力推动“八个发展”，努力走在全市城乡一体化发展的前列，使顺义新城成为建设“三个北京”的典范。

（马 征 于子洋）

组织工作

【概 况】 2009年，组织工作以“三个代表”重要思想为指导，以科学发展观为统领，以开展好深入学习实践科学发展观活动为契机，围绕应对危机挑战、促进区域经济社会发展和社会和谐选干部、配班子，建队伍、聚人才，抓基层、打基础，坚持围绕中心，坚持整体推进、分类指导、重点突破和改革创新，圆满完成了年度重点工作任务，全区各级领导班子、干部队伍、党员队伍、人才队伍和基层组织建设得到新加强，科学发展的思想深入人心，为推动全区经济社会实现科学发展提供了有力的组织保障和人才支持。

单位名称：顺义区委组织部

地址：顺义区府前中街1号

电话：(010)69441469

邮编：101300

（区委组织部）

【开展学习实践科学发展观活动】 在全区范围内组织开展深入学习实践科学发展观活动。第一批活动自3月起，到8月基本完成，共有133家单位参加，涉及党委66个，党总支16个，党支部502个，党员11254名；第二批活动自10月起开展，参加单位来自全区3个系统、19个镇、6个街道和3个开发区，共涉及党组织1238个，党员39549名。第一批活动主题为“保增长、促发展，加快推进城乡一体化”，第二批活动主题为“加强基层组织建设，密切党群干群关系，建设现代文明和谐新顺义”。在学习形式上，第一批活动采取了区级领导专题报告会、集中封闭学习、理论中心组学习、到先进地区取经、专题讲座、培训班和个人自学等多种形式；第二批活动针对参加活动的党组织和党员特点，采取了“七个一”（听一次专题辅导报告、党组织负责人讲一次党课等）的形式。区委、区政府集中召开了2次征求意见座谈会，区级领导分别召开座谈会21次，发放征求意见问卷230余份，共征求政府专家顾问组成员、党代表、人大代表、政协委员、基层干部群众、驻区双管单位、部分企业等各界各层次人员意见和建议420多条。制定出台了区委《关于进一步加强基层组织建设的意见》、《关于推进基层党组织分类管理的意见》，《关于进一步加强和改进党的建设的意见》和《关于密切干群关系的若干规定》等“1+4”系列文件。中央电视台、《光明日报》、《前线》杂志社等多家中央媒体对区委的做法和效果进行了报道。

（区委组织部）

【领导班子配备和干部队伍建设】 全年共对91家单位进行了干部调配，涉及干部288余名。为天竺综保区和“花博会”筹委会选调干部、配备专门人才，为重点工程的顺利推进提供了人力资源保障。着眼于优化干部队伍结构、推进干部队伍年轻化，挑选了66名后备干部参加后备培训，并对其能力素质和各方面表现情况进行跟踪考察，为日后选拔任用打下基础。

（区委组织部）

【干部教育培训工作】 制定出台《关于做好新一轮大规模培训干部工作的意见》，对今后一个时期全区干教工作进行了部署。开展培训需求调研。采取在培训班中征求意见和下发调查问卷、组织不同层次人员座谈等形式，深入了解培训需求和意见建议，为更加有针对性地开展培训提供参考和借鉴。创新培训内容和方式。以科学发展观理论、如何应对国际金融危机、如何推进城乡一体化建设、筹办花博会、建国60周年大庆的突发事件应对与处置等为主要内容,采取学员分组讨论的形式开展各期培训班,增强了培训效果。全年共举办北京大学公共管理高级研修班、处级领导干部理论进修班、青年干部培训班等主体班次9期,指导协调区纪委、工商联、国资委举办纪检监察干部培训班、企业高层经营管理者品牌战略培训班、国资委系列讲座等专题班次10期,累计培训2796人次。

(区委组织部)

【干部考察和监督工作】 一是加强日常考察和考核。对区政府办、财政局等20家区直单位领导班子进行考察;完成对118家处级单位974名处级干部的年度考核工作。二是加强日常监督和管理。下发《关于进一步加强管理严肃干部人事工作纪律的通知》,开展违反组织人事纪律专项检查工作;通过查看各单位党委会议记录、讨论决定干部专用簿和与机关干部座谈等方式,加强了对干部选拔任用工作的日常监督。

(区委组织部)

【人才队伍建设】 加大调研力度,先后开展了高层次人才队伍建设、海外人才创新创业、农村实用人才队伍建设、企业家人才队伍建设、优秀人才培养资助等课题的调研工作。召开高层次人才引进座谈会和专家座谈会,掌握了重点发展领域高层次人才需求状况和人才工作的薄弱环节。完成2009年市委组织部优秀人才培养资助项目的申报工作,共有5个个人项目和1个集体项目获资助。做好北京市有突出贡献科学、技术人才推荐和公示工作、第二批北京市有突出贡献农村实用人才和首批海外高层次人才申报工作。组织参加市委农工委举办的首届农村实用人才创业成果展示会,获优秀组织奖,参加展示的9名农村实用人才分别获得二、三等奖。首批"人才京郊行"活动圆满成功,得到市委组织部、人才所在单位和服务单位的好评。与区人力资源和社会保障局配合启动了全区首批战略后备人才境外培训工作,确定了22名人选拟送澳大利亚参加培训。

(区委组织部)

【农村党建工作】 以提高履职能力为目标,分批组织镇村干部参加全市乡镇党委书记镇长轮训班、全市村党支部书记示范轮训班、农村金融制度政策培训班、促进低收入农户增收致富专题培训班等。促进农村工作规范化为目标,通过召开会议、下发通知、听取汇报、实地抽查等形式,切实抓好村务公开、民主决策以及村党支部书记后备人选选拔培养等重点工作。建立农村基层组织信访例会制度,建立定期分析、领导包案、部门沟通等长效机制,签订《组织系统涉及农村基层组织、基层干部信访排查调处工作责任书》,通过抓信访维护农村稳定,为换届选举营造良好氛围;深入调查村"两委"班子现状,指导各镇党委完成对各村"两委"班子的考核,全面掌握村"两委"班子的整体情况,尤其是村党组织书记的情况,并对部分班子作出必要调整,做好村"两委"换届选举准备工作。

(区委组织部)

【社区"两委"换届选举工作】 圆满完成社区"两委"换届选举工作,全区社区"两委"干部交叉兼职率为79%,其中书记主任"一肩挑"的比例为100%,分别比上届提高8个和10个百分点;有36个社区"一肩挑"比例和交叉兼职比例实现了"双百";"两委"班子成员的平均年龄比上届降低了3岁,大专以上学历增加了6个百分点,班子结构进一步优化。

(区委组织部)

【扩大"两新"组织党组织覆盖面】 通过调查摸底和走访调研,了解和掌握全区"两新"组织、特别是400家规模以上非公企业的基本情况和党建工作情况,在此基础上努力扩大党组织在"两新"组织中的覆盖面,规模以上非公企业党组织覆盖率达到91.7%,新社会组织中覆盖率达到43.6%。

(区委组织部)

【加强党员队伍建设】 完成农村党员干部远

程教育区级平台及镇村终端站点建设，全区共建立终端站点417个，为农村党员干部群众集中学习、个性化学习和获取信息服务搭建了新平台。制作了四部反映顺义区不同领域基层党建工作特点特色的电教片，其中电教片《城乡统筹 仁和巨变》作为全市第三批学习实践科学发展观活动学习资料在全市发行。加强全区党内信息管理系统的日常维护、更新和运用，提升全区党建工作信息化水平。通过自查、抽查等形式，及时发现问题，提出解决措施，规范了基层党组织党费的收缴、使用和管理工作。扩大建国初期党员的补贴范围，共增加党员241人，每年增加财政补贴41.76万元。改善党员活动场所，完成了24个困难村的办公活动场所建设。

（区委组织部）

【深化拓展“讲、重、作”活动】 在组织部门深入开展“讲党性、重品行、作表率”活动，结合“组织部长下基层”活动，组织部领导带头建立联系点，包村帮扶，经常到所包镇、村走访了解情况，指导工作，解决问题。部机关各党小组、各科室都建立了基层联系点、确定了帮扶的困难户，组工干部们经常深入基层、深入群众，访民情、解民忧，密切了与基层的感情和联系，强化了服务意识，提高了办事效率和服务水平。

（区委组织部）

宣传工作

【概　况】 2009年，全区宣传思想文化战线牢牢把握“高举旗帜、围绕大局、服务人民、改革创新”的总要求，认真学习宣传贯彻中央、市委、区委重要会议精神和决策部署，坚持解放思想、实事求是、与时俱进，贴近实际、贴近生活、贴近群众，着力巩固壮大主流思想舆论，不断推动区域文化事业和文化创意产业繁荣发展，为全区应对国际金融危机冲击、完成“保增长、保民生、保稳定”任务、庆祝新中国成立60周年、成功举办第七届中国花卉博览会提供了强大的精神动力和思想舆论支持。

单位名称：顺义区委宣传部

地址：顺义区府前中街1号

电话：(010)69443479

邮编：101300

（宣传部）

【区、处两级中心组集体学习】 区委理论中心组全年共组织内容丰富、形式多样的集体学习33次。各处级单位理论中心组围绕党的创新理论、全区重大决策部署以及群众反映强烈的突出问题展开学习，次数均超过了24次。全区调查研究扎实深入，围绕花博会、临空经济区、重点新城、城乡一体化、后奥运等五大重点方向、十五个主题系列共完成有价值的调研报告350余篇，解决了一批重点难点问题。全区理论宣讲活动贴近实际，成功组织了全市周末社区市民大讲堂活动启动仪式，共组织六场大讲堂活动，处级单位均开展了形式多样的理论宣讲和实践讨论活动，发挥了凝聚力量的作用。

（宣传部）

【新闻宣传工作】 2009年新闻宣传工作以服务花博会筹办举办工作为重点，围绕全区“保增长、保民生、保稳定”的中心任务，精心组织策划，整合媒体资源，专业化服务媒体，全年在市级以上媒体刊登（播出）新闻16956篇（条），其中在新华社、人民日报、中央电视台等中央级媒体刊登（播出）新闻373篇（条），为推动全区科学发展提供了良好的舆论氛围。精心组织谋划，全景展现盛世花博。北京电视台等10家媒体通过视频、音频、图文等方式现场直播开幕式盛况，覆盖了全国亿万人群；精心策划组织了主题语征集、“绿港花博号”首航、现代汽车赠车仪式等20余项大型宣传活动,营造了“人人知花博,人人爱花博”的良好社会氛围;累计接待境内外媒体130余家、记者700余名,在市级以上媒体累计刊播花博会新闻3300余篇,其中,刊发大篇幅报道百余篇,播出专题20余个,实现了媒体资源全覆盖,宣传形式全方位,特色亮点全展现。围绕“保增长、保民生、保稳定”中心任务,营造宣传氛围。围绕三保工作任务,区内媒体分别开设保增长、促发展、推进城乡一体化为主题的专题栏目,充分报道全区上下抢抓机遇、应对挑战、加快发展的形势,为各行各业鼓舞干劲,坚定了发展信心,充分发挥了主流舆论积极向上的引导作用。组织首都媒体集体采访,提高宣传效果。全年先后召开了30余场新闻发布会,对天竺综合保税区管委会揭牌、中航发动机奠基、M15号线开工建设等关系全区发展的重要活动、重点工程进行了集中宣传报道,形成了宣传强势,为全区完成“保增长、保民生、保稳定”中心任务营造了良好的舆论氛围。

(宣传部)

【群众文化活动】 2009年以迎办花博和庆祝新中国成立60周年为主线,以“二月新春”“五月的鲜花”、“十月金秋”品牌活动为平台,除举办了“迎花博、爱祖国、唱顺义”第七届中国花卉博览会(北京展区)歌曲征集活动、“花漫顺义”摄影大赛、国庆演出等大型文化活动外,还组织了以第五届北京市“后沙峪杯”交谊舞大赛、第七届北京市“赵全营杯”民间花会大赛、第五届北京市“高丽营杯”戏曲票友大赛、北京市第三届“天竺杯”合唱邀请赛、北京市“汉石桥湿地杯” 摄影大赛、北京市“李桥杯”器乐大赛、江河幕墙股份有限公司首届“江河杯”主题艺术创新大赛等主题突出、内容丰富、群众参与广泛的文化活动3450场,吸引观众264万人次。

(宣传部)

【最美乡村评选】 在2009年度北京寻找最美的乡村评选活动中,顺义马坡镇庙卷村和石家营村获得了“最美乡村”称号 。

(宣传部)

统战对台工作

【概 况】 2009年,中共顺义区委统战部在顺义区委的正确领导下,认真学习贯彻区委各项会议精神,扎实开展工作,在提高领导班子执政能力建设、党员干部先进性建设方面取得了一定的成绩。除此之外,为解放思想、健全机制、提高党派团队意识,开展了一系统的活动,带领全区各界人士积极开展各项统战工作。

单位名称:顺义区委统战部
地址:顺义区府前东街11号
电话:(010)69463900
邮编:101300

(蔡春梅)

【深入开展调研工作】 紧紧围绕“保增长、促发展、加快推进城乡一体化”主题,把积极应对当前国际金融危机、保持我区经济平稳较快发展、维护社会稳定作为重要内容,针对驻区台资企业受当前国际金融危机影响的情况开展调研活动。顺义区台办李树新主任亲自带队,走访6家不同类型的重点驻区台资企业,通过了解当前金融危机对台资企业产生的影响和企业面临的困难情况,听取台商、台胞的意见和建议。我办将在分析原因、研究解决问题的有效方法等方面开展调研活动,以便更好的为驻区台资企业服务。

(蔡春梅)

【区委统战部开展调研】 4月3日—5日区委统战部采取召开座谈会形式、下发征求意见表和走访的形式,以班子名义征求意见。

领导干部个人采取召开座谈、个别访谈等形式,向基层单位征求意见。充分结合科学发展观广泛征求意见、深入开展调研。意见表涉及五项内容:一、围绕区委、区政府中心工作,发挥职能,推动部门工作建设。二、积极服务统战对象,提高办事效率,增强服务水平。三、在解放思想,更新观念、创新形式方面存在的差距和不足。四、对领导班子组织能力、工作作风的总体评价和建议。五、在机关干部综合素质、整体能力方面存在的不足和差距。

(蔡春梅)

【区台办组织台商联谊踏青活动】 为丰富驻区台商台胞的业余生活,缓解工作中的紧张压力,为台商之间的交流搭建更好的平台,10日上午顺义区台办组织驻区台商台胞70余人赴怀柔圣泉山开展踏青联谊活动。

(蔡春梅)

【向困难母亲慈善救助项目正式启动】 2009年5月8日上午,由慈善协会搭建,民建顺义支部出资,妇联参与的向困难母亲慈善救助仪式正式启动。民建北京市委主委王永庆,顺义区副区长陈卫东,政协副主席、统战部长赵荣山等领导出席会议。启动仪式上,民建顺义支部捐助20万元资金和1.5万元物品,对我区部分贫困母亲进行帮扶。该项目暂定用三年时间,通过物质援助、就业援助、精神援助的形式,使被救助的贫困母亲得到真正的实惠。救助贫困母亲是支持公益事业的充分体现,通过发放社会损赠、推动妇女就业等多种形式发挥社会主义作用,保障妇女人身权益、劳动权益,为她们提供更好的生活条件,从而更好的关注贫困母亲命运,

(蔡春梅)

【区中小学生在"第十八届中国儿童青少年计算机表演赛"初赛中取得优异成绩】 区台办和教委共同组织全区6000余名中小学生参加由台资企业"北京威盛电子(中国)有限公司"冠名赞助,教育部、卫生部、中央电视台等九家单位联合发起、共同主办的第十八届中国儿童青少年计算机表演赛。经过3个月的网络初赛选拔,我区初赛成绩全市第一,共有37名中小学生进入了北京市决赛,占决赛名额的74%。在4月26日的北京市决赛中,同学们发挥各自的想象力和创造力,共有8名学生进入到全国总决赛,占北京赛区的80%。

(蔡春梅)

【参与花博会招商引资工作】 成功举办"中国第七届花卉博览会"是我区今年的中心任务,区台办在区委区政府的正确领导下,联合相关部门积极参与花博会台湾展区的招商引资工作。并多次向花博会组委会了解台湾展区设计情况和参展要求,向台商宣传顺义良好的投资环境,积极推介台商前来参展。

(蔡春梅)

【区委统战部走访杨镇一中及四个清真寺】 7月7日上午,顺义区委统战部走访了杨镇一中新疆班及四个清真寺,与当地主管领导、校方领导及班主任进行了沟通及了解,要求有关领导严格按照中央对新疆7·5打砸抢事件的宣传,做好维族信教群众的思想工作,保证宗教活动场所的正常秩序和安全稳定工作。

(蔡春梅)

【市委统战部领导考察顺义区会员企业精神文明创建工作】 7月2日,市委统战部副部长楚国清,宣教处处长周景晓,宣教处副处长葛军一行到我区考察工商联会员企业精神文明创建工作,区政协副主席、统战部长赵荣山,区工商联党组书记常务副主席鲍晓芹陪同。市委统战部领导先后来到北京金路易速冻食品有限公司和北京嘉寓门窗幕墙股份有限公司,每到一处,都认真听取了企业负责人在开展精神文明创建工作方面的相关情况汇报。

(蔡春梅)

【向台湾灾区捐款活动】 "莫拉克"台风在台

湾造成了严重灾害,牵动着驻顺台胞的心,同样也牵动着大陆同胞的心。8月24日,为了帮助台湾灾民尽快渡过难关,重建家园,区台办在北京碧云天国际酒店内组织驻顺台胞向台湾灾区捐款活动。活动上,台胞朋友们都为重建家乡献出了自己的一点微薄力量,区台办李树新主任及全体工作人员也向台湾灾区捐款,共为灾区筹得善款人民币5万元整。

(蔡春梅)

【区非公企业迎国庆、迎花博、保安全、保稳定现场培训会】 9月3日,在北京康贝尔食品有限公司,顺义区委统战部、工商联联合组织召开了顺义区非公企业迎国庆、迎花博、保安全、保稳定现场培训会。会上,北京冶金正源科技有限公司的职工代表做了典型发言;北京康贝尔食品有限公司副总经理马立学代表赵全营镇非公企业宣读了倡议书,号召广大非公企业确保生产安全,全面实现"安全迎花博、和谐庆华诞"的目标;与会人员共同合唱了《歌唱祖国》,以此来表达广大非公企业对祖国的热爱与祝福;区公安消防支队防火处李晓鹏参谋结合事故案例,为大家讲解了消防安全知识,并进行了现场消防演练。

(蔡春梅)

【区穆斯林群众喜迎古尔邦节】 11月17日是穆斯林的传统节日——古尔邦节,也叫宰牲节。区委统战部、区民族宗教侨务办公室、区政协社法室和顺义公安分局国保支队的有关领导组成联合慰问组,会同相关镇政府有关同志分别到后沙峪镇回民营村、高丽营镇七村、牛栏山镇安乐村和杨镇三街等四所清真寺为穆斯林群众送去节日祝福,并带去了慰问金。

(蔡春梅)

政策研究工作

【概　况】 2009年,全区调查研究工作紧紧围绕深入学习实践科学发展观活动,紧紧围绕区委、区政府"三保"等重点任务和加快推进城乡一体化等中心工作,重点围绕七博会举办、围绕临空经济区建设、围绕重点新城建设、围绕统筹城乡发展、围绕后奥运经济社会发展等重点方向,广泛深入开展调查研究,不断创新调研手段,切实加强成果转化,真正发挥了领导参谋助手作用。主要呈现出以下特点:一是研究广泛,转化充分;二是科学实践,创新机制;三是落实批示,服务决策;四是加强培训,提高素质;五是协调协作,延伸调研。全区调查研究工作走在全市前列,荣获"2008-2009年度北京市调查研究先进单位",连续三届六年获此殊荣。

单位名称:顺义区委研究室
地址:顺义区府前中街1号
电话:(010)69444462
邮编:101300

(区委研究室)

【组织协调区级重点和关注课题】 2009年,全区调查研究围绕七博会、临空经济区、重点新城、城乡一体化、后奥运等五大重点方向、十五个主题系列,涉及全区经济社会发展的各个领域,共完成有价值的调研报告350余篇,其中区级调研刊发82篇,市级调研刊物发表50余篇。其中,《城乡一体化发展必须"见物见人"》和《城市化带动,工业化支撑,一体化服务,加快构建城乡一体化发展新格局》两项课题列入北京市关注课题。被北京市社科规划办列入市社科规划重点课题的《首都临空经济区功能定位和产业布局研究》和《首都空港自由贸易区发展战略研究》均已通过验收，顺利结题。

（区委研究室）

【石门市场功能拓展研究】 《北京顺鑫石门农产品批发市场功能拓展研究》是2009年度区级重点课题之一，联合中商商业经济研究中心共同完成。本课题在对北京顺鑫石门市场的现状和发展环境深入分析的基础上，深入研究探讨了石门市场在功能拓展的总体设想和具体措施，为推动石门市场实现拓展升级指明了方向，明确了思路。

（区委研究室）

【离岸金融研究】 《关于在天竺综合保税区试点离岸金融业务的政策建议》是在深入挖掘临空经济发展内涵过程中进行的重点课题之一，联合市委研究室、市政府研究室、国开行北京分行、天竺综合保税区、区金融办共同完成。本课题对空港综合保税区开展离岸金融业务进行了专题研究，最终形成的调研报告由市委研究室编发了四期《决策参考》，并在市政府调研刊物《工作研究》编辑发表，获得市领导的关注和批示，推动了北京天竺综合保税区离岸业务的开展。

（区委研究室）

【深入学习实践科学发展观】 围绕深入学习实践科学发展观活动，提出了“贯穿一条主线、围绕一个核心、办好一件大事、建设三座平台”的活动主题。经过半年的学习实践，顺利完成了各项任务，收到了良好效果，达到了预期目的，在群众满意度测评中获得了100%的好评。在《顺义调研》上开辟“科学发展系列调研”专题，对全区各部门、各地区在学习实践科学发展观中涌现出的优秀调研进行了刊发，为服务本单位、本地区科学发展提出的一些好做法、好思路、好建议在全区得到了推广。

（区委研究室）

【开展调研表彰与培训】 2009年3月16日，组织召开全区调查研究工作总结表彰暨培训会议。会议总结了2008年全区调研工作，布置了2009年度全区调研工作要围绕“一个核心、“一条主线”、“一件大事”、“三座平台”，全面深化调研工作，寻找支点、挖掘重点、培育特点、打造亮点，全面推动顺义区经济社会又好又快向前发展。会议对2008年度全区调查研究工作取得突出成绩的先进单位、先进领导、先进工作者和优秀调研成果进行了表彰。市委研究室巡视员康庆强同志对顺义区调查研究工作给予了高度评价。区委副书记胡尚云同志对全区调研工作提出四点要求。一是调研工作要紧密结合实际，注重成果转化，全面推动工作；二是各级领导要身体力行，做出表率，不做“三拍”干部；三是调研工作要切实把握好政策这一关键环节；四是要扎实学习理论知识，练好基本功，不断提高调研工作的质量和水平。会后，全区100多家单位、近300名调研主管领导和调研工作人员参加了市委研究室在顺义区举办的为期三天的全市调研系统业务培训，听取了多位知名专家学者讲授的科学决策与调查研究、如何开展调查研究与撰写调研报告、如何撰写领导讲话及形势报告等讲座。

（区委研究室）

【出版年度调研文集】 认真总结调研工作的方式方法，健全完善调研工作的体制机制，强化课题筛选、课题责任、课题保障、考核激励和课题转化等五项机制。并对2008年度区内的重点课题和关注课题进行了系统梳理，编印了《2008年度顺义区调查研究课题汇编》，受到了区内有关领导和各部门的关注和重视。

（区委研究室）

机构编制工作

【概　况】 2009年坚持以科学发展观统揽

全局,不断推进行政管理体制改革和政府机构改革,创新机构编制管理和服务,做好重点领域的机构编制保障,着力提高机构编制管理的科学化、规范化和法制化水平,各项工作取得一定进展。

单位名称:顺义区机构编制委员会办公室
地址:顺义区新顺南大街17号
电话:(010)69441686
邮编:101300

(区编办)

【扎实开展区政府机构改革工作】 首先结合顺义区功能定位和经济社会发展实际,研究提出了区政府机构改革方案,经区编委会、区委联席会、区委常委会审议通过后报市委市政府审批。第二步起草了《顺义区政府机构改革实施意见》,《关于严明纪律确保全区机构改革工作顺利进行的通知》,《关于机构设置的通知》,《关于做好区政府工作部门"三定"规定及人员定岗安置工作的通知》,《关于机构改革中做好文件发送、印章使用、悬挂牌子、经费和资产处置及档案管理等工作的通知》"1+4"配套文件,召开了区政府机构改革动员大会暨"三定"工作会,通过不断调研修改完成各部门的"三定"。本次机构改革完成了以下几项任务:第一、转变政府职能,区编办对对顺义区所有部门的职能都进行认真的梳理和分析,切实落实职能转变的要求。36个部门中,划入划出的职责20项,加强或强化职责107项,新增职责34项,取消职责28项。其中按部分部门之间的职责调整,划转部分职责,共涉及部门22个,职责20项;按照市委、市政府和区委、区政府要求,各部门需要加强或强化的职责,共涉及部门31个,107项;按照经济社会发展需要,相关部门新增加的职责,共涉及部门18个,职责36项。第二、优化组织结构,本次改革不仅进行机构、人员上的精简,而是在优化组织结构上下功夫。重点做了四个方面的调整:一是完善农村工作领导体制,加强对农业和农村工作的综合管理和统筹协调。二是打破城乡二元分割,加快推进城乡一体化发展。三是按照区域功能定位,加快产业结构优化升级,建立健全产业服务体系。四是加强社会建设统筹,切实保障和改善民生,进一步提高社会管理和公共服务水平 . 经过上述调整,区政府工作部门共撤销3个,调整7个,新组建6个(含部门管理机构2个);区委工作机构调整1个,新组建1个。改革后,区政府设置工作部门32个,部门管理机构2个。第三、明确强化责任,共明确和强化了36个部门中的了296项责任。第四、是理顺职责关系整个政府机构改革过程中,解决和理顺了14项职责交叉或关系不顺的问题,涉及20个部门。

(区编办)

【为完成"保增长"任务提供机构编制保障】 一是围绕优化经济发展和临空经济区建设,配合做好天竺综合保税区管理机构的组建工作。研究临空经济区"一区多园"的管理体制,提出相关机构的设立、调整意见。二是围绕顺义区经济发展形势,调整设立了统计、财政等部门的所属事业单位。如设立了汽车基地和综合保税区统计所,财政局预算编审中心、绩效考评中心、投资引导基金管理中心,发展改革委经济社会发展研究中心等。三是围绕城市化发展进程,加强城市管理和服务。设立了汉石桥湿地再生水厂、园林中心减河公园等管理机构。

(区编办)

【为"保民生"提供机构编制保障】 一是围绕创新社会建设和管理体制机制,理顺社工委与组织部、民政局等机构的职责权限。二是构建了以廉租房、经济适用房和限价商品房为主的住房保障体系,在区镇两级组建了住房保障机构。三是健全完善了医院管理体系,核定了区医院、中医院、妇幼保健院人员编制、内设机构。四是为使群众享受到更加方便快捷的公共服务,增设了部分服务机构。如团区委志愿服务指导中心,区体育局体育执法队,区民政局婚姻登记服务中心等;为城管大队新设了10个乡镇分队,增加了人员编制;为电视台变更了经费形式,并增加了人员编制。

(区编办)

【为“保稳定”提供机构编制保障】 一是为进一步深化社会矛盾纠纷排查调处机制,在信访办成立社会矛盾排查督导中心,在乡镇、街道办事处设立了信访工作机构。二是为健全行政复议接待机构,在政府法制办成立了行政复议接待室。三是为进一步加强基层法律服务、法律保障等工作,在旺泉、双丰、空港三个新街道设立司法所。四是为加强顺义区安全生产分级分类管理,为安全生产执法队增加了人员编制,并在乡镇、街道明确了安全生产专职工作人员。

(区编办)

【完成事业单位法人年检工作和日常事业单位法人管理工作】 全年共70余家事业单位法人进行了设立或变更登记,对全区539家事业单位法人进行了年检。

(区编办)

【加强机构编制“实名制”管理】 一是深入研究经济社会发展与财政供养量之间的关系,防止吃空响等违法违纪行为发生。二是对“顺义区机构编制人员信息管理系统”进行及时维护,对全区行政、事业机构编制和人员实行网络化信息动态管理。继续完善了编制、人事、财政联动的管理机制。

(区编办)

保密工作

【概　况】 2009年,保密工作以保安全、保发展为工作目标,以落实保密承诺为基础,以教育培训为动力,以制度建设为保障,深入贯彻胡锦涛总书记对保密工作的重要批示和中保委一次会议精神,积极落实科学发展观。按照市、区《保密工作要点》,以签订《保密承诺书》为载体,深入开展保密宣传教育,推进保密制度建设,强化政府信息保密审查,为60年大庆和花博会发挥服务保障作用。

单位名称:顺义区国家保密局
地址:顺义区府前中街1号
电话:(010)69444839
邮编:101300

(梁春山)

【全区信息安全保密工作会议】 3月4日,在会议中心召开了全区信息安全保密工作会议,副区长杨培丽参加了会议并讲话。会议总结了2008年信息安全和保密工作,部署了2009年工作。杨培丽副区长提出了四点要求:一是要认清信息安全保密工作的严峻形势,切实增强防范意识;二是要扎实做好2009年工作,特别要做好国庆60周年和花博会期间信息安全保密、保障工作;三是要责任落实,坚持“谁主管,谁负责;谁运营,谁负责”的原则,网络和信息安全责任要落实到岗,责任到人;四是区保密局、区信息中心、区监察局加强协调配合,加强检查、指导、监督,切实抓好2009年工作落实。

(梁春山)

【保密宣传教育】 4月,为纪念《保密法》实施20周年,深入开展了保密法规、保密知识宣传教育活动。区国家保密局编印了《保密常识读本》发放全区各单位。

(梁春山)

【签订保密承诺书】 5月,落实市委组织部、市国家保密局、市劳动和社会保障局《关于组织开展签订保密承诺书的通知》(京国保〔2009〕2号)精神,全区142个党政企事业机关开展了保密承诺书签订工作,3075名接触和可能接触国家秘密人员签订了保密承诺书,其中局级领导39名,处级828名,科以下干部1731名,职工450名,离退人员27名。

(梁春山)

【国庆筹备期间保密工作】　5月至10月,代区长刘剑,区委常委、区委保密委员会主任杨宝华分别对国庆筹备期间保密工作做出批示:“国庆筹备期间,要高度重视保密工作”;“保密部门要加强监督管理”。区国家保密局认真落实领导批示精神,高度重视国庆筹备期间保密工作,下发了《关于认真做好2009年国庆期间保密工作的通知》,并对国庆指挥部顺义分指挥部及相关部门保密工作进行了检查。

(梁春山)

【领导批示】　7月16日,区委书记张延昆在区国家安全领导小组办公室编纂《情况专报》〔2009〕第二期上批示:对顺义区网络安全进行检查。同日,区委常委、保密委员会主任杨宝华在同一文件上批示:区保密办要进一步加强网络保密管理。

(梁春山)

【保密检查】　7月28日,市委保密委员会办公室主任、市国家保密局局长于利民带队检查顺义区保密工作。区委常委、宣传部部长、区委办公室主任、区委保密委员会主任杨宝华培同检查。检查组听取了顺义区关于保密工作汇报并实地检查了顺义区三个单位计算机管理、涉密载体管理、制度建设和保密承诺书签订工作进行了实地检查。检查组对顺义区的保密工作给与了充分肯定。

(梁春山)

【国家考试保密管理】　年内,为做好国家考试的保密管理工作,区国家保密局分3次对区教委、区社区教育中心保密室和30个高考、中考、成人高考考点保密室的人员配备、硬件建设、制度建设进行了检查,为顺义区国家考试提供了安全可靠的保密环境。

(梁春山)

【保密检查】　年内,区国家保密局分四次对党政机关进行保密综合检查,着力加强了对重点涉密党政机关、国庆筹备单位和花博会筹备单位进行检查。共检查57个单位,并采取技术手段抽查重点部门涉密计算机、非涉密计算机326台次。

(梁春山)

精神文明建设

【概　况】　2009年,在区委区政府的坚强领导下,在首都文明办的精心指导和大力支持下,全区精神文明建设工作紧密围绕举办花博会这一中心工作,全力服务于首都北京承担庆祝新中国60华诞系列庆典和保障任务的大局,以科学发展观为统领,以“迎国庆讲文明树新风”活动为龙头,在全社会大力加强爱国主义、民族精神、思想道德、先进文化和社会新风等教育,继续深化文明村镇、文明街道(社区)、文明单位(行业)等群众性精神文明创建活动,市民思想道德素质和区域文明程度又有新提升,团结互助、奉献爱心、倡导文明、同心向上的社会氛围日益浓厚,为全面建设现代文明和谐新顺义提供了强有力的思想保证、精神动力和智力支持。

单位名称:顺义区精神文明建设委员会办公室
地址:顺义区府前中街1号(区委409房间)
电话:(010)69441604
邮编:101300

(白伟民)

【队伍建设】　以“传承奥运精神,加强作风建设”为主题,按照区委总体安排和部署,认真开展学习实践科学发展观活动,将其作为总结筹备奥运七年来全区精神文明建设成果,进一步推动精神文明建设科学发展和加强领导班子自身建设的重要手段。通过思想发动、学习培训、专题调研、解放思想大讨论、领导班子专题民主生活会等环节，不断推进学习实践活动的扎实开展，取得了阶段性成果。一是思想上不断有新解放。坚持把深入学习、提高认识、解放思想放在活动的首位，按照“提升素质、凝聚共识、助推工作”的目标要求，坚持每周一理论中心组扩大学习制度，积极探索学习新形式新方法，把办公室重大事项的决策、重大活动的研究、重点工作的探讨纳入到学习讨论中，集思广益、群策群力，逐步形成了党员干部带头学理论、讲理论、用理论的浓厚氛围，树立起了符合精神文明建设科学发展的新思想、新观念，真正在解放思想中统一思想。二是机制上不断有新发展。建立规范有序的管理制度是推动精神文明建设工作有序开展的必要保障。结合学习实践科学发展观活动，经集体讨论研究文明办相继健全和完善了形象树立、理论学习、信息宣传、财务管理、卫生管理、印章使用、车辆使用等13项规章制度，对内提升素质、对外塑造形象，确保了办公室各项工作的高效运转。特别是全员写信息制度的实行，从根本上解决了信息内容的来源，提高了宣传工作的质量。截至10月底，共有131条精神文明建设信息在国家级、市级和区级主要新闻媒体上刊登。三是实践上不断有新创造。突出实践特色，边学习边整改。坚持实事求是、量力而行、边学边改、能改快改的原则，按照“四明确一承诺”的要求，结合精神文明建设工作实际，研究确定了12个整改项目，并明确了责任人和整改时限，确保了整个学习实践活动取得实实在在的效果。在学习实践活动开展期间，文明办以科学发展观为指导，成功接待了首都文明办对全区未成年人思想道德建设工作测评，档案整理工作得到一致好评；协调全区扎实开展“迎国庆讲文明树新风”活动，调动了更多单位和市民参与其中，取得了圆满成功，整体工作得到了首都文明办领导的充分肯定。

（白伟民）

【群众性精神文明创建活动】 群众性精神文明创建活动是精神文明建设的有力抓手。今年以来，我们以科学发展观为指导、以调动干部群众广泛参与为着力点，狠抓市民思想道德教育、基层精神文明创建和“迎国庆讲文明树新风”主题实践三大素质教育工程，进一步推动了精神文明建设的全面协调可持续发展。（一）充分发挥组织、协调作用，全面推动“迎国庆讲文明树新风”活动，为祖国60华诞营造喜庆、热烈、和谐的社会环境一是高度重视，精心组织。作为全区“迎国庆讲文明树新风”活动协调小组办公室，区文明办树立全局观念，按照首都文明委的工作部署，制定了《顺义区迎国庆讲文明树新风社会宣传环境布置方案》、《顺义区迎国庆宣传教育活动实施方案》和《折子工程》等一系列文件，并积极组织相关职能部门进行督察、检查，定期深入基层单位指导工作；召开了“迎国庆讲文明树新风”活动推进大会，先后两次听取主要部门工作汇报，确保了六大提升活动有序、有效展开。活动结束后，全区共有30个单位和60名基层干部获得首都级先进单位、先进个人荣誉称号。二是把握重点，协调推进。围绕建设“文明北京”这一主题，贯穿“我参与、我奉献、我快乐”的活动理念，将文明素质提升、社会志愿服务、窗口行业服务、环境秩序整治、文明乡风建设、社会文化推进等六大“迎国庆讲文明树新风”主题教育活动与常规精神文明创建工作相结合、同推进，进一步丰富了“迎国庆讲文明树新风”活动的活动内涵，调动了160余家党政机关、企事业单位参与其中，形成了整体工作合力，迅速掀起了“迎国庆讲文明树新风”的活动热潮，在为期四个月的时间内，全区共举办各类文化体育活动14600余场次，开展志愿服务活动累计达到1440余次，50.3万人次的市民和职工直接、间接参与文明礼仪宣传活动，有力推动了廉洁高效的政务环境、民主公正的法制环境、公平诚信的市场环境、安全稳定的社会环境、舒适便利的生活环境、健康向上的人文环境、可持续发展的生态环境和有利于青少年健康成长的社会文化环境进一步优化。三是群众参与,效果明显。注重发挥群众在精神文明建设中的主体作用,采用实物奖励、上榜表彰等多种形式,调动群众参与“迎国庆讲文明树新风”活动的积极性。第三届“和谐杯”社区乒乓球赛20万人参与。第六届全民体育健身节18万人参与;“绿色家庭”、“和谐家庭”创评,1200户家庭参与;以“大龙地产杯我爱我家”系列艺术大赛、“爱北京爱家乡”摄影展、欢度“我们的节日·中秋”传统节日等为代表的主题文化活动,调动社区和农村数十万名书法、绘画、摄影、舞蹈和演唱等文艺爱好者和普通市民参与,引起了强烈的社会反响,深刻诠释了“我参与我奉献我快乐”的活动理念,“迎国庆讲文明树新风”活动获得全市优秀组织奖。(二)贯彻落实市区两级方针政策,全力提升市民思想道德素质,促进市民知与行的统一,为构建和谐社会提供思想保障。继续深化市民素质教育工程,着力推进四大体验教育活动,市民文明素质又有新提升。在全国“迎国庆讲文明树新风”活动中,顺义区代表队从全市24支队伍中脱颖而出,获得北京市三等奖。一是以道德实践为重点,继续深化“绿色家庭、和谐家庭”创评。深刻总结两年来的创建工作经验,坚持完善制度、突出特色、层层申报、严格把关的工作原则,不断深化“绿色家庭、和谐家庭”创评,形成了区镇村户四级联动的创建新格局。今年,全区各村、社区共申报“和谐家庭”7783户、绿色家庭11374户,同比分别增长20%和44%,参与积极性更高,思变、思贤,求净、求美的文明生活态度和科学生活理念已经深入人心,成为了广大群众共建和谐社会的自觉行动。经过认真审核、逐户检查,又有503户家庭进入区级“绿色家庭”行列,110户家庭获得区级“和谐家庭”荣誉称号。二是以加强宣传阵地建设为重点,扎实开展农村文化墙设计大赛。突出“靓丽新农村、文明促和谐”为这一主题,从满足群众精神文化需求的角度出发,积极组织镇村干部和村民参与宣传阵地建设,19个镇的110个村参与了大赛评选,总投入资金约235万元,19661延米的农村文化墙得到了翻新和更换。新建的文化墙在内容表达上,有言简意赅的标语、朗朗上口的歌谣、通俗易懂的顺口溜;有村民绿色文明庭院、文明榜样人物的照片;有反映法规政策的卡通画、漫画,美化环境的山水画等,起到了很好的教育、引导和示范作用,营造了“处处迎国庆,人人讲文明”的浓郁氛围。三是以弘扬先进文化为重点,全面开展农村原创文艺作品大赛。为丰富农民群众文化生活,向社会展示社会主义新农村的建设成果,以“十月金秋”传统文化节为契机,联合宣传部、文化委、文联、广电中心,面向全区农村开展“绿港美,家乡好”原创文艺作品大赛,广泛征集以“生产生活、创业致富、学习成才、婚姻家庭”为主要内容的自创文艺作品。目前,已经征集了26篇作品,区文化委正在组织专业人员进行指导和改编,文明办将组织2场选拔赛和1场全区总决赛,评选出获奖作品,并于12月中旬举办“绿港美,家乡好”农村原创文艺作品展示和颁奖晚会。四是以营造社会新风尚为重点,适时启动“文明使者”报告团。发挥区级先进人物对市民教育的引导作用,在连续开展两届“文明使者”评选活动的基础上,将30名“文明使者”的先进事迹编辑成书,下发到基层单位,组织干部群众进行深入学习;成立了第二届“文明使者”报告团,将通过集中开展大型报告会、有序组织市民观看报告会现场光盘和阅读《顺义区文明使者风采录》等多种形式,教育和引导全区市民向模范学习,不断完善自身人格和品质,提升思想道德和文明礼仪素质,在全区逐步形成与人为善、助人为乐、爱岗敬业、无私奉献良好社会主义新风尚。(三)明确教育主体、把握工作重点,狠抓镇村、街道社区、单位(行业)等文明创建活动，为构建和谐社会开辟有效途径。坚持以人为本，调动群众参与，注重创建过程，加强城乡联动，推动文明单位、文明村镇、文明社区等各类创评活动深入开展。一是文明单位总量不断攀升。按照“加强作风建设、深化业务培训、治理内外环境、固化奥运成果”的工作要求，深化文明单位创建工作。在党政机关中大力推行文明出行、文明接待、文明开会、文明上街、文明购物、文明说话等6大文明行动，花博会期间，在全国人民面前树立了顺义市民的良好形象。09年，国家级文明单位发展到4个，市级文明单位发展到61个，区级文明单位发展到115个。二是文明社区亮点不断涌现。以社区宣传阵地的建设、管理和使用为重点，加强文明社区创建工作。社区200余块精神文明建设宣传栏和电子宣传屏办出特色，成为宣传党的方针政策、加强市民素质教育和各类信息发布的主要平台。“社区邻里节”、“社区文化节”等传统文化活动开展的有声有色；“四进社区”活动深受居民欢迎，居民求知、求乐，追求美好生活的意识明显增强，文明社区创建工作展现新的亮点。胜利街道胜利社区在全市精神文明建设大会上进行了典型发言，其经验在全市推广。三是文明村镇水平不断提升。大力倡导讲卫生、除陋习、讲文明、爱环境的社会新风，面向镇村开展特色创评活动，通过典型引路和政策激励，引导人们自觉维护家庭和公共场所环境，积极支持和参与城乡环境综合整治工作，乱堆乱放、私搭乱建、乱吐乱扔等不文明现象得到有效治理。作为全区花博会环境督察组成员单位，文明办通过实地检查、现场指导等多种形式，积极协助、督查管片地区单位搞好环境整治工作，工作职能等到充分发挥。今年，赵全营镇北郎中村荣获“全国文明村”荣誉称号；全国环境优美镇达到4个，全国文明镇达到4个，首都文明镇和京郊环境优美镇达到19个，首都文明村和京郊文明生态村达到100个。境内近500公里的区镇两级公路两侧及沿线实现了“六无三美”，成为了展示全区优美环境的重要窗口。四是其它创建活动不断进步。继续加强“学校、家庭、社会”三位一体教育网络，学校主渠道作用突出，家长教育培训火热开展，社会文化环境得到净化，未成年人思想道德建设获得首都文明办充分肯定；积极开展“交通文明岗”活动，花博会和国庆期间，交通文明志愿者累计服务近1000小时。配合首都文明办做好公共文明指数测评，公共文明示范地区创建工作进展顺利；积极推进“城乡统筹，文明先行”主题实践活动，打破了企业资助农村的单一模式，以精神文明建设为主旨，为共建对子提供优势互补、协作创建、共同提高的平台；深入开展军（警）民共建活动，仁和镇河南村与武警十支队获得首都军（警）民共建标兵单位；牛栏山酒厂与牛山炮团、北务镇南辛庄户村与武警一师训练基地获得首都军（警）民共建先进单位。

（白伟民）

党校工作

【概　况】 2009年，是顺义区召开全区党校工作会，通过《加强党校工作意见》的一年，党校在区委、区政府的领导下，结合党校实际，深入开展了学习实践科学发展观活动，学习贯彻落实党的十七大、十七届三中、四中全会、区委三届九次全会、全国、全市、全区党校工作会议精神和《党校工作条例》，加强自身建设、积极发挥职能作用，出色地完成了区委区政府交办的各项工作任务和党校预定的工作任务。

单位名称：中共顺义区委党校

地址：顺义区中山西街1号

电话:(010)69444915
邮编:101300

(左春晖)

【区主要领导到党校调研】 2009年9月2日,区委书记张延昆、常务副区长王海臣等领导到党校调研,与党校全体教职工见面,结合全国、全市、全区形势,对党校工作指出了具体要求。随后,区委副书记胡尚云、区委常委、组织部长雷显武等区领导,先后到党校也进行了调研。区委《调研信息》(专刊)刊登了张延昆书记到党校调研时的重要讲话,区委组织部《组工专刊》刊登了雷显武部长到党校调研工作时的讲话要点,北京市委党校主办的《干部教育报》先后刊登了《张延昆同志到顺义党校调研》和《顺义区召开党校工作大会》2篇消息。党校校刊编印了顺义区党校贯彻落实《党校工作条例》开辟专刊专题内容及活动图片。

(左春晖)

【区委召开党校工作专题会】 2009年11月14日,区委召开常委会专题研究、讨论并通过了党校新校选址方案、通过了党校起草的中共顺义区委《关于加强党校工作的意见》、通过了区委党校增加人员编制、引进人才等方案。

(左春晖)

【全区党校工作会议召开】 新颁布的《党校工作条例》是新时期办学的法规性文件,如何贯彻落实这一文件精神是各级党委、党校的一项政治任务。12月26日,在区宾馆会议中心大会议室召开了全区党校工作大会。区主要领导张延昆、刘剑、市委党校常务副校长王江渝等领导出席了大会。会上,区委党校党委书记、常务副校长董大明作了《党校工作报告》、市委党校常务副校长王江渝代表市委党校讲话、区委书记张延昆作了重要讲话。

(左春晖)

【学习实践科学发展观活动成效显著】 区委党校全区是第一批开展学习实践科学发展观活动的单位,按照区委统一部署,3月份至9月份开展了深入学习实践科学发展观活动。区委党校党委书记、常务副校长任学习实践活动领导小组组长,副组长由2位副校长担任,各科室主要领导为成员,下设领导小组办公室。制定了《中共北京市顺义区委党校关于开展深入学习实践科学发展观活动实施方案》,结合顺义区实际、党校职能,确定党校开展学习实践活动的主题是:“增强服务意识,提高培训质量,为顺义区加快推进城乡一体化培养高素质党员干部队伍”。活动分三个阶段。即:学习调研、分析检查、整改落实阶段,以党校领导班子和科级领导干部为开展活动的重点对象,环环紧扣,扎实推进,顺利完成了区学习实践科学发展观活动领导小组办公室规定的所有动作,取得了明显成效。一是通过深入学习科学发展观,形成了推进党校科学发展的共识;二是通过调研和撰写分析检查报告,找准了影响和制约党校科学发展的突出问题;三是通过发扬民主和广泛征求意见,理清了加快党校科学发展的思路;四是通过集思广益,制定整改方案,确立了推进党校科学发展的举措;五是解决了党校当时建设和发展中能够解决的一些问题。整个活动最终测评,党员群众满意度为98.2%。

(左春晖)

【主体班教学管理工作成绩突出】 做好主体班干部培训工作是党校首要任务。按照区委组织部下发的《顺义区2009年度干部教育培训计划》,结合全区经济社会又好又快发展的需要,2009年党校举办、协办各级各类培训班、轮训班共21期,培训学员3324人次。其中,主办各级各类培训班8期、轮训班2期,培训学员1152人次。协助区委组织部及区属各委、办、局等单位举办培训班11期,培训学员2172人次,出色地完成了全年干部培训任务,为全区经济社会发展及时提供了强有力的人才支持和知识保障,受到区委、区政府和区委组织部等相关单位领导的肯定和广大学员的好评。

（左春晖）

【贯彻落实《党校工作条例》成果显著】 党校及时抽调人员成立了新校址筹建办公室。多次组成考察团到市内外10多所先进党校学习取经，结合顺义区要建设一流党校的目标，与先进党校对比，自觉查找差距，积极思谋建设和发展工作。目前，党校新校址筹建工作，正处于立项申请、手续审批过程，工作进展较顺利。

（左春晖）

【科研、理论宣讲工作成绩突出】 科研是党校教育的基础。党校科研工作牢牢把握为区委区政府决策服务、为教学服务、为社会服务的方向，紧密围绕顺义区经济社会发展实际开展调研。全年承接市委党校调研课题2个、区委研究室课题1个，较圆满地完成了市委党校和区委交办的调研课题任务。全年教师深入区内各部门和基层单位调研52人次，撰写调研文章或理论文章25篇，有16篇理论文章在省部级以上刊物上发表。党校是党的理论宣传阵地。2009年，党校紧紧围绕区委、区政府工作中心工作，服务大局。多位教师应邀为全各区镇、街道、机关、企事业等单位宣讲科学发展观、十七届三中、四中全会精神、社会主义核心价值体系、社会经济发展形势、党史党建等知识共90场次，听众人数5000人左右。宣讲内容紧扣时事政治、紧密结合区情实际，较好地发挥了全区宣讲主力军作用，受到社会各界一致好评。

（左春晖）

【学历班工作平稳运行】 针对党校专科、本科学历教育接近尾声的情况，2009年党校继续遵循善始善终的原则，坚持抓学历班教学、考务、学籍、教材、论文撰写、班级管理等工作不放松。要求各班主任用“心”管人，用制度管事。在教学、考务工作上，党校任课教师兢兢业业工作，全年担任30门课程的授课任务，占总课程数的60%以上。考务工作，全年共组织学历班考试55次，完成了2006级大专班400多份毕业论文评审工作，以及非统考课出题阅卷工作。到2009年底，党校有专科、本科班7个，学员1201人；有研究生班3个，学员149人。整个学历教育工作运行平稳。

（左春晖）

【行政后勤保障作用突出】 行政后勤工作本着“一切为教学、培训服务”的宗旨抓落实。2009年，行政后勤工作在保证主体班、学历班正常上课的基础上，组织完成了近100次大中小型会议和外单位近20次会务保障工作任务。特别是工勤技能岗人员，积极做到了教学设施维护及时，办公用品、教学书籍、参考资料采购及时，试卷打印保质保量，伙食保障、卫生保障、水、电、通讯设备及安全保障等工作服务到位、标准一流。妇联、老干部、信访、“一助一”、精神文明建设、创建学习型社会、车辆管理和工会等方面工作，都取得了突出成绩。2009年，党校获得首都精神文明先进单位称号，获得顺义区信访工作先进单位、顺义区“六好工会”、顺义区创建学习型先进单位等荣誉。

（左春晖）

党史工作

【概　况】 年内，党史工作围绕编写《顺义建设史》展开。《顺义建设史》是根据《北京市党史科研工作纲要（2001年－2005年）》的布置编撰的，是《北京市区县社会主义建设史》丛书的一部分，是顺义的第一部党史正史。由市委党史研究室主持，县史志办负责编撰。《顺义建设史》2005年开始进行编撰。根据编写安排，成立了编委会，负责指导编写工作。组建了编辑部,编辑部由主编、副主编、编辑组成,设在顺义区史志办,负责具体编写工作。同时,完成了党史的其它工作。

单位名称:顺义区党史区志办公室
地址:顺义区光明北街4号
电话:(010)69420024
邮编:101300

(高树林)

【保证编写工作顺利进行】 编写工作开始后,主要做了三方面工作。一是聘请编写人员。根据工作需要,编写初期聘请了四位同志,参与《顺义建设史》的编写。二是进行培训。除积极参加市党史研究室组织的培训处,还组织有关单位人员专门进行了培训,提高了资料编写员和编写人员的认识水平和写作能力。三是拟定编写提纲。编写开始后,召开了工作会议,有关单位负责提供资料或进行编写的同志参加了会议。会后,根据编写要求,结合各单位提供的资料,制定了编写提纲,保证了编纂工作顺利进行。

(高树林)

【建设史初稿编纂完成】 历时五年,《顺义建设史》初稿已编撰完成。《顺义建设史》记述的时间为1949年1月—2002年12月,共7章51节50万字,内有插图90张。《顺义建设史》全文共分三部分。一是全面建设社会主义时期,时间为1948年—1966年,结构为三章。二是文化大革命时期,时间为1966年—1976年,结构为一章。三是改革开放新时期,时间为1976年—2002年,结构为三章。还包括编辑说明、绪论、结束语、附录、编后记等内容。

(高树林)

【建设史有关问题的记述】 《顺义建设史》要记述大事记、历次党代会、领导干部名录等内容。大事记记载党政重大事件、重大活动、重要会议情况。历次党代会记录了中共北京市顺义县第一至八次代表大会和中共北京市顺义区第一次代表大会情况,包括历次大会召开的时间、地点、出席大会的代表人数以及区(县)委工作报告的审议情况。领导人名录由四部分组成,第一部分是区(县)委:第二部分是区(县)人大常委会;第三部分是区(县)人民政府;第四部分是政协北京市顺义区(县)委员会。按规定完成了记述。

(高树林)

老干部工作

【概　况】 2009年,老干部工作在区委、区政府的正确领导下,以服务第七届中国花卉博览会,喜迎建国60周年大典为目标,深入学习科学发展观,树立以人为本服务理念,围绕中心、服务大局,坚持工作创新,积极探索老干部思想政治建设的新途径、新方法、新路子,立足本区实际,着力在老干部两项待遇落实上下功夫,在老干部工作阵地建设和自身队伍建设上下功夫,取得了较大成效,有力的推进了全区老干部工作科学发展。

单位名称:顺义区委老干部局
地址:顺义区石园北区东
电话:(010)89440522
网址:http://www.laogb.bjshy.gov.cn

(张　晴)

【加强老干部工作领导力度】 重新修订印发《顺义区离退休干部领导工作责任制》及《责任制工作考核考评细则》,进一步强调各级领导和组织的工作职责,对离退休干部"两项建设"、离休干部高龄养老、退休干部服务管理和发挥离退休干部作用等重点工作做了明确具体要求。以听汇报和实地检查的方式,对全区94个老干部工作单位落实《责任制》情况进行全面检查。

(张　晴)

【召开双先表彰大会】 2010年3月8日，召开全区老干部工作暨“双先”表彰会，表彰了30个老干部工作先进集体、31个老干部工作个人、5个老干部“四就近”先进社区、14个先进离退休干部党支部和22个离退休干部先进个人。

（张 晴）

【创新离退休干部党支部组织设置】 引导离退休干部党员把组织关系转到居住社区，按照居住地管理、分类管理和精细管理原则，建立社区离退休干部党支部12个。制作《离退休干部党支部工作制度》展板和《离退休干部党支部工作手册》。通过建立支部活动网络交流平台、开展最佳党日评比活动、组织支部书记培训、加强信息宣传工作等手段和方式，不断提高支部开展活动能力。

（张 晴）

【为老干部办好10件实事】 创新服务方式内容，提高离退休干部高龄养老服务质量。把服务工作与为老干部办实事结合起来，为老干部办好10件实事。如：在区医院、中医院、妇幼保健院建立离退休干部医疗服务代理制度，设立服务电话和专业服务人员，为老干部在患病时提供就诊、检查、取药、住院等服务照顾；街道、社区主动热情为社区有需求的离休干部代购粮、油、水、电、气，联系房屋修缮等事项；给全区离休干部家的浴室和卫生间安装了安全扶手。改善提高了老同志的生活质量，深受老同志欢迎。

（张 晴）

【向离休干部发放住房补贴】 2009年，区财政出资2800万元，工作人员经前期深入摸底调查，为639名离休干部发放了住房补贴。

（张 晴）

【成立老干部大学】 2009年9月，成立顺义老干部大学，已开办计算机、书法、等7个班次，招收离退休干部258名。

（张 晴）

【启动活动中心扩建工程】 为充分满足老干部开展活动的需要，经区委常委会研究决定，扩建区老干部活动中心。扩建后的活动中心总面积达21560平方米。

（张 晴）

【创建活动品牌】 开展每月“五个一”活动，即每月一次政治学习、一次放映电影、一次保健讲座、一次参观活动、一次老干部理论中心组活动。开展“春秋两季系列活动”，根据春秋适宜老同志活动的季节特点，广泛开展老同志喜闻乐见的室内外趣味、益智文体娱乐活动，参加人数2200人次以上。组织10个老干部协会每周六天的经常性活动。每天参加活动的老干部在500多人次。

（张 晴）

【做好机关干部教育培训工作】 围绕“能力素质有提高，服务中心有作为，老干部队伍更和谐”这一主题，紧密联系全区老干部工作实际，坚持中心组每月一次学习和机关人员每周一次学习制度，开展副科室长以上干部主持学习日活动。组织两期老干部工作者和“四就近”服务人员培训班。通过培训，老干部工作者队伍的政治理论水平和业务工作能力显著提高，促进了全区老干部工作的深入开展。

（张 晴）

区直属机关工委工作

【概 况】 区直属机关工委是区委的派出机构。主要职责是领导所属机关党的工作，保证党的路线、方针、政策及区委的指示、决定和部署在区直机关的贯彻落实。负责制定所属机关党的基层组织建设规划，领导基层党组织搞好思想建设、组织建设、作风建设。负责宣传党的路线、方针、政策，对党员干部进行形势、任务教育及社会主义精神文明教育。

负责所属机关党员干部理论学习与培训，做好所属机关干部队伍建设工作。负责所属基层党组织的建立、换届、任免等组织工作。领导所属机关纪检监察工作。组织机关干部开展文化、体育活动，丰富机关的文化生活。完成区委、区政府交办的其他工作。2009年，区直机关工委以深入开展科学发展观主题教育活动和作风建设年为契机，以学习、宣传、贯彻党的十七大和十七届三中、四中全会精神为主线，以科学发展观为引领，紧紧围绕全区中心工作和七博会、国庆60周年等重大任务，开拓创新、扎实工作，全面推进机关党的工作，为全区“保增长、保民生、保稳定”目标的实现做出了积极贡献。

单位名称：顺义区委区直属机关工作委员会
地址：顺义区府前中街1号
电话：(010)69443920
邮编：101300

（王柏林）

【思想建设】 围绕科学发展观教育活动，认真组织协调系统党组织学习政治理论，有针对性组织学习贯彻区委三届九次全会精神，明确目标任务，强化大局意识，凝聚起“应对危机保增长，抢抓机遇求发展”的强大力量。聘请区委党校教师对党的十七届四中全会精神对系统内各单位政工副职、党务干部和基层党支部书记100余人进行专题讲解。并要求系统各单位要在学习、宣传、贯彻党的十七届四中全会精神上走在全区的前头；要把十七届四中全会对机关党的工作提出的“服务中心、建设队伍”贯穿机关党组织活动始终；要切实用党的十七届四中全会精神武装头脑、指导实践、推动工作，引领系统党组织在落实“三保”措施，提高科学发展能力上取得新成效。

（王柏林）

【工作职能】 1、完善机制，扎实推进。工委进一步深化“一助一”工作，通过扩大帮扶队伍，整合社会资源；突出工作重点，扩大帮扶效果；创新工作机制，加强协调指导等措施，做强做大“一助一”品牌，使联系村成为加强机关干部作风建设的重要基地，推进新农村建设的有效载体，为全区保增长、保民生、保稳定做出了积极贡献。2009年全区新增帮扶单位40家，累计发展到504家，其中区派工作队154家、社会工作队350家；范围从区属单位发展到覆盖了中直机关、大型央企，市属机关和企事业单位，合资企业、民营企业、驻顺部队等社会各界。2009年，各工作队克服国际金融危机的不利影响，积极出资、出物，优先吸纳顺义区劳动力，特别是解决联系村劳动力就业，并给予较好的待遇。全年各“一助一”帮扶单位共计出资6283万元，较去年增长7%，安排农村劳动力就业1109人，年工资总额达1176万元。2、树立典型，推广经验。对全区14个“一助一”工作贡献突出单位、16个支持社会主义新农村建设模范单位、64个支持社会主义新农村建设先进单位、36个“一助一”工作模范单位、47个“一助一”工作先进单位、48名“一助一”工作先进个人以及19个“文明科室标兵”、118个“文明科室”和107名“优秀科长”进行了表彰，树立了人力社保局劳动仲裁科、国土资源局土地整理储备中心等一批科室典型，引领了工作方向，有力推动了“一助一”工作和文明科室创建工作深入开展。3. 加强宣传，营造氛围。共下发“一助一”工作简报35期，机关工作简讯31期，搭建了推动工作的交流平台。《顺义亮出65个机关服务品牌》一文先后在《北京日报》、《京郊日报》、《新浪》、《网易》、《千龙网》上刊发和转载，宣传了顺义良好的政务环境。在2009年市机关文化建设年会上分别以《城乡携手，共创和谐，推动顺义新农村建设再上新台阶》、《创建文明科室，营造良好机关政务环境》为题介绍了经验，宣传了顺义的大好形势，其中《创建文明科室，营造良好机关政务环境》一文被《北京农村工作》2009年第2期郊区党建栏目刊发。2009年，围绕区委、区政府中心工作，工委进一步提高机关党建工作服务中心、保障大局的自觉性、主动性和实效性。在文明科室创建活动中，结合作风建设年的要求，通过开展“岗位练兵”、优化流程、政务公开、拓展服务等措施，在全区行政、事业单位1300多个科室有针对性地开展“五个不让”活动，对全区19个“文明科室标兵”、118个“文明科室”和107名“优秀科长”进行了表彰，树立了人力社保局劳动仲裁科、国土资源局土地整理储备中心等一批科室典型，引领了工作方向，此项创建活动还荣获了2007－2008年度北京市宣传思想工作“创新奖”。深入开展服务品牌创建活动，《顺义亮出65个机关服务品牌》一文先后在《北京日报》、《京郊日报》、《新浪》、《网易》、《千龙网》上刊发和转载，宣传了顺义良好的政务环境。《创建文明科室，营造良好机关政务环境》一文被《北京农村工作》2009年第2期郊区党建栏目刊发。

（王柏林）

【强化服务】 工委坚持夯实基础、健全制度、巧用载体、激活基层的思路，确保机关党组织的职能落实到位、作用发挥到位。通过广泛开展宣教活动、强化党员先锋作用、营造良好人文环境等工作，系统各级党组织和广大党员立足岗位，争做表率，在文明办公、公共秩序、社会服务等方面走在全区的前列。加强对基层党务工作的指导和服务。结合新的形势，加强对综合保税区、编办等新成立党组织的服务工作。对新组建的经信委等单位，积极主动协调，同步理顺党组织关系，做到了党建工作不断档，组织生活不受影响。积极开展纪念建党88周年活动，结合全区开展的“二月新春”、“五月鲜花”、“十月金秋”等活动，有重点的开展文体活动，营造机关浓厚的文化氛围，为培育具有鲜活特点的机关文化，形成良好的机关人文环境奠定了坚实基础。

（王柏林）

顺义区人民代表大会常务委员会

【概　况】 2009年共召开了2次人民代表大会会议、12次常委会会议和18次主任会议，听取和审议了“一府两院”10项工作报告和汇报；组织代表进行了11次执法检查和工作视察，检查了12部法律法规的贯彻执行情况，提出了20余条意见和建议；全年共受理群众来信来访98件；依法任免了117位国家机关工作人员。常委会进一步完善工作机制，努力提高服务水平，支持和保证人大代表依法履行职责，代表工作取得新进展。加强了对镇人大工作的指导和区人大街工委工作的领导，有效推动了基层人大工作的开展，促进了基层民主政治建设。在自身建设方面，常委会从学习培训、转变作风、规范制度入手，不断提高常委会组成人员及机关全体干部职工综合素质、依法履职的能力和水平。

单位：顺义区人民代表大会常务委员会
地址：府前东街13号
电话：(010)69443494、(010)69445374
邮编：101300
网址：http://www.shyrd.bjshy.gov.cn

（罗振文）

【区三届人大第三次会议】 1月6日至8日在顺义宾馆举行。出席会议的代表222名，区委、区政府有关部门负责同志，区委特邀企业界代表，中央、市属单位负责人及各镇人大主席169人列席了会议。会议听取并审议了区长张延昆作的《顺义区人民政府工作报告》、区人大常委会主任马庚良作的《顺义区人大常委会工作报告》、区法院院长郭铁相作的《顺义区人民法院工作报告》、区检察院检察长窦秀英作的《顺义区人民检察院工作报告》。听取并审议了《顺义区2008年国民经济、社会发展计划执行情况和2009年国民经济、社会发展计划草案的报告》、《顺义区2008年财政预算执行情况和2009年财政预算草案的报告》、《区三届人大二次会议代表建议、批评和意见办理情况的报告》。会议审查和批准了顺义区2008年国民经济、社会发展计划执行情况报告和2009年国民经济、社会发展计划、顺义区2008年财政预算执行情况报告和2009年财政预算。会议对审议的各项报告做出了决议。本次大会收到代表提出的议案、建议121件。

（罗振文）

【区三届人大第四次会议】 7月26日至27日在顺义宾馆举行。出席会议的代表217名，区委、区政府有关部门负责同志，区委特邀企业界代表，中央、市属单位负责人及各镇人大主席等210人列席了会议。会议听取了代理区长刘剑作的顺义区《2009年半年经济工作报告》、选举刘剑为顺义区人民政府区长。区委书记张延昆做了重要讲话。

（罗振文）

【区三届人大常委会第十八次会议】 1月15日在机关四楼会议室举行。会议决定批准高合山、李敬、李莲红、高劲松为北京市顺义区人民检察院检察员。会议任命赵贵恒为顺义区人民政府副区长。

（郭宇明）

【区三届人大常委会第十九次会议】 2月20日在顺义宾馆第二会议室举行。会议决定免去罗守梁北京市顺义区人民检察院副检察长、检察委员会委员、检察员职务。常委会主任马庚良传达了市十三届人大二次会议精神。会议讨论通过了顺义区人大常委会2009年工作要点。会议在举行前，请市法制办备案处程行仑处长讲解了《行政许可法》。

（叶志建）

【区第三届人大常委会第二十次会议】 3月10日在机关四楼会议室举行。会议决定接受张延昆辞去北京市顺义区人民政府区长职务的请求；决定任命刘剑为北京市顺义区人民政府副区长、代理区长。

（叶志建）

【区第三届人大常委会第二十一次会议】 3月26日在顺义宾馆第二会议室举行。会议听取了区政府《关于区人大代表检查 < 物业管理条例 > 贯彻执行情况所提建议办理情况的报告》、《关于区三届人大常委会第13次会议委员所提建议办理情况的报告》、《关于人大代表视察基层司法所及镇级法律服务中心工作所提建议办理情况的报告》和《关于人大代表视察公共卫生体系建设情况所提建议办理情况的报告》。听取了区规划分局董占云局长所作的《关于贯彻落实顺义新城规划，加快推进顺义重点新城建设有关情况的报告》。听取并审议了区政府李友生副区长所作的《关于顺义新城马坡组团建设进展情况的报告》。提出了新城建设要避免出现土地、资源的低效率使用和浪费；要统筹规划新城市政基础设施建设；要严格控制好入区人口的数量、结构和质量；抓好新城建设的环保工作；落实好新城公共服务设施建设规划等建议。

（叶志建）

【区第三届人大常委会第二十二次会议】 4月24日在机关四楼会议室举行。会议决定免去于志航顺义区人民法院审判委员会委员、审判员职务；免去赵德训顺义区人民检察院检察员职务。会议接受了杨培丽辞去北京市顺义区人民政府副区长职务的请求，并决定任命燕瑛为北京市顺义区人民政府副区长。

（叶志建）

【区第三届人大常委会第二十三次会议】 5月27日在机关四楼会议室举行。会议听取并审议了区安监局高士虎局长代表区政府所作的《关于区人大代表检查 < 安全生产法 > 和 < 北京市安全生产条例 > 贯彻执行情况所提建议办理情况报告》。听取并审议了区审计局梁家树局长代表区政府所作的《顺义区人民政府关于2008年预算执行和其他财政收支情况的审计工作报告》，并提出了加强对重点投资项目的专项审计工作；增强对预算外资金使用的审计力度；坚持对部门预算的执行和重点工程等财政投资项目审计结果向人大常委会报告的制度等建议。会议听取并审议了区财政局虞艳娟副局长代表区政府所作的《顺义区人民政府关于2008年财政决算情况的报告》，并作出了批准北京市顺义区2008年财政决算的决议。会议听取并审议了区财政局虞艳娟副局长代表区政府所作的《顺义区人民政府关于报审2009年市区财政体制完善后财政预算安排情况的报告》。提出了政府要站在科学发展观的高度编制财政预算，统筹兼顾，重点解决社会养老、医疗卫生和防灾减灾等民生问题；区政府在年度财政的预、决算报告和执行、调整报告应增加收支预算总表及报告项目说明；加强对部门预算及镇级预算编制、执行的指导和监督力度，不断完善区镇财政管理体制等建议。会议听取并审议了区政府办公室刘福海主任代表区政府所做的《顺义区人民政府关于提请2009年市政重点工程等项目贷款偿还本息所需资金列入年度财政预算的报告》,作出了《北京市顺义区第三届人大常委会关于批准顺义区人民政府关于提请2009年市政重点工程等项目贷款偿还本息所需资金列入年度财政预算的决定》。会议决定任命李国新为顺义区市政管理委员会主任;免去其顺义区水务局局长职务。任命李守义为顺义区水务局局长;免去赵贵恒顺义区市政管理委员会主任职务;免去张春生顺义区人民检察院检察员职务。

(叶志建)

【区第三届人大常委会第二十四次会议】 7月22日在机关四楼会议室举行。会议作出决定:2009年7月26日至27日召开顺义区第三届人民代表大会第四次会议。会议讨论通过了关于召开区三届人大四次会议的有关事项:1、听取了代表资格审查报告。2、通过了大会建议议程草案。会议建议议程有三项:听取顺义区人民政府2009年上半年经济工作报告;选举顺义区人民政府区长;顺义区委书记张延昆讲话。3、通过了大会主席团及秘书长建议名单草案。对常委会通过的议程和名单草案,经各代表团讨论、酝酿后,再提请大会预备会议表决通过。

(叶志建)

【区第三届人大常委会第二十五次会议】 8月11日在机关四楼会议室举行。会议分别听取了区卫生局关于区三届人大常委第四十二次主任会议所提建议办理情况报告;区农委关于区人大代表视察第七届花博会筹办情况所提建议办理情况报告;区教委关于区人大代表检查《义务教育法》贯彻执行情况所提建议办理情况报告。会议听取审议了区财政局虞艳娟副局长代表政府所作的《关于2009年上半年财政预算执行情况报告》,同时建议:在资金投向上注重招大引强,保证投资质量,确保财政收入稳定增长;进一步加强预算管理和投资的统筹规划,提高财政资金的实际使用效率,确保财政资金合理的向民生、基础设施和经济建设倾斜;进一步加大对中小企业在资金和政策方面的扶持力度,增强其抗风险能力,促进企业健康发展。会议听取审议了区发改委梁军副主任代表政府所作的《关于2009年上半年国民经济和社会发展计划执行情况报告》,同时建议:应进一步加强对经济形势的分析,做好统筹协调工作及“十二五”规划编制的各项前期准备工作,进一步增强规划的科学性;围绕全区总体发展规划目标,继续坚持用大项目、大企业带动顺义产业的大发展,把顺义区的资源优势、工作优势等集成到重点产业、重点项目、重点企业上;坚持以“保民生”为经济社会发展的出发点和落脚点,着力解决关系群众利益的突出问题,确定好明年的民生工程,尤其是在中医药事业上要发挥主管部门的研究、管理和指导作用,切实做好人才培养工作,提高经费供应标准。会议决定批准孙长河等六十人为顺义区人民法院人民陪审员;决定任命付全利为李遂人民法庭庭长,免去其李遂人民法庭副庭长职务;免去郭立军顺义区人民法院审判委员会委员、民事审判第二庭庭长、审判员职务;任命张霞、王旭东、孔超、郭小锋为顺义区人民检察院检察员;免去李敬、李华民顺义区人民检察院检察员职务;任命马万林为顺义区财政局局长,免去邢永富顺义区财政局局长职务。

(叶志建)

【区第三届人大常委会第二十六次会议】 9月23日在机关四楼会议室举行。会议听取了区政府《关于区三届人大常委会第二十一次会议委员所提建议办理情况报告》、《关于区人大代表视察全区经济开发区和农民就业基地所提建议办理情况报告》、《关于区人大代表检查<中华人民共和国水污染防治法>贯彻执行情况所提建议办理情况报告》。会议听取并审议了区政府陈卫东副区长所作的

《顺义区社区便民市场建设情况报告》,并提出建议:1、出台相关规范性文件,明确规定在新建小区中预留便民市场建设专用地,并纳入工程竣工验收项目,同时加快规划和改造老旧小区便民市场。2、利用老旧小区锅炉房改造机会,合理增加便民市场等社区公益服务设施,使老旧小区改造更加科学合理。3、结合旧城区改造,加强整体规划,把市场建设与居民休闲、娱乐相结合,形成一些有顺义特色的步行商业街。4、各部门要创新工作思路、简化审批手续,做到一切为解决民生问题让路、敢于为解决民生问题开绿灯,确保农贸市场建设顺利实施。会议听取并审议了区政府办公室刘福海主任代表政府所作的《关于区三届人大三次会议代表建议批评和意见办理情况的报告》,同时建议:1、进一步加强代表建议办理工作的跟踪监督和检查,把当年能解决和已列入计划解决的建议的办理纳入部门考核体系。2、建议办理工作要进一步加强与代表的沟通,要及时向代表通报办理进展情况。会议决定免去:李国新顺义区市政管理委员会主任职务;闫志广顺义区农业委员会主任职务;吴建国顺义区工业局局长职务;王福印顺义区商务局局长职务;孙绍洲顺义区林业局局长职务;赵殿江顺义区劳动和社会保障局局长职务;刘永发顺义区建设委员会主任职务;董大明顺义区人事局局长职务;刘维翰顺义区人大常委会石园街道工作委员会副主任职务;郝鹏辉顺义区人民检察院检察员职务。决定任命:李国新为顺义区市政市容管理委员会主任;闫志广为顺义区农村工作委员会主任;盛德利为顺义区住房和城乡建设委员会主任;吴建国为顺义区经济和信息化委员会主任;王福印为顺义区商务委员会主任;陈福全为顺义区农业局局长;孙绍洲为顺义区园林绿化局局长;赵殿江为顺义区人力资源和社会保障局局长;臧小华为顺义区民族宗教侨务办公室主任;杨勇为顺义区人大常委会石园街道工作委员会副主任。

(叶志建)

【区第三届人大常委会第二十七次会议】 11月26日在机关四楼会议室举行。会议听取了冯庆森副主任所作的区人大常委会代表资格审查委员会关于补选代表资格审查的报告,确认了11名补选代表的资格。会议听取了区住房和城乡建设委员会盛德利主任代表政府所作的《关于区人大代表视察全区重点工程建设情况所提建议办理情况报告》;区财政局马万林局长代表政府所作的《关于区三届人大常委会第二十三次会议委员所提建议办理情况报告》;区审计局任立强副局长代表政府所作的《关于区三届人大常委会第二十三次会议委员所提建议办理情况报告》;区农业局局长陈福全代表政府所作的《关于区人大代表检查<中华人民共和国农产品质量安全法>贯彻执行情况所提建议办理情况报告》。会议听取并审议了区法院郭铁相院长所作的《关于行政审判工作情况报告》,同时建议:一是深入学习和贯彻落实最高人民法院《关于当前形势下做好行政审判工作的若干意见》,进一步提高法官的审判能力和对案件的研究能力,为区委、区政府重大决策的出台、重大项目的研究论证提供司法意见和法律咨询,努力追求法律效果、社会效果和政治效果的有机统一。二是进一步健全完善案件审理的内部监督机制,强化"行为规范"意识、铁案意识和"案结事了"意识。会议听取并审议了区检察院窦秀英检察长所作的《关于贯彻北京市人大常委会<关于加强人民检察院对诉讼活动的法律监督工作的决议>的报告》,同时建议:一是把贯彻落实决议作为长期任务,进一步加强检察队伍建设和诉讼监督能力建设。二是把诉讼监督的内部联动、外部协作和内外部相互制约等一系列具体工作机制固化为一整套长效机制,不断提高诉讼监督的整体实效。三是重点围绕执法和司法权力的行使及民事行政诉讼活动,加强诉讼监督,并加强涉农检察工作。会议决定免去逯春燕同志顺义区人民检察院检察员职务。

(叶志建)

【区第三届人大常委会第二十八次会议】 12月9日在机关四楼会议室举行。会议决定免去:刘军顺义区人民法院刑事审判庭副庭长职务、商兴加顺义区人民法院民事审判第二庭副庭长职务。决定任命:刘军为顺义区人民法院执行二庭庭长;商兴加为顺义区人民法院民事审判第三庭庭长;刘宏艳为顺义区人民法院民事审判第一庭副庭长;杨洪涛为顺义区人民法院执行一庭审判员、副庭长;冯海建为顺义区人民法院执行二庭审判员、副庭长;宋素娟为顺义区人民法院刑事审判庭审判员、副庭长;魏志坚为顺义区后沙峪人民法庭审判员、副庭长;张丹芳为顺义区后李遂人民法庭审判员、副庭长。会议接受了陈卫东辞去北京市顺义区人民政府副区长职务的请求,决定任命车克欣为北京市顺义区人民政府副区长。

(叶志建)

【区第三届人大常委会第二十九次会议】 12月24日在机关四楼会议室举行。会议听取了政府办刘福海主任代表政府所作的《关于提请审议北京市顺义区生态区建设总体规划的报告》和环保局李国印局长就这个规划所作的说明。经过审议,会议作出了关于批准《北京市顺义区生态示范区、生态区建设总体规划》的决定。会议决定免去王树江顺义区后沙峪人民法庭庭长职务;任命秦士友为顺义区人口和计划生育委员会主任;陈阳为顺义区园林绿化局局长;王洪涛为顺义区人大常委会教科文卫委员会副主任;免去史振启顺义区人口和计划生育委员会主任职务;孙绍洲顺义区园林绿化局局长职务;黄建柏顺义区人大常委会教科文卫委员会副主任职务。会议任命张守良、张宝来为顺义区人民检察院检察员、检察委员会委员和副检察长;田向红为顺义区人民检察院副检察长;免去彭善昌顺义区人民检察院检察委员会委员和副检察长职务。会议作出了关于接受窦秀英辞去北京市顺义区人民检察院检察长职务的决定,报北京市人民检察院检察长提请北京市人大常委会批准,并报北京市顺义区第三届人民代表大会第五次会议备案。会议决定任命张守良为顺义区人民检察院代理检察长,并报北京市人民检察院和北京市人大常委会备案。会议决定于2010年1月10日至13日召开顺义区第三届人民代表大会第五次会议。会议听取了代表资格审查委员会关于代表资格的审查报告;通过了三届人大五次会议的议程草案、主席团及秘书长名单草案、财政预算审查委员会名单草案、议案审查委员会名单草案。对常委会通过的议程和名单草案,经各代表团讨论、酝酿后,再提请三届人大五次会议预备会议表决通过。会议还讨论修改了区人大常委会工作报告。

(郭宇明)

【听取并审议决定重大事项】 2009年,顺义区第三届人大常委会为尽量减少金融危机对全区经济的影响,围绕建国60周年大庆和第七届中国花卉博览会成功举办,深入调研,广泛听取群众意见,认真进行审议,就市政重点工程项目贷款,顺义区生态示范区、生态区建设,财政预决算执行及人事任免等,作出决议、决定24项,接受了张延昆区长,杨培丽、陈卫东两位副区长的辞职申请,任命赵贵恒、燕瑛、车克欣为副区长,刘剑为副区长、代理区长。

(姚竞宏)

【监督工作】 一年来,常委会深入贯彻落实科学发展观,认真贯彻《监督法》,依法履职,扎实工作。一是着力加强法律监督,推进民主法制建设。主要围绕促进依法行政,认真进行执法检查;围绕司法监督工作的改进,提高司法效率、维护司法权威、促进公正司法;围绕提高全民法律素质,认真做好普法工作监督。二是着力强化工作监督,促进全区科学发展。常委会重点听取审议了区政府关于新城建设情况的报告和顺义区生态示范区、生态区建设总体规划;组织代表视察了重点工程建设、经济开发区建设、科技发展、轻轨M15号线建设等经济发展情况。主任会议还听取了关于经营性国有资产经营现状分析及监管情况汇报。为确保财政预算及国民经济和社会发展计划的执行,增加财政收入,增强顺义区抵御金融危机能力,实现"保增长,保民生,保稳定",常委会听取审议了区政府2009年上半年财政预算执行情况、上半年国民经济和社会发展计划执行情况、2008年财政审计工作、决算草案等专项报告,依法审查批准了2008年区级财政决算。为进一步加快新农村建设进程,常委会又组织代表视察了镇村二三产业基地,还就花卉产业发展和第七届花博会准备工作情况进行了视察。常委会始终关注民生,把民生工程的推进作为促进经济社会发展的出发点和落脚点,作为建设和谐顺义的重要抓手,作为常委会工作的重点。就社区便民市场建设,在相关委室深入调研,并召开主任会议进行研究基础上,组织代表进行了工作视察,并专题听取审议了区政府关于全区社区便民市场建设情况的专项工作报告。常委会针对近年来顺义区城乡教育发展不够均衡,即将开展第三次教育发展布局调整的问题,进行了《中华人民共和国义务教育法》执法检查,并视察了养老机构设施及服务管理情况。主任会议还听取了本区中医药事业发展情况汇报及关于公路建设、公交运营,社区自治,经济适用房、廉租房、限价商品房建设管理等情况汇报。三是依法行使人事任免权,任免"一府两院"工作人员117人次,并不断探索加强任后监督的方式方法。

(罗振文)

【代表工作】 常委会进一步完善工作机制,努力提高服务水平,支持和保证人大代表依法履行职责,代表工作取得新进展。一是完善代表工作机制,提高服务代表的水平。1、加强代表培训,提高素质。通过举办培训班、研讨交流、视察、执法检查等方式,提高代表履职能力。2、切实保证代表的知情权。采取多种形式,及时向代表提供区情、政情、社情,通报全区重点工作情况,为代表履职创造条件。3、规范代表小组活动方式,拓宽代表闭会期间发挥作用的途径。4、继续开展代表向选民述职活动,探索代表联系选民、为选民服务的途径和方法。全年有37名代表进行了述职。5、大力宣传先进典型代表,推动代表履职水平提升。常委会利用地方人大常委会建立30周年的机会,宣传代表典型,《北京人大》就登载了四名连任三届以上代表的事迹,还通过人大网站、常委会《工作通讯》、新闻媒体等宣传代表事迹。二是加强代表与选民的联系,代表作用进一步发挥。常委会完善了代表服务岗、代表接待日制度。在定期、不定期接待选民的基础上,代表通过深入选区密切联系群众,倾听群众诉求,反映群众突出问题,履职责任感进一步增强,作用得到更好的发挥。加强市人大代表联络服务工作。圆满完成了市十三届人大二次会议顺义团的服务工作和市人大代表培训工作,建立了市、区人大代表之间的联系沟通机制,并邀请市人大代表参加区人大代表活动,列席区人大常委会会议等。三是加大建议督办力度,代表建议办理实效显著增强。年内,采取由各委室牵头督办重点建议件的形式,加大督办力度;及时召开交办会,提出要求;加强办中督查,认真听取"一府两院"对代表建议办理情况的报告;针对难点建议的办理,深入调研,搞好综合协调,加快办理进度;加强办后复查,对重点建议的办理情况进行专题审议并开展跟踪检查,组织代表对办理情况进行座谈反馈,建议办理质量和实效不断提高。在各有关部门的共同努力下,代表提出的135件建议,已按法定时限全部办复。一批人民群众最关心、最直接、最现实的问题得到有效解决,促进了全区经济社会的和谐发展。四是圆满完成11名区人大代表补选工作。

(郭宇明)

【自身建设】 常委会把加强自身建设,提高整体素质作为履行好职责的重要保证,从学习培训、转变作风、规范制度入手,不断提高依法履职的能力和水平。一是加强科学发展观的学习实践,努力提高自身素质。按照区委学习实践科学发展观活动及作风建设年的工作安排,常委会积极开展各项活动。全体党员紧密联系人大工作实际,认真学习有关文件精神,按照科学发展观的要求,认真分析检查,积极进行整改。通过学习、实践,进一步明确了责任,增强了贯彻落实科学发展观的自觉性和坚定性,有力推动了人大各项工作的开展。注重学习型机关建设。坚持完善各项学习制度,进行了常委会组成人员和机关工作人员政治理论、法律法规和人大业务知识的学习培训,使整体工作水平和工作效率得到进一步提高。部分常委会领导及委室主任还参与了学习实践科学发展观活动督察组、"平安北京"和"国庆平安行动"督查、国庆六十周年群众游行方队的训练督导等活动。二是加强制度建设,规范工作程序。在深入学习监督法及科学发展观的基础上,进一步规范和完善了常委会会议、主任会议及视察、执法检查等工作程序,为常委会依法履行职责,推进决策的民主化和科学化提供了保障。三是加强调查研究,切实改进工作作风。常委会把加强调查研究作为履行职能、开展工作的基础,结合审议议题深入基层进行调研,审议质量明显提高。常委会围绕全区重点工作和社会普遍关注的热点难点问题,找准人大工作在经济、政治、文化、社会建设中的结合点和着力点,就社区市场建设、养老机构建设、中医药事业发展、物业管理等开展专题调研,完成了12项调研报告。协同市人大开展了垃圾处理工作的调研,就生活垃圾处理等问题提出了建议。四是加强信息工作,积极宣传人大制度。一年来,常委会认真做好人大信息宣传工作。常委会主办的《工作通讯》出刊4期,在市人大网站登载信息70余篇,在区级媒体播发信息200余条,在《人民代表报》、《北京人大》发表多篇文章;加强网站建设,不断丰富栏目,及时进行更新,较好地宣传了人民代表大会制度和人大工作。

(罗振文)

顺义区人民政府

综　　述

年内，在市委、市政府和区委的坚强领导下，在区人大和区政协的监督支持下，全区上下深入学习实践科学发展观，全面贯彻落实“保增长、保民生、保稳定”的各项决策部署，出色完成了区三届人大三次、四次会议确定的目标任务，实现了区域经济社会平稳、快速、健康发展。

单位名称：北京市顺义区人民政府
地址：顺义区府前中街5号
电话：(010)69443080
邮编：101300
网址：http://www.bjshy.gov.cn

（区政府）

【临空经济区持续快速发展】 坚持以临空经济区为引领，全力以赴扩投资、拓空间、强产业、扶企业，深入推进产业结构调整和战略转型，全年完成GDP 690.2亿元，同比增长27.2%；实现一般预算收入48.1亿元，同比增长16.6%，一般预算收入总量继续在郊区县排名第一，在18个区县中排名第5，增幅排名第6。高端产业持续壮大。汽车产业引领现代制造业发展，北京现代销量突破57万辆，同比增长90%。北京汽车研究总院、国家汽车质量监督检验中心全面开工，北京现代第三工厂、北京自主品牌乘用车基地建设加速推进。航空产业集聚效应凸显，新引进中航工业发动机、系统、复合材料三大核心板块，中航发动机正式开工，国航大学即将竣工。金融产业快速发展，民生银行总部开工建设，北京银行后台处理中心正式签约，新增光大银行、杭州银行等9家金融机构入区发展。文化创意产业不断提升，国展产业园集聚效应不断增强，中国出版集团文化创意产业基地启动建设，国际体育用品博览会等15个大型展会成功举办。重大项目加快集聚。招商引资成效显著，新引进项目协议投资420亿元，新引进10亿元以上重大项目5个，实际利用外资预计完成3.96亿美元，中核二三建设公司、首都机场资产管理公司等一批总部项目迅速入驻。绿色通道项目进展顺利，总投资894亿元的151个绿色通道项目全面推进，完成投资183.6亿元。新兴产业培育取得积极进展，数码视讯数字电视产业园、宝德阳触控产品生产研发基地、金蝶软件园等高端信息软件产业项目相继开工，清华同方LED、中兆培基非晶变压器等节能产业项目加速推进。重点经济功能区加速提升。林河经济开发区和汽车生产基地通过村庄拆迁，新增产业发展用地3635亩。重点经济功能区和二三产业基地基础设施建设扎实推进，全年累计投入17.4亿元。天竺综保区顺利封关运营,如期通过国家十部委联合验收,成为我国建设周期最短、验收通过最早的空港型综保区。天竺综保区管理办法列入市政府立法计划扎实推进,信息化服务平台不断完善。新引进东航北京基地等13家企业入区经营,新增通用电气、强生等10家国内外知名企业开展保税业务。与市科委共建北京非晶科技产业园。重点经济功能区与二三产业基地结对帮扶机制日趋完善,空港C区开发建设进一步加快。帮扶企业成效明显。出台6个方面24条配套帮扶企业措施,统筹解决企业运行中的突出问题,落实各级扶持资金1.1亿元。组建总部企业高管人员服务中心,出台跨国公司设立总部奖励办法。严格落实出口退税政策,区内进出口贸易企业海关业务实现本地办理。新认定高新技术企业37家,新发展国家级企业技术中心2家、市级企业技术中心1家、市级研发机构3家,11家企业21项产品纳入市级自主创新产业目录。组建国有资本经营管理中心,创新运作全国首只中小企业集合票据,为区内7家重点企业融资2.65亿元。深入推进银企对接,引入股权质押、商标权质押、动产抵押等多元融资方式,为企业提供融资担保29.8亿元,减免担保费9400万元。

(区政府)

【城乡一体化加快推进】 坚持发展"见物见人"的工作取向,以就业和社会保障一体化为重点,以促进非农就业和农民转非为阶段性工作抓手,城乡一体化进程明显加快。在全市率先实现新城街区和各镇中心区控规全覆盖,新完成133个村庄规划。M15号线启动建设,M15号线是连接海淀、朝阳、顺义三个行政区的地铁线路。线路起点位于西苑,经颐和园、清华大学、望京、新国展、后沙峪等地区,最后到达顺义河东站。线路全长45.4公里,共设车站21座。一期开通望京西站至顺义河东站,开通线路全长31.15公里。目前顺义段内7个站点建设工程已同时启动,7公里高架段铺轨工程如期完工。区医院急诊病房综合楼进入外装修阶段,金街区域土地招拍挂顺利完成。白马路二期等一批重点工程全面完成,全年新改建道路124公里、新增市政管线178公里。现代花园等4处保障性住房开工建设,港馨家园东区顺利交付使用,2960位拆迁居民顺利回迁。出台查处违法建设工作意见,健全部门联动机制,拆除违法建设21.6万平方米。完成33宗、4006亩土地入市交易,切实保障了重点工程和重大项目用地需求。高丽营核心区市政基础设施建设率先启动,于庄村拆迁顺利完成。全区累计完成18个村庄整建制拆迁,储备土地1.8万亩,完成土地储备开发投资151.6亿元,投资规模位居全市第二,区域发展空间不断拓展,2.6万农村居民通过村庄拆迁全面融入城市。镇村二三产业总收入883亿元,同比增长28.5%。新农村"五项基础设施"和"三起来"工程完成投资6.7亿元,6.5万亩农业基础建设及综合开发成效明显。农业结构调整深入推进,花卉苗木面积达到1.6万亩,新增设施农业面积1万亩、土地流转面积1.2万亩,新完成47个村集体经济产权制度改革。潮白河森林公园、龙道河生态治理和引温济潮二期工程全面启动。"百村万户"绿化美化二期工程顺利完成,151个村、3.7万户农民从中受益。深入推进车辆"退黄进绿"工程,淘汰黄标车1.1万辆,绿标车辆超过营运货车总量的50%。深入开展第十五阶段大气污染控制工作,空气质量二级和二级以上天数达到271天。国家环境保护模范城市创建工作进展顺利,新淘汰"三高"企业14家,削减COD排放1703吨和二氧化硫排放1204吨。

(区政府)

【花博会圆满成功】 第七届中国花卉博览会于2009年9月26日至10月5日在顺义圆满举办,全国31个省市区花协和港澳台组团参展。花博会作为加快首都都市型现代农业建设、促进花卉产业发展的重要契机，作为促进奥运后首都经济发展、向新中国六十大庆献礼的一项重点工程，自筹办以来始终得到了市委、市政府的高度重视。在国家有关部委的大力支持下，在各省市区和港澳台地区的积极参与和通力合作下，在社会各界的全力配合下，经过承办单位和全市上下的共同努力，取得了空前成功。花博会北京展区涉及国际花卉物流港、国际鲜花港以及和谐广场三个功能组团，并围绕三大功能组团进行配套基础设施建设。按照“安全、质量、工期、功能、成本”五统一的要求，在一年半时间完成了16.8万平方米的主展馆、占地404亩的三大功能团建设。目前三个功能组团已成为区域性地标建筑，搭建起高端花卉产业发展的战略平台，为提升首都花卉产业提供了重要支撑。三大功能组团建设力求绿色环保，主展馆建设充分继承奥运建筑的节水、节能、节材设计，其中雨水回收系统每年可节水3.4万吨，地源热泵系统、低温送风等一系列先进技术相比同类建筑节能60%；国际鲜花港采用“地源热泵、水源热泵、地热梯级利用”组合供暖技术每年替代标煤2.2万吨；室外展区装饰多选用植物材料和再生材料，最大限度节材，减少污染物排放。除国内展商外，还有来自30个国家的104家知名花卉企业出喜展会，荷兰、日本、泰国、朝鲜、澳大利亚等国以政府机构名义参展。本届花博会汇聚了31.4万件国内花卉精品及6万件境外特色展品，参展展品的种类和数量创历届之最。参展高档和名特优新花卉品种达3299个，南非“帝王花”、朝鲜“金日成花、金正日花”、泰国“泰兰”、日本“宫灯百合”等名贵花卉集体亮相展会。十天展会共接待观众180万人次，人数之多、反响之强烈均创下了历史之最。

（区政府）

【社会事业不断发展】 坚持就业为民生之本，大幅提升就业补助标准。全区率先将高校毕业生和在职职工培训纳入政策扶持范围，就业困难群体认定标准下调至“3545”人员。全年投入1.46亿元扶持劳动力就业，新安排城乡劳动力就业23084人，城镇登记失业率控制在1.25%，回区大中专毕业生就业率达到97.6%。健全社会保障体系，加大社会救助力度。城镇无业人员、一老一小大病医疗保险深入推进，养老金月人均领取水平达到1680元，劳动年龄内大龄城镇无业居民和超过劳动年龄的城乡女性居民纳入城乡居民养老保险。新型农村合作医疗保障水平进一步提高，全年支付报销资金1.45亿元，同比增长53%。农村低保标准提高到每人每年2530元，超转人员生活补助提高到每人每月900元，城乡低保对象住院医疗最高救助额度提高到3万元，大病救助标准提高到5万元，社救、优抚对象建房补助标准分别提高到4.5万元和5.4万元。

（区政府）

法制工作

【概　况】 2009年，区政府法制办在区委和区政府的正确领导下，始终立足于“保增长，保民生，保稳定”的工作大局，认真履行工作职能，不断创新工作方式，积极推进依法行政，认真做好行政复议和行政应诉、行政执法监督、文件审核备案等项工作，为花博会的成功举办和服务顺义科学发展，营造了良好的法制环境。

单位名称：顺义区人民政府法制办公室
地址：顺义区府前东街9号
电话：(010)61400015
邮编：101300
网址：http://www.fazhi.bjshy.gov.cn

（王建宇）

【规范性文件审核备案】　年内,区政府法制办对《顺义区低保对象等特殊群体参加城乡居民养老保险补贴暂行办法》、《关于进一步加强就业再就业工作的意见》等76个文件进行了合法性审查,共提出意见225条。对区政府发布的《顺义区实施北京市城乡居民养老保险办法的意见》等10个行政规范性文件向市法制办进行了备案。对各委办局、镇报送的23件行政规范性文件进行备案审查,没有出现修改或撤销的情况。承办上级部门交办的法规、规章的征求意见工作。按时完成了《北京市无偿献血管理办法》、《北京市水污染防治条例》等各类征求意见稿13件,提出修改意见共13条。

(王建宇)

【行政规范性文件的清理】　为了保证法制统一,促进依法行政,贯彻落实《北京市人民政府办公厅关于开展本市规章清理工作的通知》(京政办发[2007]29号)的要求,区政府法制办对区政府和政府办公室发布的行政规范性文件进行了一次集中、全面清理。1997年12月31日前发布的行政规范性文件由区政府发文予以废止;1998年1月1日至2008年12月31日区政府和政府办发布的、列入本次清理范围的290件行政规范性文件,经过清理保留201件,废止89件。通过开展行政规范性文件清理工作,规范了政府行为,维护政府法制统一和政令畅通,推进了顺义区依法行政工作。

(王建宇)

【建立重大行政决策等六项工作制度】　年内,按照国务院《决定》和《北京市人民政府贯彻落实国务院关于加强市县政府依法行政决定的意见》(京政发〔2008〕44号)的要求,制定了《区政府重大行政决策听取意见制度》、《重大行政决策听证制度》、《重大行政决策合法性审查制度》、《重大行政决策集体讨论制度》、《重大行政决策实施情况后评估制度》、《行政决策责任追究制度》六项工作制度,并以区政府文件形式(顺政发〔2009〕50号)正式下发。

(王建宇)

【建立依法行政相关制度】　年内,按照国务院《决定》和《北京市人民政府贯彻落实国务院关于加强市县政府依法行政决定的意见》(京政发〔2008〕44号)的要求,一是制发了《关于贯彻落实国务院 < 关于加强市县政府依法行政的决定 > 的实施方案》、《顺义区2009年全面推进依法行政工作要点》,安排部署了年内依法行政的重点工作;二是起草了《顺义区人民政府推进依法行政工作定期报告制度》、《顺义区区政府常务会议学法制度》、《2009年顺义区政府常务会议学法计划》和《顺义区2009年学法计划》;三是按照区领导的意见,与区委组织部、区人力资源和社会保障局、区行政学校联合下发《顺义区2009年依法行政培训方案》。

(王建宇)

【行政执法责任制配套制度实施】　年内,区政府法制办按照区政府《关于印发行政执法责任制配套制度的通知》(顺政发[2008]29号)要求,深入推行行政执法责任制,监督检查行政执法责任制和五项制度的落实情况。一是深入基层进行专项培训。结合具体案例,重点对安监、建委等单位进行行政处罚法基本知识的培训与辅导。二是开展案卷评查,对22个执法单位抽取的89本行政处罚案卷进行评查,评出优秀单位12个,优秀卷40本。三是做好行政执法人员行政处罚执法资格管理工作。目前,已为建委、发改委等16个执法部门制发了确认函。

(王建宇)

【行政执法人员培训工作】　为落实市政府法制办《关于做好行政处罚执法资格管理工作的通知》(京政法制发[2008]25号)文件精神,11月26日,举办了顺义区行政执法人员培训班,全区39个执法部门的400余名行政执法人员参加培训。

(王建宇)

【强制拆除法律文书审核工作】 积极改革审核方式，对在审核中发现的难点和疑点问题，及时到现场了解、核实相关情况，确保审核工作的正确率。年内，共审核以城管大队名义上报的强制拆除法律文书13份。

（王建宇）

【行政复议和行政诉讼情况】 年内，区政府共受理行政复议案件11件，其中维持原具体行政行为的6件，终止的3件，不予受理的2件。承办市政府受理的以区政府作为被申请人的行政复议案件7件，其中维持4件，终止2件，驳回申请1件。全区共发生行政诉讼案件46件，其中判决维持的10件，裁定驳回起诉的13件，判决驳回诉讼请求的12件，裁定撤诉的9件(其中6件为原告主动撤诉，3件为被告改变具体行政行为后原告申请撤诉)，判决撤销的1件，判决部分赔偿的1件。区法制办除了在行政复议接待室接待当事人以外，还不断完善行政复议与信访的衔接制度，参加每月15日、30日区领导信访接待日，共参加接待20余次，接待量为100余件，120余人。

（王建宇）

外事工作

【概　况】 2009年，顺义区外事工作以保障国庆60周年为中心，服务花博会为重点，深入推进“制止党政干部公款出国(境)旅游专项治理”工作，加强宏观管理，优化涉外环境，拓展城市交往，在遵循“地方外事是中央总体外交的重要组成部分”这一大原则方面取得了新成效。

单位名称：顺义区外事旅游局

地址：顺义区光明南街7号

电话：(010)81483249

邮编：101300

网址：http://www.bjsyly.gov.cn

（王　辉）

【切实做好因公出国(境)管理】 年内，顺义区因公出国(境)赴港澳团组共45批94人次，其中随团35批37人次，组团10批57人次，局级领导13人次，处级领导51人次，科级及以下人员30人次。出访团组批数和人数在三年平均数基础上压缩达到55%和51%，超过了规定目标。

（王　辉）

【加强对外友好城市交流】 9月25日－28日，韩国首尔城北区区厅长徐赞教携夫人率代表团13人应邀来顺义访问并参加第七届中国花卉博览会开幕式。

（王　辉）

【做好甲型H1N1流感防控】 甲型H1N1流感肆虐期间，对所有出访人员进行疫情防控知识宣传，及时掌握疫情发展趋势，严格控制出访疫情较重国家，对回国人员进行信息登记，建立个人信息反馈制度，确保了外事防控工作的成功。

（王　辉）

【完成外事接待】 年内，共接待国内外来宾18批650人次，其中国外来宾13批480人次，国内来宾5批170人次；第七届中国花卉博览会展览期间，圆满完成中央、北京市安排参观展会的重要团组4批102人次。

（王　辉）

【做好花博会外事服务】 协调花博会筹委会做好国外参展团体的邀请函确认工作，为其提供外籍人员接待服务标准，外事礼仪等相关工作；协助制定七博会涉外应急预案和应对境外记者工作方案；与市外办联系，协助做好参加开幕式国外驻华大使馆，大使、参赞的邀请接待工作；协调公安分局派出专人做好展会内部和外围涉外管理，维护稳定，应对涉外突发事件。

（王　辉）

信访工作

【概　况】　中共北京市顺义区委、顺义区人民政府信访办公室,隶属于顺义区人民政府的工作部门,下设接待科、办信科和综合科和城区、农村两个矛盾调处组。2009年4月,经区编办批复,在区信访办内设置顺义区社会矛盾排查督导中心,为正科级全额拨款事业单位,编制为7人。2009年,区信访办严格按照中央提出的"发现得早、化解得了、控制得住、处理得好"的工作要求,围绕区委、区政府"保增长,保民生,保稳定"工作目标和各阶段信访工作部署,结合本单位工作实际,认真践行科学发展观,积极探索妥善处置集体访、非正常访和重复访案件新途径、新办法,不断健全完善矛盾纠纷排查化解长效工作机制,全力促进社会和谐稳定,为成功筹办花博会和建国"六十周年"大庆创造了安全稳定的社会环境和文明和谐的社会氛围。确保了在"两节"等敏感时期未发生越级到区、到市集体访,无到市非正常访,圆满实现市委、市政府提出的到市上访"双零"指标,全区信访形势平稳可控。全区共受理群众来信来访2906件(批)次,同比去年3215(批)次,下降10%;其中,来信490件次,同比去年1016件次,下降52%;来访1898批次,同比去年2199件次下降14%。其中,集体访175批,同比去年211批次,下降17%。

单位名称:中共北京市顺义区委 顺义区人民政府信访办公室
地址:顺义区府前中街2号
电话:(010)69444198
邮编:101300
电子邮箱:xinfb@bjshy.gov.cn

(杨　光)

【领导首次接待负责制和首办负责制】　各级领导接待实行"谁接待谁负责"原则,一包到底。各部门在工作中实行首办负责制,直至"案结事了"。尤其是为了确保国庆和花博会期间顺义区的社会稳定,从8月20日至9月20日,区信访办采取坚持区镇领导首次接待负责制等措施,将问题紧紧吸附在本地;紧紧抓住区镇领导包案,充分发挥司法、民政、劳动、建委等职能部门作用,采取对症下药,依法合情、实事求是地处理信访人实际问题等措施,化解了大量现实突出问题。

(杨　光)

【加大督查督办力度】　按照顺义区《关于进一步加强信访督查督办工作的意见》(京顺办发〔2009〕6号)文件规定,建立健全信访督查督办工作制度,督查工作直接对党政一把手负责。保证将领导包案措施落到实处。顺义区专门成立了社会矛盾排查督导中心,配备了专门人员。各镇、街道办事处和委、办、局、公司、中心也建立了相应组织,并报区信访办备案。

(杨　光)

【重大决策信访风险评估制度】　为了从源头上预防和控制信访突出问题,保持顺义区社会稳定,按照京顺发〔2009〕14号文件要求,在全区各镇、各部门推广重大决策信访风险评估制度。目前,基层各单位已经普遍建立了重大决策信访风险评估制度。今后将把工作重点放在制度的落实上,使此项工作向更深层次发展。

(杨　光)

【建立"四分法"工作制度】　顺义区信访办认真贯彻信访事项"属地管理,分级负责"和"谁主管、谁负责"两大原则,并在执行当中紧紧抓住责任归属,推动工作落实,强化责任落实、责任督查、责任追究环节。为此提出了的信访责任"四分法",明确责任分工,把问题紧紧吸附在本地,解决在基层。"四分法"即:自己的人,自己的事,负完全责任;自己的人,别人的事，负配合责任；自己的事，别人的人，负主要责任；别人的人，别人的事，负协调责任。区信访办用好用足“四分法”，着力解决好“三跨三分离”案件，即跨地区（镇街）、跨部门、跨行业久拖未决案件，人户分离、人事分离、人事户分离案件。对于以上重点案件，区信访办明确发生信访问题的地方或部门是解决信访问题的责任主体，落实责任促解决。由区、镇级领导包案方案明确主办责任单位和协办责任单位，落实牵头承办和参与单位及人员，落实工作要求办结时限；包案领导要严格落实“四包”（包掌握情况、包思想转化、包解决化解、包息访息诉）责任制，力促问题解决一个，消除一个，彻底消除顺义区不稳定因素。

（杨 光）

【加强信访信息化建设】 信访工作利用现代科技手段，实现信息化办公和“网上信访”，能够促进民意诉求和社情民意更加顺畅上达，提高信访工作效率，规范工作行为，降低信访工作成本。目前顺义区已经在各镇、街道和部分重点委、办、局、公司初步建成信访信息网络，推广使用了信访网上办公平台，取得了较好的效果。下一步区信访办将进一步加强顺义区信访信息化建设，加强工作人员培训，督促有关单位改善办公条件，尽快实现顺义区信访工作的现代化目标。

（杨 光）

信息工作

【概 况】 2009年全区政务信息化工作以科学发展观为统领，以发展创新为动力，以服务全区经济社会又好又快发展为目标，大力推进政府门户网站及资源共享交换平台等应用系统建设，继续深化政务信息资源整合，进一步加强网络与信息安全保障工作，政务信息化工作呈现出多点推进、全面繁荣的良好局面。

单位名称：北京市顺义区信息中心
地址：顺义区府前中街5号
电话：(010)69461764
邮编：101300

（靳继成）

【信息网络基础建设】 2009年，全区接入区内电子政务外网的单位已达805家。其中光纤宽带接入处级行政、企事业单位176家，中小学、幼儿园120家，社区卫生服务中心39家，派出所31个，劳动社保所25个，主要街道监控点22个，行政村392个。因特网出口带宽达到250兆。

（靳继成）

【“数字家园”建设】 2009年，全区“数字家园”数量达到66个，其中城区5个，农村61个。数字家园的建设为提升顺义区整体信息化水平，推进城乡一体化，提高群众信息化应用能力，起到积极推动作用。据不完全统计，2009年，“数字家园”举办相关培训80余期，培训人员达3000人次。

（靳继成）

【国庆和花博会保障工作】 为保障国庆60周年各项活动和花博会期间政务网站的安全平稳运行，区信息中心、区国家保密局联合对10家信息安全保密重点单位和重要信息系统建设与使用单位进行了信息安全检查，并反复宣讲信息安全重要性及相关制度，培养信息安全意识，打造良好的信息安全环境。2009年，顺义区已经完成全区238家单位、共计284个信息系统的安全等级保护备案工作；并不断对顺义网城等重要网站系统进行渗透测试和安全漏洞扫描，依据测评报告对存在的安全漏洞及时进行修复。为规范信息安全相关工作，先后印发了《顺义网城管理办法》、《信息发布审核制度》、《网络与信息安全操作规程》和《关于加强信息安全保障工作的意见》等文件。在国庆及花博会等大型活动期间,政务信息系统运行正常,未发生一起信息安全事件。

(靳继成)

【视频会议系统广泛使用】 2009年,全区成功转播、召开北京市电视电话会议、安全生产工作会、党风廉政工作会等20次,参会人数达3000余人次。

(靳继成)

【完善网上办公系统】 2009年,落实“以市民为中心”理念,进一步完善全程办事代理网上办公服务系统,修改就业、社会保障等民生类网上信息服务栏目。适应新一轮机构改革需要,进一步梳理事项,优化办事流程,为市民提供顺畅、快捷的网上信息服务。

(靳继成)

【推进政务办公平台建设与应用】 电子政务办公服务平台实现了区内公文流转、政务信息发布、业务处理、信息共享与数据交换。2009年,区信息中心根据各单位使用需求对其进行完善。一是对系统进行升级改造,增加了公文查询等功能;二是扩大邮件系统使用范围,为科学发展观办公室、综合保税区、法制办等单位新建账号118个;三是做好平台内容更新工作。在平台发布动态信息4900余条,发布顺义区情等电子刊物400期,记录便民电话信息4500余条;区卫生局依托平台发布通知800余条;各单位通过该平台上报素材8200余条。电子政务办公服务平台在提高机关办公效率方面切实起到了辅助作用。

(靳继成)

【推进资源共享交换平台建设】 政务信息资源共享交换平台是管理全区政务信息资源目录,支撑各部门开展政务信息资源共享交换的重要基础设施,现已被市经信委列为试点建设项目。平台建设包括三部分,即资源目录子系统、交换共享子系统和平台管理子系统。2009年,系统开发工作已经完成,正在整合人口、法人等基础数据资源,已导入资源目录850条,业务目录566条,法人数据13832条,人口数据488628条,健康证数据194479条。平台上线后,可为区内有需求的单位提供数据查询、统计、比对服务。

(靳继成)

【建设政务地理信息服务平台】 政务地理信息服务平台依托北京市政务地理空间数据库进行开发建设,可支持各部门根据自身业务进行具有地理属性业务系统的二次开发。2009年,平台系统开发工作已经完成,链接了北京市图层764个,导入顺义区图层10个,涉及加油站、学校、金融机构等。地理信息服务平台的建立,形成了全区统一的电子地图,可直观展示区内道路、建筑物分布等基础地理信息。全区已有国土资源局等多家单位申请平台遥感影像使用,其中,区市政管委已利用平台遥感影像完成了地下管线综合管理系统的建设。

(靳继成)

【建设领导决策信息系统】 领导决策信息系统是顺义区电子政务建设的重要组成部分,依托电子政务外网和政务信息资源共享交换平台进行建设,全面整合各部门需要上报区领导的信息资源,为区领导决策提供全面、准确、及时的一站式信息服务。2009年,系统开发工作已经完成,主要内容包括领导关注热点、各部门的决策信息、统计图表、专题等。现已整合人口计生、水务、气象等三家单位的信息系统,收集整理了财政、统计、环保等25家委办局的决策信息。

(靳继成)

【启动CA数字认证系统建设】 为确保数据安全,防止信息泄露,2009年,顺义区启动了数字认证中心建设,有效保证政府各部门之间及上下级政府之间信息传递的安全性。目前,区级数字认证平台首期主要集成区级办公平台、邮件系统、资源共享交换平台,为相关工作人员配置数字证书321个。

(靳继成)

【建成“大信访”信息系统平台】 顺义网城政民互动频道整合原有的一系列互动栏目，建成了“大信访”平台。通过区长信箱、政风行风热线、便民信箱、举报信箱、意见征集等互动栏目，市民可结合自身工作、生活实际，对经济发展、社会管理、百姓生活等问题发表看法，提出建议，也可以就自己关心的问题进行咨询、投诉。政府各部门依托该频道倾听社会各界的投诉、建议和咨询，进一步了解民意，为领导决策提供支持。2009 年，该系统共收到群众来信 1000 余封，区领导批示后，经各部门落实，解决了大量群众诉求问题，有效缓解了社会矛盾。该信访平台中还设有在线访谈、人大议案、政协提案、意见征集、留言板等互动栏目。

（靳继成）

【建设镇级管理信息系统】 镇级管理信息系统可解决镇机关内部、镇村之间的信息传递与共享问题。区信息中心多次组织召开镇级管理信息系统建设培训会，旨在加快推进系统应用。2009 年，全区 19 个镇全部建起了镇级管理信息系统，实现公文、数据网上传输。

（靳继成）

【加大信息采编报送力度】 2009 年，结合学习实践科学发展观活动，围绕后奥运经济发展、新城建设、花博会筹办等区域发展焦点、热点问题，顺义网城中文版全年共发布中文动态信息 2484 条，英文版共发布英文动态信息 134 条；向北京市城乡经济信息中心报送信息 2484 条，采用 1484 条；向首都之窗报送信息 2484 条，采用 2000 余条；另有 1000 余条信息被多家网站转载。全方位、多角度地展现了顺义经济社会发展取得的可喜成绩。

（靳继成）

【加强舆情监测】 以国内外 2000 余种报纸、8000 余家网站为信息源，搜集国内外媒体关于经济、社会、政治、文化等方面有价值的报道和有关顺义的虚假或不完整信息，整合区内各部门上报的信息，编辑印发刊物《领导参考信息》，为领导决策提供参考。2009 年共编辑、报送《领导参考信息》108 期，298 条。其中社会信息 54 条，经济信息 165 条，政务信息 79 条。共得到领导批示 36 条。

（靳继成）

【顺义网城评为优秀政府网站】 2009 年 1 月，在北京市纠正行业不正之风办公室、北京市信息化工作办公室召开的“2008 年度北京市政府网站评议总结大会”上，顺义网城获“优秀政务网站”称号。因开辟“激情奥运”特色频道，获得“政务网站特色服务”称号。顺义网城已连续五年被评为优秀网站。

（靳继成）

【召开信息化工作会】 2009 年 3 月 4 日，召开了顺义区 2009 年信息化工作会议。区政府副区长杨培丽出席会议，全区各单位主管信息化工作副职领导、信息化工作人员、顺义网城信息员参加会议。会上，区信息中心主任王永宝总结了 2008 年信息化工作，部署了 2009 年任务；表彰了 2008 年度顺义网城优秀子网站、优秀信息化工作者和优秀信息员；副区长杨培丽作了重要讲话。

（靳继成）

【顺义网城“花博会”频道在新华网推介】 2009 年 3 月至 8 月，顺义网城“花博会”专题频道在新浪网和新华网北京频道首页进行推介。“花博会”频道是顺义网城为迎接 9 月中国第七届花卉博览会在顺义区举办而专门开设的。共发布各类相关信息 500 余条，其中图片 55 张，视频信息 4 条，页面浏览量突破 60 万。该频道中的“志愿花博 和谐顺义”花博会志愿者招募专题自 3 月 5 日开通至 7 月 31 日活动结束，累计承接了 29328 名网民的花博会志愿者报名申请。

（靳继成）

【开展第五届顺义网城网站群评比活动】 为进一步贯彻落实《中华人民共和国政府信息公开条例》、《北京市信息化促进条例》及有关文件精神，加大信息公开、信息共享及网上办事力度,确保花博会和六十周年国庆期间各分站点的安全运行,区委宣传部、区监察局、区信息中心于2009年6月至12月开展了第五届顺义网城网站群评比活动。

(靳继成)

【新版顺义网城外文版正式上线】 为进一步宣传顺义绿色国际港形象,促进招商引资工作,为外籍人士提供多语种服务,区信息中心于2009年2月至4月对顺义网城英文版和韩文版进行了全面改版。新版顺义网城外文版于7月正式上线。顺义网城外文版设有投资顺义、政务顺义、生活在顺义、花博会和奥运顺义五大频道。

(靳继成)

【高考网络保障工作】 顺义区今年共设6个高考考点,其中有5个考点涉及区电子政务外网。高考期间,区信息中心、歌华有线顺义分公司采取多项措施确保高考巡查指挥系统安全运行及网络舆情的快速搜集。1、成立高考网络保障工作小组,制定网络应急处置预案,层层分解任务,将责任落实到人。2、联合歌华有线顺义分公司,派驻专人对考点所在地区的电子政务网络进行安全检查,排除隐患。3、安排专人对全区电子政务网络运行情况实时监控,并随时搜集互联网上与顺义区高考相关的信息。

(靳继成)

【信息安全检查部署会】 2009年6月25日,区信息中心、区公安分局、区应急办等单位召开了顺义区国庆60周年网络与信息安全检查工作部署会,区广电中心、联通顺义分公司、移动顺义分公司、歌华有线顺义分公司等单位的主管领导以及全区所有二级以上信息系统运营使用单位的主管领导和网络信息安全员参加。会议要求各单位要把网络信息安全应急工作作为当前的一项重要任务,制定并不断完善信息安全应急预案,定期开展演练,对可能发生的信息安全事件和网络安全预警性信息及时汇总、研判。确保一旦发生突发事件能够做到早发现、早报告、早控制、早解决。

(靳继成)

【中考、会考网络保障工作】 2009年中考、会考期间,区信息中心、歌华有线顺义分公司按照全市统一部署,成立了中考、会考网络保障工作小组,制定了网络应急处置预案,并派驻专人对考点所在地区的电子政务网络进行安全检查,对全区电子政务网络运行情况实行实时监控。同时,针对高温天气,信息中心工作人员加大机房巡查频次,保证设备处于良好状态,确保了考试巡查指挥系统的安全运行。

(靳继成)

【网络与信息安全大检查】 7月29日至8月4日,区信息中心、区公安分局、区保密局、区密码办、区应急办等单位组成的联合检查组,在全区391家单位对各自信息系统进行自查的基础上,对全区13家二级以上信息系统运营使用单位进行了全面检查,与每家单位的责任领导签订了网络与信息安全责任书。共发现安全问题32处,现场排除隐患23处,为确保国庆60周年各项活动及花博会期间全区网络与信息安全打下了基础。

(靳继成)

【顺义网城第九次改版工作】 7至9月,区信息中心对顺义网城实施第九次改版,对网站整体框架、栏目设置进行调整,进一步扩充和细化了服务信息。新版顺义网城设置七个频道,分别是花博会、魅力新城、信息公开、在线服务、政民互动、市民生活和奥运回顾。

(靳继成)

【召开顺义网城暨交换平台建设工作会】 7月14日,召开2009年顺义网城建设暨资源共享交换平台建设工作会,副区长燕瑛出席。会议介绍了资源共享交换平台的应用,部署了顺义网城改版、顺义网城网站群评比以及资源共享交换平台建设各项工作。副区长燕瑛在会上做了重要讲话。

(靳继成)

【顺义网城开通场景式服务】 11月1日，顺义网城在线服务频道开通“婚姻登记”和“生育收养”两个场景式服务专题。顺义网城场景式服务具有三个特点：一是点面结合突出对热点办事事项提供服务。二是根据市民需求设计人性化服务导航，帮助用户快速熟悉流程，顺利开展网上办事。三是全方位整合相关资源，大幅提升办事效率。

（新继成）

应急工作

【概　况】 2009年，顺义区应急委在市委、市政府、市应急委的领导下，坚持以“以人为本、预防为主、快速反应、资源整合、专业处置”的工作原则，高效、有序的完成了各项应急管理工作，实现了“平安国庆、平安花博”的工作目标

单位名称：北京市顺义区突发公共事件应急委员会办公室
地址：顺义区府前中街5号
电话：(010)69434500
邮编：101300

（石　晶）

【应急预案管理工作深入推进】 完成12个经济功能区总体应急预案、《顺义区影响校园安全稳定事件应急预案》等4项区级专项预案的审核、备案工作。花博会前共组织区级应急预案演练40余次，通过演练进一步修订完善预案，保障花博会顺利举办。

（石　晶）

【应急科普宣教工作广泛开展】 以“将预防付诸行动，让安全融于生活”为主题开展“5.12防灾减灾日”系列宣传活动，共计发放宣传品2500余套，直接受教育人数50000余人。区应急办与区人力社保局共同组织全区行政机关公务员和参照管理人员开展《突发事件应对法》专题培训工作，并将考核成绩作为公务员年度考核、任职、定级和晋升职务的重要依据，共开办培训班10期，参加培训2500余人。

（石　晶）

【应急信息工作水平不断提高】 全面启动信息沟通机制，应急系统各单位国庆花博会期间实行突发事件“每日零报告”制度，每日通电子政务系统或口头向区应急办报告情况；区应急办每周组织相关单位参加“市应急系统每周工作例会”，迅速传达市、区应急委领导工作指示，各部门通报应急工作开展情况，协调解决相关问题。

（石　晶）

【应急指挥技术系统保障有力】 区应急指挥技术平台实现专业化维护，确保应急管理系统稳定运行。全区800兆无线调度系统终端扩充到34台，为新成立的3个街道办事处安装IP视频会议系统，实现IP视频会议全区覆盖。建设全区图像信息管理系统，根据国庆及花博会安保工作需要，区应急办与区市政重点工程办公室、顺义公安分局共同完成了花博会图像信息管理工程建设，花博会展馆、鲜花港周边及相关道路建设图像监控点位792路。

（石　晶）

【甲型H1N1流感防控工作】 下发《区应急办关于启动甲型H1N1流感疫情应急机制的通知》，第一时间建立顺义区甲流防控组织体系，部署值守应急与信息报送工作，每日汇总全区甲流防控情况报告区领导。

（石　晶）

【国庆节与花博会风险评估】 制定《顺义区国庆节及花博会期间突发事件风险控制与应急处置工作方案》，就可能发生的自然灾害、事故灾难、公共卫生事件、社会安全事件进行风险评估，消除或控制突发事件安全隐患，为

“平安国庆、平安花博”保驾护航。

（石　晶）

【国庆节及花博会保障工作】　下发《区应急办关于国庆期间加强值守应急和应急准备工作的通知》、《关于做好第七届中国花卉博览会展会期间各项应急准备工作的通知》，国庆节及花博会期间，全面启动应急机制，视频会议、800兆、移动指挥系统24小时开通，全区应急保障力量全天候备勤，应急办每天通过电台、电话检查全区值守应急情况，各有关单位施行每日突发事件零报告制度，确保国庆节、花博会期间全区安全稳定。

（石　晶）

人口与计划生育

【概　述】　年内，顺义区以大人口统筹为突破，围绕稳定低生育水平这一核心，积极开展计划生育优质服务。年底，全区常住人口73.2万人。全年常住人口出生6828人，其中，户籍人口5041人，自然增长率1.6‰，政策符合率97%，优于北京市要求2个百分点。出生人口性别比保持在正常值范围内。顺义区被国家人口计生委评为全市唯一一个“国家人口和计划生育工作综合改革示范区”，被市人口计生委评为“人口和计划生育工作模范区”。

单位名称：顺义区人口和计划生育委员会

地址：顺通路AMB大厦4层

电话：(010)89445425

邮编：101300

网址：http://www.fc.bjshy.gov.cn

（张红蕊）

【改革人口工作考核方法】　在各镇街与区长签订的责任书中，明确各镇街户籍人口增长比例及居住半年以上流动人口的调控比例。在公安、流管、劳动等重要职能部门与区长签订的责任书中，增加人口规模控制的具体内容。在区工业局(经信委)《关于加强重点经济功能区经济指标考核的意见》中将人口计生工作纳入综合工作考核指标。国资委对国有企业负责人的年度考核中增加对人口问题的考核。区委区政府对各镇主要经济发展指标与社会调控目标考核意见细则中，增加常住人口规模控制的考核。

（张红蕊）

【开展计划生育药械市场专项整治行动】　6月～9月，区人口计生委联合区公安分局、卫生局、工商分局、质量技术监督局、药监分局、流管中心开展计划生育药械市场专项整治行动，检查相关单位46家，查处无证户2户，警告2户，责令整改2户，发放告知书37份，没收国家免费药具510盒。

（张红蕊）

【启动独生子女家庭就业促进计划】　6月22日，区人口计生委联合顺义区烹饪协会在南彩镇启动独生子女家庭就业促进计划。专业教师为各镇选送的300名独生子女家庭成员进行技能培训。每期50人，连续培训6期，并启动专场招聘会一对一解决就业问题。

（张红蕊）

【实行流动人口孕检单留存制度】　流动人口凭居住地介绍信到区生殖健康技术服务中心孕检后，区人口计生委为其出示三份孕检结果，除一份寄回原籍外，还要求流动人口所在单位、村居各留存一份，以便及时掌握流动人口孕育情况。2009年，持信孕检的流动人口达到100%。

（张红蕊）

【建立流动人口孕育信息通报制度】　区人口计生委与卫生局联合下发《关于流动人口孕产妇围产保健分娩期间查验计划生育相关证明的规定》(顺人口发[2009]7号)。明确各助产医院在对流动人口孕妇建立围产保健时，查验其《生育服务证明》。2009年共监测流动人口出生1352人。流动人口持证率由上年的80%提高到90%。

（张红蕊）

【开通人口信息共享系统】 区委、政府、人大、政协领导、12个数据录入单位以及区发改委、区委研究室领导可随时登录，查询全区人口出生、死亡、升学、就业、流动、购房、户籍迁入迁出等所有人口变动情况。顺义区人口信息共享系统是由区人口计生委牵头协调，共12个政府职能部门参与，是集数据、图表为一体的综合性人口数据库，包含人口知识、人口研究、人口理论、人口规划、人口法规、人口规模、人口素质、人口结构、人口布局、就业保障、领导参阅、数据分析12个版块，113张分析图表、34张汇总图表、15张综合图表，包括月报、季报、年报。

（张红蕊）

【举办人口文化工作展】 区人口计生委历时8个月筹备建成3000多平方米的区大人口文化工作展厅，展厅展示了人口与经济社会资源环境之间的重要关系，展示区委、区政府在人口宏观调控、统筹解决人口问题中的有效做法以及多年来区计划生育工作取得的丰硕成果。主展厅外设8个展室，分别介绍了人的青春期、新婚期、生育期、幼儿期、更年期等人生各个时期的健康知识。展览集知识普及、工作介绍为一体，利用图片、文字、声响、电教设备等多种形式，为观展者提供一个立体的科学婚育文化环境。展厅开放期间，万余名群众和各级领导干部进行了参观。

（张红蕊）

【提高市区镇三级奖励扶助额度】 年内，全区奖励扶助对象人数1734人。北京市奖励扶助金增加到每人每年1200元，区级奖励扶助金男孩户增加至450元，女孩户610元。11个镇的镇级奖励扶助金超过每人每年600元，最高达800元。

（张红蕊）

【区镇出台特别扶助政策】 全区特扶对象193人，在市级为每人每年2400元的基础上，顺义区再为其发放1200元。南法信、北务等镇也按照区级标准为特别扶助对象发放每人每年1200元。

（张红蕊）

【村级计生家庭养老补助金发放工作】 年内，全区124个村增加了村级计生家庭养老补助金额度，9530名老人共领取1083.8万元。发放额度最高的天竺镇岗山村每人每年7680元。

（张红蕊）

【农村长效措施群众享受免费体检】 年内，区人口计生委为农村采取长效避孕措施群众体检20225人次，查出大病患者28人。结合两癌筛查，全区各镇街共检查育龄妇女75417人，查出大病72人，都进行了及时治疗。

（张红蕊）

【出生缺陷干预工作】 为减少出生缺陷，顺义区实行免费婚检，并为群众免费发放叶酸，预防神经管畸形。通过电台专题、广场电子屏公告、海报、网站、专干上门等多种渠道，大力宣传免费婚前健康检查及服用免费叶酸的重要意义。年内，共发放叶酸3600人份，共计21800瓶。

（张红蕊）

【计划生育药具“三进”活动】 即免费药具进机关、进企业、进学校。为50人以上的经营单位设立免费药具发放点。全区共有药具发放点989个，其中村居488个、社区卫生服务站167个、机关企事业单位334个。向全区15万个家庭发放《计划生育药具免费发放服务指南》，制作650块不锈钢《免费避孕药具发放点》标识牌在村居委会、社区卫生服务站悬挂，告知育龄群众免费药具的领取地点。

（张红蕊）

【领导班子调整】 12月，区政府顺政发[2009]66号文件任命秦士友为顺义区人口计生委主任。

(张红蕊)

总部企业高管人员服务

【概 况】 北京市顺义区总部企业高管人员服务中心(以下简称中心)于2009年8月经北京市顺义区人民政府批准成立,中心下设办公室、政策法规部和联络服务部。中心的职责是:兑现顺义区鼓励企业发展的各项优惠政策;协调解决企业的各种问题和困难;为企业中的高管人员及家属提供全方位、个性化服务;完成区政府交办的其他工作。中心的职能定位是:“秉承以人为本理念,坚持亲商促商目标,整合各方服务资源,提供优质高效服务,搭建政企交流平台,助推总部经济发展”。中心的服务理念是:“用心服务至高,共谋发展至上;源于您的需求,悦于您的满意”。

单位名称:北京市顺义区总部企业高管人员服务中心
地址:顺义区建新西街3号
电话:(010)89498007
邮编:101300

(李鹏飞)

【加强机关建设】 中心成立后迅速开展工作,通过招录人员、健全组织、统一机关形象和提高工作人员素质等措施,不断完善软硬件建设。一是通过区内调配和公开招考两种方式,共补充工作人员6名。二是在区委区政府的关怀下,2009年11月,中心从临时办公场所财会培训中心迁入建新西街3号的办公新址。三是12月,区直机关工委批准成立了由中心主任任支部书记的中心党支部。四是设计中心视觉识别系统(VI),包括信封、手袋等办公用品及其它应用标识,统一了办公形象。五是定期组织机关人员学习相关政策、法规,同时,中心考察、学习了朝阳、丰台、西城等地服务企业的经验做法,为今后工作的开展拓宽了思路。

(李鹏飞)

【探索建立服务体系】 一是摸底调查,对09年地方财政收入1000万元以上企业进行认真核对筛查,目前已将54家企业列入重点服务范围。二是对重点企业进行了逐一走访,及时收集、研究、处理企业反映的问题和困难,并在第一时间将办理结果向企业进行反馈。三是加强信息采集,建立企业高管人员基础信息库,为充分实施个性化服务奠定基础。四是根据经济发展形势的需要及区领导的指示精神,服务中心与区财政局、投资促进局共同拟定了《顺义区财政贡献突出企业奖励办法》。五是制定了总部企业金融机构服务推委会成员单位职责,并经过区政府专题会议讨论通过,将任务细化到各职能部门;建立了责任人制度,由各成员单位指定一名副职领导为责任人,统筹协调涉及本部门的各项服务事宜。六是拟实施“顺义绿卡”服务,对认定的企业高管人员发放“顺义绿卡”。持卡人在顺义可享受子女入学、户口进京、旅游健身、购房、就医等多方面、全方位服务。目前“绿卡”的卡样、服务细则及使用说明已制定完毕。

(李鹏飞)

【协调解决企业及高管实际困难】 坚持“全力以赴、润物无声”的服务思想,携手相关部门尽心尽力为企业及高管做好服务保障工作。在为企业服务方面。完成了2009年空港开发区、物流基地等3个开发区企业奖励资金兑现工作;为企业协调解决了在机场北线增设915路公交站点事宜;为一企业67名外地员工免费接种了甲流疫苗;协调解决了一公司在建设过程中涉及的市政设施、审批验收等问题;为一企业协调安排办公用地事宜;派专人协助某公司办理了在其公司内设置医疗室的审批事宜。在为高管个性化服务方面。解决企业高管子女入学四例、购房一例、购车两例;同时,我们也受理了多起企业特殊人员户口进京申请,其中1例已彻底解决,3例共6人有望解决,手续正在办理过程中;以元旦、中秋等节假日为契机,对国航、首都机场集团等20余家区内纳税大户的百余名高管人员以及为更好的服务高管,我们已建立起联系的中日医院、北大医院、同仁医院等6家市内医院进行了走访慰问,为企业高管人员及相关医务人员送去了月饼和节日贺卡,代表区政府向其表达了问候;举办由40家财税贡献突出企业的负责人参加的2010年新春联谊会,密切了与高管人员的关系;加强人文关怀,派专人赴河北参加高管家属葬礼,并附上慰问金,代表区政府向其表达了问候;此外不定期向高管人员发送温馨短信,提醒降温、雨雪等天气情况以及重要节日问候、生日祝福等内容,深得高管人员赞誉。

(李鹏飞)

安全生产监督

【概　况】 2009年,认真贯彻国家、北京市关于安全生产工作的一系列决策部署,以确保新中国成立60周年大庆和第七届中国花博会圆满成功为目标,围绕"安全生产年"和"分类分级深化年"各项工作任务,依托综合监管动态管理系统,突出抓好安全生产"三项行动"和"三项建设",积极探索并实施生产经营单位自查自报工作机制,切实强化安全生产主体责任,全区安全生产环境得到进一步改善,安全生产事故起数和死亡人数实现"双下降"。年内,区综合监管部门、行业监管部门和属地政府对建筑施工、危险化学品、非煤矿山等重点行业和领域深化专项整治,共检查生产经营单位2.27万家次,检查覆盖率达到96.6%,下达执法文书1.86万份,查处隐患2.16万项,累计处罚82.1万元,同比增长25%。全区共发生交通肇事事故476起,死亡109人,生产安全死亡事故3起,死亡3人,火灾事故279起,758起,全年未突破北京市政府下达的事故死亡126人的控制指标。顺义区获得了"2009年度全国安全生产月优秀单位"称号,安全生产综合监管动态管理系统荣获北京市第一届安全生产科技成果一等奖、中国职业安全健康协会颁发的"神华杯"科学技术三等奖。

单位名称:顺义区安全生产监督管理局
地址:顺义区仓上街3号
电话:(010)69443437
邮编:101300
网址:http://www.ajj.bjshy.gov.cn

(杨战涛)

【区人大代表检查安全生产工作】 3月19日,顺义区人大代表一行50余人对顺义区政府贯彻执行《安全生产法》和《北京市安全生产条例》情况进行执法检查。首先代表们对中北华宇建筑工程公司、延锋伟世通(北京)汽车饰件系统有限公司、北京现代摩比斯汽车零部件有限公司3家安全生产A级企业进行了实地考察。随后区安全监管局局长高士虎对"一法一条例"的贯彻执行情况进行了汇报,代表们进行评议,并对安全生产工作提出了意见和建议。顺义区人大常委会主任马庚良提出:一是要加强安全生产监管队伍建设。行业、属地部门的安全生产工作要实现专人专管,加大安全监管人员培训力度,建立一支素质高、业务精的执法监察队伍。同时区内生产经营单位要完善安全生产规章制度,设置专职安全生产管理机构或队伍,确保安全生产工作"有人抓,有人管"。二是要深入研究安全生产工作,加大安全生产投入力度,抓住安全生产规律,定期组织专家对安全生产工作进行执法检查。三是要坚持不懈常抓安全生产工作,严格执法,建立安全生产长效监管机制。顺义区政府副区长林向阳陪同检查。

(杨战涛)

【国家安监总局局长骆琳到顺义调研】 4月23日,国家安全监管总局局长骆琳及有关司局负责同志一行7人到顺义区调研安全生产分类分级管理工作,北京市政府副市长、市安委会主任苟仲文,市安全监局局长张家明,中共顺义区委书记张延昆、顺次区政府副区长林向阳等陪同调研。调研组实地检查了顺义区北京现代汽车制造厂和北京燕京啤酒集团公司,随后召开了座谈会,会议由北京市安全监管局局长张家明主持。会上,首先由顺义区安全监管局副局长申志勇介绍了顺义区安全生产分类分级动态管理系统,顺义区政府副区长林向阳汇报了经济社会发展基本情况、安全生产工作情况、分类分级管理开展情况,市局局长张家明汇报了北京市安全生产工作。国家安全监管总局局长骆琳高度肯定了北京市的安全生产工作,认为顺义区的安全生产分类分级管理工作是一项探索建设安全生产长效机制的创新工作,强调北京市安监系统要全面推进安全生产执法、治理、宣传教育"三项行动"和安全生产法制体制机制、保障能力、监管队伍"三项建设",切实促进北京市安全生产形势持续稳定好转。

(杨战涛)

【"三项行动"动员部署大会】 5月6日,在顺义宾馆会议中心召开了顺义区2009年一季度安全生产工作暨"三项行动"动员部署大会,区安全生产委员会成员单位主管副职,各镇、街道办事处、经济功能区主管副职及安全科长,部分企业代表共计210人参加会议。会上,顺义区建委围绕2009年建筑行业安全生产重点工作进展情况、南法信镇围绕强化村级安全管理以及北京京平达机械科技有限公司围绕深入开展隐患自查自报活动,全面落实安全生产主体责任分别做了典型发言。顺义区安全监管局局长高士虎通报了一季度安全生产工作开展情况,部署了安全生产"三项行动"和安全生产月活动、六十周年国庆安全生产保障等重点工作。下一阶段全区将重点开展安全生产执法、治理和宣传教育"三项行动",做到"三结合",将"三项行动"与年初重点工作落实相结合,与完成量化指标相结合,与生产经营单位法定代表人、安全管理人员及全员安全培训相结合。顺义区政府副区长林向阳就全区安全生产形势和下一步重点工作做出了重要指示。

(杨战涛)

【委托乡镇执法工作】 为落实北京市安全监管局《关于进一步加强乡镇街道安全生产监管工作的意见》的通知要求,进一步夯实安全生产工作基础,切实强化基层安全生产的监督管理,全面推进安全生产依法行政,区从5月1日开始实施委托乡镇执法工作。区安全监管局做了以下四项准备工作:一是起草了《关于委托安全生产行政执法的实施意见》,经区法制办审核后以区政府文件下发;二是联系区编办,要求属地明确两名专职安全生产工作人员,专职人员如调动工作需报区安监局备案;三是与受委托机构签订委托责任书,明确执法权限,落实责任;四是对属地执法人员进行安全生产法律法规的培训,提高执法水平。

(杨战涛)

【基层检查人员执法能力竞赛】 5月25日-27日,区安全监管局举行安全生产检查人员执法能力竞赛。本次比赛采取现场模拟检查的方式,对生产经营单位挑"毛病"、找"问题",查找安全生产隐患,并根据隐患情况作出相应处置。竞赛组全程跟拍摄像,记录参赛人员与企业交流、发现隐患、处置隐患、下达文书等情况。19个镇、6个街道办事处、11个经济功能区各选派2名安全生产检查人员参加比赛。6月23日,结合评比结果组织召开了乡镇基层安全生产检查人员技能竞赛点评会，向获得技能竞赛一、二、三等奖的乡镇发放了奖品。通过竞赛为全面提升各镇、街道办事处、经济功能区安全生产检查人员发现、处置隐患的能力，提高属地政府履行安全生产管理职责的能力，打造一支素质过硬、水平较高、业务达标的属地安全生产管理队伍。

（杨战涛）

【生产安全“查百家”活动】 为确保新中国成立60周年和第七届花博会的安全稳定，按照北京市安全生产执法“护航”行动方案工作要求，顺义区安全监管局联合质监局于9月1日在全区内机械、冶金、建材和轻纺四大行业中开展生产安全“查百家”活动，此次活动将历时15天，抽查检查的重点主要包括：企业职工安全教育培训情况，企业劳动防护用品管理和职工的佩戴使用，企业特种设备使用和管理，企业作业现场的用电、机械设备防护、危险化学品使用和储存、特种作业人员持证等，有限空间作业安全检查，机械行业企业自查自报隐患整改情况。

（杨战涛）

【国务院督导组检查花博会】 9月10日，由国务院安委会办公室副主任、国家安全监管总局副局长兼国家安全生产救援指挥中心主任王德学带队的国务院安委会安全生产督查组对顺义安全生产工作进行专项督查。北京市政府副市长苟仲文、市政府副秘书长鲁勇，北京市安全监管局局长张家明、副局长陈清，中共顺义区委书记张延昆，顺义区政府区长刘剑、副区长林向阳等陪同检查。督查组一行首先对花博会主场馆安全生产工作进行了检查，并慰问了花博会安全工作站的工作人员；随后，检查了北京首钢冷轧薄板有限公司的安全生产工作。区委书记张延昆简要介绍了顺义区安全生产工作情况，督查组现场观看了顺义区分类分级管理宣传片，顺义区安全监管局局长高士虎汇报了安全生产综合监管动态管理系统暨“三项行动”开展情况。督查组对顺义区的工作给予了充分肯定。

（杨战涛）

【综合指标体系在顺义试运行】 12月10日，北京市全安监管局、北京市劳动保护科学研究所组织召开了《首都安全生产风险评估与预测预警技术研究》课题研讨会，会上通报了北京市安全生产综合指标体系的建设情况，并决定在顺义区试运行。北京市安全生产综合指标体系是为了掌握全市安全生产工作状况、监测安全生产发展趋势、科学的评价全市安全生产工作水平而建立的。顺义区安全监管局为了更好地配合指标体系的试运行工作，专门召开会议部署此项工作，将各指标分配到相关业务科室，并要求各科室指定专人负责此项工作，同时加强和规范了局内的综合统计工作，以确保北京市安全生产综合指标体系在顺义试运行取得成功。

（杨战涛）

【开展事故隐患排查治理自查自报工作】 12月27日，为贯彻落实国家安监总局16号令《安全生产事故隐患排查治理暂行规定》和企业主体责任，区政府第十三次常务会审议通过了《顺义区安全生产事故隐患排查治理自查自报工作管理办法》，这是全市出台的首部有关生产经营单位事故隐患排查治理自查自报工作的管理办法，是推动企业主体责任落实、构建安全生产长效监管机制的重要举措。一是搭建了企业主体责任落实平台。《办法》中明确了生产经营单位在事故隐患排查治理工作中的职责，自查自报系统为企业提供了工作平台，《办法》中为涉及的23家行业部门制定了47类行业隐患自查标准，解决了企业在安全管理上“做什么、怎么做”，如何发现隐患、治理隐患的问题。二是搭建起政企互动的平台。生产经营单位通过自查自报系统开展事故隐患网上填报，使政府部门及时掌握生产经营单位的管理动态和安全生产状况，从而为政府决策提供真实有效的科学依据。三是搭建了信息化建设平台。在对分类分级动态管理系统改版的基础上,研制开发自查自报系统,依托两个信息化系统,进一步推动生产经营单位、行业、属地、综合监管部门的责任落实,形成监管工作的闭环。四是搭建起隐患动态排查治理平台。通过政府部门的监督、进一步指导生产经营单位在全行业开展隐患排查治理工作,使隐患治理形成完整的链条,建立隐患动态排查、动态挂账、动态治理的长效机制。五是搭建安全生产标准化建设平台。通过《办法》的实施和自查标准的制定,生产经营单位按照规定要求建立安全生产责任制,制定安全管理制度和操作规程,排查治理隐患和监控重大危险源,建立预防机制,规范生产行为,使各生产环节符合有关安全生产法律法规和标准规范的要求,人、机、物、环处于良好的生产状态,并持续改进,不断加强企业安全生产规范化建设。

(杨战涛)

【完成涉危单位普查工作】 是年,顺义区开展了涉危单位普查工作。在普查工作中共出动8864人次,1736车次,经区安全监管局审定142家。危险化学品主要涉及生产环节中使用易燃液体、毒害品和压缩气体等,涉及的行业主要是氨气制冷,汽车、家具喷漆,冶金喷涂、电镀,金属切割等。顺义区涉危单位1518家,其中:液化石油气使用储存121(餐饮服务72家、燃气储存单位49家);油漆使用181家(家具生产103家、喷涂78家);氧气、乙炔使用707家(汽修159家、建筑496家、场内维修52家);聚丙烯、聚乙烯等使用128家(塑料制品行业)、水溶胶浆等化学品使用285家(纺织行业);氨气制冷30家(冷库);酒精使用11家(医药行业);油墨使用28家(印刷制品行业);剧毒5家(氰化钾等);其它使用量比较大22家(丙酮、甲苯等)。

(杨战涛)

【高危行业安全生产专项督查】 2月16日至3月31日,顺义区安全监管局分5个督查组对全区202家危险化学品、6家非煤矿山、1家烟花爆竹储存库开展安全生产专项督查。36家属地政府对本辖区高危行业进行安全生产检查。此次专项整治共出动2520人次,下达整改指令书78份,现场检查记录131份,复查意见书78份。发现隐患170项,隐患整改率100%,投入整改资金3.6万元。行政处罚3家,罚款1.2万元。教育培训394人,发放宣传教育材料4100余份。

(杨战涛)

【危险化学品应急救援演练】 5月11日,顺义区安全监管局在顺义区牛栏山油库开展了危险化学品泄漏的应急救援演练活动。此次演练以桌面演练和实地演练相结合的形式展开。演练模拟巡检员在检查中发现5号罐油罐泄漏,企业立即启动应急救援预案,进行企业内部自救,并拨打119报警,同时上报区安全监管局和属地区牛栏山镇政府,请求救援。消防车到达火灾现场进行扑救,区安全监管局应急救援队赶赴现场进行救援。演练结束后,区安全监管局要求各属地政府在6月30日前开展一次有针对性的应急演练。

(杨战涛)

【建筑工地液化石油气钢瓶专项整治行动】 为了确保新中国成立60周年及第七届中国花卉博览会召开期间,杜绝重特大事故的发生,8月31日至9月3日,顺义区安全监管局会同区住建委、区市政管委、区质监局、区消防支队联合对建筑施工工地开展了液化石油气钢瓶安全使用专项整治行动。此次行动共出动执法人员21人次,检查工地14个,检查气瓶45支,填写现场安全监督检查表14份,检查中发现有的单位仍在使用未定期检测的气瓶或已经报废的不合格气瓶。

(杨战涛)

【严格烟花爆竹销售行政许可证发放】 是年,区安全监管局共接待报名网点189家,最终许可164家。12月28日,在许可证发放前,区安全监管局协同区烟花爆竹办公室,组织164家经营网点主要负责人召开发证前的动员大会，确保2010春节期间烟花爆竹销售安全。

（杨战涛）

【开展安全生产大检查工作】 是年1月，为确保安全生产大检查落实到位，顺义区安委会办公室采取四项措施：一是明确重点，迅速行动。顺义区安委会办公室及时制定下发了《关于在重点行业领域开展安全生产集中执法检查活动的通知》，各属地单位及行业管理部门随即召开专项会议，传达会议精神，部署大检查工作。各属地对各辖区内公共娱乐场所、企业、施工工地等进行"拉网式"安全检查，做到排查不留死角，整改不留后患，彻底排查治理各类事故隐患。二是深入宣传，人人参与。狠抓安全教育，城区及周边社区宣传栏每周一期安全生产专题进行宣传，行业管理部门对区属、国有企业进行专题培训，全区上下努力营造"人人讲安全"的良好氛围。三是精心制定"两会"安全保障方案，做好各项安全生产保障措施。确定重点保障地区、重点线路、重点部位，召开重点属地专题会议部署工作，开展检查工作。四是狠抓市、区两级"重点工程"，联合行业管理部门进行联合大检查，确保"花博会"等重点工程按期、按质安全完工。

（杨战涛）

【车辆清洗行业专项整治】 2月18日至3月16日，为进一步落实小型、边缘型行业企业安全生产主体责任，提高其本质安全度。顺义区安全监管局开展了全区车辆清洗行业专项整治工作。此次专项整治核查了辖区内洗车行业的基本情况及存在问题，并进行拉网式全面检查和各职能部门联合监督检查。经检查核实，全区156家洗车部中实地经营的有100家，其中新增10家，其余66家停业。此次行动共下达责令改正指令书45份，现场检查记录58份，整改复查意见书34份，发现隐患161项，整改线路和穿管1408余米，加装漏电保护器46个，投入整改资金37860余元。

（杨战涛）

【有限空间作业专项整治】 3月27日，顺义区安全监管局组织区发展改革委、市政市容委、住建委等11个行业和5个属地部门召开有限空间作业安全生产专项整治工作会。会上部署了开展从4月份开始为期4个月的有限空间作业安全生产专项整治，制定了专项整治方案，成立专项整治工作领导小组，相关行业部门、各属地政府都制定了专项整治方案。截至7月专项整治结束，累计对500多家企业的8560多个各类井、池、密闭设备等进行了检查登记，组织演练20多场次，培训人员4500余人。发放宣传材料7600份，劳动防护用品和救援设备设施投入30多万元，大大改善了作业条件，提高了安全生产水平。

（杨战涛）

【安全生产实名制培训】 3月至4月，区安全监管局组织全区机械、冶金、建材、纺织行业939家企业法定代表人或主要负责人强制培训。此次培训聘请专家授课，重点围绕安全生产法律体系、事故应急救援及演练、四大行业安全质量标准化标准、消防、危险化学品、职业病预防等方面展开。培训实行实名制，培训情况录入分类分级系统。要求企业法定代表人或主要负责人必须参加，对不参加教育培训的法定代表人或主要负责人，顺义区安全生产委员会办公室进行通报，并对企业进行重点监督执法检查。

（杨战涛）

【主题咨询日暨市科普培训基地揭牌】 6月9日，顺义区在中北华宇建筑工程公司举行了顺义区2009年安全生产月主题咨询日活动暨北京市安全生产科普培训基地揭牌仪式。北京市安全生产科普培训基地是全市首家安全生产科普培训基地，是开展生产经营单位安全生产教育培训，传播安全生产科普知识的有效载体。区副区长林向阳在致辞上指出：要以"弘扬安全文化，加强教育培训，服务科学发展,喜迎新中国成立六十周年”为主题,集中时间、集中精力、以月促年,点面结合、多形式、广范围地宣传安全生产方针、政策、法律法规,普及安全知识,弘扬安全文化,提高各级干部和人民群众的安全意识,全面营造“安全第一,预防为主,综合治理”及“以人为本,关爱生命,关注安全”的社会舆论氛围。活动现场还先后开展了为北京市安全生产科普培训基地讲师颁发了证书、为2009年属地安全生产检查员技能竞赛和2009年安全警示用语征集竞赛获奖代表队颁奖,为安全生产科普志愿者授旗、颁发《北京科普志愿者服务手册》和志愿者培训读本、佩戴胸章以及志愿者宣誓等活动。市局局长张家明等领导同志出席了活动。区安委会成员单位主管副职,各属地政府行政正职、主管副职和安全科长,安全生产科普志愿者以及300余家企业职工代表510人参加了此次活动。

(杨战涛)

药品监督管理

【概　况】 2009年,在北京市药品监督管理局(以下简称市药监局)党组、区委、区政府的正确领导下,按照年初全区药品安全监管工作大会报告要求,市药监局顺义分局(以下简称分局)把构建药品供应保障体系作为全年工作主线,以国庆、花博会药品安保为中心,加快推进安全保障、供应服务、监管运行、自身建设四个分体系建设步伐,明确职责分工,制定实施方案,落实具体措施,基本实现了预期工作目标。全年共出动监管人员6692人次,车辆2391车次,检查2316家,覆盖率超过了100%;其间,受理药品、保健食品、化妆品、医疗器械(以下简称“三品一械”)质量安全投诉举报案件104起,查处104起,罚没金额20.5万元。组织“三品一械”抽样643件,合格率为99.06%。另外,打黑专项行动取得阶段成效,尤其是沉重打击了花博会场馆周边以及人口聚集地区非法行医行为,取缔黑诊所79户,黑保健品店25户,进一步规范了医疗市场行医用药行为。防控甲型H1N1流感措施基本到位,协助区政府完成预防及治疗药物储备任务。学践科学发展观活动深入推进,高质量完成规定动作及自选动作。年初确定的以“四项建设”为主线的重点工作都有了不同程度突破。总的来说,国庆、花博会期间,顺义区未发生一起有影响力的、有破坏力的药害事件,被国庆社会治安与安全警卫指挥部及北京市“国庆平安行动”指挥协调小组评为60周年国庆安保工作先进集体,药监事业又一次经受住历史重大考验,以崭新的姿态站在了新的起点上。

单位名称:北京市药品监督管理局顺义分局
地址:顺义区石园北区东侧民政局综合办公楼8层
电话:(010)81494106
邮编:101300
网址:http://shunyi.bjda.gov.cn

(办公室)

【中药现代化建设与发展座谈会】 为了解和把握北京市应对金融危机、扶持医药产业发展政策,分局邀请市级有关部门领导解读政策。2月26日,市科委生物医药处运文慧高级工程师、北京医药行业协会周玉兰秘书长就中药标准的制定、中草药的种植、生产、加工、新品种研发及资金支持等问题与中药企业负责人进行深入交流。同时,详细说明了中药生产的现代化和制造业的技术升级改造政策,以及立项、研发、融资等具体程序。使与会人员了解了国家和北京市最新政策,对中药产业发展前景充满了信心,纷纷表示要抢抓这个难得的机遇,加快中药现代化建设,争取在新产品研发上实现全市一流、全国领先的目的。

（办公室）

【甲型 H1N1 流感防控工作得到肯定】 7月8日，市药监局法规处孙景康处长及宣传处张颖同志就分局甲型 H1N1 流感防控工作进行检查。市局领导就分局内部人员甲型 H1N1 流感防控工作措施与成效及“三品一械”市场巡查等工作进行了深入细致的沟通，并按照市局关于印发《防控甲型 H1N1 流感迎国庆工作督查检查方案》的通知（京药监办[2009]74号）要求逐条逐项进行了现场检查，对分局领导班子高度重视、各部门严格缜密落实各项工作、内部防控措施到位、管理相对人实施五到位情况均给予了高度评价，最后代表市局党组与分局“一把手”签订了甲型 H1N1 流感防控工作责任书。

（办公室）

【学践科学发展观活动取得明显成效】 8月7日，分局召开学习实践科学发展观活动总结大会，顺义区学习实践活动第三指导检查组组长赵长旺作了重要讲话，分局全体党员干部参加。党组成员、支部书记李利民同志通报了分局开展深入学习实践科学发展观活动群众满意度测评结果，综合满意率为100%。“学践办”主任周翔同志报告了分局开展学践活动以来取得的四点成效，一是科学发展观理念进一步深入人心。二是应对甲型 H1N1 流感疫情的信心进一步坚定。三是党员干部思想和工作作风进一步转变。四是有力推动了区域药监事业的科学发展。赵组长高度评价了分局的学践活动，对分局学践活动的主要做法、基本经验、主要成效给予了充分的肯定。

（办公室）

【“平安花博”应急演练】 在认真总结市药监局组织的“忠诚行动”模拟演练活动的经验教训的基础上，分局于9月18日自行开展了代号为“平安花博”的应对突发事件实战演练活动。分局全体参加了这次演练，活动分为5个行动小组，以花博会主场馆外围为重点地区，以当时公布的格列吡嗪片、宫颈癌疫苗、治疗性乙肝疫苗等8种假药为靶向目标，以药品购入渠道、供货单位资质、相关票据及存储条件等情况为重点检查内容，对14家销售使用单位进行突击核查。结果显示，每个小组在2小时之内全部完成规定动作，演练活动取得圆满成功，达到检验应急处置速度、水平、效率的目的。

（办公室）

【国庆花博药品安保取得成功】 以大事不出、小事也不出为目标，国庆花博药品安保取得零事故结果。按照决战阶段“重点监控，应对突发”的总体要求，分局全体干部职工日夜奋战、连续工作，加大对重点地区、重点单位、重点环节巡回监督检查力度。自9月21日至10月5日，共出动240人次、95车次，检查覆盖424个单位，防止和纠正轻微违规43起，提高了整体药品市场安全度和把握性，从而保证了辖区人民群众过上一个具有划时代意义的节日。在整个安保过程中，“地方政府负总责，监管部门各负其责，企业是第一责任人”的三层责任体系发挥了极其重要的作用。

（办公室）

【打黑专项行动取得新成效】 2009年分局严格按照丁向阳副市长、方来英局长讲话精神和《北京市依法取缔无 < 医疗机构执业许可证 > 、< 药品经营许可证 > 行医售药行为工作方案》、《关于联合开展强化医疗机构器械监管、打击周边涉药违法行为专项整治工作的通知》等文件要求，结合本地区实际，认真研究和全力推进打击“黑药店、黑诊所、黑保健品店专项整治工作”。一是经区政府同意，转发了《关于依法取缔无〈医疗机构执业许可证〉〈药品经营许可证〉行医售药行为工作意见的通知》（顺政办发[2009]19号）文件，为有效开展打黑行动奠定了政策基础。二是成立了由主管副区长任组长，卫生、药监一把手为副组长，全区12个部门、25个镇（街道）主管副职为成员的“打击非法行医售药工作领导小组”,形成了执法工作的强大合力。通过联合执法集中清理和整顿了全区医药市场,尤其是沉重打击了花博会场馆周边以及人口聚集地区非法行医行为,取缔黑诊所79户,黑保健品店25户,进一步规范了医疗市场行医用药行为,并取得了阶段“打黑专项工作”全市第四的好成绩。

(办公室)

市场经营管理

【概　况】 2009年,市场中心坚持以科学发展观为统揽,按照“真抓实干打基础、求真务实赢占位、抢抓机遇谋发展”和构建和谐市场的总要求,围绕城、镇、村三级市场体系建设,立足“保增长、保民生、保稳定”工作大局,抢抓发展机遇,创新发展思路,破解发展难题,较好的完成了各项工作任务,呈现出市场建设又好又快发展的良好态势。

单位名称:顺义区市场经营管理中心
地址:顺义区仁和地区仁和工商所西院(石园街10号)
电话:(010)69442855
邮编:101300

(白少勋)

【主要经济指标】 经济任务指标超额完成,比预期增长18%。商品成交额4.38亿元,成交量7.6亿公斤。市场规模进一步扩大,通过托管、租赁等方式,新接管了清岚、双峪、花卉市场,中心所辖市场总数增至43个。市场结构进一步优化,在加大农贸市场建设的同时,积极开拓专业特色市场,由单一的农产品市场向以农产品为主,花卉、建材、汽配、批发、连锁超市并存的多种商业业态发展。

(白少勋)

【三级市场建设】 按照建——有市无场;升——有市旧场;选——无市无场;合——集期市场;扶——社会办市场的思路。全年投资2000万元,对所属14个市场进行了升改,总面积1.6万平米,完成全年升改任务的90%,其中5市场已通过市商务局、工商局的验收。在为民办实事工程上,完成东兴、清岚、三山、高丽营、大孙各庄、张镇、北务、大胡营、板桥、北彩、西府、洼里等12个市场的升级改造任务。其中青岚、双峪、馨港三个市场实现了区商委、区工商分局的验收达标。在农村市场建设上,主动将市场建设纳入新农村建设规划,对农村市场进行撤并改,逐步实现退路进场,撤集入市,达到建一个市场,改变一处环境、净化一片场地、构建一处和谐、促进一处繁荣、带动一方平安的社会效果。

(白少勋)

【市场秩序】 坚持以人为本、注重民生、构建和谐的市场管理理念,积极营造“亲商、安商、富商”的市场环境。一是市场整治效果明显。按照商户要“教”、管理要“细”、散摊“看”、垃圾靠“捡”等一系列市场管理理念,重点对市场卫生环境、经营秩序、食品及消防安全进行了综合整治。下发告知书4315份,签订责任书2573份,拆除私搭乱建157处,更新不规范及破旧广告牌435块,引导市场周边游商472家进入市经营。二是规范化管理扎实推进。按照工作程序化、保洁动态化、管理人性化、分工责任化的要求,以冷藏、食品检测、电子称、监控等设备的统一配置,有效监督经营行为,保证商品数质量;以索证索票、市场准入、质量追溯、计量计价等方面的统一管理,有效杜绝伪劣商品的进入,保证食品安全;以强化服务意识,对自产户、老弱病残实施减免摊位费,让人民群众得实惠。三是安全工作力度进一步加大。牢固树立最大的效益是安全,最大的浪费是事故的理念。今年,现场纠正隐患69处,取缔“三合一”商户17家,为37个市场统一配置消防器材273件(套),调解矛盾纠纷36起,化解上访事件8起。四是社会认知度的不断提升。主要体现在"八多"即领导关注多、资金支持多、托管市场多、主动配合多、成员单位多、宣传报道多、参观指导多、百姓认可多。

(白少勋)

对外联络工作

【概　况】 北京市顺义区人民政府对外联络办公室(副处级、简称区政府外联办)于2010年2月经北京市顺义区人民政府批准成立。区政府外联办由区政府办公室管理。主要职责是:负责中央、市属机关、驻顺部队、企事业单位和驻区企业的服务、日常交流合作等工作;负责与北京市综合服务平台对接,协调建立为中央、市属机关、企事业单位服务的综合服务机制;参与研究制定服务驻区企业和高管人员的各项优惠政策,并指导协调有关部门组织落实;组织协调中央、市属机关、驻顺部队、企事业单位和驻区企业开展交流研讨活动等;指导协调本区有关部门和各镇开展相关服务工作,并督促检查工作落实情况;承办区政府及区政府办公室交办的其他事项。

单位名称:北京市顺义区人民政府对外联络办公室

地址:顺义区建新西街3号

电话:(010)89498007

邮编:101300

(李鹏飞)

【工作开展情况】 一、走访调研,掌握情况。区政府外联办对全区范围内的中央、市属单位以及驻顺部队进行了调查摸底,并建立了信息台账。据统计,目前我区中央和市属单位共计156家,其中中央单位68家,市属单位88家。团级以上驻顺部队14家。二、纵向交流,虚心学习。为迅速打开工作局面,区政府外联办专门邀请北京市政府对外联络服务办公室主任刘京生一行4人赴顺义调研指导,双方就如何进一步为央企、驻顺部队提供服务进行了深入探讨交流。三、协调"一站式"全程服务。区外联办两赴区经济发展服务中心,研究磋商工作机制。双方商定:对于央企、驻顺部队需要解决的一般性行政审批事宜,由经济服务中心正常办理;对于审批存在的困难,由区外联办和经济服务中心共同协商解决措施。四、探索建立工作机制。外联办张忠伟主任三赴区武装部,与王国增部长就军地联谊长效机制建设等方面事宜进行了广泛深入的探讨,制订了具体措施。2010年8月16日至9月3日,区外联办联合区武装部,对驻顺的警卫三师、中试基地、武警十支队等14支部队进行逐一走访,详细了解了驻顺部队情况。此后专门与区民政局的主管领导就走访中有关部队所提及的官兵出行难,乘坐公交车不方便,营地道路修缮等问题进行了探讨磋商。相关问题正在积极协调解决中。

(李鹏飞)

档案工作

【概　况】 2009年,档案工作在区委、区政府的正确领导和市档案局的指导下,深入贯彻落实科学发展观,紧紧围绕区委、区政府的中心工作,求真务实,开拓创新,依法治档,强化服务,各项工作取得了显著成效。先后被评为顺义区构建学习型组织先进单位、北京市档案系统庆祝新中国成立60周年文艺汇演最佳组织奖、首都国庆60周年群众游行活动保障工作先进单位、北京市筹备第七节中国花卉博览会指挥部最佳服务保障奖、北京市爱国主义教育基地、北京市爱国主义教育基地优秀活动三等奖等。

单位名称:北京市顺义区档案局

地址:顺义区光明北街4号

电话:(010)69441542

邮编:101300

网址:http://dangan.bjshy.gov.cn

(沈西宁)

【学习科学发展观主题教育活动】 按照区委工作安排,围绕“党员干部受教育、科学发展上水平、人民群众得实惠”的总要求,局党组精心组织学习实践科学发展观活动,在学习调研阶段,通过组织党组成员与全体科长集中学习中央领导讲话和有关文件精神,学习市局档案事业科学发展专题报告,听取区领导专题报告会,撰写心得体会;在分析检查阶段,广泛征求了意见,开展谈心活动,召开民主生活会,撰写分析检查报告并向职工通报情况,接受群众评议;在整改落实阶段,制定切合实际的整改方案,切实解决一些突出问题,完善了档案事业科学发展的长效机制。学习实践活动的开展,切实增强了干部队伍落实科学发展观的自觉性和坚定性,提高了干部队伍整体素质。按照国家档案局、北京市档案局工作部署,组织全体人员学习刘义权同志先进事迹,并把学习刘义权同志先进事迹活动与践行科学发展观和工作创新活动紧密结合,强化活动效果,营造学习先进、争当先进、赶超先进的良好氛围,干部职工的政治素质得到较大提高。通过不同形式的教育培训,干部队伍的思想觉悟得到较大的提升,工作状态、精神面貌焕然一新,干部职工表现出了较高的道德水准和精神风貌。

(沈西宁)

【档案工作创新活动】 一是按照市局工作部署,10月16日,以“到档案馆来,送你开启历史的钥匙”为主题,举办了“北京市首届‘档案馆日’活动,在“档案馆日”启动仪式上,局馆领导向2名从事档案工作满30年和14名从事档案工作满20年的档案工作者颁发了荣誉证书,并赠送了纪念品。二是全员参加了北京市档案系统庆祝建国60周年文艺汇演活动,自创了配乐诗朗诵《与祖国同行》。作品充分表达了档案工作者对祖国的热爱之情,展示出了档案事业的辉煌和档案工作者的风采,演出获得成功,荣获文艺汇演评审一等奖、最佳组织奖和优秀组织者奖。三是开展了档案工作创新成果活动,经个人申报,评委会入围评选和等次评选,评出一等奖6名、二等奖3名、三等奖4名。活动的开展进一步增强了职工责任心和使命感。四是参加市局主办的“北京市档案开发利用成果展”,选送《开发田间档案 助推农民致富》等档案利用实例六个,实物展品96件,为丰富展览内容做出了应有贡献。

(沈西宁)

【档案法制建设】 召开了执法座谈会,职能部门和部分镇50余家单位参加了座谈会,对落实《档案法》和更有效的加强档案行政执法检查以及履行行政执法联络员职责进行了研讨。对24家单位档案安全管理工作进行了抽查,对存在安全隐患的单位提出了整改意见。开展了档案法宣传日活动。

(沈西宁)

【提升服务水平】 以服务民生为重点,新农村建设档案工作卓有成效。进一步深化了新农村优秀档案创建工作,召开了新农村优秀档案室争创活动总结表彰会,认真总结了新农村优秀档案室争创工作的成效,明确了下一步工作目标;完成了经济普查、花博会、国庆游行重大活动档案指导,整理出档案8526件。加强了非公企业档案和水泥厂、化肥厂两家破产企业档案材料的指导。规范了社会救助档案管理。

(沈西宁)

【基础业务、信息化建设得到推进】 接收立档单位和重大活动档案资料11545卷(件),接收电子档案目录9807条;征集到档案资料5大类38件;修裱北洋军阀时期档案140件;开放鉴定档案1510卷。编写了《1929年顺义县重要工作报告》、《顺义奥运大事记》、整理编写了《庆祝新中国成立60周年天安门广场庆典活动亲历者座谈会纪实》等。接待档案利用者3702人次。提供案卷4852卷,利用人次比上年提高19%。还接待电话咨询3700余次,出具档案证明4000余份,复印相关档案证明材料近8000余页。录入馆藏全宗信息121个,新建了照片档案数据库,录入数据219条。

(沈西宁)

【爱国主义教育“基地”升级】 经市委宣传部、市爱国主义教育基地领导小组办公室检查,档案馆被确定为市爱国主义教育“基地”。2009年举办展览5期,分别是《顺义区劳模展》、《瞬间记忆—60年老照片大型图片展》、《花漫顺义 经典永恒》第七届中国花卉博览会摄影作品展》、《北京—我们可爱的家摄影展》、《大龙地产杯“我爱我家”艺术大赛成果展》,拍摄了《盛世兰台 绿港歌》顺义区档案事业发展宣传片。

(沈西宁)

【2009年档案工作会议】 3月4日,北京市顺义区召开2009年度档案工作会议。会议在全面总结2008年档案工作基础上,对今年档案工作如何服务改善民生,提升服务水平;围绕新城建设,拓展服务领域;加强依法治档、保障档案事业健康发展等七项主要工作进行部署。并对2008年档案工作先进集体、个人、优秀村级档案室进行表彰。顺义区人大、政协领导和区各立档单位主管档案工作副职、受表彰的先进个人146人参加会议。2008年度,全区有30个单位、45名档案工作人员获得表彰。

(沈西宁)

【燕瑛副区长到区档案局(馆)调研】 6月17日,燕瑛副区长到顺义区档案局(馆)调研。在认真听取了工作汇报、仔细察看了区档案局(馆)的工作环境、询问了档案保管、查档利用等业务情况后,对区档案局(馆)近年来取得的成绩给与充分的肯定,就加强档案认识、管理、开发等方面提出了要求。

(沈西宁)

【加大对重大活动档案工作的指导】 近年来,顺义区经济和社会各项事业呈现跨越式超高速发展态势,每年都要举办一些重大活动。这些重大活动形成的档案资料,真实记录了顺义区经济建设和社会发展中的重要历程及重大历史面貌,是珍贵的信息资源和历史财富。为了确保重大活动档案的齐全完整,更好地服务顺义区的各项建设,区档案局结合实际、大胆创新,积极探寻有效的工作办法,认真做好重大活动中档案工作的收集整理指导工作。一是加大对重大活动重要性的认识;二是加强领导,成立重大活动档案收集指导工作小组;三是充分认识重大活动临时性、时效性、规模型、保密性的认识;四是结合实际,大胆创新,积极探索“建立岗位责任制”、“派驻相关档案指导人员”等有效工作办法。国庆60年阅兵(顺义方队)、中国第七届花博会等区域承办的重大活动档案收集指导工作扎实展开。

(沈西宁)

【庆祝新中国60周年暨天安门广场庆典活动亲历者座谈会】 在新中国成立60周年之际,顺义区档案局(馆)、顺义区老干部局、顺义区文化文员会、顺义区文学艺术届联合会在顺义区档案局5楼会议室共同主办庆祝新中国60周年暨天安门广场庆典活动亲历者座谈会。参加这次座谈会的有1949年开国大典以来历次参加国庆庆典活动的军人、三八红旗手、劳动模范、农民代表、工人代表和学生代表20多人。区档案局(馆)长王守明就这次庆祝新中国60周年暨天安门广场庆典活动亲历者座谈会谈了自己的感受。他说:参加国庆天安门庆典活动,不仅是我们每个人的荣誉,也是顺义人民的荣誉。自1949年新中国成立以来,我们的祖国发生了天翻覆地的变化。在座各位亲历祖国各个时期的国庆庆典活动,是我们的宝贵财富。记录好、保存好国庆庆典亲历者的资料,是顺义档案工作者义不容辞的责任。这不仅让后人了解顺义各个时代参加国庆庆典活动,而且增强了后人建设美丽顺义、伟大祖国的信心。希望参加天安门广场庆典活动的亲历者,能提供一些参加天安门广场庆典活动的文字、图片和实物,顺义档案馆有责任、有能力把这些东西保存好。这些文字、图片和实物,不仅是你们的荣誉,也是顺义人民的荣誉。对收集的文字、图片和实物,将汇集成册,更好的记录历史。最后,王守明局长对参加天安门广场庆典活动的亲历者发挥余热、支持顺义档案工作表示感谢,并祝高桂珍、张濮等老同志身体健康,幸福安度晚年。

(沈西宁)

【举办首届“档案馆日”活动】 10月16日,顺义区档案局(馆)举办“北京市首届‘档案馆日’活动顺义分会场启动仪式”。副区长陈卫东参加启动仪式并参观展览。今年10月16日,北京市档案局(馆)与顺义区等18个区县档案局(馆)共同推出以“到档案馆来,送你开启历史的钥匙”为主题的北京市首届档案馆日活动。这次活动既是北京市档案馆和全市18个区县档案馆的珍贵馆藏、服务功能、馆内设施、服务方式首次公开面向社会的一次全面展示,也是社会公众零距离贴近档案馆、了解档案馆、走进档案馆的一次实践活动。顺义区档案馆遵照市局“统一领导、统一时间、统一主题、统一内容、统一宣传“的要求,采取多种措施,积极部署首届“档案馆日”活动。活动当天,全区120家立档单位的主管领导和专(兼)档案员及社会各界群众553人参加活动,取得了良好的社会效果。

(沈西宁)

【花博会摄影大赛优秀作品展】 2009年11月20日,以“花漫顺义 经典永恒”为主题的第七届中国花卉博览会北京展区摄影大赛优秀作品展在顺义区档案馆开展,顺义区委常委、宣传部部长、区委办公室主任杨宝华,副区长燕瑛出席开展仪式。本次展览由北京摄影家协会、顺义区宣传部、顺义区文化委、顺义区档案局、顺义区广电中心、顺义区文学艺术联合会等共同举办。此次展出分为五部分,共130多幅作品,分别从全国31个省市自治区,新加坡、澳大利亚、荷兰大使馆,部分海外驻京媒体机构以及港、澳、台等地区9007张参赛作品中精选出来的,诠释了“让美好生活走进生活”的花博会主题。21日,顺义区委书记张延昆参观了第七届中国花卉博览会北京展区摄影大赛优秀作品展并对该展览给与高度评价,认为举办此次展览,对推动顺义花卉、文化创意产业发展、美化生活环境、促进社会和谐等方面发挥重要作用。区委常委、宣传部长杨宝华、区委常委、政法委书记周颖博、副区长陈卫东一同参观。同日,区直部分机关、镇(街道)机关工作人员、社区居民近200人参观了此次展览。

(沈西宁)

【爱国主义教育基地工作】 2009年,顺义区档案馆依托爱国主义教育基地这个平台,围绕局馆工作中心,面向社会、面向群众、面向中小学生,以举办展览、主题教育、社会实践为活动主线,不断深化和拓展社会教育功能。一年来,先后举办、联办《顺义区劳模事迹展》、《瞬间记忆—60年老照片大型图片展》、《“北京—我们可爱的家”摄影展》、《大龙地产杯“我爱我家”艺术大赛成果展》、《“花漫顺义 经典永恒”第七届中国花卉博览会摄影作品展》等展览,极大丰富了区域文化生活,取得了良好的社会宣传效果。11月26日,在市委宣传部、市爱国主义教育基地领导小组办公室召开的市爱国主义教育基地工作会上,顺义区档案馆开展的“奥运北京 魅力顺义大型展览”荣获“2005－2008年度北京市爱国主义教育基地优秀活动”三等奖。

（沈西宁）

【2009年度区档案馆民生档案利用情况】 2009年度，区档案馆民生档案利用共计4852卷、3702人查阅。与2008年相比，民生档案利用率提高19%人次。共接待电话咨询3700余次，出具档案证明4000余份，复印相关档案近8000余页。其中婚姻档案共接待2880人，利用档案1793卷；土地照查阅207人，共161卷；知青档案查阅256人，共228卷；工作查考查阅400人，共793卷；编史修志共123人查阅，利用档案1618卷。

（沈西宁）

地方志工作

【概　况】 年内，地方志主要做了三项工作。一是出版发行《顺义县志》。二是启动二轮修志。三是编纂年鉴。6月4日，市地方志编纂委员会办公室领导到顺义进行调研。代理区长刘剑就顺义修志工作谈了几点意见，表示要用发展的眼光、改革的思路，充分发掘和利用地方的历史文化特点和区域特点，认真贯彻落实科学发展观，努力打造精品区志。年鉴工作完成了2008、2009两年《顺义年鉴》编纂工作及市年鉴的编写任务。首轮《顺义年鉴》发行后，要逐年进行编纂，每年一册，开展了2008、2009两本《顺义年鉴》的编辑工作，到12月底，年鉴初稿编纂基本完成。编写上报《北京年鉴》、《北京农村年鉴》等材料，按时完成了市地方志办公室、市农研中心年鉴编写任务。

单位名称：顺义区党史区志办公室
地址：顺义区光明北街4号
电话：(010)69460011
邮编：101300

（刘秀娟）

【《顺义县志》编纂历程】 顺义有人类活动6000多年，有建制2200多年，建顺州1200多年，建顺义县600多年。顺义历史记载曾六次修志。明朝三次，三本志书均已失传，内容不清楚，只是在一些史料上记载了志书名子。清朝两次，第一次是清朝康熙十三年编纂《顺义县志》；第二次是清康熙五十八年编纂《顺义县志》。民国一次，民国21年(1932年)编纂《顺义县志》。新编《顺义县志》也称第一轮修志，是解放后顺义首次修志。一轮志书是从1990年开始编纂，走过了初期、中期和后期三个阶段。第一阶段是初期，时间是1990年至1992年。第二阶段是中期，时间是1993年至2001年。第三个阶段是后期，时间是2002年至2009年。2009年新编《顺义县志》正式出版发行。

（刘秀娟）

【新编《顺义县志》】 新编《顺义县志》是新中国成立后顺义编纂的第一部县志，记载时间为上起事物发端，下限为1995年12月31日，时间跨度2000多年，真实、客观、准确地记述了顺义自然地理、人文社会、风土人情等方面的历史和现状。全书除概述、大事记、附录外，共设23编、93章、328节、120万字，包括了政治、经济、军事、文化、社会等方面的内容，并收录7张地图，120多张图片，是顺义的百科全书。顺义历史悠久，人杰地灵。解放后，顺义人民战天斗地，建成了“京郊粮仓”；改革开放以来，顺义人民开拓进取，跨入了建设绿色国际港的新时期。新编《顺义县志》，以翔实的资料，科学的编排，重点记述了顺义解放后几十年的历程。志书体例严谨，文字简练，具有较高的阅读、参考、研究、存史和收藏价值。

（刘秀娟）

【启动二轮志书编纂】 年内，两办转发了《顺义区第二轮志书编纂方案》,二轮编纂《顺义区志》工作正式启动。二轮志书编纂方案是根据国务院《地方志工作条例》、北京市《实施地方志工作条例办法》、《北京市第二轮志书编纂方案》及中共北京市委办公厅、北京市人民政府办公厅《关于开展北京市第二轮志书编纂工作的通知》精神,结合实际情况制定的。二轮《北京市顺义区志》上限为 1996 年,下限为 2010 年,完成时间为 2015 年。方案分指导思想、工作任务等八个部分,对编纂工作进行了详细的规定。编纂《北京市顺义区志》的四个阶段分别是资料收集阶段,2009 年—2010 年。编写初稿阶段,2011 年—2012 年。审查定稿阶段,2013 年—2014 年。出版阶段,2014 年—2015 年。

(刘秀娟)

政协北京市顺义区委员会

【概　况】 2009年共召开1次政协全体委员会议、6次常委会会议，组织常委、委员共进行了7次工作视察，听取和讨论了区委、区政府有关部门及“一府两院”的工作报告和情况通报，并通过座谈协商、提交提案、反映社情民意、进行专题调研、开展特约监督工作等多种形式就全区重点工作和人民群众关心关注的问题积极建言献策，全年共协调有关部门办理委员提案152件；向区委、区政府及有关部门报送《社情民意反映》13期，其中区领导批示6期；向区委、区政府有关部门报送《协商意见》5期，向区委有关部门报送了《按照科学发展观要求 推进顺义区政协工作的实践与思考》、《发挥新时期统一战线作用，为“保增长、促发展”作贡献》、《深入贯彻落实科学发展观 开创政协提案工作新局面》等12份专题调研报告，有效履行了政治协商、民主监督、参政议政的职能。充分发挥了人民政协包容各界、联系广泛、人才聚集的独特优势，积极动员和组织经济界委员扩大招商引资、促进区域经济发展，并开展义诊、慰问、联谊等多种形式的连民心、办实事、送温暖活动，为构建和谐顺义增添助力。召开纪念人民政协成立60周年座谈会，在全区范围内进一步普及了人民政协有关知识，提高了社会各界对人民政协的认识。从强化学习培训和完善服务管理入手加强委员队伍建设；以开展深入贯彻落实科学发展观实践活动为契机加强政协机关建设，为做好政协履行职能各项工作奠定了坚实基础。加强政协宣传工作，努力营造有利于政协开展履行职能各项工作的良好社会舆论环境。

单位名称：政协北京市顺义区委员会
地址：顺义区府前东街11号
电话：(010)69443831
邮编：101300
网址：http://www.zhengx.bjshy.gov.cn

（王　俊）

【区政协三届三次会议】 1月5日至8日在顺义宾馆举行。陶宝金主席主持大会开幕式。会议审议通过了赵荣山副主席代表常务委员会所作的工作报告和王玉奇副主席代表常务委员会所作的提案工作报告。全体委员列席了北京市顺义区第三届人民代表大会第三次会议，听取并讨论了政府工作报告，讨论了顺义区2008年国民经济和社会发展计划执行情况与2009年国民经济和社会发展计划草案的报告、2008年财政预算执行情况和2009年财政预算草案的报告、区法院和区检察院工作报告。召开了部分区政协委员与区委、区政府领导及有关部门负责人协商座谈会。通过了大会政治决议。大会期间共收到委员提案138件，经提案委员会审查全部予以立案。王玉奇向大会作了提案审查报告。刘享文副主席致闭幕辞。市政协副主席蔡国雄，区委、区人大、区政府和区法院、区检察院领导同志出席了大会开幕式。区委书记夏占义在开幕式上讲话。

（王　俊）

【常务委员会第12次会议】 1月8日召开，陶宝金主持。会议审议通过了《政协北京市顺义区第三届委员会常务委员会2009年工作要点》。

(王　俊)

【常务委员会第13次会议】　3月24日召开,陶宝金主持。会议听取了北京市工商局顺义分局局长、顺义区食品安全办公室主任陈福刚所作的关于全区食品安全工作的情况通报。常委们视察了北京百果神农果品配送有限责任公司和北京顺鑫农业股份有限公司鹏程食品分公司。综合部分常委的会议发言,形成了5项协商意见。杨培丽副区长应邀参加会议。会议决定:增补刘京京为政协北京市顺义区第三届委员会委员;罗守梁因工作调动不再担任政协北京市顺义区第三届委员会委员。

(王　俊)

【常务委员会第14次会议】　5月26日召开,陶宝金主持。会议听取了顺义区农委副主任、顺义区花博会组委会综合办公室主任武捷所作的关于第七届中国花卉博览会筹备工作的情况通报。常委们视察了花博会主展馆和北京国际鲜花港。综合部分常委的会议发言,形成了9项协商意见。李友生副区长应邀参加会议。

(王　俊)

【常务委员会第15次会议】　7月21日召开,陶宝金主持。会议听取了顺义区工业局副局长宋顺杰所作的关于重点经济功能区建设发展情况的通报。常委们视察了临空国际经济开发中心和北京现代汽车二厂。综合部分常委的会议发言,形成了4项协商意见。林向阳副区长应邀参加会议。会议决定:增补申东日、王磊为政协北京市顺义区第三届委员会委员。

(王　俊)

【常务委员会第16次会议】　8月26日召开,陶宝金主持。会议听取了区纪委副书记、区监察局局长田江平所作的关于全区党风廉政建设和反腐败工作的情况通报。常委们视察了光明街道便民服务所和供电公司廉政风险防范工作。综合部分常委的会议发言,形成了3项协商意见。区委常委、区纪委书记王敬东应邀参加会议。会议审议通过了《政协北京市顺义区委员会关于严肃常务委员会会议纪律的规定(试行)》。会议决定:免去范玉岭的区政协副秘书长、办公室主任职务;任命李景林为区政协副秘书长、办公室主任,免去其提案委员会主任、专委会工作三室主任职务;任命王海荣为区政协办公室副主任,免去其区政协办公室后勤科科长职务。

(王　俊)

【常务委员会第17次会议】　12月22日召开,陶宝金主持。会议决定了区政协三届四次会议召开的时间、地点,会议的主要议程、日程,以及委员分组安排等有关事宜,通过了《常委会工作报告(讨论稿)》和《提案工作报告(讨论稿)》。会议决定:增补田建国为政协北京市顺义区第三届委员会委员;提请区政协三届四次会议增选田建国为政协北京市顺义区第三届委员会常务委员;田建国作为区政协副主席候选人提请区政协三届四次会议选举;任命王平为区政协办公室副主任;陈雷、陈刚因调出本行政区域,不再担任政协北京市顺义区第三届委员会委员。

(王　俊)

【宣传工作会议】　1月19日在顺义宾馆召开。会议内容是:总结2008年度顺义区政协宣传工作,部署2009年度顺义区政协宣传工作。陶宝金出席会议并讲话。赵荣山、王玉奇出席会议。张仲奎秘书长主持会议。区委宣传部、区政府办公室、区广电中心、区信息中心以及区政协有关部门的领导和工作人员参加会议。

(王　俊)

【各专门委员会联席会议】　2月17日在顺义宾馆召开。会议内容是:集中研究部署2009年度区政协各专门委员会工作,各专门委员会分别讨论制定2009度工作要点。陶宝金出席会议并讲话。赵荣山、王玉奇出席会议。张仲奎主持会议。

（王　俊）

【反映社情民意信息工作会议】 2月27日在顺义宾馆召开。会议内容是：总结2008年度反映社情民意信息工作，部署2009年度反映社情民意信息工作。陶宝金出席会议并讲话。赵荣山、王玉奇出席会议。张仲奎主持会议。

（王　俊）

【庆“三八”金融知识讲座】 3月3日在顺义宾馆召开。北京银行财富管理部总经理冯丽华、个人业务部主任刘峥、信用卡中心主任俞雯静就个人理财、信贷业务、信用卡使用、网上银行等金融知识进行专题讲解。陶宝金出席并讲话。张仲奎主持讲座。区政协全体女政协委员参加了讲座。

（王　俊）

【深入学习实践科学发展观活动】 3月17日在区政协机关召开深入学习实践科学发展活动动员会。陶宝金出席会议并讲话。张仲奎宣读了学习实践活动实施意见和实施方案。机关全体党员干部和离退休党员参加会议。区委督查小组成员应邀参加会议。学习实践活动历时6个月，分深化学习、深入调研、分析检查、整改落实4个阶段有序进行，取得明显成效。9月24日在区政协机关召开深入学习实践科学发展观活动总结会。陶宝金出席会议并讲话。赵荣山、王玉奇出席会议。张仲奎主持会议。

（王　俊）

【提案办理座谈会】 4月22日在水务局仁和水务所召开。王玉奇、张仲奎、水务局局长李国新和相关提案委员参加会议。区政府督查室有关领导应邀出席会议。区政协专委会工作三室主任李景林主持会议。李国新就2009年度该局承办的委员提案办理情况向委员们进行了说明。相关提案委员在座谈中对提案办理结果十分满意，并在提案办理意见上签字。

（王　俊）

【庆“五一”劳模走进北京国际鲜花港座谈会】

4月29日区政协、区总工会在财会培训中心召开庆“五一”劳模走进北京国际鲜花港座谈会。赵荣山、区总工会党组书记赵长树、区农委主任闫志广出席会议。张仲奎主持会议。获得首都劳动奖章和顺义劳动奖章的37名劳动模范参加会议。赵长树首先致辞，赵荣山代表区政协向出席会议的劳动模范、全区的广大劳动者致以节日的祝贺。

（王　俊）

【招商引资项目推介会】 4月30日区政协在国门商务区管委会举办以北京天竺综合保税区、北京国门商务区为重点的招商引资项目推介会。赵荣山、部分委员及委员经济界友人参加会议。林向阳及区政府有关部门负责人应邀出席会议。张仲奎主持会议。区投资促进局副局长古艳山、北京天竺综合保税区管委会副主任庄杰、北京国门商务区开发建设管理委员会主任胡杰等，应邀参加会议并与委员就做好招商引资工作进行座谈。

（王　俊）

【视察全区文化工作】 5月20日，区政协组织部分委员视察全区文化工作。赵荣山参加视察，区政府副区长燕瑛应邀出席。委员们视察了赵全营镇和北小营镇大胡营村文化活动中心，听取了区文委刘振河主任关于近年来全区文化建设情况通报，并就加强文化工作提出了意见和建议。

（王　俊）

【“捐助特殊教育，无私奉献爱心”捐献活动】
5月26日，区政协组织23名民营经济界委员来到顺义区特殊教育学校，祝福这里的孩子们“六一”儿童节快乐并捐助善款。陶宝金主席，赵荣山、蒋世林副主席，燕瑛副区长参加活动。

（王　俊）

【视察顺义公安分局保安全、保稳定工作】 6月10日，区政协组织部分政协委员视察顺义公安分局保安全、保稳定工作。赵荣山，区委常委、区政法委书记周颖博，区委常委、顺义公安分局局长林兆波,张仲奎参加视察活动。委员们视察了顺义公安分局勤务指挥处、泥河看守所、拘留所和光明派出所,并听取了顺义公安分局勘文亮副局长关于保安全、保稳定工作的情况通报。

(王　俊)

【上半年经济形势通报会】 7月16日在顺义宾馆召开。陶宝金主持会议。赵荣山、王玉奇、蒋世林、张仲奎出席会议。王海臣应邀出席会议并通报全区上半年经济形势。武捷同志通报了筹办第七届花卉博览会有关情况。

(王　俊)

【纪念人民政协成立60周年座谈会】 9月17日在顺义宾馆召开。陶宝金主持会议。区委书记张延昆出席会议并讲话。区委副书记、区长刘剑,区人大主任马庚良,区委常委、宣传部长杨宝华,赵荣山、王玉奇、刘享文、田家玉、蒋世林副主席,张仲奎出席会议。来自各民主党派、人民团体和各族各界的部分政协委员参加会议。会上,委员们畅谈了人民政协在政治、经济、文化和社会生活中发挥的重要作用,深化了对中国共产党领导的多党合作和政治协商制度及政协性质、地位、作用的认识,交流了各自参加政协工作的感受和体会,充分肯定了顺义区政协多年来的工作成就,并就关系顺义区经济社会发展全局的问题积极建言献策,共形成9项协商意见。

(王　俊)

【组织义诊活动】 区政协组织医务界政协委员和民主党派部分医疗专家赴革命老区张镇为300多名群众义诊。参加义诊的医务界政协委员和民主党派医疗专家分别来自区医院、中医院、妇幼保健医院等医疗机构。赵荣山参加义诊活动。

(王　俊)

【学习贯彻区委三届十次全会精神大会】 12月30日在区政协机关召开。陶宝金出席会议并讲话。王玉奇传达了区委三届十次全会精神。区政协、区委统战部、区台办全体机关干部职工及各民主党派负责人参加会议。

(王　俊)

北京天竺综合保税区管理委员会

【概　况】 北京天竺综合保税区(以下简称综保区)于2008年7月23日获得国务院批复(国函[2008]64号),2009年7月28日正式通过海关总署等国家十部委联合验收,成为全国首家依托空港口岸设立的综合保税区。综保区是在有机整合原天竺出口加工区和原空港保税物流中心(B型)的基础上设立的。总体规划面积5.944平方公里,从地域上划分为南北两区。经过充分调研,综保区按照功能划分为口岸操作区和保税功能区两大区,并依照“统一规划、整体围网、分区管理、分期建设”的总体原则,分两期进行规划建设。具有口岸、贸易、展示、物流、加工、维修、研发等主要功能,可以开展以下9项业务:仓储物流,对外贸易,国际采购、分销和配送,国际中转,检测和售后维修,商品展示,研发、加工、制造,港口作业,经海关批准的其他业务。2009年,综保区实现进出口总值494132.5万美元,同比增长39.9%;完成税收104826.6万元,同比增长1.5倍;实现地方财税收入2378.4万元,同比增长69%。北京天竺综合保税区是促进首都经济又好又快发展的重要阵地,是完善城市功能,提升首都四个服务水平的重要战略性基础设施,是扩大对外开放、提升外向型经济发展水平的重要平台,是优化发展环境、壮大总部经济的重要机遇,是提高通关效率、提升为企业服务水平的重要措施。

单位名称:北京天竺综合保税区管理委员会
地址:北京市顺义区空港物流基地顺航路12号

电话:(010)69478686
邮编:101300
网址:http://www.bjftz.gov.cn/

(刘昕琪)

【管委会领导班子组建完成】 4月17日,市委组织部在顺义宾馆会议中心举行综保区管委会领导班子宣布大会,顺义区委副书记、区政府代理区长刘剑同志任综保区管委会主任。顺义区委副书记、北京奥组委物流部部长闫立刚同志任综保区管委会常务副主任。

(刘昕琪)

【管委会挂牌成立】 4月30日,北京天竺综合保税区管理委员会正式挂牌成立,管委会为北京市政府派出正局级机构,由顺义区政府代管。管委会主要职责包括:1、贯彻落实国家及市政府有关法律、法规和规章,负责综合保税区的建设和管理工作。2、组织编制综合保税区发展规划、建设规划草案,并组织实施。3、根据市政府授权或者接受有关部门委托,行使有关行政管理职权;协助有关部门做好劳动保障、安全生产等公共管理工作。4、组织编制产业发展目录,统筹产业布局,对投资项目和开发建设活动实施管理。5、负责综合保税区的对外招商引资工作,在权限范围内负责审核、批准外商投资项目及企业。6、负责综合保税区基础设施建设和维护,为区内企业提供服务;负责设置符合海关监管条件的隔离设施,并做好维护工作。7、负责配合海关、检验检疫、边检、税务、外汇等有关管理部门和其他驻区单位开展工作,协调相关事务。8、根据有关规定,对综合保税区内企业的经营范围、生产能力和资金状况进行审核,并做好有关统计工作。9、推进综合保税区公共信息平台建设,发布公共信息,整合信息资源,实现信息共享。10、承担北京天竺综合保税区领导小组办公室的日常工作;承担国家有关部门、市政府和北京天竺综合保税区领导小组交办的其他事项。管委会设置五处一室:办公室、政策法规处、规划建设处、经贸发展处、保障处、信息处。

(刘昕琪)

【与22家企业签订战略合作协议】 4月30日,在综保区管委会揭牌暨企业签约仪式上,共22家企业与综保区管委会签订了战略合作协议和入区企业合作协议。其中包括GE医疗集团、强生公司、永裕新兴等世界著名的医药类企业,以及中国银行、工商银行、民生银生等银行类企业。

(刘昕琪)

【亮相北京国际科技产业博览会】 5月20日至24日,综保区亮相第十二届北京国际科技产业博览会。在为期五天的展会上,综保区展位累计接待参观人员3000多人次,接待企业咨询300余家,走访企业15家,发放宣传资料200余份。展会期间,综保区管委会还分别与中外运空运发展股份有限公司、富士康精密组件(北京)有限公司和北京瑞威国际酒业贸易中心三家企业签约。

(刘昕琪)

【门户网站开通】 7月25日,北京天竺综合保税区网站开通仪式举行,海关总署加贸司司长张皖生,北京海关副关长王永,市经信委副巡视员姜毅群,顺义区委副书记、代理区长、综保区管委会主任刘剑,顺义区委副书记、综保区管委会常务副主任闫立刚等同志出席。刘剑同志启动网站并宣布综保区网站正式开通。北京天竺综合保税区网站是宣传和展示综保区良好形象的重要窗口,是管委会实现政务信息公开、服务企业和社会公众、互动交流的重要渠道,是促进招商引资、推动综保区科学发展的重要平台。

(刘昕琪)

【一期通过国家十部委联合验收】 7月28日,海关总署会同国家发改委、财政部、国土资源部、交通运输部、商务部、税务总局、工商总局、质检总局及外汇管理局等十个部门组成联合验收组,对综保区一期范围的隔离措施、卡口设施以及相关配套设施进行验收。联合验收组认为综保区一期范围基本达到国家规定的验收标准,并与北京市政府签署了验收纪要。海关总署加贸司司长张皖生向北京市政府代表、北京市政府副秘书长刘志颁发了北京天竺综合保税区验收合格证书。

(刘昕琪)

【综保区揭牌仪式举行】 7月29日,北京天竺综合保税区举行揭牌仪式,标志北京天竺综合保税区正式成立。中共中央政治局委员、北京市委书记刘淇,海关总署党组书记、署长盛光祖出席仪式并为综保区揭牌。盛光祖同志及北京市委副书记、市长郭金龙在仪式上分别致辞。海关总署副署长李克农、孙松璞、鲁培军,北京市委常委、秘书长李士祥出席,北京市副市长程红主持了揭牌仪式。综保区的封关运作将提升北京外向型经济发展水平,壮大临空经济高端产业功能区规模,促进首都经济结构优化升级。

(刘昕琪)

【海关总署及市领导视察综保区】 7月29日,北京市委副书记、市长郭金龙,市委常委、教育工委书记赵凤桐、海关总署副署长李克农等同志视察北京天竺综合保税区。北京海关、顺义区及综保区管委会领导陪同。郭金龙同志在视察中指出,北京天竺综合保税区的封关运营是北京市今年的一件大事,它将承担着服务首都经济社会发展,服务首都高新技术产业发展,增强首都"四个服务"能力的重要任务。他要求顺义区和综保区管委会应当牢固树立服从于海关总署业务指导的意识,不断加强业务学习,在业务操作过程中及时请示与汇报,狠抓工作质量,争创我国一流的综合保税区,向世界展示我国经济社会的发展水平和崭新形象。

(刘昕琪)

【机关党委成立】 8月17日,北京天竺综合保税区机关党委成立大会召开。顺义区委副书记、区长、综保区党组书记、主任刘剑出席成立大会,宣读了《关于成立北京天竺综合保税区机关党委的批复》,并宣布了综保区机关党委书记、组织委员和宣传委员名单。顺义区委副书记、综保区党组副书记、常委副主任闫立刚介绍了综保区机关党委的工作职责,并部署了综保区进一步深入学习实践科学发展观的具体安排。

(刘昕琪)

【统计所成立】 12月31日,综保区统计所由顺义区编制委员会办公室批复成立。核定职责为:1、执行国家统计标准,按照国家和北京市统计报表制度,采集、处理、分析、提供和管理各项统计资料;2、组织并完成国家和地方有关统计调查任务;3、监督检查统计法律法规和统计制度在综保区的实施情况;4、组织指导被调查单位和住户的统计工作,建立健全综保区的统计台帐制度和统计档案制度;5、负责有关统计人员的培训和指导;6、负责为综保区提供统计服务。

(刘昕琪)

纪检·监察

【概　况】 2009年，全区各级纪检监察机关深入践行科学发展观，全面履行党章赋予的职责，扎实推进各项反腐倡廉建设工作，较好的完成了各项任务。重大项目监督工作全面有力，有效确保了扩需促增政策的落实，保障了151个重大项目依法合规、有序实施；成立花博会常驻监督机构，对花博会筹备工作进行全程监督，为花博会的成功举办做出突出贡献，荣获“第七届中国花卉博览会先进集体”。反腐倡廉宣传教育工作卓有成效，积极开办反腐倡廉建设大讲堂、党纪条规知识竞赛等活动，坚持对新任领导干部进行集中廉政谈话，促进了领导干部廉洁自律。国有企业和农村基层党风廉政建设深入推进，以创建“四好”企业活动和创建“廉政模范村”活动为载体开展工作，得到中纪委、市纪委领导的高度评价。推进廉政风险防范管理工作向处级领导班子和党政“一把手”延伸，连续两年在全市廉政风险防范管理工作大会上作典型发言，向全市推广经验。不断优化区域发展环境，认真开展全程办事代理制、将原村级代办点拓展为集“为民办事、帮贫扶困、调和矛盾、政策咨询”四项职能为一体的便民服务室，相关经验被《北京日报》专题报道。坚持惩防并举，不断加大行政投诉、信访举报和案件查处工作力度。着力加强自身建设，在各级纪检监察机关深入开展学习实践科学发展观和领导干部作风建设年活动。2009年，区纪委监察局先后荣获中纪委“党风廉政建设工作先进联系点”和“北京市先进纪检监察组织”等荣誉称号。

单位名称：中共北京市顺义区纪律检查委员会
北京市顺义区监察局
地址：顺义区府前中街1号
电话：(010)69444719
邮编：101300
网址：http://www.jiancha.bjshy.gov.cn

（吴亚雄）

【党纪条规知识竞赛】 1月10日，区纪委在影剧院举行党员领导干部党纪条规知识竞赛，六家单位派代表队参加，市纪委副书记王海平、常委刘经宇，区委、区人大、区政府、区政协四套班子主要领导和全区二级班子副处级以上干部共1000余人观看比赛。最终，马坡镇获得一等奖，汽车基地、木林镇获得二等奖，教委、卫生局、石园街道获得三等奖。

（吴亚雄）

【区纪委被评为先进纪检监察组织】 1月21日—22日，“北京市第十届纪律检查委员会第五次全体会议暨全市党风廉政建设工作会议”在京召开，顺义区纪委监察局被评为“2005—2008年度北京市先进纪检监察组织”。区纪委撰写的《创新模式、延伸服务，深入推进全程办事代理制》，作为典型经验，在会上书面交流。

（吴亚雄）

【区纪委三届五次全会召开】 1月23日，区纪委三届五次全会，在仁和镇召开，会议由区纪委副书记李殿宗主持，区委常委、区纪委书记王敬东向全会作报告，田江平副书记传达了市纪委十届五次全会精神，区纪委副书记闫连恒宣读了全会决议，区地税局长张天生、后沙峪镇党委书记赵英杰作述职述廉报告。

（吴亚雄）

【区委书记张延昆在市农村党风廉政建设会上作典型发言】　2月27日，北京市农村党风廉政建设工作电视电话会议在京召开，区委书记张延昆代表顺义区作了题为《强化领导体制和工作机制，全面推进农村党风廉政建设》的典型发言。

（吴亚雄）

【市纪委副书记王海平调研】　3月18日，市纪委副书记王海平等领导到顺义区，对第七届中国花卉博览会筹备指挥部和第七届中国花卉博览会室内展馆建设运行监督工作进行调研。

（吴亚雄）

【反腐倡廉建设大会召开】　3月18日，区纪委在会议中心召开"顺义区反腐倡廉建设暨廉政风险防范管理推进大会"，总结2008年反腐倡廉建设工作，部署2009年主要任务。会议由区委常委、常务副区长王海臣主持，各单位"一把手"、纪委书记、纪检组长等200余人参加。区纪委副书记、区监察局局长田江平宣读了《顺义区纪委关于表彰2008年度顺义区先进纪检监察组织和优秀纪检监察干部的决定》；区委书记张延昆分别与区发改委、区卫生局、马坡镇、北小营镇签订了党风廉政建设责任书；区委常委、纪委书记王敬东作了题为《以科学发展观统领反腐倡廉建设，为经济社会又好又快发展提供坚实保证》的工作报告；市纪委副书记王海平、区委书记张延昆分别作了重要讲话。

（吴亚雄）

【纪检监察干部培训班举办】　3月25日—3月27日，区纪委在会议中心举办纪检监察干部培训班。全区各镇、街道、委、办、局、公司专（兼）职纪检监察干部共计307人参加了这次培训。

（吴亚雄）

【顺义被评为先进联系点】　4月20日，顺义区纪委党风室被中纪委党风廉政建设室评选为"2008年度党风建设工作先进联系点"。

（吴亚雄）

【廉政模范村现场会召开】　4月23日，区纪委在会议中心召开农村基层党风廉政建设暨创建第三批"廉政模范村"工作会议。会议由区纪委副书记、区监察局长田江平主持，农村基层党风廉政建设领导小组成员、各镇纪委书记、达标村代表、申报村党支部书记共120余人参加。会上，区纪委副书记李殿宗宣读了《关于授予第二批"廉政模范村"称号的决定》，区建委、李桥镇、牛山镇兰家营村和南彩镇道仙庄村分别作典型发言，区委副书记胡尚云讲话。

（吴亚雄）

【国土资源部、监察部领导调研】　4月24日，监察部执法监察司副司长赵江涛带领国土资源部、监察部联合调研组对顺义区工业用地出让情况进行调研。调研组分别听取了区国土分局局长孙桂祥、空港开发区副总经理李雪、汽车基地主任董建华的汇报，并实地参观了北京空港经济开发区雅昌公司。

（吴亚雄）

【市纪委、市委组织部领导调研】　5月13日，市纪委、市委组织部联合调研组到顺义区调研领导干部作风建设情况，实地察看了杨镇综合行政服务中心，并召开座谈会，与区委组织部、区国资委、区卫生局、区信访办、杨镇、马坡镇等单位进行座谈。

（吴亚雄）

【区监察局作典型发言】　5月21日，市监察局召开扩大内需监督检查工作会议，区纪委常委、监察局副局长隗和春参加会议，就顺义区扩需促增监督检查工作作典型发言。

（吴亚雄）

【党风廉政建设牵头任务会议召开】　5月26日，区纪委召开"顺义区2009年党风廉政建设和反腐败牵头任务工作会"，30家牵头任务单位的主要领导、纪委书记、纪检组长或主管副职共50人参加了会议。会议由区纪委副书记、监察局长田江平主持,区纪委副书记李殿宗对2009年度党风廉政建设和反腐败工作任务分解情况进行说明和部署,区委常委、纪委书记王敬东出席会议并讲话。

(吴亚雄)

【厉行节约工作会议召开】 6月11日,区纪委监察局在会议中心召开"顺义区厉行节约暨'小金库'专项治理工作会"。会议由王敬东同志主持,各单位行政正职和纪委书记共200余人参加会议。区纪委副书记、区监察局长田江平和区财政局长邢永富分别部署了厉行节约和"小金库"专项治理工作,区委常委、常务副区长王海臣讲话。

(吴亚雄)

【便民服务室推进会召开】 6月17日,区纪委监察局组织召开"2009年全程办事代理制及便民服务室推进工作会"。市纪委监察综合室主任陈家康出席会议,各镇纪委书记、各街道的纪工委书记、综合行政服务中心主管领导及主任参加会议。与会人员实地参观了光明街道、杨镇综合行政服务中心及北务镇北务村,杨镇、南法信、光明街道分别作典型发言,区委常委、纪委书记王敬东讲话。

(吴亚雄)

【村级便民服务工作被报道】 6月22日,《北京日报》第三版,以《便民服务室让群众办事不出村》为题,对顺义区村级便民服务室建设工作进行宣传报道。

(吴亚雄)

【梅州市纪委领导调研】 6月25日,广东省梅州市纪委领导到顺义区参观调研,听取了区纪委监察局工作情况介绍。

(吴亚雄)

【半年党风廉政建设责任制检查】 7月上旬,区纪委组成9支检查组,由书记、常委、监察局副局长带队,对与区委签订责任书的128家单位和22家国有企业贯彻落实党风廉政建设责任制情况进行检查。

(吴亚雄)

【中纪委领导调研】 7月9日,中纪委纠风室副主任、国务院纠风办地方组组长刘牛一行就规范教育收费工作到顺义区调研,听取了区教委规范教育收费工作情况汇报,并与教育系统相关人员进行了座谈。

(吴亚雄)

【市纪委副书记隋秀梅调研】 7月10日,市纪委副书记隋秀梅就廉政风险防范管理工作到顺义区调研,实地查看了顺义区供电公司廉政风险防范管理工作情况,听取了区纪委廉政风险防范管理工作专题报告。

(吴亚雄)

【开展"小金库"清理重点检查】 7月17日,区纪委召开清理"小金库"重点检查工作会,对重点检查工作进行了动员部署,并组成4支检查组,进行为期三个月的"小金库"重点检查,对私设"小金库"的单位进行严肃查处。

(吴亚雄)

【纪检监察工作会议】 7月23日,区纪委在会议中心召开顺义区纪检监察工作会议,通报了半年责任制考核情况,总结上半年工作,部署下半年任务,全区各单位的纪工委书记、纪委书记、纪检组长或主管副职共170余人参加了会议。

(吴亚雄)

【向区政协汇报党风廉政建设工作】 8月26日,区政协常委会听取了区纪委党风廉政工作汇报,并实地查看了顺义供电公司和光明街道办事处服务厅。

(吴亚雄)

【市政风行风评议组评议】 9月9日,市政风行风评议组来顺义区进行综合评议,并就公安、工商、地税、民政、社保、城管六家单位在评议过程中发现的问题、整改措施,与区政风行风评议组部分成员进行座谈。

(吴亚雄)

【举办新任纪检监察干部培训班】 10月15

日—16日,区纪委举办新任纪检监察干部业务知识培训班,全区新任纪委书记、纪工委书记、纪检组长13人参加了培训。

(吴亚雄)

【区委书记张延昆在市廉政风险防范管理工作经验交流会上作典型发言】 10月19日,北京市召开廉政风险防范管理工作经验交流会,区委书记张延昆在会上作题为《突出重点,深入开展"一把手"廉政风险防范管理》的发言。

(吴亚雄)

【荣获花博会服务保障先进集体】 10月21日,第七届中国花卉博览会总结表彰大会在京召开,顺义区纪委监察局被评为最佳服务保障奖先进集体。

(吴亚雄)

【市检查组检查农村党风廉政建设】 10月27日—28日,市农村基层党风廉政建设检查组到顺义区检查工作,听取了区纪委、区财政局、区发改委、区委农工委、区新农村办、区经管站主要领导的工作汇报,查看了相关工作材料,并先后到仁和镇、赵全营镇北郎中村、马坡镇石家营村实地检查,与相关人员进行了座谈。

(吴亚雄)

【进行党风廉政建设责任制检查】 11月3日—20日,顺义区进行了2009年党风廉政建设责任制检查,由区级领导带队,组成14个检查组对全区129家单位进行检查。39个村通过检查,成为第三批"廉政模范村"。

(吴亚雄)

【肖韵竹任顺义区纪委书记】 按照京顺发〔2009〕43号文件要求,肖韵竹任中共北京市顺义区委员会委员、常委、中共北京市顺义区纪律检查委员会书记,原区委常委、区纪委书记王敬东同志,调任中共北京市委经济技术开发区委员会纪工委书记。

(吴亚雄)

【中纪委反腐败局领导参观调研】 12月25日—26日,中纪委和国家预防腐败局领导20余人到顺义区调研,观看了全程办事代理制介绍片,并先后参观了仁和镇综合办事大厅、光明街道、马坡镇石家营村、水上公园、燕京啤酒厂、现代汽车制造厂。

(吴亚雄)

【政务公开与全程办事代理制会议召开】 12月30日,区纪委监察局在会议中心召开顺义区政务公开与全程办事代理制暨政风评议工作总结表彰大会,区委常委、区纪委书记肖韵竹主持会议,会议表彰了2009年政务公开与全程办事代理制工作先进集体及优秀个人、2009年全区政风行风建设及行政效能建设先进单位。区发改委、天竺空港开发公司、市工商局顺义分局、北务镇分别代表先进单位作了典型发言。区委常委、常务副区长王海臣出席并作重要讲话。

(吴亚雄)

民主党派

【概　况】 顺义区共有七个民主党派，成员共计159人，除民盟为小组外，其余六个均已建立支部，分别是民革、民建、民进、农工、致公、九三学社。1、中国国民党革命委员会（民革）简介：由中国国民党和其他爱国人士所创建的政党。2、中国民主同盟会（民盟）简介：是以文教界中上层知识分子为主的政党。3、中国民主建国会（民建）简介：主要由工商经济界人士所联系的知识分子组成的政党。4、中国民主促进会（民进）简介：是由从事教育、文化、出版、科学和其他工作的有代表性的知识分子组成的政党。5、中国农工民主党（农工党）简介：是以医药卫生界高中级知识分子为主的政党。6、中国致公党简介：是以归侨、侨眷的中上层人士为主和其他有海外关系的代表性人士所组成的政党。7、九三学社简介：是以科学技术界高、中级知识分子为主的政党。其中九三学社14人，平均年龄45岁，平均学历本科；民进39人，平均年龄46岁，平均学历本科；致公党12人，平均年龄52岁，平均学历本科；民革8人，平均年龄55岁，平均学历本科；民建43人，平均年龄45岁，平均学历本科；民盟17人，平均年龄53岁，平均学历本科；农工26人，平均年龄41岁，平均学历本科。

单位名称：顺义区统战部
地址：顺义区府前东街11号
电话：(010)69463900
邮编：101300

（蔡春梅）

【组织民主党派成员学习科学发展观】 3月25日下午，区委统战部组织全体党员干部及部分民主党派成员在政协四层会议室结合“保增长、促发展、加快推进城乡一体化”主题对科学发展观进行了学习和探讨。党派成员纷纷表示在下步的学习实践活动中，一定认真贯彻执行区委关于开展学习实践科学发展观活动的实施意见，在结合统战工作实际，落实领导责任，加强自我监督，积极探索创新，认真学习，牢固树立科学发展观，并以科学发展观为指导，抓好本职工作的同时，深入调查研究，积极参政议政，稳步推进民主监督，服务区域经济社会。

（蔡春梅）

【民进北京市顺义区支部换届大会】 5月30日上午，民进北京市顺义区支部换届大会在顺义宾馆举行。会上，区政协副主席、民进顺义支部主任刘享文向大会报告了工作，会员对报告进行了讨论，并以无记名方式选举产生了新一届主任委员及副主任委员。民进北京市常务副主委吴文彦参加了此次会议。

（蔡春梅）

【组织民主党派开展义务植树活动】 4月2日上午，区委统战部组织民主党派成员来到北石槽镇开展义务植树活动，得到了全区各民主党派成员的积极参与，共计植树120余棵，此次活动对改善生态环境做出了重要贡献。

（蔡春梅）

【民革北京市顺义区支部成立大会】 11日上午,民革北京市顺义区支部成立大会在顺义宾馆召开,中共顺义区委统战部部长赵荣山、民革北京市委专职主委于雪鹰同志出席了成立大会。会议选举产生了民革北京市顺义区支部主委、副主委。民革是由原中国国民党民主派和其他爱国民主人士所创建,是具有政治联盟特点的,致力于建设中国特色社会主义和祖国统一大业的政党,也是中国共产党的诤友,顺义区民革支部由艺术界的专家组成,民革顺义区支部的成立是形势发展的需要,也是民革建设的需要,顺义区现在民主党派支部六个,分别为民建、民进、农工、致公、九三学社、民革。完善的民主党派基层组织将在发挥参政议政职能上做出更大贡献。

(蔡春梅)

群众团体

顺义区总工会

【概　况】 2009年,顺义区总工会在区委和市总的正确领导下,认真贯彻落实区委工会工作会议和市总“1+6”文件精神,围绕中心、服务大局,以奋发有为的精神状态和争创一流的工作精神,团结带领广大职工在参与协调劳动关系,维护职工合法权益,促进经济社会平稳较快发展方面发挥了工会组织的独特作用,各项工作取得了可喜成绩,被北京市总工会评为“2009年度工作创新先进单位”。

单位名称:北京市顺义区总工会
地址:顺义区光明南街4号
电话:(010)69444520
邮编:101300
网址:http://www.gonghui.bjshy.gov.cn

(吴海迪)

【贯彻区委工会工作会议精神】 区委于7月15日召开了建区以来首次工会工作会议。区四大门和市总的主要领导出席;全区正处级单位主要领导、工会主席参加会议。会议规格高、规模大,充分体现了区委对工会工作的重视。会上,区委书记张延昆、市总工会副主席王北平分别发表了重要讲话,具体指明了工会工作的努力方向、工作重点和任务目标。会议专门印发了《中共顺义区委关于加强和改进工会工作的意见》,就加强和改进工会工作的具体措施、组织保障等一系列问题做出了明确规定。为工会争取了更多的资源和手段,为工会工作提供了良好的发展环境。区总工会将会议文件印刷成册,发放到全区各级工会,通过举办专项内容培训班、组织集中学习等方式,多措并举,掀起了学好用好会议精神的高潮,把全区工会工作推上了一个新的发展阶段。

(吴海迪)

【群众性经济技术创新活动蓬勃发展】 2009年,全区各级工会围绕“保增长、保民生、保稳定”,广泛动员和组织职工开展了“同舟共济保增长、建功立业促发展”和创建“工人先锋号”等系列活动,在各行各业掀起了劳动竞赛高潮,调动了广大职工的积极性和创造性。一年来,全区1527家单位16.4万名职工参加竞赛活动,提出合理化建议7734条,其中采纳了3870条,技术革新、技术攻关715项,累计创造经济效益1.9亿元。各级工会举办技术比赛346场次,参赛职工38987名,有11人取得北京童车销售和点钞两个工种的行业十强称号;有2人取得全国技能比赛北京选拔赛文字录入第6名和第11名的好成绩。据统计,全区有169人被评为“顺义区经济技术创新标兵”;有20人被评为“顺义劳动奖章”;有16人被评为“首都劳动奖章”;有1人被评为"全国五一劳动奖章";有4个班组荣获"全国工人先锋号"称号。与区政协联合召开了"劳模走进鲜花港"座谈会;与区档案局联合举办了庆祝建国60周年劳模展;劳模日常管理和服务工作得到强化。

(吴海迪)

【职工素质教育工程迈出新步伐】　2009年,在职工素质教育中,有826名职工参加通用能力培训并通过考核;有65918名农民工接受安全、礼仪等方面知识培训;有90000名职工接受岗位技能培训;有53名职工参加"学分银行"教育,参加培训的职工人数逐年有增长,在提高职工素质、增强企业核心竞争力方面发挥了重要作用。开展"共铸理想信念,共促科学发展"主题系列教育活动,收集征文178篇,有5篇在《劳动午报》刊发。组织11000名职工免费观看电影《铁人》16场次,铁人精神得到进一步弘扬。

(吴海迪)

【劳动争议调解组织工作】　各级工会建立、健全了劳动争议调解组织,建立劳动争议调解委员会1160个。一年来,为职工提供法律政策咨询6954人次,协调劳动争议571件,其中集体争议152件,为职工追讨追缴工资、社会保险、经济补偿金、工伤补偿金等1421万元,有效地促进了全区形成和谐稳定的劳动关系环境。区总工会于9月1日在全市率先成立了"顺义区劳动争议调解中心",在工作运行、案件处理、资源整合上充分发挥三方联动机制作用,为公正、客观地解决劳动争议提供了有力保证。据统计,"中心"成功调解劳动争议171件,为251名职工追讨追缴工资、社会保险、经济补偿金、工伤补偿金等358.3万元,切实维护了职工的合法权益。"中心"的工作不仅得到劳资双方认同,而且还得到市劳动争议调处工作领导小组的高度评价。

(吴海迪)

【积极推进民主管理和"厂务公开"】　全区国有、集体企事业单位100%建立了职工代表大会制度,有力地推进了基层民主政治建设的进程。作为区厂务公开领导小组的具体工作机构,区总工会认真组织实施了"1.28"、"7.28"厂务公开日活动,周密安排了区四大门领导参加指导基层厂务公开工作。非公企业按照《顺义区非公企业职工(代表)大会暂行办法》的要求,根据企业规模和生产经营状况,采取先大后小先易后难的原则,使职代会建制取得了新突破,建制率达55%。

(吴海迪)

【"安康杯"竞赛活动】　全区有1492家企业14.5万名职工报名参赛。各级工会本着立足岗位、全员参与、全面排查安全隐患的原则,在广大职工中组织开展了"五个一"活动。据统计,有89760名职工参加了活动,有22530名职工接受安全生产培训,检查出不按规定穿戴劳动保护用品866人次,有安全隐患1678个,提出合理化解决建议1820条,并及时反馈行政,绝大部分得到整改。安全月期间,区总工会开展了"保安全、保增长"鑫大禹杯职工安全生产警示用语大赛,吸引36家单位的800余名职工参加,收到参赛作品910件;对60件获奖作品进行展示和宣传,使职工安全生产工作深入人心。另外,组织1万名职工参加了全国职工安全健康知识竞赛,区总工会荣获"全国优秀组织单位"称号。中北华宇建筑公司荣获全国"安康杯"竞赛优胜企业称号。

(吴海迪)

【不断扩大工会组织覆盖面】　2009年,共建会141家,涵盖法人单位182家,覆盖职工17260人,发展会员15362人,职工入会率为89%。超额完成市总工会下达的建会指标。全年办理基层工会法人登记52家;建立了基层工会干部和工会组织台账;完成1178家单位近13万名会员的信息采集工作,采集率达98.2%。

(吴海迪)

【建立完善工会三级服务体系】 2009年,区总工会成立顺义区职工服务(帮扶)中心,建立基层工会服务站37个,基本实现了工会服务体系全覆盖。与区司法局建立了法律援助平台,聘请5名律师进驻区劳动争议调解中心开展劳动争议调解和法律服务。启动12351职工服务信息平台,为职工提供政策咨询、法律援助、职业介绍等便捷服务,共承接市总12351信息服务平台派单7件,全部圆满办结。

(吴海迪)

【会员优惠服务工作】 据统计,有96.2万人次到特约合作单位消费,消费金额1.37亿元,优惠金额543万元。另外,区总工会还进一步丰富了会员优惠服务的内涵,分批向工会会员发放互助服务卡,为广大工会会员提供互助保障、教育培训、就业咨询、健康体检等各种免费和优惠服务,让他们切实感受到工会"职工之家"的温馨。

(吴海迪)

【加大困难职工帮扶力度】 据统计,全区共筹措资金478万元,慰问、补助困难职工8933人次。日常特殊困难救助14户家庭,送去救助金4.1万元;"金秋助学"发放助学款10.2万元,资助困难职工子女28人;职工互助保险慰问、赔付426人次,职工受益38.6万元;为劳模发放慰问帮扶金10.1万元。

(吴海迪)

【拥抱城市工程取得突破性进展】 对农村富余劳动力进行了不同形式和内容的技能培训4932人次;与区域内702家企业、开发区、劳务中介机构签订安置协作意向书,建立企业空缺岗位所需人员信息通报制度。共推荐就业岗位4525个,实现转移就业2453人。

(吴海迪)

【工会自身改革和建设】 连续7年开展的创建"六好"工会活动,提高了工会工作整体水平。双爱双评、职工文体活动、建设职工之家、女职工特殊权益保护等常规性工作进一步强化;工会财务、经审、信息和新闻宣传工作的力度得到加强;机关环境建设、网络建设、工会统计和调研等基础性工作也有了新的起色。

(吴海迪)

共青团 顺义区委员会

【概　况】 2009年,团区委在团市委和区委、区政府的正确领导下,深入贯彻党的十七届三中、四中全会精神、团十六大精神和区两会精神,全面贯彻落实科学发展观,以服务花博会和服务社会建设为重点,立足全区青年实际,全力服务工作大局,圆满完成了国庆60周年群众游行活动的组织协调工作和第七届花博会志愿服务工作;以长效机制建设为抓手,加强了学习型、服务型、成长型组织建设,增强了新形势下团组织的生命力和战斗力,为构建现代文明和谐新顺义做出了新贡献。2009年,团区委被首都精神文明建设委员会评为首都"迎国庆 讲文明 树新风"活动先进单位;被首都国庆60周年群众游行指挥部评为"首都国庆60周年群众游行优秀组织奖";被北京市筹备第七届中国花卉博览会指挥部评为"第七届中国花卉博览会最佳服务保障奖";机关全体人员均被北京市筹备第七届中国花卉博览会指挥部评为"第七届中国花卉博览会先进个人"。

单位名称:共青团顺义区委员会
地址:顺义区府前中街1号
电话:(010)69444398
邮编:101300
网址:http://www.youth.bjshy.gov.cn

(团区委)

【完成国庆60周年群众游行任务】 按照首

都国庆60周年群众游行指挥部的总体部署，顺义区主责“改革开放”方阵，方阵共有参演人员3345人，标语车2辆。团区委作为群众游行活动综合协调部的主责单位，积极参与游行活动的综合协调和日常事务处理，在全体参训人员的共同努力和全区各界的大力支持下，经过100天的刻苦训练，顺义区方阵圆满完成了国庆游行任务，先后获得了首都国庆60周年群众游行活动“优秀组织奖”；第二分指挥部“最佳组织奖”、“合练优胜奖”、“红旗方阵”和“突出贡献奖”等多项荣誉。团区委荣获“首都国庆60周年群众游行活动支持贡献单位”。

(团区委)

【庆“五四”暨第三届十大杰出青年颁奖典礼】 活动包括现场颁奖和文艺演出两部分。典礼现场对顺义区第三届十大杰出青年奖及提名奖获得者，以及2008年先进团委、总支、支部和优秀团干部、共青团员进行了隆重表彰。团市委副书记邓亚萍、区委书记张延昆等领导为获奖的先进集体和个人代表颁奖。团区委书记张爱冬在典礼上致辞，号召全区团员青年，继承和弘扬“五四”精神，学习先进榜样，坚定理想信念，刻苦钻研、建功立业，在建设文明和谐新顺义、推进顺义城乡一体化进程中大展鸿图，再立新功，创造出无愧于青春、无愧于时代的新业绩。

(团区委)

【迎花博五一志愿服务周】 城市志愿者在区医院等5个城市志愿服务站点，累计上岗200人，提供服务170余小时，服务3000余人次；社会志愿者开展“志愿服务庆五四，真情奉献迎花博”志愿服务周，1日至7日，共开展扶危助困、绿色环保等志愿服务项目67个，出动志愿者1300余人，提供服务140余小时，并通过发放花博会简介，开展花博知识问答等形式宣传花博会知识，构建了全区“知花博、迎花博”的良好氛围。

(团区委)

【团市委书记王少峰调研】 6月12日，共青团北京市委书记王少峰，副书记姜泽廷，办公室主任李炜，研究室主任冯志成，青农部部长李伟等团市委领导到顺义区调研共青团工作。区委书记张延昆，区委常委宣传部长、区委办主任杨宝华陪同调研。调研组一行先后来到中北华宇有限公司、区社区服务总中心、北京江河幕墙有限公司及牛栏山镇龙王头村，围绕基层团组织建设、志愿服务、青年就业工作等主题进行了调研。团区委书记张爱冬向领导汇报了顺义区共青团工作。王少峰书记对顺义区共青团工作给予了高度评价，他指出，顺义区共青团工作扎实，卓有成效。广大团员青年要立足岗位，积极为区域经济发展做出贡献，广大团干部要积极履职，为团员青年办实事。

(团区委)

【组织志愿者参加花博会倒计时100天誓师大会】 6月18日，团区委组织200名花博会志愿者参加第七届中国花卉博览会(北京展区)倒计时100天誓师大会。团区委副书记闫岩作为志愿者代表接受了花博会组委会授旗并发言，标志着花博会志愿者筹办工作进入最后冲刺阶段。发言中，闫岩副书记强调：花博会志愿者工作为全区青年提供了参与新中国成立60周年庆典的重要平台，志愿者将秉承“尽己所能，不计报酬，帮助他人，服务社会”的铮铮誓言，扎实培训，增强素质，严格管理，树立形象，用志愿者的笑脸和爱心为游客提供优质高效服务，传递北京首善之区的包容四海，传递绿色国际港的海纳百川，为举办一届“高水平，有特点”的花博会贡献青年的智慧和力量。

(团区委)

【开展“暑期网吧专项执法月”活动】 7月20日至8月20日，区未成年人保护委员会联合区文化委员会，共同启动“暑期网吧专项执法月”活动。联合检查组通过到城区13家网吧进行检查，未发现未成年人上网，但发现网吧存在一些安全制度及环境卫生等问题。联合检查旨在通过各相关部门的共同努力，关注青少年暑期生活，引导青少年合理使用网络资源，度过一个有意义的暑假，为青少年的健康成长和社会稳定营造良好的社会氛围。

（团区委）

【举办“爱我家乡 喜迎花博”青少年绘画大赛】 为了在全区青少年中营造喜迎花博的良好氛围，激发广大青少年热爱家乡、建设家乡的良好意识，展示近年来顺义区城乡建设成果，区未成年人保护委员会、团区委联合区教委举办了“爱我家乡 喜迎花博”青少年绘画大赛。此次绘画大赛共收到全区58所中小学校上报的绘画作品288幅，其中，中学组作品126幅，小学组作品162幅。大赛邀请区内绘画专业指导老师组成评委组，对所有参赛作品进行评选。评委组按照主题鲜明、构思新颖、画面内容饱满等标准，对参赛作品进行了客观、公正的评选。评选结果按照小学组、中学组分别评选出一等奖10名、二等奖20名、三等奖30名和最佳组织奖10个。此次活动旨在通过青年少的画笔传达第七届花博会“人文花博、科技花博、和谐花博”的办会理念，表达了顺义区青少年期盼花博、迎接花博，喜迎建国60周年大庆的喜悦心情，广大青少年在活动中接受了“爱祖国，爱家乡”的思想洗礼。

（团区委）

【开展“基层调研月”工作】 团区委从7月中旬至8月底开展了“基层调研月”，组织团区委机关干部深入基层开展调研。本次调研分为镇、街道调研组和委办局、公司调研组，两组分别由团区委副书记带队。调研工作的重点包括：基层团组织建设情况、团员青年整体情况、重点工作开展情况、工作中存在的问题与困难以及对共青团组织的希望和建议等。调研的形式包括：团干部、团员青年代表座谈、特色工作走访、问卷调查等形式。通过调研工作，使团区委对基层工作有了更深层次的了解，对于各基层团工作中存在的问题和薄弱环节有了更进一步的发现，对当前团员青年的思想动态有了更明确的认识。

（团区委）

【志愿服务花博会】 2009年9月至10月，第七届中国花卉博览会在北京顺义盛大举办，全区850名展会志愿者、1万名城市志愿者和2万名社会志愿者，积极投身花博会志愿服务，累计上岗4.04万人次，服务时间15.4万小时，服务观众和游客437.1万人次。

（团区委）

【推进青年创业行动】 针对金融危机的不利影响，提出“在冬天里成长”的号召，以新生劳动力观念教育为重点，以强化就业培训为手段，为青年提升就业服务。建立了三级就业服务网络、两级青年培训基地、两级青年就业基地、青年就业见习基地和青年就业“点对点”帮扶制度。全年各级团组织共开展就业观念培训36场，培训青年2004人；开展就业技能培训51场，培训青年2686人，组织开展就业招聘会137场，推荐青年就业1863人次，推荐见习青年130人。

（团区委）

【实施“青少年爱心工程”】 累计发放“希望之星1+1奖学金”、“爱心基金”、“学子阳光”助学金9.4万余元，帮扶贫困中小学生96名。深入开展“星光自护校园行活动”，目前顺义区85%的中小学成立星光自护学校。广泛开展青少年法制宣传教育活动，继续深化优秀“青少年维权岗”创建活动，组织全区各学校法制副校长按期召开教育课。

（团区委）

【完成委员、候补委员增补工作】 11月5日上午，团区委召开第十三次全体会议，增补了共青团顺义区第一届委员会委员11名，候补委员6名。增选后，共有委员27名，候补委员6名，进一步健全了委员会建设，壮大了团的力量。

（团区委）

【开展12.5国际志愿者日活动】 为倡导志愿精神,培育志愿服务理念,进一步掀起全区志愿服务活动新高潮,团区委、区志愿者协会于12月5日"国际志愿者日"在全区集中开展"志愿有我 和谐顺义"志愿服务主题活动。全区各基层志愿服务队行动起来,广泛开展各类志愿者服务活动,共计出动志愿服务队伍49支,开展志愿服务次数60次,参与人数达5000余人次。志愿服务内容涉及医疗义诊、扶老助残、环境保护、信息咨询、政策法规宣传、便民利民服务等六大类。通过开展国际志愿者日系列活动,切实为社会、为他人办好事、办实事,扩大了志愿者服务活动影响力,营造了良好的社会氛围。

(团区委)

顺义区 妇女联合会

【概　况】 妇联是社会群众团体,是党和政府联系妇女群众的桥梁和纽带,是国家政权的重要社会支柱。其基本职能是:代表和维护妇女权益,促进男女平等。北京市顺义区妇女联合会(简称区妇联)是在区委领导下的社会群众团体,内设机构为办公室、宣传部、权益部三个职能部门,区妇女儿童工作委员会办公室设在区妇联,承担妇儿工委日常工作。全区共有各镇、街道妇联25个,委、办、局、公司、中心妇委会86个,村妇代会426个,社区妇代会78个。年内围绕区委、区政府中心工作,整合社会资源,发挥组织优势,坚持"城市农村统筹、创业就业并举、培训维权齐抓、富裕文明互动"的工作思路,团结带领全区各族各界妇女为推进新农村建设,为建设和谐顺义贡献力量。

单位名称:北京市顺义区妇女联合会
地址:北京市顺义区府前中街1号
电话:(010)69444576
邮编:101300
网址:http://www.fulian.bjshy.gov.cn/

(李晓慧)

【"双学双比"竞赛活动协调小组工作会】 1月8日 顺义区召开了"双学双比"竞赛活动协调小组工作会,区妇联主席赵桂清主持了。会上,区妇联副主席曹丽明总结了2008年区"双学双比"工作;成员单位共同探讨了如何促进农村妇女转变就业观念、如何扶持农村妇女就业、创业,如何推进"绿港巧手"手工艺品发展,以及如何充分发挥我区女性合作社的引领作用等相关问题,并重点商讨了扶助"妇"字号基地和劳动密集型企业应对金融危机的措施。

(李晓慧)

【召开执委扩大会】 1月14日 区妇联召开执委扩大会,重点贯彻落实北京市第十二次妇女代表大会、区委三届七次全会精神,全面部署2009年妇女工作。区委常委、组织部长雷显武出席并作了重要讲话。雷部长首先肯定了2008年妇联工作取得了实效,各级妇联组织为迎办奥运发挥了积极作用,全区妇女工作围绕中心、服务大局,体现了特色,抓住了亮点,创造了值得借鉴的成功经验,为全区的发展和稳定发挥了不可替代的作用。其次,对2009年各项妇女工作提出新要求:一是要继续树立围绕中心、服务大局的理念,主动关心大局、了解大局;二是选准工作着力点,切实增强工作的针对性和实效性,找准工作中的突出问题、难点问题和薄弱问题;三是突出部门特色,切实在联系、团结、凝聚、服务妇女上取得新成效;四是推进工作创新,拓展妇联工作的领域和途径,在创新载体的同时赋予传统工作新的内涵。最后,对妇联组织如何加强自身建设提升工作水平提出新要求:一是要以学习科学发展观为契机,加强学习,提升妇联干部自身素质,提高妇联干部思想理论水平和工作能力；二是要改进作风，强化宗旨意识和服务意识，树立正确的政绩观和工作价值观，求真务实、真抓实干，密切联系群众，努力深入基层调查研究，发现问题，解决问题。

（李晓慧）

【召开“顺义区家庭教育研讨会”】 1月16日 顺义区妇联召开“顺义区家庭教育研讨会”，以《“十一五”时期家庭教育研究课题指南》为基础，在涉及的十个领域82个课题范围内，精选出6个课题作为参考，向区家庭教育研究会成员布置2009年研讨任务。

（李晓慧）

【和谐家庭、绿色家庭创建活动】 3月6日 区妇联联合区文明办、区林业局继续深入开展顺义区2009年和谐家庭、绿色家庭创建活动。全区成立了和谐家庭绿色家庭创建活动领导小组，区妇联向全区19个镇、6个街道办事处、84个区直单位下发了《关于开展顺义区和谐家庭、绿色家庭创建活动的实施意见》、《顺义区和谐家庭、绿色家庭评价指标体系》。按照创建工作安排，活动分为宣传发动、村（居）委会创建、镇（街道办事处）评选、区评选表彰四个阶段。4月下旬召开各镇、街道办事处创建工作情况汇报会，5月中旬召开和谐家庭、绿色家庭观摩会及研讨会，6月上旬开展实际入户检查考核，深入基层指导创建工作。10月16日，召开和谐家庭、绿色家庭总结表彰大会，对110户和谐家庭、503户绿色家庭、8个先进镇（街道办事处）、8个先进村（居）委会和24名先进个人进行了表彰。市妇联副主席周志军，区委常委、组织部长雷显武及相关单位领导出席会议。

（李晓慧）

【黄晴宜等一行到顺义调研】 4月2日 全国人大常委会副委员长、全国妇联主席陈至立，全国妇联党组书记、副主席、书记处第一书记黄晴宜等一行到顺义调研。市委常委梁伟、市妇联主席赵津芳、市有关单位负责人等一同调研。顺义区领导张延昆、刘剑、胡尚云、杨宝华陪同调研。陈至立一行视察了金路易速冻食品有限公司、北京现代汽车有限公司。在北京妇女创业就业工作座谈会上，市妇联主席赵津芳汇报了市妇联促进妇女创业就业工作的总体情况，金路易速冻食品有限公司经理黄全胜作为顺义区妇联小额贷款贴息的典型作了题为《贷款贴息——企业发展的助推器》的发言。陈至立就妇女创业就业、面向妇女小额信贷贴息等工作作了重要指示。

（李晓慧）

【接待市妇联调研小组】 4月10日 市妇联副主席沈洁、宣传部部长陈银亭率市妇联宣传部全体人员到顺义区调研和谐家庭创建及大众读书会工作。区妇联主席赵桂清、助理调研员李会娴分别就区和谐家庭、绿色家庭创建工作和大众读书会工作向市领导作了汇报，大家还参观了马坡镇白各庄村大众读书会换阅点。市妇联副主席沈洁对顺义区的工作给予了高度评价，建议我区的工作要就如何建立评价体系、建设长效机制、整合资源、规范管理等总结经验并向全市推广。

（李晓慧）

【“十一五”时期妇女儿童规划中期评估】 4月14日 “十一五”时期妇女儿童规划中期评估督导组一行11人莅临顺义督导规划中期实施情况。区委常委、区政府常务副区长、区妇儿工委主任王海臣，区政府副区长陈光浩出席陪同。督导组听取了我区“十一五”时期妇女儿童规划中期评估整体情况，并对我区农转居妇女就业及统计监测工作进行了重点考察。汇报结束后，督导组一行针对我区农转居妇女就业情况，对北京龙湖物业公司和区劳动和社会保障局技工学校进行了实地考察。

（李晓慧）

【启动向困难母亲慈善救助项目】 5月8日 顺义区妇联联合区慈善协会、民主建国会顺义支部启动了向困难母亲慈善救助项目。启动仪式上，7为困难母亲代表上台接受救助，并有一名困难母亲代表进行了发言。此次救助项目共为135位困难母亲发放了400元现金和慰问品,项目先期投入的6万余元,以改善单亲困难母亲生存状况。

(李晓慧)

【开展顺义区“三八”红旗集体和“三八”红旗奖章申报评选活动】　8月11日 顺义区妇联启动了顺义区“三八”红旗集体和“三八”红旗奖章申报评选活动。11月27日,顺义区召开三八红旗集体、红旗奖章评定工作会,在区妇联初评的基础上,通过广泛征求评选活动领导小组各成员单位意见,最终评定出了100个“三八”红旗集体和100名“三八”红旗奖章获得者。

(李晓慧)

【市级“妇”字号基地扶持资金协议签署仪式】　9月15日 顺义区妇联召开市级“妇”字号基地扶持资金协议签署仪式。北京福凤超鑫服装加工部、北京龙湾巧嫂果品产销专业合作社、北京时颖服装厂、顺义区北务镇珠宝屯妇字号基地、北京荣兴食用菌种植中心5个区级“妇”字号基地被评为2009年度市级“妇”字号基地,并各获得扶持资金10万元。

(李晓慧)

【《顺义区妇联就业培训工作信息》创刊】　9月22日《顺义区妇联就业培训工作信息》创刊。其内容包括岗位信息、资源共享、经验介绍、培训信息等几方面。区妇联将把从各个渠道了解到的各级就业政策和信息,通过不定期出刊的方式,及时提供给基层各镇、街道办事处妇联,指导基层做好妇女就业组织发动工作,为全区妇女特别是城乡就业困难女性“送政策、送信息、送服务”。

(李晓慧)

【“5+5”工程培训班】　10月30日 顺义区妇联举办旨在推动新农村建设的“5+5”工程培训班,邀请北京银行、北京市农业担保公司对有需求的大孙各庄镇、北务镇、张镇的85名村妇代会主任进行了信息员专业知识培训,详细讲解、阐述了“富民卡”的开卡流程和支农小额贷款的担保条件、申办程序等知识。

(李晓慧)

【举办妇联干部培训班】　12月1日—2日,区妇联举办为期2天的妇联干部培训班,培训内容有:妇联业务知识、《北京市实施<中华人民共和国妇女权益保障法>办法》要点解读、谈话与沟通、智慧养生等培训课程。开班典礼上区妇联主席赵桂清从提高认识,增强学习的主动性;明确目标,增强学习的针对性;讲究方法,增强学习的科学性三个方面对参培人员提出要求。区委组织部副部长路文珍出席开班典礼并作讲话。来自全区的159名各级妇联干部及区妇儿工委领导小组成员单位相关人员参加了此次培训。

(李晓慧)

【宣传贯彻《北京市实施<中华人民共和国妇女权益保障法>办法》】　12月3日,顺义区妇联、区妇儿工委办公室在顺义区北小营镇前鲁村设立宣传贯彻《北京市实施<中华人民共和国妇女权益保障法>办法》主会场。会上,区妇联主席赵桂清对宣传贯彻《实施办法》进行了动员,并提出了具体要求。活动以赠送图书的形式,向18个村基层妇代会组织赠送了紧密关系妇女维权、妇女生活等方面的图书,并向参加活动的百姓赠送了《北京市实施<中华人民共和国妇女权益保障法>办法》简明读本200余册。

(李晓慧)

【召开执委会】　12月22日,区妇联在区委后二楼会议室召开执委会。会议根据工作需要对执委委员做出了调整,免去李慧娴、刘琳、赵长凤3名同志区妇联执委会委员职务,会议经举手表决,通过了增补刘宏艳、果颖、于会婧3名同志为执委会委员的决议,新一届妇联执委委员仍为21人。会上,区妇联赵桂清主席还向与会执委委员汇报了2009年妇联工作总结和2010年工作思路。

(李晓慧)

顺义区工商业联合会

【概　况】 区工商联是党和政府联系非公有制经济人士的桥梁和纽带，是政府管理非公有制经济的助手。是由顺义区工商企业和经济界人士组成的人民团体。本会以团结、帮助、引导、教育广大会员爱国、敬业、诚信、守法，积极投身社会主义现代化建设事业。促进非公经济的健康发展，承担了顺义区非公企业的入会组织、调研工作，开展经济、技术、经贸交流，提供了法律、法规、政策信息咨询等服务。区工商联会员分为三胞会员、私企会员、团体会员、个人会员和特邀会员。截止到2009年底，顺义区工商联共有会员712家。区工商联机关荣获北京市工商联精神文明组织工作奖、北京市工商联法律服务工作奖、北京市工商联对外联络工作奖、北京市工商联培训服务工作奖、北京市工商联经济服务工作奖等荣誉称号。在工商联会员企业中，有2家会员企业荣获首都文明单位，3家会员企业荣获北京市工商联文明单位标兵，11家会员企业被评选为北京市工商联文明单位。13家会员企业被评为北京市就业与社会保障先进民营企业荣誉称号。31家会员企业被评为北京市绿色企业荣誉称号。

单位名称：顺义区工商业联合会
地址：顺义区仓上街3号
电话：(010)69441974
邮编：101300
网址：http://www.gshl.bjshy.gov.cn

（张阿妮）

【学习教育工作】 通过抓教育引导、抓危机应对、抓评比表彰，促进了企业家的健康成长。区工商联推荐了13家北京市就业与社会保障先进民营企业，在这13家企业中北京江河幕墙股份有限公司、北京亿都川服装有限公司2家企业还荣获了国家级就业与社会保障先进民营企业，并于11月30号在人民大会堂受到了表彰。

（张阿妮）

【商贸交流服务】 区工商联组织28家企业分别参加了京张民营经济项目合作对接恳谈会、安徽省金寨县对口帮扶和项目洽谈会、昆明·北京投资洽谈会、第四届“民营经济发展·天津论坛、2009海内外知名企业家齐鲁行暨地级日照市建立20周年庆典活动、第十一届中国环渤海地区民营经济经贸合作洽谈会等活动。通过参加会议活动让顺义区企业了解外地商机、掌握相关扶持政策的良好机会，为顺义区企业搭建了一个交流与合作的良好平台。

（张阿妮）

【经济对接服务】 为帮助非公企业开拓业务，相互之间“抱团取暖”。3月10日，区工商联组织北京甄氏房地产开发有限公司、北京路星沥青制品有限公司、北京华宇开关控制设备有限责任公司等13家与建筑业相关联的企业召开了行业发展交流座谈会。6家企业之间达成了配电设施安装、消防设施的安装、道路施工3项工程业务，工程总额近亿元。为非公企业开拓本地市场创造了机会，有效推动了企业间相互联合、相互支持、优势互补、实现共赢。

（张阿妮）

【开展培训服务】 2009年，区工商联多次深入企业了解培训需求，有针对性地组织学习培训活动：4月17日，工商联组织200余家会员企业参加以“消除金融危机影响，推进全区经济发展”培训；2月28日至3月1日，工商联组织23名非公企业家到深圳参加聚成集团黄金三角培训；4月18日，工商联组织50家会员企业参加“金融危机下企业的定位智慧”为主题的培训；5月23日，工商联组织企业家参加台湾师范大学教授曾仕强的“中国式管理”培训；9月4日，工商联举办了民营企业家财务培训会，为企业家们讲解了如何快速阅读财务报表、完善企业财务管理制度，以及如何通过税务筹划，降低企业的经营成本和管理成本；10月27日，工商联组织召开了顺义区500家非公企业高层经营管理者“切割营销和品牌战略”培训会，邀请北京大学、清华大学MBA总裁班特聘教授路长权为企业讲解品牌创建的具体策略和营销技巧。培训的举办，进一步开阔了非公企业高层管理人员的经营管理思路，提振了企业在金融危机下发展的信心。截止到2009年底，累计培训56次，培训覆盖了工商联712家会员企业，培训人数共计7万人次。

（张阿妮）

【开展人才服务】　结合企业当前的需求，区工商联积极与全国工商联、中国学盟、市委组织部、市工商联、市人才服务中心、区委组织部、区人才服务中心等单位取得联系，建立了1200人的高层次人才信息数据库，帮助非公企业网罗人才、推荐人才、引进人才。4月份，工商联将中国学盟推荐的5名具有海外留学和工作背景的高层人才举荐到了北京江河幕墙股份有限公司、北京冶金工程技术联合开发研究中心等企业。截止到2009年底，为非公企业举荐人才共计2000人。

（张阿妮）

【开展融资服务】　针对中小非公企业无抵押、质押物作担保等情况造成的融资难问题，区工商联一方面组织中小企业参加区内银行融资新产品推介洽谈会；4月21日，区工联与交通银行顺义支行在顺鑫绿色度假村共同召开了银企对接会，向与会企业的100家非公企业负责人和财务经理介绍了交通银行顺义支行的离岸金融、商标权与专利权质押贷款、版权质押贷款等最新金融产品，以及相关贷款政策和办理手续。另一方面组织由担保公司和非公企业参加的融资推介会。今年促成了成交通银行为3家企业贷款7千万元；为5家企业做了保函。

（张阿妮）

【开展政策服务】　3月份，区工商联与区私个协共同收集整理了北京市、顺义区出台的扶持企业发展的22项具体政策，并汇编成册，下发到了700家非公企业。2009年初，工商联还组织了30多家非公企业召开政策宣传发布座谈会，向参会企业宣传《北京市工业企业流动资金贷款贴息补助政策实施细则》、《关于组织申报2009年北京高端制造业投融资服务平台项目的通知》、《中小企业发展专项资金项目申报》等政策，帮助企业及时、充分的用好各项政策，促进企业的不断发展。5月26日，工商联组织26家有出口业务的非公企业参观了天竺综合保税区。企业落户综保区，便可享受到税收、海关、国检、外汇等政策的优惠，出口货物只要一进入综保区，即可向海关申请出口退税，可提高资金效率，大大节约企业物流成本、时间成本和资金成本。部分出口型企业纷纷表示将到综保区注册，享受政策优惠，推动企业发展。

（张阿妮）

【实践科学发展观各阶段工作】　按照学习实践科学发展观领导小组安排，区工商联在开展学习实践活动中，做好各阶段工作。(1)制定实施方案和各阶段的工作意见。按照学习实践科学发展观领导小组要求，结合工商联工作实际，工商联制定了《顺义区工商联深入学习实践科学发展观活动的实施意见》，并制定了学习实践活动学习调研、分析检查、整改落实等三个阶段的工作意见。(2)召开动员会。3月16日下午，工商联召开了深入学习实践科学发展观活动工作动员大会，正式启动学习实践活动。(3)开好领导班子专题民主生活会。一是广泛征求意见；二是开展谈心活动；三是认真写好个人民主生活会发言材料，做好发言准备。6月5日工商联组织机关全体干部召开了专题民主生活会，总结经验、查找不足、分析原因，开展批评与自我批评，明确了今后努力方向。(4)撰写领导班子分析报告。6月12日，工商联召开了领导班子会议，对分析报告进行了讨论，征求意见，查找原因，认真撰写贯彻落实科学发展观情况的分析报告。(5)制定整改方案。工商联针对在学习调研和分析检查阶段梳理提炼出来的突出问题，认真制定整改方案，做到整改内容、目标、措施、时限、责任“五明确”。

（张阿妮）

顺义区科学技术协会

【概 况】 2009年，顺义区科协紧密围绕区委、区政府的中心工作，全面落实科学发展观，深入贯彻《科普法》和《全民科学素质纲要》，坚持“政府推动，全民参与，提升素质，促进和谐”的方针，以建国60周年为契机，团结社会各界力量，宣传科学理念，普及科普知识，应用科学方法，以提高全民科学素质为目标，广泛开展科普活动。

单位名称：顺义区科学技术委员会

地址：顺义区光明南街24号

电话：(010)69447435

邮编：101300

（田立娟）

【加大科普宣传】 国庆期间，结合国庆60周年游园活动，区科协精心制作了两套题为《喜迎国庆60周年科普展》展板，共110块，分别摆放在顺义公园西门入口处和科技馆科普长廊。图文并茂的展示了科技政策、科技成果、科普知识等。

（田立娟）

【开展科普活动】 一年来，区科协围绕“提高公众素质”这条主线，利用“科技周”、“科普日”“科普之春”等活动日，广泛开展科普活动。组织大型活动20场，参与人员万余人次；发放科普图书、宣传挂图资料共2万余册；组织科普讲座、咨询70场，受益群众6000人次。

（田立娟）

【北京市科技周顺义区启动仪式】 5月16日在卧龙公园广场组织了“北京市科技周顺义区启动仪式”。区人大副主任贾春林、区政府副区长陈光浩、区政协副主席王玉琦等领导与社区居民一起参加了此次活动。顺义电视台、广播电台等区级媒体做了相应报道，提升了活动的影响力。

（田立娟）

【2009年北京百万家庭数字生活技能大赛】 组织参与“2009年北京百万家庭数字生活技能大赛”成绩喜人。活动伊始，顺义区多措并举，进行了广泛的社会动员。除在各社区显著位置张贴大赛宣传海报外，还特别在顺义网城开辟了专门的宣传网页，设置了答题链接，顺义区共有12288人参加网上知识竞赛初赛，名列全市第三位，有1789个家庭注册参加复赛，名列全市第二。在决赛中经过激烈角逐，顺义区选送的家庭代表队摘得亚军。同时，顺义区获大赛组织工作一等奖。

（田立娟）

【展览讲座】 科普日期间，组织大型科普展览、科普讲座等多种活动26项，发放科普图书、资料、宣传挂图5000余册套。

（田立娟）

【科普惠农工程】 树立典型，充分发挥科普示范基地的辐射作用。2009年顺义区共有4个集体(2个农民专业合作组织，2个科普示范基地)和4个个人(2个农村科普致富带头人，1个农业科技服务专家，1个专业技术指导员)获得市级“科普惠民兴村计划”奖补资金72万元。同时，一个个人荣获中国科协科普惠农先进个人称号，获得奖补资金5万元。积极开展“科技套餐配送工程”，培养新型农民。顺义区科协在了解农民的实际需求后，充分发挥“会社合作”的优势，加大新技术的推广力度。不仅为农民提供了高新的生产工具，同时还手把手的教农民使用方法，加快了农作效率，提高了产量，促进了农民增收。充分发挥农村“一站、一栏、一员”作用，强化农村科普阵地和基础设施建设。依靠科普宣传员和科普活动站普及科技知识，开展科普教育，全面提高农民素养。

（田立娟）

【社区科普益民计划】 2009年共有2个优秀科普社区、2个新城新建社区、1个优秀科普场馆和6个优秀科普宣传员获得市级奖补资金48万元。展现社区特色，构建创新型科普社区。为了更好的发挥社区传播科学思想、科学方法、科学精神的作用，建立群众自我管理、自我服务、自我教育的新形式，建立科普工作的社会化运作机制，实现政府、社会、企事业组织相互融合、相互作用的新型社区。2009年顺义区旺泉街道西辛一社区和胜利街道胜利社区分别被北京市科委命名为北京市创新型科普社区，获得创建资金32万。深入开展顺义区“科普示范社区”、“科普示范家庭”评选活动。2009年，共评选表彰了“顺义区科普示范社区”6个，“顺义区科普示范家庭”30个，并于科普日期间举行了授牌仪式，扩大了科普示范的影响力。

（田立娟）

【培养创新型科技人才】 2009年，区科协积极配合区教委，开展有利于青少年开阔思路、发展个性、培养创新意识的科普活动，将科技教育真正落到实处，全年组织了多项青少年科技活动。特别是在三月份组织的第29届安捷伦北京青少年科技创新大赛活动中，顺义区共有36个项目参加本次大赛，其中5个竞赛项目获得市级二等奖；一名老师被评为“十佳科技辅导员”；1个项目获得“十佳优秀科技实践活动奖”，3个项目获得“优秀科技实践活动奖”；顺义区荣获“优秀组织奖”。另外还有多个创新作品、论文、科幻画等项目获得市级二、三等奖。此外，在内蒙古举行的2009年全国青少年航空航天模型锦标赛中，代表北京市参赛的顺义区杨镇一中两个代表队，分获第三名和第六名。科普日期间，围绕“节约能源，保护生态环境，保障安全健康”的主题，在顺义三中开展了“有趣的纸实验”活动。

（田立娟）

顺义区残疾人联合会

【概　况】 北京市顺义区残疾人联合会下属两个全额拨款事业单位：北京市顺义区残疾人劳动就业服务所、北京市顺义区残疾人活动服务中心；下设办公室、康复办；现有在职人员22名，其中行政编制6人，含工勤1人，事业编制人员16人。2009年，区残联深入学习实践科学发展观，破解残疾人事业发展难题，紧紧围绕市残联中心任务和全区中心工作，充分发挥“代表、服务、管理”职能，在管理中实施服务，在服务中体现管理，按照“统筹规划，打牢基础，稳步推进，加快发展”的方针，务实创新、主动活跃，依靠政府，动员社会，在多项重点和难点问题的解决上，创造性地开展工作，残疾人康复、教育、就业、扶贫、社会保障等都取得了一定的成绩，为我区残疾人事业在新时期的持续健康发展奠定了一个良好的基础。

单位名称：顺义区残疾人联合会
地址：顺义区石园北区乙56号
电话：(010)69442476
邮编：101300
网址：http://www.shycl.org.cn

（祖爱丽）

【社区康复工作协调会】 3月6日，顺义区残联召开社区康复工作协调会，区财政局、民政局、卫生局、教委的主管领导、7个康复中心负责人及街、镇残联理事长40余人参加了会议。会上马成武理事长就完善社区康复，全面迎接康复达标区验收工作进行了动员和部署，进一步明确了工作任务和要求。同时，会上对达标审评的量化指标进行了讲解，并将工作指标分解落实到了每个单位。

（祖爱丽）

【学习落实科学发展观动员会】 3月16日，顺义区残联召开学习落实科学发展观动员会。机关全体党员和入党积极分子参加了会议。会上，吴建海副调研员传达了顺义区学习落实科学发展观动员大会精神，马成武理事长就区残联学习科学发展观活动进行了安排部署，并提出明确要求，他指出：全体人员要高度重视此项学习活动，成立活动小组，制定周密的学习计划，统筹安排活动时间，贯穿主题，结合各部门职责，深入基层，贴近残疾人，深入开展调查研究，确保整个活动扎实有效，达到党员干部受教育，残疾人群众得实惠的总目标。

（祖爱丽）

【换发第二代残疾人证】 5月27日，顺义区召开换发第二代残疾人证动员大会，各街、镇残联主管镇长、主任及残联理事长50余人参加会议。会上，区残联吴建海副理事长就顺义区换发第二代残疾人证的时间、地点、流程做了详细的部署，马成武理事长对此次换证工作提出明确要求：一是换发残疾人证工作要从关注民生、维护社会稳定的高度，统一思想，加强领导。二是要周密部署，狠抓落实，制定周密计划，精心组织实施。三是加强宣传引导，营造良好氛围。四是要落实经费，确保换发残疾人证顺利进行。五是要加强工作研究，切实维护稳定。

（祖爱丽）

【基层残联理事长工作会议】 9月27日，顺义区残联在区扶贫基地召开基层残联理事长工作会议。会上，吴建海副理事长对我区换发第二代残疾人证的情况做了小结，就下一阶段发证的相关工作做出部署，刘兆宽副理事长对康复达标区检查验收工作进行了通报。区残联马成武理事长在会上指出：一要确保我区换发二代残疾人证工作的顺利开展，发放残疾人证要有序、稳妥，耐心细致的做好因不够标准而未能领取残疾人证人员的思想和解释工作，有效化解矛盾；二要加强康复工作，加强培训和服务，确保实现2010年人人享有康复的目标；三要加强温馨家园建设，扎扎实实做好康复职业培训项目。

（祖爱丽）

【换证工作补充会议】 12月7日，顺义区残联召开了换证工作补充会议，会议就前一阶段全区换证工作进行了总结，对下一步工作进行了部署，全区25个街镇残联有关人员参加了会议。马成武理事长强调：做好我区的基础信息完善工作的同时，要做好二次鉴定人员的统计工作，二次鉴定要做好充足的准备，力争在春节前完成二代证换发的全部工作。

（祖爱丽）

【基层组织建设工作】 完成第五批专职委员和康复协调员的笔试、面试、考查、考核、培训和录用工作，共40名社区康复协调员持证上岗。顺利完成184户残疾人状况监测户的调查工作。成功创建十个残疾人温馨家园。

（祖爱丽）

【扶贫工作】 向60户贫困残疾人免费发放12000只雏鸡，并对这些残疾人进行了养鸡实用技术培训；为2051名重残无业人员发放生活补助，使用残疾人就业保障金共计492.36万元；为11户危房残疾人改建了房屋。22个镇、街道“爱心超市”继续对有残疾人的低保家庭进行救助，救助金额达57.9万余元，惠及2364户低保残疾人家庭。

（祖爱丽）

【康复工作】 实施减免费白内障手术260例，其中全免200例，半免60例；配用助视器

42例;验配助听器成人智障人机构康复10例;精神病人入机构康复48例;残疾儿童社区康复165例、机构康复30例、儿童辅具发放39件;免费发放1731件辅助器具;开展盲人定向行走训练50人次。

(祖爱丽)

【就业及职业培训工作】 56名残疾人进行求职登记,举办了2场招聘洽谈会,向用人单位推荐20人次,推荐成功5人;审核10643家单位,核定残疾人保障金3584万元,审核率达81%;全年共安置59名残疾人就业;全区共有30名残疾人参加职业技能培训;119名农村残疾人参加了实用技术培训。

(祖爱丽)

【无障碍建设工作】 为200户农村残疾人家庭进行了无障碍改造。结合农村残疾人家庭的实际情况对其进行个性化的设计,力求改造后最大程度的方便残疾人的生活。对原有的马路进行了无障碍改造,增设了多处大型无障碍标志牌、残疾人专用停车位、厕所,商场、宾馆、电信、银行等服务场所专门设置了残疾人服务专柜。

(祖爱丽)

【文体及宣传】 全区征集残疾儿童少年艺术作品810件,上报市残联40件,获一等奖3件,二等奖11件,三等奖9件,区教委、区残联被评为优秀组织奖;参加庆祝建国60周年全国残疾人书画大赛,残疾人康永志获书法比赛三等奖;组队参加北京市第七届残疾人艺术汇演,声乐、舞蹈、小品三个项目均获优秀节目奖;组织13名聋儿、12名智残儿童在助残日前夕参加了北京市残疾儿童趣味运动会,荣获优秀组织奖;参加北京市第三届“和谐杯”残疾人乒乓球比赛,男子站姿组获远郊区团体第二名,女子站姿单打获第二名的好成绩;参加市残联举办的第三届残疾人工作者运动会,拔河、袋鼠接力两项集体项目均获第一名,集体跳绳获第二名,个人项目5人次获第一名,7人次获第二名,11人次获得3－6名的好成绩。编发《残疾人工作信息》10期,165条,电视台播放残疾人事业、残疾人事迹的新闻报道8次,广播电台、报刊播报、市、区残联网站刊登稿件15篇(条)。

(祖爱丽)

【信访与维权】 2009年共接待残疾人来访、来信、来电726件、次,妥善处理涉及残疾人生活和工作等问题,处理率100%。受理残疾人法律援助案件13件。积极稳妥地做好换发第二代残疾人证的工作,共办理第二代残疾人证14000多本。

(祖爱丽)

【岗位送下乡】 2月17日,由顺义区劳动局主办的大型“岗位送下乡”招工招聘洽谈会在顺义区牛山镇举行,此次参加招聘的49家用人单位提供就业岗位2048个,顺义残联积极组织有就业需求的120名残疾人参加了此次招聘会。残疾人纷纷表示:很高兴能够参加这此招聘会,希望自己能够通过招聘会找到一份适合的工作,也非常感谢用人单位给他们提供的这次就业机会,自己一定要珍惜。

(祖爱丽)

【市专家组评估五彩路康复机构】 2月25日,市康复指导中心社区部组织专家组,对我区北小营镇前鲁村的五彩鹿康复机构进行了检查、评估。检查组通过听取工作汇报、查阅档案、参观康复机构,对五彩鹿康复机构的工作情况进行了详细的了解,并就检查评估的项目进行了交流,对五彩鹿康复机构的发展提出了建设性意见。

(祖爱丽)

【社区康复工作协调会】 3月6日,顺义区残联召开社区康复工作协调会,区财政局、民政局、卫生局、教委的主管领导、7个康复中心负责人及街、镇残联理事长40余人参加了会议。会上马成武理事长就完善社区康复,全面迎接康复达标区验收工作进行了动员和部署,进一步明确了工作任务和要求。同时,会上对达标审评的量化指标进行了讲解,并将工作指标分解落实到了每个单位。

（祖爱丽）

【专题知识讲座】 3月6日，顺义区残联在区特殊教育学校举办了“关爱听力，正确使用助听器”专题知识讲座。北京爱尔听力语言康复中心医生为我区50余名听力残疾儿童及残疾儿童家长详细的讲解了保护残留听力、助听器的使用等相关知识。残疾儿童家长表示，通过此次知识讲座学习到了正确的康复方法，了解了早期干预早期治疗的重要性，提高了爱耳护耳意识。

（祖爱丽）

【康复档案整理现场观摩会】 4月8日，顺义区残联召开康复档案整理现场观摩会，会上马成武理事长对档案整理工作提出明确要求，康复中心施主任查看了北小营镇、南法信镇和光明街道的康复档案，针对档案整理存在的问题，为参加学习的30余名同志进行了详细的讲解。

（祖爱丽）

【残疾人专场招聘会】 4月16日，区残联与区民政局联合举办残疾人专场招聘会，招聘的15家福利企业为残疾人提供就业岗位83个，120余名残疾人参加了此次招聘会。

（祖爱丽）

【全国助残日】 在第十九次“全国助残日”来临之际，5月15日，顺义区在南彩镇扶贫基地举行了残疾人用品用具免费发放仪式。全区受赠者代表200余人参加了捐赠仪式。此次由市、区政府出资，发放的残疾人用品用具有轮椅、拐杖等1600余件，价值40余万元。在捐赠仪式上，副区长陈卫东代表区政府向全区残疾人和他们的亲属致以节日的问候。同时他指出：要建立残疾人事业政策制度保障体系，建立健全残疾人服务体系，提升残疾人的素质和能力，大力发展残疾人教育，营造残疾人平等参与的社会环境，促进残疾人事业在新的起点上加快发展。

（祖爱丽）

【无障碍建设】 6月2日，区残联、商务局、规划局、财政局对顺义区隆华商场、西单商场、西单家电商城、西单大卖场、裕龙大酒店五家大型商场、酒店的无障碍设施改造情况进行了检查。各商场、酒店分别设立了无障碍坡道、残疾人专用停车位，改造了垂直电梯、残疾人专用厕位，低位服务台、低位收款台，极大的方便了残疾人。同时对无障碍建设中的不足，区残联及时提出了建议。

（祖爱丽）

【科技专家送技术下乡活动】 5月21日，顺义区残联在北石槽镇举办了“科技专家送技术下乡活动”。市畜牧兽医总站兽医师对北石槽镇70多名肉鸡及柴鸡养殖户进行了养殖与疾病防治技术的专业培训，并对养殖户提出的疑问一一进行解答，深受养殖户的欢迎。

（祖爱丽）

【朗依爱心助残电脑教室】 09年12月23日，由北京朗依制药有限公司出资捐赠的朗依爱心助残电脑教室在顺义区特殊教育学校正式揭牌。揭牌仪式上，中国残疾人联合会副主席、中国残疾人福利基金会理事长汤小泉、北京朗依制药有限公司总经理杨军、顺义区政府区长刘剑共同为朗依爱心助残电脑教室揭牌。为了感谢朗依制药对首都残疾人的关爱，北京市残疾人联合会副理事长吕争鸣向捐赠方代表赠送荣誉瓷盘。仪式结束后，各位领导和来宾参观了电脑教室，并观看残障学生进行电脑操作。

（祖爱丽）

顺义区红十字会

【概　况】 2009年，区红十字会按照区委、区政府的统一部署，认真学习并践行科学发展观,紧紧围绕区委、区政府的中心工作,在市红十字会的业务指导下,充分发挥政府人道救助领域助手作用,重点强化社会救助、自救互救培训、红十字青少年、红十字文化传播等方面的工作。

单位名称:北京市顺义区红十字会
地址:北京市顺义区光明南街4号总工会大楼8层
电话:(010)81494903
邮编:101300

(何伟)

【少儿大病救助工作】 区红十字会2009年初即通过劳动局和农村合作医疗了解全区五种大病患儿的基本情况,并经各镇政府及教委调查核实,在做好前期摸底的同时,根据市红十字会的文件精神结合顺义区实际情况制定了《顺义区红十字会少儿大病救助管理办法》(草案),并于2009年6月1日出台。每年分两次对顺义区患五种大病的儿童、且属生活困难人员进行救助,每名患儿每年最高可得到一万元的救助。至2009年底区红十字会救助患五种大病儿童共63人,发放救助金57.5万元。

(何伟)

【弘扬红十字精神】 区红十字会于五月八日世界红十字日当天在张镇等集贸市场,举办"关注健康、关爱生命"为主题的大型宣传活动。全区19个镇、6个办事处分别举办了丰富多彩的宣传活动。为纪念"5.12"四川汶川大地震一周年,与北京联合大学红十字会共同组织了募捐活动。与《顺义时讯》报共同举办读报知识竞赛,共回收答题卡2281份。

(何伟)

【红十字青少年活动丰富多彩】 区红十字会学校工作委员会在全区各中小学、职业高中开展争创"优秀红十字青少年活动"和争当"优秀红十字青少年会员"活动。杨镇中心小学红十字会开展的"爱心接力100米"活动荣获"区2008年度优秀红十字青少年活动"称号,岑京等66名同学荣获"区2008年度优秀红十字青少年会员"称号。

在市红会组织的"红十字感动心灵"少年儿童征文大赛中,共有15所学校50名学生获奖。经严格筛选共有29所学校成为北京市红十字健康促进学校。

(何伟)

【自救互救常识培训、普及工作】 区红十字会从花博会实战要求出发,围绕红十字会的工作职责,加强与各相关部门的联系,突出加强重点行业人员、花博会志愿者、国庆游行方阵人员的培训,为"政府为民办实事工程"培训中小学、幼儿园班主任、中学生安全员、公交系统司售人员。全年累计培训取得北京市红十字会急救员初级证7176人,超额完成任务42%。年内完成普及培训68000人。

(何伟)

【募捐善款的收集、发放工作】 区红十字会在区内各大商场、酒店、超市、高档会所及国展大厅共放置了24个募捐箱。收到社会各界的爱心捐款共计10735.76元。与北京银行联合开展了为社区孤残儿童献爱心活动,共捐赠价值4万元的物品。"重阳节"之际,区红十字会与区妇联走访慰问了139户低保边缘困难老年家庭。与慈善协会、妇联开展了救助贫困母亲活动,共有140个家庭受益。

(何伟)

【预防艾滋病宣传】 区红十字会与区疾病预防控制中心等多家相关单位在光明广场进行关于预防艾滋病知识的宣传。根据艾滋病中盖基金的要求,联合区疾控中心,对辖区内的娱乐场所的70名相关人员抽取了血样进行艾滋病病毒的检测。

(何伟)

顺义区文学艺术界联合会

【概　况】 2009年，区文联和全区七个文艺家协会按照区委、区政府和市文联整体工作部署，围绕第七届花博会和纪念新中国成立60周年，全力做好以下八个方面的重点工作。一是认真学习贯彻党的十七届三中全会精神和深入学习实践科学发展观活动，通过举办专题报告会、座谈会等形式，进一步提高理论水平和工作水平，为我区的文艺大发展大繁荣作出更大贡献；二是精心组织好"二月新春"、"五月的鲜花"、"十月金秋"以及第七届花博会开幕式与闭幕式重点文化活动；同时，围绕纪念新中国成立60周年，精心组织全区文学、音乐、舞蹈、戏曲、书法、美术、摄影等专题文艺展演、展映、展览、展示、大赛和征文活动，以丰富多彩的文艺形式，唱响共产党好、社会主义好、人民群众好、伟大祖国好的主旋律。三是加强文艺理论研究工作，紧紧围绕我区新农村文化、企业文化、社区文化、军营文化、未成年人文化等进行理论研究和调研活动，进一步加强我区文艺理论建设。四是加强文艺队伍建设，通过组织学术研讨、各文艺门类培训班、开展学术交流、大力发展各文艺家协会会员等多种办法和措施培养文艺人才。五是推动文艺精品创作，着力抓好反映现实生活的舞台艺术和其它门类的艺术创作，推出更多更好的小说、诗歌、散文、报告文学、戏剧、音乐、舞蹈、美术、书法、摄影等方面的优秀作品，同时积极参加中国文联、北京文联确定的全国、北京市文艺评奖及展演赛事，有针对性地组织精品创作和参赛，争取多入选、多获奖，为推动我区文艺全面繁荣发展发挥重要作用。六是加大宣传力度，进一步丰富区文联网站内容。同时，充分利用广播、电视、报刊、网络等各种宣传媒介，大力宣传我区文艺工作，营造浓厚的文化氛围，形成积极向上的社会导向。七是加强团结协作，进一步加强我区文联与本市各区（县）文联之间、外省（市）文联之间、各艺术门类之间的团结协作，各展所长，优势互补，在密切合作中求得共同发展，在形成合力中实现整体推进。八是加强区文联和各协会自身建设，首先，区文联将定期召开主席团、常务理事和理事全体会议，建立健全理论学习、工作会议、沟通协调等制度。其次，切实加强七个文艺家协会自身建设，健全完善发展会员、交纳会费、评比表彰等制度，以多种形式调动各协会和广大会员的积极性和主动性。通过以上八项举措，进一步提高区文联和各协会工作的规范化、制度化、科学化水平，为推动我区文艺事业的蓬勃发展作出更大的贡献。

单位名称：顺义区文学艺术界联合会
地址：顺义区拥军路3号
电话：(010)69423793
邮编：101300
网址：http://www.wenhw.bjshy.gov.cn

（吕顺河）

【第五届"高丽营杯"戏曲票友邀请赛】 1月17日，来自全区28个单位和通州、密云、怀柔的戏曲艺术家粉墨登场、各展艺能，拉开了2009年顺义区"二月新春"活动的序幕。区委宣传部副部长马朝龙、区文联主席高源、高丽营镇人大主席张世海、区文委副主任陈永祥、区文联副主席王宏等领导与200余名群众观看了邀请赛。

（吕顺河）

【举办"写春联、送欢乐"活动】 2009年1月22日上午，由顺义区文化委、顺义区文联和顺义区书法家协会共同组织的迎新春"写春联、送欢乐"活动在顺义区北郎中村文化体育中心举办，区书法家协会组织区40多名书法家和美术家参加了此次活动，书法家们当场书写一千余付春联、美术家们绘画的百余幅国(山水)画送到了村民手中,在书写春联的过程中,有的春联词是书法家自己带的,有的春联词是村民自己编写的。此次活动得到了北郎中村民的热烈欢迎和一致好评。

(吕顺河)

【迎新春、大拜年、花会表演进社区】 2009年1月30日(农历正月初五)上午9:30时,由区文化委员会和区文学艺术界联合会共同举办的“迎新春、花会进社区”文化活动在顺义城区六个社区同时展开,顺义区龙狮舞、小车、高跷、大头和尚、开路(耍叉)等20多个花会队伍近200余人参加了些项演出活动。六个社区近2000多名居民观看。北京市文化局副巡视员阮兰玉同志在区文化委主任刘振河、区文联主席高源的陪同下到顺义区双丰街道马坡二区演出现场检查指导演出工作。

(吕顺河)

【舞蹈家协会2009年工作年会】 2009年2月10日下午,顺义区舞蹈家协会2009年工作年会在顺义区少年宫举行,区舞协理事和会员约160人参加了此次会议。区舞蹈协会主席王玉玺对2008年舞协工作进行了全面总结。对2009年工作进行了部署,提出了09年的九项工作任务。即:一是创作一个舞蹈精品和一台综艺节目,向国庆60周年献礼;二是做好第六届“南法信杯”秧歌大赛和“绿港小天使杯”少年舞蹈大赛;三是举办庆祝建国60周年、改革开放30周年顺义民间舞蹈(花会)老照片征集活动;四是积极做好各项活动的组织、演出、参评、推介工作;五是组织部分优秀会员赴外地开展舞蹈采风活动;六是做好赴外国演出、比赛、交流的准备工作;七是成立北京顺义龙狮舞艺术协会,抓好北京顺义龙狮舞艺术团和其它团队的艺术指导工作;八是评选顺义舞协第一届“德艺双馨会员”和顺义区第一届“少年舞蹈新星”;九是继续做好舞协专刊《绿港舞苑》一书的编缉出版工作。同时,对在08年奥运会期间做出贡献的团队和会员个人进行了表彰。其中,优秀团队22个、优秀组织者17人、优秀优秀导员24个、优秀会员24人。

(吕顺河)

【区政协主席陶宝金与望泉寺文学社社员座谈】 3月31日上午,顺义区政协主席陶宝金在区委宣传部、区文化委、区文联、仁和镇领导的陪同下,来到仁和镇望泉寺村考察文学社工作情况,与望泉寺文学社社员亲切座谈,并将顺义区政协委员创作的《文化创意产业发展研讨集》和摄影作品集《美丽的顺义》作为礼物赠送给《绿港文学》主编王克臣。在听取相关负责人的工作汇报后,陶宝金对文学社三年来取得的成绩予以充分肯定。他说,作为农村广大文学爱好者描绘新农村建设新面貌的重要阵地,望泉寺文学社的成长不仅凝聚了村民的思想智慧、和谐了村级生活,更成为顺义文化发展的重要支柱。他要求各级文化主管部门要研究长效机制,以科学发展观统揽全局,繁荣和发展望泉寺文学社,确保多出文学精品,同时文学社自身也要为今后的长期发展,储备必要的人才力量。望泉寺文学社成立于2006年3月16日,成立三年来,文学社一直以塑造新型农民、促进新农村精神文明建设为宗旨,营造浓厚的人文环境,积极推动农村社会和谐发展。目前,文学社已有会员69人。

(吕顺河)

【区书协、东丽区书协举办书法作品联展】 5月1日,北京市顺义区书法家协会与天津市东丽区书法家协会书法艺术作品精品联展在顺义区文物所展览大厅举办。两个协会的160(其中:天津市东丽区书协作品40余幅,北京市顺义区书协作品120余幅)余幅书法作品精品在联展中展出,两地约60名书法家和书法爱好者参加了联展活动。

(吕顺河)

【王玉玺、杨华荣获“全国五一时代英模”荣誉称号】 在迎接新中国成立60周年之际,在共和国建设最具影响力人物暨全国五一时代英模授牌仪式上，北京市顺义区文联副主席、顺义区舞蹈家协会主席王玉玺、顺义区舞蹈家协会副主席杨华荣获“全国五一时代英模”荣誉称号。此次大会开幕式在全国人大会议中心举行，来自全国各地的英模代表600多人。会议开展了《当代中国艺术高峰论坛》、《政治体制改革与经济发展论坛》、《首都各界名流五一联谊会暨大型书画笔会》等活动，期间组织参观了三军仪仗队、鸟巢、水立方、798艺术村、同仁堂等场所。

（吕顺河）

【舞协参加第17届北京“天使杯”国标舞、交谊舞城市友好邀请赛】 5月17日，历时两天第17届北京“天使杯”国标舞、交谊舞，城市友好邀请赛在北京地坛体育馆举办。全国6个省、市和澳门特别行政区等23个城市、38支代表队、126个组别、900多对选手参加了大赛。顺义区舞蹈家协会应邀，并派出强大的阵容参加了此次大赛的30个组别的比赛。在参赛队员的共同努力下，取得了7个组别第一名、3个组别第二名、5个组别第三名的好成绩，并荣获了大赛组委会颁发的优秀组织奖。

（吕顺河）

【龙狮舞艺术团参加端午节文化展演活动】 5月24日，作为北京市首届端午文化节重要活动之一的2009第六届“青龙湖国际城杯”龙舟邀请赛在丰台青龙湖公园隆重开桨。

（吕顺河）

政法·军事

政　　法

综　　述

2009年,是改革发展极为重要的一年。我国正处于“人民内部矛盾凸显、刑事案件高发、对敌斗争复杂”的特殊时期。北京作为全国的中心,是国内外关注的焦点,是各方面矛盾的汇集点,国际国内许多事情和问题最终也会影响北京。顺义正站在经济增长高速度、潜力大,城乡发展一体化、融合化,管理服务精细化、优质化、公共服务社会会、均等化的新起点,作为外向度较高的空港口岸,感受国际金融危机对实体经济影响更直接,保持超高速发展态势压力加大,改善民生、促进和谐的任务繁重。特别是新中国成立60周年庆祝活动和花博会安全保卫工作任务艰巨,顺义涉及拆迁转非安置、农村集体资产处置等方面的矛盾纠纷仍然突出;就业引发的劳动纠纷、失业人员引发的不安定因素越来越明显;涉农纠纷逐渐成为影响全区稳定的重要因素之一。面对新形势、新任务、新要求,全区政法信访综治部门必须坚持正确的指导方针,牢固树立忧患意识,不断增强责任感和紧迫感,切实把思想统一到中央和市委对新形势的判断和新任务的部署上来,切实把力量集中到“加快建设现代文明和谐新顺义”的目标上来,切实把工作成效体现在促进科学发展、维护安全稳定上来,努力为全区经济平稳快速发展提供强有力的保障。

2009年顺义区政法综治工作全面贯彻党的十七届三中全会、全国和北京市政法工作会议及区委三届七次全会精神,深入落实科学发展观,围绕建设“人文北京、科技北京、绿色北京”的目标,按照“保增长、保民生、保稳定”的要求,以“平安北京”建设为载体创新“保稳定”机制,以践行“三个至上”为重点形成“保增长”合力,以加强政法队伍建设为抓手夯实“保民生”基础,围绕中心,服务大局,为新中国成立60周年庆典和第七届中国花博会创造良好的环境。

一、巩固“平安奥运”成果,创新“保稳定”机制,打造“平安北京”安定团结的政治环境

平安是和谐的前提和基础,没有平安,和谐就无从谈起。建设“平安北京”是在总结奥运筹办经验的基础上经市委常委会研究提出的,是深入落实科学发展观的必然要求,是广大人民群众的殷切期盼。要紧紧围绕新中国成立60周年庆祝活动和花博会安全保卫工作,固化、传承“平安奥运”安保工作有效机制,强化打、防、建、管、教、改等各项措施,营造齐抓共管的“平安北京”建设格局,努力实现“大事不出、小事减少、管理严格、秩序良好”的目标,提升全区人民的安全感。

二、践行“三个至上”,形成“保增长”合力,打造经济平稳快速发展的服务环境

胡锦涛总书记在同全国政法工作会议代表、全国大法官、大检察官座谈时提出:要始终坚持党的事业至上、人民利益至上、宪法法律至上,切实承担起保障科学发展、促进社会和谐的历史使命和政治责任。“三个至上”是新时期党对政法工作的新要求,是贯彻落实科学发展观的具体体现。全区政法机关按照“三个至上”的要求,自觉增强大局意识,全力服务发展这个第一要务,充分发挥服务发展的职能,主动应对国际金融危机带来的冲击,最大限度地消除不良影响;积极营造服务科学发展的法治环境,形成经济平稳快速发展的合力,为实现“保增长”的目标提供保障。

三、加强政法队伍建设,夯实“保民生”基础,打造满足人民群众新要求新期待的社会环境

圆满完成政法维稳各项工作任务,不断满足人民群众的新要求新期待,关键靠一支过硬的政法队伍。要紧紧围绕打造一支严格、公正、文明、廉洁执法的政法队伍,以创新的精神解决队伍建设中的新情况新问题,进一步打牢政法干警执法为民的思想基础,进一步增强群众观念和宗旨意识,夯实“保民生”基础,为满足人民群众新要求新期待创造良好的社会环境。

(一)加强思想建设,始终坚持正确的政治方向

深入开展学习实践科学发展观活动。政法综治各单位按照区委的要求,紧紧围绕首都政法系统“建设平安北京、服务科学发展”的主题,按照党员干部受教育、科学发展上水平、人民群众得实惠这一要求,认真抓好“学习调研、分析检查、整改落实”三个阶段的关键环节,通过开展学习实践活动,切实解决好政法工作如何服务发展、如何提高执法为民、如何加强党对政法工作的领导等问题。要把“大学习、大讨论”活动成果与深入学习实践科学发展观活动紧密结合,使政法工作自觉按照科学发展观的要求,在指导思想、思维方式、实际行动上实现新的转变,真正以科学的理念、和谐的方法,从更高起点、更高层次、更高水平上改进政法工作,更好地体现司法为民,更好地改善民生。

根据中央的要求,2009 年政法系统继续深化社会主义法治理念教育,用科学发展观和正确的法治理念指导执法司法活动,防止和纠正各种侵害群众利益的现象,进一步解决好为谁掌权、为谁执法、为谁服务的问题。通过教育让广大干警充分认识到政法工作与经济发展、社会建设是一个有机的整体,引导广大干警跳出就执法而执法、就办案而办案的思想禁锢,在执法办案过程中追求政治效果、社会效果、法律效果的统一。

(二)加强能力建设,不断增强执法司法效果

按照《北京市政法系统“十一五”时期干部教育培训和人才工作规划》的要求,建立政法机关教育培训长效机制。要整合政法各单位资源,教育引导广大干警积极顺应人民群众对社会平安的新期待、对公平正义的新期待、对公共服务的新期待,教育广大干警用和谐的理念来处理矛盾,用和谐的方法来处理问题,促进社会和谐稳定有序。把提高干警素质与学习实践科学发展观活动相结合、与“规范执法行为,促进执法公正”专项整改活动成果相结合、与“大接访”活动相结合,不断提高政法机关“保增长、保民生、保稳定”的能力,更好地为改善民生服务。

(三)加强作风建设,切实改善执法司法形象

加强作风建设,是政法队伍不断满足人

民群众新要求新期待的必然要求,是提升政法机关在人民心目中形象的必然要求。在提高认识上下功夫。切实增强“三个意识”,防止和克服形式主义和官僚主义,切实转变工作作风。一是增强大局意识。要坚持党对政法工作的绝对领导。在思考、谋划和部署工作时,不仅要从法律的角度看待分析问题,更要从全区整体工作的角度看待分析问题,把上级部门的指示精神与顺义区情结合起来贯彻执行,实现最好的社会效果。二是增强服务意识。紧抓今年全市开展“弘扬奥运精神,加强作风建设,推动科学发展”主题教育年活动的契机,自觉把工作精力集中到服务发展、改善民生、维护稳定上来。三是增强务实意识。在真抓实干上下功夫,在狠抓落实上下功夫,努力形成说实话、办实事、求实效的良好风气,真正把政法工作融入建设现代文明和谐新顺义的奋斗目标中抓好、抓实。在提高政法机关的执法司法公信力上下功夫。加强执法司法公信力建设,是提高政法机关的执法权威、巩固政法机关的法定地位、赢得人民群众的信赖和支持的必然要求。要始终坚持“三个至上”,从执法主体、执法制度、执法机制、执法责任、执法监督等多个层面入手,建立健全法规完备、程序严密、行为规范、监督有效的执法执勤规范化体系,切实提高执法司法公信力,为夯实“保民生”基础提供保障。在加强党风廉政建设上下功夫。从严教育、从严管理、从严监督政法队伍。把政法系统党风廉政建设责任制落实与“保增长、保民生、保稳定”结合起来抓实抓好。强化教育,进一步增强政法干警拒腐防变能力。引导政法干警树立正确的权力观、地位观和利益观,夯实廉洁自律的思想基础,努力造就一支政治坚定、业务精通、作风优良、执法公正的政法队伍。强化监督,进一步加强对执法权力的制约。加强内部监督。通过上下级业务监督和政法机关内部的纪检监察监督,进一步加强对执法活动监督管理,防止出现执法办案过程中的不规范、不文明现象和办案工作的随意性。加强法律监督。坚持公安、法院、检察相互配合,相互制约,增强工作透明度,使立案审理、判决、执行等各环节有效地置于监督之下。加强舆论监督。坚持以人民满意为标准,积极探索群众评价监督政法工作的新途径。通过开展社会测评、公布廉政监督电话、设立廉政举报箱等方式,接受当事人和人民群众的监督,提升群众对政法工作和政法部门的认同度、信任度和满意度。

单位名称:顺义区委政法委员会
单位地址:顺义区新顺南大街27号
电话:(010)69443181
邮编:101300

(王玉芳)

综合治理

【概　况】 2009年是新中国成立60周年,是深入学习实践科学发展观、积极应对金融危机、保持社会大局持续稳定的重要一年,也是顺义区筹办第七届中国花博会的决胜之年。全区社会治安综合治理工作的指导思想和主要任务是:全面贯彻落实党的十七大、十七届三中全会精神,紧紧抓住深入学习实践科学发展观活动的重大机遇,以大力推进“平安北京”建设为主线,以建国60周年庆典活动和第七届中国花博会安全保卫工作为重点,传承、巩固“平安奥运”工作成果,加强社会治安综合治理“六大体系”建设,进一步明确责任制,夯实基层基础,提高维护全区持续安全稳定的工作能力和水平,将“平安北京”建设落到实处。建立区、镇两级“平安北京”领导责任体系,比照“平安奥运”模式,成立区、镇两级“平安北京”建设领导小组及办公室,承担本地区、本部门“平安北京”建设的组织和领导职责。固化奥运成果，全面提升防控水平，全面规划好今后一个时期推进“平安北京”建设的总体目标和重点工作，应对日益复杂的安全稳定形势，紧紧围绕“发案少、治安好”的目标，坚持“打防结合、预防为主、专群结合、依靠群众”的方针深入推进社会治安防控体系建设，破解“经济发展、治安不好”的难题。一是完善可防性案件预防体系。认真总结奥运期间全区刑事案件低位运行的有效经验，加强对治安形势的分析研判，把握发案规律，建立对违法犯罪活动科学的长效预防打击模式。始终保持对刑事犯罪活动的高压态势，严厉打击抢劫、抢夺、盗窃等影响群众安全感的多发性侵财犯罪，通过打击震慑犯罪，减少案件的发生。准确把握宽严相济的刑事政策，避免片面从严以致打击过宽、片面从宽以致打击不力的两种错误倾向，做到宽严依法，宽严到位。二是完善社会治安防控体系。按照实施区域防控的要求，分区域、分重点配置防控力量；按照网格巡控、等级防控的要求，合理划分防控工作网格单元，建立责任到人、标准明确、配套奖惩、考核机制健全的治安防控模式。组建镇（街道）综治工作中心，有效整合公安、流管、司法、信访等部门和镇级法律服务及纠纷排查调处中心的力量，按照“矛盾联调、治安联防、工作联动、问题联治、平安联创”的模式开展工作，最大限度形成基层维护稳定工作的合力。强化高发案地区和突出治安问题的排查整治。比照奥运标准，对文化娱乐场所、大型集贸市场、流动人口聚居区等重点场所、重点部位进行认真梳理和排查，对高发案地区和突出治安问题，明确整治目标、措施和时限，实行挂牌督战。继续深化等级防控模式，根据不同时期社会治安状况变化规律，制定相应力量配比投入方案。针对新中国成立60周年庆祝活动和花博会安全保卫工作，按照“平安奥运”模式加强防控，确保不出现有重大影响的事件。继续深化护城河工程，区公安分局和大孙各庄、北务、李遂、李桥等镇在做好环京“护城河”工程的基础上，加大与燕郊开发区合作力度，最大限度地减少各类不安全因素进京。三是完善社会力量动员体系。继续加大宣传发动力度，形成政府投入与市场化支持相结合的专职巡防队和志愿者队伍激励保障机制，最大限度组织群众维护地区安全稳定。加强群防群治队伍规范化建设，实行实名制管理，逐人登记造册，逐人明确工作任务、工作标准和奖惩办法。各镇、街道按比例配齐镇（街）、村（居）两级巡防队，做到“五统一”，即统一名称、统一管理、统一培训、统一考核、统一持证上岗。健全完善教育管理措施，积极开展素质教育和实战演练，不断提升群防群治力量参与维护稳定工作的能力和水平。认真落实举报奖励制度，提高全区人民共同打击违法犯罪的自觉性，调动社会力量维护治安的积极性，使犯罪分子无处藏身，营造人人参与的良好氛围。四是完善科技创安工作体系。制定《科技创安三年规划（2009年－2011年）》，按照科技创安工作社会化和产业化的要求，不断提高科技创安覆盖率。力争全区重点地区、重点繁华场所技防设施安装率100%，老旧小区技防设施安装率在现有基础上提高10%，农村地区技防覆盖率达到60%。大力实施图像系统融合工程。推进区、镇、村监控设施资源共享，切实发挥技防在治安防范中的突出作用，促进安全稳定基础工作的信息化。不断加强数字化防控平台建设，完善基础工作电子台帐，特别是对于人、地、物、事、组织等各类重点防控对象全部实现台帐式管理，建立分类建档、定期排查、随时更新的工作机制，确保各类重点工作对象能够及时掌控，有针对性地开展工作。

单位名称：顺义区社会治安综合治理委员会办公室
单位地址：顺义区新顺南大街27号
电话：(010)69443181

邮编:101300

(王玉芳)

【创新矛盾纠纷排查化解体系】 着力从源头上预防和减少不和谐因素,强化"事要解决"维护群众合法权益,做到"早、小、了、好",努力实现无非正常访,无重大重复上访户,70%的历史积案得到化解,到市的越级群体访继续控制在全市最低水平的目标。抓源头,着眼治本预防矛盾,建立健全信访风险评估制度。重基层,建机制,整体联动化解矛盾,夯实基础减少矛盾。建立健全定期与动态相结合的排查化解机制,将各类重点人和不稳定因素纳入视线,掌握苗头性、倾向性问题,做到心中有数、应对有策、化解有效,对排查出来的问题,特别是可能引发信访突出问题及群体性事件的苗头和隐患,落实主要领导包案责任制,把矛盾消除在萌芽状态。

(王玉芳)

【建立领导责任体系】 比照平安奥运模式,成立区、镇两级"平安北京"建设领导小组及办公室。严格落实责任,逐级签订"平安北京"建设责任书,各单位把"平安北京"建设作为"一把手"工程,主要领导对安全稳定工作亲自抓、负总责。层层分解任务、细化责任,层层签订责任书,把维护安全稳定的任务落实到每个村、每个社区,落实到每个人。

(王玉芳)

【建立健全工作机制】 继续实行区领导包镇、镇领导包村、村干部包片、村民代表包户的安全稳定四级承包责任制,形成层层抓落实的工作格局。各镇、街道对本辖区内所有组织、团体、逐一明确安全稳定承包人,确保责任到人。实施"平安北京"建设折子工程。区委、区政府将对"平安北京"建设工作任务逐项进行分解,制定《顺义区"平安北京"建设折子工程》,各镇、街道和有关部门根据具体承担的工作任务,研究制定具体的工作方案,明确主责单位、完成时限和工作标准。

(王玉芳)

【建立考核机制】 成立"平安北京"建设工作督查组,由区综治办组织协调,纪检、监察、组织、人事等综治委成员单位和区委督查室、政府督查室等部门参加,分组划片,对基层"平安北京"建设工作情况开展经常性的督查,确保"平安北京"建设各项措施落到实处。各镇、街道及有关部门也参照此模式,逐级建立"平安北京"督查考核机制。实行综治委成员单位述职评议制度,述职结果作为综治工作年终评先及政治思想工作考核打分的重要依据。

(王玉芳)

【维护市场经济秩序】 政法机关通过正确行使执法权、司法权,对利益关系、社会关系进行确认和调整,对人们的各种行为进行有效规范,对经济社会发展进行引导、推动和促进,降低民事经济纠纷对经济发展的影响,维护市场经济秩序的稳定。克服就案办案思想,从全局考虑,注重法律效果与政治效果、社会效果的统一。综合运用经济、行政、政策、法律、教育等手段,处理发生在经济领域的案件、事件。积极参与整顿和规范市场经济秩序工作,开展关系人民健康和国计民生的重要产品专项整治和打假活动,严厉打击金融诈骗、合同诈骗、偷税漏税、职务侵占、商业贿赂、侵吞国有资产等违法犯罪活动,促进公平竞争。严厉打击食品、药品等方面的违法犯罪活动,严肃查处重大安全生产事故、重大食品安全事件背后的违法犯罪活动。选择典型案件,宣传法律,教育群众,倡导自觉守法、诚实守信的社会主义商业道德风尚。

(王玉芳)

【搭建法律服务平台】 高度重视农业、农民、农村问题,依法处理好涉及"三农"的经济社会关系,引导好、保护好、发挥好农民投身农村改革发展的积极性、主动性、创造性。牢固树立服务企业改革发展的意识,为深化国有企业改革,鼓励、支持、引导非公有制经济发展提供良好的法律保障和法律服务。针对顺义空港口岸经济受国际金融危机影响突出的特点，成立专业法律咨询机构协助企业摆脱困境，加强对出口型和劳动密集型企业在质量验收、结算、劳动用工等方面的服务，引导企业与国家政策性保险机构合作，降低企业经营风险，千方百计地为中小企业解难事、办实事，帮助他们渡过难关。

（王玉芳）

【营造科学发展环境】 把实现“同心全面建小康、打造绿色国际港”的目标作为新时期政法综治工作的重中之重，充分发挥职能作用，努力破解难题，为科学发展提供法治保障。切实承担起维护安全、打击预防犯罪、化解矛盾纠纷、管理社会秩序、维护公平正义等重要职责。严厉打击严重破坏经济秩序和损害群众利益的犯罪活动，努力为经济发展创造良好的法治环境。依法打击影响农村和谐稳定、破坏农业生产发展、侵害农民合法权益的各类犯罪，保障各项支农强农惠农政策的落实，为科学发展创造和谐稳定的社会环境。尽可能地采取调解、和解的方法，化解劳资、债务、合同等矛盾纠纷，竭力寻找各方利益的平衡点，努力实现互利共赢。

（王玉芳）

【创新流动人口服务管理体系】 按照科学发展观的要求，结合打造临空经济功能区和建设新城的定位，以产业引人，引导人口合理有序流动，控制人口规模，提高人口素质，优化人口结构。探索建立为流动人口提供服务、维护流动人口合法权益的有效机制和模式，加强流动人口劳动权益保护，逐步深化流动人口劳动就业、子女入学、社会治安、卫生防疫、社会保障等措施的落实。加强流动人口和出租房屋基础调查登记，做到底数清，情况明，实现资源共享。进一步规范基层服务站和管理员队伍建设，服务站建设由统一标准转向一站式服务，对管理员工作进行量化分解，建立考核奖惩的激励机制，实行持证上岗。加强以改善流动人口民生问题为重点的社会建设和社会管理，加大对流动人口中各类重点人员和各类重点房屋的排查管控工作力度，有效预防、减少涉及流动人口和出租房屋的各类违法犯罪活动、安全隐患和群体性事件。

（王玉芳）

【实施“平安北京”建设折子工程】 区委、区政府将“平安北京”建设工作任务逐项进行分解，制定《顺义区“平安北京”建设折子工程》，明确各项工作的责任部门、责任领导、工作标准和完成时限。各镇、街道和各有关部门根据具体承担的工作任务，研究制定具体的工作方案，明确主责单位、完成时限和工作标准，组织力量抓好落实。

（王玉芳）

【建立“平安北京”建设考核机制】 。区、镇两级紧密结合“平安北京”建设任务，研究制定推进工作、考评本地区、本部门及所属单位平安建设工作开展情况的具体考核办法。区综治委协调纪检、监察、组织、人事等综治委成员单位和区委督查室、政府督查室等部门，成立若干个督查组，分组划片，对基层“平安北京”建设工作情况开展经常性的督查。各镇、街道、各有关部门也参照此模式，逐级建立本地区、本部门“平安北京”督查考核机制。

（王玉芳）

【继续开展基层平安创建活动】 深入开展平安镇（街道）、平安村（社区）、平安单位、平安校园、平安商（市）场、平安旅游景区、平安企业、平安家庭、平安铁路、平安医院等基层平安创建活动，以平安创建活动为载体，巩固平安创建成果，提高创建比例，年内各项创建指标达到90%以上。不仅在数量上，更在质量上保证创建活动取得实效，不断提升基层平安创建水平。年内区、镇两级综治办对基层开展平安创建活动情况进行全面检查验收，对发案率高、群众安全感差，达不到创建标准的村（社区）和单位，予以摘牌，并限期改变面貌。

（王玉芳）

【保持对各种违法犯罪的高压态势】 认真研究总结奥运期间全区刑事案件低位运行的有效经验,加强对治安形势的分析研判,把握发案规律,建立对违法犯罪活动的科学的长效打击模式,同时,做到快捕、快诉、快审、快判,严厉打击影响全区安全稳定的各类犯罪活动。特别是严厉打击抢劫、抢夺、盗窃等影响群众安全感的多发性侵财犯罪,进一步提高群众安全感。

(王玉芳)

【法律服务及矛盾排查调处工作】 进一步完善镇级法律服务及矛盾排查调处中心发现、预警、处置矛盾纠纷的机制,加强镇(街道)、村(社区)基层矛盾纠纷排查调处工作制度和网络建设,提高基层发现各种矛盾纠纷苗头、掌握矛盾纠纷发展趋势、多角度化解矛盾纠纷的能力。按照"早、小、了、好"的工作原则,努力把各种矛盾纠纷化解在基层和初始阶段,确保各类矛盾纠纷不出镇、不出村。

(王玉芳)

【高发案地区和突出治安问题排查整治】 建国60周年庆典和第七届中国花博会安全保卫是今年综治工作的重点。各镇、街道、各有关部门比照奥运标准,传承奥运精神,发挥"平安奥运"工作机制,对文化娱乐场所、大型集贸市场、流动人口聚居区等重点场所、重点部位进行认真梳理和排查,对高发案地区和突出治安问题,明确整治目标、措施和时限,实行挂牌督战。加强经常性排查整治工作机制建设,对高发案地区和突出治安问题早发现、早控制、早解决,确保建国60周年庆典活动和第七届中国花博会"大事不出"、绝对安全。

(王玉芳)

【深化"护城河"工程】 区公安分局以及大孙各庄、北务、李遂、李桥等镇在继续做好环京"护城河"工程的基础上,加大与燕郊开发区联系沟通的力度,加强双方在社会治安防控、流动人口服务管理、外地来京非正常上访、跨省市流窜犯罪等方面工作的协作配合,最大限度减少各类不安全因素进京。

(王玉芳)

【实行安全稳定安保责任制】 继续实行区领导包镇、镇领导包村、村干部包片、村民代表包户的四级安保责任制,同时,对辖区内所有企事业单位、组织、团体,逐一明确安全稳定责任人,层层签订责任书,确保各项维稳工作责任到人。

(王玉芳)

【综治委成员单位述职评议制】 进一步明确责任制,综治委成员单位根据年初综治工作的总体部署,结合自身工作职能,明确工作任务,定期将本部门、本单位参与社会治安综合治理工作情况向区综治委进行报告,由区综治委全会对其履行职责情况进行评议。述职分为书面报告述职和会议述职两种形式。书面报告述职要求综治委成员单位于每年的1月10日前,向区综治办报送其上一年度履职情况的书面报告;会议述职,是指以会议的方式听取委员述职报告,同时组织参会人员对其履职情况进行评议的述职形式。会议述职每年组织1至2次,每次由2至3个综治委成员单位进行述职。述职评议结果,将向区委常委会、区政府常务会议进行报告,并作为综治工作年终评先的重要依据,作为政治思想工作考核打分的重要依据,同领导干部的政绩考核、晋职晋级和奖惩挂钩。

(王玉芳)

【组建综合治理专项工作委员会】 在区、镇两级综治委下组建由主管部门牵头、相关部门参加的人民内部矛盾纠纷排查调处、流动人口和出租房屋服务管理、刑释解教人员安置帮教和社区矫正、预防青少年违法犯罪、科技创安、城市环境秩序整治、校园周边环境整治、农工、住建、卫生、交通、铁路护路等专项协调工作委员会,在综治委的领导下负责系统相关工作的统筹协调。各委员会主任统一由综治委主任担任,日常工作对区综治委负责,最大限度形成维护全区安全稳定工作的整体合力。

(王玉芳)

【加强流动人口服务管理工作】 进一步研究创新“以产引人、以房管人、以证控人”的办法和措施,调控流动人口规模,进一步优化流动人口内部结构。研究制定进一步加强流动人口和出租房屋服务管理工作意见,完善流动人口和出租房屋信息核销机制,重点人员防控机制,安全隐患排查整改机制和各类矛盾化解调处机制。加强教育和培训,全面提升流动人口素质,加大协调力度,依法做好流动人口劳动就业、子女入学、社会治安、卫生防疫、社会保障等服务管理工作,努力实现人口、资源、环境、经济协调发展。

(王玉芳)

【加强基层综治队伍建设】 各镇、街道配齐配强综治干部,进一步明确和规范基层综治办的职责任务。不断加强群防群治队伍建设,有效整合“一办(综治办)、两所(派出所、司法所)、三支队伍(治保民调、巡防队、治安志愿者)”等基层维稳力量,严格按照文件规定比例配齐配强镇、村两级巡防队,并做到“五统一”,即统一聘用标准、统一管理方式、统一装备标识、统一培训、统一考核。全面推行对群防群治力量实名制管理,逐人登记造册,逐人明确工作任务、工作标准和奖惩措施。

(王玉芳)

【成立基层综治工作中心】 各镇、街道在认真借鉴杨镇平安建设中心工作经验基础上,统一建立镇级综治工作中心。综治工作中心在党委、政府和综治委的领导下,由综治办牵头组织协调,不改变各组成部门的隶属关系和工作职能,不增加领导职数,采取合署办公和联席会议相结合的方式开展工作。综治工作中心的主要职责是:组织、协调、监督、检查、指导辖区各部门、各单位开展平安创建活动,加强社会治安综合治理,维护辖区社会稳定。综治工作中心主任由各镇、街道综治委主任兼任,综治办主任担任常务副主任,有效整合公安、流管、司法、信访、人武、民政、法庭等部门和镇级法律服务及矛盾纠纷排查调处中心的力量,综治、流管、信访、司法等涉及稳定的科室工作人员可以集中合署办公,采取4+x等多种形式,通过人员合用、资源共享,按照“矛盾联调、治安联防、工作联动、问题联治、平安联创”的模式开展工作,最大限度形成基层维护稳定工作的合力。

(王玉芳)

【大力加强技防建设】 治安防范的根本出路在于科技化。区、镇两级制定《科技创安三年规划(2009年-2011年)》,大力推广技防,提高技防覆盖率。城区及各镇、街道主要大街、重点部位、治安重点地区、重点繁华场所图像监控系统实现100%覆盖。老旧小区技防设施安装率在现有的基础上争取再提高10%。不断提高农村地区技防覆盖率,村(社区)力争达到60%。不断整合技防资源,努力实现资源共享。切实发挥技防在治安防范中的突出作用,打击和震慑犯罪。

(王玉芳)

【重点对象基础情况台帐式管理】 不断加强综治数字化防控平台建设,实现人、地、物、事、组织等各类重点防控对象的台帐式管理,建立分类管理、定期排查、随时更新的工作机制,确保各类重点工作对象能够及时掌控,有针对性地开展工作。

(王玉芳)

【加大综治工作的宣传力度】 紧紧围绕“平安北京”建设等中心工作,充分发挥广播、电视、报刊、网络等新闻媒体作用,通过各种形式广泛宣传、展示顺义综治工作和平安建设的成果,打造“平安顺义”的品牌效应。继续推行并认真落实举报奖励制度,调动群众参与综治工作的积极性。

(王玉芳)

【做好信息调研工作】 加强信息报送,每月至少向区综治办报送3篇以上信息，不断提高信息质量，确保每月采用1篇。积极开展调研工作，组织力量对“平安北京”建设、经费保障、老旧小区技防改造等重点问题，特别是金融危机对地区稳定的影响开展深度研究，发现问题，解决问题，不断提升全区维护稳定工作水平。

（王玉芳）

公安工作

【概　况】　2010年，顺义分局在顺义区委、区政府和市局党委的正确领导下，以“平安顺义”建设为主线，统一全局思想，凝聚全警共识，以国庆60周年及花博会安保工作为中心，充分借鉴奥运安保成功经验，进一步深化整体防控工作思路，提前动手，深入研究，严密社会面动态控制，强化专项安保工作，以最高的工作标准、最佳的精神状态、最强的工作措施、最优的工作效率，稳步扎实推进各项工作，使维稳工作开创了新局面、专项安保取得了新突破、治安防控构建了新体系、安全监管实现了新跨越，有效维护了全区的政治稳定和社会安定，实现了群众满意的目标。

2009年度，顺义分局继续加强国保工作，建立了维稳警情会商工作机制，有效牵动了全局维稳工作的深入开展。全面加强涉疆涉藏人员管控工作，全年累计审查维族人员921人、藏族人员288人，确保了全区涉疆涉藏领域的安全稳定。分局加大了法轮功顽固分子的打击处理力度，累计打击处理涉嫌制作、散发、传播宣传品的法轮功人员40名，收缴法轮功书籍、宣传品、光盘3357件以及电脑、打印机、刻录机等制作工具27台。全年累计向市局搜集报送情报信息4722件，同比(1906件)上升了1.5倍。

分局以确保国庆六十周年庆典和第七届花博会的绝对安全为中心，立足维护顺义区涉外治安秩序稳定的宗旨，始终坚持以趋同化管理为基础，以管理和服务并重为原则，以“来京一个、登记一个、一个不漏”为工作要求，以“底数清、情况明、管得住、控得好”为目标，严格落实市局、分局的各项任务。全年共受理各类涉外案事件492起，同比减少145起，降低22.8%。全年，分局共成功处置群体访168批次4492人次、进京个体访75批次102人次；共打击处理扰序类违法上访人员114人(刑拘1人、治拘25人、警告15人、训诫73人)。

全年，监所深挖各类犯罪线索1100余条，深挖破获刑事案件1000余起，抓获网上在逃人员281人，全局共破获刑事案件3686起、刑事拘留2232人，同比分别上升12.8%和4.5%，先后破获了“6.23”抢劫杀人案、“11.2”抢劫取款人案和“9.27”入室抢劫案等一批有影响的案件，破获毒品案件33起，其中破获市局挂牌案件1起，累计抓获违法犯罪人员57人，其中刑事拘留34人、收缴冰毒247.8克、K粉5.52克，海洛因63.3克，其他毒品25.8克，其中3月份破获了以孙鑫为首的特大贩卖、运输毒品案。2009年，我局共受理各类治安案件25484起，同比(23248)起上升了9.6%；查处治安案件25393起，同比(2252)起上升9.7%。全年共查处各类违法人员27780人，同比上升13.6%；治安拘留2704人，同比(3057)人下降11.6%；警告2人，同比(10)人下降80%；罚款7人，同比(11)人下降40%；其他25067人，同比(21379)人上升17.3%。全局共依法刑事拘留涉枪涉爆违法犯罪人员3人，收缴子弹424发，雷管85枚，废旧炮弹2个，手雷1枚，各类枪支22支(气枪9支，仿真枪5支，自制手枪3支，自制火枪2支，猎枪3支)，管制刀具72把，为国庆及花博会的安全举办消除了隐患。国庆花博会安保工作前期，顺义分局以街面净化、危险物品集中综合检查、行业场所整控为牵动，全面营造严查、严打、严管的氛围，掀起治安整治新高潮。其间，共检查场所1000余家次，处罚安全制度不落实的经营单位52家，停业整顿3家，取缔“黑开”场所47家；告知“黑车”司机230人，罚款36人，依法治安拘留10人，暂扣非法营运车辆29辆；清理无照游商80家，引导护送流浪乞讨人员35人；打掉涉黄、涉赌窝点28个，抓获违法犯罪人员284人，收缴赌资41.1万余元。国庆、花博会进入攻坚阶段后，顺义分局积极与区综治、卫生、民政等部门沟通协调，对于有闹事倾向、符合住院条件的114名重症以上精神病人协调入院治疗。

2009年9月26日，第七届中国花卉博览会在顺义区隆重举办。顺义分局沿用奥运安保模式，确保了安保指挥机构与花博会组委会各个部门的对接，建立了展区内各类安保力量的联动机制，有效确保了良好的秩序。花博会期间，共投入安保力量2.4万余人次，实现了100余万名游客绝对安全的目标，赢得了市、区两级领导的好评。

年内，分局对供水、供电、供油、供粮、供气、金融系统等重点单位、重点部位，特别是对23大金融系统的107个营业网点、4座油库、90家加油站、5大水厂，做到了检查登记、管理到位，落实了要害部位的安全监管。对369家特种行业和5家使用易燃易爆单位、33家危险品从业单位、62家使用易制毒单位、6家枪支从业单位、13家使用剧毒物品单位，严守阵地控制，落实责任，加强了防范中的薄弱环节。今年，分局以宣传“五进”为载体，全面加强了全区消防安全监管工作，全年共发生火灾222起，财产损失27.7万元，“零”死伤人，火灾起数同比下降3%，财产损失同比下降11%。

2009年，交通支队共处罚各类交通违法行为157147笔，同比上升16%，处罚四类严重违法行为22398笔，同比上升21%。其中，酒后877笔；醉酒111笔；无证驾驶357笔；“涉牌”8398笔；违反交通信号指示灯12766笔，(与08年同期12679笔。全区共发生交通事故18047起，同比增加1138起，上升6%；快速处理事故17581起，同比增加1063起，上升6.7%；死亡事故98起，同比减少9起，下降8%；死亡109人，同比减少5人，下降4.4%。刑事拘留57人，行政拘留517人，暂扣驾驶证802个，吊销驾驶证63个，扣留机动车2614辆。

2009年，分局共完成了15项54场次大型活动安全监管工作，共出动警力3268人次，确保了84万余人次客流量的绝对安全。在此基础上，圆满完成19项35场次秩序类活动的现场秩序维护工作，没有发生拥挤踩踏、火灾事故等安全问题。

全年，共圆满完成了各类警卫任务316次(一级、二级机场警卫工作278次，现场勤务38次)，未出现任何问题。

年内，分局成立了勤务指挥处，通过快速准确的指挥调度直接为实战服务，通过及时科学的警情研判引领实战，有效牵动全局整体工作平稳开展。全年，勤务指挥处报警服务台共接电话325515次，其中，直接提供群众咨询194313次，发出处警通知57210件，指挥调动警力190573人次，调动车辆63961车次。2009年度，分局“110”共接报刑事类警情1376件，日均接报量3.8件，低于日均7件的常量指标，属良好等级；同比2008年度接报的(1881件)，下降幅度近三成；共接报治安类警情3653件，同比(4676)下降21.9%。平均日接报量10件，低于日均18件的常量指标。年内，共搜集各类情况信息1万余条，编报《每日公安信息》322期、《值班信息》436期、《维稳信息》354期、《警情分析》33期、《公安信息快报》61期，编报信息被市局采用73条，区领导、局领导批示77条；共收集维稳信息1397条，编报《一周维稳评估》40期，《维稳月评估》10期。
单位名称:北京市公安局顺义分局
地址:顺义区顺平西路8号
电话:(010)69440212
邮编:101300

(刘兴甲　王孟秋)

【启动“战时宣传机制”】 在国庆及花博会安保工作中,分局及时启动了“战时宣传机制”,成立了四个宣传报道组,深入局属37个基层单位、41个花博会主展区安保岗位、19个鲜花港安保岗位以及12个外围巡逻防控卡点进行全方位、多角度宣传报道。同时,在主网页开设了“国庆安保体验日记”、“国庆安保执勤民警访谈录”、“安保一线图片报道”、“国庆安保政工动态”、“国庆安保先锋”等五个宣传专栏,共编发信息438期,悬挂国庆安保口号横幅、标语330余条,制作各类宣传展板120余块,充分展示了公安民警在国庆和花博会安保工作中的精神风貌。

(李学军　徐福旺)

【警营文化建设】 年内,分局先后组织开展了“光明杯”乒乓球赛、“仁和杯”篮球赛、“和谐警营杯”足球赛和“女警杯”登山赛四大杯赛,积极组队参加了市政法系统运动会、市局“7人制足球比赛”、登山比赛、乒乓球比赛、“心中的颂歌”知识竞赛以及顺义区组织的春季长跑比赛、健步走比赛、拔河比赛、登山比赛等文体活动,取得了多项好成绩,各种文体活动的开展使广大民警陶冶了情操,增强了凝聚力。

(李学军　徐福旺)

【建立廉政教育综合平台】 分局依托纪委网站,建立廉政教育综合平台,开辟了网上廉政教育基地,开创了廉政教育工作的新模式,丰富了民警的政治思想、廉政文化、公安业务、时事政治等方面的知识,既教育了民警,又提高了素质,日点击量达1000人次以上,成为我局廉政教育工作的必备工具。

(陈海波　殷月忠)

【国庆保障安全监管任务】 国庆安保中,在以面保点的工作任务之外,分局还承担了焰火燃放、国庆游行方阵、阅兵村食品供应、彩车制作及转场护送等国庆保障的安全监管工作。焰火燃放过程中,共部署安保力量1236人,共有1.2万余名观众观看了焰火燃放,保证了焰火燃放安全有序。对国庆游行方阵,本着“贴近实战,磨合方案,严密措施,确保安全”的原则,对群众游行活动集结、行进、疏散组织方式进行会商,对分练、合练、分指合练、总指合练等地的内部环境、交通行驶路线进行实地踏勘,共部署安保力量230余人,先后完成了5次“改革开放”游行方阵集结、疏散演练及正式演出的安保任务。对阅兵村严格落实“专车运输、专人验收、专库储存、专地加工、专人制作”的“五专”工作措施,加强了参与食品供应人员身份核对、核录,确保了食品供应安全。圆满完成了彩车制作、装饰安装及6次转场护送至朝阳体育中心的安保任务。

(肖国江　张国利)

【狠抓重点人掌控】 分局人口处从大局出发,充分发挥人口管理工作的专业优势,按照分局党委的要求,多次会同治安、国保、内保、出入境等职能部门对各系统重点人进行会商,并代局行文,制定出全局重点人员管控工作方案,使基层派出所能够对重点人员的管控措施清楚、明确。在工作中,通过狠抓“发现、评估、转化、打击、控制”五个环节,对全区的重点人员基础信息跨部门地综合掌握,确保重点人员“双零”指标的实现。

(刘志和)

【流动人口清整工作】 年内,分局人口处采取一系列强有力措施,使全区的可防性案件发案环比下降26%,同比下降85%,达到近三年最低水平。

一是持续组织开展清整工作。人口处发挥部门牵动作用,自5月份开始,组织巡警、刑警、治安,并联合城管、工商等部门,采取多警、多部门联动的形式集中清理整治行动240余次，出动力量41520人次。二是落实出租房主责任，处罚出租房屋主222户。三是强化对高危人员的管控。共列管高危人员3495名，在管理中，人口系统教育266人，打击处理648人，一对一控制2581人。四是采取有效措施，应对突出问题。自9月15日花博会安保进入实战状态以来，对旅店、车站周边及重点出租房屋持续开展清、整、查、堵等工作措施，有效地阻止了7名外地非正常上访和4名精神病人进京扰序。

（刘志和）

【国庆安保“百日查控”专项行动】 分局情报信息中心以查控系统自动报警为依托，自2009年6月开始开展为期三个月的国庆安保“百日查控”专项行动，充分发挥查控系统的最大效能，加强对住店人员信息、网吧上网人员与刑侦300万前科人员、派出所工作对象、全国法轮功人员、治安重点人员信息以及“次在逃”人员等十几类信息查控报警监测。

（谢广秋）

【加强装备财务建设】 年内共投资144万余元，做好机关三个大院的物业管理、基础设施维护工作。2009年总收支经费2.29亿元，共争取超预算资金7000余万元，完成了2010年预算编报工作，完成了1.374亿元人员经费工作，通过努力，经费保障落实到位，同时，工资发放1.6亿元，住房公积金支出交纳2311万元，争取到298万元，为民警防护和车辆购置费，争取到500万元为看守所安防及电力改造款。完成了民警门诊及住院医疗费的上报及发放工作。共发放医疗费500余万元。并于6月份，组织局属单位的内勤进行系统培训，有效保证了民警医疗费的录入和上报工作。

（张树仁）

【加强监所规范化建设】 年内，看守所收押2325人（比去年增加24.1%）。放2249人（比去年上升15.4%），出所就医125人次，换押3652人次，提讯36251人次；接待律师627人次，问询处接待2758人次，收物室接待6864人次；办理留所服刑人员会见580人次，无一差错，确保了监所的绝对安全。召开狱情分析会49次，物建耳目384名，制作笔录15720份，确定重点管理对象17人次，采取强制措施12人次。深挖线索980件，从中破案375起，抓获犯罪嫌疑人5人，缴获赃款、赃物折合人民币1万元。

（王军）

【加强拘留所硬件设施建设】 年内，拘留所共收拘3076人，（其中男2487人，女589人），月均关押量256人，日均关押量86人。月最高关押量364人，最高日关押量123人。投送劳动教养20次共48人，投送收容教育23次共82人，深挖各类违法犯罪线索28件，破案9起，刑事拘留犯罪嫌疑人1人。为确保监所安全，对所内的基础设施、生活设施、消防设施、安防设施进行了逐项检查，对发现的各类问题及隐患及时进行研究，逐项解决，积极对所内硬件设施进行改造，目前分局正在积极向区政府申请新建顺义区拘留所。

（张　勇）

【开展“大走访”爱民实践活动】 分局交通支队以“推进规范执法、保障交通安全、促进警民和谐”为工作目标，组织开展了“大走访爱民实践活动”，共走访运输企业和交通重点列管单位95个，走访机动车驾驶员1550人，走访交通事故受害人8名，回访信访投诉人12人，警民座谈会8次，征求意见、建议14条。对大走访活动征求上来的意见、建议进行了认真研究、并采取措施加以整改。收到了良好成效。

（崔学军）

【交通安全监管工作】 年内，分局以检查指导列管单位为抓手，大力加强交通安全监管，与全区266个列管单位分别签定了《交通安全责任书》，会同基层单位检查机动车9.1万余辆，对1581个交通违法超标单位下发了

《责令限期整改通知书》,对49家交通安全隐患突出单位责令停车整顿、给予黄牌警告,对25个发生重大安全监管事故的建制村和单位重点整顿。深入企业、社区、农村等举办各类交通安全宣传2531次,发放宣传材料251660余份,组织安全培训34次,进行安全检查29926次,检查单位29315家,发现安全隐患578个,发放整改指令书578份,对95家违法超标单位责令停车整改,1217家违法超标单位发放限期整改通知书。办理驾驶证手续87833件,审验56113件,换证34482件。

(雷德勇)

【集中清理整治行动】 2月27日,分局各派出所会同区各镇流管办等职能部门对辖区重点地区开展了集中清理整治统一行动,为"两会"净化了治安环境。当日共检查出租房屋8451间,发放各类宣传材料6671份;处罚违法出租房主3人,罚款600元;审查流动人口9851人,训诫教育高危人员214人,核查录入各类信息2451条,列管高危人员214人;发现各类安全隐患51件,当场整改48件,限期整改3件;查处违法收购窝点一处;行政拘留违法人员3人;抓获黑龙江籍在逃人员1名。

(聂晓东)

【开展"清三非"、"查违住"专项行动】 4日至5日,分局开展了"清三非"、"查违住"专项行动,全面加强境外人员落脚点的掌控,确保"两会"期间我区涉外治安秩序稳定,副局长勘文亮亲临一线指挥行动。此次专项行动,共出动警力32人次,警车10辆,物业公司协助工作人员16人。发放境外人员住宿登记宣传材料1023份,检查2个园区1023家境外人员住户,共计2108名境外人员,其中发现7名境外人员未办理二次登记,4名境外人员登记信息不准确,其余人员全部落实住宿登记工作,未发现"三非"、"违住"等违法行为。

(宋学功)

【荣获"省级文明窗口"称号】 3月11日,分局出入境接待大厅在公安部出入境管理工作文明窗口建设达标活动中荣获公安部"省级文明窗口"称号。

【完成新增内保单位安全监管交接工作】 3月12日至19日,分局内保处圆满完成新增直管240家内部单位治安保卫安全监管的交接工作。交接后,分局内保处直管内部单位由原来的148家(经保102家、文保46家)增加到388家(经保321家、文保67家),特别是将辖区136家金融营业网点、88家加油站、三大供热中心、三大商场、三大医院和重点院校等全部纳入了内保处直管单位。

(汤和平)

【奥林匹克水上公园开园仪式安保工作】 5月1日,顺义区奥林匹克水上公园举行了开园仪式,正式对中外游客开放。分局副局长崔望对开园仪式的安保工作进行了详细部署,从制定方案到每个点位的布警进行了全面安排,并亲临现场指挥。此次安保工作,分局共出动警力60人,当天水上公园共接待游客8000余名,公园内气氛祥和、秩序井然。

(肖国江)

【完成中美滑水明星对抗赛安保任务】 5月3日,分局圆满地完成"百年牛栏山杯2009年中美滑水明星对抗赛"活动的安全监管工作任务。中美滑水明星对抗赛2日至3日在顺义奥林匹克水上公园举办。市政府、国家体育总局及区委区政府等相关单位部门领导、各届观众、新闻媒体等40000余人参加、观看赛事并进行游园活动。为圆满完成此次安全监管任务,我局共出动警力210人次。

(张国利)

【分局勤务指挥处正式成立】 5月13日,分局成立勤务指挥处,共有民警16名(男14女2,第一学历大学本科3人,大专、中专或高中13人),其中主任1名,副主任2名,副科长1名。平均年龄29周岁,全部为党员。另有文职12名(男1女11),均为大专学历。

(张国利)

【打掉下毒盗犬犯罪团伙】 5月13日,分局刑侦支队在市局刑侦总队六支队、市局行动技术处的指导与大力配合下，联合分局巡警支队、治安支队、北石槽派出所，出动警力80余人，一举打掉以吴海领为首的利用剧毒氰化物下毒盗犬的犯罪团伙，直接刑拘犯罪嫌疑人6名、取保候审1名，当场查获作案用汽车3辆、氰化物毒饵成品及原料200余颗、毒饵炒制工具1套、屠狗刀8把、液化气喷灯1套等作案工具，同时起获被盗家犬11只、拴狗链148条。经突审，犯罪嫌疑人初步交代自2008年以来，在本市顺义、怀柔、朝阳、昌平、通州、密云等地作案百余起，盗窃各类家犬1000余条的犯罪事实。

（李　淼）

【国际鲜花港临时警务工作站成立】 5月21日，分局国际鲜花港临时警务工作站正式揭牌成立。分局副局长庐永出席揭牌仪式，内保处、杨镇派出所、后沙峪派出所、鲜花港管委会主管领导，分局鲜花港和主展馆临时警务工作站各相关职能部门民警参加了揭牌仪式。

（王广山）

【燕京啤酒节开幕式安保任务】 6月6日，“顺义区第十八届燕京啤酒节开幕式”及“同一首歌”大型文艺演出活动在北京燕京啤酒集团公司体育场内举行。国家有关部委及市、区有关领导，新闻媒体、学生和各界群众等约11000余人参加了活动并观看了演出。我局全天共投入安保力量1486人次，其中民警376人次、保安650人次、武警460人次。当晚23时，第十八届燕京啤酒节《同一首歌》大型文艺演出活动在欢乐、热烈、祥和的气氛中圆满结束，圆满完成了活动的安全监管工作。

（张国利）

【花博会安保图像监控系统建设】 八月，分局圆满完成第七届中国花卉博览会安保图像监控系统建设工作。为确保国庆和七博会安保工作顺利进行，分局信通处在充分调研安保工作需求基础上针对后沙峪花博展区周边及杨镇鲜花港周边设计了《花博会图像监控系统技术方案》，经过近30天夜以继日的紧张施工，完成系统建设工作，进入测试运行阶段。

（宋奇善）

【世界航线发展论坛龙舟赛活动安保工作】 9月13日，“绿色国际港杯”世界航线发展论坛龙舟赛活动，在顺义奥林匹克水上公园静水赛道上举行，顺义区政府、首都机场集团公司的有关领导、外国运动员代表、学生志愿者等参加了此次活动。分局副局长庐永亲临活动现场，检查各项安全措施的落实情况。我局共出动警力18人，协助主办单位维护现场秩序，各单位参战民警团结协作、密切配合，圆满的完成了此次活动的现场秩序维护工作。

（孙士祥）

【北京“菊花文化节”开幕式安保工作】 9月19日，由北京市园林绿化局、顺义区人民政府主办，北京国际鲜花港承办的“2009北京菊花文化节”开幕式活动，在北京国际鲜花港举行。开幕式期间，北京市委常委、宣传部部长牛有成，副市长夏占义，市农委、园林局、农业局、文化局、旅游局、财政局、科委等部门的领导，顺义区区委书记张延昆，区长刘剑，区人大主任马庚良，区委宣传部部长杨宝华，公安分局局长李国营，副区长李友生、赵贵恒，区相关部门领导及500余名各界群众参加了开幕式活动。分局共部署安保力量289人（民警62，武警70人，消防8人，保安149人），圆满完成开幕式活动安全监管工作。

（张国利）

【第七届中国花卉博览会开幕式安保任务】 9月26日，第七届中国花卉博览会开幕式在顺义主展区广场举行。中共中央政治局委员、国务院副总理、全国绿化委员会主任回良玉，中共中央政治局委员、北京市委书记刘淇，全国政协副主席罗富和，全国人大常委会原副委员长何鲁丽,国家质量监督检验检疫局长王勇,海关总署署长盛光祖,全国政协常委孙有福,中国花卉博览会组委会主任、中国花卉协会会长江泽慧和北京市领导郭金龙、杜德印、阳安江及顺义区领导张延昆、刘剑、马庚良、陶宝金等出席了开幕式。各省市花协领导及有组织观众4000余人参加了开幕式。我局圆满完成了此次花博会开幕式的安全保卫工作。

(肖国江)

【荣获突出贡献单位奖】 10月1日,分局出动3车15警对国庆"改革开放"游行方阵72辆车3356人进行全程护卫,非常圆满地完成了国庆"改革开放"游行方阵天安门广场集结、疏散的各项安保工作任务,并荣获了区游行指挥部颁发的"首都国庆60周年群众游行活动保障工作突出贡献单位"奖状。

(汤和平)

【第七届"花博会"安保任务】 10月9日,分局圆满完成第七届"中国花卉博览会"安全保卫工作任务。本届花博会共设置10类安保岗位,花博会期间共投入安保力量2.4万余人次,高峰时段投入安保力量2127人(民警421人、武警280人、消防40人、保安666人、安检员720人)。花博会期间,主展区共安检观众948875人次,物品436099件,查处限带物品21290件,禁带物品98件;鲜花港共安检观众213878人次,物品103000件,查处限带物品5203件,确保了花博会的绝对安全。

(肖国江)

【看守所监区医疗社会化正式启动】 10月28日,分局看守所监区医疗社会化工作正式启动。看守所召开会议欢迎区医院医护人员到所工作,所领导班子成员和区医院副院长王飞等出席会议。此次共有8名区医院医护人员到所内从事监所医务工作,至此我区看守所监区医疗社会化的工作有了实质性进展,监区医疗社会化工作正式启动。

(王军)

【荣获第七届花博会最佳安全保障奖】 11月9日,分局荣获第七届中国花卉博览会最佳安全保障奖。第七届中国花卉博览会期间,分局广大民警继承并发扬奥运精神,顽强拼搏、无私奉献,出色完成了各项安全保卫任务,受到了上级领导、参展商及中外宾客的一致好评。北京市筹备第七届中国花卉博览会指挥部授予北京市公安局顺义分局第七届中国花卉博览会最佳安全保障奖。同时,分局103名同志荣获第七届中国花卉博览会先进个人。

(徐福旺)

【荣获国庆安保工作先进集体称号】 11月11日,分局荣获国庆安保工作先进集体称号。分局紧紧围绕国庆60周年庆典安全保卫中心工作,充分运用和转化奥运安保成功经验,全面提升治安掌控能力和规范化执法水平,为国庆60周年庆典的安全顺利举办作出了积极贡献。为表彰我分局在国庆安保工作中做出的突出贡献,首都国庆60周年北京市筹备委员会社会治安与安全警卫指挥部、北京市"国庆平安行动"指挥协调小组特授予"国庆安保工作先进集体"称号。

(徐福旺)

【领导干部竞争上岗面试工作】 12月12日,分局圆满完成领导干部竞争上岗面试工作。此次竞争上岗,共设56个职位,其中正科职位19个、副科职位15个、警探长职位22个。通过资格审查,全局共有458人报名参加竞争上岗,其中报名正科职位的196人、副科职位的116人、警探长职位的146人。面试在顺义区第八中学进行,面试共设12个考场。分局竞争上岗工作办公室认真贯彻分局党委要求,周密组织、严格程序、坚持原则,圆满完成了此次竞争上岗工作。

(孙久江)

检察工作

【概　况】 2009年,顺义院以党的十七大、十七届四中全会精神为指导,深入贯彻落实科学发展观,紧紧围绕"保增长、保民生、保稳定"大局,深入实践"强化法律监督,维护公平正义"的检察工作主题,全面稳步推进检察工作,为建设"人文北京、科技北京、绿色北京"和现代、文明、和谐新顺义作出了积极贡献。依法打击各种刑事犯罪,维护社会和谐稳定。全年共批准、决定逮捕各类刑事犯罪嫌疑人759人,提起公诉1453人。依法严厉打击恶势力犯罪、严重暴力犯罪和抢劫、盗窃等多发性侵财犯罪,共办理该类重点案件451件603人。加大打击经济犯罪的力度,共办理破坏社会主义市场经济秩序犯罪案件17件23人。加大涉农刑事案件打击力度,建立了办理涉农案件"绿色通道",依法打击影响农村和谐稳定、破坏农业生产发展、侵害农民合法权益的各类犯罪658件。在全市率先制定了《关于办理无逮捕必要案件审查与说理的意见》,规范了"无逮捕必要"的适用原则和条件。加强轻微刑事案件快速办理工作,适用轻刑快审机制提起公诉290件。认真贯彻宽严相济刑事政策,对不符合法定逮捕、起诉条件的,依法决定不批准逮捕40件67人,不起诉15件20人,建议公安机关撤回18件55人。做好检察环节的矛盾化解工作,共受理群众来信来访438件。加强涉检信访长效机制建设,建立涉检信访评估预警机制。积极参与社会治安综合治理。开展送法进社区、进镇村、进学校、进机关、进企业、进重大工程项目的"六进"活动,共开展法制讲座40余次,受教育人数达11000余人次。结合办案发出检察建议42份。依法查办和预防职务犯罪,推动反腐倡廉建设。加大查办职务犯罪工作力度,受理初查各类职务犯罪案件线索29件32人,立案查办职务犯罪案件8件8人。严格执行职务犯罪案件审查逮捕决定上提一级的改革措施。进一步完善律师会见制度,在全市率先推出《安排会见在押犯罪嫌疑人通知书》,保障了犯罪嫌疑人的诉讼权利和律师的会见权利,该做法被市检察院推广。强化诉讼监督,维护司法公正。受理立案监督案件9件12人,依法追捕33人、追诉18人,依法改变侦查机关定性39件、追加起诉罪名21个、追加犯罪事实55起,均得到法院判决支持。加强和改进审判监督工作,依法提出刑事抗诉2件,均获上级法院改判或发回重审,提请民事抗诉1件,或上级院支持。开展了刑事审判监督专项检查。加大刑罚执行和监管活动监督力度,开展了看守所监管执法、监外执行、案件羁押期限和交付执行四项专项检查。积极推进行政执法与刑事司法衔接工作机制建设,与区烟草专卖局签署会议纪要,在全市率先实现行刑衔接信息网络共享。完善量刑建议工作制度,对401件案件提出了量刑建议,其中已判决的344件案件中的283件案件的量刑建议得到采纳,采纳率为82.26%。在全市创新推行检察官约见制度,全年约见在押人员谈话67人次。加强检察队伍建设,为促进和谐社会建设提供组织保障和人才支持。年内先后获得首都先进检察院、首都精神文明单位标兵等集体荣誉12项,个人荣誉105项,实现了检察工作新跨越。全院共有检察人员126人,其中党员116人,共青团员8人;检察员45人,助理检察员33人,书记员12人,司法警察11人,工人7人,其他干部10人;硕士研究生16人(含5名在读),大学本科以上学历126人。

单位名称:北京市顺义区检察院
地址:顺义区新顺南大街19号
电话:(010)59556600

邮编:101300

（检察院）

【与区看守所开展教育活动】　1月15日,顺义院与区看守所共同组织全体在押人员开展了“认罪服法、遵守监规、争取早日回归社会”主题教育活动,并对在押人员提出的问题进行解答。

（孔　超）

【获评“十大精品案”】　1月,在北京市检察机关反贪部门第三届“十大精品案”评选活动中,顺义院侦破的苏跃民、李红文贪污案以总分第六、基层院排名第一的成绩被评为“十大精品案”。

（张　霞）

【妇女工作获多项荣誉】　1月,顺义院被该区妇联评为“2008年度妇女工作先进集体”,妇委会主任王淑和被评为“2008年度妇女工作先进个人”。窦秀英检察长撰写的《检察信访之心理疏导机制论纲》等3篇调研报告获2008年度调研报告三等奖。

（鞠佳佳）

【为社区妇女讲授维权知识】　3月,顺义院检察官法制宣讲团的女检察官林春艳分别为该区怡馨家园第一居委会、后沙峪镇女性村干部和村民代表二百余人讲授女性维权法律知识。

（林春艳）

【获评“首都先进检察院”】　3月,顺义院被评为北京市检察机关2007－2008年度首都先进检察院,并荣立集体二等功;8月,荣立集体一等功。

（夏学民）

【构建学习型社会工作获多项荣誉】　3月,顺义院被该区构建学习型社会领导小组办公室评为“构建学习型社会工作先进单位”,这是该院连续第四次获此荣誉;政治处主任田向红被评为“构建学习型社会工作先进工作者”,杨立平家庭被评为“顺义区学习型家庭”。

（肖东梅）

【为新农村建设服务座谈会】　3月11日,北京市人民检察院与北京市委农村工委在顺义院联合召开了“为新农村建设服务座谈会”。市院副检察长高保京、市委农工委纪委书记朱二宏等领导出席座谈会。会议围绕“检察机关服务新农村建设”展开了充分的探讨与交流。

（李国妍）

【思想政治工作获得荣誉】　3月,顺义院被该区评为“2008年度思想政治工作先进单位”,政治处主任田向红被评为北京市“思想政治工作先进工作者”。

（付蕾）

【召开“服务城乡一体化建设”大会】　3月16日,顺义院召开“发挥检察职能,服务城乡一体化建设”部署大会,公布了该院新出台的《关于建立办理涉农案件“绿色通道”服务农村改革发展的工作意见》和《关于进一步深化预防农村基层组织工作人员职务犯罪工作的意见》,全面部署为农村改革发展服务工作。

（王　静）

【发放《禁酒令》警示卡】　3月,顺义院为全体检察人员发放《禁酒令》警示卡。警示卡正面印有最高人民检察院颁布的“禁酒令”,背面印有北京市检察院制定的“检察干警必须严格遵守的五项纪律”。

（苏国孟）

【连续三年获评“先进纪检监察组织”】　3月,顺义院纪检组、监察处被该区纪委评为“2008年度先进纪检监察组织”,这是该院连续三年获此荣誉。

（苏国孟）

【开展学习实践科学发展观活动】　3月20日,顺义院成立深入学习实践科学发展观活动领导小组,领导学习实践活动的全面开展。3月23日,顺义院召开了全院大会,对深入学习实践科学发展观活动进行动员部署。3月以来,顺义院通过组织中层以上领导干部、离退休老干部集中学习,组织开展检察队伍素质能力状况问卷调查活动,组织参观北京市人民检察院院史展、第十二届中国北京国际科技产业博览会,开展学习先进典型活动,与其他检察院进行学习交流,组织外出考察学习,开展"检察机关如何实现自身发展"主题讨论活动、"听呼声、走百家、送服务"为民实践活动等多种形式,深入学习实践科学发展观。

(王　静　夏学民)

【调研、宣传工作获得荣誉】 3月,顺义院被该区评为"2008年度顺义区调查研究工作先进单位"、"2008年度新闻宣传工作先进单位"、付蕾被评为"优秀通讯员"。

(付　蕾)

【高检院领导调研经费保障等工作】 3月24日,最高人民检察院计财装备局局长李文生在市检察院党组副书记、副检察长马剑光、计划财务装备处处长刘宝元的陪同下到顺义院就检察经费保障、科技装备等工作进行调研。检察长窦秀英、副检察长孟庆平等参加了调研座谈会。

(张福荣)

【在金融系统开展警示教育】 3月20日,顺义院在交通银行顺义支行开展了以"做好金融工作、远离职务犯罪"为主题的预防职务犯罪警示教育活动。该行顺义、通州两个网点共50余名中层以上领导干部、重要岗位及新招录工作人员参加了此次活动。

(李国妍)

【慕平检察长来院调研】 4月1日,北京市检察院党组书记、检察长慕平在办公室主任蓝向东、研究室副主任邹开红、政治部综合处副处长董常青等陪同下到顺义院进行工作调研,顺义区委常委、政法委书记周颖博和顺义院检察长窦秀英、其他党组成员参加了调研座谈会。

(王　静)

【与看守所共同防控"甲流"】 4月至12月,顺义院与该区看守所召开联席会议、向看守所发出检察建议,就防控甲型H1N1流感病毒工作达成共识,并督促看守所采取多项措施开展工作:一是对每名入所人员进行体温检查;二是对新入所的在押人员进行严格体检,符合羁押条件的,允许进入过渡号隔离关押,观察7日后再分押;三是定期对全所进行消毒,增加放风次数,保证监区空气畅通,增加狱医巡诊次数;四是主动与区疾控中心联系,由专业的医护人员按规定程序为在押人员接种甲型H1N1流感疫苗。

(孔　超)

【开展百日交通安全宣教活动】 4月20日至9月20日,顺义院开展了以"营造和谐交通氛围,创造安全办案环境"为主题的百日交通安全宣传教育活动,主要内容是:举办一次交通安全形势及车辆维护保养知识报告会;举办一次以确保交通安全、办案安全为核心的主题征文活动;开展一次驾驶技能路测;每月开展一次车辆安全大检查;处室每月进行一次交通安全教育。

(刘金生)

【开展专项检查活动】 4月至10月,按照高检院、市院的工作部署,顺义院开展了看守所监管执法专项检查、刑事审判法律监督专项检查、直接立案侦查案件扣押冻结款物专项检查活动,进一步加强和改进检察工作。

(鞠佳佳)

【举办"检察机关如何实现自身发展"主题研讨会】 4月28日,顺义院举办了"检察机关如何实现自身发展"主题研讨会,统一思想,提高认识,推动工作。院中层正职以上干部、检委会专职委员、专职党支部书记、工青妇负责人等参加了讨论。10名部门负责人和专职党支部书记对照科学发展观的目标要求,围绕本部门业务、队伍、机制建设等方面进行了重点发言。

(夏学民)

【落实市人大常委会《决议》座谈会】 5月22日,顺义区委政法委协调区公安分局、区检察院、区法院等单位，召开贯彻落实市人大常委会《关于加强人民检察院对诉讼活动的法律监督工作的决议》座谈会。会议听取了近五年来顺义地区开展诉讼监督工作的主要情况，并就进一步加强诉讼监督工作达成三点共识。一是继续加强学习，进一步将思想认识统一到《决议》精神上来；二是继续坚持并完善科学可行的工作方法；三是继续加强机制建设工作。

（鞠佳佳）

【向四川地震灾区儿童送“爱心包裹”】　5月25日，顺义院检察人员共自愿捐款6000元，通过中国扶贫基金会搭建的平台，为60名四川地震灾区学生寄去了包括学习和生活用品在内的爱心包裹，让灾区的学生过一个温暖、幸福的儿童节

（付　蕾）

【开展“保密宣传月”活动】　6月，顺义院开展了“保密宣传月”活动，通过签订保密责任书、强化涉密信息系统分级保护工作、制定涉密信息系统分级保护工作测评方案、开设保密宣传专栏等措施加强保密宣传教育。

（田永清）

【与卫生局就合作医疗管理风险防范达成共识】　6月12日，顺义院与该区卫生局召开座谈会，对顺义区新型农村合作医疗管理风险防范工作进行研讨，并达成三点共识：一是新型农村合作医疗保险关系重大，应引起高度重视；二是要深入查找出农村合作医疗制度实施过程中的资金管理、发票开具、审批报销等危险环节的风险点；三是加强监督和检查，杜绝职务犯罪的发生。

（孙宏伟）

【举办优秀人才报告会暨演讲比赛】　6月19日，顺义院举办了“深入学习实践科学发展观优秀人才报告会”暨纪念建党88周年演讲比赛，邀请“北京市检察机关深入学习实践科学发展观优秀人才巡回宣讲报告团”来院作巡回宣讲报告，顺义院检察官代表围绕“践行科学发展观，岗位成才作奉献”主题，以演讲的形式与宣讲团成员进行了互动交流。

（付　蕾）

【开展“举报宣传周”活动】　6月22日至6月27日，顺义院采取设点宣传、增加检察长接待日次数、利用有线广播进行举报宣传等方式集中开展了举报宣传周活动。

（刘芳）

【庆“七一”系列特色活动】　6月，顺义院开展了“四个一”庆“七一”系列特色活动，即举办一次主题演讲、开展一次主题摄影比赛、表彰一批优秀党员、推出新一批顺检群星。

（鞠佳佳）

【开展“共产党员献爱心”捐赠活动】　6月26日至6月27日，顺义院开展了“共产党员献爱心”捐赠活动，该院全体党员及群众积极参与，共捐款26400元，为顺义区助老、助残、助学事业奉献爱心。

（夏学民）

【签署会议纪要解决立案监督难题】　6月26日，顺义院与北京市公安局顺义分局签署《刑事办案联席会议纪要》，就立案监督案件的办理程序、立案、终结时限等问题达成一致性意见。《纪要》规定：检察机关在向公安机关发出《立案通知书》后，公安机关应积极开展侦查活动，并在三个月内将侦查情况报检察院，特殊情况下延长三个月结案，有效解决了立案监督案件久侦不决问题。

（刘国胜）

【建立“博约论坛”】　7月8日，顺义院建立了“博约论坛”并举办了以“事出有因”型敲诈勒索案件如何定性为内容的第一期活动，践行“学习工作化，工作学习化”的理念，锻炼检察人员思考、分析、表达、写作等全方位的能力，

（鞠佳佳）

【承办庆祝建国60周年文艺汇演】　7月24日，顺义院承办了“创平安顺义、建和谐家园”全区政法系统庆祝建国60周年文艺汇演。

该区区委政法委副书记王金广、区文化委员会主任刘振河等领导和区政法系统150余名干警观看了演出。

（付蕾）

【到花博会场馆工地开展犯罪预防】 7月，顺义院深入第七届中国花卉博览会(北京展区)主场馆、北京国际鲜花港和室外展区施工工地，通过发放学习材料、进行宣传教育、召开座谈会、提供法律咨询服务等多项措施，开展犯罪预防工作，服务花博会重点工程建设。

（孙宏伟）

【人员招录工作】 7月，顺义院通过严格选任程序，择优招录3人，全部为研究生。另外，招录事业编制工作人员2名。

（鞠佳佳）

【与烟草专卖局实现信息资源网络共享】 7月10日，顺义院与该区烟草专卖局签署了《关于行政执法与刑事司法信息共享平台应用管理的会议纪要》，在全市率先实现了与行政执法机关的信息资源网络共享，进一步加强了与行政执法机关的信息交流，增强了打击犯罪合力。

（崔　杰　刘国胜）

【邀请特约监督员视察专项活动】 8月4日，顺义院邀请市、区两级特约监督员视察该院开展的看守所监管执法、刑事审判法律监督、自侦案件扣押冻结款物三项专项检查活动，并向各位监督员征求意见和建议。

（王　静）

【建立区教育系统预防职务犯罪联席会议制度】 8月21日，顺义院与区教工委、区教委达成一致性意见，建立区教育系统预防职务犯罪联席会议制度，进一步加强教育系统与检察机关在打击和预防职务犯罪工作中的协调配合。

（李国妍）

【制定《检察委员会专职委员工作规定》】 8月，顺义院制定实施了《检察委员会专职委员工作规定》，明确检察委员会专职委员的职责与权利，进一步加强和规范专职委员工作。

（李连华　鞠佳佳）

【窦秀英检察长应邀参加刑法学年会】 8月18日，顺义院窦秀英检察长应邀参加了中国法学会刑法学研究会2009年年会。该院检察人员撰写的3篇文章被研讨会论文集收录。

（李连华　鞠佳佳）

【采取四项措施做好行贿犯罪档案查询工作】 8月，顺义院采取四项措施，进一步做好行贿犯罪档案查询工作：一是重新梳理我院行贿犯罪档案录入范围；二是细化原有行贿犯罪档案相关信息；三是做好非罪行贿行为信息管理；四是进一步做好行贿犯罪档案宣传工作。

（李国妍）

【为法学本科生讲刑法案例研讨课】 9月至12月，顺义院9名检察官为中国政法大学法学本科学生上刑法案例研讨课72学时，丰富了检察人才培养锻炼的新模式。

（鞠佳佳）

【制定案件质量考核规范性文件】 9月11日，顺义院召开检察委员会会议，通过了《顺义区人民检察院实施＜北京市检察机关案件质量考核办法＞方案》，进一步加强案件质量考核工作。

（李连华）

【举办迎国庆歌唱比赛】 9月29日，顺义院举办了“唱红歌、颂祖国——庆祝建国60周年”演唱比赛，全院检察人员按处室自由组成6支合唱队参加。

（付　蕾）

【为公务员讲法制课】 10月14日至10月25日，顺义院检察官法制宣讲团5名检察官为该区公务员法律法规培训班2000余名学员授课5次，讲授刑事、民事、预防职务犯罪等方面的法律知识。

（王　静）

【市委政法委调研组来院调研】 10月28

日,市委政法委调研组到顺义院就贯彻党的十七届四中全会精神、开展党风廉政工作等情况进行调研。顺义院副检察长彭善昌、纪检组长苏国孟等参加座谈。

(苏国孟)

【开展预防职务犯罪知识测试】 10月31日,顺义院在该区医疗卫生领域开展了以党纪条规、医疗卫生部门有关规章制度及预防职务犯罪基本知识为主要内容的预防职务犯罪知识测试活动。区卫生局党组成员,各医院院长、副院长及二级甲等医院科主任等近200人参加。区卫生局将将此次测试结果进行集体排名并在网上公开公布,测试成绩记入年终各单位工作的全面考核之中。

(李国妍)

【第六届"六个三"岗位技能竞赛】 6月至12月,顺义院开展了以优秀公诉人、优秀书记员、优秀卷宗、优秀初查报告、演讲能手、精品案件为内容的第六届"六个三"岗位技能竞赛评比活动,以促进检察人员岗位成才。

(鞠佳佳)

【与区法院就民行工作交流达成共识】 11月9日,顺义院与区法院召开座谈会,就民行工作交流达成四点共识:一是定期选派检察人员到法院实习;二是通过庭审观摩、参加法院组织的审判实务问题研讨会等,提高检察官办理民事、行政案件的水平;三是加强沟通,相互交换意见和办案理念;四是建立长期学习交流机制。

(张文影)

【探索"业务导师"培养模式】 11月,顺义院制定了《顺义区人民检察院青年检察人员"业务导师"培养模式工作办法》(试行),探索"业务导师"培养模式。12月4日,顺义院举行了青年检察人员"业务导师"结对培养签约仪式,5名新招录人员与5位业务导师分别签订了为期一年的"结对培养协议"。

(肖东梅)

【向区人大报告诉讼监督工作】 11月26日,在区第三届人大常委会第27次会议上,顺义院窦秀英检察长向区人大常委会报告了该院贯彻落实北京市人大常委会《关于加强人民检察院对诉讼活动的法律监督工作的决议》的情况,并接受了常委会的审议。

(王 静)

【开展"法律小品进校园"活动】 11月26日,顺义院法制宣讲团的检察官通过自编自演的"法律小品"为该区牛栏山第一中学的学生上了一堂生动的法制教育课。新华社、检察日报社、人民网、北京广播电台、顺义电视台等新闻媒体对该活动进行了全程跟踪采访。

(付 蕾)

【区委张延昆书记来院调研】 12月2日,顺义区区委书记张延昆到顺义院调研,听取该院2009年工作汇报和2010年工作设想,并对检察工作提出三点要求:一是要坚持围绕中心工作,服务大局;二是要全面履行职能,强化法律监督;三是领导干部要重视业务实践,不断提高执法办案水平。

(王 静)

【开展爱心捐助活动】 12月,顺义院组织了以"扶贫济困献爱心,温暖过冬促和谐"为主题的"送温暖献爱心"捐助活动,全体检察人员共善款24090元,为江西、内蒙古、甘肃灾区及顺义区贫困群众送去了爱心和温暖。

(夏学民)

【开展"网友基层行"活动】 12月9日,人民网"强国论坛"的12名网友到顺义院进行参观和体验。网友们参观了控申接待室、大要案指挥中心、视频会议中心、计算机网络中心以及恢复建院30周年展板,并与该院部分"群星榜"成员座谈交流。

(鞠佳佳)

【书画作品入选巡回展览】 12月,顺义院绘画作品《人人普法、从小抓起》入选全国普法万里行书画巡回展。

(刘 婵)

【首次获评“北京市检察业务专家”】 12月，在北京市检察机关第二届检察业务专家评审中，顺义院侦查监督处处长崔杰被授予“北京市检察业务专家”称号，成为该院首位获此荣誉的检察官。此外，检察技术处处长洪我杭被授予“北京市检察业务专家提名奖”。

（鞠佳佳）

【召开特约监督员座谈会】 12月23日，市检察院与顺义院联合召开市区两级人大代表和特约监督员座谈会，征求对市、区检察工作的意见和建议，接受人大和社会监督。

（王 静）

【领导班子调整】 12月，经区委和市检察院决定，对顺义院领导班子作出调整：张守良任党组书记、检察员、检察委员会委员、副检察长、代理检察长；张宝来任党组成员、检察员、检察委员会委员、副检察长；田向红任副检察长；李加立任党组成员、政治处主任。

（王 静）

审判工作

【概 况】 2009年，顺义区法院充分发挥审判职能作用，为地区稳定和经济发展提供了有力的司法保障和法律服务。全年共受理各类案件18665件，结案18314件，解决争议标的额12.05亿元，同比分别上升26.57%、24.19%和26.44%。其中，审结刑事案件916件，审结民事案件12108件，审结行政案件46件，审查非诉执行案件12件，办结执行案件5233件，执结标的总金额4.7亿元。一年来，该院积极总结深化奥运维稳经验，有效打击各类犯罪活动，深入落实宽严相济的刑事政策，营造了安全稳定的社会环境；立足“保增长、保民生、保稳定”大局，积极采取措施应对金融危机影响，保障经济平稳较快发展；通过行政审判努力构建和谐官民关系、化解“官民”矛盾，监督、支持和保障行政机关依法行政；集中力量开展清理执行积案活动，积极实现当事人的合法权益；以教育、管理、廉政、监督为重点，加强领导班子建设与队伍整体素质建设。年内荣获“人民满意的政法单位”等集体荣誉23项，个人荣誉42项，取得了良好成绩。

单位名称：北京市顺义区人民区法院
地址：北京市顺义区府前东街
电话：(010)69444921
邮编：101300

（刘杉彬）

【春节前夕副院长远赴内蒙古办案】 2月8日，春节小年夜前夕，副院长徐泽民一行三人远赴内蒙古，促使一起劳动争议纠纷当事人达成调解。

（刘杉彬）

【举行廉政宣誓仪式】 2月10日，举行了以“落实‘五个严禁’、公正廉洁司法”为主题的宣誓仪式。

（刘杉彬）

【发还中奖诈骗案案款】 2月26日，区法院向被告人陈某某等9名中奖诈骗案农民受害人发还追缴赃款，共计39万元。

（刘杉彬）

【召开座谈会降低金融危机影响】 3月2日，组织辖区内6家商业银行召开座谈会，共商如何通过商事审判在最大限度的保护金融债权的同时，最小限度的降低金融危机对顺义区经济的不利影响。

（刘杉彬）

【邀请妇联干部旁听普法】 3月3日，李遂法庭邀请顺义区石园街道和仁和镇30余名妇联干部到法庭旁听一起离婚纠纷案件，以案普法。

（刘杉彬）

【召开团伙犯罪案件提押工作交流会】 3月4日，刑庭、法警队主管领导与看守所领导召开交流会,就团伙犯罪案件中的提押问题及工作协调配合问题进行讨论和研究。

(刘杉彬)

【举行志愿花博和谐顺义普法】 3月5日,杨镇法庭干警以“志愿花博,和谐顺义”为主题开展了普法宣传活动。

(刘杉彬)

【召开学习实践活动满意度测评座谈会】 3月26日,院党组在向人大、政协、纪委、政法委等社会各界发放满意度测评表的基础上,召开了社会各界代表参加的学习实践活动满意度测评座谈会。

(刘杉彬)

【召开司法所所长座谈会】 3月27日,李遂法庭与辖区内三镇司法所召开座谈会,研究如何提高和改进调解工作。

(刘杉彬)

【邀请区人大代表旁听案件审理】 4月2日,邀请区人大内司委主任王世明等18名人大代表旁听被告人安某某故意杀人案的庭审。该院院长郭铁相、副院长龚东升、刑庭庭长李存海等参加了旁听,并与人大代表进行了座谈。

(刘杉彬)

【参加万人义务植树活动】 4月4日,在副院长王东志带队下,区法院干警参加了以“喜迎盛世花博、共建绿色家园”为主题的万人义务植树活动。

(刘杉彬)

【参与人民调解培训活动】 4月7日,杨镇法庭法官在辖区大孙各庄镇举办的村官断案活动中,以“裁判员”的身份进行评审指导,不断提高农村“两委”和人员调解员的法律素质和调解水平。

(刘杉彬)

【保民生刑庭进村送案款】 4月9日,为确保春耕生产,副院长龚东升带队,到北务镇北务村集中发放追缴退赔的盗窃案款。

(刘杉彬)

【邀请市人大代表旁听案件审理】 4月10日,市人大代表对区法院的商事审判工作进行监督、指导,旁听了该院审理的一起农业保险纠纷案件。

(刘杉彬)

【发放执行案款】 4月10日,执行一庭为顺义区维特汽车驾驶学校与其员工劳动争议仲裁案中的60余名员工发放工资案款,共计人民币60余万元,维护了辖区的和谐稳定。

(刘杉彬)

【科学发展观专题报告会】 4月18日,特邀区委党校李伟讲师作了题为“学习实践科学发展观 推进顺义区城乡一体化进程”的学习实践科学发展观专题报告会。

(刘杉彬)

【举办健康专题讲座】 4月24日,举办了“情绪管理和压力应对”健康专题讲座,帮助干警积极应对来自工作和社会的压力。

(刘杉彬)

【干警励志演讲会】 5月8日,刑庭召开干警励志演讲会,8名青年干警进行了精彩演讲。

(刘杉彬)

【调研宣传论文工作会】 5月14日,召开2009年调研宣传论文工作会,对该院2008年度调研宣传工作进行了总结,并对2009年调研宣传工作提出了明确要求。

(刘杉彬)

【与区人保局建立社会保险纠纷对接机制】 5月20日,与区劳动和社会保障局召开座谈会,磋商建立了长期协作的社会保险纠纷对接机制,从切实维护劳动者社会保障权益的角度出发共促辖区“三保”。

(刘杉彬)

【先予执行确保首都建设】 6月18日,成功执结了两起土地腾退先予执行案件,为M15号线一期工程的顺利进行提供了保障。

(刘杉彬)

【《人民调解委员会组织条例》施行二十周年

活动】 6月，参加了依法治区领导小组举办的纪念《人民调解委员会组织条例》施行二十周年法制宣传活动。

（刘杉彬）

【非监禁刑审访体系运行良好】 7月，区法院和区司法局就非监禁刑审访体系签订共建协议一年来，在顺义区接受矫正的缓刑人员在考验期内无一重新犯罪，有效维护了社会稳定。

（刘杉彬）

【首次进行庭审视频网络直播】 6月26日，法治中国传媒对区法院庭审进行了首次庭审视频网络直播。

（刘杉彬）

【献爱心活动】 6月30日，开展了“共产党员献爱心”活动，共募集爱心捐款31970元。

（刘杉彬）

【召开行政执法联席会】 7月15日，区法院与区政府法制办召开2009年度行政执法联席会。

（刘杉彬）

【廉政风险防范管理工作动员会】 7月17日，召开了廉政风险防范管理工作动员暨廉政监察员聘任大会，对该院2009年廉政风险防范管理工作做出了明确安排和部署。

（刘杉彬）

【协调稳控工作】 8月13日，信访工作主管院长王东志及信访办主任乔江海到大孙各庄镇政府实地调研，部署对重点信访当事人的协调稳控工作。

（刘杉彬）

【协助化解重大群体访隐患】 8月14日，区法院参加区政法委周颖博书记主持的协调会，研究落实高丽营镇张喜庄村经济合作社向286名集资村民返还借款的具体方案，避免了重大群访群诉事件的发生，有效的维护了顺义区的和谐稳定。

（刘杉彬）

【开展警示教育月活动】 8月和11月，积极开展了两次警示教育月活动，把反腐倡廉教育落到实处。

（刘杉彬）

【部署维护国庆期间信息报送工作】 8月25日，部署维护国庆期间安全稳定情报信息报送工作，并发布了《顺义区人民法院维护国庆期间安全稳定情报信息报送工作方案》。

（刘杉彬）

【举办中层干部突发事件处置能力培训】 9月，举办中层领导干部突发事件处置能力培训，通过观看突发事件处理实例、专题讲座和分组讨论形式，提高其应对危机的意识和能力。

（刘杉彬）

【参加为民实践宣讲团报告会】 9月16日，区法院领导及干警参加了北京市政法系统“推进作风建设、深化为民实践、争创人民满意”巡回宣讲活动报告团的宣讲会。

（刘杉彬）

【党组书记郭铁相作专题党课讲座】 9月18日，党组书记、院长郭铁相在为全院干警讲了一堂题为《认清形势，明确职责，切实提高拒腐防变能力》的专题党课，该党课在北京市法院第七届优秀党课评比中荣获二等奖。

（刘杉彬）

【宣传交通法规】 9月，民三庭与研究室深入农村田间地头，为广大农民发放预防农村交通事故宣传手册。

（刘杉彬）

【举行新录用大学毕业生带教法官聘任仪式】 11月5日，举行了2009年新录用大学毕业生带教法官聘任仪式。

（刘杉彬）

【联合开展少年模拟法庭展演活动】 11月，区法院、区司法局、区教委在区重点中学杨镇一中联合开展了少年模拟法庭展演活动。

（刘杉彬）

【召开信访听证会】 11月，召开对中央挂账的张某某上访案信访听证会，邀请人大代表、政协委员、廉政监督员、专家学者、律师等各界人士作为听证员出席了听证会。

(刘杉彬)

【举办风险防范专题讲座】 11月18日,为顺义区企业做了签订和履行合同过程中的风险防范专题讲座。

(刘杉彬)

【制定诉讼材料收转工作规定】 11月23日,区法院为提高审判效率,为诉讼群众提供优质、高效的服务,为减少法官事务性工作时间,制定了诉讼材料收转工作规定。

(刘杉彬)

【响应社会捐助活动】 11月,开展"送温暖、献爱心"社会捐助活动,共计捐款35600元,以实际行动向困难群众给予支援和帮助。

(刘杉彬)

【参加区"12·4"大型普法宣传活动】 12月2日,区法院在区司法局的组织下联合区检察院、民政局等10余家机关单位深入基层社区开展了一场规模大、范围广的普法宣传活动。

(刘杉彬)

【部署"12368"司法动态信息查询工作】 12月21日,区法院召开中层干部会议,部署"12368"司法动态信息查询工作,将区法院工作置于当事人的监督之下。

(刘杉彬)

【举行互联网站开通仪式】 12月25日,举行了互联网站开通仪式,标志着该院在司法公开、法制宣传等方面进入了一个崭新的发展阶段。

(刘杉彬)

【网络直播突破100期】 年内,自2007年9月开展的网络庭审图文直播突破100期。该院将进一步增加司法透明度,以网络直播工作推动自身科学发展。

(刘杉彬)

【制定《刑事审判审限监督规范》】 年内,制定《刑事审判审限监督规范》,建立超期羁押预警机制。

(刘杉彬)

司法工作

【概　况】 2009年,顺义区司法局紧紧围绕区委、区政府的中心工作和市局的工作要点,深入开展学习实践科学发展观活动,坚持以做好建国六十周年庆典和举办花博会安全保卫工作为重点,以法制宣传、人民调解、法律服务为抓手,扎实开展各项司法行政工作,圆满完成了区委、区政府和市局折子工程及各项工作任务。全年累计发放普法各类宣传材料50余万份,现场解答法律咨询6000余人次,摆放展板500余块,受教育达60余万人。镇、村两级调解组织共调处各类民间纠纷11478件,调解成功率为96%。全年接收刑释解教人员522人,其中解除劳动教养31人,刑满释放481人,全区共管理社区服刑人员共有460人。律师参与区领导信访接待20次,信访接待咨询295人次。办理各类案件1550件,解答咨询8077人次,代书1249件,担任法律顾问102家。全年办结各类公证案件2678件,办理法律援助案件1082件,解答法律咨询6373人次,代写法律文书487份。

单位名称:顺义区司法局
地址:顺义区光明南街18号
电话:(010)69443840
邮编:101300
网址:http://www.sifj.bjshy.gov.cn

(齐艳平)

【法制宣传警示教育牌在各公园、广场落户】 1月20日,顺义区普法办、区司法局投资15万元制作的40余块法制宣传警示教育牌分别安装于减河公园、和谐广场等7个区级公园和广场,顺义区法制宣传教育阵地达到"四园""二场""一基地"(即怡园公园、减河公园、怡馨家园、裕龙花园五区、和谐广场、石门批发市场、青少年法制教育基地)。

(齐艳平)

【《北京市法律援助条例》主题宣传周活动】 2月23日至27日,顺义区司法局开展了“贯彻落实《北京市法律援助条例》,维护困难群众合法权益”主题宣传周活动。

(齐艳平)

【开展“村官断案”比赛试点工作】 2月24日,顺义区普法办、区司法局在大孙各庄镇开展“法律进农村”——“村官”断案(以案说法)人民调解员培训成果展活动,市司法局法宣处副处长马志云、基层处副处长陈光毅参加。该项活动,将人民调解与法制宣传有效结合,进一步丰富调解员的法律知识,提高了人民调解员的业务水平。

(齐艳平)

【北京市司法局领导到顺义调研】 2月27日,北京市司法局副局长王友江、基层处处长石光春到顺义区调研,区人大主任马庚良陪同调研。王友江副局长听取了司法行政工作开展情况,传达了市局2009年工作要点,提出了具体的工作要求。

(齐艳平)

【2009年人民调解、法制宣传工作会议】 3月24日,顺义区召开顺义区人民调解、法制宣传工作会议。北京市司法局副局长吴庆宝,区人大副主任贾春林,副区长李友生等领导出席会议,120多家区直机关、25个镇(街道)主管民调、法宣工作的领导、司法所长、大学生“村官”代表及司法局全体机关干部共计500余人参加会议。会议对2008年度人民调解工作先进集体、先进个人进行了表彰,区司法局局长闻广平全面总结了2008年人民调解、法制宣传工作,并对2009年全区司法行政工作进行了部署和动员。

(齐艳平)

【“关爱农民工 送法进工地”活动启动仪式】 4月8日,顺义区委法制宣传教育领导小组办公室、区司法局联合区建委、区流管中心举办了“关爱农民工送法进工地”——2009年“法律六进”活动启动仪式。北京市司法局副局长吴庆宝,顺义区委常委、政法委书记周颖博,区委政法委专职副书记王金广等领导出席。各镇(街道)主管副职领导、司法所长、流管办主任、普法志愿者、建筑工地负责人及农民工代表共计300余人参加。活动当日,累计向农民工代表赠送普法书籍2000册;发放各类宣传材料5000份;解答法律咨询300人次。

(齐艳平)

【岗位技能练兵活动】 5月18日至5月22日,区司法局组织开展人民调解“培训能手”岗位技能练兵活动。比赛历时5天,参赛队伍为全区22个司法所所长和司法助理员,采取为村(居)民调主任授课的形式进行比赛。最终评选出六名“培训能手”,并将优秀培训讲义编辑成册,在全区基层人民调解委员会推广使用,进一步提升了基层司法助理员的培训能力。

(齐艳平)

【南彩镇司法所与青天律师事务所开展结对互助活动】 7月14日上午,北京市顺义区南彩镇司法所与北京市青天律师事务所举行了结对互助签约仪式,市司法局、区司法局、南彩镇党委、镇政府领导以及南彩镇各村支部书记、民调主任、全区9家律师事务所主任参加签约仪式。本次结对互助活动目的是进一步整合司法行政工作,组织律师队伍参与法律公益活动,推进法律服务向基层延伸,更好地服务基层社会稳定和经济发展,此项活动将在全区推广。

(齐艳平)

【举办社区调解主任初任培训班】 7月15日、16日,区司法局举办了为期两天的街道居委会换届后初任社区民调主任培训班,主管基层工作的领导、三个街道办事处主管司法所的领导、22个基层司法所长、司法助理员、社区初任民调主任共计130余人参加了此次培训班。六位“培训能手”就人民调解工作基础理论、文书制作、婚姻家庭、邻里纠纷、继承类纠纷涉及的法律知识及调解技巧进行了精彩的授课。

(齐艳平)

【业务技能培训会】 8月19日下午,顺义区司法局组织开展业务技能培训会,北京市司法局吴庆宝副局长以《法治与我们同行》作为主题,对各基层司法所长及局机关全体干部进行集中培训授课。吴庆宝副局长分别从政法干警招录改革、法官与律师的职业共同体、国家和社会的法治管理等六个方面,结合典型案例和突发事件深入浅出地阐述了法治的深刻内涵和法治建设的重要性,分析了当前司法行政干部队伍建设、法制宣传、人民调解、律师管理等工作面临的形势和今后的发展思路。

(齐艳平)

【社区矫正工作】 10月29日,顺义区司法局组织机关科以上干部、基层司法所长共计40余人来到北京市天河监狱参观学习。天河监狱政委尉迟玉庆介绍了监狱及改造犯人的基本情况;司法局党组书记、局长闻广平向监狱领导交流了社区矫正人员教育改造情况。通过参观学习和交流,大家近距离接触监狱罪犯学习教育及劳动改造的生活环境和场所,了解监狱管理教育改造罪犯等基本知识和方法,学习广大监狱管理工作者严谨的工作作风和忘我的工作精神,进一步增强了做好社区矫正和帮教安置工作的信心。

(齐艳平)

【获得市司法局表彰】 在北京市司法局2009年“迎国庆、保平安,深入贯彻落实科学发展观”主题实践活动中,仁和镇司法所获得北京市第六届“人民满意政法单位”荣誉称号;杨镇司法所获得北京市司法局四大体系建设十佳示范司法所荣誉称号;程建兴、李秀蓉同志被评为人民调解业务能手;王卫东、赵明同志被评为法制宣传业务能手;刘宏艳、赵华同志被评为矫正帮教业务能手;曹智勇、卢桂荣同志被评为公益法律服务业务能手;仁和镇河南村、石园北区第一社区、北务镇仓上村、北小营镇榆林村、大孙各庄镇东华山村、高丽营镇河津营村等6家法律服务室被评为优秀法律服务室。

(齐艳平)

军　　事

人民武装

【概　况】 2009年,人民武装工作在卫戍区党委和区委、区政府的正确领导下,坚持以“十七大”精神和科学发展观为指导,以国防动员准备为中心,以思想政治建设、民兵军事训练、内部团结稳定、国庆阅兵、群众游行、花博会和国庆安保工作为重点,紧紧围绕高举旗帜、听党指挥、服务人民这个根本,开拓创新,扎实工作,圆满完成了上级赋予的各项工作任务,实现了卫戍区党委提出的“完成任务、不出问题”的总体要求。人武部先后被第七届花卉博览会指挥部授予“花博会最佳安全保障奖”,被总部评为“刊授教育先进单位”,被北京军区评为“师旅级信息化建设先进单位”和“民兵武器装备管理先进单位”,被北京卫戍区评为“管理教育先进单位”。区委书记张延昆同志被北京军区评为华北地区“忠诚党的武装事业新闻人物”,政委于凤春同志被北京卫戍区评为“优秀党委书记”。

单位名称:北京市顺义区人民武装部
地址:顺义区光明南街16号
电话:(010)69444421
邮编:101300

(徐长华　张　伟)

【政治思想建设】 年内,人武部以深入开展革命军人核心价值观主题教育活动为契机加强政治思想建设。充分利用专家理论授课、辅导、板报烘托、政工网络资源共享等形式在党委机关和全区民兵中深入开展了当代革命军人核心价值观主题教育,强化了官兵高举旗帜,听党指挥的政治意识,培育了官兵“忠诚于党、热爱人民、报效祖国、献身使命、崇尚荣誉”的革命人生观。同时扎实开展了学习实践科学发展观活动。采取系统读书、参观见学、专家授课、组织调研等形式,组织干部职工认真学习了《毛泽东邓小平江泽民论科学发展观》、《国防和军队建设贯彻落实科学发展观重要论述选编》等重要著作,邀请国防大学、空军指挥学院、石家庄陆军指挥学院等单位6名专家教授为机关干部职工和全区专武干部作了专题辅导,帮助干部职工更进一步理解了科学发展观的深刻内涵和用科学发展观指导国防后备力量建设的伟大现实意义,促进了顺义区国防后备力量建设协调可持续发展。

(徐长华　张　伟)

【思想政治教育】 坚持把学习卫戍区“八条具体要求”当成军人核心价值观的延伸教育,教育引导官兵用自觉遵守卫戍区“八条具体要求”来体现当代革命军人核心价值观。在“6.4”、新疆“7.5”事件等敏感时期,及时进行了时事教育,帮助干部职工和全区民兵认清了疆独势力企图制造骚乱,破坏我国安定团结的丑恶行径,引导官兵始终保持了高度的政治敏锐性,确保了干部、职工和全区民兵在思想上与党和国家的决策指示保持高度统一。

(徐长华　张　伟)

【参加国庆60周年民兵预备役阅兵】 2009年,顺义区组织33名民兵参加民兵预备役方队国庆阅兵活动。武装部党委高度重视这项工作,把组织参加国庆阅兵当成展示顺义区民兵预备役部队风采的一项重要政治任务来抓。组织协调公安、卫生等部门对参阅人员进行了严格的政治和体格检查,优中选优,挑选出33名民兵参加了国庆阅兵。为保证参阅民兵能全身心投入训练,与区委组织部多次联合召开参阅民兵家长座谈会,了解和掌握参阅民兵家庭困难,帮助他们解决实际问题,解决参阅民兵后顾之忧。

(徐长华　张　伟)

【参加国庆60周年群众游行】 年内,顺义区武装部与区委宣传部、团区委共同组织北京青年政治学院、耿丹学院、现代职业技术学院、顺义区社区教育中心、顺义区劳动局技校、区武装部、驻区部队、区人才服务中心等9家单位3400多名学生和企事业单位职工参加了庆祝建国60周年群众游活动。从转业干部、退伍军人和民兵骨干中抽调人员组成了教练员队伍,精心策划和严密组织了步伐训练、参加合练和后勤保障工作。在全区上下的共同努力下,顺义区群众游行方阵在训练中取得了优异成绩,分别获得了游行总指挥部授予的合练优胜奖、红旗方阵奖和突出贡献奖。10月1日,顺义区群众游行队伍以饱满的精神状态、矫健雄壮的步伐、排山倒海的气势走过了天安门广场,光荣的接受了祖国和人民的检阅,集中展现了顺义区人民群众和民兵预备役部队风采,向党和人民交出了合格答卷,为顺义区争得了荣誉,受到了社会各界的广泛赞誉。

(徐长华　张　伟)

【参加国庆和花博会安保活动】 为确保花博会及国庆期间首都的社会稳定,根据区政府统一部署,顺义区武装部组织472名基干民兵和群防群治力量参与了“国庆平安行动”,在北京市与河北接壤的35个路口设立了安全检查站,配合公安部门对进京人员、车辆进行了检查,共检查机动车8万台次,检查人员10万人次,劝返机动车9000多辆,劝返行人12000多人,查获网上通缉在逃人员1人,酒后驾驶机动车7人,无证驾驶机动车2人,刑事拘留1人,治安拘留1人。协调66055部队军乐队及驻顺义区部队官兵参加了花博会开幕式。组织武警十支队800多名官兵承担了燕京啤酒节"同一首歌"安保任务,在啤酒厂周边重要交通路口设置了安全警戒线,并参与了验票和场馆内引导群众、维护秩序和演出保障等活动,确保了全区2009年各项大项任务的圆满完成,为顺义区的经济建设和各项重大活动的顺利举行提供了安全保障。

(徐长华)

【民兵整组工作】 按照"应战应急一体化"建设要求,结合执行国庆安保任务,进行了民兵组织整顿,进一步深化城市民兵整组改革,逐步形成了以企业为基础、以国有和国有控股企业为骨干、以街道为依托、以社区为重点的城市民兵组织格局,基本达到了组织完善、结构合理、便于管理的编组要求。

(徐长华)

【完成征兵工作任务】 圆满完成了新兵的征集任务。组织协调顺义区电台、电视台、《顺义时讯》等新闻媒体广泛进行了征兵宣传。加大了廉洁征兵监管力度,组织征兵业务人员认真传达学习了上级廉洁征兵有关规定,提高了征兵工作人员洁身自好、拒腐防变的免役力。赵全营镇实行了层层奖惩和领导包片负责制,确保了征兵工作圆满完成。

(徐长华)

【双拥工作】 认真开展了军地双向服务活动。双拥办、文委、各镇政府开展了"送书进军营"、"情暖军营"等系列拥军活动,"八一"期间,区、镇两级政府及有关共建单位分别走访慰问了驻地部队,帮助驻地部队解决了部分实际困难。组织驻顺义部队参加了"喜迎盛世花博,共建绿色家园"春季植树活动。驻顺义各部队积极参与了驻地新农村建设和军(警)民共建活动,帮助共建单位进行了环境绿化美化、卫生清整、排污设施改造等活动。妥善安置了229名退伍军人。

(徐长华 张伟)

【国防教育宣传】 为搞好全民国防教育,赴山西运城、晋中等地采访了顺义籍战士,制作了电视专题片《军旗下的顺义儿女》,在"八一"和征兵宣传周期间播出后,社会反映较好。国防教育宣传周期间在全区举行了大型国防教育宣传活动,南法信、后沙峪等单位领导亲自参加,活动形式多样,取得了很好的宣传教育效果。

(徐长华 张 伟)

【基地正规化建设取得成效】 全年承接解放军后勤指挥学院、卫戍区装备部、江河幕墙等党政机关和企事业单位团体军训32批次共计4200多人。承担了群众游行方队北京青年政治学院500多名师生的食宿和后勤保障任务,全年未出任何问题,训练基地各种设施更趋完善,服务保障能力明显提高,社会作用、教育作用和经济效益显著增强。

(徐长华)

【"三战"工作扎实展开】 根据各单位人员变动情况对"三战"领导小组和各分队人员进行了调整,组织区委宣传部、广电中心、区卫生局、中医院、司法局、区法院等6家单位进行了"三战"演练,探索了各分队与顺义区电台、电视台、《顺义时讯》等区属媒体的协调配合,进一步提高了"三战"分队的实战能力。

(徐长华)

【"防事故、防案件"专项治理整顿工作】 年内,根据卫戍区"防事故、防案件"专项治理整顿工作总体部署,采取"拉网"清查、逐个整改、党委验收、全面提高的方法步骤,对武装部部人、车、枪、弹、密、火、自然灾害等七个方面进行了全面清理排查,对查找出的问题逐个进行了整改,彻底消除了各种安全隐患。

(徐长华)

【民兵武器装备仓库管理受到表彰】　6月份,对弹药库监控设施、通信设施、照明设施、应急设施进行了全面升级改造,重新修订了《军地联防应急预案》,加大了与110指挥中心、龙湾屯派出所、93562部队和66168部队的沟通联络,确保遇有突发事件能快速、高效处置。

（徐长华）

【保密工作】　5月份,对电脑、移动存储介质、各种秘密级以上文件进行了全面清理,对各种不合规定的行为进行了纠正,防止了各种失泄密现象发生。结合卫戍区"百日安全评比竞赛活动",对安全防事故工作进行了一次再查找、再整改、再提高。在全部上下的共同努力下,全年未发生任何安全事故,达到了卫戍区党委提出的"完成任务,不出问题"的总体要求。

（徐长华）

人民防空

【概　况】　2009年,顺义区民防局紧紧围绕顺义区的中心工作,以"保国庆、保花博、促和谐、促发展"为目标,坚持依法行政,服务基层,以"准军事化"建设为统揽,全面加强五大体系建设,各项工作整体稳步推进,民防建设呈现良好局面。

单位名称:顺义区民防局
地址:顺义区府前中街3号(顺义宾馆院内西侧)
电话:(010)69443202
邮编:101300
网址:http://www.renfang.bjshy.gov.cn/

（周涵钰）

【应急保障工作】　全力做好安全应急保障工作,确保国庆、花博成功举办。制定了《国庆平安行动—顺义区人防工程安全管理实施方案》,成立了人防工程安全管理工作领导小组,明确五项防控重点,层层签订责任书,为安全管理工作取得成效奠定了坚实基础;协助花博会主场馆审批手续,确保了主场馆人防专项工程如期竣工;7月21日,副区长赵贵恒带领民防局、建委等9家职能部门主管领导对顺义西单商场、西辛住宅小区地下车库及石园大鸭梨饭店等人防工程进行安全检查;民防局领导多次对重点工程进行抽查,执法人防工程116处,建筑面积189968平方米,停止使用工程2处,下发《责令限期改正通知书》5份,共发现并整改灭火器过期、疏散通道不畅等安全隐患11项;组建了人防信息网络专业队,是全市民防系统首创之举,也使顺义区战时人防专业队数量达到了8支;组建了民防应急救援队,除履行人防工程救援任务外,将会配合其他专业救援队伍,在一些突发事件及自然灾害等事故中发挥作用;9月初,利用裕龙小区一处人防工程建设一处应急物资储备库,已投入使用,为应对突发灾难事故提供了一定的应急物资保障。

（周涵钰）

【人防工程建设】　坚持依法行政原则,狠抓人防工程建设,全面提升城市防护能力。在结合城市建设修建人防工程的审批工作中,全年规划审批民用建筑项目数量及竣工认可工程量基本与去年持平。加大维改力度,对12个公用人防工程进行了维护维修,十一月中旬全面验收合格,实现了2008年已建工程战时投入使用率达到90%的目标。全年人防工程平时在用工程使用率达到43%,其中车库工程12个,建筑面积64593平方米,解决了1505个地下停车位,用于居住、办公工程10个。工程的平战结合日趋紧密,在满足战备功能需求的同时,平时工程利用的社会效应和经济效应逐渐显现。

（周涵钰）

【宣传教育培训建设】　一是借助大型活动，提高广大市民公共安全意识。举办“国际民防日”和“防灾减灾日”两次大型宣传活动，共设置公共安全知识展板40快，展示了现代化应急救援装备20余件，应急指挥车、应急抢修车6部，悬挂条幅标语20余条，发放了《倡议书》、公共安全知识材料14900余份。二是组织领导干部进行安全应急知识培训。开展了一次“走进民防”体验活动，68名学员参观了人防指挥所等现代人防工程。三是推进初级中学安全教育工作。2月24日，与教委共同召开了初级中学公共安全知识宣教工作研讨会；3月10日，联合北京市教育科学研究院教材发行中心和区教委在杨镇中学开办了一堂“安全应急与人防知识”观摩课。四是定期宣传防空防灾知识。利用焦庄户地道战遗址“民防宣传教育基地”、10个社区及3个街心公园的户外宣传栏及全区86块电子显示屏、“防空防灾信息网”的知识专栏等进行宣传。9月初，联合区应急办成立了顺义区后沙峪镇和光明街道裕龙五区两支基层民防应急志愿者队伍，并进行了“突发事件自救与互救”安全应急知识培训。

(周涵钰)

双拥工作

【概　况】　2009年，顺义区的双拥工作在北京市双拥工作领导小组的指导下，在区委、区政府的正确领导下，以争创全国双拥模范城“三连冠”为目标，进一步加大工作力度，坚持以全面落实优抚安置政策为重点，通过广泛、深入、扎实地开展拥军优属活动，进一步巩固和发展军政、军民关系，营造了良好的双拥氛围。2009年顺义区积极推动军民共建，协调驻顺部队维护社会稳定，参与环境整治。在六十年大庆活动中，我区共有33名顺义籍预备役方队战士参加了首都国庆阅兵，向世界展示了首都预备役战士的良好形象。驻顺部队官兵共1500余人次参与了安保和后勤保证工作。花博会期间，驻顺部队官兵共2000余人次参加了花博会环境治理和安保工作，为顺利举办花博会做出了积极的贡献。两节期间，顺义区委区政府本着“面对基层，服务士兵”的宗旨，共为驻顺部队送去了价值50余万元的慰问品，受到了部队官兵的热烈欢迎。

单位名称：顺义区双拥办公室
地址：顺义区石园北区东侧
电话：(010)69433708
邮编：101300

(衣　磊)

【军地座谈共商双拥大计】　区委、区政府主要领导十分重视双拥工作，坚持把双拥工作作为涉及长远的大事，把双拥工作纳入区委、区政府的重要议事日程。年初专门召开了军政座谈会，2月25日，区委常委、区武装部长、区双拥办主任王国增、区武装部政委于凤春、区民政局局长刘庆顺、区民政局调研员白润民以及驻顺14家部队相关领导参加了此次座谈会，大家欢聚一堂，共叙军民鱼水情，共商双拥工作大计。

(衣　磊)

【双拥活动形式多样】　春节期间，顺义区各镇、街道办事处、各单位纷纷开展形式多样的双拥活动：区财政局、区体育局党组班子成员对本单位离退休老军人分别进行了重点走访，并送去慰问品和慰问金；龙湾屯镇于2月13日召开军烈属座谈会，会上对08年双拥工作做了总结，并对09年双拥工作做了具体计划。镇领导还走访慰问了优抚对象和驻镇部队，为他们送去了节日的问候和慰问金，使广大官兵和优抚对象切实感受到镇政府镇党委的关怀和厚爱；旺泉街道组织优抚对象参加了西辛一社区第三届邻里节活动，通过参与扭秧歌、小车会、旱船、包饺子、智力拼图游戏、猜谜语等传统互动节目，使他们渡过一个安乐、祥和、愉快的节日。“八一”前夕，顺义区双拥工作领导小组办公室下发了《关于认真做好“八一”期间双拥工作的通知》，要求各单位各部门积极行动起来，充分整合社会资源，帮助部队解决军事训练遇到的实际困难，以实际行动树立人民军队威武之师、文明之师的良好形象，营造了全社会关心支持国防建设、积极投身双拥创建活动的良好氛围：光明街道于7月24日在66055部队礼堂举办了一场以“庆八一、迎花博、同贺华诞”为主题的文艺演出。演出节目丰富多彩、形式多样、军民同乐，既有辖区居民表演的歌曲、舞蹈，也有66055部队官兵的武术表演，整场演出气氛祥和热烈，高潮迭起，掌声不断，军民鱼水之情得到进一步加深。另外，仁和镇和林河开发区等分别与武警十支队、空司训练大队多家部队进行了军民同乐文艺表演，军民一起唱响了新时代的鱼水欢歌。

（衣　磊）

【两节期间送温暖】 今年两节慰问，我区本着“体现政府关怀，满足部队需要”的宗旨，在慰问之前征求部队意见，根据部队需求制定慰问方案。春节期间，区相关领导、区双拥办带着区委、区政府的深情厚意把总价值37万元的猪肉、食用油和饮料等慰问品送到了军营。表达了党和政府、顺义人民对子弟兵的深切祝愿和关爱，受到了部队官兵热烈欢迎。“八一”前夕，当得知部队缺少洗衣机的情况，区委区政府立即出资20万元，购买了90台洗衣机，由顺义区委常委、武装部部长王国增、政委于凤春、区民政局局长刘庆顺等主要领导组成慰问团，对驻顺十四家部队进行走访慰问，受到了部队官兵的热烈欢迎。区委、区政府主要领导及有关部门也组成慰问团分别走访慰问了驻顺各部队官兵及老复员军人、伤残军人、参战参试人员、烈属等优抚对象，据不完全统计统计，全区在“八一”期间慰问资金近300万元。

（衣　磊）

【退役士兵安置】 2009年，顺义区共接收退役士兵231人，城镇退役士兵中有110人选择了自谋和自找工作，自谋职业率达到63%，发放自谋职业补助费404万元、待安置期间生活补助11.767万元，并为农村退役士兵发放自谋职业补助费53万元，231名退役士兵全部得到妥善安置，完满完成了2008年度退役士兵的安置工作。

（衣　磊）

【为优抚对象排忧解难】 顺义区高度重视优抚工作，加大工作力度，充分利用现行政策，积极为优抚对象排忧解难。解决优抚对象生活难、医疗难、住房难问题。2009年，顺义区共帮助重点优抚对象解决住房难115户人次，建房总面积共达约7000平方米，支出资金达621万元；为优抚对象减免医疗费用554万元，共计4330人次；解决临时救助49人次，支出资金共27200元。

（衣　磊）

【建设第二故乡】 顺义官兵视人民为父母，把驻地当故乡，不断强化“驻顺义、爱顺义、建顺义”的宗旨，发挥优势，积极参加顺义的各项建设。2009年，驻顺部队近千名官兵投身第二故乡建设，积极参加城市治污治乱、绿化美化，帮助清理乱堆乱放、白色渣土9000多平方米，义务植树12000棵。驻顺部队参加了“喜迎盛世花博，共建绿色家园”春季植树活动和燕京啤酒节、花博会以及国庆安保工作。

（衣　磊）

【国防教育】 为搞好全民国防教育，区双拥工作领导小组联合区广电中心赴山西运城、晋中等地采访了顺义籍战士，制作了电视专题片《军旗下的顺义儿女》，在“八一”和征兵宣传周期间播出后，社会反映较好。对国防教育一条街进行了维护。利用焦庄户地道战遗址纪念馆、66055部队师史馆、国防教育一条街等国防教育基地,对社会群众、院校学生、现役军人、企事业单位职工进行了潜移默化的国防教育,全年共有72000多人到国防教育基地参观见学,进一步增强的人们的爱国意识和国防观念。

(衣　磊)

综合经济管理

发展与改革

综 述

2009年，面对金融危机带来的严峻复杂的发展形势，区委、区政府主动出击、从容应对，带领全区人民坚定信心、共克时艰，坚决贯彻“保增长、保民生、保稳定”决策部署，努力化挑战为机遇，有效遏止了经济下滑态势，出色的完成了年初确定的目标任务，保持了区域经济社会平稳快速发展。

扩内需保增长成效显著，区域经济企稳向好。全年完成地区生产总值690.2亿元，同比增长27.2 %，三次产业比重为3.1:43.1:53.8。财政实力不断增强，属地财税收入完成218.8亿元，同比增长15.4%；地方财政收入完成85.2亿元，同比增长13.9%；一般预算收入完成48.1亿元，同比增长16.6%。社会消费品零售额完成155.2亿元，同比增长16.7%。全社会固定资产投资完成343.9亿元，同比增长34.9%。实际利用外资额完成3.96亿美元，同比增长3.6%。城乡居民收入同步提高，城镇居民人均可支配收入完成23179.5元，农村居民人均纯收入完成11648元，同比分别增长8%和12%。创新能力持续增强。新增注册商标1012件，中国驰名商标1件、北京市著名商标2件。新认定高新技术企业37家，新发展国家级技术中心2家、市级技术中心1家，积极鼓励企业建立研发机构，新发展市级研发机构3家，11家企业21项产品纳入北京市自主创新产业目录。

花博盛会圆满成功，城市形象大幅提升。展前精心准备，全区上下齐心协力，完成了主展馆、室外展区和国际鲜花港、和谐广场等三大功能组团以及各项配套基础设施建设，打造了标志性建筑景观，建设规模、档次均创历届花博会之最。展会运行精彩纷呈，市区两级63家“一对一”服务单位、850名展会志愿者和1万名城市志愿者，为各代表团筹展、布展及撤展提供全程跟踪服务。展会汇聚了31.4万件国内花卉精品及6万件境外特色展品，参展花卉新品种3299个，共接待观众180万人次。新闻宣传成效显著，先后接待境内外媒体130余家、记者700余名，在市级以上媒体刊播花博会新闻3300余篇，广泛传递了花博会的独特魅力，大大提升了新城的整体形象。提前谋划“后花博”发展，坚持“以会兴业、以花富民”，着力释放花博会拉动效应，推进展馆资源后续利用，挖掘花博会品牌效应，延伸花卉产业链条，招商引资、会后经营等各项工作有序进行。

临空经济区建设力度加大，发展后劲持

续增强。综合保税区封关运营。顺利通过国家十部委验收,起草了《北京天竺综合保税区管理办法》,编制了《北京天竺综合保税区政策汇编》,研究制订了《北京天竺综合保税区发展规划(2010－2015)》,明确了现代物流、保税加工、特色金融等七大主导发展产业。成功引进美国GE、强生、通用电气等10家国内外知名企业入区开展报税业务,吸引了东航北京基地等13家企业入区经营。园区建设稳步推进。空港经济开发区成为第二批市级生态工业园,空港C区开发建设进一步加快。林河经济开发区、汽车生产基地发展空间进一步拓展。物流基地、国门商务区土地一级开发工作进展顺利。新国展举办展会15个,接待观众超过75万人。印刷基地、临空国际、板桥创意天承产业基地等产业功能区基础设施建设加快推进。成功举办燕京啤酒节、世界航线发展论坛、京港洽谈会等十余次招商推介会,引进了中航工业、中国出版集团和中瑞汇丰国际融资租赁、首都机场资产管理等一批重大项目,为区域经济发展注入了强劲新动力。中航工业建设论证、立项和规划等前期准备工作全面启动,基础设施建设有序进行。北京汽车研究总院、国家汽车质量监督检验中心、金蝶软件、民生银行等重点项目相继开工建设。北京航空产业园正式启动与市科委共建北京非晶科技产业园。

城乡建设加快推进,发展环境明显改善。新城建设稳步推进。新完成村庄规划133个,在全市率先实现了新城街区和各镇中心区控规全覆盖。轨道交通M15号线建设进展顺利,高架段铺轨工程如期完工;白马路二期、顺通辅路与京承铁路平改立、顺于路至京承高速连接线等道路建设已经完工。公共服务环境不断改善,六大中心建设加快推进。以金融产业为重点、以总部经济为特色的新城马坡组团规划建设取得积极进展,市政基础设施建设全面展开,招商引资成效显著,北京银行后台处理中心正式签约,新增杭州银行、光大银行等9家金融机构入区发展。新农村和重点镇建设加快推进。新农村"五项基础设施"和"三起来"工程加快推进。高丽营镇核心区市政基础设施建设率先启动,于庄村拆迁顺利完成。围绕"四个中心"建设,农业结构调整深入推进,6.5万亩农业基础建设及综合开发成效显著,花卉苗木面积达到1.6万亩,新增设施面积1万亩。全年农村经济营业收入和营业利润分别达到695亿元和39.7亿元,同比分别增长27.1%和22.6%。

积极探索创新机制,深化各项改革。投融资体制改革取得实效。积极拓宽投融资渠道,成功发行全国首只中小企业集合票据产品,融资2.65亿元;深入开展银政、银企合作,积极履行与工行、农行、建行等7家银行签署的680亿元授信额的合作协议;新型金融体系建设不断推进,小额贷款公司、创投基金等新型金融机构建设取得初步进展。国有资产监管水平不断提高。研究拟定了《顺义区国有企业重大投资管理暂行办法》,严格确定重大投资范围,加强了对企业投融资、担保、合同管理监督。成功组建国有资本经营管理中心,一期25亿元企业债券即将发行。财政体制改革进一步深化。区镇财政管理体制改革、国库集中支付改革、行政事业单位工资统发改革等各项工作不断完善,财政资金使用效率稳步提升。农村改革不断强化。新完成47个村集体经济产权制度改革,新增土地流转面积1.2万亩。

社会建设力度不断加大,发展成果共享水平切实提高。社会事业全面发展。教育教学质量不断提高,普通高考升学率和高中阶段教育普及率分别为91%和99.82%,职业学校学生就业率达到100%,启动了牛栏山一中、张镇小学校舍安全工程。医疗卫生服务水平不断提高,针对甲型H1N1流感采取"外堵输入,内防扩散"的防控措施,监测和应急防控工作取得良好成效。新型社区卫生服务体系初步建立，社区卫生服务机构累计销售零差率药品6000万元，让利百姓达2100万元。公共文化服务体系不断完善，农村数字电影放映厅、文化资源共享等七项文化惠民工程实现了全覆盖。全民健身活动广泛开展，第六届全民健身体育节成功举办；社区和农村健身工程普及率达到100%。竞技体育水平不断提高，全运会夺得2金1银。就业和社会保障水平不断提高。城乡劳动力统筹就业深入推进，城镇登记失业率控制在1.02%，农村劳动力二三产业就业率达89%；五项社会保险参保人数和基金收缴同步提高，"一老一小"大病医疗保险深入推进。城乡最低生活保障和救助水平进一步提高，城市和农村低保标准分别提高到月人均410元和年人均2530元，住院医疗和大病救助标准分别提高到3万元和5万元。

单位名称：顺义区发展和改革委员会
地址：顺义区府前中街3号
电话：(010)69441363
邮编：101300
网址：http://www.shyjw.gov.cn

（孙迎春）

国有资产监督管理

综　述

2009年，顺义区国资委在区委、区政府的正确领导下，深入落实科学发展观，紧紧围绕全区经济社会发展大局，以《中华人民共和国企业国有资产法》的贯彻实施为契机，牢牢把握"抓基础、促发展、创和谐"的工作主线，积极探索国资监管工作的有效途径，进一步明确职责，切实加强制度建设，深入开展国有资产基础管理年活动工作，加强了业绩考核、重大事项管理、干部教育培训等工作，国资监管工作有序开展，国资监管工作依法、依规、有序向前推进。国资委系统企业克服了国际金融危机的不利影响，保持了国有经济平稳健康发展，企业经营业绩稳步增长。

一、国有资产总量与结构分析

截止2009年12月末，国资委系统23家企事业单位资产总额321.8亿元，负债总额186.6亿元，所有者权益112.7亿元。实现销售收入329亿元，利润20.9亿元，上缴税金35.3亿元。国有资产经营实现超预期增长。全系统资产分布情况是：

按行业分布：工业企业10家，资产总额215.6亿元；建筑业企业4家，资产总额15.4亿元；批发零售业企业7家；资产总额26.8亿元；房地产业企业2家，资产总额63.2亿元。

按所有制结构分布：全民所有制企业16家，资产总额289.1亿元；集体所有制企业7家，资产总额31.9亿元。

按企业规模分布：大型企业8家，资产总额286.9亿元；中型企业9家，资产总额16.1亿元；小型企业6家，资产总额18亿元。

二、国有资产监管概况

（一）国有资产监管制度体系进一步完善。

制定、完善并以顺义区政府名义印发了《顺义区国有企业重大投资管理暂行办法》（顺政发〔2009〕51号）、《顺义区国资委监管国有集体企业负责人年度业绩考核办法》（顺政发〔2009〕53号）等区级重要规范性文件，下发了《顺义区国资委关于开展"国有资产管理基础工作年"活动的实施意见》（顺国资发〔2009〕11号）、《顺义区国资委关于委托国有资产审计评估社会中介机构暂行办法(试行)》(顺国资发[2009]17号)和《关于加强企业租赁合同管理工作的通知》(顺国资发〔2009〕19号)等多项国资委文件。

(二)国有资产监管重点工作不断加强。

"基础管理工作年活动"成效明显。2009年,顺义区国资委开展了"国有资产管理基础工作年"活动。做到了有实施方案、有重点要求、有检查考核。通过活动推进了企业在重大事项科学民主决策机制、国有资产运行统计评价制度、国有资产审计制度等十方面基础工作的规范和完善。年末评选出8家基础管理工作先进单位予以表彰和宣传。

国有资产统评审计体系不断完善。经顺义区政府的授权,把顺义区14个经济功能区纳入统计分析范围,并且在统计主要经济指标的基础上,增加了对系统企业重要财务信息、投资、重点工程等方面内容的重点监控和跟踪分析,较为全面地反映了区属国有经营性资产的动态信息。抓住国有资本运营中审计、评估等关键环节,制定印发了《委托国有资产审计评估社会中介机构暂行办法(试行)》,充分发挥社会专业中介机构在资产审计、评估等方面的作用,确保了国有资产审计与评估工作依法依规健康有序开展。

国有资产产权管理工作有序推进。进一步规范了国有资产登记、评估、处置等业务的申报、审核和批准程序,加强了对资产处置和产权转让过程的监督。规范了上市公司股权管理,完成了大龙伟业、空港股份非公开发行股票的审核申报工作;进一步理顺了上市公司股权关系,办理了顺鑫农业的股权质押业务,以及顺鑫集团持大龙伟业上市公司股权的无偿划转工作。

国有资产运营法律风险防控体系不断完善。针对企业经营中出现的常见法律问题,下发了《关于加强企业租赁合同管理工作的通知》,加强了对企业经济合同的管理,提高企业依法维权意识。通过这些措施,积极防范国有资产运营中的经营风险和法律风险,国有资产运营安全得到有效保障。

企业负责人业绩考核体系进一步健全。2009年修订了《企业负责人年度业绩考核暂行办法》,修订的主要内容是:一是在抓经济工作的同时,突出国有资产基础管理工作,突出保障职工合法权益,通过抓基础管理工作的落实,实现保增长、保稳定、促发展的目的。二是修改了奖金计算方法,综合考虑企业行业特点、持续发展状况、政府重点工程完成情况等因素,总体评价企业负责人年度业绩,体现了公平。三是经济考核指标变化。考核指标由资本保值增值率、增加值、销售收入、万元GDP能耗改为上缴税金、年度利润总额和资本保值增值率,更能反映出企业的实际经济效益和对社会的贡献程度。通过修订,提高了业绩考核工作的可操作性,促进企业负责人收入分配的制度化、规范化。与此同时,还建立了企业负责人业绩档案,为国有企业管理人才的培养、选拔和任用提供了便利。

三、国有企业改革发展情况

(一)国有企业改革稳步推进。2009年7月初顺义区抓住市委、市政府建设创新投融资平台的机遇,成功组建了顺义区国有资产经营管理中心。推动国有企业管理创新取得显著成效。顺鑫农业等4家单位9个项目参加了第23届"北京市企业管理现代化创新成果"评选并获奖。燕京、顺鑫两家企业被顺义区政府评为"对地方经济有突出贡献的企业"。对传统落后企业北京市亿汇洋进出口公司实行有效托管,破解了企业历史遗留问题。

(二)国有企业发展与和谐社会创建有效结合。一是切实保障职工收入、扩大就业岗位。截至2009年12月末,顺义区国资委系统从业人员30705人,就业岗位总数和职工收入水平有了明显提高。二是确保企业运营安全稳定。重视企业安全生产工作和信访调解工作,及时妥善化解华塑公司、亿汇洋公司等国企改革改制中出现的群体性矛盾和问题，保障了职工权益。三是大力推动企业文化建设。引导企业把文化建设纳入中长期发展规划，积极组织企业参加“五月鲜花”等群众文化活动。着力打造企业文化品牌，截止2009年底，国资委系统企业拥有燕京、牛栏山、鹏程、牵手等中国驰名商标4件、北京市著名商标7件；燕京“啤酒节”、顺鑫农业“顺风、顺水、顺鑫游”的工业旅游项目在社会上产生了广泛影响。

（三）企业学习实践科学发展观活动和党风廉政建设落到实处。2009年，顺义区国资委系统企业开展了深入学习实践科学发展观活动。活动主题鲜明、成效突出，对促进企业科学可持续发展起到了积极作用。按照顺义区委统一要求，顺义区国资委在国有企业中开展了廉政风险防范管理，制定下发了《顺义区人民政府国有资产监督管理委员会关于加强廉政风险防范管理工作的实施意见》，开展了“四好企业”创建和评选活动，8家企业被评为2009年“四好企业”称号，构建了与现代管理制度相融合的具有国企特色的预防腐败工作机制。

单位名称：顺义区人民政府国有资产监督管理委员会
地址：顺义区仓上街AMB大厦A座7层
电话：010－89441232
邮编：101300
网址：http://www.gzw.bjshy.gov.cn

（栗　彦）

工商行政管理

【概　况】　2009年，顺义工商分局深入学习实践科学发展观，按照区委、区政府和市局工作部署，以服务区域经济发展为主线，扎实推进基础工作，不断加快科技创新，合理配置执法资源，强化市场监管与风险点控制，维护市场经济秩序。为促进区域经济发展，在应对国际金融危机影响中，深入解读政策内涵，及时了解企业诉求，搭建战略服务平台，全力拓宽企业融资渠道。为推进市场主体发展，营造宽松投资环境，倾力服务大型企业，助力新兴业态成长。为助推品牌强区战略，品牌经济论坛成功举办，指导帮扶企业争创驰、著名商标取得新进展。行政指导工作稳步推进，企业自律明显增强。广告、合同、电子商务监管力度进一步加强。食品流通许可管理工作严格依法推进，食品安全水平日益提升。商品质量严格抽检监测措施，有形市场管理日趋规范。依法监管、依法行政能力不断增强，市场秩序控制水平稳步提升。花博会及国庆服务保障取得圆满成功。消保维权体系进一步完善。良好的市场经济环境，促进了区域经济平稳较快地发展。本年度工商分局被评为北京市工商系统先进集体。

单位名称：北京市工商行政管理局顺义分局
地址：北京市顺义区仓上街8号
电话：(010)89448080
邮编：101300
电子邮箱：shunyi@baic.gov.cn

（马克海）

【为市场主体拓宽融资渠道】　为应对国际金融危机对企业的影响，工商分局在全市范围内率先将股权质押、商标质押、动产抵押和担保贷款等投融资措施捆绑运作，成功启动了以“携手开拓融资渠道，齐心助推企业腾飞”为主题的政、银、企战略合作项目。协助办理商标质押登记4件，贷款总额1.3亿元；完成股权质押登记10件，涉及金额1.25亿元；办理动产抵押23件，融资6.58亿元；通过担保公司并与多家银行协作配合，为800家企业和个体工商户争取贷款约1.6亿元。为促进就业共为农村村民、下岗失业人员、高校毕业生、退伍军人办理营业执照3865户,免收各项费用6.5万元。

(马克海)

【营造宽松的投资环境】 为推进市场主体发展,加强与各级地方政府和招商部门的联系与沟通,着重对全区19个镇、13个功能区储备的205个重大项目进行分析和研究,为促进招商引资奠定了基础。顺义区市场主体发展在经济危机的困境中企稳回升、逆市上扬,新设内资企业注册资本及实有注册资本同比涨幅排名均列全市第一位。市局登记注册权限下放后,在顺义核发营业执照的大型企业已有16家,注册资本总和108.28亿元。经协调市局,共向市局申请授权登记4件,办理外省市迁入登记2家,协助办理重点项目10个。为方便投资者注册登记,分局指派专人每日负责处理网登信息,印制了网登告知单免费发放给申请人,并将内容、网址在登记服务大厅的大屏幕上滚动播放。全年共办理网上登记2688条,同比增长97.3%,网登率为30.5%(不含个体),网登一次性通过率约为25%。此外,共办理企业改制登记12户。办理农民专业合作社53家,注册资本总额686.5万元,涉及农民成员721人。年内还办理主营花卉的各类市场主体127户,农民专业花卉合作组织3个。

(马克海)

【创新服务机制】 按照市局30条中关于"创办文化创意、科技企业可以注册在集中办公区"的文件精神,分局结合区内部分重点工业园区、乡镇招商引资部门的意见,形成并下发《顺义区人民政府关于企业集中办公区备案管理有关事宜的会议纪要》(顺政纪要[2009]38号)及《北京市工商行政管理局顺义分局关于印发顺义区企业集中办公区备案管理办法(试行)的通知》(京工商顺发[2009]20号)。为指导集中办公区建设,制作了《顺义区企业集中办公区制度汇编》,其中包含《企业集中办公区设立申请书》、《企业集中办公区变更申请书》、《企业集中办公区检查制度》、《企业集中办公区检查处理意见》等工商部门相关文件。协助集中办公区主办单位制订了《企业集中办公区工作职责》、《企业集中办公区分时使用会议室管理制度》、《集中办公区入驻企业档案管理制度》等较为完备的各项规章制度。南法信企业集中办公区已作为顺义区首家试点单位正式启动,入住企业28家。

(马克海)

【市场主体增减情况】 2009年顺义区共新增各类市场主体9101户,与去年同期相比增长7.1%。其中内资企业2203户,注册金额1256980.5万元,同比增长1.9%和269.2%;外资企业65户,注册金额11695.7万美元,同比下降45.8%和增长56.6%;个体工商户6833户,注册金额33333万元,同比增长17.1%和3.1%。

(马克海)

【电子验印系统】 为确保登记申请材料内容的真实性,充实完善电子验印系统。在2008年采集各镇政府、开发区公章印模的基础上,将采集范围扩大至各村委会、居委会,以及各企事业法人单位,形成覆盖全区的采集网络。共采集公章印模360枚,受理人员日均验印20余次,发现加盖伪造乡镇政府印章、行政许可部门印章行为14起。

(马克海)

【企业用工采集系统】 为充分发挥企业用工系统促进就业工作,根据顺义区的实际情况,进一步完善与区劳动局、人事局实现多点信息互联运转。年内共采集录入用工信息904条,岗位1449个,招聘人数7361名,匹配单位270个,匹配岗位318个,匹配人数3142人。

(马克海)

【积极推进品牌强区工作】 在以花博会为契机,向世人展示顺义品牌强区形象的同时,紧扣"品牌经营管理年"这一主线,重点加强了对驰名、著名商标争创企业的帮扶和指导。

年内新增注册商标1012件，注册商标总量达到3996件，新增北京市著名商标2件，中国驰名商标1件。全区已拥有北京市著名商标34件，中国驰名商标10件，区政府对驰、著名商标的奖励金额达1300万元。年内品牌经济论坛成功举办。论坛以促进地方经济发展、服务企业品牌创建为立足点，邀请资深品牌研究学者、品牌营销实战专家与驰、著名商标所有权人深入探讨品牌发展与应对危机的关系，参与企业达上百家，驰、著名商标企业和百强企业代表等500余人参加品牌论坛会。

（马克海）

【创新公共服务产品】 以公示工商信息为载体，提供公共服务产品，惠及百姓生活。在原有社区宣传橱窗、公示栏、公示牌的基础上，积极探索信息发布新模式、新手段，开展“信息服务进社区”行动。成功协调城区3家大型商场和37个社区利用现有的电子显示屏对工商信息进行滚动播放，实现了对现有社区的全覆盖。通过短信平台和社区电子显示屏等渠道共发消费提示、食品下架、合同指导和高风险行业、欺诈性营销方式等各类信息15000余条，受众达数十万人，引导公众主动防范市场风险，提振消费信心。

（马克海）

【重大活动服务保障】 在顺义举办的“中国第七届花卉博览会”中上门指导、受理各种展会期间的业务咨询以及业务办理，并派专人住会保障。对市场秩序的监管重点加强风险点防控，以网格化监管体系为依托，建立健全《网格基础数据台账》、《注、吊销数据台账》和《无照经营台账》，并以此为据开展风险点的评估、监控、预警和处置工作。共确定风险点188个，实现了对辖区市场主体全覆盖、有重点、差异化的监管。先后采取全员停休上岗、点面统筹推进、强化技术支撑、确保快速反应和加强监督指导等具体措施，为花博会提供服务保障。累计检查各类经营主体73962户次；快速检测食品样本2548件，总体合格率98.9%；查处各类违法经营行为735起，罚没款298.3万元；做出各类行政指导15700余件，发放各类宣传材料3万余份；各督导组先后开展督导检查96次。分局综合执法平台共流转处理相关工作信息344条；累计编辑上报《花博会服务保障专刊》16期。分局被北京市第七届花博会筹委会指挥部授予“最佳服务保障奖”。

（马克海）

【依法履职】 为维护市场经济秩序健康有序运行，依法履行工商行政管理职能，共查处各类经济违法案件3093起，罚没款总额506.8万元，其中一般程序案件413起，罚没款491.8万元；简易程序案件2680起，罚款15万元。全年共查处取缔无证照经营1511户，其中关停1162户，疏导办照163户，立案186起，罚没款合计115.5万元。

（马克海）

【防控传销】 根据上级打击传销防控工作要求，及时以顺义区打击传销办公室的名义给各成员单位下发了(顺打传办发[2009]1－5号)5次文件，极大推进了打击传销工作的制度化、规范化、法治化进程。年内先后开展形式多样打击传销宣传活动25次，发放宣传资料2.2万份，及时发现涉嫌传销行为3起，驱散涉嫌人员500人，有效维护了社会和谐稳定。

（马克海）

【红盾护农】 为严防坑农害农行为发生，分局先后自筹资金抽样送检农资样品30样次，立案查处农资案件5起，罚没款20万元。加强农村地区家电市场监管，对农村地区经营面积在100平米以上的大中型超市、商店、便利店销售的家用电器开展专项质量监测，共抽取49家生产企业的50件家用电器进行检测，对17家经营户销售的30个品牌不合格家用电器进行了立案查处，扣押不合格商品34件。

（马克海）

【广告监管】 为严防发布虚假广告损害消费者权益,分局先后分3批完成了对170家广告公司从业人员的培训工作。年内累计监测固定形式印刷品和杂志类广告642条次、电视类广告3083条次,对42件问题广告进行了口头告诫。户外广告专项整治工作,共检查经营性户外广告牌127块,规范其他自设性户外广告2738块,对74块不规范户外广告进行了清理,拆除。

(马克海)

【网络交易监管】 为规范网络经营,有效遏制网上违法交易,全年共发现互联网涉嫌违法线索17条,办结涉网案件10起,罚没款14.6万元。

(马克海)

【合同监管】 通过推行展会知识产权保护、婚纱摄影、民俗旅游等13种合同示范文本,进一步规范了签约履约行为。全年共发放各类合同文本7万余份,调解合同争议56件,争议金额510万元。

(马克海)

【行政指导】 全年累计开展行政指导20455次,其中抑制类行政指导16977起,调停类行政指导406起,助成类行政指导60起,责令改正3012起。行政指导工作的持续推进,对服务区域经济发展,保障市场经济秩序健康有序运行发挥了重要作用。

(马克海)

【消保维权】 通过加大对高风险消费信息的监测力度,及时汇集群众反映突出的热点问题,为市场监管决策提供了有力支持。全年共受理消费者投诉429件,办结率96%,为消费者挽回经济损失23.9万元;受理群众举报673件,办结率94.8%,立案查处117件,罚没款57.2万元。

(马克海)

【有形市场规范管理】 为落实《北京市有形市场管理规范》,年内对辖区市场首次实施分级分类监管。强化对有形市场食品和商品的准入制度,有效促进了企业商品质量自检制度的完善。全区49个有形市场中,其中A级市场17个,占总数的34.4%。

(马克海)

【食品安全】 以贯彻落实《食品安全法》为主线,不断完善食品监测与快速检测机制,加大对消费量较大、风险较高食品的监测力度。全年共检测食品样本3056个,合格率97.2%,对87种不合格食品采取了下架处理。城区内4家大型商场的自检室共检测样品1711件,合格率97.7%。工商部门食品流通许可证的审核发放自7月1日开始,按照依法、公开、便民、高效的原则,共接待食品流通许可咨询、申请3084件,为976户食品经营者发放了食品流通许可证。为保障食品安全,规范食品经营行为,共立案查处食品类案件40件,罚没款44.9万元。在庆祝建国60周年庆典活动期间,顺义区共有5家食品生产企业为国庆阅兵村、观礼台和群众游行、背景表演等群体提供食品。区食品办为此专门制定了《国庆定点供应企业驻点监控工作方案》,并协调成员单位积极采取抽调人员驻点监控、加强抽检检测、定期沟通会商等措施确保供应工作万无一失。在此期间,5家供货单位累计供应鲜猪肉336吨,熟食32吨,鸡肉及相关产品281吨,饮料、矿泉水16894箱(桶);抽检肉食样本488件,饮料制品样本8批次,所供应的食品无一差错。在市国庆60周年食品安全保障工作总结大会上,顺义区被北京市食品安全委员会授予"食品安全保障工作先进区县"的称号。

(马克海)

【食品检测分中心成立】 2009年9月,北京市工商局商品质量与食品安全监控中心顺义分中心建成并投入使用。中心共有专业技术人员6人,其中硕士2人。实验室建筑面积约600m2,分析仪器设备19台。工作运行后,共抽取水样59个,样本涵盖42个品牌。全部样本中,合格样本56个,不合格样本3

个,总体合格率为94.92%。抽取小麦粉及相关制品样本102个,样本涉及顺义、密云、海淀等六个区县的超市、批发市场、农贸市场、馒头铺等地。检出不合格样本1个,总体合格率99.01%。食品检测分中心的建立,为“迎国庆、保花博”工作提供了可靠的技术支撑。

(马克海)

财　政

【概　况】 北京市顺义区财政局是顺义区政府领导下的主管本区财政收支和财政监督工作的职能部门。设17个行政科室:办公室(法制科)、人事教育科、预算科、国库科、教科文科、社会保障科、行政政法科、农业科、农业综合开发办公室、综合科、财政监督科、行政事业资产管理和绩效考评科、企业科、会计科、城建科、政府采购办公室、金融管理科。下属15个事业单位:国库支付中心、财政监督检查所、财政绩效考评中心、预算编审中心、会计人员服务中心、财政投资评审中心、政府采购中心、国有资产经营中心、信息中心、机关后勤服务中心、投资引导基金管理中心、土地整理储备所、财会培训中心、中华会计函授学校顺义分校

单位名称:顺义区财政局

地址:顺义区新顺南大街17号

电话:(010)69443287

邮编:101300

(孟元贺)

【财政收支】 2009年,区财政部门深入学习实践科学发展观,全面贯彻落实“保增长,保民生,保稳定”的各项决策部署,充分发挥财政职能作用,有力的支持了全区各项改革和重点工作。全年财政收支状况良好,全区属地财税收入完成218.80亿元,同比增收29.23亿元,增长15.4%;其中实现地方财政收入85.23亿元,同比增收10.40亿元,增长13.9%。财政支出完成123.94亿元,同比增加29.08亿元,增长30.7%。

(孟元贺)

【统筹资金保障花博会举办】 年内,积极服务和保障第七届中国花卉博览会北京展区各项活动顺利举办,构建便捷、安全的资金保障机制,打造科学、系统的全方位服务模式,统筹协调各类花博会资金,全力确保花博会场馆建设工程及其他配套工程的资金需要。

(孟元贺)

【完善市与区县分税制财政管理体制】 按照北京市财政局进一步完善市与区县分税制财政管理体制的工作部署,切实落实体制完善各项措施。科学、细致、客观地编制新体制财力预算,确保各项下划事项落到实处,提高资金使用效益。统筹使用下划财力与顺义区事业发展资金,重点用于加大市区两级重点、实事工程资金和民生社会事业投入。

(孟元贺)

【部门预算改革】 坚持“量力而行,适度超前,勤俭节约,过紧日子”的指导思想,本着“对发展支出要科学有效,对民生支出要充足合理,对政府部门支出要厉行节约”的原则,进一步优化财政支出结构,保证重点支出需要,严格控制一般性支出,有保有压,从严从紧编制各项支出预算。加强对镇级预算管理的指导和培训,规范镇级财政管理,强化聚财、理财能力,逐步提高镇级预算编制水平。强化预算管理和财政监督,加强国有资产管理,提高资金使用效益,促进全区经济社会协调发展。

(孟元贺)

【国库集中支付改革】 以财政综合业务系统为依托,积极稳妥推进国库集中支付改革。逐步扩大国库集中支付改革范围,将全区74

家一级预算单位和86家二级预算单位纳入集中支付范围,全年共直接支付各类财政性资金38.85亿元。完善制度体系建设,改革资金拨付流程,提高日常拨款的计划性、规范性;不断升级财政综合业务系统,形成了包括预算指标管理、用款计划控制、支付申请及审核、支付结算及资金清算、会计核算等各环节紧密相连的国库支付管理体系。

(孟元贺)

【政府采购】 不断推进政府采购科学化精细化管理,创新政府采购管理工作新机制,扩大政府采购范围和规模,规范采购工作规程。加大对货物类和服务类采购项目的管理力度,对小额度分散采购项目进行捆绑采购。研究工程建设类项目采购监管范围及标准,提出实施工程建设类项目政府采购的流程和具体步骤。完善政府采购预算、程序、采购项目运作,加大对政府采购各环节的监督力度。

(孟元贺)

【财政监督检查】 认真贯彻相关法规条例,进一步加强对财政内部监督和财政资金监管,对年初预算的执行实行全程监控,并对财政社保资金及部分项目进行重点检查,确保财政资金的使用安全和效率。以制度规范为基础,建立健全预算编制、执行、监督、绩效考评四位一体的财政资金管理模式。以日常检查与专项监察相结合为手段,建立健全事前审核、事中监控、事后检查的全过程的动态监督机制。强化资金绩效管理,在保障资金安全的基础上,加强对资金使用效益的监督检查。完善内部监督和外部监督相结合的检查机制,充分发挥外部监督的作用。

(孟元贺)

【会计监管】 认真贯彻执行《会计法》,将会计监管与会计管理、预算管理、财务管理、国库集中支付管理以及财政监督等工作有机结合起来,惩戒会计违法违规行为。稳步推行会计工作规范化、标准化、电算化管理,全面提高会计信息质量。加强会计基础工作,努力推进内部控制制度建设,促进区属单位内部制约机制不断完善。

(孟元贺)

国家税务

【概　况】 2009年,税收收入1101172万元,同比增加227598万元,增长26.1%,其中两税收入再创新高:增值税完成508025万元,同比增加181423万元,增长55.5%。消费税完成267963万元,同比增加98180万元,增长57.8%。组织地方财政收入252894万元,同比增加26847万元,增长11.9%。加强入户调研。局领导班子按职责分工与税源大户结对联系,深入企业听取情况,对企业经营和纳税情况进行摸底和政策指导。税务所按辖区对乡镇经济税源情况进行监控管理。做到有秩序、有重点、有落实。二是加强收入分析,提高预测准确度。一方面进行全区形势分析,做好经济与税收趋势预测,为市局和区政府正确决策提供信息;另一方面分析企业具体情况,重点掌握大型企业和重点税源户的生产经营和财务核算情况,对企业经营发展趋势、预期走势进行判断,深入剖析各税种增减变化的原因,认真研究征管对策。三是加强征管,堵塞漏洞。定期核对工商信息,清理漏征漏管户;定期与地税进行信息交换,加强双管企业收入比对工作,比对不符企业及时补缴税款;加强欠税催缴,清理往年陈欠,避免新增欠税;做好稽查工作,将低税负企业纳入稽查工作,对常年税负低的小型企业作为重点稽查对象,使企业税负达到一个真实、合理的水平。四是加强减免退税审批。加快增值税一般纳税人和减免税政策审批,提高所得税优惠政策审批效率;加快税务登记、发票审批及认证;加快出口退税审批,简化程序,完善手续。五是加强沟通,协调合作。积极与乡镇、工业园区联系,与工商、地税协调,了解区域经济发展和企业经营的难题,共话帮扶解决措施,定期召开税收分析会,及时监控收入进度,牢牢把握组织收入的主动权。通过这些深入细致的工作,实现了依法征税、应收尽收,为2009年组收工作提供了保障。

单位名称:顺义区国家税务局
地址:顺义区府前东街7号
电话:(010)69462203
邮编:101300
网址:http://shunyi.bjsat.gov.cn

(翟琳娜)

【落实税收政策】 2009年,我局认真贯彻落实新修订的增值税条例及流转税各项新政策、确保新企业所得税法顺利实施、根据国家政策及时调整出口退税率。做好政策效应的反馈和对收入影响的测算,对税制改革前后的税收数据进行对比分析,全面掌握新税法实施过程中的动态变化,为上级决策服务。同时还积极为纳税人服务,做好税制改革与新旧政策调整的宣传、培训、辅导与衔接工作,调整新的审批方式和时限,给纳税人以最大便利。采用调查问卷、企业座谈等形式,了解企业在执行新税收政策过程中遇到的难点、疑点问题,及时给予解答,保证国家的优惠政策切实落实到位。落实增值税转型政策。召开增值税重要政策变化交流会,全面学习资源综合利用、再生资源增值税政策以及增值税暂行条例及其实施细则等文件,加深对文件的认知度。配合相关政策出台,及时组成调查组,深入企业宣传、辅导,同时做好政策效应分析,了解政策实际执行效果,确保各项政策贯彻落实。完善所得税管理。认真开展核定征收认定工作,认定核定征收企业3389户,同比增加485户,增长16.7%。抓紧落实各项税收优惠政策,完成企业所得税减免税备案288户次,其中享受“从事农林牧渔业项目免征所得”的企业233户。共办理报批类减免税项目183户,其中,享受过度优惠政策的生产性外商投资企业177户。圆满完成2008年度汇算清缴工作,及时为374户企业办理了2008年度汇算清缴退税,退税金额15442万元,汇算清缴“五率”在全市排名中名列前茅。加快出口退税审批效率,办理出口退(免)税76665万元,同比增加20859万元,增长37%。其中,办理退税36778万元,办理免抵调库39887万元。审核免税出口收入4030万美元,办理出口货物免税3982万元,为企业开具代理出口货物证明284份,大大缓解了企业资金紧张的压力,增强了企业扩大出口的信心,有力地促进了地区外向型经济的发展。加强对大企业及非居民企业的精细化管理。完成2009年度关联申报工作,申报率达到100%。建立售付汇台帐,强化后续跟踪管理,全年共开具售付汇证明1033份,扣缴税款3.30亿元,同比增长35.2%。与地税局联合督导大企业自查,查补税款1156784.84元,滞纳金156266.51元,已全部入库。

(翟琳娜)

【四个服务】 根据国家税务总局的要求组建了首都机场税务分局,为临空高端产业功能区和中央国家机关服务。根据机场地区航空、金融、会展、综保等多种业态并存的特点,研究试点临空经济税收专业化管理与服务模式。同时承接全国税务系统会议交流联络工作,圆满完成总局布置的任务。和各级政府与主要工作部门建立了良好的沟通协调关系,积极为经济建设谏言献策,对综保区组建发展、汇源果汁收购案、产业发展布局和招商引资以及化解金融危机等方面提出税务建议,使国税在服务地方经济中发挥重要作用。逐渐形成了全局关心关注地方经济,搜集整理有价值信息,注重经济调研的风气,切实转变服务观念和服务手段。为地方经济化解金融危机,实现新的突破做出了积极贡献。在经济危机特殊之年，纳税服务工作突出了新特色。成立了纳税服务领导小组，深入基层了解企业的困难和需求，解答企业提出的政策问题。加强宣传，确保政策落实。根据重点企业特点，汇总有关税收减让和优惠政策，借助公告、网站、新闻、报刊等媒介进行宣传，并做好专门辅导和上门辅导，确保国家出台的各项政策落到实处，用到实处。加强服务，提高审批效率。加快增值税一般纳税人和减免税政策审批，提高所得税优惠政策审批效率；加快税务登记、发票审批及认证；加快出口退税审批，简化程序，完善手续。加强沟通，协调合作。与企业交流互动，采取走出去和请进来方式，为综保区讲解税务知识，邀请大企业给税务人员讲课，组织了青年干部到大企业实习工作，提高实际操作能力，实现对大企业有效管理与服务。建立健全纳税服务监督机制，聘请社会监督员进行调查暗访，定期对窗口部门进行检查，力争在执法水平、服务质量、解答问题能力、工作效率等办公软环境上有重大改善。2009 年，我局全程办事代理窗口办理税务咨询 12000 人次，行政许可 989 件，税务登记 224 件，一般纳税人认定 418 件、发票核定 1145 件；办税人员满意率达到了百分之百。在由市国税局委托市场调查公司，对全市国税系统纳税人满意度调查中，我局综合满意度名列全市第三名，高层纳税人满意度名列全市第二名。努力提升基层办公环境水平。改造税务所、申报厅的内外环境，8 个税务所办公楼改造和 6 个税务所院落、食堂和餐厅改造全部完成。加强后勤服务和医疗服务，提高干部职工的膳食水平和保健水平，解决了冬季取暖和医疗报销等问题的后顾之忧。

（翟琳娜）

【队伍建设】 2009 年，我局以队伍建设为重点，打牢基础，谋求发展，从政治思想教育、党风廉政监督、干部素质培养和职工文化活动等方面积极推动队伍建设，为履行组收职责和完成各项工作提供了保障。深入开展学习实践科学发展观活动见成效。我局自三月份开始，利用半年的时间，紧紧围绕“服务科学发展，构建和谐税收，打造一流国税”的活动主题，对照各方面的意见建议，对多项工作进行了整改提高，使全局党员干部的精神风貌和工作状态明显改观，获得了持续发展的动力，我局还被顺义区委评为学习实践科学发展观活动先进单位。在此基础上以学习实践科学发展观活动为契机，着重从基础工作和制度建设入手，逐步建立健全党员队伍建设、思想政治建设等各项工作制度，实现了党组理论学习制度化、思想政治教育工作经常化、党员队伍建设及思想政治建设规范化。党风廉政建设工作不断深化。建立党风廉政惩防结合的长效机制，召开党风廉政工作会，制定党风廉政和反腐败工作意见，明确廉政建设领导分工并签订责任书；召开廉政监督员会议，完善税检联席会议制度；建立行之有效的监督机制，定期组织廉政建设检查；继续开展多种形式的廉政文化建设，巩固廉政文化园地，发挥干部家庭助廉作用，开展“我为国税优化服务献一策”活动；举办以党风廉政建设为主要内容的演讲大会；开展“迎国庆、赞廉政”书法作品征集活动，把廉政文化建设与反腐倡廉教育工作有机结合，促进干部廉洁自律自觉性。干部队伍素质不断提高。本着以人为本、夯实基础、不断提高的思路，以制度为基础、以组织为保障、以教育为前提、以激励为手段。全局各项工作制度、管理制度和保障制度逐步建立完善，良好运行，还进一步要求各科室所也建立起相应制度，用制度约束人，用制度管理人，用制度激励人，确保各项工作高效运行。从机构设置、干部选任、岗位交流等方面进一步优化组织结构。成立稽查局和机场分局，规范机构设置，专业管理精细分工；补充中层后备干部人数，择优提拔正科级领导 4 名，副科级领导 15 名；对部分岗位人员进行了调整与交流，使各部门合理搭配。建立学习奖励制度,建立学习奖励制度,开展走出去、请进来的税务培训,先后举办了征收、管理培训班,所得税与财务会计培训班,鼓励全局干部参加会计资格考试和三师考试,与综保区和大企业交流互动,组织青年干部到大企业学习实践活动,取得良好效果。在全局范围内举行 X 系列考试,参加市局稽查人员考试并取得了优异成绩。通过以上工作,逐步建立起一支素质过硬、作风优良的干部队伍,为税务环境建设打下良好基础。税务文化建设丰富多彩。继续开展基层文化墙建设工作,积极开展税务文化交流,以"内强素质、外塑形象"为目标,以庆祝建国 60 周年和改革开放 30 周年以及我区举办花博会为契机,重点开展"爱国歌曲大家唱"、"歌颂祖国 60 周年和改革开放 30 周年"征文活动、"纪念新中国成立 60 周年,发展中的顺义、发展中的国税"专题摄影展、"走进北京现代,专题党日活动及走进国家大剧院艺术之旅专题活动等主题系列文化活动。积极开展各项职工健身活动及丰富多彩的文体活动,举办新春联欢会、庆"三八"定点投篮比赛和乒乓球比赛,进一步活跃全局干部、职工文化生活,增强团队精神和凝聚力。

(翟琳娜)

地方税务

【概　况】 顺义区地方税务局(以下简称地税局)于 1994 年 9 月 5 日成立,受北京市地方税务局和顺义区人民政府双重领导,在顺义区行政区域内行使地方税收管辖权。作为北京市地方税务局的派出机构,顺义地税局承担着辖区内营业税、企业所得税、个人所得税等十余个地方税费的征收管理工作。截止2009 年底,全局共有税务登记户 29562 户,其中国有企业 454 户,集体企业 886 户,私营企业 5767 户,个体工商户 14751 户,联营企业 7 户,股份有限公司 105 户、股份合作企业和有限责任公司 5131 户,外资企业 871 户,其它企业 1694 户。2009 年,地税局共组织各项税费收入 75.17 亿元,完成市局年度计划任务 72.8 亿元的 103.3%,同比增收 8.28 亿元,增长 12.4%,税收收入保持了持续、平稳的增长。

单位名称:北京市顺义区地方税务局
地址:顺义区新顺南大街 35 号
电话:(010)69446601
邮编:101300
网址:http://shunyi.tax861.gov.cn

(胡　月)

【学习实践科学发展观】 按照顺义区委第一批学习实践科学发展观活动的总体要求以及市局"优化地税发展环境年"的工作部署,顺义区地方税务局采取双轨并行的方式,研究制定了活动主题、实施方案,成立了活动领导小组,下设综合协调组、优化发展环境组、确保收入增长组,并在全局范围内开展了"学习实践科学发展观 加强领导干部作风建设,推进优化地税发展环境,确保税收增长年"活动,先后召开动员会、座谈会、民主生活会,邀请常务副区长王海臣同志作报告,认真分析、查找问题,征求各方面建议,为完善工作指明了方向,切实达到了"党员干部受教育、科学发展上水平、人民群众得实惠"的目的。同时,在"强作风、优环境、保增长"上下功夫,取得了丰硕的成果。首先,在内部,组织全局干部开展了"和谐地税、你我参与"调研工作会,形成了人人参与全局建设、人人关心全局发展的良好氛围;在外部,推出"大走访"活动,按照局领导、税务所所长、税收管理员分解了走访任务,并将"聆听心声、优化环境"问卷调查活动穿插其中,为了解企业需求,改进税收工作拓宽了渠道,实现了"强作风"的目的。

其次,通过完善帮扶制度、开展帮扶调研、落实帮扶政策,为部分企业及时解决发展面临的难题,帮助企业渡过了难关。全年累计走访企业1169户,解决问题366项,收到锦旗11面,得到了企业的广泛认可,取得了“优环境”的效果。再次,坚持依法征收、应收尽收的原则,将72.8亿元的全年税收任务作为硬指标,层层分解到税务所和稽查局,按照必保数和力争数加以要求,充分调动了组收工作的积极性,达到了“保增长”的目的。

(胡　月)

【税源监控体系不断完善】　扩大重点税源监控范围,将税额监控标准由100万元扩大到了50万元,使三级重点税源的监控总户数由2008年的502户上升至2009年的823户。在监控体系建设上,以科－所－税收管理员三级监控为主,同时积极拓展外部监控渠道,与区统计局、国土局、流管办等政府有关部门建立了稳固的联系机制,多角度获取税源信息。

(胡　月)

【宣传工作】　推出“个人出租房屋”等十期宣传卡,共计50万张,发放到全区各乡镇、住宅小区和商业区;与区广播电台联合创办《地税之窗》、《地税直通车》栏目,全年播出节目78期;与区电视台联合制作税收宣传动漫8集,并在黄金时间播放;邀请政策法规部门到街道讲解税法,并刻录成“零散税源税收知识讲座”光盘,放置到各个街道、社区、乡镇以及代征点;组织了22场1200余人次参与的“万人百场”税法宣传活动;制作了2010年税收宣传台历5万本,发放到相关单位与纳税人手中。这种以“走出去”为主的税收宣传模式,收到了良好的效果,受到了纳税人的普遍关注,进一步提升了纳税人税法遵从度。

(胡　月)

【征收管理工作】　为了推动协税护税工作顺利开展,加大对零散税源的管理力度,顺义区地税局自行组织了多种形式的培训、辅导活动,经过多方的共同努力,初步在全区19个乡镇以及6个街道办事处建立起了协税护税网络。同时,按照市局《欠税管理专职岗位试点工作实施方案》的部署,率先在系统内开展试点工作,本着“压陈控新”的原则,共计清理16户企业的欠税1285万元,使实际欠税规模减少了三分之一,欠税管理工作取得了实效。对非正常户、证件失效户进行大规模清理,严格实地核查,加强与国税、工商的信息比对,累计核实处理了1500余条第三方异常信息,有效提高了税源信息的准确性。结合税收政策、申报缴纳期限变动等情况,修订了《纳税人涉税事项告知书》,明确了纳税人的权利、义务以及应缴纳的税种,并陆续发放到纳税人手中;编写印制了《办税员手册》3万册,明确了征纳双方的法律责任、涉税事项办税流程和各税种基本规定,最大限度为纳税人了解办税流程、准确掌握税收政策、正确履行纳税义务提供指导,为纳税人提供便利。

(胡　月)

【税政管理职能作用突出】　对内,针对基层税收征管过程中遇到的疑难问题,采取《税政管理建议书》的形式及时答疑解惑,全年共印发7期,为税收管理员更加顺畅地开展工作提供了强有力的支持;完成了新的企业所得税、营业税、耕地占用税等法规条例的培训工作;自行印制《地方税收业务手册》10期,共计七千本,全部发放到干部手中,为干部提高管理水平、准确掌握政策奠定了基础。对外,加大对耕地占用税、印花税等小税种的管理力度,有效弥补了经济形势下滑造成主体税种减收的影响。认真分析房地产行业税收的走势,对房地产企业土地增值税清算情况进行全面调查;加强了与土地管理部门、占地乡镇、工业园区的联系,累计完成耕地占用税1.72亿元,同比增收1.63亿元;推进了印花税核定征收工作,累计完成印花税1.73亿元,同比增长77.2%。

(胡　月)

【纳税评估工作】 在做好日常评估工作的同时，有针对性地开展专项评估工作，将非学历教育机构、纳税信用A级企业以及注销税务登记户等企业纳入到专项评估中来，进一步扩大评估范围。此外，完成了对纳税信用A级以及C、D级企业的认定工作。全年共评估企业6915户，有问题率50%，入库税款及滞纳金7616万元。

（胡　月）

【稽查检查工作】 在与计统、税政、评估、征管部门进行事前沟通的基础上，逐步拓宽案源选取渠道，注重案源在乡镇、行业主管部门间的均衡分布，加强对重点行业、重点企业的立案检查，做到了点面结合、大小兼顾，稽查检查威慑作用得到了进一步发挥。同时，充分调动各方力量，对欠税企业进行分类管理，按照先大后小、先易后难、先正常户后非正常户的顺序加大欠税催缴力度。全年共对171户纳税人进行了税务检查，通过稽查入库税款、滞纳金、罚款共计5312万元。

（胡　月）

【法制监督工作】 在加大税收执法检查广度和深度的同时，加大对内部监督与行政处罚的调研力度，不断规范责任追究工作，努力防范和化解税务干部的行政执法风险。同时，不断强化税收法制教育，有效提高税务人员的法律意识和素质。

（胡　月）

【干部队伍建设】 能级管理工作稳步进行。在已经实施稽查人员能级管理工作的基础上，制定了《税收管理员岗位能级管理实施方案(初稿)》，完成了对符合条件的84名税收管理员的能级测评工作，并对认定结果进行了通报，税收管理员的《双项分类》管理取得了阶段性进展。更新知识培训有序开展。分两批组织全体干部在国家会计学院进行公务员更新知识脱产培训，培训课程包括财务报表分析、服从与领导的艺术、阳光心态与压力管理等内容，使全体干部开阔了眼界，丰富了知识，调整了心态，放松了心情，为更好地开展工作积蓄了力量。干部队伍得到合理储备与优化。根据市局统一要求，遵循公开、公正、平等、竞争、择优的原则，按照规定程序，确定了6名处级副职、38名科级正职以及37名科级副职后备干部人选，为干部管理的科学化、民主化、规范化打下了坚实的基础。此外，将一批德才兼备的优秀干部调整到领导岗位上来，中层领导干部队伍得到了充实与壮大。

（胡　月）

【党团组织建设】 在党建工作方面，起草了《机关党委工作规范》，对党委委员的产生、职责、党费管理规定以及支部评选等内容进行梳理，加快了基层党建工作的科学化与制度化进程。在团青工作方面，组织召开团青工作座谈会、志愿者日以及慰问活动，团员青年的生力军作用得到了很好的体现。

（胡　月）

【廉政风险防范体系完善】 努力完善教育、制度、监督并重的惩防体系建设，建立健全了符合工作实际的廉政风险防范机制，加强了对重点工作、重要事项和重要环节的监督和检查，并把行政效能监察工作引向深入，推进了廉洁型地税机关的建设。

（胡　月）

【安全稳定工作】 为营造“花博会”和建国60周年安全稳定的政治氛围，顺义区地方税务局从实际出发，认真贯彻落实上级各项工作要求，完成了花博会对口单位河南代表团的联系、接待，以及展区的筹备、布置、花卉摆放等相关工作，受到了河南省花卉协会的好评，被北京市筹备第七届中国花卉博览会指挥部授予最佳服务保障奖荣誉称号，并有10名干部职工被评为先进个人，圆满完成了花博会“一对一”和建国60周年安保工作的保障任务。此外，严密防控甲型H1N1流感疫情，进一步加强了人力、物力的保障支持，值班与问题情况反馈工作落实到位，防控工作有序开展。

(胡　月)

审　计

【概　况】 2009年,顺义区审计局围绕区委区政府中心工作,将“保增长、保民生、保稳定”、促进区域经济平稳较快发展作为审计工作的出发点和落脚点,以财政支出为主线,进一步突出了对重点部门、重点资金的审计监督,加大了对各类社会保障资金的审计力度,不断探索和尝试政府重点投资项目全程跟踪审计及监督机制,促进深化改革和规范管理。2009年完成审计或审计调查项目35项;延伸审计120个单位,查出违规资金3437万元,查处应上缴财政资金163万元,纠正管理不规范资金23914万元,并提交审计(调查)报告、审计结果报告、审计工作报告56篇,提出审计建议10条,采纳10条,充分发挥了审计在保障经济社会健康运行中的“免疫系统”功能。

单位名称:顺义区审计局
地址:顺义区新顺南大街17号
电话:(010)69444127
邮编:101300
网址:http://www.shenj.bjshy.gov.cn

(李宝长　王　颖)

【预算执行审计】 以保障积极财政政策贯彻实施、进一步推进区县财政体制改革等配套性政策落实、促进规范预算管理、提高行政效能和财政绩效水平为目标,组织开展了本级预算执行和其他财政收支情况审计。2009年3月,对区财政局2008年度预算执行情况进行审计,对五个一级预算单位的部门预算执行、两个政府投资重点建设项目财政资金拨付、沼气工程专项资金使用及效益情况进行了延伸审计。在整体把握区级预算执行情况的基础上,强化了对预算资金分配和管理的监督,关注财政资金分配的合法性、合理性及程序的规范性,同时强化了对部门预算、国库集中支付、政府采购等重大财政政策改革执行情况的监督。以地方税收计划管理、纳税评估工作开展、税费管理、地方税源管理、税务稽查以及局机关财务收支情况为重点,对区地方税务部门执行国家税收政策和税收征管情况进行了审计,并延伸审计了10户重点企业缴纳税款情况。组织对市、区两级教育专项资金进行审计,2008年度市、区两级教育专项资金共计33 799.17万元,其中市级资金25 332.56万元,区级资金8 466.61万元;延伸审计了装备部等17个项目单位16 592.58万元资金,延伸审计资金达到49.1%。开展了城乡无社会保障老年居民养老保障资金的审计调查,截止到2008年底,全区享受老年保障待遇的人员共计53 858人,区财政拨付老年保障待遇资金13 045.12万元,支出13 036.48万元,结余资金8.64万元,资金在管理和使用中按照制度规定操作和审批,支付过程中及时纠正个别征地超转人员享受老年保障待遇的问题。对新型农村合作医疗资金进行了审计,2008年全区共筹集新农合资金10 413.02万元,资金支出共计10 202.39万元,区新农合中心不断规范管理、提高效率,审计中未发现截流、挪用专项资金的问题。

(李宝长　王　颖)

【经济责任审计】 2009年,围绕加强对权力的制约,促进建立和健全问责机制,稳步推进经济责任审计。共完成了对21名处级干部的审计,其中离任审计17项,任中审计4项。审计发现违规和管理不规范资金12181.32万元,应上缴财政资金160.03万元。重点审查了领导干部决策的科学性、工作目标的实现程度以及遵守国家财经法规和有关廉政规定等情况，对领导干部任期内贯彻落实相关政策及资金使用、资产管理绩效情况，以及决策、投资等经济活动的经济效益、社会效益等内容作出了审计评价，揭示了审计发现的共性问题，从机制、体制上分析原因，并提出了合理化建议，在健全领导干部监督管理体制、加强党风廉政建设、促进领导干部依法行政等方面发挥了积极作用。

（李宝长　王　颖）

【计划外调增审计及调查项目】　为贯彻落实国务院相关精神，保证顺义区中小学校舍安全审计监督工作的有序进行，按照全市审计监督总体工作方案要求对中小学校舍安全资金开展专项审计调查。根据市局要求，审计局对区接收捐赠管理中学、慈善协会、红十字会三家机构自2008年5月至2009年9月接收的抗震救灾捐赠款物的接收及管理情况进行了审计调查，三家单位累计接收捐款人民币4341万元、上缴上级单位人民币捐款3052万元、结存人民币捐款1289万元。为保障“扩内需、促增长”政策的贯彻落实，按照市局要求，对顺义区2009年土地储备开发项目进行了审计调查，以摸清顺义区本次土地储备的总体情况，了解和掌握项目实施过程中需要完善和解决的问题，促进规范土地储备项目实施与管理，保障土地储备资金安全合理使用，重点调查了区国土部门土地储备开发项目资金的筹集及管理情况、项目的运作情况。此项审计工作将于2010年完成。

（李宝长　王　颖）

【市区临时交办事项】　先后抽调业务骨干参加了全区的“小金库”专项治理和“花博会”专项资金、“国庆”资金、土地储备资金、政府采购的日常监督工作以及工业用地的地价审核工作；参与了市局组织的全市社区卫生服务体系运行情况、九年义务教育经费使用情况的审计调查。

（李宝长　王　颖）

【发挥审计职能】　严格依法审计、严肃查处违法违规问题、推动改革、推动制度建设是审计机关的基本职责。审计质量则是履行职责的根本保证，是审计工作的生命线。为确保审计质量，在工作中突出重点，注重提升审计价值。审计工作面对的经济环境纷繁复杂，在选择审计项目上及审计过程中，注重全面把握审计管辖范围内的经济和社会发展的总体情况，了解掌握审计对象的有关情况，并选择那些问题突出、群众关心、领导关注的事项、资金或单位，进行重点审计。同时还关注和反映各项政策、措施在执行中出现的新情况、新问题，强化对重要领域、关键岗位的监督，坚决纠正各种损害群众利益的不正之风，确保审计的实效性和审计价值的充分体现。二是积极创新，严把质量控制关。工作中不仅严格执行审计项目管理、审计质量控制相关规定，还注重创新工作机制，以“有步骤、有方法、逐步推进”的工作方针不断完善审计质量控制体系。正式启用“复核记录”作为综合科和业务科的沟通媒介，进一步完善和推行“全面复核”制度；建立了以审计质量为基础的综合考核机制，作为一项长期的审计业务考评制度和激励机制确立下来；同时建立了以项目质量为核心的综合管理体系，注重审计质量控制的系统化，使其成为全员参与、全方位的综合管理活动。在2009年的全市审计质量检查中，审计局的成绩名列前茅，多次以大会发言、杂志媒体、交流座谈等形式推广质量控制成功经验。

（李宝长　王　颖）

【推广计算机辅助审计】　通过AO认证培训、计算机中级、单位内部学习交流等形式推广普及计算机辅助审计。目前，审计业务人员均已不同程度熟悉和掌握了计算机辅助审计的方法。在此基础上，为了使计算机辅助审计方法与审计业务规范化能够有机结合，参照市审计局的相关规定，审计局制定了《顺义区审计局计算机辅助审计工作实施办法（试行）》，在全面推广审计方法的同时，强调审计操作程序的规范化。现代审计手段的应用，有效降低了复杂项目的审计风险，显著提高了工作效率。审计局根据自来水公司经理经济责任审计撰写的《甲公司届中经济责任审计案例》先后荣获审计署AO案例鼓励奖、市局计算机案例优秀奖。

(李宝长　王　颖)

【审计成果的转化和利用】　为了更好地发挥审计监督的职能作用，审计局始终将审计成果转化和利用作为审计工作的一项重要内容，贯穿于审计项目的计划立项至审计终结的各个环节，及时总结审计中发现的带有倾向性、典型性的问题。通过审计信息、案例、调研等形式予以反映，积极发挥为领导决策服务的审计职能。截止目前，审计局共提交上报信息81篇，采用80篇次，采用率达到98.7%。调研、论文上报29篇，采用22篇次，采用率达到75.9%。

(李宝长　王　颖)

【探索跟踪审计新模式】　根据区政府的要求，与区监察局等相关部门配合，实行部门联动，将监督关口前移，对第七届“花博会”和M15号线土地联储项目专项资金的使用和管理进行全程跟踪，不断探索审计监督与其他部门监督相结合的监督机制，促进加强管理、规范程序和规避风险。并在“花博会”结束后，对其专项资金的使用情况进行专项审计。审计局因监督得力、工作突出，荣获北京市第七届花博会最佳服务保障奖，多人荣获先进个人奖。

(李宝长　王　颖)

【内部审计协会】　以“服务、管理、交流、宣传”为宗旨，开创了内部审计工作的新局面。2009年内审会员单位达到59家，收缴会费5.9万元；开展各类审计1168项，查出损失浪费金额637万元，增加效益3716万元，审计意见建议被采纳531条。内审协会成功举办了47家会员单位参与的内审知识竞赛，召开乡镇内审工作经验交流会，组织了内审人员岗位资格证书的培训考核以及内审人员外出湖南湘潭市内审协会学习考察；并征订《中国内部审计》杂志232份，编辑《内审园地》期刊4期。

(郑树本)

【队伍建设常抓不懈】　高素质的审计队伍是审计事业发展的根本保证，是文明审计的前提条件。按照温总理提出“建立一支作风过硬、经得起考验、高素质的审计队伍”的要求，审计局进一步加强审计干部队伍建设，不断提高审计干部政治素质、业务素质和道德素质。一、抓学习、重实效，打造“班子”工程。一方面，以理论中心组学习为平台，创建学习型班子。另一方面，坚持民主集中制原则，切实健全党组班子议事规则制度。二、以干部培养为先导，增强队伍战斗力。一是把坚定理想信念为核心的思想政治工作放在首位，常抓不懈。二是坚持培养复合型审计人才。三是以机制制度为保障，营造队伍发展的良好氛围。三、强化党风廉政建设，筑牢审计工作“生命线”。一是落实责任制，确保实效。二是注重将廉政建设与审计业务相结合。三是以学习实践科学发展活动为契机，强化机关作风建设，促进文明审计。

(王惠芳)

统　计

【概　况】　2009年，顺义区统计局、队在区委、区政府和市局、总队的正确领导下，以深入学习实践科学发展观为统领，围绕局队提出的“夯实基础、勤奋工作、和谐发展、有为有位”工作目标，解放思想、更新观念、注重实效、开拓创新，以加强人才队伍建设为突破口，以提高数据质量作为中心任务，以提升统计服务水平为工作标准，充分发挥了统计信息、咨询、监督的整体职能。

单位名称：顺义区统计局
地址：顺义区顺通路 AMB 大厦 A 座 11－13 层
电话：(010)89445498
邮编：101300
网址：http://www.sy.bjstats.gov.cn

（李岩松）

【学习实践科学发展观】 按照区委、区政府关于学习实践活动的部署和要求，围绕顺义区“保增长，促发展，加快推进城乡一体化”的建设主题，局队开展了以“科学发展、构建和谐，勇做服务顺义科学发展的排头兵”为主题的各项学习实践活动，广泛深入进行动员，组织学习讨论，征求党员群众意见，以切实解决问题为主旨，深入基层、企业进行调研，召开领导班子专题民主生活会，开展领导班子上党课活动，通过认真分析检查班子、个人存在的不足，明确了进一步做好工作的努力方向、主要思路和工作举措。学习实践活动期间，领导班子共撰写调研报告 9 篇，征集统计科学发展的意见建议 50 余条，举办专题辅导报告会 2 场，制作宣传展板 39 块，梳理突出问题 7 个，办惠民实事 4 件，制作了顺义区统计局队发展纪实专题宣传片《数海扬帆、科学发展、构建和谐》，《中国信息报》和《数据杂志》分别在重要版面刊登了题为《顺义唱响局队和谐发展之歌》的文章，介绍局队领导班子建设的成功经验，向全市乃至全国统计系统推广。局队接待福建、内蒙、西藏、新疆等地区统计局同仁学习调研共 30 余批次，分三批组织局队科以上干部到湖南、广西、浙江等地区交流学习，开展了学习实践科学发展观主题党日，百名党员同志参观了中共中央旧址和西柏坡纪念馆，并举行了庄严的“重温入党誓词”的百人宣誓活动。通过深入学习实践科学发展观，增强了班子的领导水平和党员干部的素质能力，提升了统计工作科学发展水平。

（李岩松）

【开展经济普查】 这次普查是在全力确保平安奥运和积极应对国际金融危机背景下开展的，与第一次全国经济普查相比，时间更紧、任务更重、难度更大、要求更高。面对特殊形势，全区各级普查机构和全体普查人员严格按照“依法普查、应统尽统、实事求是”的要求，严格执行普查方案，全力以赴做好各项普查工作，切实做到把好数据质量关。领导高度重视，组织协调工作高效有序。全区共组建二级普查机构 29 个，选聘普查工作人员 3000 余名，划分普查小区 806 个。普查过程中，北京市经普办主要领导多次亲临顺义，深入一线检查指导工作；区委书记张延昆、区长刘剑、区人大主任马庚良、区政协主席陶宝金、常务副区长王海臣多次在不同重要会议和重大活动现场，反复强调经济普查的意义和要求；各镇党委政府积极落实人财物保障，确保各环节工作实施到位；34 个普查领导小组成员单位在落实普查方案、宣传动员、单位查找等关键任务中发挥部门优势，认真履行职责；区、镇二级普查机构狠抓落实，广大普查工作人员兢兢业业，保证普查整体工作运转顺畅。结合顺义实际，落实普查方案。区经普办在深入研究《北京市第二次全国经济普查方案》的基础上，结合顺义区实际，重点对顺义区的临空经济、现代制造业、现代服务业、总部经济、全区能源消耗等进行调查研究，同时围绕普查各项工作，制定了 25 项制度和实施细则。此次普查启动的经济地理信息系统建设，实现了经济信息单元的最小化，将根据普查结果建立起顺义区的经济地理信息系统。工作深入扎实，应统尽统要求落实有力。面对普查人员新、调查内容广、普查对象多的情况，各级普查机构加大前期培训力度，全区接受普查培训的人数达到了 16000 余人次。同时，基层普查人员积极采取措施，创新工作方法，综合运用“地毯式”踏查、网络搜索、部门协查以及楼宇物业、会计公司配合、电话查找等多种方式，竭尽所能确保普查对象不重不漏。区经普办领导在普查机构组建、单位清查、宣传动员和普查登记的4个关键阶段对一线工作开展巡回督查指导,深入落实应统尽统工作要求。控制措施严格,数据质量获得市经普办认可。为确保数据质量,在普查的各环节采取有效措施控制数据质量,在普查过程中重点抓“三率”,即调查对象参加普查培训会的参会率、普查表的报送率和普查表填报的差错率;在登记填报阶段强调“三一致”,即调查单位留存的资料、装订归档用的原始表和提交上报的普查数据必须严格一致;在数据验收阶段审核评估,二级普查机构逐级进行了严格的数据审核、评估和验收。2009年5月,北京市经济普查数据质量抽查组对顺义区普查数据质量进行了抽查,结果表明,顺义区经济普查各项抽查指标均符合规定,再次验证了顺义区过硬的工作质量。保障措施到位,宣传执法提升社会配合度。普查期间,各级普查机构综合运用经济、行政、市场化手段开展了声势浩大的宣传动员活动。在2008年12月普查“宣传月”期间,顺义区设置路旗广告路段长度总计达4公里,户外广告5块,工地围挡广告5块,悬挂横幅4728条,提高了经济普查社会知晓率。在深入开展宣传的同时,各级普查机构坚决贯彻落实《全国经济普查条例》,强调科学普查、依法普查,利用法律武器解决普查难题,对全区1700余家限额以上单位普查报表数据质量开展执法检查,提升了普查对象的配合度。

(李岩松)

【统计工作】　局队紧紧围绕全区“保增长,促发展,加快推进城乡一体化”这个中心任务,快速做出反应,各项措施得力,做到“应统尽统”,维护了统计数据的权威性,增强了统计工作服务于经济建设与社会发展的针对性和实效性。成立汽车生产基地统计所,完善基础工作。汽车产业逐渐成为顺义的核心优势产业,汽车生产基地园区内企业规模日益壮大,但由于未成立专门统计机构,给企业报表带来不便,为满足北京汽车生产基地核心区的统计工作需要,经多次与区编制委员会等部门沟通,于2009年3月16日成立了顺义区统计局汽车生产基地统计所,搭建了汽车基地统计所统计数据采集平台,确保园区企业无漏统现象,为领导掌握、决策基地经济发展方向提供了全面、准确、详实的数据资料。此外,为满足空港、双丰、旺泉三个新成立街道和空港保税区统计工作需要,现局队正积极与区编办等部门沟通,商讨尽快成立这四个统计所,为2010年人口普查工作全面展开及各项统计工作顺利进行奠定基础。加强固定资产投资统计工作。固定资产投资是拉动经济增长的重要因素,为全面、准确掌握全区固定资产投资项目基本情况,局队研究制定了进一步加强固定资产投资统计工作具体方案,经区政府同意,向各镇(街道)、各委办局等区属机构印发了《关于进一步加强固定资产投资统计工作》的通知,与区发展改革、建设、规划、国土资源等部门建立了长效协作机制,加大了对全区50万元以上固定资产投资项目的清理和核实力度,通知下发后,共上报项目74个,单位23家,进一步完善了投资项目库,确保了源头数据质量。进行商业统计数据核实。针对2009年以来顺义区消费品零售额增速逐月减缓的情况,由区政府牵头,局队会同商务委等单位联合召开“商业数据协调专题会议”,分析下降原因,研究对策。局队本着实事求是的原则,对分布在区内八个镇的15家市场、106家法人单位和个体户进行商业企业统计数据核实,通过核实及时将2009年新增准规模单位纳入月报范围,做到应统尽统,确保2009年商业统计数据的及时性、准确性,如实反映全区消费品零售额状况。实现国航纳入顺义统计。国航原属于市统计局直报单位,因经营地在朝阳,一直以来GDP纳入朝阳统计,经与市统计局、朝阳区统计局、国航集团等单位多方沟通,多次召开协调会,积极争取从今年开始实现国航纳入顺义统计，这一举措使顺义区经济总量增加近百亿。此外，着眼于社会热点、难点问题和顺义新城建设、整体布局、功能定位，增强数据敏感性，加强对全区经济社会发展存在的突出矛盾进行监测，开展劳动力就业形势调研、70家大中型工业企业创新调查、生猪价格监测和生产情况调研、重点房地产开发企业土地利用调查等各项专题调查40余项，对外提供统计数据3.5万余笔。同时，为提高信息分析写作能力，局队特邀请到中国信息报社、市局总队办公室、昌平局队等领导授课，开展了为期两天的统计信息分析写作培训，组织了上半年信息、分析评比工作，充分调动了全员写作积极性，局队全年共撰写统计信息分析1105篇，被国家级采用8篇，被市级采用135篇，被区级采用85篇，撰写的统计分析《顺义临空经济区产业布局及优化研究》获得北京市优秀统计分析报告评比二等奖。

（李岩松）

【城乡住户一体化试点调查】 中加城乡住户一体化试点调查是我国政府与加拿大政府签署的“统计信息管理项目”的一项重要内容，旨在通过开发和实施中国城乡住户一体化的调查体系和分析方法，改进我国住户统计调查方法制度，加快与国际接轨的步伐。顺义区作为北京市唯一的试点区县和中国唯一的大城市代表，自2008年4月至2009年7月，在时间紧、任务重的情况下，局队克服重重困难，配合中加调查组做好调查与数据分析研究，按时保质保量完成了各阶段的调查任务，通过试点调查，完整地验证了调查方案，取得了宝贵的一体化试点数据，发现和解决了工作中出现的问题和困难，为北京市大都市统计体系构建和改进顺义区住户调查工作质量积累了一定的经验。2009年10月25日，召开了中加项目城乡一体化住户试点调查总结表彰大会，国家和市局总队领导对顺义区中加试点工作圆满完成给予了高度评价。

（李岩松）

【依法行政】 今年以来，局队以全面推动落实行政执法责任制为重点，加大统计执法检查力度，积极创新普法宣传方式和手段，推进依法行政工作，取得了积极进展。一是创新普法方式。结合年定报培训工作，积极创新普法宣传方式和手段，采取专题讲座、以会代训等方式，开展针对全部法人单位和产业活动单位为主要对象的新《统计法》知识的学习，提高了基层单位积极参与普查、提供真实普查数据的自觉性。同时，利用顺义统计信息网，公开栏，制作宣传展板、发放宣传资料、制作新《统计法》宣传台历等形式广泛进行统计法律法规宣传，加强对基层统计人员的法制培训，全方位、多层次做好宣传工作。二是突出执法重点。年初制定了《顺义区统计局队2009年执法检查工作计划》，对检查督导任务分配、重点检查指标、开展全面督导、检查工作要求、案卷质量要求、立案标准等都做了详细规定，加大了对国民经济和社会发展主要指标和基础数据、企业统计人员持证上岗的检查力度和统计执法工作监督机制，加强了对统计处罚案件的审核。全局队共有112人持有执法检查证，2009年执法检查、督导任务共290家，实际完成292家，其中，日常和集中执法检查完成122家，督导完成170家。

（李岩松）

【信息网站改版】 局队把统计信息网站作为重要平台，以需求为导向、以服务为切入点，对顺义统计信息网进行了全新改版升级，新版网站从内容、版面、功能等方面进行了全新的设计和改造，不仅综合反映了国民经济运行和社会发展情况，而且全方位展现统计工作进程和成果，规范了统计数据提供和发布流程，加强网站服务的深度和广度，通过提供网上咨询、网上调查、领导信箱、投诉信箱等互动方式，加强互动效果，及时有效解答公众问题、收集舆情民意，在宣传统计工作、发布统计信息及提供网上服务方面取得了良好的社会效果,被顺义区委、区政府评为政府“优秀网站”,在全市统计信息网站评比中获得三等奖。

(李岩松)

【统计文化建设】 年初,局队专门成立了统计文化建设领导小组,制定并印发了《顺义区统计局队关于加强统计文化建设的实施意见》,开展了以建设统计核心价值体系为中心,以增强统计人诚实守信,树立统计人自强、自信的心态为重点的各项文化建设活动。一方面,积极组织了各项统计文化创建活动,组织召开了“二月新春团拜会”;组织机关50人的合唱队参加发改委系统“五月鲜花文艺汇演”活动获得大合唱一等奖;开展了“顺义局队第一届和谐杯”乒乓球比赛;另一方面,积极组织干部职工参加市统计系统第二届体育节,领导班子带头参加各项比赛,调动了全员参与体育活动的积极性,参赛项目取得了优异成绩,获得乒乓球比赛团体第一、三名,羽毛球、拔河比赛团体第一名,登山、体操比赛团体第三名,团体总分第二名,荣获体育节优秀组织一等奖,全局队共有76人次获奖,赢得荣誉的同时,更展现了顺义局队积极向上、朝气蓬勃的良好精神风貌。通过一系列统计文化活动的开展,极大地丰富了干部职工的文化生活,激发了昂扬向上的工作热情。

(李岩松)

质量技术监督

【概　况】 2009年,顺义区质监局深入学习实践科学发展观,围绕建国六十年大庆和花博盛会两件大事,强化安全监管,保障稳定局面,立足全区“保增长,保民生,保稳定”的工作大局,对接经济发展新需求,提升服务经济发展能力,为推动全区经济又好又快发展做出了新的贡献。

单位名称:北京市顺义区质量技术监督局
地址:顺义区府前东街19号
电话:69441320
邮编:101300

(祖秋红)

【主要职能】 对本区行政区域内贯彻执行《中华人民共和国标准化法》、《中华人民共和国计量法》、《中华人民共和国产品质量法》、《锅炉压力容器安全监察暂行条例》的情况进行监督,负责行政区域内经济生活中有关标准化、计量、产品质量、特种设备安全等技术行为的监督管理和行政执法,领导所属事业单位为质量技术监督工作提供技术保证和技术服务,保护国家、集体和人民群众的合法权益,维护正常的市场经济秩序。

(祖秋红)

【国庆、花博双保障】 按照“保国庆、保花博”工作的总体要求,区质监局认真履行食品和特种设备安全监管职责,以高度负责的工作精神深入开展双保工作,持续保持好、切实巩固好、优化提升好国庆六十年和花博期间两个安全无事故的良好局面,得到了区政府的高度认可。

(祖秋红)

【质量管理能力建设】 围绕帮扶鼓励企业做大做强、增强企业对地区经济的拉动力、打造质量强区的目标,扎实做好质量管理基础工作,推进企业三个体系建设,帮助26家企业通过ISO9000及其他质量管理体系认证;强力推进质量工程师队伍建设,组织辅导24名企业管理人员参加资格考试并通过,全区质量工程师队伍增加到71人;发挥质检机构技术优势,为企业培训考核检验员131人,为提高产品质量总体水平、提升企业市场竞争力和发展后劲、增强地区经济总体实力提供了最直接、最有效、最实际的服务。

(祖秋红)

【气瓶专项整治】 液化石油气专项整治是今年全区“保安全”工作的重点任务，区质监局从三个环节入手，稳步推进液化石油气专项整治工作见成效。一是重点检查气瓶流通关键环节，以充装单位为检查重点，对全区13家充装站进行了5轮的检查，督促充装单位规范经营行为，确保在用气瓶质量安全。二是切实抓好气瓶检验环节，改进检测工作流程、增调检验人员，全面提升气瓶检验站检测能力，到目前为止已检验液化气钢瓶8901只，其中不合格或者超期未检钢瓶600只，已全部做报废处理。三是严把气瓶隐患排查环节，与相关部门联合，严厉打击液化气非法充装经营行为，重点查处无证充装、证件超期充装、瓶对瓶倒装液化石油气和使用超期气瓶充装等违法行为，查处非法充装案件4起，扣押气瓶56只，有效的消除了安全隐患，切实保障广大人民群众生命财产安全。

（祖秋红）

【质量监督】 一是宣贯《生产许可证管理条例》，做好141家食品及相关产品企业和80家工业产品企业生产许可证年审工作，年审合格205家，年审合格率92.8%。二是有计划的推进企业电子档案建立工作，新增加企业电子档案共计247家。三是加强对重点产品、重点企业的监督抽查，完成电动车、PVC管、肥料、化妆品等30余家生产企业的抽样工作。四是开展重点产品专项整治工作，先后开展了农资执法专项行动、私屠滥宰专项整治行动、化妆品专项检查以及家电下乡产品、煤炉产品、强制性认证产品的质量监督工作，维护了市场秩序的稳定。

（祖秋红）

【标准化管理】 工业标准化抓采标：以低压电器行业为主，完成5家企业26个产品的采标工作，辅导帮助3家企业4个标准进行标准制（修）订补助资金申报，1个标准通过审核并获市财政5万元资金补助。农业标准化抓示范：4家国家级农业标准化示范项目建设工作进展顺利，市级标准化基地抽样覆盖率100%；帮扶顺丽鑫生态观光农业园通过良好农业规范行为试点验收，推动了农业产业升级和效益提升，为顺义区农产品走出国门参与世界竞争开辟了绿色通道。

（祖秋红）

【计量监督】 在集贸市场推行计价秤统配统管，完成牛栏山市场等4家集贸市场计价秤统配统管工作，共配备计价秤155台件；对医疗卫生行业和一类汽修企业计量器具进行普查，完成40家医疗卫生单位442台件计量器具以及汽修企业180台件计量器具的普查建档；认真推进计量节能工作，完成11家单位的节能检测工作和6家单位的能源平衡测试；协调药监部门将药店计量器具检测纳入开业审查条件，下发促检通知200余份，完成120家药店157台件计量器具强制检定。

（祖秋红）

【特种设备监察】 一是做好新修订实施的《特种设备安全监察条例》宣传工作，举办12期培训班，对全区1700余家特种设备生产、使用单位的2000多名设备管理人员、从业人员分批分期进行新条例的培训，促使企业真正发挥主体作用；二是开展特种设备管理人员和作业人员的培训取证工作，共完成2000余人次，确保持证上岗、规范操作；三是做好“社会面”特种设备安全监察，对83家重大危险源、高危行业和人员密集场所实施重点监控，先后开展了压力管道、土锅炉、压力容器专项治理行动，联合安监局在机械、冶金、建材和轻纺四个行业近百家单位开展“查百家”活动，彻底消除安全隐患，降低事故风险。

（祖秋红）

【行政执法】 一是做好行政执法目标责任制的考核，有力的推动了依法行政的开展，全年共出动执法人员3354人次，进行行政执法检查1512起；立案50起，结案70起；罚没款45万元。二是加强行政执法人员的培训，不断提高执法队伍的业务素质和执法能力，共举办各类培训班6期，培训人员200多人次，为做好依法行政工作奠定了基础。三是认真做好案卷审核工作，通过三查评，即自查自评、抽查点评、互查互评，督促执法人员进一步提高案卷制作质量，共完成案卷审核65件。四是积极受理群众投诉举报，受理各类投诉举报及咨询167件，结案159起，结案率95%。

（祖秋红）

【技术机构】 一是注重发挥领导干部带头作用，相关负责人都要走进一线，参与检验的具体工作。二是加强科所配合、促进工作衔接，形成监督+检测的质量技术监督工作大格局。三是围绕提高检验水平，在强化专业培训的同时，采取主动组织或积极参与检验技术比对的形式，不断提升检验技术水平。质检所取得系统参比项目历史上最好成绩，食品、煤炭市局系统比对一举取得两项第一。特检所积极打造检验技术的交流平台，邀请兄弟单位共同组织开展了电梯检验比对，有效提升了检验技术水平。

（祖秋红）

【行政审批】 完成新办代码3074个、变更4661个、发证6960个、制卡3919张、年审1227个。完成计量、特种设备等行政许可事项169项，发证1004个，办结率和服务满意率均达100%。

（祖秋红）

【社会宣传】 先后组织开展了3.15消费者保护日、5.20计量日以及向社会开放食品质量检验室等宣传活动，加强了与社会、群众的沟通力度。全年共刊发各类内部简报23期；报送各类信息237条，被市局信息、顺义区情、每日信息及政府网站采用153条，中国质量报、京郊日报、顺义时讯等媒体报道局工作13次；顺义电视台播出新闻5次。

（祖秋红）

投资服务中心

【概　况】 北京市顺义区投资服务中心（以下简称“中心”），在区委、区政府的正确领导下，秉承“公开、便民、高效、规范”的服务宗旨，以“强服务、保增长、促发展”为工作出发点，强化服务理念，拓展服务内容，创新服务方式，提高服务效能，不断加强政务环境建设，努力实现“无障碍、无差错、无投诉”的工作目标。在进驻中心各单位领导的大力支持下，在全体工作人员的共同努力下，全年共完成项目咨询57876件，项目受理、核准20845件，发证和批复18528件，备案2317件，同比分别增长27.6%、32%、49%。注册资本总额2.6亿元。

单位名称：北京市顺义区投资服务中心
单位地址：北京市顺义区府前西街6号
联系电话：(010)81496070、(010)81492202
邮编：101300

（刘艳华）

【全程办事代理制工作】 首都机场核心区内企业登记注册服务办公室自2007年5月成立运行以来，坚持对核心区内企业实行全程办事代理制，在满足日益增长的公众需求，改善服务环境方面，树立了良好的政府公共服务形象。2009年7月16日，服务办公室搬迁到绿港国际商务中心二层办公，并安排空港物流基地、天竺镇等单位项目申报代办员同期入驻，共同为入区企业提供登记注册“一条龙”无偿代办服务。全年共接待办事者1251人次，受理首都机场核心区内市场主体新设立企业116户，其中新设立分公司83户（外资公司20户），注册资本总额达3183.8万元。办理变更登记162户，注销32户，核发营业执照254件。为企业提供无偿全程办事代理服务215件,完成相关审批567件,时限内办结率和群众满意率均达到100%。项目申报代办制度是顺义区优化区域投资环境的一项创新举措。八年来,中心坚持对全区19个镇和4个经济功能区80余名项目申报代办员进行统一管理、统一培训。刘剑区长在1月19日来中心调研和2月1日全区招商引资工作会上,分别对目前我们实行的项目申报代办制度给予了充分肯定,并要求在14个经济功能区进行推广。2009年,全区项目申报代办员为投资者代理申报项目384个,完成相关审批1442件,办理营业执照372件,注册资本总额20.8亿元,投资总额29.8亿元,为优化区域投资环境做出了突出贡献。

(刘艳华)

【开辟审批绿色通道】 中心始终坚持急事急办、特事特办、大事联办、时限内办结的服务承诺,为“花博会”、后奥运经济和新城建设、北京综保区等重点项目,开辟“审批绿色通道”,由主要部门牵头,其他相关职能部门密切配合、并联审批,并建立督查专报制度,随时掌握项目审批信息,全程跟踪督办,简化办事程序、减少办事环节,缩短工作时限,进一步提高行政效率。发改委、公安分局、质监局、国税局和地税局等部门,为北京综合保税区开发管理中心、顺义新城等区内重大项目开辟“审批绿色通道”,加快了审批速度,优质高效的服务赢得了办事者高度赞誉。

(刘艳华)

【完善职能】 按照市“两会”关于加快审批制度改革的要求和“加快、简化、下放、取消、协调”十字工作方针,市质量技术监督局开展了行政许可事项优化工作,规划了全市统一的行政许可受理“18+1”窗口模式,区质监局全程办整建制进入中心,进一步优化精简了行政许可办理程序。中心为其配备了工作台,增加电脑、打印机、网络设施等办公设备。区质监局承担的27大类34项行政许可职能全部进入中心受理,进一步提高了服务质量,完善了审批职能。

(刘艳华)

【完善管理机制】 加强内部管理和自身建设,是提升工作效率的前提。一年来,我们不断完善管理体制和机制,有效促进了行政效能的提高。一是健全完善相关管理制度。根据各科室岗位特点,建立健全了科室工作制度、财务管理制度等八项工作制度,实现了用制度管人、以制度管事,用制度规范工作的目标。二是明确三个科室负责人。6月初,我们结合工作人员队伍现状,分别确定了三个科室的负责人,并细化岗位分解,进一步明确各科室负责人岗位职责,为保证各项工作的落实奠定了基础。从运行半年多来看,各科室负责人能够按照岗位职责和中心领导的要求,团结科室同志,及时高效地完成了各项工作任务,取得了明显成效。三是开展工作人员双向选择活动。为深化干部人事制度改革,探索完善干部选拔任用工作程序,进一步激发广大干部干事创业的积极性、主动性和创造性,推动各项工作全面开展,12月7日至9日,我们对有关岗位开展了工作人员选择科室,科室负责人选择工作人员的双向选择活动。全体工作人员积极参与,通过双向选择,6名工作人员都找到了适合自身特点、能够发挥自己特长的工作岗位,为中心各项工作落实提供了队伍保障。四是加强值班工作。值班工作是行政工作的重要组成部分。为使全体工作人员充分认识做好值班工作的重要性和必要性,从12月份开始,中心继续延续奥运会和花博会期间的值班模式,实行全员参加白班、夜班值班制度,从中心领导到全体工作人员,除特殊原因外,一律参加值班,进一步增强了全体工作人员的责任意识。

(刘艳华)

【加强对外宣传】 中心是宣传顺义、推介顺义的重要窗口。我们通过广播电台、电视台、顺义网城等媒体,大力加强对顺义区投资环境的宣传。2009年,共向有关媒体报送稿件179件,采用171件次。其中,《顺义区情》采用37件,《顺义网城》采用48件,《顺义信息》专刊采用1件,区全程办网站采用29件,广播电台采用53件,《顺义时讯》采用1件,电视台采用2件。此外,《创新服务举措,提升服务质量,区投资服务中心多措并举促整改》被区委学习实践科学发展观活动办公室专刊采用,《顺义区投资服务中心着力实现四个转变》被文明办简报采用,《简化审批程序,提高行政效能,深入推进行政审批制度改革》和《顺义区采取有效措施加快黄标车淘汰工作进度》两篇信息被市级媒体采用。几年来,宣传工作成绩突出,中心连续被区委、区政府评为信息工作先进单位,多名工作人员被评为先进个人。

(刘艳华)

【强化学习教育】 中心坚持不断加强对工作人员的思想教育,开展了形式多样的教育活动。一是扎实开展学习实践科学发展观活动。紧密联系工作实际,把实践特色贯彻活动全过程。紧紧围绕“保增长、促发展、加快推进城乡一体化”这一主题,以提高服务质量,优化发展环境为实践载体。通过学习调研活动,发现和查找不符合科学发展要求的问题,及时研究提出解决问题的思路和措施,使政务服务工作更加科学化。在整改落实活动中,坚持实事求是的原则,立足当前,着眼长远,在明确整改目标的基础上,分轻重缓急和解决问题的难易程度,确定9条整改内容、措施和整改时限。基本实现了“党员干部受教育、科学发展上水平、人民群众得实惠”的目标要求。二是开展文明单位和文明科室创建活动。围绕区精神文明创建工作安排,以开展创建文明单位活动为契机,有的放矢,狠抓队伍全面建设,以严谨的工作作风、一流的服务水平、良好的服务态度、崭新的精神面貌展现在办事者面前。同时,通过争创“文明科室”活动,进一步打造了“文明、创新、和谐、奉献”的政务服务新形象。三是坚持每月例会学习制度。围绕区委、区政府相关文件精神,深化政治思想理论学习,提升全员整体素质。因措施得力,全体工作人员积极参与,取得了显著成效。工商局窗口吴琼同志在全市工商系统业务比武中取得了第一名的优异成绩,展示了顺义区工作人员的风采,为顺义区争取了荣誉。其他部门窗口的多名同志也分别在各单位的考核评比中取得良好成绩。

(刘艳华)

【完善软硬件建设】 元旦前后,我们利用周六、日休息时间,对大厅及二、三层楼道11个暖气罩进行了修补;完成了二、三层各办公室64套门、门框,以及32个衣柜的修补、刷新工作;并对二、三层楼道500多平方米墙面进行了重新粉刷;更换大厅工作面24块,工作台屏风换布177平方米,铝合金隔断换布58平方米。本次维修施工是中心成立以来工作量最大的一次,在时间紧任务重的情况下,全体人员发扬奉献精神,团结协作,按时保质完成了全部任务,彻底改善了工作环境。

(刘艳华)

经济开发区

北京天竺空港经济开发区

【概　况】 北京天竺空港经济开发区于1994年1月经北京市人民政府批准成立，2009年是北京天竺空港经济开发区建区十五周年，开发区经济形势企稳向好，各项事业平稳推进。全年实现工业总产值336亿元，实现总收入634亿元，实现出口供货额248亿元，实现税金30.46亿元，较好地完成了既定任务目标，为区域经济社会建设做出积极贡献。

单位名称：北京天竺空港经济开发区
地址：北京天竺空港经济开发区A区天柱路28号蓝天大厦
电话：(010)80489567
网址：www.chinabaiz.com.cn

（王宏远）

【招商引资进展顺利】 2009年，空港开发区积极化解经济危机不利影响，招商引资工作进展顺利，全年新引进项目52个，投资总额54.1亿元：其中，为开发区引进新项目45个，投资总额18.5亿元。包括：盘活资产新引进项目5个，盘活土地98.5亩，盘活厂房9200平方米，投资总额13亿元；租厂房项目15个，出租厂房面积8797平方米，投资总额5170万元；企业园项目8个，总面积18351平方米，投资总额2.5亿元；100万元以上注册项目17个，注册资本2.38亿元。重点项目有：蓝星东丽膜、格兰达投资有限公司、京君龙实验仪器、中石油彩印等。为北京天竺综合保税区南区（原北京天竺出口加工区）引进项目7个，投资总额35.6亿元，出让土地290亩，出租厂房8206平方米。重点项目恒远中天投资有限公司、泰达立行生物技术有限公司、卓尔空港建设有限公司、巴航航空等。年内，综保区将要达产的重大项目还有丰树竺园（北京）物流发展有限公司和北京七星华创集成电路装备有限公司。

（王宏远）

【保增长举措成效明显】 一是抓好开复工建设，在手续办理等方面，配专人，抓进度，求实效。2009年全年开复工项目共计15个，总面积61万平方米；竣工项目8个，竣工面积26.8万平米。其中，中粮地产已于2009年11月开盘；企业园三期将于2010年上半年竣工。二是抓好企业帮扶工作，2009年共有5个项目列入北京市和顺义区政府绿色通道，园区协助企业争取贷款和各种扶助奖励资金累计达到1.8亿元。三是抓好综保区对接工作，协助综保区、海关等单位，顺利完成封关验收，对相关业务、资料和设施进行移交，对出口加工区资产进行清查移交，力促原出口加工区的重大项目开工建设，投资6.2亿元的七星华创项目预计在2010年下半年投产运营。

（王宏远）

【扩区工作快速推进】　空港经济开发区C区各项工作快速推进，取得阶段性成果：C区一平方公里土地市政工程全面竣工，达到"十通一平"标准，为项目入装奠定良好基础，其中一期土地征地手续全部完成，达到入市条件，二期土地手续正在加紧办理；C区申报加入中关村国家自主创新示范区工作取得进展，预计2010年年内可正式纳入中关村一区多园体系；针对C区的宣传推介全面展开，园区品牌概念不断深化；招商工作成效显著，目前为C区引入项目6个，2009年实现税收2879万元，同时项目资源储备充足，有意向入区项目9个，投资总额29亿元，其中威乐中国、恩布拉科雪花压缩机、北京锋尚世纪文化艺术、北京嘉明伟视国际会展四个项目投资C区意向明确。

（王宏远）

【综合环境不断优化】　2009年开发区社会秩序稳定有序，综合环境不断优化：一是民生就业保障有力，园区充分利用下属天宏人才中心，为劳动力提供就业推介服务，年内推荐劳动力上岗3000人，安置本地劳动力就业约2000人，园区解决就业3万余人。二是劳资关系稳定和谐，园区积极引导企业不裁员、少裁员，即便裁员，并依据新劳动法严格监督企业行为，妥善化解了劳资矛盾，2009年园区获得"北京市和谐劳动关系先进单位"、"北京市和谐劳动关系工业园区"称号。三是综合治理成效明显，开发区专门成立综合治理办公室，规范园区秩序，优化园区环境，排除各类隐患，确保社会稳定。四是生态环境水平提升，2009年开发区按照北京市生态工业园试点园区标准，狠抓节能降耗、污染减排，打造资源节约、环境友好、生态美好的新型绿色园区，被市经信委批准确立为"第二批市级生态工业园试点园区"。

（王宏远）

【自属企业水平提升】　2009年，通过理顺结构、调整投资以及拓展市场等举措，自属四大企业集团发展迈上新台阶，四大集团全年实现总收入12.6亿元，实现利润5677万元，实现税收9484万元。其中，空港股份发展态势良好，全年实现总营业收入7.7亿元，企业园三期主体工程竣工，已预售出1.67万平米，销售额约1.6亿元；股份公司下属天源建筑公司自升为一级资质以来，工程总量递增明显，全年在建工程总面积87万平米；空港股份再融资工作加快推进，定向增发方案已上报到证监会，力争实现融资6亿元。空港物业集团进一步理顺了管理机制，区内市场持续巩固，区外市场逐渐突破，顺利承接了现代汽车厂区物业服务、空港周边别墅和写字楼物业服务等项目，企业核心竞争力不断提升，同时获得入区企业好评。亿兆地产扎实推进空港C区土地一级开发工作，高标准完成一期"十通一平"市政建设，不仅完成了较为雄厚的原始积累，更打造了专业精英团队，为扩区工作奠定基础。天恒房地产顺利完成吉祥庄花园的建设和销售工作。园区四大自属企业集团逐渐走上"规模化、集团化、专业化"发展之路，为开发区的可持续发展提供有力保障。

（王宏远）

北京林河经济开发区

【概　况】　2009年北京林河开发区完成总产值85.5亿元，上缴税金3.87亿元，实现销售收入81.3亿元，实现出口供货额14.5亿元，主要指标均超额完成了全年的预定目标。

单位名称：北京林河经济开发区

地址：顺义区双河大街18号

电话:(010)89492548
邮编:101300
网址:http://www.bjindustrialzone.com.cn

(邢瑞红)

【招商引资取得新成效】 2009年林河经济开发区共引进项目16个,协议投资总额近30亿元,注册资金5.27亿元。其中,注册类项目12个,实体类项目4个。在区东,形成了以中核、中煤、中油等企业为核心的央企经济板块,成为园区新的经济增长点。

(邢瑞红)

【中国核工业第二三建设公司总部项目入驻】 2009年8月21日,中国核工业第二三建设公司正式签约入驻开发区,项目总占地100亩(其中50亩用于研发楼建设,另外50亩用于总部基地建设),投资总额9亿元。该项目将于2010年3月份动工,正常运营后,预计可实现年产值30亿元以上,2-3年内上缴税金可达5000万元。目前,中国核工业第二三建设公司和其子公司核工程技术研究设计院的工商注册地址和税收注册地均从河北迁至北京林河开发区。

(邢瑞红)

【北京天地和协科技有限公司介入医疗器械项目】 2009年北京天地和协科技有限公司与林河开发区入区企业立京塑料(北京)有限公司正式签署《国有土地使用权及房屋所有权转让协议》,成功盘活19.08亩土地及4882.7平方米厂房、办公用房。通过项目替换,实现了跨行业产业升级。北京天地和协科技有限公司拟在林河开发区投资8000万元,进行心血管支架及输送系统研发生产、介入导丝产业化技术改造等子项目的建设,预计年创产值2亿元,上缴税金1500万元。

(邢瑞红)

【北一数控机床有限公司新增资产12亿元】 从2008年7月份开始,林河经济开发区就抓住北一数控机床有限公司资产重组的机会,紧密跟踪项目进展,于2009年7月把12亿元优质资产整合到林河经济开发区,使北一数控机床有限公司资产总规模达到24亿元。预计经过2年的资产整合,其主营业务收入将达到35亿元,上缴税金达到1.3亿元。

(邢瑞红)

【基础设施建设进展顺利】 2009年,北京林河经济开发区开复工项目共5家,包括中石油运输公司一期总部基地项目、中煤电气研发生产基地项目、一机床二期扩建、莱姆电子生产基地和天地和协改建项目,总建筑面积8万平米,截止年底,5个项目均已顺利竣工,使园区整体形象有了一个新的改观。

(邢瑞红)

北京临空国际经济技术开发中心

【概　况】 中关村临空国际高新技术产业基地(以下简称"临空国际产业基地")位于顺义区高丽营镇,是顺义区发展高新技术产业的预留地和新兴地,是临空经济区的高新技术产业核心板块,是中关村国家自主创新示范区东线临空信息产业带上的重要节点,总规划面积10平方公里,一期规划面积为5.2平方公里。临空国际产业基地成立于2005年6月,2007年3月正式挂牌运行,2008年4月,顺义区人民政府和中关村科技园区管理委员会签署合作共建临空国际高新技术产业基地框架协议,临空国际产业基地正式更名。作为一家新兴的高新技术产业园区,汇聚了北京六大高端产业功能区之中两大功能区的政策和资源优势。

单位名称:中关村临空国际高新技术产业基地
地址:北京市顺义区城西文化营村北
邮编:101300

电话:(010)69491700/69492122
网址:http://www.zgc-a-park.com.cn

（余　强　崔益元）

【加入中关村国家自主创新示范区】　年内,通过努力,临空国际产业基地与区内其它三个经济功能区,被纳入中关村国家自主创新示范区范围。

（余强　崔益元）

【功能定位】　作为临空经济区的高新技术产业核心板块,致力于发展成为顺义区高新技术产业新增长极,建设成为顺义新城高端产业支撑平台,与临空经济区其他成员相互支持,共同为“打造临空经济区,建设世界空港城”而努力;作为中关村科技园区的合作共建基地,将与中关村科技园区其他组成部分相互补充,打造“电子城-空港-临空国际”信息产业带,建设成为北京市东北部高新技术产业发展的重要节点,为建设“科技北京”和世界城市做出应有贡献。

（余　强　崔益元）

【产业定位】　主要发展电子信息及相关服务业,着力引进数字音视频、显示及通信设备、电子芯片及元器件、集成电路、精密机械等产业项目,配套引进主导产业相关的总部结算、营销中心、技术研发等生产性服务企业,致力于建成中国第一个临空型、国际化、信息产业为主导的高新技术产业基地。

（余　强　崔益元）

【交通区位】　临空国际产业基地东邻101国道,西通京承高速公路,南接城市六环,北依白马路,5分钟车程即可到达首都国际机场,距北京城市中心25分钟车程。毗邻天竺综合保税区、空港物流基地、紧邻奥运水上场馆、潮白河旅游度假休闲区等。

（余　强　崔益元）

【基础设施建设】　年内,临空国际产业基地在完成了起步区2平方公里“九通一平”的基础上,继续加大基础设施建设力度,投资3500万元,从马坡聚源110KV变电站引入10KV配电线路,工程总长7公里,为宝德阳项目一期建设和投产运营打好了基础。

（余　强　崔益元）

【重点项目建设】　9月24日,宝德阳“触控产品生产研发基地”项目正式开工,一期投资3亿元,建筑面积5万平方米,预计建成投产后可实现产值7亿元,税收2000万元,解决1500人就业。该项目计划总占地300亩,总投资20亿元,全部建成投产后年销售额可达40亿元。

（余　强　崔益元）

【招商引资】　年内共引进企业53家,协议投资总额20亿元人民币,其中实体企业1家。“启迪(顺义)科技园”项目由顺义区人民政府与清华科技园于2009年3月20日成功签约,项目将以园中园的形式建设“一园一区”:启迪“钻石企业”加速器和启迪配套服务区,总占地约250亩。项目建成投产将有利于促进清华科技园项目、资金、技术、人才向基地加速集聚,有利于促进顺义区高新技术项目研发、成果转化、企业孵化、人才培养等方面的发展,同时对临空产业结构调整优化,促进首都临空经济发展起到积极推动作用。

（余　强　崔益元）

【物业服务】　临空国际产业基地把追求“有限管理、无限服务”作为服务理念,2009年3月20日,正式组建物业公司,公司内部成立办公室、保洁分公司、保安分公司、水电暖安装维修分公司等机构,配备工作人员22人,将为入区企业提供保安、保洁、水电暖安装维修等方面的服务。

（余　强　崔益元）

【深入开展科学发展观活动】　年内,按照《中共北京市顺义区委关于在全区党员中开展深入学习实践科学发展观活动的实施意见》(京顺发[2009]13号)的总体部署和要求,临空国际产业基地党委将“谋规划、重招商、强服务,实现园区可持续发展”确立为学习实践活动主题,组织75名党员,包括内退11名党员和离退休28名党员,参加了学习实践活动。通过学习、查摆、整改,改进了党员干部的思想作风、工作作风。班子成员按照各自分管工作,分别从合作共建、规划建设、招商引资、物业服务四个方面进行仔细分析检查,深入剖析根源,并分别撰写了"坚持科学发展,深化合作共建,打造临空经济新亮点"、"贯彻落实科学发展观,努力建设新型生态园区"、"创新引领,平台招商,实现园区经济指标新突破"、"创新理念,锻造品牌,提升园区软硬环境建设水平"的调研报告。

(余　强　崔益元)

北京创意天承投资发展中心

【概　况】 北京市板桥创意天承产业基地(规范简称"创意天承")成立于2007年6月,是北京临空经济区的重要组成部分,顺义重点经济功能区之一。位于顺义新城西北部,总体规划面积5平方公里,首期规划面积2平方公里。京承高速公路从基地经过,并在基地西南和东北设有两处上、下行匝道(即昌金路出口和天北路出口),出入口距基地零距离。管委会所属投资发展中心现拥有"六部两室"(招商部、规划建设部、投资服务部、物业管理部、财务部、人力资源部、办公室和综合治理办公室)工作机构,全面负责基地的招商引资和管理服务工作。

单位全称:北京市板桥创意天承产业基地管理委员会
地址:顺义区赵全营镇牛板路板桥段43号
电话:(010)60441196
邮编:101301
网址:http://www.cytc.bjshy.gov.cn/ggl/01.asp

(马　为)

【一级开发获得授权】 2009年3月24日,一期土地一级开发成功获得市国土局的授权。经过多方努力,本项目进入北京市项目审批的"绿色通道",并相继获得市发改委立项批复,市规委规划意见书。2009年10月9日,一期征地400亩成功获得市政府批复(其中建设用地247.9亩,代征道路用地87.82亩,代征绿化用地64.06亩),目前正在办理征地结案工作,一期土地已基本具备上市挂牌交易条件。

(马　为)

【市政基础设施建设】 2008年6月1日,市政基础设施建设工程全面展开。截止到2009年6月底,已完成污水管线2500米,雨水管线2800米,自来水管线2240米,天然气管线2200米,通信管线2150米,电力管线2417米,砌筑各类检查井300座,完成三条大街总计6.8公里道路工程和白浪河左堤路2800米整治工程;完成园区内3000米道路亮化工程,共安装路灯95盏,完成道路绿化2万平方米,完成投资1.07亿元,园区内市政基础设施建设已实现"七通一平",园区的硬环境得到彻底改变,具备了项目承载能力。

(马　为)

【招商引资】 1－11月,共引进注册型企业101家,转移注册企业10家,(500万元以上企业9家),注册资本金2.3亿元;引进拟落地实体类项目3个。

(马　为)

北京汽车生产基地

【概　况】 2009年,北京汽车生产基地管理委员会(以下简称汽车生产基地)坚持以科学实践发展观为指导思想,认真履行顺义区委和区政府赋予职能,即:具体负责汽车生产基地土地一级开发、投融资、招商引资、企业服务。加快北京汽车生产基地建设,培育壮大现代制造业产业群落,推动经济结构的战略性调整。汽车生产基地位于首都国际机场东侧,一期核心区面积6.3平方公里,是北京市唯一用于发展汽车产业的基地。汽车基地自2003年10月成立以来,采取“总体规划,分期实施,稳步推进,滚动发展”的建设步骤,脚踏实地,开拓进取,勇于创新,与时俱进,使汽车生产基地不断发展壮大。2009年,汽车基地坚持立足“保增长,保民生,保稳定”的工作大局,攻坚克难,抢抓机遇,招大引强,现已成为顺义区制造业的支柱企业。

单位名称:北京汽车生产基地管理委员会
　　　　　北京汽车城投资管理有限公司
地址:北京市顺义区顺通路28号
电话:(010)89451311
邮编:101300
网址:http://www.fjapb.com

(陈立东)

【经济效益】　2009年汽车生产基地克服全球金融危机产生的不利影响,全年完成产值483.2亿元,同比增长75.4%,实现营业收入503亿元,同比增长78.2%,实现税收51.6亿元,同比增长99.5%,实现利润43.1亿元,同比增长236.5%

(陈立东)

【企业文化建设】　汽车生产基地一直重视团队精神的建设,为满足干部职工精神文化需求,加强干部和职工的沟通,增强公司凝聚力,2009年9月22日和2009年12月18日,汽车生产基地相继举行了“迎祖国六十华诞、庆基地光辉六载”才艺展示和以“放飞梦想、播种希望”汽车基地员工主题演讲比赛,让更多员工更好地发挥自我、相互借鉴,相互学习,2009年1月13日,汽车基地成功举办了2009年新春联欢会。干部和职工共度新春佳节。

(陈立东)

【吴家营、梅沟营两村拆迁顺利完成】　根据区政府2009年折子工程的相关要求,汽车生产基地于2009年4月7日正式启动了对吴家营村拆迁工作,并于6月初全部完成,拆迁工作进展顺利,没有发生安全事故、集体访和越级访等问题,实现了安全拆迁、平稳拆迁、快速拆迁。此次共拆迁住宅房屋492户,宅基地总面积16.8万平方米,建筑面积18.6万平方米,拆迁非住宅房屋49户,建筑面积4万平方米。梅沟营村拆迁项目是被纳入地铁M15号线市区联合储备项目,从2009年10月27日正式动迁到2009年11月4日,完成了全村301宗宅基地占地总面积9.6万平方米,房屋建筑面积9万平方米的拆迁任务,实现拆迁历时最短的好成绩。

(陈立东)

【中航发动机有限责任公司、中航工业复合材料研发工程中心落户】　2009年3月2日上午,北京·中国航空工业集团战略合作框架签约暨中航发动机有限责任公司、中航系统有限责任公司揭牌仪式隆重举行。双方将共同出资组建中航发动机有限责任公司、中航系统有限责任公司、中航工业复合材料研发工程中心等在京项目,其中,中航发动机有限责任公司、中航工业复合材料研发工程中心落户北京汽车生产基地,这标志着汽车生产基地又一支柱产业即将形成。

(陈立东)

【中航工业北京航空产业园开园、航空发动机产业基地在汽车基地奠基】　2009年7月29日上午,中航工业北京航空产业园开园暨发动机产业基地奠基仪式在顺义区举行,北京市市委副书郭金龙,北京市委常委、教工委书记赵凤桐,北京市副市长苟仲文、程红,空军装备部部长魏钢,国家民航局副局长王昌顺,中航工业党组书记、总经理林左鸣,顺义区领导张延昆、刘剑出席。中航工业北京航空产业园项目建设后,将形成我国航空发动机及核心零部件以及航电产品研发、制造的核心能力，成为我国航空技术发展的核心基地。航空发动机产业基地作为中航工业北京航空产业园的重要组成部分，由中航发动机公司总部及航空发动机研究院、航空发动核心零部件优异制造中心、物流中心和配套设施等组成，集航空发动机研发、试验、部件制造、维修和国际交流为一体，将成为具有世界先进水平的航空动力中心。航空发动机产业基地占地面积约1000亩，分两期建设，一期工程计划2012年建成，全部工程预计2017年完工。

（陈立东）

【汽车生产基地为北京现代三工厂项目土地一级开发主体】 北京现代为了满足市场需求，扩大生产规模，中韩双方商定选址在杨镇工业区建设三工厂。2009年12月29日，顺义区政府授权汽车生产基地为北京现代三工厂项目土地一级开发主体，负责组织实施征地、拆迁和大市政基础设施的建设，汽车生产基地将一如既往的按照区委区政府的指示，按时、按质、按量的完成现代三工厂土地的一级开发任务。

（陈立东）

【现代花园回迁房建设】 现代花园是专门规划用于汽车基地5个被拆迁村民回迁的生活小区，为保证被拆迁村民的利益，汽车基地于2008年9月20号正式启动回迁房的建设，到2009年，C区36栋楼已全部完成内外装修、小区道路、绿化及市政配套设施建设，全面进入竣工验收阶段。2010年上半年达到回迁标准，A区有6栋楼主体结构封顶，3栋楼进入基础施工阶段，D区的详细规划方案已通过北京市规划委员会的审批，进入图纸设计阶段，整体工程正在抓紧进行。

（陈立东）

【市政工程】 汽车基地始终坚持招商、建设同步并举的工作思路，一手抓招商引资，一手抓园区建设，2009年，汽车基地先后完成顺白路1公里和园区内军营南街、军营北街、顺兴路三条主干路共计1.9公里长的燃气、给排水、电力、通讯、绿化和道路工程以及现代花园新增加铺设3.2公里供暖管线工程，保证现代花园冬季供暖需求。

（陈立东）

【招商引资】 2009年，汽车基地延伸产业链，不断创新，树立招大引强的观点，全年共引进项目34个，其中实体项目5个，楼宇注册项目29个，协议引资177.37亿元人民币，实际引进资金30.92亿元人民币，新引进重点项目有中航发动机有限公司、中翼航空投资有限公司、北京市星石投资管理有限公司等十家大型公司。截至到2009年，入区企业已达74余家，新项目的入住，将会给汽车生产基地带来勃勃生机。

（陈立东）

【领导考察】 2009年12月16日下午，北京市副市长苟仲文，市经信委主任朱炎一行10余人赴汽车生产基地调研，参观现代第三工厂现场、现代第二工厂、航空产业园，顺义区领导张延昆、林向阳和顺义区相关部门人员陪同调研，汽车生产基地管委会主任董建华随行汇报航空产业园基本情况。

（陈立东）

北京北方印刷生产基地

【概　况】 北京北方印刷产业基地位于北京市顺义区东南部，地处首都国际机场正东侧10公里处，毗邻通州区和河北燕郊，紧扼北京东部金三角门户。基地位于顺义区北务镇，规划面积91.03公顷。2009年引进企业20家，实现税收4272.14万元，同比增长38.12%。北京北方印刷产业基地按照区委、区政府提出的“统筹规划、健全机构、完善管理、分步实施、滚动发展”的总体要求,高标准规划、高起点招商、高质量建设、高效益发展。

单位名称:北京北方印刷产业基地管理委员会
地址:顺义区北务镇龙塘路南侧
电话:(010)61424560
邮编:101300

(李向利)

【完善市政基础设施】 供电设施:投资1227万元,完成了开闭站建设工程,印刷基地在规划局、供电局协助下制定了由11万变电站到园区开闭站的外电源路线,即:从11万变电站出线后沿木燕路西侧至青年路南侧。沿青年路南侧至印刷产业园规划路穿至北侧,最后到开闭站,全程1600米。外管线土建工程及开闭站的内部装修和室内设备安装已经施工完成。外电缆铺设也已完成。同时联系供电局过户315KVA变压器1台。年底即可供电。道路设施:投资3000万元,规划设计横四纵一两条道路,全长3.2公里,打通了基地与京平高速北务出口的联络线。此项工程已完成施工图和路下市政管道施工设计,地下雨污水工程已全面展开,路基工程已开始施工,预计明年建设完成。污水处理设施:拟投资2000万元,建设污水处理厂一期工程,由印刷基地和北务镇政府合作完成,建成后日处理污水能力达到1.5万吨。建设污水处理厂符合镇域规划和未来发展需求,可实现镇域范围内企事业单位、村庄雨污水统一收集,统一处理、统一达标排放。可研报告已由印刷基地实施完成,北务镇政府正在办理设计审批和项目立项等手续。

(申晓杰)

【招商引资】 2009年,印刷基地新引进项目20家。其中楼宇类项目19家,注册资本1.6亿元,实体类项目1家,投资总额1.2亿元。实际利用外资1800万美元。

(李向利)

【重点项目】 楼宇类项目,北京京师常青教育投资有限公司,投资总额2980万美元,注册资本2366万美元。是一家集教育、培训、研发于一体的综合性企业,预计可实现年税金200余万元人民币。实体类项目为山东广源药业科技有限公司是金铸基药业有限公司及部分独立投资人共同出资创建的独立法人企业,集科研、生产、销售、服务于一体,共计建设兽药各剂型生产线十余条。建设内容包括:原料药车间、综合生产车间、综合性化验室、办公区和住宅楼,并配套建设水处理和各种库房。项目总体投产后,预计实现年销售收入1亿元,利税1000万元。

(申晓杰)

【清理回收土地情况】 今年印刷基地采取法律、经济、行政等手段,盘活低效利用土地382亩,其中嫁接盘活140亩,清理收回242亩,进一步扩大了基地的发展空间。

(李靖怡)

【征地情况】 2007年底,北京北方新辉印刷产业基地获得顺义区政府授权,作为土地一级开发主体,对规划范围内工业用地组织开展土地前期开发工作。现正在分三期办理土地手续,一期、三期土地一级开发项目涉及规划调整,9月份已含在北务镇中心区控制性详细规划中取得批复;二期征地34.7573公顷,土地性质均为工业用地,已于10月份取得市政府征地批复。园区内的北京朗依制药有限公司、凤凰航空实业公司和碎得机械(北京)有限公司三个项目,已取得建设用地批准书,并已完成“招、拍、挂”手续。

(李向利)

【绿化美化】 印刷基地投资65万元对园区进行绿化美化,新增绿地面积3600平方米,新种苗木5000余株,涵盖银杏、法桐、紫薇、沙地柏等多个品种,保证园区内四季常绿,三季有花。

(申晓杰)

【经济普查】 为配合统计局完成第二次经济普查工作,印刷基地制定了详细的普查实施方案,对基地及辖区企业进行摸底清查,发放宣传册及清查表近400份。清查期间,组织企业分批分期、分行业参加普查培训;正式普查阶段,发放各类普查表格270余张。圆满地完成了普查数据的录入、审核、汇总工作,并健全了普查档案。

（李靖怡）

北京国门商务区

【概　况】 依循“生态、环保、人性化、可持续”的规划理念,地处首都临空经济区的门户要位的北京国门商务区,将用十余年的时间建设成为以航空产业为主导、总部型企业为重点的国际化现代服务业集中发展基地,构筑引领未来首都经济发展新的增长极。国门商务区正处于核心区基础设施建设阶段,2009年区内已有两块商业金融上市土地成功拍卖。区内四纬路、纵四路等主、次干道工程建设加紧推进。两年来,管委会不断加大整体宣传和前期招商力度,目前入区注册型企业已逾百家,正与多家国内、国际知名高新企业加紧商务洽谈,为商务区“园区建设出形象,招商引资见成效,社会管理成体系”打下坚实基础。

地址:北京市顺义区李桥镇机场东路2号
电话:(010)81465505/81465515
传真:(010)81465506
邮编:101300
网址:http//www.aircbd.com

（史冠楠）

【规划建设】 全年核心区基础设施建设总投资达1亿元。完成纵三路以西“九通一平”的各种管线及道路建设工程,约占核心区市政工程总量的30%。核心区土地一级开发主体落实。5月27日,商务区管委会下属单位——北京国门金桥置业有限公司取得土地一级开发授权;9月30日,顺义新城第29街区一期土地一级开发项目得到市发改委立项批复,为核心区开发建设奠定了良好基础。核心区主要道路(除洼子村村址外)施工图已全部设计完成;机场东路东侧辅路方案设计已基本通过规划分局意见;横7—12路管线工程和道路工程岩土工程勘察报告已完成;四纬路和纵四路综合管线施工图、绿化施工图和道路交通图全部设计完成,景观设计方案基本定稿。核心区基础设施建设。纵四路全线及四纬路(机场东路至纵三路段)道路、综合管线全部完工;完成沙石、素土换填共计14万方、填前碾压10万平方米;实行外购土方共计50万方。核心区绿化工作。商务区实现新增绿地面积430亩,逐步形成以乔木为主,乔、灌、草相结合,点、线、面相衔接的绿化格局。园区品牌形象设计委托上海同济设计院完成核心区约3.25平方公里城市设计,同时对核心区道路交通系统进行了优化。

委托中国城市建设园林设计研究所对核心区进行景观设计。委托山东皇明集团和北大中国数字研究院等单位在核心区制定“节能减排”和“数字化园区”专项规划。目前,管委会已率先在核心区规划路网安装高效节能的LED灯300余盏。全面启动顺义新城28街区详细性控制规划。核心区内洼子村拆迁手续准备工作已接近尾声。

（史冠楠）

【招商引资】 融资工作。6月18日,国门金桥通过北京顺创投资公司融资平台,向北京银行成功申请贷款约3亿元人民币,此款项主要用于核心区基础设施建设。经济指标完成情况。2009年,商务区共新增注册及变更企业60家,入区注册企业总数达到125家,累计注册资本金4.5亿元。在招商项目上实现与银行和航空服务业合作的突破。预计全年完成属地税收约1200万元—1500万元,完成一般预算收入约350万元—500万元,基本完成年度任务。土地上市工作。7 月 6 日,核心区第一块上市土地 30 亩,由北京国门空港经济技术开发中心以 8000 万元总价成功拍得。管委会将重点与国家中小企业服务中心、浙江商会等机构进行合作。7 月 16 日,核心区第二块上市土地 110 亩,由中建国际发展有限公司以 16400 万元总价拍得,该地块拟建 12 万 城市综合体。不断充实项目包装储备。目前,已初步完成"国际金融港、国际展览展示交易中心、国际会议中心、创新科技园、国门永旺商城、环宇建筑科技园、涛声堂时尚创意港和国色梅园"等八个功能项目包装的宣传工作。搭建招商引资新平台。全面启动了"涛声堂时尚创意港"3.6 万平方米和"环宇建筑科技园"2 万平方米改造及扩建工程。商务区联合入区企业共同投资 8000 万元,共同打造两个专业化、特色化园区,搭建招商引资新平台。

(史冠楠)

【社会管理与服务】 出台《国门商务区开发建设管理暂行办法》。对管委会的职责、权限,商务区土地一级开发模式、二级招商标准、程序,物业服务体系建设和社会事务管理等工作均作进一步明确。加强园区建设监管力度,实现安全生产无事故。与入区施工单位和下属公司全面签订安全生产责任书,并对重点项目建设区域进行了重点巡逻,重点监控,重点整治。确保全年安全生产无事故,保证了开发建设顺利进行。开展人才招聘工作。共招聘工程建设、企业管理、招商、财务及人力资源等各方面高素质专业人才 16 名,进一步充实了商务区的人才队伍,同时扩大了商务区的知名度和影响力。10 月 1 日,管委会取得顺义区地税局授予的委托代征税费证书,当年为商务区增加代扣代缴税收 150 多万元。

(史冠楠)

大型国有企业和上市公司

北京首钢冷轧薄板有限公司

【概　况】 北京首钢冷轧薄板有限公司(以下简称冷轧公司)由首钢总公司、北京首钢股份有限公司和北京汽车投资有限公司共同出资设立,注册资金26亿元。首钢冷轧是2005年2月国务院批准的《首钢实施搬迁、结构调整和环境治理方案》中的重要内容之一,是首钢落实科学发展观,抓住新机遇,迎接新挑战,主动进行战略性产品结构调整,做强钢铁核心产业,实现企业与社会全面协调可持续发展的重要举措。在设计和建设过程中,充分借鉴吸收了国内外冷轧厂的经验和教训,选择了先进、成熟、可靠的工艺和技术。首钢冷轧公司生产工序主要包括一条酸洗-连轧生产线、一条连续退火生产线和两条连续热镀锌生产线,主要设备均由当今世界优秀的生产商引进,总体装备达到世界先进水平。项目设计投资额约64亿元,产能150万吨,其中连续退火板70万吨,热镀锌板80万吨。产品厚度范围0.3mm~2.5mm,宽度范围900mm~1850mm,定位于汽车板、家电板等冷轧高端产品。首钢冷轧公司酸轧线2007年11月进入试生产阶段,2008年5月、8月、11月连续退火生产线、2#热镀锌线生产线、1#热镀锌生产线也陆续进入到试生产阶段,年内完成了冷轧公司全流程的生产组织贯通。初步建立起了以技术、市场、新产品研发等体系,较好地发挥了产线能力,全年完成总产量127.61万吨。

单位名称:北京首钢冷轧薄板有限公司
地址:顺义区李桥镇任李路200号
电话:(010)81477800
邮编:101304

(韦　哲)

【经营管理】 2009年冷轧公司党委率领广大干部职工,深入贯彻总公司创建学习型企业、提高创新能力的要求,提出“近学迁钢精细化管理,苦干三季度扭亏为盈;远学鞍钢打造软实力,对标挖潜争创一流”的奋斗目标与工作方针。围绕健全完善现代企业制度与管理能力提升,结合冷轧公司实际一步步夯实基础,逐步建立起生产经营管理的五大体系。即:计划管理体系,指标管理体系,绩效考核体系,成本控制体系,对标管理体系。使冷轧公司生产经营管理工作实现全面闭环运行,为公司生产经营管理全面进入健康发展的轨道奠定了坚实的基础。

(王占林)

【品种开发】 2009年7月首次成功生产05表面等级汽车板。全年品种材完成42.2万吨,品种比例达到33%。其中,汽车板11.4万吨,家电板15.7万吨,专用板15.1万吨,分别占全年总产量的比例为8.8%、12.4%和11.8%。全年实现冷轧产品出口1.83万吨。全年实现首钢汽车板“10-2-2”总体开发目标,即全年完成冷轧汽车板10万吨的营销目标,完成二个乘用车(吉利300吨、长城1500吨)企业的批量供货,实现了北汽福田及吉利的整车认证和批量供应,年底实现2万吨/月(2.1万吨)的汽车板生产量。

(闫　玮)

【产品认证】　2009年汽车板实现了对北汽福田、北汽有限、河北长安等八家车企的批量供应,通过了一汽轿车、北京现代等八家车企的部分产品认证,7月份完成了对北汽福田商用车的整车供货,9月份完成了吉利汽车的整车认证,并与北汽福田、长城汽车、吉利汽车签订了年度购销协议,为全面进入乘用车市场奠定了基础。家电板进入到海尔、美的、格力、奥克斯、LG、春兰等知名家电企业,产品应用到冰箱、洗衣机的内板、侧板和外板等。专用板成功进入电镀锌基板和焊丝及门板等行业,产品成功进入山东恒达,长江润发等电镀锌厂家,用于生产高档的耐指纹的电镀锌产品。通过产品的开发和市场的推广,冷轧公司产品的直供比例由年初的12%提高到年底的47%,直供比大幅度提高。

(闫　玮)

【工业试制】　2009年1月冷轧公司连续退火生产线实现低碳铝镇静钢和IF钢批量试制,包括DC01、DC03、DC04、DC05、DC06、(ST12、ST13、ST14、ST15)。海尔家电板从4月份的500吨增加到年底的6000吨,从单一规格扩展到13种规格,订单合格率达到90%左右。产品结构发生大幅度变化,家电板比例从年初的几乎为零发展到年底的38%,月产家电板达到14000吨左右。7月8日,顺利完成O5汽车板的首次生产,O5等级的产品占到72%。北汽福田对5个外板件进行试冲和7个样片的涂装试验,合格率达100%。8月冷轧公司烘烤硬化钢、高强IF钢、DP钢工业试制成功,成功开发出CR180IF高强IF钢。9月完成210P1和250P1高强IF钢质量文件及试制工艺要点的制定,正在推动现场工业试制。9月完成低碳CR180BH的炼钢、热轧、冷轧、退火工业试制,确定了成分体系、热轧工艺参数、冷轧压下率及连退工艺。10月份成功生产出双相钢CR260/450DP,产品性能达到了国家标准、宝钢标准和通用全球试用标准的要求,并优于宝钢实物性能。10月份完成高铝双相钢CR340/590DP的工业试制。目前为止,可批量生产的钢种有CQ、DQ、DDQ、EDDQ、SEDDQ等,牌号包括欧标DC01~DC06,日标SPCC~SPCD。高强钢已完成DP590,BH180,170P1,H340LA等品种小批量试制,产品质量和性能能够达到设计要求。已实现对北汽福田、山东时风、重庆三木等汽车厂家的稳定批量供货,正逐步开展对长城、现代、一汽等轿车的认证工作。

(闫　玮)

【酸洗连轧生产线】　2009年酸轧线完成产量131.10万吨,成材率96.54%,合格率99.86%,破班产记录五次,破日产记录三次。2月19日酸轧机组首次批量试轧汽车板,获得圆满成功。8月21日首次使用镀铬辊生产,为生产高档汽车板奠定了坚实的基础。10月26日对酸轧机组的板型曲线进行优化改进,使实际板型能够实现有效控制,取得效果显著。10月25日-11月5日对酸轧机组、酸再生机组和磨辊机组进行了投产以来首次大规模的年修,消除了设备隐患,改进了设备功能精度,提升了设备运行能力。

(李卫锋)

【连续退火生产线】　2009年连退线全年共生产合格入库成品卷82.70万吨,打出设计产能91.87%,其中汽车板、家电板、专用板共计生产27.58万吨,占总产量30.64%。产能得到了一定释放,高附加值品种板形成了批量供货能力。连退线工序成材率98.38%,作业率由年初的93.86%提高到12

月的97.82%，标志着生产水平已稳步提升。2009年对各产品工艺操作进行了进一步优化，其中普碳钢、IF钢性能稳定、已实现批量供货的能力，部分高强钢也具备小批量生产的能力。7月15日，连退线创出日产4485.41吨的好成绩，超产1985.41吨，全日无停机时间，刷新了3月10日日产4283.22吨的纪录，创出日产新纪录，初判合格率达到100%。6月25日修改完善薄料的炉区张力，使连退真正拥有自己的全线张力，从而实现全钢种，极限规格的通板技术。7月8日成功生产出福田O5汽车板，并逐渐使用镀铬辊，有利的保证了带钢表面质量。12月8日实现全线跑偏报警系统，有效地避免了制止了带钢刮边断带事故。

（张　民）

【热镀锌生产线】 2009年度镀锌作业区两条镀锌线完成近30万吨的生产任务，生产期间还顺利完成两条热镀锌机组调试工作。连续最长运行时间从1月份的92小时提升到10月份的180小时，一检合格率最好水平也已经达到97.8%，合格率99.3%，工序成材率97.8%。2月完成了2#线炉鼻子加湿系统的调试工作，为生产高质量家电板奠定了基础。3月份完成了2#镀锌线的FAT验收工作。3月份开始给海尔试制家电板，经过不断工艺优化，年底月供货达到6000吨。7月份开始试用WC涂层沉没辊。8月份完成了锌锅制冷水系统的自主设计选型和安装调试工作，为锌锅的稳定运行提供了有力保证。对锌锅辊子装配制定了严格的标准，解决了1#线生产薄带钢划伤的技术难题。9月份完成了GA锌锅的化锌工作，为合金化产品调试打下了基础。10月份完成了Al含量检测的安装调试工作，为锌液的精准控制提供了保证。10月25日完成了2#线气刀氮气系统的调试工作，至此两条镀锌线都具备了气刀氮气吹扫的能力，为生产更高质量的镀锌产品提高了可靠的保证。10月31日开始调试合金化镀锌板。12月份首次实现两条线生产，当月双线生产11天，作业率均达到96%以上，顺利完成当月近4万吨的生产任务。

（齐春雨）

【成品作业区】 2009年3月1日，北京首钢冷轧薄板有限公司成品作业区正式成立，4月1日成品作业区党支部正式成立。7月8日成功完成182吨成品卷火车试装工作，标志冷轧公司火车发运工作开始。8月份第一次火车外发成品卷1436吨，全年火车装运2.4万吨，占全年外发量的2.3%。9月份首次突破重卷产量1.0万吨。12月份完成14万吨成品卷入库、释放、外卖以及重卷生产等各项工作，全月释放12万吨，外卖11.8万吨，实现达产达效。

（车　辉）

【三支人才队伍建设】 根据《首钢总公司健全三支人才队伍激励机制绩效考评、职务评聘和择优升级工作的实施意见》及《首钢2009年三支人才队伍激励机制实施方案》文件精神和工作要求，通过绩效考评、职务评聘和择优升级工作，进一步健全和完善了三支人才队伍成长“绿色通道”，。制定并实施了冷轧公司专业技术人才及技能操作人才聘任津贴制。专业技术人才及技能操作人才采取年度聘任制，且津贴与冷轧公司及本单位生产任务完成情况挂钩，享受津贴的技术人才与其发挥作用不匹配的人员将降低津贴标准直至解聘，真正做到人尽其才，能者上、庸者下，有效增强技术人才的紧迫感、危机感和责任感，促进人才的快速成长。

（冯　新）

【党群工作】 年初，制定下发了《2009年冷轧公司反腐倡廉主要任务分工方案》，共11项27条，并组织落实；围绕降低轧机轧辊消耗开展效能监察，取得经济效益239.5万元，该项目被首钢纪检监察系统评为“避免和挽回重大经济损失有功集体”，受到表彰。3月—8月，党内组织开展了深入学习实践科学发展观活动。冷轧公司整改落实方案中涉及的8个方面的问题、33项整改措施已全部完成,有力地促进了冷轧公司整体工作向前推进。5月7日—10日,举办了李桥镇“首钢冷轧杯”篮球比赛。7月—8月,组织开展了“提高执行力、一切按规矩办”大讨论活动。7月—9月,与总公司党校联合举办中层干部培训班。12月11日,成功举办了“牵手冷轧、共创未来”为主题的冷轧公司第一届职工文化节。

(闫广顺　王铁柱等)

中国国际展览中心

【概　况】　中国国际展览中心隶属于中国国际贸易促进委员会(以下简称贸促会)。1985年1月17日,国家工商局为中国国际展览中心颁发了营业执照,标志中国国际展览中心正式成立。同年8月,邓小平同志为中国国际展览中心题写了馆名。二十多年来,中国国际展览中心充分发挥其规模优势,抓住我国社会主义市场经济高速发展、展览市场空前活跃的契机,加大业务开发力度,调整战略发展方向,使各项业务保持了较高的增长速度。随着北京展览市场的不断蓬勃发展,北京原有的展馆资源已不能满足大型展会的需求。贸促会领导深感有必要兴建一座大型展览馆来满足国内外展览的需要,遂开始酝酿和筹建中国国际展览中心新馆。中国国际展览中心(新馆)(以下简称国展新馆)位于北京顺义天竺空港城商务区,毗邻是北京市2005年60项重点工程之一,并被北京市政府列入2008奥运相关工程项目。国展新馆项目总规划155.5公顷,地上总建筑面积66万平方米,其中展馆及附属设施地上建筑面积40万平方米,包括16个可分合的单体、单层、无柱、大空间展厅,展馆室内地上总使用面积20余万平方米。国展新馆一期工程建筑面积43.1万平方米,主展区共包含八个展厅,提供室内展览面积106800平方米,新馆一期工程已于2008年3月建成并投入使用,截止2009年12月31日,新馆共接待展会31场,场馆租赁面积达165万平方米。国展新馆的建成和投入使用,为北京地区的展览业发展提供了更为广阔的展示平台,丰富了展馆资源,为市场提供了新的更好的选择。为此,国展新馆将发展方向定位为中国最具影响力的展馆、世界领先的展示交易平台;将市场定位在不遗余力的支持和培育规模展、品牌展上,成为全国乃至世界品牌展的摇篮和阵地;充分发挥在区域经济方面的龙头带动作用,成为展览业典范。

单位名称:中国国际展览中心(新馆)
地址:北京市顺义区天竺镇裕翔路88号
电话:(010)80468200
邮编:101318
网址:http://www.ciec-expo.com

(刘英杰)

【展会情况概述】　2009年,新馆成功接待了16场国际专业性展会,场馆租赁面积达到81万平方米,馆租收入近9200万元人民币,全年展馆使用率为23.5%。其中,展览面积达到10平方米以上的大型展会共计5场,分别为中国国际服装服饰博览会,中国国际机床展览会,第七届北京国际印刷技术展览会和中国国际体育用品博览会。2009年,新馆吸引了更多的国际专业性展会,这些大型展会基本上是中国乃至世界行业内的顶尖展会,如中国国际机床展是世界四大机床名展之一,第七届北京国际印刷技术展览会是世界六大国际印刷展览之一,全球航线发展论坛被称为被称作“国际民航业奥林匹克盛会”等等。

(王思牧)

【中国国际展览中心(新馆)2009 年展览会】

第十九届中国国际钓鱼用品贸易展览会;中国汽车服务业及汽车文化博览会;中国国际建筑装饰博览会;中国国际石油石化技术装备展览会及中国国际输配电防爆工业展览会;医疗仪器展;中国国际服装服饰博览会;中国国际机床展览会;中国国际体育用品博览会;第七届北京国际印刷技术展览会;2009年北京市合同期满大学生'村官'专场供需见面、双向选择招聘洽谈会;全球航线发展论坛;中国国际通信设备技术展览会;中国电子商务应用展览会;中国国际集约化畜牧展览会;北京国际风能大会暨展览会;第十一届中国(北京)国际房地产与建筑科技展览会。

(王思牧)

【管理单位】 北京国展国际展览中心有限责任公司是国展新馆的管理单位。北京国展国际展览中心有限责任公司(以下简称管理公司)的主要业务范围涵盖场馆出租及经营管理服务、展会项目服务、场馆及设施维护、展会现场施工管理、水电气供应、展会保安、保洁、消防、交通服务等项目。在中展集团及贸促会的领导和关怀下,管理公司坚持科学专业管理,进一步细化标准流程,规范化运营,全面提升服务水平,逐步提高展馆的使用率,努力为主办提供优秀的展馆设施条件和服务。管理公司以"管理一流、服务一流、效益一流"为企业目标,实行"一站式服务"和"一揽子销售"策略,充分发挥国展在展会系统服务方面的优势,向展会主办方提供施工管理、水电气、进场加班管理、空调、设施设备租赁、保安保洁、广告物流等与办展相关的运营服务。管理公司将"服务标准化"和"管理市场化"作为企业的管理模式,逐步完善开放性外包服务体系,展馆服务得以不断提升。管理公司致力于与客户的携手共赢。重视与主办方的密切合作以及与各行业协会的深度合作,结合自身发展优势,服务于地方经济的发展和客户市场的开拓,以"携手共赢"为理念,争取为北京展览事业及地方经济发展做出应有的贡献。

(翟　敬)

燕京啤酒集团公司

【概　况】 刚刚过去的 2009 年,对于燕京啤酒集团公司来说是极其不平凡的一年。面对世界金融危机和市场竞争日益激烈的双重挑战,全体干部员工坚定信心,迎难而上,万众一心,共克时艰,认真贯彻科学发展观,全面落实党中央国务院所提出的"保增长、扩内需、调结构"的总体战略,继续坚持"六个创新"、"四个做强"的工作方针,突出抓好企业运行中的主要矛盾,进一步深化市场、产品和品牌三大结构调整,圆满完成了集团公司年初制定的战略目标,再次刷新了各项经济指标,顺利进入世界啤酒产销量排行榜前八名。其中啤酒产量 4668613 千升,比上年增长 11.35%;销售收入 1330815 万元,比上年增长 14.99%;利润总额 86502 万元,比上年增长 48.95%;实现税金 231700 万元,比上年增长 26.31%;利税总额 299804 万元,比上年增长 29.93%;上缴财政 226928 万元,比上年增长 18.01%;工业总产值(现价)1361535 万元,比上年增长 15.09%;工业增加值 465081 万元,比上年增长 20.25%。主要指标不仅实现两位数以上增长,且呈现出产销量增长大于同行业的增长,销售收入增长大于销量增长,利润增长大于销售收入增长的发展态势。

单位名称:北京燕京啤酒集团公司
地址:顺义区双河路 9 号
电话:(010)89495588

邮编:101300
网址:http://www.yanjing.com.cn

(苏文新　吴春霞)

【品牌建设】　"1 + 3"的品牌战略进一步推进,四大品牌集中度不断提高,燕京、漓泉、惠泉、雪鹿总量达到426万千升,占比91%,其中燕京品牌产销量280万千升,占比60%,比上年提高5个百分点。无形资产不断增值。2009中国最有价值品牌排行榜在美国纽约市立大学发布,燕京品牌价值合计229.52亿元,其中燕京品牌价值159.49亿元,漓泉品牌价值33.24亿元,惠泉品牌价值25.90亿元,雪鹿品牌价值12.89亿元。

(苏文新　吴春霞)

【科技研发】　燕京高质量通过国家高新技术企业认证,成为国内三大啤酒集团内首家获此殊荣的企业,不仅树立了良好的高科技企业形象,同时还获得了国家财政政策支持,当年企业所得税由25%降至15%,经济效益增长得到了进一步保障。公司科研中心再添新成果,包括啤酒和相关副产品(饲料、酵母粉)的三聚氰胺检测方法,啤酒老化醛类物质的检测方法,酶制剂中的砷和汞的检测方法,淀粉中二氧化硫的检测方法,纳豆胶囊中纳豆激酶活力、总皂苷、粗多糖检测方法相继成功开发,富含黄腐酚啤酒的酿造技术顺利完成,"改善无醇啤酒口感方法"成功获得由国家知识产权局颁发的发明专利。在全国率先实行矿泉水绿色生产新工艺,用微孔过滤技术取代了臭氧杀菌方式,使产品更加绿色、安全、健康。这项技术获得了北京市技术质量监督局的充分肯定和赞扬,将在全市范围内加以推广。

(苏文新　吴春霞)

【产品质量实现升级】　2009年6月《食品安全法》正式实施。作为食品生产企业,燕京啤酒集团坚持对消费者高度负责的态度,始终秉承"以全优的质量取信于民,以独特的风味取悦于民,以诚挚的态度服务于民"的质量宗旨,积极贯彻《食品安全法》。建立和完善与食品安全相关的检测方法,确保啤酒及相关附属产品原辅材料的安全性;严格执行绿色生产工艺,品质管理关口前移,制订并下发《北京燕京啤酒集团公司啤酒用添加剂、助剂和酶制剂的使用规定》,对全公司添加剂的使用标准进行统一;充分发挥技术中心的人才优势和资源优势,对外埠企业进行有针对性的规范管理及技术支持,及时解决各公司在生产、质量中上遇到的难题,为实现食品安全起到重要保障作用。

(苏文新　吴春霞)

【发展循环经济】　适应绿色生产要求,大胆引进新技术,运用新设备。全面改造制冷系统,将制冷工艺全部改为蒸发冷,顺利完成6台蒸发式冷凝器的加装工作,使全年耗水量大幅减少;大力推广无功疏水冷凝水回收设备,并成功应用于制麦、饲料和糖化车间,较好解决了热能损失大的问题,实现了更高效的冷凝水回收。严格执行"削峰填谷"规定,倡导科学用电,实现了电能与电费的双节约。南厂各项消耗指标与去年同期相比实现稳中有降,其中万元产值能耗下降10公斤,千升酒耗电下降1.906千瓦时,千升酒耗标准煤下降2公斤,千升酒耗油下降0.27公斤,提前完成北京市下达的"十一五"规划节能减排任务,并成为首批北京市循环经济试点企业。

(苏文新　吴春霞)

【认真履行社会责任】　继续推行为关键岗位骨干一线员工办理转非招工的激励政策,为农民合同制职工和进厂5年以上的协议工办理交纳五险,共办理招工手续453人次(累计办理2300人次),参保手续1768人次,补缴养老保险手续243份,补缴养老保险450万元。另外,年内先后两次上调职工薪资标准,使每一名干部职工真正分享到了企业发展成果。

(苏文新　吴春霞)

【市场布局不断完善】　进一步做大做强主

业。2009年广东燕京公司年增加20万吨啤酒产能，产能规模扩至50万吨。2009年9月正式在山西投资建新厂，成立北京燕京啤酒(晋中)有限公司，投资额2.5亿元，年产20万吨啤酒，其中一期工程年啤酒生产能力为10万吨。2009年10月在昆明市嵩明杨林工业园投资建新厂，成立燕京啤酒(昆明)有限公司，年产40万吨啤酒，该项目一期建设年产规模20万吨。

(苏文新　吴春霞)

【第十八届燕京啤酒节】　6月6日上午，顺义区第十八届燕京啤酒节隆重开幕。最高人民检察院原检察长贾春旺，国家轻工部原部长、中国机械联合会长于珍，国家财政部原部长、国务院发展研究中心副主任金人庆，全国政协社会和法制委员会主任、司法部原部长张福森，中国轻工业联合会会长步正发，市委常委，市总工会主席梁伟，市人大常委会副主任赵凤山，北京市副市长荀仲文，北京市政协副主席王永庆，区领导张延昆、刘剑、马庚良、陶宝金等出席了开幕式。副区长林向阳主持开幕式。副市长荀仲文、区委副书记、代区长刘剑、燕京啤酒集团公司董事长、总经理李福成分别在开幕式上致辞。当天晚上，中央电视台最具权威的综艺娱乐类品牌栏目《同一首歌》走进顺义，走进燕京，用丰富多彩的文艺节目与广大观众共度啤酒节。其间，顺义区常务副区长王海臣、原北京市工促局副局长李树藩、集团公司董事长李福成、新老员工代表、经销商代表、供应商代表、燕京啤酒形象代言人陈宝国以及体育总局水上运动中心主任韦迪携中国水上健儿(杨文军、孟关良、殷剑、唐宾、奚爱华、金紫薇、张扬扬、吴优、高玉兰)分别接受采访。中央电视台先后六次播出晚会节目。

(苏文新　吴春霞)

【国家安全监管总局领导来燕京视察】　4月23日，国家安全监管总局长骆林率队来燕京视察，陪同人员有国家煤矿安监局副局长黄毅、国家安全监管总局监督管理二司司长吴鑫、国家安全生产应急指挥中心副主任李万疆、国家安全监管总局办公厅副主任郑景奇、国家安全监管总局办公厅处长周寅生、国家安全监管总局通信信息中心处长殷晓波，北京市副市长荀仲文、市安全生产监督局局长张家明及副局长张树森，顺义区委书记张延昆、副区长林向阳等接待。集团公司董事长李福成随行介绍了企业在金融危机影响下的生产经营状况和安全生产情况。骆林局长充分肯定了燕京啤酒集团公司在安全生产和预警机制方面做出的积极努力，称赞集团公司安全生产工作立足当前，着眼长远，思路清晰、方法得当，措施有力，成绩突出。同时，他还对长期坚守在安全生产的一线全体职工表示慰问。并希望企业能够扎实工作，认真总结并推广优秀经验，继续做好安全生产的各项工作。

(苏文新　吴春霞)

【国务委员等领导莅临调研】　5月10日，国务委员兼国务院秘书长马凯莅临集团公司参观视察，顺义区代区长刘剑陪同考察。其间，李福成董事长介绍了燕京啤酒集团的发展历程，汇报了集团公司在应对金融危机方面的详细情况。马凯秘书长肯定了燕京集团20多年来取得了丰硕成果，并称赞燕京在战胜危机的过程中“有思路，有办法，有成效”。马凯秘书长还认真询问了集团公司在开展循环经济方面的工作情况，并高度评价到：“循环经济大有作为，你们的经验值得推广。”马凯秘书长还品尝了新鲜酿制的啤酒，并连声说：“质量很好，新鲜爽口。你们为民族啤酒工业争了光，要继续做强做大，为中国民族啤酒工业做出更大的贡献。”

(苏文新　吴春霞)

北京顺鑫农业发展集团有限公司

【概　况】 北京顺鑫农业发展集团有限公司(以下简称公司)深入落实科学发展观,以加快企业发展为统领,坚持解放思想,创新发展模式,强化内部管理,优化经营结构,提高创新能力,紧抓机遇,开拓进取,扎实工作,各项工作取得了可喜的成绩。年内,公司实现销售收入70亿元,同比增长15%;实现利润总额3.6亿元,同比增长28.6%;实现税金4.9亿元,同比增长36.1%;实现国内生产总值12.8亿元,同比增长18.5%,各项经济指标任务基本完成。

单位名称:北京顺鑫农业发展集团有限公司
地址:北京市顺义区站前街3号
邮编:101300
电话:010-81483800
网址:http://www.000860.com

(谢保同)

【公司十周年纪念活动】 在北京日报、京郊日报、经济日报、北京晨报、中华工商时报等媒体进行“顺鑫成立十周年”系列宣传,并成功举办知识竞赛和有奖征文活动等系列活动。社会反响强烈。

(谢保同)

【推出饮料新品“这样紫啊”】 3月,牵手公司具有护眼概念的功能性饮料“这样紫啊”,现已在全国重点市场的1500多家大型卖场、综合连锁超市铺货,流通网点铺货达到2万家,市场反应良好。

(谢保同)

【农业部部长孙政才莅临顺鑫农业视察】 5月1日上午,农业部部长孙政才先后到顺鑫石门农产品批发市场、鹏程食品分公司屠宰场等,检查指导重大动物疫病防控、检疫监管、防疫管理等工作,分别听取了相关负责人对生猪生产、猪肉销售、质量监管等方面的工作汇报。

(谢保同)

【公司董事长被授予全国五一劳动奖章】 5月,公司董事长李维昌被授予全国五一劳动奖章,表彰其在社会主义经济建设事业中做出的突出贡献。

(谢保同)

【北京市副市长陈刚视察花博会场馆建设】 5月7日上午,北京市副市长陈刚一行到第七届花博会场馆视察,对场馆建设的具体进度和花博会展位等方面的问题进行了解。

(谢保同)

【全国政协副主席莅临顺鑫农业指导工作】 4月6日,全国政协副主席、民革中央常务副主席厉无畏一行对牛栏山酒厂酿酒车间、灌装车间、散酒库、酒史展厅等进行了参观指导。

(谢保同)

【刘淇一行视察花博会主展馆工程进展情况】 5月18日,中共中央政治局委员、北京市委书记刘淇,中共北京市委副书记,北京市市长郭金龙在顺义区委书记张延昆、副书记刘剑的陪同下,来到第七届中国花博会主展馆施工工地检查工作,市领导李士祥、牛有成、夏占义,市政府秘书长黎晓宏一同检查。公司董事长李维昌就花博会主场馆设计、规划及建设情况向市领导进行了汇报。

(谢保同)

【“小店”商标荣获北京市著名商标】 6月,公司“小店”商标被北京市工商局认定为北京市著名商标,成为北京市种猪行业的第一件著名商标。同时,“顺鑫”、“牵手”商标顺利通过复审,继续享有“北京市著名商标”称号,至此公司已拥有三件中国驰名商标、七件著名商标,标志着品牌推进工作步入了新的发展阶段。

(谢保同)

【"牛栏山"入选2009年中国500最具价值品牌】 6月16日,世界品牌实验室在北京发布2009年(第六届)《中国500最具价值品牌》排行榜,"牛栏山"成为北京地区白酒行业的代表,以其品牌价值35.09亿元荣登"2009中国500最具影响力品牌"榜。

(谢保同)

【第七届中国花卉博览会主展馆竣工】 7月2日,公司投资兴建的第七届中国花卉博览会主展馆竣工。建设初期,面对如此庞大复杂的工程,公司董事长李维昌提出了"安全、质量、进度、造价"八字方针。按照这八字方针,再结合主场馆节地、节水、节能、节时、节材的"五节"设计理念,第七届花博会主展馆在各方努力下,高质量顺利完工。

(谢保同)

【公司荣膺"全国和谐商业企业"称号】 7月,公司被中国商业管理协会评定为"全国和谐商业企业",表彰公司坚持依靠职工办企业,不断发展和谐劳动关系,认真履行社会责任,全面建设和谐商业企业的理念和举措。

(谢保同)

【连续五年入选"中国制造业企业500强"】 7月,中国企业联合会发布中国制造业企业500强,公司荣获2009中国制造业企业500强称号。至此,公司已连续5年获得该项荣誉。

(谢保同)

【创先争优取得可喜成绩】 8月,公司总部机关被评为首都文明单位标兵,牛栏山酒厂被评为首都文明单位,鹏程食品分公司等8家企业被评为顺义区文明单位。

(谢保同)

【民政部部长一行视察顺鑫农业】 9月8日,国家民政部部长李学举、纪检组长曲淑辉、北京市副市长丁向阳来到牛栏山酒厂视察,顺义区领导张延昆、马庚良、王海臣及牛栏山酒厂厂长李怀民等陪同。

(谢保同)

【第七届中国花卉博览会隆重开幕】 9月26日,备受关注的第七届中国花卉博览会开幕式在北京顺义举行。中共中央政治局委员、国务院副总理回良玉和中共中央政治局委员、北京市委书记刘淇共同启动"绿港花雨"装置,主会场上空漫天花瓣飘飞,形成了壮观的漫天花雨,标志着第七届中国花卉博览会正式拉开帷幕。

(谢保同)

【完成第七届中国花卉博览会后勤保障工作】

为期10天的第七届中国花卉博览会10月5日在北京顺义圆满闭幕。公司作为本届花博会主展馆的投资方和运营商,从花博会主展馆奠基伊始到花博会闭幕,一直严格按照市、区两级政府的要求严抓落实各项工作,用顺鑫人坚守的勤奋细致奉献的工作精神,有力的保障了花博会成功举办。

(谢保同)

【公司连续八年获质量体系认证】 12月,公司顺利通过新版ISO9001质量管理体系认证审核,至此公司已连续八年通过ISO9001质量管理体系认证。自开展质量管理体系认证以来,企业不断实施持续改进,提升管理水平,稳步推进公司现代化企业建设步伐。

(谢保同)

北京空港科技园区股份有限公司

【概　况】 北京空港科技园区股份有限公司(以下简称"空港股份"或"公司")成立于2000年3月,位于首都国际机场西侧的北京天竺空港经济开发区,主要从事土地一级开发、标准厂房出租、工业房产开发、建筑施工及物业服务与管理业务。公司股票于2004年3月在上海证券交易所挂牌上市,股票代码:600463,公司控股股东为北京天竺空港工业开发公司,注册资本金2.52亿元,是目前国内唯一一家临空型园区类上市公司。公司有天瑞置业、天慧咨询、天地物业3家全资子公司;天源建筑、亿兆地产2家控股子公司和物业管理分公司,总资产19.74亿元。2009年,公司迎难而上、认真分析市场形势,明确了公司发展的思路和目标,紧紧围绕主业开展工作,不断开拓创新,使得各项工作稳步推进。全年实现营业收入7.56亿元,归属于母公司股东净利润5511.82万元,母公司实现税收4209.81万元。

单位名称:北京空港科技园区股份有限公司
地址:北京空港经济开发区B区裕民大街甲6号
电话:(010)80489277
邮编:101318
网址:http://www.600463.com.cn

(王　宇)

【优化公司业务结构】　为了整合资源、优化公司业务结构,重点打造以土地开发为基础的地产开发产业链,公司在2009年对业务体系及股权结构做了优化调整。一是将持有空港宏远物流有限公司的50%股权转让给北京宏远物流有限责任公司。二是收购天瑞置业20%的股权、天慧咨询49%的股权,实现100%控股,使公司的主营业务规模得到了壮大,同时也为公司更加规范,实现可持续发展打下坚实基础。

(王　宇)

【公司股票实现全流通】　1月23日,空港股份发布《有限售条件的流通股上市公告》,大股东北京天竺空港工业开发公司持有的占总股本58.25%的146,781,790股有限售条件的流通股解禁,并于2月6日实现上市流通。至此,公司25200万股全部成为无限售条件的流通股,实现全流通。

(王　宇)

【MAX空港企业园项目获奖】　凭借着先进的"企业园"概念,并以顺义良好的生态人文环境为依托,由公司全资子公司天瑞置业投资建设的"MAX空港企业园项目"(融慧园),作为唯一具有北京首都国际机场、中国国际展览中心这两大资源优势的低密度商务产品,在市场璀璨绽放。年内,该项目先后荣获新地产杂志颁发的"2008年度最佳商务楼盘"奖、中央人民广播电台FM90.0 music radio颁发的2008年度北京房地产行业"最具投资价值楼盘"奖、新浪乐居房产颁发的"最具影响力商务独栋"奖。项目总占地14.187万平方米,总建筑面积约35万平方米,共分为五期开发。

(王　宇)

【北京市副市长莅临MAX空港企业园项目视察】　6月24日,北京市副市长夏占义莅临"MAX空港企业园项目"(融慧园),进行视察,副区长李友生、区建委主任刘永发陪同视察。在公司董事长杭金亮的陪同下,夏占义等领导先后参观了MAX销售中心、企业独栋单体建筑的内部空间设计,并深入园区现场,感受MAX空港企业园绿色生态的办公环境以及个性鲜明的建筑设计所带来的震撼。通过视察,夏占义详细了解到项目的规划设计及开发建设等情况,并对项目为顺义总部经济带来的带动示范效应给予肯定。

(王　宇)

【扩区工作进展顺利】　年内,空港C区兆丰产业基地市政工程完工,并已通过安全和质量验收。其中,一期368.3亩土地已经陆续取得规划意见书、北京市人民政府建设用地批复、北京市国土局下发的建设用地批准证书、区政府征地公示及结案证明,具备土地上市交易条件。作为公司拓展开发区外一级开发业务的第一步,空港C区兆丰产业基地位于赵全营镇,规划面积1500亩,由亿兆地产作为开发主体分三期进行。

(王　宇)

【天源建筑管理体系科学有效】　科学的管理

体系是企业发展的保证和需要，北京东方纵横认证中心于7月进驻天源建筑，分别对“质量、环境、职业健康安全”三个管理体系进行了认证复评。复评工作依据国家有关法律法规及专业标准进行，经评审，天源建筑符合该三个管理体系标准，并颁发认证证书：质量管理体系标准为GB/T19001－2008idtISO9001：2008，质量管理体系适用范围为房屋建筑工程施工总承包。此外，天源建筑还实施了新修订的管理体系文件，包括质量、环境、职业健康安全管理手册、29个程序文件、14个作业指导。截至2001年，天源建筑已全部通过ISO9001：2000质量管理体系、ISO14001环境管理体系、GB/T28001职业健康安全管理体系的认证，实现三位一体的管理模式。

（王　宇）

【天地物业获得物业三级资质】　5月25日，空港股份全资子公司天地物业完成“物业三级资质”验资相关事宜，获得物业三级资质。

（王宇）

【打造高素质的学习型团队】　年内，公司与专业的培训机构联系、合作，引进“e－learning”网络在线学习系统，建立了“空港股份网络大学”，定期安排必修课程并组织研讨会。简单快捷的网络以及资源充足的课程，为员工搭建出一个学习平台，也便于在工作之余进行自主学习。此外，公司还组织员工进行野外拓展训练及专业技能培训等。以上多种方式培训的开展，有效提高了员工队伍的整体素质，逐渐将公司打造成一个学习型团队。

（王　宇）

北京市顺义大龙城乡建设开发总公司

【概　况】　2009年，祖国母亲迎来了60华诞，家乡顺义成功举办了第七届花卉博览会。我公司在区委区政府的正确领导，国资委的精心指导和各委办局及兄弟单位的大力支持下，坚持以科学发展观为统领，认真学习贯彻党的十七大、十七届四中全会精神，紧紧抓住发展这根主线，扎实推进各项工作，圆满完成了全年各项工作任务，为顺义区的经济社会发展做出了突出的贡献。年内，裕龙三区开盘面积21.8万平米，已销售面积19.5万平米，实现销售收入13.7亿元，仓苑公寓销售面积为2.704万平米，实现销售收入1.58亿元，此外望潮家园、裕龙五区、裕龙六区及顺沙商业街的尾房也实现了部分销售。公司主要经济指标完成情况良好，实现销售收入22.6亿元，利润总额4.56亿元，上缴税金1.95亿元。在房地产上市板块的107家公司中，大龙地产2009年总资产排名第59位，净资产排名第49位，营业收入第30位，收入增速第3位，净利润第22位，净利润增速第1位，在顺义区百强企业房地产业排名中位居首位。公司思想政治工作成果显著，公司通过创建学习型企业、党风廉政建设、学习实践科学发展观、党委中心组理论学习等形式，提高了班子政治素养和理论水平，提升了公司全体员工的综合素质。公司积极履行企业社会责任，全面贯彻“大行德广、龙泽四方”的社会责任战略，企业影响力大大增强。四月份启动了“大龙地产杯”我爱我家艺术大赛，大赛吸引了来自全国各地近3000人报名参加，收到绘画、书法、摄影、舞蹈、声乐5大类作品2453件。是顺义区精神文明建设的重要举措，极大繁荣了人民的业余文化生活。大龙城北供热中心自今年3月30日正式奠基，公司集中了600人的施工队伍，昼夜施工，工程主体基本完成，如期实现供热。大龙供热中心担负着顺义城区800余万平米的供热任务，为近7万户居民提供供热服务，同时还承担着顺义全区供热应急抢险任务。作为花博会合作伙伴，公司积极配合各项筹备工作，并圆满完成了展览会期间的接待任务。深化内部管理,完善制度建设,加强人才培养。2009年被公司定为“企业管理年”。公司以ISO9001:2008质量管理体系培训为引导,进一步完善规章制度,将空洞的规则进行细化,使其更具操作性,并将部门职责上墙,清晰了工作流程,明确了岗位职责,提高了工作效率。通过多种形式,投资60余万元进行人才培养,打造学习型组织。重点工程建设情况,石园、西辛、五里仓等七处经济适用房项目是北京市2009年政策性住房建设项目,由我公司负责代建,其中西辛北区经适房1.091万平米已完成主体施工。

单位名称:北京市顺义大龙城乡建设开发总公司
地址:顺义区府前东街甲2号
电话:(010)69440517
邮编:101300
网址:http://www.dldc.com.cn

(企业管理科)

【“仓上家园”1月盛大开盘】　作为大龙地产精品楼盘之一的仓上家园于1月盛大开盘。总建筑面积近4万平方米,4000多平方米的地下车库使您进出无忧,1000多平方米的超市让您享受生活。仓上家园秉承民生地产理念,主打二居、三居宜居户型,户型面积为82平方米至155平方米之间。

(企业管理科)

【“学习型企业”活动展开】　年内,大龙公司创建“学习型企业”系列活动全面启动。以构建学习型企业为载体,全面提升企业管理水平,促进大龙公司经济建设、文化建设双丰收。公司先后购买了《第五项修炼》、《蓝海战略》、《方法总比问题多》等图书8000本,以及《北京市学习型组织创建工作手册》、《顺义区学习型社会理论知识宣传手册》、《顺义区创建学习型组织典型材料汇编》等相关材料200余本发放到各个科室和下属单位。通过一系列的创建工作,“学习型企业”成功建立,并获得顺义区“学习型企业”先进单位荣誉称号。

(企业管理科)

【迎花博 创设计精品】　由大龙公司下属企业北京义盛建筑设计所承接的第七届花博会配套工程——北京国际鲜花港监控中心设计工作顺利完成。为了缩短工期,采用主体结构采用钢结构,受力构件采用国标H型钢,墙板首次采用无机节能环保复合保温双夹外墙板(ASA-FX60),该墙板不仅具有良好的保温隔热性能,而且其中的内层板镶嵌于钢框架中,与框架共同作用,构成结构的抗侧力系统,从而大幅度降低结构用钢量。另外,外层板安装在钢框架的外侧,可有效阻断外墙在钢框架处出现的“热桥”。采用这项措施可以使得人们在室内看不到任何钢结构构件,这样既做到了节能、环保与经济美观的协调,又加快了施工速度,赢得了甲方的一致好评。

(企业管理科)

【大龙地产杯“我爱我家”系列艺术大赛】　大龙地产杯“我爱我家”艺术大赛由大龙公司主办,顺义区广电中心承办,北京电视台动感音乐频道作为合作媒体。吸引了来自全国各地近3000人报名参加,收到绘画、书法、摄影、舞蹈、声乐5大类作品2453件。来自各个领域的评委对绘画、书法、摄影、演唱、舞蹈等五大类作品进行最终评选,每类作品评出一等奖1名、二等奖2名、三等奖3名、优秀奖10名,并举办了4场大规模的颁奖晚会。如此高规格、大规模的房地产开发公司与艺术大赛相结合的大赛在顺义区历史上是第一次,是今年顺义区精神文明建设的一件大事,极大繁荣了顺义区人民的业余文化生活。

(企业管理科)

【大龙城北供热中心正式供暖】　10月25日,大龙城北供热中心经过近10天的设备和线路运行调试,正式向马坡花园供暖。此次正式供暖标志着历时6个月的城北供热中心建设胜利竣工。城北供热中心整合了马坡地区的老旧锅炉。工程竣工后，顺义新城马坡组团实现集中供热整合，不但整合了资源、提高了供热质量，而且能够满足该地区2020年以前的发展需求。标志着顺义区实施了城区集中供热工程顺利完成。自2006年顺义城区实施集中供热以来，大龙供热中心通过采用新技术和加强管理，节能降耗工作取得了很大的成绩，电耗从原来的2.59度/m^2降到0.58度/m^2，煤耗从原来的25kg/m^2降到19.5 kg/m^2。以上一系列节能降耗措施不但降低了成本，提高了经济效益，而且大幅减少了烟尘排放，为环境保护做出了贡献。获得市环保局污控处颁发的中央环境保护专项资金200万元。

（企业管理科）

【区人大副主任视察哈尔滨大龙北方公司】 11月24日，顺义区人大副主任冯庆森带领区相关部门领导视察了大龙公司位于哈尔滨的有关项目，大龙公司总经理赵川、副总经理顾光明陪同。各位领导对北方公司的农、畜牧业发展情况和青少年素质教育基地的经营现状给予了肯定，并且对其未来的发展方向提出了建设性的意见。各位领导鼓励大家要坚定信念，努力工作，用发展的办法来解决前进中的问题。希望哈市继续加大工作力度和进度，使企业尽快步入正轨，实现大龙公司和哈市发展的双赢局面。

（企业管理科）

【企业品牌建设】 12月5日，第八届中国房地产与建筑业500强企业信息发布会暨《2009中国大型房地产业与建筑业企业年鉴》首发仪式在人民大会堂隆重举行。大龙总公司及下属两家公司喜获“中国房地产百强”等三项殊荣，其中总公司总资产位居第73位，荣列2008－2009年度中国房地产业百强之列，总公司下属北京市大龙房地产开发有限公司荣获“房地产业500强”称号，下属北京大龙顺发建筑工程有限公司荣获2008－2009年度中国建筑业最具竞争力企业。

（企业管理科）

首安工业消防设备（北京）有限公司

【概　况】 首安工业消防有限公司（简称首安公司）是中国首家专业从事工业消防安全的高新技术企业，2007年7月成功登陆纳斯达克资本市场，是迄今为止中国上万家消防企业中唯一的美国上市公司。公司注册资本一亿元，总部位于北京，在全国二十多个省份设有分支机构，主要技术与管理人员均拥有硕士、博士学位。公司集科研设计、设备制造、工程承包于一体，以自有核心技术产品为基础，以总承包服务为主要形式，为冶金、电力、石化等工业企业以及核电、交通、航空航天、国防等特种建筑与设施提供先进、可靠、经济的消防安全解决方案。公司拥有国家建设部颁发的消防工程承包壹级资质和消防工程设计甲级资质，在业内率先通过ISO9001:2000质量体系认证。在历届中国消防协会“消防产业三十强”评比中，首安公司均名列前茅并获“消防工程总承包类”企业第一名；继2008年在慧聪网“中国十大民族消防企业”评比中荣获第一名，2009年又蝉联该项殊荣。作为中国消防产业首强品牌，首安公司以保障工业企业与特殊建筑设施消防安全为己任，为“成为工业消防安全领域的世界领先企业”而不懈努力。

单位名称：首安工业消防有限公司
地址：北京市国门商务区李天路22号
电话：(010)81463816
邮编：101304
网址：http://www.sureland.com/

（总经办）

【研发动态】 2009年首安公司继续致力于消防安全领域的研究，不断加强自有核心技术产品的研发、标准化、产业化和知识产权保护的战略目标,继续完善公司科研与生产基地的建设,整体改造后的消防电子产品生产线投入使用。公司的核心技术之一——线型感温火灾探测器全系列产品取得了UL国际认证,并成功应用于国内外众多工业消防安全工程中。气体灭火系统在线防爆装置等重点研发工作取得了突破。气体灭火控制器、交替式泡沫储存与比例混合装置、改进后的雨淋控水阀全系列产品取得了检验报告。多项核心知识产权获得国际、国内发明专利授权,知识产权保护取得全面的阶段性成果,赢得多起专利侵权诉讼,为维护有序市场竞争和保证企业效益起到了重要作用。公司荣获北京市专利示范单位称号。公司在《钢铁冶金企业设计防火规范》、《火力发电厂与变电站设计防火规范》等标准的维护管理方面开展了卓有成效的工作,并积极参与了《火灾自动报警系统设计规范》、《细水雾灭火系统技术规范》、《煤化工工程设计防火规范》、《酒厂设计防火规范》等多项国家标准的编制工作。公司技术中心顺利通过北京市认定企业技术中心的年度评价。

(研发中心)

【营销与工程】　总承包服务是首安公司具有核心竞争力的、被广大高端客户广泛认可的、经过众多重点工程项目实践检验的有效服务模式。公司在2009年继续取得辉煌的业绩,签订合同额又创公司历史最高水平。其中成功中标并实施的重点项目包括:2009年2月,首安公司签定了东北特殊钢集团大连基地环保搬迁项目自动消防系统工程合同;2009年3月,首安公司签定了五矿营口中板有限责任公司宽厚板升级改造项目设备供货合同、自动消防系统建安工程;2009年4月,以工程总承包形式签订济钢“十一五”规划重点项目消防工程;2009年7月,首安公司签定了重钢新厂区电缆隧道、细水雾消防泵站、消防站及消防监控指挥系统工程设备供货、施工(二标段)合同。2009年,首安公司继续巩固了在核电行业的地位,分别签订了阳江核电厂工程LOT49A消防灭火专用设备供货合同,以及广东大亚湾核电站LHDC火灾报警系统改造工程设备供货、安装及系统调试合同等。首安公司在国际领域也取得了重大突破,分别签订了印度Balco 4*300MW电厂供货及施工合同、印度Vindhychal电厂供货及施工合同、印度JHAJJAR 2*660MA热电厂消防系统供货及施工合同,总合同额近7000万元。中石油、中石化、中海油、大唐、华能、华电、国电、国电投、国家电网、南方电网、中国移动、中国网通、中国铁通、武钢、鞍钢、太钢、宝钢、包钢、济钢、酒钢、本钢、邯钢、宁钢……首安公司的客户遍及整个工业领域。

(营销管理部)

【专利申请与维权工作】　2009年,是首安公司在专利申请和专利维权方面取得丰硕成果的一年。截止到年底,公司国内专利申请量为124项,授权量为68项,其中发明专利18项,实用新型50项;国际专利申请量为26项,授权7项(包含欧洲、美国、澳大利亚、俄罗斯等发达国家的专利授权)。在专利维权方面,公司共提起专利侵权诉讼6起,已结案的结果中2起为首安公司胜诉,裁定对方侵权,并赔偿损失;1起为庭内和解,对方承认侵权并赔偿损失,充分说明了公司专利产品的市场地位;被反诉专利无效3起,通过国家专利复审委员会的审理,结果均是维持专利有效,充分说明了公司核心专利的牢固性。目前,首安公司在新技术研发、专利申请、维权诉讼等方面,居于国际国内消防行业的前列。

(知识产权部)

【北京市专利示范单位50强】　2009年,首安公司加大知识产权管理的力度,在“北京市知识产权试点单位”的基础上,完善技术创新体系,建立健全专利工作管理办法,于当年4月被授予"北京市专利示范单位"称号，和北大方正、联想、中星微、华旗资讯、汉王科技等著名企业共同成为北京市专利示范单位50强。同时，首安公司是国内同行业中第一家真正拥有核心自主知识产权的中国消防企业，彻底改变了中国消防企业"无核化"的尴尬局面，并且创造了中国消防产业维权之最。

（知识产权部）

【财务指标完成情况】 首安公司2009年财务指标实现持续稳定增长：全年实现营业收入总额55919万元，比08年增加7385万元，增长率为15%；实现利润17417万元。全年上缴税金1819万元，比上年增长304万元。2009年，公司再次被评为银行信用AAA级企业，并被认定为农业银行的优质客户。农业银行给予公司授信额度人民币1亿元，中国民生银行同年给予公司授信额度人民币4000万元。

（财务部）

【内部管理体系提升】 2009年，首安公司进一步优化了各项业务流程，进一步优化了内部控制体系，顺利通过2009年度美国萨班斯法案404条款内控审计，为有效防范经营风险和财务风险提供了重要保障。

（财务部）

【质量管理体系运行情况】 GB/T 19001－－2008质量管理体系标准于2009年3月1日正式实施。首安公司领导层重视公司质量管理体系的实施、保持和改进。依据新的质量管理体系标准进行体系文件的换版，按计划实施了质量管理体系的内审和管理评审，确保了公司质量管理体系持续的适宜性、充分性和有效性。2009年12月28日至30日，中质协质量保证中心对公司质量管理体系进行了复评审核，认证获得通过，公司取得了GB/T19001－－2008新版质量管理体系认证证书。完善的质量管理体系为公司的健康发展奠定了坚实的基础。

（质量安全部）

【消防行业十大民族企业之首】 2009年10月18日，第二届"消防行业十大评选"颁奖典礼在北京钓鱼台国宾馆芳菲苑举行，首安公司继上年在消防行业"中国十大民族企业"评比荣登榜首后，2009年又以绝对优势蝉联，同时获得"消防行业先进技术企业特别奖"。此次评比体现了首安公司自身雄厚的综合实力和极佳的业内口碑，奠定了首安公司在中国消防行业中不可动摇的地位。"2009消防产业健康发展论坛"于颁奖典礼现场同期举行。首安公司原董事长李刚进先生就消防产业健康发展的驱动力与重要标志问题做了主题发言。中国消防协会副会长李向华、中国建筑科学研究院建筑防火研究所所长李引擎也分别就产品创新与质量、企业发展等议题做了发言。

（办公室）

【企业文化建设】 首安公司倡导"竞争促进发展、合作成就事业"的核心价值观，鼓励创新，信任、尊重、关心员工，为员工搭建起非凡的事业发展平台，把员工的自我发展和价值实现与企业发展目标有机地融合在一起。公司各项文体活动也开展得有声有色，建立了乒乓球协会、羽毛球协会、游泳协会、篮球协会等四大协会，丰富了员工的业余文化生活。良好的事业发展平台和以人为本的企业文化，吸引了大批的优秀人才加入首安公司。

（人力资源部）

【校企合作与教育公益项目】 首安公司在不断追求技术创新，诠释"竞争促进发展，合作成就事业"的企业文化同时，积极与高等院校开展合作。公司自2003年在武汉科技大学设立"首安奖学金"以来，每年向该校捐赠9万元人民币，用于奖教、奖学。2008年，首安公司又出资50万元，创立"首安创新奖"，以鼓励学生大胆开拓，勇敢创新。作为校企合作的重要组成部分，"中国消防安全集团——武汉科技大学"联合组建的消防安全研究所正式落户武汉科技大学，双方将对工业消防安全领域具有前瞻性、关键性的技术进行联合研发。2009年底首安公司总经理李伟刚先生、研发中心主任刘敏先生等人前往武汉科技大学,对29名具有优秀实践能力和创新精神的大学生颁发了“首安创新奖”,并向信息学院大学生“首安智能汽车团队”提供赞助资金2万元,鼓励大学生增强创新意识,提高创新能力。

(办公室)

商业·物流·旅游

商　　业

综　　述

2009年是新中国成立60周年，是全面贯彻落实党的十七大、十七届三中全会精神的重要一年。顺义区商务工作在市商务委的指导下，区委、区政府的正确领导下，围绕顺义区总体发展战略，以服务花博为中心，以发展会展经济为重点，以改善民生为主线，以优化结构为动力，以规范管理为保障，以项目建设为抓手，切实加强招商引资，统筹协调产业发展，各项工作取得显著成效。消费增速跃居全市第二位。全年共实现社会消费品零售额155.2亿元，同比增长16.7%。利用外资再创历史新高。全年实际利用外资3.96亿美元，同比增长3.6%，绝对值位居全市第五，总量占据全市十个远郊区县的45.5%。外贸出口力克时艰，总量继续保持明显优势。全年完成出口供货额303.1亿元，降幅较年初收窄12个百分点，占远郊区县出口总量六成以上。完成第七届中国花卉博览会住宿接待工作。按照"参照奥运接待标准、但不拘泥于奥运接待模式"的原则，指定8家花博会指定接待酒店和18家推荐接待酒店，并按照人员类别的不同，分别制定接待标准。花博会期间累计接待34个省市1054人，其中代表团339人，参展团715人；接待中国花协、北京花协及花博会评委47人；接待媒体记者228人。充分细致的准备得到市政府办公厅领导的高度评价，高品质的接待服务得到各界宾客的好评。组织第七届中国花卉博览会餐饮供应工作。根据展馆的安排，先后制订多套餐饮区域规划设计方案以及商亭规划方案，制定《商亭供应商准入标准》并与企业逐一签订了《食品安全责任书》，联合相关部门对餐饮服务企业进行监督检查，确保食品安全。花博会期间，三家餐饮供应企业累计为观众、志愿者和工作人员供餐210213份。

单位名称：北京市顺义区商务委员会
地址：顺义区站前街顺鑫国际商务中心十层
电话：(010)69443513
传真：(010)69443513
邮编：101300

（李沛恩）

商业流通

【概　况】 农村流通体系规模不断扩大。完成10家农资连锁建设,1000平方米农资配送中心建设完成已经投入使用;新发展隆华购物中心直营店30个,通过宣传引导和资源整合推进便利连锁体系由拓展网络规模到强化网络可控性的转变。11个农贸市场升级改造工程按标准完成。完成赵全营镇赵全营村、西水泉村和南彩镇洼里村村民免费洗浴和免费理发工程建设。

(李沛恩)

【推进新农村早餐网点建设】 赵全营镇北郎中和联庄村300平方早餐店内部精装修工作全部完成;10个农村集贸市场众望主食销售专柜全部建设完成;滨河小区众望早餐"撤亭进店"改造工程全部完成,已经正式营业。仓上小区新建早餐店的建设工程全部竣工。

(李沛恩)

【再生资源回收市场安全体系建设】 完成3.8万 经营区和2万 生活区安全监控系统的建设工作及经营区130个摊位安全隐患整治工作。

(李沛恩)

【有序推进家电补贴政策】 家电下乡工作在全市启动最早、销量最大,累计销售"家电下乡产品"1.7万台,实现销售额近3500万元,兑付补贴资金444万元。家电以旧换新工作在市商务委支持下,成为全市唯一将区内百货业态企业列为中标企业的区县,其中国泰中百成为销售和回收双中标企业。顺义区以旧换新销售新家电7361台,实现销售额2926万元。家电补贴政策的落实在为居民提供便利的同时,有效聚集了客流,带动家电类商品销售同比增长近三成。

(李沛恩)

【重点商业项目进展顺利】 金街区域土地招拍挂工作已完成,建设方案正在完善修改中;顺鑫商务楼项目正式投入使用,商业部分3.3万平方米正在进行招商,博联时代广场二期已和香港新世界签订租赁合同,集美益源家居广场实现试营业。

(李沛恩)

【完成2009年度社会粮食供需平衡调查】 对农村居民固定调查户一季度的记账情况逐一检查,确保了粮情调查的准确性。

(李沛恩)

【落实"两个安全生产规定"】 全面加强商务系统安全生产管理,针对"两个安全生产规定"发放宣传材料650余份,教育从业人员900余人;与区内103家规模以上商业零售、餐饮企业签订安全生产责任书;出动执法人员600人次,共出动执法车辆166台次,检查生产经营单位500余家次,发现并消除各类生产安全隐患870余处。

(李沛恩)

【推进各行业监督管理】 对区内两家定点屠宰企业进行定点屠宰资质认证;共出动盐业执法人员500人次,查处各类违法商户30余家,没收非法食用精盐16000余公斤;完成酒类流通备案登记550余户,累计备案比例达到47%;清理再生资源回收营业执照到期商户44家、无证无照商户30家。

(李沛恩)

【打造会展上下游产业链条】 以"扩内需,保增长"为目标,引导会展上下游企业入驻顺义区。将顺义区供餐企业引至新国展供餐,并协调解决场地、进门、营业手续等问题。帮助百万庄园餐饮有限公司西餐销售部在顺义区完成工商注册和税务登记。

(李沛恩)

【制定政策促进会展产业发展】 充分发挥《顺义区促进会展业发展政策扶持意见》的政

策优势，吸引北京时代龙马国际会议展览有限公司到顺义区注册落户。新国展共举办15个展会，展出面积近81万平米，接待观众累计超过75万人。

（李沛恩）

对外经贸

【概　况】 年内，不断盘活外商闲置资产。对北京特莎瑞实业发展有限公司、爱华齐(北京)生物工程有限公司、北京高丽亚投资顾问有限公司的资产进行盘活，为在招商打下基础。鼓励企业走出去，2009年顺义区设立海外企业10家，累计达到26家，遍及十余个国家和地区。

（李沛恩）

【政策培训宣讲活动】 积极应对金融危机，对近60家出口外商投资企业进行政策宣讲；组织各二级单位进一步探讨"如何保增长、促发展，做好招商引资工作"；实地走访顺义区内重点松下通信公司等70多家外商投资企业，同时进行后期跟踪；组织召开"韩资企业高级管理人员座谈会"。

（李沛恩）

【利用中介机构招商见效益】 共引进外商投资企业3家，吸引合同外资2377.5万美元，比2008年全年多吸引合同外资1674.4万美元。

（李沛恩）

【鼓励跨国公司总部在顺义设立地区总部】 制定完成《顺义区关于鼓励跨国公司在顺义设立地区总部的工作推进方案》。

（李沛恩）

【参加各类商务促进活动】 2009年组织各个园区及相关单位参加"第十二届科博会"、顺义区啤酒节等招商活动，科博会期间，天竺综合保税区在中国能源战略高层论坛开幕式上签约三个项目。

（李沛恩）

【帮扶企业应对金融危机】 帮助罗森伯格、江河幕墙等企业减免征收了风险担保金，帮助顺美通过国家质检总局免验审核工作组最终审查，企业每年可节约出口商品检验费用60至80万元人民币。

（李沛恩）

顺义供销合作联合社

【概　况】 2009年，北京市顺义区供销合作社(以下简称：区供销社)在区委、区政府和市供销社的正确领导下，全体干部职工紧紧围绕党委中心工作，强化责任，深化落实，圆满完成了全年各项经济指标和工作目标。全系统实现销售总额299495万元，同比增长9%；上缴税金6144万元，同比增长64.2%；综合利润10529万元，同比增长16.9%；地区生产总值23916万元，同比增长7.6%；总收入18804万元，同比增长10.1%。

名称：北京市顺义区供销合作联合社
地址：顺义区石门大街供销大厦
电话：(010)89423232－6683
邮编：101300
网址：www.sygxs.com

（马彦华）

【做好春播农资储备】 区供销社以顺万兴农业生产资料公司为龙头，发挥厂家直营代理和100余家农资连锁店的市场销售体系优势，及时准备春播农资货源，全力保障市场供应。截止到2月6日，储备各种化肥11500吨，其中尿素4000吨，硫铵3200吨，钾肥

1500吨,碳铵1500吨,二铵及各种复合肥1300吨;同时,储备农、地膜170吨,大田种子15万斤,架竹5000捆,各种蔬菜、瓜果、花卉种子1.5万斤。

(马彦华)

【双裕市场服装二厅试营业】 区供销社所属裕喜发商贸公司双峪市场服装二厅经过近一个月的改造,于3月21日开始试营业。改造后的服装二厅,面貌焕然一新,经营区整洁明亮,商品码放规范、科学,经营环境明显提升,开业当天实现营业收入1.5万元。

(马彦华)

【召开学习实践科学发展观活动动员大会】 3月24日,区供销社学习实践科学发展观动员大会召开。机关全体党员干部及基层领导班子成员参加了动员会,区委学习实践科学发展观指导检查第十组成员孟云程到会指导。区供销社党委书记、主任方建华同志在会上作重要讲话,区供销社党委副书记、工会主席李长永同志宣读了《中共北京市顺义区供销合作联合社委员会关于深入开展学习实践科学发展观活动的实施方案》,明确了学习实践活动的具体方式、工作流程、规定动作及具体要求。

(马彦华)

【组织安全生产集中培训】 3月26日,区安监局局长王桂金、区防火处处长冷恩义受邀为区供销社机关正副科长、基层单位正副职及安保部副部长讲授安全生产及防火知识。

(马彦华)

【参加万人义务植树活动】 2009年4月4日,区供销社派出30名员工参加在潮白河畔举办的以"喜迎盛世花博共建绿色家园"为主题的万人义务植树活动。

(马彦华)

【隆华购物中心空港运动休闲广场开业】 隆华购物中心对隆华空港店进行改造,5月16日正式开业。一层引进耐克、阿迪达斯、背靠背等50余个国际国内运动休闲品牌;二层打造精品厅31个,经营男女正装、休闲装、内衣等七个品类商品,共有30余个名优品牌入驻经营,开业当天实现销售额30.8万元。

(马彦华)

【开展"网格化管理"知识培训】 为推动"全员区域责任管理"工作,提高基层企业管理水平,5月25日-27日,区供销社组织相关科室对基层单位班子、网格管理员、电脑操作员及电工、焊工等328人进行了"网格化管理工作"知识培训。

(马彦华)

【第十二届隆华杯儿童书画大赛】 5月30日上午,以"健康、和谐、快乐"为主题的第十二届隆华杯儿童书画大赛颁奖大会在隆华购物中心隆重举行。顺义区文化委员会、关心下一代工作委员会、区供销社等有关领导出席颁奖仪式。参赛书画作品从不同角度抒发了对祖国和家乡的热爱、对幸福生活的赞美和追求,此次书画大赛共收到356名少年儿童的书画作品。评出一等奖6名,二等奖15名,三等奖25名。

(马彦华)

【李成玉到区供销社考察调研】 6月24日下午,中华全国供销合作总社党组书记、理事会主任李成玉一行20余人在北京市供销社符敬群主任等领导陪同下到区供销社考察调研,参观了区供销社所属益麒麟家居建材广场、隆华顺平副食品批发配送中心,并听取了区供销社区、镇、村三级营销网络介绍。

(马彦华)

【李桥综合市场盛装开业】 2009年6月27日,区供销社所属北京京大空港商贸有限公司李桥综合市场开业,市场建筑面积2840平方米,包括隆华购物中心李桥店、服装、快餐、五金、钟表营销店等10余个商铺,整体入住率百分之百,满足了当地百姓生活需求。据统计,开业当天市场实现销售额达10万元。

(马彦华)

【开展“共产党员献爱心”捐款活动】 6月24日起，区供销社全体党员积极响应，踊跃捐款，截止到6月30日，全体共产党员和入党积极分子共计捐款43400元。

（马彦华）

【天津市供销社考察团参观考察】 7月17日上午，天津市供销社及各区县供销社主任组成的考察团一行40余人，在北京市供销合作总社主任符敬群等领导同志的陪同下到区供销社参观考察。先后参观了盈兆鑫再生资源回收市场、益麒麟家居建材广场、隆华购物中心以及怡馨家园小区。

（马彦华）

【顺平批发配送中心仓储大卖场重张开业】 8月8日，顺平批发配送中心仓储大卖场重张开业。卖场此次对商品经营品类进行了调整更新，保留原有畅销及百姓日常消费所需商品，增加男女服装、小家电、床品等商品，经营品种12000余种，极大的满足了农村居民消费需求，开业当天，卖场实现销售额21万元。

（马彦华）

【云南省供销社考察团参观考察】 10月21日上午，云南省供销社及所属企业领导组成的考察团30余人，在北京市供销总社领导陪同下到区供销社参观考察。观看了区供销社宣传片，听取了区供销社近年来发展情况介绍，实地参观了益麒麟家居建材广场和隆华购物中心两家单位。

（马彦华）

【昆明市领导参观考察】 11月1日上午，在北京市供销总社领导陪同下，云南省昆明市供销社和昆明市多家再生资源回收企业领导组成的考察团30余人到区供销社参观考察。观看了区供销社发展历程宣传片，听取了区供销社近年来在再生资源回收行业的发展介绍，参观了盈兆鑫再生资源回收市场。

（马彦华）

【山东齐民农业视频网络技术落户区供销社】 2009年7月，山东齐民农业发展有限公司北京分公司落户区供销社所属北京嘉盛鸿商贸有限公司。11月21日，齐民农业北京分公司视频网络技术第一次交流会举行，旨在利用山东齐民农业的先进科学技术和经营管理理念，加快高效农产品产销一条龙产业链的发展进程，促进顺义区乃至周边地区农业产业化发展。区商务委副局长岳崇山、区供销社副主任郭玉全、齐民农业公司总经理刘志刚和嘉盛鸿领导班子成员以及来自顺义、昌平、怀柔、密云、平谷、延庆等区县作物种植基地负责人、客户代表共30余人参加交流会。

（马彦华）

【开展捐助活动】 区供销社响应区政府相关部门号召，组织干部职工积极参与，全系统1117人共捐款67242元，捐棉衣、棉被49套。

（马彦华）

北京鑫海韵通百货有限公司

【概　况】 北京鑫海韵通百货有限公司在区委、区政府的正确领导下，立足“保增长，保民生，保稳定”的工作大局，围绕本企业“强化运营，挖掘潜能，适度发展”的工作思路，尽可能规避经济危机风险，挖掘潜能，保持企业平稳经营。北京鑫海韵通百货有限公司现设有公司机关和一家独立核算法人单位北京顺义西单商场，北京顺义西单商场下设顺义西单百货店、顺义电器店、顺义大卖场店和密云电器店、密云百货店五家分店。企业在2009年实现销售13.15亿元，利润实现2600万元，缴纳税金3244万元，累计完成增加值10187.6万元。

单位名称：北京鑫海韵通百货有限公司

地址:顺义区集汇大街28号
电话:(010)89448093
邮编:101300

(周妮娜)

【重装开业】 北京顺义西单百货店(简称"顺义西单百货店")西侧扩建工程完工于2009年下半年正式投入使用、营业,各楼层主营品类均有所调整。一层主要经营生活超市、烟酒、保健、药类;二层主要经营黄金、珠宝、化妆、钟表、包鞋;三层主要经营少淑、淑女、精品女服类;四层主要经营运动、男装;五层主要经营儿童、羊毛、床品;六层主要经营通讯、数码、文化、小电、工艺品。顺义西单西侧扩建后增加营业面积1.6万平方米,新增知名品牌百余个,使商品在地区的影响力又进一步得到提升。顺义西单百货店现汇集了国内外知名中高档商品30个大类、108个系列、40000多个品种,经营吃、穿、戴、用商品的综合大型百货商场。顺义西单百货店以市场为导向,适应消费者心理,崇尚时尚消费理念,在顺义地区成功打造了一个中高档层次的百货商场,引领消费新潮流。

(周妮娜)

【西单商场电器店扩建工程】 北京顺义西单商场电器店(简称"顺义电器店")作为顺义地区唯一一家经营家电家具的专卖店,为扩大经营、改善卖场环境、确保行业市场竞争优势,经区国资委(顺国资复[2009]42号)的批复,于2009年年底开始启动"顺义西单电器店东侧扩建工程",预计增加建筑面积1.5万平方米,即扩建完成后顺义西单电器店的总面积将达到2.5万平方米。

(周妮娜)

【积极应对金融危机、保持企业平稳运营】 在金融危机带来的负面影响下,公司在保障企业运营、维护企业稳定、提高职工收入、稳定就业的基础上,采取加大促销力度、降低运营成本的措施来降低负面影响冲击,同时推动经营、管理创新工作,进一步提升企业核心竞争力。并且公司在当前经济形势下采用保收入、保岗位、扩展用工岗位办法,做到不裁员、不减员、保收入,稳定职工就业。2009年企业利用国家各项利农优惠政策和各种节日,在促销力度、创新手段和商品结构上均有调整,从而适应市场需求,保证平稳运营;与此同时,为降低运营成本,公司出台了各项节能降耗方案,从部门办公用品到大型设备设施,均得以进行有效的费用控制,节约了成本,有效应对金融危机。

(周妮娜)

【国庆节、花博会顺利完成】 据区政府对本企业提出的"全力服务大局,承办花博会、保障国庆"等工作任务。就服务保障工作出台了各项方案,并组织公司各层领导成立工作领导小组,全力组织花博会及国庆节的各项外围服务保障工作,强化"一对一单位"服务、卫生环境整治、户外广告检修及擦拭、国庆装饰及摆花等工作;就安全保障工作,先后出台了《关于国庆安保情报信息搜集工作方案》、《关于人员密集场所工作方案》、《关于可燃物清理工作方案》、《关于实施安保管理网格化工作方案》等,确保了国庆、花博会各项安保工作的顺利开展和任务的圆满完成。

(周妮娜)

【诚信经营旗舰店】 2009年3月15日北京顺义西单商场被中国共产党北京市委员会宣传部、首都精神文明建设委员会办公室等11家联合评为"诚信经营示范店",并于3月17日获得顺义区委拨付的"诚信经营示范单位"奖励基金5万元,连续多年被顺义区政府评为"十佳"、"区域百强"企业,是全国第一批也是顺义唯一一家国家级诚信商业企业。北京顺义西单商场所倡导的诚信经营、规范服务的理念在得到了各级领导和消费者的肯定。

(周妮娜)

【应对甲型H1N1流感】 为贯彻落实区委区政府《关于甲型H1N1流感防控工作意见》文件的指示精神,我公司为认真抓好甲型H1N1

流感的防控工作，针对当前国际甲型H1N1流感防控日趋严峻的形势和北美等重点国家地区留学生有归国趋势，根据顺义区突发公共卫生事件应急指挥部《关于做好来自甲型H1N1流感病例发生国家或地区人员居家观察的通知》(顺卫指字[2009]10号)的文件精神，结合本公司实际情况，严格按照以下四个方面严密防控甲型H1N1流感疫情的传播和蔓延：1、加强组织领导，落实"源头监管"责任；2、加强宣传，做好排查工作；3、加强值班管理，严格履行信息上报制度；4、加强属地监管，强化责任落实。确保辖区内不发生甲型H1N1流感局部暴发流行。

(周妮娜)

北京国泰中百商业有限公司

【概　况】 北京国泰中百商业有限公司(简称国泰中百公司)是一家以发展连锁百货和商业地产作为支柱产业；是集购物、餐饮、娱乐、休闲为一体，多业态、多功能、多元化经营的现代化的大型百货公司。2009年销售收入28.3亿元，同比增加5.4亿元，增幅23%。实现利润9803万元，同比增加1995万元，增幅25%。上缴税金10283.7万元，同比增加3118万元，增幅43%。国内增加值2.4亿元，同比增加4586.1万元，增幅23%。年末资产负债率77.3%，同比上年下降1.5%；国有资产保值增值率125.1%，；现金流量逐年增长，2009年年底公司货币资金达到3.9亿元，同比上年增加1.2亿元，增幅44%。

单位名称：北京国泰中百商业有限公司
地址：北京市顺义区新顺南大街2街
电话：(010)69447410
邮编：101300
网址：http://www.guotaibaihuo.com

(宋凤英)

【全面改造国泰购物环境】 聘请知名建筑公司对国泰卖场进行精心设计。对顶棚、地面、灯光等进行全面装修和改造，共投资2000多万元，改造总体面积2万余平方米。改造后的卖场环境清新亮丽，营造了适应顺义人民消费需求的购物、休闲环境。

(宋凤英)

【吸纳人才增加就业】 为保证高层开放用人，国泰利用猎头公司和管理公司，聘请国内外百货零售业的高级管理人才，参与公司管理。对中低层管理人才立足企业培养，加大培训力度，健全机制，创造良好的人才成长环境。积极吸纳本地人口就业，招聘本地应届毕业生120多人，保证对现有员工不裁员、不降薪，今年新增加就业岗位2000多个。

(宋凤英)

【家电下乡惠民政策】 2009年，为落实国家关于拉动内需的政策，国泰通过积极准备和各种努力，一举中标，被国家商务部列为第一批家电下乡和家电以旧换新双中标企业。公司积极推动中央惠农政策的实施，全年家电下乡累计销售额达1920万元。

(宋凤英)

【信息化管理系统进行升级】 2009年，国泰对信息化管理系统进行全面升级，加快了企业人流、物流、资金流、信息流的传递，对会员卡、储值卡实现了多店通用、连锁共享，提升了企业的信息化管理水平，为消费者提供了增值服务。

(宋凤英)

【国泰通州店开业】 2009年10月2日，通州国泰百货开业，营业面积30000平方米。

(宋凤英)

【国泰天通苑店开业】 2009年12月24日，天通苑国泰百货开业，营业面积27000平方米，是国泰在昌平区开设的第二家百货店。

(宋凤英)

【连续四年获首都文明建设先进单位】 2009年,国泰大厦不断深入开展精神文明创建活动,并取得新成绩,已连续三年被评为北京市文明建设先进单位。

(宋凤英)

【荣获"北京市安康杯竞赛"先进单位】 国泰一直坚持以人为本思想,不断加强对职工的安全生产教育,不断加强对大厦整体安全环境进行改造,重点是完善安全硬件防范系统,安全疏散通道、消防安全中控系统、消防设备设施、电视监视系统等,配备足够的消防器材,同时加强对职工应急疏散演练和自救培训。企业保持了健康平稳发展的良好态势,被北京市总工会,市安全生产管理局评为"2009年度安康杯竞赛先进单位"。

(宋凤英)

烟草专卖

【概　况】 顺义区烟草专卖局(公司)成立于1997年8月8日,办公地址位于顺义区中山南街4—5号,占地面积2000余平方米,楼房建筑面积7000余平方米。共有职工88人,其中正式职工22人,外聘职工66人;党员29名,预备党员1名;具有大专以上学历的有63人,占职工总数的71.6%。拥有总资产21657万元,其中固定资产1990万元,流动资产19667万元。2009年,顺义区局(公司)注重全面发展,取得优异的成绩。

单位名称:顺义区烟草专卖局(公司)
地址:顺义区中山南街4号
电话:(010)69422745
邮编:101300

(周　晶)

【经营管理及效益】 2009年顺义烟草认真贯彻落实"保牌、稳价、规范、增效"的工作方针,面对金融危机和卷烟消费税政策调整的不利影响,我们扎实开展工商协同营销工作,努力构建和谐批零关系,积极采取有效措施,实现了销量增长、利税增长的经营管理目标,经营能力和管理水平不断提升。全年共销售卷烟22亿支,同比增长2.58%;单箱销售收入14909元,同比增长2.97%;实现利税11569万元,同比增长10.78%;全年共发生费用1446万元,费用率2.59%。

(周　晶)

【专卖管理】 2009年,(公司)坚持以打击制售假烟网络为重点,创新工作机制,积极探索和建立打假长效机制,始终保持卷烟打假的高压态势,使专卖管理工作水平得到了进一步提高。全年共出动执法人员5050余人次,检查零售户15200余户次,共查获各类违法案件136起,其中五万元以上大要案31起,联合破获大要案4起;共破获贩假网络案件4起,其中以我为主的网络案件2起,判刑2人。查获各类违法卷烟343.26万支,罚没款10.08万元。共换发许可证2544个,新办许可证282个,注销许可证340个。2009年首次被评为北京市烟草专卖局、北京市公安局"卷烟打假先进集体",实现了历史的突破。

(周　晶)

【网络建设与工商协同营销】 开展工商协同营销工作。加强品牌培育和维护,加强与工业企业的信息传递与共享,构建和谐工商关系,2009年(公司)先后召开工商零三方新品推介会、工商零恳谈会、信息点市场情况汇报会等6次会议;市场需求预测系统功能作用明显。通过做好月度市场分析,采取一系列行之有效的措施,切实做到"市场需求基本满足、零售客户有所选择",充分尊重客户对货源的知情权和选择权,使订单能够较好地满足消费者的真实需求。据不完全统计,全区2400个卷烟零售户中,有2352户实现了真正意义上的客户自主提报,全区自主提报率达到98%;以信息采集为纽带,品牌培育再上新水平。积极探索品牌管理新思路,采取了以信息采集为突破口,以逐步完善品牌培育工作流程为手段,通过管理、操作、技术三个层面,建立和完善品牌培育进退机制,努力提升掌控市场的能力。2009年,辖区销售卷烟品牌70个,共计202个规格,包括30个全国重点骨干品牌,经营牌号达100%;四是以市场调研为手段,促进信息管理再上新水平。通过建立"三级市场调研机制",即市场调研领导机制、目标责任制、调研成果应用机制,找准并解决影响和制约卷烟经营工作科学发展和关系零售客户切身利益的突出问题,使调研工作制度化、程序化、规范化;五是以服务终端为核心,促进网络基础管理再上新水平。2009年,(公司)深入推进了零售终端服务,推行了个性服务与标准服务相结合、拜访服务与信息沟通相结合,构建覆盖终端建设、品牌培育全过程的服务机制,同时细化服务项目,完善了考核机制,促进了品牌化服务模式的塑造,极大的提升了客户服务满意度,使网络建设的终端基础更加稳固。

(周　晶)

【企业管理】 以ISO9000贯标工作为抓手,强化制度管理,明确岗位职责,细化流程设置,提高了企业管理水平和运行效率。在市局举办的质量管理体系知识竞赛中取得了第二名的优异成绩。认真开展对标工作,查找管理差距和薄弱环节,制定措施,积极改进,进一步提升了内部管理水平;以贯彻落实职业健康安全管理体系为重点,结合自身实际,不断梳理和完善安全管理工作,强化了对安全专项整治和重点危险源以及重大隐患的监控和整改,圆满完成了"1002"安全工作总目标;以办公自动化系统为依托,全面提高公文运转、档案管理、门户网站维护等工作水平;以信息工作为突破口,宣传作用明显加大,企业形象得以提升;认真开展"三定"工作,通过竞争上岗选拔优秀人才,科学合理配置人力资源,落实薪酬制度改革;不断加强财务预算管理,严格控制费用支出,加强实物资产管理,严格遵守财经纪律,并被评为"纳税A级企业";坚持节能减排,建设节约型企业,推动企业和谐发展。

(周　晶)

【企业建设】 开展学习实践科学发展观活动。紧密围绕"党员干部受教育、科学发展上水平、人民群众得实惠"的总要求,精心组织、扎实推进,通过学习树立科学发展的理念,通过分析查找工作中的差距,通过整改不断提升企业科学发展水平,并为职工解决了办公楼窗户改造、食堂整修等实际问题,学习实践活动取得明显成效;开展"两个至上"在岗位主题实践活动,使全体干部职工牢固树立行业共同价值观和北京烟草核心理念,提升了职工的责任心和归属感;通过学习"三个文件"、开展明示承诺活动,明确纪律要求,建立责任制度,严格绩效考核;推进政司务公开,通过公示栏、OA系统、民主信箱等形式向职工公开企业发展情况、重要事项及职工群众关注的热点问题,收集对工作的意见和建议;发挥党政工团在企业发展中的积极作用,增强企业的凝聚力;开展献爱心活动,为生病、困难职工和"一助一"扶贫单位捐款捐物;加强队伍建设,提出通过"数字教育"要达到"三清四明"的工作要求,职工素质明显提升。

(周　晶)

【公益活动】 开展"共产党员献爱心"捐赠活动。6月23日上午,顺义局(公司)22名党员干部职工以实际行动参与了顺义区2009年度"共产党员献爱心"社会捐赠活动。此次社会捐赠活动的主题是:"以科学发展观为指导,帮助困难群众解决实际问题,使困难人民群众真正感受到党的关爱和广大党员的关心"。活动中,领导干部带头积极踊跃捐款,仅上午半天时间,顺义局(公司)全体党员捐款高达4800元,便于当天下午,送往顺义区慈善协会。这些捐款带着顺义局(公司)全体党员的深情厚意,同时也增强了顺义局(公司)党组织的凝聚力和向心力,弘扬了我国扶贫济困的传统美德,为顺义区慈善事业的发展和构建和谐社会做出了应有的贡献。“送温暖 献爱心”捐助活动。12月7日,顺义局(公司)开展了为贫困地区“送温暖 献爱心”捐助活动。此次活动的主题是“扶贫济困献爱心,温暖过冬促和谐”。捐助方向是江西省、内蒙古自治区等贫困地区群众。(公司)的全体干部职工积极响应号召,踊跃捐款,奉献爱心。在全局上下共同营造了关心困难群众的良好氛围,弘扬了“一方有难、八方支援”的中华民族传统美德。此次活动共收到捐款近6000元,于当日送到顺义区接受捐赠事物管理中心。

(周　晶)

物　　流

【概　况】 北京空港物流基地(以下简称“物流基地”)经北京市政府批准成立,是《北京市商业物流发展规划(2002－2010)》中确立的三大物流基地中重点建设的试点基地,是北京市唯一的航空—公路国际货运枢纽型的物流基地。位于北京市“十一五”规划重点建设的六大高端产业功能区之一——临空经济区的核心区,一期开发1.55平方公里。先后被中国物流与采购联合会评选为“中国物流示范基地”及“三A级信用企业”,被中国物流学会评选为“产学研基地”,被国家人事部和中国物流与采购联合会评为“全国物流行业先进集体”。凭借各种优势,物流基地竞得2008年北京奥运会唯一的物流配送中心项目,并出色地完成了奥运物流中心服务保障工作,被市委、市政府、北京奥组委联合授予“北京奥运会残奥会先进集体”荣誉称号。作为临空经济区的物流功能板块,物流基地充分发挥该区域对产业聚集的“磁石效应”和招商引资的“平台效应”。2009年,成功引入东航北京基地、首都机场资产管理、中铁物总煤炭销售、中远供应链管理有限公司、中和信远投资担保、中城赋比兴基金等涉及航空、金融租赁、销售等行业的大企业,形成多点开花的良好格局。截至目前,物流基地累计引进项目突破300个,其中包括德国汉莎、DHL、哈尼尔集团、索尼、日本邮船等7家世界500强企业,以及华辉、中外运、鸿讯物流、顺丰速运等100余家国内外知名物流企业。2009年,物流基地实现一般预算收入6.51亿元,同比增长33%,占全区一般预算收入的13.5%;实现税收16.7亿元,同比增长15.22%。吸引合同外资1.008亿美元,占全区吸引合同外资额32.5%;实际利用外资8333万美元,占全区实际利用外资额的21%。物流基地用有限的土地创造出巨大的经济效益和社会效益,已成为临空经济区内重要的经济增长极。

单位名称:北京空港物流基地开发中心

地址:北京顺义空港物流基地物流园八街1号

电话:(010)69475656

邮编:101300

网址:http://www.airport56.com

(关丽新)

【举办2009新春联谊会】 1月8日,基地举办“2009新春企业联谊会”,人大主任马庚良、政协主席陶宝金、区委副书记胡尚云、常务副区长王海臣、人大副主任冯庆森等区领导和230余名来自政府、企业的嘉宾出席活动。会上,对年纳税2000万元以上的机场集团、机场股份、飞机维修(AMECO)等10家税收大户和华辉、鸿讯、顺丰等10强物流企业进行了表彰和奖励。

(关丽新)

【18家入区企业获区域经济“百强”企业称

号】 2月12日，在顺义区工业局召开二三产业发展大会预备会上，基地入区企业机场股份、飞机维修、顺丰速运等18家企业获区域经济“百强”企业荣誉称号，2008年实现税收12.6亿元。

（关丽新）

【召开深入学习实践科学发展观动员大会】 3月30日，基地召开深入学习实践科学发展观活动动员大会，区委第四指导检查组张柏枝组长和李浩同志出席。基地党委书记、总经理张东民以《深入学习，勇于实践，夺取经济增长和人才塑造双丰收》为题，作了动员报告和学习报告。

（关丽新）

【荣获“纳税信用A级企业”称号】 4月27日，在区国税局、地税局2009年—2010年纳税信用A级企业授牌大会上，基地和入区企业华辉、机场商贸等9家单位荣获“纳税信用A级企业”称号。

（关丽新）

【获赠第“2000”号奥运缶】 5月8日，经北京奥组委主席会议审议批准，北京奥组委物流部将第“2000”号奥运缶赠予基地，以表彰基地在2005年至2008年期间，为北京奥运物流中心的建设、运营等方面做出的突出贡献。

（关丽新）

【啤酒节签约】 6月8日，在顺义区第十八届燕京啤酒节招商推介暨项目合作签约仪式上，中铁物总煤炭销售有限公司和中瑞汇丰融资租赁有限公司签约空港物流基地。

（关丽新）

【东航北京基地项目落户顺义区】 7月8日，东航股份有限公司与北京天竺综合保税区开发管理中心、北京空港物流基地开发中心签订东航北京运行基地项目落户顺义区协议。区委书记张延昆，人大主任马庚良，区委副书记、代区长刘剑，政协主席陶宝金，区委副书记、综保区常务副主任闫立刚，区委常委、常务副区长王海臣和东航集团总经理、董事长刘绍勇，集团党组副书记、股份公司总经理马须伦等领导出席签约仪式。

（关丽新）

【中国银行北京分行库管中心项目正式入驻】 10月10日，中国银行北京分行库管中心项目入驻基地。该中心租用基地入区企业康力仓储公司一期1.1万平方米仓储及办公设施，主要负责中国银行北京分行近300家分支机构1000余种物资的存储及配送业务。

（关丽新）

【基地获花博会“最佳服务保障奖”】 10月21日，在第七届中国花卉博览会总结表彰大会上，基地荣获“最佳服务保障奖”。

（关丽新）

【区长刘剑到基地调研指导】 10月27日，区委副书记、区长刘剑到基地调研。刘剑区长对基地的队伍建设、发展定位、服务意识、工作业绩给予了充分肯定，并对基地提出了三点希望：1. 希望基地进一步研究把握全国、全市物流业发展态势，站在更新的高度深入思考、谋划布局，在区域经济发展中发挥更重要作用、做出更大贡献。2. 希望基地创新工作，在“第四方物流”、“物联网”等新领域发展中把握机遇、开创新篇。3. 希望基地在临空经济发展中，明确目标、找准定位，紧抓机场资源，充分发挥优势，延伸产业链条，促进临空经济品牌做大做强。

（关丽新）

【中城赋比兴投资基金管理中心落户基地】 11月10日，中城赋比兴投资基金管理中心落户基地。该基金管理中心是北京市第一家私募房地产投资基金管理公司，注册资金5000万，管理基金规模8亿－10亿元。

（关丽新）

【基地通过区学习型企业先进单位考评】 11月13日，基地通过顺义区学习型企业先进单位评估专家组评估。专家组对基地创建工作在三方面给予充分肯定：一是创建目的明确，有动力；二是领导班子率先垂范，高度重视学习创建工作;三是创建思路清晰,具体做法得当,创建成效初显。区委组织部、区精神文明办、区委宣传部、区人力社保局考试培训中心等相关部门领导参加评估会。

(关丽新)

【基地获批中国物流学会产学研基地】 11月14日,在厦门国际展览中心召开的第八次中国物流学术年会上,空港物流基地被中国物流学会批准为产学研基地。

(关丽新)

【举办首届物流杯篮球联赛】 11月24日至27日,基地携手鸿讯、顺丰、宅急送和南法信镇等6家单位成功举办"北京空港物流基地首届物流杯篮球联赛"。本届篮球联赛的举办,进一步增进了区企之间的友谊与交流,增强了彼此间的凝聚力。

(关丽新)

【市人大常务赵凤山副主任一行莅临基地】 12月1日,市人大常务副主任赵凤山、市人大城建环保委主任赵义、市人大农工委主任雷德才等领导到基地参观调研。赵凤山主任一行在听取基地总体发展情况后,到顺丰速运公司参观了呼叫中心、分拨中心,并了解该公司基本情况。区委书记张延昆、区人大主任马庚良、区政府副区长李友生、区人大副主任冯庆森、区经信委主任吴建国等领导陪同参观调研。

(关丽新)

【英国布鲁什变压器项目落户基地】 12月10日,英国布鲁什变压器项目落户基地。该项目注册资金500万美元,租用普洛斯公司6000平方米设施,建设在中国大陆的首家生产研发基地,生产用于采矿、石油及石化工业的防暴变压器,年产值3亿元。

(关丽新)

【区委书记张延昆到基地调研指导】 12月12日,区委书记张延昆到基地调研指导,对基地的工作业绩、队伍建设、发展定位、服务意识和在综保区申报建设中所作的贡献给予了充分肯定,并对基地发展提出了五点要求:一要坚持围绕"空港国际化、全区空港化、发展融合化"的运行机制,充分利用综保区的政策平台和首都机场的资源平台,密切与国内外大型物流企业和央企集团总部的联系,使顺义成为相关企业国际化发展的首选之地。二要注重与综保区、南法信镇的融合发展。要在功能区发展中,注重解决所在地区农民的城市化问题,为全区加快推进城乡一体化作出积极贡献;注重强化功能区辐射功能,带动各镇二三产业基地产业升级。三要研究制定中长远发展规划,将上市作为战略性发展目标,借鉴空港股份上市的经验,探索对入区企业(上市公司)入股,创新园区经营模式。四要深入研究物流产业形态,在高端高效上下功夫。借鉴上海建设物流信息中心的成功经验,打造面向国际国内市场的物流信息平台。五要将各经济功能区建设成为培养干部、输出干部的重要平台。

(关丽新)

【泛骏华国际物流入驻运营】 12月16日,泛骏华国际物流有限公司入驻运营,公司投资5000余万元建设办公楼,其一流的防控系统已达到军队标准。

(关丽新)

【获"北京市和谐劳动关系工业园区"称号】 12月16日,在区和谐劳动关系单位表彰大会上,基地被授予"北京市和谐劳动关系工业园区"称号,成为今年北京市唯一获此殊荣的开发区。

(关丽新)

旅 游

外事旅游局

【概 况】 年内，在区委、区政府的正确领导下，围绕“保增长、保民生、保稳定”工作大局，贯彻落实科学发展观，以“扩充总量、提高素质、提高效益”为目标，以“营销、培训、问诊、保障”为重点，开拓创新、扎实苦干，旅游产业发展迈上新台阶。据市统计局数据，顺义全年实现旅游接待482.2万人次，同比增长37.5%；旅游收入15.86亿元，同比增长24.8%。收入总量居郊区第三，增速居全市第一。

单位名称：顺义区外事旅游局
地址：顺义区光明南街7号
电话：(010)69429918
邮编：101300
网址：http://www.bjsyly.gov.cn

（吴春明）

【旅游促销形式多样】 先后赴西安参加第十三届中国东西部合作与投资贸易洽谈会旅游交易会、赴唐山参加2009环渤海16港口城市及北京(16+1)旅游博览会、赴重庆参加第一届中国西部旅游产业博览会上等展会10次，发放宣传资料上万册；制作三期《顺义休闲一册通》；与市旅游局制作了《北京新春旅游完全手册》、《北京五一旅游完全手册》等旅游宣传册5册；与宣传部合作在《北京日报》、《北京晚报》宣传“一纵三横”四条旅游线路；在《北京青年报》、《民俗旅游》杂志、《旅行家杂志》等刊物上宣传顺义旅游；协助花博会会务组制作《会务接待手册》，为游客提供吃、住、游等信息；为《花博会宣传页》提供旅游企业信息；为花博会新闻发布会与会记者发放《顺义休闲一册通》；与人民网合作两次推介顺义旅游特色；在北京旅游信息网、顺义旅游信息网上发布顺义旅游信息120多条。

（张荣媛）

【组织企业培训】 年内共组织4次授课，主要是在金融危机中如何做好商务谈判、娱乐管理、饭店培训师培训和客房管理。自2007年11月开始的顺义区旅游企业高级管理人员培训班17次授课全部完成，举行了结业典礼，向116名学员颁发了《旅游行业管理人员岗位职务培训证书》。

（张荣媛）

【组织企业问诊】 聘请北京新旅佳苑国际酒店管理公司为顺鑫绿色度假村、北京顺义宾馆、安利隆生态农业旅游山庄、乔波国际会议中心、花水湾温泉度假村等5家企业提供管理问题诊断，帮助企业提高管理水平。

（张荣媛）

【编制旅游提升规划】 聘请北京大地风景旅游景观规划院编制完成了《顺义区旅游跨越式发展战略策划》。规划提出，在未来五年内，顺义旅游要通过北京国际鲜花港、汉石桥湿地公园、奥林匹克水上公园等一系列重大旅游项目建设，从品牌国际化、产品国际化、服务国际化、管理国际化、人才国际化等五方面细节性落实顺义区旅游“国际化”战略；并提出(2010－2015年)的分期实施步骤，主要分为两个阶段，第一阶段从2010年至2012年，该阶段主要包括大环境整治、大品牌构建以及大项目建设等工作；第二阶段从2013年至2015年，该阶段除了大项目建设、大环境提升外，还包括大活动举办以及行业管理等工作。

（宁丽丽）

【花博会安全保障圆满完成】 为保障第七届中国花卉博览会成功举办,对旅游企业开展了防火、用电、食品卫生、节日接待、应急救援等专项安全检查。共召开安全专题会议 9 次,旅游秩序整顿专题会议 5 次,组织安全专项检查 30 余次,查出安全隐患 80 余项,整改率达 100%。

(胡　晋)

顺义宾馆

【概　况】 顺义宾馆于 2008 年 10 月成为中央国家机关政府采购中心北京地区党政机关出差和会议定点场所。服务期限为 2009 年 1 月 1 日—2010 年 12 月 31 日。2009 年 3 月 16—17 日,中国质量认证中心北京市分中心审核工作组,对顺义宾馆提供的住宿、餐饮、娱乐、会议服务及相关管理活动进行复评审核,并顺利通过。审核工作组对宾馆的体系运行工作给予充分肯定,并着重指出两体系在运行过程中的适宜性、有效性得到充分体现。但在贵重物品存取、对新外包方评价控制过程、重要环境因素的运行控制等方面存有不足。希望宾馆通过对服务过程检查、顾客满意调查、外部委托检测、内审及管理评审等形式识别改进措施,并通过内部会议等形式进行沟通,不断加强组织的管理与改进。

单位名称:北京顺义宾馆

地址:顺义区府前中街 3 号

电话:(010)81496300

邮编:101300

网址:http://www.shunyihotel.com

(徐海超)

【通过星级复评】 2009 年 3 月 15 日,市旅游局星级饭店复核组将对北京顺义宾馆进行星级复评,为保证复评工作顺利进行,顺义宾馆于 2 月 18 日召开星级复评工作筹备动员会,班组长以上干部参加。会上,梁建平副总经理在认真听取各部门汇报后,提出统一思想,提高认识;对照标准,查找不足;有针对性的开展实战培训;工作中加强团队合作,互相补位,不拆台;以星级复评为契机,认真做好星级复评工作,打造宾馆服务软实力;做好硬件设施检修工作,确保设施正常运转;加强员工技能培训,使每位员工成为岗位技能专家;加强量化管理、属地管理,做到服务人员意识培训;查缺补漏,以此为契机提高整体的服务质量。在各部门的积极配合下,顺义宾馆顺利通过星级复评。

(徐海超)

【科学发展观促经济发展】 2009 年 4 月 16 日,顺义宾馆在第二会议室召开深入学习实践科学发展观大会,全体党员及班组长以上干部参加。会上,宋奇良总经理首先分析了一季度经营情况,布置当前工作。之后结合学习传达刘剑代区长在全区深入学习实践科学发展观活动专题报告会上的讲话,对全体党员和各部门管理人员提出十点建议:坚定信心,充分发挥有利因素,抓好当前工作完成经济指标;党员要起到模范带头作用,支部起到堡垒作用,协助部门做好经营工作;以优良作风为基础,带动员工服务好宾客,创造良好的人文环境;加强执行力建设,贯彻执行体系文件和各项规章制度,提高服务质量;增强忧患意识、责任意识、大局意识,不辱使命;党员、干部要加强学习,努力提高自己的自身素质和驾驭工作的能力;加强团结协作,杜绝推委扯皮现象,提高企业凝聚力;不要急噪,以平常心、高度的责任心,做好本职工作;积极拓展业务,完成年初制定的各项经济指标;挖掘潜能,节能降耗、控制运营成本,提高经济效益。

(徐海超)

【厨师烹饪技术大赛】 2009 年 9 月 11 日,顺义宾馆举办“迎国庆献花博促服务”厨师烹饪技术大赛，所有在岗厨师参加，评委则由北京市厨师技术考核委员会技师和区行业协会领导等专业人士担任。此次比赛，有效加快顺义宾馆培养和造就高素质、高技能人才队伍步伐，进一步激发广大员工学习业务技术热情，使优秀技能人才投影而出。有效增强了员工学习业务技术热情，强化了竞赛意思，对提高顺义宾馆的饭菜质量起到一定推动作用。

（徐海超）

【消防安全知识答题活动】 2009年9月13日，宾馆组织全体员工及外包部门员工，进行消防安全知识答题活动，内容涉及《中华人民共和国消防法》、《社会消防安全教育培训规定》、《北京市旅馆业治安管理规定》、火灾扑救、应急救援预案等知识。

（徐海超）

【隐患排查及应急预案演练】 工程部严格落实“安全第一，预防为主”的指导方针，加强隐患排查，按照计划对相关设备、设施进行检修和保养，发现问题及时处理。2009年9月15日，工程部经理组织司炉人员对“锅炉爆炸、燃气泄漏和跑水应急预案”进行演练，检查是否按照应急预案要求进行组织实施，人员组织是否得当，司炉工是否明确各部位的开关控制及处理方法和步骤。通过现场演练，当班科长能按要求正确组织，实施应急预案，司炉工能熟练掌握各控制部位的开关控制，方法有效得当，基本达到预期目的。工程部已做好充分准备，确保设备、设施安全有效运行。

（徐海超）

【安全工作动员】 2009年9月17日，顺义宾馆召开“迎国庆、保花博”安全工作动员会，所领导、驻所公安分局领导及班组长以上管理人员参加。会上，安保部经理就安全接待方案和36个相关预案做出详细说明；公安分局领导强调迎国庆，保花博服务接待工作的核心是安全意识一定要到位，要逐条认真落实安全接待方案；所长宋奇良按照方案对各部门的具体工作做出缜密部署，并要求各部门要在08年接待奥运会经验的基础上，不断强化责任意识，主动协调、注重沟通、精益求精不出纰漏，要形成一种声势，确保不发生任何安全问题。

会后，顺义宾馆消防中控室在消防支队民警的指导下，检查防火设施、设备、器材及各种自动灭火联动状态，并于当日下午进行“迎国庆 保花博”消防演练。内容涉及：消防中控室接报警、火灾确认、将火灾报警联动开关转入自动状态、拨打“119”火警电话报警、启动单位内部灭火、应急疏散预案和同时报告单位负责人等；义务消防员在指挥组的正确指挥下，穿戴消防服，利用灭火器、水龙带对初期火灾进行扑救；在义务消防员扑救火灾的同时，组织员工对宾客进行疏散，检查房间无人后贴明标志，安全疏散客人到指定区域集合，清点人员。

（徐海超）

汉石桥湿地

【概　况】 汉石桥湿地自然保护区位于杨镇地区，距北京城区约35公里，距首都机场约20公里，总面积1900公顷。是北京市唯一现存的大型芦苇沼泽湿地以及多种珍稀水禽的栖息地，也是北京地区生物多样性指数最高的自然保护区。有鸟类153种，其中国家Ⅰ级重点保护野生动物2种，国家Ⅱ级重点保护野生动物17种；有野生植物292种，这里大面积生长的芦苇，成为汉石桥湿地的标志性特征，赢得了“京东大芦荡”、京郊“小白洋淀”的美称，具有极大的保护和科研价值，对于区域经济社会可持续发展具有重要意义。保护区主要划分为核心区、缓冲区和实验区。核心区面积163.5公顷,是芦苇沼泽湿地生态系统保存最为完好的区域,集中体现了湿地的生态和景观价值。该区域的基本措施是实行全封闭保护,控制人员进入;缓冲区面积12.1公顷,该区域的功能是防止和减少人类、灾害性因子等外界干扰因素对核心区造成破坏;实验区面积1724.4公顷,保护区主要针对这一区开发利用,开展生态旅游、科研科普等方面工作。汉石桥湿地自然保护区于2005年4月4日经市政府批准为市级自然保护区,同年6月成立顺义区汉石桥湿地自然保护区管理办公室(简称湿地办),为区政府直属正处级全额拨款事业单位。负责保护区的保护、管理与湿地资源的开发利用,组织开展科学研究、科普旅游等。自成立以来,湿地办探索湿地保护与利用的最佳模式,在有效保护湿地生态环境的前提下,积极发展生态旅游,取得了良好的生态效益、社会效益和经济效益。未来的发展目标是把湿地建成湿地保护和恢复的示范、生态旅游的典范以及国际化绿色生态产业引擎。

单位名称:北京市顺义区汉石桥湿地自然保护区管理办公室
地址:杨镇燕雄大酒店楼后
电话:(010)61456099
邮编:101309

(田海健)

【水质改善工程顺利完成】 该工程投资6000万元,建设了污水处理厂、雨污水管线、水质自动监测系统及人工湿地,污水处理厂已进入试运行阶段。这一工程的实施既有效解决湿地水源不足及水污染问题,又解决了杨镇中心区的水污染问题,对汉石桥湿地的保护和发展起到重要作用。

(田海健)

【科普旅游形成热点】 湿地办坚持高起点开发,积极发展生态旅游,树立了"北京最具特色的湿地"旅游品牌形象,取得了良好的成效。一是旅游基础设施不断完善。新建餐厅、烧烤区、快餐区,优化游览路线,完成了道路、桥涵、停车场、码头的建设。二是旅游项目不断丰富。增加了水上自行车、水上步行球、水上滚筒、露营等新项目,为游客提供了多种方式欣赏湿地美景,景区接待能力进一步增强。三是宣传力度不断加大。以活动为载体,以媒体为平台,全方位、多角度开展宣传工作。举办摄影比赛、垂钓比赛及观鸟文化节活动,在各级电视台、报刊、网站等媒体发布新闻、广告,使汉石桥湿地的知名度和美誉度不断提高,已成为顺义旅游的新热点。

(田海健)

【湿地保护取得新成效】 一是加强治安秩序管理。开展了多次打击捕鱼钓鱼分子的专项整治活动;制定停车应急预案,确保旅游有序开展。针对停车资源不足的现状,及时制定停车应急预案,使旅游治安秩序得到了有效维护。二是加强植被管理。对水生植物、陆生植物定期开展病虫害防治、林木修剪、旱生植物治理等工作,使有害生物得到有效治理,旱生植物得到有效控制,林木景观有了较大的提升。三是加强环境整治及防火工作。保洁工作做到经常化、规范化管理,确保湿地环境良好;制定火灾应急预案,加强日常检查,做到责任到人,彻底消除火灾隐患。

(田海健)

农　　业

综　　述

2009年，在区委、区政府的坚强领导下，全区上下深入贯彻落实科学发展观，紧紧围绕"保增长、促发展，加快推进城乡一体化"的工作任务，坚持发展"见物见人"的工作取向，以城市化为引领，以工业化为支撑，以改革创新为动力，加快构建城乡一体化新格局，"三农"工作取得积极进展，第七届中国花卉博览会铸就经典，国庆60周年服务保障圆满成功，为区域经济社会又好又快发展做出了突出贡献。

一、调整优化产业结构，农业在全市的基础地位得到巩固提升

借助筹办花博会的重大契机，深入推进农业结构调整，"规模化、产业化、精品化"的发展方向更加明确，"高端、高效、高附加值"的产业特征愈发凸显，农村经济在国际金融危机中逆势增长，全年实现农业产值56.6亿元，按可比价增长5.7%，占到全市的18%。其中，花卉产值5.08亿元，种业收入4.9亿元，同比分别增长27.6%和21.1%。农村居民人均纯收入达到11600元，同比增长12%。

二、成功举办花博会，促进花卉产业蓬勃发展

以"绿色北京，让美好走进生活"为主题的花博会圆满成功。三大功能组团接待游客180万人次。举办了插花花艺大赛、精品兰花展、花卉与科技等专题活动，销售花卉达500余万元。花博会拉动顺义区花卉产业发展显著。全区共有花卉企业60家，从业人员2000人。花卉苗木面积16450亩，设施面积1970亩，智能温室45万平方米。花卉产业实现产值5.08亿元，增长27.6%。

三、设施农业建设顺利推进

2009年，顺义区新发展设施农业占地面积10000亩，其中温室占地8000亩(其中智能温室15万平米以上)、钢架大棚占地2000亩。总占地面积达到7万亩。

四、农业综合开发，基础设施建设进展顺利

2009年顺义区农业基础设施建设及农业综合开发工程涉及11个镇，面积6.53万亩。目前，秋季农田培肥工程全部完成，农药面源污染治理面积5.67万亩，菜田废弃物治理面积1万亩，建立田园清洁植保专业服务队2个，农业废弃物循环利用示范点3个。平整土地1.65万亩，修补林网35.26公里。修补田间路24.77公里。完成景观提升面积5.37万亩。

五、拓展农业功能，打造"四个中心"

农产品加工业加快发展。截至年底顺义区农产品加工企业中，拥有中国驰名商标3

件,中国名牌2件,北京市著名商标17件,北京名牌5件。农产品加工业实现销售收入96亿元,同比增长20%;健全农产品配送体系,扩大配送农产品市场占有率。组织农超对接会,搭建“超市+配送企业+基地”、“配送企业+基地”对接平台。15家配送单位落实了农产品质量追溯制。目前,全区65家配送企业,配送网点7028个,配送网点增加470个;继续推进优质籽种中心建设。实现5家商品猪场升级改造为种猪场,可新增种猪出栏2万头左右。实施种猪场外埠扩张,在天津投资新建立一处3万头规模种猪场,增强顺义区种猪产业对外辐射带动作用。种业收入达到4.9亿元,增长21.1%。;打造顺义区“时尚休闲、多彩顺义”农业休闲品牌。投资1500万元推进五条采摘带观光园区建设,先后举办农业节庆活动16个,多彩顺义逐渐成为北京市民假日郊游首选的时尚休闲地。通过60年国庆及花博会等大型活动的拉动,农业观光休闲产业实现收入2.3亿元,同比增长92%(包括花博会)。

六、深化农村改革,激发农村活力

全区47个试点村产权制度改革试点工作进展顺利。为使更多农民分享工业化、城市化成果,启动了马坡镇小孙各庄村、牛栏山镇张家庄村整建制拆迁村集体资产处置试点工作;加强土地流转。积极推进土地承包经营权集约化、规模化流转,落实了一批向农业高端、高效产业发展的涉农公司入驻,新增流转面积1.2万亩。坚持做大做强,规范合作社发展。全区已成立134个农民专业合作社,发展200户以上的农民专业合作社15家。

七、落实支农惠农政策,增加农民收入

规范政策性农业保险。全年理赔总额8000余万元;落实粮食直补和生态补贴。受益农户2.9万户,完成补贴资金5900万元;落实农机购置补贴。围绕保护性耕作、大马力拖拉机更新、玉米收获机械化落实补贴机具711台(件),机具总额2463万元。

八、加强农村劳动力培训和田间学校建设

2009年顺义区开办农民田间学校63所(新建21所、续建42所)。发展科技示范户0.2万名,培养农民土专家0.1万名,辐射带动2万名农民科技致富;实用农业技术培训工程共培训农民3.5万人(次);“百名农业专家兴顺工程”,共聘用中国农业大学、中国农科院、北京农科院、北京农学院等科研院所的农业专家86人,安排与百名农业专家合作项目86项(次)。

九、深化移动农网应用工作

顺义区共安装信息机30台,农信机561台,全年发布农业科技、天气预警、市场行情等短信116万条,信息发布的及时性、准确性、针对性进一步提高,取得了良好的服务效果。经过区镇村三级相关部门的共同努力,顺义区移动农网工作荣获“2009年度市级移动农网突出贡献奖”。

十、农业行政执法工作取得实效。

认真贯彻落实各项农业法律、法规,有法必依、执法必严,严格依法行政。共进行各类执法检查944次、出动执法人员8700余人次,出动执法车辆2500余辆次。发放宣传材料4万余份;发放“便民卡”1000余份;签订责任书800余份;解答农民咨询600余人次;出动宣传人员1200人次,实现服务了三农与依法行政共同发展。

单位名称:顺义区农村工作委员会
地址:顺义区站前西街3号顺鑫国际商务中心九层
电话(010)69441365
邮编:101300
网址:http://www.agr.bjshy.gov.cn

(郭海萍)

农村经济管理

【概　况】 2009年,区经管站在区委、区政府的正确领导及区农委、市经管站的具体指导下,认真学习领会十七届三中全会精神,深入贯彻落实科学发展观,围绕社会主义新农村建设,立足"保增长,保民生,保稳定"的工作大局,认真落实党在农村的各项基本政策,创新农村经营体制机制,创新农经工作思路和方法,为全区农村经济发展、增加农民收入、维护农村稳定做出了应有的努力。

单位名称:北京市顺义区农村合作经济经营管理站
地址:顺义区五里仓AMB大厦A座五层
电话:(010)89442503
邮编:101300
网址:http//www.jinggz.bjshy.gov.cn

(王国荣)

【推进农村土地承包经营权流转】 2009年,全区387个村,确权土地面积63万亩,其中:土地确权确地的村4个,涉及农户1471户,4919人,面积7981亩;确权确利的村99个,涉及3.2万户,9.2万人,面积12.1万亩;确地确利相结合的村284个,涉及8.1万户,26.8万人,面积49.9万亩。全区流转土地总面积42.3万亩,占确权面积的67.1%。其中确地后流转(农户间为了耕种方便,在本村农户间进行互换,或暂不愿经营土地的农户将土地流转给本村大户,适当收取土地流转费)面积8728亩,占流转面积的2.1%;确权确利流转(主要是不确定地块,农户将土地直接流转给村集体,村集体将接转的土地采取集体经营、大户承包和对外租赁的形式经营。农户从村集体领取土地流转收益)面积41.5万亩,占97.9%。2009年全区兑现土地收益1.59亿元,同比增长18.2%,亩均兑现收益383元。

(王国荣)

【农村集体资产和财务管理】 农村集体资产与财务管理历来是经管工作的基础,做好农村集体资产与财务管理工作是解决当前农村矛盾的需要,也是搞好农村基层民主的需要。为了更好的在基层开展工作,提高工作质量,2009年,区经管站一是举办农村财会培训班3期,对550余名镇村两级财会人员进行了业务培训。二是完善"村账镇管"制度,全区426个村全部实行"村账镇管"。所有镇都实行了"村帐镇审、集中办公、两级审核、民主监督"的农村财务管理机制,堵塞了各种财务漏洞。三是全区全部实行了财务公开,通过公示栏张贴,让群众明白,还干部清白。同时加强监督检查,严格考核奖励制度,建立了工作责任制和责任追究制,确保了财务常公开,真公开,推进了基层民主管理的进程。

(王国荣)

【春秋两季农民负担监督管理执法检查】 2009年,春秋两季农民负担监督管理执法检查的主要内容是村级公益事业补助资金的拨付及使用情况。1、公益事业补助资金拨付情况:全区426个村,市、区两级财政应拨付村级公益事业专项补助资金5732万元,实际拨付5732万元,其中市财政拨付4402万元,区财政拨付1330万元。此款项已经于年初足额拨付到村级组织银行帐户,未出现截留、平调,挤占、挪用现象。2、使用情况:截至2009年9月30日,全区实际支出4440.92万元,占总金额的76.43%,其中:公益设施建设费用1646.81万元,占总金额的28.34%;公益设施维护费用804.49万元,占总金额的13.84%;社会管理费用1390.29万元,占总金额的23.94%;社会事业费用474.71万元,占总金额的8.17%;村务人员工资124.62万元,占总金额的2.14%。期末余额1369.79万元,占总金额的23.57%。

(王国荣)

【农村集体经济审计】 2009年,全区审计328个单位,其中镇或村管理机关审计238个单位,占总数的72.6%;事业单位6个,占总数的1.8%;集体企业审计84个单位,占总数的25.6%。在集体企业审计中,主要以工业企业审计为主,共审计72个单位,占审计单位总数的22%;建筑企业审计3个,农业企业审计4个,服务业企业1个,其他行业4个,审计总金额为339921万元。

(王国荣)

【推进农村集体经济产权制度改革】 根据《中共北京市委、北京市人民政府关于进一步深化乡村集体经济体制改革加强集体资产管理的通知》京发[2003]13号及《中共北京市委农村工作委员会、北京市农村工作委员会关于积极推进乡村集体经济产权制度改革的意见》京农发[2004]28号文件精神,2009年,全区累计完成改革村数量138个。全区所有的改革试点村做到五"统一":即统一改制时点日、统一资产评估、统一登报公告、统一推进日程、统一改革模式,有利于改革工作有效推进。

(王国荣)

【推进农民专业合作组织规范发展】 2009年,顺义区共有136家农民专业合作社,注册资金总额4889万元。入社社员共14039户,涉及16个镇109个村,占全区从事一产农户总数的63.8%。其中种植类合作社45家,占33.1%,其中瓜菜合作社24家,杂粮合作社13家;林果类合作社37家,占27.2%,其中果品合作社33家;养殖类合作社35家,占25.7%,其中养猪合作社21家;农机类合作社15家,占11.0%;其它类型合作社4家,占2.9%,涉及人力资源、旅游、工艺品等。

(王国荣)

【打造农村信息平台提升农经管理水平】 针对农经管理手段落后导致农经信息失真、基础工作薄弱的问题,按照全市统一布置,全区农村管理信息化工作全面推开。2009年,全区426个村全部配备了计算机,19个镇配备了服务器;二是加强农村管理信息化工作的队伍建设。据统计,全区426名村级会计中,计算机操作水平一般的145人,占34.1%;较熟练得15人,占3.5%;属电脑盲级的266人,占62.4%。面对实际情况,培训工作任重道远,重点落实镇级信息化师资和村级信息员培训计划,做到分级负责,统一考核。三是在认真采集、核实基层数据的基础上,建立了农村人口、农村劳动力、农村土地承包及合同、农民家庭收支、农村集体资产与财务、村级组织正常运转转项补助资金和新农村建设等七大基础数据库,实现了农村管理信息"三级连网、四级传输"。

(王国荣)

种 植 业

【概 况】 2009年,顺义区共种植夏粮小麦21.1万亩,亩产351.4公斤,总产7405.7万公斤,总产值13330.3万元;秋粮玉米种植面积33.8万亩,亩产438.3公斤,总产14819.7万公斤,总产值25489.9万元;豆类1.7万亩,亩产173.7公斤,总产294.2万公斤,总产值1414.9万元;薯类0.2万亩,亩产430.7公斤,总产86万公斤,总产值890.2万元;花生0.4万亩,亩产246.4公斤,总产109.5万公斤,总产值550万元;苜蓿1.3万亩,亩产干草950公斤,总产1235万公斤,总产值1235万元。蔬菜播种面积16.9万亩,总产量54864.8万公斤,总产值108373.8万元;西瓜、甜瓜总播种面积2.5万亩,总产量8674.9万公斤,总产值23132万元;全区蔬菜保护地占地面积4.9万亩,其中温室1.7万亩,大棚

2.4万亩,中小棚0.8万亩;全区农产品加工、配送企业共65家,配送网点7028个,配送总量20362万公斤,销售收入19.43亿元。农产品追溯制企业15家;种植业专业合作社52家,蔬菜为主的专业合作社23家。

单位名称:顺义区种植业服务中心
地址:顺义区建新西街甲3号
电话:(010)69421276
邮编:101300
网址:http://www.zzzx.bjshy.gov.cn

(杨学文　孙小青)

【开展粮田高产创建活动】 按照市农业局总体安排,中心在杨镇、大孙各庄镇、龙湾屯镇共计8个村实施"小麦－夏玉米"模式高产示范方10000亩,达到了预期效果。小麦重点示范推广京冬8、京9843、农大211、农大3432、农大3488、京冬20、中早111、烟农19、京9428、中优206等10个品种。玉米重点示范推广京单28、京科308、纪元1号和宽城1号四个品种;小麦示范精量半精量播种技术、测土配方施肥技术、优质小麦高产栽培技术、节水高效栽培技术、保护性耕作技术。玉米示范保护性耕作技术、一次播种保全苗技术、测土配方施肥和有机肥培肥技术、种子包衣、生物防治、物理防治和化学除草等技术。示范方小麦、玉米平均亩产407.1公斤、534.2公斤,比全区平均亩产增15.9%、21.9%。

(杨学文)

【都市型现代农业科技展示基地建设】 2009年,完成11栋日光温室安装滴灌设备、基地主路和环路路面、附属设施等建设工作。按照领导要求,一手抓建设,一手抓生产。已建设施和规划试验田及时安排试验示范,安排的生产试验包括:11栋日光温室安排小型西瓜、甜瓜、樱桃番茄、水果黄瓜、彩椒等试验示范;8栋钢架大棚安排小型、早熟西瓜区域试验和生产试验;番茄、黄瓜品种试验和番茄节水试验;4亩网棚安排脱毒甘薯种植;73亩露地试验田安排小麦、小黑麦、油菜、玉米、甘薯、花生等相关试验示范;规划建设用地安排种植结球生菜、春白菜、春胡萝卜、草莓苗繁育等。

(杨学文)

【完成农业基础设施建设及综合开发项目】 2009年,完成"北京都市型现代化农业基础建设及综合开发项目"中的以质量提升为中心的农田培肥和田园清洁循环工程。全区完成有机肥施用2256亩,涉及2个镇6个村,共施用有机肥1128吨;完成配方肥(缓释肥)施用10128亩,涉及2个镇8个村,共施用506.4吨;释放6亿头赤眼蜂防治二代玉米螟,涉及12个镇,37个村,6万亩玉米,示范区挽回损失500吨。

(杨学文)

【实施小麦籽种更新工程】 实施小麦籽种更新,发展订单生产围绕构建优质籽种中心,通过繁育、推广优质小麦籽种,整体提高顺义区小麦品质。2009年,我中心与耘丰种业、中国农科院和北京农科院小麦中心签定了小麦籽种繁育收购合同,共建立2.5万亩小麦繁种田,繁育农大211、京冬8号、京冬17号、京冬12号、中麦175、京9428、京9843、烟农19、京麦6号等9个品种。每亩收获小麦籽种400公斤,籽种收入2000万元。

(杨学文)

【开展测土配方施肥项目】 2009年,推广测土配方施肥技术60万亩,建立千亩示范方8个,百亩示范方11个,十亩示范方12个。建立5个国家级和33个市级农户施肥情况长期定位监测点。建立配送点22个,配送粮田有机肥1050吨,蔬菜有机肥3537吨,果树有机肥5213吨,花卉有机肥200吨。通过项目实施,全区农民节约资金250万元。

(杨学文)

【完成水源保护地农田节水示范项目】 2009年,在张镇良山、北务马庄、大孙各庄前陆马、北务仓上村共建设水源保护地农田节水示范区3000亩,推广区1.5万亩。主要推广抗旱品种、少耕免耕、测墒灌溉、培肥保墒、膜面集雨、测墒灌溉、水肥一体化等技术。该项目于6月6日通过专家验收。通过综合节水项目建设,示范区每亩节水107.48方,年总节水32.2万方;1.5万亩推广区年节水每亩58.6方,年总节水87.9万方。示范区年增收每亩182元,年总增收54.6万元;推广区年平均增收每亩81.18元,年总增收121.8万元。

(杨学文)

【都市农业走廊综合节水示范工程项目】 2009年,在京承高速、顺平高速两侧农田示范推广农田节水技术,共计2260亩,涉及粮经、蔬菜、花卉等产业。示范村4个,分别为北务小珠宝村、大孙各庄赵家峪村、宗家店村、北石槽镇东石槽村。

(杨学文)

【加强"三品"认证管理工作】 2009年,完成北郎中等3家无公害到期续认工作,组织东营等4家基地28个产品申报无公害认证。为5家基地48个产品征订144.8万枚无公害标识。

(杨学文)

【做好"三电合一"信息平台的运营管理】 "三电合一"工程是农业部的一项重点工作。在林业、农机、水产等部门的支持下,我们建立了顺义区特色农业数据库,并安排我中心中级以上职称的近30名技术人员作为顺义区"三电合一"农业信息服务体系专家,作为人工坐席,对农民提出的问题进行现场解答。完成了263条信息发布工作,充分的对顺义农业进行了宣传。

(杨学文)

【完善种植系统移动农网的管理】 根据农时,为农民提供包括优质籽种、真假种子及农药识别、高效栽培、植物病虫害防治等多种农业技术信息,指导农民生产,不断提高农网信息的及时准确性,做好技术支撑。发送移动农网信息152条,分类群发80836条次。确保顺义区粮、经、菜丰产丰收,增加收入。同时我们深入调研,总结典型实例,共总结移动农网应用典型11个,促进了移动农网的广泛应用。

(杨学文)

【强化农业执法】 2009年,开展种子、农药、肥料执法检查132次,出动执法人员513人次,实施行政处罚简易程序32起,处罚金额1600元,立案查处4起,处罚金额1707元,没收劣质农药15.98公斤,责令农药经营单位下架并退回标签不合格农药748.324公斤,清理不合格肥料150余吨,下达责令改正通知书5份,受理解决群众电话举报案件5起,为农民增收起到保驾护航作用。

(杨学文)

【完成农区灭鼠工作】 2009年,完成全区农田防治面积53万亩,防治效果91.4%;畜牧养殖场防治286个,养殖专业户9665个,防治效果89.3%;水产养殖场防治13080亩,防治效果89.5%;设施保护地灭鼠,从5月22日开始,6月中旬完成布放任务。防治区域有大孙各庄、北务、李桥、杨镇、北小营、龙湾屯、高丽营等镇的温室大棚,布放毒饵站2万个,防治温室大棚6000个,辐射面积2万亩;花博会场馆周边灭鼠。自8月27日顺义区植保站组织成立灭鼠专业队,对花博会场馆周边的仁和、南法信、后沙峪、天竺、高丽营5镇的主要交通干线、田间路展开了毒饵站灭鼠工作,于9月15日全面完成,布放毒饵站近2万个,辐射面积达5万亩。

(杨学文)

【完成草地螟、蝗虫防控】 建立20个监测点监测外来和本地草地螟及蝗虫发生情况,实行属地管理,各负其则。实行重大病虫零报告制度,储备应急防治用药10吨,机动喷雾器30台,区植保站成立30人应急防控队,并进行实战演练。沿昌金路安装高空探照灯26盏,建设北京市有害生物阻截带第二防线。草地螟发生早、批次多、持续时间长,未形成危害。外地蝗虫未迁入。

(杨学文)

【严格植物检疫工作】 2009年,产地检疫:产检56批2.06万亩,其中小麦1.95万亩,916.3万公斤;豌豆1090亩,20.3万公斤。产检过程中发现不合格小麦一批次,220亩,原因为发生小麦腥黑穗病,病株率0.1－0.4%,依法进行了处理。调运检疫:种子、苗木等调运检疫92批,12.3万公斤。签发检疫证书879批,种子350.59万公斤;苗木11460株;草坪3200平方米。

（杨学文）

【粮经作物有害生物发生与防治】 小麦病虫草发生面积58.27万亩次,防治92.45万亩次,挽回损失16210.1吨。玉米病虫草发生169.2万亩次,防治245.7万亩次,挽回损失27243.6吨。全年粮经作物病虫草发生面积227.47万亩次,防治面积338.15万亩次,挽回损失43453.7吨,实际损失542.1吨。

（杨学文）

【全力做好花博会服务工作】 按照"以花兴业,以花兴城,以花富民"的总目标,花博会期间,共接待农业部、市农科院、市农业局等部门的农业专家240余人,召开百名专家座谈会,并参观花博会,考察顺义区花卉产业,为顺义区花卉及相关产业的高端、高效、可持续发展献计献策。花博会期间,认真做好山西参展团的接待服务工作,共接待山西客人300余人次,出动车辆100余次。全方位的优质服务得到山西参展团的高度赞扬,同时为山西省室内、室外展区工程均获得评审一等奖起到了保障作用。

（杨学文）

【农村新能源建设】 建设"两气"工程2处,900户农民用上清洁燃气,每户年节约煤152吨,减少CO_2排放398吨,解决农民就业10人;完成太阳能大众浴室项目45座,涉及19个镇45个村;安装太阳能路灯1000盏,涉及25个村。

（杨学文）

【组建蔬菜创新团队】 组建创新团队综合试验站、农民田间学校工作站。其中,果类蔬菜综合试验站1所、农民田间学校工作站13所、田间学校54所,争取市级资金239万元。

（孙小青）

【实用技术培训工程】 利用农民田间学校授课、现场观摩、集中培训等形式实施万人实用技术培训工程。年内,组织各种培训136次,组织农民及技术人员参加各类观摩36次,共计培训人数16000人次,发放材料10000余份。其中,蔬菜技术专项培训30余次,培训4000人次,组织各类观摩30次,田间地头现场技术指导200余次,累计发放蔬菜相关科技图书及技术资料3000份,为菜农免费征订《蔬菜》杂志,出资编印《顺义区种植业高效栽培模式》丛书15000册。

（孙小青）

【蔬菜新品种新技术展示与推广】 李桥顺沿特菜基地、大孙各庄绿奥蔬菜基地、北石槽绿之杰基地、北务仓上精品蔬菜基地安排国内外优新品种200余个,展示园面积500亩。推广大棚西瓜蜜蜂授粉技术600亩,试验示范大棚、温室熊蜂授粉技术10亩,效果显著。

（孙小青）

【蔬菜种苗产业】 年内春季全区蔬菜种苗生产量900万株,产值670万元,同比分别增长12.5%和增长19.6%。以北务、杨镇、李桥等镇为主,农户出售西瓜、甜瓜、西红柿、生菜等种苗700余万株,农户增加收入500万元以上。其中,大孙各庄镇绿奥合作社发展工厂化育苗,为农户育苗100多万株,包括绿菜花、西瓜、西红柿等品种。裕农公司为农户提供生菜种苗40万株。

（孙小青）

【蔬菜观光采摘】 年内接待观光游客24万人次,采摘特瓜、特菜数量133.11万公斤,实现采摘收入2608.95万元。采摘主要品种包括:番茄、迷你黄瓜、彩椒、小型西瓜、甜瓜、特色南瓜等。

（孙小青）

【推进蔬菜优质籽种更新工程】 年内重点对

番茄、小型西瓜、甜瓜、彩色大椒、迷你黄瓜、特色南瓜6类200余个名优品种的示范种植户给予补贴,补贴额度50%以上。在李桥、北务、杨镇等9个镇70个村1500多户实施,完成新品种种植11600余亩,示范户亩均增收800元,增幅超过10%。

(孙小青)

【科技项目实施】 年内完成顺义区设施蔬菜优质籽种更新科技入户项目、顺义区保护地大棚西瓜蜂授粉技术示范重点项目、“控制农业面源污染综合技术示范与应用”项目、“设施农业整村推进”项目申报工作,在李桥镇沿河村、张镇聂庄村、李遂镇东营村、北务镇闫家渠村实施,引进、示范、推广蔬菜优新品种5个及配套栽培技术10项;为试点村建设农民科技书屋,配备价值万余元科技图书资料,发放遮阳网10000平方米,防虫网7000平方米。完成“顺义区保护地大棚春西瓜秋番茄高效技术推广”项目科技成果总结申报,该项目获2007-2008年度顺义区科技进步奖三等奖。

(孙小青)

【蔬菜高产高效竞赛】 8月、12月分别组织蔬菜种植户参加北京市农业技术推广站举办的蔬菜高产高效竞赛活动两次,参赛农户达到40余户,相继获得秋大棚黄瓜、番茄高产高效一等奖1户,二等奖3户,三等奖4户。

(孙小青)

【发展林地食用菌经济】 2009年落实林地食用菌面积730亩,210万棒,其中自制菌棒85万棒,外购125万棒,品种有香菇、平菇、木耳、杏鲍菇、鸡腿菇等,涉及木林、龙湾屯、杨镇、北务、李遂、北石槽等7镇10村,并辐射到密云、海淀。

(孙小青)

【实施蔬菜质量安全追溯制】 让市民吃上安全放心的“条码菜”,2009年新增三家蔬菜安全追溯试点单位:北京鑫竺绿园食品有限责任公司、北京聂庄益康达果蔬产销专业合作社、北京天地赢果蔬合作社。截止目前,已发展15家追溯制试点单位,全年累计使用标签223.45万枚。

(孙小青)

【蔬菜有害生物监测与防治】 2009年蔬菜病、虫发生面积38.3万亩次,防治面积110.9万亩次,其中推广物理防治杀虫灯2.5万亩、黄板和防虫网4.5万亩,生物防治16.5万亩次;建立20个监测点监测外来和本地草地螟及蝗虫发生情况,沿昌金路安装高空探照灯26盏,建设北京市有害生物阻截带第二防线。

(孙小青)

【配送企业】 年内全区农产品加工配送企业共65家,配送网点7028个,重点销售家乐福、超市发、京客隆等超市,配送产品涵盖顺义区生产的所有优质农产品,其中以蔬菜配送为主企业23家,完成配送总量20362万公斤,实现销售收入19.43亿元。同比分别增长6%和4%。

(孙小青)

【农产品检测】 蔬菜农药残留检测覆盖全区16个镇和石门市场,蔬菜样本检测覆盖率90%以上。速测13138个样本,合格率为99.9%。农产品农药残留定量检测蔬菜、果品样本共434个,合格率为99.8%。

(孙小青)

动物卫生监督

【概　况】 2009年是畜牧经济发展比较困难的一年,面对国际金融危机带来的负面影响,顺义区动物卫生监督管理局(简称区动监局)紧紧围绕区委、区政府提出的“保增长、保稳定、保民生”这一中心任务,以确保畜产品上市安全和动物生产安全为前提，以深化产业结构调整、促进企业提质增效为重点，加强重大动物疫病防控，加大动物卫生监督执法力度，全年未发生重大动物疫情，未出现动物源性食品安全事件，圆满完成了国庆60周年庆典和花博会外围安全保障任务。2009年，全区出栏猪121万头（其中种猪26万头），肉牛4.2万头，鸡蛋产量1.6万吨，牛奶产量5.3万吨，出栏肉鸡1082万只，肉鸭407万只，肉羊14.8万只。全年实现畜牧业总收入27亿元，同比增长9.7%。

单位名称：顺义区动物卫生监督局
地址：顺义区府前西街铁桥西煤炭公司院内
电话：(010)69463316
邮编：101300
网址：http://www.dwdj.bjshy.gov.cn

（刘永国）

【畜禽良种产业稳步发展】 2009年，顺义区新发展种猪场5个，引进更新原种猪300头，建立北京中顺种猪联合育种中心，开展猪人工授精技术服务与推广，推广良种猪精液10万头份，出栏种猪26万头，覆盖全国28个省市自治区，促进地方猪种改良，提高了农民养猪收入。全年实现籽种产业收入10亿元，占全区畜牧业总收入的37%。

（张跃超）

【动物卫生诚信责任体系工作】 区动监局与动物养殖单位、动物屠宰加工单位、经营性冷库、动物产品经营单位、动物产品使用单位、动物诊疗单位、兽医实验室、动物投入品生产、经营企业、生鲜乳收购站以及动物投入品原料供应单位11类361个监管对象签订责任书361份。同时，屠宰加工企业、动物产品经营单位、经营性冷库、动物投入品生产企业、动物养殖单位5种83个监管对象签订了质量安全协议书，签订协议书的供应方数量463个，完成率为100%。

（管文征）

【产地检疫、屠宰检疫工作】 2009年，区动监局采取有效措施，确保上市动物及动物产品无疫安全：一是严格实行动物检疫报检制，监督员包镇，防疫员包村的责任制度，分别在19个镇设立了26个动物检疫报检点，并将动物检疫报检点的电话号码、报检内容、报检责任人予以公示，发放了便民卡，方便了养殖场（户）报检；二是加强对全区17家畜禽定点屠宰企业监管，严把四关，即畜禽入场关、宰前检疫关、宰后检验关和产品出厂关。2009年，顺义区共检疫生猪62.6万头、牛1.2万头、羊1.1万只、马221匹、禽类1064万只；屠宰检疫生猪290万头、禽类2642万只，检出病害生猪8014头、禽22.4万只。对检出的病害动物及产品，严格按照国家规定进行无害化处理。

（管文征）

【兽医实验室生物安全监管工作全面开展】 2009年，区动监局进一步加强生物安全监督执法力度，督促各单位履行生物安全管理职责和承诺；继续强化各单位内设实验室日常活动的管理，严禁任何单位和个人私藏菌（毒）种或者样本；加强实验室危险废物的处理和处置的监督检查；全面开展本辖区兽医实验室生物安全执法人员和实验室设立单位生物安全负责人的生物安全知识培训，提高实验人员的生物安全意识，有效遏制实验室生物安全事故发生。

（管文征）

【强化饲料企业监管】 严厉查处在饲料中添加激素类药品、违禁药品、原料药和三聚氰胺等违禁化工添加物的违法行为。2009年，顺义区共抽取35家饲料生产企业的各类蛋白原料和饲料样品104个，全部送交北京市动物卫生监督所进行监测。并对检测出发现不合格饲料4吨，予以无害化处理。对一起经营假、劣鱼粉案件，予以追究刑事责任，有效打击了非法添加有害物质和掺杂使假等违法行为。

（管文征）

【加强兽药生产、经营、使用环节监管】 2009年,区动监局查处违反兽药法律、法规案件6起,罚没款共计5511元,销毁假兽药23箱,销毁原料药25公斤。

(管文征)

【完成养殖场(户)病死畜禽无害化处理监管工作】 一是切实加强领导,增强做好病死畜禽无害化处理监管工作的责任感;二是开展宣传教育,提高畜禽养殖场(户)的法律意识;三是完善处理设施,建立健全病死畜禽无害化处理机制;四是强化检疫监督,督促养殖场(户)落实无害化处理措施;五是加强监督检查,对染疫或疑似染疫的动物及其产品,要严格按照《病害动物和病害动物产品生物安全处理规程》进行处理。2009年,检查养殖场(户)576个,立案查处加工病死畜禽案件2起,罚款54830元,销毁病死畜禽1800公斤,有效遏制了加工出售病死畜禽的违法行为。

(管文征)

【完成国庆、花博会畜产品供应任务】 按照市区主管部门的指示精神,区动监局采取广泛宣传、签订责任书、驻点监控、严格检疫、打击违反动物防疫法律法规行为等一系列措施开展动物卫生监督工作,有效保障供应阅兵村的猪肉产品335吨、鸡产品217吨,无药物残留和违禁成分,圆满地完成国庆、花博会期间畜产品供应任务。

(管文征)

【加强重大动物疫病的免疫】 2009年,区动监局按照季节免疫和程序化免疫相结合的方式对辖区所有重点动物疫病全部实行强制免疫,严格落实《三级督察制度》、《动物免疫三方确认制度》,有效确保免疫密度及质量。全区累计完成禽流感、口蹄疫、高致病性猪蓝耳病等重点疫病免疫5200万头只;狂犬病疫苗免疫犬13.2万条等,畜禽重点疫病免疫密度全部达到100%。

(陈争争)

【疫病监测和检疫净化】 2009年,区动监局对花博会场馆周边、鲜花港周边等重点部位、重点区域,有针对性地增加了监测的频率和比例。特别是60年国庆庆典及花博会期间,我们及时调整了重点地区养殖场户畜禽监测方案,由常态下的抽检升级为普检,为"迎国庆、保花博"打下了坚实的基础。期间共计完成检测畜禽样本8万余头份,监测面达到了100%。

(陈争争)

【督导奶站实行规范管理】 生鲜乳收购站是生鲜乳销售、加工的起点,为确保生鲜乳收购环节质量安全,我们要求生鲜乳收购站必须健全和实施五项制度。同时做好奶牛养殖档案、投入品使用档案、疫病防治档案三项记录。对记录不全、无养殖档案以及生鲜乳中违法添加非食用物质等行为,依法严肃处理,对不能有效整改以及问题严重的要吊销其生鲜乳收购许可证。

(管文征)

水　产

【概　况】 2009年内顺义区池塘养殖面积14270亩,其中成鱼养殖面积12558亩,生产成鱼1062万公斤,同比增长1.1%,渔业经济总产值1.56亿元,同比增长1.2%。休闲垂钓渔业发展势头良好,全区垂钓量297.6万公斤,与去年同期相比增加26.6万公斤,同比增长9.8%;吸引游客15.6万人次,比去年增加2.91万人次,同比增加22.9%;垂钓收入6117万元,比去年同期增加1876万元,同比增长44.2%。

单位名称:顺义区水产服务中心

地址:顺义区站前东街7号

电话:(010)69445160

邮编：101300
网址：http//www.shuichan.bjshy.gov.cn

（皮国华）

【休闲渔业获得较快发展】 年内全区已建成标准化垂钓园17家，政府扶持340万元，养殖者多方投入3120万元，累计投入资金3460万元，新增就业岗位78个；新增绿地面积69.6万平方米，植树3.9万株。消除安全隐患四类，池塘堤路硬化120万平方米，电缆线路技术改造5万余米。全区从事垂钓的场家已经达到419户，占全区水产养殖总户525家的79.8%，全区垂钓量297.6万公斤，占成鱼总产的28.1%，垂钓收入6117万元，占渔业经济总产值39.2%。

（皮国华）

【科学增殖放流 改善水域生态环境】 年内向潮白河、后沙峪罗马湖和汗石桥湿地水域投放锦鲤、鲢、草鱼等各类苗种31.25万尾，丰富了水域物种资源，改善了水域生态环境。通过放流前后对水质抽样检测对比，活性磷由每升2.82毫克降到1.79毫克，降幅39%，亚硝酸盐由每升0.55毫克降到0.38毫克，降幅31%，氨态氮由每升0.6毫克降到0.38毫克，降幅37%。各项理化指标都取得显著下降。

（皮国华）

【加强水产品质量安全监管工作】 一是加强领导 落实责任；二是加强水产品质量安全体系建设；三是加大生产环节中投入品的检查力度，完善“两个记录“制度，严厉打击使用有毒有害饲料和违禁渔药的行为；四是充分发挥中心水生动物疫病防治站的功能，科学、严格地进行水质和鱼产品的抽测检测。

（皮国华）

【加强水产技术推广工作】 年内完成水产养殖科技项目6项，其中“河蟹异地大水面养殖技术”获得区科学技术进步三等奖；新创建大孙各庄镇农民田间学校2所，举办水产品健康养殖、水产品无公害培训、农产品质量安全培训班7期，培训680人次。

（皮国华）

【渔政监督执法工作成效显著】 年内积极开展专项整治活动，大力宣传贯彻《渔业法》、《水生野生动物保护法》。定期对全区的重点渔场和水产养殖标准化基地进行检查，重点检查生产记录和用药记录，加大对使用违禁药品和添加剂的处罚力度；对宾馆、饭店、市场等经营利用水生野生保护动物的行为进行检查，严厉查处违法行为，加强合法经营利用的保护力度。进行执法38次，出动执法人员272人次，检查渔场525家次，开展孔雀石绿检查490户，累计检查面积1.38万亩。举办7期培训班，培训680人次，发放各种材料1800余份。按照京农发(2008)180号文件精神，联合公安、城管、水政执法部门对减河、潮白河禁钓水域进行执法，累计执法710次，出动执法人员2840余人次，没收钓具860多支，网具1万余米，有效地遏制了违法滥钓的现象。

（皮国华）

林　业

【概　况】 2009年，围绕第七届中国花会博览会和建国60周年环境服务保障工作，开展了一系列重点绿化工程。截止到年底，全区林地面积36738公顷，林木覆盖率36.2%。
单位名称：顺义区园林绿化局
地址：顺义区中山南街11号
电话：(010)69444535
邮编：101300
网址：http://www.syfp.bjshy.gov.cn

（黄　平）

【林业生态】 全民义务植树30.5万人参加，

植树面积527.8公顷,数量45.8万株,抚育管护林木100.8万株,其他任务抵顶植树株数36.7万株。5个中央国家单位、20个市属单位和80个区属单位参加了全区城乡手拉手共建新农村活动,栽植树木8.58万株。

(黄 平)

【第七届中国花卉博览会】 花博会室外展区建设工程:2008年9月启动,占地面积26.93公顷,栽植乔灌木122种8.7万株,花卉124种300余万株,建设了一批园林小品,修建了道路、广场及停车场、人工湖和水系、附属配套建筑、音乐灯光喷泉等。和谐广场二期工程:具体为绿化改造、景观水系、景观桥、景观亭、道路铺装等建设。

(黄 平)

【"百村万户"绿化】 "百村万户"农村庭院绿化美化示范工程完成151个村庄和36937户家庭的绿化,新植和改造面积266.7公顷,栽植各种树木花卉157万株。

潮白河滨河森林公园 位于潮白河沿岸,北起俸伯桥上游800米处,南至苏庄橡胶坝,总占地面积约1200公顷,工程于10月23日启动。

(黄 平)

【公路绿化】 属于北京市公路河道绿化工程。涉及白马路东延长线等4条重点道路和杨镇等5个镇,全长43.4公里,绿化总面积196.67公顷,植树11.8万株。

(黄 平)

【平原治沙】 涉及大孙各庄等10个镇,总治理面积616.13公顷,其中灌草覆盖334.2公顷、残次林改造24.53公顷、沙坑治理57.4公顷、治沙示范区建设200公顷。共栽植各类树木花卉13万株。

(黄 平)

【播草盖沙】 在白马路东延长线等6条道路永久带内播草盖沙面积166.7公顷,播撒二月兰、波斯菊、板蓝根等地被花卉种子8400公斤。

(黄 平)

【林业产业】 果品产量产值 果品产量7500万千克,比上年增长5.63%;产值2.35亿元,比上年增加12.98%(增幅较大的原因为上年部分应季果品价格偏低)。

果树发展 更新发展樱桃、苹果等179.4公顷,建设了13.33公顷"三优、三高、一体化"生产技术体系集成示范园。117公顷的樱桃等8个树种20种果品列入北京市唯一性特色果品。

(黄 平)

【果园建设】 推广果品有机化栽培综合配套技术2000公顷。北京人之初农业发展有限公司等4家果品基地共投资1000多万元,改善了园区的配套设施。

(黄 平)

【果树技术培训】 对果农实用技术培训1万余人次;组织培训30余家单位和个人获得无公害内检员证书;编辑发行《果树实用技术与信息》6期计3000册;在移动农网上发布相关信息50条,7000人次接收。

(黄 平)

【果品推介】 果品采摘60万人次,采摘量530万千克,产值6900万元。5月26日的"顺义区第一届樱桃擂台赛"有17家生产单位参加了比赛。5月29日"2009中国·北京樱桃擂台赛",顺义区15家果园获奖11项,其中有三项一等奖。

(黄 平)

【花卉生产】 种植面积1120.87公顷,其中鲜切花59.47公顷,盆栽植物601.13公顷,观赏苗木296.2公顷,花卉用种子种苗18.73公顷,草坪145.2公顷,含花卉设施面积143.33公顷。累计生产鲜切花725万支、盆栽植物5779万盆,总产值3.1亿元。现有花卉市场1个,花卉企业74家,花卉种植农户81户。

(黄 平)

【花卉产业格局】 正在形成以北京国际鲜花港、北京国际花卉物流港为"两港",以京承高速都市型现代农业走廊为主线的西部发展带、京平高速路为主线的南部发展带和以木林、杨镇、张镇为主线的东部发展带为“三带”,及以杨镇万亩产业园、北郎中千亩产业园、“三高”花卉科技示范园、板桥西侧千亩科技成果转化园和北务千亩鲜花采摘园为“五园”的“两港三带五园多点” 的花卉产业格局,发展了多个花卉生产专业村。

（黄　平）

【花卉企业】 引进4家花卉企业,占地53.33公顷,分别是云南绿大地北京分公司、天津利特比兰业生物科技有限公司、青岛金卉兰业公司、廊坊九天集团。建设智能温室195公顷。菊花产业兴起,北郎中花木中心正在建设集研发、实验、生产、休闲观光为一体的菊花主题产业园,已有菊花2000多种。

（黄　平）

【花卉观光采摘】 顺科等6家花卉企业被授予北京市百万市民走进京郊百花园定点单位。全年接待观光采摘2.5万余人次,采摘花卉150万株(枝),销售收入220万元。

（黄　平）

【花艺大赛】 全区十几家大型知名花卉企业的蝴蝶兰、红掌、百合等近百个优秀品种参评切花、盆栽植物等五大类奖项,产生金、银、铜、优秀奖69个,其中金奖3个,银奖18个。

（黄　平）

【花卉技术和推广】 编辑发放《绿港花卉》内部刊物2期,发放500册以上;《花拥顺义,香满绿港》内部刊物一期,发放4万余册。在七博会北京区县展顺义展区展示了盆栽、鲜切花等精品花卉,发放宣传册4万余份。

（黄　平）

【苗木产业】 全区有苗圃123个,已经办理两证的117个,占总数的95%;育苗面积2228.33公顷,办理两证的2116.93公顷,占总面积的95%。在圃苗木4505万株,出圃728万株,实现销售产值7200万元。

（黄　平）

【蜂产业】 总收入1372万元,总蜂群数为5260群。养蜂合作社2家,专业授粉队1支,蜂产品加工企业3家,蜂疗所1家。新成立了“北京农之翼养殖场”,在棚室果树和大棚西瓜授粉3000棚,为果树授粉3333.3公顷。

（黄　平）

【森林资源安全保障】 办理林木采伐许可证870件,采伐林木11.45万株,蓄积2.85万立方米;其中工程性林木采伐许可证255件,采伐林木3.38万株,蓄积0.90万立方米。

（黄　平）

【林木移植】 办理林木移植许可证147件,移植林木3.34万株。依法不予受理减少伐移林木总量129件,1.25万株。

（黄　平）

【林地情况】 经上级审批征占用林地(永久)19件,面积44.2698公顷。按规定应恢复面积44.2698公顷,已分别在张镇、木林于2010年春季安排实施。

（黄　平）

【国庆、花博会安全保卫】 建国60周年庆典期间,森林公安处10名森林公安民警在长安街承担安保任务,2人被授予个人嘉奖。15名民警承担了第七届中国花卉博览会顺义室外展区国庆游园安保工作。

（黄　平）

【森林防火】 出动宣传车860台次,入户宣传1210户,发放宣传材料、宣传品25000余份(个)。到基层单位检查230次,发现并消除火灾隐患269处,下达森林火灾隐患整改通知书36份。防火期内,对符合规定的野外用火行为进行行政许可审批8件,发现并制止野外违章用火80起,教育84人。

（黄　平）

【野生动物保护】 全年接到救助野生动物举报电话15次,救助市级保护野生动物18只。举办野保宣传2次,发放宣传材料3000余份。定期检查集贸市场和驯养繁殖、经营利用陆生野生动物单位,登记商户67家,签定安全责任书14份,发放了告知书。全区26个监测站点共监测到野生动物292万余只,未发现异常情况。

(黄　平)

【森林植物检疫】 办理调运检疫、产地检疫等行政许可事项3064件,办结率达到100%;产地检疫132家,检疫面积3000公顷;签发植物检疫证书、出省木材运输证和森林植物检疫要求书2932份。对调出顺义区的103.2万株苗木(种条)、3489立方米原木、25.1万件(张、根等)木材制品进行检疫;对辖区内的13家木材加工、储存、经营场所进行定期检查,2009对调入顺义区的57.5万株苗木全部实施复检。

(黄　平)

【森林病虫害防治】 设立监测测报点116个,监测病虫害36种,开通手机短信息报送监测数据点5个,增设花博会场馆临时测报点17个。对466支防控队伍进行新技术培训,新配备中型打药设备48台,烟雾机150台,统一购置灭幼脲、森得保等仿生制剂农药60吨、应急储备药剂20吨,引进并释放周氏啮小蜂2.6亿头。完成飞机防治230架次,地面防治12万公顷。发布严防简报23期、2600份,林保情况11期、1200份,发放各种宣传材料20000份。

(黄　平)

【林木绿地养护管理】 现有专业管护队12支,管护人员800人,管护面积2133.33公顷。"五河十路"等近年营造的景观生态林成活率、保存率均达到95%以上。

(黄　平)

【二类绿化资源普查】 3月20日－9月20日,调查各种地类小班39854个、新农村绿地村庄261个、农户26560户,工作量比上期普查增加22%。

(黄　平)

【湿地调查】 对全部面积大于等于8公顷的河流湿地、沼泽湿地和人工湿地进行了湿地类型、水源补给状况、主要植被类型等10多项内容的调查,调查总面积1697.1公顷。第四次荒漠化和沙化调查 涉及13个镇,总面积7.33万公顷。完善了全区沙化土地各种类型面积、分布状况等基础资料。

(黄　平)

【山区生态林管护】 共涉及5个镇、37个村,总面积4066.67公顷。发放管护补偿资金159.36万元,组织基层林业工作人员参加市、区两级培训430人次。

(黄　平)

【古树名木普查】 涉及53株古树,经上级主管部门确认新增古树1株。

(黄　平)

【集体林权制度改革】 林改工作被列入区政府当年的折子工程。在广泛征求集体林权制度改革领导小组成员单位和各相关部门意见的基础上,完成了《顺义区集体林权制度改革工作指导方案》和《中共北京市顺义区委北京市顺义区人民政府关于推进集体林权制度改革的意见》草稿,开展了专项调研和社会宣传工作,加强了对相关人员的培训。

(黄　平)

水　务

【概　况】 全区水务工作围绕"民生水务、科技水务、生态水务",按照"保增长、促发展,加快城乡一体化"的总体思路,贯彻落实科学发展观,真抓实干,圆满完成各项工作。城乡供水安全保障能力明显提高,城乡水环境持续改善,节水和水资源管理工作力度不断加大,迎汛抗旱和有限空间管理工作成效显著,水事环境良好,移民工作扎实有序,获评北京市乡村水环境建设先进奖。

单位名称：顺义区水务局
地址：顺义区石园北区东侧民政局办公楼
电话：(010)69443687
邮编：101300
网址：http://www.shywater.bjshy.gov.cn

（刘海丰　徐瑞海）

【滨河森林公园工程】 10月23日，举行顺义新城滨河森林公园工程启动仪式，夏占义副市长和市水务局等有关部门领导出席仪式。公园总投资7.4亿元，占地1.86万亩，分水工建筑和园林绿化两部分。其中水利工程部分疏挖、整治河南村橡胶坝下游9.3公里河道，改建、新建船闸2座、橡胶坝3座，建设景观设施。预计2011年5月竣工。届时，北京市最大的滨河森林公园将在顺义新城潮白河及周边崛起。

（刘海丰　徐瑞海）

【温榆河水资源利用工程（二期）】 7月1日，举行顺义新城温榆河水资源利用（二期）工程启动仪式，夏占义副市长和市水务局等有关部门领导出席。工程投资2.7亿元，建设日处理污（河水）水能力10万吨水质净化系统。

（刘海丰　徐瑞海）

【河道生态治理工程】 顺义空港新城龙道河生态治理工程获市发改委批复，投资1.53亿元，治理河道6.74公里。投资4417万元，完成罗马东湖湿地生态环境整治工程，新增蓄水面积133亩。

（刘海丰　徐瑞海）

【国庆花博会水安全保障】 召开全区供水安全保障工作会，以产权单位管理为主原则，明确供水设施安全管理权限、职责、任务和标准。加强对613眼村级饮水井、684眼用水单位自备井、水源八厂等市级水源地、裸露输水管线、京密引水渠的监督检查，做到安全运行，万无一失，被花博会指挥部授予最佳服务保障奖。

（刘海丰　徐瑞海）

【农村安全饮水】 投资2.2亿元，改造12个镇42个村供水设施，解决7.2万人饮水安全问题。投资800万元，实施水源地保护工程，更新水源井49眼，配套水泵等设备，改造老化供水管网。

（刘海丰　徐瑞海）

【水资源管理】 严格取用水审批，核发用水指标3.06亿立方米，其中工业和生活用水8981万方。办理50家用水单位取水许可证，完成凿井批准154眼，审批3份水资源论证报告。受理行政许可事项134件，办理完结128件。

（刘海丰　徐瑞海）

【节约用水】 投资5940万元，建设大田喷灌3.5万亩、设施农业节水灌溉4426亩，新打机井10眼，新建井房10座。完成6个居民小区、8家用水单位的“节水型单位”创建工作。

（刘海丰　徐瑞海）

【循环水务】 投资1403万元，实施赵全营镇北郎中村循环水务村建设工程，整合污水处理站、雨洪利用设施，新增蓄水30万方。采用微喷等高效节水技术，利用再生水和拦蓄的雨水灌溉农田。

（刘海丰　徐瑞海）

【集蓄雨洪】 实施北京国际鲜花港集水工程，投资1822.8万元，建设占地70亩幻花湖，收集智能温室和景观展示区雨水，年可收集雨水10－12万方。投资1900万元，整治李桥镇苏庄村、杨镇别庄村等17处坑塘，新增蓄水能力711万方，闸坝、坑塘蓄水能力达9000万方。

（刘海丰　徐瑞海）

【污水处理和再生水利用】 完成花博会主展馆环境和灌溉供水工程，用再生水作环境和花卉灌溉用水，节约地下水400多万方。建设新农村污水处理站20座，日处理能力1420立方米。投资165万元，治理10处养殖污水。

（刘海丰　徐瑞海）

【市农委领导到顺义检查工作】　2月7日，市农委主任王孝东到顺义检查春季抗旱工作，市水务局局长程静、市农业局局长赵根武和顺义区副区长李友生参加。王孝东一行实地察看高丽营镇文化营村冬小麦基本情况，详细了解顺义区冬小麦苗情及旱情状况，并听取相关情况汇报。他强调，各级领导一定要从全局和战略的高度，充分认识做好抗旱工作的重要性，进一步明确抗旱工作目标和任务，超前部署、科学判断、细化措施、狠抓落实，全面做好抗旱保增收工作。

(刘海丰　徐瑞海)

【安全迎汛】　投资1843万元，消除怀河史家口村东险段、胡窑排水、中山北街排水主管道检查井等安全隐患18处。各镇、各单位筹集1460余万元，解决镇级度汛隐患12处，清淤排水沟59条，全区未出现汛期事故。

(刘海丰　徐瑞海)

【改善水质】　投资2000万元，开启滤井20眼、推流泵6台套，安装植物浮床10万平米，改善潮白河和减河水质。

(刘海丰　徐瑞海)

【为民办实事】　投资3534万元，完成20座危旧桥改造、石园东区等16栋楼排水设施改造工程，翻建化粪池14座，解决污水外溢问题。

(刘海丰　徐瑞海)

【水库移民后期扶持】　核定农业户口移民后期扶持人口4268人，无固定职业农转非移民1460人，发放农业户口移民扶持资金256.08万元、农转非移民技能培训补贴81.76万元。投资560万元，完成移民安置村基础设施建设项目75项，水库移民后期扶持工作荣获市级先进奖。

(刘海丰　徐瑞海)

农　机

【概　况】　2009年，顺义区农机服务中心紧紧围绕全区重点工作，以科学发展观为统领，秉承“发展现代农机，服务特色农业”理念，以服务“三农”，促进“农业增效、农民增收”和“创建平安农机”为宗旨，抢抓机遇，开拓创新、团结协作、扎实推进，使全区的农机装备结构不断优化，农机化示范区建设得到有序推进，农机购置补贴政策得到全面落实，农机服务组织取得了健康发展。年内，全区拥有各种农业机械共计3万台(套)，农机总动力达33万千瓦，百亩耕地拥有动力70千瓦，农机资产原值3.5亿元。

单位名称：顺义区农机服务中心
单位地址：顺义区府前西街5号
电话：(010)69442331
邮编：101300
网址：http://www.nongji.bjshy.gov.cn

(闫文龙　刘秀芹)

【市局领导调研三夏农机准备】　6月1日，北京市农业局副局长王振邦带领北京市农业局农业机械化管理处和北京市农机监理总站负责人对顺义区三夏农机准备情况进行了调研。先后调研了顺义区农机服务站和大孙各庄镇大孙各庄村机务队，对小麦收割机、玉米播种机的检修以及贮油设备安全情况进行了检查，并到田间察看了保护性耕作小麦长势，对顺义区三夏农机各项准备工作进行了充分肯定。

(闫文龙　刘秀芹)

【北京市玉米机收观摩会】　9月29日，北京市玉米机收观摩现场会在顺义举行。农业部农业机械化司副司长刘宪、市农业局局长赵根武、顺义区区长刘剑、副区长赵贵恒参加了观摩活动。在南彩镇的一块300亩玉米地里，汇集了不同厂家、不同型号的4台大型自走式玉米收获机和土壤深松机、抛肥机、变量施肥机、免耕播种机等机械。

（闫文龙　刘秀芹）

【社会化农机服务组织建设】　本着公开、公平、公正和机具使用效率优先原则，大力扶持农机合作社等社会化农机服务组织。年内，全区农机专业合作社数量由上年的9家增加至15家，拥有动力机械250台、配套农具350台(件)，农机资产达2000余万元，作业服务能力55万亩，年作业收入1500万元，服务领域已拓展到林果、种植、养殖、农产品加工等领域，服务范围辐射到周边区县。

（闫文龙　刘秀芹）

【重要农时服务任务完成】　三夏期间，完成机械化小麦收割21万亩、玉米播种21万亩，小麦秸秆再次实现全面禁烧，夏玉米全部实现保护性耕作；三秋期间，完成机械化玉米收获11.5万亩，机收率33%，比上年提高了20个百分点，是近年来增长幅度最大的一年。机械化播种小麦21.2万亩，保护性耕作面积达到19.5万亩，占播种总面积的92%。全年未发生一起秸秆焚烧和人员伤亡事件，做到了农机安全生产"零事故、零伤亡"。

（闫文龙　刘秀芹）

【国补农机工作】　2009年，共落实粮食大田机械和设施农业机械共计1300余台(件)，总值达2900余万元，其中市财政补贴50%，区政府配套20%，农民自筹30%。主要机具包括：大中型拖拉机、小麦收割机、玉米收获机、土壤深松机、玉米免耕播种机以及园田耕作机、卷帘机、割灌机等，有力改善了顺义区的农机装备水平。

（闫文龙　刘秀芹）

【区2006－2008年保护性耕作项目完成】
三年间，共完成春玉米、夏玉米、冬小麦保护性耕作45.3万亩、43.9万和44万亩。保护性耕作率分别达到了96.7%、100%和91.3%，均超额完成项目约定指标，并取得了良好经济效益、社会效益和生态效益，顺利通过农业部保护性耕作项目验收小组验收。

（闫文龙　刘秀芹）

【北京市保护性耕作项目验收会在顺义区举行】　11月27日，农业部保护性耕作观摩会暨北京市保护性耕作验收会在顺义区举行。农业部农业机械化管理司司长宗锦耀、副司长刘宪、北京市农业局副局长王振邦和全国各省、区、市农机主管部门领导及中国农业大学等单位专家、代表共计40多人参加会议。会上，北京市农业局有关领导汇报了全市2006－2008年开展保护性耕作情况，与会代表参观了顺义区小麦保护性耕作示范地块和顺义区农机服务站建设。经农业部专家组会商评审，北京市全面实施保护性耕作项目验收合格。

（闫文龙　刘秀芹）

双青集团

【概　况】　北京市双青联合林场始建于1992年12月，即北京市顺义区长青林场和北京市共青林场强强联合体，隶属于北京市园林绿化局和顺义区人民政府双重管理。双青林场下辖10个林业分场，林区纵贯顺义南北全境，主要包括潮白河两岸森林、京密绿色走廊和顺通路、顺平路两侧林区，营林总面积25600亩，是北京市最大的平原林场，为首都发挥着重要的生态肺功能。建场初期，为破解林业资金投入严重不足的难题，场党委带领干部职工创出了一条以副养林、以副发展林的创业新路，组建了集林、商、科、工、贸一体的北京市双青集团开发公司，企业46家涉及4大产业,职工2000人,主要从事石化、机电、服装、食品、旅游开发以及林业、畜禽养殖行业,而且拥有本单位的2万多吨储油库和铁路专用支线,年产值2亿多元,上缴税金过1000万元。按照国家政企、事企分开的政策精神,双青的企业已被完全剥离,现已转变为生态公益风景林建设为重心的单一事业管理型单位。企业建设的成功,为林业的发展注入了强劲的活力,林场全面实施科技兴林战略:杨槐混交,埋根深栽等科技实验处于同行业领先水平;建立了北京第一家三倍体毛白杨基因库,并获国家科技进步二等奖;林业地下节水渗灌试验,在全国率先获得成功;组建了双青林研所;林场率先提出并参与建设的北京市最大的潮白河森林公园成为当年为市民办的56件实事之一,双青林场也被国家林业局誉为全国最佳10大林场之一。双青林场与日本泛亚珠式会社,国家体委合作建起了北京市首家高尔夫球场——北京高尔夫球俱乐部,并成为1990年北京亚运会的指定赛场,年收入3000余万元。林场与顺鑫农业股份有限公司和首都旅游集团有限公司共同投资建立的北京顺鑫绿色度假村有限公司已成为顺义区的重要旅游景区和休闲度假基地,年收入近5000万元。1995年时任总书记、国家主席的江泽民同志先后两次来林场植树,并赞美这里是“杨柳岸,晓风残月,这里美得不得了。”

单位名称:北京市双青联合林场

地址:北京市顺义区新顺北大街一号

电话:(010)69442268

邮编:101300

(王　博)

【为花博会做贡献】　中国第七届花卉博览会落户顺义,其间不辞辛苦,尽心竭力,创新工作:一是领导高度重视。为确保花博,组成了10余人精干工作组,抽调了3名领导参与组织领导,场主要领导任组长,全过程策划、全过程指挥、全过程服务。二是服务高水平。把分管的云南省当作上帝,大到施工器械,小到一支铅笔、一把尺子,远到云南近到花博工地都满足要求,三是施工高标准。云南省是花卉大省,提出的目标是保三争一,施工聘请具有国家园林绿化一级资质的绿大地生物科技公司,为确保质量,工作组的2名同志驻地办公,云南室外展区标志性建筑三塔使用的是专程从云南运来的特有的火山岩瓷砖,内展区集云南精品花卉30余种;四是与合作单位建成了经常沟通,定期检查,快速反应,共抓督改的花博工作机制。自筹办花博会三上青海,四赴云南,行程约2万公里,直接投入32万元,双青被评为第七届花博服务保障先进单位,11人被评为先进个人。为人文花博、科技花博、和谐花博奉献了力量。

(王　博)

【M15号线建设】　M15号线是拉动顺义新城建设的重要举措,但根据规划,轨道交通M15号线顺义段建设沿线需伐移部分林木,其中长青林场所属部分因伐移地块多、林木数量大、承包户多等实际情况所以难度极大。遵照李友生区长在轻轨建设协调会上的指示,我场高度重视,书记、场长李拥军亲赴一线,对话钉子户,化解复杂问题.林场在不违反法律的情况下放弃林场利益诉求,积极配合区林业局等职能部门进行工作,27承包户中有24户如期完成了林木伐移工作,另外3户也通过法律程序得以解决,并按时完成M15号线24根电杆的架设。

(王　博)

【林业普查工作】　森林资源二类调查是以满足森林经营、编制森林经营方案、总体设计、林业区划与规划设计需要而进行的森林资源清查。前期进行了长达1个月的准备工作,主要包括操作细则的学习,仪器设备的使用,外业用品准备和相关技术人员的培训。六月份正是展开外业调查,由主管领导亲自带队,分成两个小队进行同时调查,调查中严格按照操技术流程进行,全场共有三个分场134

个小班,在八月末完成了全部林地的调查,达到了林勘院要求十一前完成调查的工作任务。

（王　博）

【有害生物防治】 2009年有害生物的防治形势严峻,为确保国庆和花博会的生态安全,林场加大人员投入力度,防治采取的主要措施有:一是加强思想工作教育,杜绝松懈、麻痹思想;二是落实科学的防治方法,采用人防和机防相结合的工作方针;三是提前准备充足的机械和药物;四是加强宣传,做到群防群治;五是增加踏查次数,防治巡查相结合;六是全面防治,重点防治;七是及时准确的汇报病虫害防治情况。全年我场共发现被美国白蛾幼虫危害树木348株,春尺蠖危害林地3处,都做到了及时发现及时处理,达到了有虫无灾的要求,没有吃光、吃秃、树木死亡现象的出现,确保了林场的生态安全。

（王　博）

气　象

【概　况】 2009年,顺义区气象局围绕学习实践科学发展观活动,把国庆60周年和第七届花卉博览会气象服务作为重点项目,坚持文明创建活动,大力推进廉政风险防范工作。确定学习实践科学发展观活动主题为:"改进服务作风、提高服务质量、增加服务效益、为城乡一体化提供气象服务保障"。从第七届花博会倒计时一周年开始,顺义气象局就开始提供有针对性的气象服务,并召开座谈会,走访花博会指挥部、商务局、农委、国际鲜花港等单位,征集气象服务需求。北京市气象局领导,机关处室、业务单位领导和专家组等多次来顺义气象局指导和沟通花博会气象服务事宜,把花博会气象服务纳入国庆60周年的总体气象服务方案中。花博会气象服务的成功,开创了一种新的服务模式:即以区县气象局为服务主体,市气象局业务单位为技术支撑,相关职能处室组织协调,形成上下联动的服务统一体,为今后区县举行的大型活动服务创造了经验。通过花博会气象服务,顺义气象的服务能力、水平、装备有了明显提升,促进了气象事业的发展。"决策气象服务网站"作为花博会服务的重点信息工程,五月份开始筹备建设,申请区政府投资17.48万元,在8月份完成了软硬件平台建设,正式投入业务运行。购置了一套移动自动气象站,在第一届菊花文化节和第七届中国花卉博览会开幕式上开展了现场气象保障。遇有重要天气和预警天气时,通过移动农网及时向全区176个处级以上干部的手机发送提示信息,以提高决策气象服务水平。在国庆和花博会期间,提前为花博会主场馆16万平方米的建筑做了验收检测。同时还对机场周边地区禁止施放气球进行每日巡查,对国庆烟花炮竹施放点的周边建筑进行了检测工作。气象局荣获第七届中国花卉博览会最佳服务保障奖;5人获得"第七届中国花卉博览会先进个人";2009年度又获得了首都文明单位称号。开展"一助一"活动,为四福庄村提供一辆汽车,两万元资金,解决了村民的生活用车。建好了图书室,藏书千本以上。投资25万元,建好了职工活动室、室外篮球场和多功能厅,为职工开展文化娱乐活动提供了便利条件。

地址:顺义区顺于东路2号
电话:(010)69442608
邮编:101300
网址:http://www.shymb.bjshy.gov.cn

（韩晓峰　杨保华）

【气候评价】 2009年顺义区的主要气候特点:年平均气温偏高,降水偏少且分布不均匀,冬、秋两季降水充沛,春、夏两季降水偏少,全年日照较充足。全年气候条件对农作物生长较为有利,灾害性天气所造成的损失较小。2009年平均气温为12.6℃,比历年平均值11.9℃偏高0.7℃,其中春季平均气温比常年偏高1.8℃。年降水量为421.8毫米,比历年平均值603.1毫米偏少181.3毫米,即偏少3成,其中冬季比常年偏多6成。年日照时数为2480.4小时,与历年平均值2628.0小时基本持平。

(韩晓峰　杨保华)

【气候灾情】　2009年7月2日李遂镇遭受暴雨、大风、冰雹袭击,共造成直接经济损失202.2万元;7月13日北务镇遭受雷雨、大风袭击,共造成直接经济损失410万元;7月23日牛栏山镇、李遂镇、南彩镇、杨镇、北小营镇遭暴雨、大风袭击,共造成直接经济损失1242.3万元;11月1日北务镇出现暴雪气象灾害,致使15个村300亩设施受灾,主要受灾作物为大椒和西红柿,直接经济损失95万元。

(韩晓峰　杨保华)

【防雷检测服务】　2009年常规检测单位222家,比2008年增加5家单位,提出整改意见244份,整改后的单位未出现雷击事故。十一国庆前期,夜间对存放礼花礼炮场所进行实地的防雷检测与评估,保证了存放地点的安全。全区共有31家新建建构筑物工程图纸送来审验,28家办理了完整的防雷审核手续,建筑面积108余万平米。办理竣工验收一家,面积16万余平米(花博会主场馆)。竣工验收29家单位,面积112万余平米。

(韩晓峰　杨保华)

【气象执法】　2009年做出防雷图纸审核行政许可28份,面积88万余平方米;防雷竣工验收行政许可1份,为第七届花卉博览会主场馆防雷设施建筑面积16万平方米;施放气球审批行政许可17次,气球92个。开展执法检查33天次,分别为施放气球常规检查17次和9月20日至10月5日的国庆庆典和花博会召开期间的每日巡查。2009年5月16日依法查处违法施放气球一起,并现场处罚1000元。

(韩晓峰　杨保华)

三高农业示范区

【概　况】　北京顺义三高科技农业试验示范区是1995年1月建立的科技农业示范区,核心区占地2800亩。2002年11月6日,北京市科学技术委员会、北京市农村工作委员会、北京市顺义区人民政府共同签署加强三高示范区建设(以下简称"委区共建")决定,三高示范区逐渐形成了精品花卉、观光采摘、林木种苗、农产品加工、畜牧籽种、科普培训、餐饮住宿为主的产业,并依托科研院所成为科技成果孵化转化、示范推广的重要平台。

单位名称:北京顺义三高科技农业试验示范区管理委员会

地址:顺义区南彩镇后郝家疃村北(顺义奥林匹克水上公园东侧500米)

电话:(010)60489550

邮编:101300

(朱子丹)

【"委区共建"工程】　4月8日,市科委组织有关专家对"顺义三高农业园区示范工程(滚动课题)"进行了验收。主要内容包括:1、完成肉羊品种的多态主效基因及遗传距离的测定、肉用型种羊舍饲标准化生产体系制定及羊用子宫角输精技术研发。2、启动科技成果集成示范展示基地建设。3、构建以农民专业合作社为主体的新型农业要素集成技术服务体系。

(朱子丹)

【农民专业合作社建设】　在2月12日召开

的北京市农村工作会上，顺义区的绿奥蔬菜合作社和百果惠民果品产销专业合作社被评为京郊农民专业合作社先进单位。9月11日，顺义区人大代表到北务镇希望花卉专业合作社视察，对顺义区农民专业合作社基本概况、开展的主要工作、合作社建设成效以及今后工作思路等情况进行了解。顺义区“2009年北京市现代农业装备对接农民专业合作社工程”购车工作完成。顺义区共有37家农民专业合作社完成了购置39台专用车辆的所有手续。截至2009年底，顺义区共有136家农民专业合作社，社员共14039户，与当地未入社农户相比，户均增收2630元。

（朱子丹）

【休闲、采摘产业】 2009年，三高示范区调整种植结构，增加名特优新种植品种，增加了淡季草莓观光、采摘新品种——枥乙女和章姬、礼品西瓜、礼品甜瓜、食用大黄、叶用藤三七等都市型高科技农业种植品种，充实观光、采摘内容。引进的沙甜柚、平山柚、红肉火龙果等南方热带水果生长良好。三高示范区全年共接待参观游客7.1万人，其中中小学生4.3万人，外省市游客1.2万人，外宾0.7万人，参观考察人员0.9万人，实现收益21.6万元。

（朱子丹）

【北京市中小学生社会大课堂重点单位】 三高农业示范区被北京市教委确定为“中小学生社会大课堂”示范基地、首批43家社会资源单位中的一员。确定了“草莓的栽培与管理”、“水培波士顿生菜的种植与管理”、“景德镇陶艺文化与陶瓷制作”等多门课程。经顺义区教委推荐成为中学生“课改”学分制课堂，共两项：一项为无土栽培，一项为病虫害防治。即为北京市中小学生提供了急需的实习基地，也为三高示范区提高了知名度，更有利于学生接触、了解北京顺义三高科技农业试验示范区。2009年三高示范区共接待“中小学生社会大课堂”上课学生6.2万人次，中学生“课改”学分制课堂学生1.2万人次，实现收益368万元。

（朱子丹）

地方企业·乡镇企业·非公经济

地方企业

顺义区工业促进局

综　　述

2009年全区工业围绕“保增长,促发展”这一中心任务,积极帮扶企业应对金融危机,引进服务重大项目,狠抓功能区和二三产业基地建设,全面调整和优化产业结构,区域工业实现逆势而上,保持高位运行。

2009年,主要指标保持快速增长,全区限额以上工业企业640家,共完成工业总产值1507.6亿元,同比增长25.1%,占全市工业比重的14%,在全市各区县中排名第二,在北京城市发展新区中排名第一;完成销售产值1495.3亿元,同比增长25.6%。完成属地财税收入88.7亿元,同比增长63.0%;完成地方财政收入11.1亿元,同比增长59.0%。

骨干企业发挥龙头作用,完成总产值1亿元以上企业94家,累计完成总产值1385.9亿元;其中产值10亿元以上企业16家,完成总产值1176.3亿元;百亿元以上企业3家,完成总产值843.5亿元,分别是北京现代汽车有限公司474.9亿元,北京索爱普天移动通讯有限公司224.8亿元,北京现代摩比斯汽车配件有限公司143.8亿元。

重点行业规模不断壮大,交通运输设备制造业拉动作用明显。2009年,汽车及零部件企业累计实现产值771亿元,同比增长67.7%,拉动全区经济指标增长26.8个百分点;完成销售收入776亿元,同比增长73.7%;贡献税收61.9亿元,同比增长92.2%;吸纳就业17366人,本地化率48%。电子通讯业下滑幅度缩减。全区限额以上电子通讯设备制造业企业共18家,完成工业总产值263.9亿元,同比下降16.2%;完成销售产值263.8亿元,同比下降16.7%;实现出口交货值234.9亿元,同比下降18.2%。都市工业平稳运行。2009年,都市工业累计完成工业总产值184.2亿元,同比增长2.5%;完成销售产值182.5亿元,同比增长2.1%;完成出口交货值19.2亿元,同比下降9.7%。通用设备制造业稳步提升。限额以上通用设备制造业企业共有67家,2009年完成工业总产值77.6亿元,同比增长14.4%;完成销售产值74.5亿元,同比增长10.1%;实现出口交货值9.3亿元,同比下降31.7%。基础工业贡献突出。限额以上基础工业企业142家,累计完成工业总产值158.3亿元,同比增长33.4%;完成销售产值1540.0亿元,同比增长31.2%。生物医药行业发展势头强劲。限额以上生物医药企业25家,2009年累计完成总产值14.7亿元,同比增长21.8%;完成销售产值13.3亿元,同比增长18.8%。

帮扶企业应对危机成效显著,全面落实国家和北京市应对金融危机的一揽子计划和政策措施,制定出台6个方面24条配套帮扶措施,统筹解决企业运行中的突出问题,切实帮助企业排忧解难。全年为10个项目办理了土地使用证,为72家企业争取市级帮扶资金1.5亿元,为20家企业争取银行贷款62亿元。

招大引强取得突破,全年新引进项目协议投资420亿元,实际利用外资3.96亿美元,其中新引进投资10亿元以上的重大项目5个。中航工业三大核心板块、北京现代第三工厂、北汽自主品牌乘用车基地等战略产业、战略项目成功引进;北京汽车研究总院、国家汽车质量监督检验中心全面开工;首都机场资产管理公司、中核二三建设公司、金蝶软件北方总部等一批总部项目迅速入驻;数码视讯数字电视产业园、宝德阳触控产品生产研发基地等高端电子信息产业项目相继开工。

自主创新能力不断提升,全年新认定高新技术企业37家。新增2家国家级企业技术中心、1家市级企业技术中心,全区国家级企业技术中心累计达到5家、市级企业技术中心达到19家。顺鑫农业、雅昌彩印成功争创中国驰名商标,承天倍达认定北京市著名商标,全区中国驰名商标累计达到12件,北京市著名商标达到34件。淘汰落后企业进一步加快,成功关闭25家“高污染、高耗能、高耗水”企业。与清华大学、北京航空航天大学的战略合作正式启动,利用首都科技智力优势,提升区域自主创新工作积极推进。

园区建设强势推进,2009年,14家重点功能区完成工业产值850亿元,同比增长50%,完成属地财税收入100.8亿元,同比增长26%,两项指标分别占全区总量的65.2%和46.1%。北京天竺综合保税区如期通过国家十部委联合验收,成为我国建设周期最短、验收通过最早的空港型综保区。新引进东航北京基地等13家企业入区经营,新增通用电气、强生等10家国内外知名企业开展保税业务。重点经济功能区和各镇二三产业基地基础设施建设扎实推进,全年累计投入资金达到17.4亿元。汽车生产基地成为首批“国家新型工业化产业示范基地”。空港经济开发区成为第二批市级生态工业园。林河经济开发区和汽车生产基地通过村庄拆迁,新增产业发展用地3635亩。与市科委共建的北京非晶科技产业园启动建设。

成功举行二三产业发展大会,2月,顺义区2009年二三产业发展暨劳动力就业大会召开。会议进行了先进表彰,授予北京燕京啤酒集团公司等130家企业“顺义区区域经济百强企业”称号;授予中国国际航空股份有限公司等15家企业“顺义区财政贡献突出企业”称号;授予北京燕京啤酒集团公司等10家企业“顺义区构建和谐促进就业先进企业”称号;授予北京天竺空港经济开发区管理委员会等11个单位“顺义区招商引资先进单位”称号;授予仁和镇等14个镇“顺义区二三产业先进镇”称号;授予天竺镇天竺村等38个村“顺义区二三产业先进村”称号。

单位名称:顺义区经济和信息化委员会
单位地址:顺义区建新西街3号
电话:69441064
传真:69441064
网址:http://www.jxw.bjshy.gov.cn

(张铁良)

顺义粮油总公司

【概　况】 顺义粮油总公司以"理智思考、超前谋划、勇于担当、科学决策、跨越发展、敢为人先"为指导,确立了"高坡填土"做大做强优势企业、"搭船出海、顺势而为"开展粮食贸易经营的发展模式,加强了企业认证、产品认证、VI设计等管理工作,着手开展了企业精神、企业宗旨征集活动,从而提升了企业整体形象,增强了职工的归属感、荣誉感,提高了企业核心竞争力。2009年综合创利实现新水平。年完成利润502万元,完成计划的134%,同比增加170万元,同比增长51%;销售总额再上新台阶。全年完成31084万元,完成计划的345%,同比增加18068万元,同比增长139%;税收入库显著增长。全年实际上缴税收926万元,完成计划的109%,同比增加214万元,同比增长30%;国内生产总值完成额稳步提高。全年实际完成5384万元,完成计划的112%,同比增加434万元,同比增长9%;职工收入有了新提高。在岗职工(含短期合同制职工)人均年收入29596元,同比增长8%。

单位名称:北京市顺义粮油总公司
地址:顺义区府前西街12号
电话:(010)69444221
邮编:101300
网址:http://www.shyly.cn

(王希山　张丽娜)

【仓储管理工作】 目前6家粮食收储库共拥有立筒式砖园仓、钢板仓、高大平房仓等各类现代化粮仓259座,承担着中央、市、区三级储备粮的存储任务,同时负责顺义及周边6个区县9个承储单位18个存放点的成品粮监管工作。顺义粮油总公司以"绿色储粮、安全储粮、科学储粮"为指导方针,以"千分制"评价体系为标准,在全面实施微机测温、"低氧、低药量"双低保管、机械化装卸、机械化通风等储粮保管手段的基础上,逐步推广、应用环流熏蒸等现代化储粮技术,仓储规范化管理工作再上新台阶。4月份圆满完成了全国粮食清仓查库工作,在全市同行业货位最多、品种最全、粮权最分散的情况下,如期完成了对辖区内14个清查单位519个货位的粮食自查汇总工作。4月22日北京市副市长程红来到牛栏山收储库检查清仓查库工作,对顺义区清查工作给予了充分肯定。

(王希山　张丽娜)

【粮食贸易工作】 利用北京市粮食竞价交易平台,以牛栏山粮库为物流节点,以全公司一盘棋为抓手,对企业改制后的粮食贸易工作进行了积极探索和大胆尝试,全年完成1.13亿公斤的粮食贸易量,实现销售额2.5亿元,开创了粮食贸易经营的新局面,进一步解放了思想,锻炼了队伍,储存、贸易并举局面初步形成。

(王希山　张丽娜)

【区政府实事工程工作】 如期完成了区政府实事工程项目,年内在赵全营镇北郎中、联庄村建设了两个便民早餐店;在王家场、樱花园、后鲁等农村集贸市场开设了10个早餐亭;新建和改造五里仓小区店及滨河小区店各1个,圆满完成了早餐撤亭进店改造工程。

(王希山　张丽娜)

【军粮站改造工作】 京都卫士粮油供应站为更好地服务广大官兵,争取市级投资36万元,改扩建营业场所300平方米,使营业环境、服务条件得到较大改善。

(王希山　张丽娜)

【资产经营工作】 年内制定了《顺义粮油总公司关于出租经营性资产管理办法》,明确了管理机构及日常管理职责,完善了对原有资产在合同履行期间进行的翻、改、扩建的管理办法，确立了出租资产租金增长机制；6－7月，总公司对原有破产、集并粮库、粮店进行了资产核查工作，通过资产核查，摸清了“家底”，确保了帐实相符；年内经国资委批准，对原俸伯粮店和赵全营粮库（北库）部分场地进行了转让。

（王希山　张丽娜）

【龙盛众望早餐有限公司】 3月，商务部、财政部在全国17个城市中确定了20家主食加工配送中心建设试点企业，众望公司成为北京市唯一一家试点企业。在试点建设过程中，众望公司投资803万元，围绕食品安全检测系统、信息管理系统、冷链与配送系统进行了升级改造，9月份通过了部级验收，行业竞争力、影响力显著增强。9月份在11家食品生产企业中脱颖而出，成为第七届中国花卉博览会三个指定供餐企业之一，担负起后沙峪主展馆和位于杨镇的北京国际鲜花港两个场馆的供餐任务。花博会期间累计完成供餐58000多份，实现了“安全生产、平安供餐、献礼国庆”的工作目标。被北京市第七届中国花卉博览会筹备指挥部授予“第七届中国花卉博览会最佳服务保障奖”，被全国妇联授予“全国三八红旗集体”称号。

（王希山　张丽娜）

【玉马机动车教练场】 年内新推出驾驶证审验和换领、补办系列便民业务，成为北京市公安局和交通管理局签约驾驶员服务站；新增触摸屏刷卡机10台，新建240平方米交规考场1个，配备考试用电脑60台，扩建了桩考场地，新增2套桩考仪和叫号排队管理系统，硬件设施得到不断完善，经营工作取得有效突破。18家驻场驾校全年共计投入计时车辆1020辆（其中教练场所属京城驾校投入计时车辆141辆），培养合格驾驶员40278名（其中教练场所属京城驾校培训合格驾驶员7339名）。

（王希山　张丽娜）

顺义区
地方工业公司

【概　况】 2009年，地方工业公司在区委、区政府的正确领导下，按照中央经济工作确定的“保增长、扩内需、调结构”的总体要求，广开财路求发展，压缩支出求存在，准抓机遇创新业。面对金融危机带来的不利影响，出台有力措施，遏制企业亏损局面；充分利用地位优势，加大招商引资力度；创新企业经营管理模式，多渠道增收节能。2009年产值完成32855.1万元，完成年计划的131.4%，与上年同比减少12521.9万元，减少27.6%；销售收入完成67329.9万元，完成年计划的160.3%，与上年同比增加367.2万元，增0.5%；利润完成10996.1万元，完成年计划的261.8%，与上年同比增加675.9万元，增幅65%；上缴税金完成2961.1万元，完成计划的148%，与上年同比减少764.7万元，减幅20.5%。

单位名称：北京市顺义区地方工业公司
地址：顺义区仓上街2号AMB大厦B座11层
电话：(010)89440100
邮编：101300
网址：http://www.gy.bjshy.gov.cn

（张连江　刘建新）

【集美益源家居广场隆重开业】 7月3日，金田益源家具广场与地方工业公司在AMB大厦正式签约入驻祥云广场。9月19日，金田益源家具广场隆重开业。集美益源家居广场是北京城外诚建材市场为进军顺义市场而注册成立的子公司，经营产品包括高档家具、卫浴设施等家庭装修装饰全系列产品，经营面积达2万多平方米。

（张连江　刘建新）

【创新管理模式增效益】 地方工业公司所属企业鑫磊汽修中心通过创新经营管理模式，引进北京鑫万维汽车经贸有限公司，将厂区、房屋、机械设备及相关配套设施等，整体承包给鑫万维公司进行经营，结束了该企业多年的微利局面。

(张连江　刘建新)

【祥云天地广场转股】 祥云天地购物广场是我公司首家股份制商业企业，自2008年8月27日开业以来，由于受诸多因素影响，经营状况一直处于亏损状态。2009年年初，公司党委决定转制，至2009年5月底，该商场工作人员及商户全部撤出。后将购物广场全部出租给金田益源家具广场。9月23日，根据国有、集体企业股份制改造有关文件精神，祥云广场个人持有的股份全部转让给渔阳兴顺房地产开发公司。

(张连江　刘建新)

【企业管理创新获成果】 2009年9月，我公司课题组撰写的《与时俱进的发展战略选择与调整》，通过专家组的评选，获得了北京市第24届企业管理创新成果一等奖。12月14日，北京日报及北京企业杂志等媒体对此进行了整版宣传报导。

(张连江 刘建新)

北京市广聚工贸公司

【概　况】 北京市广聚工贸公司是以区政府为投资背景的国有企业，是区属二级公司。1998年1月份，县委、县政府决定，在顺义县对外贸易公司的基础上，重新组建两个倒(区)直属公司，一家是由贸易部分组建的顺义县亿汇洋进出口公司；另一家即为顺义县翔远工业贸易公司。2004年3月重组为现在的北京市广聚工贸公司。公司机关位于顺义区西门外铁西路7号，占地18亩，建筑面积一万平方米，下设六个科室：办公室、财务科、政工科、安全科、物业科、工会。公司下属企业北京中艺彩印包装有限公司位于空港B区，占地21亩，建筑面积6000平方米，是一家由三方投资的中外合资企业，主管业务：纸制品的彩印印刷及印后加工，固定资产1326万元。北京广聚工贸公司有正式职式32人，临时工33人离退休人员122人。

单位名称：北京市广聚工贸公司

地址：顺义区西门外铁西路7号

电话：(010)69439565

邮编：101300

(刘英杰)

【资产运营】 公司主要以资产运营为基本收益，盘活企业闲置资产，先后引进北京大鸭梨餐饮公司、北京梨花小镇商务旅馆、顺义区鑫绿都农副产品市场中心、北京冠捷包装有限公司、北京市广聚印花厂等五家企业，闲置房屋出租率达到100%，在公司获得租金的同时，这几家引进企业也有税收、扩大就业、繁荣市场等方面为顺义区做出了贡献。

(刘英杰)

【生产经营】 公司下属企业北京中艺彩印包装有限公司在印刷行业竞争激烈的情况下，加强企业规范管理，严把质量关和产品交期，积极开发新客户，主要客户有中医药出版社、西藏新闻出版局驻京只事处等十余家长期合作伙伴。

(刘英杰)

北京通达实业总公司

【概　况】 北京通达实业总公司(以下简称

通达公司)是区属集体企业,机关设8个部门,下辖北京市京顺机动车检测场、北京顺利通汽车修理厂、北京深顺出租汽车公司、北京金顺出租汽车公司、北京市顺交氧气站等17家基层企业。全系统年末从业人员1277人,离退休职工313人。主营机动车安全检测、性能检测、二级维护和修理,出租汽车运营,驾驶员培训,氧气供应等业务。2009年,公司贯彻落实科学发展观,围绕“保增长、保民生、保稳定”这一主题,积极开展各项工作,千方百计保持企业内部稳定,各项工作在极为困难的经济环境下得以全面落实。年内完成销售收入9731万元,占全年计划数的102.4%,与上年同期相比增长43.3%;年内完成工业产值4335万元,占全年计划数的125.9 %,与上年同期相比增长42%;年内上缴税金746万元,占年度计划数的167%,与上年同期相比增长77.2%;全年实现增加值3352万元,占年度计划数的117%,与上年同期相比增长25.8%。

单位名称:北京通达实业总公司
地址:顺义府前西街7号
电话:(010)69469935
邮编:101300

(邢艳杰)

【建立车辆检测网络化办公平台】 年内,为规范顺义区货运车辆二级维护管理程序,提高与区交通局各运管站之间数据交换的准确性和及时性,减少和杜绝人工数据统计的失误率,北京顺交汽车综合性能检测站着力解决实际工作运行中出现的问题,与区交通局、歌华网络通力合作,成功建立车辆检测网络化办公平台,实现货运车辆检测信息平台网络化。通过车辆检测网络化办公平台,不但各项数据统计工作更加简便、安全、快捷,提高了各运管站管理机构和经营机构的办事效率,而且简化了手续,缩短了办事周期,降低了纠纷和投诉率,方便了市民,完善了服务。

(张玉兰)

【改造检测线,实现与市环保局联网】 年内,北京市京顺机动车检测场为响应国家环保标准与政策,先后完成了对小型汽油车工况尾气检测线三条、大型汽油车工况尾气检测线一条、小型柴油车工况尾气检测线一条、大型柴油车工况尾气检测线一条的网络升级与改造工作。网络升级与改造后的工况尾气检测线直接与北京市环保局联网,数据上传至市环保局,再由市环保局下发命令,实现了数据的及时上传与下发工作,并由市机动车排气污染监管中心统一进行微机管理和远程监控。

(韩科)

【完成花博会外围服务保障工作】 9月26日,第七届中国花卉博览会隆重开幕,通达公司接受区委区政府和花博会组委会委托,与区交通局、公安局配合,承担花博会主场馆周边停车场静态停车管理和实施引导与服务工作。公司干部员工以讲政治的高度,秉承奥运精神,借鉴奥运期间场馆周边停车管理经验,以严谨的工作作风、科学的管理方法、上下联动的运行机制圆满完成了区委区政府所赋予的历史使命。花博会期间,通达公司共引导停车场进出车辆153000余车次,服务国内外宾客20000余人,实现了静态停车管理零投诉、零事故的庄严承诺。

(杜建国)

【北京深顺出租车司机的风采】 2009年9月26日至10月5日,顺义区成功举办了第七届中国花卉博览会。举办期间,全世界各地的名贵花卉纷纷亮相展出,吸引全世界各地花卉爱好者前来购买、参观和欣赏。为方便国际国内友好人士的出行,北京深顺出租公司配备了100辆车容、车貌、卫生整洁符合行业标准的出租车,精选100名优秀出租车驾驶员,为国际国内人士提供优质的乘车服务,并受到乘客的一致好评。花博会期间,共接送乘客300人次,做到了无事故、无违章、无投诉,用一流的服务向国际国内友好人士展示了北京深顺出租车司机的风采。

（李茂林）

北京紫微星工贸集团

【概　况】 北京市紫微星工贸集团成立于1987年，现已成为拥有电力、电气、高档时装、园艺工程、物业管理、建材机械、精细化工等多种产业的综合性集团企业，自征土地41491.59平方米，自建厂房29200平方米。集团的经营理念是：以诚信创市场，以道德聚人才，以科技促生产，以创新求发展。集团的总体目标是：把握机遇，充分利用自有优势，不断提高企业的核心竞争力；依靠科技进步，尽快完成资源整合，全面提高资本效益；加快劳动积累向知识积累的转化，用名、特、优产品开拓市场，为开创健康、和谐、繁荣、兴盛的紫微星新局面而努力奋斗。

单位名称：北京市紫微星工贸集团
地址：顺义区南白路21号
电话：(010)69471661
邮编：101300
网址：http://www.ziweixing.com

北京市煤炭总公司顺义分公司

【概　况】 北京市煤炭总公司顺义区公司成立于1980年1月，为区级企业，受区委、区政府的直接领导，同时区国资委协调指导。公司有职工64人，下设办公室、财审科、物业科三个科室，下属基层单位一个，即北京鑫顺京华煤炭经销中心，以生产销售烟煤、无烟煤和民用蜂窝煤为主。2009年，公司在区委、区政府的正确领导下，在区国资委的协调指导下，坚持以党的十七大精神为指导，深入学习邓小平理论和“三个代表”重要思想，全面贯彻落实科学发展观，以发展为主题统领企业经济工作，抓好煤炭经营、销售供应工作，做好供热中心南侧场地合作经营的后续工作，利用资源优势，搞好资产运营工作。09年销售收入完成15472.19万元，全年销售煤炭19.95万吨，利润完成168.32万元，上缴税金完成232.64万元，增加值完成811.57万元。

单位名称：北京市煤炭总公司顺义区公司
地址：北京市顺义区火车站西侧
电话：(010)69443986
邮编：101300

（王军娥）

【两癌筛查】 为切实维护广大妇女的健康权益，解决危害妇女健康的主要疾患，做到早期发现、早期治疗严重危害妇女健康的乳腺癌、子宫颈癌（简称“两癌”），保障妇女健康，我单位按照区政府的要求在2009年度完成了全单位适龄妇女的两癌筛查工作任务，共计41人，其中在职人员14人，退休人员27人，这项工作受到了广大女职工的好评，健康水平逐年提高。

（王军娥）

北京市京顺轧辊厂

【概　况】 北京京顺轧辊厂原为北京首钢轧辊厂（以下简称轧辊厂）始建于1956年，2003年1月由首钢划转顺义区，至今已有54年历史。轧辊厂占地面积80000平方米，总建筑面积30000平方米，目前在岗职工414人。

主导产品是为轧机配备轧辊，品种可分为：合金铸钢轧辊、半钢轧辊、冷硬铸铁轧辊、球墨半冷硬轧辊、无限冷硬铸铁轧辊、铸造带槽轧辊、针状球铁轧辊、离心复合铸铁轧辊、高速钢轧辊、离心辊套等多种系列。生产质量保证体系和产品售前、售后服务体系完善，通过了ISO9000质量体系认证。2009年在经受了金融危机和国家钢铁行业宏观政策调整，国内外钢铁市场低迷等诸多不利因素的考验下，保证了国有资产保值增值，保持了经营生产不断发展，同时大力拓展国际市场，全年销售收入完成9014万元，其中出口1362万元，占比15.1%；利润总额完成15万元；上缴税金完成739万元；工业总产值完成8686万元；工业增加值完成3384万元，同比增加125万元；职工人居年收入25008元，同比增加1560元，增长6.65%。

单位名称：北京京顺轧辊厂

地址：顺义区李桥镇任李路沿河段甲119号

电话：(010)69480853

邮编：101311

（张俊奎）

北京市恒锋市政工程公司

【概　况】 北京市恒锋市政工程公司始建于1986年，公司一贯坚持顾客至上的宗旨，通过现代化的经营管理，为顾客提供精益求精的技术和尽善尽美的服务，得到了客户的认可、市场的承认和社会的尊重。公司将坚持走“以优质树信誉，以精品拓市场”的质量效益型发展道路，狠抓工程质量，确保工程安全，为社会奉献优质精品，造福一方百姓。

公司现为国家市政公用工程一级总承包资质，于2005年通过质量/环境/职业健康安全管理体系认证。主要承接城市道路、桥梁、隧道、公共广场、城市供水、排水、污水处理等工程。2009年公司实现产值3.1亿元，利润总额1400万元，税收贡献1220万元，国有资产保值增值率为121%。

单位名称：北京市恒锋市政工程公司

地址：顺义区南门外军营村东

电话：(010)69444938、(010)69424889

邮编：101300

（恒锋市政）

【晋升市政一级资质】 6月18日，建设部网站发布第330号公告：北京市恒锋市政工程公司晋升为市政公用工程施工总承包一级资质。这是顺义区第一家市政一级总承包企业，也是公司发展史上具有十分重要意义的里程碑。

（恒锋市政）

【北京天竺综合保税区基础设施一期建设道路工程】 天竺综合保税区位于顺平南辅线以南，机场北线以西，紧邻首都机场航空货运基地。年内完成道路7条，分别为一号路、二号路、三号路、四号路、五号路、联络线、巡逻路，道路总长8012.7米，面积115314.4平方米。本次建设的保税区内道路系统主要由次干路和支路组成，其平面布局为棋盘式格局。一号路、二号路和联络线(保税区段)按城市次干路设计，其它道路为城市支路。共完成雨水管道3444.1米，污水管道3166.4米，检查井216座，中水管道4850.47米，检查井79座，混凝土方沟923米。同时完成新增附属工程：交通标线工程9415平方米，军缆改线工程铺设DN2538米，七干渠排水工程新建管涵387米，干渠护砌516米，新增西侧临时路5971.5平方米，指挥部临时路2417.6平方米。

（恒锋市政）

【北京国际鲜花港市政工程竣工】 北京国际鲜花港园区内市政工程已全部竣工，其中：铺筑沥青混凝土路面44242平米，铺设雨水管道5504.78米、雨水检查井99座，污水管道4170.18

米、污水检查井108座,雨水方沟1190.88米、方沟检查井4座,新建1座处理量为3000M^3/d的中水处理站及其附属设备用房。

(恒锋市政)

【新农村建设工程】 2009年新农村建设工程涉及到马坡镇庙卷村、姚店村、衙门村;南彩镇东江头村、柳行村、洼里村、道仙庄村、前薛各庄村、前俸伯村;木林镇业兴庄村、后王各庄村、贾山村、马坊村、陀头庙村、王泮庄村、潘家坟村内道路进行改扩建施工。新、改建街坊路共计657条,总面积419637.35平米。

(恒锋市政)

【机场北线南辅路雨水工程】 工程起点为顺平西路,终点为火寺路,将机场北线南辅路以南,规划五路以东及顺平路以北范围的雨水经新建雨水方沟排入机场北线已建雨水方涵,再向北排入十三支渠.共铺设雨水管线312米,方涵946米。

(恒锋市政)

【顺于路至京承高速服务区道路改建工程】 工程位于顺义区西部高丽营镇,京承高速以东,起点为顺于路,终点与京承高速服务区匝道相接,设计全长800米。顺于路-京承高速公路服务区北通道段(K0+000-K0+544.397):路基断面为两幅路,路基全宽18.5米,机动车道两上两下。道路等级为城市次干路;京承高速公路服务区北通道-京承高速公路段(K0+544.397-K0+800):路基断面为两幅路形式,路基宽16.5米,机动车道两上两下,道路等级为二级公路,新建收费站一座;规划一路路基断面为一幅路,路基全宽18米,道路等级为城市次干路。工程的竣工实现了顺于路与京承高速公路的交通转换,将加快顺义西部地区与市区的连接,促进春晖园、金马工业区等地区的经济发展。

(恒锋市政)

【顺于路规划一路方氏渠桥】 方氏渠桥位于规划一路K0+130.00处,跨越方氏渠,桥梁径向全宽20米,桥梁全长69.04米。上部结构形式为4孔16米预应力钢筋混凝土宽腹T梁,下部结构为柱式墩、台,钻孔灌注桩基础。桩径均为1.2米。

(恒锋市政)

双峰建材集团公司

【概　况】 北京双峰建材集团(以下简称双峰建材)系区属集体企业,为区属二级公司,受区委、区政府的直接领导,其资产由区国资委监管。双峰建材于1995年5月成立,公司机关位于顺义区张镇赵四路候庄段6号,占地97亩,建筑面积1300平方米。双峰建材现有下属企业2家,职工275人。集团下属企业北京顺发拉法基水泥有限公司是与世界500强之一的法国拉法基集团合资成立,公司位于顺义区大孙各庄镇户耳山北,现拥有一条新型干法水泥生产线,石灰石经过二级破碎后与其它辅助原料,进入规格为3×48m(带五级预热器窑外分解窑)的回转窑系统烧制成熟料,日产熟料1200吨;水泥产品由3.8×12m磨机和N2000 O-sepa选粉机组成的水泥磨闭路循环系统生产,年产水泥50万吨,主要标号有P.O42.5#、P.C32.5#。

单位名称:北京双峰建材集团

地址:北京市顺义区张镇赵四路候庄段6号

电话:(010)61493763/61493238

邮编:101307

(曹　伟)

【年内各项指标完成情况】 2009年集团公司深入落实节能减排、发展循环经济、以科学发展创企业未来的发展策略,抓基础工作,挖掘生产潜力,以拉法基品牌水泥效应拓宽销售渠路。在全体职员的不懈努力下,克服了经济危机的严重干扰,实现了经济运行良好、各项指标稳定增长。2009年全集团水泥产量完成48万吨,同比增长15万吨,增长45%;工业总产值完成14195万元,同比增长3718万元,增长35%;销售收入完成14807万元,同比增长4454万元,增长43%;利润总额完成834万元,同比增长1467万元。增长232%;上缴税金完成1278万元,同比增长360万元,增长39%。

(曹　伟)

【节能减排成效】 公司消耗的能源材料以煤为主,占企业能源消耗总量的86.99%,其次是电,占企业能源消耗总量的12.14%,煤电比为7:1,另有少量柴油、汽油和自备井水。公司主要的节能重点在于生产系统的节煤和节电。全集团2008年单位产值电耗3.76MWh/万元,新鲜水耗6.19吨/万元,综合能耗3.61吨标煤/万元;2009年单位产值电耗3.61MWh/万元,同比下降4%,新鲜水耗6.04吨/万元,同比下降2.5%,综合能耗3.43吨标煤/万元,同比下降5%。2005~2009年间全集团主要节能改造项目有:窑尾布袋收尘器拉链间歇送料;篦冷机五室风机变频改造;生料磨内通风风机变频改造;窑头、生料磨安装变频器;窑尾预热器立烟道扩径,降低压力损失;浴室利用窑尾余热;电机功率因数补偿项目;原煤烘干机利用余热;空压机加变频器;生料入窑输送设备由用螺旋绞刀改为用空气斜槽;通过自动程序控制治理设备空转消耗;生产线漏风治理。

(曹　伟)

【积极贯彻落实科学发展观】 遵照上级指示,集团党委自2009年10月份开始结合公司实际认真组织开展了学习实践科学发展观活动,团结带领集团全体干部职工积极投身科学发展的实践,取得了明显成效:集团通过不断淘汰落后设备、加大治污投入、调整生产结构,水泥产品在产量大幅增长的情况下,二氧化硫和工业粉尘的排放量都呈下降趋势;生产企业充分利用水泥行业特点节约资源,利用矿山开采中剩余的废品生产骨料;集团狠抓"泰美瓷"等新产品的研发和闲置资产盘活两项工作,拓宽了销售市场,充分利用自身资源竭尽所能使国有资产保值增值;集团加大基础工作建设力度,企业安全生产工作得到了全面加强,企业安全生产状况得到大幅改善,自合资以来已经实现连续8年事故为零。

(曹　伟)

永进物资总公司

【概　况】 北京市顺义永进物资总公司前身为顺义县物资管理局,成立于1976年12月。在当时体制下,为满足我区工农业的发展起到了重要作用,随着改革开放的深入,原来的计划经济时代的物资体制越来越不适应当前形势。1994年,经区委、区政府批准,成立"顺义县物资总公司",改为区级全民所有制企业,保留原有物资局牌子,两块牌子一套班子,实行企业化管理。注册资金876万元,主要经营范围:销售金属材料、木材塑料、橡胶制品、汽车等。1996年,更名为"北京市顺义永进物资总公司",2004年归属国资系统,由区国资委协调指导。顺义永进物资总公司在区委、区政府的正确领导下,在区国资委的大力协调帮助下,全面落实科学发展观,在保先争优活动的促进下,以"服务意识"为宗旨,增强企业领导和职工开放意识、市场意识、竞争意识、创新意识,为总公司将来的发展奠定基础,为顺义的经济发展起到了促进作用。

单位名称:北京市顺义永进物资总公司
地址:顺义府前东街23号
电话:(010)52137775
邮编:101300

(李玉强)

【经营状况】 顺义永进物资总公司主要经营范围:销售金属材料、橡胶制品、汽车、化工、药剂产品、建筑器材租赁等业务。2009年,全公司完成销售收入3700万元,上缴税金70万元。

(李玉强)

顺义区建筑工程公司

【概　况】 北京市顺义建筑工程公司(以下简称工程公司)是建设部批准的房屋建筑施工总承包、装饰装潢双一级资质企业,成立于1974年,是一家具有土建施工、设备安装、房地产开发、装饰装潢、混凝土生产、新型建材生产、钢结构加工安装、市政工程等综合生产能力的经营体系。截止到2009年12月,公司共有职工1103人,其中离退休职工392人,在岗职工711人,包括城镇职工504人,农民工207人,有各类专业技术人员358人。工程公司辖下属9个基层单位:其中5个分公司以建筑施工为主;市政工程处以承接市政工程为主。2个厂站分别以混凝土和钢结构加工安装为主;此外,公司还拥有一家一级资质的高辉汇能装饰公司和一家金瑞房地产开发公司。企业总资产6.02亿元,总负债4.47亿元,资产负债率74%,固定资产1.3亿元,被评为2009年度顺义区区域经济百强企业。

单位名称:顺义区建筑工程公司
地址:顺义区府前东街2号
电话:(010)69425902
邮编:101300

(兰　彦)

【年内各项指标完成情况】 2009年全公司开复工面积52万平方米。新开工项目12个,面积26万平米,市政工程产值4000万元,折合面积4万平米,装饰完成产值1030万元,折合面积1万平米,共计57万平米。完成总产值46615万元,占年计划40000万元的117%。其中:建筑业产值40236万元,工业产值6379万元;2008年同期完成38186万元,同比增加22%;完成销售收入31109万元,占年计划40000万元的77%;其中:建筑业销售收入24686万元,工业销售收入6423万元;2008年同期完成32354万元,同比减少3.8%;实现利润总额3752万元,完成年计划2000万元的188%;2008年同期完成4140万元,同比减少9%;实际上缴税金3013万元,占年计划2800万元的107%。其中:施工企业缴纳2656万元,工业企业缴纳347万元。2008年同期完成3003万元,同比增加0.3%。按照年初公司制定的职工收入涨幅不低于5%的目标,2009年公司对全系统职工工资、奖金以及城镇职工的统筹基数、住房公积金缴费比例均做了上调,比2008年增长8.47%。

(兰　彦)

【公司产业结构调整】 继续加快企业战略性调整,从战略层面分散经营风险,采取积极应对措施,围绕行业发展方向,实施建筑、房地产、装饰、市政等多板块多元化经营,延伸产业链条,并向关联度比较紧密的行业渗透,探索培育新的经济增长点。2009年,房地产公司、装饰公司和市政工程处齐头并进成绩显著。

(兰　彦)

【强化经营风险管控】 2009年是工程公司的"强化成本控制年",通过公司材料设备部的市场询价以及对各项目部购买价的平衡统计,制定项目主要材料成本、限价采购及竞价投标的管理细则,逐步建立了公司内部成本控制标准,初步形成了成本价格内控体系。通过强化财务全面管理,严格执行财务制度,按照以收定支的原则,减少非生产性费用支出，加强资金的管控和使用，切实发挥财务管理在公司经营活动中的指导、监督、控制和协调作用，使全年经营活动在可控状态下运行。

（兰 彦）

【强化安全、质量系统化控制】 加强工程管理，打造精品工程，提升企业知名度，是企业求得生存与发展的有效手段之一，2009年，我们继续加强工程管理，采取一切措施，确保项目安全施工，按期、优质履约，进一步以安全、绿色、文明工地和优质精品工程来提升企业的信誉。

（兰 彦）

【完善绩效考核制度】 不断探索科学合理的人才培养和用人制度，原则是重点解决本区人员就业，积极引进本区专业技术人员和新毕业大学生就业，2009年共计安排本区人员51名，努力实现人力资源的合理配置。为了明确职责，提高效率，每月定期对各岗位人员职责完成的效果进行“机关考评基层，基层评价机关”的全方位考核机制，逐步提升了各岗位的履职效果。

（兰 彦）

【增值企业人力资本】 2009年，公司大力开展了学习型先进企业创建工作，制定了各类资质晋升、学历晋升、职称晋升等多项奖励政策，广泛开展了各类专业培训，全年培训员工达2540人次，全员培训率达100%。在学习型先进单位评估会上，燕瑛副区长和与会专家对创建工作取得的成效给与了高度评价，创建区级先进单位的工作顺利通过了验收。

（兰 彦）

【完成区重点工程项目】 2009年承接了第七届花博会“北京国际鲜花港综合展馆工程”。根据区委书记张延昆的指示精神，要全力办好一届高水平、有特点的花博会，实现“以会兴业、以花兴城”的目标，我们对此工程采取了高标准、严要求的管理模式，只用了140天就以优秀的质量和完美的外观将该项目交付使用，该工程还顺利通过北京市绿色文明安全工地验收，为花博会做出了我们最大的贡献。

（兰 彦）

【公司荣获奖项】 北京市顺义建筑公司2009年被顺义区政府评为2009年度区域经济百强企业、2009年度安全生产先进企业；被区工会评为六好工会；被顺义区构建学习型社会领导小组办公室评为顺义区创建学习型组织先进单位；被国资委评为国有资产基础管理工作先进单位；被北京质协信用评价中心连续第四年评为重质量守信用企业；被首都国庆60周年顺义群众游行指挥部评为首都国庆60周年群众游行活动保障工作先进单位；被顺义区交通安全委员会评为2009年度交通安全优秀单位；被顺义区委区政府评为2009年度顺义区信访工作优秀单位；被北京市筹备第七届中国花卉博览会指挥部评为第七届中国花卉博览会最佳服务保障奖。顺义建筑工程公司施工的北京国际鲜花港综合展馆工程被评为2009年市级绿色施工文明安全工地；顺义牛栏山第一中学改扩建工程A/B/C楼工程被评为2009年市级绿色施工文明安全工地；顺城印刷品生产基地工程获得2009年区级绿色施工文明安全工地；北京国际鲜花港综合展馆被评为2009年度北京市安全工地；顺义双兴东区22#楼被评为2009年度北京市安全工地。

（李 楠）

顺义区建筑工程总公司

【概 况】 北京市顺义区建筑工程总公司暨北京鲁班建筑工程公司（以下简称：建总）系隶属于顺义区政府的集体企业，现为国家二级资质施工企业，下属8个土建分公司和1

个物业管理中心,各类专业技术人员300人。2009年,建总采取有效措施积极应对金融危机带来的不利影响,全力促进企业经济向好发展,全年实现产值15160万元,同比增长18%;完成销售收入13929万元,同比减少41%;实现增加值3775万元,同比增长78%;上缴税金543万元,同比减少37%;完成利润56万元,同比增加437万元。2009年,建总被北京市评为花博会最佳服务保障奖、国庆60周年群众游行活动保障工作先进单位,年内,公司还获得顺义区安全生产、信访、交通安全、构建学习型社会先进单位等荣誉。

单位名称:北京市顺义区建筑工程总公司(北京鲁班建筑工程公司)
地址:北京市顺义区府前东街9号
电话:(010)69444802
邮编:101300

(李文超)

【施工管理有序开展】 2009年,建总在建工程项目10项,全年累计开复工面积24万平方米,同比增长71%。年内,张镇小学教学楼、顺文鑫达科研楼、首钢冷轧钢材加工中心及东兴市场等工程相继竣工,同时,高质量、高效率完成顺义区17个村,近30万平方米的新农村街坊路修建工程,为促进企业经济向好发展奠定基础。为了进一步加强施工管理,交流借鉴项目管理经验,公司成立由总经理挂帅,质量、安全、劳资等各部门以及各分公司技术负责人组成的检查组,每月对在施工程进行联检,认真检查项目部执行质量标准、环境污染防控、劳务队伍管理、持证上岗、岗前教育等工作情况,全面排查隐患,对检查出的问题就地整改,并对整改情况进行追踪监督,确保工程质量、环境达标和施工安全。定期联检使检查、整改工作的连续性从制度上得到保障,实现了施工管理过程的全覆盖,避免出现死角和漏洞。各项目部以联检工作为契机,建立健全各项制度措施,确保企业生产安全、有序,在施工程项目质量全部达标,全年未发生重大安全事故,公司被评为顺义区安全生产先进企业。

(李文超)

【规范管理控成本】 在全部工程项目中推行统一的成本控制工作流程,对施工阶段成本控制的每个环节、步骤以及每项工作的衔接进行规范,进一步减少和避免因体制、工作程序等原因造成的损失和浪费。加强资金、合同方面风险防控管理力度,在承接工程项目前,从市场风险到政策风险,从建设方的支付信誉到支付能力,进行全面了解和科学分析,做好预测、预警、预案,努力化解金融危机给企业带来的影响。

(李文超)

【四套管理体系高效运行】 2009年5月,建总根据国际质量标准编制的"精神文明建设及相关活动管理与服务体系"通过了权威机构认证。该套体系的建立,进一步完善了党务、政工等精神文明建设工作流程,搭建形成了规范化、科学化的管理框架,各项工作效率明显提升。加上已高效运行多年的质量、职业健康安全和环境三套管理体系,建总最终通过四套管理体系实现了企业管理的全覆盖。通过科学的管理体系规范工作,通过制度措施确保工作质量和效率,是现代企业管理发展的趋势,也是建总多年工作实践的经验成果,四套管理体系的建立运行,使企业管理向科学化、标准化的方向迈进了一大步。

(李文超)

【人才队伍素质结构不断优化】 金融危机暴发以来,建总严格要求所属各单位不允许无故辞退职工和减免职工应有待遇,并且结合企业发展规划和实际需求,在2009年先后启动了"职工职业生涯发展规划"、"储备人才计划"。职工职业生涯发展规划工作中,建总为200名中专以上学历职工建立了培养发展档案,通过前期调查摸底、考核评价,帮助职工理清个人职业发展思路,明确发展方向,除此之外,公司主要领导还对每名职工的职业生涯发展规划进行客观评价和修正，帮助职工最终确定职业发展目标，使职工在规划实施阶段更有效的抓住工作重点，发挥潜能，实现个人与公司发展共同进步。人才储备工作顺利实施，2009年，建总先后招收了30余名高质素大学毕业生，同比增长300%，有效的抢占了人才引进工作的高点，这些高素质毕业生作为企业发展重要的后备人才，充实到施工生产第一线，接受锻炼和培养，将为企业快速发展提供强有力的人力资源保障。

（李文超）

【学习实践科学发展观活动】 建总2009年10月全面启动学习实践科学发展观活动。活动中，公司党委及各党支部紧密围绕“加强组织建设，密切干群关系，强化企业管理，提高经济效益”的主题，扎实做好学习调研、分析检查和整改落实阶段的工作，努力通过活动进一步提升党员干部整体素质和凝聚力，切实解决存在问题。各级领导干部在活动中率先垂范，专心学习、深刻剖析、认真整改，撰写各类书面材料90份。建总和所属各基层单位领导班子向职工群众广泛征求意见，本着解决存在突出问题和为职工办实事的原则，制订加强领导班子建设、资质升级、降耗增效等42条整改措施，将在具体的时限完成整改任务。通过活动，全体党员、干部对科学发展观的认识进一步提升，两级领导班子科学发展的理念更加坚定，发展思路更加清晰。

（李文超）

北京市天竺房地产开发公司

【概　况】 北京市天竺房地产开发公司成立于1992年12月，地处首都机场高速公路西侧，东南起机场高速，西北至高丽营镇于庄村，温榆河北岸河堤路中心线向外延伸1500米范围内，规划占地总面积1283公顷。地跨国门第一镇（天竺镇）和国家级小城镇（后沙峪镇），紧邻空港工业区，陆路交通四通八达，航空交通方便快捷。北京市天竺房地产开发公司负责整个开发区（原旅游别墅开发区）内的外部（红线外）大市政配套设施的总体规划，并按国家有关政策的规定，及时合理的向开发区的开发商收取大市政配套费，并组织建设施工。开发区内现有丽京花园、欧陆园、美林香槟小镇、国家会计学院、北京顺义国际学校等30余个房地产及配套项目落成，入区企业146家，市政工程总投资7.8亿元，铺设道路总长43.5公里，大小桥涵17座，雨、污、中水及给水管线总长达119公里，天然气工程21.3公里，供热中心、变电站、污水处理及中水回用等设施一应俱全。先后建设了9000余栋风格各异的高档别墅，分布在美丽的温榆河畔，有来自世界50多个国家和地区的8000余名国际友人和国内精英在这里安家、置业，这里将成为一座市政设施配套齐全，城市功能完备，高端人才居住密集的空港新城。美丽的温榆河北岸，浪漫的花园洋房，成熟的别墅区，现代化的物业管理，为生活在这里的人们提供了完善的生活保障。温榆河绿色生态走廊、中央别墅区已成为这个地区的代名词。中国国际展览中心（新馆）于2008年3月建成并投入使用，每年在这里举办中国国际服装服饰博览会、中国国际体育用品博览会、中国国际机床工具展览会等数十次大型展会。天竺房地产开发区将依托新国展平台，加大招商引资力度，全力服务国展产业园，拓展会展产业链，倾力打造以广告、咨询、策划、设计、展览展示等为龙头的文化创意产业集聚区，使天竺房地产开发区成为居住、餐饮、购物、会展等多方向发展的新经济功能区。扎实做好花梨坎村拆迁和翠竹新村三期建设工作，切实推进公司健康、协调、可持续发展的总体要求，团结带领广大职工，各项事业得到较快发展,企业经济发展步伐全面推进。销售收入完成45863万元,同比增长4%;利润总额完成7597万元,同比增长1%;净利润完成5371万元,同比增长125%;增加值完成12537万元,同比增长4%。上缴税金(属地)完成26014万元,同比下降23%。

单位名称:北京市天竺房地产开发公司
单位地址:北京市天竺房地产开发区裕丰路东侧
电话:(010)64560154
邮编:101312

(吕艳丽)

【翠竹新村二期销售完成】 1月完成了翠竹新村二期1110套房屋的销售任务。彻底解决了薛大人庄村被拆迁村民的安居问题。同时投资870万元,进一步完善小区内的绿化、道路和路灯安装工程,为回迁村民营造了一个优美和谐的居住环境。

(吕艳丽)

【花梨坎村拆迁工作完成】 花梨坎村拆迁是市、区政府重点工程,是M15号线轨道沿线(顺义段)拆迁第一村,是新国展二期规划用地,受土地储备中心顺义分中心的委托,由天竺房地产公司对花梨坎村实施拆迁,6月完成了花梨坎村整建制拆迁,共拆除480户、191430平方米住宅和4万余平方米 。非住宅,总投资54397万元。

(吕艳丽)

【做好新国展外围服务保障】 年内共举办16场各类展会,接待参展上级观众近百万人次,使用场馆总面积86万平方米。为进一步改善新国展周边环境,共投入300余万元对辖区绿化带进行补栽补种、购置保洁设施、清理卫生死角、拆除违章建筑。为各次展会的成功举办做了有效的外围服务保障工作。

(吕艳丽)

【文化创意产业加快发展】 11月26—29日顺义国展产业园全程参与第四届中国文化创意产业博览会。文化创意产业集聚区展团,位于中国国际展览中心2号馆东北部2007号,展位面积396平方米。本次参展的主题是:打造会展产业链,建设首都会展新基地。展览内容:以国展产业园为代表的顺义区场馆建设及使用情况,以会展配套服务为特色的会展产业链情况。展板内容分为四大板块:A:蓬勃发展的会展产业集聚区—顺义国展产业园,B:承载光荣与梦想的体育会展产业园区—奥林匹克水上公园,C:托起花卉旅游产业的新平台—花博会主场馆及花卉基地,D:整合区域资源,打造会展产业链。为让观众更多的了解顺义会展业发展情况,在现场还设立了"相约顺义－会展知识互动参与活动"。此次展会获得了组委会颁发的"最佳展示奖"和"最佳组织奖"

(吕艳丽)

【翠竹新村三期工程完成基础施工】 翠竹新村三期工程,建筑面积地上8.5万平方米,地下3万平方米,共投资3.5亿元,为翠竹新村小区配套的翠竹新村学校,规划面积14000平方米,投资3500万元,已于10月底破土动工,已完成桩基工程。

(吕艳丽)

顺义区
建筑企业集团公司

【概　况】 北京顺义建筑企业集团公司(以下简称集团公司)成立于1989年7月,是以建筑施工为主业,集设备安装、装饰装潢、建材工业、设备租赁于一体具有综合生产能力的国家一级建筑施工企业。集团公司机关设六部一室,下辖17个建筑工程分公司及装饰装璜公司、机械设备租赁、门窗厂、水泥构件厂等21家实体企业,其中6家为乡镇建筑公司。公司始终坚持"以质量求生存,以信誉求发展”的企业宗旨,广聚英才。面对全球性金融危机集团公司果断提出“立足北京,开拓外埠”的经营理念,当年承接的福建省石狮市PTA循环用水项目工程总造价为3500万元。集团公司年内完成产值3.3亿元,开复工面积为35万平方米,完成利润303万元,实际上缴税金1362万元。经国家住房和城乡建设部批准为国家一级建筑企业资质。

单位名称:北京顺义建筑企业集团公司

地址:顺义区五里仓小区商业服务楼甲2号

电话:(010)69442275

邮编:101300

(陈胜云)

【开展基础工作管理年活动】 根据顺义区国资委在全区国有企业中开展“基础工作管理年”活动要求,集团公司成立了以杨祥方经理为组长的“基础工作管理年”活动领导小组,根据不同时期的工作重点召开了三次有中层以上领导及相关人员参加的工作会议,领导提要求,出主意、想办法,大家群策群力,共计新定了3个、修改了11个规章制度,为公司正常开展工作奠定了基础。

(吴生)

【确保交出合格工程】 强化管理,以公司晋升房屋建筑工程总承包壹级为契机,完善规章制度,规范质量管理,加强过程检查,严把基础、主体及竣工验收关,确保工程质量合格。2009年公司竣工工程8项,建筑面积123001.26平方米,全部验收合格,其中北京博润商业楼工程被评为2008年度北京市结构长城杯金质奖工程。三项工程裕龙三区15#楼、望泉家园C区1#楼、37#楼被评为2008年度区潮白杯优质工程。竣工工程中,8项工程施工合同要求质量目标为合格工程,均满足了合同要求的质量标准。完成了公司要求的竣工工程合格率100%,争创优质工程,符合工程合同确定的质量条款要求的目标。

(刘德才)

【加强安全管理】 年内,公司安全生产形势总体上较为平稳,文明安全施工管理水平好于去年,职业健康和环境管理体系审核顺利通过。顺义区殡仪馆迁建工程申报市级文明安全工地顺利通过评审。在文明安全施工管理过程中重点抓了以下三点:第一抓安全生产责任落实,年初制定安全生产控制指标,年终根据指标完成情况,结合责任制给予考核,进行奖罚兑现,充分发挥上下两个积极性,保证安全生产责任制落到实;第二抓安全生产的隐患整治,在日常安全生产检查中,针对本行业项目安全生产中的关键问题和薄弱环节及时排查和消除隐患,坚决纠正违反安全生产法律法规的行为;第三抓职工培训教育,各项目设置农民工夜校,利用杂志、手册、挂图、光盘等形式进行多层次的安全教育,努力提高职工自我安全保护的技能。

(许英伟)

乡镇企业

【概　况】 到2009年底,全区共有镇村企业2.56万家(含个体),其中规模企业432家,职工总人数22.6万人,其中本地工14.5万人。在职工总人数中二产从业人员6.9万人,三产从业人员6.4万人。年末,镇村企业资产总额644亿元,负债总额444亿元,资产负债率68.9%。

单位名称:顺义区经济和信息化委员会

地址:顺义区建新西街

电话:(010)69441064

邮编:101300

网址:http://www.jxw.bjshy.gov.cn

(张铁良)

【主要指标】 2009年,镇村二三产业完成总收入881.9亿元,增加值145.8亿元,税金

59.5亿元,分别同比增长28.5%、20%和12%,在全市郊区县排位中不论是增长速度还是经济总量都名列前茅。

(张铁良)

【规模企业支撑作用明显】　到2009年底,全区镇村二三产业中收入500万元以上的规模企业达到432家,其中收入5000万元以上企业143家,1亿元以上企业87家。出口交货值1000万元以上企业48家。2009年,规模企业完成总收入702.1亿元,占到镇村二三产业总收入的79.6%。其中308家工业企业完成收入507.5亿元,增加值75.6亿元,利润31.3亿元,分别占镇村工业总体的85.1%、75.6%和85.5%。

(张铁良)

【经济集聚效应初步显现】　到2009年底,全区19家镇村二三产业基地大部分已初具规模,形成了各自的产业特色,已成为地区经济发展不可或缺的有效载体和重要力量。到年底,规划工业用地面积5.6万亩,累计入驻企业482家,累计完成投资221亿元,解决本地劳动力就业3.9万人,2009年入驻企业实现销售收入327亿元,利润23亿元,税金16.5亿元,分别同比增长30%、46%和18%。2009年,19家基地新增基础设施投入5.4亿元,新增劳动力就业1165人,新增入驻企业45家,占地1824亩,计划投资84亿元,亩均投入达460万元,到年底实际完成投资22.7亿元。

(张铁良)

【推进项目建设增加发展后劲】　2009年,镇村共实施在建项目88个,计划总投资180亿元,已累计完成投资80亿元。2009年,镇村新开工项目35个,计划投资16亿元,已完成投资9亿元。新开工项目中投资5000万元以上的重点项目11个,其中投资1亿元以上项目3个。技术改造项目进度,2009年,镇村共有17家企业实施了技术改造,计划总投资7.6亿元,已经完成投资2.4亿元,其中当年完成投资2.1亿元。盘活闲置资产进度,2009年,镇村共盘活闲置项目59个,盘活资产总额7.8亿元,盘活场地1833亩,盘活建筑面积26万平米。

(张铁良)

【科技创新步伐加快】　2009年,镇村6家企业开发新产品8种,6种新产品是企业自主研发,具有知识产权。2009年,镇村企业新组建科研生产联合体16家(其中与大专院校、科研院所联合14家,与民营企业联合2家),累计引进各类技术人才896人。2009年,嘉寓、美驰商标被评为中国驰名商标,承天倍达被评为北京市著名商标。到年末,镇村企业中已经拥有中国驰名商标7件,北京市著名商标22件,中国名牌产品3件,北京市名牌产品11件。同时从业人员素质也得到了提升,到2009年底,镇村企业中具有大专以上学历的人员2.5万人,高中(中专)学历的人员4.2万人,分别占职工总数的11.1%和18.6%。

(张铁良)

【镇村二三产业效益】　2009年,镇村二三产业实现增加值145.8亿元,占全区GDP的比重为27.2%。2009年,镇村二三产业实现属地财税收入59.5亿元,占到全区属地财税收入的27.2%,镇村企业已成为地方财政收入的重要来源。到年底,镇村二三产业从业人员已达22.6万人,其中本地劳动力14.5万人,占全区农村劳动力总人数的64.2%。2009年,镇村二三产业为职工提供的劳动者报酬达36.2亿元,同比增长8.4%,人均月收入1335元。同时,镇村农产品加工业的发展也带动和促进了农业产业化的深入推进。2009年底,全区镇村农产品加工企业发展到46家,带动种养殖农户5.5万户,2009年实现收入46亿元,初步形成了龙头联基地,基地带农户的发展格局和新的产业链。

(张铁良)

非公经济

【概　况】 2009年,全区村级和个体私营企业共2.8万家,从业人员14万人,其中本地人员从业率68%。全年实现营业收入277亿元,利润20.7亿元,分别同比增长7.2%和7.8%。其中城区街道办事处及市场中心辖区内个体经营户8677家,从业人员3.3万人,实现营业收入81.3亿元,同比增长27.1%,创利润5.6亿元,同比增长12.3%;其中村级二三产业18859家,安置劳动力11.4万人。全年实现收入195.7亿元,同比增长3%,利润总额15.1亿元,同比增长11.8%,上缴税金7.4亿元,同比增长7.6%。

单位名称:顺义区经济和信息化委员会
地址:顺义区建新西街
电话:(010)69441064
邮编:101300
网址:http://www.jxw.bjshy.gov.cn

(付秀兰)

【村级二三产业主要行业构成】 工业企业2303家,吸纳劳动力就业55749人,其中本地工35536人,劳动者报酬6.9亿元,实现总收入100.4亿元,同比增长16.8%,创利润7.7亿,同比增长19.7%,上缴税金4.4亿元,同比增长29.4%;建筑业723家,吸纳劳动力就业11520人,其中本地工6930人,劳动者报酬1.3亿元,实现总收入9.9亿元,同比下降15%,创利润1.1亿,同比增长2.9%,上缴税金3827万元,同比下降35.4%;交通运输业6134家,吸纳劳动力就业12420人,其中本地工9452人,劳动者报酬1.6亿元,实现总收入35.7亿元,同比增长4.6%,创利润2.1亿元,同比下降0.7%,上缴税金1.4亿元,同比下降14.2%;批发零售业5237家,吸纳劳动力就业11410人,其中本地工7929人,劳动者报酬1.3亿元,实现总收入37.2亿元,同比下降21.8%,创利润3.1亿元,同比增长8.6%,上缴税金7670万元,同比增长14.5%;餐饮服务业3336家,吸纳劳动力就业9419人,其中本地工5958人,劳动者报酬1亿元,实现总收入10.1亿元,同比增长8.2%,创利润1.5亿元,同比增长8.4%,上缴税金3765万元,同比下降13.4%;社会服务业2015家,吸纳劳动力就业6964人,其中本地工3742人,劳动者报酬7660万元,总收入9.5亿元,同比增长9.9%,创利润1.1亿元,同比增长7.5%,上缴税金3384.3万元,同比下降18.4%。

(付秀兰)

【重点村拉动作用】 按村级二三产业总收入排序,排名前50位的村共计完成收入149.8亿元,利润9.5亿元,税金5.5亿元,分别占村级二三产业总量的76.5%、62.9%和74%。2009年,完成二三产业收入5000万元以上的村有63个,其中收入超亿元的村达到36个。

(付秀兰)

金融·保险

金　　融

金融服务

【概　况】　2009年10月11日,顺义区政府在顺鑫国际商务中心挂牌,宣布金融办正式成立。金融办是负责促进顺义区金融发展、金融服务和金融市场建设工作的区政府工作部门,内设综合科、发展科和服务科三个科室。在区委、区政府的正确领导下,金融办积极贯彻落实科学发展观,在市金融主管部门的大力支持下,在驻区金融机构的鼎力配合下,不断优化金融发展环境,不断创新金融工具,不断拓展金融业务,不断提升金融服务水平,求真务实,开拓进取,金融对全区经济社会发展的支持和促进作用日益明显。

单位名称:北京市顺义区金融服务办公室
地址:顺义区站前西街3号顺鑫国际商务中心9层
电话:(010)61409858
邮编:101300

(宋　颖)

【落实三定方案】　金融办自成立初期就参照市金融局职责,结合顺义区和部门实际,配合编办、发改委、财政局共同完成了三定方案的上报工作。明确了职能配置、内设机构和人员编制。

(宋　颖)

【魅力金博会】　2009年11月5日–8日,在王海臣副区长的亲自指导下,金融办会同发改委、投促局、临空办参加了北京市第五届国际金融博览会。博览会宣传了“绿色国际港、特色金融城”的理念,每天约有四万人观展,获得了“最佳区域经济风貌展现奖”和“最佳组织奖”两个奖项。

(宋　颖)

【中小企业集合票据】　2009年11月23日,顺义区率先在银行间债券市场发行了全国首只中小企业集合票据,融资2.65亿元,在顺义区中小企业间引起了强烈反响。

(宋　颖)

【离岸金融】　天竺综合保税区是全国首家空港型综合保税区,是发展离岸金融的天然沃土,具有发展离岸金融的天然优势。2009年金融办与区委研究室和综保区共同推进离岸金融研究,搭建综保区离岸金融发展平台。

(宋　颖)

中国银行顺义支行

【概　况】　中国银行股份有限公司北京顺义支行(简称中国银行北京顺义支行或支行)正式成立于1988年7月11日,隶属于中国银行股份有限公司北京市分行。2009年,支行内设“五部一室”(计划财会部、业务监督部、公司业务部、个人金融部、营业部、办公室),下辖7个经营性支行,共有员工159人。支行经营范围有,许可经营项目:办理人民币存款、贷款、结算业务;办理票据贴现;代理发行金融债券;代理发行、代理兑付、销售政府债券;代理收付款项。办理外汇存款;外汇汇款;外汇贷款;外币兑换;国际结算;结汇、售汇;代理国外信用卡付款;通过上级行办理代客外汇买卖。你总行在中国银行业监督管理委员会批准的业务范围内授权的业务;保险兼业代理险种;保险法律法规和行政规章制度许可范围内的险种。

单位名称:中国银行股份有限公司北京顺义支行

地址:北京市顺义区府前西街4号

电话:(010)69447455

邮编:101300

(胡桂珍)

【内控管理】　加强内控管理是支行常抓不懈的一项重要工作。支行设置内部控制及风险防范组织架构,制定了年度内控检查计划,严格贯彻从严治行,层层负责的风险防范措施。以主管行长负责,业务监督部管理,基层网点专人直接监督,先后设置内部控制合规员,过渡性科目监督员、反洗钱专管员,将内部风险控制责任到人。业务监督部一直坚持充分发挥业务监督检查职能作用,以提高风险防范意识、狠抓内部控制、规范操作规程为出发点,认真贯彻落实总分行各项规章制度。定期对风险控制为重点的业务合规性、现金管理、反洗钱管理、会计及授信档案管理、银企对账、有权机关查划冻管理、银行承兑汇票开立及贴现等业务逐项进行合规检查。10月,支行所辖8个网点的内控合规达标工作通过了分行检查小组的验收。另外,支行还加大了非现场监督检查力度。

(胡桂珍)

【党风廉政建设】　支行领导班子成员严格按照《中国银行北京市分行党风廉政建设责任制实施办法(2009年版)》的各项规定执行,并作为中心组组织学习的内容,在工作中严格要求自己,并加强各部门的管理。支行于年初与分行签订党风廉政建设责任书,将党风廉政建设纳入责任目标管理的考核。支行利用行务会、部门晨会深入开展党风党纪和反腐倡廉教育,提高广大党员和员工廉洁自律、遵纪守法、合规经营的自觉性。支行定期召开民主生活会。认真落实《中共中央纪委关于严格禁止利用职务上的便利谋取不正当利益的若干规定》、《中国银行党员领导干部报告个人有关事项的规定》、《关于厉行节约九项措施的通知》等从业规章制度。

(胡桂珍)

【企业文化建设】　2009年,支行在2008年开展争创首都一流银行服务达标活动的基础上继续开展此项活动。活动总体要求:按照银行业对文明优质服务工作的要求,以国际化大银行的服务水准为参照,突出规范管理,落实规章制度,建立激励机制,完善考核体系,通过达标考核活动,提高全员服务意识,努力提升服务技能和工作效率,确保我行服务质量能够在一年内达到首都一流水平。落实《中国银行北京市分行文明优质服务分级管理目标考核办法》和《中国银行北京市分行员工规范服务日常管理考核办法》。经过一年的努力,6月份,支行营业部和所辖7个营业网点,全部通过分行考评小组的考评,服务质量达到要求。

(胡桂珍)

【创建和谐的工作环境】 支行充分发挥工会组织在创建和谐环境中的作用。支行关心员工生活,增添体育设施,组织体育比赛,丰富员工业余文化生活;组织员工旅游,组织保健知识讲座,舒缓员工紧张的工作压力;发放图书卡、洗衣卡、发放防暑降温物品,组织全体员工体检,并参加区政府组织的免费为区户籍25岁至65岁已婚妇女病筛查活动。在员工生日时支行领导及时送上生日蛋糕,行长一直坚持亲自给员工写贺卡,根据员工的岗位、职位、年龄等写上表达对员工辛勤工作的感谢及良好的祝福。在员工生病时,行领导都要亲自到医院看望。

(胡桂珍)

【网点建设】 中国银行北京顺义支行加强网点建设,网点统一布局。2009年3月30日,经中国银行业监督管理委员会北京监管局批准,同意中国银行股份有限公司北京林河开发区支行迁址开业。新址为"北京市顺义区石园南大街16号"。2009年8月11日,经中国银行业监督管理委员会北京监管局批准,同意中国银行股份有限公司北京天竺支行迁址开业。新址为"北京市顺义区天竺花园天韵阁101号、102号"。

(胡桂珍)

工商银行顺义支行

【概　况】 2009年,工商银行顺义支行积极应对复杂多变的内外部经营形势,认真贯彻总分行各项决策部署,紧扣区域经济发展脉搏,牢固树立积极进取的竞争意识和又好又快的发展理念,以科学发展观为指引,围绕"建设一流的金融机构,创造一流的经营业绩"的目标要求,以防范风险为前提,以提高能力为依托,以调整结构为手段,以团队建设为重点,积极推动各项金融工作有效开展。

单位名称:中国工商银行股份有限公司北京顺义支行

地址:北京市顺义区仓上街1号

电话:(010)69443932

邮编:101300

(王全良)

【资产业务发展】 重点关注顺义区域内重点工程、重点客户,积极提供信贷支持,新增公司贷款主要集中在房地产客户和北京汽车城投资管理有限公司、北京市土地整理储备中心顺义区分中心、北京燕京啤酒集团公司、首都机场集团公司、北京中展投资发展有限公司等优质客户。加大了纯按揭、二手房、抵押等个人贷款的营销投放力度,个人贷款业务实现突破性增长。依托区域资源优势,积极拓展了小企业信贷市场,先后对一批符合国家产业政策和总行行业信贷政策,生产经营稳定,产品有市场,经济效益好的小企业提供信贷支持。同时,积极推进资产结构优化,大力发展了贸易融资与票据业务。

(王全良)

【学习型银行建设】 根据总、分行"创建学习型银行,争做知识型员工"活动要求,以"全面提升员工队伍素质,持续增强竞争发展能力,为支行改革发展提供可靠的智力支持,全力打造现代化的精品支行"为构建方针,积极开展了学习型组织建设。积极倡导了读书成才、读书发展、读书健康的理念。在全行范围开展了"送知识、鼓干劲、创佳绩"和"创新始于学习,成功源于读书"的主题读书活动。加强了"职工书屋"建设,投资更新图书700余册,分类内容涉及职业、生活、历史、教育、情感、健康等多方面,将所藏全部图书按照党团工作、业务资料、基础知识、经济管理、人生哲理、各类小说、生活健康和音像资料等内容进行认真重新分类，方便和满足了员工及时查阅业务资料和业余学习的多种文化需求，为职工提供了一个良好的学习知识、获取信息、提高素质、丰富文化的重要平台。2009年，支行被评为“顺义区思想政治工作先进单位”、“顺义区构建学习型社会工作先进单位”，并经分行推荐申报总行级“学习型组织先进单位”。

（王全良）

【内部控制与风险管理】 按照北京银监局的要求，根据分行工作安排，支行自4月4日至6月30日以“法人客户新增贷款及银行承兑汇票签发业务、银行承兑汇票贴现业务、个人贷款业务、对公存款业务、对公理财、个人金融业务、运行管理、银行卡业务、网上银行、IT系统、岗位转换及强制休假、员工行为动态”等11大项内容为重点，认真开展了案件风险“百日大排查”活动。通过活动开展，员工风险防范意识和自我保护意识有效提高，支行风险管理水平、案件风险防控能力进一步增强。

（王全良）

【教育培训】 以提高员工从业素质为目的，加大了教育培训工作力度。全年共组织高管人员3人次参加分行组织的“高级管理人员执行力”培训；选派24人次中级管理人员参加“国际业务”、“代理财险”、“团队领航人”等多项培训学习；组织55名客户经理参加了“个人信贷审批人”、“国际结算及贸易融资产品经理”、“个人客户经理资格认证”、“国际业务”等专业培训。并积极创新教育培训手段，进一步推进远程教育培训模式，全年共组织远程教育培训百余人次。截至2009年末，支行具有金融理财师（AFP）以上资质人员21人、综合柜员资格38人、综合客户经理资格5人，另有其他社会认证资格人员近50人。

（王全良）

【金融服务】 2009年，支行持续加强了客户经理和大堂经理队伍建设，以积极提升高端客户服务品质。在加强员工服务教育和养成教育，积极推行服务标准化管理的同时，出台了《营业网点服务工作管理考核办法》和《投诉管理违规积分实施细则》，突出对一线网点加强服务管理、服务能力、服务规范三大方面的考核，突出加强了客户投诉管理。同时，加大了服务检查频率，进一步健全了客户投诉响应机制，一线网点主动服务意识和金融服务水平有效提升。

（王全良）

【爱国主义教育】 围绕庆祝新中国成立60周年，结合行业特点，积极参加分行开展的主题为“我和我的祖国”征文比赛、主题为“发现北京之美”数码摄影大赛暨“图片背后的故事”征集活动；开展了“为工行添彩，为国庆献礼”服务大提升活动；积极组织广大党员参观“抗日烈士墓”，开展“缅怀革命先烈，弘扬爱国热情”主题教育活动等，在全行加强了爱国主义教育。在分行举办的“庆祝新中国成立60周年文艺汇演”中，支行经过精心组织与编排的表演节目——腰鼓《为祖国喝彩》荣获一等奖。

（王全良）

保　　险

中国人民财产保险顺义支公司

【概　况】 中国人民保险集团公司系1949年成立，中国内地经营历史最悠久的保险企业中国人民保险公司变更而来。其分支机构中国人民财产保险股份有限公司北京市顺义支公司(简称:人保财险顺义支公司)作为顺义地区最大的财产保险公司,经营除长期人身保险以外的所有保险业务,包括企事业单位财产保险、建筑和安装工程保险、货物运输保险、机动车辆保险、家庭财产保险、责任保险、信用保证保险、人身意外保险、健康保险、农业保险等险种。公司设有综合部、理赔分中心及七个营业部全方位为客户服务,并拥有三十多家保监局批准的保险代理机构,方便客户就近投保。

名称:中国人民财产保险股份有限公司北京市顺义支公司

地址:顺义区新顺南大街1号

电话:(010)69441191

邮编:101300

网址:http://www.picc.com.cn

【经营理念】 多年来秉承"人民保险为人民"的企业宗旨,始终遵循"以市场为导向,以客户为中心"的经营理念,全心全意服务好顺义区老百姓。

(中财保险顺义支公司)

【保险业务】 多年以来,人保财险顺义支公司业务规模一直保持了良好的增长态势,市场份额持续领先,为顺义区人民提供全方位保险保障服务。2009年保费规模2.59亿元人民币,其中区内业务2.2亿元。全年已决赔案支出1.592亿元;未决赔案赔款4037万元。纳税总额1022万元。中国人保财险作为第七届花卉博览会唯一的保险合作伙伴,成功为花博会提供了财产、责任、人身意外等全面的保险保障服务,展会期间我公司先后派员10名志愿者参与花博会的服务工作。人保财险北京分公司启动了花博会承保方案设计、产品开发与服务体系构建等工作,为花博会成功举办撑起了一张完善和坚实的保障网。

(中财保险顺义支公司)

中国人寿保险顺义支公司

【概　况】 中国人寿保险公司是国家大型金融保险企业,总部设在北京,公司前身成立于1949年,是我国唯一的"双世界500强"保险企业。中国人寿在寿险行业始终保持专业领先的竞争优势,公司拥有强大的产品与创新能力,不断丰富保险产品和服务能力。公司的投资运作高度专业化,是国内最大的机构投资者之一。公司厚积薄发的竞争优势在市场上占据先机,市场份额连年第一,公司除长期经营人寿保险、健康保险、意外伤害保险等各类人身保险业务;人身保险再保险;国家法律法规允许或国务院批准的资金运用业务;还有各类人身保险服务、咨询和代理业务和国家保险监管部门批准的其他业务。

单位名称:中国人寿保险股份有限公司北京市顺义支公司

地址:顺义区府前东街2号

电话:(010)69445704

邮编:101300

(朱海军)

【品牌和荣誉】 截至2009年12月31日,人寿公司总资产达人民币12,262.57亿元,偿付能力充足率为303.59%。截至2009年,我公司连续七年入选《财富》"世界500强",排名第118位,在54家入选的中国企业中排名第8位。2009年4月24日,我公司入选2009中国慈善排行榜"十大慈善企业",成为保险业唯一上榜企业。"神舟"5号、6号、7号发射的唯一保险承保商

(朱海军)

【一流的服务理念】 公司秉承"成己为人、成人达己"的双成文化理念,遵循"笃守信誉、忠

诚服务”的宗旨,长期致力于为客户提供热情、真诚、准确、高效的服务。中国人寿顺义支公司在顺义区广大人民群众的厚爱和支持下,2009年的保费收入高达2.2亿元,2009年全年满期给付和各项赔款总计4689件,金额总计4990余万元。为数千个家庭送上急用的现金。现有员工30人、代理人498人、银行客户经理28人、理财师25人。中国人寿顺义支公司设有营销业务部、团体销售部、中介代理部,还有农村服务网点8个。

(朱海军)

城乡建设及管理

城乡建设

综　述

2009年,全区建筑业开复工面积970万平米,同比增长9%,其中新开工298万平方米,同比增长27%,竣工275.5万平方米,同比增长66.6%。完成建筑业产值89亿元,同比增长17%;实现利润4.6亿元,同比增长5.7%;缴纳税金4.4亿元,同比增长6.4%。其中入区建筑企业纳税2.1亿,同比增长11%。

2009年,全区房地产业开复工面积551万平方米,同比下降7.7%,其中新开工面积214.5万平方米,同比增长22.5%;新开工的房地产项目中有住宅205万平方米(包括一类住宅21万平方米,二类住宅125.3万平方米,保障住宅58.7万平方米),有商业项目9.5万平方米。房地产项目竣工124.2万平方米,同比增长132.6%,其中住宅竣工115.8万平方米,商业项目竣工8.4万平方米。

2009年,房地产业完成投资203.2亿元,同比增长82.4%,占社会固定资产投入的66.8%。累计销售商品房166万平米,实现销售额185.7亿元,同比分别增长154.1%和142.7%,其中一类住宅销售122.8万平方米,112.7亿元,二类住宅销售43.2万平方米,73亿元。

截至2009年底,全区有存量商品房37.3万平米,其中一类住宅21.3万平米,二类住宅16万平方米。

医院急诊病房综合楼工程完成主体施工,空调、管线及外装施工进展顺利,计划2010年底完成全部外装工程;殡仪馆迁建项目基础已完工,2010年6月完成主体施工;裕龙三区幼儿园和金汉绿港幼儿园已建成并投入使用;公共劳动力实训基地和电子政务中心项目设计方案已经确定,劳动力实训基地占地拆迁已经开始,电子政务中心征地工作基本结束;文化、体育中心已进入可研编制阶段,商业中心正在办理立项和规划手续;M15号线拆迁及林木伐移工作全部结束,地铁建设全线开工,高架段轨道铺设工作已经完成,2010年高架段可实现正式运行。

2009年确定保障房项目26个,427.5万平方米。其中:建设廉租房项目1个,即:在站前街商业金融项目中配建廉租房1230平方米,方案设计进展顺利,预计2010年3月开工;建设经济适用房项目5个,9栋,其中望泉家园A区(石景苑)4栋,2.6万平方米,已完成精装修,具备配售条件,摇号规则及分配方案已编制完成;另外,在4个小区锅炉房原址建经济适用房5栋,1.5万平方米,石园西区的1栋已完成基础施工,西辛北区的2栋已完成主体结构,正在装修,五里仓和胜利两个小区待明年停暖后立即启动;配建限价商品房项目7个,29.2万平方米,目前站前西街项目已完成基础施工,后沙峪项目主体完工,均具备预售条件,新城8号地项目和张庄改造二期工程正在进行基础施工,南法信华忆园、后沙峪吉祥庄、牛栏山半壁店等3个项目正在办理相关手续,预计2010年春节后开工;另外,建设回迁房项目13个,394.1万平方米,现代花园一期共19.5万平方米已经竣工,计划2010年5月份用于杨家营、杜格庄、军营三个村回迁安置;二期14万平方米正在进行主体施工,可于2010年年底竣工;三期22.5万平米方正在办理规划许可证,计划2010年6月开工。马坡新城安置房项目48万平方米,分三期建设,一期12万平方米已竣工,正在进行回迁安置,小孙各庄村已完成回迁,东丰乐已完成70%回迁,下一步安排向阳村回迁;二期17万平方米已经竣工,5万平方米主体封顶;三期14万平方米计划2010年3月开工。港馨家园东区总建筑面积约25.3万平方米,分两期建设,一期14.8万平方米竣工,完成了哨马营、十里堡两村的回迁。二期10.5万平方米已经完工,正在筹备竣工验收,2010年春节前完成马家营村全部回迁。花梨坎安置房项目共12万平方米,正在进行地下室施工,冬歇前达到正负零,计划2010年底前竣工;牛栏山张庄安置房项目共14万平方米,正在进行主体7层施工,计划明年9月底前竣工。陶家坟、英各庄、前进、太平、望泉寺、火神营、东庄、胡各庄、下坡屯等9个村的8项安置房项目正在办理相关手续,将于2010年春节后陆续开工。

2009年,我区廉租房、经济适用房和限价房准入标准及准入条件全部确定,申请审核工作正在进行。全年已有81户家庭取得廉租房租金补贴,416户家庭通过经济适用房资格审核,限价房申请审核工作通过宣传动员取得了突破性进展,申请家庭明显增加,并且审核速度较快。全年镇、街住保办审核1682户,区住保办审核1108户,上报市住保办审核881户,通过市住保办审核的有643户,预计2010年1月底前可完成1280户,可将站前西街项目全部配售。

2009年新农村建设累计投入资金4.7亿,新建农村公厕336个,硬化街坊路303.72万平方米,铺设自来水管网228.48公里,安装水表5929户,改造旱厕26081个,编制村庄规划133项。新建太阳能公共浴室51座,安装太阳能路灯990盏,更换非节能灯总成5000余套,完成既有农宅节能保温改造312户,建成粪污治理工程7处。

行政监管成效明显。一是安全生产得到有效保障,实现了全年零死亡目标;二是施工质量得到有效控制,工程验收合格率达100%;三是违法建设得到有效遏制,全年查处违章工程98项,24万平方米,违建势头明显减弱;四是施工环境得到有效整治,扬尘污染基本解决,施工环境明显改善,15个工地被评为市级文明工地,27个工地被评为区级文明工地;五是工程款和劳务费支付得到有效落实,支付率(100%和98%)超过全市标准(98%和95%),拖欠情形明显减少。

单位名称:顺义区建设委员会
地址:顺义区府前东街甲25号
电话:(010)69444996
邮编:101300
网址:http://www.jianwei.gov.cn

规划管理

【概　况】 2009年是祖国六十华诞之年，是面临严峻挑战、蕴含重大机遇的一年，也是任务艰巨、工作关键的一年。2009年，《关于城市规划管理体质创新的规划研究》和《顺义新城地名规划探析》分别获得市规划系统优秀调研成果三等奖，极大的鼓舞了分局干部职工。在市规划委和区委、区政府的坚强领导下，分局全体干部职工坚持以科学发展观为指导，紧紧围绕中心工作，全力以赴保增长、千方百计抓落实，牢固树立战胜危机的勇气志气、坚定加快发展的信心决心、发扬连续作战的优良作风，以奋发有为的精神状态，扎实有力的工作措施，超常规开展工作，高质量抓好落实，圆满完成各项工作。

单位名称：北京市规划委员会顺义分局
地址：顺义区府前西街11号
电话：(010)69444751
邮编：101300
网址：http://www.guihua.bjshy.gov.cn

（北京市规划委员会顺义分局）

【M15号线建设及周边规划工作】 积极配合完成地铁M15号线的选线、站点位置、交通组织等方案设计工作，组织研究前期的市政管线迁改方案，编制完成M15线轨道沿线土地资源优化调整方案及地块控规，为周边土地的高效开发利用提供规划指导，构筑关联程度高、拉动能力强、具有反磁力特征的轨道交通经济圈。

（北京市规划委员会顺义分局）

【土地储备及村庄拆迁工作】 积极推进以政府为主导的村庄拆迁模式，配合相关单位完成了前进、太平等20个村庄拆迁，完成了村庄安置用房规划选址、市政管线综合及修建性详细规划方案，并广集民意，制定了搬迁安置用房主导户型，目前，进入土地储备用地约10平方公里，为促进土地集约高效利用，拓展承接高端产业转移和重大项目入驻的产业空间奠定了坚实基础。

（北京市规划委员会顺义分局）

【保障盛世花博成功举办】 以高效便捷的审批、优质的服务，完成了花博会周边市政基础设施、周边道路全部规划审批工作，并积极配合市规划委、市规划设计院组织编制完成《花博会外部交通保障方案》，为盛世花博的成功举办提供坚实保障。花博会主展馆以其精美绝伦的设计得到社会各界的广泛关注和高度评价，分局被北京市第七届花卉博览会指挥部授予“最佳创新奖”。

（北京市规划委员会顺义分局）

【服务重大项目建设】 加快推进中航工业三大核心板块、汽车研发基地等一批重大项目开工建设，完成了航空产业园和现代汽车第三工厂规划选址工作。通过现场踏勘，深入调研论证，确定现代第三工厂选址于杨镇工业用地内，现代三工厂的规划选址建设将对辐射带动河东各镇产业升级改造，提升镇区公共服务及市政基础设施的建设，解决农民就业问题，改善顺义区东西部产业发展不均衡现状，统筹全区经济协调发展起到重要作用。

（北京市规划委员会顺义分局）

【城乡规划】 不断深化规划编制，加强新城街区控规深化方案的备案工作，在市规划委相关处室的大力支持下，组织编制完成新城32个街区控规深化方案、新城之外11个镇中心区控制性详细规划取得市规划委的备案和审查意见，成为全市第一个实现新城街区及各镇中心区控规全面覆盖的区县。深入推进新农村规划编制工作，完成了133个新农村村庄规划编制，并组织编制完成了全区市政总体规划方案，积极推进重点镇市政基础设施项目前期规划工作，会同区相关单位确定四个重点镇市政基础设施项目包装，编制完成了交通及市政基础设施的前期方案设计并得到市规划委审查意见。为科学引导城市健康发展，加快城乡一体化进程奠定了坚实基础。通过优化整合、摘录精髓，将街区控规深化方案和镇域规划汇编成册(向各级部门发放3000余册)，为新城各街区、工业园区以及各镇经济发展提供科学指导，并会同清华大学整合深化吴雄寺及寺上村庄规划，编制完成《北京乡村地区可持续规划设计研究》获得第2届豪瑞可持续建筑大奖赛亚太地区金奖，为深入研究顺义区以及全市城乡可持续发展提供了重要参考依据。

(北京市规划委员会顺义分局)

新城建设

【概　况】 2009年是中华人民共和国成立60周年之际，在这举国欢庆的一年中，顺义新城也在不断地蓬勃向上发展。顺义新城管委会坚持以科学发展观统领全局，认真落实《北京市城市总体规划》和《顺义新城规划》，不断加快推进顺义新城马坡组团又快又好的发展，以服从中心、服务大局为宗旨，团结协作，求实创新，扎实推进各项工作。顺义新城马坡组团招商引资及重点项目建设、村庄拆迁及安置、市政基础设施建设、居住区建设等工作顺利进行。

单位名称：顺义区新城建设管理委员会
地址：顺义区顺泽大街65号
电话：(010)69448100
邮编：101300
网址：http://www.xincheng.bjshy.gov.cn

(顺义区新城建设管理委员会)

【招商引资及重点项目建设】 顺义新城马坡组团努力打造以金融产业为重点，以总部经济为特色的经济核心区，重点吸引总部型、结算型、创意型企业入驻，努力形成产业与城市的协调发展。一是民生银行总部基地项目破土动工，推动顺义新城金融总部基地建设。

该项目于2005年12月签约，总建设用地面积约200亩，容积率为1.0，总建筑面积约13万平方米，总投资约10亿元。2009年5月25举行了隆重的开工奠基仪式，7月开工建设。

民生银行总部项目破土动工，扩大了顺义新城的知名度和影响力，将吸引更多的金融产业加速向马坡组团聚集。二是金蝶软件总部基地项目建设进展顺利，推动区域高新技术产业发展

该项目于2008年4月签约，总建设用地面积约187亩，容积率为1.2，总建筑面积约20万平方米，总投资约7.5亿元。年内完成了土地转让手续办理工作，确定了规划设计方案，并于09年9月9日举行了开工奠基仪式。该项目的建设将带动我区高新技术产业发展，为区域经济持续发展注入新的活力。三是总部基地的示范、带动和辐射效应初步凸显。随着民生银行和金蝶软件两个总部型项目的入驻和相继开工，顺义新城(马坡组团)的产业品质和区域形象得到有效提升，已经吸引了北京银行、中信银行、中国人民保险集团公司、格林集团、正德人寿、北京华贸中心等多家高端企业将目光投向马坡组团，并有意在此建设总部基地。

(顺义区新城建设管理委员会)

【市政基础设施建设】 适度超前、优先发展城市基础设施是实施新城规划、引导新城发展的前提条件。我们按照顺义新城发展目标，切实推进基础设施建设，积极发挥基础设施的引导作用，建立了高效、便捷、安全的城市支撑体系。年内，完成了“十四路、一桥、一通道”建设，已投入建设资金9亿元。具体如下：“十四路”即顺丰大街、乾安路、顺成大街、仁安路、顺祥街、顺泽大街(西段)、花园南小

街(北段)、通运路、顺兴街、顺恒大街、顺政街、坤安路(北段)、枫桥北路、龙苑南路;“一桥”即和安路跨顺成大街立交桥;“一通道”即位于顺成大街与顺安路相交路口的互通式人行地下通道。

(顺义区新城建设管理委员会)

【村庄拆迁及安置工作】 年内启动了小孙各庄村、东丰乐村的回迁工作。小孙各庄村回迁工作已于11月18日全部顺利完成。同时,启动了大营、北上坡、东马坡、肖家坡的拆迁工作已经同时启动,涉及694宗宅基地。

【居住区建设深入推进】 按照以人为本、节约资源、生态环保的原则,创新设计理念,创新管理方式,建设以人为本的生态示范居住区,吸纳高端人群入住,不断增强新城的品质。年内,马坡组团内佳和宜园、金宝城、香悦四季、民生花园、鲁能7号院、富力湾等多个居住区项目正在建设,总建筑面积达224万平方米。

(顺义区新城建设管理委员会)

新农村建设

【概　况】 2009年,按照北京市社会主义新农村领导小组综合办公室的工作安排部署,“五+三”工程全面推进,完成顺义区新农村建设“五项基础设施”工程“四年任务两年完成”的工作目标,安排了190个村庄进行“五项基础设施”建设,同步启动了涉及全区150个村的7项新农村“三起来”工程。

单位名称:顺义区新农村建设办公室

地址:顺义区府前东街甲25号

电话:(010)69440167

邮编:101300

(邵德斌)

【“五项基础设施”工程】 全年“五项基础设施”建设实际完成投资51420.28万元。其中,市级转移支付资金23893.26万元,区级配套资金27441.02万元,镇村自筹资金86万元。修建街坊路353.72万平方米,街坊路两侧绿化139万平方米,户厕改造72800户,新建村级公厕349座,2个村进行污水治理,对40个村老旧自来水管网进行改造(4个村一户一表改造),9个镇的垃圾分类处理,完成133个村村庄规划编制。

(邵德斌)

【“三起来”工程】 全年“三起来”工程实际完成投资8646.34万元。其中,市级转移支付资金4475万元,市级专项资金1481.35万元,区级配套资金1943.99万元,村级与农民自筹资金746万元。新建太阳能公共浴室51处,安装太阳能灯1100盏,更换村内街道非节能灯照明总成5000套,既有农宅节能保温改造232户,新建大型沼气集中供气工程1处,新建大型生物质气化集中供气工程1处,完成规模猪场粪污治理工程10处,绿色照明工程(发放户用节能灯126.5万只),建成雨洪利用工程11处,农村优抚社救对象危房翻建维修工程(共涉及509户)。

(邵德斌)

空港建设管理服务

【概　况】 2009年是继奥运之年后,顺义发展史上具有特殊重要意义的又一年。在区委、区政府的领导下,空港中心深入贯彻落实科学发展观,围绕全区“保增长,保民生,保稳定”的工作大局,开拓创新、扎实工作,较好完成了樱花园小区噪声治理、花博会“一对一”服务、世界航线发展论坛协调保障等各项任务,单位建设迈入新的发展阶段。

单位名称:北京空港建设管理服务中心
地址:北京市顺义区首都机场四纬路99号绿港国际商务中心
电话:(010)84169955
邮编:101300

(北京空港建设管理服务中心)

【拓宽服务领域】 空港中心充分融入顺利发展临空经济的大局中,全面履行"服务机场,服务顺义,服务临空经济"的职责。树立"以我为主"的服务意识,不仅在噪声治理等工程领域做好组织、协调、服务,更拓宽了在世界航线发展论坛、贵宾接待等方面的服务保障。

(北京空港建设管理服务中心)

【增强处理利益关系的能力】 空港中心负责的多项工作都处于居中协调的角色,一方是首都机场集团公司等中央企业,另一方是顺义广大的人民群众,双方都是"四个服务"对象之一。工作中,深入研究和科学认识重点工程、重要事项中的各种关系,全面把握来自各方面的利益诉求,自觉运用统筹兼顾的根本方法,找准决策、政策和工作的平衡点,妥善解决工作中遇到的各种问题。

(北京空港建设管理服务中心)

【管理创新提供工作效能】 迁入绿港国际商务中心后,空港中心及时成立了北京鑫鑫绿港商务服务中心,全面管理大厦运行。利用该企业作为合作平台,邀请机场要客部委派高级管理人员参与管理,此种创新的合作管理模式收到了良好效果,合作内涵正在不断充实。

(北京空港建设管理服务中心)

城管监察

【概　况】 2009年,顺义区城市管理监察大队(简称顺义城管)在区委、区政府的坚强领导和市城管执法局的正确指导下,以科学发展观为统领,按照"精细管理、精致服务、精心维护、精美目标"的要求,坚持"围绕花博抓保障"、"围绕经济企业抓服务"、"围绕基层群众抓难点"、"围绕重点区域抓整治"的工作思路,创新理念,完善机制,正确履职,锐意进取,扎实工作,充分发挥城管监察和综合执法的职能作用,实现了年初制定的工作目标,较好的完成了各项工作任务。2009年,通过综合执法,共规范违法行为39.3万起,立案查处案件3418起;通过监察,对责任单位发送《告知书》、《责令改正通知书》3574份,解决问题16.1万个。

单位名称:顺义区城市管理监察大队
地址:顺义区府前东街6号
电话:(010)81490007
邮编:101300
网址:http://shy.bjcg.gov.cn

【2009年工作务虚会】 1月18日,顺义城管大队召开2009年工作务虚会。提出"大城管、大监察"的工作模式,探索综合执法与监察并举的职能,通过综合执法解决违法行为问题,通过监察解决因责任不到、工作不到位出现的问题;同时,明确了"第一时间发现问题,第一时间解决问题"、"以人为本,执法为民"、"严格执法,服务大局"的工作理念,建立了"以分队为基础,以巡查为核心,以督查为中枢,以监察为保障"四位一体的工作运行机制,制定了考核、责任追究和领导干部条块结合的管理机制,为正确履行城管监察与执法的双重职能奠定了基础。

(顺义区城市管理监察大队)

【首次在报纸刊登送达公告】 3月2日,鉴于违法建设当事人在国外工作,顺义城管在《人民日报》海外版上以公告的形式刊登了《强制拆除决定书送达公告》,这是北京城管首次面向海外发布公告。既体现了顺义城管"以人为本"和"执法人性化"的理念和服务型政府的形象,也维护了相对人知情权的合法权益,使法律进一步升级。

(顺义区城市管理监察大队)

【召开城市管理监察大会】 3月10日,在顺义宾馆召开了顺义区2009年城市管理监察大会,顺义城管党委书记、大队长周霆钧做了工作报告,从理清工作职责,找准工作定位,完善工作机制,加大执法力度,强化履职措施,提高队伍素质,抓实基础工作,服务中心工作,明确重点工作等几个方面做了详细说明。副区长赵贵恒参加了会议并做出了重要指示,对顺义城管的做法和取得的成绩给予了肯定,并要求继续探索"大城管、大监察、大服务"的工作模式。

(顺义区城市管理监察大队)

【首次召开听证会】 7月10日,顺义城管按照被处罚单位北京市永平电子仪器厂提出的听证要求,依法举行了行政处罚听证会。此次听证会议是顺义城管首次举行的违法建设较大数额罚款听证会。听证会上还邀请了市区两级媒体对听证会议进行旁听,充分体现执法"公平、公正、公开"原则。

(顺义区城市管理监察大队)

【市委研究室、市城管局领导调研】 8月5日,市委研究室副巡视员赵毅、市城管综合行政执法局局长车克欣到顺义城管调研。副区长赵贵恒,顺义城管领导周霆钧、刘德志、王银兰参加。调研中,顺义城管大队长周霆钧同志就《深入贯彻落实科学发展观,探索城市管理监察新模式》以及针对当前面临的难点、困难采取的对策、措施向市委研究室、市城管综合行政执法局领导介绍了顺义城管"大监察、大城管"模式,得到了市委研究室、市城管局领导的认可。

(顺义区城市管理监察大队)

【建立违法建设联合执法联动机制】 8月28日,顺义区委、区政府出台了京顺发〔2009〕35号《关于加强违法建设查处工作的实施意见》,成立了顺义区违法建设查处工作领导小组,领导小组下设办公室,办公室设在区城管监察大队。建立并形成了拆除违法建设"属地政府为主体牵头组织、区违法建设查处工作办公室协调监督、各职能、执法部门共同参与"的联合执法联动机制,取得了明显的效果。全年共拆除违法建设166宗、21.6万平方米、围墙1233延米、水泥路面2000余平方米,严厉打击和震慑了违法建设行为。

(顺义区城市管理监察大队)

【市政府法制办领导调研】 10月29日,市政府法制办执法监督处处长鲁安东、副处长强晓东以及市城管执法局副局长田才巨、法制处处长王志毅等领导到顺义城管调研。区政府办副主任王海松、法制办主任沈凤江、副主任王英华参加了调研。周霆钧大队长汇报了顺义城管履行监察职能的效果、做法以及"属地管理为主体、行业权属部门主责、综合协调部门指导、行政执法部门严格执法、城管部门综合监管"运行机制。市政府法制办的领导对顺义城管的做法及效果给予了充分肯定,认为既是理念上的转变,也是机制上的创新,真正体现了服务型政府。

(顺义区城市管理监察大队)

【完成花博、国庆环境保障工作】 一是在"保国庆、保花博百日大战"环境整治中,发挥监察职能,督促责任部门开展环境整治工作。各镇、街道、经济功能区等单位共组织联合执法上百次,出动4.2万余人次,车辆3800余台次,解决了私搭乱建、流动商贩、广告牌匾、堆物堆料、非法小广告、乱倒垃圾、白色污染等各类环境秩序问题。二是在杂草、拉拉秧专项整治活动中,发挥监察职能,督促各责任单位开展整治活动。各镇、园林、公路、水务、交通、环卫等单位共出动4.6万余人次,动用割草机等工具2300余台次,出动车辆3910余台次,累计清理杂草、拉拉秧1001万平方米,清理清运作业垃圾800余车,有效改善了环境。三是在国庆、花博会期间,出动执法人员3200余人次、执法车辆650余台次,规范和查处各类违法行为3501起,为2320余名游客提供了指路、疏导等综合服务，实现了重点地区无散发小广告、无非法客运车辆、无流动商贩等“十无”工作目标。

（顺义区城市管理监察大队）

【广州城管局考察交流】 12月24日，广州市城市管理局党委书记陈小朋率领考察团在市城管执法局副局长王连峰陪同下到顺义城管考察交流。顺义城管党委书记、大队长周霆钧对顺义城管寓管理于服务，寓监察于服务，由以综合执法为主向执法监察并重转变，探索建立“属地管理为主体、行业权属部门为主责、综合协调部门指导、行政执法部门严格执法、城管部门综合监管”的运行机制，全面提升城市管理效能，以及加强对流动商贩的管理，提高市容环境秩序建设水平等有关情况进行了介绍。广州城管局考察团和市城管局领导对顺义城管的创新理念给予了高度评价，并就城市管理工作进行了交流。

（顺义区城市管理监察大队）

【区委书记张延昆新春慰问】 2010年2月9日，区委书记张延昆到城管监察大队进行新春慰问。区委常委、宣传部长杨宝华，副区长赵贵恒，区市政市容委主任李国新陪同。顺义城管大队长周霆钧向与会领导汇报了顺义城管基本情况、存在问题和业务开展情况。张延昆书记对顺义城管在体制机制、工作力度、队伍建设等方面取得的成绩给予了肯定，并要求城管大队全体队员继续努力，为维护顺义的良好形象而付出自己的努力和心血，做出自己的贡献。

（顺义区城市管理监察大队）

市政管理

综　述

全年完成新改、建道路19条，总长约69.6公里；新建雨污水、给水、中水、电力、燃气、热力、电信、歌华、广播等市政管线总长约177.4公里；完成房屋地上物拆迁总面积20.5万平方米；树木伐移52.8万株；管线改移43.4公里；新敷设供电电缆（强电）120条公里，电信、有线电视光、电缆（弱电）300条公里；安装路灯1622基；绿化面积155.7万平方米；铺装面积10.55万平方米。各项城市管理工作不断深入，开展地下管线信息系统建设，涉及供水、排水、燃气等管线单位12家，61条主要道路，共普测地形图17.14平方公里，地下管线924公里。理顺了部分市政设施管理系统，将223处夜景照明管护工作和府前街、顺平路、白马路等8条主要道路的9353个井盖电子标识移交给顺义区市政维修管理处管理。完成京平高速、白马路东沿线等49处红绿灯建设工作。加强机动车停车管理，对全区乱收费和未办理物价核准手续的停车企业进行整顿，城区共备案有效停车场67个，停车位15440个，停车场经营企业32家。完成42个小区，47795户的信报箱补建、更新、维修工作。对城区6条主要街道12万平米人行步道彩砖进行修补。完成城区、花博会主场馆及鲜花港周边12条道路的交通设施整治工作。将城区主要街道及照明节点的节日照明全部应用LED光源材料装饰,总功率仅为150千瓦。发挥行业管理作用,加强燃气、供热安全监管,与全区51家燃气企业、32家供热企业企业签订了《安全生产责任书》,确保了燃气、供热安全。

环境建设方面完成《2009年环境建设任务书》确定台账任务216项、折子工程18项,累计清除垃圾和建筑渣土2.53万吨,清理乱堆乱放3500余立方米,拆除破旧建筑和私搭乱建12万平方米,建设景观墙4600米、空腹墙7700米,粉刷建筑65万平方米,对裸露土地实施简易绿化2.47万平方米,对杂草和拉拉秧进行了4次以上的清除,整修马路边沟220公里,粉刷树木200余万棵,摆放鲜花万余盆,悬挂景观道旗3400面,对42类11万件城区城市家具进行检查维护,各镇村维修、更换垃圾桶8000余个;利用春季、秋季环境整治黄金时节,开展环境综合整治百日大战、爱国卫生月等活动,清除道路两侧拉拉秧及杂草,对镇级以上公路两侧树木进行两次粉刷,对国庆游园的11公园周边环境整治,整治非法垃圾坑95个,环境脏乱点425处。精心进行节日景观布置,对城区垃圾桶、果皮箱、信筒、报刊亭、公用电话亭、公交站牌、早餐亭、街牌、派出所标牌、景观钟等10类城市家具进行了清洗擦拭。对花博会外围"三区、六园、九路、多点"进行了花卉布置,共栽摆鲜花600余万株,其中包括花卉小品388个、立体花坛9个,在城区主要大街、顺平路、顺于路、白马路等主要街道、公路以及花博会主展馆、国际鲜花港周边共悬挂道旗3400余幅。为花博会建设公厕8座,配置移动公厕60座,安装果皮箱300个,配置240升垃圾桶500余只,各类垃圾清扫专业车辆10辆,圆满完成了花博会外围保障工作;农村垃圾规范化管理工作整体推进,垃圾清扫保洁及垃圾清运情况良好,村内环境卫生状况有明显提高,所有垃圾运往区垃圾处理中心做无害化处理。加强了对市级挂账的174处非正规垃圾填埋场的环境监测。完成了H1N1流感防控卫生垃圾焚烧炉的建设。积极推进复兴北街、花博会"边角地"环境拆迁,拆迁整治项目累计11.8万方平米;组织完成190个行政村的339座公厕的建设任务;对辖区户外广告、牌匾标识进行了全面治理、提档,各镇部分居民小区入口处新规划了39块LED电子显示屏;拆除了机场南线、枯柳树环岛周边、M15号线等20根影响环境和施工建设及违规单立柱广告牌;规范整治了顺沙路、顺安路等周边牌匾标识。

市政重点工程方面,全年共组织实施市政重点工程38项,包括2008年结转工程19项,2009年新建工程13项,推进前期工程6项。2009年底完工项目有3项,分别为财政局西侧路工程、花博会市政配套工程、顺通路辅路与京承铁路平改立工程,2009年新开工需跨年度建设项目14项,分别为:残联西侧路及裕安路跨机场北线分离式立交工程、首钢冷轧厂外部道路工程、机场东路跨六环桥(南环立交)工程、顺白路工程、天北路工程、地铁M15号拆迁导改工程、顺义区新城(城北)供热中心项目、顺义至平谷天然气供气工程、城西供热中心城区锅炉房并网、木邵路工程、北木路平改立工程、杨镇消防站、木林消防站、赵全营消防站工程。组织实施了花博会外部市政配套工程,累计新改建道路11条,总长约54公里,敷设水、电、气、通讯等各类市政专业管线135公里,安装路灯957基,绿化150万平米,铺装步道5.6万平米,为花博会主展馆和鲜花港新、改建临时停车场12处,总面积约60万平方米,安装图像信息安全监控检测探头33处。完成为民办实事工程5项,分别为石门市场排水工程、天北路路灯安装工程、顺木路路灯工程、4处路口改造和3处新建公交港湾工程及南彩公交首末站工程。完成了顺于路至京承高速连接线工程、花博会周边公交港湾改造工程、小天竺道路工程、北大沟消防通道修缮工程、航港二路北延长线工程等其他工程 5 项。全年共组织召开重点工程协调会议、工程例会、花博会市政工程及外围保障会议 385 次,整理工程会议纪要 147 份。

全区拥有天然气居民用户 8 万户,公福用户 282 家。燃气管道总长 866.99 公里,有 48 座调压站和 114 个调压箱投入运行,日供气能力 100 万立方米,日供气高峰 53 万立方米。开展了全区液化石油气专项治理,启动不漏村、不漏户的进行液化石油气钢瓶普查工作,印制宣传手册 20 万份,液化气钢瓶安全须知 600 份。

全区共有户外供热管网 553 公里,供热面积 1726 万平方米,供暖用户 12.1 万户,集中供热管理单位 32 个,供暖锅炉房 43 座。在 2008 - 2009 年供热季中群众供暖满意率达到了 99 %。完成了 3 个小区老旧供热管网改造工程。

单位:北京市顺义区市政市容管理委员会
地址:北京市顺义区府前西街 9 号
电话:(010)69444656
邮编:101300

(卢海珀)

国土资源管理

【概　况】 顺义区土地总面积约为 1020 平方公里,约占全市土地总面积的 6.22%。全区由平原、台地、丘陵和山地等四种地貌构成,平原面积约占全区总面积的 90.1%。根据 2009 年土地利用变更调查结果,全区土地利用现状概况见下表:

顺义区土地利用现状分类统计表

序号	土地类别	面积(公顷)
1	耕地	34750.26
2	园地	5310.03
3	林地	15674.44
4	草地	1723.26
5	商服用地	1914.96
6	工矿仓储用地	7556.38
7	住宅用地	11847.32
8	公共管理与公共服务用地	3420.98
9	特殊用地	433.05
10	交通运输用地	7850.55
11	水域及水利设施用地	7862.82
12	其它用地	3590.47
总　计		101934.52

单位名称:北京市国土资源局顺义分局
地址:顺义区光明北街 7 号
电话:(010)69445125
邮编:101300
网址:http://www.gtfj.bjshy.gov.cn

(蔺宝军)

【机构设置】 北京市国土资源局顺义分局成立于 2005 年 6 月 22 日。按照市分局《关于北京市国土资源分局顺义分分局主要职责内设机构和人员编制的批复》(京国土人[2005]623 号)精神,我分局设 4 个职能科室(加挂 4 块牌子),办公室、地籍科、土地利用科、执法监察科分别加挂财务科、综合科、耕保征地科、地质矿产科的牌子,2007 年 7 月按照市局批复成立纪检监察科。截止到 2009 年年底,分局设机关行政编制 12 名,机关事业编制 11 名,机关工勤事业编制 6 名。分局下设北京市土地整理储备中心顺义分中心、顺义区土地利用事务中心、顺义区土地权属登记中心、顺义区土地执法监察大队共 4 个事业单位,编制 55 人。另外,为解决土地储备工作人员编制不足的问题,2009 年 3 月,经顺义区编办批准,成立顺义区土地储备所,人员编制和工资关系挂靠在区财政局,人员由我分局调剂使用。

(蔺宝军)

【土地供应计划(编制与实施)】 土地供应计划编制情况。2009年顺义区计划供地50宗,总用地面积为466.65公顷。按照用途区分:基础设施用地13宗,用地面积29.1公顷,约占6.23%;工业及仓储用地20宗,217.7公顷,约占46.65%;科教文卫及行政办公用地4宗,用地39.57公顷,约占总量8.48%;廉租住房及经济适用房2宗,5.13公顷,约占总量的1.1%;两限房用地2宗,用地62.84公顷约占总量9.94%;其他商品房用地2宗,用地67.44公顷,约占14.45%;商服用地7宗,用地61.33公顷,约占13.14%。土地供应计划实施情况。截止到12月底,全区共完成顺义区府前街商业金融用地项目等13宗经营性项目用地使用权的挂牌出让,出让土地总面积为192.35公顷,成交总金额为77.2208亿元。另外,还完成工业用地挂牌出让26宗,出让土地总面积152.15公顷,土地成交总价款8.96亿元。综合以上数据,今年共实现供地39宗,供地面积344.5公顷,完成年度供地计划的73.8%。

(蔺宝军)

【建设项目用地预审】 全年共完成建设项目用地预审91件,3157.59公顷。

(蔺宝军)

【征地及农用地转用项目用地管理】 共办理征地结案31宗,征地面积645.35公顷,确保了京平高速、机场南线、机场快轨、国际鲜花港、七届花博会主场馆、左堤路、右堤路等市、区重点项目和各镇招商引资项目用地需求。

(蔺宝军)

【地籍管理和土地调查】 全年共完成国有土地发证185件,面积879.49公顷;办理集体土地发证22件,用地面积55.83公顷。在二次调查基本完成的基础上,今年重点进行了城镇部分更新调查工作。完成了顺义区180平方公里、1844宗国有土地、2792宗集体土地的更新调查调查工作和首都机场13.81平方公里的变更调查。

(蔺宝军)

【土地储备工作】 2009年,北京市1000亿元投资共涉及顺义区经营性项目41个,开发总面积2014.78公顷,预计总投资258.92亿元。其中,纳入我分局与市局签定的《落实1000亿元土地储备投资工作责任书》的项目共计27个,计划投资134亿元,完成土地储备开发730公顷,实现供地180公顷。其中,在134亿元的土地储备开发投资项目中,M15号延线站点周边的13个土地储备开发项目被纳入市、区联合储备项目。截止12月底,完成了花梨坎、东庄、火神营、前进和望泉寺、梅沟营、太平村等7个村庄的民宅拆迁工作,全区土地储备投资已达142.27亿元,超额完成了今年土地储备投资134亿元的工作任务,投资速度排在全市第二位。

(蔺宝军)

【土地整理项目申报】 2009年申报基本农田整理项目5万亩,实施后可新增耕地8000亩。

(蔺宝军)

【土地利用总体规划修编】 按照市局关于土地利用总体规划修编工作的要求,今年完成了规划底图及规划数据的调整工作,并完成了指标的空间布分局。

(蔺宝军)

【国土资源执法】 在2009年3月初召开的全区土地管理工作会上,张延昆书记出席会议并就今后全区土地管理工作提出了明确要求。在会上还对2008年土地管理工作先进镇进行了表彰,对考核评估落后的镇进行了批评,使各镇、村干部触动很大。5月下旬,在区政府主要领导的协调下,“土地管理工作”正式纳入区政府对各镇政府的年终综合考核范围,占60分。2009年底,分局与区农委、监察分局、规划分分局组成考核组,对各镇2009年土地管理工作进行了专项考核,排出了各镇的名次，并形成考核报告报区委、区政府。在分局的协调下，各镇均设立了专职土地监察队伍，各村设立了1—2名的土地信息员，区政府对各镇土地监察队员还给予每人每年10000元的补贴。与区联通公司合作，建立了土地巡查监管信息平台。目前，信息平台已基本搭建完毕，现在正在试运行。四、卫片查处工作。组织专门队伍，对国土部第9次卫片和二号小卫星四个季度的疑似违法用地进行了调查，共立案查处土地违法案件78宗。

（蔺宝军）

【电子政务和信息化建设】 2009年，按照市局要求，完成了对1991年-2008年所有专业档案进行了数字化整理。共计录入各类档案154817卷、1079152页。

（蔺宝军）

【矿产资源】 顺义区矿产资源主要有煤炭、建筑用沙、砖瓦用黏土、水泥用灰岩、建筑石料用灰岩、地热、矿泉水、陶瓷土、陶粒用黏土。北京市实行禁采砂石、黏土政策后，目前开采的矿产资源有水泥用灰岩、建筑石料用灰岩、地热、矿泉水。水泥用灰岩、建筑石料用灰岩主要分布在张镇、大孙各庄、杨镇、木林、龙湾屯、北石槽、牛山等镇；地热资源主要分布在天竺、后沙峪、李遂、南彩、高丽营等镇。顺义区地下蓄藏着2亿多吨煤炭资源，主要分布在北小营、大孙各庄等镇。

（蔺宝军）

【矿产资源开发及秩序整治】 加大对区政府保留6家矿山企业监管力度，严厉打击超层越界开采。严格要求保留企业规范安全、环保和矿产资源开采各种手续。对固体矿产资源开采实行严而又严的政策，提高准入门槛，上规模、上档次，在符合环境保护标准及安全生产的前提下，有效保护、合理利用矿产资源。2009年顺义区矿山企业未发生安全事故。

（蔺宝军）

【地热资源管理】 配合市局完成12家企业的地热资源勘察许可证年检工作。

（蔺宝军）

【各项基础业务建设】 评估所完成土地、房屋评估11件，评估金额达9.8亿元。在区政府“政风行风热线”网上回复群众咨询42件，机关各科室接待来电、来访咨询2000余人次。截止到12月底，分局“全程办”共受理件数2703件，按时办结2669件。全部按时办结。办结率达到100%，没有投诉事件发生，群众满意率达到100%。

（蔺宝军）

【信访工作】 2009年，全分局共接待群众上访478批次、1800余人次，接群众信访111件，受理91件、已办结85件，接市长信箱及市信访办转件17件，已办结17件。

（蔺宝军）

【依法行政工作】 在工作中不断规范行政执法行为，坚持了行政执法活动公开和行政执法过错责任追究制度，不断接受群众监督，增加透明度。2009年，分局应诉的11起行政诉讼案件均以我分局胜诉结案，6件行政复议被维持，没有出现差错。

（蔺宝军）

交通运输

【概　况】 顺义区交通局是负责本区城乡交通统筹发展、交通运输行业管理、通航水域水上安全监管等工作的区政府工作部门。截至2009年底，全局共有干部职工255人，设行政科室5个，即货运管理科、客运管理科、汽车维修管理科、办公室、政工科；事业单位7个，即北京市顺义区公路运输管理所、北京市顺义区汽车维修管理所、北京市顺义区交通局公路客运管理所、北京市顺义区交通局交通培训中心、北京市北务公路交通检查站、北京市顺义区铁路道口安全管理办公室和北京市顺义区交通执法大队;社团组织1个,即北京市顺义区道路运输协会;挂靠单位2个,即顺义区国防动员委员会交通战备办公室、顺义区环境综合整治领导小组人力三轮管理办公室;临时机构1个,即顺义区治理公路货运超限超载领导小组办公室。区公路运输管理所下设城关、天竺、北小营、南彩、赵全营、张喜庄6个运输管理站。2009年,区交通局紧紧围绕"保增长、促发展、保稳定"和花博会、建国60周年交通运输保障工作任务,强监管、重服务、定规划、建设施、调结构,交通运输市场在金融危机经济形势下实现新发展,运输服务保障能力在"双保"工作中实现新提升。截至年底,全区共有交通运输经营者9201户,从业人员28667人,其中道路货运业户7640户,运营车辆14500辆,载货吨位65091.812吨;公交客运企业3户、运营车辆854辆(其中区内公交企业2户、公交车辆439辆);出租汽车企业7户、个体出租8户,运营车辆915辆;旅游客运企业3户,运营车辆616辆;汽车租赁企业5户,运营车辆983辆;汽车维修企业451户,摩托车维修企业9户;人力客运三轮车633辆;水域游船企业5户,游船205艘。全年共完成客运量1.68亿人次,同比增长16.7%;完成货运量1645.093万吨,货物周转量6.33亿吨公里;完成机动车维修量49.3万辆次;实现交通运输营业收入23.99亿元,区内生产总值(GDP)6.7亿元,生产税金7820.941万元,同比分别增长32.47%、0.44%和0.82%。

单位名称:顺义区交通局

地址:顺义区府前西街7号

电话:(010)69444637

邮编:101300

网站:http://www.jiaotj.bjshy.gov.cn/index.jsp

(申葆莉)

【花博会交通保障缜密到位】 成立顺义区交通局花博会交通运输保障组织机构,与市交通运行中心、区运输保障组成员单位一同进驻花博会主场馆办公。编制《交通保障实施方案》、《运输保障组运行工作方案》和公共交通等工作方案、预案。开通5条公交专线和1条公交摆渡线路、抽调保障出租汽车50辆和旅游汽车35辆、组建货物应急运输车队、组织执法人员维护场馆周边运输秩序,加强公共交通运输组织,确保了花博会交通与社会交通的和谐运转。9月20日－10月6日花博会期间,区交通局共组织保障运输车辆54375车次,运送乘客68.5709万人次、货物220件;出动执法人员2140人次,疏导车辆10万余辆次,疏导客流50万余人次。

(申葆莉)

【国庆群众游行交通保障】 区交通局成立组织机构,制定保障方案、应急预案,对保障车辆全部检验合格,对服务人员全部政审备案,并监督企业做好车辆自查,加强驾驶员安全、保密教育和应急培训,精心安排行车路线和时间。特别是在每次合练等大型活动运输组织期间,局主要领导都随队前往,现场指挥,确保了国庆交通保障任务的圆满完成。6月29日－10月1日,共组织大型旅游客车12050辆次,运送方阵参训人员23.425万人次。

(申葆莉)

【北务运输管理站和木林运输管理站撤销】 8月24日,因工作需要,区交通局对下设运输管理站进行调整,撤销木林、北务运输管理站,原北务运输管理站管辖区划入南彩运输管理站管辖,原木林运输管理站管辖区划入北小营运输管理站管辖。

(申葆莉)

【治超卸载站建成并投入使用】 北务综合检查站,位于北务镇马庄村西侧,总占地面积10700平方米(包括代征道路用地2200平方米),总建筑面积1591平方米(3层),投资总额1280.6万元;大孙各庄综合检查站,位于大孙各庄镇老公庄村南侧,总占地面积8763.2平方米(包括代征道路用地1232.4平方米),总建筑面积1591平方米(3层),投资总额1070万元;南法信治超卸载站,位于南法信镇西海洪村西侧,总占地面积3533.5平方米(包括代征道路用地1200平方米),总建筑面积370平方米,投资总额959.1万元。8月底,北务、大孙各庄综合检查站和南法信治超卸载站建成并投入使用。

(申葆莉)

【深化公交改革】 区交通局认真贯彻落实北京市政府《关于加强老年人优待工作的办法》,自1月1日起,对全区65周岁以上老年人持"老年人优待卡"乘坐区内公交全部实行免费。

【启动编制《顺义区落实"人文交通科技交通绿色交通"行动实施方案》】 为贯彻落实《北京市建设人文交通科技交通绿色交通行动计划》(2009年—2015年),明确"十二五"期间顺义区交通发展目标、重点,根据区政府工作安排,11月,由区交通局牵头,委托北京市交通发展研究中心编制《顺义区落实"人文交通科技交通绿色交通"行动实施方案》(2011年-2015年)。

(申葆莉)

【组建城市保障"绿色车队"】 区交通局采取入户、媒体宣传和借助空港物流园平台、为绿色车队企业购车搭建供需平台等措施,加快区内黄标营运货车的淘汰和绿色车队组建。截止年底,共淘汰货运黄标汽车2038辆,组建绿色车队80支、绿标汽车2134辆。

(申葆莉)

【加强客运基础设施建设】 年内,区交通局争取中央、市级财政补助资金30万元,建设完成骏马公交总站,占地面积16315平方米,建筑面积3600平方米;争取区级财政补助资金46.8万元,新建农村公共候车亭16组、32座;争取市级财政补助资金323.9万元,完成花博会公交港湾改扩建工程和新建公共候车亭54座。截至2009年底,全区共有客运场站12座。

(申葆莉)

【优化公交线网布局】 实《顺义区公共交通发展规划》,新开915支2快线、空港2路、空港3路、汉石桥旅游专线、顺42路5条公交线路,调延989路、16路区间、18路、21路、31路、36路、36支路、41路8条公交线路。截至年底,全区共有公交线路72条(新统计方法),其中境内客运线路40条、市区放射线路15条、跨区线路3条和"9"字头过境线路14条;运营里程1817.9公里,其中区内1259公里;设站点1548个,其中区内912个。

(申葆莉)

【公共交通运输服务能力不断增强】 年内,区交通局协助区内客运企业新增公交汽车98辆、旅游汽车5辆,更新出租汽车17辆、旅游汽车93辆、租赁汽车50辆。

(申葆莉)

【加强出租、旅游、租赁汽车行业监管】 开展区内出租汽车市场需求的调研,监督、检查企业做好燃油补贴的发放,确保行业平稳运行和队伍稳定。强化行业监管,推进信誉考核;加强企业和驾驶员安全教育,加强车辆安全检查,特别是对旅游企业和租赁企业进行重点监管,确保行业安全。

(申葆莉)

【强化机动车维修行业监管】 做好汽车维修企业质量信誉考核和维修质量纠纷的调解,加强维修质量管理四项制度的落实检查,做好《汽车大修竣工出厂技术条件》等四项地方标准的宣传和贯彻。开展企业安全生产大检查、开展喷烤漆房安全专项治理和检查,整治非法修车、占道修车等违法行为,确保机动车维修行业生产安全、市场有序。

(申葆莉)

【奥林匹克水上公园成为区第五家水域游船经营业户】 5月1日,奥林匹克水上公园取得水路运输经营许可证,正式对外经营游船业务,有快艇5艘、自航船2艘、救生艇1艘。

(申葆莉)

【水域游船行业安全】 区交通局水运管理部门认真贯彻《北京市水域游船行业安全服务监管考核办法》,制定月考核安全管理制度,加强游船企业安全制度、安全设施和船舶安全状况的检查,强化安全责任制的落实,确保顺义区水运行业安全、稳定健康发展。

(申葆莉)

【加强铁路道口安全管理】 区铁路道口安全管理办公室加强监护员的安全教育和培训,强化铁路道口监护设施和监护员工作的检查。2009年,辖区李桥、张辛、龙王头等9处无人监护铁路道口,全年共接送火车423765列次,无责任事故发生。

(申葆莉)

【交通法制建设不断加强】 组织开展《北京市道路运输条例》的宣传贯彻和全员法制培训,召开社会监督员会议,完善交通行政执法制度,逐级签订执法责任制,严格量化考核,开展行政许可、处罚案卷的评查,开展执法检查,开展多种形式的执法监督,并做好行政投诉的答复和行政诉讼案件的代理。

(申葆莉)

【运输行业安全形势稳定】 区交通局加强辖区重点运输企业,特别是危化运输企业的审核和检查,强化日常巡检,消除安全隐患;加强公交、出租、旅游、租赁、人力客运三轮车的安全检查和行业维稳改工作,开展公交车超员、超速等违章行为的治理;加强维修企业喷烤漆房、作业环境的安全检查,顺义区交通运输行业安全稳定。

(申葆莉)

【规范运输市场秩序】 区交通局围绕花博会的召开和建国60周年大庆,以城区、花博会场馆周边和京密路、东大桥等干线公路、桥梁为重点检查区域,以无证运输、“双超”运输、危化品运输、“黑户”修车和公交车、人力客运三轮车违规经营等为重点检查内容,加大交通运输环境的整治和运输秩序的维护。同时,严把北务、大孙各庄进京“关口”,加大进出京车辆营运手续和运输物资的检查,特别是在重大节日和重要活动期间,每天24小时设卡检查,严查进京运输车辆。2009年,共出动执法人员25270人次,检查运输业户2452户,检查车辆36124辆次,实施行政处罚1510起,罚没收入354.24万元。

(申葆莉)

【治理公路超限超载工作】 区治理超限超载办公室以南法信治超卸载站、北务和大孙各庄综合检查站为治超工作点,坚持流动治超与固定设卡相结合、日常执法与每周一次的夜间突击治理相结合,多举措开展超限超载治理,并多次开展与交警等部门的联合执法和夜间突击行动,有效遏制了公路超限超载行为。2009年,共出动治超执法人员16425人次,检查车辆54433辆次,查获超限超载车辆819辆次,卸载货物34486吨,变卖货物收入4.7万元。

(申葆莉)

【全程办事代理服务工作】 4月份,区交通局在南彩运输管理站设立全程办事代理点,进一步方便经营者办理营运手续。2009年,全程办共接待来电来访21000人次,办结行政许可、服务事项5852件,其中货运5648件、维修57件、租赁23件、出租20件、公交18件、旅游81件、省际客运5件。

(申葆莉)

【道路运输从业人员培训】 2009年,共开办从业资格上岗、安全服务、法规知识和修理工技能等从业人员培训班50期、培训7244人次。

(申葆莉)

公路建设

【概　况】　2009年顺义公路分局党政在市路政局和区委、区政府的正确领导下，以中央提出的加大基础设施投入，统筹城乡发展为契机，认真落实人文交通、科技交通、绿色交通的理念，保障国庆，服务花博，公路建设、养护及路政管理、党建、精神文明等各项工作取得可喜成绩。全年公路建设、养护项目40项，完成投资6.7亿元。全年修建公路里程115.7公里，新增公路里程26.84公里。完成公路新改建、大中修工程37项，投资6亿元。白马路东延、机场北线南路等23项工程已经完工；天北路、顺白路、南环立交等13项工程跨年；裕安路1项工程正在做前期。公路技术状况优良率91.07%，优良路段里程564.86公里。全年累计返还养路费2988万元，补缴养路费427万元。加强路政队伍建设与管理，路政结案率98%，行政许可卷、处罚卷均被评为优秀。

单位名称：北京市交通委员会路政局顺义公路分局
地址：顺义区府前东街8号
电话：(010)69443512
邮编：101300
网址：http://www.sygl.net.index.aspx

（董小红）

【左堤路大修工程完工】　7月10日，左堤路大修工程完工，该工程北起耿辛庄桥—即密云、怀柔、顺义区界，南至昌金路，全长8.9公里，路面宽9米，设计标准为平原二级公路，设计行车速度为60Km/h，路面设计轴载：BZZ－100。该工程于2009年4月10日开工，由北京市路政局投资，投资总额1172.81万元。设计单位是北京国道通公路设计研究院，施工单位是北京鑫畅路桥建设有限公司，监理单位是北京德通达交通工程监理咨询有限责任公司。

（董小红）

【机场北线南路新建道路工程完工】　8月20日，机场北线南路新建道路工程完工，该工程位于顺义区后沙峪镇，道路等级为城市次干道，设计速度40km/h。路线起点位于顺平路西延线距枯柳树环岛西侧210m(桩号K0＋000)，终点在火寺路上(桩号K1＋144.47)，全长1144.47m。该工程于2009年4月10日开工，由北京市路政局投资，投资总额1008.57万元。设计单位是黑龙江省公路勘察设计院，施工单位是北京鑫实路桥建设有限责任公司，监理单位是北京德通达交通工程监理咨询有限责任公司。

（董小红）

【白马路东延新建工程完工】　10月31日，白马路东延新建工程完工。该工程施工起点为顺密路，终点为中干渠路，道路全长9.675公里，路面宽23米。设计标准为一级公路，设计行车速度为80Km/h，路面设计荷载：BZZ－100。该工程于2009年1月5日开工，由北京市路政局投资，投资总额11696.97万元。设计单位是北京国道通公路设计研究院，施工单位是天津路桥建设工程有限公司(1#标)。北京城建道路工程有限公司(2#标)，监理单位是北京建工京精大房工程建设监理公司。

（董小红）

【赵陈路改建工程完工】　11月16日，赵陈路改建工程完工，本次工程起点位于K1＋107，终于规划一路K5＋567.5，全长4.461公里。道路等级：城市主干道，设计速度：60km/h，沥青混凝土路面面积92991.52平方米。该工程于2009年6月30日开工，由北京市路政局投资，投资总额2595万元。设计单位是北京国道通公路设计研究院，施工单位是北京市公路桥梁建设集团有限公司，监理单位是北京德通达交通工程监理咨询有限责任公司。

(董小红)

【昌金路大修工程完工】 11月25日，昌金路大修工程完工。该工程施工起点为杜龙路(K44+780)，终点位于顺义平谷界(K50+362)，路线全长5.58公里，路面宽12米，设计标准为平原二级公路，设计行车速度为60Km/h，路面设计标准轴载：BZZ-100。该工程于2009年4月25日开工，由北京市路政局投资，投资总额1546.64万元。设计单位是北京国道通公路设计研究院，施工单位是北京市公路桥梁建设集团有限公司，监理单位是北京炬桓工程项目管理有限公司。

(董小红)

【顺沙路大修工程完工】 12月10日，顺沙路大修工程完工。该工程施工起点为京沈路路口，桩号为K3+890，终点为顺义区与昌平区交界处，桩号为K14+645.409，道路全长10.76公里，路面宽12—26.6米。设计标准为平原二级公路，设计行车速度为80Km/h，路面设计标准轴载：BZZ-100。该工程于2009年5月25日开工，由北京市路政局投资，投资总额3513.32万元。设计单位是山西飞翔交监公路设计有限公司，施工单位是中交一公司第五工程有限公司，监理单位是北京逸群工程咨询有限公司。

(董小红)

环卫服务

【概　况】 顺义区城镇环境卫生服务中心主要职责是承担本区域内环境卫生技术性、服务性和事务性工作，是区属唯一的环境卫生专业作业部门。主要担负城区215万平方米道路清扫保洁，500个果皮箱清掏，80座公厕的管护维修、粪便抽运，全区19个乡镇376个行政村、33个居民区、空港工业区、298个企事业单位日产垃圾500吨的清运任务，以及环卫设施维护、环境卫生应急事件处理、重大活动环境卫生保障等工作。2009年机扫面积达到89万平方米，道路清扫面积、机扫面积和机扫率与上年同期相比分别增加了13%、21%和5%。扩大业务范围，新增21个居民小区、905个垃圾桶站的垃圾清运工作。2009年，环卫中心借鉴奥运会环境卫生保障成功经验，完成了中国第七届花博会主场馆环境卫生保障工作任务，实现了环卫服务“零差错”、“零投诉”、环卫作业“零事故”目标，受到了上级领导和各界人士的好评。

单位名称：顺义区城镇环境卫生服务中心
地址：顺义区新顺南大街5号
电话：(010)69444468
邮编：101300
网址：http://www.bjsyhw.com

(王海红　李　静　窦玉欣)

【确保春节期间环境卫生】 正月初一凌晨5点，环卫中心出动300余人、7辆清扫车、2辆垃圾压缩车清扫收集城区主要大街烟花爆竹残屑，清运烟花爆竹残屑45车次。春节期间，共清运城乡生活垃圾3070吨，抽运粪便35吨，维修公厕设施60余次，更换排风扇、电灯、插座等设施12件。

(王海红　李　静　窦玉欣)

【道路清扫保洁作业采取新模式】 年内，全区主要道路实现全天候长效保洁作业模式，道路夜间机械化作业、白天人工保洁，保证了城区道路24小时洁净。配合北京市第十五阶段控制大气污染措施，环卫中心对道路采用了新工艺设备进行清扫保洁作业，8辆多功能洗地车按照“防尘、控尘、干净、整洁”的奥运模式标准，对城区主要道路进行冲刷作业，道路作业已从单纯的冲刷清扫过渡到

"洗、冲、刷、收"的综合清扫工艺。

（王海红 李 静 窦玉欣）

【农村垃圾中转站实行经费包干试点】 尝试推进农村垃圾中转站经费包干工作，在马坡、高丽营、木林三个镇垃圾中转站实行运行经费包干试点。

（王海红 李 静 窦玉欣）

【增加简易垃圾筛分设备】 在南法信垃圾转运站进行试点，增加了简易垃圾筛分设备，将能燃烧的垃圾进行筛分，运往垃圾处理场进行焚烧，剩余筛分下来的灰土就近填坑，减少了垃圾运输量。

（王海红 李 静 窦玉欣）

【做好公厕设施维修更换工作】 做好全区80座公厕设施的维修更换工作，年内，维修上下水1650次，更换配件980个，抽掏化粪池粪便1200吨，铺设电缆200米，铺设排污管道400米，维修更换隔档板2000平方米，房屋做防水1200平方米。

（王海红 李 静 窦玉欣）

【强化渣土源头管理】 对全区有建筑渣土的工地实行了渣土档案管理，对建设施工单位、责任人、运输单位（车辆）、出土方量、出土时间、处置方法、巡查记录、违规情况进行跟踪管理，实施全周期、全过程监管。年内对施工工地进行日常检查450次，发放宣传材料1120份，检查运输车辆210车次，全区消纳渣土95万吨。

（王海红 李 静 窦玉欣）

【提供移动公厕保洁服务工作】 配合顺义区举办的各项重大活动，年内为天房地产强制拆迁、协助市政市容委进行白马路东延长线开工剪彩、奥林匹克水上公园对外开放、建委轻轨建设强制拆迁、中国第七届花博会和国庆游园等活动提供移动公厕保洁服务共15次，提供移动公厕106座。

（王海红 李 静 窦玉欣）

【购置一线作业安全标志服】 投资28300元，购置了2000件标志服，提高环卫职工作业安全性。

（王海红 李 静 窦玉欣）

【完善环卫基础设施】 投资11.13万元更换城区果皮箱160个，投资436万元购置14辆环卫机械车辆，投资130万元、占地7亩的杨镇垃圾车停放场工程建设完毕，7间车库、7间附属办公用房，洗车平台、院内绿化、硬化工程全部完工。

（王海红 李 静 窦玉欣）

【完成黄标车淘汰更新工作】 2007年—2009年，环卫中心共投资1711万元，淘汰更新黄标车33辆，更换的环卫车辆符合国Ⅳ排放标准，提高了环卫作业环保性、节能性、清洁性。

（王海红 李 静 窦玉欣）

【完成花博会主场馆环境保障工作】 环卫中心承担了中国第七届花博会主场馆环境卫生保障工作。主要工作包括室内开荒保洁，场馆玻璃及墙面清洗，布展、餐除、生活垃圾的分类收集、分类运输，绿地捡拾，湖面杂物打捞，卫生间管理，道路机械化清扫冲刷，垃圾桶站布点，临时卫生间设置、维护、保洁等。成立了"花博会主展馆环境保障工作领导小组"，参照奥运战时运行指挥体制及运行模式，按照专业分工、条块结合，具体细分了室内保洁组、室外保洁组、公厕管理组、垃圾清运组、道路清扫组、物资后勤保障组等6个保障专项小组。做好编制工作方案，制定作业标准，采购相关物资，组织岗位培训，设置环卫设施，注册作业人员、车辆等准备工作，确保各项工作落实到位。9月10日－10月8日，594名作业人员连续29天对7700块玻璃、14部自动扶梯、85座电梯间、214座卫生间每天进行擦拭、清理、维护，提供如厕服务243万人次，出动粪车135车次、抽运粪便975吨，出动洗地车170车次、耗水650吨，水车230车次、耗水3500吨，电瓶干吸车、清扫车各150车次，清扫扫街土约5吨，出动压缩车326车次，清运布展垃圾、生活垃圾共计1424吨。环卫中心被北京市筹备第七届中国花卉博览会指挥部评为“最佳服务保障奖”。

(王海红 李 静 窦玉欣)

【城区公厕加装除臭设备】 年内,对顺义三中、东风小学、大公园北门等9个生态公厕安装臭氧除臭设备,改善公厕环境。

(王海红 李 静 窦玉欣)

环境保护

【概 况】 2009年,顺义区环保工作以科学发展观为指导,以探索环保新道路为统领,以创建国家环保模范城区为目标,以控制削减污染物排放总量为宗旨,以生态文明建设为重点,不断完善工作机制,深化各项污染治理措施,区域环境质量得到进一步改善。全区环境保护投资指数为3.28%,投资总额达到20.13亿元;林木绿化率达到36.24%;工业企业废水排放稳定达标率达到94.12%;工业企业废气排放达标率达到100%;锅炉烟气排放达标率达到100%;生活污水集中处理达标率达到69.29%;生活垃圾无害化处理率达到90.08%;工业危险废物无害化处置利用率达到100%;医疗废物无害化处置率达到100%;工业固体废物处置利用率达到100%。

单位名称:顺义区环境保护局
地址:顺义区府前西街铁路桥西
电话:(010)69444834
邮编:101300
网址:http://www.syhbj.bjshy.gov.cn

(法规政策研究室)

【启动国家环保模范城区创建工作】 启动实施了国家环境保护模范城区创建工作,编制了《顺义区创建国家环保模范城区工作方案》和《北京市顺义区创建国家环保模范城区总体规划》,对照26项创建指标进行逐项任务分解,落实属地单位责任,确定创建工作时间表,针对未达标指标查找成因,提出有效的整改措施,区域生态环境进一步提升。

(梁宝欣)

【提前完成“十一五”减排任务】 按照“十一五”污染物排放总量控制削减工作总体要求,进一步加强工程减排、结构减排、监管减排工作力度,全年削减二氧化硫排放量1130吨、化学需氧量1996吨,提前完成市政府下达的“十一五”减排任务,

(梁宝欣)

【空气质量持续改善】 深入开展第十五阶段控制大气污染工作,实施了8大类31项具体措施。全年二级和好于二级天数达到271天,占有效天数的74.2%,同比增加4天,超额完成市政府下达的任务指标。

(梁宝欣)

【煤烟型污染得到进一步控制】 严格执行锅炉排放第Ⅱ时段标准,进一步加大燃煤锅炉改造整合工作力度,启动实施城北供热中心建设工程和杨镇供热中心管网建设工程,整合分散燃煤锅炉36台共233蒸吨,将19台共111蒸吨燃煤锅炉改用清洁能源,进一步减少了煤烟型污染。

(李 妍)

【黄标车淘汰工作成效显著】 深入开展黄标车淘汰工作,积极落实淘汰补助政策,建立补助资金发放服务窗口,全面开展宣传发动,分解落实属地责任,全面实施销账制度。全年累计提前淘汰黄标车8221辆,发放补助资金4679万元,黄标车窗口办理总量居全市第三。

(李妍)

【大力整治施工工地扬尘污染】 严格执行《绿色施工标准》,坚持三个狠抓。一是狠抓牵头单位、属地单位、协办单位、监察单位、排污单位5方责任,确保各项措施落到实处,减少扬尘污染;二是狠抓应急措施,制发了《顺

义区极端不利气象条件下空气污染控制应急预案》,确保各项措施适时启动;三是狠抓全区145家施工工地排查,重点加大城区、花博会展馆、15号线沿线等区域的检查力度。全年累计出动执法人员1300多人次,纠正违法行为125起。

(李　莹)

【污水处理能力提升】　将空港B区及周边污水接入天竺污水处理厂新国展段管线工程纳入龙道河治理工程;启动实施了“引温济潮”二期建设工程,项目完成后可增加污水日处理能力10万吨;完成了汉石桥污水处理站、李遂镇污水处理站等镇级集中式污水处理设施建设工程,增加污水处理能力9000吨/日。

(李　莹)

【地表水环境质量进一步提升】　对16条河流40个断面、66个排污口建立了治理工作台帐,每月对各断面进行监测,定期发布《顺义区水环境保护与建设情况通报》。坚持区、镇、村、企四级巡查制度,定期巡查河流排污口、重点治理工程和重点污染企业,对流量大、污染严重的排污口进行不定期抽查。全年共出动执法人员3950人次,检查企业1643家次,行政处罚31.3万元。

(赵　琛)

【饮用水源保护工作加强】　对地下水源地准保护区、二级保护区和一级保护区实行分级管理,全面排查饮用水源保护区内各类污染源;加强对京密引水渠的监测,共出具检测报告12期,取得监测数据130个;市、区两级水源地始终保持达标状态。

(赵　琛)

【农村污水处理设施建设】　结合新农村“五项基础设施”建设,不断加大农村地区集中式污水处理设施建设力度。实施了南彩镇河北村小区、月亮湾小区、北小营镇后鲁村的污水处理设施和管网建设工程,进一步推进了农村地区生活污水的集中处理。

(王金伟)

园林绿化

【概　况】　顺义区园林服务中心为顺义区城市园林绿化业务主管部门,正处级差额拨款事业单位,其主要职责任务是承担园林、绿化等事务性、服务性工作,职责范围包括顺义城区、顺义新城、各中心镇、市区级开发区以及区政府指定绿地,归口顺义区市政管理委员会。园林服务中心机关内设职能科室4个,下属单位9个。截至年底,实有职工335人,其中,专业技术人员58人,含中级职称19人,初级职称54人,技术员21人。城区实有园林绿地731.44公顷,其中区属公园8个,面积82.75公顷;街头绿地11处,面积68.23公顷;道路绿地59处,面积350.17公顷。年内,四纬路、白马路东延长线等项绿化工程。加大园林小城镇和花园式单位创建力度,组织1个小城镇、10个社会单位完成创建任务,顺义区园林小城镇总量达到9个,花园式单位总数达到251个。

单位名称:北京市顺义区园林服务中心
地址:北京市顺义区石园西路AMB大厦A座9层
号码:(010)89443205/89443753
邮编:101300
网址:www.yl.bjshy.gov.cn

(杨　旭)

【四纬路绿化工程】　四纬路是机场第二高速的重要联络线,主要联系顺义区、T3航站楼和北京城区。西起六经路,东至机场东路,全长1000米,道路红线136米,机非隔离带宽度1.5米,两侧绿化带宽度各50米,绿地面积6.88万平方米。四纬路设计以“喜迎五洲宾客”为主题,将奥地利作曲家老约翰·施特劳斯著名的"拉德斯基进行曲"中的节奏,提炼后以色带的形式种植到绿地中,并与五线谱、音乐小品等相结合,植物造景,营造出欢快的迎宾氛围。工程共计种植乔木1841株,灌木2329株,色带2480平方米,绿篱270延长米,草坪61880平方米。该项工程由区园林服务中心负责组织实施,北京四季景艺园林绿化中心承担工程施工,9月19日进场开工,9月25日竣工。

(杨　旭)

【白马路东延长线绿化工程】 白马路向东延长线西起顺密路,东至中干渠路,全长9680米,绿地面积24.07万平方米。该路段延续奥运大道白马路的景观设计风格,着力打造充满野趣的郊野风光。道路两侧绿化带种植多种乔、灌木和花卉,季相景观分明:春季,有榆叶梅、连翘、白玉兰等开花树种;夏季,有紫薇、木槿、月季等;秋季,有白蜡、银杏等彩色叶树种;冬季,有油松、白皮松等常绿树。中间分车带绿地以色带组成的图案为主,突出冬季景观。工程由区园林服务中心负责组织实施,北京四季景艺园林绿化中心承担工程施工,9月19日进场开工,9月25日竣工。绿化工程共计种植乔木7270株,灌木30144株,色带19365平方米,花卉28172平方米,草坪193520平方米。

(杨　旭)

【花博会周边道路绿化工程】 包括鲜花港周边规划一路、规划二路、规划三路、园区南路、园区东路、园区南门路、中干渠路,花博会主展馆周边规划五路、规划六路、规划七路、火寺路北段、机场北线南路、机场北线天北路出口及联系鲜花港、花博会主展馆的顺平路、顺平西路等,绿化总面积14.87万平方米。工程由区园林服务中心负责组织实施,北京四季景艺园林绿化中心承担工程施工,3月1日进场开工,9月25日竣工。该项工程共计种植乔木11011株,灌木2894株,攀援植物55962株,色带15905平方米,绿篱732延长米,花卉12318平方米,草坪61057平方米。

(杨　旭)

【公园绿地基础设施改造工程】 年内,区园林服务中心实施四项公园绿地基础设施改造工程,分别为顺义公园基础设施改造工程、光明文化广场基础设施改造工程、顺通路基础设施改造工程和潮白柳园设施建设及改造工程。其中顺义公园基础设施改造工程修缮水榭、亭桥、牌楼等公园古建,维修驳岸,更新照明设施等。光明文化广场基础设施改造工程更换座椅、垃圾桶等服务设施,维修喷泉、铺装等。顺通路基础设施改造工程更新木栈道,增设、改造、完善道路系统等。潮白柳园设施建设及改造工程增设公园围栏,建设管理处,改造给排水系统等。上述四项工程被列为2009年度顺义区为群众办实事工程项目。

(杨　旭)

【国庆60周年及花博会周边道路花卉布置工程】 花卉布置工程由区园林服务中心负责组织完成,9月6日开工,9月22日竣工,重要节点有花博会主场馆周边、顺义城区及重要联络线等,共涉及摆花面积约5.9公顷,花卉覆盖长度约37.9公里,花卉用量约589万盆。花卉布置按照"隆重、喜庆、节俭、和谐"的要求,以"走进顺义、走进花博、走进生活、欢度国庆"为总体构想,以"三区、六园、九路、多点"为布置格局,确定主要行车路线、重要道桥、重要出入口、会场周边、人流集中处等地点作为花卉布置的主要场所,并形成"百花树"雕塑和"千米花毯,百米画卷"两大亮点。其中"百花树"雕塑高18米,矗立于枯柳树环岛,树上的百余朵"鲜花"由国花牡丹和市花月季、菊花组成,树下近70万株各色花卉组成环状花带。百米画卷大型立体花坛位于花博会主展馆南侧,以组字、花毯为表现形式,组字花坛全长346米,高6.7米,红色彩叶草组成的"庆祝新中国成立六十周年"、"绿色北京,让美好走进生活"等标语与花博会标识和

“凤凰”图案交替；花毯长970米，由100余万盆红、黄两色花卉组成祥云图案。花卉布置烘托出国庆六十周年的喜庆气氛和第七届中国花卉博览会“绿色北京，让美好走进生活”的主题。

（杨 旭）

【城区公园文化活动】 年内，为深入贯彻“文化建园”方针，充分发挥园林绿地服务功能，卧龙公园第六届水仙花展、减河公园第二届郁金香花展和顺义公园第七届荷花展分别举办，形成城区系列公园文化活动。卧龙公园第六届水仙花展于1月11日—2月1日在卧龙公园温室举办，展出水仙花千余盆及各类年宵花，并同时举办顺义园林成果展和趣味猜谜活动。减河公园第二届郁金香花展4月16日在减河公园五彩园举办，展出金色阿波罗、世界之爱、琳马克、荷兰船长、粉珍珠等近20个品种，红、黄、白、复色等12个色系，近10万余株郁金香及各种应时花卉，并结合“文明之旅——踏青赏花文明游”主题实践活动，重点突出香约在金、异郁风情、蝶舞纷飞三大观赏区域，围绕郁金香进行科普、历史、文学等知识的宣传，突出花展的文化内涵。顺义公园第七届荷花展7月初举办，以“赏荷花美景，营和谐秩序”为主题，着力展现荷花的自然之美、生态之美、文化之美，和谐之美。花展共展出品种荷花、睡莲、千屈菜、水葱等多种水生花卉千余盆，其中有微山红莲、艳阳天、午妃莲、一丈青、仙女散花等优良荷花品种，同时，20亩荷塘荷花盛开参展。

（杨 旭）

【国庆60周年游园活动】 顺义区游园活动紧密结合第七届中国花卉博览会举办的契机，在展示首都建国60周年和改革开放30年巨大成果的同时，着力打造花卉特色，凸显“科技花博、人文花博、绿色花博”理念，实现“以会兴业、以会兴城、以花富民”的“七博会”目标。按照市游园活动指挥部“十方乐奏、百园展示、千园添彩”的格局，确定顺义公园、卧龙公园、光明文化广场、减河公园、怡园等5个公园为“百园展示”公园；确定和谐广场、滨河郊野公园、潮白柳园、奥林匹克水上公园、龙腾世纪文化广场、北京国际鲜花港公园、“花博会”主题公园、朝凤森林公园、竺园、木林镇公园、农民公园、张镇小区公园等12个公园为“千园添彩”公园，其中顺义公园、卧龙公园和光明文化广场等3个公园为重点布置场所。区园林服务中心牵头完成“百园展示”公园环境布置工作，顺义公园、卧龙公园、光明文化广场等公园花卉布置工作共使用各种花卉40余万盆，各公园共悬挂刀旗、彩旗750延长米，灯笼1200个，条幅10条进行气氛渲染，营造出花团锦簇、喜庆祥和的节日氛围。区科委牵头完成展览展示工作，10月1日—10月5日，在顺义公园西门区域安装80块展板，参观人员达2.34万人次。区文委组织、指导群众文化活动，群众参与度高，气氛热烈，秩序井然。国庆60周年游园活动各责任单位坚守岗位，落实责任，圆满完成了工作任务，实现了游客满意率接近100%，接待游客总量达30余万人次“零事故”、“零投诉”的优异工作成绩。

（杨 旭）

【南彩镇创建首都绿化美化园林小城镇】 年内，南彩镇获得北京市人民政府、首都绿化委员会颁发的“首都绿化美化园林小城镇”称号，顺义区园林小城镇总量达到9个。南彩镇地处潮白河畔，与顺义城区一水相隔，居全区中心位置，是北京市城市发展预留地、顺义河东新区的重要组成部分以及2008年奥运场馆所在地。南去通州至天津，北达怀柔和密云，东涉两镇到平谷，西经城区至京都。据北京30公里，首都机场10公里，天津新港100公里，有京平快速路、顺平、顺密等市级公路纵横交错，交通便捷。镇域面积54平方公里，辖26个行政村，总人口3.2万人，其中镇中心区面积140公顷，人口0.8万人。经创建，全镇林地总面积2.2万亩，林木覆盖率达到27%,镇中心区绿地面积40.8公顷,绿化覆盖面积72.8公顷,绿化覆盖率达到52%,人均绿地面积51平方米,人均公共绿地面积达到16平方米。驻镇2000平方米以上的单位中,市级花园式单位9个,占64%,达到了市容整洁、环境优美,绿化充分等园林式小城镇标准。

(杨　旭)

【城区园林绿地养护质量等级评定工作】 9月,顺义区迎接北京市园林绿化局组织的园林绿地养护质量评定检查。经专家组打分评议,确定白马路等4处、总面积93.61公顷绿地为特级绿地,顺平路、四纬路等2处、面积8.4公顷绿地为一级绿地。与上一年度累计,顺义区已评定特级绿地30处、面积317.65公顷,一级绿地18处、面积67.12公顷。

(杨　旭)

自 来 水

【概　况】 2009年顺义区自来水公司以安全供水为中心,以服务花博会为核心,以服务顺义区经济建设和推动城乡供水一体化为工作目标,团结奋斗,求真务实,真抓实干。全年实现增加值、利润、上缴税金超额完成计划指标。供水3241万吨,漏失率控制在8%以下。铺设直径75毫米以上管线108公里,砌筑节门井、水表井、消防栓井2771座,安装IC卡水表9900块。各项生产任务及主要经济指标实现了年初的预定目标。

单位名称:北京市顺义区自来水公司
地址:顺义区府前街10号
电话:(010)69444463
邮编:101300
网址:http://www.Shish.bushy.gov.cn

(自来水公司)

【花博会和国庆节期间供水保障工作】 花博会和国庆节60年大庆期间,自来水公司与各科室签订了"迎国庆、保花博"交通安全责任书及安全治安保卫责任书。保安及值班人员24小时执勤巡逻。开展以(管道跑水)为题目的应急抢险演练。由于责任落实到位,工作扎实有效,各项保障措施得力,花博会和国庆期间实现了安全供水109万吨,供水保障零事故。获得了由北京市筹备第七届中国花卉博览会颁发的"最佳服务保障奖"。市级"2009年度内保单位安防工作先进集体"奖。

(自来水公司)

【水厂建设】 投资1500万元的赵全营水厂泵房设备及输配水管道全部迕通完毕,随时可以投入运转。新建办公楼已投入使用。水厂内新增绿化面积3500平方米,种树380棵。赵全营水厂的建成能够满足板桥创意天承投资发展中心和空港C区供水需求;高丽营水厂新建办公楼和新增2000立方米清水池已投入使用,有效地保障了花博会场馆用水需求;杨镇水厂已完全具备供水条件。对输水管道进行了打压试水,对机房两台水泵进行调试,随时准备为杨镇地区供水;6月二水厂对高低压电器设备进行改造,原400千伏安变压器更换为630千伏安变压器一台,新安装高压配电柜10组。此项工作确保水厂设备的安全运转。

(自来水公司)

【水源地建设】 保障水源井出水量,对二水源地5眼水源井进行了改造,更新扬程60米的新水泵,并对每个水源井各加扬水管2至3根;三水源地实施扩建工程已完成精装修,监控室、高压配电室及值班室已投入使用;3月完成了东府水源地8眼水源井低压启动设备的安装调试工作,共安装8面软启动柜、8面电容补偿柜,焊地线50米,共投资23万元;对水源地水源井的控制设备和高压线路加装防雷设备，避免了雨季打雷恶劣天气对供水设备的损害。

（自来水公司）

【加强调度科技含量】 自来水公司调度室利用互联网通讯技术对9个水厂和2个水源地视频监控图像进行远程采集，并分区域上传至调度大屏，通过软件设置实现多组监控画面定时循环切换，与原有三遥调度系统的声音报警相结合，实现了重要供水工艺环节的全方位监控。

（自来水公司）

【重点工程建设情况】 马路延长线工程铺设直径200毫米至400毫米球墨铸铁管9000米，机场北线给水工程共铺设300毫米球墨铸铁管8200米。为花博会用水提供保障；为配合地铁施工完成改管12处，铺设直径200毫米至600毫米球墨铸铁管400米；完成天竺府前街给水管道改造工程，铺设直径150毫米至600毫米球墨铸铁管1350米。

（自来水公司）

【供水管网进展情况】 顺义新城向阳路给水工程进展顺利，铺设直径200毫米至400毫米球墨铸铁管800米；保税区给水工程铺设直径200毫米至400毫米球墨铸铁管9000米；空港C区给水工程铺设直径200毫米至600毫米球墨铸铁管2900米；完成顺新绿色家园一期工程，铺设PE管和直径75毫米至300毫米球墨铸铁管4000米；完成顺新绿色家园A区给水工程，铺设PE管和直径75毫米至200毫米球墨铸铁管2950米；完成澳景园给水工程，铺设镀锌钢管和直径75毫米至200毫米球墨铸铁管3300米；农村安全饮水工程，铺设直径400毫米球墨铸铁管9900米。

（自来水公司）

【服务保障工作】 为了进一步规范服务质量印发了《企业文明行为规范手册》、《自来水公司服务指南》、《自来水公司服务制度》，并严格执行；在北务地区发放《农村使用市政管道供水的调查问卷》内容包括供水水压、水质、水价、服务、行风、意见及建议等多项内容。反馈统计满意度为100%。今年公司荣获了由中国产品质量协会颁发的“全国第一批国家征信企业”和“2009年度全国质量守信企业”的荣誉称号。

（自来水公司）

【新办公楼投入使用】 各职能科室6月3日迁入新办公楼。调度室安装了由24块显示屏组合的大屏幕显示墙，使调度员观测更清晰，遥控更及时；化验室面积由原来的300多平米增加到1100平米，化验条件得到了进一步改善；新办公楼还设立了健身房、多功能厅等文娱场所，以丰富职工的文化生活。新办公楼的投入使用使企业办公环境得到了改善。

（自来水公司）

供电工作

【概　况】 顺义供电公司(以下简称公司)座落在成功举行中国七届花卉博览会的顺义区境内，毗邻位于北京空港物流基地的奥运物流中心。是北京市电力公司的直属生产单位，肩负着区域内党、政、军机关、高科技园区及首都机场和全区73.2万常住人口的安全供电任务。公司24小时客户服务电话为95598。2009年是北京市电力公司“三步走”战略第二阶段的起步之年，公司上下继续发扬奥运保电精神，按照年初确定的“围绕一条主线、把握两个重点、抓好三项工程、做到四个强化、实现五个目标”的工作思路，克服金融危机带来的经营发展压力，圆满完成建国60周年和中国第七届花卉博览会保供电任务，电网运行平稳，经营状况良好，职工队伍稳定,各项指标圆满完成。

单位名称:北京电力公司顺义供电公司
地址:顺义区南法信中心小学西侧路北
电话:(010)81483347
邮编:101300

(赵鹏跃)

【人力资源】 加强人才培养。以全员培训为目标,有针对性的制定培训计划,不断提升干部职工的业务素质和综合能力。2008年底至2009年2月份,举办电工中级培训班,77名职工取得职业技能鉴定中级资格证书;1月14日至16日,举办"关于执行力和领导力"为主要内容的公司领导和中层干部培训班,学习和掌握现代管理理论和技术,提高思考力、创造力和执行力。5月份至7月份,组织维修电工技师培训,66人通过理论、实操考试和论文答辩,取得维修电工技师资格证书;8月份,开办一般管理人员培训班,提高管理人员自身综合素质和工作水平;开展供电所所长培训,帮助所长吸收最新管理理念。

(赵鹏跃)

【国庆供电保障】 国庆六十周年供电保障工作。公司广大干部职工秉承奥运保电精神,团结一心、勇于担当,认真细致的开展国庆保供电前期安全隐患排查,周密组织安全生产、电网建设、优质服务、后勤保障等各方面工作;保电期间,公司各部门以饱满的精神状态、严谨的工作作风,严防死守,全面监控,圆满完成保电任务,为北京市电力公司实现国庆供电保障"电网零闪动、设备零故障、供电零差错"的优异成绩做出贡献。第七届花卉博览会供电保障工作。9月26日至10月5日,公司完成中国第七届花卉博览会供电保障工作。中国第七届花博会主展馆外电源施工和内部供电设施建设任务由顺义供电公司承担。在展会召开期间,公司结合国庆保电工作,派出130人的保障队伍进驻展馆,与外围保障人员一起,确保会展期间安全供电万无一失。为表彰公司做出的巨大贡献,公司被北京市第七届花卉博览会指挥部授予"最佳服务保障奖"及"先进集体"荣誉称号,29名员工荣获先进个人称号。9月22日,公司经理邵晓明、党委书记关幼辉到中国第七届花博会主场馆进行现场检查

(赵鹏跃)

【电网规划与建设】 发挥规划的龙头作用。结合北京电网整体规划和顺义地区电网现状,修编《顺义新城区高压电网规划》和《顺义区配电网2009－2015年规划》。其中《顺义新城区高压电网规划》被纳入顺义区市政基础设施专项规划。初步实现了前瞻性的占有输电走廊、电力管沟、变电站站址等稀缺资源的目标,为电网可持续发展奠定了基础。提高电网供电能力。2009年度,完成110kV聚源站永久电源工程和南法信输变电工程的建设、发电任务,保证第七届花博会如期用电。8月9日,中国第七届花卉博览会主供电源南发信110kV输变电工程顺利发电,为花博会的如期举行提供了坚强电力支撑。8月12日,第七届中国花卉博览会展馆工程送电工作顺利完成。阶段性完成牛栏山变电站更换开关、刀闸工程和110kV怀牛一、35kV长王线路改造工程及龙湾屯第二电源工程,为提高地区电网的供电能力打下坚实基础。2009年,顺义地区电网总体运行平稳,地区最大瞬时负荷为794MW,发生在8月14日15:11分,与2008年最大负荷相比增长15.57%。

(赵鹏跃)

【经营管理】 2009年,公司经营业绩大幅提升,全年完成固定资产投资20809万元,同比减少51.07%。完成售电量40.6716亿kWh,同比增长9.74%;售电均价669.52元/MWh,同比增长18.68元/MWh;线损率累计完成5.38%。"三节约"活动。2009年度,公司围绕电网建设、生产运行、经营管理、行政办公等方面开展"三节约"活动,把节约意识贯穿到公司生产经营的全过程,从细微处着手,向管理中要效益,努力实现降本增效,推动公司

科学可持续发展。

（赵鹏跃）

【安全生产】 2009年度，安全生产形势平稳。荣获顺义区安全生产先进企业荣誉称号。被北京市交通安全委员会评为北京市2009年度交通安全先进单位称号。被中国电力企业联合会评为2009年电力行业电力设施保护先进单位称号。安全管理基础有效夯实。2009年，公司积极开展安全教育、营造安全氛围、落实安全责任，以“百日安全”、“全国安全月”“三项行动”、“三查一整改”等活动为平台，落实措施、排查隐患、深入开展“反违章”，从控制未遂入手，加大现场巡检力度。抓现场、盯班组、反违章，在生产一线员工中开展“思考三分钟”活动。电网运行管控能力和抗风险能力不断增强。年内，顺义电网实现对10座35kV变电站、19座110kV变电站的实时监控，电网运行管控时效提升显著。市调备调建设是2009年的重点工程，公司完成备调环境建设，配合完成设备安装、调试、验收等多项工作。生产管理水平稳步提升。2009年度，公司加强输电线路运行管理，所属486 km输电线路健康水平及运行环境得到大幅提高和改善，继续保持110kV输电线路全年无雷击掉闸故障。加强变电设备运行管理，及时发现并消除缺陷126件，圆满完成迎峰度夏及防汛任务。持续推进红旗站线创建工作，全年完成110kV丽仓一、二等七条红旗线路的创建工作，创建完成率达到91.43%。创建完成110kV聚源站、35kV南彩站等五座红旗变电站，总体创建率达96.67%。加强配网管理。制定《配电架空线路运行管理办法》，《配电架空线路运行工作考核管理办法》等规章制度，配网管理逐步走向规范化。度夏前完成北彩路等10kV重载线路分倒路工程，完成双兴外电源等电缆更换工程。注重社会责任、保证安全供电。完成国庆60周年、中国第七届花卉博览会、顺义区第十八届燕京啤酒节以及北京市电力公司、顺义区委、区政府派发的供电保障工作共计55次。

（赵鹏跃）

【营销与优质服务】 营销计量改造工程。完成了2008年计量改造工程收尾工作和2009年计量改造工程，在计量全采集的基础上，建设营销精益管理实时监控平台。规范地区供用电环境。通过营销精益管理实时监控平台发现电量异动，有针对性地检查客户用电情况，全年通过打击窃电专项行动和日常专项检查相结合的方式来规范地区用电环境。规范化服务窗口的创建工作。完成南法信、北务、龙湾屯等七个供电所规范化服务窗口的创建工作，以规范化的营业窗口建设推进日常工作规范化、标准化，通过窗口展示企业统一、规范、文明、健康的良好形象。努力提升服务水平。组织召开“迎国庆60周年，展供电服务风采”主题座谈会，举办大客户论坛暨电气安全技术讲座，与重要用户建立起良好的沟通渠道，提高广大用户对公司服务的理解和认可度；优化业扩报装工作流程，为重点工程开辟绿色通道，从用电受理、供电方案以及工程管理等多方面提供系列便捷服务，尽快满足客户用电需求；精细服务过程，推出一系列便民服务措施，在预付费电能表客户中推广手机钱包购电增值服务，达到足不出户即可购电，优质服务水平的提升赢得社会广泛赞誉。2009年度，公司先后收到客户赠送锦旗20余面。

（赵鹏跃）

【农电工作】 整理低压电网基础管理资料工作。规范全区419个村近七万基低压线杆的编号，重新绘制1000余个低压台区的图纸，逐步把低压电网管理纳入到公司整体管理系统（GIS）之中，低压电网管理日趋规范。做好新农村电气化区（县）建设工作。6月24日，由北京市发展和改革委员会、北京市电力公司组成的考评组对顺义供电公司的新农村电气化区建设工作进行考评，顺义区以93.9分的成绩顺利通过A类电气化区的验收。

(赵鹏跃)

【科技与信息化】 2009年是公司信息化应用推进年,为实现精细化管理,SG186在公司全面推广应用,ERP的上线,实现系统化管理人、财、物和信息流,标准化桌面和保密U盘的全面应用。信息安全管理。年内,将公司455台计算机安装标准化桌面系统,解决系统自动打补丁问题,把内外网隔离从物理层面提高到技术层面,做到上网不办公,办公不上网;发放保密U盘,缓解数据流通和保密这一矛盾,提高企业信息安全水平。科技环保工作。完成110kV杨镇变电站噪音治理工程,解决困扰周围居民多年的噪音问题,治理后噪音达到国家一类地区标准。

(赵鹏跃)

【党建与精神文明建设】 "四好"班子创建工作。以思想政治建设、业务素质建设、作风建设、廉政建设为重点,打造政治素质好、经营业绩好、团结协作好、作风形象好,有凝聚力、有战斗力的坚强领导集体。加强基层党支部建设。开发政工流程管理系统,规范支部基础工作,提高支部创新工作能力。加强党员教育与管理工作,积极开展"弘扬奥运保电精神,争做公司发展先锋"和"夯实基础抓创新,岗位奉献做模范"主题教育活动;适时开展"学习实践科学发展观有感"、"忠诚企业,爱岗敬业"等网上大讨论活动。积极参与地方文明共建活动。开展"城乡携手谱新曲,共建文明京郊行"主题活动;筹建"爱心1+1"助学基金,资助地区贫困学生;自筹资金为贫困村安装变压器,解决农田浇灌问题。反腐倡廉建设。围绕"有效预防职务犯罪和重大行风责任事件"主线,融入公司中心工作,结合"三三一"教育实践活动开展廉政风险防控工作。提出廉政风险防控"八步法",建立"廉政风险库",牢牢抓住"决策部署"、"过程控制"、"结果评估"三个重点环节进行防控,制定《员工因公外出廉政日志》制度。在全体党员、干部和职工的共同努力下,年内,公司先后荣获首都文明委颁发的"迎国庆、讲文明、树新风"活动先进单位、北京市社会力量参与社会主义新农村建设先进集体、"顺义区支持社会主义新农村建设模范单位"、顺义区党风廉政建设先进单位、顺义区纪检监察先进组织、国家电网公司文明单位标兵、国家电网公司纪检监察先进集体、北京市电力公司党委"先进基层党组织"、"精神文明创新成果优秀组织单位"、"思想政治研究会优秀组织单位"、北京市电力公司纪检监察先进单位、北京市电力公司新闻宣传先进单位等多项荣誉称号。截止到2009年,公司已连续11年荣获"首都文明单位标兵"称号,连续五年被评为"顺义区思想政治工作先进单位"。

(赵鹏跃)

顺义区燃气公司

【概　况】 2009年,区燃气公司保质保安全地完成了燃气供应保障工作和区天然气重点工程建设。天然气年供气量首次突破了1亿立方米,年供销液化石油气1105吨。全年共铺设天然气管道88248米;安装用户室内管道45180米;发展天然气居民用户10040户;发展工业、采暖、餐饮等公服用户42家。截止2009年年底,全区的天然气管网总长度已达900余公里;投入运行的天然气高压站1座、中低压调压站(箱)170余座;天然气供气小区达到78个;天然气居民用户发展到9.2万户;公服用户达到300余家。

单位名称:顺义区燃气公司

地址:顺义区顺通路西侧(北京现代汽车南侧)

电话:(010)89498078

邮编:101300

（傅　湘）

【纪念陕京天然气引入顺义10周年】 2009年2月4日,是陕京天然气引入顺义10周年纪念日。为此,区燃气公司与区市政市容管委共同举办了一系列的庆祝活动。庆祝活动以"风雨十年化彩虹"为主题,通过向用户发放3万份印有天然气安全知识的小台历、在"顺义时讯"出专版、在顺义电视台和顺义人民广播电台做节目等形式,颂扬了区燃气公司广大干部职工10年来为发展顺义天然气不畏艰险、勇于创新、善于拼搏、敢打硬仗的精神,颂扬了顺义燃气人为保障供气、保障燃气安全所做出的不懈努力和卓越贡献。庆祝活动做到了"电台有声、电视有影、报纸有文"。2月4日,在北京金宝花园酒店召开的陕京天然气引入顺义10周年座谈会上,中国燃气协会、北京市燃气协会有关领导、顺义区委、顺义区政府和区市政市容管委的主要领导及顺义区的天然气用户代表欢聚一堂,共话顺义更加美好的明天。

（傅　湘）

【建国60周年大庆和第七届花博会外围供气保障工作】 从2009年年初开始,区燃气公司统筹安排,科学谋划,全力抓紧完善第七届花博会主展馆、北京国际鲜花港的天然气工程建设,为建国60周年大庆和第七届花博会制定切实可行的外围供气应急保障预案。在此基础上,公司还新增购了天然气管网巡检车,千方百计加强花博会主展馆、北京国际鲜港等周边地区天然气管网的安全巡检。同时选派优秀的燃气技术人员入驻花博会主展馆,为花博会期间提供天然气专项安全运行供气保障服务,从而确保了建国60周年大庆和第七届花博会期间天然气外围供气保障工作的万无一失。

（傅　湘）

【开展送液化石油气下乡活动】 为应对国际金融危机,扩大内需,推进城乡一体化,区燃气公司组织下属单位宏达液化气公司积极开展送液化石油气下乡活动,努力开拓发展顺义区农村液化气销售市场。从2009年2月10日起,宏达液化气公司先后在牛栏山、丽喜花园、双兴等三个换气站发放了液化石油气换气本(持本换气每瓶60元,比市场价低15－20元)。此项举措不仅增加了公司液化石油气的销售量,也使农民用上了安全优质的液化石油气。通过开展送气下乡活动,2009年宏达液化气公司的液化石油气销量比上年同期增加了194吨。

（傅　湘）

【城区地下天然气管线基础信息采集上报工作】 为配合区市政市容管委对城区地下各类管线的信息管理,区燃气公司克服施工紧张、工作量大、时间紧等困难,抽调燃气技术人员对城区地下天然气管线的基础信息进行采集、上报。采集上报工作从2009年5月份开始至7月份结束,在2个月的时间里,共采集上报区市政市容管委天然气地下中压管线图纸194套、填注天然气地下管线特征点12000多个;并对每一个特征点的开工竣工时间、管线管径、防腐材料及管道材质等信息都进行了详细的标注。

（傅　湘）

【应用Φ20mm金属天然气连接软管】 为提高天然气连接软管的使用寿命,区燃气公司积极引进了天然气专用Φ20mm金属连接软管技术,并于2009年首次应用到香醍漫步庄园别墅区室内天然气壁挂炉的连接上。与原天然气专用连接胶管相比,Φ20mm金属天然气连接软管具有阻燃、抗冲击、耐腐蚀、不易泄漏等诸多优点,且使用寿命可长达50年。

（傅　湘）

【牛栏山小区及炮团家属院室内燃气管线整改工程】 从年初开始,区燃气公司先后组织公司工程部、技术部、安全运行部的技术人员对牛栏山小区及炮团家属院进行了细致的现场勘查,在多次走访小区居民用户的基础上,制定了严密可行的小区居民室内天然气管网整改方案，并于2009年7月19日开始实施整改作业。按照工程整改计划，经过5个多月的整改作业，于12月25日完成了上述两个居民小区室内天然气管网的工作，彻底消除这一市级挂帐安全隐患。

（傅　湘）

【实施佳和宜园小区室内外燃气管线整改和建设工程】　按照区领导的指示精神，区燃气公司从2009年9月27日开始对佳和宜园小区室内外原鲁能公司安装的质量不合格的天然气管线实施整改，对尚未施工的部分燃气管线实施再建工程。为尽快满足顺义区农村拆迁户早日搬进新居的愿望，区燃气公司的施工作业人员每天坚持早出晚归，坚持加班加点，于2009年12月19日安全保质地完成了佳和宜园小区3207户居民室内燃气立管、支管和燃气表的整改安装作业，为下一步室外燃气管线、燃气调压站的整改和再建工程打下了坚实基础。

（傅　湘）

【天然气年供气量首次突破1亿立方米】　随着顺义区居民用户和工业、采暖、制冷、餐饮等公服用户的快速发展，天然气的使用范围和应用领域正在不断地拓宽，天然气的供销气量也逐年实现了大幅增长。从1999年引入天然气到2009年的10年间，天然气供销量增长了100倍。2009年，区燃气公司全年供销天然气11482万立方米，比2008年的8002万立方米增长3480万立方米，同比增长了43%。

（傅　湘）

联　通

【概　况】　联通顺义分公司是顺义地区历史最悠久，服务范围最广的信息服务提供企业，公司的前身就是公众熟知的顺义电信局。公司下设12个部室，6个分局，17个社区和8个营业厅；共有正式员工216人，劳务派遣员工92人。公司提供全业务的信息服务，包括固定电话、宽带接入、2G移动通信、3G移动通信、数据传输、互联网等多种电信业务、以及与上述业务相关的视频监控、系统集成、信息咨询等多种服务。通过多年来网络建设，已在顺义地区建成语音网、第二代移动通信网、第三代移动通信网、传输网、宽带接入网、IP(Internet Protocol，互联网协议)核心骨干网等电信级专业通信网络，随着信息技术的不断发展，公司逐年提升网络的服务与支撑能力。公司在区内共有各类通信局所200余座，交换设备容量40余万线，宽带设备容量24万线；各类移动基站近500个。

单位名称：中国联合网络通信有限公司北京市顺义区分公司

地址：顺义区石园南大街16号

电话：(010)69441001

邮编：101300

网址：http://www.liantong.bjshy.gov.cn

（冉伯阳）

【市场经营】　2009年联通顺义分公司固定电话新增4002户，宽带用户新增2.7万户，移动电话新增9.28万户。2009年公司坚持以融合业务为基础的全业务经营理念，着力推动社会信息化进程。针对客户个性化需求，量身定制信息化组合产品，全年共计发展信息化企业40家。围绕“信息兴农、信息富农、信息惠农、信息助农”四个总体目标，推动农村信息化建设，结合农村特点和公司产品的特性，积极探索固网与移动业务的捆绑发展模式，全年共计完成22个村的宽带与移动业务的捆绑，并完成了马坡地区石家营村的农村信息化试点改造工作。同时，公司对区内新项目大力拓展，从客户需求出发，采用先进技术，为客户量身定制全业务的通信解决方案。

（冉伯阳）

【通信保障】 联通顺义分公司积极参与“两会”、“国庆60周年”、“通信展”等区内各类大型活动的通信保障工作，坚持奥运保障标准，2009年共完成各类通信保障26件次，并重点完成了第七届中国花卉博览会顺义展区的通信保障工作。为了保障花博会通信畅通，公司在前期投入了大量人力物力进行通信基础设施建设，投资额达320万元，为花博会展馆机房安装交换接入设备1套，能力1744门，AD设备1套，能力448门；为花博会和鲜花岗敷设管道7.20沟公里，合32孔公里；铺设光缆3.94条公里，电缆2.13条公里；为花博会提供了完善的网络环境。在开展前，制定了“横到边、纵到底”的详细通信保障预案，并组织突发通信事故应急演练，提升保障能力。在展会期间，公司借调应急通信车一台，在展会现场待命，保障队员坚持管线巡查，累计巡视264人次，做到了万无一失的通信服务保障。

（冉伯阳）

【网络建设】 工程建设部门在保证工程质量和有效支撑市场的前提下，全面提速顺义区信息基础设备建设。联通顺义分公司在2009年开始进行传统通信设备和网络改造工程，主要采用以光纤到楼和光纤到户的宽带解决方案，全年固网总立项金额逾亿元，共计完成111处接入点的改造，新增局所41个，新增有源箱体40个，敷设电缆142.86公里，敷设光缆705.77公里，敷设管道66.18公里。改造工程的完成，使区内95%以上的用户可以使用到至少2M的带宽接入。公司在2009年加大移动网络建设力度，组织基站建设会战，投资额超亿元，全年开通3G（WCDMA）基站200多个，2G（GSM）基站100多个，3G网络初具规模，2G网络显著改善。

（冉伯阳）

【提升服务】 持续提升服务品质，将奥运优质服务常态化。建立健全服务质量考核制度，并严格执行。针对客户的投诉，提出“客户第一、质量第一和四不放过”原则。加强入户规范的执行力度，实行计件工资与绩效工资的考核机制，提高入户服务人员的服务水平。将厅台基础管理、提高营业员的业务素质、强化服务细节作为厅台管理的重点，在全年的三方公司的明查暗访中，顺义各营业厅的服务经受住考验，保持了在全市的领先地位。服务工作始终坚持以客户为中心，主动与客户沟通，年内召开多次客户座谈会，倾听客户意见，了解客户需求，并根据客户意见努力提升服务品质。

（冉伯阳）

【安全生产】 2009年，公司继续坚持贯彻“安全第一、预防为主”的方针，加强对员工进行安全生产教育，加大检查和考核力度。结合上级公司文件精神，分公司与各部门签订“平安北京”安全责任书，确保安全责任制的落实。分公司定期召开安全例会，在重点活动前、重大节假日前都召开安全生产动员会，提高员工的安全生产意识，请安监局、公安分局交通支队及消防支队给员工进行安全生产讲座，通过板报、图片等方式时刻提醒员工重视安全生产工作。公司定期在全局范围内开展安全大检查，对发现的安全问题，下发整改书，并进行复查，确保问题的解决。通过公司全体员工的共同努力，全年无安全生产事故发生。

（冉伯阳）

邮　政

【概　况】 顺义区位于北京东北郊，距北京市区30公里，总面积1021平方公里，是北京重点建设的新城、临空经济高端产业功能区和现代制造业基地，我国最大、设备最先进的航空港——首都国际机场就坐落在顺义境内。近年来，顺义区经济社会发展步伐明显加快，国际化程度不断提高，形成了以电子通讯、汽车制造、食品饮料、现代物流、航空运输、会展经济为支撑的产业格局，呈现出超高速、跨越式、可持续发展的良好态势，为邮政发展提供了广阔空间。顺义区邮政局(以下简称顺义局)位于新顺南大街7号，服务面积1021平方公里。机构设置为5部1室1分局，下设8个邮政支局，28个邮政所，5个投递部，全局共有投递道段82条，邮路总长2896公里。全局现有职工439人，其中正式工101人，聘用工17人，劳务工322人。

单位名称：顺义区邮政局

地址：顺义区新顺南大街7号

电话：(010)69444642

邮编：101300

网址：http://youzhj.bjshy.gov.cn

(田秀丽)

【业务发展和经营成果】 全年实现业务收入6147.9万元，完成年计划的100%，同比增长4.5%。三大版块中，除邮务类业务比2007年同比略有下滑外，代理速递及金融类业务均有所增长；实现收支差额2036.1万元，为年计划指标的100%；实现成本费用4061万元，为年计划指标的100%，同比下降7%；人均利润率位居全公司第一位。

(田秀丽)

【管理工作全面加强】 一是强化了降本增效工作，将成本预算深入到支局基层，根据各支局业务材料及低耗品的使用情况，核定出每个支局的使用量，并按月通报费用进度情况，保证成本增幅低于收入增幅；二是加强了对机动车节油的宣传教育，严格落实车辆定点加油和“一车一卡”加油制度，同时根据不同车型实行百公里耗油和运行费用的核算工作；三是加强了通信业务管理。重新完善下发了《顺义区邮政局邮政质量两岗履职工作方案》的有关内容，规范了各岗位监督检查职责、内容、频次，对部分岗位的检查职责进行了完善，加大了对营业网点规范化的管理力度，制定了《顺义区邮政局支局、所管理、考核办法》。四是加强了投递质量的管理，尤其是出班前、归班后的日常检查，并按规定频次对所属投递道段投递质量进行抽查，提高了投递工作质量。

(田秀丽)

【完成第七届“花博会”邮政服务保障工作】 花博会是顺义区继2008年成功举办奥运水上项目之后举办的又一次大型盛会。花博会期间，顺义局在主会场设置了4个服务点，在国际鲜花岗设置1个服务点。为出色完成邮政服务保障任务，按照花博会服务保障的总体要求，顺义局制定了详细的花博会邮政服务保障方案，积极完善各项工作措施，为中外来宾提供了优质、高效的邮政服务，展现了邮政服务团队的良好形象，得到了区委、区政府的高度评价，被北京市筹备第七届中国花卉博览会指挥部授予最佳服务保障奖。

(田秀丽)

【落实安全责任】 以“两会”、国庆、花博会等为重点，将安全工作贯彻全年始终，在落实安全责任制度的同时，以例会、培训、知识答题等多种教育形式，广泛开展各项安全活动，确保安全保卫、安全生产、防火、交通安全、资金安全万无一失，全年未发生较大交通安全事故及安全生产事故，做到了资金无盗抢，人员无伤亡，为企业发展起到了保驾护航作用。

(田秀丽)

【队伍建设】 一是加强了领导班子“三个能力建设”。即：提高驾驭全局发展的工作能力、提高决策能力、提高履职能力。培养“四种作风”，即：联系群众，执政为民的作风；孜孜以求，奋发学习的作风；合舟共济，团结友爱的作风；清正廉洁，严格自律的作风。二是为推进中层干部队伍年轻化、专业化建设，建立了公开竞聘的选拔任用机制，对全局正副部室主任岗位进行了公开竞聘，有12人通过竞聘上岗走上了领导岗位。三是强化培训，切实提高员工队伍整体素质。结合职业技能鉴定工作，共计开展大规模的营业人员、投递人员脱产培训10期，共培训636人次。同时，鼓励员工积极参加在职学历教育，不断提高文化素质。目前全局共有74名员工参加邮电大学、人民大学、广播电视大学的学历教育。

（田秀丽）

【企业文化建设】 一是开展了形式多样的争优创先活动。在营业、投递及司驾人员中分别开展了"文明服务示范岗"、"储蓄台席示范岗"、"优秀投递班组"、"优秀投递员"、"优秀司机示范岗"评选活动，全局上下掀起了学习东四、学习先进的热潮。二是开展了创建标准化服务窗口活动，树立"一个支局、两个邮政所"为标准化支局、所，推广先进经验，全面提升服务工作的标准化、规范化。在创建过程中，顺义局始终坚持创建工作与全局中心工作相结合，突出重点，服务大局，通过创建工作发动员工以良好的精神面貌投身到企业经营发展中去，并组织各种丰富多彩的活动，丰富了企业文化建设的内涵。2009年，顺义局再度荣获"全国精神文明建设先进单位"的光荣称号，连续11年被评为首都文明单位标兵。

（田秀丽）

防震减灾

【概　况】 顺义区地震局是直属区政府的职能部门，全额拨款事业单位（依照公务员管理），职能是负责区属范围内地震监测预报、震害防御和地震应急救援工作。下设监测预报科、震害防御科、应急救援科和局办公室。在编人员14人，其中，处级领导干部6人，科级中层干部4人，主任科员级司机2人，科员1人，招聘应届硕士研究生1人。2009年，地震局大力加强科技投入，积极做好监测设备的数字化升级改造，强化监测手段，加密震情会商，提高震情预报的准确性，修订完善应急预案，督促指导各单位各部门开展疏散演练，深入开展多种形式的防灾宣传活动，圆满完成了共和国六十年庆典和第七届花博会地震安全保障工作任务。

单位名称：北京市顺义区地震局
地址：顺义区府前中街5号
电话：(010)69443890
邮编：101300
邮箱：dizhb@bjshy.gov.cn

（王兴春）

【组织地震监测预报】 负责顺义区地震监测预报工作体系建设，组织开展地震次生灾害及其它人工诱发地震的监测和研究工作，负责全区宏微观地震监测、地震分析预报，观测点规划建设与管理、地震会商、地震信息交流、宏微观异常落实，制定顺义区地震监测预报方案并组织实施，负责对强震动观测设备的管理和维护，负责震情和灾情速报网的管理，对擅自向社会散布地震观测意见提出处罚建议，通过撰文及时澄清玉树地震发生后种种谣传，负责震情跟踪的管理。

（王兴春）

【区内地震监测台网】 2009年全区地震监测台点共有32个。其中，前兆台点9个，分别是板桥、第三水厂、顺义一中、杨镇一中、龙湾屯政府。测震台点2个，分别是奥林匹克水上公园和顺义区地震局。强震台点13个，分别是板桥、杨镇政府、高丽营镇政府、南法信政府、李桥政府、李遂政府、北务政府、大孙各庄政府、北小营政府、龙湾屯政府。流动测震点5个，分别是奥林匹克水上公园、马坡镇政府、牛栏山镇政府、高丽营镇政府和杨镇一中。宏观观测点3个,分别是前鲁鸭厂、杨镇中学爱国主义教育基地、野生动物保护中心。以上台点同时兼职为顺义区地震速报台网。

(柳茂林)

【2009年顺义区发生地震目录】 2009年,顺义区地域内共发生大小地震11次,其中上半年4次,下半年7次,分别是:1月14日ML1.5;1月22日ML0.8;1月31日ML0.7;4月28日ML2.0;7月6日ML1.4;7月13日ML0.9;7月20日ML1.1;9月4日ML0.4;9月23日ML0.3;9月25日ML1.1;10月1日ML0.6。地震总的活动水平强于2008年,相当于正常年份的地震活动次数,特别是2009年7月起地震活动有增强趋势。

(柳茂林)

【开展震害防御工作】 会同有关部门建立震灾预防工作体系,对地震小区划工作进行技术指导和监督;管理建筑工程的地震安全性评价工作;管理以地震动参数和烈度表述的抗震设防标准;组织项目建设区域的地震烈度复核工作,监督生命线工程、重大工程、大型企业、重要城镇的抗震设防工作,破坏性地震发生后,根据灾情重新组织审定抗震设防要求,管理顺义区地震灾害预测工作,参与制定地震灾区重建规划;负责全区的工程建设场地地震安全性评价监督管理;负责全区建设工程抗震设防要求的监督管理;负责防震减灾法律法规和地震知识宣传。

(王兴春)

【中小学校舍安全改造工作】 积极配合区教委对全区中小学校舍抗震安全进行全面排查鉴定工作。落实顺义区中小学校舍安全工程实施方案。配合区教委等相关部门对全区学校校舍存在的安全隐患进行改造加固工作,使学校校舍达到重点设防类抗震标准。正确提供地震重点监视防御区、7度以上地震高烈度区及地震断裂带和地震分布情况,协助审定中小学布局调整规划和校园建设规划;全面改善顺义区中小学校舍安全状况,提高综合防灾能力。

(王兴春)

【应急救援工作】 2009年,根据北京市地震安全保障的要求,完成了区地震应急预案的制定和修订并报区政府批准。指导各镇(办事处)完成了地震应急预案编制工作,构成了顺义区政府地震应急预案体系,并与北京市成功联网。加强应急物资储备;协调应急避难场所建设;统筹地震应急救援队伍建设;指导学校、企业、社区等组织开展地震应急疏散演练。

(鲍志国)

【继续进行地质断裂勘察】 在完成了顺义—前门断裂顺义段勘察工作的基础止,继续对高丽营断裂和二郎山地域进行实地勘察。进一步查明并详细确定断裂的具体位置和走向。

(张华春)

【防震减灾科普宣传】 2009年防震减灾宣传教育工作,紧紧围绕落实科学发展观,贯彻“以预防为主,防御与救助相结合”的防震减灾工作方针,坚持“因地制宜、因时制宜、经常持久、科学求实”的宣传原则,宣传党和国家有关防震减灾工作的方针政策,积极、主动、科学、有效地开展防震减灾宣传教育,全面提高全社会的防震减灾意识和公众的自救互救能力,促进社会公众建立科学的防震减灾意识和观念,为构建和谐顺义提供地震安全保障。

(王兴春)

【档案管理、保密工作】 建立健全地震档案管理规章制度,规范技术资料收集整理和归档秩序,明确保密人员职责,完善保密工作措施。对历年地震档案资料进行整理分类,确定保密级别,按照档案管理规定进行分类管理。

(王兴春)

【荣誉和奖励】 顺义区地震局荣获《顺义区第七届花卉博览会优秀保障奖》。

(王兴春)

2009年5月10日，国务委员兼国务院秘书长马凯莅临燕京视察

2009年5月农业部部长孙政才检查石门市场猪肉交易大厅

国家人口计生委主任李斌等领导到马坡镇调研人口与计划生育工作

市人大常务副主任赵凤山一行莅临物流基地视察

2009年10月，北京市副市长苟仲文等领导一行到牛栏山酒厂调研

北京市副市长夏占义到马坡镇马卷村调研庭院绿化美化工作

轨道交通M15号线新国展站

区医院急诊病房综合楼工程

现代花园回迁房

潮白河景观

市政重点工程开工仪式

光明文化广场

北务镇“绿中名”采摘节期间采摘草莓

市民到顺沿特菜基地采摘甜瓜

顺义区花卉基地红掌场景

低碳经济与城市发展高峰论坛

中航工业北京航空产业园奠基

中航发动机有限责任公司揭牌仪式

顺义区区长张延昆带队检查顺义区社区菜市场

顺义区首届美食推展月上餐饮企业展示的菜品

在全市率先启动家电下乡工程

2009年6月6日　李福成董事长在第十八届燕京啤酒节开幕式上致辞

2009年6月6日晚　《同一首歌》大型演唱会走进顺义相约燕京，李福成董事长接受采访

燕京无醇啤酒获得了由国家知识产权局颁发的“改善无醇啤酒口感方法”的发明专利证书

大龙地产杯我爱我家系列艺术大赛颁奖盛典

大龙地产全景

顺义区城北供热中心建设工程奠基仪式

6月8日，物流基地与中铁物总煤炭销售有限公司和中瑞汇丰融资租赁有限公司分别签署合作协议。

东航北京分公司与天竺综保区和物流基地签署三方合作协议

物流基地被中国物流学会批准为产学研基地

非晶科技产业园揭牌

鲜花港地热泵项目

农业科技专家讲解春季果树管理

第二届勇敢小伙伴青少年大型竞技比赛

名师带徒项目

怡馨幼儿园话剧表演

2009年6月19日，医务人员深入社区开展健康知识讲座

2009年9月22日，免费开展甲流疫苗接种工作

2009年11月8日，卫生系统邀请市三甲医院专家为居民进行义诊

健步迎国庆牵手办花博顺义区全民健身健步走活动

顺义区第六届全民健身体育节红绸操舞比赛

综治工作会

顺义区加强基层基础队伍建设，镇村两级专职巡防队员达到4823人、治保民调会成员3980人、社区保安3652人、治安志愿者3万人

政法信访综治全体会

光明街道

百米长卷赠花博

金汉绿港第一社区跳蚤市场

魅力科学走进双兴东社区

胜利街道

全体工作人员向灾区献爱心

各社区为老人集体过生日

怡馨一社区第四届邻居节活动

石园街道

“和谐家庭、绿色家庭”表彰大会

“七一”总结表彰大会

石园东区居委会包粽子为空巢、孤寡老人过节

旺泉街道

市文化艺术中心与旺泉街道结对共建

行政服务中心优质服务

区委副书记胡尚云到旺泉街道检查指导工作

双丰街道

焰火燃放外围保障工作

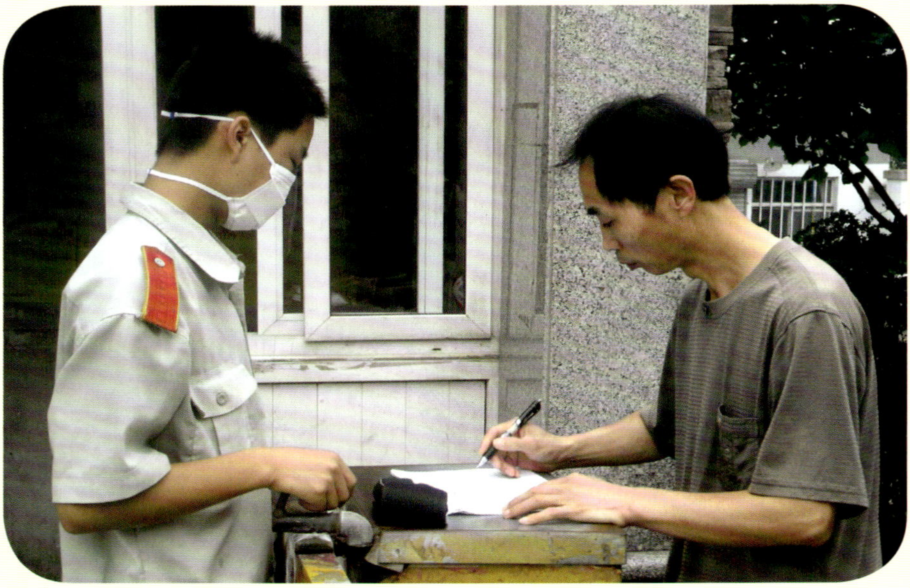

做好甲型H1N1流感防控工作

空港街道

“高层住宅消防应急演练”活动

“我爱北京同礼义跑”活动

万科花园社区选举圆满成功

仁和镇

“三个文明”表彰大会

减河公园

临河村合唱团参加顺义区合唱邀请赛

马坡镇

《我们村的故事》在石家营村隆重开机

和东丰乐村村民回迁入住佳和宜园小区

垃圾分类管理工作大会

南法信镇

南法信众合汽配市场举行“5.12防灾减灾日”消防演习

人大代表参观第十二届中国北京国际科技产业博览会顺义展区

镇领导进行“迎花博 庆十一”环境整治拉练检查

李桥镇

李桥同乐队迎元宵文艺活动

农民利用高科技显身手

安全生产月宣传活动

天竺镇

“手拉手一助一”
就业专场招聘会

“天竺镇获全国群众体育先进单位称号”荣获顺义十大骄傲奖

建成LED大屏幕开展文化宣传

后沙
峪镇

妇女维权学
法律 奉献花博促
和谐

和谐社区杯乒乓球比赛

领导视察

高丽营镇

都市行现代农业稳步发展

高端电子企业宝德强科技

精神文明健身成果显著

杨镇

杨镇“曾庄大鼓”亮相第七届中国花卉博览会开幕式

世界500强企业英瑞杰汽车系统“塑料燃油系统生产”项目落户杨镇汽车零部件产业基地

杨镇龙灯会参加中国非物质文化遗产传统技艺大展系列活动

赵全营镇

北郎中村文艺演出庆国庆60周年

农业部部长孙政才到北郎中种猪场视察

在赵全营拍摄《杨贵妃秘史》现场

牛栏山镇

隆重举行第三届经济高峰论坛

“防灾减灾日”开展油库事故应急演练

开通绿港就业快车

南彩镇

2009年7月16日，
采风广场招聘会

视察新农村

坞里（合唱）歌唱祖国

北小营镇

2009年10月2日
辽宁花协赠送铜牌

2009年11月12日与中国出版集团
签约仪式

2009年8月14日刘剑区长到前鲁
鸭场调研

李遂镇

灯火通明的街道

沟北村街心公园

庆祝建党88周年，柳各庄村全体党员集体重温入党誓词

木林镇

丰收的桃园

平安建设中心检查

普法宣传

龙湾屯镇

星火工程走入乡村

银装素裹龙湾屯

游客采摘龙湾屯樱桃

张镇

举办“和谐杯”乒乓球赛，丰富群众文化生活，广大群众踊跃参加

特色产业蓬勃发展——莲花山滑雪场游客络绎不绝

召开第二批学习实践科学发展观活动动员大会

大孙各庄镇

国庆安保暨“护城河”工程启动誓师大会

顺义区慈善协会大孙各庄镇分会正式成立

王户庄村绿色家庭示范户

北石槽镇

科学发展观动员会

消防演习

最美乡村

北务镇

镇政府大楼

村内喷泉

龙狮舞艺术团

科技·教育

科　　技

科技工作

【概　况】　年内，顺义区科委按照科技部最新出台的高新技术企业认定办法，对全区已认定的110家市级高新技术企业和新入区的科技型企业进行了调研摸底，筛选了50家符合条件的企业进行了重点培训，并深入企业逐一进行单独辅导。截至12月底，获得科技部认定证书的高新技术企业达到37家。

单位名称：顺义区科学技术委员会
地址：顺义区光明南街24号
电话：(010)69443483
邮编：101300
网址：http://www.kw.bjshy.gov.cn

（闫兆东）

【开展农民实用技术培训】　年内，顺义区科委充分发挥基层科技组织、农民专业合作社、农村科技协调员的作用，通过集中授课、播放课件、邀请农业专家深入田间地头实地指导等多种形式，扎实开展农民实用技术培训。1～12月底，完成农民培训11000人次。

（闫兆东）

【特色科技园区建设取得突破】　区科委会同马坡镇政府与市科委等相关部门密切配合，积极推动北京非晶科技产业园建设。2009年9月12日，北京非晶科技产业园签约暨揭牌仪式举行，顺义区人民政府与北京市科学技术委员会签署了“委区共建”战略合作协议。北京非晶科技产业园建设的启动实施，为顺义区高新技术产业发展开辟了更为广阔的空间，也为临空经济高端功能区和现代制造业基地建设注入了新的动力。

（闫兆东）

【科技项目运作取得新进展】　年内，区科委根据“科技北京”行动计划的支持重点，围绕临空经济高端产业功能区、北京重点新城建设、现代制造业基地等重点领域的科技需求，着力整合区域科技资源，积极运作各级各类科技项目，加大区域主导产业和重点行业的科技支撑力度。1～12月，完成创新基金、绿色通道等各类科技项目申报47项，获得批准16项，争取上级科技资金2466万元。其中北京国际种业交易中心、鲜花港农业生物技术种业孵化器建设等项目得到了市科委的重点支持。

（闫兆东）

【科研机构建设取得新突破】　年内，组织区内科技企业积极向市科委申报市级研发机构，获准2家，累计发展14家；推动企业利用首都科技资源，强化产学研用联合，与在京大专院校、科研院所加强合作，年内新组建科研生产联合体20家,累计发展189家。

(闫兆东)

【科技四项举措帮扶企业保增长】 年内,区科委紧紧围绕全区“保增长、保民生、保稳定“的工作大局,紧密结合科技工作实际,针对企业科技需求,采取有力措施帮扶企业保增长。积极参与制定《顺义区帮扶企业应对国际金融危机的若干措施》;加快推进高新技术企业重新认定工作,帮助企业争取政策支持;支持企业加速生成知识产权,提升企业核心竞争力;积极运作各级各类科技项目,帮助企业争取上级资金支持。

(闫兆东)

【农村科技协调员领办科技服务队成功走向市场】 年内,顺义区农村科技协调员在开展农业科技服务中不断创新,扩大服务范围,跨行业、跨区域,哪里有需要哪里就有服务队的身影。协调员郭维平领办的“果树技术服务队”就是一个成熟的案例,他将技术熟练,尤其是果树修剪、嫁接等专业技术的工人,经过专业技术、服务理念等培训后上岗,为一家一户解决不了的如果树嫁接、果树栽培等一些新技术难题,进行有偿服务,2009年为顺义、平谷、通州等26个果园和农户进行服务,解决了果农的生产实际问题,同时也使协调员与市场有机的结合到一起。顺义区像这样协调员领办的服务队涉及到农机、林业、花卉、养殖等各行各业,他们在农业科技实践中起到积极的作用,不断展现协调员的自身价值。

(闫兆东)

【区5项高新技术产品获评市级火炬项目】 2月18日,顺义区5项高新技术产品被市科委批准为市级火炬项目。分别是:盈创再生资源有限公司研发的“超洁瓶级聚酯切片”,北京潮白环保设备安装工程有限公司研发的“环保型玻璃钢整体化粪池及地埋式一体化污水处理设备”,北京康特电子有限公司研发的“SMD3225高稳晶体元器件”,北京云城激光唱盘有限研发的“复合光盘”,北京大众在线网络技术有限公司研发的“社会治安综合治理系统”,获准项目数居远郊区县首位,从一个侧面反映了顺义区高新技术企业在自主研发、科技创新领域取得的显著成效。

(闫兆东)

【北京青少年科技创新大赛再创佳绩】 3月19日举行的第29届安捷伦北京青少年科技创新大赛中,顺义区荣获获得一等奖1项、二等奖5项、三等奖3项,区科协荣获“优秀组织奖”。

(闫兆东)

【农业科技专家把脉春季果树管理】 5月11日,北京市顺义区科委、顺义区果树产业协会、北京天天康乐果品产销专业合作社联合举办了“春季果树管理”现场交流会。邀请全国著名苹果专家汪景彦教授对龙湾屯镇、木林镇百余户社员、20名农村科技协调员讲解了春季苹果管理要点及苹果幼树“松塔树形”管理方法。针对果农提出的果树授粉效果不佳、坐果率低等问题,汪教授建议用壁蜂授粉辅助以往风媒、虫媒授粉方法,重点强调疏花对提高坐果率、控制果树大小年、提高果品品质、强壮树势的作用。此次培训转变了果农“多留花就能多坐果”的传统观念,让农民深刻理解了稳产优质安全的科学管理方法,增强了果农生产高档果品的信心。

(闫兆东)

【农业科技协调员工作站获赠新农机】 5月13日,由顺义区林业局、北京天天康乐果品产销专业合作社联合启动“果园新型农机配套试点工程”,为全区8个果树种植重点镇发放小型四轮农机车并配套了开沟器、旋耕犁、缺齿耙、迷雾打药机和运输斗等。该试点工程的成功启动,为顺义区科技协调员工作站领办的农机服务队伍添置了新设备,拓宽了服务队服务范围和服务对象,在一定程度上缓解了果园劳动力紧张、劳动力成本上涨过快的矛盾,推进顺义区果树机械化生产进程,同时也加快了农村科技协调员进入市场的步伐。

（闫兆东）

【2009年科技工作大会召开】 5月14日上午，顺义区2009年科技工作会议召开。区委、区人大、区政府、区政协的主要领导、各镇、委办局、街道办事处、科技企业共300余人参加了会议。陈光浩副区长做了题为《加强自主创新，推动经济社会全面协调可持续发展》的科技工作报告，对全区科技工作作出全面部署，刘剑区长做了重要讲话。刘区长着重讲了四点意见：一是准确把握大局，深刻认识科技创新的重大战略意义；二是强化企业在技术创新中的主体地位，提升产业核心竞争力；三是充分利用首都科技资源，提高区域科技创新水平；四是营造良好的科技创新环境，为科技事业发展提供保障。会上还对荣获2007－2008年度顺义区科学技术奖的60个科技项目223名科技人员进行了表彰奖励。

（闫兆东）

【农村科技特派员获国家科技部表彰】 6月5日，科技部、人力资源社会保障部、农业部等八部门联合在京举办了“全国科技特派员工作会议暨农村科技创业行动启动仪式”。会上表彰了550名全国优秀科技特派员。顺义区北郎中的闫仲生、双河果园的胡桂华、养元兽药的徐铃在表彰之列；顺义区科委被评为全国科技特派员工作先进单位，受到表彰。

（闫兆东）

【离退休老干部为科技工作献言献策】 7月1日，区科委、科协老党员、老干部欢聚一堂，召开庆“七一”老干部座谈会。与会老干部一起回顾我党88年来走过的光辉历程和创造的丰功伟绩，座谈目前顺义区的经济形势，畅谈美好发展前景和宏伟蓝图。老干部们对科技工作所取得的成就表示欣慰，表示要继续发挥余热，关注和参与科技发展，为全区科技事业发展献言献策。

（闫兆东）

科普工作

【概　况】 年内，全区广泛开展科普宣传，围绕“科普之春”、“科技周”活动主题，组织各类科普活动20次，制作以“迎国庆、庆花博”为主题的科普宣传展板100块，发放《科普惠农专刊》等科普宣传资料5000份。组织实施“北京市第三批创新型科普社区”和“顺义区科普示范村建设工程”。

（闫兆东）

知识产权

【概　况】 年内，顺义区积极推动知识产权工作，深入开展专利试点示范工作。1～12月，新发展专利试点企业18家（累计发展69家），专利示范企业2家。加强企业知识产权申报工作的服务和管理，1～12月，全区申请专利448件（其中发明专利申请150件），授权专利340件（其中发明专利授权35件），均创历史新高。

（闫兆东）

【召开“知识产权工作交流会”】 4月27日，顺义区科委召开“知识产权工作交流会”，市局实施处马处长一行出席会议。会上，区内20家企业代表就知识产权保护工作成果、保护过程中所遇到的问题与市局领导及科委领导进行了沟通。马处长结合数起案例为企业如何保护自身的知识产权进行了讲解。首安消防等四家企业在会上作了发言，将自身在知识产权保护工作上所获得的经验与各家企业进行了交流。参会企业表示收获很大,希望这样的交流活动能多组织。

(闫兆东)

教　育

综　述

2009年,在区委、区政府的正确领导下,教育系统坚持以科学发展观为统领,围绕办人民满意教育,巩固深化教育现代化创建成果,全面提升区域教育品质,稳步提高教育质量,推进教育持续协调健康发展。

第一,立足均衡优质,大力推进三项工程。

一是稳步推进校舍抗震改造工程。2009年,对100余个基层单位的280处建筑进行了质量检测,制定了校舍改造实施方案,其中5所学校实施了改造,编制完成12所学校改造建设方案。二是积极推进重点工程和折子工程。北京八中顺义仁和中学分校、大孙各庄中学、赵全营幼儿园等建设工程,2009年任务完成过半。改造了9所学校的操场、10所农村学校的教师宿舍、13所寄宿制学校的浴室、40余所学校的建筑防水。投入5000余万元,装备教学仪器、实验室设备等43万件(套)。三是大力推进小学规范化建设工程。2009年初,对小学规范化建设进行部署,从硬件建设、教育教学管理、教育改革、教育评价与质量监测等各方面开展工作。组织召开了“小学规范化建设工程走进学校”系列活动。

第二,立足改革创新,各级各类教育协调发展。

一是基础教育水平持续提升。学前教育以均衡、协调为基础向着有特色、可持续发展迈进。认定一级一类幼儿园4所、一级二类幼儿园1所。截至目前,30所公办幼儿园中有一级一类幼儿园21所,占全区幼儿园的70%,其中3所成为北京市示范园。新建金汉绿港幼儿园,裕龙四区幼儿园转制成为公办幼儿园。全区公办幼儿园达到32所,公办园的比例居全市前列。义务教育实现了适龄儿童小学入学率100%、合格率100%;初中入学率100%、巩固率100%、合格率100%。圆满完成初中建设工程,认定初中建设示范校5所、达标校25所,代表北京市在上海举办的初中校建设专题会议上做典型经验交流。高中教育实现了优质化。取消了北务、木林、李桥和牛栏山二中4所农村普通学校高中招生。高考再创新高,2009年64人被清华、北大两所名校录取。本专科录取率分别为60.4%和91%,高考成绩居全市前列且连续33年居远郊区县之首。被评为2009年顺义十大骄傲之一。二是职业教育稳步发展。职业教育发展生机和活力进一步增强,结合区域经济特点新增5个专业。中职毕业生就业率100%,专业对口率达到76%,较2008年提高了8个百分点。三是成人教育再谱新篇。2009年引进了南开大学、华东农业大学2所高校在顺义开设办学点,使高校在顺义办学点数量达到25所,与高校联合办学在校生总数达9000余人。全年完成成人培训102万人次。四是特殊教育再创佳绩。参与并承担的国家级课题获北京市教育教学成果一等奖,承担5次市级活动,组织学生代表北京市参加2009年全国特奥游泳、举重比赛,获金牌4枚、银牌5枚、铜牌5枚,实现了北京市历史性的突破。五是民办教育进一步规范。加强了流动人口自办校的管理,对民办中小学进行业务检查与指导，对招收外籍学生的民办校资质进行评估。

第三，立足提高质量，着力推进素质教育。一是德育工作成效进一步彰显。加强过程与体验教育。加强德育成果总结与推广。加强培植社会德育力量。二是课程改革成果进一步彰显。小学课改推进三级课程建设协调发展。初中课改实行全方位、全过程开放。高中课改努力探索推进课改新途径。三是教科研的作用有效发挥。15 项科研成果获得北京市第三届基础教育教学成果奖；9 项成果获得北京市第五届教育科学研究成果奖。四是教育信息化水平进一步提高。2009 年，投资近两千万元为中小学配备信息技术设备，开展各级各类培训 2 万余人次，师生获得 184 项国家、市级奖励。五是学生综合素质进一步提升。竞技体育成绩突出，获得 23 枚全国中学生田径锦标赛奖牌；获得 2 枚全国中学生运动会奖牌，夺取北京市中学生田径运动会郊区初中组、高中组第一名和团体总分 3 项冠军；参加北京市阳光伙伴集体竞赛活动，获得小学组冠亚军、中学组第一名和第三名。科技艺术教育再获佳绩，获得国家级、市级科技竞赛，一等奖 76 项、二等奖 89 项、三等奖 139 项；获得“全国青少年校外科技教育先进集体”称号。

第四，立足教师发展，着力提升队伍建设水平。一是弘扬高尚师德，教师职业道德水平有了新的提升。新修订《中小学教师职业道德规范》，表彰优秀师德群体 60 个，师德标兵 210 名；1 名教师获全国模范教师称号、2 名教师获全国优秀教师称号。二是强化教育培训，教师专业水平有了新的提高。学历培训上档次，举办了 1 个研究生课程班、2 个硕士预科班和 7 个续本班，培训学员 400 人。继续教育分层次，开设必修培训、选修培训、专题研修。2009 年共开办 117 个班，4960 名专职教师接受培训。校本培训出特色，以基础教育“规范化”建设为目标，在加强校本培训规范管理的同时，坚持特色化发展，各校校本培训特色基本形成。承办了“全国农村教师建设论坛”。三是强化示范引领，骨干教师培养有了新的成效。总结第一批名师工作室成果，出版书籍 12 册。启动了第二期名师工作室 23 个。选拔组建中小学骨干班主任培训班、小学英语教师培训班和“绿色耕耘”农村骨干教师培训班共 363 名、培训近 1.5 万人次。顺义九中孙红森老师获全国教学改革创新大赛一等奖；7 名教师被评为北京市特级教师；参加北京市班主任基本功竞赛，获一等奖 5 名，二三等奖 5 名。22 名教师获北京市优秀教师称号。四是实现经验分享，干部培训有了新的突破。实施名校长工程，组织第二期中小学校长高研班、中小学校长任职资格培训班、小学教学和德育干部研修班、中小学体卫干部、总务干部研修班、乡镇教育助理培训班等 10 余个，360 名干部参加学习。组织 307 余名学校干部进行测试，选拔出 110 名后备干部，其中 16 名到机关进行为期一个学期的挂职锻炼。

第五，立足稳定和谐，办人民满意顺义教育。一是深入开展科学发展观学习实践活动，完成服务国庆和花博各项任务。实施党员教师“一二三”工程，完成 3400 人国庆改革开放方阵的群众游行任务，组织 2000 余名学生参加花博会开幕式。二是以安全稳定为前提，高标准开展甲流防控工作。累计投入 40 万元，为学校配备红外测温仪，为中小学生配发七万支体温表。三是深入推进教育系统人事制度改革和工资制度改革。岗位设置工作已平稳顺利完成，绩效工资制度改革工作在有效推进。四是规范管理，加强督导，促进教育长足发展。2009 年，制定了教育系统经济责任制度、廉政风险防范管理制度、经济合同管理制度和进一步治理教育乱收费工作意见等一系列文件，接受北京市对顺义区的初中建设督导和综合督导，参加 2009 年北京教育督导评价国际论坛，并作了主题发言。

2009年是顺义教育的民生之年、稳定之年、收获之年、改革之年、建设之年,全系统干部教师将年初工作会上提出的顺义教育十二化的工作目标转化为具体行动,在工作中大胆实践、勇于创新,不断提升教育质量和办学水平。

单位名称:顺义区教育委员会
地址:顺义区建新西街1号
电话:(010)69444324
邮编:101300
网址:http://www.shyedy.gov.cn

(周君姝)

幼儿教育

【概 况】 2009年,幼儿园32所,入园2664名、在园8718名,离园2934名幼儿;教职工915名,其中其他人员16名,大学本科学历496人,大学专科学历289人其他114人,学历合格率100%;具有高级专业专业技术职务0人,中级级专业专业技术职务441人,初级专业专业技术职务397人;专任教师756名。市级学科带头人0名,市级骨干教师4名,区级首席教师1名,区级学科带头人5名,区级骨干教师81名,区级园丁新星13名,各级各类骨干教师占专任教师总数的13.8 %。学前三年教育普及率100 %,0—3岁幼儿受教育率90%以上。顺义区学期教育继续强化级类管理,统筹规划科学管理,年内,又有4所幼儿园通过一级一类验收,目前该区一级一类幼儿园21所,北京市示范园3所,市级早教基地24所。

(周君姝)

【杨镇幼儿园DV短片获全国一等奖】 1月,在全国幼儿园优秀DV作品展播评审活动中,顺义区杨镇中心幼儿园报送的DV短片《泥巴乐》被评为全国一等奖。

(单朝霞)

【7所幼儿园通过北京市级类验收】 1月,顺义区7所幼儿园通过北京市级类验收,2008年12月2日—3日,市教委学前教育专家组到该区进行北京市幼儿园级类验收工作,通过深入幼儿园听取整体情况报告、查阅相关资料、观摩教学活动情况和观看园所环境等程序,对幼儿园进行检查评估。最终,宏城幼儿园、怡馨幼儿园、双兴幼儿园和高丽营中心幼儿园等4所幼儿园被认定为一级一类幼儿园,南彩中心幼儿园、港馨幼儿园和李桥幼儿园被认定为一级二类幼儿园。至此,该区一级一类幼儿园达到19所,一级二类幼儿园3所。

(周君姝)

【石园幼儿园与街道、居委会联合举办早期教育培训班】 3月8日,顺义区石园幼儿园与石园街道、石园西区居委会联合邀请北师大儿童阅读学习中心主任龚亚东作"开端阅读,播撒爱心和智慧儿童早期阅读"家长讲座,内容包括中国早期阅读的现状与对策、中外阅读差异和儿童早期阅读重要性等,200余名家长参加。

(周君姝)

【石园北区幼儿园召开示范园展示暨级类年度考核现场会】 5月7日,顺义区在石园北区幼儿园召开示范园展示暨级类年度考核现场会,与会人员听取了区幼教中心《聚焦质量,聚焦特色》报告和石园北区幼儿园《保教工作管理》经验介绍,观摩了户外体育游戏和户外循环区域健康特色教育活动展示,查阅了相关材料,围绕"通过扎实研究,凸显办园特色"主题,进行座谈交流。全区30所公办幼儿园园长、业务园长和部分民办园园长60余人参加了活动。

(周君姝)

【四项机制】 6月1日,区领导到部分幼儿园慰问师生时指出:目前顺义区学前教育建立形成了教师、幼儿及家长的四项机制，一是牢固树立了“安全第一”的责任意识，精细安排幼儿在园生活，确保安全，同时不断探讨实施幼儿能够接受的方式对幼儿进行消防、交通、常见传染病等安全知识教育；二是组织教师加强学习先进的教育教学理念，用现代的、发展的观念建设了一支高素质的教师队伍；三是探索研究多种形式教育活动，通过广泛深入的接触自然、接触实际生活，提高幼儿实践能力；四是建立有效的家长沟通联系机制，让家长参与孩子教育过程，多元化培养孩子优秀品质和良好生活习惯。

（周君姝）

【军地联谊活动】 6月17日，顺义区怡馨幼儿园和部队幼儿园开展军地联谊活动，部队幼儿园园长和部分老师参观了怡馨幼儿园教育环境，双方并就家园联系、主题墙饰创设、区角创设等内容进行交流。

（周君姝）

【首部园本课程教材编辑出版】 6月23日，顺义区仁和幼儿园首部园本课程教材——《为了孩子的语言发展》编辑出版，该书是仁和幼儿园三年来对幼儿语言培养与发展的尝试、实践、积累、提升生成的结晶。全书从快乐交流、学会倾听、学会阅读、故事教学、诗歌教学、环境创设六个方面论述了如何发展幼儿的语言，为幼儿语言教育提供了宝贵的参考资料。

（周君姝）

【怡馨幼儿园组织教师唱好“三台戏”提升保教质量】 6月24日至30日，怡馨幼儿园组织教师唱好“三台戏”提升保教质量，一是“全员一台戏”，以“第二届自我保护童话剧表演赛”为契机，组织全体人员进行剧本创编、指导幼儿表演、组织表演比赛，促进保教沟通、实现幼儿发展；二是“教师一台戏”，组织18名教师参加的以演示文稿形式展示的“幼儿生活日志”个案交流活动，促进教师对幼儿日常生活地关注；三是“保育员一台戏”，组织全体保育员进行活动展示，提高保教水平。

（周君姝）

【各园采取措施使新生顺利入园】 9月，各园采取措施使新生顺利入园 一是开展体验式入园活动，即：幼儿由家长陪同到园进行体验，感受新的环境，促进幼儿更快适应新环境、促进教师了解幼儿及家长。二是取家园合作措施，即：1. 召开新生家长会，对家长进行缓解幼儿入园焦虑的经验指导；2. 电话交流，建立幼儿档案；3. 环境布置，为孩子创设适合的室内环境。三是聘请北京师范大学教授曾庆艳为新生家长作专题讲座，指导家长帮助幼儿园尽快适应新环境。四是开展新生家长半日陪同活动，促使孩子顺利度过分离焦虑期。五是采取渐进式新生试园一周方法效果良好，即前两天由家长陪同幼儿来园一起活动半天，不在园吃饭，不午睡；第三、四天，由家长陪同来园一起活动半天，在园吃饭，不午睡；第五天，一切步入正轨。六是启用新的“小班幼儿入园适应方案”，采取半日制入园活动、小组化游戏活动等方式帮助幼儿顺利完成家园过度。

（周君姝）

【举行幼儿园星级教科室经验交流会】 10月19日，“顺义区幼儿园星级教科室经验交流会暨第二轮星级科室启动仪式”在南法信幼儿园举办，会议就提升教师科研意识、提升引领幼儿教育进行交流，幼教培训中心教师及业务园长56人参加活动。

（周君姝）

【杨镇幼儿园挖掘农村资源优势】 10月21日，顺义区杨镇幼儿园挖掘农村资源优势，邀请家长和幼儿、教师参与“一起探索玉米皮、玉米秆、玉米芯的玩法和其中的教育价值”为主题的玉米皮编织制作活动，在动手动脑过程中发展师生的创造性，培养节约及环保意识。

（周君姝）

【幼儿园后备干部班开班】 10月22日，幼儿园后备干部班开班典礼在教委三会议室举行,会议解读了《幼儿园后备干部培训方案》,仁和幼儿园耿兵、南法信幼儿园王晓鸿分别发言。区教工委委员、教育督导室主任姜华阳要求:培训部门要认真做好组织管理服务工作,学员要珍惜机会不断提高综合素养。区教工委书记、教委主任冯义国强调:一是要创造性地学习,带着问题学习;二是要处理好工学矛盾,在工作中学习,在学习中工作。幼儿园后备干部班学员及部分教委挂职干部70余人参加活动。

(周君姝)

【举办幼儿数学教学观摩研讨会】 10月29日,顺义区幼儿数学教学观摩研讨活动在马坡幼儿园举行,与会人员观摩了该园《长方形》、《三角形变变变》两节数学活动,并就课程设计、提问的艺术性和学生良好学习习惯培养等问题进行研讨。幼教培训中心教研员及数学教研组成员13人参加。

(周君姝)

【4所幼儿园联合开展教师培训】 11月24日,教育部教育科学"十一五"规划课题组赵国柱教授来到石园北区幼儿园为教师作了《儿童科学教育模式研究》课题的培训。建南、怡馨、宏城、双兴等幼儿园领导教师50余人参加。

(周君姝)

【仁和中心幼儿园在"面向二十一世纪园本课程理论与实践丛书"授书仪式上作典型发言】 11月25日,顺义区仁和中心幼儿园在"面向二十一世纪园本课程理论与实践丛书"授书仪式上作题为《学习 实践 积累是园本课程形成的必由之路》的典型发言。该园撰写的《为了孩子的语言发展》一书被辑录到丛书中。

(周君姝)

【尹家府幼儿园分层分类开展展示课活动】 12月15日至20日,尹家府幼儿园分层、分类开展展示课活动,分别由区园丁新星、骨干教师－园骨干、区中心组教师－老教师、新教师和保育员进行展示,提高了活动的实效性和针对性。

(周君姝)

【仁和幼儿园信息技术成果显著】 12月21日,顺义区仁和幼儿园在北京市学前教育信息技术年会上作题为《发挥信息技术作用,促园所持续发展》典型发言,该园36名教师在本届年会分别获得网站设计、教育活动课例、课件制作等项目一等奖5名,二等奖8名,三等奖15名。

(周君姝)

【建南幼儿园举行学前教育个性化研讨会】 12月25日,"踏着音符,快乐成长——践行学前教育个性化研讨会"在建南幼儿园举行。与会人员听取该园园长作的题为《"以音乐为媒介的整合教育"特色园所建设的实践与思考》报告,观看该园教师的整合课程研究案例,并就办园特色进行了研讨。市早教所专家、区考研中心师训科、区幼教中心相关领导和全区幼儿园园长、业务园长70余人参加活动。

(周君姝)

【石园幼儿园开展特殊幼儿融合教育】 年内,石园幼儿园采取措施开展特殊幼儿融合教育。一是选派骨干教师参加市教委特教部组织的融合教育培训提高师资水平;二是在幼儿中开展同伴互助活动,促进特殊幼儿社会性发展;三是通过户外体育游戏帮助肢残儿童主动参加户外运动,培养活泼开朗性格。目前,该园将7名区福利院及社区特殊残障幼儿融入相应班级接受正规幼儿园教育。

(周君姝)

【建北幼儿园开展"问题化教研"提高保教质量】 年内,顺义区建北幼儿园开展"问题化教研"提高保教质量,该园通过问题呈现→方法分享→个人实践→效果反馈→反思提升的"问题化教研"模式解决教师日常学习、反思、教学实践中的问题,强化教师的问题意识和研究意识,提高教师解决问题的能力。并将专题教研成果“如何写好观察记录”、“规则制定后幼儿不执行怎么办”等运用到工作实践中,提高了保教工作质量。

(周君姝)

【尹家府幼儿园构建立体环境促幼儿发展】 年内,尹家府幼儿园构建立体环境促幼儿发展,一是构建室内立体环境,创建室内窗台文化再现与幼儿生活密切相关的动画和故事情境;二是构建室外立体环境,利用金鱼池、种植园区等资源开展师幼互动、手脑共用等活动促进幼儿发展。

(周君姝)

【滨河幼儿园开展挖掘民间体育游戏资源活动】 年内,顺义区滨河幼儿园在教师和家长中开展“挖掘民间体育游戏资源”活动。家园双方将民间体育游戏改编和创新,推出游戏类、器械类、体育项目类等园本资源供教师选择和运用,丰富幼儿活动课程,促进幼儿的全面发展。

(周君姝)

中小学教育

【概　况】 2009年,全区小学36所;教学班848个,在校生33621人(借读生11514人),招生4397人(借读生1912人),毕业5588人;教职工2842人,其中,专任教师2111人;小学入学率100%,巩固率100%,毕业率100%,及格率100%。中学37所,其中,初中23所,完中6,高中4所,九年一贯制学校4所;教学班701个,其中,初中教学班315个、完中教学班165个、高中教学班188个、九年一贯制学校教学班数33个;毕业11278人(初中5678人)、招生9894人(初中4793人),在校学生31270人(借读生3455人),其中,初中17074人(借读生2419人),高中14196人(借读生1036人);初中入学率100%,巩固率100%,毕业率100%,及格率100%;高中阶段入学率99.8%,毕业合格率83.69%,应届高考录取率91.3%;教职工4092人,其中,专任教师2907人(初中1591人、高中1318人)。特殊教育学校1所,开设班14个,结业10人、招生12人,在校生142人;教职工64人,其中,专任教师49人;残疾儿童入学率100%、巩固率100%。校外教育单位及其他教育单位6个,教职工285人,其中,专任教师112人。小学教师学历合格率100%、初中教师学历合格率100%、高中专任教师学历合格率98.9%。中小学市级特级教师16人,其中,小学特级教师2人、中学特级教师14人。中小学教师具有高级专业技术职务863人,其中,小学教师15人、中学教师848人。全区中小学图书馆藏书222.39万册,电子图书92748片。校舍总占地面积3304730平方米,总建筑面积1003527平方米。固定资产总值134221.23万元。全年教育经费投入101613.3万元,其中,国家拨款和96963.7万元,自筹经费4649.6万元。

(周君姝)

【仁和中学在第五届生活的准则征文比赛中获奖】 3月14日,由JohnTempleton基金会赞助,JA中国(国际青年成就中国部)主办的第五届《生活的准则》征文比赛北京赛区颁奖大会在北京长富宫饭店举行,仁和中学获得最佳学校组织奖。

(周君姝)

【北京八中顺义仁和分校举行奠基仪式】 3月18日,北京八中顺义仁和分校举行奠基仪式。历经5年筹备,北京八中顺义仁和分校扩建工程得到市发改委的建设批复。副区长杨培丽在奠基仪式上指出:北京八中顺义仁和分校是该区第三轮教育布局调整的重点节点,工程的建设对扩大区域优质教育资源,推进教育均衡发展将起到积极作用;同时提出要求:1. 各相关单位和部门要全力以赴,紧密合作,按照新颁北京市中小学校办学条件标准,科学规划,主动配合教委做好相关工作;2. 施工单位要严格管理,按期、保质完成建设任务。区委书记张延昆、区人大主任马庚良、区政协主席陶宝金、区委副书记胡尚云、区人大副主任贾春林、副区长赵贵恒等领导出席,并为工程奠基。区相关部门负责人、中北华宇干部职工、仁和中学师生1000余人参加仪式。

(周君姝)

【在第29届安捷伦北京青少年科技创新大赛中喜获佳绩】　3月19日—22日,顺义区第29届安捷伦北京青少年科技创新大赛在北京十二中学举行。该区荣获优秀组织奖,牛栏山一中实验学校获得十佳优秀科技实践活动奖,牛栏山一中、顺义一中和南法信中学分别获得优秀科技实践活动奖;牛栏山一中《北京金翅雀繁殖生态学研究》、杨镇一中《公路绿化用浇水喷药车模型》、顺义一中《万用表表笔的加装》、木林中学《农村太阳能热水器上水报警器》和北石槽中学《李家史山制药污水深度处理试验探究》等5个竞赛项目获得二等奖;牛栏山一中获得北京自然博物馆自然与生命探索奖一等奖,教师李万成被评为"十佳科技辅导员"。同时,该区还参加科幻画、工程、科教创新和论文等项目评选,获得一等奖2件、二三等奖19件。

(周君姝)

【区领导调研教育情况】　4月21日,顺义区副区长燕瑛听取了该区教育基本情况介绍,详细了解了初中建设工程和小学规范化建设工程进展、新课程改革、队伍建设和教育布局调整等方面情况;区委常委、常务副区长王海臣和副区长燕瑛参观了少年宫活动室,与少年宫干部教师进行了座谈,对教育工作提出要求:1. 在总结成果基础上,重点研究与先进区县差距,找准突破点,推动教育整体推进;2. 以师资队伍建设和课程改革为重点,全面提升教育发展水平;3. 围绕区域发展办教育,根据区域发展重点项目培养人才,不断改善教育条件,科学调整教育布局;4. 重点抓创新、抓重点,以点带面,力争确立全市领先的教育地位;5. 要把教育系统安全工作抓实、抓细、抓彻底。

(周君姝)

【接受北京市初中建设工程验收】　4月22日,顺义区接受北京市初中建设工程验收。由市教育工委、市教委、市政府教育督导室和部分高校等部门组成的验收工作组一行16人来到该区,听取了区教委《以初中建设工程为抓手统筹兼顾推动初中教育均衡发展》和区政府教育督导室《强化督导职能 夯实验收工作 推进义务教育均衡发展》情况汇报,分成硬件和软件建设两组与该区相关部门领导进行座谈,详细了解顺义区初中教育资金投入,设施设备配备、管理和使用情况以及干部教师队伍建设、学生德育等方面工作整体情况,查阅了初中建设工程实施三年来发展规划落实情况和有关成果资料,并按照随机抽签结果,分别深入天竺中学和北石槽中学,参观学校校园环境,实地检查教育设施设备配备和使用情况,听取学校初中建设实施情况介绍,与干部教师进行座谈,同时进行学生问卷调查。通过一天的检查,验收组领导和专家一致认为:顺义区对教育高度重视,政府大力投入和支持,教育部门举措科学、精于管理,直接体现在初中教育的丰硕成果上。副区长燕瑛出席,区教委主任、教育督导室主任冯义国,天竺镇和北石槽镇党委书记、镇长以及主管教育副镇长陪同验收。

(周君姝)

【在北京市中学生田径运动会上再获佳绩】
4月24日至26日,顺义区在北京市中学生田径运动会上再获佳绩。该区48名中学生参加比赛,经过激烈角逐,最终夺取郊区初中组、高中组第一名和郊区团体总分第一名;牛栏山一中方园和牛栏山一中实验学校陈宇豪分别打破高中男子400米栏、初中男子100米2项北京市中学生运动会纪录。同时，区教委获得“优秀组织奖”。至此，顺义区已经连续18年蝉联北京市中学生田径运动会郊区组冠军。

(周君姝)

【新疆维吾尔自治区领导慰问杨镇一中新疆班师生】 4月25日，新疆维吾尔自治区领导慰问杨镇一中内地新疆班师生。新疆维吾尔自治区副书记、自治区主席努尔·白克力一行来到杨镇一中看望新疆班师生，观看了反映新疆班学生学习和生活的短片《血脉相融和谐花》，听取学校新疆班整体情况汇报，深入学生宿舍和清真食堂，与师生进行亲切交谈，详细了解了学生在校情况，对顺义区新疆班建设情况给予高度评价，并勉励学生“最大的感恩就是珍惜机会，勤奋学习，立志成才，报效祖国”。努尔·白克力向学校赠送了胡杨图案的精美挂毯。自治区主席助理王会民，顺义区领导张延昆、刘剑、田江平，区教委主任冯义国等领导陪同慰问。

(周君姝)

【新疆两企业捐资助学】 4月28日，新疆两企业捐资助学新疆金浩源有限公司、美林资源有限公司为杨镇一中新疆班爱心捐赠仪式举行。杨镇一中对学校整体情况、内地新疆班管理及学生在校学习情况进行了简单介绍，两家企业作为在新疆自治区注册的两大企业，为杨镇一中各捐赠善款50万元。副区长燕瑛作重要讲话，对两家企业的善举表示感谢，同时要求：一是学校要进一步加强教育教学管理，根据新疆学生实际情况，因势利导，培养出德才兼备、全面发展的优秀学生；要加强捐款的管理，科学筹划、合理利用捐款，使其最大限度发挥作用。二是新疆班的学生要更加努力学习，充分利用良好学习和生活环境，加强思想道德素质，增长才干，将来为家乡建设出力，回报国家、社会的关心与支持。区教委主任冯义国、新疆金浩源有限公司副总经理程志、美林资源有限公司常务副总裁袁启周等领导出席捐赠仪式。

(周君姝)

【在北京市班主任基本功竞赛获佳绩】 4月，顺义区在北京市班主任基本功竞赛中，顺义区获得一等奖5名，二等奖3名，一二等奖获奖率为80%，居全市第三名。

(周君姝)

【市中学生安全应急专题教育现场会举行】 5月8日，北京市中学生安全应急专题教育现场会在顺义杨镇一中举行，现场会由市教委、市民防局相关部门主办，与会人员参观了“民防及自然灾害知识”图片展，杨镇一中初二、高二两个年级师生地震紧急疏散演练。相关部门专家对学生进行“防火与火场逃生”和“地震灾害及其救助”专题讲座。区应急办等部门领导出席，各区县主管安全教育的领导、教研员，该区教育系统各单位主管安全工作的领导150余人参加。

(周君姝)

【启动志愿花博青春有我主题活动】 5月8日，顺义区教育系统志愿花博青春有我主题活动启动仪式在顺义八中报告厅举行团教工委、少工委向广大团员、少先队员发起“志愿花博 青春有我”花博会志愿服务倡议，号召大家加入到花博会志愿者的行列，服务花博。教育系统花博会志愿服务标志由第七界花博会会徽、志愿服务标志和代表求知、创新的绿色书本等三个主题元素组合而成，它预示着教育系统全体青年将本着绿色、集约、人文的理念，用智慧和创新的精神全面参与花博会志愿服务。团区委副书记闫岩、区文明办副主任梁绍华、花博会办公室对外联络部部长王宏青、区教育工委副书记姜华阳等领导出席启动仪式。

(周君姝)

【东风小学在中国儿童青少年单片机决赛中获得佳绩】 5月17日，东风小学在中国儿童青少年单片机决赛中获得佳绩，在编程竞赛项目中,北京市共6人获奖,其中该校陈媇、方艺璇分获二三等奖。5月24日在北京中关村威盛大厦举行颁奖仪式。

(周君姝)

【小学教师学科教学基本功培训展示活动】 5月17日,顺义区进行小学教师学科教学基本功培训展示活动,组织语文、数学、英语、体育、信息技术等11个学科教师分成16个学组,分别在东风小学三个校区进行教学基本功阶段汇报展示活动,展示内容包括说课、课例分析和学科技能等。顺义区各小学主管教学领导、学科骨干教师、园丁新星、学科带头人和教研组长等900余人参加。

(周君姝)

【召开初中建设总结暨小学规范化建设推进会】 5月22日,顺义区召开初中建设总结暨小学规范化建设推进会在教研中心报告厅举行,区教委副主任吴凤英作初中建设工程实施情况总结,区政府教育督导室副主任李卫国对初中建设工程验收情况进行了通报;分别授予北石槽中学、南彩学校和张镇中学等5所学校以及俸伯中学、小店中学和马坡中学等25所学校"初中建设示范校"和"初中建设达标校"称号;顺义八中和天竺中学分别作《在初中建设工程中乘势而上 提升质量 实现学校跨越式发展》和《乘时就势 以心育人 谋求学校和谐发展》典型发言;区教委副主任陈成国总结了小学规范化建设进行一年来取得的成绩和存在问题,对下阶段工作进行了具体部署;区教委主任冯义国作《深入实施两大工程 推进义务教育均衡发展》讲话,对初中建设工程和小学规范化建设工程启动的背景、重要意义进行了深刻阐述,总结了初中建设工程得以顺利实施并取得突出成效的组织、政策、资金和机制等四个方面的保障措施。同时,对小学规范化建设工程提出三点要求:1. 加强学习,深刻理解小学规范化建设的本质是发展;2. 加强研究,进一步完善建设规划和年度实施计划;3. 加强建设,整体提升办学水平和教育质量。各镇(街道办事处)教育助理、专兼职督学,各中小学校长、学校评价代表近200人参加。

(周君姝)

【在阳光伙伴全国总决赛北京赛区选拔赛中获得佳绩】 5月24日,2009年阳光伙伴全国总决赛北京赛区选拔赛在海淀区第四实验小学举行,顺义五中和顺义八中分获中学组和第一名和第三名,石园小学和杨镇中小分获得小学组前二名。

(周君姝)

【双兴小学学生作品入选庆祝建国60年北京市学校艺术教育成果展】 5月29日,双兴小学组织师生一行14人,参加了"庆祝建国60年北京市学校艺术教育成果展"。该校二(1)班李政隆同学的书法作品入选该展览。

(周君姝)

【开展向国旗敬礼、做一个有道德的人网上签名寄语活动】 6月2日至15日,顺义区各校开展向国旗敬礼、做一个有道德的人网上签名寄语活动,一是将征集到的寄语汇编成册印发给师生;二是开展优秀寄语评选活动,并将评出的80余条优秀寄语上传到中国文明网和央视网;三是设计寄语展板并进行展评。

(周君姝)

【在市首届"新星杯"名校外语联赛中取得佳绩】 6月6日,北京市首届"新星杯"名校外语联赛在顺义区开赛,仁和中学和顺义三中分获初一、初二年级组冠军。

(周君姝)

【开展节能宣传教育活动】 6月14—20日,各校开展节能宣传教育活动,一是开展节能"六个一"活动:全校开展一次"净化"比赛、组织一次"变废为宝"设计制作大赛,各班出一期节能减排主题板报、开一次主题班会,每人制作一期节能手抄报、做一次宣传活动;二是采取组织学生签名承诺和利用红领巾广播站、电子宣传栏、板报等形式开展"节能减排 创建节约型校园"主题教育活动;三是一方面采取举行节能启动仪式、组织师生学习、张贴宣传标语等方式营造氛围，另一方面开展自查自纠、整改提高的深入落实行动。

（周君姝）

【在全国中学生田径锦标赛上取得优异成绩】 7月16至20日，2009年全国中学生暨全国体育运动学校“多威杯”田径锦标赛于在四川南充召开，顺义区牛栏山一中、顺义一中和杨镇一中分别组队参加了本次比赛。本次比赛共有123个单位参赛，其中学校组101个单位、体校组20个单位。在4天的比赛中，该区参赛全体师生团结协作，克服天气湿热、饮食不习惯等诸多不利因素，顽强拼搏，取得了6块金牌、7块银牌、10块铜牌、两人打破全国中学生纪录的优异成绩。

（周君姝）

【对全系统流感防控工作进行督导检查】 7月27日至30日，顺义区教委组织19个检查组对所辖的210个教育单位甲型H1N1流感防控工作。检查结果表明，区教育系统在流感防控工作中有以下特点，一是高度重视，精心部署。二是机构健全，职责明确。三是关口前移，重心下移。四是信息报送措施得力，渠道通畅。五是切实落实“四方责任”，充分发挥各镇、办事处教育助理作用。同时检查中也发现一些问题，一是民办学校流感防控措施落实有的不到位；二是自查整改环节落实有的不到位。

（周君姝）

【在第十届全国中学生运动会上获得佳绩】 8月16日至21日，顺义区运动员代表北京在第十届全国中学生运动会上获得佳绩该区杨镇一中学生石建军在全国中学生运动会上，荣获男子七项全能金牌并打破全国中学生纪录，计亮荣获110米栏银牌、400米栏第六名。全国中学生运动会每四年举行一次，是代表全国中学生运动最高水平的综合运动会。

（言承东）

【启动第二批名师工作室】 8月23日顺义区第二批名师工作室启动仪式在顺义一中举行，启动仪式由区教工委委员、区政府教育督导室主任姜华阳主持。会议在总结首批名师工作室情况同时，请首批名师工作室主持人代表及工作室成员代表分别作题为《名师工作室是培养名师的摇篮》和《我在这里成长》的发言，首批11个工作室113名工作室成员三年中1人被评为“北京市十佳班主任”，3人被评为“北京市师德标兵”，3人被评为北京市紫禁杯优秀班主任，14人被评为北京市学科教学带头人，11人被评为北京市骨干教师；获国家级奖励32项，获华北地区奖励5项，获市级奖励472项，主编或参编了专著、丛书、教材等50余部。举行了第二批23个名师工作室授牌仪式，第二批名师工作室主持人代表及工作室成员代表分别作了题为《相互学习 教学相长 共同发展》、《抓住机遇迎接挑战》的发言。全区中小学校长、幼儿园园长、名师工作室主持人及其成员、中小学教师代表500余人参加。

（周君姝）

【高考成绩再创历史新高】 8月，顺义区共有7053名学生参加高考，其中文科考生1811人、理科考生5242人，64人被清华、北大两所名校录取。其中文史录取人数全市排名第三、理工录取人数全市排名第四，比2008年增加了6人，增加人数在全市排名第二。有6391人被专科以上院校录取，录取率为91%，比2008年增加了1个百分点。其中4262人被本科院校录取，录取率为60.4%，比2008年增加了2.4个百分点。高考成绩连续33年居远郊区县之首，居全市前列。

（周君姝）

【15项成果获北京市第三届基础教育教学成果奖】 8月，在北京市第三届基础教育教学成果评选颁奖大会上顺义区15项成果获表彰，颁奖仪式在北京国际会议中心举行，该奖项是北京市教育教学成果最高奖励，本届全市共评选科研成果一等奖46项、二等奖109

项。该区上报的《顺义区中小学地方课程的建设与实施》、《小学中高年级语文课堂教学依托学案培养学生自能阅读能力的研究》两项科研成果获得一等奖,《在高中物理教学中培养学生科学素质的研究》等13项科研成果获得二等奖,获奖数量在全市位居第二。

(周君姝)

【16所学校参加北京市中小学百校爱国主义教育成果展】 9月24日,顺义区16所学校参加北京市中小学百校爱国主义教育成果展。牛栏山一中"继承革命传统,点燃青春激情";杨镇一中"哺育爱国新人,成就美好人生";北石槽中学"保护生命之水";西辛小学"诵读经典美文,传承民族精神,塑造德性情怀";天竺中小"发挥网络优势,构建爱国主义教育新阵地";马坡二小"民俗文化,润泽心田"等以展板形式参加展出,并入选"我爱我的祖国"向祖国60周年献礼的宣传图册;东风小学、顺义一中及特教学校等10个单位的爱国主义教育成果参加了实物展示。此次活动反映了该区中小学近年来在加强爱国主义教育方面取得的成绩。全市共100所中小学校参加。

(李国辉)

【中国花卉博览会举办"兰花献教师"活动】 9月28日,中国花卉博览会"兰花献教师"大会在区会议中心举行,中国花卉协会兰花分会副会长陈栋宣读《推荐兰花为敬师花倡议书》、优秀教师代表顺义区东风小学教师刘秀清发言、30位优秀教师代表566名受表彰的优秀教师接受了第七届花博会敬献的兰花。副区长燕瑛代表区委、区政府向全区教育系统提出以下希望和要求:一是充分发挥领导干部的模范带头作用,把师德建设系列活动不断推向深入;二是要加强教育培训,努力提高业务素质;三是要把师德建设纳入规范化、法制化轨道;四是要加强师德建设的科研力度;五是上下同心,用实际行动展师德兰德风采,为区域经济发展和社会进步做出新的更大贡献!中国花卉协会会长江泽慧以及国家林业局、教育部、市教委等相关部门领导出席会议,该区优秀教师近600人参加。

(周君姝)

【创新联校教研形式 推进初中课改】 11月21日,顺义区初中校西北片联合教研体举办的"学习实践杜郎口中学课堂教学改革经验交流现场会"在高丽营二中举行。该现场会是西北片联合教研体(高丽营二中、高丽营学校、赵全营中学、板桥中学、北石槽中学、牛山三中6所学校)干部和教师到杜郎口中学学习后,结合学校实际在各校分别实践改进课堂教学并取得一定成效后,进行横向交流综合展示,活动由五个系列板块组成,一是无缝对接现场考察,二是示范引领,三是践行反馈,四是专业引领,五是专家引领。教委和教研部门相关人员及6所学校150名干部教师参加。

(周君姝)

【在第四届可持续发展教育国际论坛上作专题发言】 11月22日至24日,顺义区在第四届可持续发展教育国际论坛上作专题发言。本届在北京举行,主题是"可持续发展教育:国际发展趋势和中国实践模式"。该区在论坛上作题为"区域引领,校本实践,扎实推进可持续发展教育"专题发言并受到与会代表一致好评。本届国际论坛共有来自全球20多个国家和地区及联合国教科文组织等国际组织的300余名代表参加,该区顺义五中、十中、北石槽中学、高丽营二小等学校科研负责人参加论坛研讨。

(周君姝)

【召开岗位设置工作会】 10月27日,顺义区教育系统岗位设置工作会在杨镇一中召开会议部署了岗位设置实施意见并结合实施细则进行解读,仁和幼儿园、杨镇中小、光明小学、俸伯中学、顺义二中五个试点单位作经验交流。区教工委书记、教委主任冯义国对岗位设置工作提出三点要求:一是要高度重视,从讲政治的高度充分认识做好岗位设置工作的重要意义；二是要突出重点，统筹兼顾，做到“三严三公”，即：严格执行政策、严格工作程序、严肃人事纪律，公开、公正、公平；三是要加强领导，严格程序，确保教育系统和谐稳定。各中小学、幼儿园、职业学校校（园）长、工会主席、主管岗位设置工作的相关领导及各镇（街道）教育助理500余人参加。

（周君姝）

【市政府教育督导室检查区全面实施素质教育情况】 11月17日至18日，市政府教育督导室检查顺义区全面实施素质教育情况，市政府教育督导室一行23人在督导室副主任关国珍的带领下，对该区全面实施素质教育情况进行综合督导。副区长燕瑛、区教育工委、教委领导班子成员及区财政局、审计局、监察局、发改委等18个相关单位主管领导陪同，教育系统相关科室负责人130余人参加会议。副区长燕瑛代表区委、区政府作了题为《依法履行职责 全面推进素质教育》工作报告，指出区委、区政府深刻认识依法治教，统筹发展，全面推进素质教育的重要意义，以办人民满意教育为目标，以实施素质教育为中心，以提高教育教学质量和优质均衡发展为重点，大力推进改革创新，努力改善办学条件，切实加强教师队伍建设。报告从教育质量、政府投入、办学条件、干部教师队伍建设、教育均衡发展等方面对该区全面实施素质教育工作情况进行了汇报。市检查组分成落实教育政策法规、经费保障与办学条件达标、干部教师队伍建设、教育教学管理4个组与区相关部门和教委相关人员进行座谈，查阅了相关档案资料万余份，并分别到杨镇中小、天竺中小、顺义八中、顺义十中、顺义一职、石园北区幼儿园、马坡镇政府及区少年宫等地进行了实地检查。

（周君姝）

【承办全国农村教师队伍建设论坛】 11月19日至20日，全国农村教师队伍建设论坛在考研中心举行，论坛由教育部普通高校人文社会科学重点研究基地北京师范大学教师教育研究中心、江汉大学、“全国农村教师队伍建设论坛”组委会主办，顺义区教育委员会和江汉大学教师教育研究所承办。与会代表听取专家报告最新理论研究成果，分享交流各地教师培训模式经验，会上该区作题为《基于网络的区域协同性校本研修模式探索》典型发言。该区教工委书记、教委主任冯义国到会讲话表示祝贺。来自全国17个省市的专家以及全区中小学、幼儿园主管继续教育工作领导及教师近300人参加。

（周君姝）

【篇纂出版《顺义教育志》】 11月23日，《顺义教育志》问世，该志是顺义教育史上第一部跨度时间最长的教育志。时限上限从事物的发端追溯，下限至公元2006年底，以改革开放后教育事业的发展历史为重点。内容以顺义境内普通教育为主，设学前教育、小学教育、中学教育、职业教育、民办教育、成人教育、管理体制、办学成果、典型人物及大事记等篇目。该志按地区或镇域编为21卷，共计210余万字，收录近8000张照片，反映了该区教育发展的沿革。

（周君姝）

【赵全营中学科研刊获第四届全国中小学优秀校内报刊评选一等奖】 11月29日—30日，顺义区赵全营中学科研刊——《扬帆》获第四届全国中小学优秀校内报刊评选一等奖，该校教师董向民、张亚红获优秀指导一等奖、阎晶微获最佳编辑一等奖、彭艳华获优秀组稿奖。

（周君姝）

【参加全国首届小学语文教学论坛】 12月12日至13日，顺义区参加全国首届小学语文教学论坛。本次论坛以“新课程与小学语文教学”为主要内容，该区作题为《展开备课过程，提高阅读教学实效性》主题发言；3位教师参加现场说课比赛获得两个特等奖、一个一等奖。此次活动由教育部语文出版社、中国教育学会教育机制研究分会、《教育》杂志社联合主办,来自全国20余个省市的校长、优秀教师参加,该区有干部教师代表30余名参加。

(周君姝)

【2所学校在2009年北京市小学校长论坛作典型发言】 12月15日,“2009年北京市小学校长论坛”系列活动之“如何成为有影响力的学校”在昌平举行。顺义区东风小学、大孙各庄中小分别作题为《实施体验教育,提升学校影响力》和《有效提升学校的软实力——小问题研究的实践与探索》的大会典型发言。

(周君姝)

【采取措施稳定农村教师队伍】 年内,顺义区采取稳定农村教师队伍,调动农村教师的工作积极性。一、制定六项倾斜增政策。一是待遇向农村倾斜,2009年区政府投入4000万元为农村教师增教师津贴;二是职称评定向农村倾斜;三是考核优秀比例向农村倾斜;四是资金投入向农村倾斜;五是进修和培训经费、名额等向农村倾斜;六是绩效工资分配向农村、向一线、向班主任倾斜。二、改造农村教师工作和生活环境。一是投资1600余万元购置了58辆教师班车;二是投资近千万元改善农村教师生活工作环境;三是投资近亿元改造教师办公环境;四是每年投资进百万元为教师进行免费体检。三、开展城乡学校手拉手活动。一是农村教师拜市级名师打造农村教师名师队伍;二是设立20个农村新教师培训基地;三是城镇骨干教师定期到农村支教。四、依托网络资源共享。一是开展城乡“同步常态课堂”教学活动。二是整合建立区内教育资源库。三是构建网络点播平台。

(周君姝)

【美育研成果显著】 年内,北京市中小学美育研究会第二届年会召开,顺义一中、杨镇一中和东风小学等7所学校被认定为“北京市美育研究会员校”。在市教委和市中小学美育研究会联合举办的北京市第二届“京美杯”征文活动中,顺义区22篇获得一等奖,187篇分获二三等奖。北京市中小学美育研究会编辑出版《中小学美育实践》一书,区教委《强化全区学校美育工作的管理,力促学校美育工作的开展》、杨镇一中陶淑莲《实施校园美育,用美的教育造就美的新人》等4篇文章入选。

(周君姝)

职业教育

【概　况】 2009年,职业教育学校7所,其中,公办4所(其中高职院校1所),民办3所,设置专业30个,开设教学班50个;毕业2808人,招生1875人,在校生7569人。教职工626人,其中,专任教师410人。全部职业学校占地202205平方米、建筑面积98527平方米,固定资产总值12769.5万元。全年教育经费投入7296万元,其中,国家拨款5844.8万元,自筹经费1451.2万元。

(周君姝)

【一职学生技能大赛创佳绩】 1月,顺义一职高宇、郭圆圆、李万强3名学生在2008年举办的北京市职业院校技能大赛获奖分获钳工组二三等奖。该赛事是我国职业教育迄今为止规模最大、项目最多、覆盖面最广、规格最高的技能大赛,顺义一职以北京市职业院校技能大赛为依托,开展第三届校内技能大赛。732名师生全员参与了发动机拆装等7个工种的校级初赛。其中,7人推荐参加区级复赛,获得包揽钳工前三名,电工第二名,计算机操作员第四名和第九名的好成绩。最终,5名学生代表顺义区参加北京市职业院校技能大赛。

（周君姝）

【一职通过北京市重点中等职业学校评估】 2月，经北京市教委批准，一职顺利通过评估，成为北京市重点中等职业学校。专家组对该校的办学思想、多元化办学模式、服务地区经济发展能力和学生养成教育给予了充分肯定，并提出指导性建议：1. 进一步加强师资队伍建设，特别是骨干教师和专业学科带头人的培养；2. 深化课程改革，构建具有职业教育特色的课程体系和精品课程；3. 提高学校在北京职业学校中的影响力。

（周君姝）

【一职试行任课教师电子备课制度】 2月至12月，顺义一职试行任课教师电子备课制度。并将此项改革作为本学期的教学改革项目之一，通过试行发现该做法为教学检查提供了便利，同时对教学资源共享，提高教学质量起到了积极推动作用。该校60余名教师参与此项改革。

（周君姝）

【就业指导报告会】 3月4日，社区教育中心会同区劳动保障局职业介绍服务中心领导就企业用工现状、就业渠道、面试技巧等方面内容做了详细讲解，学生们对当前就业形势有了更进一步的认识，为今后更好就业择业创造了条件。一职近400名学生参加了报告会。

（周君姝）

【学生就业工作】 3月至8月，顺义区多措并举做好中等职业学校学生就业工作。1. 深入企事业单位进行市场用工情况调研，组织有关人员对调研情况进行分析研究。2. 针对企业对职工素质的要求加强学生的职业道德教育特别是吃苦耐劳精神和合作意识的培养。3. 通过开展课外小组和技能竞赛等形式，加强对学生的技能训练，提高动手能力。4. 聘请职业指导师做职业指导报告，对就业困难的学生实施有针对性的指导，帮助引导学生树立正确的就业观。5. 加强与劳动人才服务部门和企业的联系，及时了解用工信息，组织参加招聘活动。6. 积极动员全体干部教师和家长参与学生就业工作，发挥各自的优势，为就业服务。

（周君姝）

【一职与新加坡哈灵顿管理学院联合办学】 4月15日，顺义一职与新加坡哈灵顿管理学院签订合作协议，正式成为姊妹学校。新加坡哈灵顿管理学院是经新加坡教育部批准设立的一所专业性高等学院，两校将发挥各自办学优势，在学生留学、师生互访培训交流、课程开发互认等方面开展全面合作。

（周君姝）

【举办第四届学生技能大赛暨校园招聘会】 4月24日，社区教育中心举办第四届学生技能大赛暨校园招聘会，会场分学生作品展示区、技能竞赛区和企业招聘区三部分。学生作品展示区展示了美术、平面设计等专业的86件学生作品。10个技能小组的825名学生参加了维修电工、点钞、网印等8个工种的技能竞赛。北京首钢冷轧公司、北京索爱普天移动通信有限公司等40家用人单位参加了此次招聘，职业院校500余学生参加招聘，其中近400人达成就业意向。

（周君姝）

【顺义一职四项措施解决金融危机下学生就业难的问题】 4月至8月，顺义一职四项措施解决金融危机下学生就业难的问题。1. 举办专家讲座，对07级面临顶岗实习学生进行就业指导培训；2. 开展第四届技能大赛，落实以赛代考制度，提高学生专业技能；3. 深化课程改革，全面推广“行为引导型”教学法，推进“适应”教育，提高教师适应学生、学生适应岗位需求的能力。4. 积极拓展北京江森汽车配件有限公司、北京空间技术研究院、北京第一汽车制造厂等新的用工单位；5. 组织开展校园招聘会，提高学生就业的有效性和针对性。

（周君姝）

【一职学生参加“康尼杯”技能大赛】　5月14日、15日，北京市中职学校“康尼杯”第二届物流技能大赛在北京商务科技学校举行。一职物流管理专业6名学生参赛，取得团体三等奖，信息系统操作、叉车、搬运车3个工种的个人单项比赛全部获奖的优异成绩。物流管理专业，是2008年一职根据顺义区文化创意产业的强势发展和围绕临空经济空港服务类专业的兴起开设的新专业。滚动式的市场调研和由行业专家组成的专业建设指导委员会对人才培养的全程参与，确保了此专业的高教育质量。

(周君姝)

【2名学生在全国中等职业教育技能大赛中获奖】　5月，在北京市中等职业教育技能比赛暨全国中等职业教育技能大赛北京地区“广达杯”汽车运用与维修专业竞赛中，汽车技术职业高中2名学生获得个人单项赛三等奖。

(周君姝)

【一职深化课程改革】　6月9日，顺义一职聘请教育部职业技术教育中心研究所姜大源教授为该校90余名教师作题为《以工作过程为导向课程改革》专题讲座。结合实际案例讲述了实施方案并围绕“知识系统的适用性、学习的整体性和发展的可持续性”三个问题进行详尽阐述。此举为该校依托“姜大源名师工作室”，指导学校名师工作室建设的措施之一。

(周君姝)

【一职8名教师成为区名师工作室成员】　6月10日，经过个人申报、单位推荐、主持人遴选、领导批准四个环节，顺义一职郭敬红、申淑芝、雒新颖等8名教师成为顺义区第二批名师工作室成员。

(周君姝)

【举办网版制版工国家职业资格中级工考试】　6月13日，“网版制版工”国家职业资格中级工考试在顺义一职举行。该考试是国内“网版制版工”首次国家职业资格考试，分为理论考试和实操考核两部分，共40人参加。北京市技能鉴定所贾振发处长、中国网印及制像协会培训部王岩主任高度重视此次活动，亲临考试现场指导工作。

(周君姝)

【职业教育首个名师工作开展活动】　6月14日，顺义区职业教育首个名师工作举办第一次活动，该工作室主持人姜大源教授作了题为《工作过程系统化课程开发方法》的专题报告。该区职成教干部教师130余人参加。

(周君姝)

【区公安分局专业人员为顺义一职学生作法制报告】　9月24日，顺义一职邀请区公安分局内保处李福国警官为全体学生作题为“遵纪守法，保护自己”的法制报告，通过案例分析、现场答疑等形式，引导学生从遵守学校规章制度做起，提高法律意识和明辨是非能力。

(周君姝)

【在北京市第十三届工业职业技能竞赛中获得佳绩】　9月，顺义一职教师、学生参加北京市第十三届工业职业技能竞赛成绩显著，该校学生高宇获“北京市工业高级技术能手”称号；教师史佳辉、聂立伟及学生周玲玲获“北京市电子行业技术能手”称号。

(周君姝)

【市教育督导室对顺义一职进行督导】　11月17日，北京市教育督导室对顺义一职实施素质教育工作进行督导。督导组听取学校工作汇报，采取查阅档案资料、与师生座谈、观摩学生实训等形式全面解该校实施素质教育情况。督导组对学校办学成果给予了充分肯定，并对新时期职业教育课程改革的深度推进和师资培训等方面工作提出了建设性意见和整改建议。

(周君姝)

【举行顺义一职物流实训基地挂牌签字仪式】　11月19日，顺义一职物流实训基地挂牌签字仪式在北京商务科技学校实训基地举行。目前该校物流专业学生已经拥有一个设施完备、条件优越的实训基地。学校将根据教学计划,适时安排学生实习。第一批学生已于11月份完成了为期一个月的实训。

(周君姝)

【开展职成教育调研报告和中职学校征文评选活动】 11月至12月,顺义区开展职业教育与成人教育调研报告和中等职业学校"当今时代我的偶像"征文评选活动,共评出优秀调研报告一等奖7篇,二等奖10篇,三等奖11篇;优秀征文一等奖18篇,二等奖22篇,鼓励奖31篇。

(周君姝)

【一职实训基地挂牌签字仪式】 12月10日,顺义一职实训基地挂牌签字仪式在北京市商务科技学校举行,该学校将成为一职物流专业学生的实训基地。

(周君姝)

【一职申报3个新专业】 年内,顺义一中学校,在充分进行企业调研和专家论证的基础上,报了航空服务、电气运行与控制、园林三个专业并顺利通过审批。近年,该校深入企业调研和实践,依据顺义区产业结构,不断淘汰旧专业开办新专业,逐步实现了专业结构合理、特色鲜明。现已形成了以服务现代制造业为主的理工类、以服务现代服务业为主的财经服务类和以服务创意文化产业为主的艺术综合类,共三大类14个专业。

(周君姝)

成人教育

【概　况】 2009年顺义区各类成人学校27所,其中公办27所,民办0所,开设专业22个。毕业3226人、招生4665人,在校生13898人;教职工167人,其中,专任教师126人。顺义区社区教育中心2009年招生4200人,推荐就业学生688人,就业率达到了100%。引进了南开大学、东北农业大学等2所高校在顺义开设办学点,使首都高校在顺义办学点数量达到25所,与高校联合办学在校生总数已达9000人,完成农民培训5070人,全年完成各类短期培训达到1.2万人。完成17个考试项目的报名、组考等工作,报名考生5.2万人,12万科次。全部成人学校占地面积329406平方米,建筑面积85524平方米;固定资产总值13425.3万元;全年教育经费投入2560.2万元,其中,国家拨款938.3万元,自筹经费1621.9万元。

(周君姝)

【组织公务员考试】 2月21日,社区教育中心组织考生考生参加北京公务员录用制度改革后的首次考试,改革后将资格考试改为按职位招录。考试科目分别是行政职业能力倾向测验和申论,考生来源主要是北京市应届毕业生和部分村官。社区教育中心考点共设33个考场,985名考生参加考试。

(周君姝)

【召开2009年构建学习型社会工作会】 3月5日,顺义区2009年构建学习型社会工作会在社区教育中心举行,区委副书记胡尚云强调:1.要将构建学习型社会工作同区域经济发展、城市化进程、劳动力充分就业结合起来。2.各级干部要做学习的楷模和终身学习的宣传员,在政策保障、人员配置、资金安排等方面对学习型社会工作予以大力支持。3.要树立良好的学风,端正动机,学以致用,倡导学习工作化、工作学习化、学习工作生活一体化。全区相关单位400与人参加。

(周君姝)

【举行"一村一"项目农村行政管理专业新生开学典礼】 3月18日,2009年春"一村一"项目农村行政管理专业新生开学典礼在顺义电大举行。会介绍顺义电大"一村一"项目的启动和发展情况，对学员提出了六点希望和五点要求，勉励全体学员掌握科学的学习方法，为该区农村经济发展，加快城乡一体化建设贡献才智。此次入学新生共70人，是顺义电大校该项目的第四届学生。

（王振宇）

【举行燕京啤酒学分银行开学典礼】 3月21日，2009年春季燕京啤酒学分银行开学典礼在燕京啤酒集团举行。学分银行是一种模拟银行功能特点而设计的办学管理模式，它将技能培训与学历教育结合起来，学员只要学完一门课就计一定的学分，参加技能培训、考证也可计学分，当量替换教学计划中相应课程，累计积满规定的学分，可获得由北京市总工会职工大学颁发大专学历证书，国家承认学历。第一批共招收燕京一线营销人员53人，学制为两年半。开设市场营销学、燕京企业管理等23门课程，95学分。北京市总工会职工大学张锦校长、区工会衣晶副主席以及社区教育中心、燕京啤酒集团领导出席典礼。

（周君姝）

【首期教育管理专业教育硕士班开班】 3月21日，顺义区首批教育管理专业教育硕士班开学典礼在教育研究考试中心举行。首都基础教育发展研究院常务副院长郑开义、首都师范大学教科院成人教育办公室主任卢绪、区教委教工委副书记姜华阳等领导参加开班仪式。会上，郑开义副院长中调强调了在郊区举办教育硕士班的目的意义，卢绪主任介绍了该班学习期间的课程设置及基本要求、首师大教科院研究生管理办法等，姜华阳副书记代表教工委、教委对学员提出期望，其中特别强调：参加该班的学习，不仅是自我发展的机会，更是一种责任的担当，学员要珍惜学习的机会，虚心上进，学有所获，不负重托。该班学员共30名全部通过参加全国教育硕士研究生统一入学考试达到规定分数后被正式录取的，将按规定修满学位课程、专业课程和选修课程共计600余学时34学分方有资格进入论文写作阶段，论文答辩通过后才能获得教育硕士专业学位。

（周君姝）

【为失业农民开办技能培训】 3月30日，社区教育中心免费为失业农民开办技能培训班开班，24名学员将进行为期12天的理论学习和20天的实操培训，4月底参加考试。学员经过培训取得证书后，中心将推荐就业。电工培训班和市场营销培训班正在积极筹备当中，预计4月中、下旬开课。

（周君姝）

【市农村学校体育师资培训在顺义区举行】 4月17日，北京市农村学校体育师资培训项目启动仪式在顺义财会培训中心成功举行。教育部体卫司司长杨贵仁及市教委、首都体育学院主任杨铁黎等出席开班典礼。该培训项目由首都体育学院聘请国家、市级体育专家及中小学一线优秀体育教师对顺义区418名中小学体育教师进行首批培训。采取集中培训形式，从4月中旬开始，分四期进行，每期3天。培训内容包括：新时期学校体育教育教学管理、体育课程建设与改革、中小学体育课程资源开发、体育师资基本素质与能力的养成、体育教学方法的改革与创新、体育游戏的创编原则及运用的时机与技巧、青少年业余训练的理论与方法、学校课余活动的策划与组织管理等八方面。本次培训费用全部由市里承担，该项目被列为“十一五”继续教育中小学体育教师的专业必修课，培训结束合格后为教师颁发相应结业证书并记入“十一五”继续教育相应学分。

（周君姝）

【马坡镇石家营村农民信息技术中专班开班】 4月26日，马坡镇石家营村农民信息技术中专班开班，中专班由区农广校与马坡镇政府联办，邀请计算机专业教师授课，村民自愿报名入学，免费接受课程培训，学期两年，目前，已有学员115人。市农广校校长郑伯坤，马坡镇镇长姜蒙，区教委副主任、社区教育中心主任丁久库等领导出席开班仪式。

（周君姝）

【农广校服务花博会促进农民工再就业】 4月至9月，农广校多项举措服务花博会促进返乡农民工再就业。组织干部教师深入南彩镇道仙庄村、牛山镇北孙各庄村等村庄对返乡农民工数量、年龄、文化素质和劳动技能等方面进行调研；2. 深入北郎中花木中心、北京福劳尔花卉有限公司、顺科公司、胖龙公司等10余家大型花卉企业进行用工需求调研，开设相应的技能培训，为企业培训对口人才；3. 采取“三进村”和“两不误”的授课方式，“三进村”，即教室设在村、教师送进村、设备搬进村，“两不误”，即授课时间设在每周一至周日晚上5点至9点，实现干活、学技能“两不误”；4. 定期聘请北京市高级插花员乜爱华等教师进行专题培训。目前，已有180余名农民参加培训。

（周君姝）

【举办学习型组织理论培训会】 5月14日，顺义区学习型组织理论培训会在社区教育中心举行。副区长燕瑛出席并强调：1. 加快推进学习型顺义建设是开发区域人力资源、提升顺义区人力资源总量和质量的重要途径，是学习实践科学发展观的重要举措。2. 要努力实现构建学习型社会为经济发展服务，为城市化进程服务，为实现全区人民充分就业服务。3. 各级领导干部要成为构建学习型社会的核心力量，在政策保障、制度建设、人员配置、资金安排等方面对学习型社会工作予以大力支持。

（王振宇）

【学英语脱产培训班】 5月20日，北京教育学院纪委书记卢晖率检查团对顺义区小学英语脱产培训工作进行中期检查。检查团听取该区培训整体情况介绍，重点就存在的问题分析、学员前测报告、学员情况分析进行调研；观看学员书法竞赛、简笔画技能、故事教学等日常学习情景及周写作、月反思、定专题等研究成果展示活动。检查团对该区前期培训工作给予了充分肯定和高度评价，指出顺义区英语脱产培训工作的三方面特点：管理严格有序、活动扎实有效、培训成果显著，为全市脱产培训工作积累了宝贵经验。顺义脱产培训的管理模式值得大力推广，班主任的管理方法与技巧值得其他各区县学习和借鉴。

（周君姝）

【举办小教英语口语才艺展示活动】 5月25日，顺义电大举办小教英语口语才艺展示活动。4月初成立由区教委、教研中心、顺义电大相关人员组成的领导小组，组织专人负责该活动的节目编写、校对、购置节目背景、制作服装和道具等准备工作；选拔历届小教口语培训班中的11名优秀学员，从4月20日至5月25日进行排练；5月25日成功展示了诗歌朗诵《生死不离》、情景剧《威尼斯商人》和《新白娘子》等节目。区教委、教研中心、顺义电大领导及全区小学英语教师200余人观看演出。该活动锻炼了学员的英语口语表达能力，激发了学习英语的兴趣。6月，优秀节目将参加市电大组织的比赛。

（周君姝）

【召开农民教育研讨会】 6月5日，顺义区召开城市化与现代都市农业背景下的农民教育研讨会。中央农广校常务副校长曾一春、市农业职业技术学院副院长杜宝德、北京农广校校长郑伯坤等参加活动，听取顺义农广校校长赵云霞作的题为《找准定位、明确思路、努力开创农民教育工作新局面》的报告；视察该校在马坡镇石家营村的办学情况；肯定了该校“将农民培养成为合格的社会主义新型农民，将农村劳动力培养成为合格的产业工人”的职能定位和“坚持以服务‘三农’为宗旨，抓住培养新农民这个核心，实现为现代制造业服务、为新型服务业服务、为新农村建设服务”的发展思路。与会领导指出：在现代都市农业背景下,教育重点应放在提高农民素质,使其精神文明素质向城市居民靠拢。

(周君姝)

【举办网版制版工国家职业资格中级工考试】 6月13日,“网版制版工”国家职业资格中级工考试在顺义一职举行。该考试是国内“网版制版工”首次国家职业资格考试,分为理论考试和实操考核两部分,共40人参加。北京市技能鉴定所贾振发处长、中国网印及制像协会培训部王岩主任高度重视此次活动,亲临考试现场指导工作。

(周君姝)

【中央农广北京农职学院领导到顺义调研】 6月16日,中央农广校副校长曾一春、北京农职学院院长杜宝德等领导到顺义农广校就以科学发展观精神为指导、可持续发展战略背景下的成人教育工作进行视察指导。

(周君姝)

【100名学员获得北京市第四期口语结业证书】 9月,顺义电大组织了2009年北京市第四期小教口语终结性考试,100名学员全部顺利通过考试并取得结业证书。

(周君姝)

【召开成人高考、自学考试协调会】 10月12日,顺义区成人高考、自学考试协调会在社区教育中心召开。副区长燕瑛出席并强调:1.相关部门要相互配合,重点做好考点周围环境整治、交通疏导、安全保卫和突发事件处理等工作。2.要严肃考风考纪,维护考生合法利益。3.加强监考员培训,确保考试公平、公正,重点防范有组织作弊。4.要突出对考生的细节服务,组考人员要随时为考生提供咨询、补证等服务。5.要严格体温测量,有效防控甲流。

(周君姝)

【市级示范校评估验收组对顺义区杨镇成人文化学校进行评估验收】 10月13日,市级示范校评估验收组对顺义区杨镇成人文化学校进行评估验收,评估验收组一行10人听取了杨镇副镇长郝惠琴关于《立足镇域实际 广泛开展培训 为农民增收和素质提高搭桥铺路》的自评报告,查看了相关档案材料,实地考察了该校图书馆、档案室、多媒体教室、远程教育教室和文体活动场等设施设备,参观了实训基地和田间学校基地,并就自评项目与该学校干部、教师、学员进行座谈。验收组对该校办学水平和社会效益给予肯定。区教委主任冯义国、副主任丁久库、杨镇镇长张友生及相关领导14人陪同验收。

(周君姝)

【北京市第五届全民终身学习活动】 11月6日,北京市第五届全民终身学习活动周拉开帷幕,市委副秘书长李福祥、中国成人教育协会会长朱新均等领导出席,市教委委员、市建设学习型城市工作领导小组办公室副主任孙善学主持了开幕式,顺义区顺鑫农业发展集团有限公司、林河工业开发总公司、石园街道、北务镇、马坡镇和石园小学六家单位获得“北京市创建学习型组织先进单位”荣誉称号。

(周君姝)

【电大第五期首都职工通用能力素质教育培训班】 11月21日,顺义电大第五期首都职工通用能力素质教育培训班学员全部获得结业证书。7月5日至11月21日,该培训班在市总工会、市劳动局、市人事局、市教委、北京电大等部门的指导下,对来自顺义区燕京啤酒、顺鑫农业、西单商场、空港开发区等14个单位的827名员工进行了《实用文体写作》、《法律基础》、《自我发展与团队管理》、《企业运营与发展》、《现代企业班组长》等内容的培训。11月21日,827名学员全部通过北京市素质办统一组织的结业考试,获得“首都职工素质教育通用能力结业证书”。

(周君姝)

【完成学型社会及成人学校考评工作】 11月至12月,顺义区学习型社会领导小组办公室和区教委对各镇、街道学习型社会工作及成人学校进行考评。检查组采取听取汇报、查看档案材料等方式进行考评，肯定了各镇党委政府构建学习型社会及成人学校的工作，高度评价了市级示范性成人学校对成人教育事业的发展、促进农民向二三产业转移、镇域人口综合素质提高、繁荣地区经济、构建和谐社会起到的巨大推动作用。检查组要求，各镇和街道要加大对成人教育工作的支持力度，紧密结合本镇经济社会发展和农民的教育需求，不断完善成人教育体系，充分发挥镇成校的龙头作用，以镇校为基地，广泛开展各种培训，为地区的人口综合素质的提高和地区经济的发展做出更大的贡献。

（周君姝）

【考核全区各单位构建学习型社会工作】 12月14日—18日，社区教育中心对顺义区各单位构建学习型社会工作进行考核。采取自查和实地检查相结合的方式进行。检查小组通过听取创建工作情况汇报和察看档案资料等形式，全面了解2009年各单位学习型社会工作开展情况，针对考核结果进行分析总结，提出了有针对性的整改措施，为明年更好地开展工作奠定了基础。

（周君姝）

【首期家政服务培训班开班】 12月10日，顺义电大首期家政服务培训班开班。培训班开设家政服务员职业操守、家庭宠物养护、安全检查与卫生知识、家庭护理等课程。制定三项措施，一是保证措施：家政服务机构与参培学员签订就业协议承诺书，培训合格后签订为期一年的就业协议合同；二是奖励措施：每签订一份就业协议，家政公司将得到学校100元奖励。三是服务措施：顺义电大一方面为学员提供优秀师资和良好学习环境，另一方面提供环境优越的实训基地。区总工会、百姓乐家政服务公司领导以及来自全区14所家政服务公司的128名学员参加典礼。

（周君姝）

【农广校实施培训就业一条龙服务农民工】 年内，农广校实施培训就业一条龙服务农民工。1. 进行市场调研，一方面深入工厂车间、用工市场进行需求调研，确定培训项目并与用工单位签订定订单培训协议和用工质量保证书；另一方面与区人事局联合开展农民工培训需求专场调研，锁定培训目标。2. 实施专业培训，聘请高级教师和高级技师分别对学员进行理论、实操培训。3. 组织学员实习，接受用工单位的考核并与合格者签订劳动合同。第一批24名焊工专业毕业农民工全部就业。

（周君姝）

【开展菜单式面授选修课培训】 年内，顺义区通过调查研究，针对第一轮存在的问题及教师的成长需要和学习需求，根据学科重点、难点和新知识点开设第二轮学科相关培训课程。每位教师在精心准备，编写讲义提纲后，填写《顺义区“十一五”继续教育课程申报表》，授课教师对所有申报课程的培训目的、内容、重难点、授课方式、考核方式等进行研讨，提出修改意见和建议，每位教师根据研讨意见对自己所授课程进行修改，最终将第二轮4门经过反复修改的申报课程挂到网上，供中小学学科教师自主选择报名。这种菜单式课程培训班本年度共开办20个，培训学员960人。经过课后教学效果问卷反馈，培训满意率达95%以上。

（周君姝）

民办教育

【概　况】 2009年顺义区共有各级各类民办学校和教育机构90所，其中民办幼儿园9所，民办小学1所，民办普通中学8所，民办职业高中2所；培训机构69所，主要培训内容为文化补习、外语、电脑、艺术类、文体类、汽车驾驶等。共培训各级各类人员 73443 人。固定资产 22860 万元,教学实习仪器设备资产值达到 2999 万元,教学用计算机 1640 台,多媒体教室座位数 2103 个,占地面积 827658 平方米,教学行政用房建筑面积 19667 平方米,图书藏量 170070 册。

(周君姝)

【区民办教育机构年审及换证工作会】 1 月 5 日,顺义区民办教育机构年审及换证工作大会在顺义五中召开。会议对相关工作进行了部署,要求各校提供 2008 年年度报告和财务审计报告,同时教委将组织相关科室对各校进行实地检查,为合格单位换发办学许可证。要求各校要高度重视,加强自查和整改,以年检和换证促规范,依法办学,诚信办学,不断提高办学水平和育人质量。民政局相关科室和该区 89 所民办学校负责人参加了会议。

(周君姝)

【新英才学校教工爱心社成立】 2 月 16 日,北京市新英才学校举行教工爱心社成立仪式。全体教职工共同发表爱心宣言,将爱心卡投放到爱心箱中,并在爱心长卷上签名,全体教职工参加。

(周君姝)

【区教委联合区安监局、区卫生局及属地政府对民办培训机构进行安全检查】 3 月 4 日,区教委联合区安监局、区卫生局及南法信、天竺等属地政府对打工子弟学校和民办培训机构进行安全检查。检查组深入仁和、南法信、天竺和李桥 4 个镇的 5 所打工子弟学校,以及求实外语和育林外语等民办培训机构,对学校消防等安全设施、用电、取暖、车辆使用、食堂卫生等进行了全面检查。检查结果显示,打工子弟学校存在办学条件简陋,人员密度大,疏散空间不足,学生食堂无卫生许可证,校车超载,安全设施不足等问题;培训机构在活动期间人员密集,疏散通道狭窄。检查组明确指出存在的问题和安全标准,并限期整改。

(周君姝)

【副区长杨培丽进行国航大学筹建情况调研】 3 月 24 日,顺义区副区长杨培丽进行国航大学筹建情况调研,副区长杨培丽一行深入中国国际航空股份有限公司开展国航大学筹建工作调研,了解了学校建设和规划情况,结合该区教育发展实际,围绕学校建设、师资配备以及招生、用工等方面问题进行了深入交流,在加强业务合作、人才培养和职工子女就学等方面工作达成一致意见。中国国际航空股份有限公司副总裁李虎晓、国航大学党委副书记孟昭平、区教委主任冯义国和区教育工会主席王玉英等参加和陪同调研。

(周君姝)

【北京国际标准舞研修学院教师到建南幼儿园进行舞蹈教学指导】 4 月 1 日,北京国际标准舞研修学院教师到建南幼儿园进行舞蹈教学指导,为了配合建南幼儿园开展幼儿国际拉丁舞和摩登舞学习展示活动,北京国际标准舞研修学院院长朱良津和 2 名标准舞教员,通过讲座和现场指导等形式,为建南幼儿园 20 余名教师进行国际标准拉丁舞和摩登舞教学指导。

(周君姝)

【举办民办幼儿园园长交流活动】 4 月 14 日和 15 日,顺义区教委组织民办幼儿园园长进行学习交流活动。11 所民办幼儿园园长及业务园长 20 余人,深入石园北区幼儿园和长颈鹿幼儿园、大龙实验幼儿园等 7 所民办园,通过查看档案材料、听讲评课、专题座谈和参观园所环境等形式,进行交流学习。

(周君姝)

【北京美国英语语言学院第十届校园文化艺术节闭幕】 4 月 15 日,北京美国英语语言学院举办第十届校园文化艺术节闭幕仪式。文化节历时 27 天,进行歌舞、书法等多种艺术活动展示和评比。

(周君姝)

【有关领导到新英才学校进行调研】　6月25日，市政协主席阳安江、副市长苟仲文率市政协及市政府一行10余人就该校环保节能工作进行调研；6月28日，国家教育部体育卫生与艺术教育司体育处处长季克异就该校《学生体质健康标准》落实情况进行调研。

（周君姝）

【新英才学校学生获全球国际统考试获得佳绩】　10月11日获悉，新英才学校学生朱汉凝在6月举行的2009年剑桥全球国际统考IGCSE附加数学考试中获得全球最高分，陆泽予在剑桥全球国际统考AS数学考试中获得全国最高分。

（周君姝）

【完成民办幼儿园年度考核】　12月14日至18日区教委对民办幼儿园进行年度考核。顺义区教委民办科、审计科、综合治理科、幼教中心及区妇幼保健院、民政局社团科等部门组成的考核小组深入10所民办幼儿园，从依法办园、财务管理、行政管理与办园条件、教学管理、卫生保健、安全保卫等方面进行考核检查。通过听汇报、教师座谈会、查看档案资料和财务账簿、看幼儿活动等形式，对幼儿园取得的成绩给予肯定，对存在的不足进行了反馈。通过检查，各民办幼儿园能够坚持依法办园，保障教职工利益，财务管理规范，办园条件不断改进，教育教学质量有所提高，保教活动丰富多彩，卫生保健符合要求，安全保卫方案详实、设施齐备。

（周君姝）

【新英才学校2名外籍学生在全球外国人汉语故事大赛中获得佳绩】　2008年12月至2009年8月，在北京人民广播电台于传部、市政府外事办、新闻办、市广播电视局的直接指导下推出大型国际性公益活动“我的汉语生活—全球外国人汉语故事大赛”中，北京市新英才学校2名外籍学生在北京人民广播电台组织发起的、几十个国家300余名选手参加的“我的汉语生活”全球外国人汉语故事大赛中，入围国际50强、国内22强。

（周君姝）

特殊教育

【概　况】　2009年，北京市顺义区特殊教育学校开设教学班14个，结业10人、招生12人，在校生142人（其中住宿130名）。残疾儿童入学率100%、巩固率100%。教职工总数64名，专任教师49名（高级专业技术职务0名，副高级职务3名，中级职务42名）。市级学科带头人0名，市级骨干教师4名，市级特级教师0名。普通教室14个，专用教室5个，实验室0个。图书馆（室）藏书总数1万册。学校占地面积14593平方米，建筑面积4812平方米。体育场馆面积0平方米。固定资产总值541万元。全年教育经费投入45万元，其中，国家拨款45万元。

（周君姝）

【校长侯亚军荣获顺义区十大杰出青年称号】　4月3日，2008年度京郊十大新闻人物评选活动总结表彰会召开，特教学校校长侯亚军当选，并作《点燃激情 奉献智慧 成就事业》典型发言。

（周君姝）

【受邀与清华大学开展融合活动】　5月7日，顺义区特教学校听障部师生受清华大学环境工程系同学的邀请，到清华园与清华学子开展融合活动。特教师生参观了清华园的主楼、图书馆、情人坡等地方，双方学生在长廊上共画清华长卷图，在许愿墙上留下自己的心愿，在食堂共同包饺子。清华学子用仁爱之心、严谨的学风、远大的目标影响着残疾儿童的心灵，残疾学生也感受到了受人尊重的快乐。该院党委副书记邵磊用清华“自强

不息 厚德载物”的精神激勉励残疾学生,希望他们努力学习文化知识,回报社会、奉献社会。此次活动是双方第二次融合,以后将会开展更多更丰富多彩的活动。清华大学和特教学校共计100余人参加了此次活动。

(周君姝)

【区部分政协委员捐助特教学校】 5月25日,顺义区部分政协委员捐助特教学校,20余名政协委员共捐赠善款12万元,用于改善学校办学条件,添置教育教学设施设备。区政协主席陶宝金提出三点希望:一是希望更多政协委员关注教育发展,结合自身优势,帮助教育部门解决难题;二是希望教师敬岗爱业,不断提高政治思想和业务素质,为区域发展培养有用人才;三是希望在校学生把握机会,加强学习,成为德智体美劳全面发展的有志新人。副区长燕瑛、区政协副主席赵荣山、蒋世林,区教委副主任陈成国等领导出席。

(周君姝)

【举办北京市随班就读观摩课活动】 5月27日,北京市随班就读观摩课活动在顺义区牛栏山中小举行。该活动以“共享金色童年 奠基美好人生”为主题,与会人员观摩了该校教师的数学课——《正数和负数》;参与了课后点评;听取了该区教委副主任陈成国和该校分别作的题为《扎扎实实稳推进,一心一意谋发展,努力提高随班就读工作水平》、《以人为本,和谐发展,为随班就读学生的美好生活奠基》的经验介绍;参观了该区随班就读工作的成果展示。市教科院和市特教中心领导及专家、各区县随班就读学校教师、浙江杭州教师代表等170余人参加活动。

(周君姝)

【市特教中心专家到高丽营二小指导工作】 6月3日,市特教中心领导及专家一行10余人到高丽营二小指导随班就读工作,肯定了该校利用心理资源室创新开展随班就读工作的举措。

(周君姝)

【与四川什邡特教学校开展交流活动】 6月4日,四川什邡特殊教育学校主任杨心洁到顺义特教学校进行学习交流,这是继地震慰问捐助之后两校又一次深刻的交流活动。此次的交流活动主要有以三方面:一是进课堂,顺义特教学校教师讲课,并进行研讨;二是工作交流,就两校教育教学工作中的特殊学生的思想教育、技能培养等方面进行深度交流;三是情感教育,请杨心洁介绍什邡特教学校灾后重建情况。顺义特教学校向什邡特教学校郑重承诺:无偿为他们提供师资培训和校本教材范本,随时接纳对方的来访与交流。向什邡特教学校赠送《晴峦叠翠映什邡 特教明天更辉煌》国画和《友谊长存》条幅。

(周君姝)

【关工委走进特教学校】 6月10日,顺义区教育系统“关心下一代工作委员会”一行6人走进顺义区特殊教育学校,进行现场调研活动。听取了特教学校发展情况汇报和该校骨干教师代表成长过程汇报;关工委领导对特教学校的内涵发展、团队凝聚力、积极向上的工作状态予以充分的肯定和赞扬;并从学校管理理念的提炼、教师队伍建设特别是骨干教师队伍建设、教育科研方法以及教师个人发展等方面,提出了中肯的建议。强调:今后还要加大教师的培训力度,并尽快建立一所全新的特教学校,同时加强对基层的指导力度。特教学校领导干部、骨干教师20余人参加活动。

(周君姝)

【4名特教学生在全国特奥游泳举重比赛中取得佳绩】 8月24日至28日,顺义区特殊教育学校4名运动员代表北京市参加由中国残疾人联合会、国家体育总局、中国特奥委员会联合举办,由中国残疾人奥林匹克中心承办的“全国特奥游泳举重”比赛,在不同重量级的深蹲、提铃、挺举三个项目比赛中,获得了4金、2银、3铜和4个第四名的优异成绩。

(周君姝)

【市残联到顺义区进行北京市残疾人社区康复达标区检查验收工作】 9月24日，市残联到顺义区特教学校进行“北京市残疾人社区康复达标区”检查验收工作，检查组一行20余人由市残联副理事长沙澄深任组长，听取该校关于智障人员康复技术指导工作汇报、查看康复档案、实地考察康复工作开展情况、观看了康复工作成果展，考察组对特教学校智障人员康复工作给予细致入微、扎实有效的高度评价。副区长陈卫东、区残联理事长马成武、区教委副主任陈成国及相关部门领导参加。

（周君姝）

【召开第四届特教艺术节暨特教论文表彰会】 11月12日，顺义区第四届特教艺术节暨特教论文表彰会在东风小学东校召开，会议表彰了在特教艺术节和特教论文评比活动中涌现的优秀单位30个、优秀个人100名，李遂中学教师郭立民、河南村中小教师王淑珍在会上进行优秀论文交流。会议要求：一是要进一步落实“特殊教育人文化”的目标；二是要加强随班就读学生管理，发挥学校现有教育资源功能，逐步实现“有效康复，快乐学习”的目标。三是要加强特教师资培训，组织教师认真学习《北京市随班就读课堂教学基本经验》，充分发挥《北京特教》、《现代特殊教育》、《中国特殊教育》的专业引领作用，努力提高特教教师的理论水平。四是要加强随班就读课堂教学研究，满足不同学生的特殊需求，努力探索新的教学方法，不断提高随班就读课堂教学水平。全区中小学主管特殊教育工作的领导及教师代表100余人参加。

（周君姝）

【召开“班级教育活动设计技巧”经验交流会】 12月18日至20日，顺义区特殊教育学校召开了“班级教育活动设计技巧”经验交流会。会上，单爱凤教师从日常活动、课堂教学、德育活动等方面为全体教师做了经验介绍；王艳艳介绍了观摩“全国中小学首届班主任和谐育人专业能力大赛”的情况以及自己日常教育教学工作的经验及技巧。活动中教师们讲述的一个个发生在身边的真实故事，一个个精心设计的教育活动，体现了“康复无处不在”及“教育既生活”的理念，引起了全体教师的共鸣。全体教师将参加活动的收获、感想、反思等形成文字上传到学校网站，展开了全校范围的交流，活动得到进一步深化，具有实际意义和指导意义。该校干部教师50余人参加活动。

（周君姝）

【两个区级课题顺利结题】 12月22日，顺义区特殊教育学校两个区级课题《顺义特教学校教师专业发展策略的研究》和《在生活指导课中培养中度智残学生日常生活能力的研究》的结题会在两个会场同时举行。两大课题均于2006年立项，研究对象分别是教师、学生，主要采用了调查法、观察法、行动研究法。在课题研究的过程中，教师们的研究水平不断提高，专业理论和康复技能不断提升，学校特色得到突显，研究成果也为兄弟学校提供了借鉴。结题会上，课题组负责人及课题组成员对课题研究中的相关情况作了说明，然后经过专家组合议，最后宣布《顺义特教学校教师专业发展策略的研究》及《在生活指导课中培养中度智残学生日常生活能力的研究》顺利结题。

（周君姝）

【举行朗依爱心助残电脑教室揭牌仪式】 12月23日，“朗依爱心助残电脑教室”揭牌仪式在特教学校举行。本次捐赠活动由中国残疾人联合会、中国残疾人福利基金会、北京朗依制药有限公司设立。中国残疾人联合会副主席、中国残疾人福利基金会理事长冯小泉女士，中国残疾人福利基金会副理事长邢建绪先生，北京市残疾人联合会副理事长吕争鸣先生，北京市朗依制药有限公司总经理杨军先生，区长刘剑、副区长车克欣及区残联、区教委等相关领导参加活动。邢建绪先生为学校留言:祝愿顺义区特教学校越办越好。刘剑区长的留言是:关心特教,共建和谐。

(周君姝)

【北京现代和谐志愿者服务总队举行爱心捐助活动】 12月31日,顺义区北京现代和谐志愿者服务总队"关爱儿童、现代助行、爱心捐赠、牵手财经"爱心捐助活动在特教学校举行,该公司为特教学校学生赠送爱心书包100余个。北京现代财经部、党支部、工会等领导和志愿者服务队的部分队员以及特教师生60余人参加此次活动。

(周君姝)

【石园幼儿园采取措施开展特殊幼儿融合教育】 年内,石园幼儿园采取措施开展特殊幼儿融合教育。一是选派骨干教师参加市教委特教部组织的融合教育培训提高师资水平;二是在幼儿中开展同伴互助活动,促进特殊幼儿社会性发展;三是通过户外体育游戏帮助肢残儿童主动参加户外运动,培养活泼开朗性格。目前,该园将7名区福利院及社区特殊残障幼儿融入相应班级接受正规幼儿园教育。

(周君姝)

牛栏山第一中学

【概　况】 2009年,牛栏山第一中学学校开设教学班55个(初中0个,高中55个)。教职工总数303名,其中,专人教师201名,(副高级职务121名、中级职称110名)。市学科教学带头人2名,市级骨干教师12名,特级教师4名。毕业学生786名,招生634名;在校生2345名,(其中住宿2171名)。高中录取分数线(本区)509分,高考录取率97%。普通教室55个,专用教室13个,实验室10个。图书馆(室)藏书总数6.4万册。学校占地面积181652.31平方米,建筑面积65631.03平方米。体育场馆面积49874平方米。固定资产总值8960.5万元。全年教育经费投入3359万元,其中,国家拨款2572万元,自筹565万元。

单位名称:顺义牛栏山第一中学

地址:顺义区牛栏山镇

电话:(010)69411142

邮编:101301

网址:http://www.nlsyz.com.cn

(杨小青)

【在市中小学生田径运动会上获得佳绩】 在2009年4月26日结束的北京市中小学生田径运动会上,牛栏山第一中学的方圆、陈童、聂文娟、戴立、柳文凯、曹琼共六名同学代表顺义区参加比赛。获得两个第一名、5个第二名、1个第三名,共107分的优异成绩。同时方圆同学以53秒09的成绩打破400米栏北京市记录、陈童同学以5024分的成绩打破七项全能北京市记录。

(杨小青)

【启动"青蓝工程"拜师仪式】 2009年5月15日,牛栏山第一中学举办"青蓝工程"拜师启动仪式。本次拜师仪式共有29对师徒结对。在启动仪式上,王培栋副校长宣读关于实施开展新老教师拜师结对工作的规定和有关政策,教务处黄建秋主任宣布拜师结对名单。然后,校领导为师傅们颁发聘书,相应的徒弟们上台向师傅行鞠躬礼并接受师傅们赠书。最后,刘克祥校长作了语重心长的点评,表示了对青年教师迅速成长的殷切的期望。会后,师徒们共同在拜师协议上签字并合影留念。

(杨小青)

【在"新世纪"杯作文大赛中获奖情况】 牛栏山第一中学在由《语文教学与研究》杂志社举办的第十届"新世纪"杯全国中学生作文大赛中取得了优异的成绩,共有40名学生在本次大赛中获奖。其中陈司琪同学荣获一等奖，史紫薇、方子都、张晨、冯美娜等九位同学荣获二等奖；翁一鸣、马可欣等30名同学荣获三等奖。由于高一、高二年级的语文老师在本次活动中认真组织，该校被评为全国作文教学先进单位并荣获金奖。

（杨小青）

【举办“奥运冠军进校园”活动】 2009年6月14日下午4:00，王涛、王皓、范长茂等三位奥运冠军以及八一男子乒乓球队全体队员来到牛栏山第一中学，与该校领导亲切交谈并互赠了纪念品。4:30分，奥运冠军们到该校乒乓球活动场地参加了欢迎仪式，在仪式上，该校刘克祥校长对奥运冠军们的到来致欢迎词，王皓代表八一男子乒乓球队发表了热情洋溢的讲话，鼓励学生要刻苦努力的学习，将来为祖国多做贡献。

（杨小青）

【在2009年高考中再创佳绩】 牛栏山第一中学牛栏山第一中学在2009年高考中再创佳绩，为顺义人民交上一份满意的答卷。该校的刘垚远同学以695分成绩夺得顺义区理科状元，位列北京市第12名；刘垚同学以666分的成绩夺得顺义区文科状元，位列北京市第12名。全区理科前10名被该校包揽，文科前10名有该校6人。

（杨小青）

【在2009年全国中学生“多威杯”田径锦标赛中取得优异成绩】 在2009年7月26日的全国中学生“多威杯”田径锦标赛中，牛栏山第一中学的戴立同学以70.71米的成绩获男子甲组标枪冠军并打破全国中学生“多威杯”田径锦标赛男子甲组标枪记录，并获得男子甲组铁饼第六名和“多威杯”田径锦标赛优秀运动员称号。柳文凯同学获男子甲组七项全能亚军。吴刚老师获得优秀教练员称号。

（杨小青）

【市区领导视察牛栏山第一中学校园改扩建工程】 2009年8月18日，北京市人大常委会赵凤山副主任，全国政协社会和法治委员会张福森主任在顺义区委书记张延昆、副区长燕瑛、教委主任冯义国等人的陪同下视察了牛栏山第一中学校园该扩建工程，陪同前往的还有区发改委主任田建国和区委办公室主任贾文宇等。牛栏山第一中学校长刘克祥同志汇报了校园改扩建工程的具体规划和工程进度。市、区两级领导纷纷表示对牛栏山第一中学改扩建工程的大力支持，并提出要借牛栏山第一中学六十年校庆之际提升牛栏山第一中学这一知名品牌的美誉度，使顺义区教育事业迈上更高的台阶。

（杨小青）

【在第24届全国青少年科技创新大赛获奖情况】 第24届全国青少年科技创新大赛，共有来自全国30个省（自治区、直辖市），以及新疆生产建设兵团、香港特别行政区、澳门特别行政区和军队子女学校共34支代表队。共有545名学生、203名科技辅导员参加，进行了为期四天的展示、测评和问辩活动。共有396个学生创新项目、150个科技辅导员创新项目参加评选，170项科技实践活动项目、100幅科学幻想绘画获奖作品、150幅节能减排主题展览海报参加展示。同时，瑞典、丹麦、匈牙利、印度、泰国、韩国等14个国家的国际代表也参加了展示、交流等活动。大赛包括开幕式、闭幕式暨颁奖典礼、科技教育论坛、主题活动、专项奖颁奖等主要活动。牛栏山第一中学李万成老师在本次大赛中从全国160名入选初赛的教师中脱颖而出，获全国优秀科技辅导员科技方案一等奖。这是顺义区科技教师首次进入全国青少年科技创新大赛，也是顺义区科技教师获得的最高奖项。同时牛栏山第一中学分校获全国优秀实践活动二等奖。

（杨小青）

【在北京市田径传统项目比赛取得佳绩】 2009年10月17、18两日，北京市田径传统项目学校比赛在大兴区体育场举行，全市共有

71所中学参加了本次比赛。牛栏山第一中学的戴立、柳文凯、胡帅、马建、张赛、刘源、赵晨、王东、李欣悦等九名学生代表学校参加比赛。通过所有队员的努力拼搏,该校以57分取得了男子团体总分第二名,男女总团体第五名的优异成绩。

(杨小青)

【在“第二届中学生趣味力学制作邀请赛”获得团体第一名】 2009年10月24日,由中国力科学院力学研究所和中央电视台《异想天开》栏目组举办的“第二届中学生趣味力学制作邀请赛”在中国科学院力学研究所举行。本次比赛的参赛队共有来自八所著名学校的9支队伍。牛栏山第一中学的陈宇峥、陈天雄、刘梦侃、高博、王宜琦五名同学在田永智老师的带领下参赛。本次比赛各代表队抽签分组,采用积分制,共分三轮进行。在第一轮《让木板前滚后翻》和第二轮《巧找平衡》题目中,该校陈宇峥、陈天雄、刘梦侃三名同学以几乎完美的设计取得了绝对的优势,通过三轮激烈的制作竞赛,该校物理小组代表队力克强敌最终荣获第一名。

(杨小青)

【在第三届“地球小博士”全国地理科技大赛中取得佳绩】 在第三届“地球小博士”全国地理科技大赛中,牛栏山第一中学的王蒙、王思辰、吴庆航等11名同学获奖。其中,一等奖2人、二等奖2人、三等奖3人及优秀奖4人。该校教师杜淑焕、张丽平荣获全国优秀指导教师一等奖,并被授予“全国优秀科技辅导员”称号。

(杨小青)

【在全国综合实践活动教学观摩研讨会中获奖】 2009年10月12日至15日,全国综合实践活动教学观摩研讨会暨学术年会在扬州成功举办。这次会议由中国教育学会综合实践活动课程专业委员会主办,江苏省教育科学研究院、扬州市教育学会、市教育局教研室和广陵区教育局联合承办,扬州大学附属小学、扬州大学附属中学协办。会议期间来自全国各地的代表500余人观摩了综合实践活动课堂教学,聆听了专家报告,进行了学术交流研讨。全国综合实践活动课程专业委员会理事长,首都师范大学陈树杰教授主持了本次会议,并对如何深入开展综合实践活动课程作了系统的讲座。华东师范大学张华教授到会并作了精彩的报告,首都师范大学杨培禾副教授对大会进行了总结。牛栏山第一中学林媛媛老师的论文《牛栏山第一中学研究性学习案例的实施与反思》荣获优秀论文一等奖,案例《潮白河水资源利用情况调查研究》荣获优秀案例二等奖;杨小青老师的论文《开发校园地区资源,创新综合实践活动》荣获优秀论文二等奖;马青青老师的案例《中国,你好——为祖国母亲60华诞献礼》荣获优秀案例三等奖。

(杨小青)

【召开“深入理解贯彻学生五种核心道德品质”团会】 2009年11月9日,牛栏山第一中学校团委召开了“深入理解贯彻牛栏山第一中学学生五种核心道德品质”主题团会。本次团会从宿舍管理入手,提出宿舍的差别就在于同学们品德习惯的差别,并对该校学生应具有的五种核心道德品质“诚实、勤奋、自信、责任、感恩”做了具体的解读和要求。

(杨小青)

【市级课题获北京市教学成果二等奖】 在2009年第三届北京市基础教育教学成果评比中,牛栏山第一中学汪海龙老师主持的市规划办课题《寄宿制高中同伴互助式心理辅导的实践与探索》成果荣获“北京市教学成果奖(基础教育)二等奖”,并入编《第三届北京市基础教育教学成果奖优秀成果集》。该奖项是北京市人民政府设立的“北京市教育教学成果奖”的组成部分,每四年评选一次,注重成果的独创性、新颖性、实用性和推广性。

(杨小青)

【在全国高中学生化学竞赛获奖情况】 2009

年9月13日,在中国化学会第22届全国高中学生化学竞赛(省级赛区)中,牛栏山第一中学高三学生张晓阳、焦运桀、李奇、范明侠四名同学荣获北京化学会2009年北京市高中学生化学竞赛市级一等奖;卢玉昆、张耕两名同学荣获北京化学会2009年北京市高中学生化学竞赛市级二等奖;刘岳玥、张峰、赵淑霞、王路曼、焦梁昆、张金鹏六名同学荣获北京化学会2009年北京市高中学生化学竞赛市级三等奖。

(杨小青)

【举行首届班主任论坛活动】 2009年11月21日,牛栏山第一中学高中部及牛栏山第一中学一实验学校全体班主任和干部在顺义宾馆举行首届班主任论坛。三个分论坛分别就如何加强班集体建设、如何加强学生良好习惯的培养、如何正确引导男女生正常交往(师生沟通的方法与技巧、后进生的转化)等主题展开研讨,王永西、张艳朝等教师做了精彩的发言。此次班主任论坛的举办,使大家感到教育学生是一门学问,需要大家在共同探讨研究中运用技巧,提升艺术性。

(杨小青)

顺义区第一中学

【概　况】 2009年,北京市顺义区第一中学开设教学班60个(初中15个,高中45个)。教职工总数238名,其中,专任教师185名(副高级职务75名,中级职务76名)。市级学科带头人3名,市级骨干教师17名,市级特级教师4名。毕业学生815名(初中198人,高中617人),招生1026名(初中280人,高中746人);在校生2764名,其中初中730名(其中住宿730名),高中2034名(其中住宿2034名)。高中录取分数线(本区)501分,高考录取率99.2%。普通教室60个,专用教室13个,实验室25个。图书馆(室)藏书总数8.2万册。学校占地面积44666平方米,建筑面积50600平方米。体育场馆面积24000平方米。固定资产总值10376万元。全年教育经费投入2790万元,其中,国家拨款2102.3万元,自筹687.7万元。

单位名称:顺义区第一中学
地址:顺义区建新北区
电话:(010)69444448
邮编:101300
网址:http://www.shyyz.bjshy.gov.cn

(何雪莲)

【十一五科研成果丰硕】 2月25日,顺义区第四次教育科研工作大会暨教育学会第三届会员代表大会召开,顺义一中获奖总数位居全区第一。校长史树芳承担的《普通高中创建研究型学校的理论与实践》及教师张福林承担的《在高中物理教学中培养学生科学素质的研究》分别获得北京市教育科研成果奖,李玉珍承担的《高中学生自我教育的研究与实践》获得顺义区首届德育成果奖,茹玉兰承担的《示范高中年级组建制下的学科组职能研究》等7项成果获“十一五”阶段性成果一等奖,谭有志、陈惠明60余名教师撰写的82篇论文分获奖,该校王树清、东启云等8人分别被评为顺义区先进科研工作者及顺义区教育学会先进会员。顺义一中校刊《教育科研论坛》和校报《栋林园》被评为优秀科研校刊校报奖;该校教科室被评为“先进教科室”,学校获得“科研项目成果突出单位”称号。

(王晓芳)

【开展“让雷锋精神在校园闪光”志愿服务活动】 3月2日,顺义一中以主题为“让雷锋精神传递爱”的国旗下讲话拉开了以“爱人、爱己,学雷锋树新风”为主题的爱心行动的序幕;3月5日,该校2000余名学生参与的主题为“让雷锋精神在校园闪光”的爱心志愿服务行动将此次主题活动推向了高潮。“学生志愿者”将办公室、图书馆、操场、食堂、实验室、教师自行车棚、体育馆等校园等各个角落整理干净。

(刘艳香)

【高一年级举办诗歌朗诵会】 3月8日,顺义一中高一年级举办“携诗同行”诗歌朗诵会。31名参与朗诵的同学声情并茂,把爱国、友谊、真、善、美等美好情操传达给在场的每一个人,该年级740余名学生参加。

(曹绍红)

【召开教职工代表大会】 3月18日,顺义一中召开教职工代表大会,学校领导史树芳、茹玉兰、李冬、张福印、李玉珍及初中部领导出席会议。会议确定合理化建议主题为“如何提高课堂教学实效和加强校园文化建设”。全校教职工共有394人次提出了149条合理化建议,工会对建议认真地进行了整理、归纳,最后梳理成107条,关注点主要有两个方面:一是提高校园文化建设,主要是教育教学设施的改造、更新与提升;二是提高课堂教学效益,主要是如何提升教师的教育教学素质、如何提高教师的教学水平、如何促进学生的自主学习。

(王以春)

【开展“品读经典诗文,共建书香校园”主题教育系列活动】 4月,顺义一中开展“品读经典诗文,共建书香校园”主题教育系列活动。该活动采取品读经典诗文的国旗下讲座;各班出一期专题板报;高一、高二年级全体学生参加“品读经典诗文”优秀征文评选活动,每人读一篇经典文章,每人写一篇读后感;举办一场以“品读经典诗文,共建书香校园”为主题的朗诵会;出一期《栋林园》品读活动专刊等形式进行。4月21日,“品读经典诗文,共建书香校园”朗诵比赛在报告厅举行,22名选手代表高一和高二年级做了非常精彩的表演,最终9人获得最佳朗诵奖、7人获得了最佳表演奖、6人获得了最佳音质奖。

(刘艳香)

【教师向新良获市班主任基本功大赛一等奖】 4月12日,顺义一中教师向新良荣获北京市班主任基本功展示与交流大赛市级决赛高中组一等奖,在全市11个高中组一等奖里,这是该区唯一的高中组一等奖。

(马杰石)

【校舞蹈队在市中学生艺术节获得优异成绩】 4月5日,“北京市第十二届学生艺术节”在顺义一中举行,该校由50名队员组成的舞蹈队表演的《鼓舞情深》,获得北京市一等奖第一名,街舞《舞彩缤纷》获得北京市二等奖第一名。该校艺术教育水平较高先后在市第八届艺术节比赛中获一等奖;连续四年在该区中学生春季运动会入场式荣获“优秀队列”称号;并多次在市、区组织的各项文艺宣传活动、慰问演出中表现出色,赢得领导和群众的好评。

(罗 佳)

【举办防控甲型H1N1流感知识讲座】 5月12日,顺义一中举办“防控甲型H1N1流感知识讲座”。该校校医就预防甲型H1N1流感的基本知识、临床症状、传播途径、预防控制等方面做了详细地讲解通。在活动中学生们了解H1N1流感等呼吸道传染病的传播途径和预防方法,培养了学生良好的卫生习惯,提高了流行病侵入校园的防范意识。

(王亚君)

【组织环保员参观顺义新城生态调水管理中心】 5月13日,顺义一中组织部分优秀环保员参观顺义新城生态调水管理中心。顺义新城生态调水管理中心是目前全国采用“加药絮凝+膜生物反应器(MBR)+臭氧”水质净化技术工艺最大的污水处理厂。通过实地参观管理中心的设备间、膜生物反应池、加压泵房、原水池等一系列设施,学生们既亲眼目睹了污水处理过程,还切实感受到我们日常用水的来之不易,深刻理解了节水的重要性与紧迫性,感受到该区为改善潮白河、减河水域的生态环境付出的巨大努力。

(张红梅)

【召开班主任表彰暨培训会】 8月27日,顺义一中召开2009－2010学年度班主任表彰暨培训大会，会议表彰2008—2009学年度班级量化成绩优秀的班级及上学年获校、区、市级荣誉的先进班集体以及优秀班主任；部署了本学期德育工作重点并提出了具体要求；并就常规管理项目的检查内容和评价标准对全体班主任老师进行培训。该校近50名班主任参加。

（张红梅）

【召开新老高三教师研讨会】 8月28日，顺义一中新老高三研讨会在学校七层会议室召开。老高三老师全面细致介绍教学管理和备考经验，重点提出加强教师新课程理念转变和学生心理素质培养的问题，新老高三教研组并就此问题进行集中交流。该校干部教师30余人参加。

（朱妞荣）

【举办“弘扬民族精神月”启动仪式暨周总理事迹报告会】 9月5日，顺义一中“弘扬民族精神月”启动仪式暨周总理事迹报告会在报告厅举行。该校邀请周总理生前最后一任秘书、武警指挥学院原副院长纪东少将一行3人为高一年级全体学生作“周总理事迹报告”。会后纪将军出席“与纪将军畅谈理想”的座谈会。学生代表就总理的工作、生活等方面向纪将军提问。该活动学校今后深化“弘扬和培育民族精神”活动拉开序幕。

（张红梅）

【召开青年教师培养考核会】 9月11日，顺义一中召开青年教师培养考核会。会议由教科室陈惠明主任主持，茹玉兰副校长参加会议并讲话。会议总结了18位青年教师5轮考情况，表彰了14名教师获得总评优秀受到表彰，部署了本学年度的工作安排。教师黄捷代表此次接受培训的青年教师作结业感言。会议对青年教师提出几点要求。一是青年教师要有发展欲望，要积极上进；二是要多读书；三是要抓住每一次锻炼自己的机会。

（要春娟）

【举办“迎国庆，庆校龄”活动】 9月25日，顺义一中举办以“迎国庆，庆校龄”为主题的庆祝活动。校领导为各校龄段的245名教职工颁发荣誉证书，肯定成绩的同时提出更高的工作目标。青年教师朗诵自创诗歌《顺义一中，我的精神家园》，表达了愿把青春献给顺义一中的满腔热情。史树芳校长号召全校教职工全身心地投入到教育事业中去。全校教职工在“忠诚一中，共铸辉煌”的大红条幅上签名承诺。

（王以春　何雪莲）

【组织学生参观辉煌60年成就展】 10月10日，顺义一中组织高二文科班师生到北京展览馆参观了《辉煌六十年——中华人民共和国成立60周年成就展》。师生们仔细观看展品，认真听取讲解。一件件实物、一份份档案、一幅幅图片、一段段视频、一个个模型、一处处复原景观，把师生们带回到新中国成立以来那些难忘的岁月，民族自豪感和爱国热情油然而生。

（何雪莲　刘　爽）

【召开教师基本功大赛培训会】 10月10日，为了更好地落实顺义区教师基本功大赛的有关精神，推进新课程的实施，顺义一中召开了专门的教师基本功大赛培训会。参加会议的有茹玉兰书记、陈惠明主任、学科组长、备课组长和参赛教师。会上，陈惠明主任就教师的基本功进行了专题培训，茹书记对所有与会的教师提出要求：学科组长和备课组长要发挥集团作战优势，举全组之力，协助参赛教师备课；参赛教师要认真学习、精心设计，全力以赴，上出水平，力争一课成名。

（王晓芳）

【参加自我教育与自我管理国家级课题研讨会】 10月17日，顺义一中“提高高中生自主规能力划与自我调控能力的研究”课题组骨干成员及部分优秀班主任参加了在沈阳召开的贺乐凡教授主持的国家级课题《自我教育与自我管理的研究》国家组课题的第四次大型交流研讨会。该校作了题为《让学生成为自己人生大厦的设计师和建筑师》的报告，得到与会者的一致好评。大会表彰了各实验校上交的自我教育与自我管理案例，该有15篇获奖，获奖总数居实验校第一。

(王晓芳)

【召开自我教育和管理成果交流会暨课题组成员培训大会】　11月5日，顺义一中召开"沈阳《自我教育和管理》成果交流会"的汇报大会暨课题组成员的培训会。一会人员听取了课题组成员从不同角度向课题成员汇报学得的经验和感悟；总结并推出了巧妙利用"评估表"，召开系列主题班会，组织学生撰写"我的自白"书、"周计划，周反思"、"得与失"，建立"反思录"，成立"互助组"等做法，供教师相互借鉴，不断研究，及时调整研究计划，深入开展研究。

(要春娟)

【举行校长史树芳专著首发仪式】　11月27日，顺义一中校长史树芳专著——《坚实的脚步》首发仪式在顺义一中报告厅隆重举行。区委副书记胡尚云、副区长燕瑛、北京市教育学院、教科院领导及教工委、区教委、教育督导室领导出席。《坚实的脚步》一书由北京教育出版社出版，辑录了史树芳校长三十多年来的办学理念、工作经历、管理方法和工作成效，是史校长系统办学思想的集中展示。史树芳从事教育工作近40年，其中任顺义一中校长24年。在长期的教育实践中，经过艰苦探索，他逐渐形成了有自己特色的教育思想和办学套路。在工作中，他以"严"树"规范"，以"实"抓"根本"，以"专"求发展，以"公"聚人气，在教育教学等诸多方面取得了令人瞩目的成绩，使顺义一中成为享誉京城的示范校，并跻身于全国百所名校行列。他自身也为广大教育者树立了榜样，为顺义教育深入推进"三名"工程起到了表率作用。首发式上，副区长燕瑛在讲话中对该书的出版给予肯定并希望全区教育系统广大干部教师认真学习这部著作，并结合教育实际创新工作，求真务实、真抓实干，为顺义教育事业发展做出新的贡献。该活动是顺义区继2003年成功举办史树芳校长办学思想研讨会以来总结推广史校长办学思想的又一举措。全系统700余名干部教师参加。

(何雪莲　王以春)

【举办东亚运动会火炬校园传递活动】　12月2日，顺义一中举行"京港青少年心手同行，见证东亚运传奇一刻"东亚运动会火炬校园传递活动。"中学时事报"主编姜莹致词并和史树芳校长为东亚运动会火炬揭幕。史校长将火炬传递京港两地师生代表。火炬传递传承了北京奥运精神，扩展学生全球视野，提高学生全面素质，增强京港两地青少年文化交流，京港火炬学校传递形成互动，共为东亚运送上支持与祝愿。

(李朝晖)

【独立承担国家级观摩研讨课】　12月4日，顺义一中教师向新良老师独立承担的教育部全国骨干班主任国培班大型主题班会观摩研讨活动在该校报告厅举行。与会人员观摩了向新良老师主题为"在反思中成长，在超越中提升"的高二3班自我教育自我管理阶段性总结班会。整个班会分为"学习是自己的事""自律是一种境界""一个人走向成熟的重要标志是开始关心集体和他人""走向和谐"四个逐层深入的分享环节。国培班和市培班骨干班主任并就该主题班会进行研讨，一致认为有以下特色一是"语言美、榜样美、简练美、理性美、人格美"的"五美"特征；二是存在明暗两条线索，教师的暗线对学生分享交流明线的无痕引领作用非常突出，体现教师的教育智慧和匠心独具。教育部国家级班主任培训项目组专家迟希新教授作对本节主题班会活动给予高度肯定指出该主题班会有以下特点：一是主题班会中教师主导性、思想引领性、内容针对性和形式创新性具有很强的示范作用；二是班主任、学生都表现出很好的反思精神、表达能力、思想深度和其他综合素养。“2009教育部全国骨干班主任高级研修班”和“2009北京市中学骨干班主任培训班”学员及该区高中班主任300余人参加。

（向新良）

【首届读书节隆重开幕】 12月5日，顺义一中首届读书节启动仪式在该校报告厅举行。该读书节是由顺义一中语文组发起的，意在营造良好的读书氛围，倡导爱读书、读好书的校园风气，建设书香校园，推进校园文化建设。学校党委书致辞并阐明设立校园读书节的意义。语文教研组长介绍了首届读书节的活动安排。本届读书节将举办读书报告会、文学讲座、读书征文比赛、诗文朗诵比赛等活动，还将举行学校文学社成立大会，语文老师将向同学们推荐优秀的图书，并印发《顺义一中学生课外阅读推荐书目》。区语文教研员、北京市特级教师刘德水就读书的意义、态度和方法为学生作指导。顺义区2009年高考文科状元、高考满分作文获得者刘莐，结合自身的经历就如何培养读书的兴趣、阅读与写作的关系等问题谈了自己的看法。读书报告在同学中引起了巨大反响，很多同学表示今后要养成读书的习惯，多读书，读好书，提高自身的综合素养。该校近2000余名学生参加。

（辛加伟）

【举办市级物理教学研讨会】 12月10日，北京教科院基础教育课程教材发展研究中心主办的“北京市教科版普通高中物理教学研讨会”在顺义一中举行。大会由市教科院课程中心赵薇主持，与会人员提取了该校情况汇报，深入课堂听了四节课，市教育学院原副院长张维善教授、东城物理教研中心主任程嗣进行了现场点评。与会人员一致认为顺义一中的物理教学体现了新课程理念，注重三级目标的落实，注重教学方式的多样化，为进一步加强教科版普通高中物理教学研究工作提供可借鉴经验。市级教研员及平谷、朝阳、丰台、密云、崇文、东城、顺义等区县物理教研员和物理教师170余人参加活动。

（王晓芳）

【启动实施骨干教师大讲堂】 年内，顺义一中启动实施骨干教师大讲堂活动。活动要求骨干教师提交三年职业发展规划、自主申报研究观摩课课题或学术讲座专题且保证每两年完成一轮。该活动为骨干教师搭建了展示和教师相互借鉴平台、发挥了骨干教师示范引领作用、活跃了学校的学术文化气氛、促进了学校教师资源的共享与交流。

（王晓芳）

杨镇第一中学

【概　况】 2009年，北京市顺义区杨镇第一中学学校开设教学班79个（新疆班16个，高中63个）。教职工总数419名，其中，专任教师310名（高级专业技术职务0名，副高级职务113名，中级职务131名）。市级学科带头人2名，市级骨干教师9名，市级特级教师1名。毕业学生1522名（初中0人，高中1522人），招生640名（初中0人，高中640人）；在校生3811名，其中初中0名（其中住宿0名），高中3811名（其中住宿3663名）。高中录取分数线（本区）485分，高考录取率92%。普通教室79个，专用教室16个，实验室23个。图书馆（室）藏书总数10.1万册。学校占地面积491714平方米，建筑面积91995平方米。体育场馆面积9418平方米。固定资产总值1589.44万元。全年教育经费投入3436.2万元，其中，国家拨款2832.7万元，自筹603.5万元。

单位名称：顺义区杨镇第一中学

地址：顺义区杨镇

电话:(010)61451520
邮编:101309
网址:http://www.yzh1ms.bj.hoho.edu.cn
http://www.yzyzx.shy.bjedu.cn

(马洪良)

【科研成果】 2月25日,顺义区第四届教科研大会在区教育研究考试中心召开。杨镇一中校长孙孟远作题为《实施三项管理策略 推动校本研究深入开展》的典型发言。该校获得"顺义区先进教科室"荣誉称号;13项课题成果获奖,其中一等奖4项、二等奖2项、三等奖7项。该校被评为"顺义区科研项目成果突出单位"荣誉称号。

(孙海静)

【新疆维吾尔自治区领导慰问新疆班师生】 4月25日,新疆维吾尔自治区领导慰问杨镇一中内地新疆班师生。顺义区领导张延昆、刘剑、田江平,区教委主任冯义国等领导陪同慰问。

(白文亮)

【新疆两企业捐资助学】 4月28日,新疆两企业捐资助学新疆金浩源有限公司、美林资源有限公司为杨镇一中新疆班爱心捐赠仪式举行,副区长燕瑛作重要讲话。

(白文亮)

【获得首都文明单位称号】 4月,杨镇一中在首都精神文明建设委员会总结2008年度安全工作大会上被评为2008年度首都文明单位。

(马洪良)

【召开市级安全教育现场会】 5月8日,北京市中小学春季"安全专题教育"现场会在杨镇一中召开。

(马洪良)

【在市级运动会中成果显著】 5月10日,由北京市教委举办的"北京2008年奥林匹克教育学校体育后备人才培养基地"运动会,在通州潞河中学举行。

(陈连路)

【召开电子白板应用与交流现场会】 5月27日,顺义区电子白板应用与交流现场会在杨镇一中召开。

(王新生)

【举办感恩教育活动】 5月30日,杨镇一中举办高三年级感恩教育系列活动,活动的主题为"思源之力,奋飞之翼"。

(陈连路)

【市级航模比赛】 7月17日至19日,由北京市学生活动管理中心举办的北京市青少年航模比赛,在大兴念坛水库举行,高中组共有10多所学校,10多支代表队参加比赛。杨镇一中代表队获得高中团体第一名。

(齐长安)

【国家级航模比赛】 8月12日,由教育部、体育总局、共青团、教委科协举办的全国青少年航空航天模型锦标赛,在内蒙古包头举行。全国共有50多支代表队参加比赛。杨镇一中高三学生张新凯获得遥控火箭助推滑翔机项目第三名,同时他还获得团体亚军的北京队成员之一。

(齐长安)

【授予北京市代表团"学校贡献奖"称号】 9月5日,北京市第十届全国中学生运动会表彰大会在清华附中举行,表彰大会由北京市教委、北京市体育局、共青团北京市委主办,杨镇一中在表彰大会上被授予北京市代表团"学校贡献奖",孙孟远校长被评为"优秀校长",杨金波和郑景双两位老师被评为"优秀教练员",石建军和计亮两位同学被评为"优秀运动员"。

(陈连路)

【10项市区校级课题圆满结题】 10月—11月间,杨镇一中共10项市区校级课题圆满结题。孙孟远校长主持的《改变管理机制 构建和谐学校的研究》;张宝林校长主持的《高中化学教学质量评价研究》;李永茂老师主持的《新课标下高中语文写作教学序列化研究》;刘士忠老师主持的《问题学习策略在英语教

学中的应用研究》等10项市区校级课题相继结题。

（孙海静）

【召开区级教学现场会】 11月13日，顺义区考研中心与首师大基教院合作“双优计划”之刘士忠教学展示会在杨镇一中举行。本次教学展示活动由顺义区考研中心主办，该校教师刘士忠就如何在高一阶段培养学生英语写作习惯，提高写作兴趣和自信心进行英语写作教学展示课。首师大基教院穆林华教授、特级教师梁丽冰老师对本节课的教学形式、教学效果都给予了高度评价，她们认为英语老师在写作教学方面应该认识到：提高高中生英语写作能力不能一蹴而就，需要长期、系统的培养计划；要了解高中生必须掌握的英语写作能力和技能，做到心中有数，从而能够在日常教学中有计划地讲解和训练写作技能；高一阶段要通过不同形式激发学生的写作兴趣，培养学生的写作习惯。全区各校英语教研组长、备课组长及部分英语教师100余人参加。

（王新生）

【新疆艺术家来访】 11月27日，新疆艺术剧院创作研究部副主任、中国音乐家协会会员、一级作曲、马成翔；中国戏剧家学会会员、新疆戏剧家协会理事、国家一级演员库尔班江.艾依提；新疆艺术剧院有影响的编剧热合曼江.阿吾提；新疆艺术剧院有影响的导演居来提.瓦依提四位艺术家到杨镇一中新疆班校看望新疆班学生。

（白文亮）

【参加中学生世运会】 12月7日，第14届世界中学生运动会由国际中学生运动联合会主办，(年龄在14岁到17岁之间的在校中学生)在卡塔尔首都多哈开幕，来自40多个国家和地区的约1200名中学生参赛。

（陈连路）

【高考再创新高】 2009年高考，杨镇一中再次取得优异成绩，本科上线人数1200多人，上重点线人数592人，24人考取清华、北大，高考成绩再创历史新高。

（马洪良）

【分专题举办专家讲座提高教师素质】 年内，杨镇一中结合教师专业特点、学生情况分专题举办专家讲座提高教师素质。全年共有近3000人次教师及5000余人次学生参加。

（马洪良 王新生）

现代职业学院

【概　况】 2009年，北京现代职业技术学院在校普通高职生2316人。招收普通高职生766人。本年高考提档线理科300分、文科290分。毕业高职生762人，应届毕业生就业率98.16%。教职工217人，专任教师130人，其中研究生、硕士45人、博士1人，教授、副教授6人。开设9个专业。普通教室79个，专用教室9个，实验实训室21个。图书馆建筑面积6635平方米，藏书14万余册。学校占地面积11.29万平方米，建筑面积7.27万平方米，体育场馆面积3.3万余平方米。固定资产总值1.2亿元，其中教学仪器设备总值2100余万元。全年教育经费投入4497.42万元，其中，国家拨款3680.94万元、自筹816.48万元。

单位名称：北京现代职业技术学院
地址：北京市顺义区裕龙花园三街
电话：(010)69449311
邮编：101300
网址：http://www.moderncollege.com.cn

（李跃谦）

【会展教研室被命名青年文明号】 1月17日，经顺义团区委审核通过，现代职院经济管理系会展教研室被命名为2008年度顺义区

“青年文明号”。评选工作于2008年11月中旬进行,顺义团区委检查组听取了会展教研室工作汇报,实地考察了办公场所,参观了该教研室参与组织设计的学校荣誉展和抗震救灾展等,对该专业面向区域发展办学、注重技能人才培养、加强团队建设等给与了高度评价。

(苏克然)

【举办高职教育理论培训班】 2月18日至20日,现代职院聘请专家学者举办高职教育理论培训班,主讲专家有市教育科学研究院副院长、市高等职业教育研究会副理事长、区发改委领导,讲授内容包括“北京职业教育现状与对策研究,高职教师的‘四化’问题,区域经济和社会发展现状与趋势”等。学院中层以上领导干部、教研室主任和部分骨干教师40人参加学习。

(刘继红)

【开展学习实践科学发展观活动】 3月至8月,现代职院参加顺义区第一批学习实践科学发展观活动,全体党员109人参加。活动以“强素质、促就业、加快学院发展步伐”为主题,提出总要求,确定落脚点,分学习调研、分析检查、整改落实三个阶段进行。成立学习实践活动工作领导小组,在院党委统一领导和区委学习实践活动指导检查组指导下开展工作。开展了学习讨论、调查研究,学习了各种文件汇编、案例光盘,举办高职理论等专题讲座5次,组织干部、教师外出考察学习4次,结合工作实际就存在的问题进行研讨,形成调研报告,确定整改方案,实施整改措施。活动中针对收入分配制度改革、课程改革、学生就业等10余项制约学院发展的瓶颈问题进行了积极整改,取得良好成效。

(刘继红)

【举办专场招聘会】 3月19日,现代职院举办北京现代汽车有限公司专场招聘会,汽车工程系、机电工程系的114名2009届毕业生参加,62人通过面试被招为正式员工。至此,学院已为北京现代汽车有限公司输送毕业生306人。因学生工作态度好、技术水平高、工作能力强,公司在此次招聘中对学院增加了20个招工名额。

(马骏)

【开展校园招聘日活动】 3月25日,现代职院举办首个校园招聘日活动,8家单位到校招聘,共提供工作岗位286个。学院123名应届毕业生参加应聘,其中60人与招聘单位达成就业意向。为促进毕业生就业,现代职院根据就业工作安排,确定3月至8月每月第四周的周三为校园招聘日,邀请各企事业单位到校进行招聘,为毕业生就业搭建桥梁。

(李跃谦)

【实行非教学岗位人员岗位工资】 4月份,现代职院进一步实行岗位工资改革,对非教学岗位人员实行岗位工资。为突出向教学一线倾斜原则,非教学岗位人员岗位工资的提取额度按教学岗位人员课酬总额的80%计算。同时,进一步实施班主任聘任、考核管理办法和制度,将班主任费提高到每月500元左右。

(刘继红)

【出台就业工作实施意见】 4月份,现代职院出台《关于进一步加强和改进毕业生就业工作的实施意见(试行)》。根据意见,学院积极构建符合“全程化、全员化、专业化、信息化”标准的毕业生就业服务体系,建立“一把手负总责、院级领导分工合作、招生就业处综合协调、各部门之间联动、以系为主落实”的毕业生就业工作机制。学院成立毕业生就业工作领导小组,下设办公室,负责拟订全院就业工作计划和实施意见,开展与用人单位和人才市场联系、收集发布就业信息、就业教育、专场招聘、就业工作人员培训、就业工作信息化建设等工作;各系成立毕业生就业工作小组,制定具体方案,了解本系各专业人才需求动态,根据就业形势和社会需求调整专业方向和课程设置,组织本系教师在专业教学和学生实习中对学生进行就业指导，实行本系学生就业反馈周报制度。当年应届毕业生就业率98.16%。

（李跃谦）

【举行紧急疏散演习】 5月12日纪念四川汶川地震同胞遇难一周年之际，现代职院组织学生举行宿舍防火防震紧急疏散演习。演习前，分班进行了突发灾害应急避险、逃生自救等知识学习和技能训练。演习开始，同学们在老师的组织和引导下，迅速按既定路线有秩序地从安全出口撤离至指定安全地带。从警报发出到全部撤离到安全地点，用时1.5分钟，近1500名学生参加演习。

（杨林）

【举办教学方法与艺术专题讲座】 5月15日，现代职院邀请清华大学张学政教授为干部教师举办“教学方法与教学艺术”专题讲座，讲授内容包括：激发学生兴趣，采用适当的教学方法，注意课堂语言艺术，应用现代教育技术，热爱教学、为人师表，怎样做一个好教师。干部、教师180人参加学习。

（李跃谦）

【组织心理健康日活动】 5月25日，现代职院心理健康教育办公室、学生社团星空心理社联合组织心理健康日活动，开展了“向师生宣传心理健康知识，发放宣传资料；指导学生进行心理健康自测；设立‘与心灵相约，与健康同行主题心愿墙’等系列宣传教育活动。师生1200余人参加活动。

（苏克然）

【申报市级精品课程】 5月份，现代职院将汽车工程系《汽车构造》课程向市教委申报精品课程。该课程为汽车工程系进行的院级课题“《汽车构造》教学内容和方法的改革”研究项目，经过一年的研究，课题组在教师下企业实习、深入了解企业对学生技能需求的基础上，突出工学结合特色，对该门课程的教学内容和考试方法进行了改革，与企业相关专家共同制定出《汽车构造》课程教学计划和教学大纲，初步完成了该门课程的理论考核题库、试卷库及参考答案，实践教学的实训指导书、实训考核题库及参考答案，制作了多媒体课件，教材《汽车构造与拆装》也正在编写出版中，具备了市级精品课程申报条件。

（马玉环）

【英语考试通过率高出市平均率】 9月中旬成绩下发，现代职院793名学生参加2009年全国高等学校英语应用能力考试，通过448人，通过率56.49%，较北京市平均通过率48.11%高出8.38个百分点。

（顾云青）

【评选优秀学生奖学金】 9月份，现代职院评选出2008－2009学年优秀学生奖学金，268名学生获奖，其中，46人获一等奖学金（奖励金额每人1000元），92人获二等奖学金（奖励金额每人600元），130人获三等奖学金（奖励金额每人400元），获奖总额15.32万元。

（唐少维）

【完成国庆群众游行工作】 10月1日，现代职院456名师生参加首都国庆60周年群众游行，圆满完成工作任务。师生于6月29日开始参加顺义区“改革开放”标语方阵群众游行训练工作，共训练72天，其间，学院成立国庆60周年群众游行工作领导小组，先后出台《学院国庆60周年群众游行工作运行方案》、《学院国庆游行训练思想政治工作和业余文化活动方案》、《学院国庆游行方队“甲型H1N1流感”防控工作实施方案》，制定实施各项措施，确保训练工作有序有效开展。10月1日当天，师生顺利走过天安门广场，圆满完成国庆群众游行任务。学院被顺义区游行指挥部评为“首都国庆60周年群众游行活动先进组织单位”、“首都国庆60周年群众游行活动训练优胜单位”，17名学生、2名教师获5项优秀奖项。

（吴旭波）

【完成花博会志愿服务工作】 9月26日至

10月5日，现代职院266名展会志愿者圆满完成第七届中国花卉博览会顺义场馆志愿服务工作。自3月5日顺义团区委启动第七届花博会志愿者招募工作以来，现代职院积极参与志愿服务工作，500余名学生报名参加，经5个月培训、选拔，266人被确定为展会志愿者。展会期间，266人共上岗18天2086人次，其中，120人分别在运行中心、通信中心(vcc)、媒体宣传部、餐饮部、销售区及票务服务部、室外展区及联络部、展览展示部、证件注册中心、志愿者服务部等9个部门担任行政助理，146人分别担任检票、室内引导、室外引导、运行支持、员工行政等观众服务工作。266人表现优秀，学院志愿服务组织保障工作高效到位，学院被北京市筹备第七届中国花卉博览会指挥部授予“最佳服务保障奖”，26名师生被授予“花博会先进个人”荣誉称号。

(苏克然)

【召开汽车专业校企合作研讨会】 11月4日，现代职院组织召开汽车专业校企合作研讨会，中国汽车工业经济技术信息研究所、北京现代汽车有限公司、北京福田汽车有限公司、北京达世行凯迪拉克旗舰店、北京ABC宝马维修中心等汽车研究、制造、维修、服务领域的企业行业专家19人应邀参加，就企业行业发展及人才需求现状、校企合作途径和方式等问题进行了深入研讨，就学院汽车专业建设、学生培养目标提出了建设性意见，就毕业生到企业见习、实习、就业等达成合作意向。

(王　楠)

【召开机电工程系专业建设研讨会】 11月27日，现代职院召开机电工程系专业建设研讨会，邀请北京机电院高技术股份有限公司、北京第一机床厂、安德建奇集团、北京现代汽车有限公司等10家企业的13名专家研讨机电工程系专业建设、培养目标、课程设置、教学改革、学生就业等方面问题。

(李恒娟)

【举办第四届技能竞赛月活动】 10月31日至11月29日，现代职院举办第四届技能竞赛月活动。技能竞赛以系为单位分专业进行，各专业共设立竞赛项目39个，分为初赛、复赛、决赛，全体学生参加。各系均聘请了企业、行业专家和工程技术人员参与专业竞赛项目制定、担当大赛评委。活动最终评选出获奖学生579人，其中一等奖95人、二等奖198人、三等奖286人，评选出优秀指导教师21人、优秀专业组织奖3个和优秀班集体17个。

(张春立)

【确定岗位设置与聘用工作方案】 12月4日，现代职院召开第一届教代会第三次会议，就学院岗位设置、聘用条件修改内容及相关政策等进行了具体说明，举手表决通过了《北京现代职业技术学院高职岗位设置与聘用工作方案》和《北京现代职业技术学院中职岗位设置与聘用工作方案》。

(钟亦清)

【举办教研专题讲座】 12月11日，现代职院举办“高教研究与论文写作”专题讲座，邀请北京联合大学高职研究所所长鲍洁主讲，主要围绕高教研究的定义、性质、功能和分类，就如何科学选题、选取恰当研究方法、撰写科研论文等内容进行了具体讲述。150余名干部教师参加学习。

(马玉环)

【召开实训室建设论证会】 12月15日，现代职院召开实训室建设论证会，教务处长、实训处副处长和计算机、会展、社区等专业教研室主任、骨干教师参加。会议就各专业拟建实训室方案、拟购的设备和软件型号、实训项目的开发等进行了研讨、论证，确定“实训室建设与核心课程相结合促进实训教学和理论教学融合，实训室建设与行业实践相结合促进教学与实践融合”的建设原则。

(李刚)

【做好学生甲流防控工作】 至年底，现代职院坚持做好学生甲型H1N1流感防控工作，制定实施方案,开展防控知识、疫情信息报送、健康异常情况登记等专题培训,发放体温计每人一支、每日测量并报告体温,每个班、每个学生寝室确定1名甲流疫情监控联络员及时了解、报告学生体温体征情况,制定实施日检查制度、每日消毒制度、隔离制度,完成对全体学生的甲流疫苗接种。学院无甲流疫情发生。

(李跃谦)

社区教育中心

【概　况】 2009年,社区教育中心系统在职正式员工182人,其中高级职称20人,中级职称62人,初级职称57人。中心全年招生4200人,推荐就业学生688人,就业率达到100%。在与北京工业大学、北京交通大学等高校联合办学的基础上,新引进南开大学、东北农业大学2所高校在顺义开设办学点,使联合办学高校在顺义办学点数量达到25所,与高校联合办学在校生总数已达9000人。全年完成农民培训5070人,完成各级各类短期培训12000人。完成成人高考、高等教育自学考试、全国英语等级考试等17个考试项目27次考试的报名、组考等工作,报名考生50166人,128992科次。2009年,在广大教职员工的努力下,中心各项工作成绩显著:中心先后被评为北京市文明单位,宣传、妇联、共青团等工作被评为区级先进;中心办公室和社区教育科被评为区级标兵科室;考试办公室被市考试院评为优秀自考办、先进成招办等荣誉称号;在国庆游行工作中,中心被评为“首都国庆60周年群众游行优秀组织单位”、“顺义区训练优胜单位和组织工作先进单位”。在北京市第十三届职业技能竞赛表彰大会上,顺义一职学生高宇作为年龄最小的选手获北京市高级技术能手称号,破格晋升为技师。

单位名称:顺义区社区教育中心
地址:顺义区府前西街铁路西
电话:(010)69443449
邮编:101300
网址:http://www.sheqjy.bjshy.gov.cn

(王振宇)

【公务员考试举行】 2月21日,北京市公务员考试举行。此次考试是北京公务员录用制度改革后的首次考试,改革后将资格考试改为按职位招录。考试科目分别是行政职业能力倾向测验和申论,考生主要是北京市应届毕业生和部分村官。社区教育中心考点共设33个考场,985名考生参加考试。

(王振宇)

【2009年构建学习型社会工作会召开】 3月5日,顺义区召开2009年构建学习型社会工作会。区委副书记胡尚云强调:1.要将构建学习型社会工作同区域经济发展、城市化进程、劳动力充分就业结合起来。2.各级干部要做学习的楷模和终身学习的宣传员,在政策保障、人员配置、资金安排等方面对学习型社会工作予以大力支持。3.要树立良好的学风,端正动机,学以致用,倡导学习工作化、工作学习化、学习工作生活一体化。

(王振宇)

【燕京啤酒学分银行开学典礼举行】 3月21日,2009年春季燕京啤酒学分银行开学典礼在燕京啤酒集团隆重举行。北京市总工会职工大学、区工会、社区教育中心及燕京啤酒集团领导出席典礼。第一批共招收燕京一线营销人员53人,学制两年半。开设市场营销学、燕京企业管理等23门课程,95学分。

(王振宇)

【春季长跑比赛取得优异成绩】 3月27日,顺义区第七届“后沙峪”杯春季长跑比赛在顺义奥林匹克水上公园鸣枪开赛。此次比赛,社区教育中心选派男女各10名运动员参加角逐,其中男子9名运动员、女子10名运动员取得了名次,中心为获奖运动员及教练员颁发了荣誉证书。

(王振宇)

【免费对失业农民工开展技能培训】 3月30日,由农广校承办的焊工培训班正式开课。在专业教师的指导下,25名学员进行为期12天的理论学习和20天的实操培训,4月底参加考试。理论和实操考试成绩合格的学员,中心推荐就业。

(王振宇)

【多举措做好就业工作】 3月、4月,社区教育中心采取多项措施做好金融危机下未就业大学生及失业农民工培训就业工作。1. 深入人才市场,发放培训需求问卷700多份,调研未就业大学生的培训需求,根据需求设定针对未就业大学生的培训项目。2. 对花博会周边镇村无业妇女进行花卉工、插花员培训,对失业农民进行焊工、电工培训,帮助掌握实用技能。3. 加大市场开发力度,了解企业用工需求,根据企业需求确定培训菜单,帮助经过培训的人员成功就业。4. 组织人员精心制定培训方案,选购教材,配备师资。

(王振宇)

【三家单位被评为全国社区教育先进单位】 2008年,顺义区三家单位被评为全国社区教育先进单位。石园街道、马坡镇分别被中国成人教育协会评为全国社区教育示范街道和示范镇,高丽营镇的农村实用人才培养帮带项目被评为全国社区教育示范项目。

(王振宇)

【小学教师英语口语培训开学典礼举行】 4月2日,顺义区"2009年小学教师英语口语能力培训"开学典礼在顺义电大举行。来自全区37所小学的100名教师参加了此次培训,培训时间自2009年4月至8月,共36课时。

(王振宇)

【高等教育自学考试举行】 4月11日,北京市高等教育自学考试举行。共有7425人参加本次考试,涉及48个专业,23829科次,181门科目。三个考点分别是:顺义区社区教育中心、顺义三中、顺义五中,共799个考场,8个考试单元。考试分11日、12日、18日、19日4天进行。

(王振宇)

【一职对外联合办学取得新进展】 4月15日,一职与新加坡哈灵顿管理学院签订合作协议,正式成为姊妹学校。新加坡哈灵顿管理学院是经新加坡教育部批准设立的一所专业性高等学院,两校将发挥各自办学优势,在学生留学、师生互访、培训交流、课程开发等方面开展全面合作。

(王振宇)

【创业青年夜校培训班开班】 4月17日,顺义共青团创业青年夜校培训班开班。此次培训是由顺义区团委与农广校联手开办。开班仪式上,与会专家认真分析了当今就业形势,建议农民青年朋友要积极合理地找准自身定位,抓住政府在政策上优先刺激市场为农民工提供的就业岗位。

(王振宇)

【第四届学生技能大赛及校园招聘会举行】 4月24日,社区教育中心举办第四届学生技能大赛暨校园招聘会。会场分为学生作品展示区、技能竞赛区和企业招聘区三部分。学生作品展示区展示了美术、平面设计等专业的86件学生作品。10个技能小组的825名学生参加了维修电工、点钞、网印等8个工种的技能竞赛。北京首钢冷轧公司、北京索爱普天移动通信有限公司等40家用人单位参加了此次招聘,职业院校500余名学生参加招聘,其中近400人达成就业意向。

(王振宇)

【加强农村劳动力技能培训】 4月,社区教育中心多措并举加强农村劳动力技能培训,增强农民实用技能。1. 采取"三深入""两联合"的工作策略。与各乡镇的成人文化学校和社保所联合，深入到乡镇、农村、农户搞调研，根据调研结果开设收银员、焊工等短期培训班。2. 采用“三进村”“两不误”的授课方式。农广校将教室设在村委会，老师送进村委会，设备搬进村委会，农闲时间集中上课，从而实现干活学技能“两不误”。3. 在北石槽、大孙各庄等镇开办插花员、收银员、焊工等培训班7个，培训农民240人。

（王振宇）

【采取措施促进未就业大学生就业】 5月，社区教育中心积极采取措施促进未就业大学生就业。1. 深入区人才市场、职业介绍中心开展调研，了解企业用工需求。2. 向未就业大学生发放培训需求调查问卷800多份，调研学生基本情况和培训需求。3. 与人事部门合作，先后走访20余家企业，累计为未就业大学生确定岗位100余个。4. 根据企业需求，新开设市场营销免费培训班，招生300余人，内容涉及市场营销、营销实物、就业指导等。

（王振宇）

【举办学习型组织理论培训会】 5月14日，顺义区举办学习型组织理论培训会。燕瑛同志强调：1. 加快推进学习型顺义建设是开发区域人力资源、提升顺义区人力资源总量和质量的重要途径，是学习实践科学发展观的重要举措。2. 要努力实现构建学习型社会为经济发展服务，为城市化进程服务，为实现全区人民充分就业服务。3. 各级领导干部要成为构建学习型社会的核心力量，在政策保障、制度建设、人员配置、资金安排等方面对学习型社会工作予以大力支持。

（王振宇）

【学生技能大赛取得优异成绩】 5月14、15日，顺义一职6名学生参加了北京市中职学校“康尼杯”第二届物流技能大赛，荣获团体三等奖。在信息系统操作、叉车、搬运车3个工种的个人单项比赛中，6名学生全部获奖。

（王振宇）

【“网版制版工”考试举行】 6月13日，“网版制版工”国家职业资格中级工考试举行。此次考试是国内“网版制版工”的首次国家职业资格考试，分为理论考试和实操考核两部分，共40人参加。北京市技能鉴定所、中国网印及制像协会领导高度重视此次活动，亲临考试现场指导工作。

（王振宇）

【“首都国庆60周年群众游行”工作取得成功】 10月1日，社区教育中心300余名师生以饱满的热情、整齐的步伐昂首走过天安门城楼，接受国家领导人和全国人民的检阅。至此，中心圆满完成“首都国庆60周年群众游行”工作。

（王振宇）

【成考、自考协调会举行】 10月12日，顺义区召开成人高考、自学考试协调会。副区长燕瑛同志出席会议并强调：1. 相关部门要相互配合，重点做好考点周围环境整治、交通疏导、安全保卫和突发事件处理等工作。2. 要严肃考风考纪，维护考生合法利益。3. 加强监考员培训，确保考试公平、公正，重点防范有组织作弊。4. 要突出对考生的细节服务，组考人员要随时为考生提供咨询、补证等服务。5. 要严格体温测量，有效防控甲流。

（王振宇）

【全国成人高校招生统一考试举行】 10月17日、18日，顺义区2009年全国成人高校招生统一考试举行。共有考生5076人，共设顺义区社区教育中心、顺义三中等4个考点，173个考场。全区各相关部门积极发挥职能作用，保证了考试的顺利进行。

（王振宇）

【全国高等教育自学考试举行】 10月24日，顺义区2009年全国高等教育自学考试举行。本次考试于24日、25日、31日及11月1日四天进行，共有考生6678人，涉及10868科次，164个考试科目。共设社区教育中心、顺义三中等3个考点，625个考场。

（王振宇）

【全民终身学习活动周开幕】 11月6日，北京市第五届全民终身学习活动周拉开帷幕。北京市委、中国成人教育协会等单位领导出席，启动仪式上举行了“北京市各类创建学习型组织先进单位”颁奖仪式。顺义区顺鑫农业发展集团有限公司、林河工业开发总公司、石园街道、北务镇、马坡镇和石园小学六家单位获得“北京市创建学习型组织先进单位”荣誉称号。

(王振宇)

【对全区学习型社会工作进行考核】 12月14日—18日，顺义区对各单位构建学习型社会工作进行考核。考核采取自查和实地检查相结合的方式进行。检查小组通过听取创建工作情况汇报和察看档案资料等形式，全面了解2009年各单位学习型社会工作开展情况，针对考核结果进行分析总结，提出了有针对性的整改措施，为明年更好地开展工作奠定了基础。

(王振宇)

【赠车助教仪式举行】 12月21日，北京现代汽车有限公司赠车助教仪式举行。北京现代捐赠一职整车2辆，发动机8台，变速器8台，此次捐赠充分满足了汽车及机电技术应用专业学生实训之需。2009年，学校先后推荐50名学生到北京现代顶岗实习，学生的职业素养和职业能力得到了企业领导的高度评价。

(王振宇)

【学习型组织先进单位评估工作结束】 2009年11月—12月，顺义区2009年度申报创建学习型组织先进单位评估工作结束。通过听取申报单位工作汇报、召开座谈会、查阅资料及实地考察等几个环节的工作，经区构建学习型社会领导小组办公室审定，最终确定区经济和信息化委员会、区水务局等9家单位为顺义区2009年创建学习型组织先进单位。

(王振宇)

【学生以特殊方式迎接新年】 12月29日，社区教育中心250多名参加国庆游行方队训练的学生在操场摆出“2010”的造型，用独特的方式迎接新年的到来。顺义时讯、顺义电视台对本次活动予以了报道。

(王振宇)

教育研究考试中心

【概　况】 2009年顺义区教育研究考试中心，有教职工总数137名，其中，专任教师100名(副高级职务63名，中级职务37名)。市级学科带头人11名，市级骨干教师26名，市级特级教师6名。开展各级各类培训6项，培训各级各类人员10990人次；普通教室12个，专用教室12个。图书馆(室)藏书总数1.2万册。学校占地面积12870平方米，建筑面积10600平方米。体育场馆面积620平方米。固定资产总值1612万元。全年教育经费投入1848万元，2009年中心先后获得顺义区信访工作、档案工作、体育工作先进集体，顺义区教育系统先进集体，北京市培训工作达标单位等多项荣誉称号。

单位名称：北京市顺义区教育研究考试中心
地址：顺义区中山西街31号
电话：(010)69443837
邮编：101300

(许冬梅)

【第四届教育科研工作大会暨教育学会第三届会员代表大会】 2月25日，顺义区第四届教育科研工作大会暨教育学会第三届会员代表大会在教育研究考试报告厅隆重召开。会议对获得北京市第五届教育科学研究成果奖的9项成果，以及顺义区19个科研项目成果突出单位、31个中小学先进教科室、16个幼儿园星级教科室、282名先进科研工作者、

30项区首届德育成果、148项“十一五”教育科研优秀阶段性成果和861篇第四届学术年会优秀论文进行了表彰;区教委副主任吴凤英作《以科学发展观为指导 务本求实 全面提升教育科研工作质量》总结报告,杨镇一中、顺义八中、西辛小学和仁和幼儿园分别做了典型发言。会议同时选举了区教育学会第三届常务理事和理事,对《顺义区教育学会章程》进行了阐释。区内部分中小学校长、幼儿园园长、教育学会会员代表及各单位科研负责人等近300人参加。

(许冬梅)

【首期教育管理专业教育硕士班开学】 2009年3月21日顺义区首批教育管理专业教育硕士班开学典礼在教育研究考试中心举行。首都基础教育发展研究院常务副院长郑开义、首都师范大学教科院成人教育办公室主任卢绪、区教委教工委副书记姜华阳、区教育研究考试中心副主任李树栋等领导参加开班仪式。

会上,郑开义副院长中调强调了在郊区举办教育硕士班的目的意义,卢绪主任介绍了该班学习期间的课程设置及基本要求、首师大教科院研究生管理办法等,姜华阳副书记代表教工委、教委对学员提出期望,该班学员是通过参加全国教育硕士研究生统一入学考试达到规定分数后被正式录取的,他们将按规定修满学位课程、专业课程和选修课程共计600余学时34学分方有资格进入论文写作阶段,论文答辩通过后才能获得教育硕士专业学位。

(赵桂兰)

【召开继续教育工作会议】 2009年3月19日上午,区教育系统继续教育工作会议在教育研究考试中心报告厅举行。会上,主管教师培训工作的方树东科长就十一五继续教育的整体培训情况与2009年的培训安排,继续教育学分录入以及继续教育中期检查情况作了详细部署;副科长安贵增副对校本培训中存在的问题及课程设置做了说明;刘殿光老师对继续教育结业课程学分录入的操作过程做了演示。全区中小学主管继续教育工作的主任和网络管理人员,共180余人参加了会议。

(顾军荣)

【北京市农村学校体育师资培训】 为贯彻落实《关于加强青少年体育,增强青少年体质的意见》,北京市教委组织开展“北京市农村学校体育师资培训”项目。2009年4月17日,该项目启动仪式在顺义财会培训中心成功举行。教育部体卫司司长杨贵仁、北京市教委体美处副处长刘兆武、首都体育学院主任杨铁黎、顺义区教委主任冯义国等领导参加了开班典礼。首都体育学院聘请国家、市级体育专家及中小学一线优秀体育教师对顺义区418名中小学体育教师进行首批培训。培训分四期进行,每期3天。培训内容包括:新时期学校体育教育教学管理;体育课程建设与改革;中小学体育课程资源开发等多个项目。本次培训项目被列为“十一五”继续教育中小学体育教师的专业必修课,培训结束合格后为教师颁发相应结业证书并记入“十一五继续教育相应学分。

(顾军荣　许冬梅)

【2009届高考总结表彰暨2010届高三工作动员会】 9月28日,顺义区2009届高考总结表彰暨2010届高三工作动员会在教研中心报告厅举行。会议表彰了该区10个素质教育成果先进集体及252名高考学科成绩优秀教师,分析了2010年高考形势和任务并就如何开展研究做好备考工作进行了全面部署。顺义区牛栏山一中校长刘克祥、杨镇一中教师杨福玲分别代表先进集体、先进个人作典型发言,顺义一中副校长董铁强介绍了该校现阶段高三工作情况。教委主任冯义国提出三点希望和要求:一是各校领导深入一线,狠抓落实,确保2010年高考再创佳绩;二是老师加强研究,精心备课,促进师生关系和谐发

展;三是各部门通力合作,成为备考工作的坚强后盾。区教委领导、相关部门人员及高中校校长、教学主管领导、高三年级教师代表近200人参加。

(许冬梅　李冬山)

【教师培训基地达标验收工作】 为进一步发挥区县教师培训基地在教师队伍建设、教师教育体系创新中的作用,北京市教委于2009年10月12日,对顺义区教师培训基地进行标准化达标验收工作。市教委人事处领导鲜万标、中小学中等职业学校教师培训中心办公室主任渠素彬及专家一行11人,本着"以评促建"的原则,对顺义区基地建设进行全面检查。专家们首先听取了顺义区教委副主任、教研中心主任吴凤英关于教师培训基地建设情况的汇报;然后,与区教委及考研中心领导进行了广泛深入的交流;最后,专家们检查了培训基地阅览室、图书馆、多媒体教室、演播室、计算机网络、教育资源库等基础设施,以及教师培训方面的档案资料和成果。专家们充分肯定了顺义区基地建设在规范组织管理、完善基础设施、加强队伍建设等方面取得的成绩;并对今后能多层次、多渠道、多形式地开展教师继续教育,探索促进中小学教师终身学习的有效机制,为广大中小学干部、教师接受继续教育提供良好的基础设施和组织保障,为建设高水准的北京市教师培训基地树立典范。

(顾军荣)

【北京顺义—重庆江津两地校长专题论坛】 2009年10月29日,北师大—顺义中小学校长高级研修班结业典礼暨北京顺义—重庆江津两地校长"学校管理"专题论坛在顺义教育研究考试中心顺利举行。木林中学李小波校长代表全体学员畅谈了学习收获,两地10名校长围绕"科学管理、和谐发展"的主题分别就"学校管理的艺术"、"学校教学管理"等专题阐述了自己的行动与思考,北京教育学院李春山教授、原北京八中龚正行校长现场点评,北京师范大学继续教育与教师培训学院党总支书记兼副院长刘长旭博士、顺义区政府教育督导室姜华阳主任、顺义区教育研究考试中心李树栋副主任等领导出席会议并讲话。

(刘艳茹)

【举办优秀教育教学研究成果推广活动】 为展示顺义区近年来优秀的教育教学研究成果,推广成功的研究经验,引领全区中小幼职学校教育科研工作高质量的开展、更多高品位科研成果的形成,北京市教育科学规划办和顺义区教育科学规划办于2009年11月16日在金潮玉玛国际酒店召开"北京市教育研究成果推广活动顺义分会场"活动,顺义区教委张海东副主任、北京市规划办耿申主任、教委小教科区教科室、全区中小幼职学校科研主任、各校市级及以上立项课题负责人等近180人参加了会议。顺义一中、顺义九中等9个单位的成果负责人陈述了研究成果和研究感悟,首师大王海燕教授、耿申主任和市基教所赵学勤所长对以上成果进行了点评,并对后续研究提出了可行性建议。

(赵文增)

【在可持续发展教育国际论坛做专题发言】 2009年10月22日至24日,第四届可持续发展教育国际论坛在北京举行。论坛的主题是"可持续发展教育:国际发展趋势和中国实践模式"。顺义区教委张华礼副主任在论坛上做了题为"区域引领,校本实践,扎实推进可持续发展教育"的专题发言,详细介绍了顺义区近年来可持续发展教育开展情况,受到与会代表一致好评。此次国际论坛有来自全球20多个国家和地区以及联合国教科文组织等国际组织的约300名代表参加,顺义区顺义五中、十中、北石槽中学、高丽营二小等学校的科研负责人参加了论坛研讨。在论坛组委会的论文评审中,顺义区有13篇论文获奖,其中一等奖3篇,二等奖7篇,三等奖3篇。

(周靖彦)

【2009全国农村教师队伍建设论坛】 11月17日，来自全国各地的120多位教师培训机构的专家齐聚顺义，在区教育研究考试中心报告厅参加“2009全国农村教师队伍建设论坛”。此次论坛是由教育部普通高校人文社会科学重点研究基地北京师范大学教师教育研究中心江汉大学主办，顺义区教委承办。论坛开幕式上，区教工委书记，区教委主任冯义国致欢迎辞，并简要介绍了顺义农村教师队伍建设情况。在为期两天的论坛上，来自各地的专家教师就“如何建设农村教师队伍”进行交流和研讨。联合国教科文组织国际农村教师培训与研究中心朱小曼教授亲临现场做了专题报告。20日上午，区教育研究考试中心师训科安贵增副科长做了“依托网络媒体技术，构建城乡学校同步课堂，区域性协调推进教师校本研修”的专题报告。

（杨　红）

【全区中小学骨干校长交流学习体会】 在对顺义区校长队伍全员培训的基础上，为了培育出顺义区校长带头人，打造顺义品牌学校，我们借助北京师范大学专业支持，创建了中小学骨干校长学习共同体。12名校长在4位导师的指导下，以学校发展规划的制定与完善为主线，通过专家引领、同伴互动、自主读书、行动改进等方式，进行了较为深入而系统的学习、行动与思考，专家先后下校指导校长进行听评课、完善教改思路、制定发展规划、研究学校文化建设等50余次，走进每所学校进行集体交流10余次，2009年12月2日，在高丽营第二小学，12名校长以本校办学实例讲述了自己两年来的学习、行动与思考，四位导师作分组点评。从交流情况来看，校长们从设计、实施到总结提升的整体工作思路进一步被强化，规划能力、执行能力、理性思维能力以及合作学习能力也得到了进一步提升。全区中小学后备干部84人聆听了校长们的汇报，从信息反馈中可以看出，身边校长们的行动与思考让他们更感兴趣，满意度到达98%以上。我们还将应学员建议，继续组织校长与中层干部间的深度交流，并增加对话的时间。为大家深度沟通、共同成长创造机会。

（刘艳茹）

【首届全国小学语文论坛】 2009年12月11日～14日“首届全国小学语文论坛”在北京举行，教研中心孔凡艳老师题为的《展开备课过程 提高阅读教学实效》的发言，在“新课程背景下小学语文教学设计的有效性”分论坛上受到与会其他省市领导和老师关注；顺义区三名骨干选手参与了现场说课大赛，其中刘秀清的《我是什么》获得了低年级组特等奖，刘兵的《爬山虎的脚》获得了中年级组特等奖，顾雪莲的《跳水》获得了高年级组一等奖。

（许冬梅）

文化·卫生·体育

文　　化

综　　述

年内,以服务花博会为中心,突出抓好以“迎国庆、颂顺义、赞花博”为主题的大型文化活动,进一步加强公共文化服务体系建设,大力加强农村文化建设,进一步优化文化市场环境,全面推进文化发展。

借助顺义经济高速发展的优势,加快文化设施建设步伐。近年来,我区经济持续、快速发展,整体实力明显加强,市政建设发生的质的变化,带动了基层文化设施的建设,市、区、镇、村对文化设施的投入在不断加大。目前,我区所有的行政村都建有集数字电影放映、文艺演出、娱乐活动、读书育人等多功能与一体的村级文化活动室,全区共建有基层图书室397个,供农村居民阅览的图书约36万册;建成文化信息资源共享工程区级分中心1个、镇级分中心19个、街道办分中心3个、村级服务点397个,在全国率先完成村级服务点全覆盖;全区共建有36个电视二级站,实现了广播电视“村村通”;为镇、街道办配备农村数字电影流动放映车22台,全年为农村放映电影1万多场次。今年,争取到市级各项扶持资金2000多万元,并全部投入到基层。近三年,仅文化委争取到市里扶持资金并用于基层文化设施建设的投资总计达1.5亿元,区、镇、村把文化设施建设也纳入到新农村建设的整体规划中,投放到基层文化设施建设的资金多达2.73亿元,近三年对基层文化设施建设的投入超过了过去20年投入的总和。

以“迎国庆、颂顺义、赞花博”为引导,积极开展群众性文化活动。在筹办花博会的过程中,区文化委、区文联充分发挥自身优势,积极创新工作思路,注意挖掘文化资源,丰富花博会的文化内涵,为花博会成功举办营造了浓厚的文化氛围。2009年1月至5月,与区委宣传部、区广电中心联合举办了第七届中国花卉博览会(北京展区)主题歌曲征集活动。本次活动共征集到来之全国22个省、市、自治区的106首歌曲。通过专家评审与群众投票等形式评选出13首优秀歌曲,文化委进行了全面推广,这些歌曲通过“五月的鲜花”群众文化活动在全区群众中广泛传唱。9月15日,区文化委、区文联还举行了获奖作品演唱会及颁奖典礼,天津交响乐团及我国著名歌唱家戴玉强、黄华丽应邀出席典礼仪式并友情演唱了祝福花博会成功的歌曲，这次演唱会水平之高，是我区近几年少有的。

为迎接“花博会”，从今年年初开始，区文化委还举办了“迎国庆、颂顺义、赞花博”为主题的花会大赛、交谊舞大赛、乐器大赛等专项赛事，并开展了“星火工程”文艺演出、摄影书法展等各种文化活动。今年5月份，区文化委和区文联又同时启动“五月的鲜花”、“十月金秋”两大系列活动，延长活动的开展期，充分发挥文艺骨干作用，加强文艺作品创作和辅导，产生了一大批以花博会为主题的优秀文艺作品，包括歌曲、诗词、书法、摄影等。其中，“办好花博会、唱响新顺义”北京市第三届“天竺杯”合唱邀请赛、“心系祖国、情满花博”仁和镇2009年“十月金秋”摄影作品展等活动因视角新颖、参与广泛、影响面大，被市、区多家媒体广泛报道，成为了顺义花博会的文化名片，在北京市及至全国产生了较大影响。

为庆祝花博会在顺义举办，并留下艺术精品，花博会开幕前夕，区文化委、区文联邀请中国书法家协会副主席申万胜、中国艺术研究院博士生导师张荣庆等30名书法名家创作了《迎国庆、颂顺义、赞花博》60米书法长卷，同时邀请著名书法家沈鹏、欧阳中石、林岫等43名著名画家创作了《百花齐放》60米国画长卷并在花博会开幕式上展出。两幅长卷成为花博会为顺义留下的文化遗产中的亮点。为鼓励顺义文艺骨干的创作，区文化委、区文联加大扶持力度，对今年以来正式出版的13部文学图书进行了奖励，并在花博会开幕前组织出版了诗集《鲜花在绿港绽放》、诗词楹联集《花港联韵——北京顺义第七届花博杯海内外有奖征联作品集》等赞颂花博会的书籍，有力推动了以花博会为主题的民间文艺创作。今年，文化委被北京市筹备第七届中国花卉博览会指挥部评为“最佳服务保障单位”。截至目前，全区已组织文艺演出3240场次，吸引观众216万人次；举办书法、美术、摄影作品展览比赛210场，征集、展出书法、美术、摄影作品2.8万余件，吸引区内外观众48万人次，全区共投资约500余万元。

在今年庆祝建国60周年活动中，顺义区承担了国庆阅兵群众游行方队任务，在方队集中训练期间，顺义区文化委、顺义区文联多次到训练第一线进行慰问，并为集训人员每周放一次电影、每月进行一次文艺演出、为参训人员每人增送一本书，还为训练单位免费增送电影放映设备，总投入35万元。为活跃参训人员的业余文化生活做出了积极努力，受到方队指挥部的领导和广大参训人员的一致好评，并被首都国庆60周年顺义群众游行指挥部评为“保障工作先进单位”。

扩大对外交流，促进我区文化向多样性发展。今年以来，文化委充分利用首都“文化中心”这一优势，积极与驻京各大文艺团体联系，以共建的形势与我区基层单位结成互帮对子，通过培训、演出、讲座、采风等形式，加大对我区基层文化的指导帮助，提高基层的文化质量。从今年3月份开始，文化委组织了“城乡结对建和谐，共创文明新顺义”主题实践活动，先后促成了中国评剧院与高丽营镇、北京世纪东方数字电影院线有限公司与区教委、北京市文化艺术中心与旺泉街道办、北京画院与马坡镇、北京市戏曲艺术学院与北务镇、《北京文学》杂志社与顺义区文联结成共建对子，有力地推动了基层文化的普及和提高。同时还注意引进区外优秀文艺团队来我区进行文化交流，通过农村文艺演出“星火工程”、“周末场文艺演出”等形式，邀请25支省、市级专业文艺团体到我区农村进行文艺演出，全年共演出1200多场次，农村群众每季可看一场高水平的文艺演出。我区的优秀文艺团体通过参加比赛、汇演及商业演出等方式，有6支文艺团队先后到河北、内蒙等4个省、区进行演出，充分展示了顺义文化风貌。为进一步扩大对外交流渠道，区文联还创办了大型双月刊《顺义文艺》杂志，面向全国征稿、发行,到目前,已出版3期,共收到来自全国各地的稿件1000多篇,杂志发往广东、海南、云南、山西等十几个省、市,《顺义文艺》已成为顺义文化对外交流的重要平台。

在奥运会、花博会的带动,顺义文化厚积薄发,出现了飞跃式发展的态势。目前,全区业余时间参加各种文化活动的群众人数在迅速增加。每天晚上,全区的各大公园、广场,包括社区和各村的小型广场都有秧歌、交谊舞、健身操、太极拳等形式多样的文化活动,尤其区级文化广场和各镇的主题广场基本形成了相对固定的活动群体和活动内容。全区的群众文化活动形成了有组织、有管理、有引导的健康的文化活动体系。由于群众基础坚实有力,推动了我区精品文艺的快速发展,如顺元祥舞狮团走进了人民大会堂,胡锦涛总书记亲自为顺元祥舞狮点睛。北京凌空评剧团创作并演出的现代评剧《绿色恋歌》,参加了由中国文联在唐山举办的全国评剧大赛,取得优秀奖,并应邀到"中国大剧院"作汇报演出。由村级业余文艺团队创作并主演的地方戏剧能够登上"中国大剧院"的舞台,这在戏剧界尚属首次。近两年来,全区共出版各类图书20余种,约10万余册;在省、市以上报刊发表文学作品300余篇,约130万字,有的文学作品还被改编成电视剧。

以"服务花博会"为重点,全面加强文化市场环境整治。今年以来,为确保国庆、花博会期间文化市场安全有序,区文化委在认真制定年度工作计划和专项整治方案的基础上,采取多种形式,认真动员部署,狠抓工作落实,对文化市场实施日常监管和专项治理相结合,按计划、有步骤地做好治理清查工作,通过专项行动,强化市场环境,取得良好效果。一是开展了迎"两会"保安全专项行动。从保障"两会"安全的全局出发,对出版物市场、文化市场进行了拉网式执法检查,检查场所300余家次,确保了市场稳定。二是开展抵制低俗音像制品专项行动。查扣低俗音像制品500余张,经营场所自觉下架处理6000余张,处罚音像店4家。三是开展打击政治性非法出版物专项行动。从维护国家文化安全的高度把握此项工作,加大了对印刷复制企业和图书发行场所的检查力度,检查场所450家次,处罚印刷厂3家。四是开展整治接收境外卫星电视节目专项行动。对境外卫星电视网络进行了普查,处罚非法销售境外卫星电视设施场所7个,扣押设施21套,立案处罚超范围接收场所2家,责令整改2起。五是开展查处取缔"黑网吧"专项行动。联合取缔黑网吧38个,扣押电脑设备634台。今年以来,文化行政执法队共出动执法人员1478人次,检查场所1489家次,组织联合执法20次,取缔非法销售盗版光盘摊点40个,收缴盗版光盘(图书)13965张(册),联合取缔黑网吧38个,暂扣电脑设备634台,取缔非法销售卫星设施摊点7个,扣押设施21套,按一般程序做出行政处罚17起,罚款52517.6元。

单位名称:顺义区文化委员会
地址:顺义区拥军路3号
电话:(010)69443669
邮编:101300
网址:http://www.wenhw.bjshy.gov.cn

(胡广星)

广播电视

【概　况】 北京市顺义区广播电视中心是顺义区属重要的宣传机构,成立于2002年,为全额拨款事业单位。前身是顺义县广播站、顺义县人民政府广播科、顺义区广播电视局,目前拥有广播、电视、报纸、视频网站、户外大屏五种媒体。

2009年,在区委、区政府的正确领导下,广电中心秉承“创造价值,奉献美好”的核心理念,坚持“节目立台,人才兴台,科级强台,经营富台”的宗旨,深化改革,服务大局,为区域经济社会发展营造了良好的舆论氛围。

单位名称:顺义广电中心

地址:顺义区拥军路4号

电话:(010)69466677

邮编:101300

网址:http://www.bjsytv.com

(顺义区广播电视中心)

【宣传工作】 宣传顺义:2009年,中心广播、电视、报纸联动,共采制新闻报道8768条,系列报道46个,图片701幅,向市级以上媒体发稿占全区外发稿量的三分之一,图片62幅,其中,央视《新闻联播》播出了我们报送的《国际花卉物流港试运行》,《朝闻天下》播出了《国际化物流港盛装亮相》等三条新闻时长4分30秒;《顺义时讯》报记者共同采写的《花博会,顺义准备好了》与《花博会昨夜更换百万支鲜切花》分别在《人民日报》、《经济日报》、《北京日报》整版转刊与央视《朝闻天下》栏目播出,收到良好的宣传效果。花博会宣传:顺义电视台专题部在每周五、六开设了《盛世花博》栏目,每期节目时长十分钟,对花博会各项筹办工作进展追踪报道。电视台、电台的新闻部门在“花约世界”等栏目共报道花博会相关内容新闻492条,平均每天14条,《盛世花博》栏目播出55期节目,共计600分钟;《顺义时讯》创造性地推出了《花城记事》、《盛世花语》、《花海乡情》等栏目,并成功采访了中国花卉协会会长江泽慧、北京市委常委牛百成等高官,出报频率达到了历史性的一周4期,对外媒体发稿件数量达150余篇;电视台新闻部共制新闻260分钟,共采制新闻160条,平均每天播出26分钟,电视台的《花艺园》、《时尚风景线》、《歌唱部落》、《音乐地带》以及电台的《越聊越开心》《百姓秀场》《悦耳聆听》等文艺栏目制作了百余期的板块节目及晚会型特别节目。由顺义电视台、广播电台策划制作的花博会广播电视标版广告,在区域媒体黄金时间全面播放,并在中央电视台、北京电视台、中央人民广播电台、北京人民广播电台投放播出,有力地宣传了花博会。在展会现场,顺义人民广播电台与北京人民广播电台并机直播。在《绿色北京,让生活更美好》画册的编纂中,聘请多位国内知名摄影家,对花博盛世进行精心拍摄,画册制作精美。电视台组织了航拍,拍摄后制作了音乐片。建国60周年宣传:中心着力整合新闻、专题、文艺、广告等各类栏目,推出从京郊粮仓到绿色国际港“十大栏目、十大系列活动”《光荣记忆——领袖的顺义足迹》、《顺义史记1949-2009》等,组织了《“我唱我的国、我唱我的家”百姓红歌会》、《“我爱顺义”百姓网络写作大接龙》等各项活动。《向祖国报告——顺义巨变:从“粮仓”到“国际港”》方案,在北京市广播电影电视局和北京广电学会联合组织的迎接新中国成立60周年宣传报道方案征集评比活动中脱颖而出,被推荐为“特别奖”。顺义“两会”宣传:电视台新闻部设置了“直通两会”、“代表心声”、“委员心声”、“百姓与两会”、“人大代表风采”、“政协委员风采”等子栏目,特别是“百姓与两会”栏目是今年的亮点,架起了普通群众与“两会”沟通的桥梁。顺义时讯在会议开幕、闭幕当天分别推出区两会特刊。除常规新闻外,还以“盘点收获 放飞期待”为题,从政治、经济、社会和民生等角度解读2009年政府工作报告。顺义新城宣传:广电中心围绕“保增长、保民生、保稳定”中心任务,加强对重点工程、重大项目、重要园区和企业、新农村建设等重要领域,以及就业、拆迁、环境整治、招商引资等热点问题,全方位开展宣传。4月份,关于拆除违法建设的新闻得到区委书记张延昆、区长刘剑、区委常委宣传部长杨宝华、副区长李友生的充分肯定。及时、准确、深入宣传M15号线建设。以《民情一线》、《师说日》、《情动绿港》、《绿港会客厅》等栏目为代表，电视台、电台、报纸各类栏目、作品聚焦民众关注的社会热点，干预生活、倡导文明的作用日益显现。第二届“顺义的骄傲”是2009年年末与2010年年初的一项重要宣传工作。活动一经推出，受到了社会各界的广泛关注，赢得了来自上海、湖南、湖北、河南、河北等省等区内外人事的热情参与，网友们纷纷在顺广传媒网上投票并发表了精彩的留言，共收到网站、报纸和短信的有效选票2050899张。防控疫情，发挥舆论引导作用：两台一报在报道全区、相关系统关于防控甲型H1N1流感重大活动、重要会议精神的同时，还积极搜集信息，对流感疫情情况，流感防控知识、流感防控公民责任，甲型H1N1流感可防、可控、可治等内容进行宣传报道，两台一报共采制新闻报道135条，根据不同媒体特点，开设防控知识性栏目7个。

(顺义区广播电视中心)

【硬件建设】　顺广传媒网站经过网站改版，全年网站点击量达到60余万次，月均点击量5万次。顺广传媒网站获得2008年度顺义区优秀网站奖，成为区内与顺义网城、顺义联通、雅昌艺术网等4家具有同等地位的门户网站。在顺义广电中心五网合一综合业务网络系统验收工作中，该系统项目获得了北京市广播电影电视局评选的技术创新一等奖，荣获国家广电总局的科技创新二等奖。2009年，中心科学筹划，圆满完成了有线广播的全部工程，覆盖18个镇400多个村，覆盖面广，影响力大，起到了较好的宣传效应。为服务好花博盛会，在花博会主场馆以及鲜花港周边26条路段、116.36公里建设有线广播工程，共铺设管道154.7公里，铺设缆线86.6公里，共安装音柱3030只。在做好道路施工的同时，对现有的十三个二级站的有线广播进行应急功能的技术改造，现已进入对发射机进行远程控制系统的改造阶段。奥运大屏，通过技术攻关，完成了电视发射机的远程控制改造，改造后发射性能良好，现已连续安全播出3700余小时。

(顺义区广播电视中心)

【经营创收】　2009年，各创收部门及时调整思路，科学分析市场形势，创新模式，摸索出了符合当前形势的增收途径，在大家的辛勤劳动和共同努力下，取得了社会效益和经济效益双赢的良好局面，今年的经营创收工作呈现以下特点：把握机遇，开启经营政府新篇章；媒体联动，积极创新经营模式；多措并举，竭力开发政府职能单位；稳固经营渠道，瞄准创收新目标。

(顺义区广播电视中心)

【安全措施】　严格落实各项安全管理制度，成立了安全应急分队，各科部室负责人签定了安全责任书，并对防火、防盗等设施进行了全面检查、检修，做到防患于未然。邀请武警中队消防处的同志来我台上消防安全知识课。顺义电视台播发发射部，加强安全播出管理，9月份全员参加了市局在平谷组织的“北京市9.8广播、电视防插播应急演练”活动。在市广电局组织的“迎国庆、保平安百日安全播出竞赛”活动中顺义广电中心成绩优异、表现突出，被评为安全播出集体一等奖。

(顺义区广播电视中心)

【团队建设】　在工作实践中，积极深入开展以“忠诚、微笑、严谨、创新”为主题的系列教育活动，强化忠诚意识、服务意识、创新意识。同时，中心以“走出去”“请进来”“员工大讲堂”等不同方式的培训形式来提升团队整体素质。在过去的一年中，中心组织全员到燕山石化进行拓展训练，熔炼团队。邀请了中国传媒大学影视艺术学院摄影教授金贵荣、北京人民广播电台交通广播主持人王佳一，甘霖智慧国际培训机构理事长吴甘霖等专家、教授来中心授课培训。组织员工外出参与各类培训35次，投入资金近40余万元。

(顺义区广播电视中心)

文化创意产业

【概　况】 2009年9月，区政府机构改革中，顺义区文化创意产业促进办公室正式挂牌成立。办公室作为负责全区文化创意产业发展工作的区政府部门管理机构，由区文化委管理，张建国同志任主任。机关行政编制5人，工勤事业编1人。按照区委、区政府相关文件要求，结合北京市文化创意产业促进中心相关职责及我区产业发展实际，区文化创意办将主要承担以下几项职责：一是研究制定顺义区文化创意产业发展规划、年度计划及相关发展政策、措施；二是落实国家、市级和区级产业相关政策、法规，引导和扶持全区文化创意产业发展；三是承担市级文化创意产业重点项目、市级文化创意产业集聚区及人才培训基地的申报工作；四是研究制定顺义区文化创意产业企业及集聚区认定标准，负责对我区文化创意产业类企业及集聚区进行认定；五是开展有关文化创意产业发展的重大课题调研工作，掌握全区文化创意产业发展的基本情况，建立咨询服务综合平台，及时发布有关文化创意产业信息；六是具体承担顺义区文化创意产业领导小组办公室的各项职责，完成领导小组交办的工作；七是完成区委、区政府及区委宣传部、区文化委交办的其他工作。2009年，全区文化创意产业规模以上法人单位127家，资产总额168亿元，同比增长15.3%；实现营业收入91亿元，同比下降21.1%，实现税金总额3.6亿元，同比增长56.5%；实现利润总额7亿元，同比下降9.7%。从以上数据分析，九大领域营业收入同比呈现“五升四降”，收入同比增长的“五个领域”分别是：文化艺术、广播电视电影、软件网络及计算机服务、艺术品交易、旅游和休闲娱乐业；同比下降的“四个领域”分别是：新闻出版印刷、广告会展、设计服务和其他辅助服务业。产业运行主要呈以下特点：1. 受金融危机的影响新闻出版印刷、广告会展、设计服务等重点行业经济增长动力不足，支柱产业支撑力量减弱；2. 旅游、休闲娱乐业逆势发展，经济指标同比大幅增长。全区文化创意产业部分行业经济下滑明显，其主要原因是重点行业尚未形成规模，发展相对滞后，抗风险能力相对较弱。另一方面，根据2009年企业年报财务数据显示，一些重点企业经济复苏迹象明显，相信全区文化创意产业会很快恢复其产业活力，回到快速发展的轨道上。

（文化创意产业促进办公室）

【五大发展重点】 一是突出发展会展产业。全面释放国展产业园的吸附力和影响力，大力引进广告策划、文化传播、会展旅游等相关配套服务支撑项目，加大对大型展览行业协会和展会策划公司的招商引资力度，鼓励作为展会主办方的各大协会在顺义区设立展会运营公司，积极吸引国际知名展会落户会展产业园。科学谋划花卉物流港的展后利用，打造花卉会展产业平台。鼓励会展业与旅游业等的协同发展，推动会展活动向高端旅游延伸。二是大力发展设计服务产业。全力打造北京工业设计产业集聚区，加快发展汽车工业设计、新型建材设计、都市工业设计、装备制造设计。支持工业企业设立技术研发中心，鼓励规划建设国家级和市级企业技术中心，积极培育和引进各类研发设计企业，做好广大中小工业设计企业的孵化工作。着力推进北京汽车设计核心区建设，完善北京汽车生产基地产业规划，积极吸引国内外知名汽车研发机构和汽车企业集团总部入驻集聚区，努力打造汽车工业设计中心。三是加快发展高端出版印刷产业。整合区域复制产业资源，提升产品档次和技术水平，形成集策划、编辑、出版、印刷、发行于一体,与内容产品创意设计和制作以及衍生产品开发相融合的产业群落。支持企业开展技术改造、技术创新和设备更新,鼓励发展数字印刷,大力发展包装装潢印刷、精品印刷、高档彩色印刷。支持重点企业做强做大,吸引龙头企业总部入驻顺义,带动区域出版复制业的集聚发展。四是着力发展时尚体育休闲产业。坚持奥林匹克水上公园赛后的多元化利用,全面落实水上公园及周边15平方公里规划,突出“水上”和“冰上”两大主题,积极引进大型文化体育休闲综合项目,全力打造北京地标性的时尚体育休闲中心,提升服务设施品质。五是积极发展创意农业。以成功筹办举办花博会为契机,大力发展花卉文化创意产业,充分发挥国际物流港和国际鲜花港的影响力和吸附力,吸引大型高端花卉企业落户,支持鼓励现有花卉企业向研发设计领域进发,占领花卉产业产业链高端。围绕旅游休闲农业、优质籽种产业发展,加快农业产业结构优化升级,推进以研发设计为主的创意农业项目建设和创意农产品的开发,培育一批国家级、省级创意农产品品牌。

(文化创意产业促进办公室)

【完成第四届文化创意产业博览会参展工作】 2009年11月25日-29日,第四届中国北京国际文化创意产业博览会在中国国际展览中心举行,我区认真做好设计展台、项目推介、媒体宣传等工作,通过精心制作以国展产业园为主题的展台,参加各项活动论坛、峰会等形式,我区文化创意产业发展情况及优势特色行业全方位进行包装展示。特别是文博会文化创意产业集聚区论坛上,区文化创意办主任张建国和天竺房地产开发有限公司副总经理于友清,分别就全区文化创意产业集聚发展和国展产业园建设情况发言,有力宣传了全区文化创意产业发展的成功经验。本届文博会顺义展区累计接待观众4万人次,发放各种宣传材料1万余份。同时凭借出色表现获得了本届文博会组委会的高度认可,被授予本届文博会“最佳展示奖”和“最佳组织奖”。北京电视台、北京青年报、千龙网等十余家市级以上媒体对我区参展情况进行了宣传报道。

(文化创意产业促进办公室)

卫　　生

【概　况】 2009年,全区共有医疗机构444个,其中:二级医院4个,一级医院25个,社区卫生服务站212个,村卫生室203个;属营利性医疗机构134个、非营利性医疗机构310个。其它卫生机构10个(疾病预防控制中心、卫生监督所、储血站、农村改水办公室、医疗器械修理所、卫生学校、新型农村合作医疗管理中心、人才中心卫生分中心、社区卫生服务管理中心、公共卫生信息中心)。全区共有卫技人员4414人,其中执业(助理)医师1958人、注册护士1420人。全区实有床位2644张。平均每千常住人口拥有卫技人员6人,其中执业(助理)医师2.67人、注册护士1.94人,床位3.61张。(数字不包括隶属于公安部门的安康医院和市卫生局直管的骨伤科医院)

单位名称:顺义区卫生局

地址:顺义区顺康路1号

电话:(010)89453150

邮编:101300

网址:http://www.weisj.bjshy.gov.cn

(顺义区卫生局)

【生命统计】 全年出生4563人,出生率为7.89‰;死亡3555人,死亡率为6.14‰;人口净增1008人,自然增长率为1.74‰。因病死亡3378人,占死亡总数的95.02%。死因顺位前十位疾病依次为:脑血管病,心脏病,恶性肿瘤,呼吸系统疾病,损伤和中毒,内分泌、营养和代谢疾病，消化系统疾病，泌尿、生殖系统疾病，神经系统疾病，传染病。

（顺义区卫生局）

【医疗卫生】 全年门诊3450529人次，急诊329262人次，留观190222人次，危重症抢救5838人次，住院50199人次，出院49967人次，病床使用率71.57%，治愈率39.52%，好转率36.16%，死亡率1.29%，出入院诊断符合率98.17%，住院手术18631例。

（顺义区卫生局）

【院内感染管理】 区内医疗器械消毒合格率100%，一次性无菌医疗用品抽测合格率100%；手术医院无菌手术切口感染率≤0.5%；二级医院感染率和医院感染漏报率分别<8%、<10%。（顺义区卫生局）

【病历质控】 二级医院甲级病案率>90%。

（顺义区卫生局）

【护理工作】 等级护理落实到位，危重患者护理合格率>90%。完成护士登记注册435人，其中首次注册389人、变更注册46人。护理人员继续教育参与率>98%，继续教育学分达标率98%，持证执业率100%。

（顺义区卫生局）

【血液管理】 受地铁M-15号线建设的影响，光明广场采血点停止使用，11月8日在顺义便民街西口处新建采血点。全年采血2460800ml（12304袋），较上年增长15.35%。医疗机构使用悬浮红细胞1344400ml（6722袋），较上年增长9.23%；血小板369个治疗量，较上年增长2.22%；血浆3404单位，较上年增长51.56%。

（顺义区卫生局）

【麻醉药品管理】 年内，验收新增麻醉药品、第一类精神药品购用印鉴卡医疗机构1家，参与销毁过期毒麻药品3次，完成国庆节前特殊药品和医疗设备安全使用专项检查2次。处置“停用香丹注射液及停用拜糖平事件”等突发药品不良反应事件8例。

（顺义区卫生局）

【医疗设备】 医疗设备总资产32548.64万元，其中万元以上设备2800台。完成2010年乙类大型医用设备配置计划的申报，二级医疗机构共报送包括核磁和数字减影血管造影在内的4件设备的配置计划。

（顺义区卫生局）

【医学教育】 年内，选送27名本科及以上学历医学专业人员进入北京市专科医师培训基地接受为期3年的毕业后教育，培训率93.1%。举办市、区两级继续医学教育培训349项，培训47414人次；区内有4111名卫生技术人员纳入学分规范管理，其中4074人参加继续教育学习，占总数的99.1%；3999人超过25学分，达标率97.3%。社区医生岗位培训。全科医师、社区护士和防保医师岗位技能培训共114人，其中全科医师30人参加考试，28人取得证书；社区护士73人考试，58人取得证书；防保医师11人考试，9人取得证书；考试通过率分别为93.3%、79.5%和81.8%。心电图、B超等7个专业培训，参加考试160人，148人取得证书，合格率92.5%。学科骨干培养。区内二级医院遴选7名学科骨干和带头人到三级医院参加为期1年的培训，送出人员所在专业占二、三级科目（临床科室）的24.14%。全区各社区卫生服务机构共选送4名专业骨干参加为期1年的市级专项培训，选派2名大学本科临床专业毕业生到友谊医院参加为期3年的全科住院医师培训。年内，组织二级医院1700余人进行甲型H1N1流感防治知识全员培训；全区在职卫生技术人员甲型H1N1流感防治知识考试3800人，优秀率95%。

（顺义区卫生局）

【社区卫生】 社区卫生服务机构继续实行收支两条线和药品零差率销售，零差率药品覆盖率100%，全年销售零差率药品6041万元，占全部药品收入的50.3%。社区卫生服务机构全年门急诊242万人次，比上年增长10.5%。完成了北京市社区卫生服务机构标准化设备配发工作，配发设备共计143种25495件，总价值2743.19万元。完成18.48万名农村居民健康体检，体检率71%。培养家庭保健员2500人。北京市社区卫生综合管理信息系统在天竺、杨镇、北小营3个社区卫生服务中心试点运行。建立居民电子健康档案303789份。通过了国家中医药管理局全国中医药特色社区卫生服务示范区的复核。

(顺义区卫生局)

【农村卫生】 在村级医疗机构中，卫生院下设的卫生服务站212个、村委会设置的村卫生室203个。村级医疗机构分布在261个行政村中，行政村覆盖率为61.6%；按初级卫生保健可及性原则，村级卫生服务覆盖率达到了97.9%。全区有注册乡村医生402人。

(顺义区卫生局)

【新型农村合作医疗】 区域内有35家新农合定点医疗机构全部开展了参合人员住院医药费直报工作。全区参加新农合31.40万人，参合率98.62%，筹集资金1.85亿元，通过调整报销比例和封顶线，提高参合农民受惠度，全年报销49.24万人次1.53亿元，其中报销住院及大病门诊2.03万人次、普通门诊47.21万人次，分别支付报销金额8957.4万元、6369.24万元。住院报付率51.65%，门诊报付率35.4%。全区领取万元以上报销金2494人，其中领取10万元以上8人，最高领取报销金16万元。

(顺义区卫生局)

【乡村医生培训】 全区设置14个教学点，对358名在岗注册乡村医生进行理论和技能的系统培训和考核，重点结合甲流进行传染病防控等培训。

(顺义区卫生局)

【科研工作】 申报首发基金自主创新与普及推广项目14项、北京市中医药人才培养计划"125"人才科研项目基金1项。发表医药卫生类论文440篇。

(顺义区卫生局)

【财务管理】 全年收入139642.51万元，其中财政补助51029.80万元(含新农合基金8556.28万元)，事业收入88557.76万元，其他收入54.95万元。支出136746.50万元。

(顺义区卫生局)

【精神文明建设】 规范落实党风廉政建设责任制，层层签订责任书，明确党风廉政建设任务与目标，完善一级抓一级、每级落实有考核的工作机制。健全党风廉政制度，强化廉政风险防范管理，制订落实《廉政风险防范6项制度》，印发了《工作人员廉洁从业手册》，加强制度约束，实现用制度管人、管权、管事，有效制约权力运行。加大重大事项、重点工作监察力度，加强对领导干部内部监督审计、"小金库"专项治理以及甲流防控全过程管理，规范各项工作依法有序落实。开展职业道德、职业责任和医德医风教育，加强社会监督与内部监督，畅通医患沟通渠道，群众对医务人员服务态度和医技水平满意率稳步上升。开展了创优评先、主题教育活动，岗位练兵、技能比武活动和素质教育培训，不断提高服务能力和窗口社会形象。

(顺义区卫生局)

【国庆、花博会保障】 公共卫生保障。保障花博会展馆工作人员和游客66948人次就餐(该数据为花博会主场馆和杨镇鲜花港数据总和)，监督食品留样130件，进行食品现场快速检测272件，合格率100%。保障8家花博会接待酒店公共卫生安全，监督食品留样1886件，监督工作人员健康状况3550人次，进行现场快速检测557件，合格率97.13%。保障2家送餐企业配送盒饭48055份，46500人次就餐，进行快速检测377件，合格率100%。监督检查340个单位，其中餐饮服务单位281个、公共场所经营单位55个、生活饮用水供水单位4个，责令整改15户。未发生突发公共卫生事件。医疗保障。针对花博会保障场所分散和保障群体差异的特点，通过驻点保障与场馆保障两种形式开展医疗保障。抽调专业人员入住定点酒店,提供24小时医疗服务。在花博会主场馆和国际鲜花港设置医疗站,安排救护车,以“一站四车”的保障模式为场馆内外148人提供了及时有效的医疗与急救服务,其中急救车参与转运45人次、医疗站接诊103人次。国庆游行方队保障。制订专项医疗保障方案,抽调专职医务人员到6个训练基地设立医疗站,提供现场就近医疗保障。构建各站点与区医院院内救治的“绿色通道”,通过“小病小伤诊疗方便、重伤急病救治及时”的医疗服务模式,为参训人员提供了医疗保障。

(顺义区卫生局)

【甲型H1N1流感防控】 全区报告甲型H1N1流感确诊病例419例(包括港澳台及外籍病例),其中重症10例、危重10例、死亡5例、痊愈414例。全年报告甲型H1N1流感暴发疫情7起,均为学校疫情,共226例。采集咽拭子标本5925件,其中甲型H1N1流感核酸检测阳性473件。开展甲型H1N1流感防控工作专项监督检查,共出动监督员994人次,监督车辆379车次,监督1194户次。其中监督检查医疗机构968户次、疾控中心5户次、工地34户次、其他73户次,重点检查了突发公共事件的组织管理、疫情报告、预检分诊、医疗废物处理、宣传培训和个人防护等。监督检查托幼园所44户次、学校70户次。制订了各项医疗救治工作流程与方案,落实医务人员培训、发热患者筛查、疑似病人会诊、患者转运、定点医院起用、样本检测以及医院内感染的控制等工作。成立了区内医疗救治专家组,在物资储备、工作重点调整、疑难病例处置等工作中提供技术支撑。确定区内定点救治医院,共收治确认病例122人、疑似病人留观302人;120急救顺义分中心转运发热患者486人、确诊病人5人;区医院发热门诊及其他医疗机构日均接待发热患者约200人次;参与市、区集中医学观察点的医疗服务工作,共向京林大厦和空港天缘酒店等医学观察点派出医务人员28人次。

(顺义区卫生局)

【“问题奶粉”善后】 年内,完成区内“三聚氰胺问题奶粉”泌尿系结石确诊患儿登记信息的核实、补齐、上报工作,组织医务人员入户解释及病例复核,完成区内确诊患儿的入户赔偿工作。

(顺义区卫生局)

卫生监督

【概　况】 顺义区卫生监督所设置有4个科室和5个基层卫生监督站,4个内设科室分别是:综合办公室、督察管理科、医政执法科、审批科。5个基层卫生监督站分别是:监督一至五站。现有行政执法人员82人、工勤人员4人,共86人。其中硕士2人、本科71人,大专学历11人,中专及以下2人;其中中级职称20人,初级职称16人。2009年,全年财政拨款9153921.32元,其中专项经费170万元,人员经费6609474.48,公用经费844446.84元。

(顺义区卫生监督所)

【食品卫生】 全区有餐饮服务单位3800个,监督8486户次,监督覆盖率100%(不含摊贩),合格8195户次,合格率96.57%。抽检食饮具、冷荤凉菜等395件,合格390件,合格率98.73%。全年发放食品卫生许可证1490个。实施食品卫生行政处罚379起,罚款105300元。发生食物中毒2起26人,无死亡。

(顺义区卫生监督所)

【公共场所卫生】 全区有公共场所1374个,监督2387户次,监督覆盖率100%,合格率99.33%。抽检公共用品、用具50件,合格42

件,合格率84%;检测游泳池水70件,合格52件,合格率74.29%;检测沐浴场所水质6件,合格4件,合格率66.67%。发放公共场所卫生许可证673个。公共场所行政处罚17起,警告9起,罚款8起4150元。

(顺义区卫生监督所)

【生活饮用水卫生】 全区有生活饮用水供水单位615个,监督615户987户次。对10个城镇供水单位末梢水、18个二次供水水箱水质、10个乡镇自备水源供水及5个自建集中供水单位进行抽检,合格率97.67%。发放生活饮用水卫生许可证50个。实施生活饮用水卫生行政处罚13起,警告12起、罚款1起5000元。发生生活饮用水污染事故2起。

(顺义区卫生监督所)

【医疗卫生专项检查】 全区医疗保健机构传染病防控监督率200%,监督覆盖率100%。对医疗、妇幼、血液机构,消毒产品生产单位监督覆盖率100%。实施非法行医行政处罚4起,罚款6500元。

(顺义区卫生监督所)

【公共卫生投诉举报】 受理各类投诉338起,其中接报284起、市所转入54起,包括食品卫生265起、生活饮用水卫生25起、公共场所卫生13起、职业卫生2起、医政33起。处理率100%,办结率100%。

(顺义区卫生监督所)

【大型活动卫生保障】 参与全国"两会"供货保障、阅兵村供货保障、第七届花卉博览会、国庆庆典群众游行训练期间公共卫生保障等6项大型保障活动。

(顺义区卫生监督所)

【卫生监督人员培训】 全年监督员培训20次,1168人次参加。培训主要内容包括食物中毒调查处理、手持执法机使用、快速检测仪器使用、行政处罚案卷制作等。

疾病预防控制

【概　况】 顺义区疾病预防控制中心设置有防病科,食品与环境卫生科,职业与放射卫生科,性病艾滋病防治科,健康教育、学校与慢病防治科,理化检验科,微生物检验科,体检科,质检科,财务科,后勤科和综合办公室。正式职工107人,其中专业技术人员95人,高、中、初级职称分别占专业技术人员总数的7.37%、30.53%、51.58%。办公和业务用房建筑面积3700平方米,除去检验室、会议室、体检室、库房,中心共有办公室40间,办公面积538.1平方米,人均办公面积5.17平方米。拥有仪器设备346台件,能够开展267项检测服务,新增设备38台件。全年财政拨款共计1107.4万元,事业收入1224.9万元,各项支出共计2204.3万元。

(疾病预防控制中心)

【传染病控制】 全区无甲类法定传染病报告,乙、丙类传染病共报告18种5501例,报告发病率660.50/10万;全区报告病毒性肝炎(乙肝、丙肝)、淋病、梅毒、艾滋病等血源及性传播疾病348例,报告发病率为41.78/10万,病死亡4例(为乙肝3例、丙肝1例),死亡率为0.48/10万,病死率为1.15%。手足口病报告1103例,发病率为132.44/10万,报告发病率最高的年龄组为1－5岁组为(112.51/10万);霍乱监测样品759件,其中外环境水188件,食品571件,霍乱培养均为阴性;禽流感高危人群监测937601人次,未发现流感样病例和不明原因肺炎病例;采集流感咽拭子标本5925件,其中甲型H1N1流感初筛阳性478件,确诊308例。

(疾病预防控制中心)

【艾滋病防控】 对吸毒人群、暗娼、嫖客、性病病人、结核病就诊者、监管场所重点人员、娱乐场所女性从业人员、流动人口8种人群进行艾滋病抗体监测，以及自愿咨询检测工作，共监测1672人份。全区艾滋病抗体检测39156人次，检出HIV阳性22例。防艾志愿者深入医院、影院、车站、学校、商场、社区、公园、宾馆和单位等场所，宣传艾滋病相关知识，现场招募志愿者188人，发放宣传材料10000余份。

（疾病预防控制中心）

【地方病控制】 碘缺乏病监测：居民户碘盐监测288件，合格率96.76%；监测儿童400人，无患病。对16个乡镇67眼高氟改水井进行氟含量检测，达标率100%。氟斑牙监测调查60人，患病率20.00%。布鲁氏杆菌病监测：调查重点行业人群588人，监测血清50人，抗体阳性0份；监测牲畜46658头，阳性0头。

（疾病预防控制中心）

【免疫规划】 进一步推进免疫预防规范化门诊及信息化建设，验收达标AAA级门诊1家，AA级门诊11家，A级门诊13家。第一类疫苗基础免疫、加强免疫报告接种率均在98%以上；为304家集中用工单位的外来务工人员进行流脑、麻疹疫苗接种，接种麻疹疫苗17637人次，接种率92.83%；接种流脑疫苗18502人次，接种率93.26%。强化查漏补种工作共调查学龄前流动儿童16511人，其中无卡1101人，建卡率93.33%，补卡1101人，补卡率100%；无证408人，建证率97.53%，补证408人，补证率100%；脊灰疫苗共补种553人，补种率100.00%，其他疫苗零剂次补种率均达到98%以上。

（疾病预防控制中心）

【慢性病管理】 建立起以社区为基础的高血压、糖尿病、肥胖患者等慢性病防治工作网络，在仁和、张喜庄、城区等社区卫生服务中心开展北京市社区慢病综合管理工作，完成202位高血压及高危人群、98位糖尿病人及高危人群、52位超重及肥胖人群的体检和问卷工作。发放限量油杯、盐勺以及各类专题宣传折页，普及平衡膳食与防治慢病的健康知识。

（疾病预防控制中心）

【精神疾病防治】 全区精神疾病患者3263人，其中精神障碍1937人、精神发育迟滞（中度及以上）1326人；男性1704人、女性1559人，总患病率5.02‰。送至区精神病院进行系统治疗的重性精神病人64人；免费投药及随访复诊精神病人554人，金额17万余元。有1521人次低保及低保边缘精神病患者享受大病医疗救助，救助住院费用323.1万元。为245名精神病人免费体检。

（疾病预防控制中心）

【消毒与病媒生物监测】 对医疗、卫生、保健、托幼等机构共进行消毒效果监测312户次1444件，合格率为79.80%。布鼠夹18860把次，鼠密度0.058%；布粉块600块，阳性率0.5%；布粘鼠板100块，阳性率为0；监测120口井，蚊幼阳性率均为0；布粘蟑纸9080张，粘捕率3.87%，密度0.27只/张．夜；布蝇笼526个，蝇密度1.11只/笼．h；布诱蚊灯173盏，蚊密度10.18只/灯．h。

（疾病预防控制中心）

【公共卫生服务】 全区77家用人单位委托职业体检5521人，发现职业禁忌证10人，未发现疑似职业病。对34家单位进行职业病危害因素检测，22家企业存在不同程度的超标现象，累计检测样品1601件，总合格率为81.40%，超标以噪声为主，集中在汽车制造业、机械加工等行业。食品卫生方面接受委托检测样品1418件，餐具涂抹2122件，行政任务检测样品322件、餐具涂抹100件，污染物检测19类332件，其中包括化学污染物150件，食源性致病菌182件。环境卫生方面公共场所卫生质量监测5084件次，合格4566件次，合格率89.81%；生活饮用水监测1742件次，集中空调检测7家80件。

(疾病预防控制中心)

【学校卫生】　中小学生相关疾病调查工作选点7所学校,应检5794人,实检5706人,体检率98.48%,超重702人,患病率12.30%;肥胖1100人,患病率19.28%;视力不良2797人,患病率49.02%;沙眼2人,患病率0.04%;患龋齿990人,患病率17.35%。

(疾病预防控制中心)

【健康教育与健康促进】　全年开展健康大课堂126场,创建健康促进示范村5个,优秀健康社区2个,申报健康促进学校29所,健康促进医院3所。全年设计制作发放宣传折页、挂图26种130余万份;通过广播电台建立“健康快车”专题栏目,全年播出26期;在《顺义时讯》、《潮白天地》设立专栏,全年刊出健康科普知识36期。

(疾病预防控制中心)

【公共卫生科研】　发表科研论文54篇,在研课题14个。

(疾病预防控制中心)

妇幼保健

【概　况】　】　2009年,顺义区妇幼保健院共有正式职工443人,其中卫生专业技术人员392人,占职工总数88%,高级职称34人,占8%,大专以上学历333人,占75%。设有职能科室12个、临床科室12个、医技科室5个、保健科室3个。全院总资产10548万元,其中固定资产7050万元,流动资产3498万元,财政拨款2351万元。全年业务收入11213万元,同比增长34%,其中医疗收入6821万元,同比增长31%。医院拥有10万元以上大型仪器设备91台件,价值5014万元,其中新增10万元以上大型仪器设备14台件,共计投入资金533万元。

(妇幼保健院)

【医疗工作】　2009年门诊604988人次,同比增长30%,出院病人9652人次,同比增长17.15%。妇科全年完成无痛流产2788人次,宫腔镜检查及通液1046人次,阴道镜检查810人次,LEEP手术63例,完成恶性肿瘤根治手术17例,其中腹腔镜完成3例。产科共分娩3993人次,其中剖宫产2014人次,剖宫产率50.43%,成功完成失血性休克、DIC、羊水栓塞等危重症抢救共22人次。儿科救治各种急危重患儿60余例,成功率达95%。加强对儿童呼吸道、消化道等慢病的管理。内科多次接收上级医院重症监护及肿瘤终末期患者。成功救治急性心肌梗塞、脑梗塞等危重症患者。乳腺中心门诊10674人次,住院492人次,门诊手术245人次,住院手术176人次,普查36000人次。体检中心健康体检43830人次。

(妇幼保健院)

【妇女保健】　孕产妇4544人,系统管理率96.61%;建册4530人,建册率99.69%;产后访视率97.34%;高危孕产妇1677人,高危管理率100%,高危孕产妇发生率36.91%;接产6940人,住院分娩率100%,剖宫产率61.89%;孕产妇死亡1人。监测围产儿6989人,围产儿死亡35例,死亡率5.01‰,其中本地围产儿4582人,死亡28例,死亡率6.11‰;出生缺陷83例,发生率11.88‰。

(妇幼保健院)

【儿童保健】　新生儿应访视4563人,实访视4444人,访视率97.39%;新生儿期母乳喂养率97.32%;上报高危儿310人,合格管理297人,合格管理率95.81%。新生儿听力筛查6678例,筛查覆盖率98%;初筛未通过242人,未通过率3.62%;42天复筛205人,复筛率84.71%,未通过79人,未通过率38.54%;拒绝筛查16例,拒绝筛查率0.24%。新生儿疾病筛查应筛6959例,实筛6835例,筛查率

98.22%,异常追踪27例,确诊1例。5岁以下儿童死亡16例,死亡率3.51‰;新生儿死亡12例,死亡率2.63‰;婴儿死亡14例,死亡率3.07‰。0～6岁儿童25014人,保健覆盖率99.28%;0～2岁儿童18279人,系统管理率70%。大体检中发现5岁以下儿童中重度营养不良32例,患病率0.2%,0～6月母乳喂养率93.99%。4岁以上视力检查率96.93%,3岁以上口腔检查率97.46%,龋齿矫治率56.82%。

（妇幼保健院）

【计划生育技术管理】 实施节育手术13311例,手术并发症1例。

（妇幼保健院）

【女工保健】 宫颈癌筛查发卡119220人,筛查75889人,筛查率63.65%;乳腺癌筛查发卡81515人,筛查54806人,筛查率67.23%。婚前医学检查2090人,婚检率15.21%。

（妇幼保健院）

【医学科研】 院学术委员会审批论文50篇,其中在专业刊物发表论文34篇。全年共3个科研项目申请首发基金。与北京儿童研究所和海淀妇幼分别签订合作项目《儿童哮喘舌下含服脱敏治疗临床观察》、《早产危险因素的研究》。

（妇幼保健院）

【继续医学教育】 举办院内外业务培训班70余期,累计接受培训近万人次,派出17人到三级医疗机构进修学习,参加学分教育417人,达标率99.5%,续专续本续研学习81人。

（妇幼保健院）

爱国卫生工作

【概　况】 2009年,开展城市清洁日和爱国卫生月活动,共出动3.8万人次。清除小广告4406处,清除卫生死角225处,开设宣传专栏347个(含标语和条幅),发放卫生健康知识宣传品4.8万份。以60年国庆庆典、中国第七届花博会保障工作为重点在全区开展病媒生物控制工作,总投入64.35万元。创建北京市卫生村7个、北京市健康示范村5个、北京市健康社区2个、北京市无烟餐饮单位11个。完成162个村68400户户厕改造、23个村32项农村改水任务。

单位名称:顺义区爱国卫生运动委员会
地址:顺义区顺康路1号
电话:(010)89453173
邮编:101300

（爱国卫生运动委员会）

顺义区医院

【概　况】 顺义区医院是集医疗、教学、科研、预防为一体、本区最大的二级甲等综合医院。直接服务于全区70余万常住人口,并辐射北京周边广大地区。医院占地面积4.99万平方米,开设病床704张,设置临床、医技、行政、后勤共64个科室,共有员工1583人,高级职称111人,硕博生115人。医院拥有螺旋CT、核磁共振、多功能数字减影血不管造影机、全自动免疫分析仪、全自动酶免之星分析系统、准分子激光治疗机等大型先进医疗设备30余台件。2009年,上级财政拨款共计3705.6万元;医院固定资产27375.7万元;全年收入46058.7万元;支出47551.6万元。医院在市区两级政府的支持下,48000平米门急诊综合病房楼正在建设中,竣工后,医院床位将达1200张。医院秉承"合法行医患者安全"的服务理念;坚持"以病人满意求

生存 以医疗质量求发展”的质量方针 ;以“诚 爱 勤 精”院训为指导;依托信息化平台,运用 ISO9001:2008 质量管理体系的科学管理手段,努力保证患者安全。

单位名称:顺义区医院
地址:顺义区光明南街 3 号
电话:(010)69444548
邮编:101300
网址:http://www.syhos.com

(顺义区医院)

【医疗工作】 区医院设有重症监护中心、全国斜弱视分中心,马锦明眼科中心和马锦明妇产科中心、介入治疗中心、血液透析中心和健康体检中心、北京急救中心顺义分中心。医院主要临床科室有心内科、骨科、加强医疗病房、感染性疾病科、神经外科、眼科、中医科、上肢外科、北京急救中心顺义分中心,风湿科。

2009 年门、急诊 98.5 万余人次,全年手术例数 11191 台,出院人数 26473 人次。

医疗技术方面:能够成熟开展脊柱手术,髋关节、膝关节置换手术,断指再植手术,成活率在 95%以上;体外循环先天性心脏病的矫治手术;心脏血管、神经、肿瘤、先天性心脏病介入治疗,超声引导下的介入穿刺诊断与治疗等;微创技术治疗食管癌、肺癌、纵隔良恶性肿瘤等;腹腔镜、经皮肾镜、支气管镜等多项腔镜技术;准分子激光治疗近视眼;可完成颅内肿瘤的诊断及治疗,能对重型颅脑损伤、脑血管病、脑积水、脑脓肿等进行诊断及治疗,开展了神经电生理技术,填补了顺义区该项技术的空白。

(顺义区医院)

【继续教育】 2009 年医院举办市级继续医学教育护理分会场项目 11 次,参加人数 432 人;举办区级继续教育认可项目 49 次,参加 14481 人次;传染病知识培训参加人数共计 8102 人次;选送 6 名技术骨干到三级医院参加为期一年的学科骨干培养;派出医疗、医技人员外出参加提高班及高研班学习 25 人;全院 1276 名卫技人员均参加了继续教育活动,参与率 100%;接收昌平卫校、北京中医学校、海淀卫生学校、承德卫生学校顺义校区及个人联系的护理实习生 118 名、药学 11 名、针灸推拿专业学生 6 名。

医院是北京市普通专科医师内科、外科、全科培训基地,有在培住院医师 40 名,其中包括平谷区社会卫生服务中心、区妇幼保健院等外院住院医师 7 名。2009 年医院内科和外科专科医师培训基地启动了针对住院医师的三级教学查房制度,全年共组织教学查房 179 次;各临床科室积极开展科内小讲课,各级医师从基础知识、基本操作,到最新科研成果、论文交流,进行充分探讨,专业理论、专业技术水平及急、危、重症病人的抢救治疗能力得到提高;医院接收 8 名四川省什邡地震灾区学科骨干的培训工作;由区政府牵线搭台,医院与首都医科大学进行友好洽谈,为建立长期合作关系打下基础,将借助医学院校的优质资源,更好地促进区域百姓健康保障工作。

(顺义区医院)

【学术科研】 2009 年,医院卫生专业技术人员全年共发表论文 244 篇,其中医疗、医技 141 篇,护理 97 篇,管理 6 篇。在医院指定核心期刊目录杂志上发表 79 篇。其中妇科董伟妍、眼科蒋爱民、医务科赵跃华等同志撰写的 14 篇论文分别发表在《中国医师杂志》、《中华医院管理杂志》等中华级杂志上;向区科委推荐区级科研项目 7 项,均获得立项;向首都医学发展科研基金委员会申报首发基金项目 11 项,获得顺义区科学技术奖 10 项,与三级甲等医院合作开展科研课题 5 项。有四位在职职工获得中国医科大学的研究生录取通知。

2009 年,上肢外科“臂丛神经卡压及周围神经卡压手术”完成 30 例,进行断指再植手术 50 余例,成活率在 95%以上;神经内二科开展了神经电生理技术，填补了顺义区该项技术的空白；骨科成功完成关节镜手术36例；脊柱手术102例。创伤后晚期功能重建15例，并成功为112位75岁以上老人完成股骨粗隆间骨折手术和骨关节置换术，其中最大年龄103岁；眼科新开展白内障超声乳化手术52例，具有切口小、不缝线、恢复快的优点。我院急诊科2009年心肺复苏抢救成功24例，其中包括一位21岁的年轻人和一位88岁的老人，使他们重新获得生命。

（顺义区医院）

【120急救中心】 北京急救中心顺义分中心现有医护人员55人，配备120急救车9辆，2009年北京急救中心对120急救网络的调度指挥系统进行了全面更新改造，并新增加了会议室电视视频会议和800兆对讲机的装置配备。

120急救分中心2009年共出诊12093人次，比去年同期增加8.5%，完成政府重大活动保障任务指挥129车次，参与人员334人次；各车组2分钟内出诊率达95%以上，服务满意度调查，满意率达98%以上，院级投诉率为“零”；加强创建“闻铃而动，救死扶伤”服务品牌内涵建设；组织开展了防治H1N1甲型流感、火灾现场急救、重大车祸现场急救、防治鼠疫等多项急救演练，增强了突发公共卫生事件时的应变能力。

（顺义区医院）

【卫生防疫】 2009年甲型流感疫情出现后，医院成立了甲型流感疫情防控领导小组，下设医疗救治组、疫情控制组、后勤保障组、宣传报道组及防治专家组。形成上下联动、部门配合、整体防控、责任落实的工作机制。确保接诊、筛查、会诊、转院等防控知识人人知晓，做到科学防控，有效应对。对疫情做到早发现、早报告、早隔离，确保无漏诊、误诊。严格落实消毒隔离措施，做好医务人员自身防护，顺利进行全院职工甲流疫苗接种工作。

（顺义区医院）

顺义区中医院

【概　况】 顺义区中医院共有职能科室20个，临床、医技科室21个，其中中医基层指导科于2009年2月成立。医院共有在职职工506人，其中在编职工418人。拥有卫生专业技术人员364人，其中高级职称20人，中级职称162人，研究生学历18人，本科学历167人，中、西医人员比例为77:72。2009年医院新增万元以上设备36台件，其中5万元以上设备24台件。医院总资产7224.01万元，固定资产总值5363.17万元，财政拨款1893.86万元。2009年业务总收入10197.43万元，同比增长27.34%，业务支出11233.66万元，基础设施建设支出50万元，信息系统升级支出150万元，大型修缮支出100万元，购置大型设备支出350万元。医院现有彩色多普勒超声诊断仪、CT机、肺功能诊断仪等大型仪器设备。

单位名称：顺义区中医医院
地址：顺义区站前东街5号
电话：(010)69469671
邮编：101300

（顺义区中医院）

【医疗工作】 2009年医院累计门诊量40.8万人次，同比增长33.86%，累计出院7000余人，住院病床使用率85.97%，同比增长10.21%。

医院中风专科、心血管专科为北京市中医管理局重点专科，2009年医院以加强市级重点专科建设为基础，建立和完善专长与特色相结合的中医医疗体系。疼痛门诊利用中西医结合疗法，将微创介入神经镇痛术与中医经络治疗相结合，提高了患者生活质量；皮肤科独立成科,采用名老中医经验方,改良加减治疗带状疱疹、荨麻疹、扁平疣等,开展中药外洗治疗脂溢性皮炎、手足癣、湿疹,药浴治疗银屑病,中草药内服外敷治疗痤疮等多种中医疗法;针推科秉承中医传统疗法,针灸、推拿治疗中风、面瘫等,冬病夏治贴敷治疗各类急慢性疾病,中药腿浴、半导体激光、超短波治疗各类慢病,开展中频治疗、耳穴埋豆、小儿捏积、针灸美容等中医特色诊疗项目;成立中医基层指导科,指导社区卫生服务中心及其所属社区卫生服务站中医科室标准化设置、中药房的规范化管理,组织开展中医药知识学习、推广中医药适宜技术,开展基层中医网络建设调研,扶持中医特色社区卫生服务站建设。独立设置肠镜室,肺功能室,购置消化内镜全套设施及肺功能检查设备仪器,实现了消化内镜室、肺功能室的标准化配置。经北京市中医管理局批准,建设两个市级基层老中医工作室,并于2009年12月30日举行揭牌仪式。

(顺义区中医院)

【学术科研】 申报局基金3项,获批1项;在各级学术刊物发表论文35篇。与北京中医药大学附属东直门医院合作开展"科技提升北京城乡社区中风病中医药防治能力示范研究"项目研究;与首都医科大学附属北京中医医院合作开展"基于寒热虚实辨证的中医药干预方案及疗效评价"课题研究。

(顺义区中医院)

【继续医学教育】 开展区级医学教育项目13项,其中中医类7项;开展单位自管项目培训57次,参加人员7550人次;组织传染病培训16次,参加人员4419人次。利用"北京市中医管理局协作与培训网络平台"系统,进行中医理论知识专题培训,名医大讲堂《伤寒论》经典学习授课16次。新毕业24名中医专业人员全部实施中医住院医师规范化培训;西医专业人员全部参加专科住院医师规范化培训;派往三甲医院进修7人,参加第二学历继续教育27人。

(顺义区中医院)

【文化建设】 2009年3月23日,院刊《中医仁》发行,全年发行四期;2009年12月28日,《北京市顺义区中医医院院志》内部发行;与顺义广播电台合作播放中医保健知识;持续打造院内中医文化墙;举办健康义诊咨询等活动,发放资料15000余份,为社会单位进行实用技能培训300余人次;健康讲师团深入社区进行健康宣教100余人次;建成并开放"职工之家",组建球队,组织职工晨练晚练,并代表卫生系统在顺义区羽毛球比赛中荣获团体第六名。

(顺义区中医院)

【基础设施建设】 医院自筹资金装修改造西医专家门诊、体检中心、药库、药房、血透中心、针灸科、挂号室、收费处及行政办公区,建成"职工之家",完成变压器增容(500千伏安增至800千伏安);加强技防手段,在原有32个监测摄像头基础上增加14个监控点,实现医院24小时监控无盲区。

(顺义区中医院)

【信息化建设】 政府投资150万元,医院自筹资金50万元实施中医信息化升级。实现了电子挂号、电子处方及收费一条龙服务。

(顺义区中医院)

体　育

【概　况】 体育局举办了第六届全民健身体育节,体育节赛事包括南彩曲美杯象棋比赛、李桥杯操舞比赛、林河杯羽毛球比赛、建委杯乒乓球比赛、篮协杯篮球比赛、赵全营杯拔河比赛等区级赛事,参与了北京市万人太极拳表演、千台万人乒乓球比赛等市级活动,吸引了25万人次参与其中,后沙峪杯春季长跑走进奥运水上场馆，全民健身健步走活动选址和谐广场，重温激动人心的奥运时光，华北地区门球精英赛和北京市业余羽毛球邀请赛，参与面扩展至北京乃至华北地区。区体育局还举办了顺义区第三届“和谐杯”乒乓比赛、龙湾屯杯登山比赛、地税杯桥牌比赛、天竺杯趣味干部运动会等赛事，基层各单位举办活动500余项。

单位名称：顺义区体育局

地址：顺义区光明南街2号

电话：(010)69443432

邮编：101300

网址：http://www.tyj.bjshy.gov.cn

（堵　月）

【健身设施不断完善】 区体育局筹措资金为45个欠发达地区配建健身工程，连续两年对到期器材进行免费更新，扶持牛山镇北孙各庄、北小营镇文体中心等5个地区争创市体育健身俱乐部、体育生活化社区，带动体育健身场所的改造升级，切实保障群众的基本健身权益；在面向农民、居民举办四项健身技能培训的基础上，联合青少年体育俱乐部针对学生开展了篮球、武术、游泳等49期培训班，培训人数达到3200人次，扩大了健身服务的受益范围。举办“迎新春送科技、体育下乡”活动和北京市“全民健身科学大讲堂—走进新农村”启动仪式，使2000余名群众体验了体质测试，让上万名群众走进了健身讲堂。

（堵　月）

【竞技体育实现历史突破】 2009年全运会上，我区体育健儿在柔道、赛艇、花样游泳项目上勇夺4枚金牌、2枚银牌，实现了近50年来全运会金牌零的突破。本届赛事上顺义区首次有16人入围决赛、10个项目跻身全国前10名。

（堵　月）

【体育产业发展势头强劲】 在全区“保增长、保民生、保稳定”的实践中，体育场馆建设项目扎实推进。区体育局以潮白河水上休闲集聚区大众健身游泳中心破题，积极争取体育产业引导资金的支持，并购了建筑面积达1万平米的长期闲置的裕龙社区健身中心，着力打造集健身服务、便民商业和彩票销售服务于一体的现代社区健身中心；体育局游泳中心改造工程进入收尾阶段，重点建设项目城南体育中心即将破土动工，以水为特色的体育健身休闲产业发展势头迅猛。体育局正式成立了体育执法大队和彩票服务中心，首次将我区28家彩票销售网点纳入管理服务范围。积极培育竞赛表演市场，在乒协的支持下再次夺取了中国乒超联赛八一工商行主场比赛的举办权，帮助牛栏山酒厂取得在海口举办的全国举重冠军赛的冠名权；策划了NBA明星麦迪、体坛名将郎平顺义行，协助举办了中美划水对抗赛、龙舟比赛、城市沙滩排球赛等活动。

（堵　月）

【推动竞技体育后备人才培养】 体育局遵循竞技体育“争先创优”的制胜规律，在调整项目结构、培养后备人才、推进科教兴体上取得新进展。2009年，我们接轨市运，增设拳击、散打、羽毛球三个业训新项目，增加了新的夺金点；引进硕士学历的教练、医务人员3人，集训练、康复、科研为一体的训练模式日益完善；后备人才培养取得重大突破，中国举重学校当选为国家体育总局备战2010年世界青少年奥运会和2012年伦敦奥运会的集训基地。

（堵　月）

社会生活

流动人口管理

【概　况】 顺义区流动人口管理服务中心，是2005年成立的正处级事业单位。顺义区流动人口管理服务中心是区委、区政府加强流动人口与出租房屋管理工作的办事机构，行使区流动人口和出租房屋管理委员会办公室的工作职责。落实市流动人口和出租房屋管理委员会以及区委、区政府关于流动人口和出租房屋管理工作的决策和部署，统筹做好流动人口与出租房屋管理与维权工作，商相关部门解决突出问题。建立区流动人口与出租房屋信息管理网络，并与市流管办管理网络对接，做好相关信息的录入、统计、分析工作，建立流动人口、出租房屋、用工单位三本台账。对流动人口做好普法教育工作。对全区流动人口进行总量监控。对各镇(街道办事处)的流动人口和出租房屋管理工作进行指导、检查、监督、考核。

19个镇、6个街道均成立流动人口和出租房屋管理委员会，下设办公室。天竺镇、仁和镇、南法信镇、后沙峪镇、高丽营镇、李桥镇、杨镇、北小营镇设单独办公室，独立办公。其他镇、街道与综治办合署办公。主要职责是：一是围绕“以产引人、以房管人、以证控人”，在实践中大胆创新，积极探索对流动人口、出租房屋和用工单位的管理办法和措施；二是接受行政主管部门的委托，负责辖区内房屋租赁登记备案、流动人口登记、办理《暂住证》以及出租房屋税收代征代缴工作；三是贯彻执行国家和北京市有关流动人口、出租房屋管理的法律、法规、规章和政策；四是建立本地区出租房屋、流动人口、用工单位管理档案，实行一户一档、一人一卡，对本地区流动人口实行周查月报制度；五是落实属地管理责任，协调公安、司法、民政、工商、劳动、房管、计生、教育等有关部门，对流动人口、出租房屋及用工单位和个人综合管理；六是依法维护流动人口的合法权益；七是对各村(居)委会、用工单位流动人口服务站的工作进行日常管理和考核；八是加强流动人口和出租房屋管理员队伍建设。各村、居委会成立来京人员和出租房屋服务站。挂牌的383个，专兼职管理员1382人。

单位名称：顺义区流动人口管理服务中心
地址：顺义区光明南街16号武装部院内
电话：(010)69426412
邮编：101300

(王迎迎)

【完成国庆安保任务】 按照市流管办要求，在全区范围内开展了流动人口和出租房屋基础调查工作，实现了一查五清，建立了五个工作机制。一是全面普查，做到了底数清，建立了流动人口信息采集、登记、更新的长效机制。二是认真核查，做到了重点人员清，建立了重点人群管控的长效机制。三是仔细清查,做到了安全隐患清,建立了出租房屋安全隐患清整长效机制。四是逐一排查,做到了矛盾纠纷隐患清,建立了流动人口矛盾纠纷排查调处长效机制。五是集中开展低端产业整治工作,建立了低端产业清整工作机制。共登记外省市流动人口217232人,出租房屋30217户,录入市系统流动人口208543人,出租房屋30217户,录入率分别为96%和100%。排查并管控可能在各类流动人口中的重点人员313人,消除出租房屋中存在的各类安全隐患450间,排查化解劳动权益保障各种矛盾纠纷隐患3起,涉及190余人的劳资纠纷,全部得到妥善解决。统计登记房屋中介机构118家,其中有营业执照的115家,没有营业执照的3家,在主管部门登记备案的117家,未登记备案的11家。摸清了各类市场情况和重点行业及从业人员情况。实现了国庆期间流动人口"大事不出,小事减少,管理科学,秩序良好"的工作目标。

(王迎迎)

【基层基础工作稳步推进】 一是抓好"一站式"办公推广工作。流动人口在千人以上的村、居委会服务站实行出租房屋登记备案、流动人口暂住登记、办理证件、宣传教育、计划生育等一系列服务。目前,已完成20个"一站式"服务站建设。二是加强各项基础工作。各镇、街道建立了五项工作机制,即信息采集、登记、更新,出租房屋安全隐患清整,重点人群管控,矛盾纠纷排查调处、联合执法检查等多项长效机制。在日常工作组织和推动上,坚持全委会联席会议制度、基层流管办月例会制度、流动人口违法犯罪监控制度,管理责任倒查制度等,使各项工作整体推进;各基层服务站在建立健全流动人口、出租房屋、用工单位三本台账的基础上,重点对流动人口中的重点人员、存在各类安全隐患的出租房屋、出租大院以及矛盾纠纷等分别建立工作档案,重点管理;全区1692名管理员严格落实周查月报、"五见面"制度,实现"人来登记","人走核销",确保人房信息的录入率、核销率和完整率的达标。配合相关部门做好宣传教育、计划生育、安全检查等服务工作。三是规范宣传阵地建设。围绕流动人口劳动就业、计划生育、子女入学、卫生防疫、房屋租赁等进行多种形式的宣传教育。共新设置展板24块,悬挂条幅200余条,文化墙18块。加大了《北京市房屋租赁管理若干规定》的宣传力度。出租房屋管理任务较重的镇开展了对房主应尽责任和义务的系列培训,在流动人口相对集中的广场、车站、集市、公示栏、出租房屋大院等处张贴了《关于加强出租房屋安全管理的通告》6000份,发放《致流动人口的一封信》等2万余份。开展了"法律六进"活动,司法局牵头,组织了"法律进工地"系列活动。

(王迎迎)

【流动人口规模调控工作进展顺利】 一是完成了流动人口规模调控调研任务。发改委、工商局、卫生局、劳动局、公安局等主要职能部门认真梳理了在流动人口规模调控中的一些做法和相关的法律法规。综合梳理了2003年以来区委区政府、劳动局促进本地劳动力就业,对企业用工给予的一系列的奖励政策,梳理了"三高一低"企业的淘汰情况。重新整理了顺义区产业规划发挥产业调控方面的一些做法和一些规划意见。制定下发了《中共北京市顺义区委北京市顺义区人民政府关于加强流动人口服务管理工作的意见》。产业调控的思路更加明确。二是完善了考核体系建设。制定下发了各镇、街道和各部门的流动人口服务管理工作任务书,对流动人口总量、重点行业人员(农业从业人员、三无人员、废品回收人员等)的控制指标具体量化。三是在农村拆迁过程中,加强流动人口服务管理。利用拆迁的有利时机,后沙峪镇、仁和等镇通过加大宣传力度、加强联合执法检查等方式,对无业人员、无照游商等进行清退,约15000名流动人口离开顺义区居住。

截止到2009年9月底,全区流动人口21万人,同比去年(23万人)减少8.7%。其中,个体经商人员15495人,同比(15937人)减少442人,下降3%。无固定职业人员3026人,同比去年(4999人)减少1973人,下降39%。废品回收人员1091人,同比去年(1589人)减少498人,下降31%。务农人员6381人,与去年基本持平。从事家政、餐饮、美容美发等服务业人员21879人,同比去年(20499人)增加1380人,增长7%。流动人口规模得到有效控制,从业结构进一步优化。

(王迎迎)

【流动人口的权益保障得到加强】 完成了集中用工单位外来务工人员的疫苗接种工作,共接种麻疹、流脑疫苗36139人次,接种率90%以上。完成了学龄前儿童疫苗补种工作,补种疫苗744人次,实现了补种率的100%;妥善安排流动人口子女在公办中小学就近入学,共11012人,占流动人口子女就学学生总数的70%;区救助站通过划区域定重点、快速处理分类施救两项措施,共救助流浪乞讨人员135人。流动人口计划生育、劳动保障等各项工作稳步推进。

(王迎迎)

民政工作

【概　况】 2009年,在区委、区政府的坚强领导下,在市民政局的大力支持下,在民政系统干部职工的共同努力下,顺义区民政局认真贯彻党的十七届三中、四中全会精神,全面落实科学发展观,以"大民政"理念为指导,强化"在思想观念上亲民,在工作部署上为民,在措施保障上利民"的服务理念,突出政策体系和管理体系建设,抓住统筹城乡社会救助、和谐社区、社会福利、社会组织"四大体系"这个重点,加强调研,开拓创新,积极进取,民政各项工作取得了新进展,民政事业城乡一体化快速推进,民政投入资金同比增长13.2%,达到3.17亿元,民生得到极大改善,民政对象充分享受到顺义经济社会发展的成果,有效的维护了社会的和谐稳定。2009年,顺义区民政局荣获"全国村务公开民主管理示范区"、"全国社会组织深入学习实践科学发展观活动先进指导单位"、"中国社会报民政宣传先进单位"、"北京市民政工作先进集体"、"宣传'大民政'先进单位"、"顺义区政务公开与全程办事代理制工作先进集体"、"顺义区政风行风建设及行政效能建设先进单位"、"顺义区思想政治工作先进单位"、"顺义区建议提案办理工作先进单位"等荣誉。

单位名称:顺义区民政局

地址:顺义区石园北区东侧

电话:(010)69441463

邮编:101300

网址:http://www.minzj.bjshy.gov.cn

(衣　磊)

社会救助

【城乡低保】 2009年,制定实施了五年实现城乡一体化方案,即:2009年农村低保标准达到城市标准的50%,2010年将达到65%,2011年将达到80%,2012年将达到90%,力争2013年实现城乡统筹。农村低保标准从年人均2160元提高到2530元,提高幅度达到17.2%,是2008年调整幅度的1.03倍;城市低保标准从月人均390元提高到410元,提高幅度达到5.2%。全区共有城市低保对象821户1358人,占全区城市户籍人口的0.51%,全年累计新增102户182人,撤销182户295人,发放城市保障金649.54万元;

农村低保对象3809户7443人，占全区农业户籍人口的2.56%，全年累计新增399户861人，撤销436户1175人，发放农村保障金1559.91万元。自2009年1月1日起建立和实施农村低保分类救助制度，按照困难程度合理区分救助家庭，采用适当的救助标准和救助系数提高特殊困难人员的救助待遇，全年共有291位重残人按照当年城市低保标准享受救助。

（衣　磊）

【大病救助】　2009年大病救助进行了两项调整：一是将原来的最高救助3万元提高到5万元；二是将原来的单一以花费金额为依据，调整以申请家庭的困难程度、花费金额、患病种类三项指标为参考进行救助。全年共下发大病救助款130.97万元，救助家庭困难的大病人员267人次；发放精神病人救助资金195.88万元，救助困难家庭重症精神病人1335人次。

（衣　磊）

【城乡医疗救助】　2009年城乡低保对象的门诊和住院救助比例均由50%提高到60%，门诊最高救助额度提高到2000元，住院最高救助额度提高到3万元。2009年全区共救助农村低保对象677人次，发放救助金58.84万元；救助城市低保对象407人次，发放救助金61万元。

（衣　磊）

【教育救助】　协助教育部门做好困难家庭子女上学救助工作，全年共救助796人，发放教育救助资金316.84万元（其中低保家庭81人，发放资金32.34万元，低保边缘家庭715人，发放资金284.5035万元）。

（衣　磊）

【社救建房】　2009年，区委、区政府大幅提高修建房补助标准。社救建房由每户补助3万元提高到4.5万元，修房由每户补助0.9万元提高到1.35万元。全年共完成低保家庭及低保边缘家庭房屋翻修394户，按照抗震、节能、保温的建房标准，共投入资金1306.8万元（其中翻建246户，投入资金1107万元；维修148户，投入资金199.8万元）。

（衣　磊）

【临时救助】　2009年支出临时救助资金122.7万元，累计救助4003户8072人次。

（衣　磊）

【精神卫生】　2009年，顺义区精神病医院全年接收住院病人410人次，接待门诊量6618人次。全年收入2415.845万元（其中事业收入1516.217万元，专项资金为724.92万元），同比增长18%。加大免费服药、免费体检的力度。为确保“花博会”和建国六十周年期间社会治安的稳定，精神病医院进一步扩大免费服药的范围，渐进提高免费服药患者的用药标准，减少患者用药的副作用，增加对免费服药患者的复诊量，使患者的病情能够更好的保持稳定。截至年底，我区免费服药患者的人数已达到551人，全年投药总金额达到17.25万元。加强贫困精神病人救助。全年共救助贫困精神病人233人次，区、镇两级共投入救助资金416万元。推进心理健康进社区。将心理健康大课堂活动从城区的8个心理咨询点逐渐辐射到了全区，2009年增加了17个服务咨询点。普及和提高公众的心理健康知识，让老百姓享受就近、方便、贴心的满意服务，得到了社会的广泛认可。

（衣　磊）

【救灾救济】　2009年，张镇、杨镇、李遂镇遭暴风雨袭击，受灾总人口5250人，受灾农作物3038公顷，经济损失共计1690.7万元。全年下拨救灾款30万元，救济灾民3028人次。推进救灾物资储备库建设。区“救灾物资储备库”建设工程位于南法信镇大江洼村西，占地面积20亩（13334平方米），建筑面积9100平方米，估算投资2900万元，各项手续基本完成，开工在即。与民防局合作，租用了1000平方米的捐赠物资临时储备库，投资119万元，储备了帐篷、衣被等必要的救灾物资,解决了目前物资储备的难题。

(衣　磊)

【救助流浪乞讨人员救助】 2009年,顺义区流浪乞讨人员救助工作以服务保障建国60周年大庆和花博会召开为中心,对全区各类流浪乞讨人员实施应救尽救。全年共救助流浪乞讨人员503人,继续保持救助合格率100%,确保了全年安全无事故。为应对救助人员数量增长势头。救助工作主要采取四项措施开展工作:一是明目标定重点,主动出击,减少街面流浪乞讨现象;二是提供六项服务,稳控站内,减少重返街面乞讨现象;三是加强人防技防力量,强化管理,减少安全隐患;四是快速处理分类施救,减少区内滞留时间。

(衣　磊)

【五保供养】 2009年全区共有农村"五保"对象276户292人,其中,集中供养148户158人,分散供养128户134人。全年发放供养资金10.7万元,有力保障了困难五保对象的基本生活。

(衣　磊)

【精减退职】 2009年顺义区共有精减退职人员378人,全年发放生活困难补助81.6万元,报销医疗费18万元。

(衣　磊)

【地退管理】 2009年顺义区共有地退人员121人,遗属118人,全年共发放退休金和遗属补助款366万元。春节、国庆节、重阳节发放慰问款5.86万元,报销医药费28万元。

(衣　磊)

【弃婴接收】 2009年共接收社会弃婴31名,为其办理相关手续,入住儿童福利机构。

(衣　磊)

【成年孤儿安置】 妥善安排北京市3名成年孤儿安家、就业,帮助他们融入社会。

(衣　磊)

【残疾儿童救助】 为7名儿童联系了收养家庭;出资6万元为2名儿童进行手术治疗;为6名儿童联系上小学、特教学校,让他们享有与正常儿童一样的受教育权利。

(衣　磊)

社区建设

【社区建设】 2009年,顺义区社区建设工作全面推进,"五型"社区达标建设工作成效显著,社区居委会办公和居民活动用房环境明显改善。胜利社区被民政部评为"全国和谐社区示范社区"。一是社区用房达标工程顺利实施。认真贯彻落实《关于加强社区居委会办公用房和居民活动用房建设工作意见》(顺政发[2008]65号),按照5000人以下不低于350平方米、5000人至1万人不低于450平方米、1万人以上不低于600平方米的标准,开展社区用房四年达标工程。通过锅炉房改造、改扩建等方式,完成了12个社区用房达标工程,社区用房环境全面提升。二是和谐社区达标创建成效显著。通过政府部门现场检查、人大代表政协委员社会评价、居民满意度调查等三方面综合考评,17个社区达到了和谐社区达标建设标准,被授予"顺义区和谐社区达标建设单位"荣誉称号,社区居民满意度达82.2%。三是社区服务站标准化建设取得佳绩。建新南区第一社区、石园东区等2个社区被授予了"北京市社区服务站标准化建设示范单位"称号。石园北一、裕龙花园等10个社区被评为北京市社区服务站标准化建设试点单位。同时,为双拥、蓝星等29个社区安装灯箱、服务指示牌、门头、咨询台、功能导引牌等标识,通过统一形象标识、统一服务项目设置,统一服务流程,规范社区服务站建设。四是社会参与社区建设积极性不断提高。建立了驻顺部队、福利企业、社会组织、老龄办、社区服务总中心、精神病医院参与社区建设的工作机制，形成共同建设公益设施、共同开展服务项目、共同维护社区稳定的社区建设工作合力。五是农村社区建设工作试点先行。在牛栏山镇、马坡镇的15个村开展农村社区服务站试点建设，梳理服务项目，规范名称，安装形象标识，配置电脑、打印机等服务设备。

（衣　磊）

【社区服务】　截至2009年底，顺义区社区服务总中心有休养员273人，孤残儿童108人，工作人员153名。中心不断发展龙头带动作用，拓展服务职能，整合资源，发挥96156社区公共服务平台作用，辐射顺义城区开展居家养老服务工作，满足顺义区老年人不同层次的养老服务需求。被北京市民政局评为“服务标准化示范单位”；被北京市社区服务中心评为“北京市社区公共服务平台工作先进区县”；获得北京市首届家政技能服务大赛“优秀组织单位”称号。获得由共青团顺义区委员会颁发的“青年文明号”称号。不断完善服务设施。投资约65万元对餐厅进行改造，优化就餐环境；投资约43万元完成休养楼和救助部的喷淋消防设备改造；投资约30万元安装了电子监控系统；投资约170万元完成夕阳红公园改造工程；争取市福彩资金约330万元进行2010年福利设施改造。提升96156服务质量。一是在全市率先出台了《顺义区2009年度居家养老服务商考核方案》、《星级服务商评定办法》、《96156加盟服务商与空巢、独居老人帮扶活动办法》。同时实行96156加盟服务商准入机制、考核机制，每季度联席制度。二是开展了“喜迎国庆60周年，96156系列便民利民惠民服务活动”和“喜迎两节 共享和谐”为主题的96156两节服务活动。截至目前有96156加盟服务商21家，小呼叫年接单量13581条，其中服务单4141条，咨询单9440条，电话回访率达到100%，满意率达99.5%。

（衣　磊）

【社区义工】　2009年，顺义区社区义工联合会打造四大亮点，创造性开展义工工作。一是围绕和谐社区建设要求，搭建“春蕾行动”关爱青少年服务项目、“春雨行动”便民利民服务项目、“绿色行动”绿色家园建设服务项目、“蓝盾行动”平安社区建设项目、“霞光行动”爱老助老服务项目等五大主题服务项目平台，发展壮大义工队伍，共注册登记义工1.13万人，年人均服务时间达到250小时，受益群众达到7万余人次，创造社会经济效益430余万元。二是拓展服务领域，指导基层义工组织自主开展了大型社会服务活动388次，组建花博会无障碍义工服务队，面向残疾人、老年人、突发疾病失去行动能力的特殊人群，开设轮椅推行、引导咨询等服务项目，共提供无障碍服务3000人次，为花博会的圆满成功举办做出了贡献。三是加强义工组织自身建设，完善考核奖励机制、在线注册登记管理机制，搭建社会组织参与义务服务平台，北京恩布拉克公司义工服务队、美语学院、京顺医院、摄影家协会、妇幼保健院等社会组织、单位作为团体会员提供了医疗、教学培训、摄影、文艺表演、公益活动支持等专业服务30次，服务老年人、孤残儿童、社区居民达2400人次。四是加大宣传力度，通过情动绿港栏目、顺义时讯等宣传媒体宣传义工典型人物和事迹。刘勤、王右安、郭秀英等9名义工荣获“北京市志愿服务终身荣誉奖”，提高了社会各界对义工工作的知晓度。

（衣　磊）

基层政权建设

【概　况】　2009年，顺义区基层政权建设工作重点突出，机制完善。村务公开民主管理工作再创佳绩,蝉联了"全国村务公开民主管理示范区"殊荣。16个村(居)委会被评为北京市先进村(居)委会,7个(村)居委会主任被评为北京市先进村(居)委会主任。一是圆满完成第七届社区居委会选举工作。全区有21个社区首次采取户代表选举方式进行选举,突破了居民代表选举的单一形式。3个社区选举日投票率达100%,居民参选意识明显提高。共选出578名社区居委会人员,平均年龄37岁,党员285名,占总数的49.3%,大专以上学历的410名占总数的71%,队伍机构明显优化。二是社区工作者综合素质整体提升。组织全区669名社区工作者进行集中脱产培训,突出政策教育、形势教育、业务知识培训、先进经验交流,举办了"五比"学习演讲交流活动,在社区干部中营造了"比认识、比思路、比能力、比实践、比贡献"的工作氛围。三是社区工作者待遇全面提高。制定出台了《关于落实社区工作者工资待遇的实施办法》,在落实市级标准的基础上,增加了防暑降温、取暖费等待遇,新工资标准是原来的1.63倍。四是村务公开民主管理工作再创佳绩。开展村务公开民主管理"难点村"治理工作,提升村民自治能力。3个镇68个村被评为"北京市村务公开民主管理示范镇、村"荣誉称号。圆满完成了民政部和北京市人大调研组关于村务公开民主管理、城乡社区自治工作的调研接待工作,受到充分肯定。五是审定完成《中国首都村(居)况全书》工作。收录了19个镇426个村、71个社区有影响的重要史迹、重大事件,特别是改革开放30年来的重要成果;征集了社区史料120份和1500张图片,形成了51万字的情况介绍。

(衣　磊)

优抚安置

【优待抚恤】　2009年,顺义区出台了《军人抚恤优待实施办法》,将优抚对象医疗减免比例从最低45%全部提高到80%,设立了医疗垫付专项资金,解决了患大病贫困优抚对象前期治疗费的问题,全年共为优抚对象办理医疗减免手续5368人次,减免金额726万元。在认真贯彻落实各项优抚政策的基础上,不断提高优抚对象生活质量。一是认真做好"八一"建军节及春节期间走访慰问活动,市、区两级共投入资金162万元,对全区2549名优抚对象进行普遍走访,发放一次性生活补贴40.73万元,为1229名"三老"优抚对象发放慰问金38.91万元。二是继续开展优抚对象危旧房屋翻建工程,建房标准由3万元提高到5.4万元。市、区共投入资金621万元,为115户优抚对象翻建房屋。三是新认定参战、参试人员197人,使其享受相关优抚待遇。四是从2009年10月1日起,实现了优抚对象抚恤补助城乡一体化,大幅度提高了优抚对象生活水平。

(衣　磊)

【安置工作】　2009年顺义区共接收复退军人229人,其中退伍义务兵和复员士官149人,转业士官27人。城镇应安置176人,其中112人选择了自找工作单位和自谋职业,占应安置总人数的62%,为他们发放自谋职业补助费419万元,为城镇义务兵发放待分配期间生活补助费11.8万元,为农村籍退役士兵53人发放自谋职业补助费53万元。安置率保持100%。

(衣　磊)

【光荣院】　2010年,顺义区光荣院牢固树立

“大民政”理念和“亲民、为民、利民”服务理念，努力争创一流工作业绩，服务管理水平得到进一步提升，圆满完成了全年各项工作任务，荣获“首都民政系统行风建设示范单位”荣誉称号。一是服务设施、服务环境进一步改善。按照“三年规划”总体要求，以打造“宜养、宜居、宜工”公益性养老服务场所为出发点，对食堂、活动室、庭院等公共场所进行了综合规划整理，服务设施和环境得到了进一步优化。二是服务管理制度进一步完善。以争创“首都民政系统行风建设示范单位”为契机，在原有基础上制定和完善了《目标量化考核办法》、《服务工作流程》、《安全管理工作制度》、《应急工作预案》、《值班管理规定》及《考勤管理办法》等多项工作制度，服务管理工作日趋完善、有序和规范。按照局“四大平台建设”和“民政工作数据库建设”要求，建立了网上办公工作平台和对外展示窗口，工作将更加便捷、高效。三是优抚政策进一步落实。牢记“老人至上、服务第一”的办院宗旨，全面落实休养老人“两个待遇”。按时、按标准为休养员发放抚恤金和零用钱，及时配发应季服装及生活日常用品；努力提高休养老人生活情趣和生活质量，关心休养老人精神文化生活，为老人订阅报刊杂志，重大节日组织工休人员座谈、联欢，定期组织开展趣味文体活动，春秋季节组织外出参观，采摘等；抓好伙食管理，精心为休养老人配制营养可口饭菜及果品；关注休养老人身心健康，倾心施行精神抚慰和心理呵护，坚持领导日巡视、医务人员日询诊工作制度，及时了解老人各种需求，及时发现老人病情，确保在第一时间得到救治。2010年，全院休养老人医疗费支出50余万元。四是双拥共建活动更加活跃。充分发挥“青少年德育教育基地”和“优抚对象服务中心”两个工作平台作用，积极开展双拥共建活动，与区内多家中小学校和驻区部队等建立共建关系，进一步加大“优抚对象服务中心”工作力度。2010年，顺义区光荣院组织开展了“迎国庆、庆中秋、情系老战士”为主题的优抚服务活动，为在乡优抚对象送温暖、送服务、送欢乐；年内接待本区中小学生、社会青年及驻区部队官兵服务光荣院老人、接受德育教育和爱国主义教育共1200人次。

（衣　磊）

【军队离退休干部管理】　截止到2009年底，顺义区共有军队系统离退休人员199名，其中：军休干部111人，无军籍退休职工88人。2009年，顺义区共接收安置军休干部2人，圆满完成接收安置任务。加强制度建设，在原有制度基础上，补充了采购、车辆管理、值班、财务、一日生活和周例会等多项制度和接收安置、调整待遇审批等多项工作流程，使工作规范化，服务标准化。军休干部政治学习内容丰富，出资近3万元为军休干部订阅报纸、书刊等学习资料，定期组织军休干部进行政治学习，及时传达党的各项方针政策，使他们能够了解全局，关心国家大事。军休干部文化活动内容丰富，组织军休干部开展了书法、合唱、象棋、台球、钓鱼、春游、参观、疗养、培训等活动项目，参加人次达到1700人次。及时落实军休干部的调资和离退休费及各种津贴补贴，2009年按政策规定，调整军队离休干部荣誉金、军队退休干部及其遗属房租补贴标准、发放军队离休干部冬季服装费、调整军队离退休干部军粮差价补贴标准、调整规范军休干部津贴标准（补差）等共计305.501万元。为军休干部做好医疗服务。截止到2009年底为军休干部、享受医疗待遇人员和无经济收入家属报销门诊医疗费161万元。为军休干部和享受医疗待遇人员组织体检一次。走访慰问工作有序开展。建军节、中秋节、重阳节、春节等重要节日，全体工作人员深入每位军休干部家中走访慰问，出资近10万元分别走访慰问110名军休干部及37名遗属、26名军休干部重病号，为其送上党和政府的温暖。

（衣　磊）

老龄工作

【老龄事业】 2009年,顺义区不断提高老年人生活水平和生命质量,促进老龄工作健康快速发展。加大投入力度,完善为老服务设施建设。2009年,争取市福彩公益金664.4万元,完成了42个城乡居家养老服务站建设,使居家养老服务站总数达到126个。每家城区居家养老服务站室内使用面积不少于100平方米,每家农村居家养老服务站室内使用面积不少于300平方米。设置了居家养老服务办公室、日间照料室、活动室、健身室、棋牌室、图书室等服务场所。完善服务体系,开展居家养老服务。贯彻落实北京市"九养"办法工作要求,不断完善社区服务体系,充分发挥区居家养老服务中心的作用,在96156社区服务网络平台的基础上扩大服务范围,建立了涵盖家政、护理、配餐、康复等20余项服务项目。通过培训学校进行人员的专业培训,为居家养老服务提供专业服务人员,实现培训、就业、居家养老服务一体化的工作流程,收到了良好的社会效果。建立考核奖励机制,对月服务量在20户以上的居家养老服务组织年给予1万元奖励,对月服务量在40户以上的服务组织给予2万元奖励。开展文化活动,丰富老年人精神文化生活。结合《顺义区城乡一体化推进工作方案》,在城乡社区建立老年文化团队,建设42所老年大学分校,使老年大学分校总数达到68所。2009年,开展老年文化培训活动12期,培训人员3000人次;组织老年学员进社区活动10期,培训教育1200人次,授课1200课时。重阳节期间,向全区各单位下发了《关于在重阳节期间开展庆祝活动的通知》,区人力社保局开展"第三届退休人员重阳节庆祝活动",25个镇(街道办事处)均开展了形式各样的庆祝活动,丰富了老年人的精神文化生活。搭建参与平台,积极开展"银龄行动"。区老龄办制定了"银龄行动"工作安排,在市老龄办实体办的指导下开展了形式多样的老年人参与活动:组织老年大学老教师和老年学员进社区活动6期;重阳节期间开展"庆重阳．促和谐．老年文艺汇演"活动3场;组织医院与牛山镇敬老院、张镇敬老院共同开展了健康体检活动2场;组织城乡社区老年协会开展平安社区、和谐社区创建活动1.2万人次。加强老年优待工作,提高老年人福利水平。2009年,制定出台了《顺义区关于加强老年人优待工作的办法》,提高了老年人优待福利的标准。办理60周岁老年人优待卡、优待证14000份;审批80周岁以上老年人居家养老服务券10300份;审批90周岁以上、百岁老年人高龄津贴4600人次,发放高龄津贴96万元。全区9万余名老年人充分享受社会发展成果。贯彻落实《老年人权益保障法》,维护老年人合法权益。2009年,区老龄办与区人大开展了为期1个月的《中华人民共和国老年人权益保障法》和《北京市老年人权益保障条例》的贯彻落实情况检查,重点察看了全区17家养老服务机构的建设情况、服务情况、入住情况等,掌握了我区各养老服务机构的基本现状和存在问题。区老龄办根据区人大提出的建议进行了调研,并制定了老龄事业发展目标、养老服务事业发展规划及改进措施,进一步提高了我区养老服务业标准,促进了全区老龄工作的发展。

(衣　磊)

【养老机构】 截至2009年底,顺义区养老服务机构达20家,其中区级政府办养老服务机构1家(区老年公寓)、镇办养老服务机构(镇敬老院)14家、民办养老服务机构5家(其中3家已批准设置,尚未发证运营)。共有养老机构床位数3110张,每百名老人拥有床位数

3.3张。全年争取市、区500万元补贴资金对木林、李桥、杨镇、张镇、龙湾屯五家政府办养老机构进行扩建，新增床位590张，批准设置3家民办养老机构，新增床位698张，目前已基本完工。申请市级福彩公益金400余万元，为养老机构配备为老服务设施，改善机构环境。

（衣　磊）

民间组织管理

【社会组织】 2009年，顺义区共完成社会组织成立登记4家，其中社会团体1家，民办非企业单位3家；注销登记16家，其中社会团体6家，民办非企业单位10家；变更登记17家，其中社会团体4家，民办非企业单位13家；为69家社会组织换发了登记证书。创新年检管理，对连续两年年度检查达到合格的社会团体进行免检，对年检基本合格和未完成年检工作的社会组织实施现场督查，限期整改，并及时进行复检。全区社会组织登记总数达222家，其中社会团体89家，民办非企业单位133家。探索建立社会组织管理与发展平台，拟定《顺义区社会组织管理与发展平台建设实施方案》，完善自律发展、培育扶持、服务管理、监督执法四个管理机制，促进社会组织健康有序发展。全面启动社区社会组织备案工作，全区共备案社区社会组织392家，区、镇（街道）、村（居）委会三级备案制度初步形成；进一步完善社会组织双重管理体制，建立了登记管理机关、业务主管单位、属地镇（街道）三方协管机制，加强了相关单位的信息交流、协同监督，形成各司其职、各负其责、密切协作、齐抓共管的工作合力；积极做好社会组织安全检查和甲型H1N1流感防控工作，制定下发《顺义区社会组织甲型H1N1流感防控应急预案》，集中对全区规模较大、人员较密集的民办养老机构、幼儿园、学校、医院等社会组织进行消防安全、流感防控等工作的抽查，全面保证了社会组织系统的安全稳定；举办“顺义区首届社会组织人才专场招聘会”，提供就业岗位390个，应聘者超过3000人，所有招聘宣传和展位服务全部免费，给社会组织和各类人才搭建供需平台，扩大了就业渠道，缓解了就业压力，也为社会组织加大宣传、提高素质、树立形象提供了机会。顺义区被确定为全国社会组织学习实践科学发展观活动指导组的联系点，在北京市指导组的指导下，在区委、区政府的正确领导下，社会组织学习实践活动扎实推进、效果显著。新建了京顺医院和东方太阳城医院两个社会组织党支部，全面实现了社会组织“党的建设有新突破，自身建设有新加强，功能作用有新发挥”的目标。顺义区荣获“全国社会组织深入学习实践科学发展观活动先进指导单位”称号，并在民政部学习实践活动工作会议上做了典型发言。2009年，顺义区社会组织充分发挥自身优势，勇担社会责任，积极参与社会活动，服务社会能力日益提升。在服务花博、庆祝建国60周年等主题活动中开展公益活动500余次，参与志愿服务15300余人次，受到了各级领导和社会各界的好评。顺义区三农研究会被民政部评为“全国先进社会组织”。

（衣　磊）

社会福利

【慈善事业与捐赠工作】 2009年，区慈善协会整合资源、搭建平台拓展募捐渠道和筹款数额,共募集善款15011415.43元。开展助学、助医、助残、助老、助教、爱心家园服务等一系列慈善救助项目,提前实现城乡一体化目标,使全区开展慈善事业的社会基础和群众基础大幅度增强,推进了顺义区慈善事业的全面发展。一是建立慈善支撑体系,开拓筹款渠道。在全区各镇建立慈善分会22个,充分调动镇(街道)募捐工作的积极性,募集捐款600余万元。二是开展集中捐赠活动。完成"春雨工程"、"共产党员献爱心捐赠活动"和"送温暖、献爱心"等募捐工作,募集善款1077万元。三是开展系列救助项目,扩大救助范围。开展了助灾、助困、助残、助医、助学、助老等六大系列救助项目,累计发放各类救助金300余万元,受益群众近万人,开展"两节"走访慰问活动,有效的缓解了困难群体的生活压力。四是有序推进全区爱心家园建设工程。向全区的4190户救助对象发放爱心卡,配发粮油价值46.2万元、衣物4500件,发放救助款物合计112.28万元。五是携手企业和社会组织推出冠名救助项目。启动了困难母亲救助项目,华夏基金、鑫大禹助学款冠名救助项目,共救助困难学生460人,发放救助资金90余万元。六是投资800万元完成了对口支援四川灾区什邡市的援建项目,定向用于什邡市师古慈善小学援建工程,帮助灾区儿童早日走进新的校舍。

(衣　磊)

【福利企业】　2009年,全区有福利企业97家,共有职工3645人(较去年同期增加100人),其中残疾人职工1367人(较去年同期增加54人)。残疾人职工本市农村户口1295人,本市城镇户口43人,外埠户口29人。销售收入5.6亿元,利税总额3484万元。全年累计支出376.6974万元用于扶持福利企业发展及保障残疾人职工权益,其中,安置残疾人就业补助金361.2万元,春节走访慰问100户特困残疾人家庭4万元,福利企业临时救助5万元,安置精神类残疾人岗位补贴6.4974万元。召开了福利企业总结表彰大会,对全区2家标兵福利企业、8家先进福利企业及10家优秀福利企业进行表彰。举办了两次残疾人职工专场招聘会,共有27个福利企业提供就业岗位166个,274名残疾人参加了招聘,其中与福利企业达成就业意向213人。组织福利企业代表与怀柔区福利企业开展学习交流活动及福利企业厂长培训、残疾人职工免费技能培训等活动。民政局福利办网上办公平台系统正式投入使用,达到了提高效能、促进交流、加大宣传的目的。

(衣　磊)

【福利彩票】　2009年,认真贯彻中国福利彩票"扶老、助残、救孤、济困、赈灾"的发行宗旨和"安全运行、健康发展"的发行工作方针,全年共发行电脑福利彩票11306.09万元,赈灾即开票1234.6万元,为国家和地方筹集公益金4000余万元。申请北京市福彩公益金15.42万元,开展"福彩献真情、敬老送明亮"公益活动,为1500余名低保家庭60岁以上老人免费配老花镜。申请福彩公益资助金5万元资助了17个特困家庭。

(衣　磊)

【见义勇为】　2009年,顺义区依法确认见义勇为行为1人次,颁发了证书及1万元奖励金。不断加大见义勇为权益保护工作宣传力度,积极组织全区开展见义勇为知识竞赛答题活动,获得集体组织二等奖。全力保障见义勇为人员合法权益,为5名见义勇为家庭发放1.5万元的生活困难补助,为2名见义勇为家庭发放1.8万元的一次性救助金。元旦春节期间,对全区69名见义勇为人员进行普遍走访慰问,送去慰问品、慰问金10万余元。

(衣　磊)

【超转工作】　2009年,管理各类超转人员5244名,其中市民政局接收管理的有208名,区民政局接收管理的4436名,各企事业单位自管的600名,全年累计发放超转人员生活补助费6034.6万元,医疗补助费144.9万元,报销医疗费用1488.76万元。积极落实《顺义区人民政府印发关于提高征地超转人员待遇有关意见的通知》(顺政发〔2007〕38号)及北京市劳动保障局《关于北京市2009年调整企业退休人员基本养老金的通知》(京劳社养发〔2008〕232号)精神,调整超转人员生活补助待遇。超转人员生活补助待遇自1月1日起由月人均775元提高到900元,月增125元,调整幅度为16.13%。

(衣　磊)

民族宗教侨务

【概　况】 2009年10月11日,顺义区民族宗教侨务办公室在区民政局加挂牌子调整为区政府工作部门,并举行顺义区民族宗教侨务办公室挂牌仪式举行,顺义区领导刘剑、雷显武、王海臣、冯庆森、王玉奇参加了挂牌仪式。顺义区长刘剑代表区委、区政府向区民族宗教侨务办公室表示热烈祝贺,并要求要以挂牌仪式为新的起点,再接再厉,忠实地履行好党和人民赋予的职责,科学管理、开拓创新,着力打造一支政治强、作风硬、守纪律、能管理、会服务的新型队伍,为顺义区和谐稳定贡献力量。2009年,顺义区民族宗教侨务办公室在区委、区政府的正确领导下,紧紧围绕区委、区政府的中心工作,立足"保增长、保民生、保稳定"的工作大局,狠抓民族村经济发展,宗教领域安全稳定以及为侨服务工作,顺利完成了年初制定的各项工作任务,为建国六十周年大庆及花博会的顺利举办做出了积极的贡献。

单位名称:顺义区民族宗教侨务办公室
地址:顺义区石园北区东侧民政局办公大楼
电话:(010)69461734
邮编:101300
网址:http://www.minzqb@ bjshy.gov.cn

(民族宗教侨务办公室)

【民族概况】 顺义区有5个少数民族村,分布在5个镇,占全市民族村总数的4.2%,其中3个是回族村(后沙峪镇回民营村、牛栏山镇安乐村、高丽营镇七村),2个是满族村(天竺镇杨二营村和北石槽镇寺上村)。民族村总人口7500人,占全市民族村总人口的4.5%,少数民族人口4200人,占全市民族村少数民族总人口的6.3%。

(民族宗教侨务办公室)

【建国六十年大庆、花博会期间安全维稳】 顺义区民族宗教侨务办公室注重抓好民族和谐,宗教维稳的关键环节,加强对清真网点及宗教活动场所的安全检查工作,为六十年大庆、花博会的顺利举行做出积极的贡献。

(民族宗教侨务办公室)

【民族村集体和村民收入】 2009年,顺义区5个民族村的人均劳动所得达11794元,比全市民族村人均劳动所得11192.2元高601.8元,同比增长5.4%;比全市平均水平10953.6元高840.4元,同比增长7.7%;比全区农民人均劳动所得10370元高1424元,同比增长13.7%。从全市看,达到所在区县农民人均劳动所得水平的民族村只有42个,占民族村总数的35.9%;顺义区已有3个民族村达到全区平均水平,占5个民族村的60%。民族村的整体水平位于全市前列。

(民族宗教侨务办公室)

【民族村民族团结进步创建工作】 在第六届首都民族团结表彰大会上,顺义区民族宗教侨务办公室、杨镇一中2个单位,后沙峪镇镇长韩凤桐、北石槽镇寺上村党支部书记郑志彪、高丽营镇七村党支部书记马建淮3名同志,被北京市委、市政府评为先进集体和先进个人。寺上村党支部书记郑志彪同志被评选为全国民族团结进步先进个人,得到了胡锦涛总书记的接见,为顺义区赢得了荣誉。

(民族宗教侨务办公室)

【民族文化教育事业】　顺义区已有3个民族村被评为市级民族文化示范村。组队参加了北京市第四届民族健身操舞大赛和少数民族体育比赛活动,均取得较好的成绩。2009年10月,北京市民委、北京市教委授予杨镇一中民族团结教育示范校荣誉称号。

(民族宗教侨务办公室)

【民委系统政策法规知识竞赛】　顺义区民族宗教侨务办公室代表顺义区参加“北京市民族宗教政策法规知识竞赛”。在北京市25个区县、社会团体参赛代表队中,喜获第三名的好成绩。

(民族宗教侨务办公室)

【侨情基本情况】　顺义区现有华侨9人、外籍华人175人、港澳同胞324人、归侨5人、侨眷26人。分布以空港办事处为主,占总人口的89.4%,其余还有光明办事处占3.4%、胜利办事处占2.3%、旺泉办事处占1.5%、双丰办事处占1.3%、天竺镇占0.8%、仁和镇占0.4%、林河工业区占0.4%、南法信镇占0.2%、天竺综保区占0.2%。侨资企业15家,分别分布在天房地区6家;天竺镇5家;李桥镇2家;后沙峪镇1家;胜利办事处1家。这些企业的投资来源地主要来自:英属维尔京群岛、澳大利亚、美国、加拿大、香港。主要从事:房地产开发、物业管理、物流行业、羊绒制品生产、塑胶制品生产、小家电、印刷行业。

(民族宗教侨务办公室)

殡葬管理

【殡葬管理】　2009年,全区火化率保持100%。清理整顿公墓工作圆满完成。4月至7月,将殡葬环境整治和清理整顿公墓工作融为一体,创造了结合拆迁、区域环境建设,深埋、整体迁移、实墙和绿篱遮挡多种模式,净化了区内殡葬环境。共平掉、遮挡坟墓2090座,促进了公墓经营管理更加规范,殡葬环境更加整洁、有序。落实《北京市城乡无丧葬补助居民丧葬补贴办法》。截至2009年12月底,区、镇已受理丧葬补贴申请2900余份,区民政局核准2633份,丧主领取丧葬补贴款1316.5万元。实现“文明祭祀、平安清明”。清明节期间,全区共有263139人次、43559辆车次参加了祭扫活动,其中区重点祭扫接待单位潮白陵园接待社会各界祭扫群众96450人次,车辆17040辆次。区潮白烈士陵园和镇烈士陵园、公墓在清明节广泛开展革命传统教育活动,共接待进行革命传统教育的20个单位4200余人,潮白烈士陵园接待了3804人。全区各单位共出动值勤工作人员11723人次,其中区领导小组成员单位出动工作人员4901人次,各镇分指挥部、重点殡葬设施单位出动工作人员6822人次。在区清明祭扫指挥部和各职能部门努力下,圆满完成了祭扫活动组织管理工作。

(衣　磊)

【公益性林葬墓地】　继续推广公益性林葬公墓建设,2009年全区新建并投入使用农村公益性公墓5家,截至年底,已建成16家农村公益性公墓,建造墓穴7152个,已使用2640个,节约土地约6000余亩、资金1.2亿元。

(衣　磊)

【殡仪馆】　2009年,殡仪馆大力宣传丧葬补助政策,重新制定了《便民服务指南》和多项便民政策,准备了众多低价位的殡仪服务项目,并积极宣传和引导家属提倡绿色殡葬,促进了城乡一体化进程。新殡仪馆搬迁工作。2009年,新殡仪馆建设已通过选址、规划、环评、土地、设计等工作,按计划安全、有序、稳步开展。新殡仪馆占地面积为119.48亩,建筑面积22977平方米，截至年底，新馆仪式楼基础已经完成，职工宿舍楼地下室板墙、基柱已完成，正在进行首层柱钢筋绑扎工作，3000平方米骨灰堂首层柱绑扎钢筋、支模、浇筑砼已完成。

（衣　磊）

婚姻登记

【婚姻收养】 2009年，婚姻登记科共办理婚姻登记11476对，其中结婚登记8315对，离婚登记1076对，补领登记2085对，为当事人和相关单位出具各种婚姻状况证明545人次，查询档案502人次，查获假证件9件。办理收养登记33件，其中，在北京市先行试点办理事实收养13件，解决了被收养人因没有户口导致不能正常就医就学长期上访难题，得到了当事人的一致好评。2009年9月9日，全局工作人员成立了四个工作小组各司其职，通力配合，办理结婚登记710对。2009年荣获“北京市60周年大庆安保工作先进单位”称号。

（衣　磊）

行政区划

【行政区划】 2009年，顺义区行政区划工作以开展边界线联检工作为重点，强化界线管理，创新工作机制，为维护国庆60周年、第七届花博会期间的边界稳定做出了积极贡献。一是扎实做好区县界线联合检查工作。对顺义区牵头的“顺昌、顺怀、顺密”三条界线进行联检，配合朝阳、通州、平谷开展界线联检工作。通过全面自查、召开联席会议、确定重点地段联检、实地踏勘等工作，确保了联检工作扎实细致，界线完整贯通。二是加强平安边界建设。配合区综治办深入开展平安边界创建工作，制定了《关于签定平安边界协议书的若干规定》，签定了25份平安边界协议书，认真做好边界线界桩的日常维护管理工作。三是做好界线排查工作。组织全区各街道、镇政府对全区省市、区县、街镇三级界线进行排查，确保界线清晰，无争议。四是完成了顺义区行政区划信息资源管理库建设。

人力资源和社会保障

【概　况】 2009年是不平凡的一年，受全球金融危机影响，人力资源社会保障面临的形势严峻、任务艰巨。在区委区政府的坚强领导下，我们坚持以科学发展观为指导，以“保就业，促保障，构建和谐劳动关系”为目标，攻坚克难，锐意创新，多措并举，务求实效，圆满完成了区委区政府年初下达的各项任务指标。

单位名称：顺义区劳动和社会保障局
地址：顺义仓上街16号
电话：(010)89445703
邮编：101300
网址：http://www.shyld.gov.cn

（古会忠）

【就业工作扎实推进】 年内，全区新增城镇就业15186人，完成既定指标12000人的126.55%；农村劳动力转移就业13635人，完成既定指标5500人的247.91%；城镇失业人员再就业8585人，完成既定指标6800人的126.25%；农村劳动力二三产业就业率达到

88.3%,同比提高1.7个百分点;大学生就业5485人,就业率达到99.7%;城镇就业困难人员就业3431人,完成既定指标2300人的149.2%;就业困难人员就业率65.09%,比既定指标60%增加5.09个百分点;累计开发社区就业岗位7495个,完成既定指标5500个的136.27%;累计培训城乡劳动力13585人,其中,农村劳动力11228人,城镇失业人员2357人,分别完成既定指标10900人和1500人的103.01%和157.13%;城镇登记失业率控制在1.02%,比既定指标2.2%低1.18个百分点。大中专毕业生8771人,其中本科生3394人,大专生2231人,中专生3146,完成市局下达的初次就业率达到95%的工作目标。

(古会忠)

【建立联动机制】 建立特别联动机制,做到"四个100%":对企业裁员100%监控到位;对因金融危机影响而失业的劳动者100%进行转岗培训、100%给予优惠政策支持、100%提供一个就业岗位。同时建立起"绿色通道"帮助区域内企业积极申请市级稳定就业资金,累计帮助30家经营困难企业申请了市级资金,已批复672.77万元,使9172名转岗和待岗职工免遭失业。

(古会忠)

【实现就业政策普惠化】 出台《顺义区人民政府关于进一步加强就业再就业工作的意见(试行)》(顺政办发40号),预计投入1亿元,用于城乡劳动力、高校毕业生、就业困难人员的职业技能培训、社会保险补贴、职介机构推荐奖励等等。新政策实现了"一个提高"即:投入力度创历年之最;提出了"两个率先"即:率先将高校毕业生纳入就业政策扶持范围,率先将在职职工纳入培训政策扶持范畴;实现了"三个扩大"即:扩大了就业困难群体范围,将优惠政策的享受年龄下调5岁至"3545",将纯农家庭劳动力、当年未就业高校毕业生和连续失业一年以上农村劳动力纳入就业困难群体,给予政策支持;扩大了享受政策的用人单位的范围,凡是招用本区劳动力的企业不分地域均可享受优惠政策;扩大了政策体系范围,将各街镇自行制定的促进就业优惠政策制度化,一同归入全区政策扶持体系。新政策的出台,标着着顺义区统筹城乡就业的政策体系建设完成,真正意义上实现了城乡一体。

(古会忠)

【实现就业服务个性化】 研发并启用了《顺义单位用工管理信息系统》,率先在全市采用网络备案方式对用人单位招用人员进行备案,简化了备案程序;强化舆论宣传,实现就业工作"电视有影、电台有声、报纸有字";制作了以"想就业,我帮您"为落脚点的公益广告,加大宣传力度,开通了就业服务热线,拓宽求职渠道,召开了"精品专场"与"南彩试点大集"相结合的招聘会,做到了"年年有计划、月月有进展、周周有招聘"。投资1000余万元,开通"绿港就业快车"网站,实现网上求职、网上招聘、网上职业指导、网上面试、网上政策咨询。在牛山、北务、杨镇、木林、高丽营、赵全营6镇设立了LED滚动大屏和全区街镇社保所、村级就业服务站、街道居委会设立了265块LED小屏,每天滚动播出空岗信息、就业优惠政策等内容,在全区形成了"优惠政策人人懂、招聘信息人人明、洽谈活动人人知、就业岗位人人选"的良好氛围。启动了就业困难群体进机关工程,推进城乡就业困难群体到区镇两级财政负担的"三保"(保洁、保绿、保安)岗位就业,提高就业质量和就业稳定性。全区已有5000余名就业困难人员顺利进入"三保"岗位,实现了稳定就业。

(古会忠)

【实现职业技能培训持续化】 将"一免双促三提升"的培训模式延伸至所有城乡劳动力,将不限等级、不限工种的免费培训贯穿于劳动者职业生涯的全过程;着力推行校企联合办学,增强培训的针对性。坚持"走出去、请进来"的指导原则,在全市广泛征集培训资源,增强培训力量,提升培训水平。11月,我们引进了区外优质培训资源开展了首批“汽车制造技师”培训。现代汽车、北汽制造、摩比斯三家企业的200名职工成为首批享受免费高级技师培训的人员。顺义区也成为全市首家利用区外培训资源培训本区劳动力的地区,为全市高级技师资格培训工作探索了经验,受到市局领导的充分肯定。

(古会忠)

【公务员考核录用培训工作】 全区共有科级以下公务员2561人,参加年度考核2560人,考核优秀等次472人,占18.4%;考核称职等次1932人,占75.4%;考核不确定等次161人,占6.2%;确定嘉奖778人,三等功210人,呈报二等功13人。年内,面向社会招考录用公务员61人,其中:应届毕业生53人,村官8人。制定了首批战略后备人才境内外培训实施方案,开展了首批战略后备人才境内外培训选拔工作,组织140名考生进行了英语笔试、口试和专业考试,根据考试成绩进行了面试、综合考察,确定参加首批战略后备人才境内外培训人员22人。

(古会忠)

【专业技术人员管理工作】 截至2009年12月31日,全区专业技术人员总数21987人。其中:高级职称1877人,同比增加167人,增长9.8%;中级职称8887人,初级职称11223人。享受政府特殊津贴专家23人,其中在职7人,退休16人。事业单位岗位设置工作整体进度走在全市前列,年内审核岗位设置方案425家,审核岗位设置名册15851人次,涉及专业技术岗位内部等级晋升7309人(含退休人员)。组织15家事业单位进行公开招聘补充事业单位工作人员74人。

(古会忠)

【引进人才工作取得实效】 引进各类高层次人才28人,教育系统11人,卫生系统2人,重点企业引进15人。引进人才在各自的工作岗位迅速成为业务骨干,为顺义经济社会的发展贡献着力量。

(古会忠)

【军转干部安置情况】 军转安置任务28人(其中正营14人,副营11人,专业技术干部3人),自主择业1人,实接档案29份。

(古会忠)

【选聘毕业生到农村和社区工作】 经过职位发布、资质审查、笔试、心理测评、面试、体检等环节,共从1600名报考者中选聘了241名优秀大学毕业生充实到顺义区“村官”队伍中,保持了“村官”队伍的动态平衡。选聘毕业生到社区工作,此次选拔共计有104名合同期满大学生“村官”及397名高校毕业生报名参加,通过开展组织笔试、资格审查、面试、体检、培训、签约等各个环节,已完成全区81名社区工作者的选聘,其中应届毕业生40人,合同期满大学生“村官”41人,已全部上岗。

(古会忠)

【社会保险扩面征缴稳步增长】 年内,五项社会保险平均参保人数达到20.9万人(生育保险除外),同比增长12.4%。累计收缴社会保险基金16.81亿元,同比增加6.34%。累计为36244人支付养老金6.2亿元,同比增加24%。“一老一小”大病医疗保险参保人数达到67865人,同比增加2.8%,支付医疗保险费1088.5万元。城镇无业居民大病医疗保险参保人数917人,其中免缴人员参保率达到100%,支付医疗保险金73万元。城乡居民养老保险参保人数17万人,累计为2万人支付养老金6225.2万元,人均月领取额为320元。累计为61273人发放福利养老金11252万元。

(古会忠)

【公费医疗制度改革】 在区委区政府的坚强领导下,制订了新的公费医疗改革方案。新政策投入2800万元,将原来的门诊医疗费包干到单位调整为全区统筹报销,统一报销标准,切实推进全区公费医疗享受人员与市属单位享受同等的待遇水平。年内,全区享受公费医疗待遇的行政事业单位278家,享受人员26640人,支付医疗费6857.2万元,同比增加17%。

(古会忠)

【转非安置工作】 协助有关部门完成了望泉寺、梅沟营等12个村的转非安置政策答疑工作;为张庄、吴家营、向阳整建制拆迁村的3044名转非劳动力和平各庄、北务等9个村的99名转非劳动力发放了一次性就业补助费。为吴家营等村的1975名转非劳动力办理社会保险补缴手续。年内,累计为4067人补缴了养老保险,其中一年以上的1385人,一年以下的2682人。

(古会忠)

【维护劳动关系的和谐稳定】 通过加大日常巡查,深入开展专项执法检查、强化属地管理和全面推进"劳动用工规范一条街工程"等措施,主动出击,预防为主,查防结合,务求实效。受理举报投诉案件大幅下降,同比降幅为54%。随着《劳动合同法》《劳动争议仲裁调解法》的出台,劳动争议案件连续两年大幅递增,同比增加81%,其中,集体争议案件增幅最快,同比增加174%。为快速妥善处理劳动争议,避免矛盾激化升级,我们以集体案件为突破口,狠抓案件的预防和初审,坚持调解为主,积极与法院沟通,各类劳动争议案件得到妥善处理,结案率达到100%,调解率达到78%。

(古会忠)

人民生活

【概　况】 据顺义区2009年农村住户(270户)抽样调查资料显示:全年农民人均纯收入11648元,比上年增加1246元,增长12%;农民生活消费支出人均8056元,比上年同期增加1150元,增长16.6%。据顺义区2009年城镇居民家庭(200户)抽样调查资料显示:人均可支配收入23179元,比上年增长8%;人均消费性支出13466元,比上年增长6%。

单位名称:顺义区统计局

地址:顺义区顺通路AMB大厦A座11-13层

电话:(010)89445498

邮编:101300

网址:http://www.sy.bjstats.gov.cn/

(那　娜)

农村居民收入支出情况

城镇化促进农民收入稳定。工资性收入稳步增长,为7055元,比上年增加690元,增长10.8%,占总收入的60.6%。农民外出打工收入增加是工资性收入增长的主要因素:年内外出打工人数比去年增加25人,为72人,增长53.2%,同时,外出从业时间比去年增长60.3%。家庭经营纯收入略有增长,为1803元,比上年增加15元,增长0.8%,占总收入的15.5%。财产性收入增长9.1%。农民财产性人均纯收入为1181元,比上年增加99元,增长9.1%,占总收入的10.1%。主要从土地征用补偿、利息及转让承包土地经营权收入中得到。转移性收入增长37.9%。转移性人均纯收入为1609元,比上年增加442元,增长37.9%,占总收入的13.8%。

农民生活消费质量持续改善。随着社会保障水平的提高以及国家一系列惠农政策的影响,农民人均纯收入保持较快增长,生活质量不断改善。食品类:农民人均食品支出2807元,比上年同期增加246元,增长

9.6%，占生活消费支出的比重（恩格尔系数）为34.8%，比上年下降2.3个百分点。衣着类：农民人均衣着消费支出588元，比上年增加97元，增长19.7%。居住类：农民人均居住消费支出1210元，比上年增加146元，增长13.7 %。家庭设备、用品服务类：由于家电下乡惠民政策的实施，对农民家庭购买家电产品、改善生活质量起到了促进作用。农民人均家庭设备用品消费支出为490元，比上年增加77元，增长18.6%。交通和通讯类：农民人均交通、通讯消费支出1094元，比上年增加410元，增长59.9%。文化教育、娱乐用品及服务类：农民人均文化教育、娱乐消费支出为880元，比上年同期增加47元，增长5.6%。医疗保健类：农民人均医疗保健支出863元，比上年增加104元，增长13.7%。其他商品及服务类：农民人均其他商品和服务消费支出124元，比上年增加23元，增长22.8%。

（那 娜）

城镇居民收入支出情况

城镇居民收入趋向多元化。随着城镇居民收入水平的逐步提高，居民收入渠道不断拓宽，收入结构发生变化。调查资料显示，1－12月居民工资性收入、经营性收入分别15217元和2055元，二者比重均有下降，占家庭总收入的比重分别为为58.7%和7.9%，比2008年分别下降1.7和1.4个百分点。转移性收入7298元，比重增长，占家庭总收入的比重为28.2%，比2008年增长2.8个百分点。财产性收入1342元，比重为5.2%，比2008年增长0.4个百分点。可以看出，城镇居民的收入趋向多元化，但仍以工资性收入和转移性收入为主。

城镇居民消费结构优化。调查结果显示，年内顺义区城镇居民八大类消费支出呈现“6升2降”趋势。食品类：食品支出4507元，比上年增长5.2%，饮食结构优化，一些补品、绿色食品、方便食品等成为人们购买的首选。衣着类：衣着消费支出为1534元，比上年增长2.0%，其中：服装支出占衣着支出的比重为70%，居民的衣着消费档次不断提高。居住类：居住支出1437元，比上年增长8.2%。家庭设备用品及服务类：家庭设备用品及服务支出1003元，比上年增长7.3%。医疗保健类：医疗保健支出1368元，比上年下降4.9%。交通和通信类：1697元，比上年增长26%，主要是购买汽车家庭增多。教育文化娱乐服务类：教育文化娱乐服务支出1501元，比上年增长6.7%。其他商品和服务类：其它商品和服务支出419元，比上年下降8.1%。

（那 娜）

街道·镇

街　　道

光明街道

【概　况】 北京市顺义区光明街道办事处(简称区光明街道办)是区政府的派出机构,在辖区内行使政府管理职能。对辖区内的地区性、社会性、群众性工作全面负责;对辖区内城市管理、社区建设、社会治安综合治理、精神文明建设等方面的工作行使组织领导、综合协调、监督检查的行政管理职能。街道办公地点位于府前东街17号,光明文化广场东北侧。管辖地域范围东至望潮宫宾馆,西至光明南北大街,南至燕京桥,北至减河,占地面积4.12平方公里。辖12个居委会,总户数21808户,常住56699人,是人口密度比较集中的地区。

单位名称:北京市顺义区光明街道办事处

地址:北京市顺义区府前东街17号

电话:(010)69442246

邮编:101300

网址:http://www.guangm.bjshy.gov.cn

(李　辛)

【七项工程五项重点构建】 实施"七项"工程,即:实施"核心"工程,组建好基层两委班子;实施"优势"工程,搭建学习教育平台;实施"实事"工程,办好五件实事;实施"创建"工程,打造文明祥和社区;实施"安民"工程,化解不和谐因素;实施"暖心"工程,架起党群连心桥;实施"廉政"工程,勤廉并举促和谐。突出抓好:社区安全、社区卫生、社区环境、社区文明、社区服务五项重点工作,加快推进和谐、平安光明建设。实现三个提升:提升了光明辖区居民安全感,提升了光明街道社区的声誉度,提升光明辖区居民对居住环境的满意度。

(佟洪双)

【社区"两委"换届】 3—5月份,按照全区统一部署,全面推行"三推一选"、试行"公推直选",选出党总支书记1人、党支部书记11人,委员122人,平均年龄在41岁,大专以上学历占总人数的90%以上。实现了党组织书记和居委会主任"一肩挑",并配备了专职副书记和10名大学生主任助理,加强了社区党务力量配备,也为社区建设注入了新的活力。

(李　辛)

【成立金汉绿港第一社区居委会】 2009年1月,光明街道协调了350平方米的金汉绿港居委会用房，成立金汉绿港第一居委会，为居民提供服务、满足其参与文化、体育、联谊、培训等需求，进一步引导社区居民行自我管理、自我教育和自我服务提供组织保证。

（佟洪双）

【建成综合行政服务大厅】 行政服务大厅位于915便民街站，使人口比较集中地区。大厅总面积420平方米，装备高清液晶电脑、复印机等办公设备和电子显示屏、公示栏等服务设备，能够同时接待服务对象20人。12个社区全部建立了服务站，办公面积全部超过60平方米，从面积到硬件配备全部达标。在今年首批推出的便民服务室试点—双兴东区、滨河两个社区的便民服务室面积达到了150平米以上。综合行政服务大厅和社区便民服务室建成后，街道按照居民需求，加快推进科室服务职能下移，科学设立了民政、计生、司法、信访、劳动和社会保障等服务窗口，为居民提供劳动保险、法律咨询、计划生育等13大类37项服务。

（李　辛）

【科学发展观学习实践活动】 2009年3月，学习实践科学发展观活动启动。以“关注民生、构建和谐、建设平安光明”主题，抓准领导干部这一重要群体，抓住“思想政治讲党性、道德情操重品行、行为规范作表率”这一主要内容，把住“加强组织建设，重在解决问题，密切干群关系，推进社区建设”四项具体要求，精心组织、认真谋划、有序推进，集中力量解决问题，取得成效：建成了光明街道温馨家园活动室、滨河社区活动场地、双拥社区便民服务站、东兴一社区办公用房和裕龙四区活动室改扩建工程全部完成，提升了社区基础设施建设水平。完成了对光明辖区非物业小区（幸福东区）破损围栏的维修。

（佟洪双）

【甲型H1N1流感防控】 成立组织机构，设立疫情监控组、数据统计组、知识宣传组等7个工作组，明确职责分工；通过板报、橱窗、宣传折页等媒介宣传预防甲流健康知识，引导居民正确认识、科学预防流感；树立辖区归国人员自觉居家观察典型，并通过媒体进行报道；安排专人负责密接人员和确诊后在家治疗病例的服务工作，每天电话问询居家者身体情况及所需帮助；积极组织社区居民做好疫苗接种；辖区未发生疫情扩散情况。

（李　辛）

【零散税源征收下沉到光明街道】 2009年3月，零散税源（包括定期定额管理的个体工商户税收、个人临时从事建筑业、个人临时从事服务业、个人出租房屋的相关税费）征收下沉到街道。为做好此项工作，我们邀请地税局工作人员，对100余名街居干部进行了税收知识培训。通过播放光盘、补充解释、现场提问、发放知识卡等方式深入浅出的介绍了与居民有关的税种、纳税方法以及税法知识，为下一步税费征收奠定基础。

（佟洪双）

【离休老干部住房补贴发放】 历时三个月，经过个人申请、三级审核、两级公示，我街道4名离休老干部有2人获得住房补贴，6月底将补贴款送到老人手中。

（佟洪双）

【流动人口和出租房屋管理大会】 3月3日，光明街道办事处召开由各居委会主任、民调主任、治保主任、流管站站长、辖区大中型企业负责人、机关各科科长、派出所相关负责人参加的流动人口和出租房屋管理大会。会议对2008年流管工作先进个人进行了表彰，传达了区流动人口和出租房屋管理工作意见，安排部署了流动人口和出租房屋基础调查工作，并与社区居委会代表、辖区企业代表签订了责任书。区流管办主任王振林出席会议。

（佟洪双）

【魅力科学走进双兴东社区】 9月9日，光明街道特邀北京电视台科教频道“魅力科学”栏目组，走入双兴东社区录制科普节目——

《不花钱的除油良方》,居民在参与节目录制中学到了知识,我们也因此成为京郊首家与“魅力科学”栏目合作的社区;9月19日节目播出后,受到居民热捧,同时我们的工作思路、工作方法、工作效率也得到北京科教频道工作人员的肯定,鉴于这种双赢的效果,12月4日,我们与栏目组再次携手进入裕龙六区——录制“偷懒”秘籍,为居民搭建互动平台、拓宽视野,用这种易于接受的趣味活动方式,告诉居民一些特别实用的生活窍门,让更多的人感受科学带来的魅力,引导居民从自己做起,为和谐社区建设发挥作用。

(佟洪双)

【庆八一迎花博同贺华诞文艺汇演】　7月24日,双拥社区推出了“庆八一,迎花博、同贺华诞”文艺汇演,驻顺部队和社区居民共同表演了《欢庆腰鼓》、《祝福祖国》、《祖国好》等节目。演出结束后,观看演出的区相关部门、部队领导都给与了充分肯定,很多战士和居民看完演出意犹未尽,多次询问什么时候还举办。社区居民杨红军直接参与组织、策划和指挥的大合唱曲目《四渡赤水出奇兵》代表光明街道办事处一举夺得了合唱表演、指挥艺术两项金奖,北京电视台、北京日报、北京青年报、北京晚报、京郊日报、首都文明网、顺义电视台、顺义时讯等多家媒体记者对“双拥合唱团”进行了采访报道,在广大居民中起到了很好的示范和带动作用。

(佟洪双)

【百米书法长卷献花博】　“花博会”筹备期间,辖区30名书法爱好者自发组织,想书就百米长卷,内容赞颂花木的五言四句诗,共112首,旨在弘扬中华传统之文化,赞颂人文科技花博。在街道的支持下,终于在花博会开幕前夕完成书法长卷,并无偿捐赠给“花博”组委会。花博会组委会表示:这是第一次收到民间捐赠的艺术作品,将会好好保存,在适当的机会加以展出。

(佟洪双)

【金汉绿港第一社区建立首家跳蚤市场】　在金汉绿港居建立了首家“易物相聚,以心相换”跳蚤市场,为居民互换各自闲置物品搭建平台,很好地提高了物品使用率,增进了邻里情谊。

(佟洪双)

【社区居民参加长跑比赛】　。3月27日,来自东兴三、裕龙四、金汉一居、东兴二、裕龙花园、裕龙六区、幸福东区、东兴一区的8名居民代表我街道参加了顺义区第七届“后沙峪杯”春季长跑比赛。其中3人从1037名运动员中脱颖而出,分别是:东兴三区董青云获老年女子组第3名;裕龙四区张丽军获中年女子组第8名;金汉一居李媛获青年女子组第24名。

(李　辛)

【“社区小花博”系列活动】　5月10日,光明街道滨河社区启动“社区小花博”系列活动,内容包括“小花博”开幕式暨五月鲜花文艺汇演,花卉展(家庭花卉展和精品花卉展),花博会知识竞赛,组织参观往届绿色家庭,花卉种植讲座,和谐家庭、绿色家庭评选,共计六项。每项活动都得到居民的积极响应和广泛参与,如:开幕式上居民代表发出“自觉坚持绿色、环保、文明生活,用行动支持顺义举办花博会”倡议;家庭花卉展的150盆花卉全部是社区居民提供,精品花卉厅的50盆精品花卉由杨镇草桥花卉基地义务提供;置身在用2000盆康乃馨、海棠、雏菊等草花、30棵观赏树装点的社区居委会院内,居民马长旺献上对联——迎花博绿港顺义翩翩起舞,红五月千家万户百花争妍;往届绿色家庭争相敞开家门让领导和居民参观……。区文明办沈凤田主任高度赞扬了居委会大力宣传文明环保的创新举措以及居民自觉参与环境建设,积极美化自家阳台的行为。

(佟洪双)

【干部下访】　光明街道工委在政风行风建设中,将“深入基层、关注民生、为民解忧”作为工作重点抓紧抓好，成效显著。例如滨河社区党总支书记郭来廷在社区走访排查时，发现滨河主路西侧的老健身场上的乒乓球台没有围挡，地砖年久失修不平整。居民娱乐健身时很不方便，这边乒乓球乱跑，来来回回捡球很麻烦，还影响了旁边体育器材周边锻炼的居民。她及时将这一情况反映给街道。街道领导深入社区考察后，在不影响整体环境的情况下，光明街道办事处投资5万余元，用水泥垫、蓝色地坪漆找平地面275平方米，安装了72延米的乒乓球场地专用喷塑网，安装了6张乒乓球桌。在新场地上健身娱乐的居民高兴不已，连称："社区干部好，为民办实事！"

（佟洪双）

【环境整治】 协调相关社会单位，发动辖区党员、义工等组织，定期开展各种环境整治活动，共清理道路两侧、小区内和外围的杂草、拉拉秧共50处，清除张贴小广告5000余张，清除垃圾土渣35吨；整治小区内乱堆乱放50处，清理卫生死角90处，捡拾白色垃圾580处，清洗擦拭健身器材、指路牌和垃圾桶等300余处，确保了环境整洁。对法轮功人员、精呆人员、境外人员、刑事解教人员、信访等10类重点人和水、电、气、热等重点部位开展摸底排查工作，共排查出各类重点人38人，重点部位5处，并全部收录工作档案，同时，逐一明确了由副职领导包片、科室负责人包居委会、居委会成员包人的工作模式，对重点人员和重点部位全部进行了人盯人防控。我街道在国庆（花博会）安保工作中得到了市区两级相关部门的认可，分别被评为"北京市国庆安保工作先进单位"和"第七届中国花卉博览会服务保障工作先进单位"。

（佟洪双）

【辖区育龄妇女两癌筛查】 一是领导重视、专项部署。做到领导到位、责任到位、保障到位、组织到位。二是深入发动、搞好宣传。从今年四月份开始采用发通知、主动登记和计划生育宣传员分楼包片的办法进行登记造册，做到情况明，任务明。三是周密计划、精心组织。以居委会为单元、分成12个组、历时16天，对辖区2086名育龄妇女进行规定的项目检查。

（佟洪双）

【健身器械使用培训】 聘请专业健身教练从2009年12月21日起分8站入社区现场教授居民怎样正确使用健身器械。培训首先由居民示范平时的使用方法，健身教练根据居民使用方法讲长期这样锻炼的害处，再进行正确演示，随后请居民学着做。一讲、一演、一纠正的培训方式让居民们学得认真起劲、心悦诚服。为帮助居民熟记使用方法，办事处出资印发了2000份使用说明。共有600余人现场接受培训。

（李　辛）

胜利街道

【概　况】 胜利街道成立于1998年7月，位于顺义城区中心地带，辖区范围东起光明街，西达京承铁路，南到顺平路，北至减河。辖区总面积3平方公里，辖区内有居住小区11个，设16个社区居委会，共约2万户，总人口近6万人。辖区内有行政、事业、企业、法人单位及产业活动单位共762家。辖区绿化覆盖面积118.59公顷，绿化覆盖率达到39.53%。胜利街道是一个重要的党政机关办公区，顺义区委、区政府就坐落在辖区内，同时办公的还有区教委、区检察院、区财政局、仁和地区办事处等一批重要的行政事业单位。胜利街道辖区内商业、服务业、企业发达，这里云集了便民街、步行街、金街、顺义西单商场、国泰广场、东风商场、燕泽洲商城、顺义隆华商场、五里仓家具城、物美超市等大型商场和市场,以及金百万、权金城、天赐庄、金兆福等大型餐饮业,同时还聚集着中国工商银行、中国建设银行、中国农业银行、太平洋保险公司等几十家大中型企业,由此,胜利街道是顺义区经济快速增长的区域之一。胜利街道教育资源丰厚,普通教育发达,辖区内有顺义一中、东风小学西校区、建南幼儿园、义宾幼儿园、幸福幼儿园等一批重点学校。顺义区医院、顺义区中医院也都集中在胜利街道辖区内。随着城市建设飞速发展,辖区内的市政设施也日趋完善。近年来,辖区进行市政老旧小区改造工程,排水、天然气等管道也已在各小区铺设完毕,同时完成了站前街、府前街、幸福广场的改造,这些设施的完善既提升了顺义形象,也为群众生活提供了更多的便利。胜利街道交通四通八达,辖区内有“三竖三横”六条主要道路贯穿东西南北,“三竖”为光明大街、新顺大街、站前北街;“三横”为站前街、府前街、中山街。优越的地理位置、悠久的历史文化传统、城市建设的快速发展,铸就了胜利街道良好的经济与社会发展环境和人文环境。胜利街道办事处成立几年来,曾经获得“首都文明社区”,“首都绿化美化花园式街道办事处”,“区级先进党工委”、“北京奥运会残奥会环境建设先进集体”等荣誉。

单位名称:顺义区胜利街道办事处

地址:顺义新顺南大街27号

电话:(010)81484259

邮编:101300

(胜利街道)

【基层党组织建设】 街道16个社区党支部结合实际制定活动方案,组织党员提出参加活动的具体打算,采取适当方式向群众公布,做出承诺,接受群众监督;对照承诺事项,认真研究把兑现承诺和服务发展、服务社区、服务居民有机联系的具体办法措施,把承诺的事项真正办好,落到实处;积极开展点评活动,采取居民测评、党员互评、上级考评的方式,肯定成绩,指出问题和努力方向;及时发现、总结、推广活动中好做法、好经验,发挥先进典型的示范带动作用。发动群众广泛参与“创先争优”活动。广泛发动和组织群众参与,活动方案听取群众意见,党组织和党员向群众作出公开承诺;活动情况向群众通报,请群众评议;评选先进请群众参与推荐,向群众公示;活动成效接受群众检验,由群众评判。同时,基层党建述评工作安排中,各社区党组织书记要组织群众评议党员工作。坚持“党建带团建”、“党建带工建”、“党建带妇建”,以基层党组织和党员的创先争优活动,带动工会、共青团、妇联等群团组织广泛开展创建先进集体、争当先进个人活动,在全社会形成良好氛围。

(胜利街道)

【关注民生】 一是千方百计促就业。(一)促就业。组织110名失业人员开展了室内保洁、社区绿化、报刊零售、主食制作、净菜加工等技能培训3批次。征集创业项目2个,自主创业2人,带动就业19人。发放小额担保贷款1笔10万元。(二)开发就业岗位。多渠道开发社区就业岗位128个,组织接待14家单位来招聘员工,开展职业指导231人次,登记空岗555个,上半年推荐安置就业195人,新办灵活就业手续166人。(三)开展劳动监察。收集用工单位建档资料115份,走访用工单位130家,辖区单位网格化信息采集175份。调解个体劳资纠纷7起,涉及金额6200元。二是依托96156平台,开展贴心服务。(一)“逛社区 赶大集”活动。发挥96156平台整合资源的优势,让社区居民通过“逛社区”,亲身感受和体验社区服务所带来的便利,展示政府公共服务普惠政策的成果。(二)“留驻美好 传递亲情”活动。96156平台开通“快乐家庭”网络空间,以社区服务中心及社区电脑设施为基础,组织志愿者为辖区老人提供上网、收发邮件和开通“快乐家庭"网络空间服务，帮助老年人上传家庭生活、全家福照片等，和异地亲友共同分享美好时光。(三)"爱老助老 亲情陪伴"活动。街道社区服务中心借助和发扬历年"96156亲情陪伴大年夜"品牌活动经验，组织社区志愿者、社区工作者、在校学生，以邻里互助、守望相助，为老年人过生日的形式，以社区老人为重点，开展亲情陪伴大年夜、陪聊天、陪购物、整理家务等志愿服务。(四)"年货配送 轻松到家"活动。发挥社区服务站、社区居委会等贴近居民的优势，与驻区超市等商业机构对接，开展"年货配送 轻松到家"社区免费配送活动，使居民以合理的价格获得放心、可靠的年货配送服务。(五)发放"96156服务亲情卡"和"96156社区服务吉祥包"。社区制订96156服务项目卡30000张，居委会保证挨家挨户的发送到每户的手里，让居民更深意思的理解和使用96156小呼叫服务，让社区居民真切的感受到社区服务的便利。三是各项优抚政策落实到位。(一)截止到2009年12月底，辖区内持有二代残疾证的残疾人共有427人，重残人员79人，城市低保95户，171人，优抚对象29人，60周岁以上老人3308人。(二)春节期间共走访慰问226户优抚、城镇低保、残疾人等民政对象，送去120袋米、120桶油等慰问品，以及115400元慰问金。发放2006年度、2007年度义务兵优待金19万元。为优抚、低保及困难家庭发放过节费91330元。(三)老龄及低保工作有序开展。为60周岁以上老人办理老年人优待证102人，为65周岁以上老人办理乘车证3093人，为90周岁以上老人办领高龄津贴20人，鉴定80周岁以上符合特殊老人服务补贴30人，申报城镇低保户5户，为低保及边缘家庭新入学学生申请助学补助6人，为低保及边缘家庭大二、大三在校生申办慈善助学补助9人。(四)助疾工作任务顺利完成。办理重残无业人员生活补助25人，走访慰问残疾人30人，发放慰问金9000元。5月19日残疾日，发放残疾人用品用具件43件。为21位残疾人家庭申报无障碍设施改造，为398位残疾人更换第二代残疾证，为11位灵活就业残疾人申请保险补助45380元。

(胜利街道)

【国家卫生区复审】 一是对社区环境集中整治。1至2月围绕为社区广大居民创造良好春节节日气氛，开展了迎新春环境整治及节后环境保持工作；3月两会前夕为确保环境秩序良好联合城管、物业部门对社区内经商户进行门前三包卫生情况检查，治理倚门售货、占道经营等不良经营行为，对社区内无照流动商贩进行调查遣出；4月结合爱国卫生月，结合五一节前环境整治及节后保持，在辖区范围内全民动员开展环境宣传、清洁社区、清理蚊蝇孳生地活动。上半年非法小广告喷涂、张贴现象有所抬头，针对此情况购买了涂料、排刷、自喷漆、腻子刀等工具，发动社区保洁员、物业公司，协同城管协管员进行清理，取得明显成效。二是继续开展社区阳台的净化工作。加强宣传教育，强化居民自觉清理阳台意识，加大入户宣教力度，阳台护栏的净化率达到90%以上。三是控制违法建设。贯彻落实《城管监察大队关于建立违法建设查处工作报告制度的通知》精神，按照教育劝阻与执法相结合的原则，上半年会同城管社区分队积极采取有效措施劝阻制止了双兴、建北、幸福、建南社区扩建改建一楼阳台、扒门打洞等违法建设行为4起，上报区城管大队立案1起，有效控制了违法建设曼延。四是做好绿地管护。对干枯死苗及时进行了更换，保证了社区绿化的整体效果。五是加强了老旧小区改造。自2009年至2010年初对屋顶防水破损、绿地斑秃老化、排水管道不畅、居民存车棚设施陈旧、社区围挡腐蚀、路面坑洼、技防监控设施不到位、电信有线电视设备升级等29项设施问题进行了摸底调查，通过反复实地核实确定了工程量。老旧社区防水改造雨漏管更换工作已接近尾声，绿地改造工程过半，路面破损修复正在进行中，电信、有线电视设备更新正准备进场施工。六是病媒生物防制工作。5月，组织社区保洁员、物业公司保洁队，开展社区清洁蚊蝇防治活动，清除卫生死角，清理蚊蝇孳生地。对垃圾桶及周边环境、下水道口、市政井口、雨搭等易成为蚊蝇孳生地处进行药物喷洒防治，喷洒各类药品29箱。于5月下旬至6月中旬对辖区林木进行美国白蛾普防。共出动专业队伍12支，90人次，专业喷洒设备8台，喷洒药物36箱，200余吨，防治面积达25万平方米。七是药监工作。严格执行涉药单位每季度巡查一次，制作监管笔录存档，安全信息双周报制度；对居委会药监干部进行专业培训；落实药品安全专项整治工作，切实加强辖区内"黑诊所、黑药店、黑保健品店"的日常巡查检查工作，确保居民用药安全。

（胜利街道）

【社会治安综合治理】　街道逐步完善安全制度，年初工委班子召开专门会议研究制定了《平安顺义建设方案》、《六四敏感期安保工作方案》，保障社会面防控工作组织有力。以便在重要时期，加强社会面防控，适时启动防控方案。实行街道领导包居，社区干部、管片民警包人，签订责任书，制定具体监控方案。规范流动人口管理，深入组织开展流动人口基础调查，完善流动人口和出租房屋工作台帐，做到"四查四清五见面"，坚持周查月报等工作机制，确保底数清、情况明。为规范管理，4、5月份组织开展了大普查、大清查、大排查、大检查的"四查"活动，对辖区的居民小区和所有社会单位的出租房屋和来京人员进行拉网式、地毯式的排查登记，对辖区4472名流动人口和2837户出租房屋实行社区干部包楼对口管理，信息档案采取一户一本、一户一档。6月份，在建北一社区组织召开了流管工作现场观摩会，对流管工作的方法、程序、标准进行了统一规范。年内开展3项专项整治工作，对娱乐服务场所进行清查。街道综治办统一协调了公安、文委、城管部门对辖区4家歌厅、6家网吧、5家洗浴场所进行突击检查，对个别场所现场提出警示，提出整改意见，严格封杀黄、赌、毒违法犯罪行为。开展城市秩序治理活动，集中协调城管、工商等职能部门对市容环境、城市秩序进行清理整治，共查抄游动商贩15家，查封无照经营户12家，查处违法经营户10家，有效规范了市场经营与管理。组织开展安全隐患排查行动，组织辖区企业安全主管召开安全隐患排查整改专项工作会议，对排查工作进行动员部署。组织辖区各单位在自查自纠整改的基础上，街道再对重点企业进行检查，一方面与企业负责人签订了安全管理工作责任书，明确相关责任职责，另一方面定期对企业单位进行督查指导，协调城管、公安、消防、安监等职能部门进行联合检查，先后检查了50人次，排查并整改安全隐患4处。加强对辖区中、小、幼安全防范巡查，确保了校园周边安全防控工作不留死角。

（胜利街道）

【和谐社区创建工作】　胜利街道办事处始终秉承"一切为百姓、为百姓一切、为一切百姓"的工作宗旨，以"七心工程"为抓手，知民情、帮民困、解民忧。"核心工程"。创先争优活动蓬勃开展，基层党组织的堡垒作用和党员的模范作用得到发挥。"舒心"工程。上半年，办事处积极争取区委、区政府支持，班子成员团结一心办实事，多方争取资金对4个社区的办公条件进行改善，受到居民欢迎。"放心"工程。按照"以房管人、以业控人"的管理思路，严格落实属地责任，建立安全管理长效措施，在流动人口、出租房屋管理工作上取得了实效。"暖心"工程。继续开展的70岁以下老人"一助一"、70岁以上老人"周见面"、80岁以上老人"日问候"等一系列"为老服务"制度，积极开展"三个一"活动：即居委会每月为60岁以上老人过一次集体生日，照一张相片，放一场电影(或一场文娱活动等)，使辖区内2000余名残、伤、病和空巢老人等困难群众生活得到妥善照顾。"顺心"工程。举办了"邻里节"、"图书节",每月为60岁以上老人过生日,进一步改善了现代人"同住一幢楼,彼此不相识"的邻里关系。"贴心"工程。继续开办"市民大讲堂",上半年共举办讲座85场次,对辖区精神文明建设起到了很大作用。胜利社区成一个北京市科普型示范社区。"开心"工程。半年来,共组织开展"二月新春""五月鲜花"系列群众文化体育活动,狠抓骨干队伍,培育各类文化体育组织,如怡一"夕阳之春艺术团"等,引导编创有主题的新节目,推荐参加市区展示和大赛等,共有3个节目分获市区大奖。

(胜利街道)

石园街道

【概 况】 石园街道办事处成立于2005年3月,位于顺义城区南侧,距顺义中心区2.5公里,辖区总面积9.6平方公里。辖区东至燕京啤酒集团东侧与仁和镇接壤,南至林河工业开发区南路与仁和镇接壤,西至京承铁路与仁和镇接壤,北至顺平快速路与光明街道、胜利街道接壤。石园街道办事处为顺义区政府派出机构,设13个社区居委会,其中直管社区11个,协管社区2个,辖区内总户数2.09万余户,常住人口5.5万余人,流动人口1万余人,是一个集党政办公、工业基地、为老服务、生活休闲于一体的综合区域,辖区有:顺义区民政局、药品监督管理分局、老干部局、劳动社会保障局等单位;有燕京啤酒集团、现代汽车生产基地等企业;有老年公寓及分布于各个社区的老年活动站;有餐饮娱乐、银行、邮局、社区卫生服务中心、教育机构、大型购物中心等配套服务机构。石园街道现有机关工作人员99名,居委会工作人员166名。为了给社区居民提供更加优质的服务,解决基层矛盾,街道有专职领导和专职科室负责信访工作,并在13个社区居委会设置了信访工作调处小组,开通了便民电话专线、石园网站、社区信箱、街道领导干部接访、人大代表接待日等沟通渠道,及时的了解社情民意。石园街道始终以改善民生为己任,为居民增设健身器材、美化社区环境、兴办社区老年大学、成立社区文体协会,使石园街道向着更加成熟、更加和谐的花园式社区迈进。成立四年来,经过全体街居干部的共同努力,街道先后获得了"首都文明街道"、"首都文明社区"、"北京市创建学习型先进街道"等市级荣誉及"顺义区信访工作先进单位"、"顺义区文化工作先进单位"、"顺义区调研工作先进单位"、"党建工作先进单位"、"2007年好运北京赛艇皮划艇赛事积极贡献单位"等区级荣誉共计126项。

单位名称:顺义区石园街道办事处
地址:顺义五中路北
电话:(010)81481228
邮编:101300
网址:http://www.shiyuan.shy.gov.cn

(宋晓艳)

【辖区居民社会保障】 年初,为做好辖区居民社会保障工作,石园街道办建立"四个台帐"。一是建立人力资源台帐,完善求职人员登记制度,实现失业管理动态化和就业援助制度化。入户走访掌握失业信息,针对不同情况进行分类管理。二是建立岗位资源台帐,实现岗位寻求、开发广泛化。全面掌握辖区及周边的企事业单位、四小门店用工信息,与其签订援岗协议并保持空岗报告联系,以获取最新岗位信息。三是建立了社会保险补贴台帐,明确登记项目,做到了登记数据清楚准确和资金发放按时到位。我街道辖区享受社会保险补贴人员846人,其中区政策427

人,市政策419人。四是建立了城乡居民养老保险台帐。准确运用保险政策,真正解决无养老保障居民的养老问题,使其真正享受老有所养政府优惠待遇。

(宋晓艳)

【四个注重抓稳定 促进社区和谐】 年内,石园街道四个注重抓稳定促进社区和谐。一是注重抓预防。立足于"治早、治小、治好",实行定期排查与专项排查相结合,加大石园辖区内不稳定因素的排查密度和力度,实行每半月一次集中排查。重大节日及敏感期,实行一天一查一上报。对排查出的纠纷隐患和苗头,逐一进行解决。二是注重抓落实。严格实行四定、二包、一追究责任制。四定即定包案领导、定承办部门、定具体责任人、定处理时限;二包即包回访、包稳定;一追究即对解决问题不力、工作不到位造成不良影响的,严格追究有关人员的责任。三是注重抓重点。一抓重点人群,通过引导石园社区离退休人员和下岗失业人员参与丰富多彩的活动,融洽干群关系,促和谐保稳定。二抓楼门长,充分发挥其作用,调动其积极性,及时掌握民房出租和租住等情况,从而对石园辖区内流动人口进行时时监控,确保社区和谐。四是注重抓宣传。在石园辖区利用条幅、板报、精神文明宣传栏,广泛宣传安全防范知识,提升居民安全防范意识,防止别有用心的人借机挑拨滋事,使石园辖区居民不传谣、不信谣、不受挑拨煽动、不参与违法活动。

(宋晓艳)

【以人为本提升社区服务质量】 一是用党员的先锋模范作用凝聚人。在石园辖区党员中开展认岗活动,发挥党员在石园各社区治安、环境、为老服务、帮扶困难群体中的作用,树立党在群众中的形象,发挥先进党员的典型示范作用;将石园社区先进党员代表通过公式栏进行宣传,并通过党员大会隆重表扬,让广大党员学有典型、做有榜样,从而教育党员在和谐社区建设中发挥积极作用。二是用丰富多彩的文体活动培育人。在石园辖区内开展了"一节、""一品"、"一会"、"一校"、"一廊"、"一窗"、"一台"、"一广场"的"八个一"活动,调动石园辖区居民参与的积极性、主动性,并用系列文化活动寓教于乐;用特色文化活动深化自我教育;用系列群众性文娱活动使居民各得其乐。三是用体贴入微的便民服务温暖人。在石园社区建立的"居民事务办理站",充实服务项目,拓宽服务领域,将家政服务、为老服务、政策咨询引进服务大厅使社区居民不出社区就能解决日常生活所需。四是用先进典型的示范作用激励人。注重发挥身边先进典型在石园社区精神文明建设中的示范引导作用,开展特色文化家庭、千册藏书家庭、拥军先进家庭、育子成才家庭、绿色家庭、学习型家庭活动,用典型的力量带动小区居民。

(宋晓艳)

【弱势群体服务经常化】 年内,自开展学习实践活动以来,石园街道工委高度重视民生民情,实施多项措施实现弱势群体服务经常化:一是加大政策宣传力度。新增低保户2户、大病救助1户;发放慰问品、慰问金5.86万元,为优抚对象、精简退职人员、地退人员报销药费1.3万元,发放大病救助金额1.92万元。二是开展"帮扶弱势群体 弘扬志愿精神"活动。对处于政策边缘的困难群体,社区党员自愿结对帮扶;7名志愿者组成的为民义务理发队,长期活动在社区,用实际行动传递人间真情。三是开展"心系单亲母亲 情暖特困家庭"活动。慰问特困妇女20人,发放慰问金4300元,并送去价值3400元的慰问品。四是向特困职工送温暖。对辖区内21位特困职工进行慰问,将米、油等生活必需品送到他们手中,使大家切身感受到党和政府的关怀与温暖。

(宋晓艳)

【就业管理动态化】 年内,街道实现就业管理动态化。一是开展"一走五送"上门服务活动。“一走”即走访辖区内用人单位，了解用人需求，整合就业资源；“五送”即定期开展送政策、送培训、送岗位、送就业指导、送生活保障等宣传活动，增强就业管理的针对性。二是打造“劳动用工规范一条街工程”。我街道劳动用工规范一条街内共有用人单位 123 家，职工 3468 人，全部签订劳动合同；2593 名职工进行了社会保险登记；1 家用人单位与 4 名职工补签了劳动合同；5 家用人单位重新依法与职工签订了劳动合同；6 家企业新办理了《社会保险登记证》，并为 83 名职工补缴社会保险 3294.92 元；112 家用人单位与社区签订了“空岗协议”。2009 年，共推荐成功就业 234 人；接受求职登记 530 人；接受创业意识培训 40 人、创业培训 6 人、实现自主创业 16 人、创业项目征集 3 个，通过创业带动就业 82 人、完成小额贷款一笔：10 万元；为 705 名失业人员办理了自谋职业、灵活就业的收、审、录、报手续，并代扣代缴社会保险 289.4 万元；办理求职证 388 个、优惠证 224 个、失业金领取证 53 个；为失业人员发放失业保险金 30.6 万元、办理医疗费报销 6463.68 元。

（宋晓艳）

【实施“五个民”工程惠居民】 年内，石园街道学习实践活动紧紧围绕“凝心聚力保稳定科学发展促和谐”这一主题，进一步强化群众观念，思想上尊重群众，感情上贴近群众，利益上关心群众，行动上深入群众，权力上服务群众。一是实施“为民”工程。大力宣传顺义区限价房有关政策及＜＜北京市城乡无丧葬补助居民丧葬补贴办法＞＞，协调解决关乎群众切身利益的实际问题；二是实施“富民”工程。开展“拥抱城市”促进农村富余劳动力向二、三产业转移就业服务，帮助居民积极应对国际金融危机的影响；三是实施“安民”工程。完善社区治安防范体系，多途径实施安全专项整治，着力推进“五项机制”；四是实施“育民”工程。积极开展“和谐家庭”、“绿色家庭”等群众性精神文明创建活动，深化社会公德、家庭美德，提升居民文明素质；五是实施“乐民”工程。不定期开展社区文娱活动，活跃群众文化生活，增强居民对社区的认同感和归属感。

（宋晓艳）

【国庆、花博期间维稳工作】 石园街道办以“四有”为原则，做好国庆、花博期间维稳工作。一是街巷楼群有人巡。石园街道各居委会积极招募培训国庆、花博期间巡逻志愿者，采取实名制注册登记，分组包片，责任到人，做到巡逻无盲区。二是重要部位有人看。石园街道 13 个辖区指定专人 24 小时盯守重点人、重点部位，做好情况记录。三是矛盾纠纷有人解。严格落实“抓住一个问题、制定一套方案、明确一名领导、建立一个班子、落实一项措施”的调处化解要求，努力将各种不稳定因素和群体性事件苗头化解在基层、消除在萌芽状态。四是突发事件有人报。制定石园街道国庆、花博期间应急准备工作方案，各居委会指定专人负责，明确突发事件应急处理工作流程和要求，并及时上报各级有关部门。

（宋晓艳）

【将预防付诸行动　让安全融于生活】 5 月 12 日是全国第一个“防灾减灾日”，为进一步推进防灾减灾和应急管理工作，努力提高群众的风险防范意识和灾害应对能力，石园街道组织开展了“将预防付诸行动 让安全融于生活”系列活动。一是活动进社区。5 月 8 日，与石园北一居委会联合举办大型户外宣传活动，发放防震减灾宣传材料 1500 余份，并在石园北一居委会办公楼内进行了现场演练。二是活动进企业。5 月 12 日，与西单大卖场携手开展应急演练，并发放《首都市民防火应急手册》100 本、《防火知识手册》200 本。三是活动进学校。5 月 11 日，以“防灾减灾”为主题，开展“国旗下讲话”活动，对全体师生进行安全防范意识教育；5 月 12 日，与石园小学联合开展“呵护生命的花朵 让安全融于生活”主题宣传活动，重点是邀请武警消防中队的两位同志作“火灾预防”专题讲座，并当场进行应急演练。

（宋晓艳）

【两个居委会的筹备与建设工作】 为进一步细化工作，扩大社区工作覆盖面，经顺义区民政局批准，自2009年4月开始，“港馨北区”和“石园北三”两个社区居委会进入筹备与建设阶段，7月份，完成各类硬件设施的装修设置和社区工作者的人员配备，并正式投入工作。

（宋晓艳）

【社区环境综合整治工程】 年内，先后开展了“爱国卫生环境整治月”、“迎五一环境整治”、“开展爱国卫生运动、严防传染病流行”、“迎花博 迎国庆城乡环境秩序整治百日行动”等活动，累计出动人员3000余人次、车辆200余次；清理卫生死角41处，清理各种生活、建筑垃圾约270吨；清理小广告5200条、清洗公共设施1150次处、清理绿地11.5万平方米；解决居民反映的环境问题26个；疏通绿地下水道87次，灌溉绿地45次；集中维修健身器材3次，小区环境明显改善。

（宋晓艳）

旺泉街道

【概　况】 顺义区旺泉街道工委、办事处成立于2007年10月13日，目前管辖6个社区居委会，常住户数7117户，常住人口18250人，按照顺义新城建设规划，辖区人口在3～5年内将达到10万人以上。旺泉街道位于顺义城区西部，区域面积12.81平方公里。东至京承铁路与胜利街道办事处、石园街道办事处和仁和地区办事处接壤；南至顺义区西南二环路，与仁和地区办事处接壤；西至六环路和小中河，与仁和地区办事处、南法信地区办事处接壤；北至城北减河，与双丰街道办事处接壤。街道辖区交通便利，东有京承铁路；西有六环高速路、机场北线高速路；南有顺义南二环路；北有奥运大道直通京承高速。旺泉街道以服务社区为宗旨，以全面建设“活力旺泉、平安旺泉、优美旺泉、和谐旺泉”的各项目标、任务为根本。创建品牌社区，按照“一社区一品牌”，“一社区一特色”的模式，开展对社区服务的标准化建设，加大对社区服务站的人力、物力及财力的投入，实现“四个加强”(加强社区专职工作者队伍建设，加强社区服务站建设，加强社会公共服务体系建设，加强社区组织建设)，使街道社区建设各项工作在提高公共服务水平、推进和谐社区建设等方面再上新台阶。强化老旧小区整治效果，为民办实事，确立新一批老旧小区整治项目，争取有关部门支持，着力解决居民楼楼顶漏雨、电力不足，小区设施及路面老化，商业网点设置不足等问题。

单位名称：顺义区旺泉街道办事处
地址：顺义区顺西路67号
邮编：101300
电话：61409508
网址：http://wangqjdb@bjshy.gov.cn

（旺泉街道）

【市文化艺术中心与旺泉街道结对共建】 4月23日，经顺义区文化委牵线协调，北京市文化艺术中心与旺泉街道办举行结对共建签约仪式。在共建签约仪式上，旺泉街道办获得了上级业务部门支持的近20万元的群众文化活动用车和数字电影放映设备。北京文化艺术中心将通过办班培训、下乡辅导等手段培训辖区的业余文化骨干；积极参与和指导每年一度的群众性“五月鲜花”歌咏、“十月金秋”书法美术摄影、“二月新春”文化活动；充分发挥艺术人才的优势特点，主动开展文化下乡活动。旺泉街道下辖6个社区居委会，群众文化活动丰富多彩，现有合唱队2

支、秧歌队10支,歌舞队5支、民间花会3档,有着广泛的群众基础,他们热爱家乡,用自己的艺术才华,美化家乡、歌颂家乡,在每年的全区群众文化活动比赛中多次获奖,深受广大干部群众的欢迎,对于促进地区的精神文明建设,活跃地区的文化生活做出了积极的贡献。

(旺泉街道)

【迎重阳节大型义诊活动】 在重阳节即将到来之际,旺泉街道前进花园居委会与京顺医院共同合作,为社区老年人举办大型免费健康义诊咨询活动。不到8点,社区的老年人就在前进花园社区广场上等候,活动现场医生为社区老年人免费测量血压、体重、心肺,及有老中医耐心细致的解答社区老年人所提出的问题,并有耳鼻喉科专家现场坐诊,现场还发放了各种宣传资料近100余份,免费测量血压150余人,现场造健康体检册50余份,还专门为社区的80岁以上的老年人提供优惠健康体检卡。社区内老年人对这次活动的举办都很支持并积极参与,自觉的排起了队伍,秩序井然。这次义诊活动让老年人意识到健康是十分重要的,老年人的健康更需要得到人们的关注,让大家更好地关怀老年人,关心健康,关爱生命。

(旺泉街道)

【助学金救助贫困学生完成学业】 为了让贫困学生更好的完成学业,旺泉街道办事处积极贯彻顺义区民政局"关于做好2009年度高等教育新生入学救助工作",组织各居委会相关工作人员进行培训,确保本辖区低收入家庭及时得到救助,先后为三名低保子女成功申请了助学金共计12000元。其次根据区慈善协会"2009年度慈善助学的实施方案"旺泉街道办事处的对本辖区低收入家庭进行筛查,做到不遗不漏的将此项惠民政策贯彻于民,成功为1名边缘户、2名低保户家庭子女申请到助学金5400余元。另外市残联10月初启动了高中以上在校贫困残疾人子女助学工程,我街道办事处积极组织专人、专管并高度重视此项工作,前后为3名残疾人子女申请了助学金3700元,减轻残疾人低收入家庭中接受高等教育子女的就学负担,缓解支付学费的实际困难。

(旺泉街道)

【优质服务暖人心】 家住西辛北区的一名居民曾在服务中心的意见簿上这样写到:"旺泉街道行政服务中心的姑娘们,对老人的社保服务热情周到,细致耐心,深怕老人跑瞎道,不厌其烦的介绍、解释,老人是如今社会需要关注的重点对象,窗口服务的态度也是社会关注的焦点,这群年轻的姑娘们可以微笑服务,耐心讲解,不厌其烦,使我深受感动,服务中心的工作人员真不愧是百姓的知心闺女。"每天几乎从上班的第一分钟开始,服务台前就会包围着蜂拥而至的人群,在这里,大家为与自己养老医疗等百姓生活息息相关的问题咨询着工作人员,往往是一个人的话音还没落另一个问题又"飞"了过来。然而,咨询的群众再多、提出的问题再难,大厅工作人员始终坚守在第一线,再忙再累毫无怨言。社会保险政策历经岁月积淀变化非常大,社保业务的原则性、政策性又非常强,有些人员不了解政策、有些人员本身就带着情绪前来咨询。姑娘们总是用微笑和耐心细致的解释,化解了参保人员的疑虑,热情的帮助赢得了对方的尊重和理解。

(旺泉街道)

【开展申请居家养老(助残)券工作】 为了全面贯彻执行市老龄办"申请居家养老(助残)券"工作,12月14日,旺泉街道组织各居委会相关工作人员进行培训,办事处主任参加会议并提出要求将此项惠民政策做到细和精,主管领导明确职责,安排此项工作相关事宜。服务券以政府购买服务的方式,满足辖区内的老年人和残疾人在生活照料、家政服务、康复护理、安全看护、精神慰籍等方面的基本生活服务需求。旺泉街道各居委会以板报、张贴通知的形式将此项惠民政策做到不遗不漏的进行广泛宣传。此次张贴通知245余张,共接待居民咨询达150余人,使辖区内的80周岁以上的老年人86人,60－70周岁的重度残疾人17人,16－59周岁无工作的重度残疾6人,及时享受到北京市的此项惠民政策。

(旺泉街道)

双丰街道

【概　况】 双丰街道办位于顺义新城马坡组团核心区,成立于2007年10月。辖区面积29.49平方公里,四至范围为:东至左堤路和潮白河,与北小营镇、南彩镇接壤;南至城北减河,与胜利街道办事处、光明街道办事处和旺泉街道办事处接壤;西至小中河,与马坡地区办事处、南法信地区办事处接壤;北至向前村、荆卷村、西丰乐村和奥运水上项目比赛场地北侧,与牛栏山地区办事处和北小营镇接壤。辖区现有2个普通社区(马坡一区、二区),占地32万平方米,2635户,常住人口4828人,流动人口748人,户籍人口1726人;别墅区8个(龙苑、金宝、华中园、恒丰、阳光、富力湾、枫桥、高尔夫),占地1200亩,入住2000余人,外籍人员158人,涉及19个国家和地区,主要集中在龙苑别墅区。

单位名称:北京市顺义区双丰街道办事处

地址:马坡地区向阳西街8号

电话:(010)69406262

邮编:101300

(双丰街道)

【焰火燃放外围保障工作】 2009年国庆六十周年大庆,烟火燃放点设在乡村赛马场,双丰街道办采取多项措施做好国庆焰火燃放外围保障工作。1.成立80人的消防队,焰火燃放期间,分组待命。2.进行辖区内可燃物清理,共清理可燃物300公斤。3.实行领导包片制度,督促各社区做好群众组织疏导工作。4.深入社区开展宣传教育,引导居民遵从工作人员指挥,文明观看焰火。

(双丰街道)

【甲型H1N1流感防控工作】 2009年7月28日,华中园别墅发生甲型流感群体发病事件。区领导高度重视。双丰街道办配合做好华中园酒店流感防控工作。1.受区公共卫生突发事件指挥中心委托,协调卫生、疾控、公安、旅游等部门及华中园酒店管理方,制定工作方案,落实专业措施,确保现有的67名就地观察人员中不增加新的病例。2.做好留观人员、工作人员、业主的思想工作,按统一要求进行媒体应对。3.要求华中园酒店方在区疾控中心指导下合理配送留观人员日常饮食。4.加强隔离区外业主的防控知识宣传和服务工作。

(双丰街道)

空港街道

【概　况】 空港街道成立于2007年10月,位于顺义西南部空港地区,东与首都机场相邻,与天竺地区办事处接壤;南至温榆河与朝阳区相连,国家级公路干道京密公路从街道内经过,距市区16公里;西至温榆河与后沙峪地区办事处接壤;北至火沙路、双裕大街与后沙峪地区办事处接壤。辖区总面积27.38平方公里,下设8个社区居委会,辖28个自然小区,总户数1.3万余户,总人数3.6万余人,外籍人士约7千人,流动人口1万余人,社区党支部7个、党员293名。辖区基本涵盖了顺义新城—空港城组团的核心部位，临空经济功能区总体在辖区内，中央别墅区高档别墅群落、涉外机构和人员多，国际化社区趋势不断扩大。空港街道明确了构建“现代化、国际化、融合化”和谐社区的总体思路，积极打造平安、绿色、和谐社区。一是凝聚辖区合力，构建平安社区。发挥社区人防、物防、技防优势，深化社会治安防范、公共安全处理、民事矛盾调解、流动人口管理、社会帮扶救助“五大安全建设平台”，强化街道、社区、居民两级三位综治组织作用，实现派出所、城管队、交通队、工商及社会组织携手共建。二是加强城市管理，构建绿色社区。建立街道统筹指导，居委会主导推进，物业公司、业主联动的住宅小区管理机制；成立物业指导办公室，促进物业活动在社区管理服务中发挥积极作用；健全日常管理和快速反应机制；着重对拆迁小区加大环境整治。三是优化为民服务，构建和谐社区。整合劳动、民政、社保、残联职能，发挥社区服务中心等组织作用，搭建有效平台，积极开发别墅区就业岗位，统筹提高民生工作能力，公共服务体系逐步完善。

单位名称：顺义区空港街道办事处
地址：顺义区裕民大街6号
电话：(010)80477600
邮编：101318
网址：http://www.konggjdb.bjshy.gov.cn

（勘柏松）

【中外居民喜迎佳节】 1月12日春节来临之际，空港街道与社区居委会和物业公司沟通协作在社区会所举办民俗文化节，与社区中外居民喜迎佳节。组织了中华传统民俗杂技表演、民俗手工艺展演，邀请社区居民共享中华传统特色小吃、观看民俗文艺演出，并发放活动纪念礼品。活动营造了欢乐、祥和的节日氛围，增强了中外居民的凝聚力及对社区的认同感和归属感。

（勘柏松）

【“十星文明户”评选活动】 3月12日，空港街道为进一步加强文明社区创建工作，自年初起以“十星文明户(热心公益星、爱岗敬业星、敬老爱老星、培养子女星、环境美化星、文化活动星、体育健身星、邻里互助星、见义勇为星、拾金不昧星)”评选活动为载体，扎实开展群众性精神文明创建活动，引领广大居民大力弘扬家庭美德、社会公德、职业道德，树立科学、文明、健康的生活方式，以此提升居民的文明素质和辖区文明程度。此活动每年组织一次评选总结表彰会，采取社区提名、居民评议、张榜公示、街道审核、授牌表彰的方式进行并对获奖家庭进行颁星发证。

（勘柏松）

【班车安全监管工作】 4月14日空港街道与区公安分局交通支队一同对辖区14辆班车进行了季度检验，严防群死群伤事故的发生。一是落实道路交通安全防范责任制，逐级签订交通安全责任书，班车驾驶人写出交通安全保证书，落实交通安全监管责任；二是加强班车季度集中检验，对班车逐车进行严格检查；三是每季度对基层单位主管领导、车管干部和班车驾驶人进行交通安全宣传教育。

（勘柏松）

【公开招聘第一批社区专职工作者】 4月15日，为确保两委换届选举充分吸纳优秀社区工作人才，空港街道历经一个月时间面向社会公开招考，通过笔试、面试成功招录了涉及金融学、工商企业管理、电子商务、食品科学、法律事务等55名优秀社区工作者，其中本科以上学历22人，平均年龄26.7岁，并组织开展为期两周80学时的岗前培训，通过实地参观学习和“假如我是居委会主任”演讲比赛，了解社区工作实务、发挥自身创新能力，增强知识素养，为今后社区工作者进一步开展社区工作奠定了坚实的基础。

（勘柏松）

【药学知识安全宣传活动】 5月21日，空港街道在药监顺义分局的配合下开展药学安全知识社会宣传活动。本次宣传活动紧紧围绕保障区域百姓积极做好甲型H1N1流感防控工作与百姓用药安全工作展开。此次宣传接待群众咨询200余人,解答相关问题30多件,发放《安全用药知识》、《顺义药监季刊》、《祝您健康》等宣传读本共计500余册。

(勘柏松)

【第七届居委会换届选举】 6月13日,空港街道7个社区居委会换届选举工作顺利完成。经过精心组织和扎实的前期工作,5个社区居委会的居民代表、2个社区居委会的户代表积极参与民主选举,投票选举产生新一届居委会委员。全街道共有居民代表192人、户代表155人,参加投票的分别为178人、116人,参选率为84.7%。共选举出社区居委会成员65人,其中居委会主任7人,副主任6人、委员52人。77%为新招录的社区工作者;本科以上文化程度31人,占47.7%,平均年龄29岁;社区党支部、居委会实现书记、主任一肩挑,两委班子交叉任职占76%。新一届社区居委会工作班子凸显知识化、年轻化的特点,为建设文明和谐社区奠定了良好基础。

(勘柏松)

【"六个结合"开展建党周年纪念活动】 "七一"前夕,空港街道党工委开展以"加强党性修养,弘扬空港风采"为主题的"六个结合"为党的88岁生日献礼活动。一是结合学习实践科学发展观活动和作风建设年活动,召开以"维护稳定、改善民生,积极构建和谐空港"主题民主生活会和组织生活会;二是结合新一届社区两委班子思想素质培训和业务培训,上好一堂党课;三是结合志愿花博活动,开展党员奉献社区巡回文艺演出;四是结合"十大优秀党员"评选活动和发展一批新党员活动,树立社区建设典型;五是结合"十星文明户"评比活动,走访慰问老党员、老干部和贫困党员;六是结合社区服务平台建设,积极搭建党员沟通平台,组织社区党员开展"迎七一、促和谐"茶话会活动、参观花博会场馆活动。

(勘柏松)

【"迎国庆·保花博"消夏晚会】 7月24日晚,空港街道在空港小学广场举办"迎国庆·保花博·讲文明·促和谐"消夏晚会,来自辖区8个社区的3000多名居民欢聚一堂。区委常委、组织部雷显武部长,区政府陈卫东副区长、陈光浩副区长等领导到场观看了演出。其中,空港街道机关干部自编自演的快板《争当文明人》号召居民营造文明新风尚,展现时代新风貌极大地丰富了辖区精神文明建设内涵。

(勘柏松)

【高层住宅消防应急演练】 9月16日为确保国庆及花博会期间安全,提早做好防范工作,结合秋季防火工作特点,针对辖区别墅区、高层住宅进行了消防应急演练。空港街道组织社区居委会、物业公司、三百余名社区义务消防志愿者开展"高层火灾如何救授"、"如何在火灾中安全逃生"及"消防设施大检验"消防演习,义务消防队员对消防器材的操作与维护、火灾时的处置流程、火场自救等方面进行了演练,并邀请居民充分参与。

(勘柏松)

【金秋嘉年华系列文体活动】 10月16日空港街道举办了以"参与金秋嘉年华,共建空港大社区"为主题的金秋嘉年华系列文体活动。一是协同九州同礼文化传播有限公司、北京融鼎投资有限公司在空港街道荣祥广场共同举办以"看看你的邻居是谁?"主题活动,北京各使领馆人员、空港街道中外居民1000余人参加了此次活动;二是举办金秋空港社区居民艺趣美术作品巡回展,展出书法、绘画、手工作品等128件;三是举办赏秋茶话会活动。社区党员志愿者向居民宣讲如何做好秋冬季节身体保养方面知识,居民自发组织的歌舞才艺展示。

(勘柏松)

【举办计划生育业务知识竞赛】 11月8日，空港街道成功举办了第一届计划生育业务知识竞赛，参赛队由每个居委会的1名计生专干和2名计生宣传员构成。7个居委会7只代表队21人参赛。竞赛题目共计100道，以以必答、抢答和风险题的形式由参赛选手作答，内容包括了业务审批程序、流动人口管理、药具管理、优质服务、wis系统使用、活动宣传等等。

（勘柏松）

镇

仁 和 镇

【概　况】 仁和镇地处顺义区城乡结合部，东临潮白河，西邻首都机场，101国道、六环路、京平（谷）快速路和京承铁路穿境而过，占地面积54平方公里，辖区内23个行政村，1个居委会，常住人口7.2万人。2009年，全镇实现生产总值38.3亿元，属地财税收入13.5亿元，地方财政收入3.07亿元，全镇人民人均劳动所得11806元，人民生活水平不断提高。

单位名称：顺义区仁和镇人民政府

地址：顺义区顺平西路9号

电话：(010)69448391

邮编：101300

网址：http://www.renhe.bjshy.gov.cn

（高文君）

【招商引资工作】 全年共签约项目192个，注册资本总额3.96亿元。其中投资型项目171个，投资总额2.92亿元；注册型项目21个，注册资本总额1.04亿元。

（高文君）

【二三产业基地建设】 二三产业基地总规划占地3575亩，目前累计投入2.7亿元，实现了2700亩土地的“七通一平”。入驻企业14家，其中已投产企业4家，投资总额20亿元，分别是北汽有限、李尔岱摩斯、韩一饰件、维益埃电气，这4家企业累计完成税收3.1亿元；正在投资建厂企业4家，分别是万方控股、莱博赛路森、富源恒达、顺美服装，预计投资总额3.5亿元，另外有6家企业正在办理手续。截止09年底，完成了460亩工业用地的土地一级开发。

（高文君）

【现代服务业】 年内充分挖掘、整合石园大市场等20万平米商业地产资源，以及创意大厦、宏城大厦、星宇大厦等近15万平米楼宇资源，相继引入几个高端服务业项目，分别是中石油昆仑燃气有限公司增资项目、权金城国际商务酒店、香港新世界千姿百货、前进花园石门苑2号公建项目、北京美廉美连锁超市、民生证券、华夏银行等，为打造现代服务业核心区奠定了坚实的基础。

（高文君）

【拆迁工作】 2009年，完成了前进村、太平村、望泉寺等9个村的拆迁拆除工作，共计拆迁3410户，涉及村民15500人。与此同时，按照“拆一个村，转一个村”的思路，同步开展转非安置工作。截止09年底，全镇23个村，已经拆迁16个村，累计投入9亿元，实现了7762人的转非安置。腾挪产业发展和城市发展用地2万余亩。

（高文君）

【精神文明建设工作】 以争创“全国文明镇”为活动载体，深入开展精神文明创建活动，倡导科学、健康、文明的生活方式，荣获了“2009年度全国精神文明创建先进镇”光荣称号。

文体活动精彩纷呈,围绕“迎国庆、迎花博”,开展“二月新春”、“五月鲜花”、“十月金秋”系列活动,在重大节日期间,全镇52个文化社团共组织演出90余场,参与人数近万人。辖区内3所公办学校被评为区级先进单位,小学毕业合格率达100%,中学入学率、巩固率、毕业率、升学率均达100%。

(高文君)

【农民就业工作】　全镇农村劳动力共计8091人,就业人数 人,有劳动能力且有就业愿望的农村劳动力就业率达97%。其中一产劳动力就业133人,二产劳动力就业2766人,三产劳动力就业4948人。年内先后向20余家用人单位推荐就业45次,完成安置劳动力就业470人;组织各种技能培训20余场,参培人员470人,大幅提高仁和镇农村劳动力就业水平,60%的农民实现了高薪岗位就业。

(高文君)

【农村医疗保障体系及救助体系】　不断完善社会保障体系,确保各项惠农政策落实到位。全镇新型农村合作医疗参合人口20032人,参保率为93.3%;为270名老年人和651名儿童办理“一老一小”医疗保险;低保工作实行动态管理,做到应保尽保、应撤尽撤;对354人进行了临时救助,保障困难群体基本生活;为2603名老人办理了《老年优待卡》。积极开展双拥工作,丰富共建内容,拓宽联系渠道,将军民共建落到实处。

(高文君)

【农村基础设施】　五项工程完善村级基础设施,使百姓共享发展成果。街坊路硬化工程,投资96万元,在米各庄和窑坡村启动街道硬化工程;用水安全工程,安装18个水井臭氧消毒机,确保镇域内用水安全;暖起来工程,对基层18户民宅进行既有农宅节能改造;亮起来工程,为全镇1.8万户农户发放9.3万余只荧光灯,在河南村安装390个绿色环保节能灯,全部投入使用;循环起来工程,投资55万元新建米各庄太阳能公共浴室和污水处理池,实现水资源重复利用。

(高文君)

【优化政务环境】　大力推进全程办事代理制和政务公开,政府职能进一步转变,综合服务水平不断提高。本着“一切服务百姓,一切方便百姓”的原则,按照“真诚面对面,服务心贴心”的理念,全面建设综合行政服务中心,实现了养老金发放、医疗费报销、农业合同签订等96项事务的一站式办理,涵盖了与百姓及投资者密切相关的所有事项,为百姓和投资者打开了方便之门。行政手续不断简化,行政能力不断增强,服务质量不断提高,赢得了群众的普遍赞誉。

(高文君)

【社会治安综合治理工作】　全镇认真开展人民内部矛盾纠纷排查调处工作,高度重视并切实加强信访工作,扎实推进信访工作三级代理机制,积极化解各类重点社会矛盾,突出抓好土地流转、征地拆迁等重点信访案件的预防、排查和调处工作,有力地维护了社会稳定。不断加大生产、交通、消防安全宣传力度,逐级落实安全生产责任制,深入排查安全隐患,有效预防了特大重大安全生产事故的发生。不断完善应急管理体系,突发公共事件应急处理能力进一步提高。坚决打击各种违法犯罪活动,切实加强流动人口管理工作,强化社会治安综合治理,不断完善防控网络,确保了安定团结的政治局面。

(高文君)

马　坡　镇

【概　况】　马坡镇地处顺义新城核心区,毗邻奥林匹克水上公园,距市区30公里,离首都机场8公里。镇域面积35.1平方公里。全镇21个行政村(已拆迁7个村),人口2.8万。全镇以"建设新城,发展马坡"为主题,认真抓好"新项目建设、新城建设、新农村建设、新形象建设及新中国成立60周年和花博会外围保障"等重点工作,实现了经济社会平稳较快发展。先后荣获全国文明乡镇(2005年)、全国创建文明村镇工作先进单位(1999年)、全国精神文明建设活动示范点(1998年)、全国环境优美乡镇(2004年)、全国小康建设明星乡镇(2005年)、中国民间文化艺术之乡(2008年)、全国社区教育示范乡镇(2008年)、全国亿万农民健身活动先进乡镇(2002年)、全国卫生镇(2002年)、全国婚育新风进万家活动先进乡镇(2005年)、全国乡镇企业示范区(2000年)等多项荣誉称号。2009年全镇完成地区生产总值15.85亿元,属地财政收入3.27亿元,地方财政收入1.05亿元,农民人均劳动所得12127元,同比分别增长20%、93%、101%和10.9%。地方财政收入首次突破亿元大关。

单位名称:顺义区马坡镇人民政府
地址:顺成大街15号
电话:(010)69403524
邮编:101300
网址:http://www.bjshymp.gov.cn

(李海山)

【招商引资工作】 全年共引进新项目52个,协议资金8.8亿元,到位资金3.2亿元。其中内资实体项目32个,总部、结算类项目19个,外资实体项目1个。北京天顺长城液压科技有限公司、德尔地板股份有限公司等亿元以上项目4个。

(李海山)

【高端产业园建设取得突破】 北京非晶科技产业园落户新城(马坡组团)第九街区,实现了由"引进项目"向"引进产业"转变。启动产业园1200亩土地一级开发,其控规深化方案和市政设计方案获首规委批复,中兆培基(北京)电气有限公司已率先入驻。

(李海山)

【重点项目建设】 完成爱慕内衣、东方顺龙、佳大机电等12个项目的土地招拍挂工作,全年上市土地565亩。配合星箭长空、金诚创和两家公司做好上市准备工作。有效帮扶企业应对金融危机,提供融资贷款、员工培训等方面服务,为英迈特、亿都川等重点企业争取扶持资金及贷款1300余万元。中兆培基、金诚创和等项目已经成为地区新的经济增长点。随着新城建设发展,合景、金宝、富力等房地产项目也为地区经济增加了新的活力。

(李海山)

【土地资源开发】 最大限度地发挥现有土地资源作用,通过有偿回购等方式,清理小、低、散企业和圈而未建土地12块883亩,对腾退出来的土地进行项目包装,办理了土地一级开发手续,现基地一期所有土地手续全部完成。

(李海山)

【二三产业基地平台】 聚源产业基地被列入顺义新城第九街区,在完成基地内苗圃、牛场、葡萄园拆迁工程的基础上,将原有斜穿工业基地的高压线迁至小中河西岸,110KV变电站建成并投入使用。基地二期"九通一平"市政配套的路网、管线等设计方案已获市级批复。出台《工业基地管理办法》,对项目投资强度、建筑密度、容积率等重要指标严格把关,强化土地集约利用。

(李海山)

【商务休闲品牌】 全年在市级以上报刊、杂志、网站刊登新闻稿件600余篇。拍摄马坡形象宣传片并在顺义电视台播出。在新华网、马坡网站制作专题商务休闲网页。"商务休闲首选,顺义新城马坡"等宣传语使更多人了解了马坡,提升了地区知名度和美誉度。

(李海山)

【新城建设】 完成了大营、北上坡、肖家坡、东马坡4个村民宅拆迁及小孙各庄、东丰乐村回迁、向阳村劳动力转非安置和西马坡双限房项目前期准备工作。配合民生银行、金蝶软件总部基地建设,在征地拆迁、建筑施工安全、食品安全管理等方面做了大量工作。完成了915支二路公交车站迁址重建和马坡花园小区并入城北供暖中心工作。加大违法建设查处力度,制止新建、增建、改建等违法建设29宗,拆除违法建设1.5万平米,为提升城市形象奠定了基础。

(李海山)

【新农村建设】 投资150万元,完成陈衙路马坡段4.2公里路灯安装工程。完成庙卷、泥河等9个新农村基础设施建设村道路硬化,总面积15万平米。投资300万元修建综合路、马卷路等4条道路2.4万平米。完成马卷、姚店、庙卷3个村150盏节能灯改造,向全镇21个村1万余户家庭发放节能灯5万余只。完成石家营、马卷村19户农宅节能改造及衙门村、毛家营、西丰乐3个村600平米太阳能公共浴室建设,衙门村、姚店等7个村1847户的厕所升级改造全面完成。推进农村信息化建设,石家营村成为全区第一家完成信息化基础设施提升工作的试点村。村级经济快速发展,全年完成税收3868万元。

(李海山)

【生态环境】 在全区率先启动农村垃圾分类试点工程并取得明显成效。做好"百村万户"绿化美化工作,完成向前、秦武姚等7个村1518户庭院绿化,栽植各类林木4万余株。美化文化墙1500平米,提升了村级环境品味。石家营、庙卷被评为"北京最优美的乡村",并入选顺义"十大骄傲"。姚店、西丰乐等7个村被评为"首都文明村",白各庄、马卷等6个村被评为"京郊文明生态村"。

(李海山)

【城乡居民就业质量】 开展四星级社保所创建工作并顺利通过验收。发挥就业服务站及专职协管员作用,开展技能培训、职业指导、就业推荐等服务。建立劳动力动态档案,及时掌握劳动力就业状况,定期走访企业,实现用工需求第一时间人职匹配。全年开展各类培训16次,培训人员590余人次,开发就业岗位491个,实现正规就业460人。加强劳动监察,妥善解决劳动纠纷61起,涉及资金240余万元。全镇就业率98%,在二三产业就业比例达95.4%。

(李海山)

【社会保障体系】 全镇劳动年龄内6508人纳入养老保障系统,参保率82%;3009人参加城乡养老保险,2200余名城乡无社会保障老人享受保障待遇;12872人参加新农合,参合率100%。加强低保、残疾人家庭困难救助,累计发放低保救助金102万元。残疾人温馨家园顺利通过验收,为残疾人配发康复用品、用具,向低保残疾人家庭发放爱心救助卡,为低保、重残人员办理了城市居民养老补贴,为残疾人子女大学生争取扶残助学金。成立慈善协会分会,筹集社会资金30余万元,帮扶困难家庭。

(李海山)

【国庆花博会外围保障】 圆满完成花博会陕西代表团对口接待任务。"马坡平安建设中心"正式启动,加强矛盾纠纷排查调处,抓好流动人口和出租房屋管理。全力防控甲型H1N1流感。在全区率先实行村级属地安全管理,定期对酒店、危险化学品及建筑工地等人员密集场所检查。强化交通安全警示教育,实行重点机动车、驾驶员"户籍化"监管。被评为"首都国庆60周年群众游行活动保障工作先进单位"。

(李海山)

【各项事业健康发展】 不断完善教育教学设施,投资100多万元新建中学大门、小学器材室、购置中心园大型玩具等。努力提高教师待遇,教师节对教师人均奖励2000元。举办石家营农民信息技术中专班。年底接受北京市教育督导组教育检查,受到好评。广泛开展"二月新春"、"五月鲜花"、"十月金秋"、"全民健身体育节”等系列基层群众文体活动，为各村送文艺演出30余场次，先后举办全镇乒乓球、双扇操舞、趣味运动会等各项比赛，被评为北京市第七届全民健身体育节先进单位。全面贯彻落实《全民健身条例》的事迹在央视《焦点访谈》栏目中播出。扎实开展“和谐家庭”、“绿色家庭”创评活动，共评出镇级“和谐家庭”、“绿色家庭”151户。筹建白各庄等7家村级卫生服务站。深入开展民主法制示范镇、示范村创建，庙卷、石家营村分别被评为北京市和全国民主法制示范村。以石家营村民主法制建设真实历程为基础拍摄的《我们村的故事》在央视七套播出。

（李海山）

【党建工作得到加强】　全年共发展党员68名，其中预备党员33名，正式党员35名。发展非公企业党支部2个，培养积极分子15人，邀请北京大学李茂春教授等专家学者，就城市规划、土地管理、党建工作等方面作专题报告9次，拓宽了党员干部的视野，提高了实际工作能力。圆满完成村党支部换届选举工作，实现一次选举、一次成功。

（李海山）

南法信镇

【概　况】　顺义区南法信镇位于北京的东北郊，地处北京市规划的临空经济高端产业功能区的核心区，是顺义新城26街区建设的重要组成部分。全镇总面积20.6平方公里，辖16个行政村，1个居委会，因机场东扩冯家营、卸甲营、哨马营、十里堡、马家营5个村已整建制拆迁完毕。全镇共有户籍人口16148人，其中农业6075人，非农业10073人；流动人口16506人。辖区内共有中学1家，小学1家，幼儿园1家，医院1家，社区卫生服务站5家。该镇距北京市区25公里，距顺义城区3.5公里，六环路、京密路、顺平路、机场两线路、M15、L1轨道交通线穿境而过，形成了空中、地下、陆路的立体式交通网络，区位、交通优势明显。南法信镇按照北京城市总体规划和顺义新城规划及产业功能定位，紧紧围绕发展临空经济这一目标，确定了“发展总部经济，建设临空经济高端产业核心区”的发展思路，树立了“服务机场、服务空港物流基地、服务天竺综合保税区、服务航空货运大通关”的理念，紧紧锁住国内外的航空产业及相关产业的总部基地，努力将南法信地区打造成为以临空经济产业为中心的多点支撑的总部经济产业格局。2009年全镇总产值、属地税收、一般预算收入等主要经济指标全面超额完成预期目标。总产值实现54.7亿元，同比增长21.1%；总收入实现68.2亿元，同比增长27.8%；地方生产总值实现10.2亿元，同比增长16%；属地税收实现5.54亿元，同比增长33%，其中航空企业实现税收4.17亿元，占总税收的75%；总部企业实现税收4.08亿元，占总税收的74%，航空、总部经济已成为拉动该镇税收增长的支柱产业；一般预算收入实现1.42亿元，同比增长32%；农村居民人均纯收入实现11743元，同比增长12%。

单位名称：顺义区南法信镇地区办事处、南法信镇人民政府

地址：顺义区南法信镇府前街47号

电话：(010)69472495

邮编：101300

网址：http://www.nanfx.cn

（王　攀）

【招商引资成绩突出】　南法信镇以发展临空、总部经济为核心，充分发挥首都机场强大的吸附功能和综合保税区辐射扩散功能，深入研究分析综合保税区周围的产业链，设定严格的准入机制，坚持“高端、高效、高辐射”

的发展方向,深层次研究本地区产业功能定位,不断加大招商引资力度。2009年,全镇共引进注册资金50万元以上的企业45家,总注册资金4.12亿元,其中注册资金1000万元以上的企业7家。

(王　攀)

【新农村建设不断深化】 2009年,南法信镇投资90万元完成了三家店村1.8万平方米的街坊路改造工程;投资110万元完成了三家店、西海洪两个村总建筑面积400平方米的太阳能浴室工程;完成东海洪、西杜兰、北法信、三家店等7个村的农村安全饮水工程,实现一户一井一表一卡;积极推广绿色照明工程,为西海洪、三家店、东杜兰、西杜兰4个村更换节能路灯200盏;统一为10个村发放了村邮站办公用品,全镇11个村全部实现“村村建站,户户通邮”。

(袁守祥)

【教育投入力度持续加大】 2009年,南法信镇投资近3000万元,完成南法信中学迁址工作,新建8000平方米的教学楼及配套附属设施;对考入大专以上院校应届毕业生145人发放奖励金23.75万元,自《南法信镇关于对考入大专以上院校应届毕业生给予奖励的规定》政策实施以来,4年间镇、村两级共投入200余万元,对493名大学生进行了奖励。

(苏远芳)

【劳动力就业质量不断提升】 2009年,南法信镇通过与入驻的临空、总部、物流等高端企业的人力资源部建立定期联系机制、开发公益岗位、召开专场招聘会等形式提高镇域内劳动力就业质量。全年共开发岗位1384个,职业指导1178人次,培训劳动力580人,城乡劳动力实现就业881人,全镇就业率达到95%以上。

(石晓静)

【回迁、拆迁工作进展顺利】 截止到2009年年底,南法信镇已完成冯家营、卸甲营、十里堡、哨马营四个村的整体回迁及马家营村部分回迁安置工作,共安排回迁房1968套,涉及1404户、4723人。12月,启动了M15号线南法信站周边1000米放射范围内的土地储备工作,涉及南法信、刘家河两村1458户、3512人,宅基地828宗。

(王海刚)

【“畅享青春 服务花博”公益实践宣传】 5月4日,南法信镇在同心文化广场开展“畅享青春 服务花博”主题公益实践宣传活动。组织该镇志愿者为路人提供测量血压、免费打气、修理自行车等服务,发放各类宣传材料800余份。

(于海英)

【市领导到南法信镇视察】 5月20日,市委常委、统战部部长牛有成,副市长夏占义到南法信镇进行视察。现场参观了北京航空食品有限公司配餐楼,详细了解该公司经营发展情况,农业、财政、国有涉农企业等相关部门以及各区县相关主要领导同行,副区长林向阳、南法信地区党委书记郭振江陪同。北京航空食品有限公司为国航、海航、法航等40家中外航空公司提供配餐,为顺义区百强企业。

(张高锋)

【组织人大代表视察、参观学习】 5月21日,南法信镇人大组织人大代表、村支部书记、镇属企业厂长一行70余人视察了顺义新城26街区绿化工程、天海顺商务楼等重点项目建设情况和地铁M15号线工地,并到北京CBD、中国国际展览中心及北京现代汽车有限公司等地参观学习。

(王　攀)

【开展大安全综合检查行动】 7月6日－10日,南法信镇协调派出所、城管、安监科、消防、综治办等相关部门在全镇范围内开展大安全综合检查行动,对各村、企业安全生产及防火情况、出租房屋安全情况进行检查,对镇域内非法劳务市场进行清理。共检查各类生产经营单位91家,下达检查文书40份,整改文书15份;检查出租房屋300余户,涉及流动人口1500余人；清查非法劳务人员200余人，查抄非法营运车辆8辆。此次行动采取检查与宣传相结合的方式，共发放各类宣传材料2400余份，在镇域内主要街道、各村、企业悬挂横幅30余条。

（王　攀）

【首都机场及周边企业招聘会举办】 8月2日，南法信镇在同心文化广场举办首都机场及周边企业招聘会。北京航空食品有限公司、中国新华航空有限责任公司等22家招聘单位参加，提供会计、出纳、行政助理等岗位共计855个。参会求职人员1000余人，现场初步达成求职意向170余人，其中镇内劳动力100余人初试合格。

（石晓静）

【第一批学习实践科学发展观活动圆满完成】 8月，南法信镇圆满完成第一批学习实践科学发展观活动。活动中，该镇以“保增长、促发展，加快城市化进程”为主题，着力在宣传发动、学习提高、解放思想、突出特色、科学发展上下功夫，把贯彻群众路线，开展正面教育贯穿于学习实践科学发展观教育活动的全过程，通过发放征求意见表，向广大群众和机关干部广泛征求意见，查摆存在问题，制定整改措施，共培训党员干部180余人次，实现了党员干部受教育、科学发展上水平、人民群众得实惠的目标任务。10月，该镇启动了以“强化基层组织作用，深入群众解决实际问题，打造靓丽和谐南法信”为主题的第二批学习实践活动，全镇共有各村、社区、新经济组织和新社会组织共30个党支部，924名党员参加。

（柏松浩）

【保国庆、保花博工作顺利完成】 2009年花博会、国庆节期间，南法信地区党委将外围保障作为成功举办花博会和国庆60周年庆祝活动的重要基础，对九类重点人实行“村干部包片，老党员、老干部、村民代表包户”制度和“零报告”制度；全镇11个村实行封闭式管理，294名执勤人员对49处村口、路口实行三班倒不间断值勤，对进出车辆、人员进行登记，1135名治安志愿者对重点地区、路段、部位、社区和街面进行巡逻，村级专职巡防队配合巡逻警力和镇专职巡防队，实施“定人、定岗、定时”24小时不间断巡逻，为新中国成立60周年和花博会成功举办营造了安全、稳定、和谐的社会环境。

（王　攀）

【举办义诊活动】 11月8日，南法信卫生院邀请北京友谊医院、中日友好医院及北医三院的糖尿病专家到南法信镇进行义诊，现场免费义诊150余人次，发放糖尿病教育资料1000余份。

（潘　岩）

【海航地服公司落户南法信镇】 12月22日，落户南法信镇的海航(北京)航空地面服务有限公司在首都机场T1航站楼举行了揭牌仪式。区委副书记胡尚云出席活动并致辞。

（任白鸽）

【垃圾转运站扩建工程竣工】 12月23日，南法信镇垃圾转运站扩建工程竣工并投入运行，该工程投资共计240万元，占地面积1300平方米，分拣车间建筑面积300余平方米，配备有大型分拣机组，日均分拣量80吨。

（仵爱国）

【村党支部换届选举工作圆满完成】 12月30日，南法信镇通过强化组织领导、提早安排部署、加大宣传力度、强化分类指导等措施，圆满完成了村党支部换届选举工作，选举出村党支部委员48人，村党支部书记16人。

（柏松浩）

李　桥　镇

【概　况】 李桥镇位于顺义区南端，距北京市区20公里,李桥镇镇域总面积75.18平方公里,人口5.2万,下辖31个行政村和2个居委会。东依潮白河,紧邻首都国际机场,距T3航站楼1公里,北接顺义区南环路,南接通州区。京平高速路、机场南线、六环路等多元化的交通路网汇集此地,京城铁路纵穿全镇,地理位置优越,交通极为便利。镇域内任李路、顺通路、机场东路上有多条公交线路。其中,市内公交主要有:924路(顺义—通州北苑)、955路(东方太阳城—东直门)、935路(南庄头—东直门)、989路(马坡—四惠)、989区间(李家桥—东直门);顺义区区内公交有:2路(沿河—顺义新城－冯家营)、4路(南庄头—北孙各庄)。按照顺义新城规划和产业定位要求,李桥镇将沿河村2.56平方公里的规划区域作为临空经济产业带的生活服务配套版块区,用于建立高品质的房地产及旅游休闲、新型商业、体育健身等综合服务配套项目,满足临空经济区内工作的中高级管理人员的生活休闲需求。得天独厚的区位优势,使李桥日益成为临空经济发展的重要聚集地。同时,北京临空经济区全新的核心功能区,临空经济未来总部聚集地国门商务区地处李桥镇域内,其五大功能区的国际商务区、商业综合服务区、航空产业配套区三大功能区全部位于李桥境地。这又将为李桥发展高端产业聚集带提供强大支持。2009年完成地区生产总值18亿元、属地财税收入4.15亿元、地方财政收入1.44亿元,同比分别增长23.8%、14.5%和11.7%;社会经营性总资产48.5亿元,同比增长22%。2009年李桥镇被北京市“国庆平安行动”指挥协调小组评为国庆安保工作先进集体,被北京市国家安全工作领导小组办公室评为首都国家安全工作先进集体。又被北京市爱国卫生运动委员会评为市级爱国卫生先进单位。

单位名称:顺义区李桥镇人民政府
地址:顺义区李桥镇头二营村东
电话:(010)89426100
邮编:101304
网址:http://www.lq.bjshy.gov.cn

(鲍 静)

【百余重残无业人员享受补助】 1月17日,顺义区李桥镇又有28位重残无业人员领到了“北京市无固定性收入重残无业人员生活补助金”,目前,全镇已经有105人享受此项补助。其中,城镇户口每人每月可从镇残联领取390元补助金,农户每人每月可享受180元的生活补助。每月5号以后,享受补助的重残无业人员都可以从折子上领取现金。

(鲍 静)

【沙浮村被评选为“星级”农家书屋】 2月12日,李桥镇沙浮村被评选为“三星级”农家书屋(也称“益民书屋”)。据悉,此次农家书屋评选活动,全市共有26家“星级书屋”脱颖而出,其中五星级1家,四星级8家,三星级11家,二星级6家;全区共有四家农家书屋获评星级(四星级1家,三星级2家,二星级1家)。这些“星级书屋”可现场自由选择数百本图书,由政府买单。被评上的这些“星级书屋”有以下特点:一是日益成为新农村文化建设的重要阵地。二是与新华书店网点建设相结合,有效探索了农村“多室合一”的资源整合模式。三是成为建设精神文明和物质文明双丰收的有效平台。在李桥镇沙浮村,不少村民按照书屋中《西瓜嫁接与生产》介绍的科学方法,有效控制了西瓜“水脱”现象的出现,确保了产量,增加了收入。农产品的产量提高了,但收入更多取决于市场信息。

(鲍 静)

【培育农村科技“四大员”】 3月5日,李桥镇将“科技是第一生产力”与镇域内丰富的科技资源及当地农民有效的组织调动起来,在推进农村科技服务体系建设中,始终坚持“人才是第一资源”的观念,着力培养农村科技发展“四大员”。“科技明白人”。投入100余万元,建立顺沿特菜基地农民种植技术培训学校和沿河村测土配方施肥农民田间学校,先后聘请市农科院专家、技术人员对瓜菜种植户进行农药喷洒等农业技术指导,引导农民掌握信息、了解行情、确立项目。年均开展培训班10次,培训农民200余人。全镇科技协调员人数从最初的62名增加到现在的130名。“农民经纪人”。创新农业经营方式,结合市场,探索改变单纯出租土地的经营方式,采用“公司+基地+农户+订单”四位一体的经营模式,挑选能力强、见识广的农民进行农村经纪人培训,以农业产品策划、推广、中介等形式,扩大产品销售网络。目前全镇后桥村、张辛村建立了农村经纪人合作社,17人经过专业培训并获得了农村经纪人资格证书。通过有效整合,既解决了农民信息不畅、买果买菜难的问题,同时也理顺了产供销渠道,为村民致富开拓了渠道,也为政府扶持农村经济的发展拓出了新路子。“致富带头人”。发挥农民经济合作组织的作用,把农户分散经营同市场有效“链接”起来,扩大农民销售渠道,带动周边种植户增收致富。目前,全镇已建立沿河绿地瓜菜合作社和北京市鑫顺滋美果品产销两家合作组织。明年计划再建后桥花卉产销专业合作组织一家。“股民”。完成张辛、堡子等5个村产权制度改革,量化净资产5320万元,2974人成为股东,5个村也实现了集体资产产权由“共同共有”到“按份共有”,实现了“资产变股权,农民变股东”,农民在集体经济组织的带领下,走上致富路。

(鲍　静)

【农民利用高科技显身手】 3月9日,北京市科协学会和顺义区科协的科普部工作人员来到李桥镇沿河村开展送科技知识、设备到村活动。邀请北京市老科技工作者高级工程师作了题为《培养村民的创造力》科普讲座。据悉,李桥镇科协与北京市、顺义区科协联手,为该镇沿河村安装LED显示屏一台。为李桥农村科普示范工程起到良好带头作用。李桥镇将继续发扬创新型乡镇的特色,大力推广农民利用高科技共同富农。

(鲍　静)

【老年人就诊绿色通道】 3月10日,李桥镇卫生院推出一系列服务举措为辖区老年人谋取便利。1、开设老年人优先通道。在医院候诊大厅、各辅助科室门前张贴“老年人优先”字样;开设“老年人取药窗口”;专门建立“老年人诊室”,以便为辖区老年人更好的服务。2、免费建立健康档案。为掌握辖区65岁以上老年人的健康状况,该院要求中心和社区服务站为辖区65周岁以上患者免费建立健康档案。将老人的患病情况、用药情况、随诊情况及医疗保险形式等内容详细记录,以便为其提供连续的跟踪服务。3、设立家庭病床。在部分辖区内建立家庭病床,主动为老年人提供上门服务。

(鲍　静)

【召开深入学习实践科学发展观活动动员大会】 3月26日,李桥镇召开深入学习实践科学发展观活动动员大会,镇党委书记李丙春作动员讲话,副书记王学文宣读《李桥镇党委关于在全镇党员中开展深入学习实践科学发展观活动的实施意见》,区指导检查组王月川、王建宇同志到会并做重要讲话,机关86名干部党员参加了动员大会。

(鲍　静)

【绿化墓园文明祭奠逝者】 4月1日,李桥镇北河村投资2万余元,在镇级林葬公墓周边新种植了玉兰花、月季花、国槐树、紫薇花等花木300余株,美化公墓周边环境。李桥镇北河村林葬公墓投资130万元,占林地150万亩,全部墓穴均为卧式大理石结构。公墓可容纳2万余个墓位,现已建成围墙1700米,管理人员用房6间,水井1眼,焚烧炉2间,厕所2间,建成墓穴500余个。无偿提供给本村逝者使用。

(鲍　静)

【第三届“和谐杯”乒乓球比赛开赛】 4月11日,李桥镇第三届“和谐杯”乒乓球比赛正式开赛,来自23个村105名选手齐聚赛场。年龄最大的60余岁,最小的十几岁。

(鲍 静)

【沿河甜瓜观光采摘月】 4月30日,李桥镇举行“沿河甜瓜观光采摘月”活动。李桥镇顺沿特种蔬菜基地、北京沿河绿地瓜菜合作社准备了40余种、20余万斤蔬菜,同时将有20余种10万余斤的甜瓜、西瓜在节日期间上市,以满足广大市民采摘需求,活动将持续到5月底。

(鲍 静)

【“三格式”环保厕所】 5月22日,李桥镇7个整体推进型村庄2446户农村厕所无害化改造工程全面启动。实行改造户将享受900元/户的资金及每户一套厕具的补助。

(鲍 静)

【安全生产宣传月】 6月11日,安全科联合综治办、流管办、工会、义务消防队,举行“2009年度安全生产宣传咨询日”活动,从生产安全、消防安全、作业安全、特种设备安全等方面开展宣传和咨询。共发放安全宣传材料2000余份,安全服务指南等书籍150余本,纪念品100余份,设立宣传展板6张。

(鲍 静)

【农民田间学校正式开学】 6月26日,顺义区种植中心农科所为李桥镇沿河、北河、吴庄三个村的”农民田间学校”举办了开学典礼活动。区农科所有关领导及我镇农业科人员参加了此次活动。本届田间学校学期为5年,共有学员60余名。今后的教学将以农民为中心,以田间为课堂,以三式(启发式、互动式、参与式)、三重(重需要、重实践、重技能)、三动(动脑、动手、动口)为教学模式,辅导员们将针对该村种植西、甜瓜,蔬菜的特点,瞄准产前、产中、产后等不同时段的技术需求,重点安排主要种植技术和病虫害防治的课程,把农民急需的农业科技知识直接送到田间地头。

(鲍 静)

【北京首钢氧气厂氧通气体设备检修中心落户李桥镇】 7月6日,北京首钢氧气厂氧通气体设备检修中心是氧气厂出资组建的子公司,属于首钢冷轧薄板公司配套企业。该中心注册资金300万元,主要承担首钢氧气厂的设备维护和检修工程。截至目前,李桥镇已累计引进首钢配套产业3家。

(鲍 静)

【“庆花博 迎国庆”五月鲜花文艺汇演】 7月8日,李桥镇“五月的鲜花文艺汇演”在王家场村新建成的800平米多媒体综合文化服务中心内热烈上演。此次文艺汇演以“共庆建国六十华诞,喜迎第七届花博会”为主题,来自全镇各村、居委会、以及部分企事业单位代表500余人齐聚一堂,用多彩的节目为祖国六十华诞献礼。经过基层推荐、全镇预演等多个环节的选拔,共有14个精品节目参加了全镇汇演。演出现场气氛热烈,阵阵喝彩声此起彼伏。歌曲、舞蹈、小品、乐器演奏、京剧联唱,多个精彩的自创节目为地区观众呈现了一场文化盛宴。

(鲍 静)

【实现31个村邮政零距离服务】 9月7日,李桥镇27个村村邮站的邮政物资全发放完毕。今后,该镇的农民将可以像城市居民一样在家门口接收信件了。这些村邮站统一悬挂站牌,统一配备邮政分拣格口,统一配发投递运输工具,由村委会安排专门的人员负责邮件、报刊的接收和投递,可彻底解决农村的通邮问题。为使村邮站更好地服务京郊农村百姓,这些新型村邮站除了具有提供农村居民邮政普遍服务功能外,还将结合首都农村特色,在农资配送、农产品进城等方面实现产品、标识、配货渠道、产品价格、服务标准完全统一,实行“连锁经营+配送到户+科技服务”的经营模式,最终成为邮件的转投站、邮政业务的代办站、新农村建设中的文化传播站、科技致富的信息站。

(鲍 静)

【“二对一”帮带新村官】 8月底,新一批17名大学生村官来到李桥镇,为了让大学生们尽快地适应农村生活,顺义区李桥镇全面做好新村官的服务和管理,促进新一届大学生村官更快更好地进入角色。李桥镇采取听讲座、看现场、谈经验等形式,组织17名新任村官接受培训和交流;责成专人负责新村官的管理,定期对其进行“走访”,及时解决工作生活中的困难;实行“二对一”帮带,即实行书记帮带和老村官帮带,根据其专业特长重点传授农村政策、法规、实用技能等工作经验和方法,引导其理论联系实际;制定一套完整的年度考核管理标准,对工作职责、生活纪律等进行考核;实行实践汇报制,村官每月向镇及所任职村汇报实践情况。

(鲍 静)

【举办首都机场国航货运专场招聘会】 11月6日,首都机场国航货运专场招聘会在顺义区李桥镇举办,该招聘会因其需求人员多、岗位工资高等特点吸引了300余名求职者前来应聘。此次专场招聘会共提供国航公司装卸工、司机两个岗位,需求就业人员150人,面试合格后工资平均可达2200元,仁和、南法信、后沙峪、高丽营等周边镇也有不少求职者前来应聘。

(鲍 静)

【400余幅绘画作品扮靓李桥沿河中小校园】 11月14日,李桥镇沿河中小开展了“学生绘画颂祖国”活动,活动开展仅2周就已经收到了400余幅学生绘画作品。为了加强爱国主义教育,同时提高学生动手动脑能力,此次活动该校以班级为单位,18个班级自拟主题。学生根据自定主题自己动手绘画并进行文字排版,将作品统一张贴于楼道墙面进行展览。在该校楼道内我们看到,同学们用水粉、油画棒、水彩笔描绘了“天安门、长城、国庆庆典、花博会”等多幅画面。本次活动该校将组成评审小组,根据作品的主题、学生参与率、绘画质量、张贴保存情况等方面进行综合评比,评选出一、二、三等奖,此后这些作品将作为该校特色长期装扮校园。

(鲍 静)

【变压器安装调试工作】 12月4日,为全力确保本地企业、居民正常生产生活,李桥镇电管站完成了2台315千伏安变压器的安装调试工作,目前已经正式启用,有效缓解了半壁店地区村民的用电压力。为了提高服务质量,李桥电管站工作人员提供24小时电力故障报修服务,将农村地区90分钟到达现场的时间缩短到20分钟,做到发现问题及时解决,出现故障第一时间抢修。在此基础上,还不定期对镇内用电情况进行摸查,结合镇域居民、企业用电需求及时调整用电负荷、更新变压器,有效地提高了供电可靠率。

(鲍 静)

【旧村改造项目合作签约仪式】 12月23日,李桥镇政府与北京首开亿信置业股份有限公司举行李桥镇旧村改造项目合作签约仪式。此次旧村改造项目合作协议的签订,是李桥镇落实顺义新城规划,加快城镇化建设的一项重大举措,标志着镇域经济和社会的发展进入一个全新的阶段,也是北京首开亿信置业有限公司积极参与顺义建设发展的一项战略投资。

(鲍 静)

天 竺 镇

【概 况】 天竺镇位于顺义区西南端,东经116°32′,北纬40°4′。隔温榆河与朝阳区相望,距市区15公里,距顺义城区10.6公里,总面积13.24平方公里。紧临首都国际机场,境内有首都机场高速公路、首都机场南线高速公路、机场快速轨道、机场辅路通过,西侧有101国道、地铁M15号线,天北路连接首都机场与101国道,东南部有李天路。1992年原国务院副总理田纪云为天竺镇题词"国门第一镇"。1998年顺义县撤县设区,天竺镇亦称天竺地区办事处。2006年天竺被规划定位为国门商务区核心区。辖5个行政村,2个社区居委会。常住人口9674人,其中农业人口6327人,非农业人口3347人,流动人口32458人。面对国际金融危机的巨大冲击,全镇大力发展临空经济,文化创意产业蓬勃发展。2009年,实现地区生产总值15.93亿元,同比增长16.9%;完成属地税收5.38亿元,同比减少13.1%,其中地方财政收入1.73亿元,同比增长3.9%;农民人均劳动所得达到12754元,同比增长4.7%。营造了经济、社会健康协调发展,人民生活安居乐业的良好氛围。

单位名称:顺义区天竺镇人民政府
地址:顺义区天竺镇府右街6号
电话:(010)80462334
邮编:101312
网址:http://www.tzkgc.gov.cn

(杨春华)

【创新经济发展举措】 面对国际金融危机的巨大冲击,继续将招商引资工作摆在突出位置来抓。加强招商专业队伍建设,理顺招商格局,完善"全员参与、全程服务"的工作机制。推行"温室孵化"、"腾笼换鸟"、"借窝下蛋"等全新招商模式。面向机场、新国展等战略发展资源进行重点招商。成功引进了北京首都机场房地产有限公司、北京中投创展置业有限公司、北京华夏丹尼汽车投资股份有限公司、北京安恒达投资有限公司等一批有发展潜力的企业,招商引资实现逆势增长。全年累计引进各类企业140家,较2008年增加8家。实现注册资金3.4亿元,同比增长1.4倍。办结国门燃油公司、德霖高尔夫公司、中国装饰集团公司第六分公司等重点项目28个,年增加税收5000万元。继续强化后续招商服务,帮助企业应对危机、实现健康发展。帮助奔驰3S店通过整车销售业务审批,每年可增加税收3000万元。帮助北京燕京服装厂、中外运·敦豪等企业分别落实技改扶持资金和出口奖励资金共计21.5万元。加强与市、区各主管部门联系,结合各口出台的保增长优惠政策,积极组织符合条件的企业进行申报。深入企业了解项目情况,选择投资意向明确、条件相对成熟、市场前景好的项目进行申报。福润通二期工程已通过审核纳入到绿色通道项目中。利用网络推介平台促进餐饮住宿业发展,京林大厦、国都大酒店等多家酒店因此受益。年内完成地区生产总值15.9亿元,同比增长16.9%。完成地方财政收入1.7亿元,同比增长4%。社会生产经营性总资产达到144.3亿元,同比增长10.9%。农民人均劳动所得达到12754元,同比增长4.7%。实际利用外资达到676万美元。

(石 锋)

【抓好基层党建工作】 出台《天竺镇便民服务规范》,印发《天竺镇便民服务指南》至各户,提高机关服务效能。编订《天竺镇科室及岗位职责》,实现岗位、人员、责任的明晰化、制度化和规范化。制定完善老干部管理七项制度,即报刊订阅制度、定期联系制度、走访慰问制度、健康体检制度、探望送温暖制度、祝寿制度和参观考察制度。举办了天竺镇入党积极分子培训班,各村、企业、双管单位共15家单位的36名积极分子参加了培训。吸纳26名优秀积极分子加入中国共产党,27名预备党员按期转为中共正式党员,党员队伍进一步壮大。七一"前夕表彰了10个先进基层党组织、4个特殊贡献党支部、22名优秀共产党员。动员开展共产党员献爱心活动,33个基层党支部的866名党员及125名群众捐款共计56592元。做好非公党建工作,17家非公经济组织中建立了党组织。加强大学生村官管理工作。严格按照德、能、勤、绩、廉五个方面做好大学生村官的管理与考核。收到地区百姓自发赠送的锦旗十余面，对机关服务满意率达到95%。保持无越级集体访和非正常访的“双零”佳绩。年内荣获“北京市村务公开民主管理示范乡镇”荣誉称号。

（石 锋）

【深入学习实践科学发展观】 开展班子成员“进百家，访千人”入户走访活动，解决百姓难题，加强信访包案维护社会稳定，参与招商增强发展合力。深入学习《科学发展观重要论述摘编》、《毛泽东邓小平江泽民论科学发展》和中央、市、区领导的重要讲话和论述。聘请顺义区检察院、区委党校等相关部门专家举办了12场有关如何强化作风建设、预防职务犯罪等方面的专题讲座和报告。通过科室集体学习、自学两种方式，学习科学发展观相关资料，并定期上交学习笔记和心得体会。针对镇党委提出的“强作风、促发展、保稳定、加快推进和谐天竺建设“的主题要求，不断完善机关日常管理制度、领导干部接访、下访、包案制度、下基层调研制度、走访慰问制度、村支部书记半公职化管理制度、考核评比制度、长效联合执法机制、督办落实机制等。深入开展“创一流业绩，争先进科室，做文明天竺人”活动，转变工作作风。加强对双管单位、行政村、企业的调查研究，集思广益明确科学发展的思路和方向。

（石 锋）

【制定实施七项惠民政策】 针对就业、医疗、教育、养老、环境等热点、难点问题，制定出台《关于促进劳动就业工作的奖励办法》、《关于给予高校新生奖励补助的办法》、《关于为已婚育龄妇女及60周岁以上老年人进行免费健康体检的办法》、《关于提高本镇民政对象资金补助标准的意见》、《关于落实农村部分计划生育家庭奖励扶助制度的实施意见》、《关于给农村低保独生子女家庭专项救助的实施意见》、《关于贯彻落实 < 顺义区关于调整和完善新型农村合作医疗制度的意见 > 的实施办法》七项惠民政策。全年累计投入资金2000余万元，用于百姓福利。

（杨春华）

【创建北京郊区环境优美镇】 加强与专业高校合作，分别完成《科学构建天竺镇国门新形象的战略研究》与《天竺镇环境规划》，指导城乡一体化发展。加强城市基础设施建设。筹资5000余万元完成府前一街、二街、府右街、天竺东街、天竺新村南路和小天竺路等“四街两路”的升级改造工程。投资1500余万元实施府前一街沿街外立面装饰和牌匾更新工程。投入200余万元完善文化广场，安装健身器材，搭建文化舞台，建设了60平米的LED室外大屏幕。委托区园林中心对府右街进行专业绿化、美化，实施围栏更新和线缆入地，改装彩灯照明。加快新农村建设。府前二街安装太阳能路灯50盏，小天竺路安装路灯68盏，为杨二营、二十里堡两村更换节能路灯200余套。完成南竺园市场迁址工作，为二十里堡村修建太阳能浴池1座，为楼台村建设高标准公厕2座。投入600万元，成立镇、村两级专业保洁队伍，分别负责村域内外环境整治工作。温榆河沿岸绿化1700平方米，粉刷树木1800棵，温榆河沿岸环境更加靓丽。12月，被北京市农委、北京市环保局评为“北京郊区环境优美乡镇”，杨二营村获“北京郊区生态村”称号。

（杨春华）

【开展丰富多彩的先进活动】 举办“五月的鲜花文艺汇演”、“天竺镇家庭手工艺品成果展”、“天竺镇建国60周年文艺汇演”、“迎国庆、讲文明、树新风”流动人口知识竞赛和“千人植树、千人整治”等群众实践活动，展示人文风采，营造和谐的社会氛围。组织全体机关干部、青年团员、妇女、中小学生在三月五日、三月八日、五月四日、重阳节等节日参加环境整治和尊老献爱心等活动。深入开展和谐家庭创建活动，对92户镇级和谐家庭进行表彰并每户奖励1000元，同时通过府右街广告灯箱和文化广场 LED 大屏幕对优秀家庭进行宣传。

(石　锋)

【流动人口管理与服务】 坚持“集中居住、集中管理、集中服务、集中教育”原则,提高监管成效。做好流动人口、出租房屋和用工单位三本台账,做到底数清、情况明。推行“周查月报”和“四查五见面”制度,准确掌握动态。公安、城管、工商、卫生、综治等部门联合整治小低散市场,努力压缩低素质人口空间。加强出租房屋、出租大院检查,消除各种安全隐患。出台《天竺镇红旗出租大院创建活动意见》,强化出租房屋户和用工单位对流动人口的管理责任,探索、建立村企共管机制。开展文明示范出租房屋及出租大院创建活动。举办“迎国庆、讲文明、树新风”流动人口知识竞赛,强化流动人口的主人翁意识。流动人口数量比 2008 年减少 5024 人。

(石锋)

【获全国群众体育先进单位称号】 10 月,被国家体育总局评为“2005——2008 年度全国群众体育先进单位”,并在第二届顺义的骄傲评选活动中荣获“十大骄傲奖”。

(杨春华)

后沙峪镇

【概　况】 环境综合治理工作:配合花博会室外城市公园建设,对顺平西线、安富街两条城市主干路进行绿化美化。参照奥运标准,以整治花博会主场馆周边、机场“绿色航空走廊”、新国展周边以及主要交通干线沿线环境为重点,累计投资 2500 万元,对各村的卫生死角进行全面清理登记,建立台账,清理垃圾渣土、乱堆乱放 5000 方,清洗粉刷建筑物外立面 6 万平米、设置景观围挡 2 万平米、拆除猪场 1 座。

单位名称:顺义区后沙峪镇人民政府

地址:顺义区后沙峪双裕街 39 号

电话:(010)80496873

邮编:101308

网址:http://www.bjkgc.gov.cn

(信息中心)

【基础设施建设】 配合区有关部门实施规划五路、六路、七路建设工程。同时,投资 5600 万元完善外部道路交通环境,包括对花博会主场馆通往停车场的顺平西线铺设人行步道 3 公里,对本镇连接主场馆的火寺路、双裕北街进行拓宽改造,安装路灯 150 盏;另外,铺设主场馆外污水管线 6 公里,加快推进了主场馆污水管网与污水处理厂的对接。投资 788 万元,改造罗各庄和董各庄两村街坊路,改造公厕 6 个,建设太阳能浴室 1 个;改造各村老旧自来水管道;实施董各庄村改厕工程;完成泗上村和田各庄村安装太阳能路灯工程。

(信息中心)

【一助一工程】 精选美驰门窗、福环房地产、天洋志普房地产、龙湖置业、航港物流等 11 家有经济实力的企业分别与北务镇的东地、南辛庄户、马庄等 6 个村及龙湾屯镇的南坞、焦庄户、大北坞等 5 个村结成“帮扶对子”,并对帮扶对象进行走访慰问;在资金上支持共建村经济建设,今年以来,已分别为北务镇和龙湾屯镇累计筹措资金 100 万元,在改水、改电、修路、助学等方面发挥了重要作用;立足现实,着眼长远,将帮扶重点放在引资引项目上。把企业的先进经验引入到村级管理中,帮助培训农民,最大限度的让农民向二、三产业转移,用项目合作的方式,为共建村提供全方位,多角度的帮扶,促进农民增收。

(信息中心)

【经济发展健康持续快速】 全年地区规模以上企业实现生产总值 45300 万元,同比增长

10%；实现属地财政收入46899万元，比年初预计30000万元增加了16899万元；其中实现地方财政收入19153万元，比年初预计12000万元增加了7153万元；实现人均劳动所得13900元，同比增长2%。全年引进注册资本500万元以上项目5个，完成投资4.5亿元。

（信息中心）

【就业和社会保障体系】 全年举办各类免费技能培训及招聘会15场次，实现农村劳动力转移就业639人；镇村搭台扶持就业明星张淑萍成立的家政服务中心，面向别墅区培训推荐高层次家政服务人员累计达47人，人均年收入达2万余元。

（信息中心）

【生态水系治理工程】 罗马湖湿地生态环境整治工程属顺义新城龙道河水系整治的一部分，包括成湖与湖岸生态防护、水质净化与循环、水生态修复和滨水绿地景观工程。工程总投资7000万元，在区水务局的支持下，除绿化外工程已全部完工。

（信息中心）

高丽营镇

【概　况】 高丽营镇地处顺义区西部，辖区总占地面积61.1平方公里，有25个行政村，常住人口3.2万人，其中户籍人口2.4万人。高丽营镇是北京城市总体规划和顺义新城规划的重点发展城镇之一，是以临空产业为重点，发展特色产业的复合型城镇。域内天北路、顺沙路、火寺路、顺于路纵横交错，距首都机场8公里，距北京城区20公里，东有101国道连接祖国东北，西有京承高速让北京城区更近，北有城市六环输送发展动力，南有机场高速连接国门，更有白马路（奥运大道）迎来全世界的朋友。北京天竺空港经济开发区金马工业园坐落在高丽营，是发展镇域经济的重要平台，也是高丽营镇展示风采、树立形象的对外窗口。按照总体规划和控制性详细规划，高丽营镇着力打造“一心、两带、三走廊”的空间发展格局。“一心”即镇中心区，“两带”即西部商务休闲产业带和东部高端制造产业带，“三走廊”即“白马路生态走廊”、“六环路生态走廊”和“顺于路生态走廊”。坚持以“临空产业强镇，生态宜居小城”的城镇发展为总体定位，坚持科学规划和基础设施建设“两个先行”，实现主导产业培育、生态环境建设和社会事业发展“三个突破”，分重点、分阶段梯次推进，重点镇建设全面推进。

单位名称：北京市顺义区高丽营镇人民政府
地址：北京市顺义区高丽营镇高泗路四村段29号
电话：(010)69455951
邮编：101303
网址：http://www.gaoly.bjshy.gov.cn

（王曼羽）

【党建工作】 在区委的正确领导下，该镇始终坚持“围绕发展抓党建，抓好党建促发展”的总体思路，以服务保障重点镇建设为核心，以深入开展学习实践科学发展观活动为载体，着力在思想建设、组织建设、作风建设、党风廉政建设上下功夫，党组织的凝聚力和战斗力进一步增强，为圆满完成国庆60周年和花博会服务保障工作，为全面加快推进重点镇建设和实现全镇经济社会更好更快发展提供了强有力的政治组织保障和精神动力支持。深入开展学习实践科学发展观活动，坚持学习培训先行，全面贯彻落实“三重一大”制度，深入开展领导干部联系村（企业、双管单位）活动，定期召开民主生活会，党委的领导核心作用进一步加强。基层党支部的生机与活力进一步增强。圆满完成了丽喜花园社区党支部、居委会和农村党支部换届选举工作。丽喜花园社区党支部、居委会委员全部实现交叉任职，新选出农村党支部委员80人，25名党支部书记全部实现连选连任。党员队伍建设进一步加强。关心、关爱建国前、建国初期老党员，定期发放生活补贴，组织开展节日慰问，让他们充分享受发展成果、感受党的温暖。坚持标准，严格程序，全年新发展党员48名，其中，35岁以下党员占58%，党员年龄结构进一步优化。

（王曼羽）

【经济运行态势向好】 按照经济社会和谐发展的要求，进一步凝聚力量，创新思路，深入推进产业结构调整，增强经济发展核心竞争力，全镇经济社会实现了稳步、健康和可持续发展。2009年，全镇实现农村经济总收入25.74亿元，同比增长26.23%；人均劳动所得11072元，同比增长8.2%；属地财税收入4.24亿元，同比增长97%；其中地方财政收入1.77亿元，同比增长193%；社会经营性总资产56.5亿元，同比增长20.2%，主要经济指标增幅位居全区之首。

（王曼羽）

【重点项目建设稳步推进】 按照顺义区的总体发展思路，该镇先后编制完成了城镇建设总体规划、控制性详细规划等小城镇建设规划，优先启动了城镇基础设施建设，重点镇建设工作稳步推进。积极研究落实北京市支持重点镇建设、推进城乡一体化发展的政策和措施，做好项目立项、包装和报批工作。2009年，镇中心区4个重点项目进展顺利。其中，市政道路一期工程已获市发改委批复，总投资1.79亿元，目前道路红线内地上物拆迁已完成；集中供热中心、休闲娱乐生态公园两个建设项目的前期手续基本完成；方氏渠河道治理和水系改造项目水系治理专项规划已获市规委批复。按照《顺义区村庄总体规划》要求，结合全镇实际，分步实施旧村改造、农民上楼工程。该镇首个整建制拆迁村——于庄村拆迁工作顺利完成。不断强化园区建设，完善“布局合理，特色鲜明，设施完备”的产业发展平台。投资1000万元的金马工业园污水处理厂通过验收，并已投入运营；投资3000万元的顺于路以南工业用地市政配套设施建设基本完成。

（王曼羽）

【招商引资工作进展顺利】 积极承接临空经济功能区、天竺保税区和国展商圈的辐射带动作用，以金马工业园建设为核心，按照“以临空产业为主导、特色产业集聚”的功能定位调整招商方向，积极探索“无地招商”的发展模式。充分利用各类资源和信息，制定出台优惠和奖励政策，大力引进注册项目。共引进东生博胜投资、金峰顺泰文化传播有限公司等9家注册企业，注册资金7640万元。以推动“两带”产业发展为目标，引进了商务休闲产业重点项目。主要有总投资11亿元的“五星级首旅华龙温泉度假酒店”项目，规划建设用地31.3公顷，目前项目已获得市国土资源局土地一级开发授权，并委托首旅华龙置业有限公司进行土地一级开发；“北燃实业广场”项目总投资约20亿元，占地19.4公顷，目前正在进行土地一级开发的各项准备工作。金马工业园招商引资工作进展顺利，主要经济指标实现两位数增长。全年实现二三产业总产值38.1亿元，同比增长14.2%；总收入28.4亿元，同比增长13.8%；利润总额2.9亿元，同比增长42%；增加值11.2亿元，同比增长16.5%；出口产品交货值6.1亿元，同比增长7.7%。今年共有6个项目摘牌入园，总投资6.4亿元，总占地17.1公顷，总建筑面积20万平方米，其中，瑞丰澄通电子、顺诚彩印等五个项目已开工建设，开工面积为7.8万平方米。

（王曼羽）

【都市型现代农业发展稳步推进】 加快传统农业升级改造和资源整合，为休闲度假产业融入农业元素，实现都市型农业的加快发展。云南绿大地公司北京园艺中心已落成，6万平方米的玻璃钢架智能自动化控制温室已投入运营，成为该镇苗木花卉产业发展的新亮点；投资3000万元的七彩蝶园于9月份开园，接待游客超过2万人；加强农业基础设施建设，投资1000万元、涉及7个村的5000亩农业综合开发用地项目全面实施，完成田间路面硬化5707米，修建桥涵48座。

（王曼羽）

【民生保障工作稳步提升】 坚持"以产引人，以房管人，以证控人"的工作措施，严格控制低端产业流动人口数量，鼓励企业录用本镇劳动力；以解决"35、45"人员就业为重点，投入12万元用于劳动力职业技能培训，累计培训658人，组织劳动力参加各类招聘会8场，发布空岗信息2175条，全年为1586人解决就业。劳动监察工作不断强化，企业用工行为逐步规范，企业工人持证上岗率达到98%，劳动合同签订率达到96%以上。健全社会救助机制，深入落实各项救助政策。全年累计发放低保金、安置生活保障金、丧葬费等105.5万元，出资111.8万元维修和翻建了30户低保户房屋，并为独女特困户发放善款2.74万元。深入推进"新农保"、"新农合"等社会保险工作。全年为6843人提供"新农保"补助金142.8万元，农民参保率达到85%以上，为2720名无保障老人提供生活补贴款183.8万元。全年完成16640人新型农村合作医疗的参合工作，参合率达到98%以上，并为18393人次群众报销医疗款622.9万元，占全年筹资总额的253.2%。为469户办理家电下乡补贴手续，共发放家电补贴款12.8万元；为114户发放汽车补贴款42.7万元。成立了慈善协会高丽营分会，接受春晖园、艾莱发喜等9家企业的慈善基金33万元，为全镇的慈善事业发展奠定了基础。

（王曼羽）

【镇村环境质量明显改善】 深入开展"环保卫生户"、"绿色文明胡同"、"绿色文明大街"、"环境优美村"四项创评活动，镇政府投资250万元以奖代补，重点整治了乱堆乱放、卫生死角、违法建设等，村级环境整体水平显著提高。深入开展新农村"5+3"工程，彻底整治了连接四村、五村的坑塘，新修街坊路11.5万平方米，建公厕27个，改造户厕4829个，四个村的太阳能浴室工程全部完成，即将投入使用。圆满完成了万米绿地、"百村万户"等多项绿化美化工程，实现了绿化美化由街巷向庭院的延伸。投资1083.2万元完成3231户农民庭院的绿化美化工作，其中栽植各类苗木70997株，绿化面积达到634亩。投资408.5万元完成10个村委会庭院和总长22400米的道路绿化工作，绿化面积达到336亩。

（王曼羽）

【社会秩序和谐稳定】 传承奥运安保模式，圆满完成国庆60周年和花博会安保工作，确保了地区的社会稳定和政治安定，群众的安全感和满意率进一步提高。加大国庆60周年庆典和花博会安保工作力度，坚持部门联动，定期对流动人口、安全生产、食品卫生、社会治安等情况进行了专项整治，劝返流动人员200余人，消除出租房屋安全隐患68处，处罚违章行为12起。严格落实防控措施，全力以赴做好甲型H1N1流感防控工作，采用日报告制度加强对出国和归国人员健康情况的社区监测，并为镇机关、中小学、各村共计3300余人注射了甲型H1N1流感疫苗。食品安全检查力度不断加大，联合药监局、卫生监督所对域内食品加工和餐饮企业食品安全工作进行了49次检查，对存在的问题提出整改建议，督促其按期整改。深入开展建筑工地、校园安全、危险化学品等专项整治活动，逐级建立安全管理机构，及时排除各类安全隐患，安全生产管理体系进一步完善。加强镇级土地巡查大队和村级土地信息员队伍建设，加大违法建筑的发现、查处和拆除力度，共查处违法建设60宗，拆除18宗，拆除面积4630平方米，及时制止28宗，面积13150平方米，其余14宗正在拆除或补办手续。狠抓矛盾隐患排查和历史积案化解,信访形势持续稳定。

(王曼羽)

【民主法制建设】 加强民主法制建设,自觉依法接受镇人大监督,努力实现民主化、科学化决策。积极推进依法行政和政府信息公开工作,进一步完善全程办事代理制度,切实转变政府职能,工作效能得到全面提升,全年共受理各类事件40437件,群众满意率和办结率均为100%。村级民主管理制度进一步深化,村级财务委托代管机制不断健全,村务公开、财务公开实现了民主、透明。深入开展"五五"普法工作,积极开展基层法制宣传教育,干部群众法律意识和法律素质得到增强。"双拥"和"军民共建"工作扎实开展,高质量完成了年度征兵任务。

(王曼羽)

杨　　镇

【概　况】 北京市顺义区杨镇位于顺义区潮白河以东,是顺义东部九镇中心,镇域面积96平方公里,是首批国家级试点小城镇之一,是北京市首批33家中心镇之一,是顺义区四个重点镇之一;杨镇距北京市区40公里,距顺义城区15公里,市级快速路——顺平线穿境而过,驱车20分钟即可到达首都国际机场,15分钟可到六环路、顺义城区,10分钟可到达水上奥运场馆;杨镇有耕地7.3万亩,下辖42个行政村,常住人口5.5万人。2009年,杨镇深入落实《顺义新城规划》确定杨镇为重点镇的发展定位,扎实推进"一园、两区、三组团"建设。"一园"即以杨镇汽车零配件产业基地为核心的现代工业园;"两区"即以杨镇大市场建设为依托的现代商业服务区和以镇区3.3平方公里基础设施建设及城镇建设为重点的城市功能中心区;"三组团"即以汉石桥湿地生态保护与周边村新农村建设相结合形成生态旅游组团、以国际鲜花港建设与杨镇现代都市型农业相结合形成高端农业组团、以职教园区建设与杨镇教育集团相结合形成教育文化产业组团。杨镇紧抓住难得的发展机遇,突出抓好汽车零部件基地建设、北京国际鲜花港建设、重点镇建设、汉石桥湿地保护开发、区职教园区建设五大战略支撑点,镇域经济社会全面协调可持续发展。尤其是北京现代汽车有限公司第三工厂的落户,更是为杨镇实现新跨越提供重要引擎。

单位名称:顺义区杨镇人民政府
地址:顺义区杨镇府前街3号
电话:61451287
邮编:101309
网址:http://www.yangzhen.bjshy.gov.cn

(杨　镇)

【杨镇龙灯会参加中国非物质文化遗产传统技艺大展活动】 2月9日,中国非物质文化遗产传统技艺大展系列活动在北京农业展览馆开幕,是新中国成立以来规模最大、种类最全、内容最丰富的一次传统技艺大展。北京市非物质文化遗产保护项目杨镇龙灯会,有幸参加了中国非物质文化遗产展演,并作为压轴节目登场,现场5000余名观众热烈的掌声营造出欢乐祥和的节日气氛。

(杨　镇)

【召开2009年工作大会】 2月11日,杨镇召开2009年工作大会,镇长张友生做了题为《坚定发展信心 抢抓历史机遇 扎实推进重点镇又好又快发展》工作意见,首次提出扎实推进"一园、两区、三组团"建设,并强调这次大会是统领杨镇2009年工作的大会,要求我们:1. 要认清形势,提高认识。2. 要提振精神,坚定发展信心。3. 要谦虚谨慎,求真务实,树立班子良好形象。同时,还明确了杨镇2009年思想政治工作着重点,即要紧紧围绕全镇重点工作和中心工作,以服务发展、促进和谐为目标,以提高党员干部的能力素质为着力点,进一步探索思想政治工作的新机制、新方法,增强思想政治工作的针对性、实效性,为全面推进杨镇的经济、政治、文化、社会建设提供强有力的组织保证、思想保障、精神动力和智力支持。

(杨　镇)

【荣获顺义区先进镇称号】 2月13日,顺义区召开2009年二三产业发展暨劳动力就业大会,杨镇获得顺义区2008年度二三产业先进镇、就业再就业工作先进镇称号;坐落于杨镇的北京东方雨虹防水技术股份有限公司获得2008年度顺义区域经济"百强"企业称号;杨镇的二街村、曾庄村获得2008年度顺义区二三产业先进村称号。

(杨　镇)

【科学发展观学习实践活动取得阶段性成效】 杨镇机关党员开展学习实践科学发展观心得和调研成果交流座谈。交流活动结束后,每个党支部将挑选5篇优秀学习心得和1篇调研文章进行展示。截至5月11日,杨镇共开展科学发展观系列专题讲座3讲,组织党员镇域参观1次,领导干部撰写调研文章25篇,党员上报心得体会65篇,征求意见52条,党员献计52条,46名党员走访134户农户,帮助农户解决实际问题111件。

(杨　镇)

【2009年首场招聘会】 4月22日,由区劳动局、杨镇社保所联合举办的2009年首场招聘会吸引了全镇500名求职人员参加,13家企业提供设计、导游策划、维修工、库管等30余个工种的300余个就业岗位,现场求职者与企业初步达成意向400余人次。

(杨　镇)

【输送9名同志参加国庆阅兵民兵方阵】 6月23日,杨镇武装部将9名同志送往位于龙湾屯镇的民兵训练基地参加集训。其中5名为退伍军人,4名为大学生村官,均具备一定的政治素质和军事业务水平。他们在民兵训练基地的集训为期10天,合格后将奔赴北京现代学院等各高校担任教官,训练一批体能和政治素质高的大学生。10月1日,将参加新中国成立60周年大庆阅兵民兵方阵。

(杨　镇)

【召开"保国庆、保花博"工作部署大会】 9月1日,杨镇作为北京国际鲜花港所在镇,召开了"保国庆、保花博"工作部署大会,所有行政村、社区及企事业单位、驻镇双管单位党支部书记,包村干部、奥运安保治安巡逻志愿者代表参加会议。会上,政法书记张连玉部署"保国庆、保花博"工作整体防控任务。镇长张友生与红寺村、杨镇一中等单位签订杨镇地区国庆及花博会期间社会安保工作领导责任书,并强调平安国庆、平安花博是当前首要政治任务,各单位要将精力、人力和财力向国庆和花博倾斜,注重抓落实、抓实效,全力保障花博会及祖国60年大庆。

(杨　镇)

【2009北京菊花文化节盛大开幕】 9月19日,北京菊花文化节开幕式暨位于杨镇红寺村的北京国际鲜花港(以下简称"鲜花港")开园仪式隆重举行,北京市委常委、统战部部长牛有成,副市长夏占义以及顺义区领导张延昆、刘剑、马庚良、杨宝华、李国营、李友生、赵贵恒等领导出席。此次文化节分为室内展和室外展,同时举行菊花文化科普展、插花花艺展等以菊花为主题的活动。室内展在鲜花港万花馆内举行,展示面积5000余平米,展出200多个品种6000余盆的独本菊精品以及嫁接菊、案头菊、盆景菊等。室外展以"大地花海,绚丽金秋"为主题,在鲜花港全园展出,共种植地被菊200余亩,137.2万株,结合九月开花的凤仙、四季海棠等时令花卉,营造出大地花海的宏伟景观效果。本次展览通过菊花与科技、菊花与文化、菊花与艺术、菊花与生

活、菊花与环境五大板块内容,充分挖掘菊花内涵,宣传菊花文化,展现菊花魅力,普及菊花知识,展示菊花应用。

(杨　镇)

【"曾庄大鼓"亮相七博会开幕式】 9月26日,第七届中国花卉博览会在顺义主场馆隆重开幕,在短短35分钟的开幕式上,中外嘉宾4000余人,共同见证了"花开北京、相约顺义"的美好时刻。杨镇曾庄村的曾庄大鼓作为北京市首批非物质文化遗产与国画长卷、七彩花车、漫天花雨并称开幕式四大亮点,给观众留下深刻印象。

(杨　镇)

【现代三厂正式落户杨镇汽车零部件产业基地】 北京现代汽车有限公司是中韩合资的大型汽车制造商,是中国加入世界贸易组织后批准的第一个汽车生产领域的合资项目,得到了中韩双方的大力支持和高度重视,并被北京市确定为振兴北京现代制造业的龙头项目。11月,北京现代汽车有限公司第三工厂成功落户杨镇汽车零部件产业基地,该项目总投资110亿元,占地2400余亩,将于2010年10月底开工建设,预计2011年底正式投产,投产后可实现年产30万辆的产能,实现年产值400亿元。

(杨　镇)

【英瑞杰公司举行开业庆典仪式】 12月11日,落户杨镇汽车零部件产业基地的世界500强企业英瑞杰汽车系统制造(北京)有限公司隆重开业。区招商局局长於丽萍、副局长古艳山、区商务局副局长金泰希以及杨镇党委、政府相关领导参加了此次活动。英瑞杰公司是专门从事塑料燃油系统制造的国际性公司,总部位于法国巴黎,全球员工约4500人。该项目总投资3亿元,其中一期投资1.2亿元,占地21亩,2009年底计划投产,预计一期达产后可实现年产值3亿元,实现税收1000万元,实现就业100人以上。

(杨　镇)

【600名农民变身"花工"】 杨镇紧紧抓住北京国际鲜花港落户杨镇的机遇,不断调整产业结构,打造万亩花卉园区,引进和发展花卉企业,培养花卉人才,鼓励本地农民种花。年内,杨镇花卉种植面积已发展至3000亩,600余名本地农民进入花卉企业上班,实现农民向"花工"的转变。其中,杨镇草桥基地占地1000余亩,解决附近村庄近300名劳动力就业,其中不乏年过六十的老人,"花工"们每月工资在1000元以上。

(杨镇)

赵全营镇

【概　况】 赵全营镇在2009年里全面落实镇域功能定位,着力增加经济总量,优化产业结构,提高经济效益,全镇经济的综合优势、内在动力和后发效应明显增强。2009年,全镇完成地区生产总值9.5亿元,同比增长13.9%,三次产业比重为32:44:24;完成属地财税收入1.4亿元,地方财政收入4223万元,同比分别增长30%和36%;社会经营性总资产完成27.3亿元,同比增长45%,完成出口供货额1.8亿元,同比增长7%;实际利用外资343万美元,同比增长25%;农民人均劳动所得达到10598元,同比增长9%。54家规模以上企业纳税总额1.1亿元,占全镇税收总额的79%,实现增加值同比增长22%;有8家企业税收超过500万元,比去年增加5个;全镇新增纳税企业7家,新增纳税额1016万元,占全镇新增税收的33%。2009年全镇新引进企业20家(含结算类企业17家),完成投资5亿元。其中投资5000万元以上的项目3个。村级实现税收2813万元,同比增长49%。北郎中、西小营、西绛营等

11个村税收超过100万元。其中，西降营村新引进的北京威亚韩成机电设备有限公司新增税收195万元。全镇共盘活闲置资产7处，涉及到10个村，总面积5万平米，促进约6000万元资产保值增值。空港C区二期1500亩土地市政基础设施建设完毕，实现十通一平，其中368亩土地达到入市条件。全镇路网改造工程扎实开展，完成10条村级公路改造，受益14个村，共计14公里。

单位名称：顺义区赵全营镇人民政府
地址：顺义区牛板路101号
电话：(010)60432871
邮编：101301
网址：http://www.zhaoqy.gov.cn

（瓮福文）

【9个村使用太阳能洗澡】 为了能够更好地解决村民冬天洗澡难的问题，赵全营镇共投资500万元在北郎中、东水泉等9个村建成了太阳能浴室，总面积达到1800平方米，每座浴室可同时容纳20人洗澡。这些浴室采用了太阳能供热水洗浴，利用地源热供室内温度，并建有污水处理池。这9个村采用太阳能工程以后，每年可节约煤炭100吨，减少二氧化碳排放70吨。村民在洗澡前先得在智能刷卡系统前刷卡，这就让村民洗澡时在打浴液和洗发液时自觉关闭出水，达到了既让农民享受到四季可洗浴，又能够节能、环保的目的。

（瓮福文）

【市举办赵全营杯民间花会赛】 2月6日下午，在赵全营镇举办了第七届北京市"赵全营杯"民间花会邀请赛。来自密云、通州、怀柔等区县和顺义区20个镇、街道的24档民间花会节目参赛和表演。有千余名来自全市各地方的观众观看了这个重在表演的花会大赛。经过由专家组成的评委打分评比，最终，杨镇的龙灯、马坡镇的跑旱船获一等奖，后沙峪镇的小车会等3档花会获得二等奖，牛栏山镇的高跷等4档花会获得三等奖，怀柔、密云、通州、赵全营4档节目获得特别奖。

（瓮福文）

【北郎中获全国文明村称号】 1月下旬，从中央精神文明建设指导委员会了解到，顺义区赵全营镇北郎中村被授予"全国文明村镇"称号。

（瓮福文）

【农民用秧歌闹元宵节】 2月9日是中国传统的元宵节，富裕起来的顺义区赵全营镇的农民用秧歌大赛的方式来庆佳节闹元宵。有来自全镇的10支秧歌队参加了决赛，经过专家打分评比，最终北郎中村的《好收成》等3个秧歌获得最佳表演奖，联庄村的《喜洋洋》等5个秧歌获得优秀表演奖。

（瓮福文）

【赵全营镇村双双获奖】 2月初，顺义区赵全营镇和赵全营镇的北郎中村分别被北京市委农工委、北京市农工委和北京市人事局共同授予京郊农村改革先进乡镇和北京最美的乡村。

（瓮福文）

【《赵全营镇新闻纪实30年》发百姓】 2月上旬，顺义区赵全营镇经过一年的搜集、整理、编辑出版了《赵全营镇新闻纪实30年》的书籍，发放到全镇的百姓手里。此书共收集了从1981年到2008年发表在《人民日报》《北京日报》《北京人民广播电台》《京郊日报》等20余家新闻媒体有关赵全营镇的新闻500余条40余万字。

（瓮福文）

【被评为中国最秀美富饶乡镇】 2月上旬，顺义区赵全营镇被中国最秀美富饶乡村镇评审组委会和全国农村改革开放特殊贡献单位表彰活动组委会评审为"中国最秀美富饶乡镇"。

（瓮福文）

【开展"我看改革开放30年"征文】 3月初，顺义区赵全营镇开展了"我看改革开放30年——赵全营镇的变迁"征文颁奖活动，共收到1500余篇征文，经过评选共评选出一等奖13篇，二等奖21篇，并集结成册发到了百姓手中。

（瓮福文）

【奖励多项计生先进】　3月30日，顺义区赵全营镇召开计划生育总结表彰会，会上表彰奖励了小官庄等11个人口和计划工作生育红旗村、板桥等9个先进村、赵全营中心幼儿园等4个先进单位、21名先进工作者和去碑营等16个新生儿入非工作先进村。

（瓮福文）

【《中国的一个镇——赵全营调查》出版】　4月初，由中国社会科学出版社出版、反映中国的一个镇发展变化的《中国的一个镇——赵全营调查》出版发行与读者见面了。

（瓮福文）

【出台奖励政策促村民就业】　4月初，顺义区赵全营镇政府出台了《关于对2009年度安置本镇劳动力就业的镇域内企业负责人进行奖励的办法》，用以促进镇内村民就业。

（瓮福文）

【独生子女奖励标准提高】　今年，顺义区赵全营镇政府出资提高独生子女奖励扶助金标准。镇级在上一年奖励男孩家庭360元，女孩家庭480元的基础上，今年将奖励标准提高到男孩家庭480元，女孩家庭600元。村级养老保障金在原来每人每年360元的基础上也将适当增加奖励。

（瓮福文）

【农业部部长到北郎中猪场检查】　5月1日上午，农业部部长孙政才来到顺义区赵全营镇的北郎中种猪场检查时，强调我国猪肉非常安全，大家可以放心食用。

（瓮福文）

【市纪委领导到赵全营镇调研】　5月14日，北京市纪委领导到顺义区赵全营镇开展调研活动。北京市纪委常委马燕军带领市纪委领导一行8人在顺义区区委常委、纪委书记王敬东的陪同下，听取了赵全营镇党委书记做的赵全营镇基本情况和党风廉政工作的汇报及北郎中村党支部书记做的村基本情况汇报，并实地参观了位于赵全营镇的空港工业区C区和北郎中村。

（瓮福文）

【启动文艺演出星火工程】　5月20日，在赵全营镇文体活动中心，来自林河艺术团的演员们为赵全营镇村民上演了文艺节目。这是赵全营镇启动的星火工程的第一场演出，年内全镇25个村每村都将欣赏到一场由专业演出团体和一场业余文艺团体共50场演出。

（瓮福文）

【出资奖励入城乡养老保险人】　6月初，赵全营镇出资888800元钱兑现了年初制定的《参加城乡养老保险的奖励办法》的奖励，两年共有8888人参保。

（瓮福文）

【各界参与共产党员献爱心活动】　7月1日，顺义区赵全营镇开展了“共产党员献爱心”活动，镇域内民主人士也积极参与献爱心捐款中来，共收到捐款62205元。

（瓮福文）

【京郊赵全营农民论重点镇】　8月初，赵全营镇成为北京市重点小城镇的消息传到赵全营后，村民们沸腾了，议论小城镇建设、展望小城镇发展前景成为了人们茶余饭后的焦点。

（瓮福文）

【举办迎国庆腰鼓大赛】　9月19日，顺义区赵全营镇举办了“迎国庆、迎花博”腰鼓大赛，来自全镇的25支腰鼓队参加了比赛，经过专家打分评比，赵全营、去碑营队获得一等奖，陈各庄等5个队获得二等奖。

（瓮福文）

【市廉政检查组到北郎中村视察】　10月28日上午，北京市农村党风廉政检查组到北郎中村检查党风廉政建设工作，区委常委、纪委书记王敬东等领导陪同。

（瓮福文）

【多部门联手开展普法宣传】 12月4日，赵全营镇司法所、计生办、信访办等10个部门联手在镇人口密集区开展了以“加强法制宣传教育服务经济社会发展”为主题的法制宣传活动。活动中，共发放《信访条例》《物权法学习手册》《流动人口计划生育服务指南》等法律法规宣传材料8000余份，现场为300余人做了法律、政策的咨询服务。

（瓮福文）

牛栏山镇

【概　况】 牛栏山镇位于北京城东北部，东邻潮白河，北接怀柔区，距顺义城区9公里，距北京市区35公里，距首都机场15公里，是“京郊八大古镇”之一。101国道、昌金路和京承铁路贯穿全境，顺安北路、富北路、牛富路交织成网，交通便利。所辖20个行政村，总面积31.4平方公里，2009年荣获首都文明乡镇、招商引资先进单位、基层党组织建设先进镇、顺义区新农村先进镇环境建设先进镇、一助一贡献突出单位、绿色文明生态走廊建设先进单位、科技创安工作先进镇、政务公开与全程办事代理先进集体、整建制村拆迁先进单位等荣誉称号。

单位名称：顺义区牛栏山镇人民政府

地址：牛栏山镇府前街9号

电话：(010)69411036

邮编：101301

（姜　涛）

【区域经济运行平稳】 2009年牛栏山镇紧紧抓住扩内需、保增长的重要机遇，全力以赴扩投资、强产业、扶企业，通过以园区建设、企业服务、招商引资和项目建设为抓手，有力的促动了镇域经济持续健康发展。全年完成二三产业增加值27.1亿元，实现属地财政收入3.53亿元，地方财政收入1.05亿元，农民人均劳动所得10388元。

（姜　涛）

【城市规划不断完善】 按照合理布局、准确定位、完善功能的要求，完成了14、15街区（产业基地）的控规深化方案，产业基地街区总体规划面积达553公顷。城市化进程日益加快。按照顺义新城16街区控规深化方案要求，我们在各相关单位的鼎力帮助下，平稳、有序地完成了下坡屯、金牛村（部分）共计504户的拆迁任务。保障性住房加快建设。半壁店村住宅项目已于2009年11月正式奠基，预计今年9月前竣工验收；龙湖三期工程正有序进行，近10万平米、12栋张家庄村回迁楼全部封顶。

（姜　涛）

【新农村建设不断深化】 更新农业用井22眼，农业节水改造面积达3140亩；完成前晏子等5个村非节能灯总程安装工程；完成龙王头等3个村农村太阳能公共浴室建设，其中龙王头村太阳能浴室项目，代表我区参加北京市库区移民村项目工程评比，为顺义区移民工作获得全市评比第一作出积极贡献；完成金牛、先进等7个村共3050套的农村户厕改造任务。农业结构调整深入推进，促进农业向精品化发展，引进花卉企业1家，农产品深加工企业2家；顺利完成范各庄、官志卷2个村集体经济产权制度改革；指导、帮助北孙各庄、官志卷顺利完成土地确权流转工作；完成12个险种的政策性农业保险投保工作，投保总额34.3万元；禽流感、口蹄疫、狂犬病、美国白蛾、草地螟等动植物流行性病虫害防控工作切实到位；水库移民19万元的补贴全部发放到位；迎汛抗旱工作到位，确保粮食生产丰收。

（姜　涛）

【60年大庆及“花博会”安保任务完成】 2009年是祖国60周年华诞，又逢“花博会”在我区

召开,安全保卫任务压力重大。领导干部以身作则,率先垂范,深入基层第一线,带领全镇广大基层干部和2000余名国庆安保志愿者经过20天的日夜坚守、顽强拼搏,圆满完成了“国庆”和“花博会”安保工作,我镇并荣获“第七届中国花卉博览会先进集体最佳服务保障奖”。

(姜　涛)

【城乡就业形势保持稳定】 为缓解金融危机影响劳动力就业的困难,镇政府出台了《牛栏山镇促进劳动力就业工作奖励办法(试行)》,进一步加强了对各村劳动力就业工作的考核。充分发挥二三产业基地的就业平台作用,大力推进富余劳动力由一产向二三产业转移。在密切监控金融危机对企业用工影响的基础上,加强了与龙湖置业、江河幕墙、牵手果蔬等企业的合作,积极开发就业岗位,动态更新劳动力资源库和企业空岗信息库;通过组织不同形式的招聘会、安装就业发布招聘信息电子屏等形式,有力促进了我镇劳动力的就业。联合雅士白家、百强家具等镇域企业积极开展订单式培训和技能提升培训,截至09年底,全镇共培训劳动力753人,开发就业岗位1234个,成功推荐城乡劳动力就业935人。

(姜　涛)

【新农村环境建设总结表彰大会隆重召开】 1月11日,牛栏山镇新农村环境建设总结表彰大会在龙王头村礼堂隆重举行,全镇各村群众代表、党员干部、环境考评员400余人参加了大会。顺义区文明办主任沈凤田、副主任宁宝和;区妇联主席赵桂清;团区委副书记闫岩;区市政管理委员会副主任、区“08办”常务副主任孙立祥;区新农村建设办公室副主任史洪喜等区领导出席了会议。大会首先对环境工作先进个人和集体进行了表彰,镇长王文荣总结了牛栏山镇2008年新农村环境建设的主要成果并提出了2009年环境工作意见。会上,区文明办沈凤田主任对牛栏山镇环境建设工作所取得的优异成绩表示充分肯定,并针对在今后环境工作中如何巩固成果、健全机制、创新思路等方面提出宝贵意见。

(姜　涛)

【北京市计生委等领导慰问】 1月15日,北京市计生委副主任丁勇、研究室主任潘银苗、规统处处长藏罗茜及区计生委主任史振启等领导来我镇慰问独生子女困难户和困难计生专干,给他们送去慰问金以及食用油、米面等生活用品,表达了党和政府对困难群众的关心和照顾,增进了干群关系。

(姜　涛)

【花会大拜年】 在元宵节来临之际,北京顺义区牛栏山镇的正大广场上锣鼓喧天,欢歌笑语。农民花会表演队以其精彩的高跷、小车会、杂要等民间花会表演为全镇人民送上新春的祝福,千余名群众齐集这里,观看了表演。

(姜　涛)

【召开第十五届人民代表大会第三次会议】 2月19日,牛栏山镇隆重召开第十五届人民代表大会第三次会议,来自全镇各行各业的48名人大代表出席会议。会议先后听取和审议通过了《牛栏山镇政府工作报告》、《牛栏山镇人大主席团工作报告》、《牛栏山镇2008年财政预算执行情况和2009年财政预算(草案)》。大会实事求是的对2008年以来政府工作进行了总结,科学、明确地安排了2009年的工作。大会一致认为,2009年全镇经济社会发展面临着诸多挑战,同时面临着难得的机遇,政府工作任务依然繁重。全镇上下要深入落实科学发展观,围绕建设“绿色宜居、清新优雅、产业发达、功能完善”的新城中心区目标,以举办花博会为契机,以加快地区经济发展为中心,以改善民生为根本,凝心聚力、开拓创新,扎实推进新城建设和新农村建设。

(姜　涛)

【举行第三届经济高峰论坛】 2月28日，牛栏山镇第三届经济高峰论坛在乔波国际会议中心隆重举行。中共顺义区委常委、宣传部部长、区委办公室主任杨宝华，副区长林向阳以及部分区直部门领导出席本次大会。在“坚定信心、应对挑战、破解难题、促进发展”的主题下，北京江河幕墙、世纪百强家具等5家企业代表纷纷围绕增强企业抗风险能力和企业资本运营等热点问题，进行了深度分析和广泛交流。牛栏山镇党委书记赵振英在致辞中强调，此次论坛会的目的是搭建一个良好的沟通平台，加强政企、企业间的沟通交流，帮助企业家创新思路、突破困境、坚定信心、应对挑战。会上，顺义区副区长林向阳发表了重要讲话，他强调一是要正视当前的经济形势，提振精神，坚定信心；二是要牢牢把握“保增长、保民生、保稳定”的工作大局，制定切实有效的措施，确保完成当前工作目标；三是鼓励企业界在目前严峻的经济形势下一定要练好内功保增长，以勤促抓保就业，加快产业升级和结构调整，为实现新一轮跨越做好准备。

（姜　涛）

【获全国创建文明村镇工作先进村镇奖牌】 2009年3月29日，“打造绿色·生态·文明牛栏山暨全国创建文明村镇工作先进村镇授牌仪式”在我镇举行。镇长王文荣对我镇全国文明镇创建工作做了简要回顾，顺义区精神文明办公室主任沈凤田将“全国创建文明村镇工作先进村镇”奖牌授予牛栏山镇人民政府，并做重要讲话，沈主任对我镇争创全国文明镇工作所取得的优异成绩给予了充分肯定，激励我镇一定要珍惜荣誉、再接再厉、创新工作、破解难题，进一步巩固全国文明镇创建成果。

（姜　涛）

【北京市政协副主席马大龙等一行来调研】 2009年4月7日，北京市政协副主席、九三学社北京市委主委马大龙以及新时期首都人口规模调控调研组等一行到牛栏山镇江河幕墙股份有限公司调研。市政协领导现场察看了江河幕墙的生产车间，听取了公司总裁刘载望对企业发展情况的介绍，详细了解企业在员工管理方面的创新举措。市政协领导对江河幕墙股份有限公司近年来高速发展为地区经济建设做出的贡献给予了充分肯定，高度评价了企业人性化的管理与服务。顺义区政协主席陶宝金、副区长李友生等区领导及牛栏山镇党委书记赵振英陪同。

（姜　涛）

【开展“百村万户”绿化美化工程】 春天是绿意盎然、百花齐放、傍花随柳的季节，更是播绿的时节。近日，牛栏山镇以百村万户绿化美化工程为契机，掀起了一场“真情拥抱大自然，‘绿色银行’储新绿”的植绿、插绿活动，重点打造官志卷、相各庄、芦正卷、富各庄、北孙各庄绿色文明生态连片村建设。在绿化美化活动中，全镇严把“三个关口”：一是严把设计关，对各村栽植的树种选择、搭配、栽植密度、管护等环节进行科学设计，要求各村提前申报村委会院内及街道绿化方案；二是严把苗木关，严格要求各村对购进的苗木进行精心挑选，弱、小苗木坚决不予使用，优先考虑本地苗木；三是严把质量关，通过农业科、林业站包片、机关干部包村、村指导员包户的方式，加大对各村种植、修剪和示范指导，以提高苗木的成活率。此次绿化美化活动，五个村庄新增绿化面积120余亩，栽植杨树、法桐、银杏、柳树等乔木1.3万余株，栽植丁香、紫叶李、榆叶梅、月季等花灌木4万余株，目前，官志卷、相各庄、北孙各庄绿化美化工作已全部完成；庭院绿化已栽植柿子、樱桃、杏等果树4800余株，连翘、榆叶梅、月季等花灌木1万株。全镇完成更新农田林网栽植4条，长度3800米，植树8000株；农田林网补植5条，长度6200米，植树3000株。其余13个村庄栽植杨树、柳树等乔木1.7万余株，迎春、黄杨、小檗等6万余株。二三产业基地共栽植乔木7000余株,花灌木4万余株。近年来,牛栏山镇大力开展绿化美化工作,全力打造地区“绿色银行”,全镇共新增绿化面积86万平方米,人均公共绿地面积86.5平方米,林木覆盖率达到52.5%,道路绿化普及率达到100%,绿美交融、绿海田园、人与自然、经济社会发展与自然环境和谐相依的盛世美景已悄然形成。

(姜　涛)

【深入落实科学发展观】　为深入贯彻落实科学发展观,提升机关干部领导水平和履职能力,4月10日,我镇举办了学习语言艺术与提升沟通能力培训会,由北京师范大学心理学教授郑日昌讲授,全体机关干部及各村支部书记参加。郑教授围绕领导沟通与协调艺术这一核心,以深厚的理论功底、渊博的学识、幽默诙谐的语言、生动具体的事例讲述了说服的要素、有效说服的条件以及如何说服别人的“三个原则、四个结合、五种效应、六种战术、七种技巧”和营造三种氛围等,通过培训,不仅有效提升了镇村干部的沟通技巧,而且对于今后开展工作也具有很强的现实指导意义。

(姜　涛)

【顺义区慈善协会牛栏山镇分会正式成立】　4月22日,我镇隆重举行顺义区慈善协会牛栏山镇分会成立大会。区民政局副局长、区慈善协会常务副会长聂燕山、镇党委书记赵振英、镇长王文荣、镇党委副书记徐志国、副镇长殷万军及镇域内40家企事业单位负责人、各村支部书记、民政干部等近百人参加了此次大会。会上,首先对08年捐款先进单位及村委会进行了表彰;副会长聂燕山与镇长王文荣签订了成立顺义区慈善协会分会协议书;聂会长对我区慈善事业的发展历程、情况进行了介绍,并对全区慈善事业的发展提出了更高的要求;镇长王文荣为大会致辞——《携手慈善 共创和谐》;此次大会共募集40余万元作为慈善协会的启动资金。牛栏山镇慈善分会的成立,为全镇进一步加强对弱势群体的帮扶、积极开展各项慈善活动等搭建了良好的社会救助平台。

(姜　涛)

【第一个“防灾减灾日”开展油库事故应急演练】　2009年5月12日是全国第一个“防灾减灾日”。5月11日,顺义区安监局、牛栏山镇人民政府、牛栏山油库三级联动,积极组织、开展了一场油库事故应急演练活动,40余家加油站负责人进行了现场观摩。

此次演练分为“发现事故、报警、疏散、警戒、抢险、结束、讲评”七大部分。事故应急指挥办公室设在牛栏山油库会议室,区应急办主任张敬服任总指挥。经过长达15分钟的实战演练,镇域内相关单位的应急处置能力和抢险专业技能得到了有效提高。最后,区安监局局长高士虎强调:一是各单位要认真落实安全生产主体责任;二是细致做好隐患治理排查工作;三是加强事故应急处理能力。

(姜　涛)

【副市长夏占义一行莅临牛栏山镇参观考察】　6月25日下午,北京市副市长夏占义、市委农工委、市农委主任王孝东等一行80余人莅临牛栏山镇参观考察范各庄村环境建设及“绿色文明家庭”创建工作。副市长夏占义一行人首先参观了“绿色文明家庭”宋宝玉家,详细询问了该户对于新农村建设的认识、庭院内绿化投入情况等内容;随后,听取了范各庄村党支部书记杜淑芬关于该村近年来环境建设情况的汇报。最后,副市长夏占义对我镇新农村环境建设所取得的成绩给予了高度评价。顺义区委书记张延昆、市政管委主任李国新、牛栏山镇镇长王文荣等陪同。

(姜　涛)

【开通绿港就业快车】　11月27日,顺义区绿港就业快车网站开通暨LED电子信息发布系统启动仪式在牛栏山镇文化广场举行。北京市人力资源和社会保障局副局长张祖德、顺义区副区长陈光浩、顺义区人力资源和社会保障局局长赵殿江出席。各委办局领导、各镇镇长以及牛栏山镇党委副书记徐志国等相关领导参加。“绿港就业快车”是首家公益性就业服务网站，与覆盖全区的LED电子信息发布屏连通。该网络与市劳动力市场网相接，并由专人筛选出适合顺义当地的空岗信息，在重点镇、人口聚集区用LED电子信息发布屏滚动播出，方便群众及时获取就业信息。绿港就业网站的开通，标志着全区就业服务能力和水平提升到了一个新的阶段，为用工企业与就业群众之间搭建了一座平台，为企业招工提供了便捷方式，为求职者找工作提供了新途径，为真正实现城乡劳动力选择就业、满意就业奠定了基础，同时为“保增长、保民生、保稳定”做出了积极贡献。

（姜　涛）

南　彩　镇

【概　况】 作为顺义城区的东大门，南彩镇与城区仅潮白河一水相隔，居全区中心位置。镇域面积57.6平方公里，辖26个行政村和1个社区，总人口3.5万人。南彩的历史十分悠久，由于全境土质肥沃，地势平坦，水资源丰富，又近京城，历代封建皇室都以南彩为“采邑”。在北京市新城规划中，南彩镇不仅是北京市“两轴、两带、多中心”东部产业发展带的重要节点，同时也被定位为顺义新城河东新区和北京市新城规划预留地。2009年完成属地财税收入3.27亿元，同比增长55.19%，完成年初预计的137%；地方财政收入6372万元，同比增长55.83%，完成年初预计的140%；农村社会生产经营性总资产29亿元，同比增长20%，完成年初预计的111%；农民人均劳动所得9828元，同比增长10%。

单位名称：顺义区南彩镇人民政府
地址：顺义区府前东街延长路47号
电话：(010)89477031
邮编：101300

（蔡春轶）

【经济结构进一步调整优化】 年内，共引进项目10个（投资1000万元以上项目7个），计划总投资3.3亿元，预计可实现年产值11.7亿元，年利税3.4亿元。项目涉及汽车零部件、电子陶瓷、医药研发等行业。

（蔡春轶）

【二三产业基地基础设施条件进一步提升】 产业基地原有建成区在具备“九通一平”的基础上，年内又投入370万元进行基础设施提升改造。其中，投资220万元进行标准厂房基础设施改造；投资150万元完成产业基地园区硬化及绿化。基础设施的不断完善有效提升了产业基地的整体形象，在为入区企业提供一流配套服务的同时，也为招商引资工作提供了更好的前提和保障。

（蔡春轶）

【重点项目相继竣工】 7月底，瑞麟湾温泉度假酒店正式开业。蓝岸丽舍别墅项目一期开盘并于8月10日售罄，完成销售收入2.3亿元。

（蔡春轶）

【深入推进农村产权制度改革】 年内，聘请评估公司对村级资产进行了清产核资和资产评估工作，并进行人员界定和农龄登记。已累计完成7个村的产权制度改革，计划用2－3年完成26个村的产权制度改革工作；加大扶持力度，培育壮大多种形式的农民新型合作组织，2009年新成立农民专业合作社2家。

（蔡春轶）

【大力提升农业整体水平】 年内，积极争取市、区农业扶持资金3158万元，用于农田基础设施建设、农田排水及果树更新等项目，农业基础设施水平进一步增强;完成双营、小营村中低产田改造工程,疏挖排水沟4850米,修建桥涵15座,为良田增产增效创造了条件;完成农业保险投保、理赔工作,实现农田投保面积24800亩,投保金额20万元。受理出险农户320户,理赔资金55万元,有效保护了农民利益。

(蔡春轶)

【新农村建设深入推进】 年内,共有13个村进行整体推进型村庄建设,"五项基础设施"工程共投资3100万元。其中,硬化道路26000平米、改户厕6182户、修建公厕19座、修建景观墙3900米、围栏1500米、修边沟18000米、粉刷墙壁70000余平米;完成东江头村、柳行村等5个村的安全饮水改造工程;新建箭河路、东望路等镇级公路11.7公里,小营村等村级公路3公里。

(蔡春轶)

【完成"百村万户"2009年绿化工程】 年内,完成11个村,4000户为重点的"百村万户"绿化工程,共新栽、补栽树木76000棵、种植观赏花卉66500株。经区联合调查组验收,11个村庄全部达标,全镇整体环境水平得到进一步提升。

(蔡春轶)

【完成多项环境创建工作】 经过严格考核,完成了"北京市环境优美乡镇"及后薛各庄村"北京市生态村"的验收考核工作;同时,后郝家疃村、河北村及后薛各庄村被评为"首都文明村";东江头村、太平庄村被评为"区级文明标兵村";郝彩路被评为"区级文明生态走廊甲级路"。

(蔡春轶)

【进一步加强就业培训工作】 年内累计帮扶城镇失业人员实现再就业526人,完成全年就业指标的124%;帮助农村劳动力实现就业942人,完成全年就业指标的150%。柳行、道仙庄等5个村被评为"充分就业村",已累计有18个村被评为"充分就业村"。同区劳动保障部门及培训机构合作,有针对性地对农民工开展订单和定向培训,提高农民工择业能力,转移就业培训582人,完成任务指标的266%;技能提升培训474人,完成任务指标的123%;失业人员培训87人,完成任务指标的132%。

(蔡春轶)

【不断完善社会保障和救助体系】 深入推进新型农村合作医疗,参保率逐年提高。年内,全镇参加新型农村合作医疗9252户,参保人数22799人,参保率96%。同时,进一步推进城乡居民养老保险、城镇无业人员医疗保险、一老一小大病医疗保险的参保工作,全镇参保人数分别达到9732人、21人和513人。加大了对困难群体的扶持扶助力度,共发放社救费28万余元。

(蔡春轶)

【大力发展文教体卫等事业】 镇级合唱队在"天竺杯"合唱比赛中获得金奖,并代表顺义区参加北京市乡村文化艺术节;在顺义区全民健身体育活动中,南彩镇的双扇操舞获得比赛最佳表演奖;成功举办南彩镇第三届和谐杯乒乓球比赛,并获得北京市优秀组织奖;投资40万元,完成顺平路南侧3600平米群众活动场所的路面硬化、绿化及公厕修建工作;南彩中心幼儿园经市教委考核,由一级二类园晋升为一级一类园;后郝家疃村、坞里村、道仙庄村、小营村四个村安装体育健身器材,解决了群众的锻炼需求;做好甲型H1N1流感防控工作,积极宣传普及卫生知识,开展各类健康教育讲座12次。

(蔡春轶)

【行政服务中心投入使用】 大力推进全程办事代理制和政务公开,政府职能进一步转变,综合服务水平不断提高。2009年投资700万元,完成3700余平米综合服务大厅的建设,全面实行开放式办公、全程式办理。全年共办理事项7780件,接待群众9000余人次。

(蔡春轶)

【第十五届人民代表大会第六次会议召开】 1月23日，南彩镇第十五届人民代表大会第六次会议在南彩镇机关三楼大会议室召开，出席会议代表58人。会议听取和审查了2008年《南彩镇政府工作报告》、《南彩镇2008年财政预算执行情况和2009年财政预算报告》。

（蔡春轶）

【北京市委前线杂志社等与南彩镇结对共建】 7月21日，南彩镇与前线杂志社、北京市河北梆子剧团在南彩镇机关三楼大会议室举行结对共建签字仪式。旨在通过前线杂志社、河北梆子剧团对南彩镇在精神文明创建和群众文化工作灯方面的帮助和支持，从而推动全镇各项事业迈上新台阶。

（蔡春轶）

【顺义区首家村级管理市场竣工投入使用】 8月19日，作为由顺义区市场中心投资兴建的首家村级管理市场北彩村市场竣工投入使用。该市场投资30余万元，拥有1000平米的销售大棚1个、门脸房7间，水、电、暖等配套设施齐备。该市场的启动，从根本上解决了流动商贩挤街占道、妨碍交通、环境脏乱的状况，为百姓的安全出行、购物提供了一个舒适的环境。

（蔡春轶）

【补选区第三届人大代表】 顺义区第三届人大代表大会自选举产生以来，由于工作变动等原因，部分选区人大代表出现缺额，经顺义区第三届人大常委会决定，于今年依法组织补选，此项工作涉及到我镇91选区。9月10日至10月20日，我镇依法组织91选区选民进行区人大代表补选工作，参选率99.45%，补选出区人大代表燕瑛，补选工作圆满完成。

（蔡春轶）

北小营镇

【概　况】 北小营镇位于顺义区东北10公里处，潮白河东岸，距北京城区35公里，距首都机场15公里。平原地貌，平均海拔35米，镇域西部为水源地，由地下管道输送，供北京市内用水。是顺义新城河东新区重要组成部分，2008年第29届北京奥运会赛艇、皮划艇、马拉松游泳以及残奥会赛艇比赛的举办地。全镇总面积55.8平方公里，耕地2.8万亩，2009年底镇内常住人口39458人，其中农业人口23311人，非农业人口11962人；流动人口4156人。全镇共有17个行政村，1个居民小区。区级文物保护单位有狐奴县遗址1处。镇内拥有汇源果汁、世钟汽车配件、运通泰制衣、怡生园国际会议中心等100余家企业，其中销售收入500万元以上企业31家。2009年，全镇实现农村经济总收入40.5亿元，同比增长13.2%；属地税收完成2.36亿元，同比增长7%；地方财政收入完成5307万元，同比增长25%；二三产业收入38亿元，同比增长18.4%。农民人均劳动所得10460元，同比增长9%。实际利用外资977万美元。2009年被评为首都精神文明乡镇、首都“迎国庆 讲文明 树新风”活动先进单位、北京市人口和计划生育工作先进集体、北京市农村改水先进单位、顺义区思想政治工作先进单位、环境工作、商务工作、招商引资工作先进单位、二三产业先进镇称号。

单位名称：顺义区北小营镇人民政府
地址：顺义区北小营镇府前路
电话：(010)60483190
邮编：101305
网址：http://www.beixy.bjshy.gov.cn

(刘　新　张乃迪)

【基地建设快速推进】 投资1.5亿元,完成二三产业基地二期建设,实现"七通一平";开发土地800亩,为引进中国出版集团等项目创造了有利条件。

(刘　新　张乃迪)

【招大引强成果显著】 2009年,在土地资源紧缺的情况下,招商引资工作严把质量关,以"招大引强"为核心,变招商引资为择商选资,深入研究适合新城规划的产业,设定严格准入机制,重点引进附加值高、污染少的大项目、大企业。全年共引进实投项目7家,协议资金42.3亿元。

(刘　新　张乃迪)

【重大项目加快集聚】 出版行业唯一央企中国出版集团在北小营镇新建文化创意产业基地,一期占地330亩、投资10亿元,将建设成集出版发行、动漫设计、影视制作于一体的文化产业基地,预计投产后年营业额30—50亿元,年税收2—3亿元;食品加工龙头企业北京和田宽食品饮料有限公司将于今年正式投产,占地69亩、投资1.3亿元,主要生产"宽"牌调味品;高新技术企业北京万集科技有限责任公司,占地41.7亩,项目总投资1.5亿元,主要生产智能交通设备;顶级男装设计企业印柏林汉德服装有限公司,占地32亩,投资8000万元,从事服装设计生产,该项目的入驻,将成为地区服装行业的领头羊;世界500强企业中粮集团有限公司在我镇投资新建中谷集团农牧科技有限公司,项目投资3.5亿元,占地59.605亩,主要从事添加剂的生产加工,预计达产后年可创税2200万元人民币。同时,北京汇源食品饮料有限公司总厂建设新工厂,占地275亩,投资30亿元,项目达产后可形成年产30万吨果汁饮料的生产能力,预计年产值30亿元,年可创利税6亿元;北京怡生园国际会议中心新建温泉健身中心,投资2.5亿元,建设170套客房。

(刘　新　张乃迪)

【总部企业增效明显】 抽调骨干力量、出台村级奖励政策,加快总部企业引进,2009年引进总部型项目22家,注册资金9250万元,总部型经济成为税收增长亮点。

(刘　新　张乃迪)

【农业结构逐步优化】 全镇坚持以生态建设为前提,在现有小、散、单一的农业设施的基础上,发展高端、高效都市型现代农业,打造北小营镇农业品牌。2009年东府农业园区、西乌鸡昊坤蔬菜种植园、大胡营芦笋种植合作社三个园区基础建设已全部完成,全部投入生产后可增加就业1000人以上;届时,北小营镇将拥有全区最大的设施农业产业园。

(刘　新　张乃迪)

【城市功能不断提升】 年内,完成8条镇村两级公路建设工程,道路总长7.9公里;完成市级公路赵陈路建设,全长5.7公里;对2600平米主要公路破损路面进行修补;投资500余万元,成立北小营镇供暖中心,完成集中供暖改造工程,共涉及商户200余户;投资2834万元,新建仇家店九年一贯制中学,完成主体工程的80%。同时,北小营110kV变电站选址确定;天然气引入工程施工图及概算已完成。

(刘　新　张乃迪)

【土地管理更加规范】 2009年成立专职巡查队,健全部门联动机制,规范记录、落实制度,拆除违法建设2521平方米。

(刘　新　张乃迪)

【新农村建设不断深化】 年内,大胡营等5个村完成村庄规划;前鲁等10个村街坊路硬化25万平方米;为榆林等村修建太阳能公共浴室5座;争取资金540余万元,新建公厕12座,完成5个村户厕改造工程;在整理推进型村庄马辛庄、牛富屯新建污水处理站4座,已正常运转;对31户进行节能房改造,为西乌鸡、仇店2村安装节能路灯,在全镇范围推广节能灯泡;为后礼务等12个村建设村邮站,配发桌椅、文件柜、自行车等物品;完成北府等4个村安全饮水改造工程,后鲁等6个村安装饮用水净化器。

(刘 新 张乃迪)

【农业综合开发成效明显】 2009年争取资金532万元,在东府村实施中低产田改造工程;完成市级水源地农业设施更新工程、中低产田改造凿井工程及自筹资金凿井工程,农业基础设施不断完善。

(刘 新 张乃迪)

【农村市场更加规范】 年内,在中心街市场设立管理处,将沿街商贩迁到中心街市场,使十字街因沿街商贩占路,村民出行困难的问题得到解决;投资40余万元新建西府市场,安排专人对市场进行管理,目前所有商户均在市场内经营。

(刘 新 张乃迪)

【环境整治进一步加强】 投入1310万元,利用春秋两季对区镇两级生态走廊及奥运场馆周边和鲜花港途经路线进行大规模环境整治,确保国庆、花博期间环境水平大幅提升。

(刘 新 张乃迪)

【绿化美化水平逐步提高】 投入600余万元,实施百村万户、沙坑造林、农田林网等工程,全面完成今春绿化美化任务,全镇有林地达2.6万亩。

(刘 新 张乃迪)

【社区建设有序进行】 在现有永利社区、水色时光住宅区的基础上,启动北小营村40户的拆迁,完成拆迁面积1.79万平方米,用于建设北京辰威花园住宅项目。

(刘 新 张乃迪)

【治安环境稳定有序】 深入开展"平安国庆"创建活动,制定工作运行方案,明确职责分工,完善矛盾化解、社会面控制、流动人口管理等具体工作措施,落实技防监控、网格巡控、全民参与、自我防范、重点清查与专项整治行动结合等措施,社会秩序明显改善。

(刘 新 张乃迪)

【综合治理工作扎实推进】 镇政府与各单位签订安全责任书,组织教育培训,加强日常监管,深入开展隐患排查和整改治理,通过一系列综合治理工作,确保了我镇在国庆和花博会期间的安全稳定。

(刘 新 张乃迪)

【完成花博会"一助一"协助工作】 作为花博会"一助一"协助单位,积极为辽宁省参展、布展提供全过程、全覆盖的服务,并协助辽宁省获得了奖牌第三名的佳绩,得到花博会组委会和辽宁省的一致好评。

(刘 新 张乃迪)

【社会保障体系更加健全】 2009年全镇城乡居民养老保险、新型农村合作医疗参保率均达99%,实现报销720余万元;5000余名无保障老人享受福利养老金;农村低保标准提高到每人每年2530元,全年为246户低保户发放低保金、春节慰问金及一次性补助144余万元;优抚对象建房、修房补助标准分别提高到4.5万元和1.35万元,全年完成危旧房改造45家;新建东乌鸡老年福利设施示范点,已通过验收;积极做好经济适用房和两限房前期申请工作,使弱势群体共享发展成果。

(刘 新 张乃迪)

【公共服务水平持续提升】 投入80万元用于改善办学条件及教师福利待遇,投入24万元奖励考入大学的学生;争取33万元,新建2个机房,用于成人学校培训。新建4所村级卫生服务站,组织全镇9100人进行健康体检,为1640人免费接种甲型流感疫苗。投入52万元,完善前鲁、前礼务等村健身设施,新建后鲁建身俱乐部。广播、互联网快速发展;妇女、儿童、残疾人等事业取得新的成效;计划生育奖励扶助、贴息贷款等工作逐一落实,基层服务切实得到加强。

(刘 新 张乃迪)

【就业形势保持稳定】 坚持"政府为保障、社保所为平台、企业为支撑、劳动协管员为纽带"的镇、村、企三位一体的就业服务网络,搭建信息平台,开发就业岗位,推进城乡统筹就业,全年开展叉车、电工等8个工种培训1000人次,新安排劳动力就业1716人,农村劳动力二三产业就业率达到93%。

(刘　新　张乃迪)

【完成支委换届选举工作】 根据区委的安排部署,我镇村党支部换届选举工作经过精心准备,周密部署,于2009年12月21日全面展开,截至12月27日,全镇村级党支部换届选举工作顺利结束。此次换届选举,全镇共产生村党支部委员55名,其中女委员9名,占16.4%;支部委员平均年龄43岁;具有大专以上文化程度的32人,占58.2%,高中以上文化程度的16人,占29.1%。17名支部书记中有女书记1名,平均年龄46岁,其中年龄最小的32岁;新一届村党支部书记中具有大专以上文化程度的12人,占70.6%,高中以上文化程度的5人,占29.4%。有8个村的党支部书记是通过党员直接选举的方式产生,直选比例达到45%。通过此次换届选举,我镇村级党支部班子的年龄结构趋于年轻化,文化水平和整体素质有了进一步提高。

(刘　新　张乃迪)

李遂镇

【概　况】 李遂镇位于顺义区东南,形成于辽代,距顺义城区10公里,距北京市五环路25公里,距首都国际机场5公里,距天津塘沽港90公里。南与河北省三河县交界,东邻北务镇,西面紧临潮白河,南北长约10公里,东西最宽处约6公里,该镇辖16个行政村,辖区总面积40.22平方公里,总人口1.8万人,是具有千年文明史、集天地之灵秀的古镇。

如今,作为顺义新城"一港、两河、三区、四镇"区域空间布局结构的重要组成部分,李遂镇主要承担医疗康体、休闲度假等职能,服务和带动周边地区的产业发展。同时,结合顺义区委、区政府赋予李遂的发展定位和自身温泉、生态资源优势,李遂镇确定了"以泉为魂,以水为神,以林为韵,以人为本,全力打造绿色温泉城"的发展目标,并提出了"一区带两园"的经济发展思路。2009年李遂镇在区委、区政府和镇党委的领导下,全镇上下深入学习贯彻科学发展观,紧扣"促进发展保增长,改善民生谋福祉,营造和谐保稳定"主题,出色地完成了"保国庆,保花博"等重点工作任务,真抓实干,攻坚克难,实现了镇域经济平稳、快速、健康发展。全镇完成地区生产总值2.85亿元,同比增长17%。属地财政收入7008万元,同比增长5%;其中地方财政收入2151万元,同比减少10%。社会生产经营性总资产13.49亿元,同比增长28.8%。人均劳动所得一万元,同比增长8.7%;年终出口供货额6274万元;实际利用外资275万美元;二三产业限额以上企业增加值11839.4万元,同比增长23.4%。

单位名称:顺义区李遂镇人民政府

地址:顺义区南孙路9号

电话:(010)89481680

邮编:101300

网址:http://www.lisui.bjshy,gov.cn

(李遂镇)

【招商引资成效显著】 2009年李遂镇共引进(盘活)项目7个,协议总投资3.27亿元;注册结算型项目21个,注册资金6300万元。其中:引进(盘活)项目为:北京铁克汽车配件有限公司、北京宝景太克汽车配件有限公司、北京金恒正达电器有限公司等;注册结算型项目为:中铁二十二局集团第六工程有限公司北京顺义分公司、北京京城联合建设工程有限公司、吉林金色中光通信设备(北京)有限公司等。

(李遂镇)

【推进新农村“五项基础设施”和“三个起来”工程】 2009年6月李遂镇被北京市人民政府确定为全市42个重点建设镇之一。李遂镇依据重点镇的功能定位，因地制宜，有所侧重地推进了“五+三”工程。一是五项基础设施建设成效明显。对10个整体推进村40多条主要街道、550多条两户以上胡同进行了硬化，硬化面积20万平方米；对牌楼、后营、宣庄户3个村进行了饮用水改造，改造供水管线总长8.5万延米，安装水表1775座；对10个整体推进村7253户家庭进行了户厕改造，其中东营、陈庄、崇国庄3个村被评为市级优质工程村。二是“三个起来”工程更加方便于民。向全镇1.3万户家庭，发放节能灯泡6.5万只；对李遂、柳各庄、牌楼等9个村，更换安装节能路灯和太阳能路灯460套；在李庄、东营、陈庄、葛代子4个村分别建设了200 的太阳浴室。

（李遂镇）

【民生工作】 李遂镇一直坚持把为民谋福祉作为改善民生的重要抓手，民生服务体系和社会保障体系进一步健全和完善，社会建设不断加强。1.积极落实就业政策，大力推进农村劳动力转移就业。围绕提高农民职业技能，开展了叉车、保洁、电脑等技能培训，为农民走向二三产业创造条件，农民转移就业率和就业水平得到进一步巩固和提高。全年共完成农村劳动力等级培训635人，完成全年指标的207.52%；其中转移就业培训234人，完成全年指标的278.57%；技能提升培训401人，完成全年指标的180.63%；有570名农村劳动力实现了转移就业。2.积极鼓励并引导农村劳动力转非和新生儿入非。深入研究、探索农村劳动力转非途径，加快推动农村劳动力养老保险向城镇转移，制定了《李遂镇农村劳动力社会保险政策扶持实施意见》。对于入非的农村新生儿家庭，政府除给予现金奖励外，还享受农村合作医疗参保补贴和减免幼儿园入托费等优惠政策，农村新生儿入非率100%。3.多措并举，切实提高医疗、社保的覆盖率。通过广泛宣传，农村合作医疗、农村养老保险和“一老一小”社会保险的覆盖率逐步提高，切实解决了参保人群的后顾之忧。新型农村合作医疗参合率达86%，有6550人参保了农村养老保险，参保率达96%。

（李遂镇）

【围绕“保国庆、保花博”，营造和谐保稳定】 为确保国庆60周年庆典和第七届中国花卉博览会期间地区安全，为国庆花博会创造良好和谐的社会环境，李遂镇始终把保稳定作为第一责任，把营造和谐作为第一目标，社会秩序安全稳定。1.国庆和花博服务保障坚强有力，安保工作万无一失。借助奥运安保经验，在国庆节和花博会期间，镇村两级干部、安保人员全力以赴投入到社会面防控工作中，人防、技防、物防“三防”齐抓共管，实现了区委、区政府提出的“大事不能出，小事也不能出”，确保万无一失的既定目标。2.强化综治信访治安等项工作，社会秩序安全稳定。深入推进社会治安综合治理，妥善化解各类矛盾纠纷，强化安全生产分级分类管理，深入推进食品药品安全整治，构建了政通人和的社会局面。

（李遂镇）

【文明建设】 2009年李遂镇把提高全民文明道德素质作为思想政治工作的一个根本任务，贯穿全年工作的始终，做到常抓不懈。一是镇妇联进一步开展了“和谐家庭”、“绿色家庭”创建活动。年初李遂镇镇党委认真安排、全面部署，开展了以家庭文明促社会文明，以家庭和谐促社会和谐，得到了全镇人民的积极支持和参与。全镇有13户被评为区级绿色家庭，4户被评为区级和谐家庭。其中有2户作为全区绿色家庭参观点，有1户被评为首都和谐家庭，受到了市委组织部的专访。成为李遂镇精神文明建设工作的一个亮点。二是镇各级工会组织充分发挥纽带和桥梁作用,积极协助本单位抓好职工队伍建设。劳务纠纷问题,在镇工会的积极工作下均得到了有效化解,得到了市、区相关领导的认可。李遂镇工会连续七年被评为顺义区先进工会,葛代子村工会工作站被评为市级典型。三是以建设社会主义新农村为目标,准确定位,明确方向,促进农村青年致富增收,提高农村青年素质,塑造农村青年新风貌。相继开展了“青年志愿者服务”、“法制宣传”等多项活动。特别是充分发挥了村官团支部的模范带头作用,在第二批科学发展观实践活动中,80余名村官共送学上门200余次,为我镇学习实践活动的全覆盖发挥了重要作用。

(李遂镇)

【文体活动丰富多彩】 2009年李遂镇积极开展各项文体活动,为群众提供丰富的业余生活创造条件,一是积极参加“二月新春”、“五月鲜花”、“十月金秋”三大传统系列活动,并结合我镇实际,融入了“保国庆、保花博,建设重点镇”等时代主题,有效的服务了中心工作,推进了地区精神文明建设。2009年7月,举办了李遂镇特色文化展演活动,展示了基层群众健康向上的良好风貌。由卫生院编排的《木偶舞》参加了顺义区“绿港美、家乡好”农村原创文艺作品大赛,精湛的表演得到了一致好评。二是积极参加顺义区组织的各项体育活动,在我镇不断掀起全民健身的热潮。一年一度的温泉杯象棋比赛,组织越来越规范,参加人员越来越多,成为了广大群众喜闻乐见和象棋爱好者切磋棋艺提高水平的良好平台。2009年我镇被评为顺义区体育先进镇。

(李遂镇)

【农村基层党组织建设工作】 李遂镇柳各庄村基层党建工作成效显著,得到了区领导的一致认可,区委书记张延昆的多次来柳各庄村调研工作经验,听取工作汇报。并将柳各庄村党支部作为全区基层党建工作学习基地,在全区推广该村基层党建工作经验:1.抓党员发展,优化队伍结构。建好党员发展后备人才库,积极把符合条件的致富能手、退伍军人以及外出务工返乡优秀青年充实到党员队伍中。2.抓教育培训,提升队伍素质。以党章和党纪党规为基本内容,并通过电化教育、远程教育,组织党员集中讨论、座谈、外出参观考察等形式,强化党员宗旨教育,提高党员思想觉悟。3.抓严格管理,树立良好形象。认真落实民主评议制度,并将评议结果作为表彰优秀党员和处理不合格党员的重要依据,纯洁党员队伍。4.抓作用发挥,密切党群关系。充分发挥党员“做好自己、管好亲属、带动四邻、影响一片”的积极作用,带动全体村民共保村域稳定、推进村域发展。

(李遂镇)

【“一助一”工作】 2009年李遂镇16个村共受到20家单位的帮扶,获得物质、资金支持折合人民币共计300万元。扶持资金除了用于基础设施改造之外,更侧重于改善民生和发展村内特色产业。其中河北汇福粮油集团提供扶持资金80万元,连续第二年大力支持我镇李庄村的新农村建设。

(李遂镇)

木 林 镇

【概　况】 木林镇是顺义区行政区域之一。下设26个行政村。位于顺义区东北部。木林东邻龙湾屯镇;西望潮白河及怀柔区杨宋镇;北交密云县河南寨镇;南接北小营镇。镇域东西宽约12.2公里,南北长约14.6公里,辖域面积83.35万平方公里。人口总数为32711人。木林镇交通便利。距北京市区50公里、首都国际机场25公里、京承高速河南寨出口8公里、奥运迎宾大道6公里。大秦铁路、顺密公路、木燕路纵横穿越于此，因而形成了极佳的立体化交通网。主要公交线路有934、970、顺36、顺31等。另外，木林镇紧邻奥运水上公园及乡村高尔夫球场，区位优势明显。近年来，木林镇镇域经济不断壮大，农民收入不断增加，人民生活逐步提高。截止到2009年12月底，全镇完成属地税收4062万元，同比增长32%；实现地方财政收入1496万元，同比增长27%；社会经营性总资产完成11.2亿元，同比增长21%；农村人均劳动所得8065元，同比增长6%。规模企业增加值4024万元，同比增长137%。2009年，在区委、区政府的正确领导下，木林镇坚持以科学发展观统领经济社会发展全局，紧紧围绕“保增长”、“保民生”、“保稳定”的总体目标，克服经济危机带来的不利影响，统筹兼顾，攻坚克难，镇域经济、社会各项事业保持了稳步、健康发展，圆满完成了镇第十五届人民代表大会第四次会议确定的各项目标任务。

单位名称：顺义区木林镇人民政府
地址：顺义区木林镇
电话：(010)60455727
邮编：101314
网址：http://www.mul.bjshy.gov.cn

（木林镇）

【劳动力就业工作再上新台阶】 2009年，木林镇大力开展有特色的职业技能培训班。共开展各种转移型培训班12期，对全镇567名农村劳动力进行了免费技能培训，完成全年转移型培训指标的112 %。成功推荐农村劳动力就业857人，完成指标154%。为促进本镇剩余劳动力转移就业，2009年凡参加镇社保所组织统一培训并取得初级职业资格证书的人员，镇政府给予100元奖励资金。2009年奖励取得初级职业资格证书人员567名，资金全部兑现，共计56700元。举行大型招聘会2场，引进镇域外用工企业16家，提供岗位726个，达成求职意向500余人。

（木林镇）

【创新民政工作】 2009年，木林镇民政科继续奉行“亲民、为民、利民”的理念，在做好低保金发放、医疗救助、困难救助、慈善救助以及大病救助、临时救助等一系列日常工作的基础上，不断创新民政工作，提高服务效能。通过建立“爱心超市”、开展医疗救助和助学救助等方式，积极发展慈善事业，完善了木林镇的社会救助体系。目前，木林镇共有低保户422户，享受低保人数829人。现有残疾人1110人，占总人口的3.1%。2009年，木林镇民政科共为60户低保和优抚对象家庭改造危房325间，申请扶持资金达219万元。临时救助、慈善救助以及大病救助等救助金额均做到了及时发放，年救助金额达100多万元。在做好基本工作的同时，2009年4月，完成了敬老院的扩建工作，为镇域老人提供了一个舒适、安逸的生活乐园。

（木林镇）

【大学生村官参与国庆六十周年群众游行活动】 2009年，祖国六十年大庆，木林镇07届、08届十余名村官有幸参加了顺义群众游行方阵。临行前，木林镇党委主要领导给大家做了积极的动员，并对大家提出了希望和要求。村官们在训练过程中，不怕苦，不怕累，坚持按标准完成每一次训练，“流血流汗不流泪”是每个人心中坚持的信念。大家的付出为顺义区的整个集体赢得了荣誉，顺义“七彩虹”方阵多次被市群众游行总指挥部评为优秀方阵。木林镇领导也多次到训练基地给大家送去慰问品，关心每个村官的起居生活和训练情况。十一国庆当日，大学生村官们圆满完成了群众游行任务，为祖国母亲献上了自己的礼物和祝福。

（木林镇）

【安全生产工作不断推进】 2009年是全国“安全生产年”，是顺义区“扩内需、保增长、促发展”的决战年，也是顺义区“分类分级管理工作深化年”，木林镇安监科建立和完善了各类安全监控责任体系，制定了突发公共事件各级各类应急预案,建立健全了安全隐患排查整改工作机制。1－12月,共检查镇域企业499家,发放各类执法文书480份,查处安全隐患907项,监督整改各类隐患468项,累计投入整改资金近56万元。集中开展了3次普查工作,分别为涉危行业普查工作、深化职业病危害普查工作和全镇液化气钢瓶普查统计工作。2009年,安监科全面落实了顺义区安监局工作部署,以“三项行动”为工作主线,保障了木林镇域内安全生产工作稳步推进。

(木林镇)

【多措并举推动镇域经济持续健康发展】 一是加大招商引资力度、招商引资思路,灵活采用以商招商、品牌招商、网络招商等招商方式,重点引进一批体现科学发展观的新项目、好项目,培育一批支撑区域经济的好企业、大企业。2009年,共引进企业16家,累计注册资金近7000万元。全年二三产业总产值61440万元,同比增长2.7%;总收入61234万元,同比增长2.4%;增加值16823万元,同比增长2.1%;二三产业利润总额5762万元,同比增长9%;税金1525万元。其中工业企业产值29252万元,同比增长7.7%;收入19492万元,同比增长3.4 %;工业增加值7491万元,同比增加6%;工业利润1705万元,同比增长11.8%;二是坚持规划先行,重视规划的控制和引导作用,科学的提高地区承载力,提升招商引资综合吸引力。于2009年12月底取得《北京市规划委员会关于顺义区木林镇中心区及唐指山周边旅游用地控制性详细规划的审查意见》(市规函【2009】 2170号),原则同意依据目前编制的《北京市规划委员会关于顺义区木林镇中心区及唐指山周边旅游用地控制性详细规划》,木林镇中心区在土地使用、道路建设等多方面自此有了清晰的规划指导,招商引资、开发建设的速度也将因此大大提升;三是全力推进土地一级开发,保障地区发展空间需求,做好土地储备工作,为高投入、高质量和高效益项目储备土地。

(木林镇)

【规范村级合同管理】 为规范木林镇的村级资产与经济合同管理,依照本镇具体实际草拟了木林镇村级资产与经济合同管理办法,为木林镇村级资产与合同管理进一步规范化提供了有力的依据。依据农村土地管理法,农村土地承包法及《合同法》,经管站等相关部门按照镇党委的要求严格把关,履行民主程序和行政审批程序,确保做好木林镇的村级经济合同的鉴证工作。年内共鉴证经济合同80份,其中:土地承包及流转合同71份、资产租赁合同9份。

(木林镇)

【环境整治工作成效明显】 2009年木林镇环境整治工作成效显著,主要体现:一是加大路面硬化覆盖面积 进行王泮庄、业兴庄、陀头庙、马坊、后王各庄、潘家坟、贾山7个村街坊路改造工程,总面积18万平方米。全年硬化和大修镇村两级公路7.38公里;二是加大改厕力度 完成业兴庄、陀头庙、马坊、后王各庄、潘家坟、贾山六个村农户改厕工程,完成任务数2113户;三是实施既有农民住宅节能改造工程 对16户农民破旧房户进行了改造,改造面积为710平米;四是加大绿化美化工作力度 修整绿色走廊2.4万多延米。完成11个村、4800户庭院、49条街道、10条林网的绿化美化工程,栽植各种乔木、花灌木75000株。完成了大韩庄、大林两村527亩沙石坑治理工程,栽植乔木10000株、花灌木20000株、常绿树600株。顺木路栽植花灌木8000株,银杏等乔木2200株,常绿树500株。五是加强环境整治 清理乱堆乱放1100多处,拆除破烂围墙600多延米,更换破旧文化墙1900平米,新建景观墙3600延米。

(木林镇)

【文化体育服务体系不断完善】 木林镇体育文化基础设施建设取得长足的进步和发展,全年用于群体活动的资金近15万元。在区体育局的支持下,新建、改建8个村级健身广场。西沿头村和镇敬老院新添了7万多元健身器材,东沿头村新建健身广场,总投资30万元。各村充分利用健身场地组织开展活动,促进了全民健身运动的开展。加强文化活动基础设施建设,新建、改建数字电影厅25个,以“二月新春”、“五月鲜花”、“十月金秋”为主线,广泛举办群众喜闻乐见的文化体育活动,对后王各庄村民间花会等一批非物质文化遗产及文艺骨干团队进行了重点培育。组织本镇文艺、体育爱好者参加各类比赛,取得好成绩。

(木林镇)

【社会治安综合治理工作】 2009年,木林镇社会治安综合治理工作全面加强,以确保外围环境保障工作的全面落实。城管、公安、工商、土地等部门展开联合执法,对盗采沙石重点地区进行巡查,走访村干部及群众70余人。成功破获特大非法盗采沙石案件一起,共查扣大型自卸卡车8辆、面包车1辆、刑事拘留16人。积极规范木林镇集贸市场秩序,规范各类摊点590余个。建立镇平安建设中心,成立专职巡防队伍,为维稳工作提供有效保障。采取有力措施拆除私搭乱建和清理堆物堆料,发放告知书213份,送达责令改正通知书60余份。拆除破损广告牌76张、私搭乱建17处,整治占道经营、店外经营,无照摊贩35户。

(木林镇)

【大力推行新型农村合作医疗】 2009年,木林镇参加新型农村合作医疗的农村居民共计25449人,参合率达97%。镇、村、户三级筹资新农村合作医疗基金373.9万元。年内,参加农村社会养老保险的农民达到10547人,投保资金1102万元,完成指标的127%,农村社会保障体系逐步完善。

(木林镇)

龙湾屯镇

【概　况】 龙湾屯镇地处顺义东北部,位于顺义、平谷、密云三区交界,距北京市区60公里,顺义城区30公里,首都国际机场35公里。镇域面积56.6平方公里,辖13个自然村,人口1.5万,其中山林荒坡面积4.3万亩,占全区总山地总面积近三分之二,耕地面积2.6万亩。现有党支部23个,党员833名。龙湾屯镇自然风景秀丽,拥有丰富的旅游资源、丰厚的文化底蕴和优质的果品资源。大北坞村东金鸡泉发源的金鸡河横贯南北,30里燕山余脉蜿蜒东西,全长10公里的北大沟林场林木茂密,享有“中国地下长城”盛誉的全国青少年爱国主义教育基地焦庄户“地道战”遗址、安利隆生态农业山庄、焦庄户民俗旅游村等十余个旅游景点分布在环山旅游带沿线。全镇林果涉及十多类共百余品种,植种面积达万余亩,获有农业部“无公害食品”认证和北京市食用农产品安全认证,矿泉樱桃及部分苹果、龙湾贡梨等还获得了有机食品认证。每年一届的樱桃采摘节和金秋果品采摘节吸引大批游客观光采摘。2009年全镇实现属地财税收入5803万元,同比增长28%;地方财政收入2413万元,同比增长9%;农民人均劳动所得9050元同比增长11%。今后龙湾屯镇将继续遵循“工业立镇、生态强镇、旅游兴镇、绿色富民”发展思路打造生态旅游镇,推进全镇经济社会事业健康快速发展。

单位名称:顺义区龙湾屯镇人民政府
地址:顺义区龙湾屯镇镇府府前街
电话:(010)60461634
邮编:101306

网址:http://www.longwt.bjshy.gov.cn

(徐世国)

【区领导参加村民代表会】 1月18日上午,顺义区委副书记、区长刘剑与柳庄户村"一助一"单位——北京首都国际机场股份有限公司和区武装部负责同志,到柳庄户村参加该村的村民代表会。

(马千里)

【举办果树培训班】 1月20日,由顺义区园林绿化局主办、龙湾屯镇和天天康乐果品产销合作社协办的顺义区果树主导产业培训班在龙湾屯镇举办。顺义区部分果农和各镇林业站技术指导员共200人参加,特邀中国农业大学和北京市农科院两名教授分别就果树优质栽培、矮化密植、果树病虫害防治等方面授课。

(马新春 张 辰)

【春耕工作顺利进行】 3月份,龙湾屯镇部署春耕工作顺利进行,与各村签订农业安全生产责任书13份,向群众推广蔬菜种植新技术,培训3次,共200人,推广种植雪梨包心菜113亩;检修各类大小农机32台,检修农用机井18眼;调入玉米、豌豆、西瓜等优良种子3吨,储备化肥8吨,农药300公斤。

(马千里 马新春)

【为育龄妇女送健康】 4月,龙湾屯镇开展"关爱女性健康,创建和谐家庭,为育龄妇女送健康"活动,免费为1410名妇女进行了"两癌筛查",连续两年为1256人进行了长效措施体检,发放计生宣传品1500余份,向育龄妇女讲解优生优育等一系列健康知识,对患有各类生殖健康方面疾病的妇女,免费提供一定的治疗药物并跟踪服务,指导就医就诊。

(李金玲 高海英)

【郝丽君当选京郊十大新闻人物】 4月,大北坞村图书管理员郝丽君当选"2009年度京郊十大新闻人物",此活动始于1997年,由北京市农工委和《京郊日报》编辑部共同举办,已成功举办12届。

(马千里)

【人口普查工作展开】 4月份全国第六次人口普查工作正式启动,龙湾屯镇通过组建普查小组、培训普查员、加强人普宣传等措施,保证了人口普查工作的顺利进行。

(皮全海)

【市人大秘书长视察旅游资源】 4月3日,北京市人大秘书长唐龙、北京市国土资源局副局长张辉在区长刘剑、区国土资源分局局长孙桂祥、区政府办主任刘福海等人陪同下到龙湾屯镇视察浅山旅游资源。

(郑 捷)

【中韩合作LG地暖项目竣工】 4月26日,由韩国LG化学有限公司捐赠的龙湾屯镇敬老院地暖项目竣工,大韩民国驻中华人民共和国大使馆领事部总领事李泳浩、LG事业部副社长权承赫等参加竣工座谈会,中国建筑科学研究院暖通所主任宋波、中国地暖协会秘书长刘浩、顺义区外事旅游局副局长李辉、顺义区民政局副局长李玉峰等出席。

(郑 捷)

【植树绿化活动】 4月,国家税务总局副局长谢学智带领国税总局职工及市区国税局职工近200人,在顺义区常务副区长王海臣等领陪同下,到龙湾屯镇绿化基地参加义务植树活动;4月2日,顺义区劳动及人力资源和社会保障局组织200多名工作人员到龙湾屯镇大北坞村北山的植树基地,与该镇机关工作人员开展植树活动。

(郑 捷)

【火烩葫芦入选北京礼物】 4月,吉祥八宝手工艺品产销专业合作社的"火烩葫芦"入选"北京礼物";6月,火烩葫芦参展中国首届农民艺术节;9月,大瓢型葫芦《老子出关》、《说法图》,亚腰葫芦《伯乐图》和以狮子为主题的粗柄油锤葫芦《雄风》4件作品参展上海世博会;9月6日,团市委副书记姜泽廷视察"吉祥八宝乡村青年社",该社是吉祥八宝手工艺品产销专业合作社针对城乡待业青年、残疾人青年进行中国葫芦文化传承、葫芦手工艺品加工工艺学习、葫芦种植技术培训的乡村青年社，拥有社员536人，残疾人60人，人均月收入1200元。

（侯春明）

【人大代表检查食品卫生】 4月29日，5名区、镇人大代表会同工商、卫生监督、城管等一行22人进行食品安全联合执法检查。

（张 弛）

【百村万户绿化收尾】 5月，龙湾屯镇“百村万户绿化庭院”工作进入收尾阶段，对2306户庭院进行绿化，共栽植乔木玉兰、香花槐、银杏等6496株，花灌木9131株。

（马新春）

【区纪委领导调研】 5月14日，区纪委书记肖韵竹到龙湾屯镇调研反腐倡廉工作，强调党员干部要坚持社会主义核心价值体系，加强党风廉政建设。

（石小英）

【顺义区首个反腐倡廉基地揭牌】 5月14日，顺义区首个防腐倡廉教育基地在焦庄户地道战遗址纪念馆举行了揭牌仪式，正式命名焦庄户地道战遗址纪念馆为北京市防腐倡廉教育基地，区纪委书记肖韵竹、区文委主任刘振河、龙湾屯镇镇长马云虎等人参加。

（石小英）

【完善社会救助体系】 1至5月，龙湾屯镇发放低保金34.5万元，为13户特困家庭发放大病救助款3.6万元，98户家庭得到二次医药费报销的救助。为59名优抚对象报销医疗费11.4万元。为城乡低保户发放“爱心超市”购物卡225张，共计7.2万元，为98名低保老人办理了“助老慈善医疗卡”，可享受每年500元的慈善医疗救助。

（孟凡菊）

【街坊路硬化工程】 1至6月，龙湾屯镇成功完成了七连庄、龙湾屯、山里辛庄等村上年因气候原因未完的10万平米的街坊路硬化工程。

（刘海燕）

【万亩小麦收割完成】 6月，全镇完成15376.7亩小麦的收割工作，涉及农户1529户。

（马新春）

【签约“中绿实业”】 6月8日，龙湾屯镇与中国绿色食品实业有限公司合作的“绿色蔬菜生产加工基地”项目正式签约，总投资1.18亿元，建设工期三年，产后预计年销售收入3亿元，可实现税收1600万元，解决400人就业。

（李金玲）

【龙舟大赛获得第六名】 6月14日，龙湾屯镇第二届北京端午文化节暨“临空经济区杯”龙舟赛第六名，80支代表队、1000余人报名参赛。

（李明月）

【木邵路改线工程竣工】 6月23日，木邵路焦庄户至密云段改线工程竣工，工程总投资2100万元，从上年动工，工程竣工后，从山脚下新修一条长1500米的柏油公路直接上山，绕过了原有S型路段。

（王 茜 林保仲）

【第五届樱桃采摘节】 6月，龙湾屯镇樱桃幽谷矿泉樱桃获得丰收桃产量10万余斤，销售收入420万元，自2006年已成功举办五届樱桃采摘节，累计创收2000万元。

（马新春 张 辰）

【区领导出席村民代表会】 7月18日，顺义区委副书记、代区长王刚出席柳庄户村7·18村民代表会，区政府办主任秦拥军、区直机关工委书记任胡明才、副书记张世海以及龙湾屯镇党委书记张希德、镇长马云虎出席。

（张 辰）

【林权勘察确界完成】 8月，镇党委、镇政府协助区园林绿化局和国家林业局调查规划设计院完成总面积为29133亩的生态林的勘察工作，该项工作起于6月份，勘界完成后，制作了勘察确界图。

（马新春）

【招商引资新突破】 1－8月,共盘活企业5家,总投资2.22亿元;引进总部结算类企业28家,注册资金12153万元;企业总数与注册资金同比增长116%和122%;此外,另有4家企业正在办理手续中。

(李金玲)

【慈善助学】 9月1日,龙湾屯镇2010年慈善助学款全部发放到位,保证了镇域贫困学子入学无忧。自2008年,共发放慈善助学款近21万元,66名贫困学生受益,今年共有28名高校贫困生接受慈善助学,共计金额76400元。

(刘艳艳)

【焦庄户村生态治理】 9月,龙湾屯镇投资211万元对焦庄户生态清洁小流域进行综合治理,治理总面积为4.8平方公里。

(杨 勇 徐世国)

【区领导慰问教师】 9月9日,区人大主任马庚良同志、副主任贾春林同志一行到龙湾屯镇慰问教师。

(姜 越)

【首届杭盖音乐节举办】 9月18日,由杭盖乐队发起,与国家音乐创意产业基地共同主办的顺义区首届杭盖音乐节在安利隆山庄举办,以中国民谣、民族音乐为主题,山人乐队,大忘杠乐队等6支乐队参加演出。

(侯春明)

【发现野生狍子】 9月,山里辛庄村的安利隆山庄后山出现国家Ⅱ级保护动物野生狍子2只,因生态环境改善,山鸡、野兔、刺猬等野生动物纷纷现身。

(郑 捷)

【东一干路、史南路竣工】 10月,东一干路、史南路工程竣工,总投资221万元,从8月份开始修建,总长642米。

(徐世国 林保仲)

【群众文化生活精彩纷呈】 年内,围绕"二月新春"、"五月鲜花"、"十月金秋"系列活动,龙湾屯镇采取多种形式丰富群众文化生活,新增演出团队3支,团队总数达16支,在重大节日开展"文化大舞台"和"秧歌花会汇演"活动,开展"读书演讲比赛"、"交通法规演讲比赛",组织26场"星火工程"文艺演出。

(姜 越)

张 镇

【概 况】 张镇位于顺义区东北部,距北京60公里,首都机场30公里,顺义城区25公里。处于平谷、天津、河北交汇的黄金地带。东临平谷区,西临杨镇,北接龙湾屯镇,南与大孙各庄镇接壤。镇域南北长约10.4公里,东西宽约6.1公里,总面积53.45平方公里,其中耕地面积31914亩。总人口2.49万,流动人口1673人。辖29个自然村。张镇地理条件优越,地势西北高,东南低,处于山地和平原交界地带,北部为山地,南部为平原,有大小山峰24座,从西北向东南斜贯全境。境内有"无名河"、"金鸡河",均为蓟运河水系,地下水埋深8－10米。顺平快速路东西贯通全境,大秦铁路横穿过境,张焦公路南北贯通全境,赵谢公路纵跨西南境,龙凤山路将顺平路和魏樊路连接。镇内路网通及各村,与邻镇、邻区县相通,交通方便快捷。2009年张镇完成地区生产总值9.2亿元,同比增长12.2%;完成属地税收5215万元,同比增长10.5%,其中地方财政收入1841万元,同比增长18.1%;农民人均劳动所得10332元,同比增长10%。2009年被顺义区委、区政府评为思想政治工作先进单位、为"一助一"工作模范单位、环境建设先进镇,被顺义区政府评为顺义区新农村建设先进镇。

单位名称:顺义区张镇人民政府

地址:顺义区张镇大街3号

电话:(010)61480550
邮编:101307
网址: http://www.zhangzhen.bjshy.gov.cn

(孙冉冉)

【沼气进农家】 张镇前王会村沼气集中供气工程通过区节能办专家验收,开始供气。全村205户村民用上了清洁、环保、安全的新型能源。

(孙冉冉)

【四项措施做好土地管理工作】 将土地使用与土地产出有效结合,提高土地投入和产出标准,发挥土地最大效益。以"守"为原则,对现有耕地建立台帐,每村设一名土地巡查员,对在耕地上种植树木、建设养殖小区和农转用的情况进行重点监察。严格控制农村宅基地的买卖,严禁乱批乱建宅基地。规范使用建设用地,克服短期、无规划、不科学的土地使用行为,严禁私自发包,严格发包程序,避免衍生矛盾。

(孙冉冉)

【采取多项措施打造节约型政府】 利用"中国移动企信通"网络平台,通过群发短信的方式通知会议,节约通讯费。减少电脑、复印机、传真机等设备的待机时间,由专人负责办公楼内照明设施的开、关,做到人走关机、关灯,节约用电。建立和规范办公用品配备、采购和领用制度,实行专人管理、以旧换新,杜绝浪费,提倡双面用纸,节约耗材。削减公务车辆,使用和管理由专人把关、统一调度,严禁公车私用,节约用油。及时更换老化的供水管线,在机关餐厅、洗手间等处张贴"节约用水"的温馨小贴士,节约用水。

(孙冉冉)

【四项措施盘活闲置资产推动经济发展】 1. 对签订合同超过1年未实际利用、利用效益低的厂房和土地进行清理整合,建立闲置资产数据库。2. 编制闲置资产招商宣传册,通过媒体、网络平台等渠道发布闲置资产招商信息;出台奖励政策,鼓励社会各界大力引进利用闲置资产的项目。3. 注重与区乡镇企业局、区工业局、区招商局等有关部门的沟通联系,互通信息,积极配合,推动招商工作开展。4. 做好盘活闲置资产后续跟踪服务,定期走访企业,建立动态管理台帐,帮助企业协调生产经营中的问题,用好用足政策扶持有自主知识产权的企业,为企业提供融资服务。

(孙冉冉)

【开展法律服务月】 一是法律服务进农田,联合镇治安了巡逻队,利用治安巡逻时间进入田间地头,将《秸秆禁烧和综合利用管理办法》等法律条文发放到广大农民手中,深入宣传夏收期间秸秆禁烧管理办法;二是法律服务上广播,利用广播设备,将土地承包、土地流转等相关规定对广大农民进行广播。三是法律服务进种站,夏收之后就是夏种,为抓好这一阶段工作,法律服务站将对全镇销售种站进行逐一走访,宣传《种子法》,使个种子站依法经营,种真价实,避免发生因种子质量问题所引发的经济纠纷。

(孙冉冉)

【召开建党88周年表彰大会】 6月27日,张镇党委召开建党88周年表彰大会。对张镇2009年度20个先进党支部和90位优秀共产党员进行了表彰及颁奖。14位新党员进行了入党宣誓仪式。

(孙冉冉)

【召开甲型H1N1流感防控专项工作会】 7月7日,张镇党委、政府召开甲型H1N1流感防控工作会,镇长苏东海,镇人大主席赵长旺,及各副职领导出席。张镇卫生院院长王加强、各村党支部书记、企业负责人、小区居委会主任、学校、幼儿园、卫生院、工商所、地税所、农行、信用社等单位主要负责人参加会议。会上传达了《北京市突发公共卫生事件应急指挥部办公室北京市卫生局关于落实社会单位防控甲型H1N1流感管理责任的通告》和《顺义区进一步加强社区防控甲型H1N1流感工作要求》,并与各村、单位签订了《张镇人民政府甲型H1N1流感防控工作责任书》。

(孙冉冉)

【出台村级大额资产管理办法】　张镇出台《村级大额资产管理办法》、《村级经济合同管理办法》、《村级考核办法》等，以加强村级集体资产管理，维护集体经济组织成员的合法权益，促进农村经济又好又快发展。

(孙冉冉)

【举办生态林管护员培训班】　张镇有15个山区村107名生态林管护员，担负着全镇11000亩生态林的管护任务。张镇政府每年定期举办生态林管护员培训班，以加强林区防火工作，确保林区安全。

(孙冉冉)

【区妇联、红十字会领导到张镇慰问老年特困妇女家庭】　10月21日上午，在深秋来临之际，顺义区妇联主席赵桂清、红十字会会长皮志杰等来到张镇慰问了老年特困妇女家庭，为她们送去了米、面、油、棉被等生活必需品，并对她们表示亲切的问候。

(孙冉冉)

【召开第二批学习实践科学发展观动员会】

10月24日，顺义区张镇第二批深入学习实践科学发展观动员大会召开，区第二批深入学习实践科学发展观活动巡回检查组张柏芝、田泽武到会，张柏芝做重要讲话。张镇党委书记洪全做动员讲话，党委委员、组织部长刘洋对学习时间活动进行了安排部署。

(孙冉冉)

【“一助一”活动助推新农村建设】　张镇共有25个村拥有固定的“一助一”帮扶单位，09年全镇共计获得各种支持233万元，成为了全镇新农村建设的重要推手，改善了广大群众的生产生活条件。下一步，张镇将创新思路，积极倡导各帮扶单位在帮资帮物的基础上，由扶资、扶力向扶志转移，从“输血型”扶持向“造血型”扶持转变，实现“帮扶一业，致富一庄，帮扶一技，救活全家”的共同致富目标。

(孙冉冉)

【西营村荣获2009年度“北京市卫生标兵村”称号】　2009年底，我镇西营村通过了由北京爱卫会、顺义区精神文明办等单位组成的检查组的验收，获得了“北京市卫生标兵村”荣誉称号。

(孙冉冉)

大孙各庄镇

【概　况】　大孙各庄镇位于顺义区东南部，坐落在二十里长山脚下，东依平谷区马坊镇，南接河北省三河市高楼镇，西连北务镇，北靠张镇。大孙各庄镇紧邻顺平快速路、龙塘路，京平高速公路穿境而过，30分钟直达市中心，15分钟车程直达首都机场东门，到天津塘沽港130公里，东侧3公里为专业从事货物运输的马坊火车站，区位综合优势凸现。镇域面积74.3平方公里，耕地5.6万亩，有39个行政村，2009年底常住人口25415人(农业户口18884人，非农业户口6531人)，流动人口2737人。大孙各庄镇处于潮白河东部冲积平原二级阶地，二十里长山斜贯境域，有大小山峰12座，庞山山峰为最高峰，海拔213.2米，地势北高南低，有丰富的石灰岩矿源。全年完成属地税收1.6亿元，同比增长29%，其中地方财政收入6225万元，同比增长20%；规模以上企业二三产业增加值实现1亿元，同比增长34%；农村人均劳动所得9256元，同比增长9%。

单位名称：顺义区大孙各庄镇人民政府

地址：顺义区大孙各庄镇府前街11号

电话：(010)61431209

邮编：101308

网址：http://www.dasgzh.bjshy.gov.cn

(鲍鹏远)

【农业生态功能初步显现】 投资400万元,完成小塘、南聂庄、小宋各庄、吴雄寺4个村5180亩的农业综合开发工程,改善了田间路、桥涵、机井、管道等农田基础设施条件。农田植树造林,孙三路、杜尹路绿化美化深入推进。全镇已基本形成农田网格齐整,道路合理通畅,排灌设施配套,绿化赏心悦目的良好格局。

(鲍鹏远)

【镇村环境建设深入推进】 新成立保洁员队伍、城管分队,环境整治力量进一步加强;镇村破旧广告牌匾拆除、文化墙更新、拉巴秧清理、主要街道商户秩序规范等工作高标准完成;实施15个村2935户的"百村万户"绿化美化工程,全镇新增绿化面积50万平方米。经过努力,39个村全部达到北京市环境整治型村庄建设标准,一类村占到95%,镇村整洁干净。

(鲍鹏远)

【"三个产业带"加快产业结构调整】 大孙各庄镇"三个产业带"加快产业结构调整。一是农产品深加工产业带。依托创造食品、绿奥蔬菜等农业龙头企业的品牌优势开展引资合作,整合技术、资金、资源,重点在前陆马、后陆马等村建设集种植基地、深加工、物流配送、农产品交易为一体的综合农产品加工区域。全镇年配送蔬菜量达到700万斤。创造食品、绿奥蔬菜合作社辐射带动农户1500户,亩均增收1200元。二是新型建材产业带。围绕拉法基水泥、金隅集团、飞马管业等企业,在吴雄寺、宗家店等潮华路沿线村,继续引进发展新型建筑建材项目,提高建材企业聚集度,完善产业链。三是农业生态休闲产业带。围绕京平高速路两侧,在大塘、南聂庄、小塘、西尹等村发展花卉种植、果品采摘观光、休闲体验农业,重点建设北京新特新果业发展中心葡萄主题公园项目,发展农产品深加工、配送及观光、采摘、餐饮、娱乐于一体的综合性休闲产业园。

(鲍鹏远)

【设施农业规模进一步扩大】 总投资1500万元,完成西尹家府蔬菜基地150栋大棚及水电等配套设施建设,完成新特果业发展中心143栋高标准日光温室以及后陆马蔬菜基地40栋温室建设和改造工程,设施农业已逐步成为农民增收的重要载体。

(鲍鹏远)

【农村公共服务设施水平提高】 总投入4560万元,加快公共服务设施改造步伐。新农村"五项基础设施"建设进一步加强,完成16个村街坊路硬化27万平方米;实施10个村水网改造和4个村水质改造工程,全镇39个村的改水工作基本结束;完成了3864户的户厕改造,新修公厕26座。"三个起来"工程稳步推进,改造节能房62户,安装太阳能路灯280盏,更换节能灯300套,发放节能灯泡6.4万个;启动10个村2300平方米太阳能浴室建设项目,3个村已投入使用;大崔各庄村沼气站已安全供气,全镇5个村和绿奥蔬菜合作社沼气站建设已全部完工,1500户农户告别了用柴草做饭的历史,用上了干净、卫生的沼气。京平高速公路沿线市政天然气管线工程拆迁工作顺利完成,并为我镇预留了燃气出口,为全镇经济和社会的进一步发展奠定了基础。

(鲍鹏远)

【社会事业进一步发展】 争取资金1000万元,完成大孙各庄中学3660平方米教学楼主体工程、1000平方米自行车车棚以及尹家府中学200米塑胶跑道建设,并为两所幼儿园配备了绿标班车。新建社区卫生服务站4个,稳妥解决了48名乡村医生养老保险和7名乡村医生待遇问题。顺利完成了13442名农民免费体检,4369名农民的"两癌"筛查,高标准完成普通流感疫苗、甲流疫苗接种工作,甲型流感得到有效控制。人口低生育水平持续稳定,计划生育率保持在98%左右。

(鲍鹏远)

【农村社会保障不断加强】 新型农村合作医

疗参合工作顺利推进,参合人数19520人,参合率100%,报销27924人次,报销金额946万元;城乡居民养老保险参保6500人,完成区下达指标的114%;完成30户困难家庭及8户优抚家庭的社救建房工作。困难群体的住房、就医、生活等问题得到有效缓解。

(鲍鹏远)

【多举措做好甲型H1N1流感防控工作】 一是成立镇防控工作领导小组,联合卫生科、宣传部等职能部门展开具体工作。二是通过镇村两级广播坚持长期宣传相关知识,发放宣传折页6000余份、海报117份。三是对全镇外来人员进行重点排查;加强对全镇养殖业特别是养猪业的疫情监控,要求散养户、养殖小区加强消毒并实行封闭;在与河北三河交界的7个村的路口设置岗亭,实行24小时值班巡逻;建立8所学校在校学生流感样病例监测日报告制度,及时发现及时报告。四是卫生院开设发热专门门诊,抽调2名护士、主检医师充实门诊力量,进行预检分诊、体温筛查,发现问题及时上报;组织医务人员进行相关培训及考核两次、桌面演练及实地演练两次。

(姜相瑞)

【市经信委领导到大孙各庄镇二三产业基地进行调研和视察】 6月11日,市经信委朱炎主任一行到大孙各庄镇二三产业基地进行调研和视察,在了解基地总体概况之后,对基地建设和招商引资工作进行指导:一是扎实做好基地基础设施建设,为企业入驻创造良好环境;二是提高招商引资门槛,要引进投资规模大、经济效益好、科技含量高的大项目;三是珍惜有限土地资源,优化资源配置,提高土地利用效率;四是立足长远,围绕全镇发展目标,充分发挥基地辐射作用,带动周边经济发展。

(姜相瑞)

【区三夏收种现场会在大孙各庄镇召开】 6月16日,顺义区三夏收种现场会在大孙各庄镇召开。区种植中心主任申荣文部署当前三夏小麦收种工作;区农机中心主任李宏伟强调农机安全生产工作。副区长李友生、区农口相关单位及19个镇主管副镇长及农业科长参加了会议。会上,副区长李友生同志针对当前三夏形势强调三点:一要充分认识当前形势,针对当前有利因素及不利因素,尤其是天气带来的影响要制定应对措施,增强三夏收种工作的责任感和紧迫感。二要进一步明确任务,各镇在抓好收种的同时要抓好农机安全、交通安全,完善制度,加强检查,做好禁烧工作。三是当前农业工作要与农业结构调整相结合,与农业基础设施相结合,与长效机制相结合,发展都市型农业。会前,与会人员来到我镇宗家店村小麦收割现场,查看小麦收获情况。

(刘　营)

【区委书记张延昆慰问大孙各庄镇困难老党员】 6月26日,区委书记张延昆同志来到大孙各庄镇东华山村,慰问64岁困难党员周德林,并送去慰问金。周德林1945年出生,曾于七、八十年代长期担任东华山村党支部书记。家庭收入主要靠儿媳外出打工维持,周德林本人因右臂残疾仅靠养鱼维持生济,家庭生活非常困难。张延昆详细了解老人家庭生活状况、收入情况以及子女上班情况,鼓励他正视困难,保持积极健康心态。并要求镇村两级党组织要切实关心老人的生产生活,尽可能地帮助解决实际困难,让其感受更多党的温暖。

(丁万强)

【国土资源部部长徐邵史到大孙各庄镇视察指导基本农田整理项目】 9月8日,国土资源部部长徐邵史一行到大孙各庄镇现场视察指导基本农田整理项目,他首先了解全镇土地、农田概况,听取镇长宋鹏关于土地整理和基本农田项目建设情况的汇报,并对顺义区、大孙各庄镇在耕地上只增不减的局面予以肯定,并强调:增地不能增负担,减地不能减责任,一定要摸清底数,坚持做到占补平衡。市委常委牛有成、区委书记张延昆等市区领导陪同参观指导。

（姜相瑞）

【大孙各庄镇三项工程“保国庆，保花博”】 一是护城河工程。镇武装部通过严格考核、专业培训、多次演练，挑选280名精干力量组成“护城河”队伍，全部于15日在全镇通往外省市的18个道口上岗，严防可疑车辆，各类重点人、违法犯罪人员、危险物品等进京。二是食品、药品安全工程。开展食品、药品桌面推演，通过听取学校、医院等各部门汇报，分析完善现行工作机制，并在全镇各行各业开展实地检查。三是社会面防控工程。镇村民调、治保、综治等多个职能部门联动，加强矛盾排查化解、流动人口和出租房屋管控等重点工作，1054名治安志愿者、村级巡防队24小时交叉巡逻，杜绝安全隐患。

（姜相瑞）

【副市长夏占义一行视察农田基础设施及农业综合开发基地】 9月15日上午，北京市副市长夏占义、市政府副秘书长安钢、市农委主任王孝东、市农业局局长赵根武和顺义区委书记张延昆、副区长李友生一行到我镇视察农田基础设施建设及农业综合开发项目。该项目位于我镇小塘村南，包括小塘、吴雄寺、小宋各庄、南聂庄等四个村，占地面积5180亩，建设的主要内容包括修路3500米、疏挖排水沟9000米、新建桥涵68座增加变压器1台和新打机井13眼及配备相应设施等，目前该项目已基本完成，总体投资近600万元，将促使小麦和玉米种植周年产量突破1000公斤。夏占义对该项目的实施实现了土地增效和农民增收双目的的成效予以了肯定。

（鲍鹏远）

【招商引资工作】 大孙各庄镇抓好招商引资保持镇域经济平稳增长。营造良好投资环境，加速推进二三产业基地市政基础设施建设，投资6000余万元，完成5条4586米路网建设，基地内水、电、暖等市政基础配套设施及网络通讯、有线电视等各种管线工程已全部完工。健全优质服务体系，加强业务培训，形成规范化招商团队，积极为入驻企业提供项目申报、审批、注册、税务登记等专业化服务。明确引进投资方向，围绕镇域内已有重点行业，有针对性的引进生物制药、汽车制造、现代物流等项目，不断扩展产业链条，坚决杜绝造成污染且浪费资源、能源的企业。

（鲍鹏远）

【做好三项工作配合市政燃气管线工程建设】

该工程共涉及大田庄、小宋各庄等10个村，管线总计7800米，为确保管线铺设工程顺利开展。大孙各庄镇抽调熟悉法律、经验丰富的15名机关干部充实拆迁工作组队伍，圆满完成地上物登记、拆迁补偿等任务。二是做好协调工作，通过设置路标提示牌、镇村广播等方式，提前告知群众，并制定预案解决出行不便、道路拥堵等问题，确保交通顺利。三是突出属地管理责任，配合市政建设工程队做好施工监管，加大日常监察力度，不定期开展安全常识宣传，提高施工人员安全意识，确保施工规范、安全进行。

（姜相瑞）

【“分流”推进农村剩余劳动力转移就业】 大孙各庄镇“分流”推进农村剩余劳动力转移就业。一是对于35岁以下，特别是新生劳动力，通过转变就业意识、开展技能培训等方式，积极推荐到市区高端产业、高效企业、高薪岗位就业。二是发挥农民专业合作组织的作用，将农业产业链向二三产业延伸，拓展岗位，引领4050人员非农就业。三是对于纯农就业家庭，列入帮扶计划，确保有就业能力的纯农就业家庭至少有一人在二三产业就业。四是对于残疾人、低保家庭人员等就业困难群体，通过每招用一名奖励补贴企业1000元的方式推荐到企业就业，同时以政府为主导，开发公益性岗位，为困难群体就业提供保障。

（姜相瑞）

【召开机关干部工作分享会】 9月18日,大孙各庄镇召开机关干部“强素质、树形象、增活力”工作分享会。工作分享会以“强素质、树形象、增活力”为主题,镇机关每科室派一名代表参加,与全体机关人员分享他们在各自不同工作中的快乐、艰辛、收获与感悟。紧紧围绕“迎国庆讲文明树新风”主题加大宣传动员力度,大孙各庄镇深入开展乒乓球赛、绿色家庭、和谐家庭评比等活动,全镇39个村安装了文化共享工程设,村村建有图书阅览室、文化健身广场,倡导了健康文明的休闲方式,营造了和谐文明的生活氛围,为花博会顺利召开打造良好外围环境,为祖国六十华诞到来营造浓厚氛围。

(姜相瑞)

【顺义区慈善协会大孙各庄镇分会正式成立】 12月3日是第二个首都慈善公益日,经过一年筹备,顺义区慈善协会大孙各庄分会“择此良日”正式成立。近年来,大孙各庄镇高度重视发展慈善事业,在慈善分会成立之前,便多次组织各村和机关干部为尿毒症、癌症等重病患者捐款,并不定期开展爱心活动帮扶低保家庭等困难群体。慈善分会成立前期,大孙各庄镇加强宣传、积极组织,目前已筹集善款30万元,其中各村捐款8万元,企业捐款8万元,政府补助资金14万元。

(鲍鹏远)

北石槽镇

【概　况】 北石槽镇位于顺义区西北部,居北京市行政区域的中心地理位置,是顺义、怀柔与昌平三区的交界处,全镇面积32平方公里,呈东西长,南北窄的狭长状,北面临山,京密引水渠东西横贯全境9.2公里,是顺义区唯一一个依山傍水的乡镇。全镇总共有5912户,1.4万人。2009年,全镇地区生产总值实现4.25亿元,社会经营性总资产实现12.9亿元,属地财税收入实现4851万元,镇级财税收入实现2005万元,农民人均纯收入实现10172元。镇域内水厂、供电所、邮电局、银行等基础设施健全,学校、医院、敬老院等社会事业机构具备。京承高速建成后,北石槽镇被完全纳入首都半小时经济圈,使其在发展中具有了更多地理位置和交通条件方面的优势。北石槽镇在顺义新城规划中定位为生态涵养保护区,结合实际,该镇将充分利用浅山带的环境优势,大力发展旅游业和现代农业,确立了“国际先锋文化基地”和“绿色低碳生态特区”的发展目标及未来全镇“两轴四区”(两轴:京承高速、范良路;四区:东部文化体育运动区、南部农业观光区、西部生态休闲旅游区、北部田园休闲区)的产业发展格局。

单位名称:顺义区北石槽镇人民政府
地址:顺义区北石槽镇府前街5号
电话:(010)60421658
邮编:101300
网址:http://www.beishc.bjshy.gov.cn

(北石槽镇)

【十五届人大五次会议顺利召开】 2月26日上午,北石槽镇第十五届人民代表大会第五次全体会议顺利召开。42名镇人大代表围绕《政府工作报告》及《2008年财政收支决算和2009年财政收支预算报告》进行了热烈讨论,认为报告实事求是地总结了2008年北石槽镇取得的各项成就,科学分析当前形式,明确了2009年全镇发展目标,部署科学,催人奋进。代表们还积极为镇域的发展建言献策,对2009年政府工作提出了更高要求。

(张春丽)

【经济普查工作圆满结束】 3月4日,北石槽镇顺利完成第二次经济普查摸底、培训、入户及上报工作,所有单位录入工作基本完毕。

按照规定的2008年12月31日“时点数”和2008年“时期数”,截止至2008年年底,镇内共有第二、三产业法人单位122个(其中工业56个,建筑业8个,房地产开发业2个,批发零售业13个,住宿餐饮业1个,服务业42个),产业活动单位45个,个体经营户759户。

(刘红霞)

【北京市森林防火演习举行】 4月3日,北京市森林防火演习在北石槽镇西北部与昌平交界的山区举行。演习由市指挥中心统一指挥,通过人员、车辆的密切配合与仪器、技术的合理利用,应对方案及时制定并得到有力执行,森林防火演习取得圆满成功。此次演习实现了北京市指挥中心与火情现场的实时信息传递与处理,有助于提高市、区、镇级政府和村组织应对、处理森林火险的能力和速度,为保护人民群众安全和森林资源安全打下了良好基础。

(姚会文)

【国家林业局对北石槽镇“三北四期”工程进行核查验收】 6月20日,国家林业总局、北京林勘院对北石槽镇“三北四期”项目工程林进行核查、验收。2004年北石槽镇完成“三北四期”工程林270亩,包括火寺路两侧绿化带45亩,良善庄村杨树片林195亩和良善庄枣树、杨树混交林30亩。2005年,工程顺利通过国家验收。5年来,北石槽镇扎实做好林地养护工作,与各育林单位签订责任书并每年3次进行检查验收,建立30人的专业管护队,确保新植幼树成活、成材。此次核查验收采取汇报、实地查看等相结合的方式进行,主要对林地面积,林木保存率及林地使用性质进行验收。通过进行实地考察,国家林业局有关领导对北石槽镇护林工作给予了高度评价。

(齐振孝)

【苏峪沟河道治理工程完成】 该项工程由河道清淤、河岸整修工程等2个子项组成。工程在实施过程中,采用机械清淤和人工清淤相结合的办法,大大节省了施工时间和资金的投入。自6月18日开工以来,历时近1个月的时间,共整修河道全长2750米,动土面积达5.5万平米,新开挖土方3.2万立方米,清除淤泥约1.3万立方米,于7月16日全部完工,工程总投资为108万元。该项工程完成后,实现了水系畅通、水质提高、河道整洁,有效的增加了河道的防洪能力,改善了农村环境和农民生活条件。

(张志勇)

【西赵各庄村获2009年度“北京最美的乡村”提名奖】 2009年度“北京最美的乡村”评选活动结果已于9月底揭晓,北石槽镇西赵各庄村获得提名奖。活动由市委农工委、市农委和市旅游局主办,按照“生产美、生活美、环境美、人文美”标准,通过网络投票、报纸投票、市民体验、专家评选四种方式综合评选,历时半年,该镇共有7000余人次参与网络和报纸投票。

(彭　楠)

【第二批深入学习实践科学发展观活动正式启动】 10月26日,北石槽镇召开镇第二批深入学习实践科学发展观活动动员大会,正式拉开第二批学习实践活动序幕。第二批学习实践活动以“优环境 促发展 聚民心 全力构建绿色和谐北石槽”为主题,自2009年10月开始,历时4个月,共有27个基层支部,1042名党员参加。党委书记秦士友在动员讲话中对搞好第二批学习实践活动提出四点要求:一是要加强组织领导,落实领导责任;二是要搞好舆论宣传,充分发挥先进典型的引领示范作用;三是要统筹兼顾,把开展学习实践活动与总结本村、本单位的具体工作结合起来;四是要狠抓整改落实,把整改落实工作贯穿于学习实践活动始终。

(刘　佳)

【顺义区民族村经济工作会在寺上民族村召开】 10月29日,顺义区民族村经济工作会议在北石槽镇寺上村召开。顺义区民族宗教办公室主任臧小华、副主任王少兵出席会议,全区5个民族村支部书记及所在镇的主管副镇长、民政科长参加会议。会上,各民族村支部书记就2009年民族村经济发展情况及2010年发展思路进行了汇报交流。臧小华主任对全区民族村经济工作提出了新的目标和要求:一是各民族村要充分发挥主观能动性,抢抓机遇,夯实基础;二是要充分利用各种项目扶持政策。力争到2013年,全区80%的民族村人均年纯收入达到全市平均水平,100%的民族村达到全区平均水平。会后,一行人还参观了寺上民族村文化中心、健身广场及农贸市场。

(任阿曼)

【村级公益性公墓建设试点工程通过验收】 11月6日,顺义区民政局副局长郝蔚泉、区殡葬管理所所长梁宝军等领导对北石槽镇2009年村级公益性公墓建设试点工程进行了检查验收。今年,北石槽镇选择东石槽村作为全镇公益性公墓建设试点村,镇、村两级共投资12万元对东石槽村原农村集体埋葬点进行了升级改造工程,一期共建墓穴100余个,主要解决东石槽村和镇域内殡葬环境整治、拆迁迁移墓穴亡人骨灰的安置问题。试点工作的顺利开展,推动了全镇农村公益性公墓的建设步伐,也为今后在全镇推广此项工作提供了宝贵经验。

(任阿曼)

【学习型乡镇创建活动进入验收评估阶段】 11月12日,顺义区创建学习型乡镇评估组对北石槽镇学习型乡镇创建活动进行了验收评估。党委秦士友书记作了题为《创建学习型北石槽促进经济社会和谐发展》的自评报告,主管副镇长李东作了自评分的解释说明。评估组还查看了创建工作档案,实地考察了良善庄村成人学校,并与有关同志进行了座谈。

经过认真考察,评估组对北石槽镇的争创工作给予了五方面肯定:一是领导高度重视创建工作,对相关理论认识深刻,学习愿景明确;二是积极宣传,营造了良好的创建氛围;三是创建活动与工作实际、镇域发展结合紧密;四是创建保障机制健全,活动丰富多彩;五是创建效果突出,镇域经济发展,精神面貌良好,人力资源得到提升。

(许德强)

【刘剑区长到石槽镇调研】 12月23日,刘剑区长到北石槽镇调研劳动力就业与新农合工作,并与镇党委、政府班子成员进行座谈。座谈会上,镇长王江和分管就业、新农合工作的副镇长对北石槽镇相关工作情况进行了详细介绍。刘剑区长对北石槽镇在促进就业、鼓励农村劳动力向二三产业转移方面的措施给予充分肯定,并对进一步做好劳动力就业工作提出三点意见:一是要确定好发展目标,继续努力加快经济发展,让群众得到更多的实惠;二是要发展地区特色经济,站在更高的层面找准定位、抢抓契机,促进经济更好更快发展;三是要在就业的关键环节做好帮扶工作,使就业帮扶政策能够真正落到实处、发挥成效,为群众排忧解难。

(张欣)

北务镇

【概　况】 北务镇位于北京市东北部,顺义区东南部,首都机场东侧。镇域面积32平方公里,耕地面积2.8万亩。下辖15个行政村,常住人口10543人。镇域地势平坦,有龙塘路、木燕路等道路穿境而过,京平高速公路在北务设有出口。镇中距首都机场17千米、京哈公路10千米、六环15千米、天津新港100千米,主要公交线路有顺18路、顺29路,东直门——吴雄寺923路。2009年,北务镇紧紧抓住镇中心区控制性详细规划获得批复的发展机遇，着力推进城镇化进程，在全镇上下的共同努力下，该镇的都市型现代农业发展迅速，基础设施更加完善，民生建设有序推进，圆满完成国庆六十周年和花博会外围保障等重点工作，经济社会实现全面协调可持续发展。2009年实现综合税收1.85亿元，同比增长13%；地方财政收入6100万元，同比增长7%；人均劳动所得完成9369元，同比增长11.4%。2009年北务镇荣获国庆安保工作先进集体、首都国庆60周年群众游行活动保障工作先进单位、第七届中国花卉博览会最佳服务保障奖、北京市创建学习型乡镇先进乡镇等荣誉称号，被顺义区委、区政府授予环境建设先进镇、都市型现代农业工作先进镇、就业再就业先进镇、招商引资工作先进单位、信访工作突出贡献单位、民政工作先进单位等20项荣誉。

单位名称：顺义区北务镇人民政府

地址：顺义区北务镇府前街1号

电话：(010)61421439

邮编：101300

网址：http://www.beiwu.cn

（北务镇）

【招商引资成绩突出】 年内先后引进北京元一车饰有限公司二厂、北京南方创业科技有限公司和北京汇祥印务公司三家实地建厂企业和45家总部型企业。镇域企业经营状况良好，北京元一车饰有限公司销售收入实现1.6亿元，同比增长126%；北京顺天诚通商贸有限责任公司全年实现营业收入1.93亿元，税金531万元，两家企业已成为该镇继北京威廉顺塑胶制品有限公司之后的支柱企业。

（北务镇）

【基础设施建设不断完善】 继续实施新农村“五项基础设施”和“三个起来”工程，各项基础设施不断完善。建设太阳能公共浴室4座，安装太阳能路灯160盏，完成16座公厕、2543户厕改造工程；硬化路面45240平方米，公路大修8.28公里，新修建道路11万平方米；顺利完成两座危桥改造工程。进一步规范基本农田、宅基地和耕地管理工作，加大了违章建设的查处力度。

（北务镇）

【环境整治工作稳步推进】 完成庄子北路“绿色文明生态走廊”创建工作。完成6个村的村级绿化、1470户庭院绿化和农业综合开发区内2000米道路绿化美化，建立环境整治长效机制，有效巩固环境整治成果。

（北务镇）

【都市型现代农业迅速发展】 全年新建日光温室95亩；引进花卉种植企业北京玉渊潭公园樱花繁育基地；在北京福劳尔花卉有限公司园区内建占地280平方米的农业废弃物处理项目。

（北务镇）

【基层组织建设得到加强】 严格落实科学发展观第二阶段工作任务，镇村党员干部落实科学发展观水平显著提高。创新培训形式，建立村级党员“每月一课”学习制度，有效提高基层干部队伍和党员队伍素质。10月，在北京福劳尔花卉有限公司成立党员学习实践基地，向农村党员免费传授花卉种植和管理知识，充分发挥党员带头致富的示范作用。11月，启动村党支部换届选举工作。

（北务镇）

【社会保障体系不断完善】 城乡适龄人群居民养老保险参保率达到的100%，“一老一小”医保参保率为89%，为全镇1320名60岁以上无保障老年人每月发放260元养老金。年内，召开慈善救助座谈会，对各类困难家庭进行救助。劳动就业工作成效显著。全年培训各类劳动力311人，面向劳动力进行职业指导879人次，实现劳动力转移就业309人。该镇15名首批大学生村官任职期满，光荣离岗，再就业率达到100%。

（北务镇）

【科教文卫事业蓬勃发展】 大力改善中小幼的办学条件，基础教育教学质量逐步提高。

积极建设村级农民教育培训基地,大力开展成人教育。文化阵地硬件设施进一步完善,为东地、道口、郭家务等6个村配备了数字电影放映设备,文化事业发展基础进一步加强。加大食品、药品安全的检查力度,全年未发生食品、药品重大安全事故。

(北务镇)

【镇域社会秩序安全稳定】 年内,共安装电子监控探头256个,技防覆盖率达到73%。出台了《北务镇信访领导包案工作制度》,切实提高了处理信访问题的效率,继续保持信访“三无镇”称号。圆满完成建国60周年大庆和花博会安保工作,未发生有较大影响的事件,并查获网上通缉在逃人员1人。

(北务镇)

【民主法治建设有序推进】 全面落实“五五”普法规划,深入开展法律六进活动。年内在4个村新建村级法律服务室。成立综治委社区矫正和刑释解教帮教安置工作协调委员会,对镇域内“两类”人员进行矫正和帮扶,对其在教育、医疗、住房等方面实施有效、全面的管理。

(北务镇)

【信息工作成效显著】 通过北务网站、有线广播等方式,围绕新农村建设、招商引资、花卉产业发展、采摘节、甲型H1N1流感防治等重点工作开展宣传;提高《北务动态》质量,及时报道全镇重点进展情况;《顺义区情》刊登信息数量达到预定目标;完成调研信息发表工作。

(北务镇)

【文体活动丰富多彩】 在二月新春、五月鲜花、十月金秋三大品牌文化活动的基础上,与北京戏曲艺术职业学院结对共建,为基层文艺爱好者提供学习交流平台。该镇龙狮舞艺术团参与“3+1”农村星火工程演出、北京国际长跑节、中国非物质文化遗产优秀节目、延庆首届端午文化节展演、国际速记联合会年会等重大庆典活动,展现了京郊农民的新风貌。

(北务镇)

【群团工作开创新局面】 不断加强群团自身组织建设,启动团组织格局创新试点工作,提高团委班子领导能力。着力提高“两新”组织的建团率和工会建会率,完成郭家务村等3家单位建会工作,在珠宝屯村成立全镇首家村级工会服务站。继续推进文明家庭评选、青年文明号争创等活动,年内评选出68户“十星级文明户”和30户“绿色家庭”和1个青年文明号科室。立足维权,整合救助帮扶资源,做好困难职工、困难女性、贫困学子的帮扶工作。

(北务镇)

【农村各项改革继续深化】 完成道口、闫家渠两个村的产权制度改革;加强村级专业合作社规范工作,重点规范财务、用工等规章制度。

(北务镇)

【非整建制征地转非工作完成】 6月,完成王各庄村、北务村的非整建制征地转非工作。

(北务镇)

【经济普查工作完成】 截至11月份,完成209家普查单位和29家产业活动单位普查表的录入、审核、装订、移交工作,经济普查工作圆满完成。

(北务镇)

【机关制度建设进一步完善】 修订和完善了《政府公章使用制度》、《机关车辆管理制度》、《机关礼品管理办法》等机关行政管理制度,效能型机关和节约型机关建设取得初步成效。

(北务镇)

【凝练出北务镇机关干部标准和北务精神】 9月,面向全体机关干部开展征集活动,通过广泛征集、公开投票、讨论研究,凝练出“一精、二勤、三好、四会”的机关干部标准和“团结进取、开拓创新、敬业奉献、养德诚信”的北务精神,提振机关干部的精神面貌,增强地区人民群众的凝聚力。

(北务镇)

人　　物

组织机构负责人名单

一、区委机关

（一）中国共产党北京市顺义区委员会

书　记　夏占义（2月免）
张延昆（2月任）
副书记　张延昆（2月免）
刘　剑（2月任）
胡尚云
闫立刚
常　委　王敬东（女，11月免）
雷显武
王国增
林兆波（6月免）
王海臣
肖韵竹（女，11月任）
杨宝华
周颖博
李国营（7月任）
李友生（11月任）

（二）中国共产党北京市顺义区纪律检查委员会

书　记　王敬东（女，11月免）
肖韵竹（女，11月任）
副书记　田江平
李殿宗
闫连恒
常　委　韩福军（12月免）
李会娟（女）
贾崇彪
隗和春
王玉美（女）
袁日晨（满族，12月任）

（三）区委工作部门

办公室　**主　　任**　杨宝华
常务副主任（正处级）　贾文禹
组织部　**部　　长**　雷显武
常务副部长（正处级）　范学智（8月任）
宣传部　**部　　长**　杨宝华
常务副部长（正处级）　马朝龙
政法委书记　周颖博

统战部部长 赵荣山(12月免)
王玉奇(12月任)
研究室主任 周继武(8月免)
张中茂(8月任)
精神文明建设委员会办公室主任 沈凤田
社会治安综合治理委员会办公室主任(维护稳定工作领导小组办公室主任) 王金广
防范和处理邪教问题领导小组办公室主任(政府防范和处理邪教问题办公室主任) 杨虎明
直属机关工作委员会书记 胡明才
台湾工作办公室主任(政府台湾事务办公室主任) 李树新
保密委员会办公室主任(保密局局长) 陈广会
老干部局 书记 王绍发
局长 赵光国
社会工作委员会书记(社会建设工作办公室主任) 巩维国
机构编制委员会办公室主任
董大明(8月免)
李金贵(8月任)

二、人大机关

北京市顺义区人大常委会

主 任 马庚良
副主任 周庆禄
贾春林
冯庆森
李福成
周淑伶(女)
办公室主任 龚玉友
研究室主任 罗振文
代表联络室主任 霍保贵
教科文卫工作委员会主任 杨国英
农村工作委员会主任 李永革
城乡建设环保工作委员会主任 徐福元
财政经济委员会主任 邱新
内务司法工作委员会主任 王世明

三、政府机构

(一)顺义区人民政府

区 长 张延昆(3月免)
刘 剑(3月任副区长、代理区长,7月任区长)
副区长 王海臣
陈卫东(12月免)
李友生
杨培丽(女,白族,4月免)
林向阳
陈光浩
赵贵恒(1月任)
燕 瑛(女,4月任)
车克欣(女,12月任)

(二)区政府工作部门

办公室主任 刘福海
政务信息化办公室(8月在区政府办公室挂牌子)主任 刘福海(12月任)
政府对外联络办公室(8月新组建,副处级)主任 张忠伟(8月任)
突发公共事件应急委员会办公室(副处级)主任(应急指挥中心主任)
李树田(12月免)
郭崇峰(12月任)
监察局局长 田江平
发展和改革委员会主任 田建国
临空经济办公室(8月在区发展和改革委员会挂牌子)主任 田建国(8月任)
经济体制改革办公室主任 赵汉民

物价局局长　单　林

教育委员会主任　冯义国

政府教育督导室主任　冯义国(7月免)
姜华阳(7月任)

科学技术委员会主任　李国震

知识产权局(在区科学技术委员会挂牌子)
局长　李国震(7月免)
范玉岭(7月任)

民政局局长　刘庆顺

民族宗教侨务办公室(8月由在区民政局挂牌子调整为区政府工作部门)主任
臧小华(女)

政府法制办公室主任　沈凤江

财政局　书记　邢永富(7月免)
虞艳娟(女,12月任)
局长　邢永富(7月免)
马万林(7月任)

人事局(8月撤销)局长　董大明(8月免)

劳动和社会保障局(8月撤销)局长
赵殿江(8月免)

人力资源和社会保障局(8月新组建)局长
赵殿江(8月任)

建设委员会(8月更名为"住房和城乡建设委员会")主任　刘永发(8月免)
盛德利(8月任)

政府住房制度改革办公室(8月更名为"政府住房保障和改革办公室",在区住房和城乡建设委员会挂牌子)主任　刘永发(8月免)
盛德利(8月任)

市政管理委员会(8月更名为"市政市容管理委员会")主任　赵贵恒(4月免)
李国新(4月任)

城乡环境建设委员会办公室(8月在区市政市容管理委员会挂牌子)主任
孙立祥(8月任)

交通局局长　李　成

农业委员会(8月更名为"农村工作委员会")主任　闫志广

农业局(8月新组建)局长　陈福全(8月任)

动物卫生监督管理局局长　郭春才

商务局(8月更名为"商务委员会")
书记　计战桥
局长　王福印

粮食局(在区商务委员会挂牌子)局长
张末利

文化委员会主任　刘振河

文化创意产业促进办公室(8月新组建,副处级)主任　张建国(8月任)

卫生局局长　单德智

人口和计划生育委员会主任
史振启(12月免)
秦士友(12月任)

审计局局长　梁家树

环境保护局　书记　信士海(4月免)
李国印(4月任)
局长　李国印

统计局　书记　张金林
局长　解长春

水务局局长　李国新(4月免)
李守义(4月任)

工业局(8月撤销)局长　吴建国(8月免)

乡镇企业局(8月撤销)局长
陈福全(8月免)

经济和信息化委员会(8月新组建)主任　吴建国(8月任)

司法局局长　闻广平

外事旅游局局长　商广清

体育局局长　吕志旺

林业局(8月撤销)局长　孙绍洲(8月免)

园林绿化局(8月新组建)局长
孙绍洲(8月任,12月免)
陈　阳(12月任)

绿化委员会办公室(在园林绿化局挂牌子)主任　孙绍洲(12月免)
陈　阳(12月任)

安全生产监督管理局局长　高士虎

信访办公室主任　蔡荣明(12月免)
陈红宇(女,12月任)

民防局局长　张存忠

政府国有资产监督管理委员会主任　丁文强

城市管理监察大队大队长　周霆钧

金融服务办公室(8月新组建)主任　周继武(8月任)

北京天竺出口加工区管理委员会主任(副局级)　李友生

四、政协机关

政协北京市顺义区委员会

主　席　陶宝金

副主席　赵荣山
王玉奇
刘享文
田家玉
蒋世林

秘书长　张仲奎

办公室主任　范玉岭(7月免)
李景林(7月任)

专委会工作一室主任　段长山

专委会工作二室主任　刘炳武

专委会工作三室主任　李景林(7月免)

专委会工作四室主任　李树江

研究室主任　金向东

五、综保区机关

北京天竺综合保税区管理委员会(2月新组建)

主　任　刘　剑(4月任)

副主任　闫立刚(4月任)
李友生(4月任)
庄　杰(4月任)
董占云(4月任)
赵英杰(4月任)

专职委员　李燕凌(女,4月任)

兼职委员　陈泽星(4月任)
王　永(4月任)
杨金良(4月任)
高世清(4月任)

办公室主任　赵习文(4月任)

政策法规处处长　任国峰(4月任)

规划建设处处长　陈　红(4月任)

经贸发展处处长　鲁　兵(4月任)

保障处处长　张廷军(4月任)

信息处处长　罗广玉(4月任)

六、群团组织

总工会　书记　赵长树(满)

主席　赵长树(满,2月免)
刘永发(2月任)

常务副主席(正处级)　苏瑞峰(12月任)

共青团顺义区委员会书记　张爱东(7月免)
闫　岩(女,7月任)

妇女联合会主席　赵桂清(女)

残疾人联合会理事长　马成武

工商业联合会　主席　田家玉

书记　鲍晓芹(女)

红十字会　会长　杨培丽(女,白族,4月免)
燕　瑛(女,4月任)

书记　皮志杰(女)

文学艺术界联合会主席　高　源

科学技术协会主席　李国震

慈善协会　会长　陈卫东(12月免)
车克欣(女,12月任)

常务副会长(正处级)　聂燕山

七、政法.军事

北京市公安局顺义分局

局长　林兆波(7月免)
李国营(7月任)

政委　李国营(7月免)

李耀光(7月任)
检察院检察长 窦秀英(女,12月免)
张守良(12月任副检察长、代理检察长)
法院院长 郭铁相
司法局局长 闻广平
武装部　部长 王国增
政委 于凤春

八、镇、街道办事处

(一)街道办事处

光明街道办事处　书记 郭树文
主任 高　栓
胜利街道办事处　书记 郝晓玲(女)
主任 梁心愿
石园街道办事处　书记 王振军
主任 赵金明
旺泉街道办事处　书记 宋学农
主任 黄学英(女)
双丰街道办事处　书记 单成刚
主任 赵靖宇
空港街道办事处　书记 王晓东
主任 袁树旺

(二)镇(地区)

仁和镇(地区办事处)
书　记 吴耀新
镇　长(主任) 陈汉松
马坡镇(地区办事处)
书　记 朱家亮
镇长(主任) 姜　蒙
牛栏山镇(地区办事处)
书　记 赵振英
镇长(主任) 王文荣(女)
赵全营镇
书　记 李守义(4月免)
李宝东(4月任)
镇　长 史长生
高丽营镇
书　记 肖承继
镇　长 单晓梅(女)
北石槽镇
书　记 秦士友(12月免)
宋　鹏(12月任)
镇　长 王　江
南法信镇(地区办事处)
书　记 郭振江
镇　长(主任) 李　衍
后沙峪镇(地区办事处)
书　记 赵英杰(4月免)
张尚强(4月任)
镇　长(主任) 赵洪涛
天竺镇(地区办事处)
书　记 韩凤桐
镇　长(主任) 单增友
李桥镇
书　记 李丙春
镇　长 张爱东
南彩镇
书　记 张晓峰
镇　长 张香东
杨镇(地区办事处)
书　记 李建东(12月免)
张友生(12月任)
镇　长(主任) 张友生(12月免)
刘晨光(12月任)
张镇
书　记 洪　全
镇　长 苏东海
北小营镇
书　记 张尚强(4月免)
王　泽(4月任)
镇　长 马万林(7月免)
卞云鹏(7月任)

木林镇

书 记 胡小兵

镇 长 姚 颖

龙湾屯镇

书 记 李宝东(4月免)

张希德(4月任)

镇 长 张希德(4月免)

马云虎(4月任)

李遂镇

书 记 陈长旺

镇 长 张志海(12月免)

武 捷(12月任)

北务镇

书 记 王 泽(4月免)

李长勇(4月任)

镇 长 李长勇(4月免)

黄海鹏(4月任)

大孙各庄镇

书 记 徐晓武

镇 长 宋 鹏(12月免)

马 强(12月任)

九、事业单位

区委党校 校长 胡尚云

书记、常务副校长

贺英海(8月免)

董大明(8月任)

行政学校 校长 王海臣

常务副校长 贺英海(8月免)

董大明(8月任)

农村合作经济经营管理站站长 焦庆海

地震局局长 张东生

水产服务中心主任 谢连海

经济发展服务中心主任 周福军

北京现代职业技术学院院长 高学通

汉石桥湿地自然保护区管理办公室主任 李福利

北京市板桥创意天承产业基地管理委员会主任 张克服

流动人口管理服务中心主任 王振林

北京临空国际经济技术开发中心管理委员会主任 孙书林

政府招待所所长 宋奇良

长青林场场长 李拥军

市场经营管理中心主任 贺有余

北京天竺空港经济开发区管理委员会主任 李友生

北京顺义三高科技农业试验示范区管理委员会主任 赵善陶

奥运场馆管理委员会主任 张伯林

北京林河经济开发区管理委员会主任 刘进奎

北京国门商务区建设管理委员会主任 胡 杰

投资促进局局长 於丽萍

北京顺义空港物流基地管理委员会主任 王海臣

北京天竺房地产开发区管理委员会主任

田建国(12月免)

王 奎(12月任)

北京北方印刷产业基地管理委员会主任 张 波

北京汽车生产基地管理委员会主任 董建华

新城建设管理委员会主任

盛德利(12月免)

李建东(12月任)

北京空港建设管理服务中心主任 管学文

档案局局长(档案馆馆长、党史区志办公室主任) 王守明

政府驻海南办事处主任 于泉海

广播电视中心主任 王 颖

信息中心主任 王永宝

园林服务中心 书记 陈 阳(12月免)

张志海(12月任)

主任 陈 阳(12月免)

孙仲秀(12月任)

种植业服务中心主任　申荣文
农机服务中心主任　李宏伟(女)
社区教育中心主任　丁久库
城镇环境卫生服务中心主任　刘存祥
教育研究考试中心主任　吴凤英(女)
牛栏山第一中学校长　刘克祥
总部企业高管人员服务中心(7月新组建)
主任　张忠伟(7月任)
卫生局卫生监督所(副处级)所长
于宝鑫(7月任)
疾病预防控制中心(副处级)主任　李印东
区医院(副处级)　**书记**　黄建江(7月任)
院长　刘　峰(7月任)
中医院(副处级)院长　王淑明(女)
妇幼保健院(副处级)院长　张久越
人才服务中心(副处级)主任　郭有斌
劳动服务管理中心(副处级)主任
曹佳琦(2月免)
物价检查所(副处级)所长　张枫华

十、企业单位

北京市顺义粮油总公司经理　张末利
北京燕京啤酒集团公司总经理　李福成
北京双峰建材集团经理　杨富海
北京市顺义区地方工业公司经理　刘继民
北京市顺义区自来水公司经理　刘宝春
北京市顺义区燃气公司经理　张树广
北京市广聚工贸公司经理　马　成
北京市顺义区建筑工程总公司经理　罗中义
北京市顺义建筑工程公司经理　李瑞福
北京顺义建筑企业集团公司　杨祥方
北京通达实业总公司经理　孔祥普
北京紫微星工贸集团经理　梁桂林
北京市顺义区供销合作社主任　方建华
北京亿汇洋进出口公司经理　张　诚
北京市顺义永进物资总公司经理　刘万宝
北京市煤炭总公司顺义区分公司
书记　陈学禹(8月免)
刘志新(8月任)
经理　刘志新
北京国泰中百商业有限公司
书记　董玉忠
经理　刘树忠
北京鑫海韵通百货有限公司经理　**张福海**
北京市顺义大龙城乡建设开发总公司经理
赵　川
北京顺鑫农业发展集团有限公司经理
李维昌
北京京顺轧辊厂厂长　陈　明
北京天竺空港工业开发公司经理　杭金亮
北京林河工业开发总公司经理　刘进奎
北京临空国际经济技术开发中心经理　孙书林
北京汽车城投资管理有限公司经理　董建华
北京市天竺房地产开发公司经理　王　奎
北京空港物流基地开发中心经理　张东民
北京北方新辉印刷产业基地经理　张　波
北京国际鲜花港管理委员会主任　赵善陶
北京鲜花港投资发展中心
经理　赵善陶(12月免)
李在东(12月任)
北京顺义水上公园投资发展中心
书记　张伯林
经理　张守旺
北京市板桥创意天承投资发展中心经理
张克服
北京国门空港经济技术开发中心经理
胡　杰
北京市恒锋市政工程公司(7月升格为正处级)经理　张殿友(7月任)
顺义区国有资本经营管理中心(7月新组建)
经理　王俊忠(7月任)

十一、双管单位

北京市国土资源局顺义分局局长　孙桂祥
北京市药品监督管理局顺义分局局长　李长

荣

北京市规划委员会顺义分局

　　书记　董占云

　　局长　董占云(5月免)

　　　　　杨卫东(11月任)

北京市路政局顺义公路分局局长

　　张新海(2月免)

　　张玉霞(女,2月任)

北京市顺义区国家税务局局长　高瑞君

北京市顺义区地方税务局局长　张天生

北京市顺义区质量技术监督局局长

　　贺永祥

北京市工商行政管理局顺义分局局长

　　陈福刚

北京市国家安全局顺义工作站站长

　　孟宪林(2月免)

　　王淑玲(女,2月任)

国家统计局顺义调查队队长　孙晓冬

北京市顺义区烟草专卖局局长　孙立勇

北京市共青林场场长　李拥军

北京市军队转业干部培训中心

　　书记　李明福

　　主任　张庆玉

北京市顺义区气象局局长　袁贵臣

北京市顺义区邮政局局长　张新巧(女)

北京农业生态工程试验基地主任　胡荣海

北京市公安局顺义分局

　　局长　林兆波(7月免)

　　　　　李国营(7月任)

　　政委　李国营(7月免)

　　　　　李耀光(7月任)

十二、其它单位

北京首钢冷轧薄板有限公司总经理　马家骥

中国国际展览中心集团公司总裁　蔡国枫

首安工业消防有限公司总经理　林　斌

中国银行股份有限公司北京顺义支行

　　行长　姚雪飞(11月免)

　　　　　何　易(11月任)

中国工商银行股份有限公司北京顺义支行

　　行长　陈　雷

中国人民财产保险股份有限公司北京市顺义支公司总经理　郭云峰

中国人寿保险股份有限公司北京市顺义支公司总经理　米建国

北京电力公司顺义供电公司经理　邵晓明

中国联合网络通信有限公司北京市顺义区分公司总经理　强智勇

全国(含部)先进单位及先进个人

先进单位

国家人口和计划生育工作综合改革示范区

顺义区

国家级语言文字规范化示范学校

顺义区马坡中心小学校

爱国歌曲大家唱——全国教育系统“祖国万岁”歌咏活动优秀组织奖

顺义教委

“无烟花季健康成长”——“太阳花杯”公益活动组织奖

顺义教委

全国校外科技教育先进集体

顺义区少年宫

先进个人

全国模范教师

梁学军

全国中小学优秀班主任/全国优秀教师

马文征

北京市(含系统)先进单位及先进个人

先进单位

人口和计划生育工作模范区
顺义区
北京市人口和计划生育工作红旗单位
顺义区马坡镇人民政府
顺义区北务镇人民政府
北京市人口和计划生育工作先进集体
顺义区牛栏山镇人民政府
顺义区杨镇人民政府
顺义区南法信镇人民政府
顺义区天竺镇人民政府
顺义区赵全营镇人民政府
顺义区北小营镇人民政府
顺义区高丽营镇人民政府
顺义区北石槽镇人民政府
顺义区龙湾屯镇人民政府
顺义区南彩镇人民政府
顺义区后沙峪镇人民政府
顺义区李桥镇人民政府
顺义区仁和镇人民政府
顺义区流动人口管理服务中心
北京市药品监督管理局顺义分局
顺义区人力资源和社会保障局
顺义区教育委员会
首都未成年人思想道德建设工作先进集体
顺义区教委
二〇〇八年度首都文明单位
顺义区教委
北京市特教工作先进集体
顺义区教委
荣获二〇〇八年教育事业统计工作质量评估优秀集体一等奖
顺义区教委
顺义区人民政府教育督导室荣获教育督导宣传工作先进单位(2008年度)
顺义区教委
第十届全国中学生运动会北京中学生体育代表团区县贡献奖
顺义区教委
国庆安保工作先进集体
顺义区教委
2008—2009学年度北京市义务教育课程网建设先进单位
顺义区教委
新中国成立60周年电力设施保护工作先进单位
顺义区发展和改革委员会
第七届中国花卉博览会最佳服务保障奖
顺义区发展和改革委员会

先进个人

“迎国庆　讲文明　树新风”活动先进个人
柳亚辉
绿化美化工作先进个人。
柳亚辉
北京市人口和计划生育先进工作者(44个)
马坡:朱家亮、张玉英
北务:李长勇、乔淑荣、田纪玲
牛山:王雁、戴雅玲
杨镇:张红英
南法信:焦敏彦
天竺: 韩凤桐
赵全营: 王京广
北小营:王泽
高丽营:肖承继
北石槽:王江
龙湾屯:董桂霞
南彩:苏红利、李红燕

后沙峪:张尚强
李桥:李丙春
仁和:刘琨
大孙各庄:徐晓武
木林:胡小兵
张镇:洪全
石园:王振军、金丽
李遂:程利
光明:于桂琴
胜利:邵淑文
流动人口管理服务中心:李志强
人力资源和社会保障局:史庆军
公安局:刘志河、王永武
国资委:丁文强
经信委:吴建国
供销社:方建华
市场中心:贺有余
文明办:沈凤田
民政局:刘庆顺
卫生局:单德智
计生委:焦志高　李慧秋　张映红　冯殿玉
　　张红蕊

北京市优秀教师

荣淑印　吴长宝　穆怀茹　欧阳尚昭
曹成立　聂青华　王　健　贾俊芝
陈水连　张彦昌　卢凤琪　杨文智
姚俊霞　史秀云　曲丽华　茹　娜
刘秀清　刘学红　马文征　杨丽群
王晓鸿

北京市优秀教育工作者

赵振刚　刘克祥

北京市特级教师

卢凤琪　乔秀芹　张亚安　张福林
李永茂　李英姿　欧阳尚昭

第七届花卉博览会先进个人

田建国　秦拥军　梁　军　王猛元
王燕军　张　魏　张天海　邵文泉
张文清　宗广礼　张　伟

2009年度暨国庆60周年首都能源运行保障先进个人

丁帆影

统　计　表

2009年顺义区国民经济和社会发展主要指标统计表

项　　目	计量单位	2009年	2008年	2009年为2008年%
一、基本情况				
土地面积	平方公里	1019.89	1019.89	100.0
街道办事处	个	6	6	100.0
地区办事处(镇)	个	7	7	100.0
镇　　数	个	12	12	100.0
村民委员会	个	426	426	100.0
总户数(公安局数)	户	259213	256649	101.0
农业户	户	122175	126217	96.8
非农户	户	137038	130432	105.1
总人口(公安局数)	人	577920	573969	100.7
男	人	286599	284615	100.7
女	人	291321	289354	100.7
其中:农业人口	人	304870	318479	95.7
非农业人口	人	273050	255490	106.9
常住人口(市统计局反馈数)	万人	73.2	72.5	101.0
地区生产总值	万元	6901792.0	5423862.0	127.2
第一产业	万元	213657.0	201270.0	106.2
第二产业	万元	2975636.0	2313528.0	128.6
第三产业	万元	3712499.0	2909064.0	127.6
地区生产总值构成	%	100	100	—
第一产业	%	3.1	3.7	—
第二产业	%	43.1	42.7	—
第三产业	%	53.8	53.6	—

项　　目	计量单位	2009年	2008年	2009年为2008年%
二、农　　业				
农林牧渔业总产值(现价)	万元	565627.6	544938.8	103.8
主要农副产品产量				
粮　　食	万吨	22.7	22.4	101.3
其中:夏　粮	万吨	7.5	7.4	101.4
秋　粮	万吨	15.2	15.0	101.3
蔬　　菜	万吨	54.9	55.8	98.4
干鲜果	万吨	7.4	7.1	104.2
出栏生猪	万头	94.9	81.3	116.7
出栏肉牛	万头	4.0	3.7	108.1
出栏羊	万只	15.9	16.0	99.4
出栏鸡	万只	878.2	1141.1	77.0
出栏鸭	万只	342.3	349.0	98.1
鲜　　蛋	吨	15157.5	11962.6	126.7
其中:鸡　蛋	吨	14722.5	11235.8	131.0
鲜　　鱼	吨	10622.0	10485.0	101.3
牛　　奶	吨	54079.8	46746.0	115.7
三、工　业(规模以上)				
工业总产值	万元	15262315.8	12157275.4	125.5
工业主营业务收入	万元	15257693.5	12114906.6	125.9
工业利润总额	万元	950524.6	487268.3	195.1
四、外经.外贸				
三资企业签约项目	个	54	66	81.8
协议外资额	万美元	42567.3	12575.9	338.5
实际利用外资额	万美元	39582.4	38191.3	103.6
注册资本	万美元	50955.3	42567.3	119.7
出口交货总额	万元	3030873.0	3501174.0	86.6
五、固定资产投资				
全社会固定资产投资	亿元	343.9	255.0	134.9
其中:城镇固定资产投资	亿元	102.5	81.8	125.3
农村固定资产投资(含农户)	亿元	40.6	28.2	144.0
房地产开发投资	亿元	200.8	145.0	138.5

项　　目	计量单位	2009 年	2008 年	2009 年为 2008 年%
六、批发零售·住宿餐饮				
社会消费品零售额	万元	1551975.0	1329562.0	116.7
网　点　数	个	16502	16360	100.9
营业人员	人	79203	72739	108.9
七、财政·金融				
财政总收入	万元	2187962.0	1895689.0	115.4
地方财政收入	万元	852298.0	737441.0	115.6
财政支出	万元	1239401.0	948573.0	130.7
各项税收	万元	1852856.0	1542508.0	120.1
各项存款余额	万元	9006565.0	6276347.0	143.5
各项贷款余额	万元	5088691.0	3694743.0	137.7
城乡居民储蓄余额	万元	3601347.0	2905441.0	124.0
八、劳动工资				
年末职工人数	人	333498	314630	106.0
其中:第一产业	人	3586	3251	110.3
第二产业	人	151516	148144	102.3
第三产业	人	178396	163235	109.3
全年工资总额	万元	1597771.0	1467079.0	108.9
其中:第一产业	万元	10290.0	9074.7	113.4
第二产业	万元	533937.0	479539.1	111.3
第三产业	万元	1053544.0	978465.1	107.7
九、科　　技				
科研机构数	个	2	2	100.0
科研人员	人	77	72	106.9
其中:自然科学人员	人	4	4	100.0
十、教　　育				
学校数:普通中学	个	41	44	93.2
职业中学	个	4	4	100.0
小　　学	个	47	48	97.9
在校学生数:普通中学	人	31270	29628	105.5
职业中学	人	3863	4172	92.6
小　　学	人	28330	21367	132.6

项　　目	计量单位	2009年	2008年	2009年为2008年%
毕业生数:普通中学	人	11278	10877	103.7
职业中学	人	1380	1214	113.7
小　　学	人	5192	4107	126.4
幼儿园．托儿所	个	56	58	96.6
幼儿入托数	人	10043	9167	109.6
十一、文化体育				
文化馆·站	个	20	20	100.0
公共图书馆	个	1	1	100.0
公共图书馆藏书	万册	47	31	151.6
电影放映单位	个	442	174	254.0
其中:农村放映单位	个	438	171	256.1
区级以上重点文物保护单位	个	9	9	100.0
体育场馆	个	11	11	100.0
旅游人数	万人	482.2	350.7	137.5
旅游收入	万元	158619.3	127112.8	124.8
十二、卫　生				
医疗卫生机构数	个	57	56	101.8
其中:医院及卫生院	个	37	37	100.0
医疗卫生机构床位数	张	3104	3113	99.7
其中:医院及卫生院床位数	张	3102	3111	99.7
卫生技术人员	人	4379	3802	115.2
其中:中西医师	人	1789.0	1594.0	112.2
平均每千人口拥有中西医师	人	2.5	2.8	89.3
平均每千人口拥有医院及卫生院床位数	张	4.2	5.4	77.8
十三、人民生活(抽样调查资料)				
城镇居民人均可支配收入	元	23179.5	21470.1	108.0
城镇居民人均生活消费支出	元	13465.8	12701.2	106.0
农村居民人均纯收入	元	11648.0	10402.0	112.0
农村居民人均生活消费支出	元	8056.0	6906.0	116.7
十四、城市建设与环境				
全区公路总里程	公里	2612.5	2531	103.2
天然气管道供应	万户	8.0	8.0	100.0

项　　目	计量单位	2009 年	2008 年	2009 年为 2008 年%
天然气供应量	万立方米	11482.0	8000.0	143.5
二级和好于二级天数	天	271	267	101.5
林木绿化率	%	26.6	28.5	93.2
生活污水集中处理达标率	%	69.3	69.4	99.9
十五、能源消耗				
能源消费总量	万吨标煤	752.6	707.2	106.4
全区用电总量	万 kwh	406716.1	370620.4	109.7
第一产业	万 kwh	21846.5	18458.0	118.4
第二产业	万 kwh	194144.9	174519.3	111.2
其中:工　业	万 kwh	184124.4	165985.3	110.9
建筑业	万 kwh	10020.5	8534.0	117.4
第三产业	万 kwh	131383.2	127808.6	102.8
城乡居民生活用电	万 kwh	59341.5	49834.5	119.1

附 录

中共北京市顺义区委文件

中共北京市顺义区委文件

京顺发【2009】01 号	关于印发《夏占义同志在区委三届七次全会上的报告》等文件的通知
京顺发【2009】02 号	关于落实党的十七届三中全会精神加快推进城乡一体化发展的意见
京顺发【2009】03 号	关于成立顺义区第七届中国花卉博览会组委会及相关机构的通知
京顺发【2009】04 号	关于调整顺义区第七届中国花卉博览会组委会成员的补充通知
京顺发【2009】05 号	关于表彰 2008 年度区域经济百强企业财政贡献突出企业构建和谐促进就业先进企业招商引资先进单位二三产业先进镇及二三产业先进村的决定
京顺发【2009】06 号	关于表彰 2008 年度就业再就业工作先进单位先进镇先进企业先进个人再就业明星的决定
京顺发【2009】07 号	2009 年区、处两级党委(党组)中心组理论学习意见
京顺发【2009】08 号	关于表彰 2008 年度环境建设先进集体和先进个人的决定
京顺发【2009】09 号	关于表彰 2008 年度思想政治工作先进单位和先进个人的决定
京顺发【2009】10 号	关于夏占义等同志职务变动的通知
京顺发【2009】11 号	2009 年思想政治工作意见
京顺发【2009】12 号	关于开展弘扬北京奥运精神加强领导干部作风建设年活动的实施意见
京顺发【2009】13 号	关于在全区党员干部中开展深入学习实践科学发展观活动的实施意见
京顺发【2009】14 号	印发《关于领导干部定期接待群众来访的意见》等三个文件的通知
京顺发【2009】15 号	关于加强党政“一把手”廉政风险防范管理工作的实施意见
京顺发【2009】16 号	关于深入推进“平安顺义”建设的意见
京顺发【2009】17 号	关于表彰 2008 年“一助一”工作先进单位和先进个人的通报
京顺发【2009】18 号	关于保增长保民生保稳定的工作意见
京顺发【2009】19 号	关于开展中国共产党成立 88 周年纪念活动的通知
京顺发【2009】20 号	关于成立顺义区国庆筹备工作领导小组的通知
京顺发【2009】21 号	关于调整区级领导联系镇、村、学校、企业的通知

京顺发【2009】22 号	关于加强社会建设的意见
京顺发【2009】23 号	关于表彰 2007 年度思想政治工作先进单位和个人的决定
京顺发【2009】24 号	关于印发《顺义区委研究室关于深入开展调查研究工作的通知》的通知
京顺发【2009】25 号	关于加强流动人口服务管理工作的意见
京顺发【2009】26 号	关于进一步加强基层组织建设的意见
京顺发【2009】27 号	关于印发《顺义区开展"国庆平安行动"全面加强社会面控制工作实施方案》的通知
京顺发【2009】28 号	关于胡尚云同志分工调整的通知
京顺发【2009】29 号	关于加强和改进工会工作的意见
京顺发【2009】30 号	关于进一步加强机关党的建设工作的意见
京顺发【2009】31 号	关于李国营、林兆波同志职务变动的通知
京顺发【2009】32 号	关于表彰北京市天竺综合保税区验收工作先进个人的决定
京顺发【2009】33 号	关于机构改革的实施意见(2009 年 8 月 31 日) 张延昆
京顺发【2009】34 号	关于严明纪律明确全区机构改革工作顺利进行的通知
京顺发【2009】35 号	关于加强违法建设查处工作的实施意见
京顺发【2009】36 号	关于 2009 年对各镇主要经济发展指标与社会调控目标考核意见的通知
京顺发【2009】37 号	关于认真学习宣传贯彻党的十七届四中全会精神的通知
京顺发【2009】38 号	关于加强党校工作的意见
京顺发【2009】39 号	关于李友生、王敬东同志职务变动的通知
京顺发【2009】40 号	中共北京市顺义区委 2009 年思想政治工作考核意见
京顺发【2009】41 号	关于做好村党组织换届选举工作的意见
京顺发【2009】42 号	关于加快重点镇建设的实施意见
京顺发【2009】43 号	关于肖韵竹等六名同志职务变动的通知
京顺发【2009】44 号	关于贯彻落实党的十七届四中全会精神进一步加强和改进党的建设的意见
京顺发【2009】45 号	关于加强学习型党组织建设的意见
京顺发【2009】46 号	关于印发进一步密切干群关系的若干措施的通知
京顺发【2009】47 号	关于印发《顺义严禁领导干部利用婚丧喜庆事宜大操大办、借机敛财的若干规定(试行)》、《顺义区严格领导干部公务用车管理的若干规定(试行)》的通知

中共北京市顺义区委办公室文件

京顺办发【2009】01 号	关于召开村民代表会议及领导干部参加"民主日"活动的通知
京顺办发【2009】02 号	关于转发《北京陆军预备役高炮第二团 2009 年度整组工作》的通知
京顺办发【2009】03 号	关于表彰 2008 年度党委系统优秀信息工作单位、个人的通知
京顺办发【2009】04 号	关于转发区信访办《顺义区信访工作目标量化管理考核办法》的通知
京顺办发【2009】05 号	关于表彰 2008 年度督查工作先进单位和督查工作先进个人的通报
京顺办发【2009】06 号	关于顺义区 2009 年重点信访问题区级领导包案的通知

京顺办发【2009】07号	关于进一步加强信访督查督办工作的意见
京顺办发【2009】08号	转发《顺义区社会治安综合治理委员会关于成立顺义区社会治安综合治理专项工作委员会的决定》的通知
京顺办发【2009】09号	关于严格值班请假制度的通知
京顺办发【2009】10号	关于印发《顺义区2009年党风廉政建设和反腐败工作主要任务分工》的通知
京顺办发【2009】11号	转发《区委宣传部关于围绕庆祝新中国成立60周年深入开展群众性爱国主义教育活动的实施意见》的通知
京顺办发【2009】12号	关于成立顺义区社会建设工作领导小组的通知
京顺办发【2009】13号	关于印发《顺义区迎国庆宣传教育活动实施方案》的通知
京顺办发【2009】14号	关于印发《"平安"顺义建设折子工程》的通知
京顺办发【2009】15号	关于党政机关干部工作人员暑期休假安排的通知
京顺办发【2009】16号	关于召开村民代表会议(村民会议)及领导干部参加"民主日"活动的通知
京顺办发【2009】17号	关于印发《关于贯彻实施<中共北京市顺义区委北京市顺义区人民政府关于落实党的十七届三中全会精神加快城乡一体化发展的意见>分工方案》的通知
京顺办发【2009】18号	关于做好区政府工作部门"三定"规定及人员定岗安置工作通知
京顺办发【2009】19号	关于做好机构改革中文件发送、印章使用、悬挂牌子、经费和资产处置及档案管理等工作的通知
京顺办发【2009】20号	关于做好2009年国庆节及花博会期间有关工作的通知 张延昆
京顺办发【2009】21号	关于印发《顺义区学习实践活动区级领导联系点安排表》的通知
京顺办发【2009】22号	关于印发《顺义区工程建设领域突出问题专项治理工作实施方案》的通知
京顺办发【2009】23号	关于对2009年贯彻落实党风廉政建设责任制进行检查考核的通知
京顺办发【2009】24号	关于转发《顺义区第二轮地方志书编纂方案》的通知
京顺办发【2009】25号	关于印发中共北京市顺义区机构编制委员会办公室主要职责内设机构和人员编制规定的通知
京顺办发【2009】26号	关于印发中共北京市顺义区农村工作委员会北京市顺义区农村工作委员会主要职责内设机构和人员编制规定的通知
京顺办发【2009】27号	关于印发中共北京市顺义区委发展和改革工作委员会北京市顺义区发展和改革委员会(北京市顺义区临空经济办公室)主要职责内设机构和人员编制规定的通知
京顺办发【2009】28号	关于印发中共北京市顺义区委教育工作委员会北京市顺义区教育委员会主要职责内设机构和人员编制规定的通知
京顺办发【2009】29号	关于印发中共北京市顺义区委社会工作委员会北京市顺义区社会建设工作办公室主要职责内设机构和人员编制规定的通知
京顺办发【2009】30号	关于印发中共北京市顺义区委市政市容管理工作委员会北京市顺义区市政市容管理委员会(北京市顺义区城乡环境建设委员会办公室)

	主要职责内设机构和人员编制规定的通知
京顺办发【2009】31号	关于印发中共北京市顺义区住房和城乡建设工作委员会北京市顺义区住房和城乡建设委员会(北京市顺义区人民政府住房保障和改革办公室)主要职责内设机构和人员编制规定的通知
京顺办发【2009】32号	关于联系市属单位参与我区"一助一"工作通知
京顺办发【2009】33号	关于做好2010年元旦和春节期间有关工作的通知
京顺办发【2009】34号	关于2009年贯彻落实党风廉政建设责任制推进惩治和预防腐败体系建设检查考核情况的通报

顺义区主要外事活动

来访情况

时间	内容
5月4日—9日	顺义区人大常委会马庚良主任率代表团赴韩国城北区进行友好访问。
6月9日	吉尔吉斯斯坦第一副总理巴巴诺夫,参观顺鑫蔬菜食品加工企业。
6月19日	赞比亚国会议员弗农·穆万佳,参观北京天竺综合保税区。
7月15日	韩国国会副议长李允盛,参观北京现代汽车。
9月25日—28日	韩国首尔特别市城北区区厅长徐赞教,应邀参加第七届花博会开幕式。
9月25日—28日	越共中央委员、中央对外部部长黄平君参观第七届花博会;
年内	巴基斯坦参议院副主席贾迈利,参观考察顺义农业项目。

顺义区社区居委会

光明街道办事处

名称	电话	名称	电话
东兴第一社区居委会	81492972	裕龙花园社区居委会	81485380
东兴第二社区居委会	89403141	裕龙六区社区居委会	89497679
东兴第三社区居委会	81493785	裕龙五区社区居委会	89408057
幸福东区社区居委会	69448561	裕龙四区社区居委会	89409934
双兴东区社区居委会	69421796	双拥社区社区居委会	66380279
滨河小区社区居委会	89493673		

胜利街道办事处

名称	电话	名称	电话
建新北区第一社区居委会	69422437	建新北区第二社区居委会	69424278

建新北区第三社区居委会	69447615	怡馨家园第二社区居委会	81490986
建新南区第一社区居委会	69441328	西辛第一社区居委会	81495731
建新南区第二社区居委会	69422257	西辛社区居委会	69468141
双兴南区社区居委会	69423702	西辛北区社区居委会	81490017
胜利小区社区居委会	69422524	义宾南区社区居委会	81493064
前进社区居委会	69423441	义宾北区社区居委会	69422312
太平社区居委会	69421730	义宾街社区居委会	69424515
幸福西街社区居委会	69424163	铁十六局社区居委会	69440361
怡馨家园第一社区居委会	81490355	龙府花园社区居委会	69438433

石园街道办事处

名称	电话	名称	电话
石园东区社区居委会	89447283	五里仓第一社区居委会	69447164
石园西区社区居委会	89441202	五里仓第二社区居委会	81493575
石园北区第一社区居委会	81496697	港馨家园社区居委会	89449310
石园北区第二社区居委会	89443998	燕京社区居委会	89496860
石园南区社区居委会	89443151	轻汽集团社区居委会	89496100－2117
石园东苑社区居委会	89442147		

旺泉街道办事处

名称	电话	名称	电话
西辛社区居委会	69468141	铁十六局社区居委会	69440361
西辛第一社区居委会	81495731	前进花园社区居委会	89433560
西辛北社区居委会	81490017	宏城花园社区居委会	69439360

双丰街道办事处

名称	电话	名称	电话
马坡花园一区居委会	69402335	马坡花园二区居委会	69405086

空港街道办事处

名称	电话	名称	电话
天房第一社区居委会	84167119	万科花园社区居委会	80493677
蓝星花园社区居委会	80490152	莲竹花园社区居委会	80427155
天房第二社区居委会	84167117	裕祥花园社区居委会	80494639
莫奈花园社区居委会	80410282		

顺义区村民委员会

仁和镇

名称	电话	名称	电话
石门村委会	69448156	沙井村委会	69475516
望泉寺村委会	69448355	军营村委会	69448335
梅沟营村委会	69421966	沙坨村委会	69472947
复兴村委会	69422040	北兴村委会	69441925
前进村委会	69421887	太平村委会	69421610
庄头村委会	81495822	石各庄村委会	89446208
平各庄村委会	89498581	胡各庄村委会	89495058
杜各庄村委会	69421809	米各庄村委会	89407387
吴家营村委会	89405021	杨家营村委会	89401016
塔河村委会	89423683	河南村村委会	89492919
陶家坟村委会	89407014	窑坡村委会	89407062
临河村委会	89494682		

马坡镇

名称	电话	名称	电话
向阳村委会	69401989	东丰乐村委会	69401782
小孙各庄村委会	69401820	西丰乐村委会	69401179
大营村委会	69401753	西马坡村委会	69401813
北上坡村委会	69405902	肖家坡村委会	69401931
秦武姚村委会	69409819	东马坡村委会	69401759
向前村委会	69409710	白各庄村委会	69409307
荆卷村委会	69409652	良正卷村委会	69409138
庙卷村委会	69409465	衙门村村委会	69409908
泥河村委会	69401072	石家营村委会	69409915
毛家营村委会	69409726	姚店村委会	69409722
马卷村委会	69409659	马坡花园居委会	69405086

南法信镇

名称	电话	名称	电话
南卷村村委会	69474545	三家店村委会	69473663

西海洪村委会	69472488	东海洪村委会	69474733
东杜兰村委会	69472534	西杜兰村委会	69473776
北法信村委会	69472684	大江洼村委会	69473300
焦各庄村委会	69473030	刘家河村委会	69473551
南法信村委会	69472483	马家营村委会	69472557
卸甲营村委会	69475128	哨马营村委会	89425329
冯家营村委会	69473601	十里堡村委会	69474384

李桥镇

名称	电话	名称	电话
李家桥村委会	81473104	后桥村委会	81472647
庄子营村委会	81473913	头二营村委会	89428101
三四营村委会	89426511	洼子村委会	81473930
南半壁店村委会	81463411	英各庄村委会	81478296
张辛村委会	89427166	临清村委会	89427969
西大坨村委会	69489427	西树行村委会	69481618
北河村委会	69485993	沙浮村委会	69489948
王家场村委会	69486015	沿河村委会	69486327
芦各庄村委会	69485978	史庄村委会	69481147
吴庄村委会	69486052	永青村委会	69486079
郭庄村委会	69486073	南河村委会	69485772
北桃园村委会	69486025	南桃园村委会	69486081
安里村委会	69486007	苏庄村委会	69486026
官庄村委会	69486010	堡子村委会	69485980
沮沟村委会	69486085	北庄头村委会	69486180
南庄头村委会	69486057		

天竺镇

名称	电话	名称	电话
天竺村委会	64567559	楼台村委会	64563498
小王辛庄村委会	64575547	二十里堡村委会	64567541
杨二营村委会	52133600	岗山村委会	64562399
龙山村委会	80497113	桃山村委会	80498222

后沙峪镇

名称	电话	名称	电话
西泗上村委会	69454873	古城村委会	80496381
罗各庄村委会	80496770	西田各庄村委会	80499890
燕王庄村委会	80496759	西白辛庄村委会	80496735
吉祥庄村委会	80496595	马头庄村委会	80496702
后沙峪村委会	80496723	前沙峪村委会	80496760
东庄村委会	80495108	火神营村委会	80496264
铁匠营村委会	80482949	回民营村委会	80496601
枯柳树村委会	80496322	董各庄村委会	80496701

高丽营镇

名称	电话	名称	电话
一村村委会	69455643	二村村委会	69455244
三村村委会	69455634	四村村委会	69455924
五村村委会	69455664	六村村委会	69454356
七村村委会	69455642	八村村委会	69455640
南王路村委会	69455734	北王路村委会	69455794
西王路村委会	69455843	唐自头村委会	69455884
于庄村委会	69455742	张喜庄村委会	69491445
东马各庄村委会	69493946	西马各庄村委会	69491477
水坡村委会	69491472	羊房村委会	69491478
前渠河村委会	69491435	后渠河村委会	69491476
闫家营村委会	69491475	夏县营村委会	69491473
河津营村委会	69491479	南郎中村委会	69491474
文化营村委会	69491193		

杨　镇

名称	电话	名称	电话
一街村委会	61451249	辛庄子村委会	61412910
二街村委会	61451367	高各庄村委会	61412842
三街村委会	61451377	王辛庄村委会	61412905
张家务村委会	61451641	沙子营村委会	61413758
齐家务村委会	61451634	松各庄村委会	61412854

杜庄村委会	61456101	李辛庄村委会	61412830
二郎庙村委会	61453358	沙岭村委会	61444026
东庄户村委会	61455731	于庄村委会	61444776
老庄户村委会	61450848	徐庄村委会	61442354
沟东村委会	61451437	西庞村委会	61442433
东町村委会	61451660	东庞村委会	61442454
红寺村委会	61451307	大三渠村委会	61442474
下坡村委会	61453996	良庄村委会	61444459
下营村委会	61451408	白塔村委会	61442216
汉石桥村委会	61452077	曾庄村委会	61442422
安乐庄村委会	61451915	周庄村委会	61442464
荆坨村委会	61412914	曹庄村委会	61443314
井上村委会	61412846	别庄村委会	61442404
侉子营村委会	61412901	破罗口村委会	61442518
田家营村委会	61412859	辛庄户村委会	61452455
小店村委会	61412904	焦各庄村委会	61441330

赵全营镇

名称	电话	名称	电话
西小营村委会	89422719	北郎中村委会	60431797
赵全营村委会	60432672	小高丽营村委会	60431159
去碑营村委会	60432662	豹房村委会	60431138
陈各庄村委会	60433500	小官庄村委会	60431592
大官庄村委会	60435396	马家堡村委会	60431941
白庙村委会	60432410	忻州营村委会	60431150
前桑园村委会	60432402	后桑园村委会	60432401
红铜营村委会	60435337	板桥村委会	60442124
西降营村委会	60442125	东降营村委会	60442175
稷山营村委会	89422783	东水泉村委会	60442178
西水泉村委会	60442132	联庄村委会	60442139
河庄村委会	60442181	解放村委会	60442103
燕华营村委会	60442129		

牛栏山镇

名称	电话	名称	电话
北孙各庄村委会	69411181	龙王头村委会	69414002

富各庄村委会	69411799	芦正卷村委会	69414074
北军营村委会	69412679	相各庄村委会	69416156
官志卷村委会	69411791	范各庄村委会	89411083
后晏子村委会	69418353	前晏子村委会	69417989
兰家营村委会	69411373	姚各庄村委会	69411708
半壁店村委会	69419010	张家庄村委会	89411601
下坡屯村委会	69414064	史家口村委会	69411752
禾丰村委会	69411605	先进村委会	69415220
安乐村委会	69411081	金牛村委会	60411220

南彩镇

名称	电话	名称	电话
南彩村委会	89469015	桥头村委会	89421069
九王庄村委会	89469044	前郝家疃村委会	89477243
前薛各庄村委会	89469246	后郝家疃村委会	89479330
后薛各庄村委会	89469273	望渠村委会	89469234
于辛庄村委会	89468572	东江头村委会	89469296
太平庄村委会	89469263	西江头村委会	89469294
大兴庄村委会	89460420	前俸伯村委会	89470255
水屯村委会	89469265	后俸伯村委会	89477230
坞里村委会	89469257	河北村村委会	89477714
双营村委会	89469293	杜刘庄村委会	89477269
小营村委会	89469065	北彩村委会	89421634
洼里村委会	89469297	柳桁村委会	89421651
道仙庄村委会	89469278	黄场村委会	89421620

北小营镇

名称	电话	名称	电话
北小营村委会	60483651	上辇村委会	60483652
北府村委会	60483166	东乌鸡村委会	60483617
西乌鸡村委会	60483810	榆林村委会	60482711
后礼务村委会	60483735	前礼务村委会	60480596
马辛庄村委会	60485895	前鲁村委会	60483657
后鲁村委会	60483654	仇店村委会	60483667
西府村委会	60483659	东府村委会	60489700
大胡营村委会	69416975	小胡营村委会	69416973

牛富屯村委会	60480296

李遂镇

名称	电话	名称	电话
宣庄户村委会	89481827	魏辛庄村委会	89481816
后营村委会	89481821	前营村委会	89481377
葛代子村委会	89481773	沟北村委会	89481370
柳各庄村委会	89481817	李遂村委会	89481088
西营村委会	89485058	东营村委会	89481813
李庄村委会	89481097	崇国庄村委会	89481373
陈庄村委会	69436839	赵庄村委会	69436820
太平辛庄村委会	89481815	牌楼村委会	89481823

木林镇

名称	电话	名称	电话
木林村委会	60456190	陈各庄村委会	60456377
蒋各庄村委会	60456121	魏家店村委会	60457189
东沿头村委会	60456253	西沿头村委会	60451099
长林庄村委会	60449256	孝德村委会	60458084
唐指山村委会	60456334	贾山村委会	60456139
茶棚村委会	60456123	安辛庄村委会	60456092
王泮庄村委会	60456013	大韩庄村委会	60448379
小韩庄村委会	60448350	马坊村委会	60448401
上园子村委会	60448153	大林村委会	60448151
陈家陀村委会	60492690	李各庄村委会	60492705
业兴庄村委会	60492696	陀头庙村委会	60492703
荣各庄村委会	60492706	前王各庄村委会	60492702
后王各庄村委会	60492691	潘家坟村委会	60492720

龙湾屯镇

名称	电话	名称	电话
龙湾屯村委会	60461278	丁甲庄村委会	60463453
大北坞村委会	60461277	山里辛庄村委会	60461392
焦庄户村委会	60461250	七连庄村委会	60461318

柳庄户村委会	60465999	南坞村委会	60463339
树行村委会	60463103	张中坞村委会	60462683
史中坞村委会	60461610	小北坞村委会	60461260
唐洞村委会	60461403		

张　镇

名称	电话	名称	电话
张各庄村委会	61489094	小曹庄村委会	61442038
柏树庄村委会	61443108	驻马庄村委会	61441325
白辛庄村委会	61492416	赵各庄村委会	61491319
侯庄村委会	61493183	行宫村委会	61493792
前王会村委会	61493897	后王会村委会	61491306
前苏桥村委会	61491327	后苏桥村委会	61491687
王庄村委会	61491181	朱庄村委会	61492518
聂庄村委会	61491863	良山村委会	61480697
小三渠村委会	61480705	麻林山村委会	61480706
李洼子村委会	61480707	贾洼子村委会	61480709
吕布屯村委会	61489814	港西村委会	61489045
雁户庄村委会	61481469	大故现村委会	61482455
刘辛庄村委会	61480719	厂门口村委会	61480701
虫王庙村委会	61480702	北营村委会	61480703
西营村委会	61482872		

大孙各庄镇

名称	电话	名称	电话
大孙各庄村委会	61432149	客家庄村委会	61432148
西辛庄村委会	61432141	户耳山村委会	61432143
宗家店村委会	61432142	柴家林村委会	61432149
顾家庄村委会	61432184	田各庄村委会	61432538
小故现村委会	61432174	吴雄寺村委会	61432074
小宋各庄村委会	61432104	小塘村委会	61430523
南聂庄村委会	61432084	王户庄村委会	61432124
龙庭侯村委会	61432114	老公庄村委会	61433054
大坝洼庄村委会	61432134	小坝洼庄村委会	61433211
大塘村委会	61432144	佟辛庄村委会	
薛庄村委会	61432145	前岭上村委会	61432146

后岭上村委会	61432164	东华山村委会	61472820
西华山村委会	61472950	大段村委会	61472917
小段村委会	61472914	谢辛庄村委会	61472927
赵家峪村委会	61472932	湘王庄村委会	61472904
四福庄村委会	61472919	后陆马庄村委会	61472934
前陆马庄村委会	61472930	西尹家府村委会	61472925
东尹家府村委会	61471237	大崔各庄村委会	61472921
大石各庄村委会	61432876	大田庄村委会	61472849
大洛泡村委会	61472846		

北石槽镇

名称	电话	名称	电话
西赵各庄村委会	60423565	下西市村委会	60422531
西范各庄村委会	60422108	良善庄村委会	60425177
南石槽村委会	60422287	北石槽村委会	60425006
东石槽村委会	60422105	东辛庄村委会	60421596
寺上村委会	60422362	武各庄村委会	60422501
刘各庄村委会	60422507	中滩营村委会	60425240
大柳树村委会	60422392	二张营村委会	60422391
李家史山村委会	60422117	营尔村委会	51041663

北务镇

名称	电话	名称	电话
北务村委会	61422181	仓上村委会	61423007
陈辛庄村委会	61421248	道口村委会	61421262
东地村委会	61424066	郭家务村委会	61421967
林上村委会	61421224	马庄村委会	61421947
南辛庄户村委会	61421940	王各庄村委会	61421932
小珠宝村委会	61422234	闫家渠村委会	61421506
于地村委会	61422759	珠宝屯村委会	61423035
庄子村委会	61421261		

顺义爱国主义教育基地

序号	基地名称	隶属关系	地　址	邮　编	联系人	联系电话（传真）	命名时间
1	北京焦庄户地道战遗址纪念馆（国家级）	区文化委	龙湾屯镇焦庄户村	101306	马　增	60465088	2001年6月（国家级）
2	顺义区光荣院	区民政局	顺义区石园北区东侧	101300	李　静	69425224	2003年4月21日命名为顺义区青少年首批德育基地
3	顺义区科技馆	区科委	顺义区光明南街24号	101300	刘全凤	69443483	2003年4月21日命名为顺义区青少年首批德育基地
4	顺义区图书馆	区文化委	顺义区光明南街20号	101300	史红艳	81483527	2003年4月21日命名为顺义区青少年首批德育基地
5	顺义区文物管理所	区文化委	顺义区拥军路2号	101300	李建林	69463542	2003年4月21日命名为顺义区青少年首批德育基地
6	顺义区档案馆（2008年2月市级）	区档案局	顺义区光明北街4号	101300	刘庆林	69460099	1997年4月命名为顺义县爱国主义教育基地；2003年4月21日命名为顺义区青少年首批德育基地；2008年4月被评为市级爱国主义教育基地
7	顺义区文化馆	区文化委	顺义区光明南街22号	101300	柴松林	69467503	2003年4月21日命名为顺义区青少年首批德育基地
8	北京林河工业开发区	区直机关工委	顺义双河大街18号	101300	邢瑞红	89492488	2003年4月21日命名为顺义区青少年首批德育基地
9	北京天竺空港经济开发区	自属	北京天竺空港经济开发区	101312	李　媛	80489504	2003年4月21日命名为顺义区青少年首批德育基地

序号	基地名称	隶属关系	地 址	邮 编	联系人	联系电话(传真)	命名时间
10	北京汇源饮料食品集团有限公司	区工商联	顺义区北小营镇汇源路	101305	曾照虎	13321181069	2003年4月21日命名为顺义区青少年首批德育基地
11	北京燕京啤酒集团	区国资委	顺义双河大街9号	101300	郭立刚	89492241	2003年4月21日命名为顺义区青少年首批德育基地
12	北京顺义三高科技农业试验示范区	区农委	北京顺义三高科技农业试验示范区	101300	张海莉	60489550	2003年4月21日命名为顺义区青少年首批德育基地
13	北京顺沿特种蔬菜基地	李桥镇政府	李桥镇西树行村后	101300	田国相	69485876 13910398038	2003年4月21日命名为顺义区青少年首批德育基地
14	北京顺鑫绿色度假村有限责任公司	顺鑫集团	北京市顺义区李遂镇西	101300	闫立新	89485191	2003年4月21日命名为顺义区青少年首批德育基地
15	顺义区潮白烈士陵园(2008年2月市级)	区民政局	北京市顺义区潮白河永久桥东侧1000米	101300	郭春霞	89479289－8026	1963年顺义县委、县政府定名为顺义县革命烈士墓地。2003年4月21日命名为顺义区青少年首批德育基地。2008年4月被评为市级爱国主义教育基地
16	北京顺义西单商场	区国资委	顺义区府前西街	101300	李作昌	69429492或69441522	2003年4月21日命名为顺义区青少年首批德育基地
17	北京市顺义国泰商业大厦	区国资委	顺义区府前西街	101300	岳庆亭	69447410	2003年4月21日命名为顺义区青少年首批德育基地
18	神笛陶艺村(2008年2月市级)	顺义区三高管委会	北京顺义三高科技农业试验示范区内	101300	张 专	60489273	2006年底参评市委宣传部牵头组织的"市级爱国主义教育基地";2008年4月被评为市级爱国主义教育基地

境域公交客运线路

区属运营线路

序号	线路名称	起始站	终点站	途经主要站点
1	顺1路	河南村小区	滨河小区	河南村小区、顺义九中、家具城、港馨家园、胡各庄、电信大楼、石园南区、西单大卖场、工商分局、公安分局、怡馨家园、检察院、隆华、西单、影剧院、胜利小区、便民街东口、三中、公路局、东大桥、裕龙三区、裕龙一区、现代学院、裕龙五区、裕龙六区、滨河小区
2	顺2路	妇幼医院	鲲鹏集团	鲲鹏集团、大江洼村、南法信小学、南法信医院、华英园、石门小区、供销大厦、社教中心、京顺医院、西辛小学、西门、党校、影剧院、西单、国泰、顺义医院、东风小学、五里仓、顺义五中、石园东区、老干部局、妇幼保健医院
3	顺11路	裕龙小区	李家史山	裕龙小区、顺义电视台、东风小学、顺义区医院、国泰、西单、影剧院、党校、西门、前进花园、二中、东海洪、西海洪、南卷、高炮二团、衙门村、庙卷、马卷、姚店、毛家营、石家营、马家堡、大官庄、小官庄、陈各庄、赵全营、小高丽营、(豹房)晨光工贸、去碑营、忻州营、红铜营、二张营、中滩营、大柳树营、京承高速、李家史山
4	顺12路	南法信	安里	机场1号门、六环西、紫微星、木材市场、沙井、望泉寺、社教中心、京顺医院、西辛小学、西门、党校、影剧院、西单、隆华、中医院、东风小学、五里仓、西单大卖场、平各庄、平各庄东、港馨家园、啤酒厂北、职高、河南村北、河南村、工业园、王家场北、王家场、顺美、北河、北河小学、吴庄、沿河卫生院、沿河村委会、沿河派出所、南河、北桃园、南桃园、安里
5	顺13路	馨港庄园	于庄	馨港庄园、平各庄、老年公寓、裕龙小区、顺义电视台、东风小学、建新南区、怡园、检察院、隆华商场、西单、影剧院、党校、西门、前进花园、二中、东海洪、西海洪、东杜兰、西杜兰、三北苗木、文化营、张喜庄市场0、张喜庄、万万树、前渠河、羊房、闫家营、高丽营东、高丽营、高丽营小学、高丽营政府、西王路、北王路、南王路、于庄

序号	线路名称	起始站	终点站	途经主要站点
6	顺 14 路	北孙各庄	南庄头	北孙各庄、龙王头、富各庄北、富各庄、北军营、嘉寓集团、禾丰、牛栏山、牛栏山小区、龙湖别墅、乔波滑雪场、西丰乐、花园北、马坡花园、乡村赛马场、大营、龙苑别墅、牛山一中分校、双兴桥、双兴南区、胜利小区、影剧院、西单、隆华、中医院、东风小学、五里仓、西单大卖场、平各庄、陶家坟、山子坟、窑坡、后桥、李桥中学、李桥、李天路口、沿河路口、针织厂、西大坨 沿河 南河、郭庄、永青、关庄、堡子、北庄头、南庄头
7	顺 15 路	西门	山里辛庄(安利隆山庄)	西门、物美、顺义火车站、顺鑫农业、隆华购物中心、国泰、顺义三中、公路分局、东大桥环岛、潮白陵园、彩风小区、俸伯中学、河北村、杜刘庄、南彩、后薜各庄、安乐庄、下营、下坡村、杨镇、二郎庙、东疃、沟东、陀头庙、业兴庄、李各庄、后王各庄、前王各庄、陈家坨、树行、南坞、柳庄户、七连庄、山里辛庄(安利隆山庄)
8	顺 16 路	法医院	大林	顺义法医院、怡馨家园西口、顺义火车站、顺鑫农业、隆华、国泰、三中、公路局、东大桥环岛、潮白陵园、南彩工业园、后俸伯村、农机驾校、银杏园、北彩、前郝家疃、柳行、黄家场、桥头、白马路口、马辛庄、前鲁、前礼务、后鲁、后礼务、北小营、北小营小区、水色时光、西乌鸡、东乌鸡、构件厂、牛富屯、马坊、木林路口、上园子、小韩庄、小韩庄北、大韩庄、大林西、大林
9	顺 17 路	龙府花园	大坝洼(大洛泡)	龙府花园、影剧院、西单、国泰、顺义区医院、东风小学、五里仓、西单大卖场、平各庄、林河路口、燕京啤酒厂、河南村、九龙加油站、柳各庄桥、葛代子、李遂骨伤科医院、沟北、牌楼、牌楼东、田家营、小店、辛庄子、高各庄、王辛庄、王辛庄、井上、荆坨、郭家务、(郭家务村)大崔各庄(大洛泡)、大田庄、大石各庄、佟辛庄、桥头、薛庄、龙庭侯西、大塘东口、龙庭侯、大坝洼

序号	线路名称	起始站	终点站	途经主要站点
10	顺18路	二中	马庄	二中、前进花园、西门、党校、影剧院、西单、隆华、中医院、顺义区医院、三中、公路局、东大桥环岛、潮白陵园、南彩工业园、俸伯车站、南彩派出所、俸伯小学、河北村、前薛各庄、南彩车站、南彩加油站、于辛庄西、于辛庄东、东江头、菜园子、汉石桥、下营、下坡、湿地、杨镇三街、张家务北、张家务、沙子营北、沙子营、辛庄子、高各庄、仓上、北务镇政府、北务中学、北务大集、于地新村、南新庄户、庄子村、小珠宝、珠宝屯、马庄
11	顺19路	龙府花园	田各庄	龙府花园、影剧院、西单、隆华、中医院、顺义区医院、三中、公路局、东大桥环岛、潮白陵园、南彩工业园、俸伯车站、南彩派出所、俸伯小学、河北村、前薛各庄、南彩车站、南彩加油站、于辛庄、东江头、菜园子、汉石桥、下营、下坡、湿地、杨镇三街、杨镇二街、双阳小区、科技园、杜庄、焦各庄村、西庞里、沙岭、曾庄、大三渠、行宫、良山、莲花山滑雪场、张镇西、张镇、张镇小学、张各庄、刘辛庄路口、刘辛庄、雁王庄、吕布屯、港西、小故现、小故现村委会、田各庄
12	顺20路	麻林山	相各庄	麻林山、小段、大段、谢辛庄、赵家峪东街、赵家峪、石灰场、小孙各庄、垃圾处理场、辛庄户、果园、齐家务、杜庄、科技园、双阳小区、杨镇二街、杨镇三街、湿地、下坡、下营、汉石桥、菜园子、东江头、于辛庄、南彩加油站、南彩车站、前薛各庄、河北村、俸伯小学、南彩派出所、俸伯、南彩工业园、潮白陵园、东大桥环岛、公路局、三中、国泰、西单、影剧院、党校、西门、庄头、庄头北、泥河、西马坡、白各庄、秦武姚、荆卷、向前、姚各庄、蓝家营、前晏子、后晏子、牛山二中、牛栏山环岛、范各庄、官志卷、相各庄
13	顺21路	大胡营	赵庄	大胡营、大胡营东、小胡营北街、小胡营、榆林东、榆林、榆林西、牛山桥、下坡屯、牛栏山酒厂、牛栏山税务所、牛栏山小区、龙湖别墅、乔波滑雪场、西丰乐、花园北、马坡花园、乡村赛马场、大营、龙苑别墅、牛山一中分校、双兴桥、双兴南区、胜利小区、影剧院、西单、国泰、三中、公路局、东大桥环岛、裕龙五区、滨河北门、滨河东门、毓秀园、河南村东、望潮苑、九龙加油站、柳各庄桥、葛代子、李遂骨伤医院、柳各庄、李遂镇政府、李遂、西营村、东营、崇国庄西、崇国庄、陈各庄、赵庄

序号	线路名称	起始站	终点站	途经主要站点
14	顺22路	龙府花园	三山小区	龙府花园、双兴南区、便民街东口、国泰、隆华、检察院、怡园、公安局、梅沟营、现代花园、杨家营、吴家营、现代二厂、三四营、头二营、洼子村、洼子南南半壁店、樱花园、立交桥、岗山、国泰超市、机场路口、三五九车站、天竺供销社、天竺卫生院、天竺花园、蓝天大厦、马连店、新国展、嘉浩别墅、白辛庄 燕王庄、水青庭、莫奈花园、三山小区
15	顺23路	龙府花园	柳庄户	龙府花园、影剧院、西单、隆华、中医院、顺义区医院、三中、公路局、东大桥环岛、潮白陵园、南彩工业园、俸伯车站、南彩派出所、俸伯小学、河北村、前薛各庄、南彩车站、南彩加油站、于辛庄、东江头、菜园子、汉石桥、下营、下坡、湿地、杨镇三街、杨镇二街、双阳小区、科技园、杜庄、周庄、大曹庄、梁庄南、破罗口东、柳庄户
16	顺24路	龙府花园	东府	龙府花园、影剧院、西单、国泰、三中、公路局、东大桥环岛、潮白陵园、南彩工业园、俸伯车站、南彩派出所、俸伯小学、河北村、前薛各庄、南彩车站、南彩小学、坞里、双营、小营、洼里、道仙庄、望渠、菜市场、仇店、西府、东府市场、东府
17	顺25路	裕龙小区	下西市	裕龙小区、东大桥、公路局、三中、国泰、西单、影剧院、党校、西门、前进花园、二中、东海洪、西海洪村、东杜兰、西杜兰、文化营、张喜庄市场、张喜庄、张喜庄中学、丽喜花园、河津营、南郎中、西小营、稷山营、北郎中、前桑园、后桑园、三农研究会、东辛庄、寺上、北石槽东、北石槽、南石槽、西范各庄、西赵各庄、下西市
18	顺26路	裕龙小区	京顺车管所	裕龙小区、东大桥、公路局、三中、国泰、隆华、检察院、怡馨家园、公安局、梅沟营、望泉桥、南法信、检测场、物流园、回民营、枯柳树村、枯柳树环岛、火神营、华润超市、万科花园、后沙峪、马头庄、罗马湖、西田各庄、龙湾别墅、古城、泗上桥、泗上村、京顺车管所

序号	线路名称	起始站	终点站	途经主要站点
19	顺 27 路	国家会计学院	汇源果汁	国家会计学院、薛大人庄新村、天竺花园、蓝天大厦、海关大楼、二十里堡、天馨公寓、杨二营、铁匠营东、铁匠营、火神营、双裕小区、万科花园、后沙峪 、空港医院、后沙峪小学、青岚小镇、西马各庄、东马各庄、天龙汽配城、京密路口、物流园西、物流园东、刘家河北、南法信医院、华英园、石门小区、供销大厦、社教中心、交通局、国泰、便民街东口、双兴南区、双兴桥、牛山一中分校、龙苑别墅、大营、乡村赛马场、马坡花园、花园北、西丰乐、乔波滑雪场 龙湖别墅、牛栏山小区、牛栏山税务所、牛栏山酒厂、下坡屯、牛山桥、榆林、榆林东、水色时光、北小营小区、北小营镇政府、汇源果汁
20	顺 28 路	吉祥庄	太平辛庄（李遂）	吉祥庄、蓝星集团、东庄、火沙路口、万科花园、铁匠营、火神营、枯柳树环岛、枯柳树、回民营、物流园、检测场、南法信、南法信村委会、南法信医院、华英园、石门小区、供销大厦、社教中心、交通局、隆华、中医院、东风小学、电视台、东大桥环岛、潮白陵园、南彩工业园、俸伯车站、南彩派出所、俸伯小学、河北村、前薛各庄、南彩车站、南彩加油站、太平村、宣庄户、魏辛庄、后营、前营、葛代子、沟北、李遂骨伤医院、李遂镇政府、李遂环岛 太平辛庄、太平辛庄村委会
21	顺 29 路	王庄户	社教中心	王庄户、大孙各庄、大孙各庄中学、西辛庄、东华山、西华山、湘王庄、四福庄、陆马庄、尹家府中学、尹家府、西尹家府、郭家务、陈辛庄、林上、北务路口、道口、北务市场、王各庄、闫家渠、李木路口、李庄、崇国庄、苏庄、沙浮路口、沙浮北、东方太阳城、王家场 工业园 九龙加油站、望潮苑、河南村东、毓秀园 、滨河东门、滨河北门、裕龙五区、东大桥环岛、顺义电视台、东风小学、顺义医院、国泰、交通局、社教中心
22	顺 30 路	现代二厂	解放村	现代二厂、现代一厂、五里仓、东风小学、顺义区医院、便民街东口、双兴南区、4 双兴桥、牛山一中分校、大营、赛马场、马坡花园、白各庄、白各庄加油站、秦武姚、秦武姚西、马卷、姚店村、毛家营、石家营、马家堡、小官庄、白庙、白庙北、赵全营、苗圃 、北郎中、食品厂、西降州营、空港 C 区、板桥、河庄路口、解放村

序号	线路名称	起始站	终点站	途经主要站点
23	顺31路	焦庄户	国展	焦庄户、焦庄户西、龙湾屯、史中坞、山丁路口、王泮庄东、王泮庄、王泮庄西、木林中学、木林、木林开发区、东沿头、东沿头南、魏家店北、魏家店、北府路口、上辇、北小营小区、北小营、后礼务、后鲁、前礼务、前鲁、马辛庄、白马路口、桥头、黄家场、柳行、前郝家疃、北彩、银杏园、农机驾校、后俸伯村、南彩工业园、潮白陵园、东大桥环岛、顺义电视台、东风小学 建新南区、怡园、怡馨家园、梅沟营、南法信、检测场、物流园、回民营、枯柳树、枯柳树环岛、火神营、铁匠营、空港B区、空港A区、花梨坎、新国展、国展西
24	顺32路	孝德	二中	孝德、长林小区、木林、陈各庄、蒋各庄北、蒋各庄、蒋各庄南、东府路口、魏家店、北府路口、上辇、北小营小区、北小营、后礼务、后鲁、前礼务、前鲁、马辛庄、白马路口、桥头、黄家场、柳行、前郝家疃、北彩、银杏园、农机驾校、后俸伯村、南彩工业园、潮白陵园、东大桥环岛、顺义电视台、东风小学、顺义医院、国泰、交通局、社教中心、供销大厦、石门小区、二中
25	顺33路	龙府花园	别庄	龙府花园、影剧院、西单、国泰、三中、公路局、东大桥环岛、潮白陵园、南彩工业园、俸伯车站、南彩派出所、俸伯小学、河北村、前薛各庄、南彩车站、南彩加油站、于辛庄、东江头、菜园子、汉石桥、下营、下坡、湿地、杨镇三街、杨镇二街、杨镇小学、杨镇派出所、阳州鑫园、二郎庙、徐庄、别庄
26	顺34路	北孙各庄	临清	北孙各庄、龙王头、富各庄北、富各庄、北军营、嘉寓集团、禾丰、牛栏山、牛栏山小区、龙湖别墅、乔波滑雪场、西丰乐、花园北、马坡花园、乡村赛马场、大营、龙苑别墅、牛山一中分校、双兴桥、双兴南区、胜利小区、影剧院、西单、隆华、中医院、东风小学、五里仓、西单大卖场、平各庄、陶家坟、山子坟、窑坡、后桥、李桥中学、李桥、李天路口、馨港庄园、英各庄、通顺物流、张辛、首钢公寓、临清
27	顺35路	裕龙小区	武各庄	裕龙小区、东大桥、公路局、三中、国泰、西单、影剧院、党校、西门、前进花园、二中、东海洪、西海洪村、东杜兰、西杜兰、文化营、张喜庄市场、张喜庄、张喜庄中学、丽喜花园、河津营、南郎中、西小营、稷山营、北郎中、前桑园、后桑园、三农研究会、东辛庄、寺上、营儿、武各庄

序号	线路名称	起始站	终点站	途经主要站点
28	顺36路	大北坞	二中	大北坞、小北坞、丁甲庄、安辛庄、市场、木林中学、木林、木林开发区、东沿头、东沿头南、魏家店、北府路口、上辇、北小营小区、北小营、后礼务、后鲁、前礼务、前鲁、马辛庄、白马路口、桥头、黄家场、柳行、前郝家疃、北彩银杏园、农机驾校、后俸伯村、南彩工业园、潮白陵园、东大桥环岛、顺义电视台、东风小学、顺义医院、国泰、交通局、社教中心、供销大厦、石门小区、二中
29	顺38路	董各庄	临河村	董各庄、残奥会管理中心、庄园、玉马教练场、后沙峪小学、香花畦、十中、枯柳树环岛、枯柳树、回民营、物流园、检测场、南法信、南法信村委会、南法信医院、华英园、石门小区、供销大厦、社教中心、交通局、隆华、中医院、东风小学、五里仓、西单大卖场、平各庄、林河工业区、临河
30	顺39路	龙府花园	（赵各庄）小曹庄	龙府花园、影剧院、西单、隆华、中医院、顺义区医院、三中、公路局、东大桥环岛、潮白陵园、南彩工业园、俸伯车站、南彩派出所、俸伯小学、河北村、前薛各庄、南彩车站、南彩加油站、于辛庄、东江头、菜园子、汉石桥、下营、下坡、湿地、杨镇三街、杨镇二街、双阳小区、科技园、杜庄、焦各庄村、西庞里、沙岭、曾庄、大三渠、行宫、良山、莲花山滑雪场、张镇西、张镇、西营、前苏桥、后苏桥、朱庄、聂庄、王庄、前王会、后王会、赵各庄、白辛庄、柏树庄、驻马庄、小曹庄
31	顺40路	龙府花园	大孙各庄	龙府花园、影剧院、西单、隆华、中医院、顺义区医院、三中、公路局、东大桥环岛、潮白陵园、南彩工业园、俸伯车站、南彩派出所、俸伯小学、河北村、前薛各庄、南彩车站、南彩加油站、于辛庄、东江头、菜园子、汉石桥、下营、下坡、湿地、杨镇三街、杨镇二街、双阳小区、科技园、杜庄、焦各庄村、西庞里、沙岭、曾庄、大三渠、行宫、良山、莲花山滑雪场、张镇西、张镇、张各庄村 刘辛庄路口、贾家洼子、李家洼子村、客家庄、华山、大孙各庄

序号	线路名称	起始站	终点站	途经主要站点
32	顺41路	龙府花园	东疃	龙府花园、影剧院、西单、隆华、中医院、顺义区医院、三中、公路局、东大桥环岛、潮白陵园、南彩工业园、俸伯车站、南彩派出所、俸伯小学、河北村、前薛各庄、南彩车站、南彩加油站、于辛庄、李木路口、东江头、西江头、望渠、望渠东街、红寺西、红寺一桥、东疃
33	顺42路	顺鑫花语	滨河小区	滨河小区、裕龙六区、妇幼医院、老年公寓、胡各庄、网通大厦、西单大卖场、现代、平各庄、双河路、汇能、陶家坟、山子坟、窑坡、后桥红绿灯、后桥、航诚家园、李桥中学、李桥、馨港庄园、六经路口、机场服务中心、国航地服、中国航油、岗山、国泰广场、南平里、北平里、机场道口、天竺供销社、天竺卫生院、天竺花园、蓝天大厦、索爱、海关大楼、松下电子、喇苏营、铁匠营、万科、东庄南口、东庄、空港医院、后沙峪小学、清岚小镇、火寺路、西马各庄、活动中心、张喜庄、高丽营、二中、顺鑫花语
34	顺12路区间	南法信	沙浮	机场1号门、六环西、紫微星、木材市场、沙井、望泉寺、社教中心、京顺医院、西辛小学、西门、党校、影剧院、西单、隆华、中医院、东风小学、五里仓、西单大卖场、平各庄、平各庄东、港馨家园、啤酒厂北、职高、河南村北、河南村、工业园、王家场北、王家场、顺美、北河、北河小学、吴庄、沿河卫生院、沿河村委会、沿河派出所、沙浮
35	顺16路区间	北府	骏马公司	骏马公司、华英园、石门小区、供销大厦、社教中心、交通局、国泰、三中、公路局、东大桥环岛、潮白陵园、南彩工业园、后俸伯村、农机驾校、银杏园、北彩、前郝家疃、柳行、黄家场、桥头、白马路口、马辛庄、前鲁、前礼务、后鲁、后礼务、北小营、北小营小区、水色时光、构件厂、北府
36	顺36路区间	茶棚	二中	茶棚、安辛庄、木林市场、木林、陈各庄、蒋各庄北、蒋各庄、蒋各庄南、东府路口、魏家店、北府路口、上辇、北小营小区、北小营、后礼务、后鲁、前礼务、前鲁、马辛庄、白马路口、桥头、黄家场、柳行、前郝家疃、北彩、银杏园、农机驾校、后俸伯村、南彩工业园、潮白陵园、东大桥环岛、顺义电视台、东风小学、顺义医院、国泰、交通局 、社教中心、供销大厦、石门小区、二中

序号	线路名称	起始站	终点站	途经主要站点
37	顺 60 路	樱花园	T2 航站楼	樱花园、六区、管头路口、二号门、国泰超市、南平东里、南平里、南平街、机场一小、京客隆、北平里、机场道口、航安路、飞行总队、白云山、T2 航站楼
38	顺 61 路	T2 航站楼	南法信	T2 航站楼、物流园、国航货运、机场北门、南法信

境内和过境市属运营线路

序号	线路名称	起始站	终点站	途经主要站点
1	915 路	东直门外	顺义南彩汽车站	东直门外－左家庄－三元桥－京顺路丽都饭店－大山桥东－望京村－北皋－东郊农场－孙河－北甸－马连店道口－马连店加油站－花梨坎－喇苏营－顺义铁匠营－火神营－枯柳树环岛－枯柳树－空港物流开发区－南法信－梅沟营－顺义二中－顺义西门－顺义党校－胜利小区－便民街东口－顺义区医院－东风小学－顺义老年公寓－顺义彩虹桥－顺义滨河小区－顺义东大桥环岛－潮白陵园－俸伯－俸伯小学－河北村－顺义南彩
2	915 支 2	东直门外	马坡花园	东直门外－三元桥－大山桥东－孙河－马连店－天竺花园－天竺供销社－机场道口－岗山村－顺义半壁店－馨港车站－李桥－后桥－窑坡－山子坟－陶家坟－林河开发区－石园南区－石园东区－石园北区－仓上小区－东风小学－顺义区医院－便民街－双星小区－大营－乡村赛马场－马坡花园
3	915 支 3	东直门外	北小营东	东直门外－三元桥－京顺路丽都饭店－大山桥东－孙河－火神营－衙门村－马坡工业区－马坡花园－三高农业示范区－后疃－马辛庄－前鲁－前礼务－北小营－北小营东
4	915 快	东直门	顺义南彩汽车站	东直门(枢纽站)－三元桥－空港物流开发区－南法信－梅沟营－京顺医院－顺义西门－顺义党校－胜利小区－便民街东口－顺义区医院－东风小学－顺义东大桥环岛－潮白陵园－俸伯－俸伯小学－河北村－顺义南彩汽车站

序号	线路名称	起始站	终点站	途经主要站点
5	915 支 2 快	东直门	马坡花园	东直门－左家庄－三元桥－机场道口－岗山路－岗山村－樱花园－顺义半壁店－馨港车站－李桥－后桥－窑坡－山子坟－陶家坟－林河开发区－平各庄－顺义城乡大厦－石园南区－石园东区－石园北区－仓上小区－东风小学－顺义区医院－便民街东口－双星小区－双星桥－枫桥别墅－大营－乡村赛马场－马坡花园
6	923 路	东直门外	吴雄寺	东直门外－左家庄－三元桥－京顺路丽都饭店－大山桥东－孙河－火神营－南法信－东风小学－顺义东大桥环岛－潮白陵园－俸伯－河北村－南采－宣庄户－魏辛庄－葛代子－沟北村－李遂骨伤医院－李遂－李庄－闫家渠－王各庄－北务道口－陈辛庄－郭家务－尹家府－大孙各庄－大孙各庄北－西辛庄－故家庄－小塘村－吴雄寺
7	924 路	土桥村	顺义南彩汽车站	土桥村－北京制线厂－小街村南口－通州小街桥东－云景里－格瑞雅居小区－新华联家园－北探小区－通州杨庄－新华联锦园－通州北苑路口西－通州北苑路口东－通州西门路口东－通州西大街路口西－通州西大街路口东－新华大街－通州东关－北关桥－西潞苑小区－北马庄－富豪－双埠头道口－徐辛庄－岗子路口－窑上－张辛－英各庄－沿河路口－李桥－李桥乡政府－后桥－山子坟－汇能集团－临河开发区－平各庄－顺义城乡大厦－仓上－东风小学－顺义电视台－潮白陵园－俸伯－俸伯小学－河北村－顺义南彩汽车站
8	934 路	东直门外	焦庄户	东直门外－左家庄－三元桥－京顺路丽都饭店－大山桥东－望京村－孙河－北甸－顺义马连店－花梨坎－喇苏营－顺义铁匠营－枯柳树－南法信－东风小学－顺义汽车站－南门－潮白陵园－俸伯－郝家町－马辛庄－北小营－上辇－魏家店－沿头－木林－王泮庄－丁甲庄－史中坞－龙湾屯－焦庄户

序号	线路名称	起始站	终点站	途经主要站点
9	935 路	东直门外	沮沟村	东直门外－左家庄－三元桥－京顺路丽都饭店－大山桥东－望京村－孙河－北甸－顺义马连店－和平农场东站－东苇路－苇沟－楼台路口－岗山－首安公司－樱花园－顺义半壁店－窑上路口－沿河路口－西大坨－北河道口－沿河－南河－富各庄－堡子－北庄头－南庄头－西赵村委会－关辛庄－高各庄西口－高各庄东口－港北－南庄头东口－沮沟村
10	945 路	沙河	顺义南彩汽车站	沙河－沙河北大桥－路桩桥－国兴电子－丰善路口－松兰堡－东沙屯南－百善－百善镇政府－百善北口－航空博物馆－阿苏卫－大汤山－小汤山电信局－小汤山街口－小汤山镇政府－大柳树环岛南－葫芦河－大赴任庄－大东流－赖马庄－高丽营－阎家营－张喜庄－东马各庄－文化营－杜兰庄－西海洪－顺义西门－顺义党校－便民街西口－顺义西单商场－国泰商场－顺义区医院－东风小学－顺义电视台－顺义东大桥环岛－潮白陵园－俸伯－俸伯小学－河北村－顺义南彩汽车站
11	947 路	明皇蜡像宫南门	顺义南彩汽车站	明皇蜡像宫南门－昌平西关－昌平南大街－中国政法大学－昌平东关－昌平四合新村－南邵－昌平四合庄－金家坟－绵山村－小辛峰－大辛峰－昌平崔村西口－昌平崔村－秦城大桥香堂－麻峪－秦城路口－象房－兴寿－桃林村－桃峪山庄－上苑－秦家屯－下西市口－后营－河庄－板桥－电木厂－北郎中加油站－北郎中－赵全营－赵全营东口－陈各庄环岛东－牛栏山道口－牛栏山－牛栏山东口－西丰乐－向阳村－乡村赛马场－龙源－双星小区－便民街东口－顺义区医院－东风小学－顺义电视台－顺义东大桥环岛－潮白陵园－俸伯－俸伯小学－河北村－顺义南彩汽车站
12	955 路	东直门外	东方太阳城	东直门外－新源南路西口－燕莎桥西－燕莎桥东－安家楼－东风桥东－酒仙桥商场－酒仙桥－将台路口北－陈各庄－王爷坟－大山子路口南－南皋－北皋－和平农场－东苇路－苇沟－天竺－天竺供销社－天竺中学－天竺花园－顺义马连店－马连店加油站－花梨坎－喇苏营－马连店铁匠营－火神营－枯柳树环岛－枯柳村－南法信－梅沟营－五里仓－石园小区－河南村－河南村路口－东方太阳城

序号	线路名称	起始站	终点站	途经主要站点
13	955支	东直门外	馨港庄园	东直门外－新源南路西口－燕莎桥西－燕莎桥东－安家楼－东风桥东－酒仙桥商场－酒仙桥－将台路口北－陈各庄－王爷坟－大山子路口南－南皋－北皋－和平农场－东苇路－天竺－机场道口－东平里－岗山路－岗山村－顺义半壁店－馨港车站－馨港庄园
14	640路	北京站东	顺义半壁店	北京站东－日坛路－永安里路口北－北京制药厂－光华桥西－光华中路－光华路东口－红庙路口北－金台路口南－延静里－红领巾公园－八里庄南里－农民日报社－农民日报社北－十里堡北区－石佛营东里－姚家园西口－姚家园东－平房西口－平房－平房东口－东坝中路南口－东坝中路－北京奥林匹克花园－奥林匹克花园北门－东坝中街－铁十六局－东坝－三岔河－马厂－北马房－郁金香花园－东苇路－蟹岛度假村东门－前苇沟－东苇路北口－苇沟－苇沟大桥－天竺西站－天竺－机场道口－东平里－岗山路－岗山村－岗山村南站－樱花园三区－顺义半壁店
15	975路	东直门外	后沙峪公交场站	东直门外－左家庄－三元桥－花家地南里－阜通东大街－望花路东里－广顺南大街北口－宏昌路－侯庄路口南－望京花园西区－利泽中街西口－广顺桥南－来广营－刘各庄北－奶子房－奶西村口－奶西市场－李县坟－沈家村－炼油厂－顺义沙子营－沙子营加油站－顺义车管所－泗上村－泗上古城－龙湾别墅路口－罗马环岛－中央美院城市设计学院－莫奈花园－后沙峪镇政府－玉马教练场－顺义十中－后沙峪公交场站
16	989路	四惠站	马坡	四惠站－慈云寺桥－红领巾桥南－豆各庄路口东－姚家园东－平房西口－平房－平房东口－高杨树－东坝花园－铁十六局－东坝－东岗子－楼梓庄－楼梓庄乡政府－朝阳曹各庄－皮村西口－皮村－尹各庄西口－尹各庄东口－寨里－葛渠－小葛渠－牡丹花园－顺义半壁店－李桥－后桥－窑坡－陶家坟－林河－平各庄－五里仓－东风小学－顺义区医院－便民街东口－双星小区－龙源别墅－乡村赛马场－马坡花园－马坡

序号	线路名称	起始站	终点站	途经主要站点
17	916路	东直门	怀柔汽车站	东直门–香河园–左家庄–三元桥–京顺路丽都饭店–大山桥东–孙河–火神营–桑普科技园–杜兰庄–衙门村–马坡–荆卷–姚各庄–晏子村–牛栏山道口–牛栏山–牛栏山北–富各庄–龙王头–赵各庄–焦村–庙城东–南华市场–迎宾路–怀柔南大街东口–怀柔南大街–明珠广场–兴怀大街–湖光小区–青春路北口–怀柔北大街–杨家园–滨湖南街–后横街–怀柔车站路–怀柔汽车站
18	916支	东直门	怀柔汽车站	东直门外–左家庄–三元桥–京顺路丽都饭店–大山桥东–孙河–火神营–杜兰庄–衙门村–马坡–荆卷–姚各庄–晏子村–牛栏山道口–牛栏山–牛栏山北–富各庄–龙王头–赵各庄–西树行–南年丰–仙台–杨宋镇–张自口–南房–北坊–安各庄–宰相庄–工业小区–乐园庄–怀柔陈各庄–怀柔汽车站
19	916快	东直门	怀柔汽车站	东直门– 左家庄–三元桥西站–西坝河–太阳宫–彩各庄–庙城东–南华市场–迎宾路–怀柔南大街东口–怀柔南大街–明珠广场–兴怀大街–湖光小区–青春路北口–怀柔北大街–杨家园–滨湖南街–后横街–怀柔车站路–怀柔汽车站
20	918路	东直门	平谷汽车站	东直门(枢纽站)–左家庄–三元桥–京顺路丽都饭店–大山桥东–北皋–孙河–花梨坎–火神营–南法信–顺义老年公寓– 滨河南口–俸伯–俸伯小学–河北村–顺义南彩–于新庄–菜园子–杨镇–杜庄–沙岭–行宫–良善庄–张镇–双营–云峰寺–官庄道口–吉卧道口–大兴庄–鲁各庄–平谷岳各庄–平谷迎宾环岛–平谷区医院–平谷世纪广场–平谷政府街西口–北小区–南小区–平谷滨河小区–东寺渠–园田队–平谷区政府–平谷消防队–平谷汽车站
21	918支	平谷汽车站	金海湖	平谷汽车站–上纸寨–西沥津–张辛庄–丰台道口–南独乐河–新立村–胡庄–韩庄–上寨–金海湖
22	918快	东直门	平谷汽车站	东直门(枢纽站)–三元桥–打铁庄–官庄道口–大兴庄–鲁各庄–平谷岳各庄–迎宾环岛–平谷区医院–平谷世纪广场–平谷大市场–平谷消防队–平谷汽车站

序号	线路名称	起始站	终点站	途经主要站点
23	936 路	东直门外	九谷口	东直门外－左家庄－三元桥－京顺路丽都饭店－大山桥东－孙河－火神营－桑普科技园－杜兰庄－衙门村－马坡－荆卷－姚各庄－晏子村－牛栏山道口－富各庄－龙王头－赵各庄－焦村－庙城东－庙城南－庙城－庙城北－怀柔石厂村－丽湖馨居－南华园四区－南华园三区－华北市场－怀柔汽车站－怀柔招商局－下园市场－于家园－迎宾路北口－怀柔区小中富乐村－雁栖镇－北台下－怀北镇－雁栖湖－怀北庄－青龙峡道口－九谷口(怀北滑雪场)
24	942 路	东直门外	茶坞火车站	东直门外－左家庄－三元桥－京顺路丽都饭店－大山桥东－草场地－北皋－东郊农场－孙河－北甸－白辛庄－泗上古城－航空工业技校－顺义于庄－南王路－西王路－高丽营－高丽营北口－西水泉－河庄－后营－下西市－范各庄－顺义农药厂－南石槽－北石槽－东石槽－寺上－李家史山－茶坞铁路道口－桥梓加油站－桥梓信用社－茶坞火车站
25	970 路	东直门外	密云汽车站	东直门(外)－左家庄－三元桥－京顺路丽都饭店－大山桥东－孙河－花梨坎－火神营－南法信－东风小学－顺义电视台－顺义东大桥环岛－俸伯－郝家町－北小营－上辇－魏家店－沿头－木林－唐指山－贾山－密云钓鱼台－荆栗园－中庄－密云河南寨－宁村－太扬家园－密云南菜园－密云利华－密云电信大楼－花园小区－东菜园小区－密云汽车站
26	980 路	东直门	密云汽车站	东直门(枢纽站)－左家庄－三元桥西站－西坝河－太阳宫桥－密云太阳家园－密云少年宫－密云西大桥－密云果园小区－密云鼓楼－密云滨河大桥－密云沿湖小区－密云沙河－密云滨阳小区－密云滨阳西里－密云光阳小区－密云长城环岛－密云新农村－密云汽车站

序号	线路名称	起始站	终点站	途经主要站点
27	987 路	东直门外	密云水库	东直门外－左家庄－三元桥－京顺路丽都饭店－大山桥东－北皋－孙河－花梨坎－火神营－杜兰庄－衙门村－马坡－荆卷－姚各庄－牛栏山－富各庄－龙王头－赵各庄－庙城－怀柔渔场－王化村－怀柔北坊开发区－驸马庄－统军庄－统军庄路口－清水潭路口－大辛庄－密云沿村－渤海寨－苍头－卸甲山路口－董各庄－西田各庄－朝阳路口－韩各庄－季庄西站－季庄村－密云鼓楼西站－新中街－花园小区－东方大厦－密云滨阳西里－滨阳北里－密云沙河－密云沙河火车站－双龙水泥厂－建树路口－东智西－云佛山度假村－东智北－白河风景区－码头山桥－金叵箩－云峰宾馆－溪翁庄－机床研究所－京溪小区－口门子－圣陶路口－密云水库

顺义区主要旅游景区(点)

类别	序号	名　　称	地　　址	电　话	星级或质量等级
星级饭店	1	国都大酒店	首都机场小天竺路	64565588(总机)	四星级
	2	顺鑫绿色度假村	顺义区李隧镇西	89485588(总机)	四星级 AA 景区
	3	北京春晖园文化娱乐有限责任公司	顺义区高丽营镇于庄村西侧	69454433(总机)	四星级 AA 景区
	4	金宝花园酒店	顺义区马坡顺安北路	69406060	四星级
	5	嘉宾国际	顺义区仁和镇东方太阳城社区	89431700	四星级
	6	北京顺义宾馆	顺义城区府前中街 3 号	69444815	三星级
	7	北京天驿宾馆	首都机场南平街 1 号	64577711(总机)	三星级
	8	北京空港蓝天大酒店	北京空港工业区天柱路 28 号	80489017	三星级
	9	北京空港花园酒店	天竺镇府前街 1 号	64563388(总机)	三星级
	10	东航商务酒店	天竺镇小天竺路 1 号	64575588(总机)	三星级
	11	北京京林大厦	首都机场生活区南平东里乙 1 号	64572626(总机)	三星级
	12	安利隆生态农业旅游山庄	顺义区龙湾屯镇山里辛庄村东石门	60462323(总机)	三星级
	13	望潮苑民俗度假村	北京市顺义区河南村村东	89491980	三星级

类别	序号	名　　称	地　　址	电　话	星级或质量等级
星级饭店	14	天龙宾馆	北京市顺义区枯柳树环岛东南	80494540	三星级
	15	北京乡村会议中心	马坡镇向阳西街11号	69403060	三星级
	16	东竹园宾馆	顺义区顺平东路3号	69448440(总机)	三星级
	17	北京豪雅商务宾馆	顺义区天竺镇府前二街1号	64533097	三星级
	18	花水湾磁化温泉度假村	高丽营镇水源九厂路	69456668	二星级
	19	汇源宫酒店	顺平路南法信府前街16号	69472226	三星级
	20	金航线国际大酒店	顺义区四纬路8号	52139999	三星级
	21	顺捷宾馆	顺义区石园南区花园路	89448922	二星级
	22	裕龙花园大酒店	顺义区裕龙花园2区甲9号	69445678	二星级
	23	北京竺航宾馆	北京首都机场天竺幸福街12号	64588899	二星级
	24	北京寰宇京航宾馆	北京顺义区天竺镇府前一街32号	64582402	二星级
	25	怡生园国际会议中心	顺义区北小营镇后礼务	60485588(总机)	五星待评
	26	金潮玉玛国际酒店	顺义区马坡向阳东路10号	69406868	五星待评
达标饭店	27	北京国门商务酒店	顺义天竺地区天柱东路1号	64588866	三星待评
	28	财培中心	仁和镇河南村毓秀园别墅内	89498855	达标饭店
	29	北京五洲大地度假村有限公司	北京市顺义区李遂镇柳各庄桥北300米	89489318	达标饭店
	30	北京市馨紫宸酒店有限公司	北京市顺义区天竺镇府前街24号	64570173	达标饭店
	31	北京裕龙花园大酒店(空港分店)	顺义区后沙峪地区府前街裕祥花园北侧	80488881	达标饭店
景区点	32	北京乡村高尔夫俱乐部	马坡向阳闸潮白河西侧	69403368	AA级
	33	焦庄户地道战遗址纪念馆	龙湾屯镇焦庄户村内	60461906	A级
	34	北京高尔夫俱乐部	顺义区南彩镇潮白河东岸	89470246/8	
	35	莲花山滑雪场	张镇良山村委会南500米	61483333	
	36	乔波室内滑雪馆	顺义区顺安路	69419999	景点四星待评

类别	序号	名　称	地　址	电　话	星级或质量等级
旅行社	37	北京千禧旅游公司	顺义区义宾北区甲 1－4－201	81491588	
	38	北京阳光假日旅行社	顺义区站前东街商业 2 号楼 316 号	81498700	
	39	北京美誉旅游公司	顺义区新顺南大街路东顺中商城三层	69431659	
	40	北京高尔夫旅行社	顺义区仁和镇顺西路	69460258	
	41	北京春畅旅行社	顺义区光明南街西侧	69421682	
民俗村	42	焦庄户民俗村	顺义区龙湾屯镇	60461666	市级
	43	北郎中民俗村	顺义区赵全营镇	60434371	市级
	44	于地民俗村	顺义区北务镇	61422759	市级
	45	柳庄户民俗村	顺义区龙湾屯镇	60465999	市级
工业旅游示范点	46	燕京啤酒厂	顺义区双河路九号	89495588	国家级
	47	北京顺鑫鹏程食品分公司	顺义区南法信地区顺沙路南侧	69472617	国家级
	48	北京顺鑫牵手有限责任公司	顺义区牛栏山工业区	69410081	国家级
	49	北京顺鑫牛栏山酒厂	顺义区牛栏山镇	69412531	国家级
	50	北京汇源饮料食品集团有限公司	北京市顺义区北小营镇汇源路	60487888	国家级
	51	北京现代汽车有限公司	北京市顺义区顺通路 18 号	89490070	国家级

顺义区司法所、律师事务所及公证处

法律服务所

名称	地　址	电 话
顺义区仁和镇法律服务所	仁和镇政府院内	69444402
顺义区李桥镇法律服务所	李桥镇政府院内	89426388
顺义区天竺镇法律服务所	天竺镇政府院内	80462351
顺义区南法信镇法律服务所	南法信镇政府院内	69472377
顺义区后沙峪镇法律服务所	后沙峪镇双峪街 39 号	80483800
顺义区高丽营镇法律服务所	高丽营镇政府院内	69455915
顺义区赵全营镇法律服务所	赵全营镇政府院内	60431112

顺义区北石槽镇镇法律服务所	北石槽镇政府院内	60422849
顺义区马坡镇法律服务所	马坡镇政府院内	69403545
顺义区南彩镇法律服务所	南彩镇政府院内	89460046
顺义区杨镇法律服务所	杨镇政府院内	61451594
顺义区杨镇第二法律服务所	杨镇法庭对面	13311289554
顺义区张镇法律服务所	张镇政府院内	61480553
顺义区李遂镇法律服务所	李遂镇政府院内	89489626
顺义区北务镇法律服务所	北务镇政府院内	61421712
顺义区大孙各庄镇法律服务所	大孙各庄镇府前街 10 号	61432767
顺义区北小营镇法律服务所	北小营镇政府院内	60483625
顺义区木林镇法律服务所	木林镇政府院内	60456247
顺义区龙湾屯镇法律服务所	龙湾屯镇政府院内	60465222
顺义区胜利街道法律服务所	顺义区建新南区甲 32 号楼	81495500
顺义区光明街道法律服务所	光明街道办事处院内	69421084

律师事务所

名称	地　址	电 话
北京市顺新律师事务所	顺义区武装部	69441913
北京市青天律师事务所	顺义区大东路南口	81499549
北京市扶正律师事务所	顺义区府前东街 9 号顺义区建筑工程总公司七层	69441887
北京市律港律师事务所	顺义区仁和地区仓上街 2 号智能大厦 B 座 605 室	89445861
北京市狄克律师事务所	北京市顺义区站前街商业 2 楼 105 - 2 层	81492373
北京市玖典律师事务所	顺义区府前东街东兴路 9 号	52137927
北京市致知律师事务所	顺义区 仓上街 8 号(顺义区工商局院内)	89453862
北京曹智勇律师事务所	顺义区仓上街 2 号智能大厦 B 座 6 层	60138181
北京扬智勇律师事务所	顺义区空港地区棋全建材城门口办公室	86838101
北京卞志忠律师事务所	北京市顺义区杨镇红寺村农机南路7号	13910601028

公证处

名称	地　址	电 话
北京市龙诚公证处	北京市顺义区光明南街 18 号	69441820、69448486

顺义区教育机构

幼儿园

名称	地　址	电 话
建南幼儿园	建新南区 36 号楼	81492543
建北幼儿园	建新北区 37 号	69442746
义宾幼儿园	义宾南区甲 10 号	69422956
幸福幼儿园	幸福西街 6 号	69423143
双兴幼儿园	双兴南区 26 楼东	89491161
怡馨幼儿园	怡馨家园 27 号楼	69421015
滨河幼儿园	滨河小区 14 号楼前	69426048
港馨幼儿园	港馨家园小区西区	89448913
后沙峪中心幼儿园	后沙峪镇政府东侧双裕街 31 号	80496148
天竺中心幼儿园	天竺地区府前一街 20 号	64568509
杨镇中心幼儿园	杨镇政府街 4 号	61451973
牛山中心幼儿园	牛栏山镇府前街 24 号	69414003
南法信中心幼儿园	南法信政府北顺余西路三号	69473313
石园幼儿园	石园西区	89444844
仁和中心幼儿园	石园南区	89446064
石园北区幼儿园	石园北区 20 号楼南	69443353
马坡中心幼儿园	马坡镇政府西侧	69401653
宏城幼儿园	前进花园石门苑 22 号	89423320
高丽营中心幼儿园	高丽营镇张喜庄村托新区 14 号	69491354
李桥中心幼儿园	李桥镇沿河村任李路沿河段 17 号	69485882
李遂中心幼儿园	李遂镇政府街南孙路李遂段	89481707
南彩中心幼儿园	南彩镇南彩中大街 9 号	89461966
北务中心幼儿园	北务镇政府街 4 号	61421717
尹家府中心幼儿园	大孙各庄镇四福通大街 82 号	61474200
张镇中心幼儿园	张镇张孙路张镇小学南侧	61483868
龙湾屯中心幼儿园	龙湾屯镇府前街路南东侧东 4 号	60461747
木林中心幼儿园	木林镇顺焦路木林段 83 号	60459100
北小营中心幼儿园	北小营永立小区路北	60483603
北石槽中心幼儿园	北石槽镇府前西街 2 号	60422127
赵全营中心幼儿园	赵全营镇政府路北牛板路赵全营段 113 号	60431157
裕龙幼儿园	裕龙四区 13 号楼	89400149
金汉绿港幼儿园	金汉绿港小区西侧	无

小　学

东风小学	光明街拥军路 9 号	69445326
仓上小学	胜利街道仓上小区	69441134
石园小学	石园北区	69425729 – 8019
港馨小学	港馨家园小区(东区)	89449872
光明小学	光明北街路西	81492954
双兴小学	光明北街 22 号	81493907
西辛小学	西辛南区顺西路 12 号	69461147
仁和中心小学	仁和镇望泉寺村南	69447725
河南村中心小学校	仁和镇河南村幸福路 3 号	89494927
俸伯中心小学校	南彩镇俸伯中心小学	89477267
杨镇中心小学校	杨镇环镇东路 12 号	61451244
小店中心小学校	杨镇小店村小学路 4 号	61412824
张镇中心小学校	张镇张各庄村西侧张孙路 2 号	61480604
李遂中心小学校	李遂镇南孙路李遂段 17 号	89484220
尹家府中心小学校	大孙各庄镇四福通达街 90 号	61472814
大孙各庄中心小学校	大孙各庄镇府前东街 6 号	61432073
龙湾屯中心小学校	龙湾屯镇府前南街 8 号	60461289
北务中心小学校	北务镇商业街 5 号	61421934
木林中心小学校	木林镇木林村东	60456039
明德小学	木林镇马坊村中心街 5 号	60448505
李各庄学校	木林镇李各庄村北	60492697
李桥中心小学校	李桥镇馨港庄园 38 号	81478405
沿河中心小学校	李桥镇沿河村西	69489636
马坡中心小学校	马坡镇	69401651
马坡第二小学	马坡镇马卷村	69409805
牛山中心小学校	牛栏山镇府前街 26 号	69411083
天竺中心小学校	天竺地区办事处西侧	64584338
南法信中心小学校	南法信镇顺余路 5 号	69473552
后沙峪中心小学校	后沙峪镇政府北	80416056
空港小学	空港 B 区内	80477519
高丽营第二小学	高丽营镇张喜庄村拓新区 13 号	69491856
北小营中心小学校	北小营镇北小营村	60483734
仇家店中心小学校	北小营镇仇家店村	60483729
北石槽中心小学校	北石槽镇府前西街 11 号	60422512
赵全营中心小学校	赵全营镇牛板路赵全营段 92 号	60435426
板桥中心小学校	赵全营镇板桥村牛板路段 1 号	60442174

特殊教育学校	光明南街13号	69423095

中　学

一、完中

第二中学	前进花园南侧	69421643
第十中学	后沙峪镇双裕街	80416138

二、高级中学

牛栏山第一中学	牛栏山镇育才大街1号	69411142
杨镇第一中学	杨镇三街	61451055
第一中学	站前东街6号	69444448
第九中学	仁和镇河南村北	89498802

三、初级中学

第三中学	府前东街27号	69422509
第四中学	光明南街2号	69446143
第五中学	石园西区	89441490
第八中学	光明北街18号	69429480
仁和中学	双河大街15号	89492474
俸伯中学	南彩镇政府东200米路南	89477257
杨镇第二中学	杨镇三街西	61451155
张镇中学	张镇张孙路张镇段5号	61480765
龙湾屯中学	龙湾屯镇府南路5号	60461319
木林中学	木林镇顺焦路木林段1号	60457445
北务中学	北务镇北务村商业街7号	61421946
小店中学	杨镇小店新街13号	61412881
李遂中学	李遂镇南孙路沟北段38号	89481601
尹家府中学	大孙各庄镇四福通大街88号	61472870
大孙各庄中学	大孙各庄镇府前东街8号	61434877
李桥中学	李桥镇李桥村	81473876
沿河中学	平沿路北河村南	69480315
天竺中学	天竺镇府前一街29号	80467213
南法信中学	西海洪村	69476574
马坡中学	马坡镇秦武姚村	69409776
牛山第二中学	京密路牛山段3号	69412537
牛山第三中学	牛山镇牛富路2号	69413751
板桥中学	赵全营镇板桥村中学街39号	60442108
高丽营第二中学	高丽营镇张喜庄村拓新区12号	69491828
北小营中学	北小营镇府西路1号	60483730
北石槽中学	北石槽镇府前西街4号	60422123

赵全营中学	赵全营镇牛板路129号	60431128
四、一贯制学校		
南彩学校	南彩镇南彩村东	89469286
沙岭学校	杨镇沙岭青年路5号	61442573
赵各庄学校	张镇赵各庄村	61491214
高丽营学校	高丽营镇四村	69455654

职业学校

现代职业技术学院	顺义区裕龙花园三街	81497745
北京广播电视大学顺义分校	顺义区府前西街南侧	81484548
顺义区第一职业学校	顺义区府前西街南侧	69444559
顺义区汽车技术职业高中	顺义区仁和镇河南村西	89451090

民办、职业学校、教育机构

北京市顺义区伊顿幼儿园	顺义区天竺镇花梨坎村	80465338
北京市顺义区景福幼儿园	顺义区顺福路2号	89452591
北京市顺义区泛美幼儿园	顺义区南关平各庄	89497758
北京市顺义区长颈鹿幼儿园	顺义区裕龙花园二区四号楼	81482222
北京市顺义区汇佳东方幼儿园	顺义区东方太阳城万晴园54号楼	89431740
北京市顺义万科城市花园幼儿园	顺义区空港开发区万科城市花园	80485697
北京市顺义区采风幼儿园	顺义区南彩镇前俸伯村	89477510
顺义区育才文化培训学校	顺义区光明街路西	81499014 13611206421
顺义区巨人文化艺术培训学校	顺义社区教育中心院内	51608188－8451 13910301789
顺义区精诚文化学校	顺义社区教育中心电大楼	69422385 60893669
顺义区益民培训学校	顺义府前街亿汇洋进出口公司	69421055
顺义区心语语言培训学校	顺义西辛北区乙10－1－201、202	13621346179
顺义区启明星文化培训学校	顺义区石园北区22楼甲2,甲3	13716709668
顺义区博文鸿智文化艺术培训学校	顺义西辛南区16号楼4号	69460687
顺义区博识培训中心	顺义区府前东街人才中心院内	69442549－8070
顺义区海澄文化培训学校	顺义幸福东区丁19号202室	69426723 13671347118
顺义区英才培训学校	北京首都机场京林大厦5层	64568963 13311398452
顺义区童馨诚文化培训学校	顺义区顺平路后沙峪段17号	13661012965
顺义区爱嘉励儿童双语培训学校	顺义区后沙峪嘉浩别墅3056号	80467082

		13611334043
顺义区津桥培训中心	顺义区赵全营镇河庄村北	60441289
		13910527630
顺义区兴华职业技术培训学校	顺义区南彩镇后俸伯村北	69422156
		13801017792
顺义区杨名教育培训部	顺义区杨镇三街	13601228960
顺义区酬勤文化培训中心	顺义杨镇燕雄大厦	13371685988
顺义区圆梦文化培训中心	顺义区杨镇双阳小区 14 号楼 10 号	61455213 67461526
顺义区百华文化培训学校	顺义区杨镇双阳南区办公楼	13520169301
顺义区启航信息化培训学校	顺义区北小营镇永利小区商业楼	60488111
		13522374073
顺义区成才育人英语培训学校	顺义区木林镇木林村	69442686
		13611122710
顺义区东方英才培训学校	顺义区北小营前礼务村建业路 37 号	13801208740
顺义区育圣源培训学校	顺义区怡馨家园 32 号楼 3 层	69466352
顺义区方村培训学校	顺义区杨镇大街	86050653
		13121016682
顺义区启智文化艺术中心	北京广播电视大学顺义分校院内	13911737182
顺义区绿港培训学校	顺义区站前街商业 2 号楼	69468518
顺义区求实外语培训学校	顺义区光明南街 15 号	81491180 69433605
顺义区九日外国语培训学校	顺义区南彩九王庄	89469904
		130310530319(许)
顺义区英美外语培训中心	顺义区文化馆内	86619550
顺义区育林外语培训学校	顺义区石园北区 68 号楼 4 门 202	69446117
		13501229330
顺义区朝阳英语培训学校	顺义区石园北区 68 号楼 4 门 402	69463856
		13466533366
顺义区神通外语培训中心		13701213619
顺义区勤力富昌外语培训学校	顺义区北务镇敬老院内	13701028762
		13801317921
顺义区明星外语培训学校	顺义区李遂镇潮华路沟北段 2 号	89484999
		13331063833
顺义区阳光外语培训学校		13511033575
顺义区顺发实用技术培训学校	顺义区电影院内	13161561431
		69425003
顺义区现代电脑培训学校		69464245 86172664
顺义区顺图计算机培训学校	顺义光明南街 20 号图书馆内	69447265
		13691323894
顺义区金永大残疾人计算机培训学校	顺义区杨镇小店新街 7 号	61414522

		13911579667
顺义区捷创网苑计算机学校	顺义区仁和镇沙坨工业区西街31号	69464500
		13911623976
顺一汽车驾驶员培训学校	顺义区农机局院内	69444415
顺义区飞天驾驶学校	顺义区天竺镇府前西街粮库附近	80416379
顺义时星宇汽车驾驶学校	顺义区后沙峪镇泗上村	80416126
北京市安立汽车驾驶学校	顺义区后沙峪镇泗上村	69454563
顺义区维特汽车驾驶学校	顺义区后沙峪镇泗上村	13901009355
北京市京顺汽车驾驶学校	顺义区后沙峪镇泗上村	69454512
北京市京城汽车驾驶技工学校	顺义区后沙峪玉马教练场	80416739
北京恒通汽车摩托车驾驶培训学校	顺义区后沙峪镇泗上村	84328325
		13911836177
顺义平安驾驶学校	顺义区南法信顺高路南侧	69472690
顺义区交通培训学校	顺义区南法信顺平路北侧	69478911
顺义区顺交通达汽车驾驶员培训中心	顺义区交通局运输队院内	69433970
		13911605550
北京市五环汽车摩托车驾驶员培训学校	顺义区后沙峪镇泗上村	84913618
		13901107598
顺义区农机汽车驾校	顺义区南彩镇后俸伯村	89477650
顺义区伟宁文化艺术培训中心	顺义区怡馨家园32号楼2层	69467266
顺义区春蕾文化艺术培训学校	顺义区石园东区居委会院内	89498534
		13901191813
顺义区东方太阳城文体培训学校	顺义区东方太阳城中心会所	89431700
顺义区群星乒乓球培训学校	顺义区后沙峪镇铁杨路一号	80482538
		13716257747
顺义区京奥国门乒乓球培训学校	顺义区车辆检测场东路2号	13311289621
顺义区威豪素质教育培训学校	顺义区武警十支队后院	13146795869
顺义区东方金子塔儿童潜能培训学校		81674163
顺义区精灵花雨文化艺术培训中心	顺义区幸福西区甲1—2号	69463345
顺义区蓝天空港职业文化培训学校	顺义区高丽营二中(四楼)院内	69497040
		13001016290
顺义区养元牧业培训示范中心	顺义区北石槽镇	60424717

教育机构

少年宫	顺义区府前东街	69436835
教师之家	顺义区光明南街	69443059
保健所	顺义区幸福西街	81493237
装备部	顺义区仁和镇庄头村南	69433295

教研考试中心	顺义区石幢西	69443837
社区教育中心	顺义区贯通路	69443449

驻顺高校

北京国际标准舞研修学院	顺义区后沙峪裕民大街甲4号	69453012
北京美国英语语言学院	顺义区京顺路99号	69409588
北京工业大学耿丹学院	顺义区牛栏山镇牛富路牛山段3号	60411788
北京人文大学顺义校区	顺义区天竺镇空港开发区裕东路3号	80497320
中央美术学院城市设计学院	顺义区后沙峪裕民大街1号	80410801
首都医科大学燕京医学院	顺义大东路4号	69443147
北京现代职业技术学院	顺义区裕龙花园三街	81497745
北京国家会计学院	顺义天竺开发区	64570088

区域卫生机构

医　院

名称	地　址	电话
北京杏园金方国医医院	北京市顺义区后沙峪	80497556
北京首儿李桥儿童医院	顺义区李桥镇李天路李桥段5号	81472688
北京东方太阳城医院	顺义东方太阳城万晴园104楼	89432458·9
北京市顺义区结核病防治中心	北京市顺义区府前东街大东路	69443478
北京市顺义区医院	北京市顺义区光明南街3号	69444548
北京市顺义区中医医院	北京市顺义区站前东街5号	69442484
北京市顺义区空港医院(北京市顺义区医院二部、北京市顺义区后沙峪镇卫生院)	北京市顺义区后沙峪镇	80496772
北京京顺医院	北京市顺义区府前西街铁路西	69449024
北京市顺义区传染病医院	北京市顺义区张镇侯庄村	61491609
北京市顺义区法医院	北京市顺义区法医街3号	69441489
北京市顺义区妇幼保健院	北京市顺义区顺康路1号	69462216
北京市顺义区第二医院	北京市顺义区杨镇	61451265

卫生院

北京市顺义区赵全营镇板桥卫生院	北京市顺义区赵全营镇板桥村	60442196
北京市顺义区木林镇卫生院	北京市顺义区木林镇村西	60457195

北京市顺义区张镇卫生院	北京市顺义区张镇大街 5 号	61480647
北京市顺义区高丽营镇张喜庄卫生院	北京市顺义区高丽营镇张喜庄村南	69491442
北京市顺义区南彩镇卫生院	北京市顺义区南彩镇	89469280
北京市顺义区南法信镇卫生院	北京市顺义区南法信镇顺榆路 9 号	69473434
北京市顺义区龙湾屯镇卫生院	北京市顺义区龙湾屯镇	60462200
北京市顺义区天竺镇卫生院	北京市顺义区天竺镇府前街 27 号	64566232
北京市顺义区仁和镇卫生院	北京市顺义区石圆南区东侧	89443896
北京市顺义区南彩镇俸伯卫生院	顺义区南彩镇俸伯村东	89477261
北京市顺义区北石槽镇卫生院	北京市顺义区北石槽镇北石槽村	60422508
北京市顺义区第三医院	北京市顺义区牛栏山镇	69411353
北京市顺义区马坡镇卫生院	北京市顺义区马坡镇卫生院政府北侧	69404194
北京市顺义区杨镇沙岭卫生院	北京市顺义区杨镇沙岭	61441775
北京市顺义区北小营镇卫生院	北京市顺义区北小营镇	60483645
北京市顺义区赵全营镇卫生院	北京市顺义区赵全营镇政府对面	60431136
北京市顺义区李遂镇卫生院	北京市顺义区李遂镇	89481582
北京市顺义区高丽营镇卫生院	北京市顺义区高丽营镇	69455946
北京市顺义区大孙各庄卫生院	北京市顺义区大孙各庄府前东街 4 号	61432117
北京市顺义区杨镇小店卫生院	北京市顺义区杨镇小店村	61412835
北京市顺义区李桥镇卫生院	北京市顺义区李桥镇沿河村西	69485960
北京市顺义区北务镇卫生院	北京市顺义区北务镇政府东侧	61421715
北京市顺义区城区卫生服务中心	北京市顺义区胜利街办事处建新南街	81490490

门诊部

首都医科大学燕京医学院门诊部	北京市顺义区大东路 4 号	69442955
北京康圣德门诊部	北京市顺义区西辛南区北口甲 62 号	69433879
北京祥顺康医疗器械有限公司正杰口腔门诊部	北京市顺义区仁和地区怡馨家园 13 号楼 104 室	13801325355
北京现代阳光医院管理有限公司空港门诊部	北京市顺义区天竺空港工业区A 区天柱路 27 号 B 座 103	80480284
北京嘉华康永投资管理有限公司新世纪荣和儿科门诊部	北京市顺义区天竺镇丽苑街荣和商业中心 19 号楼 K-01	88046206
北京现代人口腔门诊部	北京顺义区石园北区40号楼3门101号	81496806
北京市向阳中医门诊部	北京市顺义区马坡镇向阳村村南	69401309
北京中亚康门诊部	北京市顺义区顺通路 6 号	89496999
北京市广怡口腔门诊部	北京市顺义区怡馨家园5号楼19号门市	81496156
北京市顺义区疾病预防控制中心	北京市顺义区光明南街 1 号	69443268
北京真爱门诊部	北京顺义区怡馨家园商业步行街5-36	81905529

北京松川中医药抗肿瘤研究有限公司松川堂诊所	北京市顺义区彩风新城彩俸北区4号楼1层07室	86240430 13641350584

区文物保护单位

北京市文物保护单位

名称	类别	时代	地址	公布时间
焦庄户地道战遗址纪念馆	革命	近代	顺义区龙湾屯镇焦庄户村	1979年
元圣宫	古建	元末明初	顺义牛栏山一中校内	1995年
无梁阁	古建	元末明初	顺义区大孙各庄镇顾家庄村东	2001年

顺义区文物保护单位

名称	类别	时代	地址	公布时间
烈士陵园	革命	近代	顺义区潮白河东	1984年
胡奴县遗址	遗址	西汉初年	顺义区北小营镇狐奴山下	1984年
古城遗址	遗址	元代	顺义区后沙峪镇古城村北	1984年
顺义城垣	古建	唐代末年	顺义区仁和镇太平村	1984年
孔庙元碑	古建	元代	顺义区文物管理所内	1984年
和硕亲王碑	石刻	清代	顺义区李桥镇王家坟村	1984年

区域文物

名称	类别	时代	地址	公布时间
庞山烈士墓	墓地	近代	顺义区大孙各庄镇	2000年
关帝庙	古建	清代	顺义区高丽营镇南郎中村	1984年
关帝庙	古建	清代	顺义区杨镇一中	1984年
关帝庙	古建	清代	顺义区北石槽镇武各庄村	1984年
开元寺	古建	清代	顺义区仁和镇复兴村	1984年
清真寺	古建	清代	顺义区高丽营镇高丽营村	1984年
清真寺	古建	清代	顺义区南法信镇回民营村	1984年

区域古树名木

序号	乡镇	地点	树种	级别
1	牛栏山	卢正卷	侧柏	1
2	牛栏山	相各庄	侧柏	1
3	牛栏山	相各庄	侧柏	2
4	牛栏山	北孙各庄	银杏	1
5	牛栏山	北孙各庄	银杏	1
6	牛栏山	龙王头	国槐	1
7	牛栏山	下坡屯	侧柏	2
8	牛栏山	牛山一中	国槐	1
9	牛栏山	牛山一中	国槐	1
10	牛栏山	牛山一中	侧柏	1
11	牛栏山	牛山一中	侧柏	1
12	牛栏山	牛山一中	侧柏	2
13	牛栏山	牛山一中	侧柏	2
14	牛栏山	牛山一中	侧柏	2
15	牛栏山	牛山一中	侧柏	2
16	牛栏山	牛山一中	侧柏	2
17	牛栏山	牛山一中	侧柏	2
18	牛栏山	牛山一中	侧柏	2
19	牛栏山	牛山一中	侧柏	2
20	牛栏山	牛山一中	侧柏	2
21	牛栏山	牛山一中	侧柏	2
22	牛栏山	牛山一中	侧柏	2
23	牛栏山	牛山一中	侧柏	2
24	牛栏山	牛山一中	侧柏	2
25	牛栏山	牛山一中	侧柏	2
26	牛栏山	牛山一中	侧柏	2
27	牛栏山	牛山一中	侧柏	2
28	牛栏山	牛山一中	侧柏	2
29	杨镇	白塔	国槐	2
30	杨镇	杜庄	国槐	1
31	杨镇	杨镇中学	银杏	1
32	杨镇	杨镇小学	侧柏	1
33	杨镇	杨镇小学	侧柏	1
34	杨镇	东疃	国槐	1
35	杨镇	田营	侧柏	1

序号	乡镇	地点	树种	级别
36	仁 和	京汉房地产公司	国 槐	1
37	仁 和	京汉房地产公司	国 槐	2
38	仁 和	胜 利	国 槐	2
39	仁 和	军 营	枣	2
40	仁 和	赵 古 营	国 槐	2
41	仁 和	临 河	国 槐	1
42	马 坡	洼 子	国 槐	1
43	马 坡	良 正 卷	国 槐	1
44	马 坡	衙 门 村	国 槐	1
45	马 坡	马 卷	国 槐	2
46	北 石 槽	寺 上 小 学	国 槐	1
47	北 石 槽	寺 上 小 学	国 槐	2
48	李 遂	葛 代 子	国 槐	2
49	龙 湾 屯	丁 甲 庄	侧 柏	2
50	龙 湾 屯	山 里 辛 庄	国 槐	2
51	龙 湾 屯	山 里 辛 庄	国 槐	2
52	北 务	王 各 庄	侧 柏	2
53	南彩	九王庄	国槐	2
54	李桥	沿河村	国槐	2
55	北石槽	良善庄	国槐	1
56	李桥	南半壁店	枣树	2

顺义区纳税前100名企业

国税纳税前100名企业

序号	企业名称	注册地址	联系电话
1	北京现代汽车有限公司	北京市顺义区林河工业开发区顺通路18号	89490151
2	北京燕京啤酒股份有限公司	北京市顺义区双河路9号	89492136
3	北京现代摩比斯汽车零部件有限公司	北京市顺义区双河路59号	89448860
4	华夏基金管理有限公司	北京市顺义区天竺空港工业区A区	88066688
5	北京顺鑫农业股份有限公司牛栏山酒厂	北京市顺义区牛栏山镇(牛山地区办事处东侧)	69411219

序号	企业名称	注册地址	联系电话
6	北京康捷空国际货运代理有限公司	北京市顺义区南法信镇府前街12号	64579779－257
7	中航鑫港担保有限公司	北京市顺义区北京空港物流基地物流园8街1号	64564265
8	北京牛栏山鑫鑫贸易有限公司	北京市顺义区牛山地区下坡村西	69411204
9	北京燕京啤酒股份有限公司一分公司	北京市顺义区向阳西街6号	69402745
10	伟世通汽车空调(北京)有限公司	北京市顺义区南彩镇彩园工业区彩祥西路6号	89473401 89473402
11	国航进出口有限公司	北京市顺义区首都机场国航基地四号	64599942
12	北京现代摩比斯汽车配件有限公司	北京市顺义区顺通路西北京汽车工业控股有限责任公司汽车生产基地南地块	84539111－8701/8703
13	中国航空油料集团公司	北京市顺义区天竺空港工业区A区天柱路28号	82001149
14	中国航空油料有限责任公司北京分公司	北京市顺义区北京首都国际机场中国航空油料华北公司办公楼	64567830
15	中国航空油料有限责任公司	北京市顺义区天竺空港工业区A区天柱路28号蓝天大厦6层	82001032
16	北京韩美药品有限公司	北京市顺义区天竺镇(北京天竺空港工业区内)	84409898－235
17	北京首都国际机场股份有限公司	北京市顺义区北京空港物流园区绿生路2号	64545627
18	北京江森汽车部件有限公司	北京市顺义区林河工业开发区林河南大街路南	89407755－8103
19	北京世纪和平投资有限公司	北京市顺义区北京空港物流基地物流园八街1号	1360118650085181901
20	北京现代海斯克钢材有限公司	北京市顺义区仁和镇顺平西路9号(顺通路西侧)	89401540－122
21	联邦快递(中国)有限公司	北京市顺义区天竺空港工业区天柱路12号	64685599－3026
22	北京市大龙房地产开发有限公司	北京市顺义区府前东街甲2号416室	69440513
23	北京市顺义烟草公司	北京市顺义区中山南大街路东	69438820

序号	企业名称	注册地址	联系电话
24	北京首都机场动力能源有限公司	北京市顺义区天竺镇府右街6号	64593654
25	北京韩一汽车饰件有限公司	北京市顺义区仁和镇二三产业发展基地	89495755－207
26	约翰内斯·海德汉博士(中国)有限公司	北京市顺义区天竺空港工业区A区	80420093
27	北京北一数控机床有限责任公司	北京市顺义区林河工业开发区	89451789
28	北京李尔岱摩斯汽车系统有限公司	北京市顺义区仁和镇河南村村委会南500米	89491121－6100
29	北京国泰平安百货有限公司	北京市顺义区府前街南侧(国泰大厦)	69447430
30	金刚化工(北京)有限公司	北京市顺义区顺通路51号	89498181
31	北京三立车灯有限公司	北京市顺义区林河大街32号	89448511
32	宝德强科技(北京)有限公司	北京市顺义区高丽营镇金马开发区南路一号	69490208
33	北京汇源食品饮料有限公司	北京市顺义县北小营镇	60483388
34	北京首都机场广告有限公司	北京市顺义区北京空港物流园区	64597660
35	西铁城(中国)钟表有限公司	北京市顺义区天竺镇北京国际机场工业开发区	80486655
36	威乐(中国)水泵系统有限公司	北京市顺义区天竺空港工业区B区裕华路23号	58041888
37	北京世钟汽车配件有限公司	北京市顺义区北小营镇	60487756－810
38	日上免税行(中国)有限公司	北京市首都国际机场航安路机场商贸公司四楼	64542889
39	罗森伯格亚太电子有限公司	北京市顺义区北京天竺空港工业区B区安祥路3号	80481995
40	北京汽车制造厂有限公司顺义汽车厂	北京市顺义区仁和工业区	69489551
41	北京合百意生态能源科技开发有限公司	北京市顺义区李遂镇南孙路23号	89481386
42	延锋伟世通(北京)汽车饰件系统有限公司	北京市顺义区林河工业开发区顺通路55号	89407766－7326
43	北京天地嘉禾房地产开发有限公司	北京市顺义区后沙峪地区双裕街39号	64795558－870

序号	企业名称	注册地址	联系电话
44	北京华美丽服饰有限公司	北京市顺义区马坡镇秦武姚村一号	69409177
45	北京长乐房地产开发有限公司	北京市顺义区天竺镇	8518666－1603
46	北京江河幕墙股份有限公司	北京市顺义区牛栏山镇东方路甲2号	15810227002
47	北京万科四季花城房地产开发有限公司	北京市顺义区仁和地区望泉寺村村民委员会东100米	84534666
48	北京首都机场商贸有限公司	北京市顺义区北京空港物流园区	64556081
49	北京大昌庆镇汽车部件有限公司	北京市顺义区杨镇人民政府东侧600米	61450991－220 13439590802
50	北京曲美馨家商业有限公司	北京市顺义区南彩镇彩园工业小区	84937626－8861.8862
51	北京东方雨虹防水技术股份有限公司	北京市顺义区杨镇曾庄顺平南路	59031861　13691181102
52	北京吉祥德尔格安全设备有限公司	北京市顺义区天竺空港工业区B区峪安路甲22号	80498000
53	北京首都机场航空安保有限公司	北京市顺义区北京空港物流基地物流园八街1号	64545351
54	北京汇源食品饮料有限公司北京销售中心	北京市顺义区北小营镇府前街北侧(北京汇源食品饮料有限公司)	13261862712
55	北京皇冠制罐有限公司	北京市顺义区天竺空港工业区B区安祥路	80497999
56	北京市顺义国泰商业大厦	北京市顺义区府前东街南	69447430
57	北京顺义西单商场	北京市顺义区府前西街一号	69447403
58	北京顺义新城建设开发有限公司	北京市顺义区马坡镇向阳西街6号	69460198－6021
59	中油长城钻井有限责任公司	北京市顺义区林河工业开发区双河大街18号	59285189
60	易兰德(北京)印务有限公司	北京市顺义区天竺空港工业区B区安祥大街2号	80483300－56
61	北京曲美家具集团有限公司	北京市顺义区南彩镇彩祥东路11号	89478002　13910029834
62	首都机场集团公司	北京市顺义区天竺空港工业区A区天柱路28号楼	64595958

序号	企业名称	注册地址	联系电话
63	北京奕长丰商业有限公司	北京市顺义区首都机场国际隔离区(新航站楼)	64542892
64	中国电子口岸数据中心	北京市顺义区李桥镇龙塘路西段8号	85193790
65	首都机场集团财务有限公司	北京市顺义区首都国际机场首都机场集团公司综合楼五层(首都机场内)	64564271
66	可附特汽车零部件制造(北京)有限公司	北京市顺义区南彩镇彩园工业区	89470429
67	北京英迈特矿山机械有限公司	北京市顺义区马坡聚源工业区	69407788
68	埃莫斯塔(北京)机械有限公司	北京市顺义区天竺空港工业区B区裕华路29号A部分	80485340
69	北京顺丰速运有限公司	北京市顺义区北京空港物流园区物流八街1号	69470503
70	中石油昆仑燃气有限公司	北京市顺义区仁和地区杜各庄村东	66211177－613
71	北京平和精工汽车部件有限公司	北京市顺义区南彩镇二三产业基地1号	89475002
72	安泰科技股份有限公司北京空港新材分公司	北京市顺义区空港开发区B区裕华路东侧	80485878　13321195620
73	国药集团工业有限公司	北京市顺义区仁和地区燕京立交桥东南侧100米	81485954－238
74	北京金诚创和服装有限公司	北京市顺义区马坡镇向阳西路北侧6号	80493041－8031
75	中航材国际招标有限公司	北京市顺义县空港工业区天柱路乙8号	64610329
76	北京光大纸制品有限公司	北京市顺义区南法信镇南卷村	69400066
77	北京雅昌彩色印刷有限公司	北京市顺义区天竺空港工业区A区天纬四街7号	80486788－807
78	蓝星清洗股份有限公司北京分公司	北京市顺义区吉祥工业开发区内	80482409
79	赛多利斯科学仪器(北京)有限公司	北京市顺义区天竺空港工业区B区裕安路33号厂房办公楼	64392846
80	首安工业消防有限公司	北京市顺义区李桥镇南半壁店工业区	81463816

序号	企业名称	注册地址	联系电话
81	北京天竺之星汽车综合服务有限公司	北京市顺义区天竺镇府右街3号	84701253
82	北京市顺义后鲁水泥构件厂	北京市顺义区北小营镇后鲁各庄村	60488306
83	北京丽高房地产开发有限公司	北京市顺义区丽高花园	67088989
84	北京村田电子有限公司	北京市顺义区天竺空港工业区天柱路11号	80486622－3320
85	旭格幕墙门窗系统(北京)有限公司	北京市顺义区天竺空港工业区B区	84400022－6701
86	北京新华空港航空食品有限公司	北京市顺义区天竺空港工业区A区	64506913
87	北京顺义国际学校	北京市顺义区安华街10号	81492345－2040
88	北京顺发拉法基水泥有限公司	北京市顺义区大孙各庄镇户耳山北	61432151
89	坪山汽车零部件(北京)有限公司	北京市顺义区北小营镇北小营村	60487724
90	北京世纪百强家具有限责任公司	北京市顺义区牛栏山镇牛汇南一街5号	13146512036
91	北京金汉房地产开发有限公司	北京市顺义区大孙各庄镇大段村西	81494225
92	海福乐五金(北京)有限公司	北京市顺义区天竺空港工业区B区	80482686
93	北京中韩伍洋机械工业有限公司	北京市顺义区牛栏山镇东方路11号	69411234
94	北京大起空调有限公司	北京市顺义区后沙峪镇枯柳树村村委会南1000米	80483554
95	北京市恒慧通肉类食品有限公司	北京市顺义区高丽营镇金马工业区	51679366
96	北京利祥制药有限公司	北京市顺义区林河工业开发区顺康路64号	65510800　13522915646
97	北京光明健能乳业有限公司	北京市顺义区林河工业开发区内	89495539
98	北京燕京饮料有限公司	北京市顺义区双河大街8号	
99	北京博维航空设施管理有限公司	北京市顺义区北京空港物流基地物流园八街1号	64597134
100	北京莱姆电子有限公司	北京市顺义区林河工业开发区林河大街28号	89455288

地税纳税前100名企业

序号	纳税人名称	经营地址	联系电话
1	中国国际航空股份有限公司	天竺空港工业区A区天柱路30号	61462187
2	北京首都国际机场股份有限公司	北京空港物流园区绿生路2号	64507352
3	华夏基金管理有限公司	西城区金融大街33号通泰大厦	88066688
4	首都机场集团公司	天竺空港工业区A区天柱路28号楼	64535535
5	中国民生银行股份有限公司信用卡中心	马坡地区顺安路68号	66526688
6	北京市大龙房地产开发有限公司	府前东街甲2号416室	69440513
7	北京英才房地产开发有限公司	后沙峪镇温榆河别墅区21号龙湾别墅	84701502
8	中国新华航空集团有限公司	天竺镇府前一街16号	64591932
9	北京长乐房地产开发有限公司	北京东城区东方广场w3－307	8518666－1606
10	北京现代汽车有限公司	林河工业开发区顺通路18号	89490151
11	北京东方太阳城房地产开发有限责任公司	仁和镇东方太阳城社区中心	88096688
12	北京飞机维修工程有限公司	首都国际机场	64561122－5030
13	北京燕京啤酒股份有限公司	双河路9号	89492136
14	北京龙湖置业有限公司	牛栏山镇张庄村南	84661720
15	北京首都航空有限公司	后沙峪镇吉祥工业区5－1号	59156056
16	北京碧水源房地产开发有限公司	后沙峪镇双峪街35号	89516666
17	北京顺力成电力设备安装维修有限公司	南法信镇府前街47号	63674067
18	北京东君房地产开发有限公司	高丽营镇中心区南侧高丽营小区1栋	84407008

序号	企业名称	注册地址	联系电话
19	北京金汉房地产开发有限公司	大孙各庄镇大段村西	81494225
20	北京顺义新城建设开发有限公司	马坡镇向阳西街6号	61403110
21	中国南方航空股份有限公司北京分公司	空港工业B区裕华路27号2号楼	64546104
22	中国工商银行股份有限公司北京顺义支行	顺通路西侧(石园西路)	69466598
23	中国民用航空华北地区管理局	朝阳区首都机场	64592262
24	北京北一数控机床有限责任公司	林河工业开发区	89451789
25	北京空港科技园区股份有限公司	天竺空港工业区A区	80489277
26	北京地源达房地产开发有限公司	马坡镇顺成大街15号1号楼3层	58767777－6173
27	北京江河幕墙股份有限公司	牛汇北五街5号	60411166－631
28	北京市公路桥梁建设集团有限公司	北务镇府前街6号	63952221－412
29	北京仁和日升房地产有限公司	仁和地区燕京街9号	89491507
30	北京城建集团有限责任公司顺义分公司	南法信镇府前街12号	13601156366
31	中国国际货运航空有限公司	天竺空港工业区A区	84480067
32	北京乔波冰雪家园置业有限公司	顺安北路路东	64827829
33	北京路桥瑞通养护中心	北京市海淀区厂西门路2号吉友大厦	88465555－8018
34	北京京辰房地产开发有限公司	博特花园088号	89451912
35	北京牛栏山鑫鑫贸易有限公司	牛山地区下坡村西	69411204
36	联邦快递(中国)有限公司	天竺空港工业区天柱路12号	64685599－3033
37	北京建升房地产开发有限公司	仁和地区石门村东侧	81495559

序号	企业名称	注册地址	联系电话
38	北京索爱普天移动通信有限公司	天竺空港工业区 A 区天柱西路	80481188 - 203
39	北京顺义国际学校	安华街 10 号	81492345 - 2040
40	北京万科四季花城房地产开发有限公司	仁和地区望泉寺村村民委会东 100 米	84534666
41	北京市天竺房地产开发公司	天竺镇政府街	64568379
42	中国农业银行股份有限公司北京顺义支行	府前西街	69444843
43	北京宏顺兴房地产开发有限公司	光明北街甲 1 号	81495632
44	北京康捷空国际货运代理有限公司	南法信镇府前街 12 号	64579779
45	中国航空油料有限责任公司北京分公司	北京首都国际机场中国航空油料华北公司办公楼	64567830
46	中国民航机场建设集团公司	朝阳区北四环东路 111 号楼 64921229	
47	北京空港航空地面服务有限公司	北京空港物流基地物流园八街一号	64567344
48	北京丽高房地产开发有限公司	丽高花园	67088989
49	北京新程愿景房地产开发有限公司	北小营镇北小营村	81478872
50	北京首都机场航空安保有限公司	北京空港物流基地物流园八街 1 号	64545656
51	北京市裕鑫房地产开发有限公司	后沙峪地区办事处南侧	80492479
52	中美大都会人寿保险有限公司	北京市东城区东长安街 1 号东方广场东方经贸城东二办公楼 12 层	85180966
53	北京恒宇建筑工程有限公司	顺通路 28 号 312 室	69427791
54	中油长城钻井有限责任公司	林河工业开发区双河大街 18 号	59285065
55	北京银行股份有限公司顺义支行	站前街粮食局商办楼	81483210
56	北京甄氏房地产开发集团有限公司	李桥镇南半壁店村西	81478872

序号	企业名称	注册地址	联系电话
57	北京鑫大禹水利建筑工程有限公司	杨镇府前街北侧100米	89476113－1009
58	北京顺丰速运有限公司	北京空港物流园物流八街1号	69470503
59	北京中展投资发展有限公司	裕翔路88号	80468617
60	中北华宇建筑工程公司	顺通路38号	89407569
61	北京市土地整理储备中心顺义区分中心	仓上街11号	69448350
62	北京隆华广厦房地产开发有限公司	石门街供销大厦六层	89423232－6696
63	北京首钢冷轧薄板有限公司	李桥镇任李路200号	81477822
64	北京建工集团有限责任公司顺义分公司	空港物流基地物流园八街1号	89404838
65	北京空港天恒房地产开发有限公司	天竺空港工业区A区天恒花园3号楼1层	80489808－815
66	中国建设银行股份有限公司北京顺义支行	府前中街	69443295
67	北京长久物流有限公司	南彩镇彩园工业区2号	89478985
68	中国航空油料集团公司	天竺空港工业区A区天柱路28号	59890048
69	北京首都机场餐饮发展有限公司	首都机场二号航站楼	64596924
70	北京首都机场动力能源有限公司	北京市首都机场航安路	64593654
71	北京顺鑫农业股份有限公司牛栏山酒厂	牛栏山镇(牛山地区办事处东侧)	69411219
72	北京德威英国国际学校	首都机场路89号	64549101
73	北京顺鑫佳宇房地产开发有限公司高丽营项目部	高丽营镇金马工业区73号	89471581
74	北京林河工业开发总公司	林河工业开发区双河大街18号	89493610
75	首都空港贵宾服务管理有限公司	北京空港物流基地物流8街1号	64590496

序号	企业名称	注册地址	联系电话
76	北京首都机场扩建工程指挥部	空港物流基地物流园八街一号	64574232
77	北京丽来房地产开发有限公司	天竺镇	67081182
78	北京现代摩比斯汽车零部件有限公司	双河路 59 号	89448860
79	北京金宝房地产开发有限公司	北京市顺义县潮白河旅游开发区	69405950
80	北京首都机场物业管理有限公司	北京空港物流基地物流园八街 1 号	64598876
81	北京春晖园文化娱乐有限责任公司	高丽营镇于庄	69454433
82	北京顺桥房地产开发有限公司	石门街 6 号	64795506
83	北京牛栏山房地产开发有限责任公司	牛山地区办事处北侧	89412651
84	北京龙湖庆华置业有限公司	牛栏山镇顺安北路 8 号	84663176
85	北京万科企业有限公司	天竺空港工业开发区 B 区北京万科城市花园梅花园 4 号楼	85873666
86	北京京顺房地产有限责任公司	南彩镇九王庄村	89483881
87	北京合景房地产开发有限公司	马坡镇聚源西路 7 号	59037111
88	中国航空传媒广告公司	南法信镇府前街 47 号	64748822 – 4833
89	北京北方新辉印刷产业基地	北务镇龙塘路南侧	61423119
90	北京市顺义国泰商业大厦	府前东街南	69447430
91	北京博维航空设施管理有限公司	北京空港物流基地物流园八街 1 号	64595322
92	北京利星房地产开发有限公司	天竺镇府右街 3 号	84776611
93	天地国际运输代理(中国)有限公司	空港物流基地八街 9 号	69477060 – 1060
94	北京奥竺房地产开发有限公司	天竺地区办事处院内	64588758

序号	企业名称	注册地址	联系电话
95	北京首都机场商贸有限公司	北京空港物流园区	64595966
96	交通银行股份有限公司北京顺义支行	仓上街 2 号 AMB 大厦 B 区一层	89448373
97	北京金蝶中间件软件系统有限公司	仁和地区顺泽大街 65 号	59133257
98	北京百顺达房地产开发有限公司	河南村	89492170
99	空客(北京)工程技术中心有限公司	天竺空港工业区天柱东路 5 号	80486161 – 6009
100	北京东方雨虹防水技术股份有限公司	北京市顺义县杨镇曾庄顺平南路	59031862

顺义区 2009 年中国名牌和北京名牌

序号	企　业　名　称	商标名称	产品名称	著名商标认定年度
1	北京燕京啤酒集团公司	燕京	啤酒	2007
2	北京汇源食品饮料有限公司	汇源	果汁饮料	2007
3	北京顺鑫农业股份有限公司牛栏山酒厂	牛栏山	含酒精的饮料(啤酒除外)	2007
4	北京顺鑫农业股份有限公司鹏程食品分公司	鹏程	加工过的肉	2007
5	北京东方雨虹防水技术股份有限公司	雨虹	沥青	
6	北京顺美服装股份有限公司	顺美	服装	2007
7	北京正大饲料有限公司	BCT	饲料	2007
8	北京牛栏山酒厂	华灯	白酒	2007
9	北京顺意生物农药厂	增产	农药	2007
10	北京市顺义区北务镇种植业联合会	绿中名	新鲜蔬菜	2007
11	北京美驰建筑材料有限责任公司	MYLCH	金属窗	
12	北京市全富木制品有限公司	全富	胶合板 三合板	2004
13	北京顺鑫农业股份有限公司	顺鑫农业		2005,2008
14	北京民生牧业有限公司	昕舜丰	饲料	2007

序号	企 业 名 称	商标名称	产品名称	著名商标认定年度
15	北京亿都川服装有限公司	亿都川	服装	2005,2008
16	北京大发正大有限公司	双大	肉、加工过的肉	2005,2008
17	北京金路易食品有限公司	金路易	饺子	2005,2008
18	北京康贝尔食品有限责任公司	马大姐	糖果	2005,2008
19	北京燕京啤酒股份有限公司	燕京	矿泉水(饮料)	2005,2008
20	北京新粤顺装饰工程有限公司	新奥顺	室内装饰等	2005,2008
21	北京顺鑫牵手有限责任公司	牵手	无酒精饮料	2005,2008
22	北京大三环食品有限责任公司	胡同坊	肉;肉罐头	
23	北京市北郎中农工贸集团	北郎中	面粉制品、面粉	
24	北京艾莱发喜食品有限公司	八喜	冰淇淋	
25	北京嘉寓幕墙装饰工程(集团)有限公司	嘉寓	金属门、窗	
26	北京天福号食品有限公司	天福号	生熟肉食	2007
27	北京世纪百强家具有限责任公司	百强	家具	2007
28	中国国际航空股份有限公司	凤凰	运输;货运;旅客运输	2007
29	绿友机械集团有限公司	绿友	农业用机械,农业用机械部件(不包括小农具)	2007
30	北京升华电梯有限公司	升华	电梯(升降机);可移动楼梯(自动扶梯)	2007
31	北京市恒慧通肉类食品有限公司	恒慧	加工过的肉	2007
32	北京顺鑫农业股份有限公司	小店	活动物、种家禽	2009
33	北京承天倍达过滤技术有限责任公司	图形	过滤机滤筒、过滤筛机、过滤机、航空燃油过滤器	2009

顺义区2009年驰名商标名录

序号	企业名称	商标名称	产品名称	认定时间	核定类别
1	北京燕京啤酒集团公司	燕京	啤酒	1997	32
2	北京汇源饮料食品集团有限公司	汇源	果汁饮料	2002	32
3	北京市牛栏山酒厂	牛栏山	白酒	2005	33
4	北京鲲鹏食品集团公司	鹏程	食品	2006	29
5	北京东方雨虹防水技术股份有限公司	雨虹	沥青	2006	19
6	北京顺美服装股份有限公司	顺美	服装	2006	25
7	北京曲美家具公司	曲美	家具	2005	20
8	北京顺鑫牵手有限责任公司	牵手	无酒精饮料	2007	
9	北京嘉寓幕墙装饰工程(集团)有限公司	嘉寓	金属门、窗	2008	
10	北京美驰建筑材料有限责任公司	MYLCH	金属窗	2003.12	
11	北京雅昌彩色印刷有限公司		印刷类	2009.12	
12	北京顺鑫农业股份有限公司		蔬菜水果	2010	31